Charles Berlitz, 1913 in New York geboren, ist der Enkel des Begründers der Berlitz School of Languages, der 1872 aus Württemberg in die USA auswanderte. Charles Berlitz selbst spricht mehr als 25 Sprachen. Er studierte Geschichte und Sprachwissenschaften an der Yale University und promovierte dort 1936. Lange Zeit war er in leitenden Stellungen an verschiedenen Berlitz-Schulen und als Verleger von Sprachführern tätig, bevor er sich 1967 vom Familienunternehmen zurückzog und freier Schriftsteller wurde. Seit vielen Jahren beschäftigt er sich mit dem Rätsel Atlantis, mit Unterwasser-Archäologie, Weltraumforschung und dem Phänomen Unbekannter Flugobjekte. Als passionierter Taucher hat er Expeditionen in das Gebiet des »Bermuda-Dreiecks« unternommen, wo er die Landmassen des versunkenen Atlantis vermutete und bei seinen Erkundungen mit faszinierenden Phänomenen konfrontiert wurde. Für seine fesselnden und aufsehenerregenden Berichte erhielt er 1976 den Prix International Dag Hammarskjoeld.

Vollständige Taschenbuchausgabe
Droemersche Verlagsanstalt Th. Knaur Nachf. München
Umschlaggestaltung R.O.S.-Agentur, München
Druck und Bindung Ebner Ulm
Printed in Germany · 1 · 40 · 185
ISBN 3-426-03760-2

1. Auflage

Charles Berlitz:
Die ungelösten Geheimnisse dieser Welt

Mit zahlreichen Abbildungen

ISBN 3-426-03760-2   1000

Das
Bermuda-Dreieck

Charles Berlitz

in Zusammenarbeit mit J. Manson Valentine:

Das Bermuda-Dreieck

Fenster zum Kosmos?

Mit 53 Abbildungen

Im westlichen Atlantik, vor der Südostküste der Vereinigten Staaten, liegt ein Gebiet, das als »Bermuda-Dreieck« bezeichnet wird. Es erstreckt sich von den Bermuda-Inseln bis Südflorida und Puerto Rico. In diesem Gebiet ereignen sich rätselhafte Dinge: Mehr als hundert Schiffe und Flugzeuge sind hier spurlos verschwunden, mehr als tausend Menschen haben hier in den letzten sechsundzwanzig Jahren das Leben verloren; und doch fand man keine einzige Leiche, keinen einzigen Wrackteil der Schiffe und Flugzeuge, nicht einmal einen Ölfleck.

Charles Berlitz, ein passionierter Taucher, der sich seit vielen Jahren auch mit Archäologie beschäftigt, erregte mit seinem Bericht über das Bermuda-Dreieck großes Aufsehen. Im Mittelpunkt des Buches, das ein Weltbestseller wurde, stehen die hochinteressanten geologischen, meteorologischen und biologischen Phänomene in diesem Gebiet: das System der »blauen Löcher« an der Küste Floridas, »Straßen« und »Kuppelbauten« auf dem Grund des Meeres, Strudel, Flut- und Schaukelwellen, Störungen im Gravitationsfeld und vor allem die seltsamen, unerklärlichen »Zeitverschiebungen«, die Menschen und Dinge in eine andere Dimension zu entrücken scheinen.

Auf dem Meeresboden des Bermuda-Dreiecks liegt eine ganze Armada von Schiffen und Flugzeugen in einer geheimnisvollen Unterwasserwelt, in der Berlitz Atlantis vermutet. Ebenso faszinierend aber ist der Himmel über dem Bermuda-Dreieck: Warum werden ausgerechnet hier so viele UFOs beobachtet? Gibt es ein »Loch im Himmel«, wie einige Wissenschaftler annehmen, das außerirdische Wesen benützen, um »Studienobjekte zu sammeln«?

Vollständige Taschenbuchausgabe
Droemersche Verlagsanstalt Th. Knaur Nachf. München
Lizenzausgabe mit freundlicher Genehmigung des
Paul Zsolnay Verlages, Wien/Hamburg
© Paul Zsolnay Verlag, Gesellschaft m.b.H.,
Wien/Hamburg 1975
Titel der Originalausgabe »The Bermuda Triangle«
© 1974 by Charles Berlitz
Berechtigte Übersetzung von
Barbara Störck und Ursula Tamussino

Dem Meer und seinen Geheimnissen –
deren Lösung zu unserem Wissen über uns selbst
beitragen könnte

Inhalt

1 Das Bermuda-Dreieck:
Mysteriöse Unfälle auf dem Meer und in der Luft 9

2 Das Dreieck der verschwundenen Flugzeuge 18

3 Das Meer der verlorenen Schiffe 43

4 Noch einmal davongekommen 63

5 Gibt es eine logische Erklärung? 84

6 Raum-Zeit-Verschiebung und andere Welten 98

7 Aus der Vergangenheit des Ozeans:
Spuren und Vermutungen 128

8 Verblüffende Funde aus der Vorgeschichte 160

9 Beschützer, Kidnapper oder unparteiische Beobachter? . . . 199

Danksagung 210

Bibliographie 212

Bilderverzeichnis 214

1

Das Bermuda-Dreieck:
Mysteriöse Unfälle auf dem Meer und in der Luft

Im westlichen Atlantik vor der Südostküste der Vereinigten Staaten liegt ein Gebiet, das gewöhnlich als »Bermuda-Dreieck« bezeichnet wird. Es erstreckt sich von den Bermuda-Inseln im Norden bis Südflorida, von dort nach Osten bis zu einem Punkt, der ungefähr am vierzigsten westlichen Längengrad jenseits der Bahamas und Puerto Ricos liegt, und von dort zurück zu den Bermudas. Dieses Gebiet nimmt unter den ungeklärten Rätseln unserer Erde einen besonderen Rang ein. Hier sind mehr als hundert Schiffe und Flugzeuge spurlos verschwunden – die meisten von ihnen nach 1945 –, und hier haben während der letzten sechsundzwanzig Jahre mehr als tausend Menschen das Leben verloren. Man fand weder eine einzige Leiche noch ein Wrackteil eines der verunglückten Flugzeuge oder Schiffe. In jüngster Zeit kommt es mit zunehmender Häufigkeit zu Ereignissen dieser Art, obwohl der Luftraum und die Wasserstraßen stärker befahren werden, die Suchaktionen gründlicher und die Berichte und Aufzeichnungen über solche Vorkommnisse genauer sind als in früheren Jahren.

Einige der Flugzeuge hatten bis zum Zeitpunkt ihres Verschwindens normalen Funkkontakt mit ihrem Stützpunkt oder ihrem Zielflughafen, während andere die seltsamsten Meldungen durchgaben – ihre Instrumente funktionierten nicht mehr, die Kompasse drehten sich wie Kreisel, der Himmel sei gelb und neblig (bei klarem Wetter) und das Meer (das ganz in der Nähe ruhig war) sehe »ungewöhnlich aus« –, ohne weiter zu erklären, was nicht stimmte.

Am 5. Dezember 1945 brach ein Schwarm von fünf Flugzeugen der amerikanischen Marine vom Typ TBM Avenger zu einer Mission vom Stützpunkt Fort Lauderdale auf. Als er verschwand und ein als Suchflugzeug eingesetzter Martin Mariner ebenfalls nicht mehr auftauchte, wurde eine großangelegte Rettungsaktion zur See und in der Luft gestartet, die gründlichste, die jemals durchgeführt wurde. Die Mannschaften sichteten weder Rettungsflöße noch Wrackteile oder Ölflecken. Andere Flugzeuge, auch Passagiermaschinen, verschwanden, während sie ihre Landeinstruktionen erhielten, fast als ob sie

»durch ein Loch in der Atmosphäre geflogen seien«, wie es in einem Untersuchungsbericht der Marine heißt. Schiffe jeder Größe verschwinden spurlos, als seien sie und ihre Besatzung in eine andere Dimension eingegangen. So große Schiffe wie die *Marine Sulphur Queen*, ein 129 Meter langer Frachter, und die U.S.S. *Cyclops*, ein 19 000-Tonner mit 309 Menschen an Bord, wurden nie mehr gesehen. Andere wieder wurden im Dreieck treibend aufgefunden, manchmal mit einem Tier als Überlebenden, einem Kanarienvogel oder einem Hund, die natürlich nicht sagen konnten, was geschehen war – allerdings verschwand in einem Fall ein sprechender Papagei zusammen mit der Besatzung.

Auch heute noch kommt es im Bermuda-Dreieck zu unerklärlichen Zwischenfällen. Jedesmal wenn ein Schiff oder Flugzeug bei der Küstenwache als überfällig gemeldet wird und es schließlich »Suche abgebrochen« heißt, herrscht bei den Rettungsmannschaften und der Allgemeinheit die Meinung vor, daß hier ein Zusammenhang mit einem von alters her bekannten Phänomen besteht. Der Öffentlichkeit wird in zunehmendem Maße bewußt, daß in diesem Gebiet etwas Seltsames vorgeht. Dazu tragen vor allem die Berichte jener Flugzeug- und Schiffsbesatzungen bei, die im Dreieck unglaubliche Erlebnisse hatten und mit dem Leben davonkamen. So bildet sich hier ein neuer Legendenkreis, denn die Ursache der unbekannten Gefahr in diesem Meeresgebiet ist immer noch ein Rätsel.

Man versuchte eine Erklärung für die seltsamen Unfälle und vermutlichen Verluste von Menschenleben zu finden (»vermutlich« deshalb, weil keine Leichen entdeckt werden konnten). Die verschiedenartigsten und phantasievollsten Hypothesen wurden aufgestellt und einer ernsthaften Prüfung unterzogen. Dazu zählen unter anderem: durch Erdbeben ausgelöste Flutwellen, Meteore, Angriffe von Seeungeheuern, aber auch eine Raum-Zeit-Verschiebung, die zu einer anderen Dimension überleitet, sowie Wirbel im elektromagnetischen oder Schwerkraftfeld, die Flugzeuge zum Abstürzen und Schiffe zum Versinken bringen. Ferner die Eroberung und Gefangennahme durch fliegende oder unterseeische UFOs, bemannt mit Wesen von überlebenden Kulturen der Antike, des Weltraums oder der Zukunft, die nach Exemplaren der gegenwärtigen Erdbewohner suchen. Eine der überraschendsten Vermutungen wurde von Edgar Cayce angestellt, dem »schlafenden Propheten«, einem im Jahre 1944 verstorbenen Spiritisten und Wunderheiler. Jahrzehnte bevor man etwas von der Möglichkeit der Laserstrahlen ahnte, behauptete Cayce, daß die Bewohner der alten Atlantis im Gebiet von Bimini Kristalle als Energiequellen benutzt hätten. Diese seien später wahrscheinlich in der Tongue of Ocean versunken, einem Graben in der Nähe der Insel Andros in der Bahama-Gruppe, wo es zu zahlreichen Unglücksfällen kam. Cayce vertrat die Ansicht, daß es in eineinhalb Kilometer Tiefe am Meeresgrund eine unbekannte Energiequelle gibt, die heute noch die Kompasse und Elektronik moderner Schiffe und Flugzeuge beeinflußt.

In jedem Fall ist die Lösung oder Erklärung dieses Rätsels mit dem Meer verbunden, das selbst das letzte große Rätsel der Menschheit ist. Obwohl wir darangehen, den Weltraum zu erobern, und glauben, daß die so gründlich erforschte Erde uns keine Geheimnisse mehr zu bieten hat, ist die Tatsache unbestreitbar, daß wir über die Tiefen des Meeres, die drei Fünftel der Erdoberfläche ausmachen, weniger wissen als über die Krater des Mondes. Die Geographie des Meeresbodens haben wir allerdings schon seit langem aufgezeichnet, zunächst durch mechanische Lotungen, in neuerer Zeit mittels Echolot und Untersuchungen durch U-Boote und Tiefseetaucherkugeln. Der Verlauf der verschiedenen Meeresströmungen an der Oberfläche und tiefer unter dem Meeresspiegel wurde mit Tiefseekameras festgehalten, und zur Zeit suchen wir auf den Kontinentalsockeln und bald vielleicht in der Tiefsee nach Öl.

Im Zeitalter des kalten Krieges gewannen die U-Boot-Flotten stark an Bedeutung, trotz der unterseeischen Gefahren, denen die französische Flotte im Mittelmeer und die amerikanische im Atlantik begegnete. Wenn das von ihnen gesammelte Material veröffentlicht wird, kann es viel zu unserem Wissen über die Tiefsee beitragen. Dennoch bergen die tiefsten Teile des Meeres wahrscheinlich noch einige Überraschungen für uns. Der Meeresgrund und die ihn durchfurchenden Gräben und Tiefen sind möglicherweise Lebensraum einer uns völlig fremden Tierwelt. So wurde der »ausgestorbene« Coelacanth, ein als prähistorisch angesehener Fisch mit Gliederstummeln, 1938 frisch und munter im Indischen Ozean entdeckt. Dieser vierbeinige Blaufisch lebte vor ungefähr 60 Millionen Jahren. Das zuletzt entdeckte Fossil, bevor der lebende Fisch gefangen wurde, datierte man auf 18 Millionen Jahre v. Chr.

Viele verläßliche Beobachter, die durch Erzählungen über »Seeschlan-

Kopie einer zeitgenössischen Zeichnung der Seeschlange von Gloucester, eine der authentischsten und am besten bezeugten Entdeckungen von »Seeschlangen« im Lauf der Jahrhunderte. Im August 1917 soll sie von so vielen Menschen in der Nähe von Cape Ann in Massachusetts gesehen worden sein, daß die Bostoner *Society of Naturalists* eine Untersuchung vornahm. Vertreter der Gesellschaft kamen nach eigener Aussage ungefähr 140 Meter an das Ungeheuer heran, schätzten es auf 30 Meter Länge und maßen seine Schwimmgeschwindigkeit mit 45 Kilometer in der Stunde. Bald nach dem Besuch der Naturforscher verschwand das Tier aus der Gegend.

gen« nichts zu gewinnen, aber viel zu verlieren haben, beschrieben oder zeichneten genau und mit allen Einzelheiten Seegeschöpfe, die in ihrem Körperbau stark dem Monosaurus oder Ichthyosaurus des Pliozän ähneln und die sich offenbar noch lebend in der Tiefe des Meeres aufhalten. Diese Lebewesen wurden des öfteren von Hunderten Zuschauern gesehen, als sie sich Stränden oder Häfen näherten, und zwar an verschiedenen Punkten der Erde, von Tasmanien bis Massachusetts. Das Ungeheuer von Loch Ness, von den Schotten zärtlich »Nessie« genannt und regelmäßig, wenn auch verschwommen fotografiert, ist möglicherweise eine kleinere Form dieser riesigen »Fischeidechsen«, wie die Übersetzung des griechischen Namens »Ichthyosaurus« lautet.

Der dänische Ozeanograph Anton Bruun beobachtete einmal eine 18 Meter lange aalartige Kaulquappe, die einem Trawler ins Netz gegangen war, sowie die Larvenform derselben Spezies, die ausgewachsen eine Länge von 22 Metern erreichen würde.

Obwohl noch kein Exemplar des Riesentintenfisches gefunden wurde, gibt es Anzeichen, daß er ebenso groß werden kann wie manche der sagenhaften »Seeschlangen« und daß er mit diesen oft beobachteten Ungeheuern identisch ist. Man kann die Größe dieser Tintenfische berechnen, und zwar aufgrund von Skelettfunden und anhand der Spuren am Rücken von Walen, denen die Tintenfische beim Kampf in der Tiefe des Meeres mit ihren Tentakeln das Pigment zerstört haben, so daß scheibenförmige Umrisse zurückgeblieben sind.

Obwohl wir immer mehr über das Leben in der Tiefsee lernen, sind unsere Beobachtungen und die Entdeckungen von Tierarten unzusammenhängend und bruchstückhaft, so ähnlich, als hätten Forscher aus dem Weltraum an verschiedenen Punkten der Erde Netze aus ihrem Flugobjekt herabgelassen und dann aufgesammelt, was sich zufällig an dieser Stelle befand.

Selbst die uns bekannten Meerestiere geben uns mit ihren Wanderungen und Brutgewohnheiten Rätsel auf: die Aale aus Europa und Amerika, die sich zur Fortpflanzung in der Sargasso-See treffen, von wo nur die Jungen die Lebensräume der Eltern wieder erreichen; die Thunfische, die von der Küste Brasiliens nach Nova Scotia und später nach Nordeuropa ziehen, von wo aus manche – aber nur manche – ins Mittelmeer weiterziehen; die Langusten, die am Meeresgrund den Abhang des Kontinentalsockels hinunterwandern, zu einem unbekannten Ziel in der Tiefsee.

Ein weiteres Rätsel sind die Gräben auf dem Meeresgrund, die seltsamerweise alle ungefähr dieselbe Tiefe haben – 11 Kilometer –, und die Lebewesen, die hier unter einem so unglaublichen Druck existieren können. Auch die Meeresströmungen, die sich wie große Flüsse im Meer teilweise an der Oberfläche und teilweise Tausende von Metern in der Tiefe bewegen, sind noch nicht völlig erforscht. Da gibt es beispielsweise das Rätsel der Cromwell-Strömung im Pazifik, die vor ein paar Jahren zur Oberfläche stieg und später wieder zu ihrer gewohnten Tiefe absank. Fast alle Meeresströmungen drehen sich, diejenigen auf der nördlichen Hemisphäre im Uhrzeigersinn, die auf der südlichen Hemisphäre im Gegensinn. Aber warum bildet der sich nicht drehende Benguela-Strom eine Ausnahme?

Der Wind und die Wellen bergen andere Geheimnisse: Die heftigsten und am wenigsten vorhersehbaren Stürme treten nur an zwei Stellen auf: die Hurrikane in der Karibik und die Taifune im Südchinesischen Meer. Dennoch bilden sich manchmal bei völlig ruhiger See riesige Wogen, die sogenannten Seiches oder Schaukelwellen. Man nimmt an, daß sie von unterseeischen Erdrutschen oder Erdbeben hervorgerufen werden.

Der Reichtum an Bodenschätzen auf dem Grund der Ozeane ist bis jetzt nicht abzuschätzen, und die Ausnutzung dieser Lager, zusätzlich zur Ölgewinnung, wird möglicherweise einen wichtigen Einfluß auf die Weltfinanz der Zukunft haben. Das schützende Meer bedeckt auch Schätze und Spuren verschwundener Zivilisationen. Viele davon sind in den seichten Küstengewässern des Mittelmeeres und des vom Atlantik bespülten Kontinentalsockels erkennbar, andere liegen möglicherweise in Tiefen von mehr als tausend Metern. An der peruanischen Küste wurden beispielsweise Säulen zwischen versunkenen Gebäuderesten fotografiert, was auf ein starkes Absinken des Landes in historischer Zeit hinweist. In vielen Weltmeeren halten sich Sagen von versunkenen Kulturen – von der untergegangenen Atlantis in der Mitte des Atlantischen Ozeans, bei den Bahamas oder im östlichen Mittelmeer, über die Geheimnisse der Osterinsel und anderer verschwundener Kulturen im Südpazifik bis zu einer hypothetischen Kultur unter dem antarktischen Eis, die ihre Blütezeit vor der Polverschiebung erlebte.

Einzelne Gebiete des Meeresgrundes scheinen ständig in Bewegung zu sein; im Mai 1973 hoben sich Teile des Bonin-Grabens bei Japan um fast zweitausend Meter. Der größte Teil der rund hunderttausend Erdbeben pro Jahr ereignet sich am Mittelatlantischen Rücken, wo seit alters die legendäre Atlantis vermutet wird. Dann gibt es das Rätsel des »falschen Meeresgrundes«, ein Phänomen bei Messungen mit dem Echolot, wo bei einer Versuchsreihe plötzlich eine geringere Tiefe gemessen wird und spätere Messungen wieder das ursprüngliche Ergebnis zeigen. Es wird angenommen, daß dieser »falsche Grund« von gelegentlich auftretenden Fischbänken oder von anderen organischen Schichten gebildet wird, die so dicht sind, daß der Schall zurückgeworfen wird und sich auf diese Weise falsche Meßwerte ergeben. Ein ebenso verblüffendes Rätsel sind die seltsam leuchtenden Streifen von »weißem Wasser« im Golfstrom. Man nimmt an, daß es sich dabei entweder um Schwärme von kleinen phosphoreszierenden Fischen, um von Fischen aufgewirbelten Mergel oder um Radioaktivität im Wasser handelt. Kolumbus beobachtete dieses Phänomen vor fünf Jahrhunderten, und für die Astronauten auf ihrem Weg in den Weltraum war es das letzte Licht von der Erde. Schließlich gibt es noch die Theorie von der Kontinentaldrift, die besagt, daß die Kontinente von ihrer ursprünglichen Lage als zusammenhängender »Superkontinent« auseinandertreiben. Diese Theorie wurde erst in letzter Zeit allgemein anerkannt

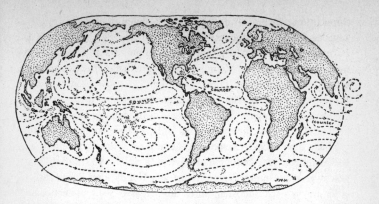

Die Hauptmeeresströmungen der Welt. Es ist auffällig, daß die Strömungen auf der Nordhalbkugel sich im Uhrzeigersinn drehen, während sich jene auf der Südhalbkugel im Gegensinn drehen, ein Phänomen, das mit der Erdrotation zusammenhängt.

und kann möglicherweise Bezug auf die Rotation, Struktur und das Verhalten der Erde selbst haben.

Es besteht jedoch ein Unterschied zwischen diesen Rätseln, die mit der Zeit wahrscheinlich gelöst werden (und bis dahin zum Nachdenken anregen), und demjenigen des Bermuda-Dreiecks, bei dem das Element der Gefahr für Reisende hinzukommt. Es stimmt natürlich, daß Flugzeuge Tag für Tag das Dreieck überfliegen, daß kleine und große Schiffe seine Gewässer befahren und zahllose Reisende Jahr für Jahr dieses Gebiet ohne Zwischenfall besuchen. Außerdem verunglücken auf allen Meeren der Welt Schiffe und Flugzeuge aus den verschiedensten Gründen (und wir müssen zwischen »verunglückt«, wobei Treibgut oder Wrackteile gefunden wurden, und »verschwunden«, wo nichts dergleichen auftauchte, gut unterscheiden), aber in keinem anderen Gebiet waren diese Vorkommnisse so zahlreich, so gut bezeugt, so plötzlich und erfolgten unter solch seltsamen Umständen, die manchmal den Zufall bis an die Grenze des Unglaublichen treiben.

Natürlich werden Luftfahrt- und Marinebehörde feststellen, daß es ganz natürlich ist, wenn Flugzeuge, Schiffe oder Jachten in einem Gebiet verlorengehen, wo der Verkehr in der Luft und auf dem Wasser so dicht ist und wo außerdem plötzliche Stürme und Fehler in der Navigation auftreten können. Dieselben Behörden werden wahrscheinlich behaupten, daß es das Bermuda-Dreieck überhaupt nicht gibt, die

Bezeichnung irrtümlich und das ganze Geheimnis nur zur Unterhaltung neugieriger und phantasievoller Leser fabriziert worden sei. Die Luftverkehrsgesellschaften, auf deren Route das Bermuda-Dreieck liegt, stimmen dieser Meinung mit begreiflicher Begeisterung zu, obwohl viele erfahrene Piloten von der Nichtexistenz des Dreiecks keineswegs überzeugt sind. In gewissem Sinne haben diejenigen recht, die behaupten, es gäbe das Dreieck gar nicht, denn es handelt sich bei dem Gebiet, in dem die rätselhaften Unfälle passieren, möglicherweise gar nicht um ein Dreieck, sondern eher um eine Ellipse oder ein riesiges Kreissegment. Der Mittelpunkt liegt in der Nähe von Bermuda, der geschwungene untere Rand verläuft von Florida über Puerto Rico in einer Kurve nach Südosten, durch die Sargasso-See und zurück nach Bermuda.

Der Personenkreis, der sich mit dem Phänomen dieses Gebietes beschäftigt hat, stimmt im allgemeinen – wenn auch nicht in allen Einzelheiten – hinsichtlich seiner Lokalisierung überein. Ivan Sanderson, der sich in *Invisible Residents* und zahlreichen Artikeln mit diesem Gegenstand auseinandersetzt, behauptet, daß das Dreieck in Wirklichkeit eher eine Ellipse oder ein Rhombus sei und daß es noch zwölf andere solcher Gebiete in regelmäßigen Abständen auf der ganzen Erde verteilt gäbe, darunter Japans berüchtigtes »Teufelsmeer«. John Spencer meint, daß das Gefahrengebiet der Linie des Kontinentalsockels folge, beginnend bei einem Punkt an der Küste Virginias, entlang dem amerikanischen Festland nach Süden, an Florida vorbei und rund um den Golf von Mexiko, einschließlich der Landsockel der Karibischen Inseln und der Bermudas. Vincent Gaddis, der Autor von *Invisible Horizons* und des Artikels in der Zeitschrift *Argosy*, der möglicherweise dem Dreieck seinen Namen gab, fixierte dessen Grenzen innerhalb »einer Linie von Florida nach den Bermudas, einer anderen von den Bermudas nach Puerto Rico und einer dritten zurück nach Florida über die Bahamas«, während John Goodwin, in *This Baffling World*, annimmt, daß das »Geistermeer« ein »unregelmäßiges Rechteck sei, das sich zwischen den Bermudas und der Küste von Virginia erstreckt« und dessen südliche Grenze »von den Inseln Kuba, Haiti und Puerto Rico gebildet wird«. Selbst die Küstenwache der Vereinigten Staaten, die nicht an die Existenz des Dreiecks glaubt, gibt freundlicherweise in einem Formularbrief – Akte 5720 – des Siebenten Küstenwachendistrikts eine Ortsbestimmung bekannt. Der Brief beginnt folgendermaßen:

Das Bermuda- oder Teufelsdreieck ist ein imaginäres Gebiet in der Nähe der südöstlichen Atlantikküste der Vereinigten Staaten, das wegen der hohen Zahl ungeklärter Verluste von Schiffen, kleinen Booten und Flugzeugen bekannt ist. Die Eckpunkte des Dreiecks sollen, wie allgemein angenommen wird, die Bermuda-Inseln, Miami in Florida und San Juan in Puerto Rico sein.

Meteorologen erwähnen das »Teufelsdreieck« häufig als ein Gebiet, dessen Grenzen von den Bermuda-Inseln nach Norden bis New York und nach Süden bis zu den Jungferninseln verlaufen und das sich fächerförmig nach Westen bis zum 75. nördlichen Breitengrad erstreckt.

Anhand der Karte auf Seite 39, welche die wichtigsten Punkte zeigt, an denen Schiffe und Flugzeuge verschwunden sind, kann der Leser selbst die Gestalt des »Bermuda-Dreiecks« bestimmen: Ob es ein Dreieck ist oder nicht, ob es sich vielleicht um ein kleines Dreieck innerhalb eines größeren handelt, um eine große Ellipse, ein Rechteck, oder ob das Gebiet mit den Umrißlinien des Festlandsockels identisch ist.

Unter Seeleuten war es schon seit langem bekannt, daß in diesem Teil des Ozeans zahlreiche Schiffe verschwanden, und manche jener Vorfälle haben vielleicht zur Legende des »Meeres der verlorenen Schiffe« oder des »Schiffsfriedhofs« beigetragen, wie die Sargasso-See bezeichnet wird, die zum Teil im Dreieck liegt. Seit 1830 häufen sich hier die Berichte über verschwundene Schiffe, möglicherweise wegen der genaueren Aufzeichnung in neuerer Zeit. Die ersten Schiffe verschwanden nach dem Sezessionskrieg, zu einem Zeitpunkt also, wo sie nicht mehr den Angriffen der Konföderierten zum Opfer gefallen sein konnten. Etwa hundert Jahre später, einige Monate nach Ende des Zweiten Weltkriegs, zeigte sich, daß auch Flugzeuge, die dieses Gebiet überflogen, ebenso spurlos und vielleicht aus denselben Gründen vom Himmel verschwanden, wie Schiffe vom Meer verschwunden waren. Dieses Ereignis gab dann dem Bermuda-Dreieck seinen Namen.

Das Dreieck der verschwundenen Flugzeuge

Das Bermuda-Dreieck erhielt seinen Namen, als am 5. Dezember 1945 sechs Flugzeuge der amerikanischen Marine mit ihren Mannschaften verschwanden. Die ersten fünf Flugzeuge, die offenbar gleichzeitig verunglückten, waren auf einem routinemäßigen Trainingsflug unterwegs. Ihr Flugplan sah einen dreieckigen Kurs vor: vom Marinestützpunkt Fort Lauderdale in Florida 160 Meilen nach Osten, 40 Meilen nach Norden und dann in südwestlicher Richtung zurück zum Stützpunkt. Das Gebiet, das sie überflogen, wurde früher »Teufelsdreieck«, »Todesdreieck«, »Geistersee« oder »Friedhof des Atlantik« genannt. Die Bermuda-Inseln gaben ihm ihren Namen, weil man damals bemerkte, daß der höchste Punkt der Flugroute von Fort Lauderdale in einer Ebene mit den Bermudas lag, und zum Teil auch deswegen, weil die Bermuda-Inseln der nördlichste Punkt des Gebietes zu sein scheinen, in welchem vor und nach 1945 Flugzeuge und Schiffe unter außergewöhnlichen Umständen verschwanden. Aber keines dieser Ereignisse zu früherer oder späterer Zeit war so merkwürdig wie das völlige Verschwinden einer ganzen Gruppe von Flugzeugen und eines zur Rettung eingesetzten Martin Mariner mit dreizehn Mann Besatzung, der auf rätselhafte Weise während der Rettungsaktion verschwand.

Flight 19 war die Bezeichnung jener schicksalhaften fünf Flugzeuge, die am Nachmittag des 5. Dezember Fort Lauderdale verließen. Ihre Besatzung bestand üblicherweise aus fünf Offizieren und zehn Mann, von denen je zwei auf die Flugzeuge verteilt waren. An diesem Tag fehlte jedoch ein Mann. Er hatte wegen einer Vorahnung gebeten, vom Flugdienst abgelöst zu werden, und war nicht ersetzt worden. Die Flugzeuge waren Torpedobomber der amerikanischen Marine vom Typ TBM 3 Avenger. Jede Maschine hatte genug Treibstoff für mehr als 1000 Meilen an Bord. Das Thermometer zeigte 29 Grad, die Sonne schien, einzelne Wolken waren zu sehen, und ein leichter Nordostwind wehte. Piloten, die an diesem Tag früher aufgebrochen waren, meldeten ideales Flugwetter. Die Flugzeit für die Mission sollte zwei Stunden betragen. Die Flugzeuge rollten um 14 Uhr auf die Piste und starteten um 14 Uhr 10. Der Kommandant, Lieutenant Charles Taylor, ein Mann mit mehr als 2500 Stunden Flugerfahrung, führte den Schwarm zu den Chicken Shoals nördlich der Insel Bimini, wo er Übungsangriffe auf einen Schiffsrumpf als Ziel durchführen sollte. Sowohl die Piloten wie auch die Besatzung waren erfahrene Flieger, und es bestand kein Grund, auf dieser Routinemission etwas Außergewöhnliches zu erwarten.

Es ereignete sich jedoch etwas Außergewöhnliches, etwas, wovon man nicht einmal zu träumen gewagt hätte. Um etwa 15 Uhr 15, als die Übung beendet war und der Schwarm weiterflog, bekam der Funker am Kontrollturm des Flughafens von Fort Lauderdale, der auf eine Meldung der Formation betreffs der geschätzten Ankunftszeit und der Landeinstruktion gewartet hatte, eine seltsame Nachricht vom Schwarmführer. Das Gespräch verlief nach der Tonbandaufzeichnung wie folgt:

Schwarmführer (Lieutenant Charles Taylor): Wir rufen den Turm . . . Eine Notsituation. Wir scheinen vom Kurs abgekommen zu sein. Wir können kein Land sehen . . . Wiederhole . . . Wir können kein Land sehen.
Turm: Wie ist Ihre Position?
Kommandant: Wir sind uns bezüglich der Position nicht sicher. Wir sind nicht einmal sicher, wo wir sind . . . Es sieht aus, als hätten wir uns verirrt.
Turm: Drehen Sie nach Westen ab.
Kommandant: Wir wissen nicht, in welcher Richtung Westen ist. Alles ist falsch . . . Seltsam . . . Wir können keine Richtung feststellen – sogar das Meer sieht nicht so aus, wie es sollte . . .

Etwa um 15 Uhr 30 fing der leitende Fluglehrer auf seinem Gerät einen Funkspruch auf und hörte, wie jemand Powers, einen Flugschüler, rief und nach seinen Kompaßablesungen fragte. Der Fluglehrer hörte Powers sagen: »Ich weiß nicht, wo wir sind. Wir müssen uns nach der letzten Kurve verirrt haben.« Es gelang dem Fluglehrer, mit dem Ausbilder von Flight 19 Kontakt zu bekommen. Dieser sagte ihm: »Meine Kompasse sind beide ausgefallen. Ich versuche, Fort Lauderdale zu finden . . . Ich bin sicher, daß wir über den Keys sind, weiß aber nicht, wie weit südlich . . .« Der leitende Fluglehrer riet ihm daraufhin, nach Norden zu fliegen – mit der Sonne an der Backbordseite –, bis er Fort Lauderdale sehen könne. Aber später hörte er: »Wir sind gerade über eine kleine Insel geflogen . . . Sonst kein Land in Sicht . . .« – ein Zeichen dafür, daß das Flugzeug des Ausbilders nicht über den Keys war und der ganze Schwarm sich verirrt hatte, da er sonst beim Weiterfliegen Land in Sicht bekommen hätte.

Wegen atmosphärischer Störungen wurde es immer schwieriger, Meldungen von Flight 19 zu empfangen. Der Schwarm konnte die Funksprüche vom Turm offenbar nicht mehr hören, aber der Turm hörte Gespräche zwischen den einzelnen Flugzeugen. Manche dieser Funksprüche bezogen sich auf drohenden Treibstoffmangel – daß nur noch Treibstoff für 114 Kilometer vorhanden sei, Bemerkungen über einen Wind von 100 km/h und die beunruhigende Beobachtung, daß alle Kreiselkompasse und magnetischen Kompasse in den Flugzeugen außer Betrieb seien – »verrückt spielten«, wie man die Besatzung sagen hörte –, jeder zeigte eine andere Richtung an. Während dieser ganzen Zeit konnte der starke Sender von Fort Lauderdale keinen Kontakt zu den Flugzeugen herstellen, obwohl die Gespräche zwischen den Flugzeugen ziemlich gut hörbar waren.

Als sich die Meldung verbreitete, daß Flight 19 in Schwierigkeiten sei, geriet das Personal des Stützpunktes begreiflicherweise in große Erregung. Alle möglichen Vermutungen über feindliche Angriffe (obwohl der Zweite Weltkrieg seit einigen Monaten beendet war) oder sogar über Angriffe seitens neuer Feinde tauchten auf. Suchflugzeuge wurden ausgeschickt, darunter vom Marineflughafen Banana River ein zweimotoriges Martin-Mariner-Flugboot mit 13 Mann Besatzung.

Um 16 Uhr hörte der Turm plötzlich, daß Lieutenant Taylor einem anderen Piloten, Captain Stiver, das Kommando übergeben hatte. Eine Meldung von diesem konnte aufgefangen werden, obwohl sie wegen der Sendestörung und der erregten, undeutlichen Stimme des Sprechers kaum verständlich war: »Wir wissen nicht genau, wo wir sind . . . Möglicherweise befinden wir uns 225 Meilen nordöstlich vom Stützpunkt . . . Wir müssen über Florida hinausgeflogen sein und uns jetzt im Golf von Mexiko befinden . . .« Der Kommandant entschloß sich dann wahrscheinlich zu einer Wendung um 180 Grad, um über Florida zurückzufliegen, aber während dieses Manövers wurde die Funkverbindung schwächer, was anzeigte, daß der Schwarm eine falsche Wendung vollzogen hatte und von der Küste Floridas weg nach Osten ins offene

Meer hinausflog. Einigen Berichten zufolge hätten die letzten Worte von Flight 19 gelautet: ». . . Es sieht aus, als wären wir . . .« Andere Zeugen erinnern sich, mehr gehört zu haben, wie zum Beispiel: ». . . Wir kommen in weißes Wasser . . . Wir haben uns völlig verirrt . . .«
Inzwischen erhielt der Turm kurz nach dem Start eine Meldung von Lieutenant Come, einem der Offiziere des Martin Mariner, jenes Suchflugzeugs, welches in das Gebiet entsandt worden war, in dem man den Schwarm vermutete. Come sagte, daß in einer Höhe von 1800 Meter starker Wind aufgetreten sei. Das war die letzte Nachricht, die man vom Suchflugzeug empfing. Kurz danach wurde allen anderen Suchmannschaften die Alarmnachricht übermittelt, daß jetzt sechs statt fünf Flugzeuge vermißt würden. Das Suchflugzeug mit seinen 13 Mann Besatzung war ebenfalls verschwunden.
Weder von Flight 19 noch vom Martin Mariner kam eine weitere Meldung. Irgendwann nach 19 Uhr empfing der Opa-Locka-Marineflughafen bei Miami einen schwachen Funkspruch, der aus den Buchstaben ». . . FT . . . FT . . .« bestand. Das war ein Teil der Kennbuchstaben des Schwarms, da das Flugzeug des Ausbilders das Kennzeichen FT-28 hatte. Falls dies wirklich eine Meldung von den Vermißten war, so mußte man nach der abgelaufenen Zeitspanne annehmen, daß sie zwei Stunden nach Versiegen der Treibstoffvorräte durchgegeben wurde.
Die erste Suche am Tag des Verschwindens wurde wegen Dunkelheit abgebrochen, obwohl Küstenwachschiffe auch während der Nacht nach Überlebenden Ausschau hielten. Am nächsten Tag, einem Donnerstag, setzten bei Tagesanbruch umfangreiche Suchmaßnahmen ein. Aber trotz einer der intensivsten Suchaktionen in der Geschichte, mit 240 Flugzeugen, 67 zusätzlichen Maschinen des Flugzeugträgers *Solomons*, vier Zerstörern, mehreren U-Booten, achtzehn Schiffen der Küstenwache, Such- und Rettungskuttern, Hunderten von privaten Flugzeugen, Jachten und Booten, zusätzlichen Maschinen vom Marineflughafen Banana River und Hilfe von Einheiten der britischen Flotte und Luftwaffe auf den Bahamas, wurde nichts gefunden.
Ein Tagesdurchschnitt von 167 Flügen, vom Morgen bis zum Abend, zirka 90 Meter über dem Wasserspiegel durchgeführt, eine genaue Überprüfung von 100 000 Quadratkilometern Land und Meer, über dem Atlantik, der Karibik, dem Golf von Mexiko, dem Festland von Florida und der benachbarten Inseln, eine Suchzeit von 4100 Stunden,

alle diese Anstrengungen brachten keine Ergebnisse – weder Überlebende noch Rettungsflöße, Wrackteile oder Ölflecken. Die Strände von Florida und der Bahamas wurden mehrere Wochen hindurch täglich nach identifizierbarem Treibgut, das von den verschwundenen Flugzeugen stammen konnte, abgesucht, jedoch ohne Ergebnis.

Man verfolgte alle möglichen Spuren. Die Besatzung eines Frachtflugzeugs berichtete, sie hätte am Tag des Verschwindens der Flugzeuge einen roten Feuerschein über dem Festland gesehen. Zuerst nahm man an, er hätte von der Explosion des Martin Mariner hergerührt, später wurde die Meldung jedoch dementiert. Noch später meldete ein Handelsschiff, an diesem Tag um 19 Uhr 30 eine Explosion am Himmel beobachtet zu haben. Falls dies das Ende der fünf Avenger gewesen sein sollte, müßten sie Stunden nach Versiegen ihrer Treibstoffreserven noch in der Luft gewesen sein. Wenn man außerdem das Verschwinden aller fünf Flugzeuge auf diese Weise erklären wollte, müßte man annehmen, daß sie zusammenstießen und auf einmal explodierten. Es ist ferner bemerkenswert, daß weder von Flight 19 noch vom Suchflugzeug eine SOS-Meldung durchgegeben wurde. Was eine Notlandung im Meer betraf, so konnten die Avenger auf dem Wasser eine reguläre Landung durchführen und 90 Sekunden auf der Oberfläche bleiben. Die Besatzung war darauf trainiert, das Flugzeug in 60 Sekunden zu verlassen. Rettungsflöße waren an der Außenseite des Flugzeugs angebracht. Sie würden also bei fast jeder Art von Notlandung auf dem Wasser treiben und später gefunden werden. Während der ersten Stunden der Suchaktion sah man von den Flugzeugen aus hohe Wellen, aber die Täler dazwischen waren so breit, daß die Bomber im Notfall hätten landen können. Die seltsame Erwähnung von »weißem Wasser« in der letzten Meldung von Flight 19 kann mit dem verwirrenden dichten weißen Nebel zusammenhängen, der in dieser Gegend oft auftritt. Mit diesem Nebel könnten die mangelnde Sicht sowie die Worte des Funkers, daß »die Sonne nicht richtig aussehe«, erklärt werden, aber er würde die Kompasse und Kreisel nicht beeinflussen. Es gibt allerdings einen Punkt zwischen Florida und den Bahamas, von dem aus kein Funkkontakt möglich ist, aber die Schwierigkeiten des Flugzeugs hatten schon begonnen, ehe der Funkkontakt abbrach.

Nachdem eine Untersuchungskommission der Marine alles vorhandene Beweismaterial überprüft und außerdem ein Kriegsgerichtsverfahren gegen den für die Instrumentenkontrolle verantwortlichen Offizier in Betracht gezogen hatte (er wurde später von aller Schuld freigesprochen, als sich zeigte, daß die Instrumente sämtlicher Flugzeuge vor dem Start überprüft wurden), war sie am Ende ebenso im unklaren über die ganze Angelegenheit wie vor Beginn der Untersuchung. In ihrem Schlußbericht heißt es: »Aus den Funkmeldungen ist zu entnehmen, daß die Flugzeuge sich verirrt hatten und ihre Kompasse versagten.« Captain W. C. Wingard drückte sich in einem Presseinterview später etwas deutlicher aus: ». . . Die Mitglieder der Untersuchungskommission konnten nicht einmal eine halbwegs annehmbare Vermutung über den Vorfall äußern.« Ein anderes Mitglied der Kommission stellte etwas dramatisch fest: »Sie verschwanden so spurlos, als seien sie zum Mars geflogen.« Damit brachte er das faszinierende Element der Weltraumfahrt und möglicher Angriffe der UFOs ins Gespräch, das inzwischen zu einem festen Bestandteil der Legende um das Bermuda-Dreieck geworden ist. Ernstzunehmende Forscher und Ozeanographen haben verschiedene Hypothesen erarbeitet, wie diese und viele andere Flugzeuge und Schiffe mitsamt Besatzung und Passagieren so spurlos und vollständig verschwinden konnten. Lieutenant Commander R. H. Wirshing, der zur Zeit des Vorfalls Ausbilder in Fort Lauderdale war und sich lange Jahre mit dieser Frage beschäftigt hat, ist der Meinung, daß der Begriff »verschwinden« ein wichtiger Faktor bei Vermutungen über das Schicksal der Mannschaft von Flight 19 ist, da noch kein Beweis für ihren Tod gefunden wurde. (Die Mutter eines der vermißten Piloten sagte damals, daß sie den Eindruck habe, »ihr Sohn sei irgendwo im Weltraum noch am Leben«.) In ähnlichem Sinn wurde Dr. Manson Valentine, der das Gebiet von Miami aus viele Jahre beobachtet hat, in den *Miami News* zitiert: »Sie sind noch da, aber in einer anderen Dimension eines magnetischen Phänomens, das von einem UFO verursacht worden sein könnte.« Ein Offizier der Küstenwache, Mitglied der Untersuchungskommission, drückte sich mit erfrischender Ehrlichkeit aus, als er einfach sagte: »Wir haben nicht den Schimmer einer Ahnung, was dort draußen vor sich geht.« Und eine etwas formellere, abschließende Feststellung eines anderen Offiziers stellt die übereinstimmende Meinung der Kommission dar: ». . . dieses noch nie dagewesene Ereignis, der Verlust eines Bomberschwarms in Friedenszeit, scheint ein unlösbares Rätsel zu sein, das seltsamste, das von der Marine jemals untersucht wurde.«

Bei Katastrophen gibt es oft unglaubliche Zufälle, vor allem auf See. (Beim Zusammenstoß des Frachters *Stockholm* mit dem Passagierdampfer *Andrea Doria* wurde ein junges Mädchen, das nur spanisch sprach, vom Bug der *Stockholm* aus ihrer Kabine auf der *Andrea Doria* gerissen und mit Teilen der Kabine in ein Schott der *Stockholm* geschleudert, neben die Kajüte eines Matrosen, der als einziger auf seinem Schiff spanisch sprach.) Dieses Element des Zufalls könnte auch beim Verschwinden von Flight 19 eine Rolle spielen.

Commander R. H. Wirshing, zu dieser Zeit noch Lieutenant, der uns wertvolle Informationen über den Fall geben konnte, erinnert sich, daß am Morgen desselben Tages ein Trainingsflug durchgeführt wurde, bei dem sich ebenfalls ungewöhnliche Vorkommnisse ereignet hatten. Während dieses Fluges, der wesentlich weniger sensationell war und in den Presseberichten über die Katastrophe meist übersehen wurde, funktionierten die Kompasse ebenfalls nicht, und die Landung erfolgte nicht am Stützpunkt, sondern 76 Kilometer weiter nördlich.

Mindestens zwei Mitglieder der Mannschaft von Flight 19 scheinen eine Vorahnung der Gefahr empfunden zu haben. Einer davon war der Fluglehrer selbst. Um 13 Uhr 15 kam er verspätet zur Flugbesprechung und bat den Offizier vom Dienst, von diesem Einsatz abgelöst zu werden. Er gab keine Erklärung zu diesem Ansuchen, sondern sagte nur, daß er an der Mission nicht teilnehmen wolle. Da kein Ersatz vorhanden war, wurde das Ansuchen abgelehnt.

Ein zweiter Fall, bei dem Lieutenant Wirshing Zeuge war, wurde damals viel besprochen. Er betraf den Korporal Allan Kosnar, der mit Flight 19 fliegen sollte, sich aber nicht zum Abflug meldete. Die Presse zitierte ihn: »Ich kann nicht sagen, warum, aber aus irgendeinem Grund wollte ich an diesem Tag nicht am Flug teilnehmen.« Nach Lieutenant Wirshing hatte der Korporal, ein Guadalcanal-Veteran, nur noch vier Monate Dienstzeit bis zu seiner Abrüstung abzuleisten und schon vor einigen Monaten angesucht, nicht mehr als Pilot eingesetzt zu werden. Am Tag des Flugs war die Angelegenheit wieder zur Sprache gekommen, und Lieutenant Wirshing hatte Kosnar gesagt, er solle sich beim Truppenarzt melden und um seine Ablösung vom Flugdienst ansuchen. Das tat Kosnar, und der Schwarm startete mit einem Mann weniger. Als sich die ersten Anzeichen von Schwierigkeiten bei Flight 19 zeigten, ging Lieutenant Wirshing in die Unterkunft der Soldaten, um Freiwillige für die Suchaktion auszuwählen. Als ersten traf er dort den kurz vorher zum Bodendienst versetzten Kosnar, der sagte: »Erinnern Sie sich, wie Sie mir befahlen, zum Arzt zu gehen. Ich bin gegangen, und er hat mich von der Pilotenliste gestrichen. Das ist mein Schwarm, der da vermißt wird.«

In einer Meldung vom Flughafen hieß es jedoch, daß der Schwarm mit vollzähliger Mannschaft gestartet sei, als hätte jemand anders in letzter Minute den offenen Platz eingenommen. Auf dem Stützpunkt fanden daraufhin stündlich Appelle statt, um herauszufinden, ob noch jemand abgängig sei. Als sich herausstellte, daß kein weiteres Mitglied der Mannschaft fehlte, gesellte sich die Meldung über die »vollzählige Besatzung« zu den übrigen unerklärlichen Begleitumständen dieses Unglücks.

Ein anderer rätselhafter Vorfall im Zusammenhang mit dem Verschwinden von Flight 19 wurde neunundzwanzig Jahre nach dem Ereignis bekannt, als Art Ford, ein Reporter und Schriftsteller, der den Fall seit 1945 verfolgte, im Jahr 1974 im amerikanischen Fernsehen eine überraschende Enthüllung machte. Lieutenant Taylor sollte über Funk gesagt haben: »Kommt mir nicht nach . . . Sie sehen aus, als ob sie aus dem Weltraum wären . . .« Ford erklärte, daß er die Information ursprünglich zum Zeitpunkt des Unfalls von einem Funkamateur erhalten habe. Er habe sie aber nicht besonders beachtet, weil es für einen Amateurfunker schwierig ist, von einem Flugzeug in der Luft Meldungen aufzufangen, und auch wegen der damals herrschenden Aufregung und der vielen Gerüchte.

Bei seinen späteren Nachforschungen fand Ford jedoch eine unerwartete Bestätigung in einem Protokoll der Gespräche zwischen dem Kontrollturm und den Flugzeugen. Ford verwendete dieses Material in einem Bericht, der unter dem Druck der Verwandten der verschwundenen Männer zustande kam. Das offizielle und früher geheimgehaltene Gesprächsprotokoll, das Ford, seinen Worten zufolge, nur teilweise lesen durfte, enthielt mindestens einen Satz, der mit dem Funkspruch des Kurzwellenamateurs übereinstimmte – »Kommt mir nicht nach.« Dieser Satz war früher niemals offiziell publiziert worden. Aber auch in anderen Fällen, bei denen Schiffe oder Flugzeuge in diesem Gebiet verschwunden waren, zeigt sich dasselbe rätselhafte Phänomen, diese Andeutung vom Eingreifen außerirdischer Mächte.

Während Dutzende von Schiffen und Jachten im Bermuda-Dreieck vor und nach dem Zwischenfall mit Flight 19 verlorengegangen sind, ist es doch bemerkenswert, daß das Verschwinden der fünf Avenger und des Martin Mariner der erste Fall ist, in den Flugzeuge verwickelt waren und wo es genügend leistungsfähige Suchmannschaften in der Luft, auf See und an Land gab, um eine derart umfassende und gründliche, wenn auch letztlich erfolglose Suche durchzuführen. Dieser Vorfall bewirkte, daß auch bei anderen Flugzeugunfällen die Suchaktionen noch intensiver durchgeführt wurden, nicht nur mit dem Ziel, die Überlebenden zu finden, sondern auch herauszufinden, was ihnen zugestoßen war.

Zusätzlich zu dem seit Jahrzehnten »gewohnten« Verlorengehen von großen und kleinen Schiffen kam es nach dem Unglück von Flight 19 mit erschreckender Regelmäßigkeit zu einem unerklärlichen Verschwinden von privaten, militärischen und Handelsflugzeugen. Jetzt allerdings, mit Rettungsteams in der Luft und auf See, mit Funkkontakt, empfindlicheren und leistungsstärkeren Instrumenten und besser entwickelten Suchmethoden, wurde jeder dieser Fälle weitaus gründlicher untersucht.

Am 3. Juli 1947 verschwand eine C-54 der amerikanischen Armee mit sechs Mann Besatzung auf einem Routineflug von den Bermuda-Inseln zum Militärflughafen Morrison bei Palm Beach. Die letzte bekannte Position des Flugzeuges war etwa 100 Meilen von den Bermudas entfernt. Eine sofort eingeleitete Suchaktion von Armee, Marine und Küstenwache auf See und in der Luft erstreckte sich über 100 000 Quadratmeilen Meeresoberfläche. Es wurden weder Ölflecken noch Wrackteile gesichtet (außer einigen Sitzkissen und einer Sauerstoffflasche, die nicht als Ausrüstungsgegenstände des verschwundenen Flugzeugs identifiziert werden konnten).

Als Fälle dieser Art sich häuften, wurde man auf einen weiteren alarmierenden Umstand aufmerksam. Die Mehrzahl der Unglücksfälle im Bermuda-Dreieck ereignete sich während der Touristen-Hochsaison, zwischen November und Februar. Es war auch auffallend, daß zahlreiche Verluste in die Wochen vor und nach Weihnachten fielen. Die *Star Tiger*, ein viermotoriges Passagierflugzeug der British South American Airways vom Typ Tudor IV, ein umgebauter Lancaster-Bomber, verschwand am 29. Januar 1948 auf einem Flug von den Azoren nach den Bermuda-Inseln. An Bord der Maschine waren eine sechsköpfige Besatzung und fünfundzwanzig Passagiere, darunter Sir Arthur Cunningham, Generalleutnant der britischen Luftwaffe im Zweiten Weltkrieg und früherer Befehlshaber der Zweiten Taktischen Luftflotte. Die *Star Tiger* sollte am Flughafen Kinley auf den Bermudas landen. Kurz vor ETA *(estimated time of arrival,* erwartete Ankunftszeit) um 22 Uhr 30 gab der Pilot dem Kontrollturm eine Meldung durch, die die Sätze enthielt »Wetter und Flugbedingungen ausgezeichnet« und »Erwarte planmäßige Landung«. Die Position des Flugzeuges wurde mit 380 Meilen nordöstlich der Bermudas angegeben.

Es erfolgte keine weitere Meldung, aber die *Star Tiger* erreichte ihr Ziel nicht. Es gab kein SOS, keinen Notruf, kein Anzeichen dafür, daß der Flug nicht unter den besten Bedingungen verlaufe. Um Mitternacht wurde die *Star Tiger* als überfällig gemeldet, und am nächsten Tag, dem 30. Januar, lief eine umfassende Hilfsaktion an. Dreißig Flugzeuge und zehn Schiffe suchten mehrere Tage lang erfolglos das Gebiet ab. Am 31. Januar wurden nordwestlich der Bermudas einige Kisten und leere Ölfässer gesichtet. Falls diese von der *Star Tiger* stammten, würde es bedeuten, daß das Flugzeug Hunderte von Meilen vom Kurs abgekommen war, als es zu dem rätselhaften Unfall kam. Man muß dabei bedenken, daß der Pilot bei seinem letzten Kontakt mit dem Kontrollturm nichts Außergewöhnliches über seinen Kurs oder das Funktionieren der Maschine gemeldet hatte.

Während die erfolglose Suche weiterging, fingen zahlreiche Amateurfunker an der Atlantikküste der USA und auch weiter im Inland eine verwirrte, bruchstückhafte Meldung auf, wobei es schien, als ob jemand den Sender verwende, ohne morsen zu können – es wurden nur Punkte verwendet. Die Punkte bildeten das Wort »Tiger«. Noch seltsamer war eine Nachricht von einer Küstenwachstation in Neufundland. Als die Morsezeichen aufhörten, hatte jemand offenbar eine verbale Botschaft übermittelt – er hatte einfach die Buchstaben G-A-H-N-P ausgesprochen. Das waren die Kennbuchstaben der verschwundenen *Star Tiger*. Es wurde angenommen, daß diese Funkmeldungen ein schlechter Witz seien, vor allem, wenn man das eigenartige Verhalten gewisser Individuen in Betracht zog, die spektakuläre Unglücksfälle genießen. Dennoch gibt es eine beunruhigende Parallele zu dem Verschwinden von Flight 19, wenn man sich an die schwache Funkmeldung erinnert, die in Miami Stunden nach dem Verschwinden aufgefangen wurde und ebenfalls aus den Kennbuchstaben des Schwarms bestand, beinahe, als werde aus einer ungeheuren Entfernung in Zeit und Raum eine letzte Nachricht durchgegeben.

Der britische Minister für Zivilluftfahrt ließ das Verschwinden der *Star*

Tiger von einer Kommission unter dem Vorsitz von Lord Macmillan untersuchen. Der Bericht der Kommission wurde acht Monate nach dem Verschwinden des Flugzeugs veröffentlicht. Er stellte fest, daß kein Grund zu der Annahme bestehe, die *Star Tiger* sei wegen Versagens der Funkgeräte oder Motoren, wegen Treibstoffmangels, Abkommens vom Kurs, Schlechtwetters oder Fehler in der Höhenmessung ins Meer abgestürzt, um nur einige Möglichkeiten zu nennen. Konstruktion und Ausführung der Tudor IV wurden überprüft, und es gab nach den Worten der Kommission keinen Grund, zu vermuten . . . »daß es in der Konstruktion der Flugzeuge vom Typ Tudor IV oder im Bau dieses speziellen Flugzeuges, der *Star Tiger*, technische Irrtümer oder Fehlerquellen gebe, wenn man den allgemeinen Standard in Betracht zieht . . .«

Die abschließenden Bemerkungen der Kommission könnte man genausogut auch auf andere Flugzeuge anwenden, die sowohl vor als auch nach der *Star Tiger* im Dreieck verschwunden sind.

Man kann sagen, daß noch nie ein so unglaubliches Rätsel untersucht wurde . . . Da jeder verläßliche Hinweis auf Art und Ursache des Unglücks der *Star Tiger* fehlt, konnte die Kommission nichts als mögliche Lösungen vorschlagen, von denen keine auch nur in die Nähe der Wahrscheinlichkeit kommt. Bei allen Tätigkeiten, die eine Zusammenarbeit von Mensch und Maschine erfordern, verbinden sich zwei Elemente von sehr verschiedenem Charakter. Da ist einerseits das nicht berechenbare Element der menschlichen Reaktion, die von nur unvollständig bekannten Faktoren abhängt, anderseits das ganz anderen Gesetzen unterworfene mechanische Element. Eine Störung kann bei jedem der beiden Elemente einzeln oder bei beiden zugleich auftreten. Oder Mensch wie Maschine wurden von etwas betroffen, das von außen einwirkte. Was in diesem Fall geschah, wird nie bekanntwerden.

Es war ein außergewöhnlicher und eher beunruhigender Zufall, als zwölf Tage vor dem ersten Jahrestag des Verschwindens der *Star Tiger*, am 17. Januar 1949, ihre Schwestermaschine, die *Star Ariel*, mit sieben Besatzungsmitgliedern und dreizehn Passagieren an Bord auf einem Flug zwischen den Bermuda-Inseln und Jamaika ebenfalls verschwand. Die *Star Ariel* war von London nach Santiago de Chile unterwegs, und der Aufenthalt auf den Bermudas diente zum Tanken von Treibstoff für die nächsten zehn Flugstunden. Als die *Star Ariel* Bermuda um 7 Uhr 45 verließ, war die See ruhig und das Wetter gut. 35 Minuten nach dem Start funkte der Captain folgende Routinemeldung nach den Bermudas:

Hier Captain McPhee an Bord der *Ariel* unterwegs von den Bermudas nach Kingston, Jamaika. Wir haben Normalflughöhe erreicht. Schönes Wetter. Geschätzte Ankunftszeit in Kingston wie vorausgesehen . . . Ich wechsle die Frequenz, um mit Kingston Kontakt aufzunehmen.

Man hörte jedoch nie wieder eine Meldung von der *Star Ariel*.

Als die Suche nach der *Star Ariel* begann, hielt ein Kampfverband der amerikanischen Marine in diesem Gebiet Manöver ab. Zwei Flugzeugträger entsandten ihre Maschinen zur Rettungsaktion, der sich die Suchmannschaften der Küstenwache, jene der Luftwaffe von zahlreichen Stützpunkten entlang der Atlantikküste und britische Flugzeuge anschlossen, die auf den Bermudas und auf Jamaika stationiert waren. An der Suche beteiligten sich auch Kreuzer, Zerstörer und das amerikanische Schlachtschiff *Missouri*, gemeinsam mit Schiffen der britischen Marine und zufällig in diesen Gewässern befindlichen Handelsschiffen. Eine Funkmeldung an alle Schiffe im Suchgebiet lautete wie folgt:

Der letzte Funkkontakt mit dem viermotorigen Flugzeug *Star Ariel*/Gagre der British South American Airways, das am 17. Januar 1242 GMT von den Bermudas nach Jamaika aufbrach, auf Kurs zwei eins sechs Grad, erfolgte zuletzt um 1337 GMT am 17. Januar ungefähr 15 Meilen südlich der Bermudas.
Alle Schiffe werden gebeten, dieser Station die Sichtung von Treibgut zu melden, vor allem von Polstern, Flugzeugsitzen und Kissen in blauer Farbe, Rettungsbooten in gelber Farbe, aufblasbaren Schwimmwesten in dunkelbrauner Farbe. Diese Gegenstände müßten die Markierung BSSA tragen. Zu melden sei auch das Vorhandensein von treibenden Kleidungsstücken.

Zweiundsiebzig Suchflugzeuge in dichter Formation, manchmal fast »Flügel an Flügel«, kontrollierten 150 000 Quadratmeilen Meeresoberfläche. Sie begannen mit der Suche in der Nähe des Punkts, von dem aus man den letzten Funkspruch empfangen hatte, und stießen in südwestlicher Richtung nach Jamaika vor. Sie fanden keinen einzigen Gegenstand, der als Bestandteil des verschwundenen Flugzeugs identifiziert werden konnte. Ein amerikanisches und ein britisches Flugzeug meldeten am 18. Januar ein »seltsames Licht« auf dem Wasser, aber die an diese Stelle entsandte Suchmannschaft fand nichts, und die Luftwaffe brach die Suche am 22. Januar ab.

Da nun fast genau in Jahresfrist zwei britische Passagiermaschinen derselben Luftlinie verschwunden waren, dachte man an einen Sabotageakt. Heute würde man eher eine Entführung in Betracht ziehen. Eine Kommission, das »Brabazon Committee«, untersuchte die Möglichkeit der Sabotage gemeinsam mit allen anderen Umständen des Flugs: der Ausbildung von Pilot und Besatzung, dem Funktionieren der Instrumente und dem Wetter. Es fanden sich jedoch weder Unzukömmlichkeiten noch Anhaltspunkte: ». . . da keine Wrackteile gefunden wurden, ist die Ursache des Unfalls der *Star Ariel* wegen mangelnder Beweise nicht zu klären«, hieß es abschließend.

Es gab damals eine Theorie, daß das Methylbromid aus den Feuerlöschern in das Drucksystem des Flugzeugs gelangt sei und eine Explosion ausgelöst hätte. Für dieses eine rätselhafte Flugzeugunglück wäre das vielleicht eine Erklärung, aber kaum für die vielen anderen, die sich in diesem Gebiet ereignet haben.

Einer der Gründe für die umfassenden Suchaktionen nach der *Star Ariel* war der Verlust einer anderen Passagiermaschine, einer gecharterten DC-3 auf dem Weg von San Juan nach Miami, die am frühen Morgen des 28. Dezember 1948 mit 36 Passagieren und Besatzung ins Nichts verschwunden war. Die erfolglose Suche nach dieser Maschine, die von über vierzig Militärflugzeugen und zahlreichen Schiffen in einem fast 300 000 Quadratmeilen umfassenden Gebiet – Meer und Küste – durchgeführt wurde, war erst eine Woche vor dem Verschwinden der *Star Ariel* aufgegeben worden. Die Umstände beim Verschwinden der DC-3 waren noch seltsamer als in ähnlichen Fällen. Wie bei anderen Flügen war das Wetter ausgezeichnet und der Nachthimmel klar. Die Maschine startete am 27. Dezember um 22 Uhr 30. Irgendwann während des Nachtflugs hatte Robert Lindquist, der Flugkapitän, über Funk gesagt: »Wißt ihr was? . . . Wir singen alle Weihnachtslieder!« (Hier fällt wieder auf, daß die meisten Unfälle im gleichen Zeitraum stattfanden.)

30

Um 4 Uhr 30 empfing der Kontrollturm in Miami einen weiteren Funkspruch von der DC-3. Er lautete: »Wir nähern uns dem Flughafen . . . Nur noch 50 Meilen südlich . . . Wir können die Lichter von Miami schon sehen. An Bord alles in Ordnung. Wir melden uns später für die Landeinstruktionen.« Man hörte jedoch nie wieder etwas von dem Flugzeug, und eine Suche zu Wasser und Land brachte keine identifizierbaren Wrackteile zutage. Natürlich gab es keine Überlebenden und kein Anzeichen, was den Passagieren und der Mannschaft zugestoßen sein könnte. Der Captain hatte seine Position mit 50 Meilen südlich von Miami angegeben, um so seltsamer erscheint es, daß man keine Explosion, keinen Feuerschein sah, daß man keine SOS- oder MAYDAY-Meldung empfing. Das Flugzeug verschwand, noch dazu über den Florida Keys, wo das klare Wasser nur sieben Meter tief ist und ein abgestürztes Wrack leicht gefunden und identifiziert werden kann. Das war einer der Fälle, wo sich ein Flugzeug samt Passagieren fast in Sichtweite des Flughafens »dematerialisierte«. Wie wir im nächsten Kapitel lesen werden, gab es auch Schiffe, die in Sichtweite ihres Heimathafens verschwanden.

Bei anderen größeren Flugzeugen, die nach der *Star Ariel* verschwanden, zeigte sich immer wieder derselbe Ablauf der Ereignisse: zuerst normaler Flugverlauf, dann – nichts – und später keine Spur von Wracktrümmern, Ölflecken, Treibgut oder selbst verdächtigen Ansammlungen von Haien.

Auch kleinere Maschinen wurden immer wieder vermißt. Im Dezember 1949 verschwanden nicht weniger als neun kleine Flugzeuge in der Nähe der Küste von Florida, was die Annahme berechtigt erscheinen läßt, daß es sich hier um eine besondere Gefahrenzone handelt, selbst wenn die Parallelen zwischen den einzelnen Unfällen weniger deutlich gewesen wären.

Diese Vorfälle setzten sich in den fünfziger Jahren fort. Im März 1950 verschwand ein U.S.-Globemaster am nördlichen Ende des Dreiecks während eines Flugs nach Irland. Am 2. Februar 1952 verschwand ein Transportflugzeug vom Typ British York mit 33 Passagieren und Besatzung im Norden des Dreiecks auf dem Weg nach Jamaika. Schwache SOS-Signale wurden empfangen, die aber fast sofort abbrachen.

Am 30. Oktober 1954 verschwand eine Super Constellation der amerikanischen Marine mit 42 Passagieren und Besatzung bei schönem

Wetter auf einem Flug vom Marinestützpunkt Patuxent River in Maryland zu den Azoren. Mehr als zweihundert Flugzeuge und mehrere Schiffe suchten einige hundert Quadratmeilen Meeresoberfläche ab, ohne etwas zu finden. Wie bei anderen ähnlichen Fällen wurde kurz nach Verschwinden des Flugzeugs von einer Station ein schwaches SOS empfangen.

Am 5. April 1956 verschwand eine zum Frachtflugzeug umgebaute B-25 mit drei Mann Besatzung in der Nähe der Tongue of Ocean, einem unterseeischen, 1500 Meter tiefen Graben östlich der Insel Andros in den Bahamas.

Ein Martin-Marlin-P5M-Patrouillenflugboot der amerikanischen Marine verschwand am 9. November 1956 mit zehn Mann Besatzung auf einer Patrouille über den Bermudas.

Ein KB-50-Tankflugzeug der amerikanischen Luftwaffe, unterwegs vom Luftwaffenstützpunkt Langley in Virginia zu den Azoren, verschwand am 8. Januar 1962 auf ähnliche Weise wie die Super Constellation im Jahr 1954. Wie bei der Super Constellation hörte man einen undeutlichen Funkspruch, der eine nicht näher definierte Störung anzeigte, dann herrschte Stille – und nach dem bekannten Muster gab es keine Wrackteile und kein Anzeichen, was geschehen war. Es muß bei jedem dieser Fälle bedacht werden, daß die Besatzung für den Fall einer Notwasserung über umfangreiche Rettungsausrüstungen verfügte. Was auch immer mit den Flugzeugen geschehen war, mußte sie also völlig unerwartet und sehr rasch getroffen haben.

Einer der Unfälle erinnerte an die verwirrenden Meldungen der Piloten von Flight 19. Es handelte sich um das SOS eines Privatflugzeugs, das nach Nassau auf den Bahamas unterwegs war, sich jedoch in der Nähe der Insel Great Abaco zu befinden schien. Obwohl prächtiges Morgenwetter herrschte, sagte der Pilot, er fliege durch Nebel und könne selbst die Inseln unter sich nicht erkennen, obwohl andere Beobachter in demselben Gebiet tadellose Sicht meldeten. In diesem Fall verschwand das Flugzeug nicht vollständig. Teile eines Flügels wurden später im Meer treibend aufgefunden.

Als am 28. August 1963 zwei Maschinen als vermißt gemeldet wurden, nahm man an, sie seien ebenfalls verschwunden. Als jedoch später Wrackteile identifiziert werden konnten, erleichterte das die Lösung des Rätsels keineswegs. Zwei KC-135, vierstrahlige Düsen-Stratotanker (die ersten Düsenmaschinen, die im Dreieck verlorengingen), waren vom Luftwaffenstützpunkt Homestead in Florida aus in einer Lufttank-Mission unterwegs und verschwanden, kurz nachdem sie ihre Position angegeben hatten: 300 Meilen südwestlich der Bermudas. Nach einer gründlichen Suche fand man 260 Meilen südwestlich der Bermudas Wrackteile, die wahrscheinlich von den vermißten Flugzeugen stammten, und nahm an, sie seien kollidiert. Mehrere Tage später wurden jedoch Teile eines der Flugzeuge in 160 Meilen Entfernung gefunden. Ein offizielles Statement der Luftwaffe besagte, daß sie nicht in dichter Formation flogen. Wenn sie also trotzdem kollidierten, dann mußte etwas die Wrackteile auseinandergetragen haben, und zwar viel schneller, als die Meeresströmung es vermochte. Und wenn beide gleichzeitig abgestürzt waren, wie vielleicht auch die fünf Avenger, was war dann daran schuld, daß ihre Motoren oder Instrumente zum selben Zeitpunkt versagten?

Im folgenden Monat, am 22. September, verschwand ein C-23 Cargomaster zwischen Delaware und seinem Zielflughafen in den Azoren. Der letzte Funkspruch des Piloten lautete: »Alles in Ordnung.« Er gab seine Position mit etwa 80 Meilen vor der Südküste von Jersey an. Eine intensive Suche durch Flugzeuge, Schiffe der Küstenwache und der Marine dauerte bis zum 25. September, brachte aber nichts zutage, was einen Hinweis auf das vermißte Flugzeug gegeben hätte.

Am 5. Juni 1965 verschwand eine C-119 »Flying Boxcar« mit 10 Mann Besatzung während einer Routinemission zwischen dem Stützpunkt Homestead und der Insel Grand Turk in der Nähe der Bahamas. Im letzten Funkspruch meldete der Pilot, die Position sei 100 Meilen vom Zielort, die Landung werde in etwa einer Stunde erfolgen. Dann riß der Kontakt ab. Nach einer fünf Tage und Nächte dauernden Suche meldete die Küstenwache: »Resultat negativ« mit dem vertrauten Zusatz: »Keine Anhaltspunkte.« Wie im Fall von Flight 19 und anderer verschwundener Flugzeuge wurden schwache, unverständliche Funksprüche aufgefangen, deren Lautstärke rasch nachließ, als ob etwas die Übertragung blockiere oder als ob das Flugzeug weiter und weiter in Raum und Zeit verschwinde. Es ist bemerkenswert, daß ein anderes Flugzeug, das auf der Route der vermißten C-119 in entgegengesetzter Richtung unterwegs war, klaren Himmel und gute Sicht meldete.

Im Zeitraum von 1945 bis 1965 verschwanden in diesem Gebiet vierzehn Linienflugzeuge und zahlreiche Militär- und Privatmaschinen. Und es scheint, als ob das Phänomen weiterbestehen würde.

Einige seltsame Umstände begleiteten das Verschwinden von Carolyn Cascio, einer erfahrenen Pilotin, die am 7. Juni 1964 in einem kleinen Flugzeug mit einem Passagier von Nassau zur Insel Grand Turk in den Bahamas flog. Als sie zu jener Stelle kam, wo nach ihrer Berechnung Grand Turk liegen mußte, funkte sie, daß sie die Orientierung verloren habe und über zwei unbekannten Inseln kreise. Sie fügte hinzu: »Ich kann nichts sehen«, und später: »Wie sollen wir da herauskommen?« Seltsamerweise bemerkten Personen auf Grand Turk zu dieser Zeit, daß ein leichtes Flugzeug eine halbe Stunde um die Insel kreiste und dann verschwand. Aber wie kam es, daß man auf Grand Turk das Flugzeug deutlich beobachten konnte, die Pilotin jedoch die Gebäude auf der Insel nicht sah?

Eine Chase YC-122 mit vier Personen an Bord, von Palm Beach in Florida unterwegs nach Grand Bahama, verschwand am 11. Januar 1967 irgendwo nordwestlich von Bimini.

Am 1. Juni 1973 kam es auf dem verhältnismäßig kurzen Flug von Fort Lauderdale nach Freeport zu einem unerklärlichen Zwischenfall. In einer Cessna 180 verschwanden Reno Rigoni und sein Copilot Bob Corner. Im Verlauf einer Suchaktion, die auch die Everglades einschloß, wurden auf der geplanten Route keinerlei Wrackteile gefunden. Rigoni und Corner funkten auch kein Notsignal.

Während die amerikanische Ausgabe dieses Buches vorbereitet wurde, fand ein weiterer seltsamer Unfall statt. Thomas Gatch, der den Atlantik mit einem Ballon überqueren wollte, wurde am 17. Februar 1974 etwa 900 Meilen südwestlich der Azoren zum letztenmal gesehen. Flugzeuge der amerikanischen Marine durchsuchten ein 223 000 Quadratmeilen großes Gebiet – ohne Resultat. Das Verschwinden des Ballons läßt sich durch die großen Entfernungen und plötzlich auftretenden Winde leicht erklären, aber es ist bemerkenswert, daß das Unglück wieder in demselben Gebiet stattfand.

Bei jedem einzelnen dieser ungeklärten Zwischenfälle wurden spezielle Gründe und Ursachen angeführt, es gibt jedoch bestimmte Erklärungsversuche, die in offiziellen Berichten ebenso wie in Büchern und Artikeln immer wieder aufscheinen. Dazu zählen CAT (clear air turbulence, Luftwirbel bei klarem Himmel), »Windschere«, »atmosphärische Aberration«, »Unregelmäßigkeiten im Magnetfeld« und »elektromagnetische Störungen«. Mit diesen Phänomenen können einige der Flugzeugunglücke erklärt werden, keineswegs aber alle.

Obwohl die Marine und die Küstenwache Kompaßabweichungen und einen »toten Punkt« für den Funk innerhalb dieses Gebiets als Tatsache bestätigen, läßt sich der offizielle Standpunkt noch immer am besten mit den Worten von Captain W. S. Humphrey ausdrücken:

Es ist nicht festzustellen, daß in diesem Gebiet eine atmosphärische Aberration existiert oder jemals existiert hat. Patrouillenflüge und Operationen von Luftflotten werden hier regelmäßig und ohne Zwischenfälle durchgeführt.

Die gegenteilige Meinung vertritt der verstorbene Ivan Sanderson, der das Bermuda-Dreieck und mehrere andere Gebiete mit ähnlichen Eigenschaften viele Jahre hindurch beobachtete. Er betont vor allem die große Häufigkeit der rätselhaften Unglücksfälle im unteren Teil des Dreiecks, bei den Bahamas, der Ostküste von Florida und den Florida Keys.

Die Anzahl der verschwundenen Flugzeuge steht in keinem Verhältnis zur Anzahl der verzeichneten Verluste auf irgendeinem anderen Punkt der Erde.

Dale Titler bemerkte in seinem Buch *Wings of Mystery*, daß nun schon »eine ziemlich große Luftflotte« in diesem kleinen Gebiet spurlos verschwunden ist.

Alle diese Maschinen wurden von erfahrenen Piloten geflogen, denen gut ausgebildete Navigatoren zur Seite standen. Alle hatten Funk und Rettungsausrüstungen, und alle verschwanden bei gutem Wetter.

Er fügt die interessante Beobachtung hinzu, »daß fast alle Maschinen bei Tageslicht verschwanden«.

Robert Burgess, ein weiterer Autor, der sich mit Phänomenen des Meeres beschäftigt, schreibt in seinem Buch *Sinkings, Salvages and Shipwrecks*:

Es besteht Grund zur Annahme, daß bei diesen geheimnisvollen Unfällen ein weit bedeutenderer Faktor mit einzuberechnen ist als bloßer Zufall.

Er fügt hinzu, daß, wie immer man das Phänomen auch nennt, »ob atmosphärische Aberration oder anders, es jedenfalls mit beunruhigender Plötzlichkeit und Häufigkeit auftritt«.

Wie wir schon erwähnten, sind die Grenzen des Bermuda-Dreiecks ebenso umstritten wie seine Existenz. Es wird als Dreieck bezeichnet, mit den Bermudas als nördlichstem Punkt, als große Ellipse im westlichen Teil des Nordatlantik, als ein Gebiet, das entlang des Kontinentalsockels im Süden der Vereinigten Staaten, im Golf von Mexiko und in den Antillen verläuft, oder als Gefahrenzone ohne feste Grenze zwischen den Bahamas, Florida und dem Golf von Mexiko. Neben der Diskussion über die Grenzen sind jedenfalls eine Menge phantastischer Erzählungen über dieses Gebiet im Umlauf, Geschichten über verschwundene Flugzeuge, Dampfer, Jachten, Segelboote oder auch über verlassene Schiffe, deren Besatzung verschwand. Der Glaube an geheimnisvolle Kräfte im Bermuda-Dreieck hat sich derart verbreitet, daß jedes Verschwinden und jeder rätselhafte Unfall neue Mutmaßungen über die anderen ungelösten Rätsel in diesem Gebiet auslöst.

Wenn im Radio oder Fernsehen Berichte über diese Vorfälle gebracht werden, kommen oft besorgte Anfragen aus dem Publikum, von Leuten, die dieses Gebiet im Flugzeug besuchen wollen. Man versichert den ängstlichen Fragestellern, daß die Reise ohne Gefahr sei, da das Dreieck unzählige Male ohne Zwischenfall überflogen wurde und wird. Reisebüroangestellte werden von Reisenden mit Zielen jenseits des Dreiecks oft zögernd gefragt: »Fliegen Sie über das Bermuda-Dreieck?« – eine Frage, die leicht zu verneinen ist, da die Grenzen des Dreiecks nicht feststehen. Einem wegen einer Flugverspätung beunruhigten Passagier wurde folgende Erklärung zuteil: »Wir mußten um das Bermuda-Dreieck herumfliegen.«

Ein weiterer Grund zur Beruhigung ist die Tatsache, daß die modernen Flugzeuge über wesentlich mehr Sicherheitsvorkehrungen verfügen als einige der in den vergangenen Jahren verschwundenen. Manche dieser Vorrichtungen waren zur Zeit der sensationellsten Fälle noch nicht in Gebrauch. Dazu gehören Transistoren und Fernbereichs-Navigationssysteme (die allerdings an Bord der *Star Ariel* in Gebrauch waren). Außerdem verwenden auch kleine Flugzeuge heute »omni«, ein Radarzielflugsystem, das es Flugzeugen erlaubt, selbst durch die dichteste Wolkendecke ihren Zielflughafen zu finden.

Trotz all dieser modernen Geräte setzen sich die seltsamen Unfälle im Dreieck und den umliegenden Küstengebieten fort. So verschwanden innerhalb der letzten Jahre auf geheimnisvolle Weise einige Flugzeuge über dem Festland, in der Nähe des Flughafens von Miami, wie etwa am 29. Dezember 1972 eine Lockheed L-1011 der Eastern Airlines (Flug 401) mit über hundert Passagieren und Besatzung. Eine nähere Untersuchung der Umstände ihres Verschwindens bringt vielleicht etwas Licht in das Schicksal der Maschinen, die plötzlich über dem Meer verlorengingen. Dr. Manson Valentine schreibt über diesen Fall:

Bei Prüfung aller vorhandenen Unterlagen zeigt sich, daß die Maschine während der letzten sieben oder acht Minuten des Flugs so rasch an Höhe verlor, daß weder die Flugkontrolle in Miami noch die Piloten Zeit zum Eingreifen hatten; alle Höhenmesser funktionierten, so daß der Pilot unter normalen Umständen genügend Zeit für Korrekturen gehabt hätte. Der Absturz erfolgte so schnell (in den Berichten wurde nicht darauf hingewiesen, wie ungewöhnlich schnell), daß die Kontrollstation in Miami nur einen einzigen Radar-Ausschlag lang – 40 Sekunden – Zeit hatte, ihn zu verfolgen; beim zweiten Ausschlag war das Flugzeug aus einer Höhe von 270 Meter (wo zuerst bemerkt wurde, daß es nicht die vorgeschriebene Flughöhe von 600 Meter einhielt) auf weniger als 90 Meter abgesunken. Wahrscheinlich war es bereits zerstört. Eine derartige Absturzgeschwindigkeit kann nicht durch das Versagen der automatischen Steuerung, durch Abrutschen aus überzogener Fluglage oder Unerfahrenheit des Piloten erklärt werden. Auch die Tatsache, daß die Motoren halb gedrosselt waren, ist kein ausreichender Grund. Die Ursache muß atmosphärisch bedingt sein und liegt wahrscheinlich in irgendeiner Anomalie des Magnetfeldes.

Die unerklärlichen Unfälle in diesem Gebiet häufen sich, und immer mehr Beobachter sind nicht sicher, ob sie durch normale Umstände hervorgerufen wurden, das heißt durch ungewöhnliche Wetterlage, Versagen oder Übermüdung des Piloten, Versagen des Motors, fehlerhafte Konstruktion des Flugzeugs und dergleichen, oder ob hier eine unerklärliche Kraft in Aktion tritt, die Schiffe und Flugzeuge zerstört. John Goodwin (Autor von *This Baffling World*) meint, daß die Öffentlichkeit mehr und mehr geneigt sei, der letzteren Hypothese zuzustimmen, und stellt in diesem Zusammenhang auch fest, daß die amerikanischen und britischen Behörden das Dreieck nie offiziell als »Gefahrenzone« deklariert haben. Er setzt hinzu: »Privat haben jedoch sowohl Fachleute der Marine als auch der Luftfahrt zugegeben, daß sie sich hier möglicherweise eher einer Eigentümlichkeit dieses bestimmten Gebietes gegenübersehen als einer Serie von technischem Versagen.« Er meint, daß dieses wie auch immer geartete Phänomen den Menschen heute vielleicht ebenso unerklärlich sei wie den Alchimisten des 15. Jahrhunderts die Kraft des Radiums. Er sagt weiterhin, daß »man zwar keinen sicheren Zusammenhang zwischen den verschwundenen Schiffen und Flugzeugen herstellen kann . . . daß aber sie alle in einem geographisch engbegrenzten Gebiet verlorengingen«.

Lange vor den Flugzeugunfällen in den vierziger Jahren und auch nachher war das Meer innerhalb des Bermuda-Dreiecks, einschließlich Kap Hatteras, der Küste von Carolina und der Florida-Straße als »Schiffsfriedhof« bekannt. Die Schiffbrüche in diesem Gebiet wurden meist durch schwere Seen und plötzliche Stürme verursacht. Die Sargasso-See wird ebenfalls »Schiffsfriedhof« oder »Meer der verlorenen Schiffe« genannt, aber aus dem entgegengesetzten Grund: Hier versanken die Schiffe nicht im Sturm, sondern wegen der Flauten. In diesem Gebiet wurden im Laufe der Zeit schon einige mysteriöse Fälle registriert, wo große Schiffe verschwanden, ohne SOS zu funken und ohne daß man später Treibgut gefunden hätte. Aber erst seit im Jahr 1945 und in den darauffolgenden Jahren derart viele Flugzeuge und auch Schiffe jeder Größe verlorengingen, begannen Forscher, sich mit der Regelmäßigkeit dieses Phänomens auseinanderzusetzen. Eine Schlagzeile im *Manchester Guardian* anläßlich des Verschwindens von Flight 19 ist für diese Reaktion typisch. Sie lautet: »Der Friedhof der Sargasso-See verschlingt jetzt nicht nur Schiffe, sondern auch Flugzeuge.«

Die verschwundenen Flugzeuge brachten dem Bermuda-Dreieck weltweite Aufmerksamkeit. Allerdings verschwanden schon seit mehr als 170 Jahren – vielleicht auch seit Jahrhunderten, nur besitzen wir darüber keine Aufzeichnungen mehr – in diesem Gebiet Schiffe mitsamt der Mannschaft (manchmal verschwand auch nur die Mannschaft). Einige Umstände bei diesen Schiffsunglücken erinnern stark an die rätselhaften Unfälle in der Luft, während andere überraschende Eigentümlichkeiten zeigen.

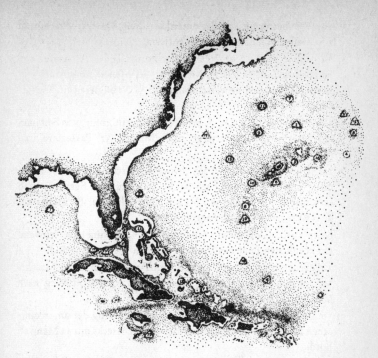

Annähernde Positionen der wichtigsten im Bermuda-Dreieck verschwundenen Flugzeuge und Schiffe zum Zeitpunkt ihres Verschwindens. Die Flugzeuge sind mit Ziffern in Kreisen bezeichnet, die Schiffe mit Ziffern in Dreiecken.

Die wichtigsten im Bermuda-Dreieck verschwundenen Flugzeuge

(Auf der Karte: Ziffern in Kreisen)

1. 5. Dezember 1945: Fünf TBM-Avenger-Bomber der amerikanischen Marine auf einem Trainingsflug von Fort Lauderdale, Florida; Besatzung: vierzehn Mann; zwei Stunden normaler Flug;. verschwanden ungefähr 225 Meilen nordöstlich ihres Stützpunktes.
2. 5. Dezember 1945: PBM-Martin-Mariner-Bomber, mit dreizehn Mann Besatzung auf die Suche nach den fünf TBM Avenger entsandt; zwanzig Minuten später Funkkontakt unterbrochen und Flugzeug verschwunden.

3. 1947: Superfort (C-54 der amerikanischen Armee); verschwand 100 Meilen von den Bermudas entfernt.

4. 29. Januar 1948: *Star Tiger*, viermotorige Tudor IV; verlor den Funkkontakt nach letzter Meldung 380 Meilen nordöstlich der Bermudas; Maschine verschwand mit 31 Passagieren und Besatzung.

5. 28. Dezember 1948: DC-3, privates Charterflugzeug, von San Juan auf Puerto Rico unterwegs nach Miami; 32 Passagiere und Besatzung.

6. 17. Januar 1949: *Star Ariel*, Schwestermaschine der *Star Tiger*; unterwegs von London nach Santiago de Chile via Bermudas und Jamaika; Funkkontakt 380 Meilen südwestlich der Bermudas auf dem Kurs nach Kingston abgebrochen.

7. März 1950: Globemaster (amerikanische Maschine); verschwand am nördlichen Ende des Dreiecks auf dem Weg nach Irland.

8. 2. Februar 1952: Frachtflugzeug vom Typ York (britische Maschine); verschwand im Norden des Dreiecks auf dem Weg nach Jamaika; 33 Mann an Bord.

9. 30. Oktober 1954: Super Constellation (Flugzeug der amerikanischen Marine) verschwand im Norden des Dreiecks mit 42 Mann an Bord.

10. 9. November 1956: P5M-Patrouillenflugboot der amerikanischen Marine; verschwand mit zehn Mann Besatzung in der Nähe der Bermudas.

11. 8. Januar 1962: KB-15-Tankflugzeug der amerikanischen Luftwaffe; unterwegs vom Stützpunkt Langley Field in Virginia zu den Azoren.

12. 28. August 1963: zwei neue vierstrahlige Stratotanker vom Typ KC-13 der amerikanischen Luftwaffe; unterwegs vom Luftwaffenstützpunkt Homestead, Florida, zu geheimer Lufttank-Position im Atlantik; verschwanden 300 Meilen südwestlich der Bermuda-Inseln.

13. 5. Juni 1965: C-119 Flying Boxcar; zehn Personen an Bord; in den südöstlichen Bahamas verschwunden.

14. 5. April 1965: zu ziviler Frachtmaschine umgebauter B-25-Bomber; südöstlich der Tongue of Ocean verschwunden; drei Mann Besatzung.

15. 11. Januar 1967: Chase YC-22, zu Frachtmaschine umgebaut; vier Personen an Bord; im Golfstrom zwischen Palm Beach und Grand Bahama verlorengegangen.

16. 22. September 1963: C-132 Cargomaster verschwand auf dem Weg zu den Azoren.

Größere Schiffe, die im Bermuda-Dreieck verschwanden oder verlassen aufgefunden wurden

(Auf der Karte: Ziffern in Dreiecken)

1. 1840: *Rosalie*, ein französisches Schiff; auf dem Weg von Havanna nach Europa im Gebiet des Dreiecks verlassen aufgefunden; Segel gesetzt, Ladung intakt, die Besatzung verschwunden.

2. Januar 1880: die britische Fregatte *Atalanta*; verließ mit 290 Personen an Bord die Bermudas mit dem Ziel England; verschwand vermutlich nicht weit von den Bermudas.

3. Oktober 1902: Die deutsche Bark *Freya*; wurde bald nach Verlassen des Hafens Manzanillo auf Kuba gefunden, mit starker Schlagseite, Masten teilweise fehlend, der Anker nachschleifend; der Kalender in der Kabine des Kapitäns zeigte den 4. Oktober, den Tag nach der Abfahrt.

4. März 1918: Versorgungsschiff der amerikanischen Marine U.S.S. *Cyclops*; 152 Meter lang, 19 000 Tonnen; fuhr am 4. März mit 309 Personen an Bord von Barbados nach Norfolk; kein Schlechtwetter, keine Funkmeldungen; Wrack nicht gefunden.

5. 1925: S.S. *Cotopaxi*; verschwand auf dem Weg von Charleston nach Havanna.

6. April 1932: Zweimaster *John and Mary*; registriert in New York; wurde leer 50 Meilen südlich der Bermudas treibend gefunden; Segel eingerollt, Schiffsrumpf frisch gestrichen.

7. Februar 1940: Jacht *Gloria Colite*; aus St. Vincent, Britisch Westindien; wurde 200 Meilen südlich von Mobile in Alabama verlassen aufgefunden; alles an Bord in Ordnung.

8. 22. Oktober 1944: der kubanische Frachter *Rubicon*; wurde von der Küstenwache im Golfstrom in der Nähe Floridas treibend gefunden; bis auf einen Hund kein Lebewesen an Bord.

9. Juni 1950: S.S. *Sandra*, Frachter von 108 Meter Länge; unterwegs von Savannah, Georgia, nach Puerto Cabello in Venezuela; Ladung 300 Tonnen Insektenvertilgungsmittel; passierte St. Augustine, Florida, und verschwand dann spurlos.

10. September 1955: Jacht *Connemara IV*; wurde verlassen 400 Meilen südwestlich der Bermudas aufgefunden.

11. 2. Februar 1963: *Marine Sulphur Queen*; Frachter von 129 Meter Länge; verschwand samt Mannschaft; keinerlei Funksprüche, Wrackteile oder Anhaltspunkte irgendwelcher Art; war auf dem Weg von Beaumont, Texas, nach Norfolk in Virginia; letzte Meldung von einer Position in der Nähe der Dry Tortugas.

12. 1. Juli 1963: *Sno'Boy*; Fischkutter von 20 Meter Länge; 40 Mann Besatzung; auf dem Weg von Kingston, Jamaika, nach Northeast Cay; verschwand mit der gesamten Besatzung.

13. 1924: *Raifuku Maru*; japanischer Frachter; funkte zwischen den Bahamas und Kuba um Hilfe und verschwand anschließend.

14. 1931: *Stavanger*; Frachter mit 43 Mann Besatzung; letzte Meldung aus der Nähe von Cat Island in den Bahamas.

15. März 1938: *Anglo-Australian*; Frachter mit 39 Mann Besatzung; letzte Meldung von einem Punkt westlich der Azoren: »Alles in Ordnung.«

16. Dezember 1967: *Revonco*; 14 Meter lange Rennjacht mit Hochseeausrüstung; verschwand in Sichtweite der Küste.

17. 24. Dezember 1967: *Witchcraft*; Kabinenkreuzer; Passagier und Besitzer verschwanden, während das Schiff an einer Hafenboje 1 Meile vor Miami befestigt war.

18. April 1970: *Milton Iatrides*; Frachter auf dem Weg von New Orleans nach Kapstadt.

19. März 1973: *Anita*; 20 000-Tonnen-Frachter mit 32 Mann Besatzung, auf dem Weg von Newport News nach Deutschland.

3

Das Meer der verlorenen Schiffe

Die meisten ungeklärten Schiffsunglücke im Bermuda-Dreieck fanden in der Sargasso-See statt, einem großen, unbewegten Meeresgebiet im westlichen Atlantik. Wenn irgend etwas das Rätsel noch unlösbarer machen kann, dann die Sargasso-See, die selbst immer wieder Rätsel aufgibt, seit sie vor fünfhundert Jahren von spanischen und portugiesischen Seeleuten erstmals befahren wurde. Wenn wir die Überquerung der Sargasso-See durch phönizische und karthagische Seefahrer dazuzählen – die heute als wahrscheinlich angenommen wird –, so ist man diesem Rätsel schon seit Jahrtausenden gegenübergestanden.

Die Sargasso-See ist also ein riesiges Gebiet im Nordwestatlantischen Becken und hat ihren Namen von der Meeresalge Sargassum. Diese Algen, die entweder einzeln oder in großen Mengen im Wasser treiben, markieren die Grenzen des Gebiets. Als Kolumbus auf seiner ersten Reise in dieses Meer kam und so viele Algen sah, nahm er fälschlich an, daß Land in der Nähe sei. Sein Mut hob sich – ein Gefühl, das von seiner Mannschaft nicht eben geteilt wurde.

Dieses Algenmeer wird im Norden vom Golfstrom begrenzt, der sich zuerst nach Nordost und dann nach Osten bewegt. Die südliche Grenze bilden der zurückkehrende Golfstrom und der nördliche Äquatorialstrom. Die Umrisse dieses Meeres sind nicht genau festgelegt. Es erstreckt sich in der Hauptsache vom 37. nördlichen zum 27. nördlichen Breitengrad und vom 75. zum 40. westlichen Längengrad. Unter der Sargasso-See liegen das Hatteras- und Nares-Tief, die steile Bermuda-Schwelle, zahlreiche »seamounts« (unterseeische Berge), die nicht ganz bis zur Wasseroberfläche reichen und flache Plateaus bilden, als seien sie einst Inseln gewesen) sowie an der Ostgrenze ein Teil des Nordatlantischen Rückens, einer riesigen, in Nord-Süd-Richtung verlaufenden unterseeischen Gebirgskette, deren höchste Gipfel über die Meeresoberfläche ragen und die Azoren bilden. Die Sargasso-See ist ein stagnierendes Meer, in dem es außer in den Randgebieten fast keine Strömungen gibt. Sie erstreckt sich etwa 200 Meilen nördlich der Großen Antillen und etwa 260 Meilen vom Festland Floridas und der

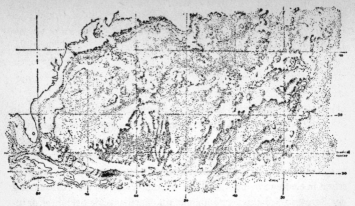

Das Gebiet der Sargasso-See im Atlantischen Ozean. Die Pfeile zeigen die Richtung des Golfstroms und des nördlichen Äquatorialstroms an, die dieses algenbewachsene und unbewegte Meeresgebiet begrenzen, das durch tödliche Flauten charakterisiert ist. Tiefgelegene Teile des Meeresbodens sind auf der Karte dunkel eingezeichnet, die kleinen Inseln, wie die Azoren und die Bermuda-Inseln, dagegen schwarz. In den höhergelegenen Gebieten des Meeresbodens, vor allem zwischen dreißig und vierzig Grad nördlicher Breite, befinden sich die geheimnisvollen »Seamounts«, abgeflachte unterseeische Berge, die möglicherweise früher Inseln waren. Die seichten Gebiete um die Azoren und die Bahamas sind auch ein Zeichen, daß die Inseln wesentlich größer waren, bis das Schmelzen des Inlandeises nach der letzten Eiszeit den Meeresspiegel ansteigen ließ.

Atlantikküste entfernt bis in die Nähe von Kap Hatteras, von dort weiter in den Atlantik in Richtung Iberische Halbinsel und Afrika bis zum Nordatlantischen Rücken.

Die Sargasso-See wird nicht nur von ihren allgegenwärtigen Algen, sondern auch von ihren tödlichen Flauten charakterisiert, die wahrscheinlich zu den pittoresken, aber furchterregenden Legenden vom »Meer der verlorenen Schiffe«, vom »Schiffsfriedhof« oder vom »Meer der Angst« geführt haben. Diese Seemannssage erzählt von einem großen Friedhof an der Oberfläche des Atlantik, wo Schiffe aus allen Zeitaltern der Seefahrt liegen, gefangen und umklammert von Algenfeldern, langsam verrottend, aber noch immer mit »Mannschaften« besetzt, den Skeletten der Unglücklichen, die sich nicht retten konnten und das Schicksal ihrer Schiffe teilten. In diesem Meer des Todes sollen Jachten zu finden sein, Walfangschiffe, Klipper, Packboote, Brigantinen, Piratenschiffe und, um die Geschichte spannender zu machen, spanische Schatzgaleonen. Je öfter die Geschichte erzählt wurde, von desto mehr Schiffen berichtete sie, Schiffen, die zum Zeitpunkt der Erzählung schon lange verfault und versunken sein mußten, wie die Drachenschiffe der Wikinger, an deren Rudern noch die Skelette der Seefahrer zu sehen waren, arabische Segelgaleeren, römische Triremen mit ihren großen Ruderbänken, phönizische Handelsschiffe mit Silberankern, und selbst die riesigen Schiffe der versunkenen Atlantis mit goldbeschlagenem Bug – alle dazu verdammt, jahrhundertelang in einem bewegungslosen Meer zu verrotten.

Die ersten Legenden über die Sargasso-See stammen vielleicht von den Phöniziern und Karthagern, die dieses Gebiet vor Tausenden von Jahren befuhren und in Amerika landeten, wie man aufgrund von phönizischen Inschriften in Brasilien, Funden von phönizischen Münzen auf den Azoren, karthagischen Münzen in Venezuela und an der Südostküste der Vereinigten Staaten und bildlichen Darstellungen wahrscheinlich semitischer Besucher in Mexiko annehmen kann. Der folgende Bericht des Karthagers Himilkon aus dem Jahr 500 v. Chr. hat in Hinblick auf die Flauten und die Algenfelder der Sargasso-See einen recht vertrauten Klang.

> Kein Wind treibt das Schiff vorwärts, so still ist die dicke Luft dieses bewegungslosen Meeres . . . viele Algen treiben auf den Wellen und halten das Schiff wie Gestrüpp zurück . . . das Meer ist nicht sehr tief, die Oberfläche der Erde ist nur von wenig Wasser bedeckt . . . die Ungeheuer der See schwimmen herum, und gewaltige Monstren bewegen sich zwischen den langsam und träge dahintreibenden Schiffen . . .

Man muß Himilkon über die Jahrtausende hinweg eine gewisse verständliche Übertreibung verzeihen. Die phönizisch-karthagischen Seefahrer waren sehr darauf bedacht, andere Reisende davon abzuhalten, an den Säulen des Herakles (Gibraltar) vorbei in den offenen Ozean hinauszusegeln. Dies geschah hauptsächlich, um den vorteilhaften Handel mit den Kulturen der europäischen Atlantikküste, mit Afrika und vielleicht noch weiter entfernten Ländern nicht zu verlieren. Die Karthager verhängten sogar die Todesstrafe über Kapitäne, die ihre Routen oder auch nur ihren Aufenthalt im Atlantik verrieten. Das erklärt die Gewohnheit der Karthager, alle fremden Schiffe in der Nähe Gibraltars zu versenken, oder, wenn das unmöglich war, aus der Sicht zu verschwinden, selbst wenn das eigene Schiff dabei versenkt werden mußte.

Andere Autoren der Antike haben diese frühen Berichte ausgeschmückt. Sie erzählten von den Sandbänken und seichten Stellen im Atlantik, die Reste des versunkenen Kontinents Atlantis, wie auch über die Algen, die sich um die Ruder schlingen und die Fahrt der Galeeren behindern.

Wie viele Legenden kann auch die vom »Meer der verlorenen Schiffe« eine reale Ursache haben, die allerdings von Phantasievorstellungen überwuchert ist. Der Australier Alan Villiers, der die Sargasso-See mit einem Segelboot überquerte und tatsächlich ein verlassenes Schiff in den Algen bemerkte, notierte (in *Wild Ocean*, 1957): »Ein Schiff, das so lange durch Windstille aufgehalten wird, bis alle Vorräte aufgebraucht sind . . . würde wahrscheinlich von Seepflanzen und Entenmuscheln überwachsen werden, bis es tatsächlich manövrierunfähig ist . . . Die tropischen Bohrwürmer würden die Planken des Schiffs anbohren, bis . . . eine verrottende, faulende Masse, bemannt von Skeletten . . . unter die glatte Oberfläche des Meeres sinkt.«

Unter den zahlreichen Wracks, die in neuerer Zeit in der Sargasso-See gesichtet wurden, befinden sich einige, die zwar nicht in den Algen hängengeblieben, aber von einer Flaute heimgesucht und von der Mannschaft verlassen wurden.

Selbst der Name »Roßbreiten« für den Hochdruckgürtel über der Sargasso-See ist ein Hinweis auf die Bewegungslosigkeit dieses Meeresgebietes: Wenn spanische Galeonen durch Flauten behindert wurden und das Trinkwasser knapp zu werden begann, waren die Spanier gezwungen, ihre Schlachtrosse zu töten und über Bord zu werfen, um Wasser zu sparen.

Moderne Motorschiffe können durch eine Flaute nicht mehr in Gefahr geraten, eine Tatsache, die das häufige Verschwinden von Schiffen in diesem Gebiet noch rätselhafter erscheinen läßt. In gewissem Sinn sind natürlich alle Schiffbrüche rätselhaft, da ja kein Kapitän die Absicht hat, sein Schiff zu verlieren. Wenn das Schicksal eines Schiffes geklärt ist oder es zumindest Hinweise dazu gibt, endet das Rätsel. Bei den vielen Schiffen, die in der Sargasso-See verschwanden, war das jedoch nicht der Fall.

In den ersten Jahren, als Berichte über das Verschwinden von Schiffen in der Sargasso-See und den benachbarten Teilen des Golfstroms

46

auftauchten, gab man zumeist dem Wetter oder den Piraten die Schuld, obwohl die Aufzeichnungen der Spanier überraschend gut geführt wurden, zweifellos wegen des hohen Werts der Ladungen, die die jährlichen Schatzflotten nach Spanien brachten. Diese Schiffe kamen aus Mexiko, Panama und dem heutigen Kolumbien, trafen einander in Havanna und segelten durch die Keys und die Straße von Florida, wo viele von ihnen dem Hurrikan zum Opfer fielen. Ihre Schätze lagen auf dem Grund des Meeres und wurden in späteren Jahrhunderten von Tauchern gefunden. Andere Schiffe wurden von Freibeutern oder Piraten versenkt.

Lange nachdem die Piraterie aufgehört hatte, ein erfolgversprechendes Geschäft zu sein, verschwanden weiterhin regelmäßig Schiffe in diesem Gebiet, selbst bei gutem Wetter. In späteren Jahren zeigte sich immer häufiger, daß weder Wrackteile noch Leichen an den Küsten und Inseln des westlichen Atlantik angetrieben wurden.

Viele der verlorengegangenen Schiffe gehörten zur Kriegsmarine der USA oder anderer Staaten. Die Serie der Verluste begann im August 1800 mit dem Verschwinden der U.S.S. *Insurgent*, mit 340 Mann an Bord, und setzte sich fort bis zu dem ungeklärten Unfall, der im Mai 1968 dem U-Boot *Scorpion* mit 99 Mann Besatzung zustieß. Die *Scorpion* blieb jedoch nicht verschwunden, sie konnte schließlich 460 Meilen südöstlich der Azoren in einer Tiefe von 3000 Metern unter dem Meeresspiegel gefunden werden.

In demselben Gebiet sind folgende Schiffe auf unerklärliche Weise verschwunden:

U.S.S. *Pickering*; am 20. August 1800, mit 90 Mann Besatzung auf dem Weg von Newcastle, Delaware, nach Guadeloupe in Westindien.

U.S.S. *Wasp*; am 9. Oktober 1814 in der Karibik, 140 Mann Besatzung.

U.S.S. *Wildcat*; am 28. Oktober 1824, mit 14 Mann Besatzung auf dem Weg von Kuba nach Thompson's Island.

H.M.S. *Atalanta*; Januar 1880, unterwegs von den Bermudas nach England, mit 290 Personen, meist Seekadetten, an Bord. Das Verschwinden der *Atalanta* war Anlaß für eine ausgedehnte Suchaktion der britischen Marine. Sechs Schiffe der Kanalflotte wurden entsandt und durchsuchten in einigen Meilen Abstand voneinander das Gebiet, in dem die verunglückte *Atalanta* vermutet wurde. Diese Art der Suche sollte sich in der Zukunft noch oft wiederholen, wenn Flugzeuge »Flügel an Flügel« das Gebiet durchkämmten. Die Suche nach der *Atalanta* wurde bis Anfang Mai erfolglos fortgesetzt.

U.S.S. *Cyclops*; am 4. März 1918, auf dem Weg von Barbados nach Norfolk in Virginia, mit 309 Personen an Bord. Unter den Verlusten der amerikanischen Marine ist jener der *Cyclops* der am besten dokumentierte und auch seltsamste, wenn man die Kommunikationsmöglichkeiten von Land zu Meer und von Schiff zu Schiff zur Zeit des Ersten Weltkriegs bedenkt. Es traten zusätzlich noch weitere unglaubliche Zufälle auf. Da der Erste Weltkrieg tobte, glaubte man, die *Cyclops* (ein Kohlenschiff und Schwesterschiff der U.S.S. *Langley*, die später in einen Flugzeugträger umgewandelt wurde) könne auf eine Mine gelaufen oder einem deutschen Unterseeboot oder Zerstörer begegnet sein. Auch eine Meuterei vom Typ der »Meuterei auf der Bounty« gegen den despotischen Kapitän schien möglich. Es wurde auch vermutet, daß die *Cyclops* ganz einfach von ihrem deutschstämmigen Kapitän, der seinen Namen vom deutschen Wichmann zum weniger auffallenden Worley geändert hatte, an den Feind verraten worden war. Es gab tatsächlich für jede dieser Vermutungen einige Hinweise, vor allem weil die *Cyclops* sich nach der Ausfahrt aus dem Hafen von Barbados plötzlich nach Süden gewandt hatte, statt auf ihrem vorgeschriebenen nördlichen Kurs zu bleiben, und dann ebenso plötzlich verschwand. Aber eine spätere Durchsicht der Aufzeichnungen der deutschen Marine zeigte, daß es zu dieser Zeit weder deutsche U-Boote noch Minen in diesem Gebiet gab. Ein britisches Schiff, das seltsamerweise auch *Cyclops* hieß, verschwand während des Zweiten Weltkriegs im Nordatlantik. Die U.S.S. *Cyclops* hatte eine Ladung Manganerz an Bord, und nach Kriegsende rühmten sich deutsche Agenten, Zeitbomben in die Ladung praktiziert zu haben (ein Vorgehen, das in Geheimdienstkreisen nach einer erfolgreichen Aktion nicht selten ist).

Auf jeden Fall hatte das Verschwinden der *Cyclops* alle Elemente einer geheimnisvollen, abenteuerlichen Geschichte: der deutsche Kapitän eines amerikanischen Schiffes, der möglicherweise auch geistesgestört war, da er in langer Unterwäsche und Zylinder auf der Brücke spazierenzugehen pflegte; Passagiere, unter denen sich der frühere amerikanische Generalkonsul in Brasilien befand; drei gefangene Seeleute, die des Mordes angeklagt waren, und ein paar Matrosen, die sich ohne Urlaub von der Truppe entfernt hatten.

Der amerikanische Vizeadmiral M. S. Tisdall stellte eine Theorie über das Verschwinden der *Cyclops* auf, die möglicherweise die Idee für einen 1973 gedrehten Film, »Die Höllenfahrt der Poseidon«, geliefert hat. Der Admiral publizierte einen Artikel mit dem Titel »Ist die *Cyclops* gekentert?«, in dem er das starke Rollen des Schiffes erwähnte. Im Film kentert ein Passagierschiff wegen zu hoher Geschwindigkeit und schlechter Verteilung der Ladung, als es von einer Flutwelle getroffen wird. Soweit man es überprüfen kann, geriet die *Cyclops* in keinen Hurrikan, aber eine plötzliche Flutwelle kann sie getroffen und zum Kentern gebracht haben, so daß sie blitzschnell sank und Besatzung und Passagiere in den Strudel mitzog.

Sicher weiß man von der *Cyclops* jedoch nur, daß sie verschwand – wie so viele andere große und kleine Schiffe im Bermuda-Dreieck. In einem Bericht der Marine über diesen Vorfall heißt es:

. . . Seit ihrem Auslaufen aus Barbados zeigte sich keine Spur mehr. Das Verschwinden der *Cyclops* ist eines der verwirrendsten Rätsel in den Annalen der Marine. Alle Versuche, das Schiff zu finden, blieben ohne Ergebnis . . . Es gab zahlreiche Theorien, aber keine erklärt das Verschwinden befriedigend.

Das rätselhafte Verschwinden der *Cyclops* hatte später auch politische Folgen. Während einer Debatte im Kongreß über die Notwendigkeit von Staatsvorräten wurde auf die *Cyclops* verwiesen, deren Ladung für die Stahlproduktion und Waffenherstellung von Bedeutung war. Ihr Beispiel zeigte, daß die Vereinigten Staaten während internationaler Konflikte nicht auf den Seeweg zur Beschaffung strategisch wichtigen Materials bauen konnten.

Unter jenen Fällen, die sich nach Ende des Zweiten Weltkrieges im Bermuda-Dreieck ereigneten, ist der Verlust des brasilianischen Kriegsschiffes *Sao Paulo* besonders merkwürdig. Die zum Verschrotten bestimmte *Sao Paulo*, die nur eine Aufsichtsmannschaft von acht Mann an Bord hatte, war an zwei Hochseeschleppern vertäut. Der Verband befand sich südwestlich der Azoren. In der Nacht vom 3. zum 4. Oktober 1951 verschwand das geschleppte Schiff plötzlich. Wegen unruhiger See hatte einer der Schlepper in der Nacht des 3. Oktober die Trossen gelöst. Am Morgen zum 4. Oktober war die See wieder ruhig. Da bemerkte man, daß die Kabel zum zweiten Schlepper zerrissen waren und die *Sao Paulo* fehlte. Während Flugzeuge und Schiffe nach ihr suchten, traten seltsame Phänomene auf: Unerklärliche Lichter wurden in der Nacht und am frühen Morgen gesichtet, und am nächsten Tag meldeten die Schiffe und Flugzeuge das Auftauchen von dunklen Gestalten oder Umrissen auf der Meeresoberfläche, die aber bald verschwanden. Von der *Sao Paulo* und ihrer Mannschaft fand man keine Spur.

Die meisten Kommentare zu den Ereignissen im Bermuda-Dreieck begnügen sich damit, diese als unlösbare Rätsel hinzustellen. Andere aber, und zwar jene, die sich am eingehendsten mit diesem Phänomen befaßt haben, sprechen die Vermutung aus, daß das unerklärliche Verschwinden von Schiffen, Flugzeugen und Menschen in Zusammenhang mit vernunftbegabten irdischen oder außerirdischen Wesen steht. Diese Ansicht wird von einer wachsenden Zahl von Personen geteilt, vielleicht weil es sonst keine logische Erklärung des Phänomens gibt.

Ivan Sanderson und Dr. Manson Valentine stellten die Theorie auf, daß intelligente Wesen unter der Wasseroberfläche existieren, während eine andere populäre Theorie hauptsächlich von John Spencer vertreten wird, der zehn Jahre bei der amerikanischen Luftwaffe diente. Spencer nimmt an, daß außerirdische Wesen periodisch die Erde besuchen und Menschen und technisches Material »kidnappen« oder »spacenappen«, um den Stand unserer technologischen Entwicklung festzustellen. Sie tun das nicht, um zu sehen, ob wir schon weit genug gekommen sind, sondern um festzustellen, wann wir in Gefahr sind, zu weit zu kommen. Diese Theorien werden im folgenden noch ausführlich behandelt. Es ist jedoch interessant, die Hypothese eines möglichen inner- oder außerirdischen Forschungslaboratoriums mit dem fortgesetzten Verschwinden von Schiffen und in der Folge auch Flugzeugen in Bezug zu bringen. Die Zeiträume zwischen den einzelnen rätselhaften Unfällen, der Wechsel von Schiffen zu Flugzeugen, wie auch die Verschiedenartigkeit der verschwundenen Schiffe und Jachten, von denen manche nur Passagiere mitführten, andere besondere Ladungen, und auch einige seltsame Umstände, die mit diesen »Unfällen« verbunden sind, geben zu beunruhigenden Überlegungen Anlaß, wenn man sie im Licht dieser Theorie betrachtet.

Einer der ersten unerklärbaren Unfälle, in die ein Handelsschiff verwickelt war, stieß der *Rosalie* zu, einem französischen Frachter, der 1840 nach Havanna unterwegs war. Allerdings verschwand nicht das

Schiff, sondern die Mannschaft und mit ihr die Passagiere. Das Schiff wurde mit gesetzten Segeln und intakter Ladung leer aufgefunden. Außer einem Kanarienvogel war kein Lebewesen an Bord. Wenn es sich um Piraterie handelte, hatte der Pirat offenbar größeres Interesse an den Menschen, die an Bord waren, als am Schiff selbst und der Ladung. Wenn eine plötzlich ausgebrochene Krankheit den Tod der Mannschaft und der Passagiere verursacht hätte, wären Spuren zu finden gewesen. (Als Beispiel, wie ein plötzlicher Krankheitsausbruch ein Schiff veröden kann, erwähne ich einen Vorfall, der sich zur Zeit des Sklavenhandels in der Sargasso-See abspielte. Ein Schoner beobachtete ein Sklavenschiff, das ziellos dahintrieb. Als man es anrief, bat der Kapitän um Hilfe. Alle Sklaven und die Mannschaft wären von einer schweren Krankheit befallen worden, die zu Erblindung führte. Der Schoner beantwortete den Hilferuf nicht, sondern machte sich so schnell wie möglich davon und überließ das Sklavenschiff, die Sklaven und die Mannschaft ihrem Schicksal.)

Am 26. Februar 1855 fand die *Marathon* den Dreimaster *James B. Chester*, der ziellos, ohne Mannschaft, aber mit gesetzten Segeln in der Sargasso-See trieb. Bei der Durchsuchung fand man in den Kabinen Tische und Stühle umgeworfen und die persönliche Habe der Mannschaft verstreut. Die Ladung war intakt; die Rettungsboote befanden sich an ihrem Platz. Es gab keinerlei Anzeichen dafür, daß ein Kampf oder Überfall stattgefunden hatte. Die Mannschaft war einfach verschwunden, entweder vom Schiff entführt oder, was sehr unwahrscheinlich war, über Bord gesprungen. Die Besatzung der *Marathon* bemerkte allerdings, daß die Schiffspapiere und der Kompaß der *James B. Chester* fehlten.

Ein fast unglaublicher Vorfall ereignete sich im Jahr 1881 mit dem amerikanischen Schoner *Ellen Austin*. Der Schoner begegnete westlich der Azoren einem anderen, verlassenen Schoner. Als Leute von der *Ellen Austin* an Bord des anderen Schiffes gingen, fanden sie es in tadellosem Zustand, mit festgezurrten Segeln und intakter Takelage. Der Kapitän der *Ellen Austin* nutzte den glücklichen Zufall und schickte eine Prisenmannschaft an Bord des verlassenen Schiffes. Bevor die Mannschaft das Schiff noch segelfertig machen konnte, trieb es ein plötzlicher Windstoß davon, und es vergingen 2 Tage, bevor es wieder gesichtet wurde. Als Matrosen an Bord gingen, sahen sie, daß die Prisenmannschaft verschwunden war. Es gab aber keine Hinweise darauf, wie und warum sie von Bord gegangen waren. Der Kapitän der *Ellen Austin* war jedoch hartnäckig; nach langen Bemühungen gelang es ihm, einige zögernde Freiwillige zu überreden, und eine zweite Prisenmannschaft ging an Bord. Kurz darauf erhob sich ein plötzlicher Sturm; die beiden Schiffe verloren zum zweiten Mal den Kontakt, und weder das fremde Schiff noch die Prisenmannschaft wurden je wieder gesehen. Wenn die ganze Idee nicht so phantastisch wäre, könnte man annehmen, daß das verlorene Schiff als Falle diente.

Zu den Schiffen, die leer im Bermuda-Dreieck trieben, gehört auch die deutsche Bark *Freya*, die im Oktober 1902 von Manzanillo auf Kuba zu chilenischen Häfen unterwegs war und mit schwerer Schlagseite verlassen aufgefunden wurde. Das oberste Blatt des Abreißkalenders zeigte den 4. Oktober.

Um diese Zeit hatte sich in Mexiko ein heftiges Erdbeben ereignet, und man vermutete, daß durch die seismischen Verschiebungen eine riesige Flutwelle entstanden sei, welche die Mannschaft der *Freya* über Bord gespült oder die Bark teilweise zum Kentern gebracht habe, und daß das Schiff sich später, als die See wieder ruhig wurde, von selbst aufrichtete.

Wenn von leeren Schiffen erzählt wird, die in der Sargasso-See oder benachbarten Teilen des Atlantischen Ozeans gefunden wurden, wird fast ausnahmslos auch die *Mary Celeste* angeführt, das berühmteste verlassene Schiff in der Geschichte der Seefahrt. Der Fall der *Mary Celeste* ereignete sich nicht in der Sargasso-See, obwohl das Schiff auf seiner Fahrt zu jenem Punkt nördlich der Azoren, wo es im November 1872 von der britischen Brigg *Dei Gratia* gefunden wurde, das nördliche Ende der Sargasso-See berührte. Auf der *Dei Gratia* bemerkte man das ziellose Dahintreiben der *Mary Celeste* und rief sie an. Da keine Antwort erfolgte, gingen Männer an Bord, und die *Mary Celeste* wurde später als Prise übernommen. Die Mannschaft, die an Bord ging, fand die Segel gesetzt und die Alkoholladung sicher verstaut. Es gab ausreichende Vorräte an Wasser und Lebensmitteln, aber die zehn Personen an Bord, einschließlich des Kapitäns, seiner Frau und seiner kleinen Tochter, waren verschwunden. Geld, Pfeifen, persönliche Gebrauchsgegenstände und sogar das Logbuch des Schiffes waren noch an Bord, allerdings fehlte der Sextant. Die größte Kabine war mit Brettern verschlagen, als hätte sich hier jemand gegen einen Angriff verbarrikadiert.

Diese geheimnisvolle Geschichte wurde wieder und wieder erzählt und ausgeschmückt, war der Gegenstand von Untersuchungen und Gerichtsverhandlungen, aber das Rätsel der *Mary Celeste* blieb ungelöst. Das Verschwinden der Mannschaft wurde mit Piraterie erklärt, beziehungsweise mit einer Meuterei, bei der die Mannschaft geflüchtet sei, nachdem sie den Kapitän getötet hatte; es wurde angenommen, die Matrosen hätten eine unmittelbar bevorstehende Explosion der Ladung befürchtet, eine ansteckende Krankheit sei ausgebrochen oder die Mannschaft sei entführt worden. Die Versicherungsgesellschaft Lloyds, welche die Prämie zahlte, neigte zu der Theorie, daß ein plötzliches Feuer in der Alkoholladung die Mannschaft so in Panik versetzt habe, daß sie das Schiff verließ. Später sei das Feuer erloschen. Es ist tatsächlich eine Eigenschaft des Alkohols, plötzlich aufzuflammen, mit blauer Flamme zu brennen und dann von selbst zu erlöschen. Die Mannschaft konnte aus den Rettungsbooten vielleicht nicht mehr zum Schiff zurückkehren, als der kurze Brand vorbei war. Eine andere mögliche Erklärung für das seltsame Verhalten der Schiffsbesatzung wäre das Vorhandensein von Mutterkorn im Brotvorrat. Mit Mutterkorn gemischtes Brot hatte schon des öfteren das Verhalten von Schiffsbesatzungen verändert und Geistesstörungen, irrationale Handlungen und schließlich den Tod hervorgerufen. Ein solches kollektives Irresein könnte der Grund sein, warum die Mannschaft in einer Panik das Schiff verlassen hatte, und ist vielleicht auch die Ursache, warum die Mannschaften anderer »Geisterschiffe« auf den verschiedenen Meeren der Welt verschwunden sind.

In seinem Buch *Strange Mysteries of Time and Space* stellte Harold Wilkins die glaubhafte Hypothese auf, daß das Schiff von Personen, die der Besatzung bekannt waren, geentert und übernommen wurde. Die Mannschaft sei dann getötet und das leere Schiff auf dem Meer »wiedergefunden« und als Prise genommen worden.

Bei der Entwicklung dieser Theorie weist Wilkins auf viele nicht übereinstimmende Aussagen von Kapitän und Mannschaft der *Dei Gratia* hin und auf die Tatsache, daß die *Dei Gratia* neben der *Mary Celeste* geankert hätte und kurz nach deren Aufbruch ebenfalls abgesegelt war.

Nach der Prisenverhandlung wurde die *Mary Celeste* instand gesetzt und fuhr wieder zur See, aber sie hatte bald den Ruf eines »Unglücksschiffs«, das seiner Mannschaft Gefahr und Tod bringt. Ihr letzter Kapitän, Gilman Parker, ließ das Schiff, nachdem er der ganzen

Mannschaft und auch sich selbst äußerst großzügige Alkoholrationen bewilligt hatte, schließlich absichtlich, wie es heißt, auf ein Felsenriff bei Haiti auflaufen und beendete so die unglückliche Karriere der *Mary Celeste*.

Bei anderen verlassenen Schiffen finden sich weniger Anhaltspunkte, was ihrer Mannschaft zugestoßen sein könnte. Zu ihnen zählt die *Carol Deering*, die im Februar 1921 an der Küste von Nordcarolina strandete. Es gab keine Anzeichen, was aus der Besatzung geworden war, außer daß sie das Schiff freiwillig oder unfreiwillig verlassen haben mußte, als gerade das Essen auf dem Tisch stand. Im April 1932 wurde die *John and Mary* 50 Meilen südlich der Bermudas verlassen aufgefunden; am 3. Februar 1940 die *Gloria Colite*, ein 38 Meter langer Schoner. Die *Rubicon*, ein kubanisches Schiff, wurde am 22. Oktober 1944 in der Gegend von Key Largo bei Florida entdeckt, leer, bis auf einen halbverhungerten Hund. Die letzte Eintragung im Logbuch war vom 26. September und besagte, daß das Schiff zu dieser Zeit im Hafen von Havanna lag. Die Rettungsboote fehlten, als hätte die Mannschaft das Schiff überstürzt verlassen. Ivan Sanderson machte darauf aufmerksam, daß es höchst ungewöhnlich ist, daß eine Mannschaft das Schiffsmaskottchen oder ihre eigenen Haustiere zurückläßt, wenn sie von Bord geht. Die Vermutung liegt nahe, daß die Mannschaft gewaltsam entführt wurde, vielleicht von Wesen, die nur der Sprache mächtige Individuen brauchen konnten. Sanderson meint, es sei eigenartig, daß Katzen, Hunde und Kanarienvögel auf Schiffen gefunden wurden, deren Mannschaft verschwunden war, während . . . »Papageien offensichtlich gemeinsam mit der Besatzung verschwinden . . .«, vielleicht, weil zusammenhängende (oder unzusammenhängende) Sprache ein Merkmal der dominanten Spezies des Planeten Erde ist.

Mannschaft und Passagiere verschwanden auch von vielen kleineren Schiffen und Booten, die später leer treibend aufgefunden wurden, wie die Jacht *Connemara IV* im September 1955, 400 Meilen südwestlich der Bermudas; die 18 Meter lange *Maple Bank*, die am 30. Juni 1960 nördlich der Bermudas ohne Besatzung treibend angetroffen wurde; *The Vagabond*, eine 12 Meter lange, von ihrem Besitzer gesteuerte Jacht, die am 9. Juli 1969 leer treibend, aber in tadellosem Zustand westlich der Azoren gefunden wurde, ohne eine Spur der Mannschaft und des Besitzers, Wallace P. Williams. Manche Boote verschwanden auf ganz kurzen Fahrten, wie zum Beispiel der Kabinenkreuzer des bekannten Jockeis Al Snyder. Der Jockei hatte Miami am 5. März 1948 in Begleitung mehrerer Freunde verlassen, um bei Sandy Key zu fischen. Die Jacht wurde später gefunden, die Passagiere waren verschwunden.

Einige kleine verlassene Boote, die nach der Revolution in Kuba auf hoher See gefunden wurden, stammten wahrscheinlich von kubanischen Flüchtlingen, die von ihren Verfolgern eingeholt worden waren, ein sensationeller Fall in diesem Gebiet hatte jedoch nichts mit der Situation in Kuba zu tun.

Der Vorfall mit der *Witchcraft* ist ein ausgezeichnetes Beispiel für das blitzartige Verschwinden eines kleinen Schiffs, das nicht nur in Sichtweite des Hafens lag, sondern sogar an einer Hafenboje ankerte. Dan Burack, der Besitzer der *Witchcraft*, die übrigens als unsinkbar galt, hatte am Heiligen Abend einen Geistlichen, Father Pat Hogan, eingeladen, sich die Weihnachtsbeleuchtung Miamis vom Meer aus anzusehen. Sie fuhren bei ruhiger See ungefähr eine Meile vor die Küste hinaus und hielten in der Nähe der Boje Nr. 7 an, um die Lichter zu bewundern. Von diesem Punkt aus richtete Burack plötzlich einen Hilferuf an die Küstenwache und gab seine genaue Position an. Es dauerte nur zwanzig Minuten, bis ein Boot der Küstenwache zur Boje Nr. 7 kam, aber von der *Witchcraft* war nichts mehr zu sehen. Als die Suche schließlich abgebrochen wurde, stellte ein Sprecher der Küstenwache paradoxerweise fest: »Sie werden vermißt, aber wir glauben nicht, daß sie einen Schiffbruch erlitten haben.«

Die Liste der Frachtschiffe, Fischerboote und Jachten, die mit ihren Mannschaften verlorengingen, ist eindrucksvoll. Die meisten Schiffe verschwanden bei gutem Wetter und hinterließen keine treibenden Wrackteile, Ölflecke, Rettungsboote, Schwimmwesten (mit einer bemerkenswerten Ausnahme) oder Leichen, weder auf dem Meer noch an den benachbarten Stränden. So wie die verschwundenen Flugzeuge gaben die Schiffe keine SOS-Meldung und funkten, an Bord sei alles in Ordnung. Zu diesen Schiffen gehören die *Cotopaxi*, ein Frachter, der 1925 von Havanna nach Charleston unterwegs war; die *Suduffco*, ebenfalls ein Frachter, der 1926 von Port Newark nach Süden fuhr; die *Stavenger*, die mit 43 Personen an Bord im Jahr 1931 verschwand und zuletzt südlich von Cat Island gesichtet worden war; und der Frachter *Anglo-Australian*, mit einer Besatzung von 39 Mann, der im März 1938

55

»alles in Ordnung« funkte, als er auf seinem Weg nach Westen die Azoren passierte.

Im Winter 1924 funkte der japanische Frachter *Raifuku Maru* eine dramatische letzte Meldung, bevor er zwischen den Bahamas und Kuba verschwand. Die Funkmeldung enthielt einen ungewöhnlichen Hilferuf: ». . . Gefahr wie ein Dolch . . . Kommt schnell . . . wir können nicht fliehen . . .«, ohne jedoch näher zu definieren, um welche Art von Gefahr es sich handelte. Falls es ein plötzlich ausgebrochener Sturm oder eine Wasserhose war, würde man von einem Funker normalerweise präzise Informationen erwarten, die später der Rettungsaktion dienlich sein konnten, und nicht phantasievolle Vergleiche.

Das Verschwinden von Schiffen im Atlantik während der Kriegsjahre hatte die verschiedenartigsten Gründe, darunter Angriffe von U-Booten, Minen, Bomben, Sabotage – aber im Bermuda-Dreieck verschwanden noch lange nach Kriegsende größere Schiffe. Der Frachter *Sandra*, der im Juni 1950 mit einer Ladung Insektenvertilgungsmittel von Puerto Cabello nach Savannah unterwegs war, passierte St. Augustine in Florida bei gutem Wetter. Danach wurde der Funkkontakt unterbrochen und nie wieder aufgenommen. Es ist bemerkenswert, daß die S.S. *Sandra*, wie fast alle amerikanischen Schiffe in diesem Gebiet, in Sichtweite des Landes verschwand.

Weiter südlich, zwischen Jamaika und Northeast Cey, verschwand im Jahr 1963 die *Sno'Boy*, ein Fischerboot mit 40 Personen an Bord.

Unter den vielen Jachten und Segelbooten, die in diesem Gebiet als vermißt gemeldet wurden (ungefähr ein Schiff pro Monat), erregte der Fall der *Revonoc*, einer 14 Meter langen Rennjacht, die beim Newport-Bermuda-Rennen Preise gewonnen hatte, besonderes Aufsehen. Sie verschwand während einer kurzen Kreuzfahrt zwischen Key West und Fort Lauderdale in der Zeit zwischen Weihnachten und Neujahr 1967 (eine gefährliche Zeit in diesem Gebiet, wie wir schon früher bemerkt haben). Das Aufsehen wurde durch einige seltsame Umstände noch verstärkt. Zunächst war die Jacht so entworfen, daß sie für alle Wetterbedingungen geeignet war. Zweitens war Kapitän Conover (*Revonoc* ist eine Umkehrung des Namens des Besitzers), der Skipper und Eigentümer, ein ausgezeichneter Seemann und Präsident des *Cruising Club of America*. Er hatte zuviel Erfahrung, um auf einer so kurzen Kreuzfahrt einen Unfall zu riskieren. Er segelte jedenfalls nahe an der Küste entlang, und Wrackteile der Jacht hätten am Strand gefunden werden müssen, wenn sie auf ein Riff aufgelaufen wäre. Um das Verschwinden der *Revonoc* irgendwie zu erklären, behauptete der damalige Redakteur der Segelfahrtsabteilung der *New York Herald Tribune,* daß ein Frachter, der sich zu dieser Zeit in der Gegend aufhielt, die Jacht in der Dunkelheit einfach überfahren und auf diese Weise spurlos versenkt habe.

Mehr als ein halbes Jahrhundert vor dem Verschwinden Conovers, im Jahr 1909, unternahm ein anderer berühmter Segler, Joshua Slocum, der zum erstenmal allein eine Weltumseglung durchgeführt hatte, mit seiner 11 Meter langen Jolle *Spray* eine Fahrt in dieses Gebiet. Es wurde gemeldet, er sei von Miami aus nach Süden in das Dreieck gesegelt und kurz darauf mit seinem Schiff verschwunden.

Das Verschwinden kleiner und mittelgroßer Schiffe innterhalb des Dreiecks ist zweifellos in vielen Fällen durch die Wetterbedingungen erklärbar, vor allem im Winter, weil dann die kalten arktischen Luftmassen auf die warme Luftströmung aus den Tropen treffen und das Wetter noch unberechenbarer wird. Das kann die Ursache für den Untergang folgender kleiner Schiffe sein: des Schoners *Windfall* (17 Meter lang, verschwand im Jahr 1962 in der Nähe der Bermudas), der 17 Meter langen *Evangeline* (unterwegs von Miami zu den Bahamas, 1962), der 18 Meter langen *Enchantress* (verschwand 1946 auf dem Weg von Charleston nach St. Thomas) und des 11 Meter langen Küstenschiffs *Dancing Feather* (verschwand 1964 zwischen Nassau und Nordcarolina). Alle diese Vorfälle ereigneten sich in den Wintermonaten, wenn von plötzlichen Sturmböen aufgetürmte hohe Wellen ein kleines Boot zum Kentern bringen können, bevor man noch einen Funkspruch durchgeben kann. Das Verschwinden von Schiffen bei ruhiger See wäre dadurch natürlich nicht erklärt, ebensowenig die Fälle, wo große Frachter oder Kriegsschiffe spurlos verschwanden.

Der Verlust eines 129 Meter langen Frachters mit 39 Mann Besatzung, der *Marine Sulphur Queen,* am 2. Februar 1963, ist wegen der Größe des Schiffes besonders auffällig. Der Frachter war mit einer Ladung von 15 000 Tonnen geschmolzenem Schwefel in Stahltanks von Beaumont in Texas nach Norfolk in Virginia unterwegs. Das Wetter war günstig. Die letzte Meldung des Schiffs kam von einem Punkt in der Nähe der Dry Tortugas im Golf von Mexiko, ein Gebiet innerhalb des Dreiecks oder in seiner Nähe, je nachdem, wie man seine eher fluktuierenden Grenzen festlegt.

Seltsamerweise wurde das Schiff als erstes nicht von seinen Besitzern vermißt, sondern von einer Börsenmaklerfirma, und zwar aufgrund einer Serie ungewöhnlicher Zufälle. Einer der Matrosen auf der *Marine Sulphur Queen* hatte an der Börse in Weizen spekuliert, ein Zeitvertreib, der engen Kontakt mit dem jeweiligen Makler verlangt. Bevor das Schiff den Hafen verließ, hatte er einen Kaufantrag hinterlassen. Die Maklerfirma führte die Order aus und drahtete eine Bestätigung. Als keine Antwort kam, benachrichtigte die Firma die Schiffseigentümer, daß sie die *Marine Sulphur Queen* nicht erreichen konnte: ein erstes Anzeichen dafür, daß etwas nicht stimmte, und der Ausgangspunkt für die erfolglose Suche nach der *Marine Sulphur Queen*, die am 6. Februar von der Küstenwache aufgenommen wurde. Flugzeuge und Schiffe durchkämmten das Gebiet von der Küste Virginias bis zum östlichen Teil des Golfs von Mexiko. Am 15. Februar wurde die Suche abgebrochen, aber fünf Tage später berichtete die Marine, ein Schiff hätte in der offenen See 15 Meilen südlich von Key West eine Schwimmweste der *Marine Sulphur Queen* gefunden. Das löste eine weitere Suche aus, die aber nur eine zweite Schwimmweste zutage brachte. Bei einer darauffolgenden Untersuchung wurden alle möglichen Ursachen für den Unfall in Betracht gezogen: Explosion des Schwefels, Kentern, Auflaufen auf eine Mine, sogar die Kaperung und Entführung durch Kubaner oder ihre Sympathisanten wurde vermutet. Die Untersuchungskommission der Marine bemerkte, »daß die *Marine Sulphur Queen* auf offener See verschwand, ohne SOS zu funken«, bot aber keine stichhaltige Hypothese oder Lösung des Rätsels.

Die Geschichten über das Bermuda-Dreieck waren wieder in aller Munde, als das Atomunterseeboot U.S.S. *Scorpion* am 28. Mai 1966 mit 99 Mann Besatzung nicht zu seinem Heimathafen Norfolk, Virginia, zurückkehrte. Die letzte Routinemeldung war am 21. Mai von einem Punkt 250 Meilen westlich der Azoren an den Stützpunkt gerichtet worden. Am 5. Juni wurde das U-Boot als vermißt aufgegeben, aber mehrere Monate später entdeckte ein ozeanographisches Forschungsschiff der Marine 460 Meilen südlich der Azoren einzelne Wrackteile in einer Tiefe von mehr als 3000 Meter. Unterwasserfotos haben gezeigt, daß sie von der *Scorpion* stammen, man kann hier also nicht von einem Verschwinden sprechen, obwohl die Ursache des Unfalls nicht geklärt werden konnte. Wenn, wie einige der mit dem Phänomen des Bermuda-Dreiecks Befaßten annehmen, eine intelligenzgesteuerte zentrale Kraft die Ursache für das Verschwinden oder Beinahe-Verschwinden ist, so läßt der Verlust einiger Atomunterseeboote im westlichen Atlantik ernstere Gründe als das Versagen von Instrumenten vermuten.

Falls man, wie John Spencer vorschlug, den Golf von Mexiko zu dem Gebiet zählt, in dem Schiffe verlorengehen, dann muß auch das Verschwinden eines Schiffes im Jahr 1966 mit einbezogen werden. Vor allem dann, wenn man untersuchen will, welche Möglichkeiten es gibt, den ungeklärten Gefahren des Dreiecks zu entrinnen, wie es in einem späteren Kapitel geschehen soll. Bei diesem Schiff handelt es sich um den 20 Meter langen Schlepper *Southern Cities*, der am 29. Oktober 1966 mit einem 64 Meter langen Schleppkahn Freeport in Texas verließ. Als die *Southern Cities* ihre tägliche Funkmeldung unterließ, wurde eine Suche eingeleitet und der Schleppkahn gefunden. Er war unbeschädigt, die Ladung von Chemikalien intakt, das Schleppkabel war bis zur Befestigungskette in tadellosem Zustand – aber der Schlepper und seine Mannschaft waren verschwunden.

Ein Auszug des Untersuchungsberichts der Küstenwache trifft auch auf alle anderen verschwundenen Schiffe und Flugzeuge zu: ».. . da das Schiff keinen Hilferuf durchgab, ist die Vermutung berechtigt, der Schiffbruch wäre so rasch erfolgt, daß eine derartige Meldung nicht mehr zustande kommen konnte.«

In jüngster Zeit verschwanden die *Ithaca Island,* im November 1968 mit einer Weizenladung unterwegs von Norfolk nach Manchester; die *Milton Iatrides,* mit einer Ladung Pflanzenöl und Soda auf dem Weg von New Orleans nach Kapstadt; die *Anita,* ein 20 000-Tonnen-Frachter mit 32 Mann Besatzung, die im März 1973 von Newport News mit einer Ladung Kohlen nach Deutschland fuhr und nie mehr gesehen wurde. Nachdem die üblichen gründlichen Suchaktionen durchgeführt worden waren und das Verschwinden der *Anita* endgültig feststand, zahlte Lloyds in London den Besitzern 3 Millionen Dollar aus.

Das Schwesterschiff der *Anita,* die *Norse Variant,* die zwei Stunden vor ihr den Hafen verließ, funkte, daß sie 150 Meilen südöstlich von Cape May im Sinken sei. Zuerst glaubte man, daß alle Besatzungsmitglieder den Tod gefunden hätten, aber einer der Männer kam davon, indem er sich an einen hölzernen Lukendeckel klammerte. Er erzählte, daß das Schiff innerhalb von Minuten gesunken sei. Ein ungewöhnlich heftiger Sturm fegte plötzlich alle beweglichen Gegenstände über Bord.

Schwere Seen überschwemmten das Schiff, füllten die Laderäume und brachten es innerhalb von fünf Minuten zum Sinken.

Wenn man bedenkt, daß die Ladungen der verschwundenen Handelsschiffe äußerst vielfältig waren, scheint es nichts zu geben, was auf einen Zusammenhang zwischen der Natur der Ladung und der Art des Verschwindens hinweist, etwa Piraterie, Explosionsgefahr, Meuterei oder ähnliches.

Im Verlauf eines Gesprächs über das Verschwinden von Schiffen und Flugzeugen im Bermuda-Dreieck äußerte ein Offizier des Dritten U.S.-Marineabschnitts eine weitverbreitete, aber sicher unoffizielle Meinung: »Es ist ein echtes Geheimnis. Niemand in der Marine lacht über diese Sache. Wir haben immer gewußt, daß mit dem Bermuda-Dreieck irgend etwas los ist. Aber niemand konnte herausfinden, was. Anscheinend gibt es keine physikalische oder logische Ursache. Es ist fast, als hätte man die Schiffe plötzlich mit irgendeiner Art von elektronischem Tarnnetz bedeckt.«

Mit wenigen Ausnahmen haben sich fast alle Vorfälle mit Schiffen und Flugzeugen in der Sargasso-See oder den angrenzenden Küstengewässern abgespielt. Ivan Sanderson warnte davor, die Untersuchung auf einen einzelnen »sensationellen Fall« zu konzentrieren, er erwähnt aber den »ernsten Aspekt« der Tatsache, daß die Lage der Sargasso-See mit dem geheimnisvollen rhombenförmigen Gebiet übereinstimmt, in dem ». . . die meisten Flugzeuge und seit alters eine große Menge an Schiffen . . . verschwunden sind«.

Es ist ein ironischer Zufall, daß dieses Gebiet, seit Urzeiten in Legenden berühmt und berüchtigt, die schon vor seiner offiziellen Entdeckung im Umlauf waren, und später jahrhundertelang als »Meer des Todes« gefürchtet, seine unheimliche Aura und viel von seinen Geheimnissen bis ins Zeitalter der Weltraumfahrt bewahren sollte. Das Staunen über diese Rätsel vereint Personen, die man als die entgegengesetzten Pole eines Spektrums der Entdecker bezeichnen könnte – Christoph Kolumbus und die Astronauten von Apollo 12.

Kolumbus war der erste Beobachter, der von diesem unerklärlichen Leuchten im Meer berichtete, dem glänzenden, phosphoreszierenden weißen Wasser der Bahama-Inseln, nahe der Westgrenze der Sargasso-See. Er entdeckte es am 11. Oktober 1492, zwei Stunden nach Sonnenuntergang, von Bord der *Santa Maria* aus. Die Astronauten konnten dieselben leuchtenden Streifen oder Kanäle im Wasser als die letzten von der Erde sichtbaren Lichter erkennen. Man nahm an, daß dieses Phänomen von Mergel herrührte, den Fische aufwirbelten, vielleicht auch von Fischbänken oder anderen Formen organischen Lebens. Jedenfalls ist das seltsame Leuchten vom Wasser her und vor allem aus der Luft deutlich erkennbar. Während der ersten Reise Christoph Kolumbus' zeigten sich auch andere geheimnisvolle Phänomene, die heute noch im Gebiet des Dreiecks auftreten und Gegenstand verschiedener Spekulationen und Vermutungen sind. Am. 15. September 1492 beobachteten er und seine verängstigte Mannschaft im westlichen Teil der Sargasso-See einen riesigen Feuerstrahl, der über den Himmel fuhr und im Meer verschwand. Einige Tage später waren die Männer der Besatzung wieder von Schreck gebannt, als der Schiffskompaß eigenartige Unregelmäßigkeiten zeigte – am Vorabend der Entdeckung der Neuen Welt eine seltsame Vorhersage jener elektromagnetischen Störungen, die im Bermuda-Dreieck noch heute die Navigation in der Luft und auf See beeinträchtigen.

Ein weiteres Geheimnis der Sargasso-See, das die Aufmerksamkeit früherer wie heutiger Beobachter auf sich gezogen hat, ist die Fortpflanzung der Aale. Aristoteles (384 – 322 v. Chr.) war der erste, der die Frage nach den Brutplätzen der europäischen Aale stellte. Man wußte nur, daß die Aale ihre Lebensräume verließen und in den großen Strömen zum Meer wanderten. Für weitere 2500 Jahre war das alles, was über die Brutplätze der Aale bekannt war. Dann entdeckte der dänische Wissenschaftler Dr. Johannes Schmidt, wohin die Aale in all den Jahrhunderten gezogen waren, seit die Frage zum erstenmal gestellt worden war.

Die ausgewachsenen europäischen Aale folgen den Wasserstraßen, die zum Atlantik führen. Dort vereinigen sie sich und schwimmen in einem großen Schwarm langsam nach Westen, verfolgt von Scharen von Möwen und Rudeln von Haien, bis sie einen Punkt in der Sargasso-See erreichen, wo sie sich in großer Tiefe fortpflanzen. Die ausgewachsenen Tiere sterben dort, und die neugeborenen Aale machen sich auf ihren langen Heimweg, mit dem Golfstrom zurück nach Europa, eine Reise, die ungefähr zwei Jahre dauert.

Das Verhalten der amerikanischen Aale zeigte dasselbe Muster in umgekehrter Richtung. Diese Aale schwimmen nach Osten, treffen ihre europäischen Artgenossen in der Sargasso-See, und die jungen Aale wandern zu ihren Heimatplätzen in den USA zurück. Dieses bemerkenswerte Verhalten der Aale und ihre vererbte Nostophylie (Erinnerung an einen Heimatort bzw. an Brutplätze) führten zu einigen interessanten Theorien. Eine dieser Theorien behauptet, daß der ursprüngliche Brutplatz ein großer Fluß auf einem früheren Kontinent gewesen sei, der einmal im Atlantik in der Nähe der Sargasso-See existiert habe, und daß die Aale noch immer diesen alten Brutplatz aufsuchen, den verschwundenen Fluß, der einmal einen Kontinent durchquerte, der heute Tausende von Metern unter dem Meeresspiegel liegt. Man vermutete sogar, daß die Algen der Sargasso-See dem Unterwasserleben angepaßte Reste der Vegetation des früheren atlantischen Kontinents seien, der nach der historischen Sage mit großer Geschwindigkeit versank und seine üppigen Wälder und Pflanzen mit sich riß.

Unter den verschiedenen Rätseln der Sargasso-See und ihrer Randgebiete ist das der verlorenen Schiffe und Flugzeuge und ihres möglichen Schicksals das erregendste, vor allem weil es sich um ein Gebiet handelt, das jeden Tag von so vielen Schiffen befahren und von so vielen Flugzeugen überquert wird. Es kann natürlich zutreffen, daß es für jeden Fall eine logische Erklärung gibt und daß Termini wie »atmosphärische Aberration«, »Löcher in der Atmosphäre«, »Desintegration durch ungeklärte Luftwirbel«, »Himmelsfallen«, »Aussetzen des Gravitationsfeldes« und die Hypothese, daß Flugzeuge und Schiffe von unbekannten Wesen erobert und entführt wurden, nur Versuche darstellen, das Unerklärbare zu erklären.

Es gibt aber noch ein anderes Element bei diesen rätselhaften Vorfällen – einen recht unerwarteten Umstand, der sich erst in letzter Zeit gezeigt hat. In der Vergangenheit wurden, wenn Schiffe und Flugzeuge im Bermuda-Dreieck verschwanden, meist nicht nur keine Überlebenden, sondern auch keine Leichen gefunden. Als jedoch in den letzten Jahren die Gerüchte um das Bermuda-Dreieck zunahmen, begannen einzelne Piloten und Seeleute ihre begreifliche Scheu zu verlieren, über ungewöhnliche Ereignisse zu sprechen. Sie erzählen ihre persönlichen Erlebnisse, wie es ihnen gelang, den Kräften, die im Bermuda-Dreieck wirksam sind, zu entkommen. Wenn man diese Berichte vergleicht, zeigen sich gewisse Parallelen, ein Muster bildet sich, das erklären kann, wie (aber nicht warum) es zu manchen der Unfälle kam.

4

Noch einmal davongekommen

In seinem Buch *Invisible Horizons*, einem Kompendium der Geheimnisse des Meeres, erzählt Vincent Gaddis in einem speziell dem Bermuda-Dreieck gewidmeten Kapitel (»Das Dreieck des Todes«), daß er bald nach Publikation seines ersten Artikels über das Bermuda-Dreieck, der diesem Gebiet wahrscheinlich den Namen gab, von einem ehemaligen Flieger namens Dick Stern einen Brief mit wichtigen und überraschenden Informationen erhalten habe. Stern schrieb, daß er Ende 1944 mit einem Schwarm von sieben Bombern nach Italien flog. Ungefähr 300 Meilen von den Bermudas entfernt kam seine Maschine plötzlich in eine so heftige Turbulenz, daß er in die Vereinigten Staaten zurückkehren mußte. Der Zwischenfall ereignete sich bei klarem Wetter – die Sterne waren zu sehen –, aber die Turbulenz zwang das Flugzeug, umzukehren und so plötzlich zu fallen, daß die Besatzung an die Decke geschleudert wurde. Die Maschine verlor dadurch derart an Höhe, daß sie fast ins Meer stürzte. Als Stern zum Stützpunkt kam, hörte er, daß außer seinem Flugzeug nur ein einziges des Schwarms zurückgekehrt war. Mit den anderen Maschinen hatte man keinen Funkkontakt mehr, und es wurden später weder Überlebende noch Wrackteile gefunden.

Diesem Zwischenfall, der sich ein Jahr vor dem Verschwinden von Flight 19 ebenfalls im Dezember ereignete, wurde keine besondere Bedeutung zugemessen, da man sich im Krieg befand, und es gelangte auch nichts darüber an die Öffentlichkeit.

Einige Jahre nach dem Krieg waren Stern und seine Frau in einer Bristol Britannia bei Tageslicht von den Bermudas nach Nassau unterwegs, als sich etwas Ähnliches ereignete. Mrs. Stern sprach gerade über den ersten Vorfall. Plötzlich sackte das Flugzeug ab, das Essen der Passagiere flog an die Decke, und die Maschine begann heftig zu vibrieren. Die Vibrationen hielten eine Viertelstunde an, und das Flugzeug stieg und fiel.

Dieses Vorkommnis ist vielleicht ein Beispiel für CAT (*clear air turbulence* = Turbulenz bei klarem Himmel), die bei längerer Dauer und großer Heftigkeit Flugzeuge zum Absturz bringen kann. Jedenfalls war Dick Stern zweimal derselben unbekannten Gefahr an fast demselben Punkt im Dreieck begegnet – und davongekommen.

Joe Talley, der Kapitän des Fischkutters *Wild Goose*, erlebte eine andere Art von Abenteuer im Dreieck, das ebenfalls glimpflich ausging. Es passierte mit seinem eigenen Boot, das von einem anderen geschleppt wurde. Der Vorfall ereignete sich bei der Tongue of Ocean, einem tiefen Graben in der Bahamagruppe, der nicht zur Bahama-Bank gehört. Auf diesem verhältnismäßig kleinen Gebiet senkt sich der Meeresboden zu einer Tiefe von mehreren tausend Metern; der Graben bildet einen steilen Abfall direkt östlich der Insel Andros, wo schon viele Schiffe verschwunden sind.

Kapitän Talleys 20 Meter langes Haifangboot sollte von der 317 Meter langen *Caicos Trader* nach Süden zur Tongue of Ocean geschleppt werden. Das Wetter war gut, mit einem auffrischenden Passat von Südwesten. Die zwei Schiffe näherten sich dem südlichen Teil der Tongue of Ocean, wo dieser unterseeische Graben in ein großes kraterähnliches Loch von 60 Kilometern Durchmesser mündet. Riffe und die Exuma-Islands im Osten beschützen die Tongue of Ocean an diesem Punkt vor hohen Flutwellen, die von den Passatwinden aus dem Südosten hervorgerufen werden können. Es war Nacht, und Kapitän Talley schlief in seiner Kabine unter Deck. Er wachte plötzlich auf, als ein Schwall Wasser sich über ihn ergoß. Mechanisch packte er seine Schwimmweste und kämpfte sich zu einer offenen Luke. Als er sich hinauszwängte, sah er, daß er sich unter Wasser befand. Er packte ein Seil und kletterte daran 15 bis 20 Meter empor an die Oberfläche. Als er aus seiner Koje entkam, befand sich das Schiff offenbar 13 bis 15 Meter unter Wasser.

Als Talley an die Oberfläche kam, sah er, daß die *Caicos Trader* ohne die *Wild Goose* weitergefahren war. Geschehen war folgendes: Die plötzliche Kraft, die die *Wild Goose* mit Kapitän Talley unter Wasser drückte, drohte auch die mit dem Fischkutter durch ein Schleppseil verbundene *Caicos Trader* zum Kentern zu bringen. Die Mannschaft des Schleppers durchschnitt das Kabel, fuhr weiter und kam später zurück, um nachzuforschen, ob es Talley durch irgendein Wunder gelungen war, aus der Kabine seines sinkenden Schiffes zu entkommen. Auf der *Caicos Trader* hatte man beobachtet, daß die *Wild Goose* blitzschnell sank, »wie in einem Strudel«.

TBM Avengers. Fünf Maschinen dieser Type verschwanden am 5. Dezember 1945 während eines Übungsflugs (Flight 19) mit fünf Offizieren und neun Besatzungsmitgliedern an Bord. Trotz einer intensiven Suchaktion fand man keine Spur von Flugzeugen und Mannschaft.
Foto: National Archives

Grumman-Avenger-Bomber. Die Bomber von Flight 19 waren mit Rettungsflößen ausgestattet und konnten im Fall einer Notlandung im Wasser eineinhalb Minuten treiben. Das, sowie die verhältnismäßige Nähe zum Stützpunkt, macht das völlige Verschwinden aller fünf Flugzeuge noch rätselhafter.
Foto: Mit freundlicher Genehmigung von Grumman Aircraft

Notwasserung eines TBM-Avenger-Bombers. Maschinen, die ins Meer stürzen, hinterlassen gewöhnlich einen Ölfleck oder Wrackreste. Im Fall von Flight 19 fand man keinerlei Spuren dieser Art.

Foto: National Archives

Die U.S.S. *Cyclops*, die am 4. Mai 1918 verlorenging. Das unerklärliche Verschwinden der *Cyclops* mit 390 Personen an Bord wurde »eines der verblüffendsten Rätsel in den Annalen der Marine« genannt. Zum Zeitpunkt des Verschwindens waren keine deutschen U-Boote im Unfallgebiet.

Foto: Offizielles Foto der amerikanischen Marine

Ein britisches Schiff, gleichfalls mit dem Namen *Cyclops*, verschwand während des Zweiten Weltkriegs im Nordatlantik. Auch hier waren keine feindlichen U-Boote in der Nähe.

Foto: National Archives

Martin-Mariner-Flugboot vom gleichen Typ wie jenes, das auf der Suche nach Flight 19 mit 13 Mann Besatzung verschwand.
Foto: National Archives

Die M. S. *Marine Sulphur Queen*, ein 129 Meter langer Frachter mit 39 Mann Besatzung, verschwand am 2. Februar 1963 bei den Dry Tortugas. Bis auf eine Schwimmweste, die 15 Meilen südlich von Key West im Meer trieb, fand man keine Spur.
Foto: National Archives

C-119. Ein Flugzeug dieses Typs verschwand im Juni 1965 mit 10 Personen an Bord 100 Meilen von Grand Turk auf den Bahamas entfernt.

KC-135 Stratotanker. Zwei Flugzeuge dieses Typs verschwanden im August 1963 etwa 300 Meilen südwestlich der Bermudas.
Foto: Mit freundlicher Genehmigung der Boeing Company

Von einer Erdumlaufbahn aufgenommenes Foto, das die südliche Hälfte Floridas, die Bahamas (Andros, Grand Bahama und Bimini) und Teile Kubas zeigt. Die dunklen Meeresteile sind die tiefen Gräben zwischen Florida und den Bahamas, wo viele der unerklärlichen Unfälle stattgefunden haben. Die versunkenen Bahama-Bänke sieht man als hellere Meeresgebiete in der Nähe der Inseln.

Foto: National Aeronautics and Space Administration (NASA)

Taucher an der Kante der Bahama-Bänke, eines riesigen unterseeischen Plateaus, dessen höchste Erhebungen die Bahamas sind. Dieses Plateau unter der Wasseroberfläche enthält große Kalksteinhöhlen, die manchmal mit Seen im Innern der Inseln in Verbindung stehen.
Foto: Paul Tzimoulis, mit freundlicher Genehmigung des »Skin Diver Magazine«

Taucher mit Atemgerät am Kontinentalsockel bei den Bahamas.
Foto: Paul Tzimoulis, mit freundlicher Genehmigung des »Skin Diver Magazine«

Innenansicht eines »blauen Lochs«, einer der Unterwasserhöhlen in den Bahama-Bänken. Stalaktiten und Stalagmiten zeigen an, daß sich die »blauen Löcher« lange Zeit hindurch über dem Wasserspiegel befunden haben müssen.
Foto: Paul Tzimoulis, mit freundlicher Genehmigung des »Skin Diver Magazine«

Nach ungefähr einer halben Stunde, als Talley schon fast am Ertrinken war, hörte er zu seiner Überraschung, daß man ihn von der zurückgekehrten *Caicos Trader* aus anrief. Da die meisten Kapitäne über die zahlreichen ungeklärten Unfälle in diesem Gebiet, die oft mit Kompaß- und Funkversagen einhergehen, informiert sind, fragte man, wie der Kompaß des Schleppers vor dem Unfall funktioniert habe. Es stellte sich jedoch heraus, daß der Steuermann den Kurs gesetzt und das Ruder dann verlassen hatte, so daß man im nachhinein nicht mehr feststellen konnte, ob zum Zeitpunkt des Unfalls die Instrumente versagt hatten.

Andere Boote verloren ebenfalls ihre Schleppkähne, manchmal verschwand auch die Mannschaft des geschleppten Schiffs. In einigen Fällen bedeckte eine Art Nebel das zweite Schiff, während man auf dem ersten Schiff ein Versagen der Kompasse und elektronischen Einrichtungen beobachten konnte. Man fragt sich, warum Berichte über solche Vorfälle fast ausschließlich von Schleppern vorliegen und nicht von allein fahrenden Schiffen. Der Grund liegt vielleicht darin, daß einzelne Schiffe einfach verschwinden – ohne Zeugen –, während die Schlepper am Ende des Kabels nahe genug sind, um den Vorfall beobachten zu können.

Ein Erlebnis, das Kapitän Don Henry im Jahre 1966 hatte, gibt ein lebhaftes Bild vom »Tauziehen« zwischen einem Schlepper und einer unidentifizierbaren Kraft, die bewußt oder unbewußt versuchte, den Schlepper zurückzuhalten.

Kapitän Henry ist Eigentümer einer Bergungsgesellschaft in Miami, der »Sea Phantom Exploration Company«, und hat große Erfahrung als Seemann, Navigator und Taucher. Er ist ungefähr 55 Jahre alt, mit einer mächtigen Brust und starken Armen, wie es für einen langjährigen Taucher charakteristisch ist. Er macht einen äußerst kräftigen und muskulösen Eindruck und bewegt sich für einen so großen Mann mit überraschender Leichtigkeit und Agilität. Um einen Satz zu unterstreichen, schlägt er mit der geballten Faust in die Handfläche oder macht eine beschreibende Geste, wobei man den Eindruck hat, es sei nicht gut, mit dieser Faust in Berührung zu kommen. Seine Augen, die gewohnt sind, die See zu beobachten, blicken offen und scharf. Die Sicherheit seiner Ausdrucksweise und sein gutes Gedächtnis für Einzelheiten machen es möglich, ihn sein Erlebnis selbst erzählen zu lassen, nach Notizen, die während eines Gesprächs gemacht wurden.

. . . Wir waren auf dem Rückweg von Puerto Rico nach Fort Lauderdale. Wir waren drei Tage unterwegs und schleppten einen leeren Kahn, der Petroleumnitrat enthalten hatte. Ich befand mich an Bord der *Good News*, einem 50 Meter langen Schlepper mit 2000 PS. Der Schleppkahn wog 2500 Tonnen und war an einem 300 Meter langen Schleppseil befestigt. Wir hatten die Exumas hinter uns gelassen und die Tongue of Ocean erreicht. Die Wassertiefe betrug ungefähr 600 Faden.

Das Wetter war gut, der Himmel klar. Am Nachmittag ging ich ein paar Minuten lang in die Kabine hinter der Brücke, als ich ein großes Geschrei hörte. Ich kam auf die Brücke und rief: »Was ist denn los?« Als erstes schaute ich auf den Kompaß. Die Nadel drehte sich wie ein Kreisel im Uhrzeigersinn. Es gab keinen Grund dafür – der einzige Ort, von dem ich je gehört hatte, daß so etwas schon einmal geschehen war, befand sich im St. Lawrence River in Kingston, wo ein großes Eisenlager oder vielleicht ein Meteorit am Grund die Kompasse durcheinanderbringt. Ich wußte nicht, was los war, aber irgend etwas stimmte nicht, da war ich ganz sicher. Das Wasser schien aus allen Richtungen zu kommen. Der Horizont verschwand – wir konnten nicht sehen, wo er war –, Wasser, Himmel, alles verschwamm. Wir konnten nicht erkennen, wo wir waren. Was auch immer da vorging, es stahl oder verbrauchte die ganze Energie aus unseren Generatoren. Die elektrischen Einrichtungen produzierten keine Energie mehr. Die Generatoren liefen noch, aber wir bekamen keine Elektrizität. Der Ingenieur versuchte, einen Hilfsgenerator in Gang zu bringen, aber er kriegte keinen Funken heraus.

Ich sorgte mich um den Schleppkahn. Er war in der Nähe, aber ich konnte ihn nicht erkennen. Es sah aus, als sei er von einer Wolke bedeckt, und rund um ihn herum waren die Wellen höher als in den anderen Richtungen.

Ich drückte den Gashebel voll durch. Ich konnte nicht sehen, wohin wir fuhren, aber ich wollte um alles in der Welt nur schnell dort heraus. Es schien, als ob jemand versuchte, uns zurückzuziehen, ohne es ganz zu schaffen.

Es war wie das Herauskommen aus einer Nebelbank. Das Schleppseil war gespannt – wie beim indischen Seiltrick –, aber man konnte am anderen Ende nichts erkennen, alles war von dickem Nebel bedeckt. Ich rannte auf das Hauptdeck und zog am Seil. Der verflixte

Schleppkahn kam aus dem Nebel heraus, aber sonst gab es nirgends Nebel. Ich konnte sogar elf Meilen weit sehen. Im nebligen Gebiet, wo der Schleppkahn stecken sollte, war das Wasser aufgewühlt, obwohl die Wellen nicht hoch waren. Nennen Sie mich, was Sie wollen – ich fuhr jedenfalls nicht zurück, um nachzusehen, was los war.

Haben Sie je gespürt, wie es ist, wenn zwei Leute in entgegengesetzter Richtung an ihren Armen ziehen? Es fühlte sich an, als wären wir an einem Ort, den jemand oder etwas beanspruchte, und jemand oder etwas wollte uns hindern, dahin zu fahren, wohin wir wollten.

Frage: War der Horizont grünlich gefärbt?

Nein, er war milchig. Das ist alles, was ich sagen kann. Ich kümmerte mich nicht um Farben. Als wir herauskamen, mußten die Batterien neu aufgeladen werden. Ich verbrauchte fünfzig Taschenlampenbatterien.

Frage: Dachten Sie an das Bermuda-Dreieck?

Ja, das war das einzige, an was ich damals denken konnte. Ich dachte – mein Gott, ich bin die nächste Nummer in der Statistik!

Frage: Hatten Sie jemals ein ähnliches Erlebnis?

Nein. Ich habe gehört, daß anderen Leuten so etwas passiert ist, daß ein Schleppkahn samt Mannschaft verschwand und das Schleppkabel abgerissen war. Ich hatte jedenfalls nur das eine Erlebnis. Und es reichte völlig!

Jim Richardson, ein ehemaliger Pilot der amerikanischen Marine, ist jetzt Präsident des Chalk Air Ferry Service zwischen dem Flughafen Opa-Locka bei Miami und Bimini und anderen Orten auf den Bahamas. Als Präsident des wichtigsten Passagierdienstes in diesem Gebiet und als Fremdenverkehrsmanager für Bimini nimmt er eine neutrale Haltung zu den möglichen Gefahren des Bermuda-Dreiecks ein. Was die Ortsansässigen zu der Legendenbildung sagen, drückt er mit der energischen Direktheit eines Piloten aus.

Das ist eine Sache, über die die Leute nicht gern reden. Sie sagen, man spinnt.

Trotzdem hat er auf seinen zahlreichen Flügen zu den Bahamas ebenfalls elektronische und magnetische Störungen erlebt. Als er eines frühen Morgens mit seinem Sohn von Florida zu den Turk Islands unterwegs war, begann die Kompaßnadel des Flugzeugs plötzlich von rechts nach links zu kreisen. Er fragte seinen Sohn: »Was ist mit dem Kompaß los?« Sein Sohn erwiderte, als sei es eine ganz natürliche Erklärung: »Wir sind über Andros.« Richardson machte diese Beobachtung öfter, ». . . immer, wenn wir über das tiefe Wasser vor dem Moselle-Riff flogen«. Auf diesem Riff wurde übrigens bei Nacht häufig ein geheimnisvolles Licht gesehen, und die Fischer von Bimini behaupten, »dort geht es um«. Die Lichter am Riff wurden von Jim Richardson und anderen Piloten und Schiffsführern ebenfalls bemerkt. Von einem anderen seltsamen Zwischenfall mit der Elektronik berichtete Chuck Wakeley. Eine elektronische Kraftquelle oder unsichtbare Gewalt schien zeitweise die Herrschaft über das Flugzeug zu übernehmen, mit dem er zwischen Nassau und Fort Lauderdale unterwegs war. Chuck Wakeley ist über Dreißig und übt seit zehn Jahren den Beruf eines Flugzeug- und Helikopterpiloten aus. Er verfügt über eine reiche Erfahrung und unternahm zahlreiche Alleinflüge über den Dschungeln von Panama und Südamerika, wo ein gutes Gedächtnis für Einzelheiten und eine überlegte Reaktion in Notsituationen oft die einzigen Garanten für das Überleben sind.
Er ist ein geübter Beobachter, hat bereits mit Geheimmaterial zu tun gehabt und wurde von der amerikanischen Regierung als äußerst zuverlässig eingestuft. Wenn man mit ihm spricht, ist man beeindruckt von seiner Aufrichtigkeit und dem Bemühen, sein Erlebnis genauso wiederzugeben, wie es sich ereignet hat. Er ist ein sehr guter Erzähler, und es ist interessant, daß er vor seinem Erlebnis nichts vom Bermuda-Dreieck gehört hat.

Im November 1964 war ich Pilot der Sunline Aviation in Miami. Ich flog damals mit einer Chartermaschine nach Nassau, um ein paar Passagiere hinzubringen, und wollte dann zurückkommen. Ich setzte die Passagiere ab und verließ den Flughafen von Nassau kurz nach dem Dunkelwerden. Der Himmel war ganz klar, die Sterne leuchteten. Während meines Abflugs folgte ich dem VOR (*variable omnirange* = Drehfunkfeuer) von Nassau, auf dem Weg wollte ich das VOR von Bimini auffangen. Um etwa 21 Uhr überflog ich das Nordende von Andros und konnte die Lichter der Siedlungen sehen. Meine Flughöhe betrug etwa 2400 Meter, und ich dachte, ich hätte einen normalen Routineflug vor mir, aber 30 bis 50 Meilen nach Andros, als ich direkt auf Bimini zuflog, bemerkte ich etwas Seltsames: Die Flügel begannen ganz schwach zu leuchten. Zuerst glaubte ich, es sei eine optische Täuschung, die durch das Licht im Cockpit und die gefärbten Plexiglasscheiben hervorgerufen wurde. Die Flügel sahen nämlich durchscheinend aus, blaugrün, obwohl sie in Wirklichkeit weiß gestrichen waren.

Innerhalb von fünf Minuten verstärkte sich dieses Leuchten derart, daß ich Schwierigkeiten hatte, meine Instrumente abzulesen. Die Nadel des magnetischen Kompasses begann langsam, aber gleichmäßig zu kreisen; der Kraftstoffanzeiger, der beim Start auf halbvoll gestanden war, stieg auf voll; meine automatische Steuervorrichtung zwang die Maschine plötzlich in eine scharfe Rechtskurve. Ich mußte sie abstellen und von Hand steuern. Ich konnte mich auf keines der elektronisch gesteuerten Instrumente verlassen, weil sie entweder überhaupt nicht funktionierten oder gestört waren. Bald glühte das ganze Flugzeug, es war aber kein reflektiertes Leuchten, denn es ging von der Maschine selbst aus. Ich erinnere mich, daß ich aus dem Fenster auf die Flügel schaute und bemerkte, daß sie nicht nur blaugrün leuchteten, sondern auch irgendwie flockig aussahen.

Zu diesem Zeitpunkt konnte ich mich weder auf meinen Kreiselkompaß noch auf den Horizont oder den Höhenmesser verlassen. Ich konnte mich nicht nach dem Horizont orientieren, weil es Nacht war und ich mit einem künstlichen Horizont flog. Das Leuchten war so stark, daß ich die Sterne nicht mehr sah. Ich tat dann das einzige, was mir übrigblieb – ich versuchte nicht mehr zu steuern und ließ das Flugzeug fliegen, wohin es wollte. Das Leuchten steigerte sich zu einem blendenden, hellen Licht, das ungefähr fünf Minuten lang anhielt und dann langsam abnahm.

Als das Glühen nachließ, begannen alle Instrumente sofort normal zu funktionieren. Ich überprüfte die Überspannungsschalter, und keiner war herausgesprungen. Es waren auch keine Sicherungen durchgebrannt, und mir war endgültig klar, daß das Flugzeug wieder normal funktionierte, als der Kraftstoffanzeiger auf halbvoll sank. Der magnetische Kompaß beruhigte sich, und ich sah, daß ich nur um ein paar Grad vom Kurs abgekommen war. Ich stellte die automatische Steuervorrichtung an, und sie funktionierte wie immer. Vor dem Landen überprüfte ich alle Teile der Maschine – Landevorrichtung, Klappen und so fort. Es war alles in Ordnung. Das Flugzeug hatte eigentlich Aufziehleinen, die alle statische Elektrizität ableiten sollten.

Frage: Nahmen Sie an, daß Ihr Erlebnis mit dem Bermuda-Dreieck zusammenhing?

Bis zu diesem Vorfall wußte ich nichts vom Bermuda-Dreieck. Ich dachte, es sei ein Sankt-Elms-Feuer gewesen, obwohl so etwas gewöhnlich anders aussieht.

Frage: Wann hörten Sie vom Bermuda-Dreieck?

Ich hörte davon, als ich mit Kollegen über mein Erlebnis sprach. Solche Sachen sind auch anderen Piloten zugestoßen, aber sie reden nicht gern darüber. Wenn man nach Puerto Rico will, kann man das Dreieck sowieso nicht umgehen, außer man fliegt weit nach Norden und um die Bermudas herum. In letzter Zeit hört man viel mehr über das Dreieck, vor allem, wenn wieder einmal ein Flugzeug auf völlig unlogische Art verschwindet.

Die Vierteljahrsschrift *Pursuit* der »Society for the Investigation of the Unexplained« (Gesellschaft zur Erforschung des Unerklärlichen) brachte einen Augenzeugenbericht über die Auswirkung einer destruktiven Gewalt im Bermuda-Dreieck. Robert Durand, der Autor des Berichts, erzählt von einer Beobachtung aus dem Cockpit einer Boeing 707 auf dem Flug von San Juan nach New York am 11. April 1963. Die Beobachtung wurde an einem Punkt 19 Grad 54' nördlicher Breite und 66 Grad 47' westlicher Länge gemacht, der innerhalb des Dreiecks über dem Puerto-Rico-Graben liegt, einem der tiefsten Cañons im Meeresboden, wo das Meer eine Tiefe von 8400 Metern erreicht.

Der ungewöhnliche Anblick fiel zuerst dem Kopiloten auf (auf eigenen Wunsch ungenannt), und zwar zwanzig Minuten nach dem Start, als der Jet eine Höhe von 9500 Metern erreicht hatte. Der Kopilot bemerkte plötzlich, daß sich das Meer ungefähr 5 Meilen rechts von ihrer Route zu einem riesigen runden Kegel erhob, der »wie ein großer Blumenkohl« aussah, als habe unter Wasser eine Atomexplosion stattgefunden. Der Kopilot machte sofort den Flugkapitän und den Bordmechaniker darauf aufmerksam, und sie beobachteten die Erhebung etwa dreißig Sekunden lang genau, lösten dann ihre Sicherheitsgurte und kletterten zur Steuerbordseite des Cockpits, um das Phänomen besser zu sehen. Nach ihrer Schätzung hatte der riesige aufgewühlte Wasserberg einen Durchmesser von einer halben bis zu einer Meile und war ungefähr halb so hoch wie breit. Verständlicherweise brachte der Kapitän das Flugzeug nicht näher an den Ort des Geschehens, sondern hielt sich an seinen vorgeschriebenen Kurs. Als das Flugzeug das Gebiet verließ, begann der ungeheure wirbelnde Kegel niedriger zu werden. Der Kopilot wandte sich nachher an verschiedene offizielle Stellen, unter anderem an die Küstenwache, das FBI und einen Erdbeben-Fachmann, aber es gab in dieser Zeit keine Meldungen über irgendwelche außergewöhnlichen Vorkommnisse wie Erdbeben, Flutwellen oder große Wasserhosen, die seine Beobachtung bestätigt hätten.

Es wurde verschiedentlich vermutet, daß diese scheinbare Atomexplosion mit dem am Vortag gesunkenen Atomunterseeboot *Tresher* oder seinen Atomsprengköpfen in Zusammenhang stand, obwohl die *Tresher* Tausende von Meilen entfernt Schiffbruch erlitten hatte. Diese Theorie hätte natürlich nur dann Gültigkeit, wenn wichtige Umstände beim Schiffbruch der *Tresher* geheimgehalten worden wären (was sehr gut möglich ist), oder, wie von privater Seite auch schon angenommen wurde, wenn ein U-Boot eines potentiellen Feindes als Erwiderung auf die Versenkung der *Tresher* angegriffen oder versenkt worden wäre. Auch wenn man von den militärischen Komponenten absieht, weist der Punkt, an dem sich der Vorfall ereignete, wieder einmal auf die im Bermuda-Dreieck wirksamen Kräfte hin.

Augenzeugen berichteten in jüngster Zeit dem Erfinder und Elektroingenieur Norbert Bean von einem Vorfall, der möglicherweise besagt, daß ein Schiff den Gefahren des Dreiecks entkommen ist. Norbert Bean lebt in Miami, erfand unter anderem eine Unterwasserkamera für Kabelfernsehen und ein Abschreckmittel gegen Haie, hält Vorträge über UFOs und ist ein engagierter Beobachter der Vorgänge im Bermuda-Dreieck. Der erwähnte Vorfall ereignete sich eines Abends im

September 1972 zwischen Featherbed Banks und Matheson Hammock in der Biscayne Bay und betraf ein dieselbetriebenes Boot mit dem ominösen Namen *Nightmare* (Alptraum). Die *Nightmare* kehrte passenderweise bei Nacht mit drei Passagieren vom Fischfang in der Biscayne Bay zu ihrem Hafen zurück. Als sie das Gebiet der Featherbed Banks erreichte, bemerkte man, daß der Kompaß um 90 Grad abwich. Man konnte die Lichter des Hafens von Coconut Grove sehen und so die Abweichung berechnen. Die Beleuchtung an Bord nahm ab und erlosch, als wären die Batterien überbeansprucht. Der Steuermann verließ sich also nicht mehr auf den Kompaß, sondern orientierte sich nach den Lichtern an der Küste und fuhr mit voller Kraft nach Westen. Aber das Schiff bewegte sich nach Norden, und man konnte sehen, wie die Lichter der Küste in südlicher Richtung davonglitten. Zwei Stunden lang fuhr das Boot auf die Küste zu, aber es kam nicht weiter und schien eher nach rückwärts zu laufen.

Während dieser Zeit bemerkten die Personen an Bord einen großen dunklen Fleck am Himmel, der zwischen dem Boot und dem ein oder zwei Meilen westlich liegenden Ort Matheson Hammock die Sterne verdeckte. Als sie ihn beobachteten, stellten sie fest, daß ein bewegliches Licht in den dunklen Fleck eindrang, ein paar Sekunden verharrte und dann verschwand. Kurz darauf verschwand der dunkle Umriß ebenfalls. Der Kompaß funktionierte daraufhin wie gewöhnlich, der Generator lud die Batterien auf, und das Schiff konnte weiterfahren.

Einige Jahre vor dem Zwischenfall mit der *Nightmare* hatte man Bean eine fast gleichlautende Geschichte erzählt, und zwar nach einem seiner Vorträge. Ein pensionierter Kapitän der amerikanischen Marine, der Zuhörer war und während des Vortrags nicht über sein Erlebnis sprechen wollte, berichtete Bean jedoch später privat darüber. Wie so viele Zeugen von »unerklärlichen« Phänomenen war er nicht bereit, seinen Ruf als wahrheitsgetreuer, aufmerksamer Beobachter aufs Spiel zu setzen.

Der Zwischenfall ereignete sich eine Woche vor Weihnachten 1957. Ein zehn Meter langes, dieselbetriebenes Fischerboot, das dem Kapitän gehörte und von ihm selbst gesteuert wurde, kam während einer Fahrt nach Freeport auf den Bahamas mehrere Stunden lang nicht von der Stelle und wurde sogar ein Stück zurückgeschoben. Licht und Funk wie auch der Generator versagten, und die Kompaßnadel drehte sich wie ein Kreisel. Obwohl der Dieselmotor lief, kam das Schiff nicht von der

Stelle. Wie bei der *Nightmare* bemerkte die Mannschaft genau auf ihrem Kurs einen sternlosen schwarzen Fleck mit regelmäßigen Umrissen, obwohl überall sonst das Wasser ruhig und die Sterne sichtbar waren. Nach einiger Zeit sahen sie drei Lichter hintereinander in diesen dunklen Fleck eindringen und anschließend verschwinden. Kurz darauf löste sich der schwarze Fleck auf, und das Boot konnte weiterfahren. Die Beleuchtung sowie der batteriebetriebene Sender funktionierten wieder, und der Kompaß verhielt sich normal. Der Kapitän und seine vier Passagiere erfuhren später, daß in derselben Nacht ein Frachter, der in 40 Meilen Entfernung im Golfstrom navigierte, an einer Sandbank westlich von Fort Lauderdale angetrieben wurde, weil seine Steuerung eine Abweichung von 90 Grad aufwies.

Am 15. November 1972 ereignete sich mit einer zweimotorigen Beechcraft auf dem Weg von George Town in Westindien nach Great Exuma auf den Bahamas ein Zwischenfall, der die Unberechenbarkeit der in diesem Gebiet wirksamen Kräfte zeigt. Diesmal schienen sie dem Flugzeug gegenüber eher hilfreich als feindselig eingestellt zu sein, wenn man ihnen schon Motivierung und Absicht zuschreiben will. Dr. S. F. Jablonsky, ein Psychologe aus Fort Lauderdale, übermittelte Dr. Manson Valentine den folgenden Bericht.

Das Flugzeug verließ George Town in der Abenddämmerung mit neun Personen an Bord, darunter fünf Piloten. Das Wetter war gut, die See ruhig und die Sicht ausgezeichnet. Eine leichte Brise wehte von Südosten.

Ungefähr zehn Minuten nach dem Start, als sich die Maschine nordwestlich von Exuma über der Tongue of Ocean befand, versagten plötzlich alle elektrisch betriebenen Geräte, Kompaß, Funk, Beleuchtung, sogar die Hydraulik, und alle Batterien waren völlig leer.

Der Pilot wollte zuerst in New Providence landen (ungefähr 60 Meilen im Norden), weil er sich da nach der untergehenden Sonne richten konnte, bis er die Lichter Nassaus sah. Er überlegte sich dann aber, daß das Funkgerät nicht arbeitete und daß er am Flughafen seine Ankunft nicht ankündigen konnte, nicht einmal durch Lichtsignale. Daher entschloß er sich, direkt zur nächsten Landepiste auf Andros zu fliegen, und bald sahen die Passagiere den kleinen Flugplatz an der Südspitze der Insel. Um unter diesen Umständen eine Landung zustande zu bringen, zog der Kapitän rechts von der Piste eine Kurve und setzte dann zum Gleitflug an, um sicherzugehen, daß sich keine Hindernisse im Weg befanden und um so genau wie möglich mit dem Wind im Rücken auf dem Landestreifen aufzusetzen. Da das hydraulische System nicht arbeitete, konnte das Fahrgestell nicht ausgefahren werden, und wir hatten natürlich keine Landescheinwerfer. Dr. Jablonsky meinte später: »Das Flugzeug landete, als schwebe es auf einem Luftkissen.« Die Spitzen der Propeller berührten als erstes den Boden und erzeugten einen Funkenstrahl, aber das Flugzeug schlug nicht auf, sondern glitt über die Piste. Der Rumpf des Flugzeugs war nicht beschädigt, und selbst die tiefhängenden Luftansaugstutzen blieben intakt.

Am nächsten Tag wurden zwei neue Propeller nach Andros gebracht und montiert. Man lud die Batterie des Flugzeugs wieder auf, aber das Drucksystem funktionierte schon vorher. Die Maschine startete von neuem und erreichte Fort Lauderdale ohne weitere Zwischenfälle.

Während die amerikanische Ausgabe dieses Buches in Vorbereitung war, entging der Cunard-Ozeandampfer *Queen Elizabeth II* nur mit Mühe einem schweren Unfall im oberen Teil des Bermuda-Dreiecks. Am 3. April 1973 kam es zu einem Ausfall dreier Dampfkessel (Öl sickerte aus), die elektrische Versorgung, Klimaanlage usw., fiel aus, und das modernste der großen Passagierschiffe lag wie seine Vorgänger aus fernen Jahrhunderten in der Sargasso-See fest, während sich die Passagiere mit kostenlosen, wenn auch ungekühlten Drinks trösteten und auf Hilfe warteten.

In einem der ersten Radiointerviews von Bord des Schiffes sagte ein Passagier, von Beruf Football-Profi: »Der Kapitän erzählt mir gerade, daß wir hier mitten im Bermuda-Dreieck sitzen.« In weiteren Berichten wurde jede Anspielung auf dieses unheimliche Gebiet peinlichst vermieden.

Als Anmerkung zu diesem Zwischenfall ist interessant, daß ein Besatzungsmitglied eines Kutters der Küstenwache, der hinter der *Queen Elizabeth II* fuhr, einige Male bemerkte, daß sie auf dem Radarschirm nicht mehr zu sehen war. Als die *Queen Elizabeth II* mit einer Geschwindigkeit von 35 Knoten in das Dreieck einfuhr, konnte sie vom Kutter aus nicht mehr am Radar verfolgt werden, obwohl sie mit freiem Auge noch sichtbar war und erst kurz darauf am Horizont verschwand. Von dem Moment an, als die *Queen Elizabeth II* in das Dreieck einfuhr, waren die Kommunikation mit dem Kutter und der Radarkontakt gestört. Es wurde noch nicht gesagt, daß die geheimnisvollen Kräfte des Bermuda-Dreiecks möglicherweise etwas mit dem Unfall der *Queen Elizabeth II* zu tun haben könnten, aber es ist möglich, daß die Radarverbindung zum Kutter durch die üblichen funktechnischen und elektromagnetischen Anomalien behindert wurde.

Wenn wir die Gesamtzahl der verschwundenen Flugzeuge und Schiffe in Betracht ziehen und die Fälle, wo Menschen offenbar den in diesem Gebiet drohenden Gefahren entkommen konnten, müssen wir auch die Möglichkeit bedenken, daß es eine oder eine Vielzahl logischer Erklärungen für diese Ereignisse gibt. Je mehr wir uns aber in dieses Problem vertiefen, desto eher beginnen wir uns zu fragen, ob es in dem uns bekannten Rahmen wissenschaftlicher Erkenntnis so etwas wie eine logische Erklärung überhaupt gibt.

Gibt es eine logische Erklärung?

Immer wenn man die Bedeutung oder selbst die Existenz des Bermuda-Dreiecks ableugnen wollte, wurde behauptet, daß daran gar nichts Rätselhaftes sei, denn auf der ganzen Welt gingen Schiffe und Flugzeuge verloren, und jedes beliebige Dreieck, das wichtige Wasserstraßen einschließt, würde eine hohe Anzahl von Verlusten zeigen, wenn man seine Grenzen nur genügend erweiterte. Außerdem sind Schiffe und Flugzeuge im Vergleich zur Ausdehnung des Ozeans winzig, und dieser ist zudem ständig in Bewegung, sowohl an der Oberfläche als auch in der Tiefe. Flugzeuge und kleinere Schiffe, die zwischen den Bahamas und Florida verunglückten, wo der Golfstrom mit einer Geschwindigkeit von mehr als vier Knoten nach Norden fließt, können so weit vom Unfallort entfernt wieder auftauchen, daß es wirklich aussieht, als seien sie verschwunden. Dieser Umstand ist der Küstenwache jedoch gut bekannt, und bei Rettungsaktionen bezieht sie die Abweichung durch Wind und Strömung im Unfallgebiet in ihre Berechnungen mit ein. Nach einem größeren Schiff wird sofort in einem Umkreis von 5 Meilen gesucht, nach einem Flugzeug in einem Umkreis von 10 Meilen, und für ein kleines Boot beträgt der Radius 15 Meilen. Die Suche wird dann entlang der Radien fortgesetzt, je nach der Strömung, dem Wind und der Drift.

Manche Schiffe versanken sogar und tauchten später woanders wieder auf, wie beispielsweise die *A. Ernest Miles*, die mit einer Salzladung vor der Küste von Carolina unterging. Als das Salz schmolz, kam das Geisterschiff wieder an die Oberfläche. Ein anderes verlassenes Schiff, das aus dem Meer auftauchte, ist die *La Dahama*. Sie sank im April 1935, und ihre Passagiere wurden von der S.S. *Rex* an Bord genommen. Etwas später fand jedoch die *Aztec* bei den Bermudas die *La Dahama* treibend. Die Mannschaft der *Aztec* wußte nicht, daß das Schiff bereits einmal gesunken und die Passagiere gerettet waren, und hielt die *La Dahama* für ein verlassenes Geisterschiff, bis Nachricht von der *Rex* kam, die inzwischen ihren Heimathafen in Italien erreicht hatte. Warum das Schiff allerdings wieder auftauchte, blieb ein Rätsel.

Wracks von verunglückten Flugzeugen und Schiffen können auch leicht am Meeresgrund im Treibsand versinken oder durch Stürme zugedeckt und später vielleicht wieder freigelegt werden, wenn Taucher oder U-Boote sie finden. Mel Fisher, ein Mann, der seit langem als Taucher tätig und mit der Bergung von Schiffen und Schiffsladungen vertraut ist, hat einige Jahre den Kontinentalsockel im Atlantik und in der Karibik innerhalb des Dreiecks erforscht. Auf seiner Suche nach spanischem Gold, von dem er schon große Mengen gefunden hat, machte er noch andere überraschende Entdeckungen auf dem Meeresgrund: Schiffe, nach denen zum Zeitpunkt ihres Verschwindens lange gesucht wurde, die aber jetzt vergessen sind. Sie werden mit einem Magnetometer gesucht, einem tausendfach verstärkten Kompaß, der Metall unter dem Meeresspiegel anzeigt. Dieses Gerät führte Fisher auch zu anderen Wracks als den spanischen Schatzschiffen, nach denen er gewöhnlich sucht. (Es muß angemerkt werden, daß zum Zeitpunkt vieler Zwischenfälle im Bermuda-Dreieck der verbesserte Magnetometer noch nicht in Gebrauch war.) Wenn Taucher, den Angaben des Magnetometers folgend, zum Meeresboden absteigen, finden sie oft statt spanischer Galeonen abgestürzte Militär- oder Privatflugzeuge und die verschiedensten Arten von Schiffen. Einmal fand Fisher sogar mehrere Meilen von der Küste entfernt eine Eisenbahnlokomotive, die er für zukünftige Unterwasserarchäologen auf dem Meeresgrund zurückließ.

Mel Fisher ist der Meinung, daß viele der ungeklärten Unfälle im Gebiet zwischen Florida und den Bahamas von Blindgängern – Bomben der Luftwaffe und Torpedos – oder treibenden Minen verursacht wurden, die aus vergangenen Kriegen oder von Gefechtsübungen der Jetztzeit zurückblieben. Einmal tauchte er in der Nähe eines spanischen Schatzschiffes und brachte einen Gegenstand zur Oberfläche, den er für eine alte spanische Kanone hielt. Plötzlich merkte er, daß das von Muscheln überkrustete Metallstück ein spitz zulaufendes Ende hatte und daß es sich um eine Bombe handelte – und zwar um eine scharfe! Fisher schließt aus der großen Anzahl der nicht identifizierten Wracks, die er auf der Suche nach zwei bestimmten Schatzschiffen auf dem Meeresgrund bemerkte (es handelt sich um die spanischen Schatzgaleonen *La Margarita* und *Santa María de Atocha*, die Gold im Schätzwert von vier bis sechs Millionen Dollar enthalten), daß Hunderte von Schiffen in Stürmen an den Riffen gescheitert sein müssen und viele in

85

Sandbänken bei der Küste vergraben sind. Selbst um einige der bereits gefundenen Schatzschiffe zu erreichen, war es notwendig, sie aus dem Meeresboden zu graben, nachdem der Magnetometer Metall angezeigt hatte. Fisher bemerkte, daß es an der Stelle, wo der Golfstrom um die Spitze Floridas herumfließt, viele Sandbänke gibt, und daß dieser Treibsand schon ziemlich große Boote verschluckt hat, die dort am Meeresgrund steckenblieben.

Die unberechenbaren Strömungen und Verschiebungen am Meeresboden können also zum Teil für die fruchtlose Suche nach Schiffen und Flugzeugen verantwortlich sein. Aber es gibt noch andere unterseeische Phänomene in diesem Gebiet, die ebenfalls in unsere Erwähnungen mit einbezogen werden müssen.

Es handelt sich dabei um die seltsamen Blauen Löcher in den Kalkklippen und anderen unterseeischen Kalkformationen der Bahamas, wo sich große Steilabfälle und Gräben befinden. Vor Tausenden von Jahren waren diese Löcher Kalksteinhöhlen über der Wasseroberfläche, aber als der Meeresspiegel nach der dritten Eiszeit – vor etwa 12 000 bis 15 000 Jahren – anstieg, wurden die Höhlen zu Blauen Löchern, einem bevorzugten Aufenthaltsort für Fische und, in letzter Zeit, für abenteuerlustige Taucher mit Atemgeräten. Die Kammern und Gänge durchziehen den Kontinentalsockel, und manche führen weiter durch die ganze Kalksteinformation bis zu einer Tiefe von 450 Meter. Andere sind durch unterseeische Gänge und Grotten mit Seen und Teichen auf den größeren Inseln der Bahamas verbunden. Obwohl diese kleinen Wasserflächen viele Kilometer vom Ozean entfernt sind, hebt und senkt sich ihr Wasserspiegel mit den Gezeiten. Durch unterseeische Strömungen in diesem Höhlensystem werden oft Meeresfische mitgetragen und tauchen dann plötzlich weit im Landesinneren auf. In einem dieser ruhigen Seen, 30 Kilometer von der Küste entfernt, zeigte sich einmal zur allgemeinen Verwunderung ein Hai und erregte großen Schrecken bei den Bewohnern, die wie gewohnt in ihrem friedlichen See badeten.

Die Blauen Löcher liegen in verschiedener Tiefe unter dem Meeresspiegel. Taucher, die in diese Unterwasserlöcher eindrangen, bemerkten, daß von den Gängen Höhlenkammern abzweigen, genau wie bei den Höhlenformationen an Land. Die Gänge verlaufen in alle Richtungen, und manchmal finden sich darin nicht einmal Fische zurecht, die man dort schon verkehrt schwimmend gefunden hat. Manche der Gänge zwischen den Höhlen sind so regelmäßig geformt, daß Taucher nach Meißelspuren suchten, weil sie glaubten, sie seien von Menschenhand geschaffen, als die Kalkklippen noch über das Wasser ragten. Die Taucher bemerkten auch gefährlich starke Strömungen in den Blauen Löchern. Diese rühren von den Gezeiten her, die große Wassermassen in die Höhlen pressen, wodurch ein Trichtereffekt mit starken Strudeln an der Oberfläche entsteht. Ein solcher Strudel könnte ein kleines Schiff mit seiner Besatzung in eine Höhle hinunterziehen. Diese Annahme bestätigte sich, als der Ozeanograph Jim Thorne auf einer Tauchexpedition in einer Tiefe von 24 Meter ein Fischerboot in eines der Blauen Löcher gerammt fand. Auch Dingis und kleinere Boote wurden von Tauchern in bis zu 20 Meter tiefen Höhlen gefunden. Aber obwohl es möglich ist, daß solche Boote und vielleicht Wrackteile größerer Schiffe in Blaue Löcher gezogen wurden und möglicherweise noch dort stecken, kann die Existenz dieser Strudel das Verschwinden von Schiffen nicht erklären und erst recht nicht das von Flugzeugen.

Auf allen Weltmeeren und vor allem im Bahamagebiet des Bermuda-Dreiecks treten zu verschiedenen Zeitpunkten Strudel auf, aber keines dieser Phänomene kann mit dem großen Strudel bei der norwegischen Küste verglichen werden, den E. A. Poe in seiner Erzählung »Im Strudel des Maelstroms« beschreibt.* Von einem Punkt auf der riesigen geneigten Wand des Trichters berichtet der Erzähler:

Niemals werde ich das Gefühl der Furcht, des Grauens und der Bewunderung vergessen, mit dem ich nun um mich blickte. Das Boot schien wie durch Zauberkraft auf dem halben Weg nach unten auf der inneren Fläche eines ungeheuer weiten, unermeßlich tiefen Trichters zu hängen, dessen vollständig glatte Seitenwände man für Ebenholz gehalten hätte, hätte man nicht gesehen, daß sie sich mit betäubender Schnelligkeit rundum drehten . . . Als ich fühlte, wie übel mir bei dem Hinabschießen wurde, hatte ich mich instinktiv fester an die Tonne angeklammert und die Augen geschlossen . . . Als ich auf der weiten Wüste . . . die uns trug . . . umherblickte, bemerkte ich, daß unser Boot nicht der einzige Gegenstand war, den der Strudel an sich gerissen hatte. Über uns und unter uns erblickte ich Schiffstrümmer,

---

* E. A. Poe, Erzählungen. Alle Rechte bei Spangenberg Verlag, München.

große Mengen Bauholz und Baumstämme, viele kleinere Gegenstände, Stücke Hausgerät, zerbrochene Kisten, Fässer und Latten . . . Ich fing an, die Gegenstände, die um uns dahintrieben, mit ganz eigentümlichem Interesse zu betrachten . . .

Ich überraschte mich einmal, wie ich zu mir sagte: »Diese Fichte wird sicher das nächste sein, was den grausigen Sprung tut und verschwindet –«, und ich war enttäuscht, als ich bemerkte, daß sie von dem Wrack eines holländischen Handelsschiffes, das vor ihr verschwand, überholt wurde.

Solche Schriften haben möglicherweise manche der Theorien über das Schicksal der verschwundenen Schiffe im Dreieck und über die Gestalt des Strudels beeinflußt. Eine wahrscheinlichere Ursache für den Verlust kleiner und auch größerer Schiffe wären plötzliche Flutwellen oder Wasserhosen, diese Tornados des Meeres, die zu bestimmten Jahreszeiten auftreten. Eine oder mehrere Wasserhosen können ein kleines Boot oder ein niedrig fliegendes Flugzeug ohne weiteres zerstören, ebenso wie die Tornados an Land Häuser, Zäune, Fahrzeuge oder Menschen vernichten oder mit sich reißen. Außerdem können Wasserhosen zwar bei Tag gesehen und umgangen werden, aber bei Nacht ist das viel schwieriger, vor allem in einem Flugzeug bei schlechter Sicht. Der wahrscheinlichste Grund für das plötzliche Untergehen von Schiffen sind jedoch unerwartete Flutwellen, die gewöhnlich von unterseeischen Erdbeben herrühren. Das Entstehen großer Wogen hängt von verschiedenen Faktoren ab: unterseeische Erdbeben und Erdrutsche, Luftdruck, Wind, Stürme und Hurrikane, die nicht unbedingt in nächster Nähe auftreten müssen, oder der Ausbruch von unterseeischen Vulkanen. Schon bei ruhiger See können aus den mannigfaltigsten Gründen riesige Wogen entstehen, und erfahrene Beobachter schätzen, daß bei rauher See Wellen eine Höhe von 34 Meter erreichen (U.S.S. *Ramapo*, 6. Februar 1963).

Die riesigen Wellen (Tsunamis), die durch Erdbeben entstehen, haben schon Höhen bis zu 60 Meter erreicht. Diese Springfluten können ganz plötzlich auftreten und vor Anker liegende Schiffe zum Sinken oder in Fahrt befindliche zum Kentern bringen.

Schiffe kentern nicht nur, wenn sie von solchen Wogen getroffen werden, es kann auch geschehen, daß ein großes Schiff wegen des zu hohen Drucks in der Hälfte auseinanderbricht. Das hängt davon ab, wie

Skizze einer 60 Meter hohen Wasserhose, die vom Strand aus beobachtet wurde. Wasserhosen sind Tromben, Wirbelstürme, und auf See so gefährlich wie die Tornados auf dem Land. Der Wirbel eines Tornados kann ein kleines Schiff oder Flugzeug, das direkt in seine Bahn gerät, auseinanderreißen.

es zu den Wellen liegt und wie breit die Wellentäler sind. Während kleinere Schiffe ohne Schwierigkeiten über die Wellenkämme und durch die Täler gleiten können, wurde ein Zerstörer von großen Wogen in zwei Hälften zerbrochen, weil er gerade um die halbe Breite eines Wellentals über die Welle hinausragte. Er wäre wahrscheinlich davongekommen, wenn seine Länge eine oder zwei Wellentäler betragen hätte.

Auch die sogenannten Seiches oder Schaukelwellen sind äußerst gefährlich und unberechenbar. Sie entstehen meist durch unterseeische Erdrutsche, die von Verschiebungen der Erdkruste herrühren. Die Seiches haben eine geringere Höhe als die Tsunamis und wirken nicht so schreckenerregend, aber sie üben einen ungeheuren Druck aus und bringen starke Strömungen mit sich. Eine solche plötzlich auftretende Welle könnte ein Schiff zerschmettern und dessen Wrackteile über ein weites Gebiet zerstreuen.

Wenn es auch möglich ist, daß Schiffe von riesigen Wogen buchstäblich verschluckt werden können, wie soll man das Verschwinden von Flugzeugen in der Luft erklären? Verläßliche Beobachter sahen Flugzeuge in eine Wolke hineinfliegen, aber nie mehr herauskommen, als hätten sie sich aufgelöst oder wären aus ihrer Bahn gerissen worden.

Es existieren Spannungen in der Atmosphäre, die man in ihrer Wirkung ungefähr mit Flutwellen vergleichen kann, vor allem wenn ein Flugzeug mit voller Geschwindigkeit hineinfliegt. Da es in verschiedenen Höhenlagen auch Stürme in verschiedener Richtung gibt, kann ein aufsteigendes oder sinkendes Flugzeug starken Winden begegnen, die von den Luftsäcken am Flugplatz nicht angezeigt werden. Wenn so ein unerwarteter Wind stark genug ist, besteht große Gefahr für das Flugzeug. Diese »Windschere« ist ein wichtiger Faktor bei Flugunfällen und kann in ihrer verstärkten Form mit den Schaukelwellen verglichen werden, die plötzlich bei ruhiger See auftreten. Diese Luftwirbel können auf- und absteigen oder in horizontaler Richtung verlaufen, und wenn sich die Windrichtung sehr rasch ändert – wegen der Fluggeschwindigkeit oder der Stärke der Wirbel –, ist die Wirkung auf das Flugzeug etwa derart, als flöge es in eine Steinmauer.

Im allgemeinen kann eine Turbulenz bei klarem Himmel nicht vorausgesagt werden, obwohl man sie gewöhnlich an den Rändern des »Jet Stream« antrifft, einer Luftströmung, die sich in derselben Richtung über die Erde bewegt wie der Golfstrom im Meer, aber mit wesentlich größerer Geschwindigkeit – zweihundert Knoten in der Stunde, verglichen mit den vier oder weniger Knoten des Golfstroms. Sie wäre eine mögliche Erklärung, warum kleinere Flugzeuge im Bermuda-Dreieck verlorengingen: sie könnten vom Druck auseinandergerissen worden oder durch eine plötzliche Vakuumbildung ins Meer gestürzt sein. Die Ursache dieser Luftwirbel ist allerdings ein Rätsel. Sie treten unvermittelt auf und sind nicht vorhersehbar. Dennoch kann ein plötzlicher Wechsel der Luftdruckverhältnisse kaum für alle Flugzeugunfälle im Dreieck verantwortlich und auch nicht die Ursache für einen Funkausfall sein.

Flugzeuge, die in Zukunft über diesem Gebiet verschwinden, werden wahrscheinlich mit den komplizierten neuen Ortungs- und Speichersystemen leichter zu finden sein. Moderne Flugzeuge besitzen auch computergesteuerte Speichersysteme des Typs AIDS – *Airborne Integrated Data Systems* –, mit deren Hilfe man feststellen kann, was der Maschine zustieß, wenn sie nach einem Unfall aufgefunden wird. Es ist heute auch möglich, am Stützpunkt alles mitzuhören und aufzuzeichnen, was im Cockpit von Verkehrs- und anderen Flugzeugen gesprochen wird. Man darf jedoch nicht vergessen, daß die Gespräche der Piloten von Flight 19 ebenfalls gehört wurden, ohne daß man den Vorfall dadurch erklären konnte. Es gibt auch Systeme, die bei den Raumflügen der Mercury-Serie und auf Atomunterseebooten entwickelt wurden und die automatisch die Position und jede Kursabweichung des Flugzeugs oder Schiffes verzeichnen. Daneben gibt es eine neue Einrichtung, um verlorengegangene Flugzeuge wiederzufinden, die »Unfall-« oder »Rettungsbake«. Das ist ein kleiner Sender mit einer Sendedauer von zwei bis drei Tagen. Er befindet sich im Heck des Flugzeugs und wird durch das Versagen des elektronischen Systems aktiviert. Da jedoch die Unfälle im Dreieck meist mit Funkversagen einhergehen, ist anzunehmen, daß diese neuen Einrichtungen dann ebenfalls neutralisiert würden.

Zu den immer wiederkehrenden Elementen der rätselhaften Vorgänge im Dreieck gehören Elektromagnetismus und Versagen der Instrumente. Hugh Auchincloss, Elektroingenieur und Autor von *Catalysms of Earth*, ist der Meinung, daß ». . . es viele Gründe gibt, diese Abweichungen mit dem Magnetfeld der Erde in Zusammenhang zu bringen. Während verschiedener Perioden der Erdgeschichte vollzogen sich große Verschiebungen in diesem Magnetfeld, und vielleicht bereitet sich eine weitere solche Veränderung vor, mit gelegentlichen magnetischen Beben als Vorwarnung. Das könnte die Störungen erklären, bei denen Flugzeuge abstürzten und dann im Meer verschwanden. Aber es würde natürlich das Verschwinden von Schiffen nicht begründen . . .«

Wilbert B. Smith, Elektronik-Fachmann, der im Jahre 1950 Leiter eines Projekts der kanadischen Regierung zur Erforschung magnetischer Kräfte und Fragen der Schwerkraft war, vermutet, daß eben diese Faktoren auch eine Rolle beim Verschwinden der Flugzeuge spielen. Er behauptet, bestimmte Gebiete gefunden zu haben, die er als »Gebiete reduzierter Bindung« bezeichnet. Sie seien verhältnismäßig klein (mit ungefähr 300 Meter Durchmesser, aber großer Höhe), und es gebe dort so starke Luftwirbel, daß die Flugzeuge zerreißen könnten. Die Piloten hätten von diesen unsichtbaren und nicht auf Karten verzeichneten Zonen der magnetischen Störungen und Gravitationsschwankungen keine Kenntnis, bis sie hineinflogen, was oft ihren Tod zur Folge hatte. Über die scheinbare Unbeständigkeit dieser Phänomene schrieb Smith:

Wir wissen nicht, ob die »Gebiete reduzierter Bindung« in Bewegung sind oder einfach verschwinden . . . Als wir etliche davon nach drei bis vier Monaten wieder suchten, konnten wir keine Spur mehr davon finden . . .

Ein Sprecher der Such- und Rettungsabteilung des Hauptquartiers der Küstenwache betonte ebenfalls die Bedeutung des Magnetismus und der Schwerkraft bei ihren Untersuchungen:

Ganz ehrlich, wir wissen nicht, was in diesem sogenannten Bermuda-Dreieck los ist. Wir können über diese unerklärlichen Unfälle nur Vermutungen anstellen.

Die Marine versucht, mit einem Forschungsprojekt namens »Project Magnetism« hinter das Geheimnis zu kommen, wobei elektromagnetische und atmosphärische Störungen und Störungen im Gravitationsfeld geprüft werden. Manche Experten glauben, daß solche Störungen die Flugzeuge im Jahre 1945 in ihre Bestandteile aufgelöst haben. Die Besatzung eines Schiffs in diesem Gebiet berichtete, sie hätte damals eine riesige Feuerkugel am Himmel beobachtet, was natürlich auch eine Kollision in der Luft bedeutet haben kann – aber es ist unwahrscheinlich, daß so etwas mit fünf Maschinen passiert. Tatsache ist, daß wir keine feste Meinung haben.

Beim Siebenten Küstenwachedistrikt, der dem Dreieck am nächsten liegt, wird – in dem schon zitierten Musterbrief – der Standpunkt vertreten, daß das Bermuda- oder Teufelsdreieck ein imaginäres Gebiet sei (siehe S. 17), und man gibt die beruhigende Versicherung, daß es sich bei den vielen Verlusten nur um Zufall handle. Der Brief lautet wie folgt:

. . . das »Bermuda- oder Teufelsdreieck« ist ein imaginäres Gebiet in der Nähe der südöstlichen Atlantikküste der Vereinigten Staaten, das wegen der hohen Zahl ungeklärter Verluste von Schiffen, kleinen Booten und Flugzeugen bekannt ist. Die Eckpunkte des Dreiecks sollen, wie allgemein angenommen wird, die Bermuda-Inseln, Miami in Florida und San Juan auf Puerto Rico sein.

In der Vergangenheit haben ausgedehnte, aber ergebnislose Suchaktionen der Küstenwache, wie etwa nach dem Verschwinden einer ganzen Gruppe von TBM Avengers kurz nach dem Start in Fort Lauderdale oder dem spurlosen Verschwinden der *Marine Sulphur Queen* in der Straße von Florida, zu dem verbreiteten Glauben geführt, daß es ein Geheimnis und übernatürliche Kräfte im »Bermuda-Dreieck« gebe.

Im Lauf der Geschichte wurden zahllose Theorien über die vielen Verluste in diesem Gebiet aufgestellt. Die brauchbarsten beziehen sich auf natürliche Gegebenheiten bzw. auf menschliches Versagen.

Die Mehrzahl der Unglücksfälle kann auf die einzigartigen Umweltbedingungen in diesem Gebiet zurückgeführt werden. Das »Teufelsdreieck« ist einer der beiden Orte der Erde, wo ein magnetischer Kompaß direkt zum Nordpol weist. Normalerweise zeigt er zum magnetischen Nordpol. Die Differenz ist als Kompaßabweichung bekannt. Wenn man die Erde umrundet, schwankt diese Abweichung bis zu 20 Grad. Wenn die Kompaßabweichung nicht ausgeglichen wird, kann ein Navigationsoffizier in ernsthafte Schwierigkeiten geraten.

Ein Gebiet nahe der Ostküste Japans, das von Japanern und Filipinos »Teufelssee« genannt wird, zeigt dieselben magnetischen Besonderheiten. Wie das Bermuda-Dreieck ist es wegen geheimnisvoller Unglücksfälle bekannt.

Eine andere Umweltgegebenheit ist der Golfstrom. Er fließt äußerst schnell dahin, und die Spuren eines Unfalls können daher in kurzer Zeit verwischt sein. Das unberechenbare Wetter im Atlantik-Karibik-Gebiet spielt ebenfalls eine Rolle. Oft bringen plötzliche Gewitterstürme und Wasserhosen Seeleute und Piloten in Gefahr. Schließlich wechselt die Topographie des Meeresbodens zwischen großen Landsockeln rund um die Inseln und einigen der tiefsten unterseeischen Gräben der Welt. Wegen der starken Strömungen über den vielen Riffen ist diese Topographie einer ständigen Veränderung unterworfen, und es bilden sich schnell neue, unbekannte Gefahren für die Navigation.

Auch der Faktor des menschlichen Versagens darf nicht unterschätzt werden. Vergnügungsboote in großer Zahl kreuzen in den Gewässern zwischen Floridas Goldener Küste und den Bahamas. Nur zu oft werden Überfahrten mit einem zu kleinen Boot, ungenügender Kenntnis der Gefahren in diesem Gebiet und mangelnder seemännischer Ausbildung unternommen. Kurz und gut, die Küstenwache kann übernatürliche Erklärungen der Unfälle auf dem Meer nicht ernst nehmen. Wir machen viele Male im Jahr die Erfahrung, daß die Kräfte der Natur und die Unberechenbarkeit der menschlichen Reaktion sogar die phantastischsten Science-Fiction-Geschichten übertreffen.

Beinahe nebenbei, als Nachtrag, enthält der Brief auch eine kurze Bibliographie, wo der Leser auf Artikel von Ivan Sanderson, Leslie Licher, Vincent Gaddis und John Wallace Spencer verwiesen wird, als eine Art »Ausgleich« für jene, die glauben, daß das Rätsel des Bermuda-Dreiecks nicht so leicht erklärt werden kann. Im letzten Absatz des Briefes heißt es:

> . . . wir kennen keine Karten, welche die Grenzen des Bermuda-Dreiecks angeben . . . [obwohl hinzugefügt wird] . . ., daß unter den akromagnetischen Karten der Küstengebiete der Vereinigten Staaten, H. O. Serie 17507 . . . das Gebiet des »Bermuda-Dreiecks« in den Karten 9 bis 15 erfaßt wird.

Manche leitende Angestellte der Zivilluftlinien in diesem Gebiet schließen sich, wenn auch vorsichtig, der Meinung der Küstenwache an. Mrs. Athley Gamber, Präsidentin der »Red Aircraft« in Fort Lauderdale, ist ein Beispiel dafür. Athley Gamber, eine attraktive Brünette und der Typ einer charmanten, vitalen, erfolgreichen Geschäftsfrau, ist die Witwe eines Piloten, der auf einem Flug zwischen Fort Lauderdale und den Bahamas verschwand. Sie war während vieler Suchaktionen nach verunglückten Flugzeugen auf dem Flughafen und hat sowohl ein Motiv wie auch die Möglichkeit, sich über das Schicksal der vielen Privatflugzeuge, die innerhalb des Dreiecks spurlos verschwunden sind, eine Theorie zu bilden. Mrs. Gamber glaubt nicht, daß irgend etwas Geheimnisvolles oder Unheimliches im Bermuda-Dreieck vorgeht. Sie ist der Meinung, daß viele Piloten kein MAYDAY oder SOS funkten, weil »sie keine Ahnung hatten, daß sie sich in Gefahr befanden«, und setzt hinzu: »In dem Augenblick, wo die Situation kritisch wird, bricht das Radar ab.«

Sie bemerkt: »In diesem Gebiet kommt es oft plötzlich und unerwartet zu einem Druckabfall. Ein Flugzeug ist für eine gewisse Scherbeanspruchung gebaut – wenn diese überschritten wird, zerbricht es.« Und sie fügt hinzu: »Ich bin fester denn je überzeugt, daß die menschliche Natur es nicht mit den Elementen aufnehmen kann.« Mrs. Gamber glaubt, daß für beinahe 50 Prozent der Unfälle Versagen der Piloten verantwortlich ist und daß von den vielen Privatflugzeugen, die verschwanden, 25 Prozent einfach der Treibstoff ausgegangen ist.

Aber den Verkehrsflugzeugen, Handelsflugzeugen, Passagier- und Militärmaschinen, die auf normalen Linienflügen bei konstanter Überprüfung durch erfahrene Piloten und Bodenpersonal verschwunden sind, ist sicher nicht der Treibstoff ausgegangen, und die Flugzeuge, die in Gruppen verschwanden, trafen gewiß nicht alle zur gleichen Zeit und bei gleichem Druck auf eine Turbulenz. Es gibt auch keine glaubhafte Erklärung, warum, im Gegensatz zu ähnlichen Ereignissen auf anderen Weltmeeren und Küsten, keine Wrackteile der vielen verunglückten Flugzeuge gefunden wurden und warum sie so plötzlich aus der Luft verschwanden. Außerdem sind die Gründe, die für Flugzeuge gelten, auf Schiffe nicht anwendbar, und selbst wenn alle Flugunfälle erklärt werden könnten, so würden die Schiffbrüche im Bermuda-Dreieck trotzdem so rätselhaft bleiben wie zuvor. Es gibt zumindest in der Häufigkeit und Intensität einen Zusammenhang zwischen den beiden Typen von Unfällen, und jede befriedigende Erklärung scheint ein oder zwei weitere Probleme aufzuwerfen – so ähnlich wie die Hydra, ein neunköpfiges Monstrum eines anderen älteren Mythos, dem nach der griechischen Sage zum Schrecken seiner Gegner zwei neue Köpfe nachwuchsen, wenn einer abgeschlagen wurde.

Der »Mythos« des Bermuda-Dreiecks beschäftigt die Phantasie der Bewohner der benachbarten Küstengebiete immer mehr, und dieses Interesse wird jedesmal lebhafter, wenn ein neuer Fall erzählt und diskutiert wird. Für viele dieser Fälle kann es ganz rationale Gründe geben, die nichts mit den vermuteten geheimnisvollen Kräften im Bermuda-Dreieck zu tun haben, aber sie werden von der Öffentlichkeit meistens mit dem Dreieck in Zusammenhang gebracht.

Robie Yonge, ein bekannter Discjockei und Rundfunkkommentator aus Miami, gibt ein Beispiel dafür, wie stark dieses Rätsel die Bevölkerung Südfloridas bewegt. Seitdem er sein Interesse am Bermuda-Dreieck kundgetan hat, bekommt er, meistens während seiner Sendungen, Tausende Anrufe von Leuten, die Geschichten zu erzählen haben oder Informationen verlangen. Yonge ist im Augenblick am Bau eines Bootes beteiligt, das Sende- und Kontrollanlagen und Puppen mit elektronischen Aufnahmegeräten (Wanzen) an Bord hat. Man will es im Gebiet des Dreiecks zwischen Florida und den Bahamas treiben lassen und dabei durch elektronische Fernkontrolle beobachten, was mit ihm passiert.

Auch viel weiter im Norden wurde der Wunsch, das Geheimnis durch persönliche Nachforschungen zu lösen, in die Tat umgesetzt. In der zweiten Hälfte des Jahres 1974 unternahmen Vertreter des »Isis Center for Research and Study of the Esoteric Arts and Sciences« aus Silver Spring in Maryland eine Kreuzfahrt auf einem gecharterten Schiff durch jene Teile des Bermuda-Dreiecks, in denen die ungewöhnlichsten und potentiell gefährlichsten Phänomene verzeichnet wurden. Den Worten des Präsidenten der Gesellschaft, Jean Byrd, zufolge wurden die Teilnehmer ersucht, eine spezielle Versicherung abzuschließen. Zusätzlich waren psychologische Tests während der Fahrt durch das Gefahrengebiet geplant, vor allem dort, wo ein Versagen der Kompasse oder ungewöhnliches Kompaßverhalten magnetische Aberration anzeigt. Man wollte feststellen, ob die magnetische Spannung einen Einfluß auf den Geisteszustand der Reisenden hat. Diese Möglichkeit wurde ein paarmal als Erklärungsversuch angeführt. Personen, die durch starke magnetische Strömungen geistig beeinflußt waren, hätten die Kontrolle über ihre Flugzeuge und Schiffe verloren und diese zum Abstürzen oder Sinken gebracht oder in ihrer Panik einfach die Schiffe verlassen. Man darf aber nicht vergessen, daß Personen, die den noch ungeklärten Kräften im Dreieck begegnet und davongekommen sind, sich an keine Störungen des psychischen Gleichgewichts erinnern, außer den natürlichen Reaktionen der Überraschung, des Schreckens, der Besorgnis und Vorsicht.

Da eine logische und ohne weiteres annehmbare Erklärung fehlt, sind unabhängige Forscher, die sich mit den Vorgängen im Bermuda-Dreieck befassen, noch weiter gegangen – manche bis zu Erklärungen, die auf Ausnahmen in den Naturgesetzen beruhen, andere bis zur

Hypothese eines Wechsels der Dimensionen durch einen Übergang wie ein »Loch im Himmel« (in das Flugzeuge hineinfliegen, das sie aber nicht mehr verlassen können); andere glauben, daß die Unfälle von Wesen aus dem Erdinneren oder dem Weltraum bewirkt werden, während andere eine Theorie oder eine Kombination von Theorien aufstellen, die besagen, daß das Phänomen von Energiequellen herrührt, die heute noch immer funktionieren, und von Menschen geschaffen wurden, die einer viel älteren, sich von der unseren stark unterscheidenden Zivilisation angehörten.

Raum-Zeit-Verschiebung und andere Welten

Die Erforscher des Bermuda-Dreiecks wandten ihre Aufmerksamkeit schon seit langem einem anderen rätselhaften Gebiet im Weltmeer zu. Es liegt südöstlich von Japan, zwischen Japan und den Bonin-Inseln, im besonderen zwischen Iwo Jima und Marcus Island, und ist berüchtigt als Gefahrenzone für Schiffe und Flugzeuge. Auch hier sind unterseeische Vulkanausbrüche und Flutwellen eine mögliche Erklärung für die Unfälle, aber dieses oft »Teufelssee« genannte Gebiet hat zumindest offiziell einen schlechteren Ruf als das Bermuda-Dreieck, da es von der japanischen Regierung zur Gefahrenzone erklärt wurde. Diese Maßnahme wurde nach einer Untersuchung durch ein japanisches Überwasserfahrzeug im Jahre 1955 getroffen.

Die Teufelssee war schon lange Zeit der Schrecken der Fischer gewesen, die glaubten, daß sie von Dämonen, Teufeln und Ungeheuern bewohnt sei, welche die Schiffe der Unvorsichtigen zerstörten. Seit vielen Jahren waren in dieser Gegend Flugzeuge und Schiffe verschwunden, aber die öffentliche Aufmerksamkeit wurde vor allem durch das Verschwinden von neun Schiffen in den Jahren 1950 bis 1954 geweckt, als Japan nach dem Zweiten Weltkrieg wieder in Frieden lebte. Die Schiffe hatten mehrere hundert Personen an Bord und verschwanden auf dieselbe Art wie jene im Bermuda-Dreieck (gründliche Suchaktionen in der Luft und auf See, keine Wracks oder Ölflecken).

Das Bermuda-Dreieck und die Teufelssee haben eine auffallende Gemeinsamkeit: Am 80. westlichen Längengrad, der das Bermuda-Dreieck an dessen Westgrenze durchquert, fallen der geographische und der magnetische Nordpol zusammen. Der 80. westliche Längengrad verläuft über den Pol, verändert hier seine Bezeichnung und wird zum 150. östlichen Längengrad. Dieser verläuft vom Nordpol nach Süden, im Osten an Japan vorbei und mitten durch die Teufelssee. An diesem Punkt in der Teufelssee zeigt eine Kompaßnadel gleichzeitig zum geographischen und zum magnetischen Nordpol, genau wie im westlichen Teil des Bermuda-Dreiecks auf der anderen Seite der Erdkugel.

Die fortdauernden unerklärlichen Verluste von Schiffen und Flugzeugen waren der Grund für eine im Jahre 1955 durchgeführte und von der Regierung unterstützte Forschungsexpedition in jenes Gebiet. Bei dieser Expedition sollten die Wissenschaftler Meß- und Versuchswerte aufzeichnen, während ihr Schiff, die *Kaiyo Maru Nr. 5*, in der Teufelssee kreuzte. Das Unternehmen endete auf unglaubliche Weise – das Expeditionsschiff samt der Besatzung und dem Forschungsteam verschwand spurlos!

Die Existenz eines oder mehrerer Gebiete in den Weltmeeren, wo sich derart rätselhafte Fälle ereignen, hat zu seltsamen Spekulationen geführt. Es wurden Theorien über Antischwerkraft-Verschiebungen aufgestellt und behauptet, daß es Orte gibt, wo die Gesetze der Schwerkraft und der magnetischen Anziehung nicht so funktionieren, wie wir es gewohnt sind. Ralph Barker, der Autor von *Great Mysteries of the Air*, bemerkt, daß neue Entwicklungen in der Physik auf die Existenz von Antischwerkraft-Materiepartikeln hinweisen, und meint ». . . daß den Gesetzen der Schwerkraft nicht unterworfene Materie, deren Natur derjenigen der Erdmaterie entgegengesetzt ist . . . von starker Explosivität ist, wenn sie mit irdischer Materie in Kontakt kommt . . . und in bestimmten Gebieten der Erde lokalisiert auftritt . . .« Er vermutet, daß diese Materie aus dem Weltall stammen könnte und sich manchmal unter dem Festland, meist jedoch unter dem Meer in der Erdrinde eingelagert habe.

Bei näherer Beschäftigung mit dieser Theorie findet man möglicherweise eine Erklärung für die elektronischen und magnetischen Abweichungen in verschiedenen Gebieten der Erde, aber der Verlust von so vielen Schiffen und Flugzeugen in Sichtweite des Landes kann damit nicht begründet werden. Berichte über magnetische Anomalien gibt es auch aus anderen Meeresgebieten. Es finden sich da Stellen, wo die Anziehungskraft einer Energiequelle unter Wasser stärker zu sein schien als die Anziehung des magnetischen Nordpols.

Ivan Sanderson publizierte die Ergebenisse einer genauen Untersuchung des Bermuda-Dreiecks und anderer ähnlicher Meeresgebiete in einem in der Zeitschrift *Saga* erschienenen Artikel, *The Twelve Devil's Graveyard around the World*. Während dieser Untersuchung fanden Ivan Sanderson und seine Mitarbeiter, daß die meisten der geheimnisvollen Zwischenfälle mit verschwundenen Schiffen und Flugzeugen sich auf sechs Gebiete von ungefähr der gleichen ellipsenförmigen

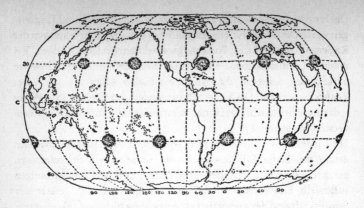

Jene zwölf Gebiete der Erde, wo nach der Theorie Ivan Sandersons elektromagnetische Wirbel auftreten. Die auf dieser Abbildung nicht gezeigten Gebiete sind die Pole. Das Gebiet östlich von Japan ist die Teufelssee, das japanische Äquivalent des Bermuda-Dreiecks.

Gestalt konzentrieren, die zwischen dem 30. und 40. nördlichen und südlichen Breitengrad liegen. Dazu gehören auch das Bermuda-Dreieck und die Teufelssee.

Sanderson entwickelte seine Theorie weiter und stellte ein Netzwerk von Anomaliengebieten in Abständen von 73 Grad auf dem ganzen Erdball fest, die um den 36. nördlichen und südlichen Breitengrad zentriert sind, fünf davon auf der nördlichen Hemisphäre, fünf auf der südlichen einschließlich der Pole. Das Bermuda-Dreieck ist seiner Meinung nach das bekannteste dieser Gebiete, weil es am meisten befahren wird, während andere, weniger frequentierte Gebiete ebenfalls starke magnetische Abweichungen zeigen.

Die meisten dieser Gebiete liegen östlich von kontinentalen Landmassen, wo warme, nach Norden fließende Meeresströmungen mit den kalten, nach Süden verlaufenden zusammenstoßen. Zusätzlich dazu sind diese Gebiete auch Knotenpunkte, wo sich Meeresströmungen an der Oberfläche und in der Tiefe in entgegengesetzte Richtungen bewegen. Die großen unterseeischen Gezeitenströme, die von verschiedenen Temperaturen beeinflußt werden, erzeugen magnetische Wirbel, welche die Funkkontakte, das Magnetfeld, vielleicht auch die Schwerkraft stören – und die möglicherweise unter bestimmten Umständen Schiffe und Flugzeuge zu einem anderen Punkt im Raum-Zeit-Kontinuum verschieben. Sanderson erwähnt in diesem Zusammenhang ein interessantes Phänomen von Unregelmäßigkeit im Zeitablauf, das in diesen Gebieten auftritt. Es handelt sich um Fälle, wo Flugzeuge so lange vor ihrer fahrplanmäßigen Ankunftszeit landeten, daß sie mit einem Rückenwind von 760 km/h geflogen sein müßten. Die von den Wetterstationen gemeldeten Winde können diese Abweichungen nicht bewirkt haben, sie kommen jedoch am häufigsten im Bermuda-Dreieck und in anderen Gebieten mit magnetischen Wirbeln vor, als wären diese Flugzeuge der Anomalie begegnet, aber an ihr vorbeigeglitten oder sicher durch das »Loch im Himmel« vorwärtsgetrieben worden, das so vielen anderen Reisenden das Leben kostete.

Ein solcher Zeitsprung ereignete sich vor fünf Jahren am Flughafen von Miami und wurde nie befriedigend geklärt. Er betraf ein Passagierflugzeug der National Airlines, eine Boeing 727, die sich von Nordosten der Landebahn näherte und von der Kontrollstation auf dem Radar verfolgt wurde. Es verschwand plötzlich ungefähr zehn Minuten lang vom Radarschirm und tauchte dann wieder auf. Das Flugzeug landete ohne weitere Zwischenfälle. Der Pilot und die Mannschaft waren über die Besorgnis des Bodenpersonals überrascht, da ihres Wissens nichts Außergewöhnliches geschehen war. Ein Mitglied der Kontrollstation sagte zu einem Piloten: »Du lieber Himmel, Mann, zehn Minuten lang habt ihr einfach nicht existiert.« Die Flugzeugbesatzung verglich daraufhin ihre Uhren und die anderen Zeitmesser in der Maschine und fand, daß sie alle genau zehn Minuten nachgingen. Das war vor allem deswegen merkwürdig, weil ein Zeitvergleich mit dem Turm zwanzig Minuten vor diesem Zwischenfall keine Abweichung ergeben hatte.

An die Feststellung anknüpfend, daß unser Planet auf das Elektromagnetfeld einwirkt, gelangt Ivan Sanderson zu dem Schluß, daß das Bermuda-Dreieck und andere Gebiete »als riesige Maschinen noch eine andere Form von Anomalie bewirken . . . Können sie Wirbel erzeugen, durch welche materielle Gegenstände aus einem Raum-Zeit-Kontinuum in ein anderes übertreten?« Denn neben den vielen Fällen, bei denen Schiffe und Flugzeuge verschwinden, kommt es nämlich seit Jahrhunderten bis zur Gegenwart zum Auftauchen fremdartiger Objekte, trotz offizieller Dementis und der Tatsache, daß es logisch »unmöglich« ist.

Kein Beobachter der Vorgänge im Bermuda-Dreieck kann es vermeiden, Berichte über UFOs (unidentified flying objects = unidentifizierte Flugobjekte) in seine Forschungen einzubeziehen. In den Vereinigten

Staaten gibt es seit dem Jahr 1947, als sich zum erstenmal in Friedenszeiten die Beobachtungen häuften, Tausende Berichte und Untersuchungen über UFOs, und überall in der Welt wurden Tausende von weiteren Sichtungen gemeldet, 10 000 allein im Jahr 1966. Viele Millionen Menschen in den Vereinigten Staaten und in anderen Ländern behaupten, UFOs gesehen zu haben. UFOs wurden von wissenschaftlich kompetenten Beobachtern gesichtet und beschrieben. Dr. J. Allen Hyneck, ein früherer Berater der Luftwaffe in UFO-Fragen, sagt dazu: »Die Intelligenz der Menschen, die UFOs beobachten und über sie berichten, ist zumindest durchschnittlich. In vielen Fällen überdurchschnittlich. In manchen Fällen sogar unangenehm überdurchschnittlich.«

UFOs wurden mit verschiedener Schärfe fotografiert; sie wurden beobachtet, wie sie Flugzeuge begleiteten und gelegentlich zerstörten, und sie sind öfter in großer Anzahl über Weltstädten wie Washington und Rom erschienen. Sprecher der amerikanischen Regierung, der Luftwaffe und der Marine bezeichneten die meisten UFO-Sichtungen als Verwechslungen mit dem Mond, dem Mondhof, mit Kometen, einer Fata Morgana, mit Ballons, hellen Sternen, Meteoren, Planeten (vor allem der Venus), Testflugzeugen, Kondensstreifen, Suchscheinwerfern, dem Nordlicht, Kugelblitzen, Feuerwerkskörpern, als Autokinesis (wenn ein Gegenstand, den man lange angestarrt hat, sich von selbst zu bewegen scheint), Nachbild (wenn ein Gegenstand, den man angestarrt hat, so langsam aus dem Blickfeld verschwindet, daß man später noch die Umrisse sieht), als Irrlichter, Täuschungen oder Massensuggestion. Die Berichte über UFOs mehren sich aber weiterhin, und einige große UFO-Gesellschaften sowie zahlreiche Publikationen halten das Interesse an diesem Thema aufrecht. Was auch immer UFOs sein mögen – auf keinen Fall sind sie geheime Waffen der Großmächte. (Jede Seite im Zweiten Weltkrieg dachte, die leuchtenden Körper in Nähe ihrer Flugzeuge seien Geheimwaffen ihrer Gegner.) Wie mittlerweile treffend bemerkt wurde, könnten die Russen es aus Erfinderstolz nicht verschweigen, wenn die UFOs Geheimwaffen ihrer Streitkräfte wären, und die Amerikaner könnten es der Presse nicht verheimlichen, wenn sie die UFOs erfunden hätten. Es ist interessant, daß die Luftwaffe der Vereinigten Staaten zwar auf dem Standpunkt steht, UFOs könnten nicht erklärt werden und existieren daher nicht, daß sie in der Luftwaffendienstvorschrift AFR 80-17 den Piloten aber trotzdem detaillierte Instruktionen gibt, wie sie sich zu verhalten haben, wenn sie einem UFO begegnen.

Viele der Instruktionen von AFR 80-17 machen dem Vorausblick der Luftwaffe Ehre und sind auch ein Zeichen für die Existenz der UFOs, die in offiziellen Berichten oft abgeleugnet wird.

Die Dienstvorschrift hat zum Ziel ». . . festzustellen, ob das UFO eine mögliche Gefahr für die Vereinigten Staaten darstellt, und die wissenschaftlichen und technischen Meß- und Versuchswerte, welche die Untersuchungen der UFO-Berichte ergaben, zu nutzen«.

Obwohl die Dienstvorschrift die beruhigende Feststellung trifft: »Der größte Teil der UFOs, die der Luftwaffe gemeldet wurden, haben sich als alltägliche oder wohlvertraute Gegenstände erwiesen, die keine Bedrohung unserer Sicherheit darstellen«, wird hinzugefügt: »Es ist möglich, daß ausländische Mächte Flugkörper von revolutionärem Aussehen und Antrieb entwickeln könnten.« Die Behauptung, daß »sogenannte UFOs sich oft als Flugzeuge erweisen«, ist etwas paradox, denn gleich darauf heißt es: »Außer wenn Flugzeuge der Grund für eine UFO-Meldung sind, soll laut Bestimmung dieser Vorschrift über Flugzeuge nicht berichtet werden.« Wenn ein Beobachter über ein seltsam aussehendes Objekt Meldung erstattet, kann er nicht wissen, ob es sich um ein Flugzeug handelt oder nicht, vor allem, wenn es in der Luft operiert. Die Dienstvorschrift sieht weiter vor: »Jeder Kommandant eines Luftwaffenstützpunkts soll eine UFO-Beobachtungsstelle einrichten. Wenn die Sichtung eines UFOs gemeldet wird, soll eine Untersuchung eingeleitet werden, um die Ursache der Sichtung herauszufinden.«

Der größere Teil von AFR 80-17 befaßt sich mit dem Dienstweg bezüglich Sichtung von UFOs und Berichterstattung darüber und enthält Instruktionen für das Vervielfältigungsverfahren der Fotos dieser Objekte. Die Anordnung enthält auch Instruktionen darüber, welche Informationen der Kommandant eines Stützpunkts der Presse geben kann. »Fragen nach UFOs, die in der Nähe eines Luftwaffenstützpunkts gesichtet wurden, kann der Kommandant der Öffentlichkeit oder den Massenmedien gegenüber dann beantworten, wenn der Gegenstand der Beobachtung eindeutig identifiziert wurde. Wenn dieser Gegenstand am Stützpunkt selbst schwierig zu identifizieren ist, kann der Kommandant erklären, daß die Beobachtung überprüft wird und die Schlußfolgerungen von SAF-OI nach Beendigung der Untersuchung veröffentlicht werden. Der Kommandant kann auch erklären, daß die Luftwaffe die Resultate der Untersuchung überprüfen und analysieren wird. Alle weiteren Fragen sollen an SAF-OI gerichtet werden.« In die Sprache der Zivilisten übersetzt heißt das: »Wenn es sich um kein Flugzeug oder etwas anderes Erklärbares handelt, dann sagen Sie ihnen, sie sollen warten – und inzwischen exponieren Sie sich nicht.«

Anlage Nr. 1 zur oben zitierten Dienstvorschrift ist ein systematisch aufgebauter Fragebogen von einem halben Dutzend Seiten mit Zeichnungen, Fragen und vorgeschlagenen Antworten, um möglichst exakte Berichte über UFOs zu erlangen. Frage 13 beispielsweise verlangt, daß der Ausfüllende mehrere Möglichkeiten der Aktion des von ihm angeblich gesichteten UFOs mit »ja«, »nein« oder »unbekannt« bezeichnet. Die Fragen sind folgendermaßen formuliert: »Bewegte sich das Phänomen? – in einer geraden Linie? – stand es still? – steigerte es plötzlich die Geschwindigkeit und entfernte sich? – zerbrach es in einzelne Stücke oder explodierte es? – veränderte es die Farbe? – veränderte es die Gestalt? – blitzte oder flackerte es? – verschwand es und tauchte wieder auf? – drehte es sich wie ein Kreisel? – verursachte es Lärm? – flatterte oder zitterte es?« Die Fragen sind insofern interessant, weil sie sich wie eine Zusammenfassung der Dinge lesen, die Leute berichteten, wenn sie glaubten, eine Fliegende Untertasse gesehen zu haben. Es fehlen nur die kleinen grünen Männchen oder andere menschenähnliche Wesen, die einige Beobachter gesehen haben wollen.

Die Luftwaffe ist jener Teil der Armee, der am häufigsten mit dem Problem der UFOs konfrontiert wird. Daher gab sie an der Universität von Colorado eine Untersuchung und einen zusammenfassenden Forschungsbericht über UFOs in Auftrag, der 1968 publiziert wurde. Dieses Projekt stand unter der Leitung von Dr. Edward A. Condon, der auch den abschließenden Forschungsbericht mit dem Titel »Wissenschaftliche Untersuchung der unidentifizierten Flugobjekte« redigierte. Nach Überprüfung einer großen Zahl von Zeugenaussagen kommt Condon zu dem Schluß, daß die meisten Berichte über UFOs auf eine oder die andere Art erklärbar seien. Es gäbe nur ganz wenige Fälle, wo logische Begründungen versagten. In dem Bericht hieß es auch, daß der wissenschaftliche Nutzen der Untersuchungen über UFOs gering sei und den Zeit- und Geldaufwand nicht rechtfertige. Weitere derartige Unternehmen wurden als Verschwendung abgelehnt. Diese offizielle

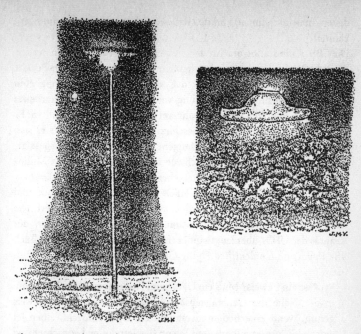

Skizzen von zwei der vierzehn UFOs, die von Dr. Valentine gesichtet wurden. Das UFO links wurde am 21. August 1963 um Mitternacht in der Nähe von Ashton, südlich von Orlando, Florida, gesichtet. Das Objekt nahm offensichtlich Wasser von einem See auf. Die Entfernung zum Beobachter betrug ungefähr 75 Meter. Das UFO rechts wurde über Bäumen am Straßenrand der US-Route 441 einige Kilometer südlich von Pearson, Georgia, um 3 Uhr nachts am Rand des Okefenokee-Sumpfes gesichtet. Es schien lumineszent und pulsierte mit einem bläulichen Licht. Entfernung zum Beobachter ungefähr 30 Meter.

Ablehnung der Existenz von UFOs verhinderte nicht, daß sie weiterhin auf der Erde und auch im Weltraum beobachtet wurden.

Außer den konstanten Dementis der offiziellen Stellen erschwert auch die leichtfertige und oberflächliche Berichterstattung der Massenmedien jede ernsthafte UFO-Forschung. Im Oktober 1973 beispielsweise häuften sich plötzlich die Berichte über UFO-Beobachtungen aus allen Teilen Amerikas, und das öffentliche Interesse war so groß, daß sich Presse und Fernsehen nicht mehr über dieses Phänomen hinwegsetzen konnten. (Unter den Zeugen befanden sich Persönlichkeiten wie der Gouverneur von Minnesota und mehrere hohe Polizeioffiziere, von

denen man annehmen konnte, daß sie keine Lügengeschichten erzählten.)

Die CBS-Radiostation brachte daher einen ziemlich detaillierten Bericht
über die Beobachtungen – aber in Reimen! In einem anderen Bericht
wurden die Leser informiert, daß die Polizei von Detroit eine
Vorgangsweise für die Behandlung von UFO-Besatzungen erarbeitet
hätte, wenn und falls sie in Gewahrsam genommen werden sollten. Es
sei sogar eine Trennung nach Geschlechtern vorgesehen, falls es sich
um männliche und weibliche Gefangene handle (immer vorausgesetzt,
daß unsere biologischen Unterschiede auf den Hunderten von Millionen potentiell bewohnten Planeten ebenfalls existieren).

Berichte über Sichtungen von UFOs tauchen regelmäßig auf und
werden ebenso regelmäßig von den staatlichen Stellen ignoriert. Die
dadurch hervorgerufene Frustration der Beobachter, die von der
Realität der UFOs überzeugt sind, bringt E. J. Ruppelt in seinem Buch
The Report on Unidentified Flying Objects zum Ausdruck.

> Was ist ein Beweis? Muß ein UFO beim Flußeingang zum Pentagon,
> in der Nähe der Generalstabsbüros, landen? Oder ist es Beweis
> genug, wenn eine Bodenradarstation ein UFO entdeckt, einen Jet
> entsendet, um es aufzuhalten, wenn der Jetpilot es beobachtet und
> mit seinem Radar erfaßt und wenn das UFO dann mit phänomenaler
> Geschwindigkeit flieht? Ist es ein Beweis, wenn ein Jetpilot auf ein
> UFO feuert und sogar unter der Androhung eines Kriegsgerichtsver-
> fahrens bei seiner Behauptung bleibt?

Die Berichte über Sichtungen von UFOs im Gebiet von Florida und den
Bahamas stehen in ihrer Häufigkeit in keinem Verhältnis zu Berichten
aus anderen Gebieten. Die UFOs wurden von vielen verläßlichen
Beobachtern im klaren Wasser und in der Luft gesichtet, sie wurden
gesehen, wie sie im Meer verschwanden und aus dem Meer wieder
auftauchten. Die hohe Zahl der Beobachtungen in diesem Gebiet hat zu
der Theorie Anlaß gegeben, daß die UFOs mit den Unfällen im
Bermuda-Dreieck in Verbindung stehen oder, deutlicher ausgedrückt,
daß die UFOs seit Generationen Schiffe und Flugzeuge entführen.

Einer der eifrigsten Verfechter dieser Theorie ist John Spencer, der
Autor von *Limbo of the Lost*. Spencer hat Erfahrung mit dem
Flugwesen, da er selbst Pilot ist und zehn Jahre lang bei der Luftwaffe

diente. Er beschäftigt sich auch mit UFOs und ist Mitglied von NICAP (*National Investigation Committee on Aerial Phenomena*), einer ernsthaften Forschungsorganisation zum Studium von UFOs, die hohe Beamte der amerikanischen Regierung, der Marine und der NASA zu ihren Mitgliedern zählt. Spencer begann Interesse am Bermuda-Dreieck zu finden, als das Atomunterseeboot *Scorpion* verschwand, was von vielen Leuten mit anderen Unfällen im Dreieck in Zusammenhang gebracht wurde. Die *Scorpion* wurde jedoch 400 Meilen von den Azoren entfernt aufgefunden, nach Spencers Meinung zum Teil mit Hilfe früherer Forschungsergebnisse der Russen, welche diese den Amerikanern zugänglich gemacht hatten. Spencer beschäftigte sich aber weiterhin mit diesem Problem, zeichnete die bekanntgewordenen Verluste auf einer Karte ein und fand so heraus, das fast alle Unfälle sich auf dem Kontinentalsockel ereigneten, und zwar auf einem Gebiet, das von Cape May in New Jersey bis zur Spitze Floridas reicht, weiter bis zum Golf von Mexiko und den Antillen. Dieses Gebiet schließt in einem Umkreis von 400 Meilen auch die Bermuda-Inseln und die Große Bahama-Bank ein.

Spencer, der sich seit vielen Jahren mit dem Phänomen der verschwundenen Schiffe und Flugzeuge befaßt, ist der Meinung, daß die einzige glaubhafte Erklärung für das Verschwinden von Flugzeugen und Schiffen samt Besatzung und Passagieren darin besteht, daß sie buchstäblich entführt wurden. Er schreibt:

> Da das völlige Verschwinden von 175 Meter langen Schiffen bei ruhiger See 50 Meilen vor der Küste oder von Verkehrsflugzeugen kurz vor der Landung auf verstandesmäßig erfaßbare Weise nicht möglich ist und sich dennoch ereignet hat, sehe ich mich zu der Schlußfolgerung gezwungen, daß sie von unserem Planeten entführt wurden.

Nachdem Spencer Berichte über UFOs nicht nur aus unserer Zeit, sondern aus allen Epochen der Geschichte untersucht hatte, konnte er zwei Haupttypen von Flugobjekten unterscheiden. Die eine wäre die allgegenwärtige »Fliegende Untertasse« von ungefähr 24 Meter Durchmesser und die andere ein riesiges Mutterschiff, das zwölf oder mehr Untertassen im Inneren transportieren kann – und das auch große Schiffe mit sich führen könnte. Dieser Raumfahrzeugträger wäre der große längliche oder zylinderförmige (gelegentlich auch als zigarrenförmig bezeichnete) Gegenstand, der zu verschiedenen Zeitpunkten gesehen wurde, wenn auch nicht so häufig wie die »Fliegenden Untertassen«.

Spencer glaubt, daß diese Kräfte mit Vorliebe im Dreieck am Werk sind, weil sich hier mehr Gelegenheit bietet, menschliche Versuchsobjekte zu finden. Die vermuteten Angreifer vermeiden nämlich bei ihren Streifzügen im allgemeinen Operationen auf dem Festland und den Kontakt mit Menschen. Im Bermuda-Dreieck herrscht reger Verkehr in der Luft und auf dem Meer, und es ist leicht für die fremden Wesen, Zugang und Rückzugsmöglichkeiten zu finden. Spencer nimmt an, daß die UFOs einen Antrieb haben, der auf einer ausgeklügelten Verwendung von Hochfrequenz beruht, was den Energieverlust bei den meisten Unfällen erklären würde.

Seine Theorie, warum Entführungen in den Weltraum in diesem Ausmaß durchgeführt werden, ist interessant und wird von mehreren anderen Beobachtern bestätigt, die unabhängig voneinander zu derselben Meinung gekommen sind. Spencer weist darauf hin, daß bei der unglaublichen Anzahl von Planeten in den anderen Sonnensystemen unserer Galaxie (es gibt annähernd 10^{21} Sterne, jeder vermutlich mit seinem eigenen Sonnensystem!) die Existenz hochentwickelter Zivilisationen aufgrund des Wahrscheinlichkeitsgesetzes möglich ist. Er stellt die Hypothese auf, daß die Population anderer Planeten in der Vergangenheit durch Energiemißbrauch ihren Planeten zerstört und in eine Sonne verwandelt hätte, ohne eine Spur ihrer Bewohner, ihrer geschichtlichen oder kulturellen Entwicklung zu hinterlassen. Aus diesem Grund sind Besucher aus anderen Welten vielleicht daran interessiert, lebende Zeugen der Erde oder auch anderer Planeten zu bewahren. Vielleicht auch wollen sie feststellen, wie weit sich die Zivilisation auf der Erde entwickelt hat, damit der Mißbrauch von Nuklearenergie nicht zu einer Gefahr für andere Planeten wird. Oder sie haben noch andere Motive, die sich unserer Vorstellungskraft entziehen.

Vielleicht sind diese fremden Intelligenzen gewillt, uns unseren Weg gehen zu lassen, während sie uns beobachten. Sie holen sich jedoch Erdbewohner, um sie als Beispiele des Lebens auf der Erde zu bewahren, aus einer Zeit, bevor der Planet sich selbst zerstörte – etwas, das ihnen bei anderen Planeten vielleicht nicht rechtzeitig gelang.

Wenn man sich mit den Berichten über wahrscheinliche UFO-Erscheinungen aus vergangenen Jahrhunderten beschäftigt, kommt man zu dem Schluß, daß unsere Erde vermutlich schon seit langem von Wesen aus anderen Welten beobachtet wird. Da aber der Mensch im Laufe seiner Geschichte stets Zeichen und Prophezeiungen vom Himmel erhofft hat (und sie auch fast immer bekam), ist es manchmal schwierig, zwischen tatsächlichen UFOs und den vielen »Feuerzeichen am Himmel« zu unterscheiden, die je nachdem als Warnung, Ansporn oder Voraussage interpretiert wurden. Einer der frühesten Berichte über die Beobachtung eines UFOs in der Antike findet sich vielleicht in den Annalen Thutmosis' III., eines Pharaos der 18. Dynastie, die in der Ägyptischen Sammlung des Vatikans entschlüsselt wurden. Im Gegensatz zu manchen visionären Erzählungen späterer Jahrhunderte wird die ungewöhnliche Erscheinung mit lobenswerter Objektivität beschrieben.

Im Jahr 22, im dritten Wintermonat, in der sechsten Stunde des Tages, bemerkten die Schreiber des Hauses des Lebens . . . daß ein Feuerkreis vom Himmel herabstieg. Sein Körper war eine Elle lang und eine Elle breit . . . Sie warfen sich auf den Bauch . . . und gingen zum Pharao, um darüber zu berichten. Seine Erhabenheit meditierte über dieses Ereignis . . . Die Gegenstände am Himmel wurden immer zahlreicher . . . sie leuchteten heller als die leuchtende Sonne und erstreckten sich bis an die Grenzen der vier Stützen des Himmels.
Die Armee des Pharaos sah zu . . . er selbst war in ihrer Mitte. Nach dem Abendmahl stiegen die Feuerkreise im Süden höher am Himmel auf.
Pharao ließ Weihrauch verbrennen, um den Frieden im Land wiederherzustellen, und befahl, das Geschehen in den Annalen des Hauses des Lebens zu verzeichnen . . . so daß man immer daran gedenken möge . . .

Man bemerkt, daß der Pharao in dieser ungewöhnlichen Lage seine Selbstsicherheit nicht verlor, wie es sich für einen Gott ziemt, für den er gehalten wurde und sich vielleicht auch selbst hielt. Er zeigte nur leichte Verwirrung über diese Manifestation anderer, höherer Götter. Im altbabylonischen Gilgamesch-Epos, das wahrscheinlich von der noch älteren sumerischen Kultur übernommen wurde, findet sich eine Beschreibung, wie der Held Etana von den Göttern über die Erde hochgehoben wird, bis er so weit entfernt ist, daß das Meer aussieht wie ein Wassertrog und das Land wie Gemüse. Das ist mehr oder weniger der Eindruck, den er wirklich gehabt hätte, wenn er das Rote Meer, den Persischen Golf und die angrenzenden Länder aus der Höhe eines Flugzeugs (oder aus einer Erdumlaufbahn) betrachtete. Die feurige Vision des Propheten Ezechiel – »der Wirbelwind aus dem Norden . . . ein sich selbst umhüllendes Feuer . . . aus dessen Mitte vier lebende Wesen kamen . . .« – wurde oft als UFO beschrieben, das landete und Ezechiel an Bord nahm. Diese Vision oder das Erscheinen dieses Raumschiffs fand im 7. Jahrhundert v. Chr. statt und bildet den Inhalt des Buches Ezechiel der Bibel. Vor kurzem erschien in Deutschland ein ungewöhnliches Buch, das sich mit diesem Thema befaßt. Es hat den Titel »Da tat sich der Himmel auf«. Der Autor ist Josef Blumrich, ein Raketenfachmann, der jetzt bei der NASA in Huntsville, Alabama, arbeitet.

Dr. Blumrich hatte mit seinem Buch ursprünglich die Absicht, die Theorie, Ezechiels Vision sei ein Raumschiff gewesen, als Unsinn zu entlarven. Er änderte jedoch seine Meinung, als er sich gründlicher mit dem Gegenstand auseinandersetzte und fand, daß Ezechiels Bericht über die Erscheinung völlig sinnvoll war, wenn man die »Räder innerhalb von Rädern« als eine Art Helikopterantrieb deutete, der es dem Fahrzeug ermöglichte, über dem Land zu schweben, und daß Ezechiel die übliche Vorgangsweise bei Landung und Start einer Rakete genau und sachlich beschrieb, die Veränderung der Farbe durch die Geschwindigkeit, die Windentwicklung, die Landevorrichtung und selbst den asbestähnlichen Anzug der Insassen. Dr. Blumrich schrieb dann ein Buch, das zu seiner ursprünglichen Absicht in diametralem Gegensatz stand, und stellte mit Hilfe der biblischen Berichte nicht nur fest, daß Ezechiel öfter ein Raumschiff gesehen hatte, sondern auch, daß das Wesen, das Ezechiel als den »Herrn« bezeichnete, nichts anderes als der Kommandant der Rakete war!

Ezechiels Erzählung ist nur ein Beispiel in einer langen Reihe historischer Berichte über wahrscheinliche Erscheinungen von UFOs, die sich von der Antike über das Mittelalter und die Renaissance bis zum Beginn unseres modernen Zeitalters fortsetzt. Die verschiedenen Bezeichnungen, die die Beobachter im Laufe der Jahrhunderte fanden, sind äußerst phantasievoll, oft komisch und weichen stark voneinander ab. Diese Verschiedenheit selbst kann jedoch eine Bestätigung sein, daß es sich um dasselbe Phänomen handelt, wenn wir uns überlegen, daß die Menschen, die solche Objekte sahen, sie mit dem Vokabular beschrieben, das ihnen am geläufigsten war. Man kann annehmen, daß Ezechiel Teile der Rakete mit »Löwe«, »Ochse« und »Adler« bezeichnete und die Landevorrichtung mit einem Kalbsfuß verglich (eine recht passende Beschreibung), weil er einem halbnomadischen Hirtenvolk entstammte, dem diese Tiere bekannt waren.

Ein vermutliches Massenauftreten von UFOs im Jahr 329 v. Chr. wurde von Alexander dem Großen und seiner Armee als »große leuchtende Schilde« bezeichnet, da ihnen ein Vergleich mit Kriegsgerät zweifellos am nächsten lag. Diese UFOs behinderten den Vormarsch der griechischen Armee beim Überschreiten des Flusses Jaxartes nach Indien. Aristoteles (384 – 322 v. Chr.), der den Wurfdiskus der griechischen Athleten kannte, nannte die Objekte, die er am Himmel sah, fliegende Disken. Die Römer sahen sie wie Alexander als Schilde oder feurige Pfeile oder Flotten von Schiffen. Plinius schreibt im 11. Band seiner Naturgeschichte (100 v. Chr.): »Unter den Konsuln Lucius Valerius und Caius Valerius lief ein brennender Schild, der Funken verstreute, bei Sonnenuntergang von Osten nach Westen über den Himmel.« Die Hawaiianer bezeichnen die Objekte, die sie schon seit tausend Jahren immer wieder sehen, als *akuatele* – fliegende Geister. Im religiös orientierten Mittelalter wurden die fliegenden Gegenstände am Nachthimmel als Kreuze bezeichnet. (Könnte das für die Geschichte so bedeutsame Kreuz Konstantins eines von diesen gewesen sein?) Man beschrieb sie aber manchmal auch als sich drehende brennende Räder, wie im Buch Ezechiel.

Im Zeitalter der Entdecker und Forscher nahmen die Himmelskörper in den Augen der Betrachter die Form von Schiffen an, und später, nach Erfindung des Ballons, wurden derartige Flugobjekte in Frankreich als »leuchtende feurige Ballone« beschrieben. Im 19. Jahrhundert nannten die Bewohner von Vermont in den USA, die als Weber arbeiteten, das Objekt eine »fliegende Spindel«.

Während die Beobachter aus verschiedenen historischen Epochen die beweglichen Gegenstände am Himmel mit jenen Namen bezeichneten, die ihnen in der Erregung als erstes einfielen, blieb es unserer Kultur vorbehalten, sie »Fliegende Untertassen« oder »zigarrenförmige Objekte« zu nennen. Als 1947 zum erstenmal eine große Anzahl von UFOs in den Vereinigten Staaten beobachtet wurde, vorerst über Iowa und dann über Mount Rainier in Washington, nannte man sie Scheiben, dann Pfannen, bevor die Bezeichnung »Untertassen« aufkam.

Am 30. Juni 1908 fand in einer verlassenen Gegend am Jenissei in der Nähe des Baikalsees eine ungeheure Explosion statt, bei der allerdings nur ein paar Rentiere getötet wurden. Diese Explosion wurde lange für den Aufschlag eines Meteoriten gehalten, aber Frank Edwards, ein langjähriger Erforscher unerklärlicher Phänomene, ist der Meinung, es hätte sich um eine Atomexplosion gehandelt, verursacht durch den Unfall eines Raumfahrzeugs. Er zitiert den russischen Wissenschaftler Alexander Kasanzew, der feststellte, daß nach neueren Untersuchungen die Schäden in diesem Gebiet jenen gleichen, die unter ähnlichen Umständen eine von Menschen ausgelöste Atomexplosion hervorruft. Es zeigt sich vor allem noch immer anhaltende Radioaktivität, außerdem wurden keine Meteorteile gefunden, obwohl es natürlich möglich ist, daß sie tief unter der Erde liegen. Edwards schließt: »Durch die Katastrophe am Jenissei im Jahre 1908 verloren wir einen Gast aus dem Universum.«

M. K. Jessup ist ein Autor, der als Astronom und Selenograph (Mondexperte) mit umfassender wissenschaftlicher Vorbildung über UFOs schreibt. In seinem Buch *The Case for the UFOs* meint er, daß die Rätsel um verlassene Schiffe im Bermuda-Dreieck – die *Freya, Mary Celeste, Ellen Austin* und viele andere – durch das Eingreifen von UFOs erklärt werden könnten. Er erweitert das Gebiet noch und beschreibt das Verschwinden der Besatzung der *Seabird*, eines großes Segelboots, im Jahr 1850. Die Männer auf der *Seabird* verschwanden, nachdem sie ganz in der Nähe ihres Heimathafens Newport auf Rhode Island ein Fischerboot angerufen hatten; im Logbuch fand sich später eine Eintragung, die zwei Meilen vom Hafen entfernt gemacht worden war, und auf dem Tisch in der Schiffsmesse stand eine unberührte Mahlzeit. Die *Seabird* setzte ihren Heimweg fort, offenbar ohne Mannschaft. Sie wurde weit drinnen am Strand gefunden – »als wäre sie von riesigen Händen aufgehoben worden« – und verschwand in der folgenden Nacht während eines Sturms, obwohl sie fest im Sand steckte. Jessup schloß aus der Untersuchung, daß diese Fälle von Verschwinden »fast unmöglich zu erklären sind, außer man nimmt an, daß sie nach oben stattfanden . . . etwas, das von oben einwirkt, mit großer Kraft und

Plötzlichkeit . . .« Er spricht von dem Eindruck »selektiver Rücksichts-
losigkeit . . . etwas wie ausweichendes Verhalten und Heimlichtue-
rei . . .« und fügt hinzu: »All das sind Attribute von Intelligenz.«
Jessup war der Meinung, daß die Entwicklung des modernen Flugwe-
sens »für unsere Nachbarn im All von großem Interesse ist« und daß
aus diesem Grund in den letzten Jahren so viele UFOs an der Küste
Floridas und in der Nähe von Kap Kennedy gesichtet wurden. In diesem
Zusammenhang steht ein Zwischenfall mit einem UFO, das am 10.
Januar 1964 beim Start einer Polarisrakete in die Kursbahn zischte. Das
Radar verfolgte damals vierzehn Minuten lang den ziellosen Kurs des
UFOs, bevor die Rakete wieder auf dem Schirm erschien. Obwohl der
Vorfall von Zeugen ausführlich besprochen wurde, gelangte kein
Bericht in die Presse – vielleicht, weil solche unerklärlichen Zwischen-
fälle das Vertrauen der Öffentlichkeit nicht eben stärken. Neueste
Entwicklungen bestätigen Jessups Theorie, daß UFOs an der Entste-
hung unseres Flugwesens und unserer Raumfahrt äußerst interessiert
sind. Während mancher Raumflüge, vor allem während jener von
Gemini 4 und 7, wurden UFOs beobachtet. McDivitt und Borman, die
Astronauten von Gemini 4, bemerkten ein Objekt, das parallel zu ihrer
Kapsel flog, und erwogen ein Ausweichmanöver. Auch Gemini 7 soll
von einem UFO begleitet worden sein. Zwei UFOs begleiteten die
Mondkapsel von Apollo 12 in einer Entfernung von 200 000 Kilometern
im Weltraum, eines vor der Kapsel, eines hinter ihr. Astronaut Gordon
sagte dazu: »Sie leuchten sehr stark und scheinen uns anzublitzen.«
Später meinte er im Gespräch mit der Kommandozentrale in Houston:
»Nehmen wir jedenfalls einmal an, daß sie uns freundlich gesinnt sind.«
Obwohl dieser Vorfall seither weder von der Zentrale in Houston noch
von der NASA bestätigt wurde, bemerkte man die Lichter auch von
europäischen Observatorien aus. Etwas später während desselben
Raumflugs beobachteten die Astronauten ein helles Licht, »etwa so
groß wie der Planet Venus«, zwischen sich und der Erde. Es war zehn
Minuten lang zu sehen und verschwand dann.
Auch wenn man in Betracht zieht, daß UFOs unidentifizierte Gegenstände irdischen Ursprungs sein können, beispielsweise Teile von
Startraketen oder andere Bruchstücke im Weltraum, so sind sie doch
frei beweglich, tauchen auf und verschwinden wieder. Dies scheint eine
selbständige und nicht von der Erdumlaufbahn abhängige Lenkung
vorauszusetzen.

Ein UFO, das von Dr. Valentine am 6. Dezember 1952 um 2 Uhr nachts zwischen Douglas und Fargo in Georgia gesichtet wurde. Nach Dr. Valentines Meinung ist der dunkle, tunnelartige Wirbel ein ausgestoßener Neutronenstrom, Zeichen für einen Antrieb durch Kernverschmelzung statt Kernspaltung, eine nicht umweltverschmutzende Art der Atomenergie. Diese Verschmelzung würde ein Magnetfeld aufbauen, das das UFO mit unglaublicher Geschwindigkeit vorwärtstreibt und möglicherweise auch andere Gegenstände in der unmittelbaren Umgebung in dieses Feld bringt.

Dr. Franklin Roach bemerkte im *Condon Report* über die UFO-Sichtungen der Astronauten, daß »die Bedingungen, unter denen die Astronauten ihre Beobachtungen machten, mit denen von ein oder zwei Personen im Vordersitz eines kleinen Wagens ohne Rück- oder Seitenfenster und mit einer teilweise verdeckten, sehr verschmutzten Windschutzscheibe vergleichbar sind«. Wenn man diese Feststellung logisch weiterführt, heißt das, daß man keiner Beobachtung der Astronauten Glauben schenken kann.

Wie andere Forscher, die sich mit UFOs und den Vorgängen im Dreieck auseinandersetzen, ist Jessup überzeugt, daß eine heimliche Zensur der Grund für das Verschweigen wichtiger Aussagen und neuer Entwicklungen ist. Sein letztes Buch vor seinem Tod beschäftigte sich mit biblischen Berichten über »fliegende Untertassen« und behandelte auch die Frage, auf welche Weise kontrollierte Magnetkraft Unsichtbarkeit hervorrufen könne, eine Erweiterung von Einsteins einheitlicher Feldtheorie, die Jessup für den Schlüssel sowohl zum Problem des plötzlichen Auftauchens und Verschwindens von UFOs als auch des Verschwindens von Schiffen und Flugzeugen hielt. Jessup fand am 29. April 1959 in Miami den Tod.

Dr. Manson Valentine, ein alter Freund Jessups und eine der letzten Personen, die mit ihm gesprochen hatte, sagte uns, daß Jessup in sehr deprimierter Stimmung war. Dr. Valentine hatte ihn am Abend des 29. April zum Dinner eingeladen. Jessup nahm die Einladung an, kam aber nicht. Er starb in seinem Kombiwagen im Dade Country Park an Kohlenmonoxydvergiftung, nachdem er die Auspuffgase mit einem

Schlauch ins Wageninnere geleitet hatte. Die Meinung, Jessups Tod wäre kein Selbstmord gewesen, bildete sich wahrscheinlich deshalb, weil er zeitlebens die Theorie vertreten hatte, daß außerirdische Mächte in irdische Ereignisse eingreifen. Man sagte, daß sein Tod ein Hinweis auf die Gefahren einer zu intensiven Forschung auf diesem Gebiet sei.

Dr. Manson Valentine, Zoologe, Archäologe und Ozeanograph, hat mehrere Jahrzehnte lang die Vorgänge im Dreieck aus nächster Nähe studiert – von Miami, den Bahamas und anderen Inseln aus. Da er sich direkt am Schauplatz befindet, ist er eine ausgezeichnete Informationsquelle in bezug auf vergangene und gegenwärtige Ereignisse in diesem Gebiet. Viele seiner Mitteilungen, vor allem die Erinnerungen an seine letzten Gespräche mit Dr. Jessup, sind so bestürzend, daß sie in Dr. Valentines eigenen Worten wiedergegeben werden sollen.

Frage: Seit welcher Zeit beobachten Sie die Phänomene im Bermuda-Dreieck?

Seit ungefähr dreißig Jahren, seit dem Verschwinden der Bomber im Jahre 1945. Ich habe Unterlagen über die Unfälle gesammelt, Überlebende interviewt und Berichte gesammelt, die sich auf UFOs beziehen, welche während der Unfälle in diesem Gebiet gesichtet wurden.

Frage: Mehren sich die UFO-Sichtungen in letzter Zeit?

Es werden hier mehr UFOs gesehen als irgendwo anders. In letzter Zeit wurden zahlreiche Luftfahrzeuge beobachtet, von denen wir wissen, daß es sich um keine Flugzeuge handelt, und Unterwasserfahrzeuge, die keine normalen U-Boote sein können.

Kapitän Don Delmonico sah im April 1973 einen solchen Gegenstand. Er ist ein erfahrener Seemann und als überlegter und ruhiger Beobachter bekannt. Im klaren Wasser des Golfstroms bemerkte er zweimal ein völlig gleich aussehendes unbekanntes Objekt, beide Male ungefähr in demselben Gebiet, als er ein Drittel der Entfernung zwischen Great Isaac Light nördlich von Bimini und Miami zurückgelegt hatte, an einem Punkt, wo der Golfstrom besonders tief ist. Die Objekte wurden jeweils um vier Uhr nachmittags beobachtet, bei ruhigem Meer, normaler Grunddünung und ausgezeichneter

Sicht. Beide Male schnellte ein grauweißer Körper, glatt und in der Form »einer dicken Zigarre mit abgerundeten Enden«, wie Delmonico sagte, unter Wasser am Bug des Bootes vorbei. Delmonico schätzte den Gegenstand auf 45 Meter bis 60 Meter Länge und seine Geschwindigkeit auf mindestens 90 bis 100 Stundenkilometer. Der Kapitän bemerkte das Objekt plötzlich, als es mit Kollisionskurs auf sein Boot zusteuerte und offenbar gerade vor ihm über die Oberfläche tauchen wollte. Das Objekt fühlte scheinbar seine Gegenwart, sank und tauchte direkt unter dem Boot durch. Es gab keinen Strudel und kein sichtbares Kielwasser. Der Gegenstand hatte keine Erhebungen, Finnen oder andere Vorsprünge auf seiner glatten Oberfläche, und es waren auch keine Luken zu sehen.

UFOs am Himmel wurden von Piloten und Schiffsbesatzungen im Dreieck – vor allem in der Tongue of Ocean – so oft beobachtet, daß sie schon eine alltägliche Erscheinung darstellten. Seltsamer ist es, daß schwebende UFOs über den Bäumen im Okefenokee-Sumpf auftauchten, wo sie von einigen Rangers und mir selbst gesehen wurden. In Zentralflorida sah ich einmal ein UFO mit einem blauen Lichtstrahl, der auf das Wasser eines Sees gerichtet war. Vielleicht nahmen sie Wasser auf oder Exemplare der lokalen Fauna, die sie untersuchen wollten. Beim großen Elektrizitätsausfall in Südflorida im April 1973 wurden blaugrüne und blaue wandernde Lichter am Himmel beobachtet, und zwar vor allem bei Turkey Point – wo sich der Atomreaktor befindet. Während des Elektrizitätsausfalls an der Ostküste vor ein paar Jahren wurde ebenfalls eine Gruppe von ungefähr zwölf UFOs gesehen.

Frage: Haben Sie eine Theorie, wie die UFOs angetrieben werden?

Es gibt verschiedene Möglichkeiten. Eine Methode, die nur in unserer Atmosphäre funktionieren würde, wäre ein Perimeter von Kathodenstrahlgeneratoren um ein scheibenförmiges Fahrzeug. Es könnte sich auf diese Weise schnell in jede beliebige Richtung bewegen. Man müßte nur die Generatoren in der gewünschten Richtung in Gang setzen. Sie würden die Luft vor dem Fahrzeug ionisieren und auf diese Weise ein Vakuum schaffen, durch das es sich bewegen kann. Von UFOs zurückgelassene Reste ionisierter Luft können die Ursache einer Turbulenz bei klarem Himmel sein.

Eine andere Antriebsmethode könnte ähnlich wie der Düsenantrieb funktionieren, aber mit viel höherer Geschwindigkeit, die sich theoretisch der Lichtgeschwindigkeit nähern kann. Die Reaktoren würden auf dem Prinzip der Kernverschmelzung und nicht dem der Kernspaltung basieren. Alles, was man dazu braucht, ist spaltbares Material und Wasser. Das könnte auch die Erklärung sein, warum man UFOs aus Inlandseen Wasser aufnehmen sah.

Nach einer anderen Theorie wird ein Wechsel der Dimension und eine Verschiebung des Raum-Zeit-Kontinuums durch ein Magnetfeld bewirkt.

Frage: War Dr. Jessup der Meinung, es gebe einen Zusammenhang zwischen den UFOs und dem Bermuda-Dreieck?

Er hatte eine Theorie, daß die Energie eines Magnetfelds Materie verwandeln und von einer Dimension in eine andere transportieren kann . . . daß UFOs in unsere Dimension kommen, Menschen und anderes mitnehmen und sich wieder aus dieser Dimension entfernen. Er war auch der Meinung, daß manche der Unfälle durch das von den Kathodenstrahlen der UFOs hervorgerufene Vakuum verursacht wurden, welches Flugzeuge zerstörte, wenn sie hineinflogen. Das ist wahrscheinlich auch Mantell zugestoßen. [Am 7. Januar 1948 flogen Kapitän Thomas Mantell und mehrere andere Piloten vom Godman-Flughafen, Fort Knox, mit ihren P-51 Mustangs hinter einem UFO »von riesigen Ausmaßen« her, das bei Tageslicht beobachtet wurde, wie es sich dem Stützpunkt näherte. Während Mantell ihm nachflog, sahen Zeugen, wie sich sein Flugzeug plötzlich auflöste. In einer späteren Erklärung der Luftwaffe hieß es, daß der Kapitän eine Bewußtseinsstörung gehabt habe, während er auf den Planeten Venus zuflog, und daß das Flugzeug daraufhin absackte und zerstört wurde.] Er kam zu nahe an die Untertasse und ihr Feld ionisierter Luft heran. Sein Flugzeug explodierte in so viele Stücke, daß keines gefunden wurde, das größer als eine Faust war. Alle Stücke waren durchlöchert, als seien sie von Würmern durchbohrt worden.

Dasselbe kann auch mit der Constellation passiert sein, die Bob Brush [Pilot eines Verkehrsflugzeugs] im Oktober 1971 in der Nähe von Great Inagua in den Bahamas explodieren sah. Bob steuerte eine DC-6 und hatte die Constellation auf dem Radarschirm. Sie flog niedrig und schien Schwierigkeiten zu haben. Plötzlich explodierte sie mit einem Lichtblitz, der den Himmel von Horizont zu Horizont erleuchtete. Die Explosion war so hell, daß ihm die Augen schmerzten – so etwas ist völlig ungewöhnlich. Ein Boot in der Nähe fischte ein Flughandbuch auf, das Bob später untersuchte. Es war voll kleiner Löcher, genau wie das Wrackstück von Mantells Maschine. Die UFOs, was immer sie auch sonst sind, scheinen einen vorübergehenden magnetischen Wirbel zu erzeugen, ein Ionisationsfeld, das Schiffe und Flugzeuge zerstören oder verschwinden lassen kann.

Kurz vor seinem Tod glaubte Jessup, er sei unmittelbar davor, die wissenschaftliche Basis für diese Vorgänge zu entdecken. Er sagte, es sei mit Einsteins einheitlicher Feldtheorie zu erklären.

Frage: Können Sie uns eine vereinfachte Erklärung dieser Theorie geben?

Sie geht davon aus, daß unsere Grundbegriffe von Zeit und Raum, von Materie und Energie keine getrennten Wesenheiten sind, sondern daß diese Größen unter bestimmten Voraussetzungen ineinander übergeführt werden können. Tatsächlich bietet die einheitliche Feldtheorie eine weitere Erklärung für das plötzliche Auftauchen und Verschwinden von UFOs. In der Praxis bedeutet das für elektrische und magnetische Felder: Ein elektrisches Feld erzeugt in einer Spule ein zu dieser im rechten Winkel stehendes Magnetfeld; jedes Feld für sich stellt eine Ebene im Raum dar. Da aber ein Raum von drei Ebenen aufgebaut wird, muß noch ein drittes Feld existieren – vielleicht in Zusammenhang mit der Schwerkraft. Erzeugt man mit Hilfe elektromagnetischer Generatoren einen magnetischen Impuls, könnte es möglich sein, dieses dritte Feld, basierend auf dem Resonanzprinzip, aufzubauen. Jessup sagte mir, er glaube, die amerikanische Marine sei während des Krieges zufällig darauf gestoßen, in einem Experiment, das mit einem Zerstörer durchgeführt wurde. Man nannte es das Philadelphia-Experiment.

Frage: Was beinhaltet das Philadelphia-Experiment?

Laut Jessup war es ein Geheimexperiment der Marine, das im Jahr 1943 in Philadelphia und auf dem Meer durchgeführt wurde. Es hatte zum Ziel, den Effekt eines starken Magnetfeldes auf ein bemanntes Schiff zu testen. Dazu wollte man magnetische Generatoren einsetzen. Um ein auf Dock liegendes Schiff wurde also mittels pulsierender und nicht pulsierender Generatoren ein starkes Magnetfeld erzeugt. Die Resultate waren so verblüffend wie bedeutsam, wenn sie auch negative Nachwirkungen auf die Besatzung hatten. Als das Experiment die erste Wirkung zeigte, wurde zunächst ein undurchsichtiges, nebeliges grünes Licht sichtbar. Übrigens sprachen auch die Überlebenden der Unfälle im Dreieck von einem leuchtenden grünen Nebel. Bald war das ganze Schiff von diesem grünen Nebel erfüllt, und es begann samt der Besatzung aus der Sicht der Leute am Dock zu verschwinden, bis nur noch seine Wasserlinie sichtbar war. Später wurde berichtet, der Zerstörer sei in Norfolk, Virginia, aufgetaucht und wieder verschwunden, was ein Nebeneffekt eines solchen Versuchs mit dem damit zusammenhängenden Phänomen der Zeitverschiebung gewesen sein kann.

Ein ehemaliges Besatzungsmitglied berichtete, daß der Versuch auf See erfolgreich war, mit einem Unsichtbarkeitsfeld in der Gestalt eines Rotationsellipsoids, das sich hundert Meter von jeder Schiffsseite erstreckte. Man konnte den Eindruck des Schiffs im Wasser sehen, das Schiff selbst jedoch nicht. Als das Magnetfeld zunahm, begannen einige Männer an Bord zu verschwinden und mußten mit einer Art Handauflegetechnik sichtbar gemacht werden. Andere wieder entfernten sich so weit von ihren ursprünglichen körperlichen Dimensionen, daß sie nur mit einem speziell entworfenen elektronischen Gerät gefunden und in den Normalzustand zurückversetzt werden konnten. Für solche Fälle, wenn ein Kamerad weder gesehen noch ertastet werden konnte, hatte die Mannschaft einen komischen Ausdruck: im Sirup stecken. In Wirklichkeit war es ein Zustand aufgehobenen Lebens, wobei die volle Wiederherstellung ein ernstes Problem sein konnte.

Es gab Gerüchte, daß Seeleute ins Krankenhaus kamen, starben oder geistige Störungen davontrugen. Die psychischen Fähigkeiten scheinen im allgemeinen gesteigert worden zu sein, aber viele verspürten noch Nachwirkungen der Transmutation während des Experiments. Sie verschwanden nämlich zeitweilig und tauchten wieder auf, zu Hause, auf der Straße, in Bars oder Restaurants, zur großen Überraschung der Umstehenden. Zweimal brach im Kompaß des

Schiffs ein Feuer aus, während es an Land geschleppt wurde, mit verheerenden Folgen für den Schlepper.

Frage: War Jessup Zeuge dieser Ereignisse?

Ich weiß nicht, wieviel er von den Dingen tatsächlich gesehen hatte, über die er mir berichtete, aber er hat das Experiment gründlich erforscht. Sie dürfen nicht vergessen, daß er nicht irgendein Sensationsschriftsteller war, sondern ein berühmter Wissenschaftler und Astronom. Er leitete die größte Refraktorstation der südlichen Hemisphäre, hatte mehrere Projekte zur Erforschung der Sonnenfinsternisse geplant, war der Entdecker von Doppelsternen und besaß einen hervorragenden Ruf als Wissenschaftler. Er wurde in das Philadelphia-Experiment hineingezogen, als ihm ein Mann namens Carlos Allende (oder Carl Allen), der sich als Überlebender des Experiments ausgab, im Jahr 1956 einen Brief schrieb. Allende hatte Jessups Buch *The Case for the UFOs* gelesen, und ihm war die Ähnlichkeit der zugrunde liegenden Theorie aufgefallen. Jessup beantwortete den Brief, so wie jeder Autor auf Leserbriefe antwortet, und Allende schrieb zurück. Einige Zeit nach Beginn dieser Korrespondenz wurde Jessup vom ONR (*Office of Naval Research* = Forschungsbüro der Marine) ersucht, nach Washington zu kommen. Vergessen Sie nicht, daß wegen der Zensur keine Einzelheiten über das Philadelphia-Experiment an die Öffentlichkeit drangen, bis auf einen kurzen Artikel einer Zeitung in Philadelphia. Man zeigte Jessup ein Exemplar seines Buches mit handschriftlichen Notizen, das rätselhafterweise im Forschungsbüro aufgetaucht war. Es enthielt ausführliche Randbemerkungen zu Jessups Theorien, das Experiment und die Aktivität der UFOs. Man fragte Jessup, ob er die Handschrift wiedererkenne. Die Notizen stammten offensichtlich von drei verschiedenen Personen, die ihre Eintragungen jeweils mit ihren Initialen gekennzeichnet hatten. Jessup glaubte, eine Handschrift als diejenige von Carlos Allende wiederzuerkennen, und übergab dem ONR Allendes Briefe. Ein Department der Marine ließ dann 25 exakte Kopien des Buches mit rot hervorgehobenen Anmerkungen anfertigen, von einer Druckerei in Texas, glaube ich. Jessup bekam drei Exemplare. Man sagte ihm, die anderen wären zur Information der ranghöchsten Offiziere im Department bestimmt.

Die Marine äußerte sich niemals offiziell zu dem Experiment. An dem Buch waren sie jedoch sehr interessiert. Jessup sagte mir auch, daß sie versucht hätten, Allende mit Hilfe seiner Briefadresse zu finden, aber ohne Erfolg.

Auch die anderen Leute, die Randbemerkungen zu Jessups Buch schrieben, wurden nie identifiziert.

Frage: Warum hat Jessup Selbstmord begangen?

Wenn er Selbstmord beging, dann war wahrscheinlich eine Depression schuld. Die Marine hatte ihm vorgeschlagen, wieder am Philadelphia-Experiment oder an ähnlichen Projekten zu arbeiten, aber er hatte abgelehnt – er machte sich wegen der gefährlichen Nebeneffekte Sorgen. Außerdem war er wegen der Kritik wissenschaftlicher Kreise an seinem Buch entmutigt.

Frage: Sie sagten: »Wenn er Selbstmord beging . . .« Haben Sie irgendeinen Grund zu der Annahme, er sei ermordet worden?

Es fielen einige Bemerkungen . . . manche Leute glaubten es . . . vielleicht hätte er gerettet werden können . . . Er lebte noch, als man ihn fand . . . vielleicht ließ man ihn sterben. Seine Theorien waren sehr weit fortgeschritten, und vielleicht wollten bestimmte Personen oder Organisationen ihre Verbreitung verhindern. Es ist seltsam, daß Jessups eigene Ausgabe des Buches und ein anderes Exemplar, das er Brian Reeves [ein Schriftsteller, der sich ebenfalls mit UFOs befaßt] gegeben hatte, auf der Post verschwanden, als sie an andere Personen geschickt wurden.

Frage: Stimmen Sie Jessups Theorien zu?

Im allgemeinen ja. Das ganze Problem des Magnetismus ist noch ein Rätsel. Wenn wir Einsteins Implikationen der »Einheitlichen Feldtheorie« ausarbeiten, in der er Schwerkraftfelder und elektromagnetische Felder in die Theorie von Raum und Zeit einbezieht, dann könnte es tatsächlich möglich sein, daß Menschen und Dinge durch starke Magnetfelder in eine andere Dimension versetzt und unsichtbar gemacht werden.

Die Antwort auf das Rätsel des Bermuda-Dreiecks liegt vielleicht in elektromagnetischen Abweichungen oder Kontrollen, die nur zu bestimmten Zeiten funktionieren, wenn sie entweder zufällig oder absichtlich in Gang gesetzt werden, und es scheint plausibel, daß UFOs die nötige Energie dazu liefern.

Frage: Was ist Ihrer Meinung nach der Grund, warum sich diese Zwischenfälle auf das Bermuda-Dreieck konzentrieren?

Ich glaube, es ist möglich, daß die intelligenten Wesen, die die UFOs steuern, nicht nur eine Erhebungsauswahl treffen und unseren wissenschaftlichen Fortschritt verfolgen, sondern daß sie zu den Plätzen alter heiliger Stätten zurückkehren. Es handelt sich vielleicht um Energiequellen und Kraftwerke, die heute vom Meer bedeckt werden. Wir haben in den letzten Jahren in der Nähe Biminis und an anderen Stellen in der Bahama-Gruppe große Gebäudekomplexe auf dem Meeresgrund entdeckt, ein Zeichen, daß hier vor vielen Tausenden von Jahren eine Hochkultur existierte. Es ist mehr als seltsam, daß so viele Zwischenfälle sich gerade in diesem Gebiet ereignen und daß so viele UFOs nicht nur am Himmel gesehen werden, sondern auch, wie sie ins Wasser eintauchen oder es verlassen.

Frage: Was können wir gegen UFOs und ihre potentielle Gefahr unternehmen?

Im Moment können wir gar nichts tun. Ich glaube nicht, daß für die meisten Reisenden irgendwelche Gefahr besteht. Vielleicht sind die verschwundenen Personen an einem anderen Ort oder in einer anderen Dimension auch noch am Leben. Ich glaube vielmehr, daß es wichtig ist, die Situation klar zu erkennen und zu versuchen, mit den UFOs in Kommunikation zu treten – das ist es, was viele von uns versuchen.

Wenn man bedenkt, wozu sie offensichtlich fähig sind, können wir uns glücklich schätzen, daß ihre Aktivitäten bis jetzt größtenteils harmlos waren, obwohl natürlich immer die Möglichkeit besteht, daß diese Besucher nicht alle von denselben Orten im Weltraum oder im Erdinnern kommen und vielleicht nicht dieselbe »bewahrende«

Haltung unserem Planeten und seinen Bewohnern gegenüber einnehmen. Falls UFOs absichtlich oder unabsichtlich für unsere größeren Elektrizitätsversagen verantwortlich sind, so ist es bemerkenswert, daß sich während dieser Zeit kein einziger Unfall mit Personenschaden in direktem Zusammenhang mit dem Energiezusammenbruch ereignet hat.

Es ist auffällig, daß sich nach den beiden großen Elektrizitätsausfällen in den Vereinigten Staaten im Nordosten im Jahr 1965 und in Miami im Jahr 1973 die Berichte über UFOs häuften. Während der Finsternis im Nordosten beobachteten mehrere Personen in Syracuse, unter ihnen der Deputy Commissioner der Bundesflugagentur, einen roten, leuchtenden Ball mit einem Durchmesser von 30 Meter. Andere UFOs wurden über New York, Newark, Philadelphia und in vielen Orten in Massachusetts, Rhode Island und dem Staat New York gesehen. Seltsamerweise stellte es sich heraus, daß Automotoren in der Nähe von UFOs versagten. Man sieht hier eine Ähnlichkeit mit dem Energieverlust und Funkversagen, das die Piloten und Steuermänner von Schiffen im Bermuda-Dreieck in Gefahr brachte.

Es ist natürlich klar, daß viele Personen, die wußten, daß UFOs Störungen im Magnetfeld der Erde und bei elektrischen Installationen hervorrufen können, zu dieser Zeit besonders aufmerksam nach Besuchern aus dem All Ausschau hielten, vor allem, da es kein Licht gab und man viel bessere Möglichkeiten zur Beobachtung des Himmels hatte als gewöhnlich.

Obwohl man den Überspannungsschalter, der den großen Zusammenbruch von 1965 verursachte, finden konnte (Sir Adam Beck Nr. 2 am Niagara River), wurde der ursprüngliche Grund für das Versagen nicht geklärt. Eine Feststellung, die nach der Untersuchung getroffen wurde, stimmt im wesentlichen noch immer: »Das Energieversagen, das durch den Zusammenbruch des nordöstlichen Stromnetzes verursacht wurde, ist eines der größten Rätsel in der Geschichte der modernen Zivilisation.«

Mehrere der erfahrensten Beobachter des Bermuda-Dreiecks vertreten die einhellige Ansicht, wenn es keine irdische Erklärung für das Verschwinden so vieler Fahrzeuge gebe, könne sie sehr gut auch in außerirdischen liegen – Entführung von Schiffen, Flugzeugen und Menschen durch UFOs. Die meisten UFOs werden zudem als Lichter von verschiedener Farbe und Intensität beschrieben, die in der Nacht gesehen wurden. Seltsame Lichter am Nachthimmel waren auch die Begleiterscheinung bei einigen der sensationellsten Flugzeugverlusten, unter anderem beim Verschwinden von Flight 19 und der *Star Ariel*. Obwohl Übereinstimmung darüber herrscht, daß das Verschwinden von Schiffen und Flugzeugen mit dem Auftreten von UFOs in Zusammenhang steht, gibt es keine Übereinstimmung über die Herkunft der UFOs.

Der Weltraum mit seinen Billionen potentiell bewohnter Planeten wäre ein plausibler Herkunftsort für die Besucher, wenn die in Lichtjahren berechnete Reisezeit nicht die Dauer eines Menschenlebens oder länger betragen würde. (Die Reise zum allernächsten Stern – unserer Sonne – würde mit Lichtgeschwindigkeit nur acht Minuten dauern, aber schon der nächste Stern, Alpha Centauri, ist drei bis vier Lichtjahre entfernt.) Vielleicht ist die Länge eines Lebensalters, wie wir es kennen, von dem der Planeten ferner Sonnen jedoch völlig verschieden. Außerdem sind in den letzten Jahren neue Theorien über die Grenzen der Geschwindigkeit aufgestellt worden – über Lichtgeschwindigkeit, die Raumkrümmung und die Relation der Zeit zu Masse und Energie –, welche möglicherweise unsere Hypothese über die Reisezeit zu anderen Sternen umstoßen.

Manche Theoretiker meinen, daß der Ursprungsort dieser Besucher der Erde näher sei, vielleicht in den Ozeanen der Erde selbst. In seinem Buch *Invisible Residents* weist Ivan Sanderson darauf hin, daß fast drei Viertel der Erde unter Wasser liegen (449 530 000 Quadratkilometer Wasser zu 165 340 000 Quadratkilometer Land) und daß luftatmende Wesen, die am Grund des »Luftozeans« leben, sich ziemlich nahe an der Erdoberfläche aufhalten, während im Wasser atmende Wesen nicht auf den Grund der Hydrosphäre beschränkt sind und einen viel größeren Lebensraum haben, in dem sie sich bewegen und entwickeln können. Sanderson stellt daher die Hypothese auf

... daß es eine Unterwasserzivilisation (oder -zivilisationen) gibt, die schon seit langer Zeit existiert, auf der Erde entwickelt wurde und/oder daß es sich um intelligente Wesen handelt, die von anderen Planeten kommen ... und den Grund der Hydrosphäre und vielleicht auch die oberen Schichten der Lithosphäre bewohnen, von wo aus sie ihre Unternehmungen starten.

Er bemerkt, daß eine solche Zivilisation, wenn sie sich unter Wasser entwickelte, wesentlich weiter fortgeschritten sein könnte als die Zivilisation an der Oberfläche, die von den Lebensformen geschaffen wurde, die das Meer vor Milliarden von Jahren verlassen haben. Durch das Zurückbleiben in ihrer natürlichen Umgebung, dem Meer, hatten die Schöpfer dieser Zivilisation einen Vorsprung. Sie konnten sich im Lauf der Jahrmillionen weiterentwickeln, ohne die Vorgänge auf dem Land zu beachten.

Die Existenz solcher hochentwickelter Wesen unter dem Meeresgrund und ihre technologische Aktivität ist vielleicht der Ursprung der vielen Meeressagen, die im Lauf der Geschichte auftauchten und die es sogar heute noch gibt, wo ungewöhnliche Vorkommnisse mit unvergleichlich größerer Sorgfalt beobachtet und verzeichnet werden als in früheren Epochen. Das würde die aus der Luft ins Wasser tauchenden UFOs im Bermuda-Dreieck erklären und das große Interesse der UFOs an den technologischen Entwicklungen in Florida und den benachbarten Gewässern.

Was die Aufdeckung der Wahrheit über ihre Existenz betrifft, so ist es vielleicht nicht so sehr eine Frage, ob wir sie entdecken, sondern ob sie uns entdecken und in uns eine Gefahrenquelle für ihre eigene Umwelt sehen.

Es gibt auch noch die Möglichkeit, daß die UFOs aus einer anderen Dimension in unsere übertreten und Flugzeuge, Schiffe und Menschen aus unserer Dimension hinausschmuggeln. Die Theorie von anderen koexistenten Dimensionen, die mit der Theorie der negativen Materie zusammenhängt, einer negativen Erde und koexistenten Welten, scheint heute etwas weniger phantastisch als bei ihrer ersten Erwägung vor ein paar Jahrzehnten.

Admiral Richard Byrd, ein berühmter Pilot und Entdecker, der Flüge über die intensivierten Magnetfelder des Nord- und Südpols unternahm, gab im Jahr 1929 einige ganz unglaubliche Meldungen im Rundfunk durch, während er über den Südpol flog. Er erzählte, daß er durch lichten Nebel über einem Gebiet mit grünem Land und eisfreien Seen herausgekommen sei, und sagte, er sehe riesige bisonähnliche Tiere und Wesen, die wie primitive Menschen aussähen. Die Radiosendung wurde sofort unterbrochen und Byrds Bericht einer temporären nervösen Erschöpfung oder einer Halluzination zugeschrieben. Sowohl das Abenteuer selbst als auch die Rundfunksendung wurden später dementiert, aber es schadete Byrds Ruf in wissenschaftlichen Kreisen sehr. Seltsamerweise erinnern sich mehrere Personen, die in den zwanziger Jahren eifrige Kinobesucher waren, eine Wochenschau von Byrds Flug mit Bildern vom »Land jenseits des Pols« gesehen zu haben. Allerdings ist es möglich, daß sie über die Sache gelesen hatten und andere Wochenschauen über die Flüge des Admirals mit dieser bestimmten verwechseln. Der Vorfall selbst wurde als Phantasie abgetan und kaum jemals erwähnt, außer von Anhängern der Hohlwelt-Theorie, die glauben, der Admiral sei durch ein Loch in den Hohlraum der Erde geflogen und nicht in eine andere Dimension, wie manchmal behauptet wurde, wenn nach einer Erklärung für die Vorgänge im Bermuda-Dreieck gesucht wurde.

Wenn man die Vielzahl von ungewöhnlichen Thesen betrachtet, die von ernsthaften und hochqualifizierten Forschern über das Bermuda-Dreieck angeboten werden, erinnert man sich an Haldanes Epigramm: »Das Universum ist nicht nur seltsamer, als wir es uns vorstellen, es ist seltsamer, als wir es uns vorstellen können.«

Zu den verschiedenen Erklärungen für die Reihe von rätselhaften Vorgängen, die wir angeführt haben, gehören: die Gefangennahme von Menschen durch Wesen aus dem Weltraum oder dem Erdinnern; ein »Loch im Himmel«, in das Flugzeuge hinein-, aber nicht mehr herausfliegen können und durch das sie in eine andere Dimension geraten; etwas, das »ein magnetischer Riß im Vorhang der Zeit« genannt wurde; magnetische Wirbelstürme, die Flugzeuge verschwinden lassen oder vielleicht sogar auch in eine andere Dimension bringen.

Diese Theorien sind weder mehr noch weniger phantastisch als eine andere, die die Existenz großer Energiekomplexe im Dreieck annimmt – alter Maschinen oder Energiequellen einer verschwundenen Zivilisation –, die innerhalb des Dreiecks auf dem Meeresboden liegen und noch heute gelegentlich von darüberfliegenden Maschinen ausgelöst werden können. Diese Maschinen sollen magnetische Wirbel hervorrufen können und so das Versagen magnetischer und elektronischer Geräte bewirken. Die darüberfliegenden Flugzeuge würden also in gewissem Sinne zu bestimmten Zeiten und unter bestimmten Umständen ihre eigene Zerstörung auslösen. Diese Theorie ist vielleicht die phantastischste von allen jenen, die in diesem und den vorhergehenden Kapiteln diskutiert wurden.

Wenn man sich jedoch mit den natürlichen Gegebenheiten des Bermuda-Dreiecks und dessen geologischer Geschichte näher beschäftigt, so zeigt sich eine Art roter Faden, der diese und die anderen Theorien miteinander verbindet.

Um diese neue Theorie zu betrachten, müssen wir in der Zeit zurückgehen – in der Zeit des Lebens der Meere und der Kulturen der Menschheit.

Aus der Vergangenheit des Ozeans:
Spuren und Vermutungen

Es gilt im allgemeinen als erwiesen, daß große Teile der Erdoberfläche
einst unter Wasser lagen, während andere Gebiete, die sich heute unter
dem Meeresspiegel befinden, früher zum Festland gehörten. Das haben
Naturforscher schon in alten Zeiten festgestellt, als sie in der Wüste
Fossilien fanden, aber auch heute, als sie im Binnenland, in Gebieten
wie Minnesota oder sogar im Himalaja, Skelette von Walen entdeckten.
Nicht zuletzt gibt es ja genügend Beweise dafür, daß die Sahara einst ein
Binnenmeer gewesen ist. Über die Frage der Aufeinanderfolge von Land
und Meer in großen Räumen herrscht also allgemeine Einigkeit; für die
Beurteilung des Wechsels von Land- und Meeresniveau im Gebiet des
Bermuda-Dreiecks ist jedoch die Zeitbestimmung innerhalb verhältnis-
mäßig junger geologischer Zeitabschnitte wichtig.
Wir wissen, daß während der Eiszeit eine ungeheure Menge von
Ozeanwasser zu Gletschern gefroren war, deren übereinandergelagerte
Schichten eine Höhe von vielen Kilometern erreichten und große Teile
der nördlichen Hemisphäre bedeckten. Vor ungefähr 12 000 Jahren, als
die Gletscher klimatischer Veränderungen wegen, deren Ursache bis
heute nicht geklärt ist, zu schmelzen begannen, stiegen die Wasser der
Erde, umfaßten Küstenländer und Inseln, verwandelten Landengen in
Wasserstraßen und große Inseln in Unterwasserplateaus. Das Meeres-
niveau zur Zeit des Abschmelzens der Dritten Eiszeit wird auf eine
Höhe geschätzt, die etwa 180 Meter unter dem gegenwärtigen
Meeresspiegel lag. Es ist möglich, daß viele Länder, die sich einst über
dem Meeresspiegel befanden, nun in noch größerer Tiefe liegen, und
zwar auf Grund vulkanischer Bewegungen, die während oder nach der
Überflutung stattfanden – wollte man die Terminologie der Bibel
verwenden, die diese Ereignisse vielleicht beschrieben hat, also nach der
Sintflut.
Nahezu alle Völker und Stämme der Welt bewahren lebendige Berichte
über frühere, durch Feuer, Flut, Erdbeben, Explosion, Erschütterungen
oder Veränderungen im Erdinnern ausgelöste Universalkatastrophen.
In den meisten Fällen wurde nur ein einziger Überlebender zusammen

mit seiner Familie und ausgewählten Tieren verschont, um, wie Noah, in einer neuen Welt ein neues Leben zu beginnen, sobald die Unruhe sich gelegt hatte oder die Wasser abgeflossen waren. Aber Noah war nur einer der Überlebenden, der eine, der den Erben der religiösen Überlieferung von Juden- und Christentum eben vertraut ist. Es gab aber zahlreiche Überlebende derselben oder ähnlicher Katastrophen, so zum Beispiel Deukalion in der griechischen Sage, der die Erde durch das Umherstreuen von Steinen wieder bevölkerte, oder Baisbasbata, der eine Flut überlebte, die im indischen Mahabharata geschildert wird. Die babylonische Legende erzählt von Ut-napishtim, dessen Geschichte jener Noahs sehr ähnlich ist, die persische von Yima, die altmexikanische von Coxcox, der sich vor der Flut auf einem riesigen Floß aus Zypressenholz rettete, oder von Tezpi, der einer anderen, schon höher entwickelten mexikanischen Rasse angehörte und ein geräumiges Schiff zur Verfügung hatte, das er mit Getreide und mit Tieren belud. Die kolumbianische Chibcha-Legende erzählt von Bochica, der sich am Ende durch Öffnen einer Spalte in der Erdoberfläche von der Flut befreite (wie es auch der Grieche Deukalion getan hatte.) Tamandere, der Guarani-»Noah« des südöstlichen Südamerika, ließ sich auf einem riesigen Baumstamm zu einem Berggipfel emportragen, wo er überlebte. Dies sind nur einige Beispiele von vielen aus der Welt. In jedem Fall entstammen die geretteten Tiere der lokalen Fauna, mit allgemeinen Hinweisen auf die Tiere, die von der Arche Noah aufgenommen wurden, in der amerikanischen Legende noch durch exotische Exemplare wie Lamas, Jaguare, Tapire, Büffel, Kojoten und Geier bereichert, die von Noahs amerikanischen Gegenstücken gerettet wurden.

Eine so ausgeprägte, überall auf der Welt heimische Legende – selbst die zeitliche Dauer der Flut differiert nur ganz wenig, zumeist zwischen vierzig und sechzig Tagen – läßt die glaubhafte Annahme zu, daß es eine weltweite Katastrophe war, die eine so tiefe, traumatische Erinnerung im Bewußtsein der Völker zurückließ, eine Katastrophe, die mit dem Meer und einem ständigen Wechsel von Terrain, Klima und Wasserspiegel überall auf der Erde in unmittelbarem Zusammenhang stand.

Spuren dieser Katastrophe finden sich nicht nur in der Erinnerung des Menschen, sondern lassen sich auch durch weiträumiges Heben, Senken und Aufwölben des Land- und Meeresbodens belegen. So haben sich die rund um die Azoren tief unter Wasser liegenden Sandbänke viele Meter emporgehoben, genauso wie andere, die entlang von Küsten verlaufen, vor allem in Grönland, Nordkalifornien und Peru, wo man nahe dem Grund alter, durch diese Schübe verursachter geologischer Riefelungen von Menschen verfertigte primitive Werkzeuge gefunden hat. Selbst die Anden, ein geologisch ziemlich junges Gebirge, scheinen geschoben oder emporgedrückt worden zu sein und haben vielleicht Städte wie Tiahuanaco mit sich genommen, während anderes Küstenland Südamerikas im Nasca-Tief des Ozeans versank. Dieselbe Katastrophe kann das Schmelzen der Gletscher verursacht haben, deren Wasser dann die Plateaus der atlantischen Inseln sowie große Teile des Kontinentalsockels, die früher über dem Meeresspiegel gelegen hatten, überfluteten. Zur selben Zeit traten überall auf der Welt auch klimatische Veränderungen ein, und zwar ganz offenbar mit erschreckender Schnelligkeit. Im sibirischen Eis wurden Mammuts gefunden, die so schnell erfroren waren, daß sich ihr Fleisch auch heute noch als genießbar erweist, wie sowjetische Wissenschaftler aus eigener Erfahrung bestätigen. Diese Mammuts, Flußpferde und andere, für Sibirien im allgemeinen nicht typischen Tiere, wurden anscheinend in einer Flut von eisigem Schlamm (oder Schlamm, der nach und nach gefror) wie in einer Falle gefangen und so schnell konserviert, daß unverdaute Nahrung (Pflanzen, die in Sibirien längst nicht mehr heimisch sind) in ihren Mägen gefunden wurde. Teile Nordsibiriens, Alaskas und Kanadas sind mit derart vielen Knochen plötzlich zugrunde gegangener Tiere bedeckt, daß manche Inseln oder Erhebungen, auf welche diese Tiere sich vor etwa 10 000 bis 11 000 Jahren zu retten suchten, aussehen, als bestünden sie bloß aus Gebeinen. Feindliche Arten, die gemeinsam Schutz suchten und in großer Zahl den Tod fanden, wurden in ganz Nordeuropa, Zentralasien und China gefunden, als ob die gesamte Erdoberfläche zur selben Zeit eine schnelle und unerklärliche Klimaveränderung erfahren hätte. Es gibt jedoch auch in anderen Hemisphären Zeugnisse für die gleichzeitige Vernichtung ganzer Arten, so zum Beispiel den riesigen Elefantenfriedhof in den kolumbianischen Anden oder – sogar unter See – das kolossale Feld toter See-Elefanten vor der Küste von Georgia. Keines dieser Tiere hat seine ursprüngliche Heimat dort, wo es mit so vielen seiner Artgenossen während des plötzlichen Klimawechsels vor 12 000 Jahren den Tod gefunden hat.

Zu den Gebieten, die damals zum Festland gehörten und heute von Wasser bedeckt sind, zählen Teile des Mittelmeerraumes, darunter

Landbrücken zwischen Afrika und Gibraltar und zwischen Sizilien und Italien, ein großer Teil der Nordsee, die Festlandsockel von Irland, Frankreich, der Iberischen Halbinsel und Afrika, die versunkenen Plateaus rund um die Azoren, die Kanarischen Inseln und Madeira, der Azoren-Kap-St.-Vincent-Rücken, der Mittelatlantische Rücken, die Festlandsockel von Nord- und Südamerika und vor allem die gewaltigen Bahama-Bänke, die eine Ausdehnung von Tausenden von Quadratkilometern hatten, bevor sie überflutet wurden.

Beweise, daß diese Gebiete innerhalb der letzten zehn- oder zwölftausend Jahre über dem Meeresspiegel gelegen haben, gibt es in Hülle und Fülle. So holte eine sowjetische Expedition vor kurzem nördlich der Azoren Felsstücke aus einer Tiefe von über zweitausend Meter, die vor 17 000 Jahren unter atmosphärischem Druck geformt worden waren, und ein Tauchtrupp, der im 19. Jahrhundert einen Bruch des transatlantischen Kabels ebenfalls in der Nähe der Azoren reparierte, brachte Stücke von Tachylyt an die Oberfläche, einer glasigen Lava, die sich unter atmosphärischem Druck über dem Meeresspiegel bildet. Die einzelnen Stücke wurden auf ein Alter von ungefähr 12 000 Jahren geschätzt. (Dazu hat es viele Kommentare gegeben, doch auch die Ursache des Kabelbruchs, eine plötzliche Hebung des Bodens um etwa 1200 Meter, ist von besonderem Interesse, denn sie kann in jeder Hinsicht als ein Beispiel für die Bewegungen des Meeresbodens angeführt werden.)

Ein Forschungsprojekt, das 1973/74 von der Universität Halifax zur Erforschung geothermischer Energie durchgeführt wurde, brachte unter anderem die Gewißheit, daß das innerhalb der ersten 800 Meter unter Meeresniveau angebohrte Gestein sich oberhalb des Meeresspiegels gebildet haben muß. Daraus folgt, daß große Gebiete rund um die heutigen Azoren-Inseln einmal über dem Meeresspiegel lagen.

Andere Entdeckungen in jüngster Zeit scheinen zu bestätigen, daß die Datierung der letzten Überflutung weiter Gebiete im Atlantik mit 12 000 v. Chr. richtig ist, was auch mit der geschätzten Datierung der Dritten Eiszeit übereinstimmen würde. 1956 äußerten R. Malaise und P. Kolbe vom Nationalmuseum Stockholm die Ansicht, daß die Süßwasserkieselalgen, deren Vegetationskörper Dr. Kolbe in der Nähe des Mittelatlantischen Rückens mit einer einzelnen Bohrprobe aus einer Tiefe von 3700 Meter zutage gefördert hatte, ursprünglich in einem Süßwassersee beheimatet waren, der früher auf der Landoberfläche gelegen und nun auf den Meeresboden gesunken war. Das Alter dieser Süßwasseralgen wurde auf etwa zehn- bis zwölftausend Jahre geschätzt.

Diese Angabe trifft sich in merkwürdiger Weise mit Platos Bericht von Atlantis in seinen Timaios- und Kritias-Dialogen, in welchen er von einem großen Kontinent spricht, der im äußeren Ozean »vor neuntausend Jahren« existiert habe – also etwa 11 500 Jahre vor unserer Zeitrechnung.

Daten in Legenden sind immer zweifelhaft, vor allem da sie meist aus zweiter oder dritter Hand kommen. Auch Plato bekam seine Information indirekt über Solon, der sie seinerseits wieder auf einer Reise nach Saïs in Ägypten erhielt. Es ist jedoch bemerkenswert, daß dieselbe Zeitschätzung so häufig auch anderswo im Zusammenhang mit diesen versunkenen Ländern auftaucht.

Es gibt aber noch andere Hinweise, daß große Teile des westlichen Atlantiks einst über dem Meeresniveau lagen. So bildet sich zum Beispiel Küstensand nicht am Meeresboden, sondern durch die Gewalt der Wellen, die sich am Ufer brechen. Und doch finden sich weite Sandstrände auf tiefen Unterwasserplateaus rund um die Azoren. Flüsse bilden nur am Land Schluchten, und doch reicht der Cañon des Hudson River Hunderte von Kilometern in die See hinaus. Ähnliche Beispiele gibt es an den Mündungen europäischer, afrikanischer und südamerikanischer Flüsse.

Mastodon- und Menschenknochen sind auf dem Grund der Nordsee zusammen mit prähistorischen Werkzeugen gefunden worden, deren Beschaffenheit darauf schließen läßt, daß bereits im Pleistozän (vor 11 000 v. Chr.) die Voraussetzungen zu kultureller Entwicklung gegeben waren.

Vielleicht die bemerkenswertesten Hinweise auf die Reste einer nach dem Abschmelzen der eiszeitlichen Gletscher versunkenen prähistorischen Kultur geben die Mauern, Dämme und Straßen, die nun immer häufiger unter den Wassern der europäischen und afrikanischen Westküste und an der südöstlichen Küste von Nordamerika gefunden werden. Zu ihnen zählen Unterwasserbauten, Mauern und gepflasterte Straßen, die von den Küsten von Yucatán und Honduras ausgehen, Straßen, die möglicherweise zu versunkenen Städten führen, die noch weiter draußen im Ozean liegen. Es gibt sogar einen ungefähr 9 Meter hohen und 160 Kilometer langen »Meeres-Wall«, der nahe der

132

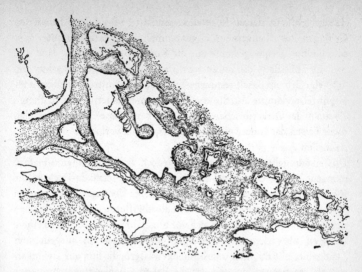

Annahmen zufolge bildeten die Bahamas, Kuba und Florida vor dem Ende der letzten Eiszeit, ehe die Ozeane nach dem Schmelzen des Polareises anstiegen, eine Landmasse. Wie man sieht, erstreckt sich Florida weit nach Westen, in den Golf von Mexiko. Das dunkle Gebiet im Zentrum der Landmasse, bestehend aus den heutigen Inseln Andros, Exuma, Eleuthera und der New-Providence-Gruppe, ist die Tongue of Ocean, eine tiefe Meeresrinne. Damals bildete das Meer im Bahama-Gebiet große Inselbuchten, zu denen der heutige Exuma-Sund und die Tongue of Ocean gehörten.

Orinoko-Mündung an der venezolanischen Küste weit in den Ozean hinausführt. Man glaubte zuerst, er wäre natürlichen Ursprungs, doch seine gerade Linienführung und sein ganzer Aufbau scheinen diese erste Annahme zu widerlegen.

Es gibt sehr deutliche Hinweise, daß in der Karibischen See eine kontinentale Landmasse bestanden hat, deren über das Wasser ragende Berggipfel die Insel und Kämme der Antillen sein könnten. 1969 studierte eine Forschungsexpedition der Duke University den Meeresboden der Karibik und nahm Bodenproben an verschiedenen Punkten des Aves-Rückens, der entlang der östlichen Küste des Venezuela-Bekkens zwischen Venezuela und den Jungferninseln verläuft. Fünfzigmal wurde Granit (säurehaltiges Eruptivgestein) an die Oberfläche gebracht. Gewöhnlich wird solches Gestein nur auf dem Kontinent gefunden. Dr. Bruce Heezen, ein hervorragender Ozeanograph, hat im

Zusammenhang damit folgendes geäußert: »Bis heute haben die Geologen ganz allgemein angenommen, daß helle Granite oder säurehaltige Eruptivgesteine auf die Kontinente beschränkt sind und daß die Erdkruste, die unter dem Meeresspiegel liegt, aus schwerem dunkelgefärbtem Basaltgestein besteht . . . Das Auftreten hellgetönter Granitfelsen könnte also die alte Theorie untermauern, daß in früheren Zeiten in der Ostkaribischen Region eine Landmasse existierte und daß diese Felsen das Innere eines versunkenen und verlorenen Kontinents darstellen.«

Die erstaunlichsten Funde wurden jedoch auf dem Bahama-Plateau gemacht, jenem Gebiet, wo sich innerhalb des Bermuda-Dreiecks die Zwischenfälle besonders häufen. Viele dieser Überreste lagen in einer Tiefe von nur einigen Metern. Die heute überfluteten Kalkformationen der Bahama-Bänke befanden sich vor ungefähr 12 000 Jahren zu einem Großteil über dem Meeresspiegel. Sie bildeten ein ausgedehntes Landgebiet mit Buchten und Binnengewässern, die nun auf Tiefenkarten als die tiefsten, in und um die Bahama-Bänke eingeschnittenen Stellen des Ozeans aufscheinen. Dieses bedeutende Landgebiet bestand zu der Zeit, bevor der Meeresspiegel anstieg, aus einer einzigen oder mehreren Inseln, die, wenn wir den Überresten unter Wasser Glauben schenken dürfen, eine vielfältige Kultur trugen.

Von 1968 bis heute wurden vor allem in der Nähe von Bimini unter Wasser Anlagen entdeckt, die wie massive, aus riesigen übereinandergeschichteten Steinblöcken bestehende Bauten wirken, die man für Straßen, Terrassen, Hafenwerke oder eingestürzte Wälle halten könnte. Sie erinnern auf merkwürdige Art an die Steinbauten der Vor-Inkazeit in Peru, an Stonehenge oder die kyklopischen Mauern des minoischen Griechenland.

Das Alter der Steine ist ungewiß, obwohl fossilierte Mangrovenwurzeln, die über die Steine gewachsen waren, Carbon-14-Daten von etwa 12 000 v. Chr. ergeben haben.

Der berühmteste aller Funde ist die »Bimini-Straße« oder der »Bimini-Wall«, den Dr. J. Manson Valentine mit den Tauchern Jacques Mayol, Harold Climo und Robert Angove 1968 als erster entdeckt hat. Anfangs von der Meeresoberfläche aus gesichtet, als die See besonders klar und glatt war, erschien er in den Worten von Dr. Valentine als »ein ausgedehntes Pflaster recht- und vieleckiger flacher Steine von verschiedener Größe und Stärke, die sichtlich geformt und einander genau angepaßt waren, um ein zweifellos kunstvolles Gefüge zu bilden. Diese Steine hatten sich mit Sicherheit eine lange Zeitspanne hindurch unter Wasser befunden, denn die Kanten der größten unter ihnen waren so abgerundet, daß sie wie gewölbt, ja geradezu wie riesige Brotlaibe oder Kissen aussahen. Die Kanten mancher Steine verliefen genau rechteckig und näherten sich häufig einer nahezu perfekten Würfelform (wie man weiß, kommen absolut gerade Linien in der Natur nicht vor). Die größeren, mindestens drei bis viereinhalb Meter langen Stücke hielten oft einen Parallelabstand in der Breite von Avenuen, während die kleineren mosaikartige Pflasterungen bildeten, die größere Abschnitte bedeckten ... Die sichtlich aus einander angepaßten Steinen bestehenden Avenuen verlaufen geradlinig und parallel. Sie bilden eine klar gezeichnete doppelte Linie, die von zwei Erweiterungen unterbrochen wird, auf welchen sich sehr große flache Steine befinden, deren Enden wieder auf vertikal aufgerichteten Steinen liegen (wie bei den vorgeschichtlichen Steingräbern oder Dolmen in Westeuropa). Das südöstliche Ende dieser großen Straßenanlage endet in einer wunderbar geschwungenen Kurve, die drei kurzen, aus exakt aneinandergefügten großen Steinen bestehenden Dämme sind von gleicher Breite und enden mit Ecksteinen ... Aus der Luft kann man die riesigen einzelnen Steine unter ihrer dunklen Algendecke verschwommen erkennen. Sie markieren sozusagen die Grenzlinien dieses geologischen oder archäologischen Rätsels.«

Die ersten Entdeckungen in Bimini wurden durch Geologen und Archäologen, von denen manche den Schauplatz gar nicht besichtigt hatten, stark angezweifelt. Neue Funde jedoch, die ergeben haben, daß die gigantische Konstruktion eine Kurve beschreibt und an anderen Stellen des Meeresbodens wieder auftaucht, als ob sie einst rund um Bimini und noch weiter geführt hätte, weisen mit zunehmender Deutlichkeit auf die Größe und Verzweigung dieser ungeheuren Anlage hin, über deren Sinn wir bis heute nur Vermutungen anstellen können. Dazu meint der Entdecker persönlich: ».. . Die Behauptung, daß die Steine die Reste von Mauern, Straßen oder sogar einer prähistorischen Hafenanlage darstellen, kann zur Zeit nicht als erwiesen gelten. Es wurde noch nicht festgestellt, was darunter liegt, wenn es überhaupt etwas anderes sein sollte als Grundgestein. Neue Beobachtungen in etwas tieferem Wasser haben jedoch zumindest in einem Gebiet den Beweis erbracht, daß es sich um eine vielschichtige Bauweise handelt.

Meiner persönlichen Meinung nach stellt dieser ganze Komplex die intelligente Nutzung naturgegebenen Materials durch den prähistorischen Menschen dar, eines Materials, das geeignet ist, eine Art von kultischem Zentrum zu errichten. In diesem Zusammenhang sollte man sich vor Augen führen, daß bestimmte prähistorische Fundstellen wie in Glastonbury und die Zeichnungen in der Nasca-Wüste von Peru mit ihren kilometerlangen Linien und Tierdarstellungen, die ihrer gigantischen Ausmaße wegen nur aus der Luft erkennbar sind, im Grunde keinen Zusammenhang mit unserer modernen Technologie aufweisen, da der Zweck dieser majestätischen prähistorischen Kunstwerke für uns unverständlich ist . . .«

Forschungsflüge haben seit 1968 andere außerordentliche und augenscheinlich von Menschenhand geformte Bauten auf den Bahama-Bänken sowie auf dem Meeresgrund in der Nähe von Kuba, Haiti und Santo Domingo nachgewiesen. Es wird berichtet, daß manche dieser Bauten draußen im Meer wie Pyramiden oder ungeheuere Kuppelbauten aussehen. Einer von ihnen, im Bimini-Gebiet, mißt 55 × 43 Meter und könnte der Stumpf einer Pyramide sein, andere wieder sehen aus wie größere Pyramiden oder Tempelterrassen. In den kubanischen Gewässern harrt ein ganzer Komplex bereits lokalisierter Unterwasser-»Ruinen« der Erforschung. Die Kubaner selbst (Fidel Castro ist ein begeisterter Unterwassersportler) haben sie bereits in Augenschein genommen.

Zwei Linienpiloten, Bob Brush und Trig Adams, fotografierten 1968 während eines Flugs in der Nähe der Insel Andros ein abgestecktes Rechteck des Inselsockels. Taucher fanden später einen Steinwall, doch gibt es kein Zeugnis der Ureinwohner oder der späteren spanischen Eroberer, daß sie einen solchen Bau errichtet hätten, noch dazu unter Wasser. Etwas, das ein Unterwasserwall oder eine Unterwasserstraße zu sein scheint, die am Kamm eines Unterwasserriffs entlangläuft, wurde in der Nähe von Cay Lobos geortet und fotografiert. Möglicherweise verlief die urzeitliche Straße entlang der Klippe, als beide sich noch über dem Meeresspiegel befanden. Vielleicht waren auch die in den Schelf nördlich von Puerto Rico gehauenen Stufen (von denen der französische Seekapitän Gorges Houot und Leutnant Gérard de Froberville vom Tiefseetauchboot *Archimède* berichtet haben) einfach eine Treppe, die zu einem Felsenriff führte und von dort zum alten Meeresniveau vor 12 000 Jahren.

Das Tiefseeforschungsboot *Aluminaut* hier auf dem Meeresboden nahe Bimini. Es kann eine Tiefe von 4600 Meter erreichen, eine Mannschaft von sieben Mann und mehr als drei Tonnen wissenschaftliches Material aufnehmen und dabei drei Tage unter Wasser bleiben.

Foto: Reynolds Metals Company

Das *Aluminaut* an der Arbeit in der Tiefsee. Es kann unter anderem zu Rettungsaktionen, zur Lokalisierung von Minerallagern sowie zur Erforschung und auch Aufzeichnung des Meeresbodens verwendet werden.

Foto: Reynolds Metals Company

An einem klaren Tag bei Nord-Bimini fotografierte Wasserhose. Diese Phänomene können bei Nacht von Flugzeugen möglicherweise nicht bemerkt werden.
Foto: J. M. Valentine

Das Moselle-Riff, wo ungeklärte Lichtphänomene, UFOs und das Auftreten von Instrumentenversagen beobachtet wurden. In dieser Gegend erhebt sich ein steiler unterseeischer Berggipfel zu einer Höhe von 900 Meter, durchbricht aber die Wasseroberfläche nicht.
Foto: J. M. Valentine

Luftbild des »weißen Wassers« in der Nähe von Orange Key. Das leuchtende weiße Wasser bei den Bahamas und in der Sargasso-See wurde schon von Kolumbus beobachtet. Für die Astronauten von Apollo 12 war es das letzte von der Erde sichtbare Licht.

Foto: J. M. Valentine

Steilabfall an der südwestlichen Kante der Bahama-Bänke. Das von diesem Luftfoto erfaßte Gebiet liegt völlig unter Wasser, die landähnlichen Formationen am oberen Bildrand sind Formen des Meeresgrundes im seichten Wasser in der Nähe des Abfalls.

Foto: J. M. Valentine

Schwesterschiff der *Good News*, eines Hochsee-Schleppers, der Berichten zufolge in der Tongue of Ocean in ein »Tauziehen« mit unbekannten Kräften verwickelt wurde.
Foto: J. M. Valentine

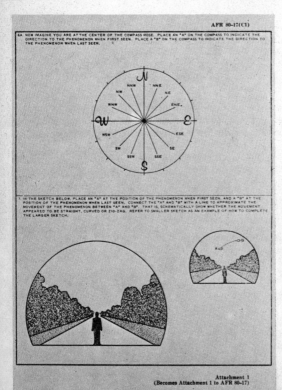

Illustration aus der (früheren) Luftwaffen-Dienstvorschrift 80-17 (AFR 80-17), auf welcher der Punkt des Erscheinens und der Weg eines gesichteten UFOs eingetragen werden kann.

Kolossale, vom Wasser abgeschliffene Kalksteinstatue aus den Loltún-Höhlen in Yucatán, Mexiko, die heute etwa 100 Meter über dem Meeresspiegel liegen. In diesen gewaltigen Höhlen befinden sich uralte riesige Statuen, die in keiner wie immer gearteten Beziehung zu anderen kulturellen Schöpfungen der Indianer Nordamerikas stehen. Spuren ozeanischer, in den Ritzen dieser Statuen eingeschlossener Fauna weisen darauf hin, daß sie über Wasser geformt, dann für eine beträchtliche Zeitspanne überflutet gewesen waren und vielleicht zu der Zeit wieder an die Oberfläche kamen, als die Bahama-Bänke und andere atlantische Inseln unter den Meeresspiegel sanken. *Foto: J. M. Valentine*

Das erste Foto des Bimini-Walls, aufgenommen etwa einen Meter über dem Meeresspiegel. Die Klarheit des Wassers erlaubt eine gute Sicht auf die in einer Tiefe von mehreren Metern liegenden urzeitlichen Bauten. Möglicherweise haben erst Stürme oder tektonische Spannungen zu ihrer Entdeckung in jüngster Zeit geführt.

Foto: J. M. Valentine

Ansicht des Bimini-Walls, die eine in der Mitte der Anlage herablaufende Vertiefung oder Furche zeigt. Die Regelmäßigkeit dieser Vertiefung ist ein Hinweis mehr, daß die Anlage von Menschenhand stammt.
Foto: J. M. Valentine

Ein Taucher bei der Erforschung eines Kanals im Bimini-Wall. Form und Aufstellung dieser Monolithen sind ein überzeugender, wenn auch noch nicht allgemein anerkannter Beweis, daß sie von Menschenhand stammen.
Foto: J. M. Valentine

Zusammenschluß riesiger, den Bimini-Wall einfassender Monolithen. Ähnliche Anlagen befinden sich möglicherweise unter dem Sand des Meeresbodens, nur durch unnatürlich gerade Linien im Wuchs der Bodenvegetation gekennzeichnet.

Foto: J. M. Valentine

Luftaufnahme des Meeresbodens südlich von Bimini. Das große Viereck rechts wird für den Rest eines prähistorischen Docks oder einer Tempelterrasse gehalten, die nun unter dem Meeresboden liegt.

Foto: J. M. Valentine

Steinfries von den Maya-Ruinen in Cobá mit der stilisierten Schilderung der Rettung aus einer Katastrophe, die durch ausbrechende Vulkane und, in der linken oberen Ecke, durch zusammenstürzende Tempelpyramiden dargestellt wird. Maya-Legenden erzählen, daß die Ahnen der Maya ursprünglich aus einem großen Land in der »Östlichen See« gekommen waren, das von einer Sintflut heimgesucht wurde und in den Wellen versank. In der indianischen Überlieferung trägt dieses Land den Namen Aztlán oder Atlán und andere ähnliche Namen, die an den Klang von »Atlantis« erinnern.

Foto: J. M. Valentine

◁ Luftaufnahme der abfallenden Ostküste von Cay Lobos, Bahamas. Die Linien rechts unten zeigen unter Wasser liegende Überreste, die vor Jahrtausenden, als die Bahama-Bänke über dem Meeresspiegel lagen, möglicherweise Teile eines das Meer überblickenden Walls oder einer Straße gewesen sind.

Foto: J. M. Valentine

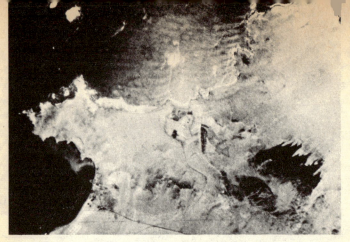

Ansicht von Berghängen mit sichtbarer Meereserosion in der Nähe von Ancón, Peru. In diesem Gebiet der peruanischen Küste weist die unregelmäßige geologische Lagerung darauf hin, daß der frühere Meeresboden, dessen Schichten kulturelle Überreste von extrem hohem Alter enthalten, über den Meeresspiegel emporgedrückt worden ist.

Hinweise auf hohe Landüberflutungen im Mittelmeerraum. Der Taucher befindet sich auf dem höchsten Punkt einer überfluteten Akropolis, etwa 30 Meter unter der Oberfläche des Ägäischen Meeres, in der Nähe der Insel Melos. Von der Stelle, an der dieses Foto gemacht wurde, führen Straßen zu Anlagen in noch größerer Tiefe hinab.

Foto: Jim Thorne

Die Cheops-Pyramide. Messungen lassen darauf schließen, daß sie als riesiger Wegweiser und als astronomische Uhr diente.
Foto: Mit freundlicher Genehmigung von Trans World Airlines

Kyklopische Mauern der Festung Sacsahuaman, Peru, die den Unterwasseranlagen von Bimini in mancher Hinsicht ähneln. Die Mauern von Sacsahuaman und andere Überreste der Vor-Inka-Zeit in Peru sind ein archäologisches Rätsel. Es gibt keine Erklärung dafür, wie diese riesigen Steine mit ihren merkwürdigen Außen- und Innenwinkeln transportiert, geschnitten, gemessen und zu so genauen und doch wie zufällig wirkenden Mustern zusammengesetzt werden konnten.
Foto: Mit freundlicher Genehmigung von Pan American World Airways

Die Schwarze Pagode von Konarak, Indien, ein auf uns gekommenes Beispiel verblüffender architektonischer Fähigkeiten der Menschen uralter Zeiten. Der technische Fortschritt sehr alter Kulturen in Indien läßt auf ein Bindeglied zu noch älteren Kulturen schließen, die Kenntnisse des Flug- und Raketenwesens sowie der Atomenergie besaßen und deren Bild von der Erde und ihrer Stellung im Universum dem unseren ähnlich war.

Foto: Mit freundlicher Genehmigung des Staatlichen indischen Touristenbüros

Eine Goldarbeit aus einem präkolumbianischen Grab, die trotz ihres Alters – etwa 1800 Jahre – von vielen Forschern für das Modell eines mit trapezförmigen Flügeln, Maschinenraum, Cockpit, Windschutz und Höhensteuern ausgestatteten prähistorischen Flugzeugs gehalten wird.

Foto: Jack Ullrich

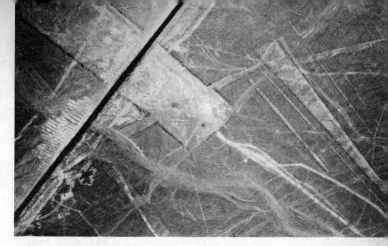

Luftbild der Nasca-Linien in Peru. Diese Linien unbekannten Alters stellen Tiere, Vögel, geometrische Figuren und, wie viele annehmen, Landebahnen dar. Am Boden selbst schwer zu erkennen, wurden sie erst Mitte des 20. Jahrhunderts von der Luft aus entdeckt. Die schwarze Linie, die die Landebahn diagonal schneidet, ist die Panamericana-Fernstraße.

Maya-Steinrelief aus Palenque, Chiapas, Mexiko, das gern als Beweis für prähistorische Besuche von Ur-Astronauten angeführt wird. Der russische Wissenschaftler und Schriftsteller Kasanzew hält die Platte für die Darstellung eines Raumfahrzeuges, das mit einer zwar stilisierten, aber doch erkennbaren Antenne, Lenkung, Turbinenkompressor, Instrumentenbrett, Tanks, Verbrennungsraum, Turbine und Auspuff ausgestattet ist.

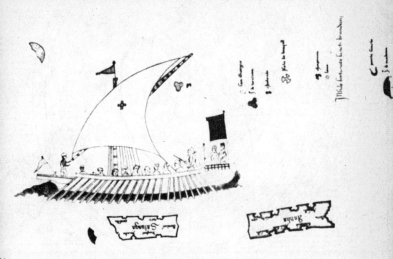

Die Bennicasa-Karte aus dem Jahr 1482, die Kolumbus auf seiner ersten Reise möglicherweise bei sich hatte. Der obere Teil der Karte zeigt nach Osten, zu den Küsten von Spanien und Portugal. Einige der dargestellten Inseln im Atlantik waren europäischen Seeleuten bekannt, andere legendär. Antilia, die Insel auf der Karte rechts unten, wurde seit den Zeiten Karthagos für eine ausgedehnte Insel im westlichen Atlantik gehalten.

Foto: Library of Congress

◁ Die Piri-Reis-Landkarte, gefunden 1929 in Istanbul, Teil einer Weltkarte, von der man annimmt, sie sei die Kopie eines griechischen Originals aus der Bibliothek des antiken Alexandria. Unter anderem zeigt sie einzelne Teile der Antarktis, die offenbar mehrere tausend Jahre vor der »Entdeckung« der Antarktis gezeichnet wurden, sowie die genaue Form der Antarktis ohne Eisdecke.

Foto: Library of Congress

Die Buache-Karte aus dem Jahr 1737, kopiert von antiken griechischen Karten. Sie zeigt die Antarktis ohne Eis. Wäre die Antarktis heute nicht von Eis bedeckt, so träfen sich das Ross- und das Wedell-Meer in einer riesigen Wasserstraße und teilten die Antarktis selbst in zwei Landmassen, eine Tatsache, die in moderner Zeit erst seit dem Geophysikalischen Jahr 1968 bekannt ist. Diese Karte ist ein Hinweis mehr auf die überraschenden technologischen Fähigkeiten mancher alter Kulturen.

Foto: Library of Congress

In der Nähe der Küste von Yucatán, Mexiko, wurden schon oft aus der Luft zahlreiche Dämme gesichtet. Sie streben von der Küste in geraden Linien auf unbekannte Örtlichkeiten unter Wasser zu, die weiter draußen im Meer in tieferen Gewässern liegen. Während die entsprechenden Verbindungsdämme an Land wegen des Dschungels nicht sichtbar sind, kann man die unter Wasser gelegenen nach wie vor erkennen, wenn sie durch Strömungen oder Stürme freigelegt werden. Eine kolossale Unterwasserstraße oder ein Pflaster, das einmal über dem Meeresspiegel lag, wurde möglicherweise 1967 von dem Tiefseetauchboot *Aluminaut* entdeckt, das sich auf einer Forschungsreise vor den Küsten von Florida, Georgia und Süd-Carolina befand. Die Straße bestand sichtlich aus Braunstein oder war damit gepflastert. Sie erreichte an manchen Stellen eine Tiefe von über 900 Meter, und als an der *Aluminaut* Spezialräder angebracht wurden, konnte sie sich auf ihr fortbewegen. Es war, als ob die *Aluminaut* wie ein Automobil auf einer gewöhnlichen Straße dahinführe, nur mit dem Unterschied, daß die Straße in diesem Fall auf dem Grund des Meeres lag. Die Größe der gepflasterten Oberfläche war zu enorm, um den Schluß zuzulassen, sie wäre durch Menschenhand entstanden, was auch bei einem sehr ausgedehnten »verfliesten« Teil des Meeresbodens der Fall war, den Dr. Bruce Heezen vom Lamont-Observatorium während einer Tiefseetauchung im Bahama-Gebiet beobachtet hatte.

Unter den sichtlich von Menschenhand stammenden Funden im Bermuda-Gebiet sind manche klar erkennbar, manche jedoch liegen nicht nur unter Wasser, sondern unter dem Meeresboden selbst. Es ist eine Tatsache, daß Steinbauten oder Steinfundamente, die durch die Last der Jahrhunderte oder als Folge von Erdbeben oder Überflutungen tief in die Erde versunken sind, die Erscheinungsform von Gras oder anderem pflanzlichen Leben, das sich über ihnen bildet, verändern. Dies hat zu einigen erfolgreichen Entdeckungen aus der Vergangenheit geführt. Verschollene Bauten zerstörter römischer Kastelle und Straßen in England, urgeschichtliche Kanalsysteme im einstigen Babylonien und Assyrien (heute Irak) und völlig verschwundene Städte im Iran und in Zentralasien sind durch die Abweichungen der Erscheinungsformen und Farbschattierungen des pflanzlichen Lebens auf dem Erdboden, in Sümpfen oder unter dem Meer aufgespürt und rekonstruiert worden. Gerade Linien in der Färbung der Bodendecke zeigen an, wo Wälle liegen oder wo Straßen oder Kanalsysteme existiert haben.

Der alte Etruskerhafen von Spina in Italien war so völlig verschwunden, daß man ihn für eine Legende hielt, bis die Spuren seiner am Meeresgrund völlig unsichtbaren Wälle, Fundamente, Kanäle und Werften aus der Luft klar erkannt wurden.

Die Möglichkeit, urzeitliche Bauten aus der Luft zu sichten, ist auf den Bahamas genützt worden, wo das den Festlandsockel bedeckende Wasser seicht genug ist, um Spuren von Unterwasserbauten erkennen zu lassen. An vielen Stellen der Bahama-Bänke gibt es eine erstaunliche Fülle von großen Quadraten, Rechtecken, Kreuzen, langen, parallel laufenden Linien, möglicherweise Straßen, die manchmal im rechten Winkel, in konzentrischen Kreisen, Dreiecken, Achtecken und anderen geometrischen Formen verlaufen. Sie alle wurden durch das Vorhandensein (oder Nichtvorhandensein) von Seegras über den eigentlichen Ruinen aufgeklärt. Von Tauchern vorgenommene Tests unter Wasser haben ergeben, daß die durch existierende Grundlinien georteten Steinbauten knapp einen Meter tief unter dem Sand liegen.

Man wird fragen, warum soviel ungewöhnliches, heute erforschtes Beweismaterial früher niemals bemerkt worden ist. Die Antwort lautet zum Teil, daß eben niemandem einfiel, auf den Bahama-Bänken nach einer versunkenen Zivilisation zu suchen, während noch so viele historische Fundstätten im Mittelmeergebiet ihrer Entdeckung harrten. Unterwasserexpeditionen im Bahama-Gebiet und vor der Küste Floridas konzentrierten sich weitgehend auf spanische Schatzschiffe, Objekte, die sicher einen unmittelbareren finanziellen Erfolg garantierten als die Enthüllung einer vergessenen und schwer zu bestimmenden Zivilisation. Selbst bei so offen zutage liegenden Beweisen wird in wissenschaftlichen Kreisen ebensoviel Anstrengung darauf verwendet, die Funde zu widerlegen, als von Forschern und Entdeckern, sie öffentlich bekanntzumachen.

Bemerkenswert ist auch, daß qualifizierte Wissenschaftler zögern oder sich sträuben, der gegensätzlichen Meinung anderer Archäologen oder Ozeanographen mutig zu begegnen. Dazu kommt, daß die entdeckten Bauten oder prähistorischen Kunstgegenstände, nachdem sie schon einmal lokalisiert gewesen waren, durch die Bewegung der Gezeiten und der Stürme wieder verlorengehen können. Es ist jedoch festzustellen, daß seit 1968 auf dem Grund der Großen Bahama-Bank eine gewisse Hebung stattgefunden hat, die Spuren neuer Bauformen freilegte, von denen keine auf früheren Fotos dieses Gebietes erkennbar

154

ist. Dies war bei einer wie ein großer Bogen geformten, aus Stein gebauten und etwa 30 Meter langen Anlage zwischen den nördlichen und südlichen Cat Cays bei Bimini der Fall und bei einer weiteren südöstlich von Süd-Caicos, die genau in der Richtung einer anderen geraden Linie auf dem Meeresboden läuft, die bis jetzt noch nicht erforscht ist.

Einige der bereits entdeckten Fundstellen scheinen sich zu heben oder durch die Wirkung der Gezeiten von Ablagerungen befreit zu werden, so daß ihre künstliche oder von Menschenhand gefertigte Bauweise besser erkennbar ist. Dr. James Thorne, ein hervorragender Ozeanograph und Taucher, der den »verlorenen Kulturen unter dem Meeresspiegel« neutral, wenn nicht sogar skeptisch gegenübersteht, untersuchte kürzlich die klobigen Säulen, auf denen einige der Steine des Bimini-»Walls« ruhen. Die Meinung vieler anderer Ozeanographen, der gesamte Bimini-Komplex und andere Abschnitte auf den Bahamas wären natürlichen Ursprungs, wurde überzeugend widerlegt. Eine andere Gruppe von Tauchern, die den versunkenen Anker einer spanischen Galeone fand, entdeckte, als sie ihn untersuchte und den Boden ringsherum aufkratzte, daß er auf einem Mosaikboden oder einer Terrasse lag, die vielleicht vor Tausenden von Jahren versunken war.

Immer wenn Spuren einer versunkenen Zivilisation im Atlantik (oder anderswo) auftauchen, werden sie in Zeitungen und Zeitschriften wie auch in Büchern üblicherweise mit dem »verlorenen« Kontinent Atlantis in Verbindung gebracht. Atlantis, dessen Vorstellung die Menschheit seit der Antike beschäftigt, wurde von Plato bemerkenswert detailliert in seinen Timaios- und Kritias-Dialogen beschrieben. Es galt als das Land des Goldenen Zeitalters, als ein großes und wunderbares Weltreich im Atlantik, das durch »heftige Erdbeben und Fluten . . . in einem einzigen Tag und einer Nacht des Regens . . . im Meer versank . . . und das ist der Grund, warum das Meer in dieser Gegend unpassierbar und unergründlich ist . . .«

Natürlich wurden auch die Unterwasserruinen der Bahamas Atlantis zugeschrieben, obwohl Plato, der berühmteste Atlantis-Kommentator der Antike, die Lage des Kontinents vor den »Säulen des Herakles« angenommen hat (die man heute als die Straße von Gibraltar kennt), irgendwo draußen im Atlantischen Ozean. Liest man Platos Bericht sehr genau, so wird man ihm eine hochinteressante Mitteilung entnehmen, die Vermutung nämlich, daß Atlantis nicht aus einer einzigen, sondern aus einer ganzen Reihe großer Inseln im Atlantik bestand und seine Herrschaft nach beiden Seiten des Ozeans hin ausgedehnt hatte. Plato schrieb:

> . . . In diesen Tagen (vor etwa 11 500 Jahren) war der Atlantik schiffbar, und es lag eine Insel vor der Meerenge, die man die Säulen des Herakles nennt: Die Insel war größer als Libyen und Asien zusammen und war der Weg zu anderen Inseln, und von den Inseln konnte man den gesamten gegenüberliegenden Kontinent durchmessen, der den wahren Ozean umgibt; denn das Meer, das innerhalb der Straße des Herakles liegt (das Mittelmeer), ist nur ein Hafen mit einem schmalen Eingang, doch das andere ist das wahre Meer, und das umgebende Land kann mit größter Sicherheit als Kontinent bezeichnet werden.

Es fällt auf, daß Plato Libyen (womit er Afrika meinte) und Asien anführte, aber ausdrücklich und getrennt davon einen Kontinent bezeichnet, und zwar den Kontinent im Westen, den er zuvor als ein Gebiet erwähnte, das unter der Herrschaft von Atlantis stand.

Die Erbauung der Unterwasseranlagen bei Bimini und anderswo im Gebiet der Bahamas wurde allen möglichen frühen Ozeanfahrern zugeschrieben, Phöniziern, Karthagern, minoischen Griechen, Mayas, Ägyptern und schließlich, da ihr Zeitalter nun mehr und mehr klar wird, den Bewohnern von Atlantis. Immerhin ist ziemlich sicher, daß kein Volk der uns bekannten geschichtlichen Überlieferung diese Anlagen erbaut hat, und mehr als sicher, daß sie nicht unter Wasser errichtet wurden.

Platos Hinweis auf einen Kontinent auf der anderen Seite des »wahren Ozeans« wurde oft als Beweis zitiert, daß in antiken Überlieferungen die Erinnerung an Nordamerika bewahrt wurde, die schließlich auch Kolumbus als Inspiration und zur Ermutigung diente. Wie berichtet wird, trug er ja eine Karte bei sich, auf der Atlantis und die jenseits liegenden Länder verzeichnet waren. Platos Bericht bezieht sich direkt auf eine mögliche Existenz von Atlantis in der Form eines ozeanischen Atlantischen Reiches im äußersten Westen des Atlantik. Dazu wären die heutigen Inseln der Großen Bahama-Bänke zu zählen, als große Teile dieser Bänke noch weit über Wasser lagen, und jene Teile des Ozeans, die heute am tiefsten sind, wie die Tongue of Ocean und die

156

Erhebungen des Meeresbodens im westlichen Atlantik, dessen tiefste Stellen als die dunkelsten erscheinen. Die Berge in der Mitte, auf dem großen, Bermuda-Schwelle genannten Plateau, stellen die Bermudas dar, der tiefe Teil westlich das Hatteras-Tief und das Nares-Tief. Will man die Grenzen der Sargasso-See verfolgen, beginnt man am Nares-Tief und Hatteras-Tief, geht dann vom nördlichen Teil der Bermuda-Schwelle nach Osten, weiter nach Süden, wo man sich dem Mittelatlantischen Rücken nähert, und dann zurück nach Westen, zum Nares-Tief. Nahe der Küste der Vereinigten Staaten sind zwei große Fluß-Cañons zu erkennen, die heute unter Wasser liegen und sich von der Mündung der Flüsse Hudson und Delaware unter dem Meeresspiegel durch Schluchten fortsetzen, die in den Festlandsockel eingeschnitten sind. Es ist anzunehmen, daß die Festlandsockel des amerikanischen Kontinents, die Sockel der Antillen und Bahamas, das Plateau rund um die Bermudas und die hohen Berge und Plateaus, die am rechten äußeren Rand der Karte beginnen, sich alle vor dem Ende der letzten Eiszeit über dem Meeresspiegel befunden und dem Atlantik vor ungefähr 12 000 Jahren eine völlig andere Form gegeben haben.

Straße von Florida. Diese bildeten eine Inlandbucht und eine Barriere vor der Küste Floridas, die sich damals noch viel weiter in den Ozean ausdehnte. Kreisförmige Vertiefungen auf dem Meeresboden, 14 Meilen von den Florida Keys entfernt und 150 Meter tiefer als der umgebende Meeresboden (was in diesem Gebiet eine absolute Tiefe von etwa 300 Meter bedeutet), die von der Küstenvermessung der

Vereinigten Staaten in Karten aufgezeichnet wurden, identifizierte man als Süßwasserseen, die zu der Zeit, als das Meer sich zum letztenmal hob oder die Küsten versanken, vom Meer bedeckt worden waren.

Ein Blick auf die heutige Tiefentabelle des westlichen Atlantik zeigt klar: Würde der Meeresspiegel um 200 oder 250 Meter gesenkt, bestünden im Atlantik anstelle der heutigen kleinen weit größere Inseln. Die Vorstellung fasziniert, daß dieses vor 11 000 oder 12 000 Jahren erfolgte Steigen der Wasser mit dem Bericht Platos übereinstimmt, den dieser wieder – angeblich über Solon – von den ägyptischen Priestern in Saïs erhielt, deren schriftliche Aufzeichnungen Tausende von Jahren weiter zurückreichten als die der Griechen.

Atlantis ist im Lauf der Jahre und Jahrhunderte in vielen und verschiedenen Teilen der Welt »lokalisiert« worden: unter dem Atlantischen Ozean, unter der Ägäis, dem Kaspischen Meer und der Nordsee, Westafrika, Spanien, Tunesien, Deutschland, Schweden, unter der Sahara, Arabien, Mexiko, Yucatán, Venezuela, den Azoren, den Kanarischen Inseln und Madeira, Brasilien, Irland, Ceylon und selbst unter dem Indischen Ozean, was oft von der Nationalität und, man könnte sagen, von der Weltanschauung des Schriftstellers oder Forschers abhing.

Die Anwartschaft des westlichen Teils des Bermuda-Dreiecks auf Atlantis wurde seit den Entdeckungen von 1968 durch eine Reihe höchst ungewöhnlicher, mit dem Jahr ihrer Entdeckung zusammenhängender Umstände allgemein bekannt. Diese beziehen sich auf die Prophezeiungen von Edgar Cayce, des »schlafenden Propheten« und Wunderheilers, der 1945 in Virginia starb, dessen »readings« oder Vorlesungen (ein Terminus, der für die Interviews verwendet wurde, die Cayce gab, während er in Trance war) aber weiterhin viele Tausende von Menschen beeinflußt haben. Als er noch lebte, vermittelte er an über achttausend Personen die verschiedensten Ratschläge, die sich in erster Linie mit der Gesundheit, darüber hinaus aber auch mit einer Fülle von anderen Problemen befaßten. Der Nachweis seiner Heilungen und telepathischen Kräfte braucht hier nicht erbracht zu werden, die Prophezeiung ausgenommen, die sich als die ungewöhnlichste archäologische Voraussage der Geschichte erweisen könnte und Atlantis sowie Bimini betrifft.

In den Jahren zwischen 1923 und 1944 gab Cayce Hunderte von Trance-Interviews über Atlantis. Sie stellten eine Beziehung zu jenen Menschen her, die nach seiner und der Meinung der Leute, die sein

Werk in der »Gesellschaft für Forschung und Erleuchtung« fortführten, während eines früheren Lebens Atlantis bewohnt haben. Außer in Trance war sich Cayce des ganzen, Atlantis betreffenden Fragenkomplexes entweder gar nicht bewußt oder er war nicht daran interessiert. Er drückte sogar oft gewisses Staunen darüber aus, daß er Atlantis in so vielen Vorlesungen erwähnt hatte. Im Juni 1940 erklärte er jedoch im Zusammenhang mit zahlreichen anderen früheren Bemerkungen darüber, daß Atlantis, das er Poseidia nannte, im Gebiet von Bimini existiert habe, unerwartet:

Poseidia wird zu den ersten Teilen von Atlantis gehören, die sich in nicht allzuferner Zukunft – erwartungsgemäß 1968 oder 1969 – wieder heben.

Diese merkwürdige archäologische Prophezeiung wurde durch die zahlreichen Funde auf den Bahama-Bänken, die Freilegung einiger Bauten durch die Gezeiten und eine Hebung des Meeresbodens in manchen Gebieten nahezu plangemäß erfüllt. Man ist jedoch versucht, sich zu fragen, ob diese Entdeckung den Prophezeiungen gemäß oder wegen der Prophezeiungen gemacht wurden oder weil die, die Cayce gelesen hatten, auf die Suche gingen, wie es bei einigen Piloten der Fall war, die die ersten Unterwasserbauten oder -anlagen gesichtet haben. Man kann sich vorstellen, daß die Entdeckung von Unterwasseranlagen im Jahre 1968 und den folgenden Jahren viele Leute veranlaßt hat, auch andere Hinweise des »schlafenden Propheten« auf Atlantis und das ganze Gebiet mit erneutem Interesse zu prüfen. Wenn Cayces Vorlesungen und die Legenden der Antike auf der Erinnerung an tatsächliche Ereignisse beruhen, so könnte man sich Kräfte vorstellen, die möglicherweise von einer frühen, wissenschaftlich fortgeschrittenen Zivilisation entwickelt wurden und in dem Gebiet, in dem sie einst konzentriert waren, immer noch teilweise wirksam sind. Es kann auch die Möglichkeit in Betracht gezogen werden, daß die elektronischen, magnetischen und Gravitations-Abweichungen im Bermuda-Dreieck ein – wenn auch negatives – Vermächtnis einer Kultur sind, die so weit zurückliegt, daß nahezu keine Spuren mehr vorhanden sind und unsere Erinnerungen an sie mehr vom Instinkt als von Tatsachen geleitet werden.

Verblüffende Funde aus der Vorgeschichte

Zahlreiche Forscher, die sich mit dem Geheimnis des Bermuda-Dreiecks beschäftigen, sind der Meinung, daß außerweltliche Intelligenzen an unserer Entwicklung der Kernspaltung für Kriegszwecke deshalb interessiert seien, weil sie die Existenz der Zivilisation auf unserem Planeten gefährden könnte, so wie dies vielleicht schon in früheren Zeiten bei anderen Zivilisationen der Fall gewesen sein mag, die auf diesem oder auf anderen Planeten zerstört worden sind.
Der Zeitpunkt des Auftretens des Homo sapiens – mit einem dem heutigen vergleichbaren Intelligenzpotential – auf diesem Planeten kann 40 000 bis 50 000 Jahre oder sogar weiter zurückliegen. Wenn wir also einer Zivilisation wie der gegenwärtigen eine Zeitspanne von etwa 10 000 Jahren einräumen, um Wissenschaft und Technik zu einer Höhe zu entwickeln, die ihr die Selbstvernichtung möglich macht, so bleibt immer noch genügend Zeit, um eine oder mehrere Weltkulturen vor unserer eigenen anzunehmen. Wahrscheinlich würde jede fortgeschrittene technologische Zivilisation, sei es nun durch Zufall oder durch Planung, am Ende die Kräfte der Kernenergie entwickeln (wozu unsere Zivilisation wesentlich weniger als 10 000 Jahre gebraucht hat). Sie müßte sich dann entweder dafür entscheiden, diese Entwicklung unter Kontrolle zu halten, oder ihren eigenen Untergang riskieren. Wenn eine solche Weltkultur bestanden hat, ihre eigene Zerstörung verursachte und verschwunden ist, so fragt man sich, ob sie nicht Spuren hinterließ, die an sie erinnern. Und zwar nicht nur in Legenden, sondern vielleicht auch in der Form von merkwürdigen, mit der Zeitrechnung im Widerspruch stehenden künstlerischen Erzeugnissen unbestimmbaren Alters oder riesiger, undeutbarer oder unerklärlicher Ruinen. Funde dieser Art wurden tatsächlich gemacht, und sie tragen vor allem dazu bei, eine solche Kultur in das Gebiet zu verlegen, das heute von den Wassern des Bermuda-Dreiecks bedeckt wird.
In seinen »Vorlesungen« über die Atlantis gab Edgar Cayce scheinbar wiederholte Hinweise auf nukleare Kraftquellen, Laser- und Maserstrahlen, die mit unseren eigenen vergleichbar sind und allgemein für

den gleichen Zweck verwendet wurden, dessen wir uns heute erfreuen (wenn das das richtige Wort ist). Wie er ihre Anwendung beschrieben und sich über die Gefahr ihres Mißbrauchs äußerte, würde heute für ziemlich gewöhnliche Tatsachenberichterstattung und redaktionellen Kommentar gehalten werden, aber – wie konnte Cayce all das vor mehr als 35 Jahren wissen?

Cayce beschrieb diese Kraftquellen peinlich detailliert. Es waren große Generatoren, die Kraft für den Luft- und Unterwasserantrieb erzeugten und auch für Beleuchtung, Heizung und Nachrichtenübertragung sorgten. Sie betrieben dem Radio und dem Fernsehen ähnliche Geräte und wurden für Telefotografie benützt. Sie stellten die Kräfte zur Veränderung und Verjüngung lebender Gewebe einschließlich des Gehirns zur Verfügung und wurden auch verwendet, um ganze soziale Klassen unter Kontrolle zu halten und zu schulen.

Dennoch setzten die Bewohner von Atlantis durch Mißbrauch der natürlichen Kräfte, die sie entwickelt hatten, und durch innere und äußere Kräfte unkontrollierte Naturkräfte frei, die schließlich ihre Vernichtung herbeiführten. Daran glaubte nicht nur Cayce, dies erzählen auch die Legenden vieler Kulturen. Cayce schildert es so:

... Der Mensch brachte die zerstörerischen Kräfte ... diese erzeugten zusammen mit den natürlichen Vorräten von Gasen, natürlichen Kräften und Formen die schlimmste aller Eruptionen, die aus der Tiefe der langsam erkaltenden Erde emporstieg, und jener Teil (von Atlantis), der heute in der Nähe der Sargasso-See liegt, versank zuerst im Meer ...

In seinem Bericht aus der Vorgeschichte scheint Cayce besonders Gebrauch von Laser- und Maserstrahlen vorausgesagt zu haben, und das zu einer Zeit (1942), die immer noch einige Jahre vor der Entdeckung lag. Er beschrieb eine riesige kristallene Kraftquelle,

... in welcher das Licht als Mittel der Nachrichtenübertragung zwischen dem Unendlichen und dem Endlichen erschien oder als ein Mittel der Verständigung mit den Kräften von außen. Später stellte sich heraus, daß von dem Zentrum, von dem diese Energien ausstrahlten, auch die Tätigkeit der Strahlen ausging, die die verschiedensten Formen der Durchdringung und der Fortbewegung in jener Zeit steuerten, in der die Bewohner von Atlantis tätig waren. Es war wie ein Kristall gebaut, doch in einer Form, die sich von der (zuerst) dort verwendeten ziemlich unterschied. Verwechselt die beiden nicht . . . es gab nämlich viele Generationen von Unterschieden. Es geschah zu der Zeit, als sie Flugzeuge lenkten oder Transportmittel, mit welchen sie sich damals durch die Luft, auf dem Wasser oder auch unter Wasser fortbewegen konnten. Die Kraft aber, von der sie alle gesteuert wurden, befand sich in der zentralen Kraftstation – oder dem Tuaoi-Stein, der war . . . und der Leitstrahl, nach dem er sich richtete . . .

In einer anderen Vorlesung wies er auf eine Örtlichkeit namens »Poseidia« hin, das heißt also auf das Bahama-Gebiet, das damals über dem Meeresspiegel lag, eine Gegend, wo die

. . . anregenden Kräfte der Natur durch große Kristalle gespeichert wurden, die das Licht, die Formen und die Tätigkeiten so sehr verdichteten, daß sie nicht nur die Schiffe auf dem Meer, sondern auch in der Luft steuern und viele der heute bekannten Annehmlichkeiten des Menschen wie Bildübertragung, Stimmübertragung und Aufnahmetechnik, die bald so weit sein wird, daß sie die Schwingungen hervorbringt, die zur Entwicklung des Fernsehens beitragen – wie man das heute nennt. [»Heute« ist in diesem Fall 1935!]

Eine »Vorlesung« aus dem Jahr 1932 enthält einen interessanten Hinweis auf den Transport von schweren Lasten und Materialien:

. . . durch die Anwendung dieser . . . kürzlich wiederentdeckten Gase und dieser elektrischen und lufthaltigen Gebilde im Zerfall atomarer Kräfte, um eine Antriebskraft und Transport-, Fortbewegungs- oder Hebemöglichkeiten für große Lasten oder eine Veränderung der Naturkräfte selbst zu erzeugen.

Die Tatsache, daß Völker der Vorgeschichte, die für primitiv gehalten wurden, ungeheure Steine hinterlassen haben, die sich noch nach Jahrtausenden an ihrem Platz befinden und auf denen nachfolgende Völker neue Bauten errichtet haben, war lange Zeit ein archäologisches Rätsel. Die von den unbekannten vorangegangenen Völkern aufgestellten Steine sind nämlich um so viel größer und um so viel schwerer zu transportieren als die der folgenden Kulturen, daß ihre Existenz und die Art ihres Transports nicht zu erklären sind. Als Beispiele lassen sich die 200 Tonnen schweren Porphyrblöcke von Ollantaytambo und Ollantayparubo in Peru anführen, die über große Entfernungen, über Berge und Schluchten tranportiert und dann auf der Spitze anderer, mehr als 400 Meter hoher Felsen aufgestellt wurden; ferner die kolossalen Blöcke von Sacsahuaman, Peru, die so riesig und auf so komplizierte Weise fugenlos aneinandergefügt sind, daß die Inkas ihre Aufschichtung Göttern zuschrieben, und die hundert Tonnen schweren Fundamente von Tiahuanaco, Bolivien, auf welchen ungeheure Bauten errichtet wurden, obwohl die Seehöhe 4000 Meter beträgt. Hierzu zählen auch die großen, der astronomischen Datenbestimmung dienenden Steine von Stonehenge in England, die massiven Blöcke des Unterwasserwalls oder der Seefestung von Bimini, die Steinpfeiler der prähistorischen Kultstätten der Bretagne, von denen einer über 340 Tonnen wiegt und knapp 20 Meter hoch ist, und die großen Steine des Jupitertempels in Baalbek, von denen einer 2000 Tonnen wiegt und die schon lange vor der Erbauung des antiken Tempels hierhergebracht worden waren. Nahezu alle diese Anlagen lassen sich mit den technischen Fähigkeiten jener Kulturen, welche sie unserer Meinung nach errichtet haben, nicht erklären. Man vermutet also, daß eine überlegene Zivilisation für ihre Errichtung verantwortlich ist. Dies wird noch von der Tatsache erhärtet, daß viele dieser unerklärlichen Ruinen einander sehr ähnlich sind.

Cayce bezeichnete Bimini als einen der Punkte, wo Hinweise auf die vermeintlichen Kraftquellen von Atlantis zu finden wären: » . . . wo die versunkene Atlantis oder Poseidia liegt, wo ein Teil der Tempel unter dem Schlamm gefunden werden kann, den das Meerwasser im Laufe von Äonen abgelagert hat – in der Nähe der Insel vor der Küste Floridas, die Bimini genannt wird.«

Die detaillierte Beschreibung einer dieser Kraftquellen (oder Atomkraftwerke?) wurde 1935 aufgezeichnet. Der Sohn des »schlafenden Propheten«, Edgar Evans Cayce, Ingenieur und Schriftsteller (*Edgar Cayce on Atlantis*, Warner Library, 1968) bemerkte in seinem Kommentar zum Paradoxon in Cayces Berichten aus der Vorgeschichte: »Ein Laie von heute könnte unsere letzten wissenschaftlichen Errungenschaften nicht genauer beschreiben.«

Cayces Bericht (1933 aufgezeichnet) beschäftigt sich mit einem Gebäude, wo der »Feuerstein« oder Kristall aufbewahrt wurde, von welchem die Kraft ausging:

Im Zentrum eines Gebäudes, das, würde man heute sagen, mit nichtleitendem Gestein eingefaßt ist – mit etwas dem Asbest sehr Ähnlichem, mit . . . anderen nichtleitenden Stoffen, die man heute in England unter einem Namen erzeugt, der vielen, die mit solchen Dingen handeln, wohlbekannt ist.

Das Gebäude über dem Stein war oval; oder eine Kuppel, von welcher . . . ein Teil zurückgerollt werden konnte, so daß die Sterne wirksam wurden – die Konzentration von Energien, die von Körpern ausgehen, die selbst brennen, zusammen mit Elementen, die man in der Erdatmosphäre gefunden und nicht gefunden hat . . .

Die Konzentration durch die Prismen oder das Glas (wie man es heute nennen würde) hätte auf die Instrumente, die mit den verschiedenen Arten der Fortbewegung durch Induktion verbunden waren, denselben Kontrolleffekt wie heute Fernsteuerung durch Radiowellen, Schwingungen oder Leitungen; diese vom Stein angetriebene Kraft wirkt auf die Antriebskräfte in den Fahrzeugen selbst.

. . . Das Gebäude war so konstruiert, daß bei zurückgerollter Kuppel die direkte Kraftübertragung auf verschiedene Fahrzeuge wenig oder gar nicht behindert werden konnte, wenn diese durch den Weltraum bewegt werden sollten – ob nun innerhalb des Gesichtskreises, unter Wasser, unter anderen Elementen oder durch andere Elemente hindurch.

Die Aufbereitung dieses Steins lag damals ausschließlich in den Händen der Eingeweihten. Die Macht hatten jene inne, welche die Einflüsse der Strahlen lenkten, die unsichtbar für das Auge entstanden, aber auf die Steine selbst als Antriebskräfte wirkten – ob nun das Luftfahrzeug durch die damals verwendeten Gase emporgetrieben wurde oder mehr dem Vergnügen dienende Fahrzeuge, die sich dichter an der Erdoberfläche, auf oder unter dem Wasser fortbewegten.

Diese wurden nun durch konzentrierte Strahlen angetrieben, von den Steinen, die sich in der Mitte der Kraftstation oder des Kraftwerks (wie die Bezeichnung in unseren Tagen lauten würde), befanden.

Cayce kehrt immer wieder zum Mißbrauch der schrecklichen Kräfte zurück, die von dieser Superzivilisation entwickelt worden waren: ». . . die Kraftgewinnung aus der Sonne selbst bis zum Strahl, der zur Atomzertrümmerung führt . . . hatte die Vernichtung dieses Landesteiles zur Folge.«

Wenn – es kann ja immer nur wenn heißen – wenn also eine solche Katastrophe oder eine Reihe von Katastrophen geschehen ist, so wäre diese große Kraftquelle gemeinsam mit den Städten, Mauern, Kanälen und anderen Anlagen von Atlantis ins Meer gestürzt. Es ist interessant, daß die von dieser Theorie bezeichneten Örtlichkeiten genau mit jenen übereinstimmen, wo so viele elektromagnetische Abweichungen innerhalb des Bermuda-Dreiecks vorgekommen sind, wie etwa in der Tongue of Ocean, bei Bimini und anderswo.

Während man von solchen Kraftwerken kaum erwarten kann, daß sie nach Tausenden von Jahren noch arbeiten, so ist es in diesem Zusammenhang doch interessant, sich über das Wesen der geheimnisvollen »weißen Wasser« Gedanken zu machen, die Augenzeugen – von Kolumbus bis zu den Astronauten – beobachtet haben. Die Ströme von weißem Wasser scheinen am gleichen Punkt oder an den gleichen Punkten auszufließen, den gleichen Weg empor zu nehmen und dann ein bis zwei Kilometer weiter abzutreiben. Ihre zu Beginn verschnörkelten Linien verlieren dann an Deutlichkeit, fast als würden sie unter Druck entweichende Gase anzeigen.

Kompaßabweichungen und das Versagen elektrischer Geräte könnten auch durch eine übermäßige Ansammlung von Metall unter Wasser verursacht werden. Das konnte man in verschiedenen Teilen der Welt beobachten, wo das Vorhandensein bekannter Erzlager Kompaßabweichungen zur Folge hatte. Unter dem Meeresboden oder noch tiefer liegende Massen können möglicherweise sogar die Meeresoberfläche beeinflussen. In einem NASA-Bericht aus dem Jahre 1970 ist von einem »Hohlraum« auf der Oberfläche des Ozeans über dem Puerto-Rico-Graben die Rede. Wissenschaftler schrieben die Vertiefung der Oberfläche »einer ungewöhnlichen Verteilung der Masse unter dem Meeresboden« zu, die eine Abweichung von der Schwerkraft verursachte.

Im Fall des Bermuda-Dreiecks wurde angenommen, daß zerstörte Kraftquellen noch immer etwas von ihrer Stärke bewahrt haben und, zu bestimmten Zeiten ausgelöst, nicht nur für die magnetische und elektronische Abweichung verantwortlich sind, sondern auch die elektrischen Impulse für magnetische Stürme liefern.

Diese Theorie, eine der ungewöhnlichsten unter denen, die die Geschehnisse im Bermuda-Dreieck zu erklären suchen, ist auf den Vorlesungen von Cayce und dem Glauben an ihren Inhalt gegründet. Mit Recht kann man jedoch die Frage stellen: Gibt es irgendeinen Grund für den wissenschaftlich Interessierten, auch nur *einer* der Behauptungen von Cayce zu trauen, es sei denn, man bewundert sie einfach als das Ergebnis einer lebendigen Vorstellungskraft? Es entspricht nicht nur der Wahrheit, daß manche der Kraftquellen, die er vor 35 Jahren beschrieben hat, damals noch nicht entdeckt waren, ja nicht einmal in der Vorstellung der »Wirklichkeit« existierten (einige sind bis heute nicht erforscht), es darf auch nicht vergessen werden, daß Cayce kein Physiker war. Auch kein Historiker. Er war einfach ein Hellseher und ein Wunderheiler von hervorragendem Ruf. Prophezeiungen, die er während seiner Vorlesungen machte und die mit Wunderheilungen nichts zu tun haben, treffen jedoch mit geradezu unangenehmer Genauigkeit zu, so die Atombombe, die Ermordung von US-Präsidenten, Rassenunruhen und sogar Erdrutsche in Kalifornien. Außerdem basieren Cayces Vorlesungen angeblich auf Visionen oder Erinnerungen seiner Patienten an frühere Leben, ein Umstand, der ihnen die Glaubwürdigkeit bei jenen nimmt, die aus religiöser oder wissenschaftlicher Überzeugung oder aufgrund eigener logischer Überlegungen die Theorie der Wiedergeburt ablehnen. Man fragt sich, ob es für solche detaillierte und wissenschaftlich wertvolle Beschreibungen vergangener Zivilisationen und deren mögliche gefährliche Entwicklung nicht eine andere Erklärung geben könnte.

In der religiösen und philosophischen Überlieferung des alten Indien, die so oft eine seltsam moderne Betrachtung der Dinge und der Welt enthält, finden wir Hinweise auf »ein kosmisches Bewußtsein«, das heißt ein ständiges Vorhandensein von Erinnerungen an alles, was früher geschehen ist. Heute werden Telepathie, Einfluß und verborgene Fortdauer von Erinnerung und die Kraft psychischer Ausstrahlung auf der Erde und im Weltraum ernsthaft studiert, sowohl als Erscheinungsformen wie auch als Mittel der Verständigung. Sie werden von der modernen wissenschaftlichen Forschung keineswegs abgewertet. Experimente der führenden Weltraummächte – der USA und der UdSSR – lassen vermuten, daß die Science-Fiction künftig zu einer echten

Wissenschaft werden könnte. Möglicherweise sind erstaunliche neue Entwicklungen auf diesem Gebiet zu erwarten, denn bis heute waren ja nur einige wenige begabte Geschöpfe, nahezu ohne es zu wissen, dazu fähig, die Gedanken anderer zu lesen und vielleicht auch ihre verborgenen Erinnerungen an die Vergangenheit aufzunehmen. In diesem Fall könnte es sich um Erinnerungs-Chromosomen handeln, die wir von unseren Ahnen übernommen haben. Wir erben physische Eigenschaften und Anlagen nicht nur von unseren Eltern und Großeltern, sondern auch, vielleicht in geringerem Maße, von unseren entfernteren Ahnen, und diese Erinnerungs-Chromosomen könnten ein Teil dieses Erbes sein. Es gibt genügend Raum im menschlichen Gehirn (von dem schätzungsweise nur 10 Prozent genützt werden), um solche ererbte Erinnerungen zu speichern.

Damit könnten die unvollständigen Erinnerungen eines Menschen erklärt werden, das quälende Gefühl, einen Ort schon einmal besucht zu haben, obwohl man weiß, daß man in seinem Leben noch nicht dort gewesen ist; die bedrückende Gewißheit, eine große Zeitspanne in einem einzigen Traum verbracht zu haben; das Zurückrufen von Einzelheiten aus früheren Leben durch Personen, die manchmal, aber nicht immer unter Hypnose standen (daß sie oft historisch getreu waren, zeigte sich, wenn früher unbekannte Informationen über die fragliche Zeitspanne entdeckt wurden); Fälle, in denen Kinder die Sprache ihrer Ahnen plötzlich beherrschten und gleich darauf wieder vergaßen, eine Sprache, deren Gebrauch sie unmöglich erlernt haben konnten. Oft wird all dies der Seelenwanderung zugeschrieben, einem Glauben, der von Buddhismus, Hinduismus und jener Religion geteilt wird, die wahrscheinlich das längste Leben in der Religionsgeschichte aufzuweisen hat, der des alten Ägypten. Die Theorie des ererbten Erinnerungsvermögens bietet jedoch eine mögliche Alternative, denn sie nähert sich in Wahrheit der gleichen Sache, wenn auch in etwas veränderter Form. Wir müssen uns nur vorstellen, daß es unsere eigenen Ahnen sind, die uns mit ihren anderen Eigenschaften ihre Erinnerungen vererben, so wie »Generationen« von Computern derart programmiert werden können, daß sie ihren gesamten Datenvorrat an nachfolgende Maschinen weitergeben.

Nun, ob Edgar Cayce tatsächlich mit wiedergeborenen Seelen Kontakt hatte oder mit den »wiedergeborenen« Erinnerungen jener Leute, die seine Dienste in Anspruch nahmen, der Effekt bleibt der gleiche. Das durch seine Vorlesungen erweckte Interesse an Atlantis gab jedenfalls neue Impulse, die seit den unerwarteten Entdeckungen der letzten Jahre ständig zunehmen. Diese Entdeckungen lassen auch Cayces Aussagen in bemerkenswerter Weise glaubhaft erscheinen.

Die Anhänger der Theorie, daß eine hochentwickelte Weltzivilisation vor den ersten kulturellen Ansätzen in Ägypten und Sumer existierte, wurden lange für Schwärmer, Sensationshascher, Phantasten oder einfach für Narren gehalten. Diese Reaktion des sogenannten archäologischen oder prähistorischen »Establishments« ist verständlich, wenn wir bedenken, daß die Existenz einer bedeutenden Zivilisation vor dem 3. Jahrtausend v. Chr. die säuberlichen Tabellen und Stufeneinteilungen der Geschichte von ihrem frühen Beginn in Ägypten und Mesopotamien, über die Kultur der Griechen und Römer bis zum möglichen Höhepunkt in unserer eigenen »Super-Zivilisation« beträchtlich durcheinanderbringen würde. Zwar wird oft anderen, wenig bekannten Kulturen vorübergehende Anerkennung gewährt, so zum Beispiel den prähistorischen Kulturen von Nord- und Südamerika, Indien, Zentralasien und bestimmter anderer Gebiete, doch stören diese ja keineswegs unsere eigene »direkte zivilisatorische Entwicklungslinie.«

In allen alten Kulturen existiert eine Fülle von Legenden und Berichten, die sich auf die plötzliche Vernichtung einer großen Zivilisation vor der Sintflut beziehen, die so weit fortgeschritten war, daß sie den Himmel und die Götter – oder Gott – bedrohte. Mögen diese Berichte einander auch merkwürdig ähneln, so könnte es sich doch einfach um eine interessante oder belehrende Geschichte handeln, die sich im Lauf der Jahrtausende über antike Marktplätze und entlang von Karawanenwegen oder Schiffahrtsrouten über die ganze Welt verbreitet hat und die in der religiösen Überlieferung nahezu sämtlicher Völker der Erde bewahrt wurde. Legenden von einer allumfassenden Flut, von einem Turm, den die Menschen zum Himmel zu bauen versuchten, aber durch eine von Gott gesandte Sprachverwirrung daran gehindert wurden, und ähnliche Geschichten wurden schon von den ersten spanischen Eroberern in der indianischen Zivilisation Nord- und Südamerikas vorgefunden. Überall auf der Welt gibt es im Umkreis jener kolossalen Bauten, die nur durch die Steinbau- und Transporttechniken einer hochentwickelten Technologie entstanden sein konnten und heute zu Ruinen zerfallen sind, von der eingeborenen Bevölkerung bewahrte

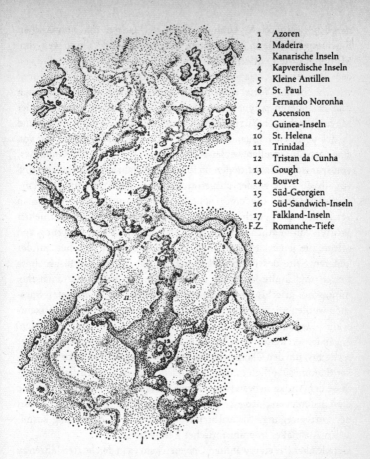

1	Azoren
2	Madeira
3	Kanarische Inseln
4	Kapverdische Inseln
5	Kleine Antillen
6	St. Paul
7	Fernando Noronha
8	Ascension
9	Guinea-Inseln
10	St. Helena
11	Trinidad
12	Tristan da Cunha
13	Gough
14	Bouvet
15	Süd-Georgien
16	Süd-Sandwich-Inseln
17	Falkland-Inseln
F.Z.	Romanche-Tiefe

Der Mittelatlantische Rücken, der Verbindungen mit Südamerika und Afrika aufweist und nur durch die am Äquator liegende Romanche-Tiefe unterbrochen wird. Inseln im Ozean, die mit dem Rücken in Verbindung stehen, sind in der Legende rechts oben angeführt. Manche dieser Inseln haben möglicherweise, als der Meeresspiegel vor ungefähr 12 000 Jahren niedriger war, weite Landgebiete gebildet, die damals aus den ausgedehnten Atlantischen Inseln bestanden, die Plato beschreibt, »Atlantis« eingeschlossen. Die Meerestiefe ist auf beiden Seiten des Rückens durch hellere Flecke angegeben (die 3800-Meter-Konturlinie gilt hier für die Landsockel und interkontinentalen Rücken).

Legenden. Diese weisen stets auf eine götterähnliche Rasse, welche jene Steine bewegt hatte, viele tausend Jahre, bevor die Geschichte des Volkes begann. Es gibt sogar Spuren einer Art uralter Handelssprache, möglicherweise einer Urahnin des Griechischen mit aramäischen Einsprengseln, die in Sprachzonen festgestellt wurde, die so weit vom Mittleren Osten entfernt sind, daß man meinen könnte, sie wäre von dem Wasser der Ozeane an den entferntesten Küsten angeschwemmt worden. Sie hat Wörter eines archaischen Griechisch im Hawaianischen und in anderen polynesischen Sprachen hinterlassen, ebenso in der Maya-Sprache von Yucatán, im Nahuatl, der Sprache der Azteken, und in der verlorenen Guanche-Sprache der Kanarischen Inseln, die von einer geheimnisvollen weißen Rasse gesprochen wurde. (Die Guanches, von spanischen Expeditionen im fünfzehnten Jahrhundert entdeckt und von ihnen bald wieder ausgerottet, hatten die Erinnerung an eine größere Heimat mit einer höheren Kultur bewahrt, die im Ozean versunken war.) Auch die alten amerikanischen Sprachen enthielten Wörter von deutlich aramäischem oder phönizischem Ursprung und solche, die jenen der sinitischen und polynesischen Sprachen auf der anderen Seite des Pazifik gleichen. Sie alle deuten auf ausgedehnte Reisen und uralte kulturelle Kontakte hin. Phönizische, aramäische, minoische, griechische und andere Inschriften in unbekannten Sprachen werden mit zunehmender Häufigkeit im nord- und südamerikanischen Dschungel oder in Gebieten der Dritten Welt gefunden. Legenden, religiöse Mythen und linguistische Kuriosa reichen aber nicht aus, um den Glauben an den Wahrheitsgehalt der Cayce-Berichte, der Stammesüberlieferungen, Legenden, und sogar schriftlichen Zeugnisse der Antike zu bestärken, die sich auf hochentwickeltes Wissen und die Existenz verschiedener »moderner« Einrichtungen auf dem Gebiet der Fortbewegung, Nachrichtenübermittlung und Zerstörung kosmischen Ausmaßes in prähistorischer Zeit beziehen.

Gerade aber in den erwähnten Gebieten kam es in den letzten Jahren zu ungewöhnlichen Entdeckungen und Neubewertungen früher entdeckten Materials. Sie betreffen erstaunliche Hinweise auf fortgeschrittenes Wissen und raffinierte Erfindungen, die zu einem Zeitraum gehören, der lang vor jenem liegt, den uns die Geschichte als den Beginn der ersten Kulturen im Mittleren Osten angibt. Es ist interessant, in diesem Zusammenhang daran zu erinnern, daß sich die Legenden der Ägypter wie der Sumerer auf eine frühere, größere Kultur beziehen, von welcher sie Anregung und Ansporn erhalten haben. In manchen Kulturen, wie im alten Ägypten, in Bolivien, Peru, Mittelamerika, Mexiko und Indien, um nur einige zu nennen, blieb die Zivilisation statisch oder bildete sich zurück, anstatt mit dem ursprünglichen Impetus fortzuschreiten.

Einer ernsthaften Anspielung darauf, daß uralte Kulturen dieser Erde Maschinen kannten, die »schwerer als Luft« waren, wird zumeist mit Spott begegnet. Trotzdem wurde in den letzten Jahren eine wachsende Zahl von Artefakten und schriftlichen Hinweisen entweder entdeckt oder erneut untersucht, die auf eine Kenntnis oder sogar Vertrautheit mit Flugmaschinen und Flugverkehr zu einem Zeitpunkt schließen lassen, der weit vor der sogenannten »Morgenröte der Geschichte« liegt. Diese Berichte und Modelle können auch nicht mit den phantasievollen Berichten der antiken Mythologie verglichen werden, die von Ikarus und seinen durch Wachs zusammengehaltenen Federschwingen oder von Apollo und seinem von vier feurigen Rossen gezogenen Sonnenwagen erzählen. Die erwähnten Modelle geben ganz konkrete Hinweise, die ein Wissen um Aerodynamik und eine Kenntnis der für das Abheben, den Antrieb, das Bremsen und Landen einer Flugmaschine wesentlichen Faktoren erkennen lassen.

In der antiken Goldsammlung der Republik Kolumbien gibt es zum Beispiel ein Goldmodell, das man lange für einen Vogel, eine Motte oder einen fliegenden Fisch gehalten hat. Dieses Modell wurde gemeinsam mit anderen, schätzungsweise mindestens 1800 Jahre alten Objekten in einem Grab gefunden. Das Artefakt wurde von Ivan Sanderson mit der Lupe untersucht. Sanderson vermutete, daß es nicht das Modell eines lebenden Wesens darstellte, sondern das eines mechanischen Objekts, das stark an ein modernes Flugzeug erinnerte, mit trapezförmigen Flügeln, Maschinenraum, Cockpit, Windschutz und einer mit Querrudern oder Höhensteuern ausgestatteten Heckflosse, alles so angeordnet wie bei einem modernen Flugzeug. Dieses Objekt wurde auch einigen Piloten und Ingenieuren vorgelegt, unter anderem J. A. Ullrich, einem Piloten mit Kampferfahrung in zwei Kriegen und Lehrer für Aerodynamik. Befragt, was es darstelle, sagte Ullrich, der die Herkunft des Objekts nicht kannte und auch nicht wußte, daß es früher für das Modell eines Vogels, Insekts oder Fisches gehalten worden war, es sei ihm zuerst als das Modell eines F-102-Kampfflugzeuges erschienen. Die Form der Flügel weise darauf hin, daß es sich um ein Düsenflugzeug handle. Er bemerkte, daß manche Faktoren, so das Fehlen von Hecksteuerung, bei der F-102 nicht vorhanden waren, hingegen bei den erst kürzlich in Schweden entwickelten neuen Saab-Maschinen. Seine

Theorie ist vor allem im Hinblick auf Cayces Erwähnung von Fahrzeugen interessant, die durch die Luft und unter dem Meer fliegen konnten. Außerdem hat sie Bezugspunkte zu Berichten aus dem Bermuda-Dreieck, über UFOs, die mit großer Geschwindigkeit in das Wasser eindringen und es wieder verlassen. Ullrich sagt wörtlich:

Die Bauart ist nur für bestimmte Flugarten wertvoll – für extreme Flughöhe. Dieser Flügeltyp ist für die Atmosphäre bis zu 15 000 oder 18 000 Meter geeignet. Die Pfeilform der Tragflächen dient dazu, Schwingungen zu verhindern, wenn die Schallmauer durchstoßen wird . . . Die Konstruktion der Flügel zeigt Möglichkeiten zum Überschallflug . . . Wenn man mit überhöhter Geschwindigkeit fliegt, bildet sich ein Luftkissen . . . Es würde auch imstande sein, sich unter Wasser fortzubewegen, ohne die Schwingen abzureißen. Um ein Fahrzeug mit hoher Geschwindigkeit durch ein solches Medium zu bewegen, müßte es in dieser Art konstruiert sein.

Aber dieses »Flugzeug« – wenn es sich um eines handelt – ist kein groteskes archäologisches Unikat. Andere Exemplare, manche mit zwei Reihen von Flügeln, sind seither in präkolumbianischen Gräbern gefunden worden. Man kann nur vermuten, welch andere merkwürdige Modelle prähistorischer Mechanik von späteren Benützern wahrscheinlich gar nicht als solche erkannt, verlorengegangen sind, als die spanischen Conquistadores alle Goldgegenstände, die sie ausfindig machen konnten, zu Barren einschmolzen, um ihre Verteilung unter den Eroberern zu erleichtern.

Bildliche Darstellungen von Dingen, die wie Flugzeuge oder Raketen aussehen, wurden in zunehmendem Maß in der Kunst der altamerikanischen Kulturen entdeckt. Da die meisten schriftlichen oder bildlichen Überlieferungen der Kulturvölker von den Spaniern zerstört wurden, sind diese Hinweise auf andere Art bewahrt worden – manchmal in Stein geritzt, auf eine Vase gemalt, in Stein gemeißelt oder in Stoffe eingewebt, die zum Einhüllen von Mumien verwendet wurden. Ein besonders auffallendes Beispiel ist eine halb ruhende, in den Stein eines Sarkophagdeckels gemeißelte Maya-Figur, die im Kern einer Tempelpyramide in Palenque, Mexiko, gefunden wurde. Was das sehr ins Detail gehende Relief darstellt, weiß man nicht. Ein Maya-Forscher sagt, der Grund wäre ein Erdungeheuer, auf welchem die Figur ruht, während das Ganze von einem Baum überragt zu sein scheint. Der russische Wissenschaftler Alexander Kasanzew hat eine gewagte Erklärung angeboten. Er glaubt, daß die ruhende Figur in einem stilisierten, in Konstruktion und Ausführung unseren heutigen Raketen vergleichbaren Raumfahrzeug eingeschlossen sei. Selbst die Stellung der männlichen Figur (oder des Piloten) zeigt Parallelen zu jenen, in welcher sich unsere Astronauten innerhalb einer Rakete befinden, und alle Charakteristika, von der Antenne bis zu Lenksystem, Turbokompressoren, Armaturenbrett, Treibstofftanks, Verbrennungsraum, Turbine und Auspuff sind erkennbar, wenn auch im Hinblick auf ästhetische Wirkung verändert. Man hat das Gefühl, daß diese Darstellungen von Flugzeugen und Raketen Mahnungen oder Erinnerungen an eine Zeit höherer Zivilisation darstellen, als solche Fahrzeuge tatsächlich in Gebrauch standen.

Im August 1973 erhielten die Astronauten von Skylab 2 einen höchst ungewöhnlichen Auftrag. Sie sollten, wenn möglich, die Nasca-Linien fotografieren, eine Reihe von seltsamen Zeichnungen im peruanischen Nasca-Tal. Man wollte feststellen, ob sie vom Weltraum aus sichtbar waren. Diese Bodenmarkierungen von ungeheurer Ausdehnung bilden eine Reihe von geraden Linien, geometrischen Figuren und riesigen Tierdarstellungen, die nur aus der Luft sichtbar sind, sowie Linien, die ganz deutlich Landebahnen für Flugzeuge zu markieren scheinen. Sie wurden zu einer unbekannten Zeit in der Vergangenheit in den Boden gekerbt oder in den felsigen Grund der Ebene geritzt. Es gab keine lokalen Legenden um diese Linien, und da sie vom Bodenniveau aus nicht erkennbar waren, wurden sie erst während einer Suche nach Wasservorräten in den Anden von der Luft aus entdeckt.

Die Linien und gigantischen Zeichnungen erstrecken sich über einen etwa 100 Kilometer langen und 17 Kilometer breiten Abschnitt des Nasca-Tals. Manchmal verschwinden sie vor kleinen Bergen und kommen in direkter Linie auf der anderen Seite wieder zum Vorschein. Manchmal sind die Zeichnungen, wie im Falle der vermutlichen Landebahn, ziemlich ausgedehnt, manchmal bilden sie riesige, künstlerisch vollendete Bilder von Tieren, Fischen und Vögeln, sogar eine riesige Spinne ist darunter. Es gibt zwar über ihren Ursprung zahlreiche Theorien, aber die einzige, die sich von selbst aufdrängt, ist die, daß sie von Menschen mit hochentwickelten Meßinstrumenten geschaffen wurden, und zwar zu dem Zweck, vom Himmel aus gesehen zu werden. Nur von dort kann man nämlich ihren Konturen folgen.

In der Bucht von Pisco an der Küste Perus befindet sich eine hohe Felswand, auf der ein nicht ganz 250 Meter langer riesiger Dreizack oder, wenn man will, Kandelaber eingeritzt ist, der, anders als die Nasca-Linien, vom Meer aus leicht von den eindringenden Spaniern gesehen werden konnte. Sie interpretierten ihn als ein Zeichen der Dreifaltigkeit, das sie zur Eroberung des Landes und Bekehrung der Heiden ermutigen sollte. Welchen Zweck immer die Zeichnung gehabt haben mag, sie ist von der Luft aus eher zu erkennen als vom Meer. Die mittlere Zacke des Dreizacks zeigt direkt zum Nasca-Tal, als wäre sie ein Richtungsweiser zu den sogenannten »Landebahnen«, die vielleicht selbst die Operationsbasis der Flugzeuge darstellten, deren goldene Modelle uns so verblüffen.

Auch in anderen Gebieten Nord- und Südamerikas findet man geometrische Linien und kolossale Figuren, sichtlich entworfen, um aus der Luft gesehen zu werden. So etwa die riesigen menschenähnlichen Figuren in der Tarapaca-Wüste in Chile und im Navajo-Labyrinth in Kalifornien und die Elefanten- und Schlangenwälle in Wisconsin. Aber es gibt sie in anderen Teilen der Welt, die oft keine archäologischen Bezüge zur Frühgeschichte aufweisen.

Im großen Warenlager der Archäologie, dem Ägypten der Pharaonen, sind erst kürzlich einige überraschende Hinweise auf antike Flugmaschinen aufgetaucht. Anders als die kolumbianischen Goldflugzeuge sind diese aus Holz verfertigt und wurden in Gräbern gefunden, wo sie das trockene ägyptische Klima für Jahrtausende vor dem Verfall bewahrt hatte. Diese Modelle, die wie Segelflugzeuge aussehen, wurden in Museen gefunden, wohin man sie aus den uralten Gräbern, wo sie entdeckt worden waren, gebracht und für Vogeldarstellungen gehalten hatte. Ein hölzernes Modell, das sich jetzt im Museum für ägyptische Altertümer befindet, wurde von Dr. Khalil Messiha 1969 identifiziert und studiert. Es stellt keineswegs einen Vogel dar und besitzt dieselben Charakteristika wie Modelle von modernen Eindeckern. Das Seitensteuer oder Heck verläuft senkrecht, der Rumpf besitzt ein kielförmiges Profil. Bezüglich der auf beiden Seiten erkennbaren V-förmigen Winkel bemerkte Dr. Messihas Bruder, der Flugingenieur G. Messiha, folgendes:

Der negative V-förmige Winkel erfüllt die gleichen Aufgaben wie der positive; ein Profil zeigt, daß die Oberfläche des Flügels Teil einer

Ellipse ist, die die Stabilität des Fluges gewährleistet; der flossenför-
mige Rumpf mindert den Luftwiderstand und stellt das Ergebnis
jahrelanger experimenteller Arbeit in der Aeronautik dar.

Das Flugzeug ist auch jetzt, nach Tausenden von Jahren, noch
flugtüchtig, wenn es wie ein Modellsegler gehandhabt wird; es gleitet
wunderbar und demonstriert so das aerodynamische Wissen seiner
urzeitlichen Konstrukteure. Seit Dr. Messiha als erster erkannt hatte,
daß die Spannweite der Flügel einiger dieser Vogelmodelle nahezu mit
der Spannweite der Tragflächen der neuen Caravelle identisch ist,
wurden andere mögliche Flugzeuge oder Gleiter identifiziert und 14 von
ihnen 1972 in einer Schau im Museum für ägyptische Altertümer
ausgestellt, als Beweis für die Kenntnis der Flugtechnik im alten
Ägypten. Wir wissen nicht, ob diese urzeitlichen Kunstgegenstände
damals geschaffen oder von einer älteren Kultur übernommen worden
sind. Da jedoch die meisten in ägyptischen Gräbern gefundenen Objekte
nur Modelle von größeren Originalen sind, ist es möglich, daß unter
dem Wüstensand ein Originalsegler oder ein anderes Luftfahrzeug den
Ausgrabenden erwartet.

Die vollständigen schriftlichen Überlieferungen aus antiker Zeit, die
sich auf Flugzeuge beziehen, sind wahrscheinlich die des Hindu-Epos
Mahabharata. Obwohl man annimmt, daß es seine gegenwärtige Form
1500 vor Christus erhalten hat, so wurde es doch offensichtlich wieder
und wieder von Vorlagen kopiert, die bis in die graue Vorzeit
zurückreichen.

Das Epos handelt von den Taten der Götter und Ureinwohner Indiens,
enthält jedoch darüber hinaus eine Fülle von Detailkenntnissen
wissenschaftlicher Natur. So zum Beispiel Hinweise auf Flugmaschinen
und Raketenantrieb, die in der Mitte des 19. Jahrhunderts, als es zum
erstenmal übersetzt wurde, für die Übersetzer keinen Sinn ergaben. Die
Techniken, die da vor Tausenden von Jahren beschrieben worden
waren, sollten in der modernen Zeit ja erst ein halbes Jahrhundert später
entwickelt werden. Viele der den *vimanas* genannten Flugmaschinen
gewidmeten Verse des *Mahabharata* enthielten, zum völligen Unver-
ständnis der Übersetzer, detaillierte Informationen über die Prinzipien
ihrer Konstruktion. In einem anderen altindischen Text, im *Samaran-
gana Sutradhara*, werden die Vorteile und Nachteile verschiedener
Typen von Flugmaschinen ausführlich diskutiert, und zwar im Hinblick

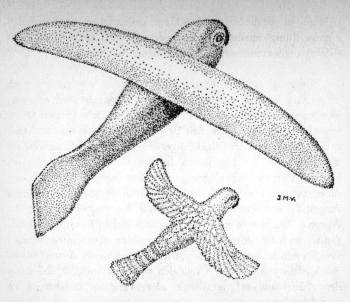

Altägyptisches Segelflugzeug; Gräberfund. Wurde ursprünglich für die Darstellung eines Vogels gehalten, der antiken Darstellung eines Geiers gegenübergestellt. Das Flugzeug (links) läßt auf Kenntnis der Gesetze der Aerodynamik schließen, denn es zeigt die Krümmung, den Winkel zwischen den pfeilförmigen Tragflächen und dem Rumpf, und den zum Rumpf V-förmig geneigten Winkel zum Auf- und Absteigen. Der Schwanz des Flugzeugs ist vertikal gestellt – ein Merkmal, das Vögel nicht aufweisen. Die Flügel des Segelfliegers sind so gebaut, daß sie ein darüberliegendes Vakuum erzeugen können, um aufzusteigen. Wenn sie auch manche zum Fliegen notwendige Voraussetzungen haben, so sind Vögel, die mit beweglichen, gefiederten Flügeln und Schwänzen ausgestattet sind, doch anders gebaut als Flugzeuge, und der Bau des Gleiters gibt ausreichend Zeugnis, daß er nicht das Modell eines Vogels darstellt, sondern das Modell einer Flugmaschine, die schwerer ist als Luft. Außerdem fliegt er eine ziemlich weite Strecke, wenn man ihn mit der Hand wirft.

auf ihre jeweilige Tauglichkeit im Aufsteigen und Landen und auf ihre Fluggeschwindigkeit. Wir finden auch eine Beschreibung der Treibstoffquelle (Quecksilber) und Empfehlungen bezüglich Holzarten und leichter, hitzeabsorbierender, für den Bau von Flugmaschinen geeigneter Metalle. Zusätzlich gibt es noch informative Details darüber, wie man Bilder von feindlichen Flugzeugen anfertigt, Hinweise auf Methoden, um ihre Angriffspläne zu erfahren, auf Mittel, um ihre Piloten bewußtlos zu machen, und endlich darauf, wie man feindliche *vimanas* zerstört.

In einem anderen altindischen Klassiker, dem *Ramayana*, existieren merkwürdige Beschreibungen von Reisen mit Flugzeugen vor Tausenden von Jahren. Einzelheiten des Blicks über Ceylon und Teile der indischen Küste sind so naturgetreu geschildert und ähneln so sehr dem, was man heute sieht – die Brecher an der Küste, die Krümmung des Landes, das Ansteigen der Hügel, der Anblick der Städte und Wälder –, daß man nahezu überzeugt ist, daß manche Luftreisende in Urzeiten die Erde tatsächlich eher vom Himmel aus als nur in ihren Vorstellungen gesehen haben. In einer zeitgenössischen Kurzfassung des *Ramayana*, dem *Mahavira Charita*, kehrt der Gottheros Rama von Lanka zurück, wo er soeben sein Weib Sita befreit hat, und wird mit einem besonderen *vimana* vorgestellt, beschrieben als »unbehindert in seiner Bewegung, von gewünschter Geschwindigkeit, unter völliger Kontrolle, dessen Bewegung ständig dem Willen . . . (dessen, der es fliegt) . . . unterworfen ist, ausgestattet mit Fenstern in den Gemächern und vorzüglichen Sitzen . . .«, ein alter Klassiker liest sich da geradezu wie eine moderne Anzeige für Air India. Im selben Text finden wir einen Dialog, der besonders verblüffend wirkt, wenn wir uns erinnern, daß er der gegenwärtigen Raumfahrt ebenso wie der Erkenntnis, wie die Dinge im Weltraum aussehen, um einige tausend Jahre vorausging:

Rama: Die Bewegung dieses hervorragendsten aller Wagen scheint verändert.

Vishishara: . . . Dieser Wagen verläßt nun die Nähe der in der Mitte gelegenen Welt.

Sita: Wie kommt es, daß sogar am Tage . . . dieser Sternenkreis erscheint?

Rama: Königin! Es ist in der Tat ein Kreis von Sternen, aber wegen der großen Entfernung können wir ihn am Tage nicht sehen, da unsere eigenen Augen von den Sonnenstrahlen getrübt werden. Nun ist dies durch den Aufstieg dieses Wagens hinweggenommen . . . (und so können wir die Sterne sehen).

Ob diese Berichte nun Erinnerungen an eine ältere, technisch entwikkeltere Zivilisation sind oder nur den Vorstellungen heutiger Sciencefiction-Schreiber vergleichbare Phantasie – manche dieser Berichte aus Urzeiten klingen merkwürdig aktuell, das Material ausgenommen, das als Kraftquelle für die Flugmaschinen verwendet wurde (möglicherweise, ja sogar sicher falsch aus dem Original übersetzt):

. . . Drinnen muß man die Quecksilber-Maschine aufstellen, mit ihrem das Eisen erhitzenden Apparat darunter. Durch die Kraftmittel, die im Quecksilber enthalten sind, das den fahrenden Wirbelwind in Bewegung setzt, kann ein Mann, der drinnen sitzt, eine weite Strecke in den Himmel hineinfahren . . . vier Quecksilber-Behälter müssen in die innere Konstruktion eingebaut werden. Wenn diese von kontrolliertem Feuer erhitzt worden sind . . . entwickelt das *vimana* Donnerkraft durch das Quecksilber . . . Wenn diese Eisenmaschine mit sorgfältig verschmolzenen Fugen mit Quecksilber gefüllt wird und das Feuer in den oberen Teil geleitet wird, entwickelt es Kraft, mit dem Gebrüll eines Löwen . . . und wird sofort zu einer Perle am Himmel . . .

Modelle oder bildliche Darstellungen von Flugmaschinen oder Berichte von Raketen und Flügen in den Weltraum sind aber nur ein Hinweis, kein Beweis für hohe wissenschaftliche Entwicklung. Manche Methoden jedoch und Gegenstände, die erst viele Jahre nach ihrer Entdeckung als das erkannt wurden, was sie wirklich waren, liefern einen greifbaren Beweis für die früher nicht vermuteten technologischen Fähigkeiten prähistorischer Menschen.

Ein gutes Beispiel ist auch der »Sterncomputer« von Antikythera. Das ist ein kleiner Bronzegegenstand, zusammengesetzt aus Tafeln, Rädern oder Nummernscheiben, die vom Meerwasser verklebt sind. Er wurde vor über siebzig Jahren zusammen mit anderen Fundgegenständen, hauptsächlich Statuen, aus einem auf dem Grund des Ägäischen Meeres liegenden antiken Wrack geborgen. Nahezu sechzig Jahre später wurde er einer eingehenden Untersuchung unterzogen und in Säurebäder gelegt. Die Forschungsarbeit von Derek de Solla Price, George Stamires und anderen Archäologen ergab, daß er ein mit Zahnrädern versehenes Instrument zum Auffinden der Sterne darstellte, das zur Berechnung planetarischer Umlaufbahnen und zur Standortbestimmung in der Nacht diente. Ein Hinweis auf unvermutete Kenntnis von Navigation und Astronomie in antiker Zeit. Dr. Price sagte dazu wörtlich: ». . . Kein Instrument, das diesem gleicht, ist irgendwo erhalten . . . Der Fund eines solchen Objekts gleicht dem Fund eines Düsenflugzeugs im Grab von König Tut . . .« – ein Vergleich, der im Licht der jüngsten Funde gar nicht mehr so absurd erscheint.

Andere konkrete Beweise technischen Fortschritts liegen vielleicht nach

In Stein gemeißeltes, jahrtausendealtes Bildwerk aus dem Tempel der Hathor in Dendera, Ägypten. Die früher als »Kultobjekte« beschriebenen Gegenstände erinnern stark an gewaltige Glühlampen mit umsponnenen Kabeln, die an eine Art von Schalter oder Generator angeschlossen sind. Zeugnisse für die Kenntnis der Elektrizität sind in verschiedenen Gegenden Ägyptens und des alten Mittleren Ostens gefunden worden, zusammen mit Hinweisen auf deren Gebrauch für Galvanisierungs- und möglicherweise auch Beleuchtungszwecke.

wie vor in Museen, wo sie als »religiöse Gegenstände« oder »Kinderspielzeug« bezeichnet oder einfach mit dem Etikett »unbestimmbar« versehen sind. Wilhelm König, ein deutscher Archäologe, grub kurz vor dem Zweiten Weltkrieg in einer 2000 Jahre alten Fundstätte nahe Bagdad und förderte einige seltsame Artefakte zutage, mit Erdharz überzogene Zylinder, die in Gefäßen enthalten und mit metallenen Verschlußstöpseln versehen waren – in anderen Worten: Trockenbatterien ohne Elektrolyt, der – woraus immer er bestanden haben mag – verdampft war. Einige dieser Batterien funktionierten später fehlerlos, nachdem neuer Elektrolyt – Kupfersulfat – hinzugefügt worden war. Nach diesem Anfangsfund entdeckte Dr. König Teile von anderen Batterien, die schon in Museen ausgestellt und mit »Verwendung unbekannt« beschriftet waren. Seit diese Batterien ausgegraben und identifiziert wurden, entdeckte man im Irak und im Mittleren Osten zahlreiche Objekte dieser Art. Sie wurden anscheinend zum Galvanisieren von Metallen verwendet. Man fragt sich, ob diese uralte Kenntnis der Elektrizität, vielleicht ererbt von einer früheren Kultur, dann jedoch vergessen, bis sie im 18. Jahrhundert wiederentdeckt wurde, in antiker Zeit auch für andere als galvanische Zwecke benutzt wurde. In der Welt der Griechen und Römer wurden zur Beleuchtung Fackeln und Öllampen verwendet. Wo immer heute noch Durchgänge zwischen antiken Gebäuden enthalten sind, kann man an den Decken Spuren von Ruß finden. In der noch weiter zurückliegenden ägyptischen Zivilisation zeigen wunderbar geformte und bemalte unterirdische Tunnels jedoch keinerlei Spuren von Fackeln oder Öllampen an den Decken. Auch an den Wänden oder Decken mancher Höhlen in Westeuropa mit den großartigen Werken aus dem 12 000 bis 30 000 Jahre zurückliegenden Aurignacien und Magdalenien sind keine zu finden. Ein altägyptisches Wandrelief im Hathor-Tempel von Dendera, Ägypten, das lange ein archäologisches Rätsel bildete, zeigt eine Szene, wo Diener scheinbar riesige Glühlampen tragen, die Glühfäden in der Form dünner Schlangen enthalten und mit einer Kapsel oder einem Schalter mit umsponnenen Kabeln verbunden sind, ähnlich starken elektrischen, durch Hochspannungsisolatoren verstärkten Lampen. Zu diesen Kabeln sagt Dr. John Harris aus Oxford:

... Die Kabel sind im Grund die exakte Kopie einer technischen Illustration, wie sie gegenwärtig gebräuchlich ist. Das Kabel ist sehr stark und gestreift dargestellt, eher ein Bündel vieler (und für viele Zwecke vorgesehener) Leitungen als ein einziges Hochspannungskabel ...

Es gibt noch andere auf Papyrus gezeichnete und in Stein gemeißelte Bildwerke, die das trockene ägyptische Klima durch Jahrtausende bewahrt hat. Betrachtet man sie unbefangen, so meint man Darstellungen moderner Erfindungen vor sich zu haben, die bereits in der Antike genutzt wurden. Man erinnert sich, daß es in den altägyptischen Quellen Hinweise auf die Herrschaft der Götter gibt, die vor der ersten Dynastie regiert hatten, zu einer Zeit der überlegenen Zivilisation und wunderbarer Kräfte, wie sie in der Erinnerung und in den Aufzeichnungen der meisten alten Kulturen der Erde erscheint.

Es ist verblüffend, wenn man sich klarmacht, daß uralte Kulturen, die sich lange vor den Griechen und Römern entfaltet hatten, Kenntnisse der Astronomie, der höheren Mathematik, der Zeitberechnung, der

Vermessung der Erde und des Sonnensystems besaßen, Tausende von Jahren, bevor man dieses Wissen in moderner Zeit entwickelte oder wiederentdeckte. Um diese Informationen zu erlangen, muß jene Frühkultur oder müssen jene Frühkulturen Teleskope oder andere ausreichend präzise Instrumente besessen haben, um genaue Berechnungen anzustellen.

Außerordentliche Entdeckungen wurden beim Studium gewisser mittelalterlicher Landkarten gemacht, besonders von Professor Charles Hapgood (*Maps of the Ancient Sea Kings*). Er verbrachte viele Jahre damit, diese Karten im Licht der in ihnen enthaltenen Informationen über Erdteile, die zur Zeit der Anfertigung dieser Karten wahrscheinlich noch unbekannt waren, wieder zu untersuchen. Manche waren von verschwundenen, früher in der großen Bibliothek des alten Alexandria aufbewahrten Originalen durch die Jahrhunderte wieder und wieder kopiert worden. Sie zeigen eine verblüffend genaue Kenntnis von Ländern, die (unserer Schulweisheit zufolge) noch unentdeckt waren, als das Original und selbst die Kopien angefertigt wurden. So verzeichnen sie etwa bereits Nord- und Südamerika, Jahrtausende vor Kolumbus.

Die Piri-Reis-Karte, der Teil einer größeren Weltkarte aus antiker Zeit, 1929 mitten im Gerümpel des früheren Harems des vertriebenen türkischen Sultans gefunden, zeigt klar die wahre Küste der Antarktis, wie sie ohne das sie bedeckende Eis verliefe. Die Prüfung antarktischer Landkerne in der Nähe des Ross-Meeres hat ergeben, daß die Antarktis seit mindestens 6000 Jahren von Eis bedeckt ist. Das würde bedeuten, daß die Originalkarte ziemlich lange vor der überlieferten Geschichte angefertigt wurde, und zwar während der Zeitspanne, die man Atlantis und ihrer angeblichen Weltkultur zuschreibt.

Die König-Jaime-Weltkarte von 1502, ebenfalls eine Kopie wesentlich älterer Karten, zeigt die Wüste Sahara als ein fruchtbares Land mit großen Seen, Flüssen, Städten, das sie einst in sehr fernen Zeiten war. Die Buache-Weltkarte von 1737 zeigt die von einer antiken griechischen Karte kopierte Antarktis (die Existenz der Antarktis wurde bis zu ihrer Entdeckung im Jahre 1820 von der modernen Welt nur vermutet) in Form zweier ausgedehnter, von einem Binnenmeer getrennter Inseln. Könnte das Eis der Antarktis entfernt werden, so würde das Land darunter genau diese Form haben, obwohl diese Tatsache bis zu den Entdeckungen der Expeditionen im geophysikalischen Jahr 1958 unbekannt war. Andere Karten zeigen in Teilen von Europa, Großbritannien und Irland noch manche der Gletscher der letzten Eiszeit. Auf einer anderen ist die Bering-Straße nicht als eine Meerenge dargestellt, sondern als die Landenge, die sie einmal war.

Als hervorstechendes Merkmal dieser immer wieder kopierten Karten der Antike gilt, daß ihre genauen Koordinaten und das Wissen um die geographische Länge (in der Neuzeit nicht vor dem Ende des 18. Jahrhunderts entwickelt) eine Kenntnis der sphärischen Trigonometrie und des Gebrauchs von hervorragend präzisen geodätischen Instrumenten zeigen. Dazu kommt die Möglichkeit, daß sie ursprünglich vor etwa acht- bis zehntausend Jahren entworfen wurden, zu einer Zeit also, die viele Jahrhunderte vor unserer eigenen aufgezeichneten Geschichte liegt.

Merkwürdige Spuren genauer astronomischer Berechnungen existieren in den Überlieferungen uralter Völker, obwohl sie, soweit wir wissen, über Fernrohre keiner Art verfügten, um solche Meßwerte zu gewinnen. Zu ihnen zählt die Kenntnis der beiden Monde des Mars (und ihrer Entfernung vom Planeten), die der sieben Satelliten des Saturns, der vier Monde des Jupiter und der Venusphasen (in babylonischen Schriften die »Hörner« genannt). Selbst die Gestalt weit entfernter Sterne wurde entdeckt: das Sternbild Skorpion ist so benannt, weil es einen »Schweif« hat, einen Kometen innerhalb des Sternbildes, der jedoch nur durch ein gewaltiges Fernrohr gesehen werden kann. Die Maya aus Zentralamerika auf der anderen Seite des Ozeans nannten dieses Sternbild ebenfalls Skorpion, ein Wissen, das sie vielleicht mit einer früheren Kultur geteilt haben. (Von allen Urvölkern berechneten die Maya das Sonnenjahr mit der genauesten Zahl, die je von einem Kalender, den unseren mit 365,2420 Tagen eingeschlossen, erreicht worden ist, nämlich mit 365,2422 Tagen.)

Als die wissenschaftlichen Kenntnisse nach ihrem in Urzeiten erreichten Höhepunkt augenscheinlich wieder abnahmen, wurden manche dieser astronomischen Informationen zu Legenden, wie zum Beispiel die vom Gott (Planeten) Uranus, der seine Kinder (Monde) fraß (Mondfinsternis) und dann wieder ausspie (Ende der Mondfinsternis). Obwohl also das Phänomen nicht mehr beobachtet werden konnte, weil die entsprechenden Mittel dazu fehlten, wurde die astronomische Information doch in halbreligiösen Mythen bewahrt.

Das vielleicht ungewöhnlichste noch vorhandene und zur Prüfung greifbare Zeugnis früherer Wissenschaft ist die Cheops-Pyramide in Gizeh. Jahrtausendelang wurde sie für ein Grab gehalten, obwohl eine von den Kopten bewahrte Überlieferung (die Kopten sind eine ägyptische Minderheit, die direkt von den alten Ägyptern abstammt) darauf hinweist, daß sie ein Sammelwerk des Wissens aus der Zeit der »Herrschaft der Götter« war. Sie würde sich als steinernes Buch erweisen, das von Surid, einem der Könige vor der Flut, zusammengestellt worden war, um in der Zukunft von jenen enträtselt zu werden, die genügend fortgeschrittene Kenntnisse besäßen, es zu lesen.

Schon während der Invasion Ägyptens durch Napoleon wurde festgestellt, daß die Cheops-Pyramide verborgene Mitteilungen enthielt. Die Franzosen benutzten sie als trigonometrischen Punkt und fanden heraus, daß die Seiten genau nach den vier Himmelsrichtungen ausgerichtet waren, der Längenmeridian durch den Scheitelpunkt der Pyramide verlief und diagonale, durch den Scheitelpunkt gezogene und nach Norden verlängerte Linien das Nildelta halbieren würden. Eine genau nach Norden, durch den Schnittpunkt der Grundflächendiagonalen verlängerte Linie würde den Nordpol nur um sechs Kilometer verfehlen. Dabei muß man im Auge behalten, daß der Nordpol in den Jahrhunderten seit der Erbauung der Cheops-Pyramide seine Position verändert haben kann.

Das heutige metrische System basiert auf dem Meter, dem 40millionten Teil des Meridians, ein Maßsystem, das von den Franzosen kurz nach ihrem Einmarsch in Ägypten entwickelt wurde. Die pyramidische Elle (1,27 m), von den alten Ägyptern Tausende von Jahren vor dem französischen Meter verwendet, ist in der Länge dem Meter nahezu gleich, aber doch genauer, da sie auf der Länge der Polarachse basiert, anstatt auf der Länge eines Meridians, der sich den Umrissen der Erde entsprechend verändern kann.

Bestimmte an der Cheops-Pyramide in ägyptischen Ellen vorgenommene Messungen zeigen eine erstaunliche Kenntnis der Erde und ihrer Lage innerhalb des Sonnensystems – eine Kenntnis, die vergessen und erst in moderner Zeit wiederentdeckt wurde. Mathematisch wird das so ausgedrückt: Der Umkreis der Pyramide entspricht der Zahl der Tage im Jahr, 365,24; der doppelte Umkreis ergibt den Gegenwert einer Minute eines Grades am Äquator; die Entfernung von der Basis bis zum Scheitelpunkt, gemessen an der Seitenschräge, beträgt ein Sechshundertstel eines Breitengrades; die Höhe, mit 10^9 multipliziert, ergibt die ungefähre Entfernung zwischen Erde und Sonne; der Umkreis, durch die doppelte Höhe der Pyramide geteilt, ergibt den Wert Pi, 3,1416 (wesentlich genauer als die Zahl, die griechische Mathematiker der Antike erreichten, nämlich 3,1428); das Gewicht der Pyramide mit 10^{15} multipliziert, ergibt das ungefähre Gewicht der Erde. Die Erdachse verändert sich im Weltraum von Tag zu Tag (so entsteht hinter der Sonne alle 2200 Jahre eine neue Konstellation des Tierkreises) und erreicht ihre ursprüngliche Stellung einmal in 25 827 Jahren, eine Zahl, die in den pyramidalen Berechnungen aufscheint (25 826,6), wenn die Diagonalen der Grundfläche addiert werden. Die Messungen des Königsraumes innerhalb der Cheops-Pyramide ergeben die genauen Ausmaße der beiden pythagoräischen Grunddreiecke (2 . 5 . 3 und 3 . 4 . 5), obwohl sie einige tausend Jahre vor Pythagoras erbaut worden ist. Und das sind erst einige der übereinstimmenden Messungen.

Man fragt sich, warum eine so riesige und komplizierte Anlage errichtet werden sollte, um Informationen dieser Art weiterzugeben, es sei denn, daß die Überlebenden einer Reihe globaler Katastrophen, die diese technischen Möglichkeiten noch besaßen, ihr Wissen der Zukunft in einer Form weitergeben wollten, in der es nicht zerstört werden konnte, selbst wenn alle damals noch existierenden Aufzeichnungen und Sprachen verlorengingen. In diesem Zusammenhang wird man an die Idee erinnert, daß Mathematik und mathematische Gleichungen ein wirkungsvolles Verständigungsmittel wären, falls Entdecker aus dem Weltraum die Erde – oder Weltraumsonden von der Erde andere zivilisierte Planeten – erreichen sollten. Der wissenschaftliche und technologische Hintergrund für ein solches Unternehmen wäre ja notwendigerweise auf mathematischen Überlegungen gegründet. Die Botschaft der Pyramide, nicht aus der Zukunft, sondern aus unserer eigenen Vergangenheit stammend, wird vielleicht noch mehr Wissen enthüllen, sobald sich unsere Erkenntnisfähigkeit weiterentwickelt hat. Von Erforschern der Cheops-Pyramide wie auch der koptischen Überlieferung wurde manchmal behauptet, daß die Cheops-Pyramide die Dokumentation einer Wissenssubstanz darstellt, die später zersplittert wurde oder verlorengegangen ist, mit Ausnahme des Teils, der in Legenden bewahrt wurde. Solche Spuren einer früheren, weltweiten Zivilisation oder von Zivilisationen, die wir zu kennen meinen, scheinen anzuzeigen, daß diese neben einigen – unseren ähnlichen –

Entwicklungen Fortschritte auf anderen Gebieten erzielt haben könnten, die uns bis heute weithin nicht vertraut sind. Von kolossalen Steinbauten überall auf der Welt weiß niemand wirklich, wer sie erbaut hat. Sie ähneln einander im allgemeinen nicht nur in der Konstruktion, sondern auch in ihrer Ausrichtung gegenüber den Planeten, der Sonne, dem Mond und deren Umlaufbahnen, den Sternbildern und den übrigen Fixsternen sowie anderen Kräften, etwa den Magnetfeldern und Erdströmen. Zu diesen rätselhaften prähistorischen Bauten zählen die Pyramiden von Teotihuacán in Mexiko und den älteren Städten von Yucatán, die Ruinen der Vor-Inkazeit in den peruanischen Anden, die Zeichnungen im Nasca-Tal und die massiven Ruinen von Tiahuanaco in einer Höhe von über 4000 Meter. Ferner die riesigen Steinbauten auf den Britischen Inseln, besonders Stonehenge und Avebury, und die manchmal bis in den Ozean hinausreichenden Monolithen der Bretagne. Auch die prähistorischen Ruinen auf den Mittelmeerinseln, im Mittleren Osten und in Südostasien zählen dazu, ebenso die Reste kyklopischer Bauten auf den Karolinen, Marquesas und anderen Inseln im Pazifik. Außerdem die monolithischen Anlagen unter der Karibischen See, die prähistorischen Steinbauten von Niebla in Spanien, die Bauten unbekannter Herkunft in Nordafrika – Ägypten eingeschlossen –, die großen Erdwälle in den Vereinigten Staaten und die archaischen Pyramiden in China.

Bis in das erste Jahrzehnt unseres Jahrhunderts hinein wurden alle Behausungen in China vor ihrer Erbauung von einem Geisterbeschwörer ausgerichtet, um aus den glückbringenden Pfaden oder ungesehenen Strömen Nutzen zu ziehen, die über oder durch die Erde laufen. (Man wird sich erinnern, daß die ersten Kompasse, so wie wir sie kennen, aus China kamen.) Ein scharfsinniger Schilderer der chinesischen Landschaftsarchitektur, Dr. Ernst Börschmann, nahm an, daß die Anordnung von Tempeln, Pagoden und Pavillons um ein Zentrum, von dem sie ausstrahlten, einem magnetischen Feld gleichen. Das Verfolgen der Kraftlinien in der Erde (auf chinesisch *feng shui*, »Windwasser«), möglicherweise der Restbestand einer uralten, hochentwickelten Wissenschaft, wurde als Aberglaube und Überbleibsel der Feudalzeit abgetan, obwohl einer anderen Form des Aberglaubens, der Akupunktur, die ein weiterer wissenschaftlicher Restbestand sein könnte, vom gegenwärtigen Regime in China weitgehende Beachtung gezollt wird. Wenn die Kraft des Magnetismus und Antimagnetismus in Urzeiten verstanden und bis zu einem Punkt weiterentwickelt wurde, wo die Schwerkraft, selbst eine Form des Magnetismus, wie andere Naturkräfte gelenkt werden konnte, so wäre das eine Erklärung für manche der technologisch unerklärlichen prähistorischen Bauten. Manche von ihnen sehen ja buchstäblich so aus, als wären sie auf die Spitze der Berge emporgeschleudert und am Rand von Abgründen niedergesetzt worden.

Es ist fesselnd, wenn man überlegt, daß manche Restbestände uralter elektromagnetischer Techniken, in diesem Fall in Form versiegelter innerer Kammern, die Pyramiden immer noch schützen könnten, während die Wissenschaftler von heute sich bemühen, ihre Geheimnisse zu entschleiern. Eine Zeitlang war man darangegangen, die innere Struktur der Chephren-Pyramide von Gizeh mit Schallwellen und kosmischen Strahlen, die durch die Gesteinsmasse geführt wurden, zu durchdringen. Dieses Projekt wurde von Dr. Amr Gohed von der Ein-Shams-Universität in Kairo geleitet, der unter anderen Hilfsmitteln auch einen neuen IBM-1130-Computer verwendete. Obwohl die Tests mit größter Sorgfalt durchgeführt wurden, ergaben die das gleiche Gebiet betreffenden Aufnahmen Tag um Tag völlig verschiedene Ergebnisse. Dr. Gohed: ». . . Es verstößt gegen alle Gesetze der Wissenschaft und der Elektronik . . .« und ist »wissenschaftlich nicht möglich.« Ein Artikel der Londoner *Times* berichtete: ». . . Die erhofften großen Entdeckungen entpuppten sich als eine Unzahl sinnloser Symbole . . .« Dr. Gohed erklärte zum bisherigen Scheitern des Projekts: ». . . Es gibt da einen Einfluß, der in der Pyramide wirksam ist und allen Gesetzen der Wissenschaft Trotz bietet . . .«

Eher noch könnte das, worum es hier geht, einfach anderen Gesetzen gehorchen, vielleicht auch die Anwendung oder Abwandlung anderer Gesetze sein, die wir heute noch nicht begreifen – Spannungen und Anziehungskräfte, die die verborgenen Kräfte der Erde, der Planeten, der Sonne, des Mondes und der Sterne darstellen.

In seinem Buch *The View over Atlantis* bezieht sich John Mitchell auf die Einheit der prähistorischen Kultur und beweist, daß ». . . überall auf der Erde Werke prähistorischer, mit dem Gebrauch des polaren Magnetismus vertrauter Baukunst zu finden sind«. Er nimmt an, daß wir ». . . innerhalb der Ruinen einer urzeitlichen Anlage leben, deren ungeheure Ausdehnung dazu führte, daß man sie bis jetzt nicht erkennen konnte . . .« Mitchell verbindet auf diese Weise die großen

Steinreste der prähistorischen Zeit, die heute noch in den Ebenen, Gebirgen, Wüsten, Dschungeln und Meeren der Welt bestehen. Seiner Meinung nach nahmen ». . . die Philosophen dieser Zeit« an, »daß die Erde ein lebendes Wesen wäre und ihr Körper, wie der jedes anderen Lebewesens, ein innerhalb seines Magnetfeldes befindliches und mit diesem in Beziehung stehendes Magnetfeld besaß. Die Nervenzentren der Erde, den Akupunkturpunkten der chinesischen Medizin am menschlichen Körper entsprechend, wurden bewacht und geheiligt durch geweihte Bauten, die selbst als Mikrokosmen der kosmischen Ordnung entworfen waren . . .«

Hinweise darauf, daß es eine oder mehrere Weltzivilisationen in sehr weit zurückliegender Vergangenheit gegeben hat, sind bis heute überliefert. Diese Zivilisationen sind als Folge natürlicher oder von Erdbewohnern hervorgerufener Katastrophen verschwunden, und zwar um einiges früher, als unsere eigenen überlieferten kulturellen Anfänge im 4. Jahrtausend v. Chr. einsetzen. Gebäude oder Monumente, aus einer solchen Zeit auf uns gekommen, können, so imponierend sie sind, schwer oder überhaupt nicht datiert werden. Dazu kommt, daß die Zeitspanne, die wir früher für das Auftreten und die Entwicklung des zivilisierten Menschen angenommen haben, kaum genügend Raum für den Aufbau dieser weitgehend hypothetischen Kultur gibt. Die jüngsten Entdeckungen von Dr. Louis und Mary Leakey in Olduvai Gorge, Tansanien, und von Richard Leaky in Kenia deuten darauf hin, daß der primitive Mensch schon vor 2 Millionen Jahren aufgetreten sein kann. Werkzeugen, die in den Vallonet-Höhlen in Frankreich gefunden wurden, hat man ein Alter von 1 Million Jahren zugeschrieben. Die Untersuchung der Schädel des Cro-Magnon-Menschen (von dem allgemein angenommen wird, er habe vor 30 000 bis 35 000 Jahren gelebt) hat erwiesen, daß sein Schädelinhalt und die aus ihm zu schließende Gehirnmasse der unseren zumindest gleich und manchmal sogar überlegen war.

Während die wunderbaren Höhlenmalereien in Frankreich und Spanien als ein Teil des künstlerischen Welterbes anerkannt wurden, so können andere, weniger bekannte Zeugnisse vielleicht eine fundamentale Neubewertung des Zeitalters des zivilisierten Menschen zur Folge haben. In flache Steinplatten geritzte, durch die sie bedeckenden Erdschichten datierbare bildliche Darstellungen in Lussac-les-Châteaux, Frankreich, zeigen solche erstaunliche Zeichnungen aus einer im allgemeinen den Höhlenmenschen zugeschriebenen Periode. Tausende von Jahren vor der Dämmerung der uns bekannten Zivilisation geschaffen, stellen sie unerwartet modern wirkende Menschen dar, Männer, die wallende Gewänder, Stiefel, Gürtel, Mäntel und Hüte, gestutzte Bärte und Schnurrbärte tragen.

Andere merkwürdige Wandmalereien, ungefähr aus derselben Periode, die sich tief in südafrikanischen Höhlen befinden, zeigen weiße Reisende, die in sorgfältig ausgeführte, aber undefinierbare Gewänder gehüllt sind und sich vielleicht auf einer Art prähistorischer Safari oder Entdeckungsreise befunden haben.

Das Konzept der Evolution, der Entwicklung der Lebewesen von niederen zu höheren Formen, verlangt, daß ein Menschentyp dem anderen in aufsteigender Stufenreihe folgt, auf welcher immer die geeignetsten und am höchsten entwickelten Typen die primitiveren ersetzen. Während das im allgemeinen – wie bei dem fortgeschrittenen Cro-Magnon-Menschen, der den rohen Neandertaler ablöst – richtig ist, so war es doch in der langen Geschichte der Erde immer möglich, daß beide dieser Typen und auch andere zusammen existierten. Diese Situation besteht auch heute noch bei einer Weltbevölkerung, die Atomwissenschaftler und australische Ureinwohner gleichermaßen einschließt.

Wenn es eine fortgeschrittene Zivilisation vor der uns bekannten gegeben hat, so kann man doch vernünftigerweise annehmen, daß mancher Hinweis überlebt haben dürfte, um einen klaren Beweis zu ergeben (wenn etwas in der Archäologie überhaupt je völlig klar ist), daß eine solche technisch entwickelte Kultur nicht nur vor einigen, sondern vor vielen Jahrtausenden existiert hat. Falls unsere eigene Zivilisation zerstört werden sollte, so würden viele Bauten, Maschinen und Geräte zugrunde gehen, verrotten und unkenntlich werden, bevor noch einige tausend Jahre vergangen wären. Einige Zeugnisse würden erkennbar bleiben, wenn sie innerhalb der sich bewegenden Erde, unter dem ewigen Frost des nördlichen oder antarktischen Eises begraben oder auf dem Meeresboden verborgen lägen.

Die Entwicklung des Karbon 14, Kalium-Argon, Uran-Thorium, der Thermolumineszenz und Dendrochronologie (Datierungsmethode aus den Jahresringen der Baumstämme) und andere Datierungsmöglichkeiten haben manche unserer althergebrachten Theorien über die ersten Daten der Zivilisation erschüttert. So hat man festgestellt, daß eine

Eisenmine in Ngwenya, Lesotho, von unbekannten Bergleuten vor 43 000 Jahren betrieben wurde. Im Iran gefundene Steinwerkzeuge sind 100 000 Jahre alt. Ausgedehnte Kupferbergwerksanlagen im nördlichen Michigan entstanden augenscheinlich Jahrtausende, bevor die ersten Indianer dorthin kamen. In Wattis, Utah, brach man beim Ausschachten des neuen Stollens einer Kohlenmine in eine unerwartete Reihe bereits bestehender Stollen unbekannten Alters ein. Die in diesen Stollen gefundene Kohle war so verwittert, daß sie nicht mehr zum Brennen verwendet werden konnte. Es gibt keine indianischen Legenden, die von solchen Minen handeln, noch trieben die Indianer je Bergbau unter Tage.

Als der Mensch das Innere der Erde mehr und mehr erforschte, wurden in Kohle, Stein oder anderen Schichten eingeschlossene urzeitliche Werkzeuge entdeckt, die auf ein so hohes Alter schließen lassen, daß es nur ungefähr geschätzt werden kann. Ein in einem Kohlenflöz eingebetteter Schuhabdruck im Fisher Canyon, Nevada, wurde auf 15 Millionen Jahre geschätzt; von dem in einem Sandsteinfelsen unter der Wüste Gobi gefundenen Abdruck der geriffelten Sohle eines Schuhs oder einer Sandale wird angenommen, daß er vor einigen Millionen Jahren dort hinterlassen wurde. Ein anderer versteinerter Sohlenabdruck einer Sandale, entdeckt in der Umgebung von Delta, Utah, wies eingeschlossene Triboliten auf, die also zu dieser Zeit oder nachher dort existiert haben müssen. Triboliten sind paläozoische Meerestiere, die, so glaubt man, vor 200 Millionen Jahren ausgestorben sind. Ein 1959 in einem italienischen Bergwerk ausgegrabenes, versteinertes menschliches Skelett war von Schichten umgeben, deren Alter auf Millionen von Jahren geschätzt wurde.

In Kalifornien wurde ein Eisennagel gefunden, der in einem Stück Quarz so völlig eingeschlossen war wie die im Bernstein der Nordsee konservierten prähistorischen Insekten. In einem Stück Feldspat aus der Abbey Mine in Treasure City, Nevada, wurde im Jahr 1865 eine 5 Zentimeter lange Metallschraube gefunden, die zwar oxydiert war, aber ihre Form und die ihres Gewindes innerhalb des Feldspats zurückgelassen hatte; der Stein selbst wurde auf Millionen von Jahren geschätzt. Im vorigen Jahrhundert wurde in Schöndorf bei Vöcklabruck in Österreich ein kleines, aus Eisen bestehendes würfelförmiges Objekt, weniger als einen Kubikzentimeter im Umfang, innerhalb eines Kohleblocks gefunden, der gespalten worden war. Eine eingeschnittene

Linie bildet eine Rille rund um den Würfel, der selbst abgerundete Ecken besitzt, als wäre er mit einer Maschine bearbeitet worden. Natürlich gibt es keine Erklärung dafür, wozu dieser Gegenstand diente oder wie er vor Millionen von Jahren in den Block Kohle kam.

Aus der Zeit der Eroberung Perus gibt es einen Bericht, daß eine von Spaniern geführte Indianermannschaft in einer peruanischen Mine einen im Fels eingeschlossenen Nagel fand. Das rief große Verblüffung hervor, nicht nur wegen des offenbaren Alters des Nagels, sondern auch deshalb, weil in Amerika Eisen bis zur Ankunft der Spanier nicht bekannt gewesen war.

Ein in Blue Lick Springs, Kentucky, gefundenes Mastodon wurde in einer Tiefe von 3,65 Meter ausgegraben. Als man die Grabung jedoch fortsetzte, entdeckte man ein Pflaster von bearbeiteten und einander angepaßten Steinen knapp einen Meter tief unter der Stelle, wo das Mastodon gelegen hatte. Das ist nur ein Beispiel von Funden urzeitlicher Steinarbeit innerhalb der USA, die so alt ist, daß sie durch umgebende oder darüberliegende Objekte (wie im Fall des Mastodons) nicht datiert werden können.

Diese und andere Funde sind mit historischen Begriffen so schwer zu erklären, daß man ihnen oft mit Mißtrauen begegnet. Es kommt aber auch vor, daß sie Besuchern aus anderen Welten zugeschrieben werden, die ihre Fußabdrücke in unserer Welt zu Zeiten hinterließen, die so fern liegen, daß Flächen, die heute fester Felsen sind, damals aus geschmeidigem und zähflüssigem Material bestanden haben. Natürlich ist es möglich, daß diese Fußabdrücke und einfachen Gegenstände von Menschen stammen, die urzeitlichen Völkern der Erde angehörten. Die Entdeckungen in den Bergwerken würden dann bedeuten, daß die Zeit dieser Zivilisation so weit zurückliegt, daß nur das, was in der Erde verborgen oder in anderen Materialien enthalten war, bis jetzt gefunden, aber in seiner Bedeutung nicht erkannt wurde. Man fragt sich, wie viele kleine Hinweise im Laufe der Jahrhunderte wohl zerstört wurden, während nur wenige rätselhafte Beispiele erhalten blieben, um noch andere – nicht nur legendäre – Zeugnisse urzeitlicher Zivilisation zu liefern.

Legenden und in Stein gemeißelte bildliche Darstellungen von ausgestorbenen, aber klar erkennbaren Tieren könnten einen anderen Hinweis auf das Alter der menschlichen Kultur darstellen. Die Zeichnung eines dem Toxodon sehr ähnlichen Tieres wurde auf einem

Tongeschirr in Tiahuanaco, der 4000 Meter hoch gelegenen Stadt in den bolivianischen Anden, gefunden. Vom Toxodon, einem prähistorischen, ein wenig dem Flußpferd ähnlichen Tier, wurde früher angenommen, es wäre schon lange vor der Entwicklung zivilisierter Menschen ausgestorben. In jedem Fall aber entsprach sein Lebensraum nicht einem kahlen, 4000 Meter hohen Plateau wie dem von Tiahuanaco, noch wäre dieses Gebiet überhaupt für den Standort einer großen Kultur geeignet gewesen. Es gibt aber Spuren, wie zum Beispiel Kornfeldterrassen oberhalb der jetzigen Schneegrenze in den umgebenden Bergen oder einen tiefen See, der Meeresfauna enthält, die darauf hindeuten, daß das gesamte Gebiet zur Zeit der Erbauung Tiahuanacos viele hundert Meter tiefer lag, möglicherweise auf Meereshöhe und an der Küste.

Auf dem Marcahuasi-Plateau nahe von Kenko in Peru gibt es kolossale, in Stein gemeißelte Darstellungen. In manchen Fällen wurden sogar ganze Felsen durch diese Arbeiten in ihrer Gestalt verändert. Diese wenn auch im Laufe ungezählter Zeitalter verwitterten Steinarbeiten der Vor-Inkazeit können als Darstellungen von Löwen, Pferden, Kamelen und Elefanten identifiziert werden, Tieren, von denen angenommen wird, daß keines von ihnen zur Zeit menschlicher Zivilisation in Südamerika gelebt hat. Ebenfalls in Peru, in den Ruinen einer Küstenstadt nahe Pisco, sind auf sehr alten Keramikgegenständen der Vor-Inkazeit Lamas mit fünf Zehen dargestellt. Diese fünf Zehen hatten die Lamas viele tausend Jahre früher statt des gespaltenen Hufs, den sie später entwickelten.

An Felswänden sowohl Nord- als auch Südamerikas wurden Zeichnungen von Tieren entdeckt, die wie Dinosaurier aussehen. Da aber zum Beispiel die gewöhnlichen Eidechsen, giftigen Krustenechsen und Leguane ihren weitentfernten Dinosaurier-Ahnen sehr ähnlich sind, so ist es schwierig festzustellen, ob diese Exemplare prähistorische Ungeheuer oder gewöhnliche Eidechsen darstellen. Das mag auch bei einer indianischen oder vorindianischen Felszeichnung der Fall sein, die eine große, in eine Felswand am Big Sandy River in Oregon eingeritzte Eidechse zeigt. Das Bildwerk ähnelt jedoch in hohem Maß einem Stegosaurier.

1924 fand die Doheny-Expedition uralte Felsenbilder im Havasupai Canyon, in der Nähe des Grand Canyon. Eine Steinzeichnung zeigte Menschen, die ein Mammut angriffen, ein unerwarteter Fund für

Amerika, wo man gewöhnlich annahm, der Mensch wäre, geologisch gesehen, eine ziemlich junge Erscheinung. Unter den anderen untersuchten Felsenbildern befand sich ein ziemlich getreues Porträt eines Tyrannosauriers, aufrecht stehend und teilweise auf seinen Schwanz gestützt, ganz genau so, wie ihn spätere Rekonstruktionen in Museen zeigen. Entlang dem Amazonas und seinen Nebenflüssen gefundene Steinzeichnungen scheinen wieder andere prähistorische Tiere, besonders den Stegosaurier, darzustellen.

In der Nähe des mexikanischen Dorfes Acámbaro wurden 1945 während der Grabungen an einer Fundstelle Tonstatuetten zutage gefördert, die jahrelang eine archäologische Sensation darstellten. Es handelt sich um Modelle von Flußpferden, Kamelen, Pferden und Riesenaffen sowie Dinosauriern aus dem Mesozoikum. (Die Echtheit dieses Fundes wurde später angezweifelt, da der Entdecker, Waldemar Julsrud, der anbot, nur für unversehrt gefundene Statuetten zu zahlen, unabsichtlich die eingeborenen Indianer ermutigte, Reproduktionen anzufertigen.) Karbon-14-Tests an den Figuren haben jedoch gezeigt, daß sie zwischen 3000 und 6500 Jahre alt sind. Eine der Figuren ähnelt so sehr einem Brachiosaurier genannten Dinosaurier, daß man, lägen dazwischen nicht ganze geologische Zeitalter, glauben könnte, der Künstler hätte tatsächlich ein solches Tier gesehen.

Die Tatsache, daß Urmenschen Tiere zeichneten oder modellierten, die Dinosauriern ähnelten, ist natürlich kein Beweis, daß sie sie je vor Augen bekamen (obwohl sie ihre Gebeine gesehen haben können). Der Drache des hl. Georg, der chinesische Drache ebenso wie der drachenähnliche Sirrush, der entlang den Mauern von Babylon unter anderen, uns vertrauten Tieren abgebildet ist, all diese Tiere haben ja kaum je wirklich gelebt. Da jedoch manche Details darauf schließen lassen, daß der erste Mensch viel früher auftrat, als allgemein vermutet wird, so kann er auch mit einigen Tieren vertraut gewesen sein, von denen man glaubte, daß sie um diese Zeit schon ausgestorben waren.

Manche dieser Überlebenden könnte man zeitlich in den späteren Abschnitten des Tertiärs ansiedeln. Da jedoch einige der Bildwerke scheinbar Reptilien des Mesozoikums darstellen, das lange vor dem Auftreten des Menschen liegt, könnte man eine verblüffende Erklärung vorschlagen. Wenn hochzivilisierte Menschen auf der Erde zu einer Zeit existierten, die vor der unseren liegt, so hätte sie ihre wissenschaftliche Neugier sicher zur Entdeckung des früher auf der Erde heimischen

Jura-Dinosauriers geführt, so wie es auch bei uns der Fall war. Nach dem Verschwinden dieser früheren Zivilisation hätte dieses Wissen in Legenden (von Drachen) und in Bildwerken bewahrt werden können. Halten wir uns vor Augen, daß wenig mehr als 100 Jahre vergangen sind, seit konservative Forscher das Vorhandensein kolossaler Fossilien auf der Erde mit der Behauptung erklärten, Gott habe eben die Fossilien zur selben Zeit gemacht, als er die Erde schuf.

Andrew Tomas, der in seinem Buch *We Are Not the First* historische Anachronismen beschreibt, erzählt von dem ausgegrabenen Schädel eines Auerochsen (einem wilden Urochsen), der sich jetzt im Moskauer Museum für Urgeschichte befindet. Der Schädel, einige hunderttausend Jahre alt, ist an seiner Vorderseite von einem kleinen, offensichtlich durch ein rundes Projektil verursachten Loch durchbohrt. Das Fehlen radialer Sprünge ebenso wie die Form des Lochs lassen auf eine unter großer Hitzeeinwirkung und mit hoher Geschwindigkeit abgefeuerte Kugel schließen. Das, was man für eine Kugel hält, wurde auch nicht erst nach dem Tod des Auerochsen abgefeuert, denn die Nachforschung ergab, daß die Wunde einige Zeit, nachdem sie beigebracht worden war, wieder verheilte. Es gibt noch ein anderes Beispiel in London (im Naturhistorischen Museum), wo ein mit 40 000 Jahren datierter, in einer Höhle in Sambia gefundener menschlicher Schädel ausgestellt wird, der ein ähnliches Loch in der linken Seite aufweist, ebenfalls ohne radiale Sprünge. Die Möglichkeiten, die diese prähistorischen Schüsse, wenn es solche sind, eröffnen, sind verblüffend.

Diese Entdeckungen, so vereinzelt und vieldeutig sie sein mögen, weisen doch auf die Wahrscheinlichkeit hin, daß zivilisierte Menschen auf Erden schon viel länger existieren, als früher angenommen wurde. Wir wollen die Möglichkeit, daß die Erdzivilisation aus dem Weltraum auf die Erde gebracht wurde, gar nicht in Erwägung ziehen, wie das schon häufig geschehen ist. Es wäre ja auch auf unserem eigenen Planeten Zeit und Raum genug vorhanden, um einer oder mehreren Kulturen Gelegenheit zu geben, Selbstvernichtung zu entwickeln, sei es nun durch Krieg, Störung der Umwelt oder durch andere, unwissentlich ausgelöste zerstörerische Kräfte.

Wenn wir ihren Beginn mit 4000 v. Chr. annehmen, so hat sich unsere eigene Kultur in nur 6000 Jahren aus einer primitiven Ackerbau- und Hirtenkultur bis zur Kernspaltung entwickelt. Zieht man das Alter der

Menschheit in Erwägung, so gibt es ausreichend Zeit für andere Kulturen, um ein Niveau zu erreichen, das annähernd mit dem unseren übereinstimmt. Eine nochmalige Prüfung der auf uns gekommenen antiken Aufzeichnungen gibt manchen Hinweis darauf, daß der Mensch schon früher die Fähigkeit zur Selbstzerstörung erreicht hat. Während es in der Bibel Anspielungen auf Vernichtung gibt (Sodom und Gomorrha), ebenso in den griechischen Mythen und in vielen indianischen Legenden Nord- und Südamerikas, so finden wir in den uralten, immer wieder kopierten Aufzeichnungen Indiens aus prähistorischer Zeit die ziemlich detaillierte Beschreibung von Gebrauch und Wirkung eines Vorgangs, der den zu Kriegszwecken ausgelösten Atomexplosionen sehr ähnlich ist.

Unerwartete Hinweise auf solche neueste Entwicklungen unserer technologischen Zivilisation sind in zahlreichen alten Schriften Indiens gegenwärtig, die, anders als so viele Dokumente der westlichen Welt, dem Feuer und der Zerstörung entgangen sind. Als wären sie heute geschrieben und nicht vor Tausenden von Jahren, beschäftigen sie sich mit Gegenständen wie der Relativität von Zeit und Raum, kosmischen Strahlen, dem Gesetz der Schwerkraft, Strahlung, der kinetischen Energie und der Atomkraft. Die Vaisesika-Schule wissenschaftlicher Philosophen im alten Indien entwickelte oder bewahrte die Theorie, daß Atome sich in unaufhörlicher Bewegung befinden. Sie unterteilen die Zeitmessung in eine Reihe unglaublicher Sekundenbruchteile, von denen der winzigste als die »Periode« angesehen wurde, »die ein Atom braucht, um seine eigene Raumeinheit zu durchqueren«.

Erstaunlich modern klingende Anspielungen enthält in reichem Maße das *Mahabharata*, ein kolossales Kompendium von über 200 000 Versen, das die Erschaffung des Kosmos, Religion, Gebete, Sitten, Geschichte und Legenden über die Götter und Heroen des alten Indien beschreibt. Man nimmt an, daß es ursprünglich vor 3500 Jahren verfaßt worden ist. Es bezieht sich jedoch auf Ereignisse, die angeblich Jahrtausende davor stattgefunden haben. Unter den Versen des *Mahabharata* befinden sich einige, die sich wie lebendige, aus erster Quelle stammende Beschreibungen eines Atomkriegs lesen.

Als westliche Studenten der Philosophie und der Religion in den achtziger Jahren des 19. Jahrhunderts das *Mahabharata* lesen und studieren konnten (eine Übersetzung wurde 1884 fertiggestellt), hielten sie die zahlreichen, immer wiederkehrenden und merkwürdig detaillierten Hinweise auf urzeitliche Luftschiffe (*vimanas*) und die Anweisungen für deren Betrieb sowie für die Erkennung feindlicher Luftschiffe natürlich für poetische Phantasie. Es gab sogar noch verwirrendere Anspielungen auf eine Waffe, die dazu diente, feindliche Armeen lahmzulegen (*mohanastra* – »der Pfeil der Bewußtlosigkeit«), ebenso wie Beschreibungen von »zweistöckigen, rote Flammen speienden Himmelswagen mit vielen Fenstern, die in den Himmel emporrasen zu den Regionen der Sonne und der Sterne, bis sie wie Kometen aussehen . . .«

Man darf nicht vergessen, daß das *Mahabharata* übersetzt wurde, Jahrzehnte bevor es Flugzeuge, Gift- oder Nervengas, bemannte Raketen und Atombomben gab. Die Erwähnung solcher Dinge bedeutete für die Leser der Viktorianischen Zeit nichts anderes als das Produkt wild wuchernder Phantasie. Andere Anspielungen wurden von westlichen Studenten des *Mahabharata* mit Leichtigkeit verstanden, soweit sie sich auf ralativ moderne Bewaffnung und entsprechend kontrollierte Feuerkraft bezogen, auf verschiedene Arten von Artillerie und Raketen, auf »Eisenkugeln«, Bleigeschosse, Sprengstoffe aus Salpeter, Schwefel und Holzkohle, auf Bomben mit Raketenantrieb, die imstande waren, Stadttore zu sprengen, und zylindrische Geschütze, die ein Donnergetöse machten (*agneyastras*). Obwohl gerade diese Dinge dem alten Indien zugeschrieben wurden, hatten einige der Leser den Verdacht, sie wären »unetymologisch« oder in die Übersetzung eingefügt worden, aus dem verständlichen Versuch der Inder, sagen zu können: »Wir hatten sie vor euch.«

Andere im *Mahabharata* erwähnte geheimnisvolle Waffen wurden später, im Verlauf des Ersten Weltkriegs, besser verstanden. Der indische Militärschriftsteller Ramchandra Dikshitar (*War in Ancient India*) wies darauf hin, daß die Kriegführung nun mit dem *Mahabharata* gleichgezogen habe: Die modernen Flugzeuge entsprächen den *vimanas*, die Waffe *mohanastra*, die ganze Armeen in Bewußtlosigkeit fallen ließ, dem Giftgas; er erläuterte auch den Gebrauch des Nebelgeschosses, das einen dichten Tarnungsnebel erzeugte, und verglich die *tashtra*, die »imstande war, eine große Zahl von Feinden zur gleichen Zeit zu töten«, mit verbesserten modernen Explosivstoffen.

Was in den achtziger Jahren oder selbst noch während des Ersten Weltkriegs als geheimnisvoll oder lächerlich galt, ist nahezu für jeden, der in der unsicheren Welt von heute lebt, nicht länger rätselhaft. Die folgenden Auszüge, die von einem urzeitlichen Krieg handeln, sind uns so vertraut, daß sie uns frösteln lassen, obwohl Jahrtausende sie von unserem eigenen Atomzeitalter trennen. Die Beschreibung einer gegen eine feindliche Armee abgefeuerten Spezialwaffe lautet:

> Ein einziges Geschoß, mit aller Kraft des Universums ausgestattet. Eine weißglühende Säule von Rauch und Flammen, so hell wie zehntausend Sonnen, erhob sich in all ihrem Glanz . . . es war eine unbekannte Waffe, ein eiserner Blitzstrahl, ein riesenhafter Todesbote, der das gesamte Volk der Vrishnis und Andhakas [die Feinde, gegen die sie in Anwendung gebracht wurde] zu Asche verbrannte . . . Die Leichen waren bis zur Unkenntlichkeit entstellt. Ihre Haare und Nägel fielen aus; Tongeschirr brach ohne sichtbaren Grund, und die Vögel wurden weiß. Nach wenigen Stunden waren alle Lebensmittel verseucht . . . um diesem Feuer zu entkommen, warfen sich die Soldaten in Flüsse, um sich und ihre gesamte Ausrüstung zu waschen.
>
> [Diese mächtige Waffe] . . . trug Mengen [von Kriegern] mit Streitrossen und Elefanten und Wagen und Waffen hinweg, als wären sie trockenes Laub . . . vom Winde verweht . . . sie sahen sehr schön aus, wie Vögel . . . die von Bäumen wegfliegen . . .

Als sichtbare Folge der Explosion einer solchen Superwaffe beschrieb der Autor, der die Wirkung entweder selbst erlebt, aus anderen Berichten zusammengetragen oder sich einfach vorgestellt hat, keinen Atompilz, sondern große Wolken, deren eine sich über der anderen öffnete, wie eine Reihe verschiedener kolossaler Regenschirme: eine Vorstellung, die von der unseren verschieden ist, aber keineswegs einen schlechten Vergleich darstellt.

Sogar die ungefähren Abmessungen der Waffe oder Bombe werden angegeben:

> . . . Ein Schaft, so verhängnisvoll wie das Zepter des Todes. Er maß 3 Ellen und 6 Fuß. Ausgestattet mit der Donnerkraft des tausendäugigen Indra war er . . . für alle lebenden Wesen todbringend . . .

Auch ein Bericht vom Zusammentreffen zweier Raketen in der Luft ist überliefert.

. . . Die beiden Waffen begegneten einander freischwebend. Da begann die Erde mit all ihren Gebirgen und Seen und Bäumen zu zittern, und alle lebenden Wesen wurden durch die Energie der Waffen erhitzt und stark angegriffen. Die Himmel flammten auf, und die zehn Punkte des Horizonts füllten sich mit Rauch . . .

Viele meinen, der im *Mahabharata* beschriebene große Krieg beziehe sich auf die »arische« Eroberung des indischen Subkontinents vom Norden her. Dieses Ereignis hätte, der Zeit entsprechend, in der es stattfand, auch in verständlichen Ausdrücken beschrieben werden können (wie die *Ilias*), ohne Waffentypen zu erwähnen, die merkwürdig in die Zukunft weisen und der Science-fiction zuzurechnen sind.

In diesem Zusammenhang ist auch erwähnenswert, daß Skelette, die in Mohenjo-Daro und Harappa in Pakistan gefunden wurden, sich als äußerst radioaktiv erwiesen. Von der Geschichte dieser uralten Städte ist so gut wie nichts bekannt, außer daß sie plötzlich zerstört wurden. Antike Beschreibungen von Flugzeugen und Atomkriegen – wie vorausschauend sie auch immer sein mögen – müssen natürlich nicht unbedingt bedeuten, daß der Berichterstatter diese Wunder persönlich beobachtet hat oder daß sie je außerhalb seiner regen oder krankhaften Einbildungskraft existierten. In unserer Zeit hatte der Buck Rogers Comic Strip ganz offenherzig die Anwendung von Atombomben zum Thema, bis das FBI, kurz bevor die supergeheime wirkliche Atombombe in New Mexico getestet wurde, den Autor überredete, von solchen Hinweisen in seinem Strip abzusehen. Ein anderes prophetisches Zusammentreffen im Bereich der Science-fiction beinhaltet Jules Vernes »Reise zum Mond«. Hier wird Florida als Basis eines erfundenen Mondfluges bezeichnet und somit der tatsächliche Mondflug um mehr als ein Jahrhundert vorweggenommen. Durch ein weiteres prophetisches Zusammentreffen sind die Abmessungen, die Verne vor 100 Jahren für Kapitän Nemos imaginäres Unterseeboot angab, nahezu mit jenen der heutigen US-Atomunterseeboote identisch. Noch verblüffender ist ein anderer Fall in der Literatur. Als Jonathan Swift 1726 »Gullivers Reisen« schrieb, schilderte er die Satelliten des Mars und gab ihre nahezu genauen Abmessungen sowie Einzelheiten ihrer Umlaufbahn um den Planeten an, obwohl diese zwei Monde, die er so nebenbei (und so genau) in seinem Romanwerk erwähnte, erst 1877 entdeckt wurden. Nun, Verne, Swift und der Schöpfer des Buck Rogers Comic

Strips lebten in einer wissenschaftlichen Welt, in welcher die Möglichkeit solcher Entdeckungen eine Frage der Zeit war. Die indischen Aufzeichnungen aber liegen vielleicht mehr als 6000 Jahre zurück.

Manche Asiaten, aber auch Angehörige der westlichen Welt, die sich der Theorie verschrieben haben, daß der zivilisierte Mensch schon eine viel längere Zeit existiert, als früher vermutet wurde (das Zurückverlegen der Zeitgrenze der Zivilisation scheint in der Tat Jahrhunderte und sogar Jahrtausende freizulegen, die nun ausgefüllt werden könnten), weisen die Möglichkeit nicht von sich, daß es überall auf der Welt Wellen der Zivilisation gab, von denen manche außer in Legenden keine Spur hinterlassen haben. Sie sind deshalb bereit zu glauben, daß die unerwartet detaillierten indischen Hinweise auf Atome, Atomkraftwerke, Atomwaffen und hochentwickelte Technologien einfach die bewahrte Erinnerung an prähistorische, wissenschaftlich fortgeschrittene Zivilisationen darstellen.

Im Zusammenhang mit den indischen Legenden sollten wir auch die Tatsache bedenken, daß gewisse Abschnitte der Erdoberfläche aussehen, als wären sie durch atomare Einwirkung, die Jahrtausende vor den Atomversuchen der Gegenwart stattgefunden hat, beschädigt worden. Diese Örtlichkeiten befinden sich in Sibirien, im Irak, in Colorado und in der Mongolei (wo die chinesischen Atomtests neue, den alten vergleichbare Schäden hinterlassen).

Im Zuge einer Probegrabung im südlichen Irak wurde 1947 eine Art von archäologischem Stollen nach und nach in einzelne Schichten von Kulturen vorgetrieben. Vom jetzigen Bodenniveau ausgehend, stieß man auf Schichten der Babylonier, Chaldäer und Sumerer, mit Schwemmschichten zwischen verschiedenen Zeitaltern der Stadtkultur, dann auf die ersten Dorfkulturschichten, weiter auf eine Schicht, die der primitiven Bauernkultur 6000 bis 7000 Jahre v. Chr. entsprach. Darunter fanden sich Hinweise auf eine Hirtenkultur, und zuletzt wurde ein Zeitalter erreicht, das dem Magdalenien vor etwa 16 000 Jahren entspricht. Noch tiefer unten, am Grund aller Schichten, wurde ein Boden von geschmolzenem Glas aufgedeckt, der nur einem glich: dem Wüstenboden in New Mexico nach den Explosionen, die unser gegenwärtiges Atomzeitalter einleiteten.

Beschützer, Kidnapper oder unparteiische Beobachter?

Wenn aus dem Bermuda-Dreieck oder aus anderen Gebieten der Welt Flugzeuge, Schiffe und Menschen von UFOs oder anderen Wesen entführt werden, so sollte ein wichtiger Bestandteil jeder Nachforschung die Frage nach der möglichen Ursache oder den möglichen Ursachen sein. Manche Forscher sind der Meinung, daß intelligente Wesen, die wissenschaftlich den vergleichsweise primitiven Völkern der Erde um Lichtjahre voraus sind, sich seit Jahrhunderten damit befassen, unsere Fortschritte zu beobachten, um eventuell einzugreifen und uns daran zu hindern, unseren eigenen Planeten zu zerstören. Dies würde natürlich eine uneigennützige Veranlagung der Wesen aus dem inneren oder äußeren Weltraum voraussetzen, wie sie bei Entdeckern und Pionieren nicht immer vorzuherrschen pflegt.

Vielleicht existiert in der Nähe des Bermuda-Dreiecks und an gewissen anderen Knotenpunkten elektromagnetischer Gravitationsströme eine Tür oder ein Fenster zu einer anderen Dimension, durch welche mit ausreichender Erfahrung ausgestattete außerirdische Wesen systematisch und ganz nach Belieben einzudringen vermögen. Begegnen sie aber Menschen, so wird für diese eine Rückkehr unmöglich, entweder weil sie technisch dazu noch nicht imstande sind, oder weil sie von fremden Mächten daran gehindert werden. Viele dieser Vorfälle, besonders solche, die das Verschwinden ganzer Schiffsmannschaften betreffen, lassen auf Raubexpeditionen schließen, auf denen menschliche Wesen für Weltraumzoos, für Ausstellungen, die verschiedene Epochen der planetarischen Entwicklung zum Gegenstand haben, und zu Experimentierzwecken gesammelt werden.

Dr. Manson Valentine meint, daß es verschiedene und manchmal auch feindliche Gruppen von Besuchern geben könnte, die aus dem Weltraum, aus den Tiefen des Ozeans oder sogar aus einer anderen Dimension kommen. Manche dieser Wesen, die uns besuchen, könnten unsere Vettern aus einer Jahrtausende zurückliegenden Verwandtschaft und genügend zivilisiert sein, um uns und die Erde aus uneigennützigen Gründen zu beschützen. Freilich könnte es auch sein, daß sie einfach um ihre eigene Umwelt besorgt sind. Sollte das der Fall sein, so muß man annehmen, daß die außerirdischen Besucher um die zunehmende Gefahr weltweiter Vernichtung und Zerstörung wissen, in welcher sich die Erde und ihre Bevölkerung befinden. Diese Situation kann in den vergangenen Jahrtausenden schon mehrfach eingetreten sein. Wenn sich die Erde aber auch in Gefahr befand, so wurde sie doch nicht bis zur Unbewohnbarkeit verwüstet, wie dies das Schicksal mancher Planeten und Monde gewesen sein mag. Die Erinnerung an Zeiten herannahender Weltkatastrophen wird von den Nachkommen sehr alter Völker bis heute bewahrt. Aus manchen ihrer Überlieferungen geht hervor, daß nicht nur eine, sondern mehrere globale Katastrophen stattgefunden haben. Die Indianervölker Mittelamerikas haben bis heute drei Weltuntergänge gezählt und rechnen mit einem vierten Weltende, diesmal durch Feuer, zu einem Zeitpunkt, der in nicht allzuferner Zukunft liegt. Die Hopi, unter den indianischen Stämmen der Vereinigten Staaten diejenigen, deren Überlieferungen über ihre Wanderungen und das Bild der Welt im allgemeinen am vollständigsten sind und bemerkenswert ins Detail gehen, erzählen von drei früheren Weltuntergängen. Der erste geschah durch Vulkanausbrüche und Feuer, der zweite durch Erdbeben und eine zeitweilige Störung des Gleichgewichts der Erdachse und der dritte durch Überschwemmungen und das Absinken der Kontinente, weil kriegerische Einwohner der »Dritten Welt« ihre Städte gegenseitig durch Luftwaffen zerstörten. Der Hinweis auf eine Störung des Gleichgewichts der Erdachse zeugt von außerordentlichen Kenntnissen dieses kleinen indianischen Stammes über die wahre Gestalt und die Umdrehung der Erde. Die Theorie des »Abtrudelns« der Erde stimmt mit einer wissenschaftlichen Theorie aus späterer Zeit überein, die Hugh Auchincloss Brown entwickelte. Er schrieb es einem wachsenden Übergewicht von Eis auf einem der Pole zu, daß die Erdachse in ihrem Gleichgewicht gestört wurde.

Alte religiöse Legenden Indiens erzählen von neun Erdkrisen, während die Berichte anderer Kulturen der Antike hinsichtlich der Zahl schwanken, immer aber regelmäßig wiederkehrende globale Katastrophen erwähnen.

In seinem Kritias-Dialog zitiert Plato einen ägyptischen Priester, der dem Athener Gesetzgeber Solon, als er Ägypten besuchte, folgendes mitteilte:

. . . Es gab viele Zerstörungen der Menschheit und wird sie wieder geben. Sie entstehen aus vielerlei Ursachen.

Nachdem er ihm erklärt hatte, wie die Ägypter die Erinnerung an manche dieser Ereignisse in ihren Aufzeichnungen bewahrt hatten, sagte er angeblich zu Solon:

. . . und dann, zur üblichen Zeit, senkte sich ein Strom vom Himmel herab wie eine Pest . . . und somit muß man wieder von vorn beginnen wie die Kinder . . . [und fügte, sozusagen als einen letzten Seitenhieb auf die lückenhafte griechische Überlieferung, hinzu:] Ihr erinnert euch nur an eine Sintflut, doch es gab deren viele . . .

Die Theorie zyklisch verlaufender Zivilisationen, die in der Antike vorherrschte und in Asien bis zu einem gewissen Grad immer noch vertreten wird, steht in deutlichem Gegensatz zu der Fortschrittstheorie unserer eigenen Kultur und ihrer vorgefaßten Meinung über den Zwang und Ablauf der Zeit sowie das ständige Fortschreiten der Zivilisation und wissenschaftlichen Entwicklung. Je mehr aber unser eigenes Wissen zunimmt, desto mehr sind wir vielleicht auch imstande zu erkennen, daß die in der Antike gemachten Beobachtungen und Vermutungen doch ihre Richtigkeit erweisen werden.
Weltkatastrophen und die Zerstörung ganzer Zivilisationen können in früheren Zeiten aus verschiedenen Gründen erfolgt sein. Manchen von ihnen müssen wir heute selbst ins Auge blicken, so entschieden wir uns auch dagegen wehren. Besonders wichtig ist in diesem Zusammenhang die Frage der Übervölkerung, ein Problem, das unter den antiken Aufzeichnungen nur im *Mahabharata* Erwähnung findet, als ob der indische Subkontinent damals wie heute unter dem Würgegriff der Übervölkerung gelitten hätte. Der schon in antiken Quellen erwähnte Atomkrieg, eine andere gewaltige Bedrohung in unserer Zeit, wäre natürlich ein Weg, dieses Problem zu lösen. Allerdings würde ein solcher Krieg auf unserem Planeten die Zerstörung von Leben in weitem Ausmaß zur Folge und auch katastrophale Auswirkungen auf seine künftige Bewohnbarkeit haben. Sollten die atomaren Reaktionen stark genug sein, könnten sie dazu noch seismische Katastrophen und durch das Schmelzen des Polareises bewirkte Fluten auslösen.
Katastrophen, die nicht mit der Atomenergie, sondern mit anderen

Gebieten der technologischen Entwicklung in Verbindung stehen und deren Ergebnis erst im Lauf der Zeit bekanntwerden wird, kommen vielleicht gerade jetzt auf uns zu. Wir haben es heute ja nicht nur mit Atomtests, den Problemen des Atommülls, der Verschmutzung von Luft und Wasser und der gestörten Beziehung der Lebewesen zu ihrer Umwelt zu tun, sondern haben uns unwissentlich auch noch auf andere Experimente eingelassen, deren Entwicklung schließlich erschreckende Konsequenzen zeigen könnte.

Eine Bemerkung von Dr. Columbus Islin, des früheren Direktors des Ozeanographischen Instituts von Woods Hole, mag dazu als Beispiel dienen. Im Zusammenhang mit dem Anwachsen des Kohlendioxydgehalts der Atmosphäre stellt er folgendes fest:

> Während der letzten hundert Jahre sollte die wachsende Verwendung fossiler Brennstoffe in unserer weltweiten industriellen Zivilisation zu einer Produktion von etwa 1,700 Billionen Tonnen Kohlendioxyd geführt haben, 70 Prozent der Menge, die sich jetzt in der Atmosphäre befindet. Da ungefähr zwei Drittel des hinzukommenden Kohlendioxyds vom Meer absorbiert werden, so kann mit einem Ansteigen des Kohlendioxydgehalts von etwa 20 Prozent in der Atmosphäre gerechnet werden.
>
> Die Wirkung einer solchen Erhöhung des Kohlendioxydgehalts ist nicht leicht vorherzusagen, aber es gibt Gründe zu der Annahme, daß sich die tieferen Schichten der Atmosphäre dadurch um einige Grade erwärmen könnten. So vollziehen wir – mehr oder weniger ungewollt – ein großes Experiment.

Die Auswirkungen eines durch den Menschen verursachten Abschmelzens des Polareises, die darauf folgenden Flutwellen und die Überschwemmung von Meeresküsten in aller Welt erinnern an die Sintflut der prähistorischen Zeit, die Landoberflächen im Atlantik, in der Karibik, im Mittelmeerraum und anderswo bedeckte und von der wir heute annehmen, daß sie keineswegs in den Bereich der Legende gehört. Sogar das Ausfließen von Öl aus einem der immer riesiger werdenden Supertanker oder aus einer arktischen Pipeline könnte ein großräumiges Abschmelzen des Polareises mit unvorhersehbaren Folgen bewirken.

Die Ausrottung so vieler Tierarten könnte eine andere mögliche Quelle künftiger Katastrophen sein, über deren Ausmaß wir uns noch keine Meinung bilden können. Wie erinnerlich nahm Noah, den man als Urvater der Ökologen bezeichnen könnte, nicht nur sieben Paare der nützlicheren Tiere an Bord der Arche, sondern auch je ein Paar all der anderen Tiere, ob sie nun nützlich waren oder nicht. Vielleicht ist der Aufstieg von der Barbarei zur Zivilisation und schließlich zur Erkenntnis und Nutzung der Kernspaltung ein natürlicher Prozeß, der nicht nur auf der Erde, sondern auch in anderen Teilen des Universums stattgefunden hat. Möglicherweise haben andere zivilisatorische Systeme, außerirdische oder – wie Valentine, Sanderson und andere vermuten – von dieser Erde stammende, aber für uns nicht sichtbare, über den Trieb zur Selbstzerstörung triumphiert. Sie benutzen unsere Welt – über solche Wege oder offene Türen wie das Bermuda-Dreieck – entweder als Studienobjekt, um Teile unserer Kultur zu bewahren oder um sie davor zu schützen, sich selbst zu zerstören. Vielleicht planen sie sogar, unsere Welt zu beherrschen, so wie es stärkere Nationen mit den weniger entwickelten versuchen. Solchen Beobachtern irgendwelche Beweggründe zu unterstellen, würde allerdings bedeuten, daß wir bei ihnen eine Denkweise voraussetzen, die der unseren ähnlich ist: Wilde Tiere können unmöglich begreifen, warum Sammler sie einfangen und ausstellen, anstatt sie zu töten und aufzufressen. Wie schon vermutet wurde, sind die UFOs vielleicht nur damit beschäftigt, unseren Planeten »auszukundschaften«. Wenn ja, dann tun sie das schon seit geraumer Zeit.

Sollte die Hypothese zutreffen, daß andersartige Wesen die Erde besuchen und beobachten, um Informationen und Studienobjekte – zu welchem Zweck immer – zu sammeln, und zwar besonders innerhalb des Bermuda-Dreiecks, wäre es nicht uninteressant, Vermutungen darüber anzustellen, warum sich die UFOs gerade auf dieses Gebiet konzentrieren. In längst vergangenen Zeiten gesichtete »himmlische« Flugzeuge lassen darauf schließen, daß sie in Gebieten kulturellen und technischen Fortschritts erschienen sind, als dieser bestimmte Höhepunkte erreicht hatte, wie um von Zeit zu Zeit festzustellen, wo neue Zentren der Zivilisation sich entwickelten und ob sie nicht Gefahren in sich trügen. Wenn wir uns die Reihenfolge der antiken Berichte vor Augen führen, die sich auf Besuche himmlischer Götter und Flugzeuge auf Erden beziehen, können wir wechselnde Schwerpunkte unterscheiden, die sich zu einem verschwommenen Muster zusammenfügen. Die ersten, bis in Einzelheiten beschriebenen Besuche waren die im alten Ägypten zur Zeit des Pharaos Thutmosis III. und der Weltraumausflug des Sumerers Etana. Natürlich haben wir noch genauere Hinweise auf außerirdische Kontakte im Alten Testament, wo Ezechiel von dem Besuch einer Art von Raumschiff auf Erden erzählt, das innerhalb von 19 Jahren viermal erschien. Einmal sah Ezechiel sogar zwei dieser Schiffe und war auch, wie Etana, selbst ihr Passagier. Um einen solchen Hinweis kann es sich möglicherweise auch bei Elias handeln, der in einem »feurigen Wagen« in den Himmel auffuhr und nie mehr zurückkehrte. Aus Indien besitzen wir die Erinnerung an einen Raumflug in der Beschreibung der Luftreise des Rama. In altamerikanischen Quellen wird von Göttern berichtet, die in Maschinen vom Himmel kamen, um Tiahuanaco zu errichten. Die zahlreichen Berichte aus Griechenland, Rom, dem Europa der Renaissance und, in unseren Tagen, aus aller Welt, besonders aber aus dem Gebiet des Bermuda-Dreiecks, lassen auf die Möglichkeit schließen, daß die Beobachter scheinbar am Fortschritt der technologischen Zivilisation auf der Erde, und zwar besonders an der Luftfahrt, der Eroberung des Weltraums und an der modernen Kriegführung interessiert sind. Im Zweiten Weltkrieg und im Koreakrieg waren »foo-fighters« (unidentifizierte Lichter oder Objekte, die Bomber oder Kampfflugzeuge auf ihren Einsätzen begleiteten) ziemlich alltäglich. Den Berichten zufolge scheint sich das Auftreten von UFOs in der Nähe von Raumflugstationen zu konzentrieren. Das mag seine Ursache entweder darin haben, daß sie den jeweils höchsten Stand unseres technischen Fortschritts repräsentieren, oder darin, daß sie eine Bedrohung des Sonnensystems oder eines Teiles des Universums darstellen.

In den Theorien von Ivan Sanderson wird jedoch angedeutet, daß auch hochentwickelte Lebensformen im Ozean von der wachsenden Bedrohung unserer eigenen ozeanischen Umwelt betroffen sein könnten.

Es scheint, als hätte es zusätzlich zu den im 6. Kapitel angeführten Beispielen noch einige verblüffende Hinweise auf die Tätigkeit von UFOs unter Wasser gegeben, die von Einheiten der US-Marine aufgespürt und beobachtet wurden. Mit Ausnahme des ersten wurden Berichte über diese Vorfälle, wie das so üblich ist, tunlichst der Öffentlichkeit vorenthalten. Einer der bemerkenswertesten Berichte handelt von einem Unterwasserobjekt, das sich mit einer Geschwindigkeit von über 150 Knoten bewegte und zuerst von einem Zerstörer und unmittelbar danach von einem U-Boot verfolgt wurde. Beide Schiffe nahmen im Jahre 1963 an einer Übung der US-Marine in der südlichen Ecke des Bermuda-Dreiecks teil. Da im Manöver auch das Aufspüren und Verfolgen geübt wurde, nahm man an, das Objekt wäre ein Bestandteil der Übung. Dreizehn weitere Marinefahrzeuge bemerkten das rasch operierende und mit einer Schiffsschraube versehene Objekt und trugen ihre Beobachtung ins Logbuch ein. Die Spur des Objekts, das seine unglaubliche Geschwindigkeit beibehielt, wurde insgesamt vier Tage lang verfolgt, zeitweise in Tiefen von über 6000 Meter. Es wurde nie genau identifiziert, obwohl die meisten Berichte darin übereinstimmen, daß es scheinbar von einer einzigen Schraube angetrieben wurde. Während Berichte von aus dem Meer auftauchenden, im Meer untertauchenden oder unter Wasser operierenden UFOs in der Vergangenheit ziemlich häufig waren, so wurden diese Objekte doch selten so nahe gesehen und ihre Spur so unmittelbar verfolgt wie in den soeben geschilderten Manövern von 1963.

Wenn wir unter den Wassern der Meere die Existenz eines älteren Zweiges der Menschheit oder anderer »zivilisierter« Lebensformen annehmen, so haben sich solche Wesen, die ja über einen sehr viel größeren Lebensraum verfügen, als er den zivilisierten Lebensformen auf der Erdoberfläche zur Verfügung steht, während der letzten Jahrtausende nicht mit unseren Taten beschäftigt. Sobald aber unsere technische Leistungsfähigkeit eine beginnende Gefahr für sie und ihre Umwelt darstellte, könnte ihre bisher duldsame Politik eine Veränderung erfahren. Die geheimnisvollen Vorgänge im Bermuda-Dreieck müßten dann als Probebesichtigungen oder Forschungsaktionen vor dem Beginn entschiedenerer Maßnahmen angesehen werden.

Ivan Sanderson vermutet, daß gewisse unerklärte und unveröffentlichte Berichte über riesige Unterwasserkuppeln, von denen einige von Schwammtauchern vor der Küste Spaniens gesichtet und auch von der Meeresoberfläche aus von Hummerfängern und Berufsfischern am amerikanischen Kontinentalsockel wahrgenommen worden sind, sich auf Teile eines Unterwassergitters (wenn nicht heimlicher Verteidigungsanlagen) beziehen. Unter Wasser lebende Erdbewohner könnten diese Anlagen konstruiert haben, um sich gegen die fortschreitende Verschmutzung und Vergiftung des Meeres zu schützen. Da die Erde ja ein riesiger Dynamo ist, wäre es in diesem Zusammenhang denkbar, die Erde durch das Verlegen elektromagnetischer Leitungsnetze zu »verdrahten« und durch das Auslösen entsprechender Impulse sogar die Umdrehung der Erde zu ändern.

Der Gedanke, die Erde selbst anzuzapfen, erinnert ebenso an antike Überlieferungen wie an vergleichsweise neue Theorien. Diese beziehen sich auf die großen Kraftquellen der Atlantis, jene vielleicht auf dem Grund der Sargasso-See liegenden kristallenen Laserkomplexe, die nach Jahrtausenden zum Teil immer noch funktionieren und elektromagnetische Aberrationen verursachen, die das technische Versagen oder die Vernichtung von See- und Luftfahrzeugen zur Folge haben.

Natürlich stellen wir unsere Vermutungen über die Gründe, die den Besuchen außerirdischer Wesen zugrunde liegen, und die Absichten, welche diese Wesen verfolgen, in einer Weise an, die über den uns vertrauten Denkrahmen nicht hinausgeht. So kann man ohne weiteres auch annehmen, daß die Besucher gekommen sind, um uns vor uns selbst zu schützen. Andere, weniger optimistische Beobachter haben hingegen vermutet, die Besucher wären nicht in der Absicht gekommen, uns zu schützen, sondern um uns zu berauben. Diese Annahme erscheint logisch, wenn man die Anzahl von Flugzeugen, Booten, Schiffen und ihren Besatzungen in Betracht zieht, die innerhalb des Bermuda-Dreiecks verschwunden sind.

Dr. John Harder, Professor für Maschinenbau in Berkeley und UFO-Forscher, stellte die ungewöhnliche, aber wenig schmeichelhafte Theorie auf, die Erde könnte eine Art »kosmischer Zoo« sein, »abgeschlossen vom Rest des Universums«, in welchem »die Wärter gelegentlich eine Stichprobe zur Kontrolle der Einwohner vornehmen«. Eine andere zur Diskussion gestellte Theorie besagt, daß die Besucher der Menschheit indifferent gegenüberstehen, da sie mit eigenen, von uns heute noch nicht vorstellbaren Zielen beschäftigt sind, und daß alle diese »Unfälle« (wir wissen ja immer noch nicht mit Bestimmtheit, ob jemand der Verschwundenen gestorben ist) versehentlich, durch Projektion in das Ionisationsfeld, zustande gekommen sind.

Diese Theorie hat Zeitungsschreibern die periodisch wiederkehrende Gelegenheit zu Schlagzeilen wie »Versunkene Atlantis existiert und kidnappt Schiffe und Flugzeuge« gegeben.

Die Möglichkeit, daß ein Laserstrahl ein Flugzeug zerstören oder in Atome auflösen kann, ist denkbar. Die Idee jedoch, daß Kraftanlagen oder kolossale Laser-Komplexe nach ihrem vor Jahrtausenden erfolgten Versinken immer noch funktionieren könnten, scheint lächerlich, da

Riesenlaser, so wie wir sie uns vorstellen, gewartet und bedient werden müßten.

Nun, Laser sind in unserer Welt eine vergleichsweise junge Entdekkung, und es ist wahrscheinlich, daß sie in Zukunft zu einem noch viel höheren Grad der Perfektion entwickelt werden. Der (noch nicht entwickelte) ultraviolette Laser wird beträchtlich mehr Energie besitzen als die Röntgen-Laser. Das wird auch bei den von gespeicherter Sonnenenergie aus operierenden Lasern der Fall sein oder bei solchen, die vielleicht, wie im Fall von Atlantis, mit Energie gespeist werden, die aus dem Inneren der Erde stammt. Eine hochzivilisierte technologische Ära der Vergangenheit muß sich ja nicht unbedingt in der gleichen Weise oder in der gleichen Abfolge entwickelt haben wie unsere eigene, noch müßte sie den gleichen Beschränkungen unterliegen, die heute nach wie vor unsere sich weiterentwickelnde Technologie hemmen.

Prüft man die Fälle spurlosen Verschwindens im Bermuda-Dreieck, so stellt man fest, daß es einen einzigen roten Faden gibt, der diese Ereignisse miteinander verbindet: Die Schiffe und Flugzeuge sind entweder völlig verschwunden, oder sie werden ohne ihre Besatzungen und Passagiere gefunden. Manche dieser Vorfälle können durch ungewöhnliche Umstände oder durch das Zusammentreffen von Schlechtwettereinbrüchen und menschliches Versagen erklärt werden. Viele der Geschehnisse fanden aber bei klarem Wetter, nahe dem Hafen, der Küste oder dem Flugplatz statt und bleiben – den zur Zeit bestehenden Vorstellungen gemäß – anscheinend unerklärlich.

Zur Geschichte des Bermuda-Dreiecks gehören von den Nebeln antiker und moderner Legenden umwölkte Ereignisse ebenso wie das unerklärliche und sichtlich periodisch auftretende Fehlverhalten von Naturkräften, aber auch Theorien von Physikern, die, wenn auch noch unbewiesen, unser Weltbild völlig umgestalten könnten. Das Bermuda-Dreieck stellt die Verbindung zu verlorenen und versunkenen Ländern, zu vergessenen Zivilisationen und zu Erdbesuchern her, die seit Jahrhunderten zu uns kommen, deren Herkunft und Absichten aber nach wie vor unbekannt sind.

Es ist freilich wesentlich leichter, einfach zu behaupten, das Bermuda-Dreieck existiere nur in der Einbildung von Mystikern, Anhängern von Kulten, Abergläubischen und Sensationshungrigen, als Theorien aufzustellen, die eine Erklärung des zur Zeit noch Unerklärlichen versuchen. Einer der Kommentatoren, der glaubt, daß im Bermuda-

Dreieck nichts anderes passiert sei als eine Häufung von Unfällen, von denen jeder einzelne erklärt werden könne, hat festgestellt, daß die, »die an das Bermuda-Dreieck glauben, auch an Seeschlangen glauben«. Nun, wenn das eine nicht existiert, so muß das ja nicht unbedingt ein Beweis dafür sein, daß es auch das andere nicht gibt; und wenn eine Seeschlange endgültig und zufriedenstellend identifiziert ist, so muß das noch lange nicht bedeuten, daß andere Seelegenden dadurch glaubwürdiger werden.

Im allgemeinen sind die Menschen nicht willens, sich mit rätselhaften Erscheinungen auseinanderzusetzen, die nicht völlig erklärt oder in für sie verständlichen Begriffen erläutert werden können. Es ist beruhigender, sich nur mit dem zu beschäftigen, was uns im Umkreis der körperlichen Welt entgegentritt, als mit einer unbekannten Gefahr konfrontiert zu werden. Wenn ein Phänomen nicht erklärt werden kann, so ist es am besten, es einfach zu ignorieren – beruhigender und in mancher Hinsicht auch naiver. Aber die Zeit der wissenschaftlichen Naivität und der stillschweigend mit inbegriffenen Beruhigung ist vorbei. Endgültig vorbei seit dem Morgen des 16. Juli 1945 in Alamogordo, New Mexico, als die Atomtheorie ihren eigenen, schlüssigen Beweis erbrachte, nicht länger eine Theorie zu sein.

Wir leben heute in einer Welt, wo die Grenzen von Wissenschaft und Pseudowissenschaft fließend sind – einer Welt, wo Dinge, die einst für magisch oder für Träume von Magiern gehalten wurden, nun von der Wissenschaft anerkannt und durch wissenschaftliche Nomenklatur begreifbar gemacht wurden. Biologen können heute Leben erzeugen, Kälte-Biologen werden bald imstande sein, menschliches Leben durch das Einfrieren lebendiger Körper für immer zu bewahren. Die erträumte Verwandlung von starren Bildern in die beweglichen des Films ist Wirklichkeit geworden. Psychokinese, das Bewegen von Objekten durch die Kraft des Willens, ist nicht länger eine Sache frivoler Schwindler, sondern ernsthaft experimentierender Forscher. Telepathie in und aus dem Weltraum ist Gegenstand der Forschung bei beiden führenden Weltraummächten. Der Traum des Alchimisten, die Verwandlung der Materie, ist nicht länger unmöglich, und der einzige Grund, der das Verwandeln von Blei in Gold verhindert, ist der, daß es zu teuer käme (!).

Kosmisch betrachtet hat der Himmel der Wissenschaft so große Sprünge bekommen, daß manche von denen, die es vorziehen, auf sicherem und vertrautem Grund zu stehen, verwirrt sind und sich nicht mehr zurechtfinden. Die mögliche Existenz von Antimaterie, die Krümmung von Raum und Zeit, neue Konzepte von Schwerkraft und Magnetismus, die vermutete Existenz von dunklen Planeten in unserem eigenen System, von nach innen explodierenden Sonnen, neuen Sternen und kleinen Materieteilchen, die schwerer sind als ganze Planeten, von Quasaren und dunklen Löchern im Weltraum, die Vorstellung eines unendlichen Universums, das sich jenseits unseres durch Fernrohre einsehbaren Gesichtskreises zu Millionen von unentdeckten Milchstraßen ausdehnt, das ist das verborgene Wissen, das uns erwartet. Wir eilen mit so großer Beschleunigung vorwärts, das kein »Geheimnis« uns überraschen sollte, nur weil es nicht logisch erklärbar erscheint.

Das Bermuda-Dreieck, ein Gebiet, das in einer vertrauten Gegend unseres Planeten liegt, obwohl es vielleicht mit Mächten in Verbindung steht, von denen wir noch nichts (aber vielleicht doch bald etwas) wissen, könnte eines dieser Geheimnisse sein. Als biologische Spezies nähern wir uns jetzt der Reife. Wir können uns der Suche nach mehr Wissen oder nach neuen Erklärungen nicht entziehen, sei es in dieser Welt oder jenseits von ihr.

Danksagung

Der Autor möchte folgenden Personen (oder Organisationen), die zu diesem Buch Ratschläge, Anregungen, Sachgutachten, Informationen oder Fotos beigesteuert haben, seine Dankbarkeit ausdrücken. Ihre Erwähnung besagt aber nicht, daß sie von den in diesem Buch aufgestellten Theorien wissen oder sie akzeptieren, es sei denn, es wird ausdrücklich darauf hingewiesen.

Besonderen Dank schuldet der Autor Dr. J. Manson Valentine, Ehrenkurator des Museum of Science in Miami und Forschungsassistent des Bishop Museum in Honolulu, für seine Zeichnungen, Kartenskizzen, Fotos und (im Text zitierten) Interviews.

Die übrigen Namen werden in alphabetischer Reihenfolge angeführt:

Lebaron Barker, Verleger
Norman Beam, Autor, Vortragender, UFO-Forscher
José María Bensaúde, Präsident der Navecor-Linie, Portugal–Azoren
Valerie Berlitz, Autorin, Künstlerin
Boeing Commercial Airplane Company
Hugh Auchincloss Brown, Ingenieur für Elektronik, Autor
Jean Byrd, Präsidentin, Isis
Edgar Evans Cayce, Elektroingenieur, Autor
Hugh Lynn Cayce, Präsident der »Gesellschaft für Forschung und Erleuchtung«
Diane Cleaver, Verlegerin und Autorin
Cynthia James Coffey, Forscherin, Schriftstellerin
Julius Egloff jr., Ozeanograph
Fairchild Industries
Mel Fisher, Taucher und Rettungsschwimmer
Athley Gamber, Präsidentin der Red Aircraft
Carlos González G., UFO-Forscher
Professor Charles Hapgood, Kartograph, Historiker, Autor
Dr. Bruce Heezen, Ozeanograph, Autor
Captain Don Henry, Schiffskapitän, Taucher

Robert Hieronimus, Autor, Künstler, Präsident der AUM
J. Silva Júnior, Direktor der »Terra Nostra« auf den Azoren
Theodora Kane, Erzieherin, Künstlerin
Edward E. Kuhnel, Rechtsanwalt (Spezialist für Seerecht)
Library of Congress
Captain Gene Lore, Chefpilot der TWA
Howard Metz, Pyramidenforscher
Albert C. Muller, Strahlenphysiker
National Archives and Records Service
Alan C. Nelson, Sportsegler
Thomas O'Herron, US-Botschaft, Lissabon
Arnold Post, Autor, Ozeanograph, Taucher
Reynolds Metals Company
Ivan T. Sanderson, Forschungsreisender, Zoologe, Autor, Begründer
der SITU
Sabina Sanderson, Autorin, Forscherin, Direktorin der SITU
Gardner Soule, Autor, Ozeanograph
John Wallace Spencer, Autor, Vortragender, UFO- und Bermuda-
Dreieck-Forscher
Joe Talley, Schiffskapitän
Jim Thorne, Ozeanograph, Schiffskapitän, Taucher, Autor
Carl Payne Tobey, Mathematiker, Astronom, Astrologe, Autor
Carolyn Tyson, Marinemalerin
Paul J. Tzimoulis, Ozeanograph, Autor, Verleger, Fotograf
United States Air Force
United States Coast Guard
United States Navy
Vijay Verma, Staatliches indisches Touristenbüro
Charles Wakeley, Flug- und Hubschrauberpilot
G. Theon Wright, Autor, Forschungsreisender, Parapsychologe
Roy H. Wirshing, Lieutenant Commander, USN-Ret., Vortragen-
der, Autor
Robie Yonge, Pilot, Kommentator, UFO-Forscher

Bibliographie

Vor der Erwähnung einiger Bücher, auf welche in diesem Werk Bezug genommen wird, will der Autor die Aufmerksamkeit des Lesers auf die *Bermuda Triangle Bibliography* lenken, die von Larry Kusche und Deborah Blouin an der Arizona State University im April 1973 zusammengestellt wurde. Sie enthält zahllose Hinweise auf Bücher, Zeitungs- und Zeitschriftenartikel, die das Bermuda-Dreieck zum Thema haben. Diese Bibliographie zitiert zwar Hunderte von Autoren, aber die greifbarsten und vollständigsten Hinweise auf das Phänomen Bermuda-Dreieck finden wir in den Werken von Sanderson, Spencer und Gaddis, die tieferstehend angeführt sind.

Barker, Ralph, *Great Mysteries of the Air*, London 1966
Berlitz, Charles, *Mysteries from Forgotten Worlds*, New York 1972
Die Bibel, King-James-Ausgabe
Blumrich, J., Die Raumschiffe des Propheten Ezechiel und ihre Bestätigung durch moderne Technik, Econ-Verlag 1973. Amerikan. Ausgabe: *The Space Ships of Ezekiel*, New York 1973
Bosworth, A. R., *My Love Affair with the Navy*, New York 1969
Briggs, Peter, *Men in the Sea*, New York 1968
Brown, Hugh Auchincloss, *Catalysms of the Earth*, New York 1967
Burgess, Robert F., *Sinkings, Salvages, and Shipwrecks*, New York 1970
Carnac, Pierre, *L'histoire commence à Bimini*, Paris 1973
Chevalier, Raymond, *L'avion à la découverte du passé*, Paris 1964
Edwards, Frank, *Stranger Than Science*, New York 1959
–, *Strangest of All*, New York 1956
Freuchen, Peter, *Peter Freuchen's Book of the Seven Seas*, New York 1957
Fuller, John G., *Incident at Exeter*, New York 1966
Gaddis, Vincent, *Invisible Horizons*, Philadelphia 1965
Gaston, Patrice, *Disparations mystérieuses*, Paris 1973
Godwin, John, *This Baffling World*, New York 1968

Gould, Rupert T., *Enigmas*, New York 1965

Keyhoe, Donald E., *Flying Saucer Conspiracy*, London 1955

Kosok, Paul, *Land, Life and Water in Ancient Peru*, New York 1965

Mahabharata, übersetzt von Protap Chandra Roy, Kalkutta 1889

Mahavira

O'Donnell, Elliot, *Strange Sea Mysteries*, London 1926

Sagan, Carl, *Intelligent Life in the Universe*, San Francisco 1966

Sanderson, Ivan T., *Invisible Residents: A Disquisition upon Certain Matters Maritime, and the Possibility of Intelligent Life Under the Waters of This Earth*, New York 1970

–, *Investigating the Unexplained*, Englewood Cliffs, New Jersey, 1972

Snow, Edward Rowe, *Mysteries and Adventures Along the Atlantic Coast*, 1948

Soule, Gardner, *Undersea Frontiers*, Chicago 1968

–, *Ocean Adventure*, New York 1964

–, *Wide Ocean*, Chicago 1970

–, *Under the Sea*, New York 1971

Spencer, John Wallace, *Limbo of the Lost*, Westfield, Mass., 1969

Steiger, Brad, *Atlantis Rising*, New York 1973

Stewart, Oliver, *Danger in the Air*, New York 1958

Stick, David, *Graveyard of the Atlantic*, Chapel Hill 1952

Titler, Dale, *Wings of Mystery, Riddles of Aviation History*, New York 1966

Tomas, Andrew, *We Are not the First*, London 1971; dt.: »Wir sind nicht die ersten. Auf den Spuren eines uralten Wissens«, Hieronimi 1972

Tucker, Terry, *Beware the Hurricane!*, Bermuda 1966

Villiers, Alan, *Wild Ocean*, New York 1957

Waters, Frank, *Book of the Hopi*, New York 1969

Wilkins, Harolt T., *Flying Saucers on the Attack*, New York 1954

–, *Strange Mysteries of Time und Space*, New York 1959

Bilderverzeichnis

TBM Avengers. Fünf Maschinen dieser Type verschwanden am 5. Dezember 1945 während eines Übungsflugs (Flight 19) mit fünf Offizieren und neun Besatzungsmitgliedern an Bord.
Grumman-Avenger-Bomber. Die Bomber von Flight 19 waren mit Rettungsflößen ausgestattet und konnten im Fall einer Notlandung im Wasser eineinhalb Minuten treiben. 65

Notwasserung eines TBM-Avenger-Bombers. 66

Die U.S.S. *Cyclops*, die am 4. Mai 1918 mit 390 Personen an Bord verschwand.
Ein britisches Schiff, gleichfalls mit dem Namen *Cyclops*, verschwand während des Zweiten Weltkriegs im Nordatlantik. . . 67

Martin-Mariner-Flugboot vom gleichen Typ wie jenes, das auf der Suche nach Flight 19 mit 13 Mann Besatzung verschwand.
Die M.S. *Marine Sulphur Queen*, ein 129 Meter langer Frachter mit 39 Mann Besatzung, verschwand am 2. Februar 1963 bei den Dry Tortugas. 68

C-119. Ein Flugzeug dieses Typs verschwand im Juni 1965 mit 10 Personen an Bord 100 Meilen von Grand Turk auf den Bahamas entfernt.
KC-135 – Stratotanker. Zwei Flugzeuge dieses Typs verschwanden im August 1963 etwa 300 Meilen südwestlich der Bermudas. . . 69

Von einer Erdumlaufbahn aufgenommenes Foto, das die südliche Hälfte Floridas, die Bahamas (Andros, Grand Bahama und Bimini) und Teile Kubas zeigt. 70

Taucher an der Kante der Bahama-Bänke, eines riesigen untersee-ischen Plateaus, dessen höchste Erhebungen die Bahamas sind.
Taucher mit Atemgerät am Kontinentalsockel bei den Bahamas. . 71

Innenansicht eines »blauen Lochs«, einer der Unterwasserhöhlen in den Bahama-Bänken. 72

Das Tiefseeforschungsboot *Aluminaut* auf dem Meeresboden nahe Bimini.
Das *Aluminaut* an der Arbeit in der Tiefsee. 137

Wasserhose, an einem klaren Tag bei Nord-Bimini fotografiert.
Das Moselle-Riff, wo ungeklärte Lichtphänomene, UFOs und das Auftreten von Instrumentenversagen beobachtet wurden. 138

Luftbild des »weißen Wassers« in der Nähe von Orange Key.
Steilabfall an der südwestlichen Kante der Bahama-Bänke. 139

Schwesterschiff der *Good News*, eines Hochseeschleppers, der Berichten zufolge in der Tongue of Ocean in ein »Tauziehen« mit unbekannten Kräften verwickelt wurde.
Illustration aus der (früheren) Luftwaffen-Dienstvorschrift 80-17, auf welcher der Weg eines gesichteten UFOs eingetragen werden kann. 140

Kolossale, vom Wasser abgeschliffene Kalksteinstatue aus den Loltún-Hölen in Yucatán, Mexiko, die heute etwa 100 Meter über dem Meeresspiegel liegen. 141

Das erste Foto des Bimini-Walls, aufgenommen etwa einen Meter über dem Meeresspiegel. 142

Ansicht des Bimini-Walls, die eine in der Mitte der Anlage herablaufende Vertiefung oder Furche zeigt.
Ein Taucher bei der Erforschung eines Kanals im Bimini-Wall. . . 143

Zusammenschluß riesiger, den Bimini-Wall einfassender Monolithen.
Luftaufnahme des Meeresbodens südlich von Bimini.
Luftaufnahme der abfallenden Ostküste von Cay Lobos, Bahamas. 144

Steinfries von den Maya-Ruinen in Cobá mit der stilisierten Schilderung der Rettung aus einer Katastrophe. 145

Ansicht von Berghängen mit sichtbarer Meereserosion in der Nähe von Ancón, Peru.
Taucher auf dem höchsten Punkt einer überfluteten Akropolis im Ägäischen Meer, in der Nähe der Insel Melos. 146

Die Cheops-Pyramide. Messungen lassen darauf schließen, daß sie
als riesiger Wegweiser und als astronomische Uhr diente.
Kyklopische Mauern in der Festung Sacsahuaman, Peru. 147

Die Schwarze Pagode von Konarak, Indien.
Goldarbeit aus einem präkolumbianischen Grab. 148

Luftbild der Nasca-Linien in Peru.
Maya-Steinrelief aus Palenque, Chiapas, Mexiko. 149

Piri-Reis-Landkarte. 150

Bennicasa-Karte aus dem Jahr 1482. 151

Buache-Karte aus dem Jahr 1737. Sie zeigt die Antarktis ohne
Eis. 152

Spurlos

Charles Berlitz

in Zusammenarbeit mit J. Manson Valentine:

Spurlos

Neues aus dem Bermuda-Dreieck

Mit 39 Abbildungen

»Spurlos« ist die Fortsetzung des Weltbestsellers »Das Bermuda-Dreieck« –
mit sechs Millionen Exemplaren und in 22 Sprachen übersetzt der größte
Sachbucherfolg der vergangenen Jahre.
Charles Berlitz erschloß sensationelle neue Informationsquellen und erhärtete
damit überzeugend das bisherige Beweismaterial vom Bermuda-Dreieck.
In »Spurlos« berichten Seeleute, Bootsbesitzer, Passagiere und Fischer
über bisher verschwiegene Katastrophen, geheimnisvolle Naturphänomene,
Meeresungeheuer und UFOs.
Das Bermuda-Dreieck ist eine Herausforderung, unsere begrenzte Wahr-
nehmung zu erweitern. »Spurlos« ist ein Wegweiser in die Zukunft.

»Ein sensationelles Buch, das vor allem durch die Fülle des Materials und
dessen sorgfältige Bearbeitung besticht.«   *Bücherkommentare*

Vollständige Taschenbuchausgabe
Droemersche Verlagsanstalt Th. Knaur Nachf.
München/Zürich
Lizenzausgabe mit freundlicher Genehmigung des
Paul Zsolnay Verlages, Wien/Hamburg
© Paul Zsolnay Verlag Gesellschaft m.b.H., Wien/Hamburg 1977
Alle Rechte vorbehalten durch Paul Zsolnay Verlag
Titel der Originalausgabe »Without a Trace«
© 1977 by Charles Berlitz
Berechtigte Übersetzung von Karin S. Krausskopf

Dieses Buch ist all jenen gewidmet, die sich um die Lösung des Bermuda-Dreieck-Rätsels bemüht haben, sei es durch den Einsatz ihrer Erfahrung, ihres Wissens, ihrer Zeit, ihrer technischen Ausrüstung, ihrer finanziellen Mittel – und in tragischen Fällen sogar durch den Einsatz ihres Lebens.

Inhalt

Vorwort 9

1 Das Geheimnis verdichtet sich 11

2 Reisen in die Vergessenheit: Eine makabre Bilanz 27

3 Nachrichten von den Verschollenen (und den fast Verschollenen) 47

4 Eine kosmische Tarnung? 63

5 Das versunkene Atlantis – im Bermuda-Dreieck wieder entdeckt? 97

6 Berichte vom Rande der Realität 115

7 Die andere Seite der Zeit 137

8 Welten außerhalb und innerhalb unserer Raum-Zeit-Dimension 165

9 Die Lücke schließt sich allmählich 191

10 Wege in andere Welten 203

Danksagung 219

Bibliographie 221

Bilderverzeichnis 223

Vorwort

Ich bin der Autor des Buches *Das Bermuda-Dreieck**, das in den Jahren 1975/76 eine heftige Kontroverse auslöste und Verkaufsziffern von über 5 Millionen in Englisch und 20 anderen Sprachen erreicht hat und dessen deutsche Ausgabe seit Erscheinen auf den Bestsellerlisten steht. Ich werde oft gefragt, weshalb das Bermuda-Dreieck, ein Gebiet zwischen der Ostküste Floridas, der Sargasso-See und den Bermuda-Inseln, in dem seit über einem halben Jahrhundert Flugzeuge und Schiffe spurlos verschwinden, weshalb dieses Bermuda-Dreieck ein derartiges Interesse in allen Teilen der Vereinigten Staaten, ja sogar in der ganzen Welt erregt. Die Faszination des Bermuda-Dreiecks beruht auf dem Geheimnis, das es umgibt, und den dort drohenden unbekannten Mächten und Gefahren, die den Tod oder aber das Verschwinden in ein »Nichts« bewirken können – wahrhaftig eine zugkräftige Kombination!

Da inzwischen eine stattliche Anzahl von Büchern und unzählige Zeitungs- und Zeitschriftenartikel erschienen sind, von denen die meisten sich mit dem Geheimnis des Bermuda-Dreiecks befassen, während einige behaupten, daß es ein solches gar nicht gäbe, was, so könnte man fragen, ist nun der Zweck eines weiteren Buches über das Bermuda-Dreieck?

Das vorliegende Buch will jene Ungläubigen weder zurechtweisen noch aufklären, noch von der realen Existenz dieses Geheimnisses überzeugen, sondern möchte bisher noch nicht behandelte sowie neue Vorfälle und gegenwärtige sich im Bermuda-Dreieck abspielende Vorgänge näher untersuchen. Diese scheinen sich nahtlos in ein größeres Mosaikbild einzufügen und auch weiter und tiefer in geheimnisvolle Bereiche von zunehmend sich erweiternden, ja vielleicht sogar unendlichen Dimensionen zu führen.

Seit dem Erscheinen des *Bermuda-Dreiecks* habe ich Tausende von Briefen von Lesern in den Vereinigten Staaten und Berge von Post aus der ganzen Welt sowie Telefonanrufe zu allen Tages- und Nachtzeiten erhalten. Mehr als die Hälfte dieser Briefe und Anrufe stammten von Personen, die selbst ungewöhnliche Erlebnisse im Dreieck hatten. Nachdem mein Buch nun dieses Thema offen angeschnitten hatte, wollten sie mir ihre Erlebnisse mitteilen, mit denen sie auf derartigen Unglauben oder Spott gestoßen waren, daß sie selbst begonnen hatten, alles nur für eine

---

* Paul Zsolnay Verlag, 1975 (auch als Knaur-Taschenbuch, Band 3500)

Einbildung zu halten. Andere, und zwar sowohl Angehörige der amerikanischen Marine und Luftwaffe sowie Angestellte von Fluggesellschaften, waren scharf verwarnt worden, die beobachteten Vorfälle nicht zu erwähnen. Bei meinen Vorträgen, die ich seit Erscheinen meines Buches in Nordamerika und Europa gehalten habe, meldet sich fast unweigerlich immer ein ehemaliger Soldat oder Angehöriger der Handelsmarine, der bei einem mysteriösen Unglück überlebte, mit einem Stegreifbericht über ein Erlebnis zu Wort, über das er bis dahin nicht sprechen konnte oder nicht zu sprechen wagte.

Es war, als sei durch die Veröffentlichung des *Bermuda-Dreiecks* ein bisher ungenütztes Reservoir von Informationen unversehens erschlossen worden, und zwar von Informationen, die, obwohl sie eine Vielzahl von Erklärungen zulassen, auf eine Erklärung hinzuweisen scheinen, die so ungewöhnlich ist, daß sie fast unvereinbar ist mit unseren normalen Denkkonzeptionen.

Durch die Berichte dieser vielen Zeugen und Überlebenden konnte ermittelt werden, daß die Zahl der verschwundenen Menschen, Flugzeuge und Schiffe sehr viel höher ist als ursprünglich errechnet und daß viel mehr Personen, die an Bord eines Flugzeuges oder Schiffes dieses Gebiet überquerten, dort Dinge erlebten, die ihnen damals ebenso unerklärlich, ja unglaublich erschienen wie uns heute, die sich jedoch möglicherweise durch eine umfassende Theorie erklären lassen, so unglaubhaft diese Theorie als solche auch erscheinen mag.

Zu diesen neuen oder bisher nicht bekannten Erlebnissen kommen noch die recht unerwarteten Ergebnisse hinzu, die eine Reihe von privat finanzierten Expeditionen ins Bermuda-Dreieck erbrachten, die 1975 und 1976 unter Einsatz von Booten, Flugzeugen und Scuba*-Tauchern, oder auch einer Kombination von allen dreien, durchgeführt wurden.

Es ist nicht mehr notwendig, das Tabu zu brechen, welches einst das Thema »Bermuda-Dreieck« umgab. Heute geht es darum, diese neuen Fakten zu untersuchen, und das nicht nur, um mehr über eine offensichtlich gefährliche Zone in Erfahrung zu bringen und Normen für eine relative Sicherheit aufzustellen, sondern auch, um die in unserer eigenen, manchmal unmittelbaren Umwelt existierenden rätselhaften Phänomene näher zu ergründen. Bestimmte, allgemein bekannte Gebiete sind trotz ihrer bereits erfolgten oberflächlichen Erforschung vielleicht nicht immer das, was sie zu sein scheinen.

---

* Scuba: Abkürzung für die englische Bezeichnung *self contained under water breathing apparatus*, also die moderne Tauchausrüstung mit Sauerstoff-Flasche. *(Anm. d. Übers.)*

I

Das Geheimnis verdichtet sich

Obwohl bis zu den siebziger Jahren Informationen über das Bermuda-Dreieck von quälender Unklarheit waren, gab es eine Reihe von Menschen, die schon seit langem mehr darüber wußten: Piloten der Zivil- und Militärluftfahrt, Besatzungsmitglieder von Marine- und Handelsschiffen, Fischer, Reporter und Forscher, aber auch Teile der Bevölkerung jenes Gebietes, das im Norden von den Bermudas begrenzt wird, im Westen von Florida und im Osten von einem Punkt im Ozean in der Nähe des 40. westlichen Längengrades. Viele dieser Menschen, und besonders jene, die das Gebiet an Bord eines Schiffes überquert oder im Flugzeug überflogen hatten, schwiegen entweder völlig oder zumindest weitgehend über das, was ihnen dort widerfahren war. Der Grund für ihr Schweigen war entweder die Angst, ausgelacht und unglaubwürdig zu werden, oder sogar die abergläubische Befürchtung, daß es Unglück bringen könnte, wenn sie darüber sprächen.

Ein junger Mann, der an der Atlantikküste Floridas aufwuchs und auch heute noch ungenannt bleiben möchte, drückt das folgendermaßen aus:

Wir hörten ab und zu einiges über das Dreieck, aber niemand schien offen darüber sprechen zu wollen. Als Kinder hörten wir manchmal die Erwachsenen darüber reden – ziemlich seltsame Dinge. Man mußte sie aber schon richtig ausquetschen, um etwas darüber zu erfahren. Man konnte nicht einfach zu ihnen gehen und fragen: »Was geht eigentlich in diesem Dreieck vor?«

Meldungen über dieses sonderbare Gebiet, in dem seit vielen Jahren – und bis zum heutigen Tag! – Flugzeuge und Schiffe mit Passagieren und Besatzungen spurlos verschwinden, und das im allgemeinen bei guten Wetterverhältnissen, erschienen meistens in der Tagespresse oder in Form von kurzen Hinweisen in Büchern, die nicht mehr zur Folge hatten, als die Neugier der Leser zu wecken.

Das uns heute über das Bermuda-Dreieck vorliegende Informationsmaterial ist sowohl hochinteressant wie makaber: In einem Dreiecks-Gebiet im westlichen Atlantik zwischen den Bermudas, Florida und dem 40. Längengrad ist in den letzten dreißig Jahren eine geradezu unheimliche Anzahl von Schiffen und Flugzeugen verschwunden, ohne den geringsten Hinweis auf das, was ihnen widerfuhr, zu hinterlassen, denn es wurden nie irgendwelche Wrackteile noch Überlebende gefunden. Schiffe und Flugzeuge verschwanden, wie von anderen Luft- und Seefahrzeugen aus beobachtet wurde, in einem örtlich begrenzten Nebel oder einer Wolke – und kamen nicht wieder zum Vorschein. Große und kleine Schiffe, manche mit Besatzungen von 300 Mann, verschwanden, ohne daß man jemals irgendeine Erklärung dafür fand. Militärflugzeuge und Passagiermaschinen verschwinden, während sie zur Landung ansetzen. Die British South American Airlines verlor drei vollbesetzte Maschinen, zwei davon im Bermuda-Dreieck, nachdem sie ganz normale Funksprüche durchgegeben hatten, und die dritte, nachdem sie das Dreieck überflogen und ein letztes unverständliches Alarmwort gefunkt hatte. Von erfahrenen Piloten gesteuerte Flugzeuge der amerikanischen Luftwaffe und Marine verschwanden bei gutem Wetter ohne einen SOS-Ruf oder eine MAYDAY-Meldung. In einem besonders aufsehenerregenden Fall verschwand im Dezember 1945 ein ganzer Schwarm von Marineflugzeugen auf einem Übungsflug, bei dem ihr Stützpunkt in Fort Lauderdale, Florida, ihre Verständigung über Funk mithören konnte, obwohl die Piloten den Kontrollturm nicht hören konnten. Es ging in ihren Funksprüchen um kreiselnde Kompasse, ausfallende Höhenmesser und Navigationsinstrumente, um eine allgemeine Unsicherheit über ihre Position sowie um eigenartige Bemerkungen über »weißes Wasser« und das Meer, das nicht so »aussah, wie es sollte«. Ein Rettungsflugzeug, das zu ihrer Hilfe losgeschickt wurde, verschwand ungefähr zu dem Zeitpunkt, als es in das Suchgebiet kam.

Falls all diese Vorgänge kein völlig mysteriöses Rätsel sind, so kommen sie einem solchen doch sehr nahe.

Das Rätsel wird noch undurchdringlicher durch die Tatsache, daß viele dieser Fälle spurlosen Verschwindens anscheinend nicht durch Stürme oder Hurrikane verursacht wurden, da die überwiegende Zahl sich bei gutem Wetter ereignete. Außerdem hinterläßt fast jedes derartige Unglück irgendwelche Spuren – seien es treibende oder an den Strand gespülte Wrackteile, Rettungsboote oder Flöße oder auch nur Ölflecke auf der Wasseroberfläche. In keinem der Fälle wurde trotz umfangreicher Such- und Rettungsaktionen irgend etwas dieser Art gefunden. Auch die von einigen Flugzeugen kurz vor ihrem Verschwinden gesandten Funksprüche enthielten keinerlei Hinweis auf irgendwelche aufgetretenen Schwierigkeiten. Mit einem Wort: Den einen Augenblick ist noch alles bestens in Ordnung, und im nächsten sind sie plötzlich ohne jegliche Vorwarnung verschwunden. Es ist fast so, als hätte sie etwas vom Himmel gefegt oder ein jäher, gigantischer Strudel sie in die Tiefen des Meeres gerissen, oder als hätte eine unbekannte Macht ihre Auflösung bewirkt. Was immer der Grund für dieses Verschwinden sein mag, die Anzahl der

Fälle ist höchst beunruhigend. Nachdem der Vorhang des Schweigens einmal gelüftet war und Berichte über bis dahin unbekannte Fälle einzutreffen begannen, erwies sich, daß die Zahl von 100 Schiffen und Flugzeugen und 1000 spurlos im Dreieck verschwundenen Menschen viel zu niedrig gegriffen war und die doppelte Anzahl dem Tatbestand näher kam. (Allein in den Jahren 1974 bis 1976 verschwanden über 600 Jachten und andere Segel- und Motorboote vor den Küsten der Vereinigten Staaten, und viele davon im Bermuda-Dreieck.)

Die bisher veröffentlichten Bücher und Artikel über das Bermuda-Dreieck haben sich im allgemeinen mit einer Aufzählung der bekannten Fälle begnügt, in denen Schiffe, Flugzeuge und Menschen verschwanden, und dann »den Fall abgeschlossen«, indem sie die Verluste auf leicht erklärbare oder unbekannte Gründe zurückführten. Da es nie irgendwelche Überlebende gab, konnten die näheren Umstände des Verschwindens schwerlich ausführlich behandelt und miteinander verglichen werden. Man machte sich meistens nicht klar, daß viele Menschen ungewöhnliche, sich an der Grenze des Normalen bewegende Erlebnisse im Dreieck hatten und nicht verschwunden waren. Sie hatten darüber geschwiegen und diese Erlebnisse für sich behalten oder sie nur im engsten Familien- oder Kollegenkreis erzählt.

Schon in den ersten Monaten nach Erscheinen meines Buches *Das Bermuda-Dreieck* trafen Tausende von Briefen und Anrufen bei meinen Verlegern und den Radio- und Fernsehstationen ein, die Sendungen über das Bermuda-Dreieck gebracht hatten, ferner bei den Redaktionen von Zeitungen und Zeitschriften, die Artikel über das Buch veröffentlichten, und auch bei mir selbst. Sie kamen vorwiegend von Menschen, die von ihren Erlebnissen im Dreieck erzählen wollten, was sie bis dahin wegen der allgemein herrschenden Skepsis derartigen Phänomenen gegenüber nicht gewagt hatten, aber auch aus Angst, sich lächerlich zu machen oder ihre Karriere zu gefährden. In einigen Fällen hatten die betreffenden Personen das Erlebte der jeweils zuständigen Stelle gemeldet, doch waren derartige Berichte ignoriert oder spöttisch abgetan worden oder ganz einfach zu den Akten gewandert. Diese Berichte von »Überlebenden«, falls man sie so bezeichnen kann, kamen aus allen Teilen der Vereinigten Staaten, aus Kanada, England, von den Inseln im Bermuda-Dreieck und aus anderen Ländern der englischsprechenden Welt. Sie stammten von Seeleuten, Bootsbesitzern, Piloten und Passagieren und vor allem von ehemaligen Angehörigen der amerikanischen, kanadischen und englischen Luftwaffe und Marine sowie denen anderer Länder des britischen Commonwealth, die Augenzeugen eigenartiger Vorfälle im Dreieck wurden. Viele von ihnen schickten Kopien von Flugberichten oder Logbucheintragungen mit, um die Richtigkeit ihrer Aussagen zu beweisen.

(Der Nachdruck liegt hier auf dem Wort »ehemalige«, da aktive Angehörige der Luftwaffe und Marine eine verständliche Abneigung dagegen haben, namentlich zitiert zu werden.) Eine Anzahl von Berichten kam außerdem von Angehörigen der auf so mysteriöse Weise Verschollenen, in der Hoffnung, daß der Autor vielleicht etwas wußte, was sie bei den Behörden nicht hatten in Erfahrung bringen können, wobei sie andeuteten, daß ihnen aus nicht genannten Gründen anscheinend nähere Auskünfte vorenthalten worden waren.

Als dann *Das Bermuda-Dreieck* in 20 Sprachen übersetzt wurde und ich Vortragsreisen ins Ausland unternahm, erhielt ich aus vielen Ländern, darunter auch aus solchen hinter dem Eisernen Vorhang, Berichte in einer Art weltweiter Bermuda-Dreieck-Détente. Es kamen Berichte aus Japan, in denen das Dreieck mit der sogenannten Teufelssee vor der japanischen Küste verglichen und ein möglicher Zusammenhang zwischen beiden vermutet wurde; aus Deutschland, wo Astronomen die Vermutung äußern, daß das Bermuda-Dreieck eine Art offenes Fenster zum Kosmos darstellt; aus Indonesien, wo man – genau wie im Dreieck – große Schiffe treibend auffand, auf denen sich aus völlig unerklärlichen Gründen weder Passagiere noch Besatzungsmitglieder befanden; aus Australien und Neuseeland, wo man Raum- und Zeit-Anomalien in den Weiten des Pazifiks feststellte; aus Argentinien und Brasilien, vor deren Küsten es eine Anomalie-Zone gibt, in der seltsame Fahrzeuge aus dem Meer aufzutauchen und himmelwärts zu fliegen scheinen; aus Spanien, wo ein führender Forscher UFO-Sichtungen in der Karibik mit anderen »Wundern« der Vergangenheit und dämonischen Erscheinungen in Verbindung bringt; und schließlich auch von den Bermudas selbst, auf denen durch das allgemeine Interesse an den rätselhaften Vorgängen Erinnerungen an andere, bisher nicht bekanntgewordene Fälle von Verschwinden wach wurden.

Bei der Mehrzahl dieser Berichte geht es übereinstimmend um anormale elektromagnetische Aberrationen und dadurch bedingt um kreiselnde Kompasse, Ausfallen der Höhen- bzw. Tiefenmesser, der Funk- und Radargeräte, falsches Funktionieren der Instrumente und Motoren sowie Störungen in den elektrischen Anlagen. Manche Berichte erzählen außerdem von hell leuchtenden, blinkenden Lichtern am nächtlichen Himmel oder unter der Meeresoberfläche, von plötzlich auftretenden Feuerscheinnebeln, von UFO- und USO-Sichtungen, unerklärlichem Zeitverlust oder Gewinn bei Flügen sowie von dem durch Augenzeugen belegten Auftauchen von »Geisterschiffen« und Flugzeugen, die völlig lautlos erscheinen und wieder verschwinden oder zerschellen, ganz so, als spiegle sich ein Vorfall der Vergangenheit in der Gegenwart wider.

Viele dieser Berichte handeln von bisher nie gemeldeten Phänomenen, die, obwohl scheinbar kein näherer Zusammenhang zwischen ihnen besteht, möglicherweise aufschlußreich im Hinblick auf das große Geheimnis des Dreiecks sein können.

Einige dieser neuen Berichte erzählen auch von hellen Lichtern, die sich nachts über dem Meer und im Meer fortbewegen und offensichtlich mit den elektronischen Störungen und dem plötzlichen Energieausfall auf all den Schiffen und Flugzeugen zu tun haben, die sich in deren Nähe befinden. Andere berichten, wie geschleppte Boote verschwanden, als sich ein scharf abgegrenzter Nebel um sie bildete. Ein Pilot erzählt von unglaublichen magnetischen Stürmen mit violetten Blitzen von über fünf Sekunden Dauer, die einen scharfen Geruch nach verbranntem Sauerstoff hinterließen.

Einige Berichte grenzen an das Übernatürliche:

- Eine Cessna 172 wird von einer Wolke »verfolgt«, die den Ausfall ihrer Instrumente bewirkt, wodurch der Pilot die Orientierung verliert und abstürzt. Überlebende Passagiere bezeugen diesen Vorfall.
- Eine Beechcraft Bonanza fliegt vor Andros in eine riesige Kumuluswolke, verliert die Funkverbindung und erlangt sie nach vier Minuten wieder, befindet sich jetzt aber über Miami, mit 95 Liter Benzin mehr, als vorhanden sein dürften – denn dieses Mehr an Benzin ist genau die Menge, die es für den Flug von Andros nach Miami *normalerweise gebraucht hätte.*
- Eine Boeing 727 der National Airlines verschwindet für eine Zeit von zehn Minuten vom Radarschirm des Kontrollturms. Der Pilot fliegt in dieser Zeit durch einen leichten Nebel, wie er meldet. Bei der Landung stellt man fest, daß sämtliche Uhren an Bord des Flugzeugs sowie der Chronometer im Cockpit genau zehn Minuten nachgehen, und das, obwohl eine halbe Stunde vor der Landung die Uhrzeit über Funk verglichen wurde.
- Bei einem Eastern-Airlines-Flug erhält das Flugzeug plötzlich einen gewaltigen Stoß, sackt ab und muß eine nicht geplante Zwischenlandung vornehmen. Besatzung und Passagiere entdecken, daß ihre Uhren alle im Moment des Stoßes stehengeblieben sind; der Rumpf des Flugzeugs weist außerdem Spuren auf, die auf einen hochgradigen Hitzeschock oder eine elektrische Entladung schließen lassen.

Andere Berichte lassen eine Art Zeit-Verzerrung oder Wiederholung vergangener Ereignisse vermuten:

- Hunderte von Menschen sehen am hellichten Tag, wie ein Flugzeug vor einem vielbesuchten Strand in das seichte Wasser abstürzt, doch werden keinerlei Überreste oder Spuren gefunden.

- Eine Cessna 172 wird vom Kontrollturm der Insel Grand Turk in den Bahamas gesichtet, aber der Turm kann mit der Pilotin Carolyn Coscio nicht sprechen, obwohl er hört, wie sie zu ihrem Passagier sagt, sie müßten sich über der falschen Insel befinden, weil »da unten nichts ist«. Und damit verschwinden die Pilotin und ihr Passagier für immer.
- Ein wachhabender Matrose eines Frachters sieht plötzlich, daß sein Schiff auf Kreiskurs geht und alle Navigationsinstrumente ausfallen. Wenige Sekunden später fegt ein dicht über das Schiff dahingleitender »Feuerball« den Matrosen fast über Bord.
- Ein Besatzungsmitglied der *Queen Elizabeth 2* sieht ein Flugzeug direkt auf sein Schiff zufliegen. Als es noch etwa hundert Meter entfernt ist, verschwindet es im Meer. Das Wasser öffnet sich lediglich – geräuschlos und ohne bei einem derartigen Absturz hoch aufzuschäumen. Es werden auch keine Wrackteile und nicht der geringste Ölfleck gefunden.
- Schiffskapitäne tragen gesichtete Schiffe mit Namen in ihre Logbücher ein, doch diese Schiffe sind seit langem als gesunken oder verschollen registriert.
- Ein riesiger Wasser-»Halbmond« steigt aus dem Meer auf und wird von der Besatzung der U.S. *Josephus Daniels*, einem Zerstörer für ferngelenkte Raketen, gesichtet. Das Schiff ändert seinen Kurs. Das Logbuch wird im Hafen überprüft, aber dem Kapitän des Schiffes nicht zurückgegeben.

Diese Berichte, die zum Teil aus jüngster Vergangenheit stammen und mit denen wir uns noch näher befassen werden, sind nur ein Beispiel für die verschiedenen Phänomene, die im Bermuda-Dreieck auftreten. In Verbindung mit den Statistiken der letzten dreißig Jahre geben sie uns vielleicht einen Hinweis darauf, welche Kräfte in diesem rätselhaften Gebiet wirksam sind und was all jenen Flugzeugen, Schiffen und Menschen widerfahren ist.

Dieses ungeheure Informationsmaterial über persönliche Erlebnisse erweist sich, auch wenn man die Möglichkeit von Halluzinationen oder Fehldeutungen nicht ausschließt, vielleicht als eine Hilfe bei der Ent-

BERMUDA TRIANGLE EXPEDITION: This individual seeks communications with anyone willing to go into it with space equipment. Objective is to get back to earth. I need men, women, equipment, money. Send a self addressed stamped envelope with your inquiry to: Mason Financial, Box 1114, Denton, Texas 76201.

Eine der vielen Zeitungsannoncen, in denen Freiwillige für Expeditionen in das Dreieck gesucht werden. Eine Anzahl von Expeditionen im Jahr 1975 brachte unterschiedliche Ergebnisse. Eine größere Schnapsbrennerei startete eine eigene Expedition für Unterwasseraufnahmen, auf denen zuletzt die Taucher gezeigt werden, wie sie einander zuprosten, weil sie den Gefahren im Dreieck entronnen sind.

schlüsselung eines Rätsels, das es noch zu lösen gilt, trotz der lautstarken Gegner, die seine Existenz abstreiten.

Die Gegner der Theorie vom Bermuda-Dreieck vertreten eine starre konventionelle Meinung, die vor allem bei Ozeanographen, Naturwissenschaftlern, Meteorologen und Aeronauten zu finden ist. Diese Gruppe nimmt meistens einen Standpunkt ein, der einer – oder mehreren – der folgenden Kategorien entspricht:

1. Das Aufsehen rund um das Bermuda-Dreieck entspringt lediglich Sensationshascherei.
2. Es gibt das Bermuda-Dreieck gar nicht, weder als Gefahrenzone noch überhaupt als Zone.
3. Falls es wirklich eine Zone mit magnetischen Anomalien gibt, sind diese nicht stark genug, um Anlaß zu ernsthafter Besorgnis zu geben.
4. Jedes ungeklärte Verschwinden kann automatisch so lange als »rätselhaftes Phänomen« bezeichnet werden, bis die Ursachen des Unglücks geklärt sind.
5. Flugzeugabstürze oder Explosionen während des Flugs können viele Ursachen haben. Der Mangel an Beweismaterial wird allzuleicht und allzugern mit der Binsenwahrheit »Der Ozean ist groß« erklärt.
6. Die verschwundenen Schiffe gingen möglicherweise in plötzlich aufkommenden Stürmen oder infolge von Seebeben unter, wurden vielleicht gekapert, neu gestrichen und umgetauft oder von größeren Schiffen gerammt und in die Tiefe gerissen.

Die Kritik an der Theorie vom Bermuda-Dreieck seitens der obengenannten Gruppe ist durchaus verständlich, vor allem jene der Flug- und Schiffahrtsgesellschaften. Bemerkenswert ist jedoch, daß einige der erbittertsten Gegner dieser Theorie, die – ganz im Gegensatz zu Linienpiloten mit persönlichen Erfahrungen und Erlebnissen in diesem Gebiet – jegliche Existenz rätselhafter Phänomene in dem vom Bermuda-Dreieck umschlossenen Teil des Atlantiks bestreiten, entweder noch nie Gelegenheit hatten, dieses Gebiet persönlich zu besuchen, oder es nicht für nötig hielten, sich an Ort und Stelle durch eigene Beobachtungen ein Urteil zu bilden, oder aber es bisher geschickt zu vermeiden wußten, in seine Nähe zu kommen.

Was nun die Ozeanographen, Geologen und Meteorologen betrifft, die das Dreieck kennen, so ist es auch bei ihnen verständlich, daß sie nicht bereit sind, die Möglichkeit geheimnisvoller Vorgänge bei den unzähligen Fällen von spurlosem Verschwinden zuzugeben und nur das Auftreten von Wirbelstürmen sowie ungünstige Wetterverhältnisse gelten lassen. Derart simplifizierte Erklärungen liefern jedoch keine Antwort auf die

Frage, weshalb nie irgendwelche Wrackteile gefunden werden, ein Phänomen, das nur im Bermuda-Dreieck beobachtet wurde. Es gibt bei diesen Fällen keine Überlebenden, keine Rettungsboote, Flöße oder Ringe, keine Wrackteile oder Ölflecke, ja nicht einmal Haifische wurden gesichtet, die man normalerweise nach dem Absturz eines Flugzeugs oder dem Sinken eines Schiffs in diesem Meeresgebiet unweigerlich an der Unglücksstelle antrifft.

Gerade diese Tatsache ließe sich nach Meinung vieler, die an das Wirken unbekannter Kräfte im Dreieck glauben, durch die Hypothese erklären, daß die Flugzeuge und Schiffe mit ihren Besatzungen und Passagieren vielleicht gar nicht im Meer versanken, sondern vielmehr zum Himmel emporstiegen – durch eine Umkehr der Schwerkraft oder das Eingreifen außerirdischer Wesen. Vielleicht auch wurden sie in eine andere Dimension versetzt, und zwar durch Auflösung oder Dematerialisation in einem extrem starken magnetischen oder ionisierten Feld, wobei letzteres vielleicht durch Flugschneisen entsteht, die von außerirdischen Weltraumfahrzeugen benutzt werden.

Genau diese Theorien veranlassen Mitglieder des wissenschaftlichen Establishments und der Regierungsbehörden, sogar die Existenz des Bermuda-Dreiecks zu bestreiten, während weiterhin Flugzeuge und Schiffe in beunruhigend hoher Zahl spurlos in diesem Gebiet verschwinden. Es ist einfacher und weniger riskant, das Auftreten eines Phänomens zu leugnen, als zu versuchen, das Unerklärliche zu erklären und Mächte oder uns unbekannte, wissenschaftlich noch nicht »akzeptierbare« Kräfte in Betracht zu ziehen und sich – bestenfalls – Sensationshascherei, Utopismus und überhitzte Phantasie vorwerfen zu lassen.

Für den Siebenten Distrikt der amerikanischen Küstenwache, zuständig für die Such- und Rettungsaktionen bei Schiffs- und Flugzeugunglücken in diesem Gebiet, ist das Bermuda-Dreieck aufgrund der laufenden Anfragen besorgter Touristen oder Bootseigner, die es überqueren möchten, durchaus ein Begriff. Um diese für eine individuelle Bearbeitung viel zu zahlreichen Anfragen zu beantworten, hat der Siebente Küstenwachdistrikt einen Standardbrief verfaßt, in dessen erstem Absatz dem Empfänger versichert wird, daß es das sogenannte Bermuda-Dreieck oder Teufelsdreieck nur in der Vorstellung gibt; anschließend wird jedoch seine geographische Lage mit ihren Begrenzungen beschrieben wie auch die für ein Magnetfeld typischen Charakteristika.

Obwohl es höchst unwahrscheinlich wäre, wenn die Küstenwache eine andere Erklärung als »menschliches Versagen« oder »meteorologische Ursachen« gelten ließe, sind gewisse Stellungnahmen ihres Hauptquartiers recht interessant, so z. B. jene, mit der eine Frage nach dem Bermuda-Dreieck beantwortet wurde:

...Die amerikanische Marine versucht mit einem Projekt... bei dem elektromagnetische Schwerkraft und atmosphärische Störungen erforscht werden sollen, dem Geheimnis auf den Grund zu gehen... Manche Experten halten es für möglich, daß irgendwelche derartigen Störungen die Auflösung jener Flugzeuge im Jahr 1945 verursachten...

Bei einem Presseinterview in San Francisco wurde ich vor kurzem von einem Reporter gefragt, ob es auch in jüngster Vergangenheit Fälle von Verschwinden gegeben hätte. Ich erwiderte, daß ein Flugzeug in der vergangenen Woche verschwunden sei, und sagte, daß diese sich im Bermuda-Dreieck ereignenden Fälle keineswegs nur eine Fußnote in der Geschichte der Luft- und Seefahrt darstellten, sondern mit einer durchschnittlichen Quote von fast einem Schiff oder einer Jacht pro Woche und einem Flugzeug alle vierzehn Tage weitergingen. Diese Angaben stützten sich auf an Ort und Stelle gemachte Beobachtungen von Dr. Manson Valentine und anderen Kollegen, die gegenwärtig das Dreieck in den Gewässern vor Miami, Fort Lauderdale, der Küste Floridas und in den Keys und um die Bahamas und Bermudas erforschen.
Ein Reporter rief daraufhin den Siebenten Küstenwachdistrikt an, um sich zu erkundigen, was man dort von diesem »sensationellen« Bericht hielt. Auf die Antwort war er allerdings nicht vorbereitet. Die Küstenwache erklärte, daß diese Zahlen »nicht übertrieben« klängen. Das heißt natürlich nicht, daß die Küstenwache glaubt, die auf diese Weise verschwundenen Menschen seien die Beute von Meeresungeheuern, außerirdischen »Spacenappern« oder das Opfer einer durch extrem starke Magnetkräfte bewirkten Auflösung geworden. Es gibt viele andere irdische Möglichkeiten, wie z. B. Meuterei, Piraterie und Identitätswechsel. Schiffe und Flugzeuge verschwinden jedoch weiterhin, ohne daß man eine Spur von ihren Passagieren oder Besatzungen findet.
Aktive sowie ehemalige Angehörige der amerikanischen Marine scheinen über den rätselhaften Charakter der Vorgänge im Bermuda-Dreieck geteilter Meinung zu sein. Der Marineadmiral a. D. Samuel Elliot Morison bezweifelt nach der einleitenden lakonischen Bemerkung »Es ist fast alles Humbug« die Richtigkeit der von Kolumbus gemachten Beobachtung der »geheimnisvollen leuchtenden weißen Wasser« in den Bahamas. Wie fragwürdig Kolumbus' Bericht darüber auch sein mag, er beobachtete nicht nur die leuchtenden Wasserstreifen, sondern berichtete auch von einer Erscheinung, wie wir heute als UFO bezeichnen würden, die Kolumbus jedoch als eine »schlecht brennende« (oder flackernde) Kerze oder Fackel beschrieb, die einen Funkenschweif hatte, sein Schiff umkreiste und dann ins Meer stürzte.

Ein von der Zeitschrift *Time Magazine* zitierter Sprecher der amerikanischen Marine schlug mit mäßig gelungener Ironie vor, daß ein »Dreieck«-Buch auch über »Das Sable-Dreieck« bei Kap Sable in Nova Scotia mit seinen Hunderten dort gestrandeten oder gesunkenen Schiffen geschrieben werden könnte. Was er hierbei nicht bedachte, ist der Umstand, daß ganz im Gegensatz zu anderen Unglücksgebieten für Schiffe, wie z. B. dem Kap Hatteras, Kap Hoorn, dem Kap der Guten Hoffnung, der Großen Australischen Bucht und Kap Sable, nicht eine Überfülle identifizierbarer Wracks für das Bermuda-Dreieck charakteristisch ist, sondern das spurlose Verschwinden von Schiffen, Flugzeugen und großen Menschengruppen.

Nicht alle Angehörigen der Marine und vor allem nicht alle Besatzungsmitglieder von Marineflugzeugen stimmen mit der offiziellen Stellungnahme der Marine zum Dreieck überein. Ein älterer Abwehroffizier vom

Dieser Aufkleber aus der Türkei ist typisch für das weltweite Interesse am Bermuda-Dreieck, selbst in geographisch weit entfernten Ländern.   *Foto: Milliyet-Yayinlari*

Hauptquartier des Dritten Marinedistrikts äußerte sich, ohne jedoch die Nennung seines Namens zu gestatten, folgendermaßen: »...In der Marine lacht niemand darüber. Wir haben schon immer gewußt, daß es etwas Sonderbares mit dem Bermuda-Dreieck auf sich hat. Aber keiner hat je herausgefunden, was es ist. Es scheint keinen physikalischen oder logischen Grund dafür zu geben. Es ist beinahe, als legte sich plötzlich eine Art elektronisches Tarnnetz über diese Schiffe.« Ein Mitglied der Untersuchungskommission, die sich mit dem Verschwinden der fünf TBM-Avenger-Bomber und des Martin-Mariner-Rettungsflugzeugs befaßte, das ihnen im Dezember 1945 vom Marinestützpunkt in Fort Lauderdale nachgeschickt wurde, drückte sich kürzer und bündiger aus, als er erklärte: »Wir haben nicht den Schimmer einer Ahnung, was dort draußen vor sich geht.«

Die Besatzungen von Militärflugzeugen sind ebenfalls geneigt, die unbekannten, im Dreieck wirksamen Kräfte weniger kategorisch abzulehnen. Ein Telefonanruf, den der Autor während eines Radiointerviews im Studio von Miami erhielt, kam von einem Flugkapitän der Marine, der sagte: »Ich bin Captain bei der Marine und habe 30000 Flugstunden in dem von Ihnen so genannten Bermuda-Dreieck hinter mir...« und nach kurzem Schweigen hinzufügte: »Und ich freue mich, daß endlich jemand den Mut hat und die Dinge beim Namen nennt, die uns Marinepiloten schon seit vielen Jahren bekannt sind.«

Die Direktoren der großen Fluggesellschaften verfolgen die Kontroverse um das Dreieck mit einem gewissen Mangel an Enthusiasmus. Eastern Airlines, die im Dezember 1972 in der Nähe des Flughafens von Miami eine Lockheed L-1011 auf dem Flug EA 401 durch Auflösung verlor, hat kürzlich in einer Nummer ihrer Flugzeitschrift einen Artikel mit dem Titel »Der große Rummel um das Bermuda-Dreieck« gebracht. Die Haltung der Fluggesellschaften wird nicht nur vom kommerziellen Standpunkt verständlich, sondern auch durch den Zeitaufwand, den die Beantwortung der häufigen Fragen seitens der Passagiere erfordert, die wissen wollen: »Wann kommen wir in das Bermuda-Dreieck?« oder »Fliegen wir über das Bermuda-Dreieck oder darum herum?« Umgekehrt ist Passagieren an den Informationsschaltern auf Flughäfen gelegentlich gesagt worden, daß die Flugzeuge, auf deren Landung sie warteten, Verspätung hätten, weil »der Pilot um das Dreieck herumfliegen wollte«.

Manchmal jagt der Pilot selbst den Passagieren einen Schreck ein, wie z. B. im Fall eines Charterfluges der Eastern Airlines von Nova Scotia in die Karibik im März 1975. Als der Pilot dicht an der Küste Floridas entlangflog, sagte er über den Lautsprecher: »Die auf der linken Seite sitzenden Passagiere können jetzt sehen, wo das berüchtigte Bermuda-Dreieck beginnt. Gott sei Dank fliegen wir nicht darüber!« Diese Art der

Darstellung verleiht Reisen in das Dreieck einen gewissen nervenkitzelnden Reiz, der noch von den Inselbewohnern gesteigert wird, die sogar einen Calypso über das Bermuda-Dreieck komponierten, der auf allen Tanzflächen mit begeisterten Zurufen begrüßt wird, wenn er erklingt. Es hat sich sogar eine Art schwarzer Humor bei den Fluggesellschaften zu dem Thema Bermuda-Dreieck herausgebildet. Ein Beispiel dafür: Einige Direktoren einer Fluggesellschaft befinden sich auf einem Flug zwischen den Bermudas und Florida, als einer von ihnen dem Captain im Scherz einen mit zittriger Hand gekritzelten Zettel bringen läßt, auf dem steht: »Wissen Sie, daß wir im Bermuda-Dreieck sind?« Worauf der Captain erwidert: »Kann mir jetzt nicht den Kopf zerbrechen. Meine Instrumente sind ausgefallen, und meine Kompasse kreiseln.« Die Position eines Schiffes erregt im Bermuda-Dreieck oft das Interesse der Besatzung und gibt Anlaß zu allen möglichen Kommentaren auf Marineschiffen und U-Booten. Robert Hayes aus White Plains, der früher als Maschinist auf der U.S.S. *Albany* (CG-10), einem schweren Kreuzer für ferngelenkte Raketen, fuhr, erinnert sich daran, wie mit großem Interesse über dieses Thema diskutiert wurde, als sie mit Kurs auf Mayport, Florida, das Bermuda-Dreieck durchfuhren:

Wir wußten, wann wir ins Dreieck kamen, weil einige der Radarspezialisten es anderen Besatzungsmitgliedern erzählten. Wir hatten eine große Karte – etwa zwei Quadratmeter groß – am Anschlagbrett, auf der laufend die Position des Schiffs eingetragen wurde. Irgend jemand zeichnete ein Dreieck auf der Karte ein, und so wußten alle Bescheid und redeten darüber. Jeder schien darüber zu sprechen und sich zu fragen, was da draußen vorging. Einer der Ersten Offiziere sagte: »Es ist eine Art Zeit-Verschiebung – sie herrscht da draußen, aber man kann sie nicht sehen.« Und ein anderer Offizier sagte: »Na, ich hoffe nur, wir werden nicht ein neuer rätselhafter Fall für die Statistik!«

Ob das Bermuda-Dreieck nun ein Gebiet ist, in dem geheimnisvolle Kräfte eine Gefahr für Flugzeuge, Schiffe und Menschen bilden oder nicht, eines ist es jedoch ganz gewiß: eine Zone magnetischer Anomalien und als solche auch auf Flug- und Seefahrtskarten, einschließlich jener der britischen Admiralität, eingetragen. Allen, die dieses Gebiet durchfahren oder überfliegen, ist bekannt, daß in ihm häufig die Kompasse kreiseln, die Höhen- bzw. Tiefenmesser falsch funktionieren, die Funkverbindung zeitweise abreißt, oft nicht zu identifizierende Lichter zu beobachten sind und heftige magnetische Stürme auftreten. Jeder Versuch, diese Phänomene mit dem authentisch belegten Verschwinden der vielen Flugzeuge, Schiffe und Menschen in Zusammenhang zu bringen, wird –

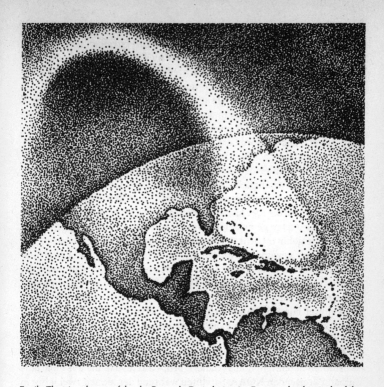

Es gibt Theorien, denen zufolge das Bermuda-Dreieck eine Art Raumsonde oder ein durch bestimmte Naturkräfte begünstigter Eintritt für außerirdische Besucher ist, welche die theoretische Krümmung von Raum und Zeit nutzen.

zumindest was die Öffentlichkeit betrifft – von den dafür zuständigen Behörden verhindert oder lächerlich gemacht und darüber hinaus zur Zielscheibe des Spottes in der Presse, anfangs nur in den USA und dann, als das Interesse am Bermuda-Dreieck weitere Kreise erfaßte, auch in den Pressemeldungen der ganzen Welt. Die folgenden Schlagzeilen sind typisch für die ironische Haltung der Presse wie auch für eine verständliche, aber nichtsdestoweniger törichte Simplifizierung von einigen der möglichen Erklärungen: »*Gibt es Kidnapper im Weltraum?*« – »*Das versunkene Atlantis blüht und gedeiht und kapert Flugzeuge und Schiffe!*« Eine englische Zeitung brachte die Überschrift »*Wie die ›Queen Elizabeth‹ um ein Haar in einem Weltraummuseum landete*« und eine Dubliner Zeitung meinte »*Ihre Freunde sind vielleicht in einem Zoo auf dem Mars*«, während französische Zeitschriften die rhetorische Frage stellten »*Was bewirkt die Auflösung von Flugzeugen und Schiffen im Bermuda-Dreieck?«* und deutsche Zeitungen sich mit *»Laserstrahlen vom Meeresboden«* und der Frage *»Gibt es ein Loch im Himmel?«* befaßten.

Ozeanographen und Meteorologen schreiben die eindeutig belegten Fälle von Verschwinden plötzlichen Wetterstürzen zu und erklären die Tatsache der fehlenden Wrackteile und Ölflecke als eine Folge des Golfstroms, der zwischen Florida und den Bahamas mit einer Durchschnittsgeschwindigkeit von 1,5 bis etwa 4 Knoten in nördlicher Richtung fließt. Nach dieser Theorie würde das Wrack eines Flugzeugs oder Schiffs von der Unglücksstelle nach Norden treiben und wäre dadurch in der Umgebung seiner letzten gemeldeten Position nicht aufzufinden. Da aber die Strömungsgeschwindigkeit des Golfstromes kein Geheimnis ist, sollte man logischerweise annehmen, daß die Such- und Rettungseinheiten der Küstenwache auf die Idee kämen, in dem dadurch zu errechnenden Gebiet sowie an der letzten gemeldeten Position zu suchen, was im allgemeinen zur Routine gehört. Nicht uninteressant ist außerdem die Tatsache, daß Meteorologen gewöhnlich im voraus die Schlechtwettereinbrüche und Stürme ermitteln, die jenem fächerförmigen, auch Teufelsdreieck genannten Gebiet drohen, das für die Meteorologen zumindest als eine charakteristische Zone, wenn nicht als Phänomen existent ist.

Ein weiterer Hinweis, durch den sich das Geheimnis des Dreiecks noch mehr verdichtete, kam von ganz unerwarteter Seite, und zwar von den Wettersatelliten. Professor Wayne Meshejian, ein Naturwissenschaftler am Longwood College in Virginia, der seit über drei Jahren mit seinen Assistenten Satellitenphotos studiert, beobachtete, daß die auf Polarumlaufbahn kreisenden NOAA-Satelliten während der letzten zwei Jahre in einer Höhe von 1200 Kilometern häufig falsch zu funktionieren begannen, und zwar nur über dem Bermuda-Dreieck. Bei der Bildaufnahme und Funkübermittlung durch die Satelliten zur Erde reißen die Übertragungssignale oft ab, wenn der Satellit über das Bermuda-Dreieck kommt, und die telemetrischen und elektronischen Impulse des Satelliten setzen ebenfalls aus. Wenn man diese Störungen, wie Professor Meshejian das tut, »einer Art äußerer Energiequelle unter Wasser« zuschreibt oder einem enorm starken Magnetfeld in diesem Gebiet, welches die Aufnahme des Satellitenmagnetbandes löscht, auf dem die visuellen Bilder gespeichert sind, ist die Überlegung interessant, daß dieses magnetische Feld zwar stark genug ist, ein Band, das sich 1200 Kilometer über der Erdoberfläche befindet, zu löschen, daß es aber die Umlaufbahn des Satelliten nicht beeinflußt. Ein derartig starkes Magnetfeld würde jedoch in Professor Meshejians Worten »ganz entschieden die Mühelosigkeit beeinflussen, mit welcher der Satellit durch den Raum zieht ... ein so starkes Feld müßte den Satelliten aus seiner Bahn reißen, aber dies geschieht nicht, (und) so reden wir über eine Kraft, über die wir nichts wissen«. Professor Meshejian wird zwar von den Behörden und vom wissenschaftlichen Establishment der Sensationshascherei beschuldigt, aber genau diese Wissenschaftler haben noch immer keine Antwort auf eine berechtigte Frage gefunden, die Meshejian stellt: »Weshalb nur über *diesem Teil der Erde?*«

Während Kompaß- und Instrumentenstörungen auf Schiffen und niedrig und hoch fliegenden Flugzeugen auftraten, wirft die Möglichkeit, daß die in 1200 Kilometer Höhe kreisenden Satelliten vielleicht ebenfalls beeinflußt werden, die Frage auf, bis in welche Höhe – oder in welchem Umkreis – das Störfeld (oder die Durchgangsschneise?) sich erstreckt.

Später setzte sich die zuständige Regierungsstelle mit Professor Meshejian in Verbindung, und man deutete ihm an, daß man ein Dementi seines Berichtes begrüßen würde, da er zahlreiche Anfragen ausgelöst hatte und die Vermutung entstehen ließ, daß man Informationen zurückgehalten habe. Die offizielle Erklärung, die man Meshejian schließlich anbot, lautete, daß die Störungen durch das Aufladen des Satelliten verursacht worden seien; wäre dies der Fall gewesen, dann wäre dieser Aufladevorgang, der von einer halben Minute bis zu mehreren Stunden dauert, erstaunlich unzulänglich gelöst. Es ist außerdem bemerkenswert, daß diese Erklärung erst volle sechs Monate *nach* der Veröffentlichung der Entdeckung Meshejians abgegeben wurde. Professor Meshejian selbst ist immer noch der Meinung, es sei möglich, daß es ein magnetisches Feld gibt, das für diese Erscheinung verantwortlich ist.

Wie zu erwarten war, wurden Professor Meshejians Beobachtungen von Vertretern der Regierung mit wenig Begeisterung aufgenommen. Ein Sprecher des National Environmental Satellites Service (Nationales Büro für Umweltsatelliten) wandte bei einer »beruhigenden« Stellungnahme die Technik an, die zur Debatte stehende Theorie mit einer ungleich utopischeren Theorie zu koppeln, um erstere besser ad absurdum führen zu können. Er sagte: »Ich garantiere Ihnen, es gibt im Bermuda-Dreieck nichts Besonderes, genausowenig wie es ein Loch im Nordpol gibt.« Und spöttisch fügte er hinzu: »Wie manche anzunehmen scheinen...«

Jedesmal, wenn das Thema der im Bermuda-Dreieck verschwundenen Flugzeuge und Schiffe und der seltsamen Vorgänge, die sich dort abspielen, in der Öffentlichkeit angeschnitten wird, treibt eine anscheinend allen offiziellen Sprechern gemeinsame Reaktion diese dazu, energisch zu bestreiten, daß irgend etwas Ungewöhnliches in, über oder unter dem Wasser im Bermuda-Dreieck vorgeht.

Trotz dieser ständigen Dementis von Ozeanographen, Aeronauten, Meteorologen und anderen Experten sowie von Behörden verschwinden jedoch nach wie vor Flugzeuge, Schiffe und Menschen. Darüber hinaus gibt es jetzt mehr Berichte (die früher wahrscheinlich gar nicht erfolgt wären) von Piloten, Schiffskapitänen, Besatzungsmitgliedern, Bootsbesitzern und Passagieren, die ungewöhnliche Vorgänge im Dreieck beobachteten. Diese Berichte bieten die Möglichkeit zu Vergleichen.

Aber auch wenn das Verschwinden all dieser Schiffe, Flugzeuge und Menschen reiner Zufall war, so geht doch aus der ständig wachsenden Zahl gemeldeter seltsamer Vorfälle eindeutig hervor, daß es im Dreieck ungewöhnliche magnetische, klimatische und vielleicht auch Anomalien der Schwerkraft gibt und sich diese auf Schiffe, Flugzeuge und ihre Besatzungen und Passagiere auswirkten und das auch bis zum heutigen Tage noch tun.

Die Tatsache, daß die Mehrzahl dieser Fälle sich in einem bestimmten Gebiet ereignete, würde darauf hindeuten, daß die Ursache dieser Geschehnisse sich auf dem Meeresboden befinden könnte, vielleicht sogar einst von Menschenhand angefertigt wurde, und daß sie ungewöhnliche Magnetkräfte ausstrahlt. Das Ausmaß der auftretenden Anomalien und die Anzahl der Vermißtenfälle wie auch die variierende Intensität der Aberrationen zu verschiedenen Zeitpunkten und an verschiedenen Stellen weist auf eine Art von beweglichen Phänomenen – sei es nun naturbedingt oder gezielt gesteuert – hin. Eine Untersuchung der jetzt viel genauer überprüften Zahl von verschwundenen Schiffen und Flugzeugen (mit Angabe der jeweiligen Zeit und Position ihres Verschwindens sowie ihrer Fracht und ihren, sofern durchgegebenen, letzten Meldungen) sollte, wenn nicht eine Erklärung, so doch zumindest einen überzeugenden Überblick über diese »Reisen in die Vergessenheit« liefern.

Reisen in die Vergessenheit: Eine makabre Bilanz

Das Bermuda-Dreieck ist seit der Entdeckung Westindiens durch die Europäer ein gefährliches, geheimnisumwittertes und oft verderbenbringendes Gebiet gewesen. Schon aus den allerersten Berichten der spanischen Seeleute, begonnen mit Kolumbus, ist ersichtlich, daß ungewöhnliche elektromagnetische oder andersartige unbekannte Kräfte im Bermuda-Dreieck, und zwar besonders in seinem westlichen Teil, wirksam sind. Bevor Kolumbus auf seiner ersten Seereise Land sichtete, erlebte er eine Art Vorschau auf das Außergewöhnliche: Er erblickte die »glühenden Wasser« der Bahamas und anschließend ein feuerballartig erscheinendes Gebilde, das sein Flaggschiff umkreiste und dann ins Meer stürzte. Gleichzeitig wuchsen in seiner Besatzung, die ständig am Rand der Meuterei war, Zweifel über die Notwendigkeit dieser Seereise, als sie das seltsame Verhalten des Schiffskompasses bemerkte, dessen Nadeln sich zur Bestürzung der Steuermänner im Kreise zu drehen begannen. Einige der Erlebnisse, die Kolumbus außerdem in dem damals noch unbezeichneten Bermuda-Dreieck hatte, könnte man als Vorläufer der aufsehenerregenderen Phänomene ansehen, durch die das Gebiet so berüchtigt werden sollte. Im September 1494 sichtete er ein Meeresungeheuer vor Hispaniola (Haiti – Santo Domingo), das er, dem allgemeinen Brauch seiner Zeit folgend, als eine Sturmwarnung deutete. Im Juni 1494 versenkte ein ungewöhnlicher »Wirbelsturm« drei seiner Schiffe, indem er sie »drei oder vier Male herumdrehte... ohne jeglichen Sturm oder grobe See«. Als Kolumbus auf einer späteren Seereise im Mai 1502 einen Sturm voraussah (wir haben keinen Hinweis darauf, ob er wieder von einem Meeresungeheuer gewarnt wurde), bat er den Gouverneur von Hispaniola um die Erlaubnis, mit seinen vier Schiffen im Hafen von Santo Domingo zu ankern, und warnte gleichzeitig Gouverneur Bobadilla, nicht den Befehl zum Auslaufen einer für die Rückfahrt nach Spanien beladenen Schatzflotte von dreißig Galeonen zu geben. Der Gouverneur ignorierte den Rat und verlor dadurch sechsundzwanzig der dreißig Schatzschiffe in einem plötzlichen heftigen Orkan, der nach Berichten von Augenzeugen die Charakteristika einer regelrechten Seeschlacht zu entfalten schien, u. a. »...einen ununterbrochenen Feuerhagel, der den Gestank von verbranntem Schießpulver in der Luft hinterließ«.
Zu Kolumbus' Glück (oder Unglück) befand sich auf dem einen Schiff, das heil und unversehrt in Spanien anlangte, Kolumbus' persönlicher

Schatz – ein Zufall, der seiner Stellung bei Hof gewiß nicht förderlich war.

Sechs Monate später verschwand abermals eine Schatzflotte von siebzehn Schiffen in einem unerwarteten Sturm, der ebenfalls durch Phänomene gekennzeichnet war, die wir heute als magnetische Erscheinungen erkennen würden.

Kolumbus gelang es zweifellos durch seine hohe Seemannskunst, den sonderbaren Stürmen in diesem Gebiet heil zu entkommen. Einmal, es war im Dezember 1502, als sich zwischen zweien seiner Schiffe eine gigantische Wasserhose bildete, ließ Kolumbus seine Besatzung so lange das Johannesevangelium aufsagen, bis die Wasserhose in sich zusammensank. Doch mit all seinem Glück in der Seefahrt war es Kolumbus' Schicksal, an der Mißgunst eines neidischen und eifersüchtigen Monarchen zu scheitern, der ihn der Mißwirtschaft, unmäßigen Hochmuts und glühenden Ehrgeizes – und vielleicht zu großer Weisheit – verdächtigte. Man könnte sogar das trostlose Ende der so ruhmreichen Karriere des großen Entdeckers nach dem Tod seiner Förderin Isabella von Kastilien als eine der ersten mit dem Bermuda-Dreieck in Zusammenhang stehenden Tragödien bezeichnen.

Die spanischen Schatzschiffe, die durch plötzliche Stürme Schiffbruch erlitten, und die in den folgenden Jahrhunderten von Piraten und Seeräubern versenkten spanischen Schiffe hinterließen jedoch Wracks auf Inselstränden und an den Küsten der spanischen Kolonialländer, zu denen auch Florida, Georgia sowie Nord- und Süd-Carolina gehörten. Aufgrund der zu jener Zeit noch sehr mangelhaften Nachrichtenverbindungen ist heute nicht festzustellen, ob damals Schiffe im Bermuda-Dreieck durch andere Ursachen als plötzliche Stürme oder Seeräuberüberfälle »verschwanden«. Es bildeten sich jedoch bald Legenden über das Meer, in denen vom Verschwinden von Galeonen und Schlachtschiffen aus anderen, geheimnisvolleren Gründen die Rede war, verbunden mit Berichten vom gelegentlichen Auftauchen eines jener »verlorenen«, ziellos dahintreibenden Schiffe, und zwar im allgemeinen in der Sargasso-See, die den östlichen Teil des Dreiecks bildet.

Die nördliche Spitze des Dreiecks, die Bermuda-Inseln selbst, die zu Beginn des 16. Jahrhunderts von dem Spanier Bermudez entdeckt wurden, erwarben sich wegen des unerklärlichen Verschwindens gewisser Schiffe bald einen unheimlichen Ruf. Einer der frühesten Hinweise dieser Art bezieht sich auf ein Beiboot, das Überlebende vom Wrack der *Sea Venture* losschickten, die 1609 auf der Fahrt zu den neuen amerikanischen Kolonien vor den Bermudas strandete. Das Beiboot verschwand mit seinen sieben Insassen auf See und wurde nicht mehr gesehen. Die verzweifelten Zurückgebliebenen bauten schließlich ein neues Boot, um von den Bermudas zu entkommen, die sie als »schrecklich für alle, die sie betreten«, schilderten – eine Meinung, die beträchtlich von dem heutigen Urteil über diese Inselgruppe abweicht.

Shakespeare, der in diesem Zeitalter seine Stücke schrieb, muß direkt oder indirekt von dem unheilvollen Ruf der Bermudas gehört haben, da er eine der ersten Anspielungen auf dieses Meeresgebiet macht. In »Der Sturm«, 1. Akt, 2. Szene, sagt Ariel:

> »...allwo
> du einst um Mitternacht mich aufriefst, Tau
> zu holen von den stürmischen* Bermudas...«

Laut Berichten aus der Epoche der großen Segelschiffe waren die Bermudas und die Gebiete südlich dieser Inselgruppe tatsächlich jahrhundertelang beängstigend, denn hier verschwanden immer wieder Schiffe, deren Schicksal allerdings nicht anders erschien als das anderer auf See verschollener Schiffe, für das man gewöhnlich Stürme, Seeräuber oder eine an Bord ausbrechende Meuterei verantwortlich machte. Erst im 19. und vor allem im 20. Jahrhundert, als es bessere Nachrichtenverbindungen und Schiffsberichte gab, kam man zu dem Schluß, daß die zahlreichen Verluste in diesem Meeresgebiet etwas besonders Beunruhigendes hatten: Es gab keine Überlebenden, keine Wrackteile, und es fehlte – nachdem Funkgeräte zur allgemeinen Grundausrüstung gehörten – jeglicher Hinweis darauf, was den verschwundenen Schiffen widerfahren war. Darüber hinaus waren bei einer nicht unerheblichen Anzahl dieser mysteriösen Fälle nur die Passagiere und Besatzungen spurlos verschwunden, während die verlassenen Schiffe in einwandfreiem Zustand zu sein schienen und die Logbücher, Rettungsboote, Ladungen und sogar persönlichen Habseligkeiten sich an ihrem Platz befanden.

Diese Vorfälle hätten, so eigenartig sie auch waren, wahrscheinlich weiter den Katalog der legendären Geheimnisse des Meeres bereichert – insbesondere den, der sich um die Sargasso-See bildete, von der ein großer Teil innerhalb der Grenzen des Bermuda-Dreiecks liegt –, wenn man nicht die Erkenntnis gewonnen hätte, daß es höchst ungewöhnliche Vorfälle mit Flugzeugen gab und daß eine beträchtliche Anzahl in demselben Gebiet verschwand wie die Schiffe.

Piloten wußten schon lange – etwa seit der Zeit vor dem Zweiten Weltkrieg –, daß Flugzeuge in diesem Gebiet spurlos verschwanden, hatten es aber den normalen Gründen, die zu Abstürzen führten, oder Kriegsgeschehen und möglichen Feindaktionen zugeschrieben. Sie hatten eben-

---

* Im englischen Original »vexed« = beängstigend

falls gewisse ungewöhnliche Vorgänge bemerkt, die sich bei ihren Flügen durch das Dreieck abspielten. Lindbergh war vielleicht einer der ersten Piloten, die eine Notiz über die sonderbaren, in diesem Gebiet an Kompassen und Instrumenten auftretenden Anomalien machten. Bei einem Flug im *Spirit of St. Louis* am 13. Februar 1928 von Havanna zum Festland vermerkte er in seinem Bordbuch:

Beide Kompasse funktionierten nachts über der Florida-Straße falsch. Die Nadel des Erdanzeigers flatterte hin und her. Das Zifferblatt des Flüssigkeitskompasses rotierte, ohne anzuhalten. Konnte keine Sterne durch den dichten Dunst erkennen. Stellte bei Tagesanbruch Position mit fast 450 Kilometer Kursabweichung über den Bahamas fest. Das Zifferblatt des Flüssigkeitskompasses hörte erst auf zu rotieren, als *The Spirit of St. Louis* die Küste Floridas erreichte.

Lindbergh erkundete damals Flugrouten für den Passagierverkehr der Pan American Airlines. Zu jener Zeit hatten die Flugzeuge nur elektromagnetische Kompasse zur Ermittlung des magnetischen Nordens, also Richtungsfinder, die leicht durch andere starke magnetische Einflüsse gestört werden konnten.

Im selben Jahr, am 28. Juli 1928, »verlor« ein anderes Flugzeug, eine dreimotorige Fokker mit hölzernen Tragflächen, bei einem Flugstreckentest auf einem ähnlichen Flug von Havanna nach Miami durch eine fünfzigprozentige Kompaßdeklination Florida und stürzte ins Meer; weder das Flugzeug noch die Passagiere noch die mitgeführte Post konnten gerettet werden. Die Piloten und der Funker überlebten den Absturz und berichteten von der seltsamen Kompaßabweichung.

In den dreißiger und frühen vierziger Jahren betrachtete man das häufige falsche Funktionieren der Kompasse und Fluginstrumente, wie auch das ungeklärte Verschwinden von Flugzeugen (einschließlich das von zehn Militärmaschinen, die zur Zeit des Zweiten Weltkriegs zwei Staffeln auf dem Flug von den Bermudas nach Europa verloren), nicht als ein speziell geographisches Phänomen. Das änderte sich erst, als kurz nach dem 5. Dezember 1945 das jetzt allgemein bekannte Verschwinden von Flight 19 Aufsehen erregte. Es handelte sich hierbei um einen Schwarm von fünf Bombern der amerikanischen Marine, die zu einem Routineübungsflug von Fort Lauderdale starteten und in völliger Friedenszeit, Monate nach Beendigung des Zweiten Weltkriegs, spurlos verschwanden, während sie in einseitigem Funkkontakt mit ihrem Stützpunkt standen. Auch das Such- und Rettungsflugzeug, das man in das Gebiet schickte, aus dem die fünf Bomber immer noch Funksprüche sendeten, verschwand, ohne daß man je eine Spur von ihm fand.

Obwohl die allgemeine Meinung wie auch die Kommentare der Presse zur Zeit des Unglücks einfach dahingehend lauteten, daß es sich um eine Tragödie ungewöhnlichen Ausmaßes handelte, die eines Tages aufgeklärt werden würde, ist dieser Vermißtenfall nichtsdestoweniger im Lauf der Jahre immer mysteriöser geworden.

Trotz zahlreicher offizieller »abschließender« Erklärungen wurde niemals etwas Endgültiges über das Schicksal der Flugzeuge erwiesen, noch fand man je irgendwelche Überreste der Maschinen oder Piloten.

Das geschlossene Verschwinden der fünf Bomber von Flight 19, gefolgt von jenem des Rettungsflugzeugs und einer Reihe weiterer Fälle, in denen Militär- und Zivilflugzeuge in diesem Gebiet verlorengingen, drängte Beobachtern die Vermutung auf, daß hier außer Kompaßdeklination und gelegentlichem Fehlfunktionieren von Instrumenten etwas höchst Ungewöhnliches vorging. Diese Zone umfaßt das der südöstlichen Küste der Vereinigten Staaten vorgelagerte Meeresgebiet, den nördlichen Teil der Karibik, die Bahamas und Bermudas.

Allmählich gelangten Piloten, Schiffskapitäne, Besatzungen und die besorgten sowie neugierigen Beobachter zu der Erkenntnis, daß die Mehrzahl der rätselhaften Vorfälle, von denen die Geschichte wie auch die Legende berichtet, sich anscheinend in demselben Gebiet ereignete und wahrscheinlich von denselben, bisher noch nicht identifizierten Kräften verursacht wurde. Dies hatte zur Folge, daß das Gebiet und die sich in ihm zutragenden Vermißtenfälle seit 1945, also seit über dreißig Jahren, sorgfältiger überprüft wurden; das Verschwinden von Flugzeugen, Schiffen und Menschen wurde statistisch erfaßt und ziemlich gründlich studiert.

Wir wissen nicht, ob das Gebiet, in dem sich diese Fälle ereigneten und bis zum heutigen Tag ereignen, wirklich ein Dreieck, ein Rechteck oder ein Trapezoid darstellt, obgleich es im Hinblick auf gewisse Eckpunkte ungefähr die Form eines Dreiecks aufzuweisen scheint. Einige der Positionen, von denen sich verschwundene Schiffe oder Flugzeuge zum letzten Mal über Funk meldeten, scheinen auch außerhalb des »Dreiecks« zu liegen. Meistens näherten sich die Schiffe und Flugzeuge jedoch dem Dreieck.

Die auf der nächsten Seite folgende Liste soll veranschaulichen, an welcher Stelle der letzte Funkspruch vieler dieser Wasser- und Luftfahrzeuge erfolgte, bevor sie innerhalb der allgemeinen Grenzen des Bermuda-Dreiecks verschwanden. Über viele dieser verschollenen Flugzeuge und Schiffe wurden zwar umfangreiche Akten angelegt, doch sind infolge des wachsenden öffentlichen Interesses an den sonderbaren Vorgängen, die wir das Phänomen des Bermuda-Dreiecks nennen können, seitdem andere, bis dahin unbekannte Fälle von Verschwinden gemeldet worden. Außerdem gibt es neue Informationen zu bereits bekannten Vorfällen.

Nr.	Datum	Name und Typ	Kurs oder letzte Position	Personen* an Bord
1	1800	U.S.S. Pickering	zwischen Guadeloupe und Delaware	90
2	1814, Oktober	U.S.S. Wasp	Karibik	140
3	1824	U.S.S. Wildcat	von Kuba nach Thompson's Island	14
4	1840	Rosalie (bis auf einen Kanarienvogel verlassen aufgefunden)	zwischen Frankreich und Kuba	—
5	1843, März	U.S.S. Grampus	vor St. Augustine	48
6	1854	Bella (Schoner, verlassen aufgefunden)	Westindien	—
7	1855	James B. Chester (verlassen aufgefunden)	südwestlich der Azoren	—
8	1872, Dez.	Mary Celestre (Brigantine)	nördlich der Azoren	10
9	1880, Januar	HMS Atalanta (Schulschiff)	von den Bermudas nach England	290
10	1881, August	nicht identifizierter, verlassen aufgefundener und später von der Ellen Austin wieder verlorener Schoner	westlich der Azoren	—
11	1902, Oktober	Freya (Bark) (verlassen aufgefunden)	von Kuba nach Chile	—
12	1908, 22. Jan.	Baltimore (Bark)	östlich von Hampton Roads, Virginia	9

13	1908, 27. Jan.	George R. Vreeland (Schoner)	östlich von Hampton Roads, Virginia	7
14	1909, 18. Sept.	George Taulane jr. (Schoner)	östlich der Küste von Georgia	7
15	1909, Nov.	Spray (Jacht auf einer Weltumseglung)	von Miami nach Westindien	1
16	1909, 16. Dez.	Martha S. Bement (Schoner)	östlich von Jacksonville, Florida	7
17	1909, 18. Dez.	Maggie S. Hart (Schoner)	östlich von Jacksonville, Florida	8
18	1909, 23. Dez.	Auburn (Schoner)	östlich von Jacksonville, Florida	9
19	1909, 25. Dez.	Anna R. Bishop (Schoner)	östlich von Jacksonville, Florida	7
20	1910, März	U.S.S. Nina (erstes verschwundenes Dampfschiff)	südlich von Savannah, Georgia	—
21	1910, 26. März	Charles W. Parker (Dampfschiff)	östlich der Küste Südjerseys	17
22	1913, 17. Dez.	George A. Lawry (Schoner)	östlich von Jacksonville, Florida	6
23	1914, 29. Jan.	Benjamine F. Poole (Schoner)	östlich von Wilmington, N. C.	8
24	1914, 27. Febr.	Fitz J. Babson (Schoner)	östlich von Jacksonville, Florida	7
25	1915, April	Bertha L. Basker (Frachter)	von New York nach St. Martin	—
26	1915, April	Silva (Frachter)	von New York zu den Niederländischen Antillen	—
27	1915, 20. April	Maude B. Krum (Schoner)	östlich von St. Andrews, Florida	7

* sofern bekannt

Nr.	Datum	Name und Typ	Kurs oder letzte Position	Personen* an Bord
28	1916, 13. Nov.	Brown Bros. (Bark)	östlich von Savannah, Georgia	12
29	1917, 6. März	Timandra (Frachter)	östlich von Norfolk, Virginia	19
30	1918, März	U.S.S. Cyclops (Kohlenschiff der Marine)	von Barbados nach Norfolk, Virginia	309
31	1919, 4. Januar	Bayard Hopkins (Schoner)	östlich von Norfolk, Virginia	6
32	1920, 10. Febr.	Amelia Zeman (Schoner)	östlich von Norfolk, Virginia	9
33	1920	Hewitt (Schwefeltransport)	von New York durch das Dreiländereck nach Europa	—
34	1921, Januar	Carroll A. Deering (bis auf 2 Katzen verlassen aufgefunden)	Kap Hatteras	—
35	1921, 27. Okt.	Bagdad (Schoner)	vor Key West, Florida	8
36	1921	Monte San Michele (Dampfschiff)	von New York durch das Dreieck nach Europa	—
37	1921	Esperanza de Larrinaga (Dampfschiff)	von New York durch das Dreieck nach Europa	—
38	1921	Ottawa (Tanker)	von New York durch das Dreieck nach Europa	—

39	1921	*Cabedello* (Frachter)	von New York durch das Dreieck nach Europa	—
40	1921	*Steinsund* (Frachter)	von New York durch das Dreieck nach Europa	—
41	1921	*Florino* (Frachter)	von New York durch das Dreieck nach Europa	—
42	1921	*Svartskog* (Frachter)	von New York durch das Dreieck nach Europa	—
43	1921	*Albyan* (Bark)	von New York durch das Dreieck nach Europa	—
44	1921	*Yute* (Dampfschiff)	von New York durch das Dreieck nach Europa	—
45	1921	*Raifuku Mary* (Frachter)	westlich der Bahamas	—
46	1922, 11. Febr.	*Sedgwick* (Schoner)	östlich von Charleston, S.C.	6
47	1925	*Cotopaxi* (Frachter)	zwischen Charleston und Havanna	—
48	1926	*Porta Noca* (Passagierschiff)	zwischen der Fichteninsel und Grand Cayman	—
49	1926	*Suduffco* (Frachter)	südlich von Port Newark	29
50	1931	*Stavanger* (Frachter)	südlich der Cat-Insel, Bahamas	43
51	1931, Juni	*Curtis Robin* (Flugzeug)	vor Palm Beach, Florida	2

* sofern bekannt

Nr.	Datum	Name und Typ	Kurs oder letzte Position	Personen* an Bord
52	1932, April	John & Mary (Schoner, verlassen aufgefunden)	50 Meilen südlich der Bermudas	—
53	1935, Dez.	Wright Whirlwind (Flugzeug)	von Havanna zur Fichteninsel	3
54	1938, März	Anglo Australian (Frachter)	südwestlich der Azoren	39
55	1940, Februar	Gloria Colite (Schoner, verlassen aufgefunden)	200 Meilen südlich von Mobile, Alabama	—
56	1941, Nov.	Proteus (Frachter) (Schwesterschiff der Cyclops)	von St. Thomas nach Norfolk, Virginia	—
57	1941, Dez.	Nereus (Frachter) (Schwesterschiff der Cyclops)	von St. Thomas nach Norfolk, Virginia	—
58	1941	Mahukona (Frachter) (in Santa Clara umgetauft)	600 Meilen östlich von Jacksonville, Florida	—
59	1942, Nov.	Paulus (Passagierschiff)	von Westindien nach Halifax	—
60	1943	Martin Mariner	150 Meilen südlich von Norfolk	19
61	1944	Rubicon (Frachter, bis auf 1 Hund verlassen aufgefunden)	vor der Küste Floridas	—

62	1945, 20. Jan.	B-25 (Flugzeug)	zwischen den Bermudas und den Azoren	9
63	1945, 18. Juli	PB-4 YW (Flugzeug)	zwischen Miami und den Bahamas	15
64	1945, 5. Dez.	5 TBM-Avenger-Torpedo-Bomber (Flight 19)	225 Meilen nordöstlich von Fort Lauderdale, Florida	14
65	1945, 5. Dez.	Martin Mariner (Wasserflugzeug im Rettungseinsatz für Flight 19)	225 Meilen nordöstlich von Fort Lauderdale, Florida	13
66	1945, 27. Dez.	Voyager II (Schoner)	Küstenschiffahrtslinie	4
67	1945, 27. Dez.	Valmore (Schoner)	vor der Küste Nord-Carolinas	4
68	1946, 2. Dez.	City Belle (Schoner, verlassen aufgefunden)	300 Meilen südöstlich von Miami, Florida	22
69	1947, 5. Dez.	C-54 Superfestung (Flugzeug)	100 Meilen vor den Bermudas	—
70	1948, 30. Jan.	Star Tiger (Tudor IV) (Flugzeug)	nordöstlich der Bermudas	31
71	1948, 31. Jan.	Sam Key (Liberty-Schiff)	nordwestlich der Azoren	43
72	1948, 5. März	Kabinenkreuzer und Skiff (verlassen aufgefunden)	zwischen Sandy Key und Rabbit Key	3
73	1948, April	Wild Goose (geschlepptes Boot)	Tongue of Ocean	4
74	1948, 28. Dez.	DC-3 (Passagierflugzeug)	50 Meilen vor Miami, Florida	35

* sofern bekannt

Nr.	Datum	Name und Typ	Kurs oder letzte Position	Personen* an Bord
75	1949, 17. Januar	Star Ariel (Tudor IV) (Flugzeug, Schwestermaschine der Star Tiger)	zwischen den Bermudas und Jamaika	20
76	1949, 19. Jan.	Driftwood (Fischkutter)	zwischen Fort Lauderdale, Florida, und Bimini	5
77	1950, März	Globemaster (Flugzeug)	in der nördlichen Spitze des Dreiecks	—
78	1950, Juni	Sandra (Frachter)	zwischen Puerto Cabello und Savannah	15
79	1951, 4. Nov.	São Paulo (geschlepptes brasilianisches Marineboot, 20000 Tonnen)	südwestlich der Azoren	8
80	1952, 2. Febr.	York Transport (Flugzeug)	nordwestlich der Bermudas	35
81	1952, April	Marineflugzeug vom Typ PBY	östlich von Jamaika	8
82	1954, 30. Okt.	Super Constellation (amerikanisches Marineflugzeug)	nördlich der Bermudas	42
83	1954, 5. Dez.	Southern Districts (Tanker)	vor der Küste Carolinas	23
84	1955, Januar	Home Sweet Home (Schoner)	von den Bermudas durch die Sargasso-See nach Antigua	7
85	1955, Sept.	Connemara IV (Segeljacht)	400 Meilen südwestlich der Bermudas	—

86	1956, 5. April	Frachtflugzeug, Typ B-25 (umgebaut)	südöstlich der Tongue of Ocean	3
87	1956, Juli	Bounty (Schoner)	zwischen Miami und Bimini	4
88	1956, 9. Nov.	amerikanisches Marineflugzeug vom Typ P5M	ungefähr 300 Meilen südlich der Bermudas	10
89	1958, 1. Januar	Revonoc (Segeljacht)	zwischen Key West und Miami	5
90	1961, 25. April	Calista III (Ketsch)	von den Bahamas nach Nord-Carolina	5
91	1962, 8. Jan.	Flugzeug der amerikanischen Luftwaffe vom Typ KB-50	östlich von Langley Field, Virginia	8
92	1962	Windfall (Schoner)	vor den Bermudas	—
93	1962	Evangeline (Schoner)	von Miami zu den Bahamas	—
94	1963, 2. Febr.	Marine Sulphur Queen (Frachter)	in der Florida-Straße	39
95	1963, 2. Juli	Sno' Boy (Fischkutter)	südöstlich von Jamaika auf der Fahrt von Kingston nach North East Cay	40
96	1963, 28. Aug.	2 vierstrahlige Stratotanker der amerikanischen Luftwaffe vom Typ KC-135	300 Meilen südwestlich der Bermudas	96
97	1963, 22. Sept.	C-132 Cargomaster (Flugzeug)	westlich der Azoren	11
98	1964, April	Scuba-Taucher	östlich des Steilabfalls bei San Salvador	10
				2

* sofern bekannt

Nr.	Datum	Name und Typ	Kurs oder letzte Position	Personen* an Bord
99	1965, 5. Juni	Frachtflugzeug der amerikanischen Luftwaffe vom Typ C-119	vom Luftwaffenstützpunkt Homestead nach Grand Turk	10
100	1965, 28. Okt.	El Gato (Hausboot)	Zwischen Great Inagua und Grand Turk	1
101	1966, 1. Nov.	Southern Cities (Schlepper)	zwischen Freeport, Texas, und Tuxpan, Mexiko	6
102	1966, Dez.	Piper Cherokee (Flugzeug)	zwischen Bimini und Miami	2
103	1967, 11. Jan.	Chase YC-122 (Flugzeug)	zwischen Palm Beach und Grand Bahama	4
104	1967, 14. Jan.	Beechcraft Bonanza (Flugzeug)	vor Key Largo	4
105	1967, 23. März	Beechcraft (zweimotorig) (Flugzeug)	von Jamaika nach Nassau	2
106	1976, Okt.	zweimotoriges Flugzeug	vor Great Inagua	2
107	1967, 22. Dez.	Witchcraft (Kabinenkreuzer)	1 Meile vor Miami bei Boje 7	2
108	1968, 5. April	Elizabeth (Frachter)	in der Windward-Passage	—
109	1968, 11. Okt.	Ithaca Island (Frachter)	im westlichen Atlantik auf der Fahrt von Norfolk nach England	29
110	1969, 6. Juni	Cessna 172 (Flugzeug)	bei Grand Turk, Bahamas	2

111	1969, 10. Juli	*Teignmouth Electron* (Katamaran; zur selben Zeit wurden im selben Gebiet 4 weitere Segeljachten verlassen treibend aufgefunden)	700 Meilen westlich der Azoren	—
112	1969, 4. Aug.	Great Issac Light (2 Leuchtturmwächter verschwanden, ihr Motorboot fand man an dem gewohnten Platz vertäut)	Great Isaac, Bahamas	2
113	1969, 4. Nov.	*Southern Cross* (Segeljacht)	vor Kap Mary	—
114	1970, April	*Milton Iatridis* (Frachter)	von New Orleans nach Westafrika	30.
115	1971, Sept.	*Phantom IIF4* (Düsenflugzeug)	85 Meilen südöstlich von Miami	—
116	1971, 9. Okt.	*Caribe* (Frachter)	von Kolumbien zur Dominikanischen Republik	28
117	1971, 31. Okt.	*Lucky Edur* (Fischkutter, verlassen aufgefunden)	vor der Küste Südjerseys	10 (geschätzt)
118	1971, Dez.	Scuba-Taucher	am westlichen Riff der Tongue of Ocean	2
119	1972, 19. März	Scuba-Taucher, verschwand von seinem Tauchboot	vor Fort Lauderdale, Florida	1
120	1973, 2. März	Scuba-Taucher	bei Pigeon Island vor der Küste von St. Lucia	3

* sofern bekannt

Nr.	Datum	Name und Typ	Kurs oder letzte Position	Personen* an Bord
121	1973, 21. März	Anita (Frachter)	östlich von Norfolk, Virginia	32
122	1973, 22. März	Defiance (Segeljacht, verlassen treibend aufgefunden, aber wieder verloren)	nördlich von Santo Domingo	4
123	1973, 25. Mai	Navion 16 (Flugzeug)	zwischen Freeport und West Palm Beach, Florida	2
124	1973, 17. Juli	Flüchtlingsschiff aus Haiti (im Konvoi)	im Old-Bahama-Kanal	45
125	1973, 10. Aug.	Beechcraft Bonanza (Flugzeug)	zwischen Fort Lauderdale und Great Abaco	4
126	1973, Nov.	PBM Martin Mariner (Flugzeug)	150 Meilen südlich von Norfolk, Virginia	19
127	1973, 19. Dez.	Lake Amphibian (Flugzeug)	zwischen Nassau und Fort Lauderdale	2
128	1974, 26. Febr.	P-3-Orion (Ballon)	1000 Meilen westlich der Kanarischen Inseln	1
129	1974, 27. April	Saba Bank (Segeljacht)	von Nassau nach Miami	4
130	1974, 14. Juli	Cherokee Six (Flugzeug)	von West Palm Beach zu den Bahamas	6
131	1974, 24. Juli	Dutch Treat (Segeljacht)	von Cat Cay nach Miami	—

132	1975, 27. März	*Lockheed Lodestar* (Flugzeug)	zwischen Grand Cayman und Fort Lauderdale	4
133	1975, 22. April	*Dawn* (Krabbenfangboot)	östlich der Florida-Keys bei Smith Shoals Light	3
134	1975, 30. April	*Magnum* (Außenbordmotorboot, verlassen aufgefunden, mit noch laufendem Motor)	20 Meilen vor West End, Bahamas	—
135	1975, 24. Juni	*Meridan* (Segelboot)	zwischen den Bermudas und Norfolk, Virginia	5
136	1975, 27. Juni	Ketsch (Zweimaster)	nördlich der Bermudas	5
137	1975, 4. Aug.	*Twin Beechcraft* (Flugzeug)	westlich von Great Inagua, Bahamas	3
138	1975, 9. Nov.	Hochseeschnellboot	von Bimini nach Miami	3
139	1975, 2. Dez.	*Boundless* (Hochseeschlepper)	von Miami nach San Juan	5
140	1975, 10. Dez.	*Speed Artist* (Küstenkutter)	von Barbados nach Guadeloupe	5
141	1975, 18. Dez.	*Imbross* (Tanker)	vor der Küste Floridas unterwegs nach Kanada	22
142	1975, Dez.	*Drosia* (Frachter)	vor Kap Hatteras	—
143	1976, April	*High Flight* (Segelboot)	von Miami nach Bimini	—

* sofern bekannt

Das Studium einer erweiterten Liste, die alle – soweit bekannten – spurlos und aus unerklärlichen Gründen verschwundenen Flugzeuge und Schiffe enthält, bietet Gelegenheit, gewisse Informationen neu auszuwerten, die wir über die jeweiligen Begleitumstände des Verschwindens der Schiffe und Flugzeuge sowie der Besatzungen und Passagiere besitzen, die von ihren Schiffen verschwanden, welche später verlassen treibend gefunden wurden.

Die vorstehende Liste ist notgedrungenerweise immer noch unvollständig, da in ihr bestimmte Militär- und Marineflugzeuge und andere Schiffe nicht enthalten sind, die verschwanden und bei denen noch untersucht wird, ob sie Freubeutern, Piraten oder politisch-revolutionären Aktionen zum Opfer fielen. Eines der angeführten Schiffe (Nr. 124) kann zu dieser Kategorie gehören und aus politischen Gründen gekapert worden sein, während verschiedene andere kubanische Flüchtlingsschiffe möglicherweise gewaltsam zurückgeholt wurden oder aus einem anderen Grund spurlos verschwanden. Andere Fälle, in denen der Verdacht besteht, daß Segeljachten und kleinere Flugzeuge von Gangsterbanden für den Rauschgifttransport in der Karibik gekapert wurden, werden vielleicht noch in aller Stille untersucht, in der Hoffnung, das vermißte Flugzeug oder Segelboot mit geändertem Kennzeichen und seinem neuen »Besitzer« in einem Hafen oder auf einem Flugplatz weit entfernt von seinem ursprünglichen Bestimmungsort ausfindig zu machen.

Aus all diesen Gründen werden nicht alle Fälle von Verschwinden gemeldet. Mel Fisher, Leiter einer Schatztauchergesellschaft in Florida, der die Küstengebiete mit einem Magnometer absucht, bevor er seine Taucher hinunterschickt, hat auf dem Meeresboden kleinere Flugzeuge entdeckt, in denen manchmal noch die kurze Zeit zuvor ertrunkenen Piloten im Cockpit saßen. Einige dieser Flugzeuge waren übrigens noch gar nicht als vermißt gemeldet worden.

Obwohl die vorstehende Liste auch die Stellen nennt, an denen bestimmte Scuba-Taucher verschwanden, bin ich mir durchaus bewußt, daß Scuba-Taucher aus einer ganzen Reihe von Gründen plötzlich verschwinden können und das auch tun, wie z. B. durch eine Fehlkalkulation des Tauchers, Strömungen in Unterwasserhöhlen und hungrige Vertreter der lokalen Fauna. Die in der Liste aufgeführten Fälle weisen jedoch insofern gewisse rätselhafte Aspekte auf, als die Taucher nicht weit von ihrem Tauchboot entfernt in klarem Wasser verschwanden, so David La France (Nr. 119), als er den Kiel seines Bootes überprüfte; Ann Gunderson und Archie Forfar (Nr. 118) vor dem Andros-Riff, deren Abtauchen ohne Wiederkehr von mehreren Hilfstauchern beobachtet wurde. Dr. Morris, seine Frau und ein Gast (Nr. 120) verschwanden, als sie vor St. Lucia von ihrem Boot aus tauchten.

Durch den Verdacht, daß natürliche oder gezielt erzeugte Kräfte im Bermuda-Dreieck wirksam sind, beginnt man andere Fälle, in denen Scuba-Taucher, Schwimmer, Strandbesucher und Leuchtturmwärter (Nr. 112) verschwanden, miteinander in Zusammenhang zu bringen, wie der Premierminister von Grenada kürzlich mit seiner Ansprache vor der Vollversammlung der Vereinten Nationen (Seite 94) recht überzeugend bewies. Zu diesen Beispielen, in denen Menschen, nicht aber ihre Flugzeuge, Schiffe oder Boote verschwanden, zählen auch die zahlreichen Fälle, bei denen große und kleine Schiffe und Boote treibend und ohne Passagiere und Besatzungen gefunden wurden; sie stellen ein weiteres Rätsel dar. Falls Flugzeuge und Schiffe in eine Zone verhängnisvoller Wirbelwinde, Strudel oder sogar auflösender Kräfte gerieten, wie, so fragt man sich, war es dann möglich, daß die Schiffe den Vorfall heil überstanden und nur die Menschen verschwanden?

Ein Psychiater und einige PSI-Forscher, die sich für diese merkwürdigen Vorgänge interessieren, haben unabhängig voneinander eine Antwort auf diese Frage zu finden versucht; sie vermuten, daß die Menschen durch eine übermächtig werdende Angst dazu getrieben wurden, sich ins Meer zu stürzen, als irgendeine Kraft, eine faßbare oder auch nicht faßbare Drohung in der Nähe des Schiffes in für sie unerträglichem Maße wirksam wurde. Ein Zitat von Shakespeare aus derselben, bereits erwähnten Szene von »Der Sturm«, in der er auf die »stürmischen« (beängstigenden) Bermudas anspielt, enthält eine Passage, die eigenartig an das Verschwinden von Menschen von ihren Schiffen erinnert:

»...Keine Seele,
Die nicht ein Fieber gleich den Tollen fühlte,
Und Streiche der Verzweiflung übte. Alle
Bis auf das Seevolk, sprangen in die schäum'ge Flut
Und flohn das Schiff...«

Die offenkundige Tatsache, daß nur eine geringfügige Anzahl der Schiffe, die spurlos im Dreieck verschwanden, SOS-Rufe aussandten oder aussenden konnten, stellt ein weiteres Rätsel dar. Es wäre schon eher zu verstehen, daß ein im Fluge explodierendes Flugzeug keine MAYDAY-Meldung mehr funken kann. Große Tanker sollten jedoch mehr Zeit und Gelegenheit haben, SOS-Rufe auszusenden, wie es auch im Krieg bei plötzlichen Torpedoangriffen durch U-Boote bewiesen wurde. Es ist folglich höchst unwahrscheinlich, daß so viele Schiffe ohne eine SOS-Meldung und – wenn auch in geringerem Maße – so viele Flugzeuge ohne einen MAYDAY-Ruf durch »normale« Ursachen verschwanden. Der oft gemeldete Fall, bei dem ein Schiff oder Flugzeug nach einer Routinedurchsage verschwindet, hat erheblich zu der jetzt allgemein dämmernden Erkenntnis beigetragen, daß über diesem Gebiet ein rätselhaftes, drohendes Geheimnis lastet. Was auch immer den unglückseligen Flugzeugen und Schiffen widerfuhr – es muß so plötzlich und schnell geschehen sein, daß keine Zeit für einen Hilferuf blieb. Die wenigen Funksprüche, die in derartigen Situationen gesendet wurden, sind so sonderbar, daß man sie meistens nicht als echt anerkannte oder aber achselzuckend abtat.

Eine andere Möglichkeit wäre natürlich, daß eine plötzliche Störung die Funkverbindung unmöglich machte oder unterbrach, eine Erscheinung, die auf Schiffen und Flugzeugen beobachtet wurde, bei denen sich andere, sporadisch im Bermuda-Dreieck auftretende elektromagnetische Aberrationen auswirkten. Die Besatzungen mußten in solchen Fällen erleben, daß die Instrumente falsch funktionierten, die Kompasse kreiselten, die Antriebssysteme ausfielen und sie die Kontrolle über ihr Flugzeug oder Schiff verloren; außerdem sahen sie einen seltsamen Feuerscheinnebel oder eine »Milchzone«, in der alle Konturen, einschließlich des Horizonts, in einem weißlichen Dunst verschwammen. Trotz alledem gelang es ihnen jedoch, das unheimliche Gebiet zu verlassen und ihr Fahrzeug wieder unter Kontrolle zu bekommen.

Wenn diese Funkunterbrechungen und Kompaß- und Instrumentenstörungen nur in einem bestimmten Teil des Dreiecks auftreten würden, könnte man daraus folgern, daß in diesem Gebiet eine sehr starke Magnetkraftquelle auf dem Meeresboden vorhanden sein müßte, wie man sie in anderen Teilen der Welt auf dem Land und auch unter Wasser entdeckt hat. Aber in den unberechenbaren Gewässern des Bermuda-Dreiecks scheint die Anomalienzone sich in verschiedenen Gebieten zu verschiedenen Zeiten bemerkbar zu machen – ein Umstand, der vielleicht ein aufschlußreicher Ansatzpunkt für die Lösung des Rätsels Bermuda-Dreieck ist.

3

Nachrichten von den Verschollenen
(und den fast Verschollenen)

Wenn wir versuchen, mögliche Ursachen für dieses spurlose Verschwinden und vielleicht eine Reihe charakteristischer Begleitumstände zu ermitteln, sollten wir durch eine Untersuchung der letzten Funksprüche, die von einigen dieser Flugzeuge und Schiffe empfangen wurden, zumindest Hinweise darauf finden, weshalb es nie Wrackteile oder Überlebende gibt.

Aber gerade diese letzten Meldungen bilden das große Rätsel der verschwundenen Schiffe und Flugzeuge. In vielen Fällen kamen überhaupt keine letzten Meldungen, und in anderen – das gilt sowohl für Schiffe wie Flugzeuge – waren diese letzten empfangenen Funksprüche merkwürdig irreführend, da die Wetterverhältnisse als zufriedenstellend oder normal bezeichnet wurden – nur kam das betreffende Flugzeug oder Schiff nie an seinem Ziel an.

Die »letzten Nachrichten« von Flugzeugen und Schiffen, die spurlos verschwanden, kann man unterteilen in Routinedurchsagen, die keinen Hinweis auf ein nahendes Verhängnis enthalten, und in Durchsagen, die Überraschung, Verwirrung oder Furcht beinhalten, ohne jedoch die Gefahrenquelle zu spezifizieren, mit der sich die Piloten oder Kapitäne konfrontiert sahen und welche sie offenbar nicht deutlich wahrnahmen oder erkannten. Zu der ersten Kategorie gehört die DC-3, eine gecharterte Passagiermaschine, deren Pilot kurz vor der Landung in Miami meldete: »Wir nähern uns dem Flughafen... Wir können die Lichter von Miami schon sehen. An Bord alles in Ordnung. Wir melden uns später für die Landeinstruktionen...«, bevor er mit seinem Flugzeug und sämtlichen Passagieren spurlos verschwand.

Mehrere englische Passagiermaschinen funkten völlig beruhigende Durchsagen, bevor sie für immer verschwanden, so die Tudor IV *Star Tiger* (Nr. 70) und ihre Schwestermaschine, die *Star Ariel* (Nr. 75). Der offizielle Funkspruch der *Star Tiger* lautete folgendermaßen: »Wetter und Flugbedingungen ausgezeichnet... Erwarte planmäßige Landung.« Die Meldung der *Star Ariel* enthielt die Sätze: »...Wir haben Normalflughöhe erreicht. Schönes Wetter. Geschätzte Ankunftszeit in Kingston wie vorgesehen. Ich wechsle die Frequenz, um mit Kingston Kontakt aufzunehmen...«

Im Fall der *Star Tiger* wurden später noch zwei recht mysteriöse Funksprüche aufgefangen, einer davon von mehreren Amateurfunkern. Im

47

Morsealphabet wurde »Tiger« buchstabiert, und dann folgte eine gesprochene Meldung, bei der eine Stimme die Kennbuchstaben des Flugzeuges, »G-A-H-N-P«, mehrmals wiederholte. Die zweite Meldung wurde nur von einer Küstenwachstation in Neufundland aufgefangen. Die beiden Funksprüche waren sehr leise, und es gab natürlich keinen Beweis dafür, daß sie tatsächlich von der *Star Tiger* stammten, die in jedem Fall schon mehrere Stunden vor Empfang der beiden Funksprüche keinen Treibstoff mehr gehabt haben konnte. Das unheimliche Rätsel wird durch diese beiden Meldungen also nur noch undurchdringlicher.

Große und kleine Schiffe und Boote funkten Routinemeldungen und verschwanden anschließend. Der Frachter *Anglo Australian* (Nr. 54) meldete »Alles in Ordnung«, bevor er verschwand. Der berühmte Regattasegler Harvey Conover sandte seinem Jachtclub von der *Revonoc* (Nr. 89) eine vergnügte letzte Nachricht aus den Keys, in der er mitteilte, daß er in 45 Minuten ankäme, und bat: »Haltet mir einen Platz an der Bar frei!« Er kam niemals an...

Während einige dieser letzten Meldungen von Flugzeugen und Schiffen unterbrochen oder gestört werden, empfängt man andere so lange nach dem logischerweise möglichen Zeitpunkt (wie im Fall der *Star Tiger*), daß sie gewöhnlich ignoriert oder für schlechte Witze gehalten wurden. Der Frachter *Anita* (Nr. 121), der am 21. März 1973 im nördlichen Teil des Bermuda-Dreiecks vor Norfolk verschwand und vermutlich sank, sandte Berichten zufolge noch einen Tag später Meldungen von Bord aus.

Nachdem die *Scorpion*, ein U-Boot der amerikanischen Marine, am 21. Mai 1968 auf der Rückfahrt nach Norfolk, Virginia, verschwand, empfing man Signale im Geheimcode der Marine auf dem speziellen VLF-(*Very Low Frequency* = sehr niedrige Frequenz-)Kanal. Diese Funksignale wurden von der Marine trianguliert, um die Stelle auf dem Meeresboden zu ermitteln, von der sie kamen. Man fand dort jedoch überhaupt nichts. Als die *Scorpion* später von der *Mizar*, einem Forschungsschiff der russischen Marine, auf dem Meeresboden entdeckt wurde, geschah das an einer Stelle, die 400 Meilen südwestlich der Azoren lag, also Hunderte Meilen von dem Punkt entfernt, von dem die ersten Funksignale gekommen waren. John Keel, ein Forscher, der rätselhafte Fälle von Verschwinden (und ungewöhnliche Erscheinungen) auf der ganzen Welt untersucht, macht in seinem Kommentar über die Behauptung der Marine, die auf dem VLF-Kanal empfangene Meldung sei nur ein Schwindel gewesen, eine treffende Feststellung, wenn er sagt:

Was für eine Art von Schwindel? Hatten etwa unternehmungslustige Witzbolde ein schwer zu bekommendes und sehr teures VLF-Funkgerät zusammen mit einer Kopie des von der Marine herausgegebenen

Geheimcodeverzeichnisses in ein Boot geladen, waren in die Mitte des Atlantiks hinausgefahren, hatten diese simulierten Funksignale gesendet und waren dann irgendwie der zu dem Schauplatz eilenden gewaltigen Suchflotte entkommen?

Man hat nur wenige – und wenn, dann rätselhafte – letzte Meldungen von Schiffen empfangen, die spurlos verschwanden. Der japanische Frachter *Raifuku Maru* (Nr. 45) funkte anschließend an einen Hilferuf auf halbem Wege zwischen Florida und Kuba eine zweite Meldung: »...Gefahr wie ein Dolch... Kommt schnell!... Wir können nicht fliehen...« Hier erhebt sich die Frage: Warum etwaige Retter auffordern, ein unvermeidliches tragisches Schicksal zu teilen, wenn ein Entrinnen wirklich unmöglich war? Was einen wiederum an die vieldiskutierte Meldung von Flight 19 erinnert: »Fliegen Sie nicht hinter mir her!«
Eine andere letzte Nachricht, dieses Mal von einer kleinen Jacht, war gar keine echte letzte Meldung, sondern nur eine Bemerkung des Besitzers der neuen »unsinkbaren« Jacht *Witchcraft* (Nr. 107), die dieser zu seinem Begleiter, Pater Patrick Horgan, machte. Dan Burack, der zur Boje 7 in der Hafeneinfahrt von Miami hinausgefahren war, um sich die Weihnachtsbeleuchtung von Miami anzusehen, wandte sich wegen einer beschädigten Schiffsschraube an die Küstenwache und bat um Hilfe. Als jedoch ein Boot der Küstenwache bei Boje 7 ankam, war von der *Witchcraft* trotz einer intensiven Suchaktion keine Spur zu entdecken. Die letzte Meldung oder vielmehr jene Bemerkung erfolgte nach dem ersten Hilferuf und war nur eine an Pater Horgan gerichtete Äußerung, als dieser noch die Funktaste heruntergedrückt hielt. Die ziemlich erregt gesprochenen Worte lauteten: »So einen hab' ich noch nie gesehen!« Wahrlich eine rätselhafte und quälend ungenaue Bemerkung! Die Küstenwache machte den Vorfall noch rätselhafter durch die Erklärung, die sie anschließend in Beantwortung der Anfragen über das Schicksal der beiden Männer abgab: »Sie werden vermißt, aber wir glauben nicht, daß sie Schiffbruch erlitten haben.«
Von all diesen teils bewußt, teils aber auch unbeabsichtigt gefunkten Meldungen, die man von Flugzeugen und Schiffen empfing, die anschließend im Bermuda-Dreieck verschwanden, war die längste eine Serie von Funksprüchen, die von Flight 19 empfangen wurde, d. h. von den fünf TBM-Avenger-Bombern, die nach dem Start von dem Marinestützpunkt Fort Lauderdale am 5. Dezember 1945, ebenso wie der Martin Mariner (Nr. 65), der ihnen nachgeschickt wurde, spurlos verschwanden. Man muß sich im Hinblick auf viele spätere Fälle daran erinnern, daß Flight 19 der erste uns bekannte Fall war, bei dem die für das Bermuda-Dreieck typischen Phänomene auftraten und ein Flugzeug oder – wie in diesem

Fall – mehrere Flugzeuge in der Lage waren, über die unmittelbar vor ihrem Verschwinden beobachteten Anomalien zu berichten. Gewisse Aspekte dieser Mitteilungen bieten eine Vorschau auf zukünftige Ereignisse, indem sie Merkmale von Vorgängen beschreiben, die anderen Flugzeugen und Schiffen zustoßen sollten. Die direkt empfangenen oder nur mitgehörten Funksprüche von Flight 19 liefern aber nicht nur eine Vorschau auf die fragmentarischen Berichte über spätere Fälle von Verschwinden, sondern schildern auch Phänomene, die sich in den folgenden Jahren im Dreieck ereigneten und von Menschen beobachtet wurden, die sich dort in ähnlichen Situationen befanden. Diese späteren Beobachter überlebten glücklicherweise – vielleicht, weil sie nur in das Randgebiet einer magnetischen Wirbelzone oder eines extrem starken elektromagnetischen Kraftfeldes (falls es sich um solche Felder handelt) gerieten – und konnten über ihre Erlebnisse berichten. Wenn man diese Aussagen mit den Funksprüchen von Flight 19 vergleicht, läßt sich vermuten, was Schiffen und Flugzeugen zustößt, wenn sie zufällig in eine Zone hineingeraten, in der gleichzeitig mehrere der möglicherweise sonst nur an verschiedenen Stellen getrennt auftretenden Phänomene wirksam sind.

Die Ähnlichkeit der Meldungen von Flight 19 und der Berichte von derartigen »Überlebenden« stimmten nachdenklich:

1. *Falsches Funktionieren der Instrumente:*

Als Lieutenant Charles Taylor, der Schwarmführer der fünf TBM-Avenger-Bomber, auf dem Rückflug von der Routinemission den Stützpunkt in Fort Lauderdale kontaktierte, war sein erster Notruf* ein Hinweis auf falsch funktionierende Instrumente und Richtungsverlust. Die Piloten der anderen vier Flugzeuge von Flight 19 machten die gleichen Meldungen und Bemerkungen und fügten noch hinzu, ihre Kompasse würden »verrückt spielen«. Das falsche Funktionieren elektromagnetischer Instrumente ist im Bermuda-Dreieck so häufig festgestellt worden, daß dieses auf Flug- und Seefahrtskarten als Gebiet eingetragen ist, in

---

* Das Gespräch verlief folgendermaßen:
Schwarmführer Lieutenant Charles Taylor: Wir rufen den Turm... Eine Notsituation. Wir scheinen vom Kurs abgekommen zu sein. Wir können kein Land sehen... Wiederhole. Wir können kein Land sehen...
Turm: Wie ist Ihre Position?
Schwarmführer: Wir sind uns bezüglich der Position nicht sicher. Wir sind nicht einmal sicher, wo wir sind... Es sieht aus, als hätten wir uns verirrt.
Turm: Drehen Sie nach Westen ab.
Schwarmführer: Wir wissen nicht, in welcher Richtung Westen ist. Alles ist falsch... Seltsam... Wir können keine Richtung feststellen – sogar das Meer sieht nicht so aus, wie es sollte...

dem magnetische Anomalien auftreten und Funkverbindungen oft abreißen. Das Kreiseln von Kompassen ist auf Schiffen schon seit Kolumbus' Zeit und in Flugzeugen seit Lindbergh beobachtet worden.
Durch das öffentliche Interesse an den Vorgängen im Bermuda-Dreieck ermutigt, haben viele Militärpiloten von eigenen Erlebnissen berichtet, die sie in genau demselben Gebiet hatten, in dem vermutlich die fünf Bomber von Flight 19 verschwanden. Einer dieser Vorfälle ereignete sich zwei Jahre vor dem Verschwinden von Flight 19, als eine B-24, deren Pilot Lieutenant Robert Ulmer war, in 3000 Meter Höhe östlich der Bahamas bei gutem Wetter plötzlich außer Kontrolle geriet, so heftig erbebte, als würde sie auseinandergerissen, und innerhalb weniger Sekunden 1300 Meter Höhe verlor. Da die Maschine nicht auf die Steuerung reagierte und scheinbar nicht mehr vor dem Absturz ins Meer zu retten war, katapultierte sich die Besatzung heraus. Alle bis auf zwei überlebten. Das besatzungslose Flugzeug richtete sich jedoch wieder auf und flog ohne Piloten über den Golf nach Mexiko, wo es schließlich 2300 Kilometer entfernt gegen einen Berg raste.
Der Navigationsoffizier auf jenem Flug, Dr. Robert Digby aus Lansing, Michigan, äußerte eine ähnliche Meinung (*Tee National Enquirer*, 4. Mai 1976) wie viele langjährige Beobachter dieses Gebietes:

> Wir wußten damals noch nichts von einem Teufelsdreieck... Aber ich glaube, es geht da etwas vor, irgendeine mysteriöse Kraft ist in dem Gebiet wirksam. Es gibt einfach keine logische Erklärung für das, was wir dort erlebten...

Interessant ist außerdem, daß der Pilot, bevor er sein Flugzeug verließ, nordöstlichen Kurs einstellte, wenn auch natürlich ohne allzugroße Überzeugung, daß die B-24, die so völlig außer Kontrolle geraten war, darauf reagieren würde. Was auch immer das Flugzeug nach Mexiko steuerte – es nahm eine Kursänderung von fast genau 180 Grad vor.
Falsch funktionierende Instrumente waren oft der Grund, daß Flugzeuge im Bermuda-Dreieck den Kurs verloren, obwohl die meisten dieser Maschinen ihn schließlich wiederfanden. Die Kapitäne von Vergnügungsbooten und Schiffen wußten vorübergehend nicht mehr, wo sie sich befanden; Frachterkapitäne verließen sich auf ihre Kompasse und fuhren auf Sandbänke auf, und Passagierschiffe strandeten auf Riffen in Gebieten, von denen jede Einzelheit in den Seefahrtskarten eingetragen war – und das alles nur, weil ihre Instrumente aus unerklärlichen Gründen nicht mehr richtig funktionierten.
Elektromagnetische U-Boot-Richtungsanzeiger fallen manchmal ebenfalls aus, was besonders logisch erscheint, wenn man davon ausgeht, daß

sich eine elektromagnetische Kraftquelle unter Wasser befindet. Im Februar 1955 fuhr die U.S.S. *Tigrone*, SSR-419, ein verstärkter Unterwasser-Eisbrecher, durch Instrumentenversagen gegen den einzigen Unterwasserberg im gesamten Manövergebiet, den das U-Boot bei richtig funktionierenden Instrumenten mit einem Abstand von 6 Kilometern umfahren hätte.

Nach Aussage von Ted Hunt aus North Bergen, New Jersey, der im Februar 1955 Besatzungsmitglied der *Tigrone* war, befand sich dieses 104 Meter lange U-Boot mit seiner 74köpfigen Besatzung auf einer Manöverübung, die als »taktische Bereitschaftsinspektion« bezeichnet wurde, im südlichen Teil des Bermuda-Dreiecks zwischen Puerto Rico und St. Thomas. Das U-Boot war mit fünf verschiedenen Typen der modernsten Radar- und Sonargeräte ausgerüstet und operierte innerhalb einer vorgeschriebenen Zone, die schon bei anderen Manövern benutzt worden war und ein gefahrenloses Gebiet von 20 Quadratmeilen umfaßte. Bei der Übung mußte das U-Boot versuchen, sich vor »feindlichen« Zerstörern zu verbergen. In einer Tiefe von 130 Metern krachte die *Tigrone* plötzlich in einem für U-Boote als sicher getesteten Gebiet gegen ein steiles Felsenriff und kam erbebend zu einem jähen Stillstand.

Ted Hunter schildert es folgendermaßen:

> Unser Bug war eingedrückt. Die meisten von uns dachten, wir würden sinken. Jedes normale U-Boot wäre auch gesunken, aber wir befanden uns auf dem einzigen U-Boot der Atlantischen Flotte, das einen Eisbrecherbug hatte, und dadurch überlebten wir. Später wurden dann unsere Kompasse, Höhen- und Tiefenmesser und Leitsysteme überprüft, doch konnte man nichts finden. Das Fatale war, daß etwas uns, obwohl alles scheinbar funktionierte, 6 Kilometer vom Kurs abweichen und gegen das Riff rasen ließ – das einzige gefährliche Hindernis in diesem Teil des Atlantiks. Der Gyro- und Magnetkompaß, die notfalls als Kontrollsysteme dienen sollten, funktionierten beide nicht richtig. Ich konnte nie verstehen, was damals passierte, bis ich die Geschichten über das Dreieck hörte und wie es Schiffen und Flugzeugen dort erging. Ich weiß nur, daß etwas unsere Instrumente falsch funktionieren ließ und wir fast das U-Boot verloren hätten.

2. Orientierungsverlust:

Lieutenant Taylor und die anderen Piloten von Flight 19 sprachen von dem Gefühl, die Orientierung verloren zu haben, und dem Eindruck, daß alles so seltsam sei. Das weitere Gespräch zwischen den Piloten enthielt Bemerkungen über ihren Richtungsverlust und die Möglichkeit, daß sie Florida überflogen hatten, sich über dem Golf befanden und in östlicher

Richtung über das Meer zurückzufliegen begannen. Diesen Verlust der Orientierung in einem bekannten Gebiet haben auch andere Piloten im Dreieck erlebt. Wie wir in Kapitel 6 sehen werden, tritt dieses Phänomen heute noch auf. Piloten befinden sich plötzlich über Inseln, die sie gar nicht anfliegen wollten, oder aber sie erkennen ihnen bekanntes Gebiet nicht, weil »es nicht so aussah, wie es sollte«.

In manchen Fällen haben Schwindelanfälle und das Gefühl, die Orientierung verloren zu haben, die Piloten trotz völlig normaler Flugbedingungen im selben Augenblick erfaßt, als die Fluginstrumente ausfielen. Ein Erlebnis, das Commander Marcus Billson aus Miami hatte, ereignete sich in demselben Jahr, in dem die fünf TBM-Avenger-Bomber von Flight 19 verschwanden, und auch in demselben Gebiet. Am 25. März 1945 flog Commander Billson eine TBM von Banana River, Florida, nach Grand Bahama. (Wie bereits erwähnt, war das erste Rettungsflugzeug, das den fünf Flugzeugen von Flight 19 nachgeschickt wurde, ebenfalls eine TBM; einige Theoretiker vermuten, daß es bei der Rettungsaktion im Flug explodierte. Commander Billson ist jedoch der Ansicht, daß TBM-Maschinen nicht wirklich gefährlich sind und im übrigen auch keinen schlechten Ruf bei Piloten hatten.) Commander Billson erinnert sich wie folgt an sein Erlebnis:

Wir waren auf einem Nachtflug und befanden uns etwa auf halbem Wege zwischen unserem Stützpunkt in Banana River und Grand Bahama, als es losging. Der Elektrokompaß begann zu kreiseln. Der Magnetkompaß kreiselte ebenfalls. Unser Funkgerät war durch Störungen nicht zu benutzen. Unsere gesamten Fluginstrumente fielen aus. Die Nacht wurde stockfinster. Es war kein Meer, kein Himmel, kein Stern und keine Wolke zu sehen – nur undurchdringliche Schwärze. Ich bekam einen heftigen Schwindelanfall, den einzigen, den ich in fünftausend Flugstunden jemals hatte. Wir wußten nicht, wohin wir flogen, und so drehten wir um und suchten, nur dem Gefühl folgend, den Weg nach Banana River zurückzufinden. Als wir uns dem Stützpunkt näherten, funktionierten unsere Instrumente auf einmal wieder. Ich habe mir über diesen sonderbaren Vorfall immer den Kopf zerbrochen, begriff aber den Zusammenhang erst, als das Bermuda-Dreieck allgemeiner Gesprächsstoff wurde.

3. *Exzentrizität der Zeit oder Abreißen der Funkverbindung:*
Obwohl Lieutenant Taylors erster Funkkontakt mit dem Kontrollturm normal war, er also senden *und* empfangen konnte, riß die Funkverbindung ab, als die Situation des Schwarms sich verschlimmerte, d. h., die Piloten hörten den Turm nicht mehr. Der Turm konnte jedoch weiter

hören, was die Piloten von Flight 19 zueinander sagten: ihre Vermutung über die Richtung, in die sie flogen, und über die Zeit, die sie noch in der Luft bleiben konnten, wenn sie keine Landemöglichkeit fanden, wie auch die Bemerkung, daß sie über eine Insel geflogen seien, die sie nicht identifizieren konnten. Einen Augenblick lang bekamen sie Funkkontakt mit einem anderen, im selben Gebiet vorbeifliegenden Flugzeug, dessen Pilot, Lieutenant Robert Cox, seine Hilfe anbot, jedoch die Antwort erhielt: »Fliegen Sie nicht hinter mir her!« Zahlreiche andere Flugzeuge und Schiffe mußten ebenfalls im Bermuda-Dreieck erleben, daß sie keinen Funkkontakt mehr empfingen. Im Fall von Carolyn Coscio (Nr. 110) konnte der Flughafen der Insel Grand Turk hören, was an Bord der Maschine gesprochen wurde, obwohl die Pilotin nicht die Landeinstruktionen vom Turm hören konnte. Ein ähnlicher Vorfall, der sich 1962 in Nassau ereignete, wurde ebenfalls Gegenstand aller möglichen Vermutungen. In diesem Fall erbat ein Nassau anfliegendes Flugzeug vom Turm des Nassauer Flughafens Landeinstruktionen, war aber offenbar nicht imstande, diese zu hören, obgleich der Turm die wiederholten Anfragen des Piloten hören konnte. Obwohl die Flugbedingungen an jenem Tag in der Umgebung des Nassauer Flughafens ausgezeichnet waren, konnte der Pilot anscheinend nicht zu ihm hinfinden, noch seine eigene Position ausmachen, so nah er ihm auch war. Wieder funktionierte die Funkverbindung nur in einer Richtung. Nach mehrmaligen Bitten um Landeanweisungen verstummte plötzlich das Funkgerät des Flugzeuges, und man hörte nie wieder etwas von der Maschine, deren Identität man nicht hatte feststellen können.

Als letztes wären die verstümmelten Funksprüche zu erwähnen, die man beim Verschwinden der fünf Avenger-Bomber von Flight 19 empfing. Die Kennbuchstaben von Flight 19, »FT–FT–FT«, wurden ganz schwach empfangen und verstummten wieder, bevor der Sendeort durch Triangulation ermittelt werden konnte.

Außerdem wurden sie genau wie im Fall der *Star Tiger* erst empfangen, als die Flugzeuge schon eine Zeitlang keinen Treibstoff mehr gehabt haben konnten.

In diesen und anderen Fällen besteht die Möglichkeit, daß Funkrufe um Hilfe, die von noch unentdeckten Magnetkräften erfaßt wurden, einen gewissen Zeitraum »übersprangen«. Diese Möglichkeit läßt einen an das Erlebnis des Piloten eines Marineflugzeuges vom Typ P-2 (siehe Kapitel 7) denken, dessen Hilferufe erst viel später empfangen wurden, so daß er, als er schließlich ohne Hilfe landete, gefragt wurde, ob er mithelfen wolle, ein Flugzeug zu suchen. An den ihm mitgeteilten Einzelheiten erkannte der Pilot dann, daß er im Begriff war, nach seinem eigenen Flugzeug und sich selbst zu suchen!

4. Weiße oder feurige Nebel:

Die letzten Funksprüche, die man von den fünf Bombern von Flight 19 kurz vor dem endgültigen Abreißen der Funkverbindung empfing, enthielten den sonderbaren Satz: »Es sieht aus, als kämen wir in weißes Wasser.« Dieser Ausdruck wird gewöhnlich in Verbindung mit einem Wasserfall oder der Meeresbrandung gebraucht und paßt schwerlich in eine Situation, in der ein Schwarm von Flugzeugen die Küste zu finden versucht. Es ist vermutet worden, daß dieser Ausdruck sich auf eine »Milchzone« bezog, bei der Piloten durch einen Dunst oder leichten Nebel fliegen – und das manchmal sogar bei relativ klarem Wetter und Sonnenschein –, in dem Himmel, Meer und Horizont in demselben weißen Dunst miteinander zu verschmelzen scheinen, wodurch der Pilot die Orientierung verliert und ein Gefühl der Unwirklichkeit ihn erfaßt, da er sich vorübergehend in den »inneren« Raum verirrt hat. Andere Flugzeuge haben in diesen Dunstwolken merkwürdige Erlebnisse gehabt, von denen einige bereits in meinem Buch *Das Bermuda-Dreieck* (a. a. O.) beschrieben wurden. Zu diesen zählt der Fall des Piloten Chuck Wakeley (November 1964), der auf einem klaren Nachtflug von Andros nach Miami bemerkte, wie sich ein feurig glimmender Nebel, der sich plötzlich an dem rechten Flügel seines Flugzeugs bildete, bis zum Rumpf und über den linken Flügel ausbreitete und sich anschließend im Cockpit über das Instrumentenbrett legte, an dem die Zeiger seiner Instrumente und die elektromagnetischen Geräte total »verrückt spielten«, bis zuletzt der Pilot selbst zu glühen begann. Uns sind darüber hinaus mehrere Fälle bekannt, die sich in der Tongue of Ocean, einem über 2 Kilometer tiefen Meeresgraben zwischen Andros und der Exuma-Kette, ereigneten, wo Boote, die in Schlepp gezogen wurden, von einer sich plötzlich bildenden einzelnen Wolke oder einem örtlich begrenzten Nebel eingehüllt wurden, in denen einige der Schiffe mit ihren Besatzungen für immer verschwanden (so die *Wild Goose*, ein 20 Meter langer Fischkutter für den Haifischfang), während in einem anderen Fall (dem der *Good News*, einem 50 Meter langen Schlepper) der Kapitän, Don Henry, das geschleppte Boot in einer solchen Nebelwolke verlor und es erst nach einem geradezu epischen buchstäblichen Tauziehen, bei dem aus unerklärlichen Gründen auf dem Schlepper alle elektrische Kraft ausfiel, wieder aus der sonderbaren Wolke herausbringen konnte.

Diese höchst ungewöhnlichen Nebel oder auch »elektromagnetischen Wolken« scheinen manchmal sogar eine Zeitverschiebung zu bewirken, wie z. B. der unglaubliche Zeitgewinn vermuten läßt, den Bruce Gernon auf einem Flug erlebte (s. Kapitel 7), sowie der Zeitverlust von zehn Minuten einer National Airlines 727, die außerdem während dieser zehn Minuten vor ihrer Landung in Miami vom Radarschirm verschwand

(s. S. 140), und ein Zeitstillstand, den ein Pilot kürzlich bei seinem Anflug auf Bimini erlebte, der in eine einzelne weiße Wolke hineinflog und sich, als er fünfzehn Minuten später aus ihr auftauchte, ohne auf Gegenwind oder andere ungewöhnliche Flugbedingungen gestoßen zu sein, noch in ungefähr derselben Position befand wie vor seinem Eintauchen in diese Wolke.

Die »Milchzone« oder das »weiße Wasser«, das in dem Funkspruch von Flight 19 erwähnt wurde, stand vielleicht in einem Zusammenhang mit diesen anderen Wolkenanomalien durch den Zeitverschiebungseffekt, der beim Verschwinden dieser fünf Avenger-Bomber auftrat, dessen Dauer jedoch unbekannt ist. Obgleich in all diesen Fällen, bei denen Flugzeuge oder Schiffe verschwanden oder fast verschwanden, immer wieder dieselben Phänomene aufzutauchen scheinen, haben wir bisher keine Möglichkeit festzustellen, ob die im Bermuda-Dreieck wirksamen Kräfte natürlicher oder anderer Art sind. Was auch immer ihre wahre Natur ist, sie scheinen nichtsdestoweniger Schiffen und Flugzeugen an bestimmten Stellen im Dreieck zu bestimmten Momenten, und vielleicht bei einer Kombination gewisser Bedingungen, einen Alternativkurs anzubieten, einen »Aus-weg«, der sich in vielen Fällen als der »Weg in die Vergessenheit« – zumindest was unser »hier und jetzt«-Raum-Zeit-Kontinuum betrifft – erwiesen hat.

Die Plötzlichkeit, mit der die vielen Flugzeuge und Schiffe verschwanden, ohne Spuren zu hinterlassen, brachte manche Forscher, die sich mit den im Bermuda-Dreieck auftretenden Phänomenen befassen, zu der Vermutung, daß außerirdische oder innerirdische Wesen diese Flugzeuge und Schiffe mit allen an Bord befindlichen Menschen zu Studien- oder Sammlerzwecken oder anderen, für uns heutzutage vielleicht noch nicht vorstellbaren Zwecken »entführten«. Aus diesem Grund ist es möglicherweise interessant, die Liste der verschwundenen Flugzeuge und Schiffe daraufhin zu überprüfen, ob Schiffe mit einer bestimmten Ladung und bestimmte Flugzeugtypen häufiger verschwinden als andere und ob die verschwundenen Personen etwa gewisse gemeinsame Charakteristika aufweisen oder auf gewissen Gebieten spezialisiert sind. Die Ladungen der verschwundenen Frachter geben keinen Hinweis darauf, was derartige »Skynapper« bevorzugen: die *Sandra* (Nr. 78) hatte Insektizide geladen; die *Marine Sulphur Queen* (Nr. 94) Pflanzenöle und kaustisches Soda; die *Anita* (Nr. 121) Kohlen; die *Ithaca Island* (Nr. 109) Getreide; die *Ottawa* (Nr. 38) und die *Esperanza* (Nr. 37) Rohöl; die *Hewitt* (Nr. 33) Schwefel; die *Proteus* (Nr. 56) und die *Nereus* (Nr. 57) Bauxit; die *City Belle* (Nr. 68) Bauholz und die *Elizabeth* (Nr. 108) Papier.

Bei näherer Betrachtung der Liste stellen wir jedoch fest, daß ein hoher Prozentsatz aus Militär- und Marinefahrzeugen und vor allem aus Flug-

56

zeugen besteht, die fast alle zu Friedenszeiten verschwanden, und zwar sowohl Propellermaschinen wie Düsenflugzeuge und Super-Jets, die insgesamt eine Jahrzehnte umfassende Art Musterkollektion all unserer Militärflugzeuge darstellt, in der nur unsere Raumfahrzeuge fehlen, die bisher noch nicht verschwanden, obwohl gelegentlich UFOs in ihrer Nähe beobachtet wurden.

Wenn wir unserer Phantasie einmal die Zügel schießen lassen, wie gewisse Erforscher der Phänomene im Bermuda-Dreieck das getan haben, und versuchsweise die Möglichkeit außerirdischer Kaperung in Betracht ziehen, ist es trotzdem noch schwierig, eine Hypothese darüber aufzustellen, nach welchen Gesichtspunkten uns unbekannte Wesen die Auswahl der Schiffe, Flugzeuge und Ladungen treffen würden. Es scheint keinen gemeinsamen Nenner zu geben – von einer recht beunruhigenden Ausnahme vielleicht abgesehen: In allen Fällen, ob es sich nun um vom Himmel verschwundene Flugzeuge oder um spurlos auf See verschwindende Schiffe oder um Passagiere und Besatzungen handelt, die (im Gegensatz zu der Ladung) von ihren Schiffen verschwinden, in all diesen Fällen scheint es einen gemeinsamen und vielleicht spezifischen Faktor zu geben: das Verschwinden von Menschen.

Ein erheblicher Prozentsatz der in der vorstehenden Liste angeführten Schiffe ist tatsächlich wieder gefunden worden, niemals jedoch eines ihrer Besatzungsmitglieder oder einer der Passagiere. Sogar Tiere wurden an Bord einiger der verlassenen Schiffe gefunden, z. B. ein Kanarienvogel auf der *Rosalie* (Nr. 4), ein Hund auf der *Rubicon* (Nr. 61) und zwei Katzen auf der *Carroll A. Deering* (Nr. 34). Aus dem Zustand der Tiere war ersichtlich, daß sie lange kein Futter erhalten hatten, aber er gab natürlich keinen Aufschluß über das Verschwinden der Passagiere und Besatzungen.

Unter den spurlos Verschwundenen befanden sich zahlreiche prominente Personen, wie z. B. Generalleutnant Sir Arthur Coningham, der von der *Star Tiger* verschwand; Harvey Conover, der weltbekannte Segler, der von der *Revonoc* verschwand; ein berühmter Jockei, Al Snyder (Nr. 72); Joshua Slocum, der die erste Ein-Mann-Weltumseglung unternahm, von der *Spray* (Nr. 15); Donald Crowhurst, der die Welt umsegeln wollte, von der *Teignmouth Electron* (Nr. 111), sowie Bankiers, Geschäftsleute, Geistliche, Filmproduzenten etc. Es wäre logisch zu vermuten, daß diese vielen Fälle vom Verschwinden Prominenter – wie beunruhigend sie auch für bekannte Segler oder andere berühmte Persönlichkeiten sein mögen – reiner Zufall waren und Ursachen hatten, die nichts mit einer eventuellen Vorliebe unbekannter Wesen für prominente Erdbewohner zu tun haben.

Es gibt in dem uns heute über die verschwundenen Flugzeuge und Schiffe vorliegenden Informationsmaterial mehrere erstaunlich übereinstimmende Faktoren, von denen einige leichter zu erklären sind als andere, die an parapsychologische Phänomene grenzen.

In einigen Fällen verschwanden mehrere Flugzeuge und Schiffe gleichzeitig im Bermuda-Dreieck, so nicht nur im Fall von Flight 19, als das Rettungsflugzeug zusammen mit den fünf TBM-Bombern, nach denen es suchte, verschwand, als es in dasselbe Gebiet kam, sondern auch im Fall der *Star Ariel*, als die Suchaktion nach diesem Flugzeug mit der Suche nach dem Fischkutter *Driftwood* (Nr. 76) zeitlich zusammenfiel und man in beiden Fällen weder Wrackteile noch irgendwelche Spuren fand.

Die Suchaktion nach den zwei überfällig gemeldeten Stratotankern der amerikanischen Luftwaffe vom Typ KC-135 (Nr. 96) fiel zeitlich zusammen mit den Rettungsmaßnahmen für ein anderes Schiff, und zwar den Küstenwachkutter *Chiola*, dessen Funkverbindung zu ungefähr demselben Zeitpunkt abriß, als die beiden vierstrahligen Stratotanker ihr Verhängnis ereilte. Während es selbstverständlich nicht weiter verwunderlich ist, wenn mehrere oder sogar viele Schiffe bei einem Sturm gleichzeitig in Seenot geraten, schließen die normalen Flugbedingungen, die zum Zeitpunkt des Verschwindens dieser Flugzeuge herrschten, schlechte Wetterverhältnisse als Ursache aus und lassen eher plötzlich und unerwartet auftretende gleichartige Phänomene vermuten.

Eine unglaubliche Reihe von Übereinstimmungen, sowohl was die Namen wie Begleitumstände betrifft, weist der Fall der *Cyclops* auf. Die S. S. *Cyclops*, ein Kohlenschiff der Marine (Nr. 30), mit einer Besatzung und Passagieren von insgesamt 309 Mann, hatte zum Zeitpunkt ihres Verschwindens – im März 1918 – eine Magnesiumfracht geladen. Ihr Verschwinden wurde zunächst von der Presse auf einen deutschen U-Boot-Einsatz zurückgeführt, obwohl man sich damals wunderte, daß keine Leichen oder Wrackteile in der Umgebung der Unglücksstelle gefunden wurden. Spätere Untersuchungen an Hand der Unterlagen der deutschen Admiralität nach Beendigung des Ersten Weltkriegs ergaben, daß keine deutschen U-Boote in diesen Fall verwickelt waren. Während der von der amerikanischen Marine durchgeführten Untersuchung richtete sich der Verdacht abwechselnd auf den angeblich deutschfreundlichen – und scheinbar geistesgestörten – Kapitän der *Cyclops* und/oder auf einen, wie es hieß, ebenfalls deutschfreundlichen amerikanischen Konsul, doch zog man auch eine mögliche Meuterei der Besatzung in Betracht, das Ausbrechen von gefesselten Gefangenen, die sich an Bord befanden, oder sogar eine Riesenwelle, durch die das Schiff möglicherweise kenterte oder auseinanderbrach – wahrlich viele Ursachen für das Verschwinden eines Schiffes!

Auf das erste ungewöhnliche Element der Übereinstimmung stoßen wir

58

in diesem Fall bei einem englischen Schiff gleichen Namens, das im selben Jahr im Nordatlantik verschwand. Dann verschwanden 1941 zwei Schwesterschiffe der *Cyclops*, die *Nereus* und die *Proteus* – beide mit einer Bauxitfracht –, in einem zeitlichen Abstand von 17 Tagen auf der Fahrt von den Jungferninseln nach Norfolk, Virginia. Wieder machte man deutsche U-Boote für ihr Verschwinden verantwortlich, aber spätere Nachforschungen an Hand deutscher Unterlagen widerlegten diesen Verdacht eindeutig. Doch ein weiteres englisches Schiff, das ebenfalls *Cyclops* hieß, wurde im Nordatlantik als vermißt gemeldet. Dieses seltsame Zusammentreffen, bei dem Schwesterschiffe der *Cyclops* und Schiffe mit demselben Namen verschwanden, läßt ein spezielles Interesse seitens einer irdischen – oder außerirdischen – Macht an einem bestimmten Schiffstyp oder Namen vermuten, obwohl der Hauptverdächtige in diesem Fall – Deutschland – offensichtlich unschuldig war. Es erhebt sich die Frage: Gab es irgend etwas an der *Cyclops*, das besonders oder von möglicherweise zukunftsweisendem Interesse war? Einen interessanten Faktor liefert ein weiterer eigenartiger »Zufall«: Die *Kearsage*, ein anderes Schwesterschiff der *Cyclops* (aber eines, das nicht vor dem Zweiten Weltkrieg verschwand), wurde in den ersten Flugzeugträger der Vereinigten Staaten umgebaut und stellte somit eine technologische Entwicklung dar, welche die Struktur der Marinestreitkräfte aller Nationen der Welt veränderte und der Marinekriegführung eine neue Dimension erschloß.

Mehrere übereinstimmende Fälle, in denen Passagiere oder Besatzungsmitglieder aus einer dunklen Vorahnung heraus einen verhängnisvoll endenden Flug nicht antraten und dadurch ihr Leben retteten, sind nicht nur hinsichtlich der damit verbundenen und bewiesenen Hellsichtigkeit interessant, sondern auch im Hinblick auf die vielleicht bei bestimmten sensitiven Personen vorhandene Fähigkeit, drohendes Unheil im voraus zu fühlen. Dies mag der Fall bei Corporal Allen Kosner gewesen sein, der als Besatzungsmitglied für Flight 19 vorgesehen war. Er erbat und erhielt die Erlaubnis, nicht mitfliegen zu müssen, da er, wie er später sagte, »aus irgendeinem eigenartigen Grund beschloß, an jenem Tag nicht diesen Flug mitzumachen«. Ein anderer Pilot von Flight 19, Lieutenant Charles Taylor, der Schwarmführer, hatte ebenfalls eine entschiedene Abneigung dagegen gehabt, an diesem Flug teilzunehmen. (Wie aus der späteren Korrespondenz seiner Mutter mit einer Verwandten eines anderen Opfers zu ersehen ist, rief Taylor seine Mutter am Tag vor dem Unglück an und sagte, er habe ein ungutes Vorgefühl wegen des angesetzten Fluges.) Unmittelbar vor dem Start bat Lieutenant Taylor den diensthabenden Offizier, einen anderen Schwarmführer zu ernennen und ihn von dem Flug freizustellen. (Und das wahrlich nicht wegen mangelnder Übung oder Erfahrung, da er mehrere tausend Flugstunden hinter sich hatte.)

Seine Bitte wurde Lieutenant Charles Taylor unglücklicherweise – für ihn – nicht gewährt, und so verschwand er mit den anderen von Flight 19.

In einem anderen Fall bewahrte eine dunkle Vorahnung den Photographen Oscar Barber davor, mit der Chase YC-122 (Nr. 103) mitzufliegen, die auf dem Flug nach Bimini mit einer für Filmaufnahmen auf Bimini bestimmten Frachtladung verschwand.

Es gibt noch eine seltsame Parallele, die möglicherweise sehr aufschlußreich für die Ergründung des Bermuda-Dreieck-Rätsels ist. Es handelt sich um die vielleicht gar nicht so zufällige Existenz einer zweiten Gefahrenzone auf der anderen Seite der Erdkugel vor der Südostküste Japans, die im Westen ungefähr von den Bonin-Inseln begrenzt wird, im Osten von den Marcus-Inseln und im Süden von den Marianen. Seit vielen Jahren sind in diesem Gebiet, das im Volksmund die »Teufels-« oder »Geister-See« genannt wird, große und kleine Schiffe, Fischkutter, Frachter und Kriegsschiffe wie auch Flugzeuge und zumindest ein U-Boot verschwunden, und zwar unter den gleichen Begleitumständen wie im Bermuda-Dreieck: Die gleichen Kompaß- und Instrumentenstörungen scheinen zusammen mit extrem plötzlichen und heftigen elektromagnetischen Phänomenen, Zeitanomalien und ungewöhnlichen Wellenformationen aufzutreten, die nicht nur aus Gezeitenwellen, sondern aus »Löchern« und »Bergen« in und auf der Meeresoberfläche bestehen und auf ungewöhnliche seismische Tätigkeit in der Tiefe hindeuten. Ja sogar eine für das Bermuda-Dreieck seltsam eigentümliche Erscheinung, das leuchtende »weiße Wasser«, wurde dort beobachtet.

Hier wie dort gibt es Menschen, die ungewöhnliche Vorfälle – sei es nun in der Teufels-See oder im Bermuda-Dreieck – überlebten, und rätselhafte »letzte Nachrichten« von einigen der Verschollenen. Eine dieser Nachrichten, die an die Theorie erinnert, nach der Flugzeuge in kreiselnden Strudeln oder Energiewirbeln verschwinden, empfing man von einem japanischen *Kawanishi*-Flugboot. Es führte vor der amerikanischen Invasion einen Aufklärungsflug über Iwo Jima durch, in einer verhältnismäßig ruhigen Nacht, in der keine U.S.-Flugzeuge in diesem Gebiet gesichtet wurden. Shiro Kawamoto, der von Rufus Drake *(The Deadly Mystery of Japan's Bermuda Triangle)* interviewt wurde und damals Kommandeur von drei in diesem Gebiet stationierten Zero-Kampfgeschwadern war, berichtet, daß eine letzte Meldung von der *Kawanishi* die Sätze enthielt: »Am Himmel geht etwas vor... Der Himmel öffnet sich...« bevor das Flugboot für immer verschwand. Die geographische Lage der Teufels-See in bezug auf die des Bermuda-Dreiecks ist besonders interessant, da die Teufels-See sich genau auf der entgegengesetzten Seite der Erdkugel befindet. Beide liegen ungefähr zwischen dem 20. und 35. Breitengrad, der 130. östliche Längengrad geht mitten durch die Teufels-See und wird, nachdem er den Nordpol überschreitet, der 50. westliche Längengrad, der durch den östlichen Teil des Bermuda-Dreiecks verläuft. Außerdem werden beide Gebiete von den isogonischen Linien der Erde begrenzt oder durchkreuzt, jenen magnetischen Streifen, die von dem nördlichen und südlichen Magnetpol ausgehen und entlang denen, aufgrund von Veränderungen im Magnetfeld der Erde, Kompaßnadeln gleichzeitig zum magnetischen und zum tatsächlichen Nordpol zeigen. Darüber hinaus ist die Tatsache interessant, daß die isogonische Linie im Dreieck direkt an einer geologischen Verwerfung entlangläuft, die im Westen die so geheimnisvolle Tongue of Ocean begrenzt.

Wenn die im Dreieck und in der Teufels-See auftretenden Anomalien von Magnetkräften verursacht werden, könnte man fast vermuten, daß ein großes Magnetfeld durch den riesigen elektromagnetischen Generator hindurch verläuft, den wir die Erde nennen; dieses Magnetfeld wäre dann vielleicht ein Gegenstück zum Nord- und Südpol, die ihre Position im Laufe der Jahrtausende häufig verändert haben. In der chinesischen Mythologie findet man sogar eine uralte Überlieferung, nach der es auf der Erde einen östlichen und westlichen Endpunkt analog zum Nord- und Südpol gibt – eine physikalisch unhaltbare Annahme, obwohl sie im Fall der beiden sich diametral gegenüberliegenden Gefahrenzonen eine recht interessante Vorstellung ist, vielleicht eine im uralten Wissen Chinas enthaltene Erinnerung oder eine von vorgeschichtlichen Zivilisationen übernommene Idee.

Abschließend erhebt sich die Frage: Ist die Anzahl der im Bermuda-Dreieck verschwundenen Flugzeuge und Schiffe im Vergleich zu anderen Gebieten der Welt unverhältnismäßig groß? Wenn wir die Begleitumstände dieser Vermißtenfälle betrachten und die Tatsache berücksichtigen, daß es nie Überlebende, SOS-Rufe, Wracks, Wrackteile oder Ölflecke gibt, muß man diese Frage mit einem entschiedenen Ja beantworten. Die Wahrscheinlichkeit des ungeklärten Verschwindens ist im Bermuda-Dreieck tausendmal größer als in einem anderen gleich großen und für Such- und Rettungsaktionen ebenso zugänglichen Gebiet. Dies bedeutet selbstverständlich nicht unbedingt, daß eine Reise in oder durch das Dreieck gefährlicher oder auch nur annähernd so gefährlich ist wie ein Sonntagsausflug auf der Autobahn! Es besagt jedoch, daß außerordentliche Kräfte dort wirksam zu sein scheinen und daß zu gewissen Zeitpunkten, wenn bisher unbekannte Faktoren zusammentreffen, Schiffe und Flugzeuge durch einen reinen Zufall oder aber infolge anderer Kriterien jähe Kursänderungen erleiden und ihre Insassen Zustandsveränderungen erfahren, die zumindest bis heute von Dauer zu sein scheinen.

In Anbetracht der Zahl der Vermißtenfälle und des Zeitraumes, über den sich diese erstrecken, sowie des wachsenden öffentlichen Interesses an diesen Phänomenen wundert man sich, warum diesen Geschehnissen von seiten der Regierung nicht mehr Aufmerksamkeit entgegengebracht wird, warum nicht ein möglicher Zusammenhang in Erwägung gezogen wird und ob die Zahl der Fälle nicht vielleicht noch viel größer ist, als die Statistiken vermuten lassen.

Falls es tatsächlich bestimmte Gebiete gibt, in denen die Instrumente von Schiffen und Flugzeugen gestört werden oder in denen Luft- und Seefahrzeuge plötzlich Anziehungskräften oder unkontrollierbaren Einflüssen ausgesetzt sind, muß es zwangsläufig zahlreiche »Fast-Vermißtenfälle« geben, die aus möglicherweise verständlichen Sicherheitsgründen bisher vor der Öffentlichkeit geheimgehalten wurden.

4

Eine kosmische Tarnung?

Als *Das Bermuda-Dreieck* im Herbst 1974 Gegenstand wachsenden Interesses zu werden begann, erlebten Presse, Radio- und Fernsehsender und Verleger etwas sehr Ungewöhnliches: Ein überraschend großer Teil der Briefe von Lesern, Radiohörern und Fernsehzuschauern enthielt nicht, wie man vermuten könnte, nur Bitten um weitere Informationen oder Kommentare über Sendungen, Artikel oder das Buch selbst, sondern vielmehr eine Vielzahl Berichte von Personen, die selbst Aberrationen im Bermuda-Dreieck erlebt hatten und von ihren Vorgesetzten zum Stillschweigen über diese Erlebnisse verpflichtet worden waren.

Der Tenor derartiger Zuschriften von ehemaligen Angehörigen der amerikanischen Luftwaffe und Marine lautete im allgemeinen folgendermaßen: *Als ich noch aktiver Soldat war, erlebte ich dies (auf meinem Schiff, meinem Flugzeug). Unser kommandierender Offizier befahl uns, niemandem davon zu erzählen, bis die Untersuchung abgeschlossen sei. Das Ergebnis dieser Untersuchung erfuhr ich nie. Ich habe bisher nie offen darüber gesprochen, aber jetzt bin ich nicht mehr bei der Marine (Luftwaffe, Küstenwache, Handelsmarine), und als ich davon im Radio (in den Zeitungen, dem Buch) erfuhr, wollte ich es endlich jemandem erzählen.*

Diese Mitteilungen kamen von ehemaligen, in den Vereinigten Staaten und Übersee lebenden Angehörigen der U.S.-Marine und -Luftwaffe, von ehemaligen Angehörigen der Royal Canadian Air Force, der Royal Air Force und Royal Navy, von Angestellten der Handelsmarine vieler Nationen, von Privatpersonen, die jetzt in verschiedenen Teilen der Welt leben, aber nie ihre ungewöhnlichen und unerklärlichen Erlebnisse im Bermuda-Dreieck vergaßen.

Andere Briefe stammen von Linienpiloten, Schiffskapitänen und Mitgliedern von Schiffsbesatzungen oder auch von Passagieren. Immer wieder werden in ihnen eingereichte und dann angeblich in den Aktenablagen »verlorengegangene« Berichte sowie die schwer zu beweisende, aber trotzdem logische Möglichkeit erwähnt, daß ein ungewöhnlicher Bericht dieser Art sich vielleicht negativ auf die Führungszeugnisse des betreffenden Schreibers auswirken könnte. Andere gaben im persönlichen Gespräch zu, daß sie Phänomene persönlich miterlebten, diese aber nicht meldeten, da sie ihre spezielle Mission nicht beeinflußten und sie außerdem nicht die Aufmerksamkeit durch Berichte auf sich ziehen sollten, die man möglicherweise für Phantasiegebilde oder Hirngespinste gehalten hätte.

Ein Hinweis, der mit schöner Regelmäßigkeit in den Berichten ehemaliger Angehöriger der Marine auftaucht, betrifft das Logbuch ihres Schiffes. Da Kursänderungen ebenso wie jedes ungewöhnliche Vorkommnis in das Logbuch eingetragen werden müssen, ist es gemäß diesen Berichten passiert, daß Seiten aus dem Logbuch herausgetrennt und auf Befehl oder Anfrage vom Hauptquartier nicht zurückgegeben wurden, worauf der Vorfall dann nicht länger Gegenstand von Kommentaren oder Vermutungen war.

Während es durchaus normal ist, daß Marine- und Luftwaffenpatrouillenübungen der Geheimhaltung unterliegen müssen, um sinnvoll zu sein, erheben sich gewisse Fragen, wenn es nach Abschluß derartiger Übungen zu Zensurmaßnahmen kommt oder Berichte über Phänomene, die in diesem Gebiet beobachtet wurden, ignoriert werden.

So stellt sich unter anderem die Frage, ob dieses Gebiet eine besondere strategische Bedeutung hat oder ob Berichte über verschwundene Flugzeuge und Schiffe und andere seltsame Erscheinungen der Zensur anheimfallen oder ganz einfach ignoriert werden, weil man keine Erklärung für sie parat hat.

Ein anschauliches Beispiel ist ein Vorfall Ende Oktober 1969, dessen Augenzeugen die Besatzungsmitglieder der U.S. DLG-27, eines Zerstörers für ferngelenkte Raketen, wurden.

Robert P. Reilly, damals Unteroffizier 3. Klasse mit dem Spezialgebiet taktische Radaraufklärung, schildert diesen Zwischenfall wie folgt:

Es war in der zweiten Oktoberhälfte 1969. Wir kamen von einem Einsatz in Guantánamo zurück und befanden uns nördlich von Kuba. Die meisten der Besatzungsmitglieder kennen im allgemeinen die genaue Position ihres Schiffes nicht, aber da ich navigierte, wußte ich, wo wir waren und daß wir uns im Bermuda-Dreieck befanden. An das genaue Datum erinnere ich mich nicht mehr, aber ich weiß, es war 23 Uhr 45. Ich stand im Steuerstand – er hatte zwei Luken, eine auf jeder Seite der Brücke, die ungefähr zehn Meter von dem Kommandostand entfernt war. Ich merkte erst, daß etwas los war, als jemand zu mir hereinrief, die Steuerbordwache hätte etwas gesehen und sei bewußtlos geworden. Jemand anders rief: »Hast du irgendwas auf dem Radar? Da draußen ist was Unheimliches!« Wir gingen hinaus, um zu sehen, was es war... Es läßt sich schwer beschreiben. Es war, als ginge der Mond am Horizont auf, nur erschien es tausendmal größer... wie ein Sonnenaufgang... nur ohne Licht. Es selbst leuchtete, strahlte aber kein Licht aus. Es wurde immer größer.

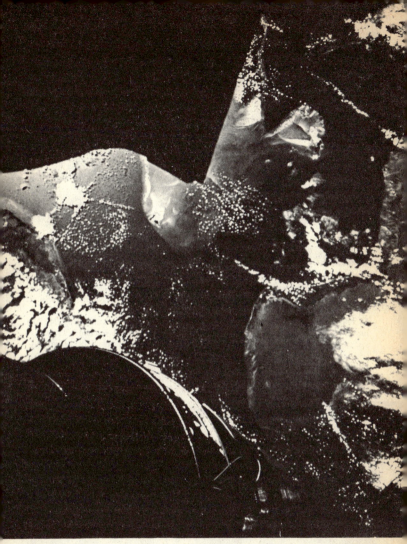

Satellitenfoto der Westspitze des Bermuda-Dreiecks. Die dunklen Flächen oben und unten links stammen vom Satelliten. Die Landmasse links ist die Spitze Floridas, mit dem Golfstrom, der zwischen Florida und der Großen Bahama-Bank nach Norden fließt. Die Große Bahama-Bank befindet sich in der Mitte des Fotos, mit Bimini links nahe dem Steilabfall. Das helle Gebiet unten rechts ist ein weiterer unterseeischer Teil der Großen Bahama-Bank. Links unten die Tongue of Ocean mit Teilen der Insel Andros rechts davon. Rechts oben die Kleine Bahama-Bank mit Abaco und Grand Bahama. *Foto: NASA*

Weißes Wasser im Old-Bahama-Kanal (Flugaufnahme aus 10 000 Meter Höhe). Das Weiße Wasser ist ein häufig beobachtetes verwirrendes Phänomen in diesem Gebiet nahe den Bahamas. *Foto: J. M. Valentine*

Nachtaufnahme von Weißem Wasser in der Nähe von Andros in den Bahamas (Flugbild). Pilot Jim Richardson landete kürzlich auf Weißem Wasser, nahm Proben davon und ließ sie analysieren. Die Ergebnisse deuten darauf hin, daß das Weiße Wasser besondere chemische Eigenschaften und eine hohe Schwefelkonzentration aufweist sowie Spuren von Strontium und Lithium enthält. Obwohl das Weiße Wasser häufig Fischbänken oder niedrigen maritimen Lebewesen zugeschrieben wurde, besteht die Möglichkeit, daß es aus Spalten im Meeresboden strömt und auf vulkanische Tätigkeit zurückzuführen ist. *Foto: J. M. Valentine*

Links: Sechseckige Formen auf dem Meeresgrund in der Nähe des Moselle-Riffs auf Bimini. Die regelmäßigen Umrisse dieser Formen legen die Vermutung nahe, daß sie von Menschen herrühren, wenngleich ihre Bestimmung, ob es sich um Straßen, Marktplätze oder Palasthöfe handelt, nicht bekannt ist. *Foto: J. M. Valentine*

Rechts: Unterwasserfoto der Bimini-Straße (oder Walles oder Piers), das eine Anordnung von großen Steinblöcken auf dem Meeresgrund zeigt. Die Bimini-Straße war die erste eindeutig archäologische Entdeckung auf den Bahama-Bänken. Ihre Authentizität als Artefakt, obwohl früher angezweifelt, wird durch weitere Funde bekräftigt. *Foto: J. M. Valentine*

Unten: Taucher bei Unterwassermessungen. Die dünnen schwarzen Linien sind Meßstäbe.
Foto: J. M. Valentine

Bruce Gernon mit der Beechcraft Bonanza, die er am 4. Dezember 1970 flog. Seinen Angaben zufolge wurde während dieses Fluges seine Maschine von einer Wolkenformation umschlossen, was zum Ausfall der Instrumente sowie zu Orientierungsverlust führte. Gernon tauchte aus der Wolke über Miami Beach auf und entdeckte, daß der Flug 30 Minuten kürzer als unter normalen Umständen gedauert hatte, was faktisch unmöglich ist, wenn man die maximale Fluggeschwindigkeit und das gänzliche Fehlen von Rückenwind in Betracht zieht. Gernons Aussagen werden jedoch sowohl von Zeugen als auch durch die Treibstoffrechnung bekräftigt, der zufolge 50 Liter weniger als erwartet verbraucht worden waren, was sowohl dem Zeit- als auch dem Distanzgewinn entspricht.   *Foto: Bruce Gernon*

Ben Huggard, ein Polizeioffizier aus Freeport, New York, der im Mai 1975 die längste bekannte Distanz im Ozean-Schwimmen zurücklegte – 162 Meilen nonstop von Florida zu den Bahamas.   *Foto: Ben Huggard*

Huggard während seines Langstreckenrekords in einem Käfig zum Schutz vor Haien, der ungefähr 50 Meter hinter einem Schlepper hergezogen wurde. Huggard erlebte das psychologische Phänomen, daß feindliche Kräfte im Bermuda-Dreieck wirksam sind, eine Ansicht, die durch gewisse ungewöhnliche Ereignisse untermauert wird.
Foto: Ben Huggard

Links: Dr. h. c. Eric Gairy, Premierminister von Grenada, während seiner Rede vor der 30. UNO-Vollversammlung am 7. Oktober 1975, bei der er über die Probleme des Bermuda-Dreiecks sprach. Seine Hinweise erregten auf der ganzen Welt lebhaftes Interesse.

Foto: Touristenbüro von Grenada

Rechts: Wayne Meshejian, ein Naturwissenschaftler am Longwood College, Virginia, der eine Studie über Wettersatelliten verfaßte, hat festgestellt, daß es über dem Bermuda-Dreieck häufig zu Störungen in den Magnetbandaufzeichnungen kommt.

Foto: Wayne Meshejian

Weltraumfoto von Grand Bahama, Great Abaco (oberer Rand) und den Berry-Inseln. Die hellgetönten Gebiete in der Umgebung des Festlandes zeigen Unterwasserbänke, die vor rund 13 000 Jahren vor dem Abschmelzen der Dritten Eiszeit aus dem Wasser ragten. Da in anderen Unterwassergebieten der Bahamas offenbar von Menschenhand errichtete Gebilde gefunden wurden, kann mit weiteren Funden vor den Küsten von Grand Bahama und Great Abaco gerechnet werden.
Foto: NASA

◁ Infrarotfoto, von Apollo 16 aus einer Höhe von etwa 80 000 Metern aufgenommen. Der Infrarotfilm, der Temperaturunterschiede in den Wasserschichten aufzeigt, läßt die Bodenkonturen hervortreten. Diese Tatsache deutet darauf hin, daß der Boden wärmer ist als das Wasser darüber. Die Landteile oben rechts im Foto sind die Berry-Inseln.
Foto: NASA

»Schiffs-Steckbrief«. Ein Plakat, wie man es in den Häfen und auf den Kais von Florida, auf den Bahamas und anderen Inseln sieht. Man hat die Theorie aufgestellt, daß manche Schiffe und Flugzeuge, die Berichten zufolge verschwanden, entführt und übermalt wurden, oder daß man ihr Aussehen auf andere Weise verändert hat. Für größere Fahrzeuge ist diese Theorie kaum zutreffend, da die Wahrheit früher oder später ans Tageslicht kommen müßte. Vor den Küsten der Vereinigten Staaten verschwanden während der Jahre 1974–1976 mehr als 600 Fahrzeuge spurlos, viele davon im Dreieck.   *Foto: Dick Winer*

Frage: Wie weit war es entfernt?

Es stieg in etwa 17 bis 23 Kilometer Entfernung am Horizont auf und befand sich von uns aus gesehen auf der Steuerbordseite, aber sozusagen vor uns. Ungefähr 15 Minuten lang wurde es immer größer.

Frage: Wofür hielt es die Besatzung?

Es sah aus wie eine Kernexplosion, verharrte aber an der gleichen Stelle und wurde zusehends größer. Wenn es eine Kernexplosion gewesen wäre, hätten wir es auf unserem Radar empfangen, das eine Reichweite von über 450 Kilometer hatte.

Frage: Sah es der Kapitän?

Es wurde ihm gemeldet. Dann gab der Zweite Deckoffizier den Befehl, das Schiff zu wenden. Vielleicht hielt er es für eine Bombe. Sie kennen ja das Standardmanöver: »Dreht euren Arsch zur Explosion!«

Frage: Wie viele Personen sahen es? Machte jemand ein Photo?

Vielleicht 70 bis 100 Mann sahen es. Die meisten warf es um. Mir wäre es auch nicht anders ergangen, wäre ich nicht auf Wache gewesen. Zuerst waren wir so sprachlos, daß wir gar nicht auf den Gedanken kamen, es zu photographieren. Dann rannten einige Kameraden los, um ihre Photoapparate zu holen, aber da war es schon zu spät. Niemand steht ja mit einer umgehängten Kamera an Deck!

Frage: Wo stand der Mond zu diesem Zeitpunkt?

Hoch am Himmel. Es war eine klare Nacht. Was wir sahen, war nicht der Mond – das steht fest!

Frage: Wissen Sie, ob ein Bericht darüber gemacht wurde?

Klar. Er wurde ins Logbuch eingetragen. Das ist bei jeder Kursänderung Vorschrift. Als wir jedoch in Norfolk ankamen, erschienen mehrere Offiziere an Bord und nahmen das Logbuch mit. Alles, was ich im Logbuch sah, war die Kursänderung. Ich vermute, der Deckoffizier führte vielleicht ein zweites Logbuch, in das er die Gründe für die Kursänderung eintrug.

Frage: Wurde noch irgend etwas über den Vorfall gesagt?

Und ob! Wir fuhren am darauffolgenden Tag nach Norfolk, und alle redeten darüber. Der Kapitän rief uns zusammen und befahl uns, nicht darüber zu sprechen. So wurde wieder nichts darüber gesagt. Ich bin überzeugt, es gibt irgendwo einen Bericht über das Ganze.

Dieser letzte Absatz mit dem in ihm enthaltenen Beweis für eine disziplinierte Besatzung und ein ungetrübtes Vertrauen in das Berichtsystem läßt vermuten, was mit einigen dieser Berichte geschah. Wenn ein Bericht über ein unerwartetes Vorkommnis zu außergewöhnlich ist, um in den zusammenfassenden Report über eine Manöverübung oder Aufklärungsmission aufgenommen zu werden, wird er vielleicht zwecks weiterer Überprüfung beiseite gelegt, gelegentlich wieder hervorgeholt und dann erneut abgelegt. Auf diese Weise kann jeder dieser ungewöhnlichen Berichte, für sich gesondert und nicht unter einem sich häufig wiederholenden Aspekt betrachtet, schließlich als Phantasieprodukt oder Massensuggestion zu den Akten gelegt werden.

Wachhabende Besatzungsmitglieder eines U.S.-Küstenwachkutters (mit Spezial-Härtetraining) beobachteten am 10. Oktober 1973 auf der Fahrt nach Guantánamo in Kuba ganz deutlich fünf UFOs, die in V-Formation in der Nähe ihres Schiffes sowie darüber hinwegflogen. Sie waren scheibenförmig und bewegten sich schnell vorwärts. Ihre Farbe wechselte zwischen verschiedenen Rot- und Orangetönen, sie kamen abwechselnd näher und entfernten sich dann wieder. Diese ungewöhnliche Beobachtung, die etwas nördlich der Windward-Passage, aber noch innerhalb des Bermuda-Dreiecks gemacht wurde, trug man wegen eines Standardverfahrens der Marine nicht in das Logbuch ein; nur die unmittelbar die Navigation betreffenden Vorfälle werden erwähnt und keine so abwegigen Dinge wie UFOs oder andere wirklich außergewöhnliche Beobachtungen, um die Logbucheintragungen nicht zu komplizieren.

Von den 150 Männern an Bord des Küstenwachkutters sahen nur einige wenige, und zwar jene, die nachts an Deck Wache hatten, die sonderbaren Flugobjekte. Ein Besatzungsmitglied, dessen Name nicht genannt wird, da er noch in aktivem Dienst steht, äußerte sich dazu folgendermaßen: »Zuerst hatten wir alle Angst. Dann fragten wir uns, ob wir es melden sollten, falls der Deckoffizier es nicht tat. Wir hatten aber das Gefühl, es würde negative Folgen für uns haben, wenn wir etwas sagten. So hielten wir den Mund.«

Außer riesigen unbestimmbaren Objekten, Formen oder aus dem Wasser aufsteigenden Wolken wurde beobachtet, wie manchmal das Meer selbst im Bermuda-Dreieck auf einer weiten, zusammenhängenden Fläche in große Höhen emporwuchs. Der gewaltige Umfang und die Form dieser Erscheinungen schließt aus, daß es sich um Wasserhosen handelte. Es ist eigenartig, daß derartige Berichte über außergewöhnliche Phänomene, die von zuverlässigen Personen – Soldaten wie Zivilbürgern – beobachtet und beschrieben wurden, von den Behörden offensichtlich ohne jeglichen Kommentar oder eine Untersuchung zu den Akten wanderten.

Die Piloten einer Boeing 707 sichteten am 11. April 1963 auf einem Flug von San Juan nach New York eine riesige aufsteigende Wasserfontäne, die in ihrer Form einem gigantischen Blumenkohl glich. Die Erscheinung wurde aus ungefähr 10000 Meter um 13 Uhr 30 in folgender Reihenfolge zuerst vom Copiloten, dann vom Captain und dem Bordmechaniker ganz deutlich beobachtet. Die Stelle wurde bei 19 Grad 54 Minuten nördlicher Breite und 66 Grad 47 Minuten westlicher Länge in der Nähe des tiefen Puerto-Rico-Grabens angegeben. Die Beobachter schätzten die aufsteigende Wassermenge auf einen ungefähren Durchmesser von 0,75 bis 1,5 Kilometer und eine Höhe von über 1000 Meter. Da der Captain seinen Flugplan nicht ändern noch sein Flugzeug oder die Passagiere gefährden wollte, notierte er lediglich die ungewöhnliche Erscheinung und setzte seinen Flug fort. Der Copilot wandte sich jedoch später an die Küstenwache sowie an ein seismisches Kontrollzentrum und merkwürdigerweise auch an das FBI, erhielt aber keine Bestätigung dafür, daß sich zu dem genannten Zeitpunkt etwas Ungewöhnliches in dem Gebiet ereignet hatte. Aus den offensichtlich gleichen Gründen, die Generationen von Piloten der Militär- und Zivilluftfahrt veranlaßten, derartige Vorfälle zwar zu erwähnen, gleichzeitig aber ihren Ruf und ihre Karriere zu schützen, zogen auch diese Piloten es vor, ihre Anonymität zu wahren.

Einen Hinweis darauf, daß sich in jenem Gebiet tatsächlich etwas äußerst Ungewöhnliches innerhalb einer verhältnismäßig kurzen Zeitspanne abspielte, enthielt der keineswegs anonyme Brief eines pensionierten PANAM-Piloten, der einige Zeit nach Bekanntwerden des obigen Vorfalls einging. Der Pilot war Captain Raymond Shattenkirk, der während eines Flugs eine ähnliche Erscheinung beobachtete und bei den Dienststellen, denen er den Vorfall meldete, auf eine ähnlich ablehnende Haltung wie die Piloten der Boeing 707 stieß und keine Auskünfte und nicht einmal die Bestätigung erhielt, daß überhaupt etwas vorgefallen war. Captain Shattenkirk ist der Meinung, daß die bereits erwähnte Beobachtung mit seiner eigenen identisch ist, »es sei denn, das Phänomen trat mehr als nur einmal auf, denn das, was angeblich am 11. April 1963 gesehen wurde, passierte in Wirklichkeit am 2. März 1963«. Und er fährt in seinem Brief wie folgt fort:

Ich war Erster Offizier des PANAM-Flugs Nr. 211 am 2. März 1963. Wir starteten um 1434 GMT in New York und landeten um 1822 GMT in San Juan.

Genau um 1754 GMT sah ich bei 20 Grad 45 Minuten nördlicher Breite, 67 Grad 15 Minuten westlicher Länge und 25 000 Fuß Höhe und 175 Grad Magnetkurs, wie auf der Meeresoberfläche ungefähr 45 Grad vor der Nase unserer Maschine nach Steuerbord eine gigantische weiße Wasserblase aufstieg.

Sie hatte die Form und Symmetrie eines Blumenkohls. Auf Grund eines gedanklichen Vergleichs mit Landmarkierungen und deren relativer Größe aus Höhen von zwanzig- bis dreißigtausend Fuß würde ich sagen, daß der Idlewild-Flughafen leicht in den Umfang dieser Wasserblase hineingepaßt hätte.

Die Besatzung – der Captain John Knepper, ich selbst, der Dritte Offizier Ralph Stokes und der Bordmechaniker – beobachtete dieses erschreckende Gebilde mindestens drei Minuten lang, bis es in sich zusammensank, ohne eine Spur oder ein Anzeichen von Rauch, Qualm oder sonstige Überreste zu hinterlassen, und nur ein großer Kreis dunkelblauen Wassers zu sehen war. Es schien sich aus dem Nichts gebildet zu haben und sich auch wieder in Nichts aufzulösen.

Ich warnte sofort San Juan auf der Funkfrequenz, die wir benutzten, und verlangte, daß man die Küstenwache von unserer Beobachtung informierte. Man sagte mir, daß ein Flugzeug der Küstenwache zu der beschriebenen Stelle geschickt würde.

Nach der Landung in San Juan tankten wir unsere Maschine auf und starteten um 1900 GMT nach Miami, Florida.

Die Küstenwache hatte tatsächlich eine Albatros losgeschickt, denn ich kontaktierte den Piloten während des Flugs und beschrieb erneut, was wir gesehen hatten. Sein letzter Funkkontakt mit mir besagte, daß er keinerlei Überreste oder Spuren von »unserer Blase« gefunden hatte.

Dies geschah am 2. März 1963.

Später, im April 1963, irgendwann kurz nach dem 10. April, rief ich Pfarrer Lynch, den bekannten Seismologen, in Fordham an.

Als ich meine Beobachtung erwähnte und das betreffende Gebiet nannte, verwandelte sich das bis dahin herzliche Gespräch abrupt, und nach einem nicht sehr höflichen Abschied legte Lynch auf.

Seine Reaktion war seltsam. Konnte die Erwähnung des beobachteten Phänomens der Grund für sein merkwürdiges Verhalten gewesen sein?

Von jenem Tage an hatte ich immer den Verdacht, daß ich durch Zufall auf ein streng gehütetes, wahrlich nicht für die Öffentlichkeit bestimmtes Geheimnis gestoßen war ... Ich füge meinen Zeitplan des Monats März 1963 bei, auf dessen Rückseite eine Notiz über mein Telefongespräch mit Pfarrer Lynch unter der alten Fordham-Nummer steht.

Zahlreiche Zwischenfälle, von denen Marineschiffe betroffen werden, beginnen mit Radar-, Funk-, Kompaß- und anderen Instrumentenstörungen. Laut Aussage eines Besatzungsmitglieds verlor die U.S.S. *Richard E. Byrd*, ein DDG-Schiffstyp für ferngesteuerte Raketen, im März 1971 den Funkkontakt bei einer Fahrt im Bermuda-Dreieck, was trotz der bei der Marine üblichen Versicherung, daß das Dreieck nur eine Legende sei, heftige Reaktionen bei der Besatzung auslöste. Mit den Worten Walt Darlings, eines taktischen Raketenspezialisten der amerikanischen Marine:

... Wir waren von Norfolk, Virginia, nach den Bermudas unterwegs. Es war eine vier- oder fünftägige Übungsfahrt... eine Vorbereitung für eine Atlantiküberquerung. Als wir auf östlichen Kurs gingen, verloren wir nacheinander alle Verbindungsmöglichkeiten. Zuerst fiel das Radargerät aus, dann das Gerät für die Flugsicherung (Luftkontrolle), dann das Minensuchgerät zum Abtasten der Wasseroberfläche, dann das Landortungsinstrument. Wir hatten überhaupt keinen Radarkontakt mehr. Niemand machte das anfangs Sorgen. Dann verbreitete sich das Gerücht, daß wir ins Bermuda-Dreieck kämen. Die Besatzung begann über das Dreieck zu reden und zeigte Anzeichen von Sorge. Dann verloren wir die Funkverbindung, obwohl man sie gewöhnlich auf den langen Wellen kriegen kann – auf den niedrigen Frequenzen von 1500 Kilometer, für die es Sonderstationen rund um die Erde gibt, damit ein Schiff z. B. eine von Frankreich und eine andere von der afrikanischen Küste aufnehmen und ihren Schnittpunkt und dadurch einen Anhaltspunkt über seine Position ermitteln kann. Aber wir bekamen überhaupt nichts mehr. Der Himmel war diesig und bedeckt, so daß wir unsere Position auch nicht nach den Gestirnen feststellen konnten. Auch der elektronische Tiefenmesser fiel aus. Wir hatten 300 Mann an Bord. Viele von ihnen befürchteten, wir würden im Kreis fahren und niemals an unseren Bestimmungsort gelangen. Einige sagten, jetzt würden wir selbst herausfinden, wohin all jene Schiffe und Flugzeuge seit dem Zweiten Weltkrieg verschwunden wären. Die Männer wurden sehr nervös, aber es wurde keine offizielle Erklärung über das, was vorging, abgegeben. Nach 9 bis 10 Tagen hatten wir dann plötzlich Funkkontakt mit Bermuda und kamen an. Die Fahrt dauerte normalerweise vier bis fünf Tage. Wir fanden nie heraus, was da eigentlich gewesen war.

Ein späterer Vorfall betraf 1972 den U.S.-Zerstörer *Vogelgesang*. Laut Aussage von Besatzungsmitgliedern erfuhr die *Vogelgesang* auf einer Rückfahrt von Puerto Rico in die Vereinigten Staaten im März 1972 eine unerwartete Kursänderung und kam während einer ganzen Nacht und einem Teil des folgenden Tages zum völligen Stillstand, da alle elektro-mechanischen Systeme ausfielen und keine Kraft aus den Kesseln kam. Die Besatzung erfuhr nie, was los war; den Gerüchten zufolge wußte es sowieso niemand – eine allen aktiven und ehemaligen Soldaten vertraute Erscheinung. Obwohl das Meer ruhig war und Windstille herrschte, ächzte und erbebte die *Vogelgesang* in der Nacht nach Aussage der Besatzung unter derartigen Stößen, als würde sie fast auseinandergerissen. Über diesen Vorfall ist kein Bericht an die Öffentlichkeit gedrungen, und nicht einmal die Besatzungsmitglieder erhielten eine Erklärung.

Derartige Vorkommnisse sind eine Bestätigung für das sich stets wieder-holende Phänomen von Energieausfall, elektronischen Störungen und rätselhaften Kräften, die in diesem Gebiet auftreten und oft große und kleine Flugzeuge und Schiffe treffen und über die normalerweise nichts an die Öffentlichkeit dringt, vor allem nicht, wenn es sich um Marine-fahrzeuge handelt.

Eine interessante Theorie, nach der ein großes Passagierschiff, die *Queen Elizabeth 2*, auf einer Kreuzfahrt am 3. April 1974 von den im Bermuda-Dreieck wirksamen Kräften betroffen wurde (die gesamte Energieversorgung fiel aus, und die Passagiere mußten von einem anderen Schiff über-nommen werden), haben wir in *Das Bermuda-Dreieck* behandelt. In der offiziellen Erklärung hieß es, ein Ölleck in einem der Kessel hätte alle drei Kessel entleert und dadurch die gesamte Krafterzeugung, einschließlich der Elektrizität, lahmgelegt. Eine Behauptung, die möglicherweise das Vorhandensein ungewöhnlicher Bedingungen bestätigt, enthielt ein Be-richt, nach dem ein Küstenwachkutter, die *Dakota*, angeblich die *Queen Elizabeth 2* während des Energieausfalls auf dem Radarschirm verlor, ob-wohl man sie vom Deck des Kutters klar und deutlich sehen konnte. Dieses Verschwinden vom Radarschirm des Küstenwachboots wurde später von der Küstenwache bestritten. Ein anonymer, in der Zeitschrift *Time* zitierter Sprecher der Küstenwache sagte: »1. Es ist nie geschehen. 2. Und auch wenn es geschah, so ist das vorübergehende Verschwinden eines Schiffes von einem Radarschirm eine alltägliche Erscheinung, her-vorgerufen durch Regenwasser, Meeresgischt oder andere naturbedingte Ursachen.« Als erstes ist festzustellen, daß jegliches Verschwinden auf eine allgemeine Kategorie naturbedingter Ursachen, bekannte oder unbe-kannte, zurückgeführt werden kann, und zweitens: Wenn »es nie ge-schah«, weshalb war es dann notwendig, den möglichen Grund zu er-klären?

Ein ähnliches Mißgeschick widerfuhr am 10. Oktober 1975 der S.S. *Rot-terdam* auf einer Kreuzfahrt durch das Bermuda-Dreieck. Wie bei der *Queen Elizabeth 2* war die an die Passagiere abgegebene Erklärung eine leicht verständliche: Wasser sei in das Öl einer der Maschinen eingedrungen. Laut den Passagieren der Kreuzfahrt »ging alles aus« – die Schiffsmotoren, das Licht, die Klimaanlage, die Küchengeräte und die Wasserversorgung fielen aus, als sie, von St. Thomas kommend, noch sechs oder sieben Stunden von den Bermudas entfernt waren. Obwohl ein Besuch der Bermudas bei der Kreuzfahrt vorgesehen war, legte das Schiff nie dort an. Nach Aussage von Norman Olsen aus New York, einem damaligen Passagier der *Rotterdam:*

> Das Licht ging einfach aus, und die Maschinen hörten auf zu arbeiten; auch der Wasserdruck sackte ab. Es hatte nichts mit schlechtem Wetter zu tun. Das Wetter war klar und das Meer ungewöhnlich ruhig. Es waren keine anderen Schiffe in der Nähe. Wir kamen zu einem völligen Stillstand und trieben den größten Teil des Tages nach Norden. Wir erfuhren nie richtig, was eigentlich los war. Die sagen nicht viel über eine solche Sache.

Unter den zahlreichen Hochseeschiffen, die im Bermuda-Dreieck verschwanden, waren bisher noch keine Passagierschiffe. Es ist jedoch interessant zu vermerken, daß es keine Berichte über große Passagierschiffe gibt, bei denen auf der regulären Route zwischen Amerika und Europa bei der Überfahrt alles zusammengebrochen sei. Die großen Unglücke, die passierten, wurden – abgesehen vom kriegsbedingten Sinken von U-Booten – meistens durch Kollisionen mit anderen Schiffen oder Eisbergen verursacht (die *Titanic*, 1912; die *Andrea Doria*, 1956), nicht aber durch ein plötzliches Versagen der gesamten Energieversorgung bei ruhiger See. Weitere Fälle von elektronischen Störungen auf Passagierschiffen in den zunehmend beliebteren Kreuzfahrtgewässern des Bermuda-Dreiecks werfen vielleicht ein zusätzliches Licht auf die in diesem Gebiet auftretenden elektronischen und magnetischen Anomalien. Es ist tröstlich anzunehmen, daß allein die Größe der Passagierschiffe möglicherweise einen Schutzfaktor vor den »Kräften des Verschwindens« – falls man sie so nennen kann – darstellt.

Das Auftreten von Radarabnormitäten wurde durch visuelle Beobachtungen bestätigt, die Besatzungsmitglieder von Küstenwachkuttern bei mehreren, fast unglaublich erscheinenden Vorfällen machten. Richard Winer *(The Devil's Triangle 2)* führt den Fall der *Yamacraw*, eines Kabelverlegungs- und Forschungsschiffes der Küstenwache, an, die am 8. August 1956 ein recht beunruhigendes Erlebnis in der Sargasso-See hatte.

Die Sargasso-See, ein unbewegtes Meeresgebiet nördlich der Bahamas, das durch ungeheure Mengen von nahe der Oberfläche treibenden Algen gekennzeichnet ist und vom Golfstrom und anderen Meeresströmungen begrenzt wird, ist seit langem als ein Gebiet berüchtigt, in dem unzählige Schiffe sanken oder verlassen treibend aufgefunden wurden – nach der Legende ein Opfer der Algenmassen.

Obwohl sich die *Yamacraw* auf offenem Meer befand, entdeckte der Radarspezialist plötzlich auf dem Schirm eine große Landmasse in einer Entfernung von 28 Meilen auf der direkten Kursroute des Schiffes und informierte den wachhabenden Offizier. Dieser überprüfte das Radarbild und die Kompasse und kam zu demselben Ergebnis. Der Kapitän erhielt Meldung, änderte jedoch den Kurs des Schiffes nicht. Nach mehreren Stunden näherte sich die *Yamacraw* einer riesigen Masse, die – wenn man von ihrer enormen Höhe absah – allem Anschein nach Land zu sein schien. Diese kompakte Masse, die sich weder durch Radar noch durch starke Scheinwerfer durchdringen ließ, war jedoch kein Land, da sie über der Wasseroberfläche zu stehen und unbegrenzt gegen Himmel emporzuragen schien und sich nach Südwesten in einer anscheinend großen, aber nicht festzustellenden Entfernung erstreckte. Die *Yamacraw* fuhr mit bewundernswertem Forscherdrang in die dunkle Masse hinein, die alle Beleuchtung zum Erlöschen brachte. Die starken Kohlenfadenbirnen glühten nur noch schwach, was nur dann wahrzunehmen war, wenn man direkt in sie hineinsah. Kurze Zeit nach dem Eindringen in die Masse begann die Besatzung zu husten und der Dampfdruck der Maschinen abzufallen, was den Befehl zum Umkehren und Verlassen der Zone zur Folge hatte. Die riesige Erscheinung verschwand mit Sonnenaufgang des nächsten Tages, ohne irgendwelche Spuren zu hinterlassen.

Eine zweite Radarwahrnehmung von Land oder »Geisterland« in der Nähe der Florida-Straße wurde von Lieutenant Wissman, Erster Offizier auf der *Hollyhock*, einem Bojentender der Küstenwache, berichtet. Der Unterschied zwischen den von der *Hollyhock* und der *Yamacraw* gemachten Beobachtungen besteht darin, daß die Radarlandsichtungen der *Hollyhock* in gleichbleibendem Abstand vor dem Schiff zurückzuweichen schienen, während die *Yamacraw* sich dem von ihr gesichteten »Geisterland« nähern konnte. Der Vorfall ereignete sich im August 1974, als die *Hollyhock* sich, von den Bahamas kommend, der Florida-Straße näherte. Obwohl die Entfernung zur Küste Floridas ungefähr 50 Meilen betrug, zeigte der Radarschirm eine Landmasse an, die nur 10 Meilen entfernt auf dem direkten Kurs des Schiffes lag. Für ein Schiff war diese Masse zu groß. Das Radargerät reagierte wie bei Land, nur bewegte sich diese Erscheinung in gleichbleibendem Abstand vor der *Hollyhock* her. Anders als im Fall der *Yamacraw* wurde die Masse nie von der Besatzung wirklich gesehen.

Ob diese Radaraufzeichnungen von Land oder enorm großen, sich bewegenden Massen ohne konkrete Existenz nun Radarfehlaufzeichnungen,

Meeresgischt oder durch besondere Wetterverhältnisse ausgelöste Radarstörungen darstellen, bleibt der Mutmaßung überlassen. Es ist auch möglich, daß die *Yamacraw* in die dichten Schwefeldämpfe eines unterseeischen Vulkanausbruchs hineinfuhr. Obwohl keines dieser beiden Ereignisse seinen Weg in die Massenmedien fand, ist anzunehmen, daß andere, vielleicht bisher noch nicht gemeldete Vorfälle ähnlichen Charakters Gegenstand wissenschaftlicher Untersuchung und Analyse waren oder sein werden.

Einzelne Wolkenformationen, die allein an einem sonst wolkenlosen Himmel auftraten, sind laut Zeugenaussagen von Patrouillenflugzeugen der amerikanischen Marine beobachtet und photographiert worden, obwohl derartige Aufnahmen sowohl dem ursprünglichen Photographen wie der Öffentlichkeit vorenthalten wurden. Jerry Osborn, der jetzt in Dallas, Texas, lebt, 1966 aber bei der Luftwaffe der Marine diente, wurde zusammen mit elf anderen Besatzungsmitgliedern eines Marineflugzeugs vom Typ P3-A Augenzeuge eines Vorfalls, bei dem es um zwei Wolken ging, und der mehr einem völlig irrealen Traum – oder Alptraum – glich als gewöhnlichen Kumuluswolkenformationen. Jerry Osborn, der aus dem Militärdienst ausgeschieden ist und deshalb frei sprechen kann, erinnert sich lebhaft an jenes seltsame Erlebnis:

Ich war im Januar 1966 in Kindley Field, Bermuda, stationiert. Mein Dienstgrad war AX-3, also U-Boot-Abwehr-Spezialist. Am 16. oder 18. Januar unternahmen wir einen Routinepatrouillenflug zwischen den Bermudas und Puerto Rico. Es war zwischen 1 und 3 Uhr nachts. Die Nacht war klar, die Flugbedingungen ausgezeichnet. Wir befanden uns 400 Meilen südlich der Bermudas und flogen in einer Höhe von ungefähr 4000 Fuß.

Plötzlich sichteten wir zwei sehr ungewöhnliche Wolken etwa 5 Minuten Flugzeit von uns entfernt in fast gleicher Höhe; die eine war ein langgestrecktes, mit der Spitze nach unten zeigendes Dreieck von 250 bis 300 Fuß Länge, während die zweite, darüberhängende, die Form einer runden Puderquaste von etwa 150 Fuß Durchmesser hatte. Beide leuchteten hell. Mein erster überraschter Gedanke oder Vergleich war: »Jemand hat eine Wolke in der Form eines riesigen Vanilleeisbechers gemacht und das Eis von dem Waffelbecher getrennt.«

Ich hatte klare Sicht, da ich als Aufklärungsoffizier fungierte und den oberen Steuerbordbeobachtungssitz innehatte. Trotzdem hätte ich meinen Augen nicht getraut, wenn nicht alle anderen Besatzungsmitglieder es ebenfalls gesehen hätten. Die beiden Wolken hingen einfach da an dem ansonsten vollkommen wolkenleeren Himmel.

Als wir näher kamen, bemerkte ich, daß der Abstand zwischen der »Puderquaste« und dem »Eisbecher« ungefähr 200 Fuß betrug und frei war. Als wir uns weiter näherten, setzte unser Pilot zu einer Schleife an, um hindurchzufliegen, doch gerade, als wir mit dem Anflug auf die beiden Wolken begannen und unsere Photographen Aufnahmen von dieser verrückten Formation machten, blitzte ein greller Lichtstrahl aus dem Zwischenraum hervor, tastete einige Sekunden lang das Gebiet ab, in dem wir flogen, und blieb dann auf unserem Flugzeug haften. Der Strahl ließ uns – im ganzen etwa 6 Sekunden – nicht wieder los, bis unser Pilot abschwenkte, da wir einige Entfernung zwischen uns und dem, was immer da vorging, legen wollten. Als wir zum Stützpunkt zurückkamen, machten wir einen Bericht und reichten all unsere aufgenommenen Photos ein. Wir sahen sie nie wieder und hörten auch nie etwas über den Bericht. Später erkundigten wir uns bei unserem Offizier danach. Er sagte, er wüßte nichts darüber. Er schien nicht darüber sprechen zu wollen, sagte aber, es hätte vielleicht etwas mit Reaktionserscheinungen von Raketenabschüssen zu tun gehabt. Das könnte eventuell die Wolkenformation erklären, aber ganz bestimmt nicht den grellen Lichtstrahl aus dem Zwischenraum zwischen den beiden Wolken, der sich auf uns heftete und uns nicht wieder losließ.

Marineschiffe, und vor allem die langsam fahrenden Funkschiffe, die verschiedene Teile der Weltmeere wie auch das Bermuda-Dreieck durchqueren, haben die sonderbare Atmosphäre und das zeitweilige Verschwinden von Vögeln und Meerestieren in Gebieten des Dreiecks während der Perioden beobachtet, in denen die Funkverbindung abreißt und andere elektronische Geräte gestört sind. Das Meer wurde von den Besatzungen in solchen Momenten als glasig, bar allen Lebens und ohne die sonst üblichen Fische oder Vögel beschrieben; auch das dann besonders häufige Vorhandensein eines leichten Nebels wurde erwähnt.
Das Erlebnis, das der Küstenwachkutter *Diligence* Ende 1975 hatte, ist ein anschauliches Beispiel für das Abreißen der Funkverbindung im Dreieck. Die *Diligence* war daran, einer Meldung über einen brennenden Frachter nachzugehen, als das Funkgerät und der Tiefenmesser ausfielen und sie auf den flachen Bahama-Bänken festfuhr. Eine Stunde lang blieb sie ohne Funkverbindung, bis auf einen einzigen Kontakt, der mit einem anderen Küstenwachkutter vor San Francisco, 4500 Meilen weit entfernt, zustande kam.
Ob die Marine und Küstenwache nun das Bermuda-Dreieck, abgesehen von den magnetischen Störungen, die erwiesenermaßen dort auftreten, als eine Gefahrenzone betrachten oder nicht, so ist doch kein offizieller Sprecher bereit, die Existenz von irgend etwas Ungewöhnlichem auch nur indirekt zuzugeben. Marinepiloten sind jedoch weniger fest davon über-

zeugt, daß das Bermuda-Dreieck ein ganz normales Gebiet wie jedes andere ist.

Man muß die Piloten bewundern, die allein in kleinen Flugzeugen das Gebiet überfliegen, obwohl sie sich in zunehmendem Maße bewußt sind, daß der berüchtigte Ruf des Dreiecks zu Recht besteht. Vor einigen Jahren verschwand ein Marinepilot, ein amerikanischer Indianer mit einer noch intakten Stammesherkunft, mit seiner Maschine, während er in Funkverbindung mit seinem Stützpunkt stand. Er schien irgendwelche Schwierigkeiten zu haben, funkte aber keinen SOS-Ruf. Dann hörte man, wie er in einer anderen Sprache sang. Ein Freund von ihm, der ebenfalls Indianer war, wurde an das Funkgerät des Turms geholt, damit er sich das Lied anhörte. Er erkannte es als das »Todeslied«, das Indianer unmittelbar vor dem Tod singen. Das Flugzeug und sein Pilot verschwanden spurlos und ohne einen Hinweis darauf zu hinterlassen, was der Pilot sah und was ihn zu dem Todeslied veranlaßte.

Da die Presse normalerweise nicht über das Verschwinden von Patrouillenflugzeugen oder einzelnen Übungsflugzeugen berichtet, ist es schwierig zu ermitteln, wie hoch die im Bermuda-Dreieck erlittenen Verluste der amerikanischen Marine und Luftwaffe sind. Es mag recht aufschlußreich sein, daß 1974 der Stützpunkt für die Übungsflüge der Marinereservisten von der Atlantikseite Floridas, die innerhalb des Bermuda-Dreiecks liegt, zur Golfseite verlegt wurde. Wie zu erwarten war, wurde das Bermuda-Dreieck in der Anordnung für diese Verlegung nicht erwähnt.

Es gibt mehrere verständliche Gründe dafür, daß offizielle Dienststellen Vorfälle, die scheinbar nicht im Zusammenhang stehen und die sich auf Schiffen der Marine und Küstenwache im Dreieck ereignen, nicht für die Presse freigeben. Diese möglichen Gründe sind unter anderem: 1. Manche Vorfälle ereignen sich möglicherweise in der Nähe von NATO-Schiffen oder -Flugzeugen, wodurch internationale Auswirkungen nicht auszuschließen wären. 2. Andere Vorfälle, bei denen der Funkkontakt abreißt und der Kurs eines Flugzeuges oder Schiffes eine unfreiwillige Änderung erfährt, könnten als Folge mangelnder beruflicher Qualifikation ausgelegt werden. 3. Wieder andere erscheinen so phantastisch, daß sie offensichtlich einfach aus den Logbüchern herausgetrennt werden, weil die Schilderung eines völlig abwegigen Vorkommnisses den Bericht über die jeweilige Mission endlos komplizieren und eventuell sogar unverständlich machen würde. Im folgenden einige aufschlußreiche Beispiele hierzu:

Im Oktober 1971 verfolgte ein Helikopter der Küstenwache bei Manövern in der Nähe von Great Inagua eine Gruppe sowjetischer und chinesischer Fischdampfer sowie ein nicht identifiziertes U-Boot und ein Flugzeug, das man für einen nicht identifizierten Hubschrauber hielt, da es sich für ein Flugzeug zu langsam fortzubewegen schien. Als der Helikopter der Küstenwache sich diesem vermeintlichen Hubschrauber von hinten näherte, blinkte ein helles Landelichtsignal auf, und dann schlug der Hubschrauber auf die Wasseroberfläche auf und explodierte in einem gleißenden, orange-weißen Feuerball von unbeschreiblich intensiver Leuchtkraft – wesentlich intensiver, als man es normalerweise bei einem solchen Absturz erwarten kann. Das FAA (*Federal Aviation Administration* = Bundesluftfahrtministerium) gab auf Befragen zu, daß ein Flugzeug – eine Constellation – als vermißt gemeldet sei, gab aber keine Auskunft über die Flugstrecke oder den Ort der Explosion (obwohl die genaue Stelle von dem Helikopter der Küstenwache angegeben worden war) und wußte nicht einmal mit Bestimmtheit, ob das betreffende Flugzeug überhaupt existierte. Anschließend wurde dann die von der NTSB (*National Transportation Safety Board* = Nationale Sicherheitsbehörde für Transportwesen) eingeleitete Untersuchung eingestellt und der Fall als abgeschlossen betrachtet.

Manchmal werden Berichte über – zumindest für den Beobachter – ungewöhnliche Vorkommnisse in diesem Gebiet konfisziert oder unterdrückt, vermutlich weil ihre Veröffentlichung neue und schwierige Untersuchungen nach sich ziehen würde, die nichts mit der ursprünglichen Mission zu tun hätten, wie z. B. im Fall der *Alvin* (eines DSRV = *Deep Submerge Research Vessel* = Tiefseeforschungstauchboot).

Frage: Wie tief waren Sie, als Sie das Ungeheuer sahen?

Wir waren ungefähr 5000 Fuß tief, und ich tauchte in eine etwa 300 Fuß tiefer unter einem kleinen Vorsprung gelegene Felsspalte hinunter. Wir gingen tiefer, weil das Kabel, dessen Verlauf wir folgten, die Felsspalte überquerte. Und genau dort sah ich es. Als erstes bemerkte ich eine Bewegung. Ich dachte, wir bewegten uns an dem Kabel entlang, und überprüfte, ob wir durch eine Strömung abgetrieben wurden, stellte jedoch fest, daß unser Tauchboot keinerlei Fahrt machte, sondern das gesichtete Objekt sich bewegte. Da kam mir der Gedanke, daß es vielleicht ein Markierungspfeiler war, vor allem wegen seines beträchtlichen Umfangs. Ich lenkte das Tauchboot in eine Kurve, um einen besseren Blick auf das Kabel oder den Pfeiler, oder was immer es auch war, zu bekommen, als ich zu meiner Überraschung einen dicken Körper mit Flossen sah, einen langen Hals und einen schlangenartigen Kopf mit zwei Augen, die uns direkt anschauten. Es sah aus wie eine riesige Eidechse mit Flossen – von denen es zwei Paar hatte. Dann schwamm es, indem es uns den Rücken zukehrte, aufwärts, bevor wir die Kameras verstellen konnten, die auf eine Entfernung von 15 bis 25 Fuß eingestellt waren. Das Tier war schon aus dem Blickfeld der Kameras herausgeschwommen, hielt sich aber noch in unserer Nähe auf.

Frage: Was unternahmen Sie dann?

Mir gefiel das Ganze nicht, und so tauchte ich auf. Ich konnte zwar nicht glauben, was ich da sah, wollte aber nicht länger bleiben.

Frage: Meldeten Sie den Vorfall?

Ich erzählte es einigen Leuten. Was kann man schon sagen, wenn man keine Beweise hat? Man wird doch nur ausgelacht.

Frage: Machten Sie eine Eintragung ins Logbuch?

Ich schrieb es in unsere »Kladde«, aber ich glaube nicht, daß es in das Logbuch kam. Ich hörte später, daß der Bericht von der Marine zurückbehalten wurde.

Frage: War dies das einzige nicht zu identifizierende Tier, das Sie bei Ihren Tauchversuchen sahen?

Nun, man sieht so alle möglichen Umrisse und Formen, aber es sind wahrscheinlich nur große Tintenfische, und sie kommen meist nicht in die Nähe des Tauchboots. Ich habe insgesamt 300 bis 400 Tauchversuche gemacht, und dies war das einzige Mal, daß ich jemals ein derartiges Tier sah.

Dr. Manson Valentine, der infolge seines Zoologiestudiums wie auch seiner künstlerischen Begabung besonders gut Tiere identifizieren und skizzieren kann, zeichnete ein Meeresreptil der Jurazeit, zeigte es Kapitän McCamis und fragte ihn, ob das Tier, das er beobachtet hatte, so aussah. Kapitän McCamis erwiderte spontan: »Ja, genau dieses Tier sah ich!« Es ist natürlich verständlich, daß Offiziere bei der Berichterstattung zögern, Schilderungen von vermeintlichen Markierungspfeilern, die sich in Meeresungeheuer verwandeln, weiterzugeben, vor allem dann, wenn derartige Vorkommnisse nichts mit der gestellten Aufgabe zu tun haben. Andere monströse Lebewesen gelangten gelegentlich jedoch in Berichte, wie z. B. der zehn Meter lange Schwarzfisch, den die Besatzung der *Ben Franklin* sah, als diese langsam bei einer Unterwasserinspektion durch das Gebiet glitt.

Diese Zeichnung wurde nach den Angaben von Kapitän McCamis angefertigt, der im Oktober 1969 in der Tongue of Ocean während einer Kabelüberprüfung an Bord des Tiefseeforschungsschiffes *Alvin* ein nicht zu identifizierendes Tier gesichtet hatte.

Die Existenz von gegenwärtig noch nicht identifizierten Meeresungeheuern in den Tiefen des Ozeans, die vielleicht in unterseeischen Höhlen oder Spalten leben, von denen es sehr viele im Bermuda-Dreieck gibt, ist jedoch keineswegs unwahrscheinlich und wird es in Zukunft vielleicht noch weniger sein, da Tiefseebohrungen nach Erdöl und U-Boot-Patrouillenfahrten in zunehmend größeren Tiefen Beobachter in einen direkteren Kontakt mit bis dahin unbekannten Formen des unterseeischen Lebens bringen werden.

Die *Alvin* wurde bei einer anderen Gelegenheit von einem weniger geheimnisvollen Vertreter der unterseeischen Fauna angegriffen, und zwar von einem Schwertfisch. Dieses kampflustige Tier rammte sein Schwert mit einem so kräftigen Stoß zwischen die Preßluftkugel und die äußere Polsterung aus elastischem, schwimmfähigem Spezialkunststoff, daß er sein Schwert nicht wieder herausziehen konnte und infolgedessen beim Auftauchen der *Alvin* verendete.

Wenn unbekannte Phänomene oder Lebewesen gesichtet werden, ergeben sich zweifellos die gleichen Probleme hinsichtlich der offiziellen Berichterstattung. Bisher neigte man dazu, für alles Ungewöhnliche naheliegende Erklärungen zu finden und das, was sich nicht erklären ließ, einfach zu ignorieren.

Der bekannte Fall von Flugkapitän Thomas Mantell, der bei der Verfolgung eines unbekannten fliegenden Objekts den Tod fand, ist ein klassisches Beispiel für die Methode, für alles eine normale Erklärung zu finden. Captain Mantell startete am 7. Januar 1948 mit einem Flugzeug der amerikanischen Luftwaffe vom Typ P-51 vom Stützpunkt Godman Field, Fort Knox, um die Identität eines in der Nähe von Fort Knox am Himmel gesichteten außergewöhnlich großen, nicht identifizierten fliegenden Objekts festzustellen, das am Tag bei guter Sicht beobachtet worden war. Das Objekt wurde vom Kontrollturm als ein helles, scheibenförmiges Gebilde bezeichnet und von Mantell während seines Fluges als »metallisch und von riesiger Größe«. Captain Mantell ereilte dann der Tod, als er sich diesem Objekt näherte. Sein Flugzeug löste sich in eine Unmenge winziger Stücke auf, von denen keines gefunden wurde, das größer als eine Faust war; alle Aluminiumteile waren außerdem mit sehr kleinen Löchern übersät. Die Stellungnahme der Luftwaffe zu diesem Unglück lautete dahingehend, daß Captain Mantell anscheinend den Planet Venus (der selten bei Tag sichtbar ist) angeflogen und dann die Verfolgung von einem – oder zwei – hochfliegenden Wetterballons aufgenommen habe, durch Sauerstoffmangel bewußtlos geworden und abgestürzt sei. Eine Erklärung zu den seltsamen durchlöcherten Wrackteilen wurde nicht gegeben.

Die gleiche Art einer »normalen«, leicht verständlichen (wenn auch schwierig zu akzeptierenden) Erklärung gab die Luftwaffe zur Klärung eines Vorfalls ab, der sich am 9. März 1957 im Bermuda-Dreieck ereignete. Eine PANAM-Passagiermaschine vom Typ Douglas DC-6A setzte unter Captain Mathew Van Winkle von Norden kommend zur Landung in Miami an. Captain Van Winkle sichtete ein helles Licht, das sich ihm sehr schnell (er hielt es für ein Düsenflugzeug) auf Kollisionskurs näherte. Es erschien ihm rund und sehr hell leuchtend zu sein und strahlte einen grünlichen Schein aus. Captain Van Winkle erkannte, daß eine Kollision unvermeidlich war, wenn er seinen Kurs beibehielt, und zog, um auszuweichen, sein Flugzeug hoch; anschließend ging er dann wieder tiefer, wodurch unter den Passagieren Panik ausbrach und einige leicht verletzt wurden.

Eine Untersuchung dieses Vorfalls durch die Luftwaffe und CAB (*Civil Aeronautics Board* = Zivilluftfahrtbehörde) zog mehrere Möglichkeiten in Betracht, wie Düsenflugzeuge (von denen aber keines zu jenem Zeitpunkt in dem Gebiet war), Raketen (obwohl zu jenem Zeitpunkt kein Abschuß stattfand) und schließlich auch die Vermutung, daß Captain Van Winkle sich das Ganze nur eingebildet habe, obgleich erwiesenermaßen andere Flugzeuge auch das grünlich leuchtende Flugobjekt gesehen hatten. Der abschließende Befund lautet einfach, der Captain habe eine Sternschnuppe gesehen.

Oft wird bei einem derartigen Vorkommnis ein Standardverfahren angewandt, so auch in diesem Fall. Ein Vorhang des Schweigens senkte sich diskret über das Ergebnis der Untersuchung – falls nicht sogar offizielle Zensurmaßnahmen ergriffen wurden –, um die Öffentlichkeit nicht zu beunruhigen. (Wir sprechen hier natürlich nicht von durchaus berechtigten Zensurmaßnahmen in Kriegszeiten.) Nach der ersten Atombombenexplosion bei Alamogordo wurde, im Bemühen, diese geheimzuhalten, eine Pressemitteilung herausgegeben, in der es hieß, der Explosionspilz, der in einem Umkreis von 230 Kilometern zu sehen war, sei nur die Folge einer »Explosion in einer örtlichen Anlage« gewesen. Man könnte diese Erklärung, obwohl sie unbestreitbar der Wahrheit entsprach, als eines der großen Understatements der Weltgeschichte bezeichnen.

Aber auch in Friedenszeiten verhängt man über unerklärliche Ereignisse höchst wirkungsvolle Zensurmaßnahmen. Trotzdem werden innerhalb bestimmter militärischer Kreise oft Details über ungewöhnliche Vorfälle bekanntgegeben, und zwar möglicherweise aus sogenannten »Informationsgründen«, wenn auch mit entsprechender Warnung, diese Informationen als militärisches Geheimnis zu betrachten. Ein derartiger Bericht wurde 1960 von der Luftwaffe für bestimmte Einheiten – Radar und andere – über einen Testflug herausgegeben, der angeblich im Mai 1969 mit einer F-101 vom Luftwaffenstützpunkt Edwards in Kalifornien durchgeführt wurde. Dem Bericht zufolge hatte man die F-101, deren Pilot ein Luftwaffenmajor war, auf dem Radarschirm, als sie zum Stützpunkt zurückflog. Plötzlich erschien eine große Scheibe über dem Radarbild des Flugzeuges, das daraufhin emporstieg und in dem Bild der Scheibe verschwand, als ob es von dieser an Bord genommen worden sei. Anschließend verschwand auch das große Flugobjekt vom Radarschirm. Eine sofort eingeleitete, jedoch erfolglose Suchaktion wurde erst am nächsten Morgen abgebrochen, als das überfällig gemeldete Flugzeug mit seinem Piloten, dem Major, wieder auftauchte, der verständlicherweise leicht verwirrt und benommen war. Er berichtete, er sei zusammen mit seinem Flugzeug in ein großes UFO emporgehoben und dort von menschenähnlichen Wesen »interviewt« worden, die sich sehr für sein Flugzeug interessiert hätten. Seinem Bericht zufolge wurde er mit seinem Flugzeug nach etwa zehn Stunden wieder freigelassen und flog dann zu seinem Stützpunkt zurück. Vor seiner »Kaperung« hatte er noch für etwa zwanzig Minuten Flugzeit Treibstoff, und als er nach seiner Freilassung den Flug fortsetzte, hatte er noch ungefähr die gleiche Menge, wobei er für den Rückflug und die Landung die normale Treibstoffmenge verbrauchte, woraus eindeutig hervorgeht, daß in den fehlenden zehn Stunden kein Treibstoff verbraucht wurde. Der Major wurde nach dieser ersten Berichterstattung in die psychiatrische Abteilung des Militärkrankenhauses des Stützpunktes eingeliefert und von dort in eine andere Klinik übergeführt, deren Adresse nicht bekanntgegeben wurde. Alle in diesen Vorfall verwickelten Personen wie auch diejenigen, die etwas über ihn wußten (einschließlich jener, die den Bericht des Majors gelesen hatten), wurden von ihren Vorgesetzten oder zuständigen Sicherheitsoffizieren unter Androhung schwerer Strafen (Geldstrafen und/oder Gefängnis) zur absoluten Geheimhaltung verpflichtet.

Gegenwärtig werden derartige Berichte nicht mehr ausgegeben, und es wird durch strikte Kontrollen vermieden, daß ungewöhnliche Vorfälle, die sich im Bermuda-Dreieck ereigneten und weiter ereignen, bekanntwerden. Zu diesen ungewöhnlichen Vorfällen zählen auch die von der amerikanischen Luftwaffe gesichteten UFOs am Himmel, unter der Meeresoberfläche, beim Eintauchen ins Wasser und Auftauchen aus ihm sowie die aktive Teilnahme eines USOs an einem U.S.-Marinemanöver 1963 vor der Ostküste Puerto Ricos, bei dem die Unterwassergeschwindigkeit des USOs 200 Knoten erreichte und man es bis in eine Tiefe von 9000 Metern verfolgte (*Das Bermuda-Dreieck*, a. a. O.).

Ein ungewöhnlicher und vielleicht aufschlußreicher Beweis nicht nur für das Vorhandensein von UFOs, sondern vielleicht auch ein Hinweis auf das angestrebte Ziel der vielen in diesem Gebiet beobachteten UFOs war die Sichtung solcher Objekte durch Astronauten – und zwar vorwiegend von Gemini- und Apollo-Raketen aus, die von Kap Kennedy abgeschossen wurden – wie auch die Wahrnehmung von UFOs durch die Luftraumkontrolle der Bodenstationen. Der Astronaut James McDivitt photographierte ein UFO aus der Gemini-4-Kapsel, und Frank Borman und James Lovell beobachteten aus der Gemini-7-Kapsel in allen Einzelheiten zwei pilzförmige UFOs mit starken Antriebssystemen und machten gute Photos von ihnen, wie es auch James Lovell und Edwin Aldrin aus der Gemini-12-Kapsel gelang. Die Astronauten Borman und Lovell vom Apollo-8-Flug und Stafford und Young vom Apollo-10-Flug machten ebenfalls Bilder von UFOs, während sie sich in der Umlaufbahn befanden sowie auf ihrem Rückflug zur Erde. Apollo 11 wurde fast bis zum Mond von UFOs verfolgt (Astronaut Edwin Aldrin gelang es, zwei von ihnen zu photographieren), und auch Apollo 12 wurde beim Umlauf um den Mond von einem UFO begleitet.

Diese begleitenden UFOs gehören vielleicht nicht immer in die Kategorie einfacher Beobachter. Maurice Chatelain, ein französischer Wissenschaftler, der früher viele Jahre lang für die NASA tätig war, stellte die Theorie auf (*Nos ancêtres venus du cosmos*, 1975), daß eine mysteriöse Explosion im Sauerstoffdruckregelsystem von Apollo 13 möglicherweise von einem UFO ausgelöst wurde, um aus unbekannten Gründen den Erfolg des Weltraumflugs zu verhindern.

Obgleich es möglich ist, daß die gesichteten UFOs eine Art »Weltraummüll« oder Asteroiden sind, so steht doch ziemlich eindeutig fest, daß der Öffentlichkeit ein Großteil der Informationen vorenthalten wird. Man braucht diese Tatsache nicht unbedingt als einen »kosmischen Watergate-Skandal« zu bezeichnen. Es handelt sich offensichtlich um die nicht vorhandene Bereitschaft von Regierungsbehörden, zuzugeben, daß ungewöhnliche Kräfte im Dreieck wirksam sind, wie auch um die durchaus verständliche Abneigung von Einzelpersonen, ihre Karriere oder ihre Glaubwürdigkeit durch ein hartnäckiges Festhalten an einem Bericht über unerklärliche Beobachtungen zu gefährden. Man kann ebenfalls nicht erwarten, daß Linienflugzeuge – seien es nun Passagier- oder Frachtmaschinen – die Theorie bestätigen oder Beweise dafür erbringen, daß es sich im Bermuda-Dreieck um etwas anderes als normale unerwartete Wetterumschläge handelt. Es sollte uns auch nicht wundern, daß man von offizieller Seite nie in Erwägung zieht, daß das Fehlen jeglicher Wrackteile, Rettungsgeräte oder Ölflecke bei den vielen Vermißtenfällen andere Ursachen haben könnte als Meeresströmungen oder die unbestreitbare Tatsache, daß »das Meer so groß ist«.

Gewisse Sicherheits- oder Geheimhaltungsmaßnahmen, die in Verbindung mit dem »berühmtesten« Vermißtenfall, der sich im Dreieck ereignete, dem von Flight 19, standen, ließen einige Forscher wie auch Angehörige der Opfer vermuten, daß aus einem merkwürdigen und erstaunlichen Grund eine ständige Zensur über dieses Unglück verhängt wurde.

Obwohl mehrere Tatsachenberichte über das Verschwinden der fünf Avenger-Bomber das Unglück mit einem Höhenverlust des führenden Flugzeuges erklären, das, von den anderen gefolgt, auf den Atlantik hinausflog, wo es schließlich aus Treibstoffmangel abstürzte, ohne Wrackteile, Überlebende, Rettungsflöße oder Ölflecke zu hinterlassen – diese könnten aber auch verschwunden oder einfach nicht gefunden worden sein, falls es sie überhaupt gab –, deckt sich diese Art der Erklärung mit der Theorie von »dem großen Meer«. Das Verschwinden des Martin Mariner wird der Einfachheit halber mit der Tatsache erklärt, daß in der betreffenden Nacht von der Besatzung, der S. S. *Gaines Mills*, eines durch dieses Gebiet fahrenden Frachters, ein Feuerschein am Himmel gesehen wurde.

Die Untersuchung des Falles von Flight 19 wurde nach einigen Jahren abgeschlossen, und erst 1964, neunzehn Jahre nach dem Verschwinden, gab das Marineministerium erneut ein Bulletin heraus, um die vielen Anfragen aus der Öffentlichkeit über dieses berüchtigte Unglück zu beantworten. Sogar in diesem Bulletin wird erklärt, daß das vorliegende Beweismaterial »...nicht ausreicht, um zu erkennen, was wirklich geschah.

Es wurde nie wieder etwas von Flight 19 gehört und keine Spur von den Flugzeugen gefunden…«

Es ist nichtsdestoweniger interessant, daß mehrere zum Zeitpunkt des Verschwindens gemachte Beobachtungen vermuten lassen, daß es möglicherweise doch Überlebende gab und diese in die Nähe der Küste oder auch an Land gelangten, ja sogar gerettet wurden, ohne daß diese Rettung bekanntgegeben wurde.

Sal Macedonia aus Madison, New Jersey, ein früherer Funker auf der U.S.A.T. *Ernest J. Hines*, machte durch einen eigenartigen Zufall eine Aufnahme von den Avenger-Bombern auf ihrem letzten Flug, als er beim Auslaufen aus dem Hafen an Deck seines Schiffes stand. Anschließend hörte er dann über Funk, daß die Suche nach den fünf Flugzeugen begonnen hatte, und begriff, daß dies die fünf Flugzeuge waren, die er photographiert hatte. Am 5. Dezember 1945 gegen 19 Uhr empfing er einen schwachen Funkspruch in der Nähe des Suchgebiets, nur einige Meilen vor der Küste Floridas, der nicht als SOS-Ruf zu erkennen war. Macedonia ist der Ansicht, daß dieser Funkspruch von einem kleinen Boot kam, obwohl er auch von einem abgestürzten Flugzeug hätte stammen können. Er meldete den Vorfall, doch wurden keine entsprechenden Maßnahmen eingeleitet. »Der rangniedrigste wachhabende Offizier wollte den Skipper nicht wecken.« Außerdem nahm man an, daß die Suchflugzeuge ebenfalls den Funkspruch empfangen hatten. Andere Berichte über mögliche Überlebende betrafen grün und rot aufflackernde Lichtsignale, die unter anderen in der Nacht des Unglücks von Piloten während des Fluges (Pan American und Eastern Airlines) sowie von einem Busfahrer beobachtet wurden. Diese Lichtsignale wurden an verschiedenen Orten wahrgenommen, so auch in den Everglades, in dem Gebiet um Fort Myers und in Zentralflorida. Es waren eindeutig Signale von Menschen, die sich in Not befinden. Da die intensive Suchaktion nach nur vier Tagen, am 10. Dezember 1945, abgebrochen wurde, kann angenommen werden, daß gewisse Fundergebnisse die Beendigung der Suchaktion rechtfertigen.

Joan Powers, die Witwe von Captain Powers, äußerte, wie kürzlich in der Zeitschrift *Saga Magazine* zitiert (*The Greatest Mystery of the Bermuda Triangle* von Kenneth Woodward), die Vermutung, daß einige der Opfer von Flight 19 weder starben noch von der Erde verschwanden und etliche von ihnen sogar noch am Leben seien. Sie begründet diese Vermutung mit einer intuitiven Empfindung und der Tatsache, daß die Suchaktion trotz der in der Nähe gemachten Beobachtungen so bald abgebrochen wurde, sowie mit dem Gerücht, nach dem ein Angebot der in dem Suchgebiet ansässigen Seminole-Indianer, die sich an der Suche beteiligen wollten, abgelehnt wurde. Ferner stützt sie sich auf Gerüchte, nach denen Überlebende an der Küste Floridas von Angehörigen anderer Dienst-

stellen gefunden und in ein Militärhospital an der amerikanischen Westküste übergeführt wurden. Seit vielen Jahren versucht Joan Powers nun
schon, diesen Gerüchten auf den Grund zu gehen, scheiterte aber bisher
bei den zuständigen Behörden an einer Mauer des Schweigens. Ihre Vermutung, daß einige Besatzungsmitglieder überlebten, sowie die Tatsache,
daß weitere Informationen nicht zu bekommen sind, stimmen doch sehr
nachdenklich.

»Meine Theorie geht dahin«, erklärte Joan Powers, »daß die Männer da
hoch oben in der Luft über dem Dreieck etwas sahen – etwas Seltsames,
das ihre Instrumente blockierte und Lieutenant Taylor derartig erschreckte, daß er nicht wollte, daß Lieutenant Cox [dem Lieutenant
Taylor zufunkte: Kommt mir nicht nach!] sein Leben aufs Spiel setzte;
etwas, das die Marine möglicherweise aus Gründen der nationalen Sicherheit immer noch vor der Öffentlichkeit geheimhalten will...«

Wenn offizielle Sprecher der staatlichen Dienststellen und Organisationen, welche die regionale Verantwortung für die Sicherheit im Dreieck
oder die dieses Gebiet betreffenden Auskünfte haben, nach ihrer Meinung
über die mögliche Existenz ungewöhnlicher Kräfte im Bermuda-Dreieck
gefragt wurden, variierte ihre Stellungnahme – wie zu erwarten war –
zwischen vorsichtiger Ablehnung und offenem Hohn.

Die Küstenwache gibt auf Anfrage einen hektographierten Standardbrief
über das Dreieck ab, in dem im ersten Absatz erklärt wird, daß es nur ein
»imaginäres Gebiet« sei, während man in einem anderen Absatz seine
geographische Lage angibt, für den Fall, daß es sich doch nicht nur um
ein imaginäres Gebiet handelt. Das FAA (*Federal Aviation Administration* = Bundesluftfahrtministerium) gibt, obwohl es die erwähnten Phänomene als »Unsinn« bezeichnet, zu, daß beim Überfliegen dieses Gebietes spezielle Probleme auftreten, und vermutet, daß *neutercanes*,
kleine Hurrikans, die *innerhalb* von »harmlosen Regenstürmen« auftreten, der Grund für das plötzliche Verschwinden von Flugzeugen sind,
wodurch sich vielleicht eine weitere geheimnisvolle Möglichkeit auftut.
Weder die amerikanische Marine noch die Luftwaffe erkennen das
Dreieck offiziell als Gefahrenzone an, doch wird diese Meinung von vielen
aktiven Piloten nicht geteilt. Das NOAA (*National Oceanic and Atmo-
spheric Administration* = Nationales Ministerium für ozeanische und
atmosphärische Belange) lehnt die Existenz des Dreiecks nicht so kategorisch ab wie die anderen Organisationen. Ein Sprecher des NOAA sagte,
wie am 16. Dezember 1974 in *Newsweek* zitiert: »Trotz (aller) Bemühungen der U.S.-Luftwaffe, -Marine und -Küstenwache hat man bis
heute noch keine vernünftige Erklärung für die Fälle von Verschwinden
gefunden.«

Manche Ozeanographen, Meteorologen, Wissenschaftler und Direktoren von Fluggesellschaften drücken sich klarer aus. Gene Dubois von Eastern Airlines, der die Haltung dieser Fluggesellschaft vertritt, bestreitet die Existenz des Dreiecks und bezeichnet alles als »Senationshascherei und Unsinn«. Isaac Asimow, Wissenschaftler und Autor von Science-Fiction-Romanen, glaubt nicht, »daß irgend etwas wirklich unerklärlich ist. Es gibt nur bisher noch nicht erforschte Dinge. Sie werden vielleicht niemals erforscht, weil wir möglicherweise nie die zu ihrer Erklärung notwendigen Fakten entdecken werden…« Der Ozeanograph Claes Rooth von der Universität von Miami erklärt, daß er nicht »einen einzigen belegten Fall weiß, bei dem ich meine Phantasie anstrengen müßte, um eine natürliche Erklärung zu finden«.

Bei einer Anzahl von Vermißtenfällen, die nicht durch »natürliche« Ursachen zu erklären sind, mußten gewisse kritische Beobachter der Vorgänge im Bermuda-Dreieck nichtsdestoweniger ihre Phantasie anstrengen, um eine Erklärung für sie zu finden.

So sind als eine Art naturbedingter Ursachen für das Verschwinden von Schiffen in diesem Gebiet Kollisionen mit Meerestieren wie z. B. Walfischen genannt worden. Wie statistisch bewiesen, sind kleine und mittelgroße Boote gelegentlich durch Walfische zum Sinken gebracht worden. Die *Essex*, ein großes Walfangschiff, sank am 20. November 1820 in der Nähe des Äquators durch einen 30 Meter langen Pottwal, der durch die Verfolgung der Walfänger und durch ihre Harpunen außerordentlich gereizt war. In jüngerer Zeit sanken auf der Fahrt von Rio nach Kopenhagen ein großes Schiff sowie mehrere Jachten – Douglas Robertson war der Kapitän der einen und Maurice Bailey der Kapitän der anderen – (s. Bibliographie S. 221) infolge von Kollisionen mit Walfischen, wobei ungeklärt ist, ob es sich um Unfälle, gezielte Angriffe oder spielerische Attacken eines Wals handelte, der den Schiffsrumpf für einen riesigen Artgenossen hielt.

Außer der Vermutung, daß Kollisionen und Schiffsunglücke durch unachtsame oder gereizte, aber noch zu identifizierende Meeresungetüme verursacht werden, wird ferner angenommen, daß kleine Schiffe manchmal von größeren gerammt wurden und sanken, ohne daß die größeren Schiffe den Unfall bemerkten (also eine Art Fahrerflucht auf hoher See). Diese letzte Möglichkeit wurde von Segelkameraden des erfahrenen Regattaseglers Harvey Conover angeführt, der mit seiner *Revonoc* auf der Fahrt nach Miami in den Keys am 1. Januar 1958 verschwand und von dem nur ein Beiboot gefunden wurde. Man vermutete, daß die *Revonoc* nachts von einem Hochseefrachter gerammt und durch den Sog eines Strudels in die Tiefe gerissen wurde, wodurch keine Wrackteile übrigblieben, und daß die Besatzung des Frachters diese Kollision mit einem kleinen Boot nicht bemerkte. Wie einleuchtend diese Theorie auch im

Hinblick auf Segelboote sein mag, so erklärt sie doch nicht das Verschwinden von Frachtern, bei denen eine Kollision mit anderen Frachtern zweifellos nicht unbemerkt bleiben würde.

Zum Thema »Entmystifizierung des Bermuda-Dreiecks« darf das Buch eines Bibliothekars aus Arizona, Lawrence Kusche (The Bermuda Triangle Mystery – Solved) nicht unerwähnt bleiben, in dem der Autor den Standpunkt vertritt, daß das Rätsel gelöst sei, da es niemals ein solches gegeben habe. Dabei ist jedoch zu berücksichtigen, daß die Meinung von Mr. Kusche durch keinerlei persönliche Erfahrungen oder Kenntnisse, sei es des Bermuda-Dreiecks, des Atlantischen Ozeans oder irgendeiner anderen größeren Wasserfläche, belastet ist. Seine Arbeitsweise zeichnet sich durch ein geradezu rührendes Vertrauen in Ferngespräche als zuverlässige wissenschaftliche Forschungsmethode aus, wie er selbst im Vorwort seines Buches auf Seite XV zugibt.

Wie von Martin Ebon in seinem Buch The Riddle of the Bermuda Triangle zitiert, erklärte Kusche: »Es war überflüssig, daß ich mich in das Gebiet begab, um es zu erforschen.« Ein erfrischender Kommentar zum Thema Forschungsmethoden, der Detektiven, Polizisten und Forschern aller Grade und Gebiete auf der ganzen Welt die Arbeit unendlich erleichtern würde! In einer Anzahl von Zeitschriften erschienen Artikel, in denen sowohl für wie gegen die Theorie vom Bermuda-Dreieck Stellung genommen wurde. Einige der kritischeren Artikel fand man in Zeitschriften, die von den großen Fluggesellschaften herausgegeben werden, deren Fluglinien das Dreieck oder seine Umgebung berühren.

Bei Ozeanographen, Wissenschaftlern, Regierungsvertretern oder anderen interessierten Beobachtern herrscht keine übereinstimmende Meinung über die Vorgänge im Bermuda-Dreieck. Eine Regierung jedoch, und zwar die des neugegründeten Staates Grenada, der früher zu Britisch-Westindien gehörte, hat vor einiger Zeit durch eine Rede ihres Premierministers vor der UNO-Vollversammlung eine klare Stellungnahme bezogen.

In dieser Rede, die bei der 30. Sitzung der UNO-Vollversammlung am 7. Oktober 1975 gehalten wurde, erklärte Dr. Eric Gairy, der Premierminister von Grenada:

> Die Zeit ist gekommen, in der die Organisation der Vereinten Nationen sich ernstlich damit befassen muß, einen Ausschuß oder eine entsprechende Dienststelle für PSI-Forschung zu bilden, um die Unwissenheit des Menschen über gewisse Aspekte seiner unmittelbaren Umwelt und in erhöhtem Maße über sein esoterisches oder inneres Ich zu beleben und die verschiedenen und unerklärlichen Phänomene zu ergründen, bei denen auch die am weitesten entwickelten Zweige der Wissenschaft

vor einem Rätsel stehen. Das Bermuda-Dreieck ist nur ein Beispiel...
Das Wissen, das dem Menschen gegebenenfalls durch PSI-Forschung
zugänglich wird, könnte ihn durchaus zum uneingeschränkten Herrn
seiner selbst und seiner Umwelt machen und nicht zu deren Untertan
oder, wie in manchen Fällen, zu deren Sklaven.

Diese überraschende Stellungnahme zum Thema »Bermuda-Dreieck« in
der UNO-Vollversammlung löste ein starkes Echo in der gesamten Weltpresse aus. Einige ausländische Presseberichte betonten die Tatsache, daß
der Premierminister die UNO aufforderte, das Rätsel des Bermuda-Dreiecks zu lösen und »zu verhindern, daß Menschen in der vor uns liegenden
Zukunft Sklaven von Ereignissen werden, die sich ihrer Kontrolle entziehen«, was möglicherweise eine Anspielung auf außerirdische Kräfte
oder Wesen ist, die sich im Dreieck manifestieren.
Aufgrund des weltweiten Interesses am Bermuda-Dreieck ist es interes-
sant und vielleicht kein Zufall, daß die amerikanische Marine für den
Sommer 1976 ein gemeinschaftliches Forschungsprojekt unter dem
Kennwort *Polymode* mit Flotteneinheiten der UdSSR plante, um magne-
tische Kräfte und Störungen, unregelmäßige Meeresströmungen und
Wellen, Unterwasser-Schallkanäle und plötzlich auftretende magnetische
Stürme in einem Teil des westlichen Atlantiks zu untersuchen, der dem
Gebiet des Bermuda-Dreiecks entspricht.
Dieses Interesse der US-Regierung an dem Dreieck erinnert an die Unter-
suchungen des Projekts »Magnet«, eines amerikanisch-kanadisch-engli-
schen Gemeinschaftsforschungsprojekts, das 1956 abgeschlossen wurde
und die magnetischen Aberrationen im Bermuda-Dreieck zur Grundlage
hatte. (Interessant ist, daß ein bei diesem Forschungsprojekt eingesetztes
Marineflugzeug vom Typ *Martin Marlin* bei einem Flug in diesem Gebiet
1956 mit der gesamten Besatzung verschwand und wie üblich keine
MAYDAY-Meldung funkte und keine Wrackteile oder sonstige Anhaltspunkte für eine Erklärung seines Verschwindens hinterließ.)
Die Beteiligung der Vereinigten Staaten an diesem Projekt, das mit dem
Sojus-Apollo-Projekt zusammenfiel, beweist nicht nur das Interesse der
amerikanischen Marine und Ozeanographen am »inneren Raum«, sondern ein verstärktes, wenn auch nicht offen zugegebenes Interesse an den
im Bermuda-Dreieck auftretenden Phänomenen, die kein Regierungs-
vertreter anerkennen oder auch nur offiziell erwähnen will, obwohl Regierungsbehörden offiziell bereit sind, sie zu untersuchen. Vielleicht
werden die Resultate dieses Forschungsprojektes aufschlußreiche Hinweise darüber geben, was mit einigen jener Schiffe und Flugzeuge geschah, die im Lauf der letzten dreißig Jahre in diesem Gebiet verschwanden.

Obwohl das Projekt »Polymode« in der amerikanischen Presse mit Schlagzeilen wie »*Amerikanische und sowjetische Teams erforschen das Bermuda-Dreieck*« angekündigt wurde, ist kaum zu erwarten, daß die amerikanische Marine zugibt, das Dreieck werde näher untersucht, obschon das betreffende Gebiet »zufällig« ungefähr zwischen denselben Breiten- und Längengraden im westlichen Atlantik liegt.

Während es durch die im Rahmen des amerikanisch-sowjetischen Gemeinschaftsprojekts durchgeführten Untersuchungen vielleicht gelang, den Grund für die magnetischen Anomalien zu entdecken, stieß man möglicherweise in, über oder auf der Erde auf natürliche oder andersartige, bisher noch nicht identifizierte Kräfte.

Es besteht auch die Wahrscheinlichkeit, daß diese Kräfte seit Hunderten – und vielleicht seit Tausenden – von Jahren in diesem Gebiet aktiv waren und daß ein Zusammenhang zwischen dem rätselhaften Verschwinden all jener Flugzeuge und Schiffe und einem anderen großen Rätsel besteht, das seit Jahrtausenden die Menschheit beschäftigt – dem legendären Verschwinden eines ganzen Kontinents.

5

Das versunkene Atlantis –
im Bermuda-Dreieck wieder entdeckt?

Ein untergegangenes Imperium, das in den Legenden der Menschheit als
»Atlantis« weiterbesteht, ruht heute vielleicht auf dem Meeresboden im
Bermuda-Dreieck. Möglicherweise fiel es in ferner Vergangenheit denselben gewaltigen Kräften zum Opfer, für die dieses Gebiet nach wie vor
berüchtigt ist. So wie die in ihm auftretenden Phänomene von Physikern
und Meteorologen, Militär- wie Zivilbehörden nicht anerkannt werden,
lehnen Ozeanographen und Archäologen die neuen, im Dreieck gemachten Entdeckungen ab, die Hinweise auf eine versunkene Zivilisation
geben. Aber die Unterwasserforschung, die im Bermuda-Dreieck z. T.
auch durch das öffentliche Interesse vorangetrieben wurde, hat vielleicht
die ersten konkreten Beweise für den Wahrheitsgehalt der Atlantis-»Legende« gefunden.
Wir alle kennen – zumindest in Umrissen – die Theorie von einer großen
verschwundenen Zivilisation, die einst auf einem Kontinent oder mehreren großen Inseln im Atlantischen Ozean existierte, welche in grauer
Vorzeit im Meer versanken. Diese Legende hat durch Plato und andere
Chronisten des Altertums seit Jahrtausenden die Phantasie der Menschen
beschäftigt, obwohl sie fast schon von jener Zeit an, als Plato zum ersten
Mal von ihr berichtete, von kritischen Gegnern lächerlich gemacht
wurde.
Diese Kontroverse, die nun schon mindestens 2500 Jahre währt und das
Thema von über 15 000 Büchern und unzähligen Artikeln in beinahe allen
Sprachen der Welt bildet, hält auch heute noch an. Wissenschaftler versuchen an verschiedenen Stellen der Erdoberfläche zu beweisen, daß sie
die menschliche Urzivilisation gefunden haben, während wiederum andere Wissenschaftler bemüht sind, diese Behauptungen zu widerlegen.
Forschungsexpeditionen untersuchen den Boden der Ozeane und Bin-
nenmeere, die tieferen Erdschichten unter Wüsten, die einst Meer waren,
Inseln, die vielleicht früher die Berggipfel von jetzt versunkenem Land
waren, Bergspitzen, auf denen die Überlebenden der einstigen Naturkatastrophen möglicherweise von den über die Erde hinziehenden Gezeiten
angespült wurden, und die Tiefen unter den Eisflächen des Nord- und
Südpols, die einst gemäßigte und bewohnbare Zonen waren, bevor die
Pole sich an ihre heutigen Positionen verschoben.
Atlantologen, d. h. Prähistoriker und Archäologen oder Forscher, die sich
für die Atlantis-Theorie interessieren, haben das verschwundene Reich

97

an einer Vielzahl von verschiedenen Stellen der Erde »entdeckt«. Eine Zusammenstellung der Meinungen von 275 Forschern zeigt, wie vielfältig die Ansichten zu diesem Thema sind: 131 placieren das einstige Atlantis wahlweise in 40 verschiedenen Gebieten früher Kulturen außerhalb des Atlantischen Ozeans (und ein Mitglied dieser Gruppe vermutet es auf dem Planeten Venus), während 98 annehmen (das aber bis heute noch nicht eindeutig beweisen konnten), daß Atlantis sich genau dort befand, wo es nach Plato war – auf dem Meeresboden des Atlantischen Ozeans.

Plato, der Atlantis sehr ausführlich in seinen Timaios- und Kritias-Dialogen beschrieb, wurde damals beschuldigt, lediglich eine hübsche Geschichte erfunden zu haben und sie nur interessanter machen zu wollen durch die Behauptung, sie beruhe auf Tatsachen. Er gebe einen Bericht Solons (jenes großen Gesetzgebers Athens) wieder, der während eines Aufenthalts in Ägypten die Priester in Saïs darüber befragte. Diese Priester besaßen, Plato zufolge, auf den Säulen und Wänden ihres Tempels schriftliche Aufzeichnungen über Atlantis. Solons Bericht war Platons Urgroßvater übergeben worden.

Plato beschreibt Atlantis und sein Zeitalter mit Worten, die, obwohl vor 2400 Jahren im alten Griechenland geschrieben, auch heute noch eine geheimnisvolle Faszination ausstrahlen: »...Auf dieser Insel Atlantis bestand eine große und bewundernswerte Königsgewalt, die der ganzen Insel, aber auch vielen anderen Teilen des Festlandes gebot; außerdem reichte ihre Macht über Libyen bis nach Ägypten und in Europa bis nach Tyrrhenien... Sie besaßen eine solche Fülle des Reichtums, wie sie weder vorher in irgendeinem Königreich bestanden hat noch in Zukunft so leicht wieder bestehen wird... Die ganze Außenseite des Tempels war mit Silber überzogen, die Zinnen mit Gold. Im Innern war die Decke von Elfenbein, verziert mit Gold und Messing... Die Schiffsarsenale waren voll von Trieren und allem zur Ausrüstung eines solchen Schiffes gehörigen Materials... Den ganzen Raum nahmen viele dichtgedrängte Wohnungen ein; die Ausfahrt und der größte Hafen waren reich belebt mit Schiffen und Kaufleuten aus allen möglichen Gegenden... Außerdem gab es eine große Anzahl von Elefanten auf der Insel und genügend Futter für alle möglichen wilden und zahmen Tiere...«

Dieses schöne Land ereilte nach Platos Worten ein jäher Untergang: »...Später entstanden gewaltige Erdbeben und Überschwemmungen, und im Verlauf eines schlimmen Tages und einer schlimmen Nacht versank... die Insel Atlantis im Meer...«

Platos detaillierte Schilderung von Atlantis, die angeblich später von ihm selbst und einigen seiner Schüler bei einem Besuch in Saïs verifiziert wurde, ist seit jener Zeit durch alte Überlieferungen bestätigt worden: Durch übereinstimmende Legenden und Bräuche vieler Völker, durch die weltweite Sage von einer großen Flut (Sintflut), der nur wenige Auserwählte entkamen. Eine weitere Bestätigung liefern sprachliche Ähnlichkeiten und Übereinstimmungen, die ohne die Annahme eines einst bestehenden direkten Kontaktes unerklärlich wären, sowie präkolumbianische, auf beiden Seiten des Atlantiks gefundene schriftliche Hinweise auf einen Kontinent oder große Inseln im Atlantik, von wo aus die Zivilisation nach Europa, in den Mittelmeerraum, den Mittleren Osten und nach Amerika gebracht wurde. Die Legenden über einen versunkenen Kontinent und Kontakte mit einer älteren Zivilisation blieben sowohl in Europa wie in Amerika so lebendig, daß die Spanier bei Antritt ihrer transozeanischen Entdeckungsfahrt fest damit rechneten, auf dem Weg zu einem neuen Kontinent Überreste von Atlantis zu finden, während die Azteken und andere indianische Volksstämme erwarteten, daß weiße Männer oder weiße Götter eines Tages aus ihrer versunkenen Urheimat zu ihnen zurückkehren würden, die viele Indianervölker immer noch »Aztlán« nannten.

Die Ähnlichkeit der Namen, mit denen alte Volksstämme entweder eine versunkene Insel im Atlantischen Ozean, ein verlorenes Paradies oder ein Land bezeichneten, von dem aus sich die Zivilisation in jener früheren Welt ausbreitete, ist ein die Atlantis-Theorie erhärtender Faktor, wenn auch nicht unbedingt ein Beweis dafür, daß ein derartiges Land einst wirklich existierte. Die folgende Aufstellung veranschaulicht die Macht eines Namens und seinen Widerhall in der Geschichte, in Legenden sowie im Bewußtsein der alten Völker, die während einer Jahrtausende dauernden Zeitepoche in einem großen Kreis rings um den Atlantischen Ozean lebten. Obwohl wir nicht wissen, wie die Atlantiden ihr Land nannten, ist das häufige Vorkommen der durch die Buchstaben A, T, L und N gekennzeichneten Laute doch bemerkenswert.

Einen zusätzlichen Hinweis auf das verschwundene ozeanische Reich liefert die Silbe *Atl*, die sowohl in der Sprache der alten Azteken wie derjenigen der Berber Nordafrikas »Wasser« bedeutet. Möglicherweise enthält sogar die Bibel einen Hinweis auf »das Land vor der Flut« in dem Namen *Ad-am*, der den ersten Menschen oder vielleicht den ersten zivilisierten Volksstamm bezeichnete.

Die hartnäckigen, wenn auch verschwommenen Erinnerungen an dieses versunkene Land überdauerten die Jahrtausende und trugen wesentlich zur Erforschung des Atlantiks bei, vor allem da bestimmte, nach alten griechischen Vorlagen angefertigte Karten des Mittelalters immer noch Atlantis oder Antilla weit draußen im westlichen Ozean zeigten.

Ein Absatz in Platos Bericht paßt außerdem besonders auf Inseln im Bermuda-Dreieck – die Bahamas, Bermudas und Antillen – und beeinflußte die Entdeckung der Neuen Welt durch Kolumbus.

Alte Kulturgruppe	Name der versunkenen Insel*	Lage in der Legende
Griechen und Römer	Atlantis Atlas	Inselreich im Atlantischen Ozean/ Gebirgskette an der atlantischen Westküste, die sich bis ins Meer weiter auf seinem Grund erstreckte.
Phönizier und Karthager	Antilia Antilha	Insel im westlichen Atlantischen Ozean auf geheimgehaltenen phönizischen Handelsrouten.
Ägypter	Amenti Aalu	Paradies in der Mitte des westlichen Ozeans.
Babylonier und Sumerer	Arallu	Inselparadies im westlichen (Atlantischen) Ozean.
Walisische Kelten	Avalon	Inselparadies im westlichen Ozean.
Germanen	Walhalla	Paradies im Westen.
Spanische Kelten	Antilla Atlantida	Inselreich im Atlantik, nicht weit von Spanien entfernt.
Berber und alte nordafrikanische Volksstämme	Atarantes Atlantioi Attala	Kriegerische Eindringlinge aus Nordwestafrika. Nordwestliche Meeresinsel, Sitz eines einstigen Imperiums.
Araber	Ad	Das Land vor der Flut, westlich des Mittelmeeres.
Guanchen (Kanarische Inseln)	Atalaya	Versunkenes atlantisches Imperium, zu dem die Kanarischen Inseln gehörten.
Basken	Atalaintika	Versunkene Insel im Atlantik, von der die Basken kamen.
Azteken	Aztlán Az	Insel mit einem großen Berg im östlichen Meer (Atlantik), ursprüngliche Heimat der Azteken.
Mayas	Aztlán Atlan	Einstiges Land im östlichen Meer, von dem die Mayas kamen.
Tolteken	Tlapallan	Insel im östlichen Meer, die Heimat der Götter, welche die Zivilisation brachten.
Volksstämme Nord- und Mittelamerikas sowie der Nordküste Südamerikas	Atlán	Insel im östlichen Meer, von der die Stammesvorfahren kamen.

* Zivilisation vor der großen Flut, oder des einstigen Paradieses

Plato sagt bei der Beschreibung der Lage von Atlantis:

…Denn damals [9000 Jahre vor Platos Zeit oder 11 500 vor der unsrigen] konnte man das Meer dort noch befahren, es lag nämlich vor der Mündung, die bei euch »Säulen des Herakles« heißt, eine Insel, größer als Asien [der Mittlere Osten] und Libyen [Nordafrika] zusammen, und von ihr konnte man damals noch nach den anderen Inseln hinüberfahren und von den Inseln auf das ganze gegenüberliegende Festland, das jenes in Wahrheit so heißende Meer umschließt. Erscheint doch alles, was innerhalb der genannten Mündung liegt, nur wie eine Bucht mit engem Eingang; jener Ozean aber heißt durchaus mit Recht also und das Land an seinen Ufern mit dem gleichen Recht ein Festland…

Dieser 2000 Jahre vor Kolumbus schriftlich festgehaltene Hinweis auf einen Kontinent im westlichen Atlantik ist typisch für eine im Altertum und Mittelalter allgemein verbreitete Überzeugung, die einen zusätzlichen Ansporn für Kolumbus, der ein überzeugter Leser Platos war, darstellte. Außerdem teilte ihm ein Gelehrter vor Antritt seiner großen Entdeckungsfahrt brieflich mit, daß er seine Flotte wahrscheinlich auf einer der übriggebliebenen Inselreste von Atlantis mit neuen Vorräten versorgen könnte. Besonders interessant in Platos Bericht ist sein Hinweis auf »andere Inseln«, der sich auf eine Reihe großer Landmassen vor der amerikanischen Küste bezieht, die gemäß Platos Schilderung einst viel größer und zahlreicher gewesen sein müssen als heute.
In diesem Zusammenhang ist zu beachten, daß Plato sich auf eine ziemlich genau festgelegte Periode der Vergangenheit bezieht, und wie immer es auch mit der Exaktheit seiner Angaben über Atlantis bestellt sein mag, so ist doch erstaunlich, daß er Inseln vor der Küste eines damals scheinbar noch unbekannten Kontinentes beschreibt. Zu jener Zeit, über die Plato berichtet, gab es im Atlantischen Ozean Landmassen, welche viel größere Inseln zwischen den heute noch existierenden umfaßten, sowie andere, heute nicht mehr vorhandene Inseln; auch das Küstenland erstreckte sich bis weit in den Atlantik hinaus. Der Ozean war damals ungefähr 300 Meter flacher als heute, d. h. bevor das beim Abschmelzen der Dritten Eiszeit frei werdende Wasser die Ozeane zu ihrer jetzigen Höhe ansteigen ließ. Weite Gebiete des heutigen Meeresbodens waren damals Küstenland, große Inseln oder Landverbindungen zwischen den Inseln. Bemerkenswerte Beweise für dieses Ansteigen der Weltmeere findet man im Gebiet des Bermuda-Dreiecks, wo die ausgedehnten Unterwasserbänke Floridas und der Bahamas mit ihren geräumigen unterseeischen Höhlen – den »Blauen Löchern« – ausführliches Beweismaterial dafür liefern, daß sie jahrtausendelang über dem Meeresspiegel lagen. Ein recht überzeu-

gender Beweis für das Ansteigen des Meeresspiegels sind die in den »Blauen Löchern« vorhandenen Stalagmiten und Stalaktiten (Nadeln und Kalkstein-»Eiszapfen«, die durch das von der Höhlendecke herabtröpfelnde Sickerwasser entstehen, jedoch nur, wenn diese Höhlen sich über Wasser befinden), die Korallenformationen in verhältnismäßig großer Tiefe (Korallen bilden sich normalerweise nur dicht unter der Wasseroberfläche), die Entdeckung von Sandstränden tief im Ozean (Sandstrände entstehen durch die Brandung an den Küsten) und die Ergebnisse von Bodenuntersuchungen in der Karibik (Duke-Universität, 1969), bei denen Proben von Eruptivgestein an die Oberfläche gebracht wurden, was auf eine kontinentale Bodenbeschaffenheit hinweist.

Bodenproben oder sogenannte »Kerne« in der Nähe der Azoren weit draußen im Atlantik erbrachten ebenfalls Resultate, die auf ein starkes Ansteigen des Wasserspiegels oder ein Absinken der ehemaligen Landgebiete schließen lassen, und zwar besonders die vom Meeresboden heraufgeholten Proben von Tachylyt, einer glasig ausgebildeten basaltartigen Lava, die man erstmals 1898 anläßlich der Reparatur des Transatlantikkabels fand und erneut 1969 durch eine sowjetische ozeanographische Forschungsexpedition. Die Bedeutung der Tachylyt-Funde beruht auf der Tatsache, daß diese basaltartige Lava sich nur bei Abkühlung *über* Wasser glasig ausbildet, ansonsten jedoch kristallin. In beiden Fällen wurden die Funde auf ein Alter von ungefähr 15 000 Jahren datiert. Außerdem legen »Kerne«, die dem Meeresboden bei den Azoren entnommen wurden, in überzeugender Weise die Vermutung nahe, daß das zutage geförderte Gestein *über* dem Meeresspiegel komprimiert wurde.

Wenn wir von einem generellen Absinken des heutigen Meeresspiegels von 330 Meter ausgehen, mit einem Spielraum für sogar noch größere, durch Vulkanausbrüche während des plötzlichen Ansteigens des Wassers verursachten Schwankungen, können wir uns im Geist die Form der vor ungefähr 12 000 Jahren im westlichen Atlantik vorhandenen einstigen Landmassen vorstellen: Die Bahama-Bänke lägen über Wasser und bildeten ein großes Landgebiet mit weiten Buchten, wie der heutigen Tongue of Ocean oder dem Exuma-Sund, und Meeresdurchfahrten wie dem Nordost-Providence-Kanal. Kuba und die anderen Antillen wären viel größer, und einige Inseln wären durch Land miteinander verbunden, wo heute nur noch die Gipfel überfluteter Berge über die Meeresoberfläche ragen. Florida würde sich östlich in den Atlantik erstrecken und im Westen weit in den Golf von Mexiko. Die östliche Küstenlinie von Florida nach Long Island würde 100 bis 150 Kilometer weiter draußen im Meer verlaufen als heute, und der Hudson würde sich seinen Weg zum Meer durch gewaltige, jetzt unterseeische Cañons bahnen. Weiter draußen im Atlantik würden die Bermudas eine große Insel bilden, und die ihnen

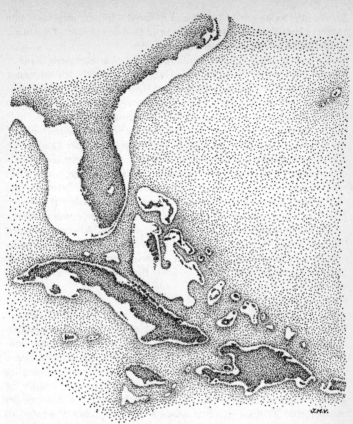

Die weißen Gebiete entlang der Küste des amerikanischen Festlands sowie rings um die Bahamas und Antillen waren vor ungefähr 12 000 Jahren Land, bevor die Schmelzwasser der Dritten Eiszeit den Meeresspiegel ansteigen ließen und diese Gebiete überschwemmten. Die offensichtlich von Menschenhand errichteten Unterwasserbauten auf den Bahama-Bänken deuten darauf hin, daß diese früheren Landgebiete einst von Menschen mit bemerkenswert hoher Zivilisation bewohnt wurden.

heute vorgelagerten Unterwasserbänke sowie einige der unterseeischen Berge würden über der Wasseroberfläche liegen, während ihre Küste entlang der heutigen Bermuda-Schwelle verliefe. Weiter südlich auf der europäisch-afrikanischen Seite des Atlantiks wären Madeira und die Kanarischen Inseln bedeutend größer als heute, wobei sie möglicherweise durch eine Landbrücke mit Afrika verbunden wären, während weiter in der Mitte des Atlantiks das heute verhältnismäßig kleine Landgebiet der

103

Azoren eine Reihe großer Inseln und Buchten wäre, die insgesamt eine größere Landfläche als Japan einnähmen und auf dem Azoren-Plateau am Nordatlantischen Rücken lägen. Zwischen den Azoren und den Bahamas liegt nördlich der Bermudas die Sargasso-See, ein eigenartiges unbewegtes Meeresgebiet inmitten des Ozeans, das durch schwimmende Algen (Sargassum) gekennzeichnet wird. Diese Meeresalgen sind vielleicht das Entwicklungsprodukt von Erdpflanzen, die sich, als das Land versank, erfolgreich an die neuen Umweltbedingungen anpaßten.

Die Theorie von einem einst im Atlantik vorhandenen Inselreich basiert auf der Annahme, daß viele heutige Meeresgebiete früher Land waren oder auch umgekehrt, so wie im Fall der Sahara, wo Meeresmuschelfunde und andere Überreste maritimen Lebens darauf hindeuten, daß diese Wüste einmal Meer war. Doch alle Legenden und Überlieferungen und alle Vermutungen, daß die Menschheit einst auf den damals viel größeren Inseln und Archipelen im Atlantik ein ozeanisches Imperium aufbaute, dessen versunkene Städte, Tempel und mit goldenen Dächern versehenen Paläste, dessen Häfen und Mauern jetzt vielleicht unter den Wassermassen des Atlantiks begraben liegen, all diese Vermutungen bleiben eine Theorie, bis tatsächliche Überreste dieser Bauten oder Ruinen gefunden werden.

Historiker und Archäologen sind verständlicherweise nicht bereit, die einstige Existenz von Atlantis auch nur in Erwägung zu ziehen, und so findet die Atlantis-Theorie als solche die Ablehnung der Wissenschaftler. Anhänger dieser Theorie werden meist sogar für Phantasten oder Sonderlinge gehalten. Man kann diese Einstellung vielleicht sogar teilweise verstehen, denn *falls* tatsächlich die einstige Existenz einer die damalige Welt beherrschenden Seemacht wie Atlantis bewiesen würde, müßte die gesamte Menschheitsgeschichte neu geschrieben und die Anfänge der menschlichen Zivilisation Jahrtausende weiter zurückdatiert werden als die frühesten Kulturen wie die der Ägypter, Sumerer, Babylonier und der früher seefahrenden Mittelmeervölker.

Wie um den Standpunkt des wissenschaftlichen Establishments zu bestätigen, hatte man in jahrzehntelanger Atlantisforschung in den grünlichen oder violetten Tiefen des Atlantiks bis vor kurzem nur von Flugzeugen oder Fischerbooten aus Überreste von Städten, Mauern und »Straßen« entdeckt. Diese Unterwasserbauten wurden meist bei ungewöhnlichen Wetterbedingungen und anormal klarem Wasser gesichtet und konnten dann später nicht wiedergefunden werden. Einige dieser Berichte tat man als Einbildung von Piloten ab oder erklärte sie – vor allem, wenn es sich um küstennahe Gebiete handelte – mit der Verstocktheit der Fischer, die angeblich nichts von ihren Funden verraten wollten. Auf einigen Inseln im Atlantik sowie an der amerikanischen Ostküste wurden Ruinen gefunden, die nicht den früher dort vorhandenen Kulturen entsprechen und allgemein den Phöniziern (die ihre Seefahrten unter Androhung der Todesstrafe geheimhielten) oder anderen präkolumbischen Entdeckern zugeschrieben wurden.

Dr. Maurice Ewing, der bekannte Ozeanograph, begründete seine Meinung zum Thema Atlantis mit seinen eigenen Erfahrungen und der Tatsache, daß er »dreizehn Jahre lang den Mittelatlantischen Rücken erforschte (und) keine Spur von versunkenen Städten fand«, wobei er allem Anschein nach davon ausgeht, daß »nicht sein kann, was er nicht fand«. Zwei andere Prähistoriker und Verfasser von Büchern über Atlantis, Armando Vivante und J. Imbelloni aus Argentinien, verbrachten mehrere Jahre mit Forschungen über dieses Thema und kamen nicht nur zu der Schlußfolgerung, daß es niemals ein Atlantis gab, sondern auch zu der Erkenntnis, daß das Studium dieser Theorie eine Zeitverschwendung sei. Ob sie damit nun die Zeit meinten, die sie der Fertigstellung ihrer Bücher widmeten, erläuterten sie nicht näher.

In den letzten Jahren haben sich jedoch Entwicklungen angebahnt, die sehr wohl die ersten Mosaiksteine des authentischen Beweises für den Wahrheitsgehalt der Atlantis-Theorie sein können, ob dies nun dem akademischen Establishment paßt oder nicht, und auch auf die Gefahr hin, daß dadurch die wohlgeordneten Datentabellen über die Kulturen der Frühgeschichte durcheinandergeraten. Diese Entdeckungen wurden an einer Stelle gemacht, an der es ausgesprochen logisch ist, nach dem einstigen Atlantis zu suchen – auf den unterseeischen Bänken und in den Buchten des Bermuda-Dreiecks.

Unterwasserruinen, die offensichtlich Überreste von aus gewaltigen Steinblöcken errichteten Fundamenten, Straßen, Mauern und Gebäuden waren, wurden zum ersten Mal 1968 in Bimini und Andros entdeckt; in einigen Fällen wurden sie zuerst aus der Luft gesichtet und dann von Tauchern bestätigt, manchmal aber auch bei klarem Wasser von Booten aus auf dem Meeresgrund gesehen. Es ist natürlich möglich, daß Fischer und ortsansässige Taucher diese Ruinen schon früher entdeckten und wegen möglicherweise vorhandener Schätze – archäologische Artefakte oder Gold – tiefstes Stillschweigen bewahrten. Wahrscheinlich ist jedoch, daß

Skizze eines Ausschnittes des Bimini-Walls oder -Dammes (Straße), aus der man durch den Vergleich mit der in etwa 10 Meter Tiefe schwimmenden Gestalt eines Menschen und eines Haifisches die Größe der Felsblöcke ersieht.

durch Stürme und seismische Veränderungen des Meeresbodens einige
dieser unterseeischen Ruinen freigelegt wurden, ein Vorgang, durch den
sich höchst seltsamerweise die Prophezeiung bewahrheitete, die Edgar
Cayce, der berühmte Hellseher und PSI-Forscher, 28 Jahre vor diesem
Ereignis in einer seiner vielen Tranceaussagen über Atlantis machte.
Cayce sagte im Jahre 1940: »Poseidia wird unter den ersten Teilen von
Atlantis sein, die wiederauftauchen. Vermutlich 1968 und 1969. Also
recht bald!«

Die Umstände der Entdeckung des unterseeischen Bimini-Walls (oder
Dammes) durch die Ozeanographen Dr. Manson Valentine, Dimitri Re-
sikof, Jacques Mayol und andere und die Entdeckung des ersten Andros-
»Tempels« aus der Luft durch die Piloten Trig Adams und Bob Brush
wurden ausführlich in mehreren Büchern beschrieben (so auch in *Mysteries From Forgotten Worlds*, Doubleday 1972). Diese ersten Entdek-
kungen wurden fast sofort von Archäologen und Ozeanographen dementiert. Der Andros-Tempel und andere in der Nähe gemachte Funde
wurden als »Hummerkolonien« oder rechteckige Sammelbecken für
Schwämme und Muscheln abgetan, obwohl sie sorgfältig aus Steinblöcken errichtet wurden. Vom Bimini-Wall behauptete man, er sei eine
natürliche Abbruchkante von Küstenfelsen, die nur Phantasten für einen
Wall oder Damm oder eine Straße halten könnten.

Seit der ersten negativen Reaktion des archäologischen Establishments
auf die unterseeischen Entdeckungen bei den Bahamas haben eine Reihe
privater und anderer Expeditionen sowie auch mehrere Filmgesell-
schaften, angelockt von dem allgemeinen brennenden Interesse am Bermuda-Dreieck, Unterwasseruntersuchungen und Filme in diesem Gebiet
gemacht, durch welche die Existenz einer beachtlichen Anzahl weiterer
unterseeischer Bauten bewiesen wurde. Unterwasserstraßen, kyklopische
Mauern, mit Steinplatten belegte Fußböden, Pyramidensockel, Dämme,
in konzentrischen Kreisen angeordnete riesige Steinblöcke und sogar
Grabsteine, gemeißelte Säulen und Statuen wurden an verschiedenen
Stellen auf dem Meeresgrund in den Bahamas, besonders bei Bimini,
Andros, Exuma, Caicos und Cat Cay gefunden. Bei den Bermudas sollen
Statuen vom Meeresboden heraufgeholt und ganze unterseeische Städte
gesichtet worden sein. Unterwasserbauten wurden auch bei den Kanari-
schen Inseln und den Azoren entdeckt, vor den Küsten Nordafrikas und
Spaniens, der Nordküste Kubas und vor dem Kontinentalsockel der Ver-
einigten Staaten. Vor der Küste Yukatans und Venezuelas fand man unterseeische Dämme und gigantische Mauern. (*Das Atlantis-Rätsel*,
Zsolnay 1976.) Die Tiefe, in der sich diese Ruinen befinden, variiert zwischen 10 und 2250 Meter.

Auch die Fundorte an den Bahama-Bänken – in den Bahamas wurden die meisten dieser Ruinen gefunden, vielleicht weil dort so häufig nach ihnen gesucht wird – weisen verschiedene Tiefen auf. Bei Caicos scheinen unterseeische Straßen aus großen Tiefen zu kommen und dann über die seichten Stellen und einen Teil der Insel zu führen. Der Bimini-Wall verläuft mit seiner sichtbaren Länge von etwa 1000 Meter in Tiefen zwischen 8 und 12 Meter. Bei Nord-Bimini wurde ein labyrinthisches Gewirr von Mauern oder Kammern in etwa 30 Meter Tiefe aus der Luft photographiert. Weiter entfernt von der Küste wurden angeblich in 60 bis 100 Meter Tiefe und dann wieder in 167 Meter Tiefe große Pyramiden von Piloten gesichtet und von Tauchern untersucht, wobei letztere die Fundstellen oft nur höchst ungern verraten.

Diese Geheimniskrämerei wird durch das archäologische »Unterwasser-Fieber«, wie man es nennen könnte, ausgelöst. Jeder Taucher will die Fundstelle für sich behalten, um den Fund oder etwaigen Schatz zum eigenen Vorteil ausbeuten zu können, ja vielleicht sogar die Ruinen zu sprengen, um schneller an das erhoffte Ziel zu gelangen. Glücklicherweise hat die Regierung der Bahamas Maßnahmen zum Schutz der Unterwasserfunde ergriffen und ein Museum in Freeport für die Sammlung der Artefakte eröffnet, die vom Meeresboden heraufgeholt werden können.

Erst im vergangenen Jahr wurde der eindeutige Beweis dafür erbracht, daß diese ungewöhnlichen Mauern und Ruinen nicht nur alten Ruinen ähnelnde Felsformationen sind und daß die Artefakte auf dem Meeresboden kein »Tiefenstrandgut« sind, d. h. nicht von Schiffbrüchen aus früheren Jahrhunderten stammen. Eine Reihe von Expeditionen (Poseidia 1 und 2), die Dr. David Zink von der Lamar-Universität durchführte sowie unabhängige Tauchversuche von Dr. M. Valentine und Dr. J. Thorpe und anderen bestätigten, daß die riesigen Steinblöcke des Bimini-Walls nicht Teil des Küstenfelsens sind. Wie ein nicht mit der Anordnung dieser Steinblöcke übereinstimmender Riß im Meeresboden beweist, stellt der Wall – oder die Straße – keine natürliche Bodenformation dar, sondern wurde künstlich errichtet – teilweise auf sogar noch erhaltenen Pfeilern, was eindeutig gegen eine natürliche Entstehung sprechen dürfte. Die zahlreichen anderen, überall zwischen den Inseln entdeckten unterseeischen Bauten werden gegenwärtig untersucht, während man laufend weitere Überreste von Unterwasserkonstruktionen, Mauern, Fundamenten und Pyramiden in zunehmend größeren Tiefen findet.

Ob Edgar Cayce nun wirklich meinte, daß Atlantis mit seinen goldenen, von Seetang überwucherten Palästen 1968 aus dem Meer auftauchen würde, oder nicht, so hat seine Prophezeiung sich dennoch in ihrem wesentlichen Gehalt erfüllt, da zum Staunen der ganzen Welt 1968 unterseeische Gebäude und Artefakte einer versunkenen Zivilisation sichtbar wurden – und die Wiederentdeckung einer versunkenen Welt geht in genau jenen Gebieten des Atlantiks weiter, in denen sich Atlantis den Legenden zufolge einst befand. Diese Ruinen können nicht von einer uns bekannten Kultur stammen, da der Wasserspiegel der Weltmeere Jahrtausende vor dem ersten, von uns geschichtlich erfaßten Zeitpunkt 300 Meter anstieg. Falls also die Phönizier, Minoer, Wikinger, Iren oder irgendein anderes jener Völker, die möglicherweise schon vor Kolumbus Amerika entdeckten, diese gewaltigen Bauten dort errichteten, wo man sie jetzt fand, hätten sie diese *unter* Wasser bauen müssen.

Zur Zeit der Drucklegung dieses Buches wurde von einer weiteren, höchst ungewöhnlichen Entdeckung im Bermuda-Dreieck berichtet, die nicht, wie viele der anscheinend von Menschenhand stammenden Überreste auf dem Kontinentalsockel der Vereinigten Staaten oder der Bermuda-Bänke gelegen ist, sondern auf dem Meeresgrund selbst, wobei die Meerestiefe zwischen 270 und 420 Meter schwankt. Bei dieser Entdeckung scheint es sich um eine gigantische, mindestens 140 Meter hohe Pyramide zu handeln, deren Basisseiten jeweils etwa 150 Meter messen. Sie weist ungefähr den gleichen Neigungswinkel auf wie die Cheops- oder Chufu-Pyramide im ägyptischen Gizeh, die möglicherweise für viele der kleineren Pyramiden in und außerhalb Ägyptens als Vorbild gedient hat. Wie auch immer: Da eine der Seiten der unterseeischen Pyramide ersten Messungen zufolge länger sein dürfte als die gegenüberliegende Seite – vielleicht aufgrund eines Absinkens in den Boden oder weil die Pyramide im Lauf der Jahrhunderte von Sand und Schlamm bedeckt wurde –, darf man annehmen, daß die Gesamthöhe, von der wahren oder ursprünglichen Basis gemessen, noch größer gewesen ist. Die Spitze dieser Pyramide scheint sich über 90 Meter unterhalb des Meeresspiegels zu befinden. Es gibt noch andere Bodenuntersuchungen, welche die Vermutung nahelegen, daß regelmäßig wirkende Plattformen und pyramidenartige Gebilde in der Nachbarschaft, die allerdings noch nicht durch mehrfach gepeilte Sonarlotungen überprüft wurden, auf das Vorhandensein anderer monumentaler Bauten oder Ruinen auf dem Meeresgrund hindeuten. Dieses riesenhafte pyramidenartige Gebilde wurde zum erstenmal während einer Fischfang-Expedition Anfang 1977 gesichtet und vom Sonar-Schreiber registriert, als das Sonar nicht die erwarteten Fischschwärme ortete, sondern überraschenderweise eine Pyramide auf dem Sonar-Schirm wiedergab. Da es sich hier um eine ziemlich flache Stelle des Meeresbodens handelte, in deren Nachbarschaft, wie berichtet wird, schon oft andere von Menschenhand geschaffene Bauten gesehen und photographiert worden waren, fuhr Captain Don Henry, dem die erste Aufzeichnung gelang, mehrere Male über diese Stelle – darunter auch anläßlich einer vom Autor im Mai organisierten Sonderfahrt –, und jedesmal schienen die Ergebnisse die Existenz einer großen unterseeischen Pyra-

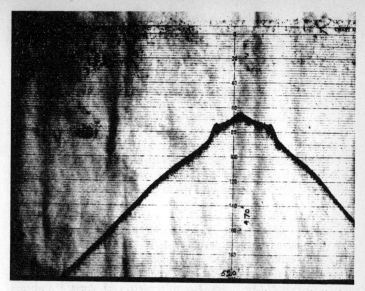

Während einer Fischfang-Expedition von Captain Don Henry ortete der Sonar-Schreiber eine große Erhebung auf dem Meeresgrund, die, wie das Schaubild zeigt, an eine Pyramide denken läßt. Sie hat eine Höhe von über 140 Metern. Wenn es sich um eine Pyramide handelt, läßt sie sich jedenfalls mit der Cheops-Pyramide in Gizeh vergleichen, die eine Höhe von 146,6 Metern aufweist. *Foto: Captain Don Henry und Gene Condon*

mide unter dem Bermuda-Dreieck zu verbürgen. Eine weitere Bestätigung kann erst die Überprüfung dieses Artefakts mittels eines Unterseebootes oder anderer Unterwassergeräte oder mit Kameras mit einem in sich geschlossenen Fernsehsystem erbringen; durch diese Überprüfung sollte festgestellt werden, ob das merkwürdige Gebilde tatsächlich eine Pyramide ist, oder ob es sich dabei, was äußerst unwahrscheinlich ist, um einen wie eine Pyramide geformten Vulkan oder Erdhügel handelt.
Die Antwort auf diese Frage wird davon abhängen, ob die Pyramide aus behauenen Steinen gebaut ist oder nicht. In Anbetracht der zahlreichen anderen Funde – riesige Steinmauern, Plattformen – und der Hinweise auf Bauten *unter dem Meeresboden* innerhalb des Bermuda-Dreiecks und der häufigen Berichte von Piloten und Fischern, die in seichteren Gewässern Pyramiden gesehen haben wollen, wäre das Vorhandensein einer größeren Pyramide in diesem Gebiet nicht allzu erstaunlich. Besonders verblüffend wäre jedoch die Entsprechung zweier riesenhafter Pyramiden unbestimmten, aber allem Anschein nach hohen Alters zu beiden Seiten des Atlantiks, nämlich im Bermuda-Dreieck und in Ägypten; dies würde

klarerweise ein archäologisches Rätsel aufgeben, dessen Lösung einen gemeinsamen Ursprung beider Pyramiden nahelegt: das versunkene Reich der Atlantis.

Durch das große Interesse am Bermuda-Dreieck und seine Erforschung ist möglicherweise eines der ältesten Rätsel der Menschheit gelöst worden, das Rätsel: Gab es einst bewohnte und zivilisatorisch entwickelte Landmassen im westlichen Atlantik? Wie Aufklärungsflüge über Teilen des Atlantiks, in denen man aus großen Höhen den Meeresboden und somit auch etwaige vorhandene unterseeische Bauten sehen kann, gezeigt haben, warten weitere Ruinen und vielleicht sogar die Überreste ganzer Städte auf den Bänken und Abhängen des atlantischen Kontinentalsockels darauf, durch U-Boote, speziell dafür konstruierte Unterwasserfahrzeuge und vielleicht eines Tages auch durch Taucher näher untersucht zu werden.

Veränderungen der Oberflächenstruktur und des Bewuchses auf dem Meeresboden haben gezeigt, daß von den Ruinen prähistorischer Bauten, auch wenn sie von Sand und Seetang bedeckt sind, immer noch schemenhafte, aber deutliche Umrisse zu sehen sind, deren recht- oder viereckige Formen erkennen lassen, daß die Ruinen dieser Konstruktionen nicht nur unter den Wassermassen des Ozeans, sondern auch unter den oberen Schichten des Meeresbodens begraben liegen. Falls eine Zivilisation im westlichen Atlantik von einer Naturkatastrophe weltweiten Ausmaßes vernichtet wurde, müssen ihre Städte zerstört worden und viele der Ruinen im Verlauf von 11 500 Jahren in oder unter den Meeresboden gesunken sein, vor allem, falls die vulkanische Tätigkeit seit jener Katastrophe in diesem Gebiet nie mehr völlig aufhörte, wie es heute erwiesen zu sein scheint.

Obwohl es wissenschaftlich erwiesen ist, daß die Weltmeere während der vergangenen 12 000 Jahre erheblich anstiegen und die weiten Gebiete, in denen man die Unterwasserruinen entdeckte, überflutet wurden, wissen

Spuren unterseeischer Konstruktionen oder Mauern auf dem Meeresgrund der Großen Bahama-Bänke westlich von Andros, vom Flugzeug aus 12 000 Meter Höhe gesehen. Diese Überreste von Bauten verlaufen in einer Länge von mehreren Kilometern.

wir nichts Näheres über den Untergang von Atlantis – lediglich daß es im Meer versank. Versank es tatsächlich »im Verlauf eines schlimmen Tages und einer schlimmen Nacht« in »gewaltigen Erdbeben und Überschwemmungen«, wie Plato berichtet? Beschwor die Zivilisation der vorsintflutlichen Welt ihren eigenen Untergang durch Experimente mit den Kräften der Natur herauf? Trug ein prähistorischer Atomkrieg, wie er in dem uralten Hindu-Epos, dem *Mahabharata*, so merkwürdig genau beschrieben wird, zum Abschmelzen der Gletscher und zur Überflutung der Erde bei? Sogar der Aufprall eines Planetoiden auf die Erdoberfläche im südlichen Teil des Bermuda-Dreiecks wurde als mögliche Erklärung angeführt, und der verstorbene Otto Muck, Autor des Buches *Atlantis – gefunden* (Stuttgart 1954), glaubte – vielleicht etwas zu sehr von seiner eigenen Begeisterung mitgerissen –, daß seine Forschungen über den Kalender der Mayas ergaben, daß das unserem Kalender entsprechende Datum eines derartigen Planetoidenaufpralls der 5. Juni 8498 v. Chr. war.

Genauso, wie durch die Erforschung des Meeresbodens im Bermuda-Dreieck Überreste einer möglicherweise prähistorischen atlantischen Zivilisation entdeckt wurden, kommen wir durch Untersuchungen über das Versinken atlantischer Landgebiete vielleicht einer Erklärung über die sich heutzutage im Dreieck ereignenden Phänomene näher. Die Gezeitenkräfte, seismischen oder sogar kosmischen Kräfte, die jene einst bewohnten und nun versunkenen Landmassen vernichteten, sind möglicherweise auch heute noch nach Tausenden von Jahren dort aktiv. Die Karibik und der benachbarte Teil des Westatlantiks bilden eine der vulkanisch aktivsten Zonen der Erde, für die plötzliche und heftige Orkane typisch sind, deren Name »Hurrikan« sich von »Hurikan« ableitet, dem Namen eines zerstörerischen Gottes der karibischen Indianer, der ihrer Überlieferung zufolge die Sintflut auslöste.

Ronald Waddington aus Burlington, Kanada, der sich mit Forschungen über das Bermuda-Dreieck befaßt, hat eine interessante Hypothese über natürliche Kräfte, die auf übernatürliche Weise im Dreieck wirken, aufgestellt und auch den Versuch gemacht, das Verschwinden von Flugzeugen, Schiffen, Passagieren und Besatzungen logisch zu erklären. Er schreibt dazu wie folgt:

Meine Hypothese basiert auf der Tatsache, daß ständig unterirdische Vulkanausbrüche stattfinden. Es ist denkbar, daß infolge der großen Tiefe der Geosynklinalen* unter dem Atlantik und der dort wirkenden hohen Druckverhältnisse in diesem Gebiet ganz andere vulkanische

---

* Geosynklinale: weiträumiges Senkungsgebiet der Erdkruste *(Anm. d. Übers.)*

111

Ausbrüche stattfinden als jene, durch welche die Atolle des Pazifiks entstanden. In diesen unbekannten Tiefen öffnen sich vielleicht Risse, und unter dem enormen, von den heißen Gasen im Erdinnern erzeugten Druck werden möglicherweise schubweise Portionen eines radioaktiven, hoch magnetischen Stoffes ausgestoßen, der in nichts dem gleicht, was der Mensch kennt. Dieser Stoff würde sich mit ungeheurer Geschwindigkeit fortbewegen, ähnlich einer Flüssigkeitsrakete. Wenn dieser Stoff ähnlich einer Polarisrakete die Wasseroberfläche durchbricht, wirkt er in seinem Bestreben, sein Elektronengewicht zu ändern, vielleicht wie ein starker kosmischer Strahl. Diese Strahlen könnten bei einem in ihr magnetisches Feld geratenen Flugzeug einen Kurzschluß aller elektrischen Geräte verursachen. Durch den Ausfall des gesamten elektrischen Antriebssystems würde das Flugzeug schlagartig allen Auftrieb verlieren und in ein für den Piloten unkontrollierbares Trudeln geraten, da ja auch die Steuerung versagen würde. Dieser jähe Energieausfall würde erklären, weshalb kein Pilot jemals einen SOS-Ruf funken konnte, obwohl einige in direkter Funkverbindung mit Bodenstationen waren.

Die vermuteten Explosionen von Flugzeugen im Flug ließen sich dadurch erklären, daß die Gasdämpfe sich durch Funkenbögen entzündeten, die durch elektrische Kurzschlüsse beim Einfliegen in das Magnetfeld entstanden.

Die Wirkung dieser Phänomene auf Schiffe wäre recht verschieden. Teile dieses radioaktiven Stoffes könnten mit der Geschwindigkeit einer Wasserstoffbombe zur Meeresoberfläche emporschießen und wie die Spitze eines Torpedos – und mit der gleichen vernichtenden Wirkung – in den Stahlrumpf von Schiffen eindringen. Es ist durchaus denkbar, daß ein von einer derartigen atomaren Kraft getroffenes Schiff sich spurlos auflöst, was erklären würde, weshalb nie Überlebende oder Wrackteile gefunden werden.

Das seltsame Phänomen der treibend aufgefundenen verlassenen Schiffe ließe sich erklären, wenn man davon ausginge, daß diese Ausbrüche wie alle uns bekannten Vulkanausbrüche sowohl an Stärke wie an Dauer variieren. Diese Schiffe wurden vielleicht von kleinen Teilen des geheimnisvollen Stoffes getroffen, die nicht stark genug waren, das Schiff zum Sinken zu bringen. Der grauenerregende Anblick dieser plötzlich aus dem Meer emporschießenden Feuerbomben würde jedoch eine derartige Panik unter der Besatzung auslösen, daß alle ins Wasser sprängen. Die gewöhnlich bei einem unterseeischen Vulkanausbruch heftig aufgepeitschte See würde, verbunden mit der kopflosen Panik der Besatzung, bei einem solchen Unglück jegliche Hoffnung auf Überlebende zunichte machen.

Die Mitteilungen der wenigen Funker, die imstande waren, das zu beschreiben, was sie sahen, bevor ihre Funkgeräte verstummten, ergeben nicht den geringsten Sinn. Bringt man sie jedoch in Verbindung mit derartigen Feuerbällen und einem Aufruhr der See, wie eine unterseeische Störung dieser Art sie auslösen würde ist ihr Sinn ganz klar und völlig logisch.

Die Tatsache, daß diese mysteriösen Geschehnisse sich nur zu bestimmten Zeiten ereignen und Tausende von Flugzeugen und Schiffen in diesem Gebiet unbehelligt bleiben, scheint darauf hinzuweisen, daß diese Vorfälle ebenso wie Vulkanausbrüche zyklisch bedingt auftreten.

Diese Art seltsamer Ausbrüche könnte natürlich auch in anderen Gebieten wie z. B. im Pazifischen Ozean fern vielbefahrener Schiffahrtsrouten und Fluglinien vorkommen. Vielleicht sollte man mysteriöse Vermißtenfälle, die sich in der Nähe Japans und in anderen Teilen des Pazifiks ereigneten, näher untersuchen, um zu sehen, ob sie ebenfalls in dieses Schema tiefer Geosynklinalen und unterirdischer Furchen passen...

Obwohl Waddingtons Hypothesen keinen Zusammenhang zwischen Atlantis und den gegenwärtigen Geschehnissen im Bermuda-Dreieck aufzeigen, ist es nicht ausgeschlossen, daß die von ihm beschriebenen Vorgänge sich bis zum heutigen Tag fortsetzen und sozusagen ein »Nebenprodukt« der Katastrophe darstellen, durch die das einstige atlantische Reich im Meer versank.

Die ehemalige Existenz von Atlantis und die heutige Existenz des Bermuda-Dreiecks sind zwei der geheimnisvollsten Rätsel, die der Atlantik in seinen Tiefen birgt. Die Lösung des einen Rätsels führt möglicherweise zur Lösung des zweiten.

Man kann jedoch die merkwürdigen Geschehnisse im Bermuda-Dreieck nicht einzig und allein auf vulkanische Störungen und eine aufgewühlte See zurückführen. Es müssen noch andere rätselhafte Faktoren berücksichtigt werden: sonderbare Wolken, plötzlich auftauchende Feuerscheinnebel, elektromagnetische Störungen hervorrufende »Milchzonen«, nicht zu identifizierende Lichter oder Fahrzeuge, die am Nachthimmel oder unter der Meeresoberfläche in Sicht kommen und wieder verschwinden oder vom Meer zum Himmel aufsteigen und wieder im Meer verschwinden, und schließlich »Geistersichtungen« auf Radarschirmen, von Objekten, die anscheinend keine materielle Konsistenz haben.

Es ist die Vermutung geäußert worden, daß diese Phänomene möglicherweise ebenfalls mit einer früheren oder sogar noch heute wirkenden Erfindung atlantischen Ursprungs in Zusammenhang stehen. Einer Theorie zufolge, die sich hauptsächlich auf Edgar Cayces Tranceaussagen über Kraftquellen des alten Atlantis stützt, funktionieren solche auf dem Meeresboden ruhenden Kraftquellen sogar nach Jahrtausenden immer noch sporadisch. Doch was auch der Grund für diese Phänomene sein mag, ob sie nun seismischen, elektromagnetischen, menschlichen oder andersartigen Ursprungs sind, sie bilden in zunehmendem Maße eine Quelle der Beunruhigung und Bestürzung für jene, die diesen Kräften im Dreieck begegnen – das heißt, für jene, die ihnen *entkamen*.

Berichte vom Rande der Realität

Piloten, Passagiere, Segler, Fischer und Seeleute scheuen sich nicht mehr so wie früher, von ihren Beobachtungen und Erlebnissen im Bermuda-Dreieck zu berichten, so ungewöhnlich und unerklärlich sie auch sein mögen. Diese neue, aufgeschlossenere Einstellung findet man bei Behörden und Organisationen natürlich nicht. Sie wollen aus Eigeninteresse oder Sicherheitsgründen den Eindruck vermitteln, daß in Wirklichkeit gar nichts Ungewöhnliches im Bermuda-Dreieck vorgeht und daß die lange Liste der Vermißtenfälle irgendwie normal sei. Inzwischen verschwinden jedoch nach wie vor Flugzeuge, Schiffe und Menschen, ohne Spuren zu hinterlassen. Über die Begleitumstände liegen jetzt wesentlich mehr Schilderungen vor, und zwar von Menschen, die *nicht* verschwanden und folglich über einige der erlebten Phänomene berichten konnten, die möglicherweise das Letzte waren, was die Verschwundenen vom Leben – wie wir es kennen – sahen. Diese Schilderungen stellen vielleicht Berichte vom Rande des Verhängnisses – vom Rande der Gefahrenzone – dar, bei denen sich die geschilderten Vorfälle mit anderen Worten nicht eindeutig genug innerhalb dieser Zone ereigneten, um ihre Beobachtung und vielleicht ihr Leben zu einem konkreten Abschluß zu bringen.

Eine von Mike Roxby geflogene Cessna 172 mit zwei Passagieren, Don Parris und Kelly Hanson, an Bord erlebte am 16. Dezember 1974 auf dem Flug nach Haiti eine Vielzahl auftretender Störungen und wurde von einer wirbelnden Wolke verfolgt, die plötzlich aus dem Nichts auftauchte »und ihnen zum Verhängnis wurde«. Das Flugzeug zerschellte an einem Berg auf Great Inagua, wobei der Pilot ums Leben kam, die beiden Passagiere aber nur verletzt wurden. Wie in Florida von der Presse berichtet wurde, traten Störungen der Bordinstrumente nach Überfliegen von Bimini auf. Die vier Funkgeräte fielen aus, ebenso die Navigationsinstrumente und der Treibstoffanzeiger. Der Pilot, der sich nur noch nach der Sonne orientieren konnte, landete auf einer freien Fläche zwischen Zuckerrohrfeldern, ohne zu wissen, wo er sich befand. Nachdem er von einigen Arbeitern erfuhr, daß er in Kuba war, startete er jedoch schnell wieder. Anschließend bekam er Funkkontakt mit einem anderen Flugzeug und ermittelte den Kurs nach Great Inagua in den Bahamas; dann fiel das Funkgerät aus. Als die Cessna mit dem Anflug zur Landung begann, sagte Hanson: »Den einen Moment war alles klar, und wir konnten die Landebahn ganz deutlich sehen. Dann waren wir schlagartig mitten in einer wirbelnden Wolke, die einfach aus dem Nichts auftauchte.«

Der Pilot kam bei dem unmittelbar darauf folgenden Absturz ums Leben. Der Direktor des Flughafens sagte später: »Es war ein erfahrener Pilot, und es gibt keine plausible Erklärung für das Unglück.« Don Parris, einer der überlebenden Passagiere, erklärte: »Man hat schon vom Teufels-Dreieck gehört – hat Filme darüber gesehen, kann es aber nicht wirklich glauben. Doch ich, ich glaube es jetzt.« Während normale Wolken kaum Flugzeuge verfolgen, verschlucken oder auflösen, kann man trotzdem nicht die unheimliche Möglichkeit ausschließen, daß in einer scheinbar normalen Wolke, die zum Zeitpunkt eines durch Augenzeugen belegten Verschwindens eines Flugzeuges oder Schiffes beobachtet wurde, etwas vorhanden ist – unbekannte Mächte, Energien oder Bedingungen, Materie oder Vakuum –, das zum Verschwinden eines Flugzeuges oder Schiffes beiträgt.

Im Fall des unter unglaublichen Umständen erfolgten Verschwindens eines Flugzeuges der amerikanischen Luftwaffe vom Typ *Super Sabre*, das sich im Januar 1960 in Sichtnähe der Bermudas ereignete und sowohl vom Boden aus wie von anderen Flugzeugen und auch Schiffen beobachtet wurde, kann man wohl kaum umhin, eine Wolkenformation dafür »verantwortlich« zu machen.

Victor Haywood, der früher auf den Bermudas lebte und jetzt in der englischen Stadt Wakefield in der Grafschaft Yorkshire wohnt, war Augenzeuge dieses Vorfalles. Haywood arbeitete 1960 am Satelliten-Zielwegverfolgungs-Programm mit, an dem zwei Privatfirmen, English Electric aus Stafford, England, und Construction Management aus New York, beteiligt waren. Haywood hatte daher täglichen Kontakt mit dem Luftwaffenstützpunkt Kindley Field. Haywood schildert den Vorfall wie folgt:

Gegen 13 Uhr an einem sonnigen, fast wolkenlosen Tag starteten fünf *Super Sabres* (Kampfflugzeuge) der amerikanischen Luftwaffe von dem Militärstützpunkt in Kindley (St. Davids) auf den Bermudas. Der Verfasser dieser Zeilen beobachtete zusammen mit vier oder fünf anderen, die auf der Insel arbeiteten, den Start sehr interessiert, da die *Super Sabre* damals ein verhältnismäßig seltenes Flugzeug war – zumindest im Gebiet der Bermudas.

Die Flugzeuge starteten durch ihre Nachverbrennung besonders schnell, formierten sich und verschwanden in einer großen Wolke, die etwa eine halbe Meile von der Küste entfernt war. Diese Wolke war – wenigstens in ihrem zweidimensionalen Umfang – für uns Beobachter voll und ganz wahrzunehmen. Die fünf Flugzeuge wurden gleichzeitig auf den Radarschirmen der Flugüberwachung verfolgt, wie es von der Militärbehörde für jeden Start und jede Landung Vorschrift ist.

Fünf Kampfflugzeuge flogen in die Wolke, und nur vier tauchten wieder aus ihr auf. Auf den Radarschirmen wurde kein Absturz beobachtet, obwohl die Flughöhe bereits mehrere hundert Fuß betrug. Auch wir sahen nichts herunterfallen. Nach wenigen Minuten wurde die eine *Super Sabre* als vermißt gemeldet und eine sofortige Suchaktion eingeleitet. Das Suchgebiet befand sich ja nur eine halbe Meile von der Küste entfernt, wo das Wasser ganz flach war. Es wurde nie etwas gefunden, was auf den Absturz eines Flugzeuges hingewiesen hätte, ausgenommen eine Schwimmweste in der üblichen Standardausführung der amerikanischen Luftwaffe. Dieser Fund wurde jedoch niemals als zu dem vermißten Flugzeug gehörend betrachtet, da unzählige Segler und Bootsbesitzer der Bermudas unrechtmäßig im Besitz von Luftwaffenschwimmwesten waren, bedingt durch die Tausenden dort stationierten amerikanischen Soldaten. Diese bei der Suche gefundene Schwimmweste konnte also auch anderen Ursprungs sein.

Man fand nie eine befriedigende Erklärung dafür, was mit dem Flugzeug und dem Piloten geschah. Es ist wohl überflüssig zu erwähnen, daß die von der amerikanischen Luftwaffe durchgeführte gründliche Untersuchung keinen Aufschluß erbrachte und den mysteriösen Vorfall nicht erhellte.

Wie bereits erwähnt, verschwinden manchmal am selben Tag in demselben Gebiet des Dreiecks mehrere Flugzeuge. Gleichzeitig werden von den Besatzungen anderer Flugzeuge, die nicht verschwinden, Anomalien festgestellt, und das manchmal sogar in derselben Flughöhe. Jim Blocker, ein Pilot der zivilen Luftfahrt aus Atlanta, verdankt sein Überleben vielleicht einer geringfügigen Änderung seiner Flughöhe. Er hatte dieses Erlebnis im Februar 1968 auf einem Flug von Nassau nach Palm Beach. Blocker erinnert sich daran wie folgt:

Das Wetter war klar, und ich erbat die Genehmigung für eine Flughöhe von 8000 Fuß, doch der Kontrollturm empfahl mir, in 6000 Fuß zu fliegen, da am selben Tag *zwei andere Flugzeuge* in der Flughöhe von 8000 Fuß spurlos verschwunden seien. Ungefähr 40 Meilen nördlich von Nassau fiel mein Funkgerät aus; mein Kompaß begann zu kreiseln, und alle Navigationsinstrumente versagten, einschließlich des Hochfrequenzrichtungsanzeigers, was praktisch nicht passieren kann! Als ich schließlich aus den Wolken auftauchte, befand ich mich 150 Meilen nordöstlich von Nassau... und dabei war ich in *nordwestlicher* Richtung geflogen!

Manche Erlebnisse lassen vermuten, daß eine Art elektrischer Energie gelegentlich die Form von Feuerbällen annimmt, die geradewegs auf Schiffe aus Stahlblech und vielleicht auch im erweiterten Sinn auf Flugzeuge aus Leichtmetall zuzurasen scheinen. Der Bericht von W. J. Morris, einem ehemaligen Seemann, der jetzt in Llantrisant, Südwales, in Großbritannien lebt, ist bezeichnend für dieses Phänomen:

Im Sommer 1955 fuhr ich an Bord des Motorschiffes *Atlantic City*. Eines Morgens, als wir uns Newport News näherten, hatte ich Dienst im Ausguck oberhalb des Steuerhauses.

Es war ein windstiller, milder Morgen – windstill, aber mit der üblichen Dünung. Es dämmerte, aber die Sonne war noch nicht aufgegangen. Das Schiff besaß eine automatische Steueranlage.

Der wachhabende Offizier kam nach einiger Zeit zu mir, um sich mit mir zu unterhalten. Plötzlich stieß er einen Schrei aus: Das Schiff fuhr im Kreis. In derselben Sekunde sahen wir beide einen feurigen Ball, der mit großer Geschwindigkeit offensichtlich in Kollisionskurs auf uns zukam. Mich ergriff Panik, und ich wollte über die Windreling der Kommandobrücke auf das Vorschiff springen.

Der Offizier begriff, was ich vorhatte, stieß mich auf das Deck nieder und warf sich zu Boden. Der Feuerball glitt über uns hinweg – ohne jegliches Geräusch, ohne jeglichen Lärm, doch als wir wieder aufstanden, bemerkten wir, daß die Wasseroberfläche merkwürdig aufgewühlt war.

Wir stürzten in das Steuerhaus. Der Kreiselkompaß funktionierte nicht, und der Flüssigkeitskompaß tanzte in seinem Gehäuse. Ich packte das Steuerrad, brachte das Schiff nach Anweisungen des Offiziers unter Kontrolle und wieder auf den vorgesehenen Kurs zurück.

Der Kreiselkompaß und die elektrischen Geräte funktionierten auch während der restlichen Fahrt nicht mehr und mußten im Hafen repariert werden.

Höchst ungewöhnliche und ganz plötzlich auftretende elektronische Erscheinungen, zu denen vielleicht auch der von Morris beschriebene Feuerball gehört, wurden sehr präzise von Wayne Bandora geschildert, einem Bootsmann und Besatzungsmitglied eines Marineflugzeuges vom Typ P2 bei einem Übungsflug vor der Ostküste Floridas. Sein Bericht ist von besonderem Interesse, und zwar wegen des Ausfalls der Instrumente während eines plötzlichen magnetischen Sturms:

Der Himmel war glasklar gewesen, als auf einmal gegen 1 Uhr morgens große Lichtblitze am Himmel aufzuckten. Jeder dieser gewaltigen

Blitze dauerte eine ungewöhnlich lang erscheinende Zeit und leuchtete in Grün- und Violettönen. Ich stoppte einige auf meiner Uhr – jeder Blitz dauerte 5 oder 6 Sekunden. Nach einiger Zeit verschoben sich die Blitze auf unseren Flugkurs zu. Ich meldete es dem Piloten, der daraufhin den Kurs änderte, wobei er nicht bemerkte, daß der Kompaß blockiert war. Im Cockpit fiel die gesamte elektrische Energie aus. Wir konnten keine Funkverbindung bekommen. Aus dem Steuerbordmotor drang Rauch – schwarzer Qualm von einem vermutlichen Ölleck. Obwohl wir den Motor ausschalten mußten, gelangten wir heil zurück. Ich bin in vierzehn verschiedenen Ländern geflogen, habe aber noch nie derartige Blitze gesehen. Man roch den freigewordenen Sauerstoff in der Luft.

Seit Kolumbus, dem ersten uns bekannten Chronisten, der über die Anomalien im Bermuda-Dreieck berichtete, wurden dort Gewitterstürme mit lang andauernden, hochexplosiven Blitzen beobachtet. Kolumbus beschrieb den plötzlichen und heftigen Orkan, der den Verlust einer spanischen Flotte von über zwanzig Galeonen verursachte, die von der Insel Hispaniola nach dem heimatlichen Spanien unterwegs waren, als zum Verwechseln ähnlich mit einer tobenden Seeschlacht mit lang anhaltenden Kanonensalven und dem Gestank nach Schießpulver in der Luft. Ungewöhnliche, offensichtlich konzentriert in diesem Gebiet auftretende elektromagnetische Störungen sind möglicherweise die Ursache für die vielen, schnell dahingleitenden und oft blinkenden Lichterscheinungen über und unter der Wasseroberfläche, die in zunehmendem Maße in Berichten beschrieben werden. Diese Berichte stammen manchmal von Menschen, die höchst ungern über das von ihnen Erlebte sprechen. In diesem Zusammenhang sind Berichte von Personen, die bis dahin die Existenz jeglicher ungewöhnlicher oder unerklärlicher Phänomene ablehnten, besonders aufschlußreich. Jack Strehle, ein Linienpilot, der zeitweise für das Opa-Locka Flugzentrum in Miami arbeitet, war nach Aussage einiger anderer Piloten über einen Vorfall beunruhigt, der sich einige Tage vor Weihnachten 1974 auf einem Rückflug von Bimini ereignete. Jim Richardson, ein Pilot, der sich für ungewöhnliche Vorfälle in diesem Gebiet interessiert, bat Strehle mehrmals, ihm doch zu erklären, was er gesehen habe, doch dieser lehnte es mit den Worten »Ich will nicht darüber reden« ab. Obwohl Strehle bekannt dafür war, »störrisch wie ein Maulesel« alle unerklärlichen Phänomene abzulehnen und »ein so überzeugter ungläubiger Thomas ist, wie man ihn nur finden kann... und außerdem für General Electric arbeitet« (diese letzte Feststellung sollte wahrscheinlich seine nüchterne und sachliche Einstellung gegenüber allem Übernatürlichen dokumentieren), setzte Richardson seine Bemühungen fort, um zu erfahren, was eigentlich auf jenem Flug geschehen war. Schließlich erzählte ihm Strehle, daß er in der betreffenden Nacht ungefähr 330 Meter hinter der Nordküste von Bimini bei dem Moselle-Riff plötzlich ein blau leuchtendes Licht neben dem rechten Flügel seines Flugzeuges sah. Bei genauerem Hinschauen erkannte er dann, daß der Lichtkörper rund oder ein Ellipsoid zu sein schien. Gleichzeitig stellte er fest, daß sein Magnetkompaß kreiselte. Richardson fragte: »Wie lange sahen Sie das Licht?« worauf der ehemalige Skeptiker erwiderte: »Nicht sehr lange, denn ich hatte nur den einen Wunsch, schnellstens wegzukommen.« So erging es vielen Piloten – Skeptikern und auch jenen, die derartige Phänomene nicht für utopisch erklären –, die sich plötzlich in ähnlichen Situationen befanden.

Auch Dr. Jim Thorne, ein Ozeanograph und Wissenschaftler mit langjähriger Erfahrung in der Meeres- und Himmelsforschung, der bisher die Existenz von UFOs im Bermuda-Dreieck ablehnte, änderte kürzlich seinen Standpunkt. Dr. Thorne vertrat lange Zeit die Meinung, daß ungewöhnliche »Gerüchte« über das Gebiet, wie zahlreich oder fundiert sie auch sein mögen, sich immer durch natürliche Gründe erklären lassen. Im Sommer 1975 leitete Dr. Thorne an Bord des 23 Meter langen Schoners *The New Freedom* eine Untersuchungsexpedition im Bermuda-Dreieck. Als er mit einem Taucher am Abend des 2. August nach dem Essen auf der Insel Bimini am Strand entlang ging, um zum Schiff zurückzukehren, bemerkten die beiden Männer plötzlich, daß am sternenfunkelnden Himmel

ein einzelner Stern sich von den anderen zu lösen und direkt auf uns zuzukommen schien. Er hielt direkt über uns an und glitt dann nach rechts. Wiederholt schien er abrupt über verschiedenen Stellen der Insel und des Meeres am Himmel zu verharren. Seine Geschwindigkeit würde ich auf mehrere tausend Kilometer pro Stunde schätzen. Er schien bläulichweiß zu sein und auch zu vibrieren. Zeitweilig glaubten wir, ein Summen oder besser ein gleichmäßig oszillierendes Geräusch zu hören. Wir beobachteten ihn volle dreieinhalb Minuten. Er kam so nah, daß wir seine Form und sein bläulichweißes Licht deutlich erkennen konnten. Anschließend entfernte er sich sehr schnell. Ich bin immer sehr pragmatisch gewesen [was UFOs betraf] – glaubte nie an sie. Von dem, was ich da sah, bin ich jedoch überzeugt. Ich behaupte nicht, daß es außerirdischen Ursprungs war, aber es *war* ein UFO, d. h. ganz eindeutig ein unidentifiziertes fliegendes Objekt. Walt Henrick, einer der Taucher und ein ziemlich nüchterner Bursche, war bei mir. Sein Kommentar lautete: »Ich habe es gesehen, glaube es aber nicht.«

Während bei Piloten, Schiffskapitänen und anderen, die während ihrer Dienstausübung UFOs beobachten, immer noch eine gewisse Abneigung besteht, darüber Meldung zu erstatten, sind sie manchmal weniger abgeneigt, über andere ungewöhnliche Vorfälle, die sich im Bermuda-Dreieck ereigneten, zu sprechen, besonders wenn ein Vorfall sich scheinbar auf naturbedingte Phänomene zurückführen läßt und nichts mit den von offizieller Seite nicht zu akzeptierenden UFOs zu tun hat.

Bob Brush, ein Linienpilot, wurde im August 1974 auf einem Nachtflug über den Bahamas an Bord eines DC-6-Transportflugzeuges durch ein plötzliches, alles erhellendes gleißendes Licht erschreckt, das die gesamte Umgebung mit seinem Schein derartig beleuchtete, daß Brush deutlich den Boden der nahen Inseln Providence, Watling und Nord-Caicos ebenso wie die Meeresoberfläche erkennen konnte. Nach seinem Bericht brannten ihm die Augen von dem grellen Licht, das einige Sekunden andauerte. Weiterhin erinnert er sich, daß es die »falsche Art von Licht« zu sein schien, »ohne allen Schatten«, obwohl das gesamte Gebiet mit einer geschätzten Lichtstärke von 4000 Kelvin erleuchtet war.

Elektromagnetische Erscheinungen, die durch Feuerschein, lang anhaltende Blitze oder andere Lichtkörper charakterisiert sind, wie sie für die im Bermuda-Dreieck vorhandenen und unvorhersehbar aktiv werdenden Kräfte typisch sind, erklären jedoch nicht das plötzliche und unerklärliche Aufbrodeln einer bis dahin glatten Meeresoberfläche, wie es häufig von Seeleuten und Piloten beobachtet wurde. Bei einem dieser Phänomene handelt es sich um »Löcher« oder »Furchen« in der Oberfläche des Meeres, die offensichtlich keine Strudel oder Wellenformationen waren, während es bei einem anderen Phänomen um Wasserflächen geht, die keine Wasserhosen sind und in einer geschlossenen Masse über die Meeresoberfläche emporragen. Dieses letztere Phänomen einer gewaltigen, 750 Meter über die Meeresoberfläche emporragenden Wassermasse ist vielleicht die Erscheinung, die Piloten einer Boeing 707 am 11. April 1963 bei 19° 54' NL, 66° 47' WL sichteten.

Ein recht überzeugender Bericht über ein Erlebnis mit diesen Löchern oder Furchen in der Meeresoberfläche stammt von Irwin Brown, einem Bootseigner. Der Vorfall ereignete sich in der Nähe von Long Key, nördlich von Key West, Florida, Anfang Mai 1965. Brown beschreibt ihn folgendermaßen:

Meine Frau und ich kamen mit unserer 135-PS-Evinrude Cobra – dem gleichen Bootstyp, der auch von Rettungsmannschaften benutzt wird – vom Fischen zurück und befanden uns ungefähr 25 Meilen südwestlich der Küste von Long Key, etwa 15 Meilen von Tennessee Light entfernt. Es war ein schöner Tag, und das Meer war vollkommen ruhig.

Ich hatte gerade ringsum das Meer bis zum Horizont abgesucht und sagte zu meiner Frau: »Es ist absolut nichts um uns herum – wir sind ganz allein.« Das Wasser war außerordentlich klar. Ich konnte Fische bis zu einer Tiefe von ungefähr 50 Fuß sehen; die Wassertiefe betrug vielleicht 1500 bis 2000 Fuß. Unsere Geschwindigkeit betrug ungefähr 35 Knoten. Ich blickte in Fahrtrichtung und sah auf einmal eine etwa 4 Fuß tiefe und 20 Fuß breite Furche in der Wasseroberfläche. Sie sah wie eine riesige Pflugfurche aus, und das Wasser war nicht wie bei der Heckwelle eines Schiffes aufgewühlt. Sie verlief genau vor uns in Fahrtrichtung. Ich bin im Baugeschäft tätig, und mir kam der Gedanke, daß die Furche aussah, als hätte ein Bulldozer einen rechtwinkeligen Graben durch Erdreich gezogen; nur verlief dieser Graben durch Wasser. Während ich mir die seltsame Erscheinung anschaute, machte das Boot auf einmal einen Satz. Ich fiel vornüber und landete auf meinem Handgelenk, stellte den Motor ab und half meiner Frau aufzustehen, die ebenfalls hingefallen war. Wir mußten feststellen, daß sie sich zwei Rippen gebrochen hatte. Ich sah mich nach dem eigenartigen Wassergraben um, doch wir waren inzwischen abgetrieben, und es war nichts mehr von ihm zu sehen. An Land sprachen wir dann mit anderen darüber, aber niemand fand eine Erklärung dafür. Jemand meinte, es hätte die Hecksee eines U-Bootes sein können, aber das war ausgeschlossen, da der Graben rechteckig war.

Außer Gräben oder Löchern, die sich plötzlich auf der Meeresoberfläche aufzutun scheinen, werden gelegentlich Wasserfontänen, die nicht wetterbedingte Wasserhosen sind, beobachtet. Sie sind möglicherweise Folgen von unterseeischen Vulkanausbrüchen (obwohl derartige vulkanische Tätigkeit ein größeres Gebiet erfassen müßte), vielleicht auch gezielte Torpedoexplosionen oder andere, von U-Booten aus gestartete Versuche.

Ein ehemaliges Besatzungsmitglied der *Queen Mary*, der Ausrüstungsinspektor Ray Clarke, beobachtete eine seltsame Wasserfontäne, die an einem Spätnachmittag im September 1954 im östlichen Teil des Bermuda-Dreiecks aus dem Meer aufstieg. Er beschreibt den Vorgang wie folgt:

… Ich arbeitete im September 1954 auf der *Queen Mary*. Wir befanden uns auf der Fahrt von New York nach Europa. … An jenem Tag schaute ich zufällig gegen 17 Uhr achteraus und bemerkte, wie sich eine dunkelgrüne Wasserfläche in ein sehr helles Apfelgrün verfärbte, und es sah ganz so aus, als würde diese Fläche völlig glatt und ruhig. Urplötzlich schoß dann eine Wassersäule empor, die einen Durchmesser von ungefähr 15 bis 25 Fuß und eine Höhe von etwa 50 Fuß hatte. Auf diese erste Wassersäule folgte eine zweite, gleichartige, die etwa eine halbe Meile von der ersten entfernt aufstieg. Beide waren einen Moment gleichzeitig wahrzunehmen, bis die zweite Fontäne vor der ersten in sich zusammensank. Anschließend nahm das Wasser wieder seine normale Farbe an. Zu jenem Zeitpunkt war kein anderes Schiff in unserer Nähe. Ich meldete den Vorfall dem diensttuenden Offizier...

Diese ohne jede Vorwarnung bei gutem Wetter und ruhiger See plötzlich aufsteigenden Fontänen wären ohne weiteres in der Lage, Jachten und kleine Schiffe zum Sinken zu bringen. Ein plötzlicher Wasserschwall verursachte vielleicht auch das Sinken der *Drosia*, die kürzlich ein Opfer des Dreiecks wurde. Die *Drosia* (ein liberianischer Frachter von 105 Meter Länge), die sich am Morgen des 11. Dezember 1975 gegen 4 Uhr mit einer Ladung Zucker bei gutem Wetter vor Kap Hatteras befand, sank so plötzlich, daß keine Zeit für einen SOS-Ruf blieb. Über die Hälfte der Besatzung sowie der Kapitän wurden gerettet. Letzterer berichtete, die See sei etwas bewegt gewesen, wußte jedoch keine Erklärung dafür, warum das große Schiff auseinanderbrach und in weniger als vier Minuten sank. Gewaltige Wellen, die in der Ozeanographie als Seiches oder Schaukelwellen bezeichnet werden und sich Hunderte oder Tausende von Meilen weit entfernt bilden, erscheinen manchmal bei ganz ruhiger See, was sich verhängnisvoll für Schiffe auswirken kann. Man hat die Vermutung aufgestellt, daß dies auch der Grund für den Verlust der U.S.S. *Cyclops* sowie anderer Schiffe war. Im Fall der *Drosia* hätten aber auch andere Schiffe die riesige Welle sehen müssen.

Man vermutete auch, daß unterseeische Vulkanausbrüche die Ursache für das Verschwinden anderer Schiffe waren, so der *Freya* und der *Kaiyo Maru Nr. 5*, eines japanischen Forschungsschiffes, das 1955 im japanischen Gegenstück zum Bermuda-Dreieck, der Teufels-See, verschwand. Im Zusammenhang mit der *Drosia* wurde jedoch keines dieser Naturereignisse beobachtet, und so besteht die Möglichkeit, daß die *Drosia* von einem unbekannten Objekt oder einer Kraft *unter* ihr beschädigt und auseinandergerissen wurde. Die Tatsache, daß es Überlebende gab, half nicht, da diese keine logische Erklärung für den Untergang finden konnten. Es besteht die Wahrscheinlichkeit, daß im Zug des wachsenden öffentlichen Interesses an den Vorgängen im Bermuda-Dreieck in Zukunft mehr Augenzeugenberichte von Leuten vorliegen, die mit dem Leben davonkamen, als Schiffe plötzlich und aus ungeklärten Gründen sanken. Diese Berichte liefern dann vielleicht ein Bindeglied zwischen ungewöhnlichen, plötzlich auftretenden Phänomenen und Schiffen oder Flugzeugen, die in diesem Gebiet verschwinden oder fast verschwinden.

Das diesige Licht, das sich manchmal sehr schnell bei ruhiger See und klarem Wetter bildet, kann ein Grund für die Fata-Morgana-Erscheinungen sein, über die immer wieder von Menschen berichtet wird, die das Dreieck des öfteren zu überfliegen oder zu durchqueren pflegen. Seltsame und unbekannte Objekte tauchen plötzlich auf – oder es verschwinden bekannte Objekte aus unerklärlichen Gründen. Bei sonnigem und wolkenlosem Himmel verschwand der 94 Meter hohe Funkmast auf Süd-Bimini, der als Landmarkierung für die Hafeneinfahrt dient, auf einmal eine ganze Stunde lang aus dem Sichtfeld der Personen an Bord einer 12-Meter-Schaluppe, die sich nach ihm orientierten, obwohl nach Aussage von Richter Ellis Meacham aus Fort Lauderdale, der sich ebenfalls auf diesem Boot befand, »alles übrige an der Küste klar zu sehen war. Die Sonne schien von einem wolkenlosen Himmel. Der Funkmast war unsichtbar geworden, doch Bäume, Häuser, Boote etc. waren nach wie vor deutlich in dem Gebiet zu sehen, in dem wir zuletzt den Mast mit seinen roten Lichtern, die dreimal pro Minute ›B‹ blinkten, sahen.« Erst als sie hinter einem anderen Boot in den Hafen fuhren, wurde der Mast für sie wieder sichtbar. Interessant ist, daß Boote, die sich nicht in ihrer unmittelbaren Nähe befanden, den Mast die ganze Zeit sehen konnten.

Von dieser Diesigkeit an einem sonnigen Tag berichteten mehrere Kapitäne und Segler. Sie tritt häufig dann auf, wenn die Funkverbindung abreißt. Joe Talley erlebte dieses Phänomen mehrmals während des Haifischfangs zwischen Key West und Tortuga. Er schilderte es wie folgt: »Es war rings um das Boot ganz klar – meilenweit klar, aber aus irgendeinem Grund war kein Horizont da. Man konnte nicht mal einen feinen Strich am Horizont erkennen, alles war diesig weiß.« Bei einer anderen Gelegenheit war Joe Talley im Jahr 1944 der einzige Überlebende seines Bootes, der *Wild Goose*, die in Schlepp gezogen wurde, als die Besatzung des Schleppers sah, wie sich plötzlich eine Nebelwolke über die *Wild Goose* legte und diese unsichtbar machte. Die *Wild Goose* zog dann so heftig an dem Schleppkabel, daß der Kapitän des Schleppers, der Gefahr lief, mit in die Nebelwolke gezogen zu werden, das Kabel kappte. Die *Wild Goose* kam nie wieder aus der Nebelwolke heraus. Der einzige Überlebende war Joe Talley, der angeblich aus einer geschätzten Wassertiefe von 15 bis 20 Meter wieder auftauchte. Die *Wild Goose* und ihre vier Passagiere wurden nie gefunden und auch kein Hinweis darauf, ob das Boot in die Tiefe gezogen wurde oder sich irgendwie auflöste.

Der geheimnisvolle Nebel, der plötzlich im Jahr 1966 das von der *Good News* geschleppte Boot in der Tongue of Ocean umgab, wie von Kapitän Don Henry und seiner Besatzung berichtet (in *Das Bermuda-Dreieck* beschrieben), war ebenfalls eine örtlich begrenzte, dichte Nebel- oder Dunstwolke, die sich offensichtlich nur auf ein kleines Gebiet – jenes, in dem sich das geschleppte Boot befand – beschränkte, fast als ob es Teil einer Vernebelungstaktik war. Es ist interessant, sich daran zu erinnern, daß, während das geschleppte Boot völlig im Nebel verschwand und der Schlepper außerhalb der Nebelzone war, trotzdem auf dem Schlepper sämtliche elektrische Energie ausfiel, als ob der Kraftausfall sich sogar auf eine gewisse Entfernung von der mysteriösen Nebelwolke auswirkte.

Die oft berichteten Beispiele von sich schnell am Himmel oder unter der Meeresoberfläche fortbewegenden Lichtern, von plötzlichen Nebelwolken, die zielstrebig auf Schiffe und Flugzeuge zugleiten und sie einhüllen, und von ungewöhnlichen lokalisierten Erscheinungen auf der Meeresoberfläche scheinen einem unpersönlichen Zufallsgesetz unterworfen zu sein und keine Auswirkungen auf jene zu haben, die sie beobachten, bis es für jegliches Ausweichmanöver zu spät ist, wie auch im Fall von Kapitän Talley und anderen, die in derartige Nebelwolken hineinflogen oder fuhren und nie wieder aus ihnen auftauchten. Manchmal wirken sich diese ungewöhnlichen Erscheinungen im Dreieck aber auch direkt auf die Beobachter aus und werden zu einer drohenden Gefahr für Schiffe. Von einigen Personen, die derartige gefährliche Situationen überlebten, liegen uns Berichte vor. Don Delmonico aus Miami, ein erfahrener Segler und Besitzer von Frachtschiffen, hatte zwei unerwartete Begegnungen mit unidentifizierten Unterwasserobjekten, das erste Mal im August 1969 und das zweite Mal im Oktober desselben Jahres, als er in den Bahamas bei der Insel Great Isaac auf Hummerfang war. Delmonico stand am Bug seines 10 Meter langen Fischkutters, als er zu seiner verständlichen Verblüffung plötzlich in dem fast durchsichtig klaren Wasser der Bahamas in ungefähr 4 Meter Tiefe ganz deutlich ein graues, ellipsenförmiges Objekt von über 33 Meter Länge sah, das mit einer geschätzten Geschwindigkeit von etwa 100 Stundenkilometern auf ihn zuschoß. Er bemerkte, daß der Kurs seines Bootes rechtwinkelig zum Golfstrom verlief und das Objekt, was immer es sein mochte, parallel zur Richtung des Golfstroms dahinschnellte. Als das Objekt ganz nahe war und er das sichere Ende vor Augen sah, drehte es plötzlich nach links ab. So blieb sein Boot unversehrt für eine zweite Begegnung mit einem derartigen unbekannten Objekt.

Delmonico brauchte nicht lange zu warten. Zwei Monate später, im Oktober 1969, befand er sich an Bord seines Bootes in der Nähe von Great Isaac Light auf Kollisionskurs mit einem ähnlichen (oder demselben) unbekannten Objekt und konnte es aufgrund der noch geringeren Entfernung sogar deutlicher erkennen. Seiner Erinnerung zufolge war es hellgrau und von etwa der gleichen Form und Größe wie das erste und besaß keine sichtbaren Luken, keine Flossen, keine Aufbauten und auch keine sichtbare Antriebsschraube; es schien sich durch andere Antriebselemente fortzubewegen. Die geschätzte Länge betrug ungefähr 50 bis 70 Meter, was viel zu lang für ein Torpedo war.

Diese zweite Begegnung erschien ihm sogar noch gefährlicher als die erste und ein Entrinnen fast unmöglich. Das seichte Wasser in der Nähe der Insel und die dadurch eingeschränkte Manövrierfähigkeit sowie die enorme Geschwindigkeit des Objektes machten ein rechtzeitiges Ausweichen unmöglich. Wie er selbst schilderte, stellte er »den Motor ab und betete nur noch«, als das metallisch erscheinende Objekt zu seinem grenzenlosen Erstaunen in letzter Sekunde »unter dem Boot hindurchtauchte« und seinen Kurs fortsetzte, um in der blauen Tiefe zu verschwinden.

Beschreibungen, welche Piloten von diesen unbekannten Unterwasserfahrzeugen gaben, die sie aus der Luft über den Bermuda-Bänken wahrnahmen, stimmen mit dem Bericht Don Delmonicos überein wie auch mit dem der PX-15 *Ben Franklin*. Dieses speziell für längere Tauchversuche ausgerüstete U-Boot trieb unter der Leitung von Jacques Piccard 1968 bei einem Forschungsprojekt über Meeresströmungen durch dieses Gebiet. Von der Besatzung der *Ben Franklin* wurden mehrere recht ungewöhnliche Objekte gesichtet, darunter auch ein grauweißes, ellipsenförmiges Objekt mit einer Länge von ungefähr 33 Meter, das mit hoher Geschwindigkeit an dem Forschungstauchboot vorbeiraste.

Man kann die Frage stellen, ob diese Unterwassererscheinungen möglicherweise Unterwasser-»Wolken« sind, die sich schnell fortbewegen und dadurch falsch erkannt werden, oder Formationen gleichermaßen unbekannten Ursprungs. Unterseeische Wolken oder scheinbare Untiefen wurden im Lauf der Jahre wiederholt gesichtet und bilden das Thema zahlreicher Berichte, die sich auf Tiefenmessungen des Meeresbodens stützen. Bei mehreren Gelegenheiten ergaben sich an derselben Stelle unterschiedliche Meßwerte, wodurch theoretisch mehrere, verschiedene Tiefen vorhanden waren. Diese Berichte über eine »falsche« Meerestiefe werden allgemein durch Fischbänke oder Schwärme kleiner maritimer Lebewesen erklärt.

Eine große grauweiße Masse wurde zweimal von Robert Kuhne, einem Zugbrückeningenieur und passionierten Delphinfänger, gesehen. Beide Vorfälle ereigneten sich zwischen 11 und 12 Uhr vormittags im März und Mai 1975 ungefähr 7 Meilen südlich und 4 Meilen östlich von Fowery Rock in Süd-Carolina vor Key Biscayne, Florida, während er mit Schleppangeln auf Delphinenfang war. Er erkannte eine klar umrissene, massive, grauweiße Form ziemlich unbeweglich in ungefähr 5 Meter Tiefe unter seinem Boot (die Wassertiefe betrug an dieser Stelle insgesamt etwa 75 Meter). Er konnte diese Masse jedoch nicht auf seinem Tiefenmesser wahrnehmen, da sie offenbar außerhalb des Sichtfeldes des Sonargerätes oder aber durchlässig für Sonarstrahlen war. Das gesichtete Objekt hatte einen sehr großen Umfang, so daß es kein Hammerhai (6–7 Meter Länge) sein konnte, die oft in der Nähe von Fowey Light gesichtet und in jener Gegend »Frachtzüge« genannt werden. Bei der zweiten Begegnung versuchte Kuhne mit beachtlichem Mut zu dem unbekannten Objekt hinunterzutauchen, stellte dann jedoch fest, daß dieses sich in einer wesentlich größeren Tiefe befand, als er von oben angenommen hatte. Er tauchte, von verständlichem Unbehagen erfüllt, wieder auf und verließ das Gebiet.

Man fragt sich, ob es sich um ein USO handelte, ähnlich denen, die Don Delmonico und vor ihm viele Piloten gesehen hatten, obwohl dieses Objekt sich nicht wie die anderen schnell fortbewegte, sondern im Wasser stillstand – sei es nun aus Beobachtungs- oder anderen Zwecken. Dr. Manson Valentine sprach die Vermutung aus, daß die massive grauweiße Masse vielleicht gar kein festes Unterwasserobjekt, sondern ein Magnetfeld sei, das sich unter Wasser gebildet hatte und so stark war, daß es sichtbare Wolkeneffekte im umgebenden Wasser hervorrief.

Andere leuchtende Unterwasser-»Wolken«-Formationen gehören offenbar zu jener Kategorie, die in der Nähe der Bahama-Bänke und in den Tiefen vor der Abbruchkante des Kontinentalsockels aus Felsenspalten oder Rissen im Meeresboden zu kommen scheint. Diese Unterwasser-»Wolken« werden oft das »leuchtende Wasser« der Bahamas genannt, obwohl sie gelegentlich auch vor der Küste Floridas und Kubas zu sehen sind. Ihre Leuchtkraft ist so stark, daß sie von den ersten amerikanischen Astronauten ausdrücklich als das letzte Licht erwähnt wurden, das diese von der Erde wahrnahmen (Kolumbus' Seeleute sahen sie im Meer als das erste Licht, als sie sich der Neuen Welt näherten). Ozeanographen deuteten sie oft als konzentrierte Ansammlungen leuchtender Kieselalgen, jener winzigen, Dinoflagellates genannten Organismen, oder einfach als Mergel, der durch Fischschwärme vom Meeresboden aufgewirbelt wurde.

Beobachtungen jüngeren Datums dieser sogenannten »Federwolken« deuten in überzeugender Weise darauf hin, daß es keine Fischschwärme sind, sondern etwas anderes. Die Form dieser federartigen Lichteffekte gleicht, bevor sie sich ausbreiten und auflösen, Rauchschwaden, die aus einem Schornstein aufsteigen; sie treten gebündelt aus und breiten sich allmählich aus. Vor kurzem wurden auf einem Beobachtungsflug vor Orange Cay in den Bahamas zwei voneinander getrennte, aber parallel zueinander im Wasser aufsteigende »Federwolken« mit dieser geheimnisvollen Leuchtkraft beobachtet, die sich nach einer gewissen Zeit zu einer leuchtenden Wolke vereinten. Jim Richardson, ein Pilot aus Miami, der sich für diese Erscheinungen interessiert, landete mit seinem Wasserflugzeug direkt auf einem dieser leuchtenden Flecken und entnahm eine Wasserprobe. Das Wasser stank stark nach Schwefel und enthielt, wie die spätere Analyse ergab, einen Schwefelgehalt von 20 Prozent; Kalkspat wurde ebenfalls ausgefällt, was auf das Vorhandensein von heißem vulkanischem Gestein auf dem Meeresgrund hinweist. Dieser aus dem Meeresboden entweichende »Rauch« kann ein völlig natürliches Hervordringen von Substanzen aus dem heißen Erdinnern sein, was in Anbetracht der Instabilität der Erdkruste unter dem Atlantik nicht erstaunlich wäre. Man wird aber dennoch an die Theorie erinnert, nach der Kraftquellen einer prähistorischen Zivilisation, die heute infolge plötzlicher Veränderungen der Erdoberfläche auf dem Boden des Atlantischen Ozeans ruhen, immer noch periodisch oder sporadisch funktionieren sollen (und dadurch die Geräte und Kontrollinstrumente moderner Luft- und Wasserfahrzeuge beeinflussen), trotz der vielen inzwischen vergangenen Jahrtausende. Eine andere Theorie, die für das wissenschaftliche Establishment ebensowenig akzeptabel ist, geht von der Hypothese aus, daß es moderne Unterwasser- *und* unterirdische Kraftwerke gibt, die von Wesenheiten betrieben werden, die uns bisher noch unbekannt sind. Nach Meinung einiger Beobachter sind das möglicherweise die unbekannten Unterwasserfahrzeuge, die oft auf Kollisionskurs bei kleinen Booten auftauchten oder von Flugzeugen über den Bermuda-Bänken gesichtet und genau registriert wurden. Obwohl diese Fahrzeuge wegen ihrer Geschwindigkeit und ihrem plötzlichen Erscheinen bisher noch nicht photographiert werden konnten, gibt es vielleicht ein erstes photographisches Dokument von ihnen, auf dem ihre Spuren auf dem Meeresboden zu sehen sind und möglicherweise auch ihre vorläufigen oder endgültigen Ziele (s. Photo auf S. 159).

Gerade Linien kommen in der Natur nicht vor. Dr. Manson Valentine, der am 5. September 1974 mit Jim Richardson das Meer etwa 15 Meilen vor Chubb Cay überflog, entdeckte auf dem Meeresboden in etwa 16 Meter Tiefe zwei vollkommen gerade Linien. Das Flugzeug flog 18 Meilen über ihnen entlang, bis sie in Löchern von unbestimmter Tiefe im Meeresboden zu enden schienen. Die Löcher befanden sich auf einer sandigen Stelle, die sich von dem umliegenden Meeresboden durch jeglichen Mangel an Vegetation unterschied. Inzwischen hat Dr. Valentine andere gerade Linien auf dem Meeresgrund entdeckt und sie in flachem oder tiefem Wasser und über Inseln verfolgt, da diese geraden Linien auch über Land unbeirrt weiterlaufen, um dann auf der anderen Seite der Insel ihren Weg auf dem Boden des Meeres fortzusetzen. Nach Ansicht von Dr. Valentine lassen sich diese seltsamen Linien weder durch Torpedoabschüsse, Ankerketten von treibenden Booten noch durch die Spuren von Unterwasserströmungen erklären. Ihr schnurgerader Verlauf, ihre ge-

ringe Breite, die Tatsache, daß sie Inseln überqueren und in unterseeischen Löchern enden, machen sie zu einem der vielen, bisher weder klar
erfaßten noch geklärten Phänomene des Bermuda-Dreiecks.

Eine von Dr. Valentine und seinen Mitarbeitern geplante Expedition wird
zu ergründen versuchen, weshalb kein Gras auf den Stellen wächst, an
denen sich diese Löcher befinden, und was sie in ihrer Tiefe bergen. Letzteres wird die Aufgabe von Tauchern sein, die sich freiwillig zur Verfügung stellen und die mit einem Boot, das von einem Flugzeug zu den Löchern geleitet wird, zu den Tauchstellen gebracht werden sollen.

Tauchern bietet sich jetzt eine beneidenswerte Gelegenheit, den Meeresboden im Bermuda-Dreieck erstmalig zu erforschen, eine Gelegenheit,
die nicht immer von allen, die sich mit dem Rätsel des Dreiecks befassen
– seien es nun Anhänger oder Gegner –, genutzt wird.

Taucher fanden bereits spanische Galeonen von Schatzflotten, die
Stürmen oder Piraten zum Opfer fielen; sie fanden Flugzeuge und
Schiffe, von denen einige merkwürdigerweise nicht einmal als vermißt
registriert waren; sie entdeckten unterseeische Städte, von denen einige
in historischer Zeit versanken, wie z. B. die »Piratenstadt« Port Royal, die
1692 ganz plötzlich während eines Erdbebens versank. In den vergangenen Jahren wurden in den Bahamas auf dem Meeresboden weitere
Steinruinen von Städten gefunden, deren uralte Straßen, Mauern, mit
Steinplatten belegten Böden, Fundamenten, Terrassen und Pyramiden
aus keiner uns bekannten Zeit oder Kulturepoche stammen.

Außer jenen unerwarteten Zeugen einer unbekannten Vorzeit begegneten Taucher jedoch manchmal auch furchterregenden Meeresungeheuern, die so gar nicht in unsere Zeit passen und anderen Zeitaltern einer
fernen Vergangenheit anzugehören scheinen. Manche dieser Tiere – falls
es solche sind – wurden nahe der Wasseroberfläche gesehen, ganz anders
also als der schwimmende »Markierungspfeiler«, dem Kapitän McCamis
in einer Tiefe von über 500 Faden (s. S. 86) begegnete und der bei näherem
Hinsehen Augen und Flossen hatte.

Bruce Mounier aus Miami, ein erfahrener Berufstaucher und Unterwas-
serphotograph, sah bei einem Tauchversuch 1968 einen, wie er sich ausdrückte, »gräßlichen Unterwasser-Schneemann«:

Wir waren südlich von Great Isaac Light dicht an der Abbruchkante des
Kontinentalsockels. Ich ließ mich langsam an einer Schleppleine von
einem 10 Meter langen Boot ziehen, das speziell für Tauch- und Ret-
tungsarbeiten konstruiert war, und sah mir den Boden an, einen sandigen Boden in 11 bis 13 Meter Tiefe. Ich war selbst tief genug, um
unter dem Boot nach vorne durchschauen zu können. Auf einmal
wurde eine Art runde Schildkröte oder großer Fisch – ungefähr 180

Pfund schwer – sichtbar. Ich ging tiefer, um besser sehen zu können. Das Tier drehte sich um und blickte mich in einem Winkel von 20 Grad an. Es hatte das Gesicht eines Affen und einen weit nach vorn gestreckten Kopf. Der Hals war viel länger als bei einer Schildkröte – mindestens viermal so lang wie der eines Menschen. Das Ungeheuer wand den Hals wie eine Schlange, während es mich beäugte. Die Augen glichen denen eines Menschen, waren aber größer. Es sah aus wie das Gesicht eines Affen mit speziell für das Leben im Wasser angepaßten Augen. Nach einem letzten prüfenden Blick entfernte es sich durch eine von unten kommende Antriebskraft.

Nach Mouniers Bericht verschwand das unheimliche Tier in einer Höhle unter der überhängenden Felswand des Steilabfalls, was vielleicht Mouniers Rettung war, denn es gibt auf den Bahamas eine bekannte Legende über ein derartiges Meeresungeheuer namens »Luska«, mit einem Tiergesicht und einem Schlangenhals, das in Höhlen haust und Menschen frißt. Mounier ist überzeugt, daß dieses Tier keine Schildkröte war: »Ich habe Hunderte von Schildkröten gefangen und verkauft, und dies war entschieden keine. Ich glaube, es ist irgendeine noch unbekannte Art, vielleicht eine neu entwickelte oder eine sehr alte, die noch nie gesehen wurde.«
Manchmal werden seltsame Tiere in dem klaren Wasser oder auf der Oberfläche des Meeres im Bermuda-Dreieck ganz deutlich von mehreren Augenzeugen gleichzeitig bemerkt, deren übereinstimmende Aussagen die Möglichkeit einer Massenhalluzination auszuschließen scheinen, vor allem dann, wenn das sonderbare Lebewesen ganz dicht an dem jeweiligen Schiff beobachtet wurde. Berichten zufolge soll die *Santa Clara*, ein Passagierschiff der Grace-Linie, auf der Fahrt nach Cartagena, Kolumbien, am 30. Dezember 1947 um 17 Uhr ein nicht zu identifizierendes Meeresungeheuer gerammt haben. Unmittelbar nach dem Vorfall wurde folgende Funkmeldung an das Amerikanische Hydrographische Amt durchgegeben:

34.34 N Breite 74.07 W Länge 1700 GMT rammten Seeungeheuer töteten oder verwundeten es schwer. Geschätzte Länge 15 Meter mit aalähnlichem Kopf. Körper ungefähr 1 Meter Durchmesser. Zuletzt von Wm. Humphreys Erstem Offizier und John Axelson Drittem Offizier wild um sich schlagend in weit ringsum blutig verfärbtem Wasser und Schaum gesichtet.

Da das U.S. Hydrographische Amt für alle das Meer betreffenden Beobachtungen zuständig ist, hielt der Kapitän der *Santa Clara* es offenbar für angebracht, diesem den Vorfall als eine mögliche im Wasser lauernde Gefahr zu melden. Es wäre jedoch vielleicht für die Wissenschaft wertvoller gewesen, wenn man versucht hätte, das Tier zu photographieren oder es ganz oder teilweise für das Smithsonian Institute oder das Naturhistorische Museum aus dem Wasser zu bergen. So konnte nie festgestellt werden, um was für eine Art von Tier es sich handelte. Abschließend sei noch erwähnt, daß die bei 34° nördlicher Breite und 74° westlicher Länge angegebene Stelle eindeutig innerhalb der Grenzen des Bermuda-Dreiecks liegt.

Von leichter zu identifizierenden Meerestieren wie riesigen Tintenfischen wird auf einigen Inseln behauptet, sie würden Menschen aus Fischerbooten herausziehen und sogar kleine Boote in die Tiefe reißen. Kapitän Joe Talley, ein ehemaliger Haifischfänger (für die kommerzielle Verarbeitung von Haifischleber) berichtete, daß Fischer nachts nicht in der Nähe des Steilabfalls des Küstenfelsens bleiben:

Wir wollten tiefe Fangleinen vor dem Steilabfall bei Caicos auslegen. Die Fischer blieben aber nur bis Sonnenuntergang. Sie sagten, einige Boote seien von riesigen Tintenfischen oder etwas Ähnlichem in die Tiefe gezogen worden. Die Boote sind nur klein, etwa 7 Meter lang, und ein großes Tier kann sehr leicht über die Bordwand hereinkriechen. Sie sagten, vor einiger Zeit hätte ein riesiger Tintenfisch sich mit einem Fangarm an der Bordwand eines Fischerbootes festgesaugt und sich in das Boot hochgezogen. Die Burschen seien ins Wasser gesprungen, und ihr Boot sei aufs Meer hinausgetrieben.

Auf den Bahamas und den Westindischen Inseln gibt es seit Jahrhunderten und lange bevor der Ausdruck »Bermuda-Dreieck« dazu führte, daß alte Geschichten wieder auflebten und neue erfunden wurden, Legenden über seltsame Vorfälle, Ungeheuer – wirkliche oder erdachte – und Geister. Es ist möglich, daß jemand auf Grund einer bewußten oder unbewußten psychologischen Beeinflussung durch Legenden meint, selbst etwas Derartiges zu erleben. Obgleich dies manchmal der Fall sein mag, fällt es schwer zu glauben, daß dieser Faktor allein das ungewöhnliche Erlebnis erklärt, das Ben Huggard, Champion im Langstreckenschwimmen, hatte, als er im Mai 1975 die 162 Meilen zwischen Florida und den Bahamas durchschwamm. Ben Huggards Erlebnisse und sogar seine gefühlsmäßigen Eindrücke während dieser Schwimmstrecke durch das Bermuda-Dreieck sind sehr interessant. Kapitäne, Besatzungsmitglieder und Passagiere von Flugzeugen und Schiffen können lange Überlegungen anstellen, wenn sie das Dreieck überfliegen oder durchfahren, doch wie viel intensiver sind die Reaktionen eines Menschen, der zwei

Tage lang durch das offene Meer des Bermuda-Dreiecks schwimmt, ganz allein mit seinen Gedanken und in gesteigertem Maße empfänglich für Eindrücke und Einbildungen, die ganze Zeit in direktem körperlichen Kontakt mit dem Wasser des Meeresgebietes, in dem so viele auf mysteriöse Weise spurlos verschwanden.

Ben Huggard aus Freeport, New York, ist ein robuster, an sportlichem Körpertraining interessierter Polizeioffizier (Crime Prevention Unit, Nassau County, New York), der nicht zu imaginären Übertreibungen oder Phantastereien neigt. Trotzdem ist Polizeioffizier Huggard der Meinung, daß er auf dieser Schwimmstrecke durch das Bermuda-Dreieck Anzeichen für das Vorhandensein einer fremden und feindlichen Macht wahrnahm. Huggard schwamm in einem Käfig, der in etwa 50 Meter Abstand von einem Motorboot gezogen wurde, das mit einer Gegensprechanlage ausgerüstet war, so daß Mitglieder seines Teams mit ihm sprechen oder ihm beim Schwimmen vorlesen konnten. Die Lektüre umfaßte auch das Buch »Der weiße Hai«, das erstaunlich gut seiner Situation entsprach, da Hammerhaifische und andere Haie schon nach den ersten zehn Minuten erschienen und den Schwimmkäfig auf der gesamten Strecke begleiteten. Die Falltür, die den Eingang zu dem Käfig bildete, war durch zwei Doppeldrehschlösser gesichert, die gründlich erprobt und überprüft worden waren, da sie den Schutz des Schwimmers vor Raubfischen wie Haien gewährleisten sollte.

Huggard startete in Sombrero Point, Marathon Cay, Florida, und wollte dann in den nach Norden verlaufenden Golfstrom schwimmen, um durch ihn leichter Nassau zu erreichen.

Am 2. Mai 1975, dem ersten Tag seines sportlichen Unternehmens, hatte er nachts ein seltsames Erlebnis. Der Golfstrom – oder eine starke Seitenströmung – hatte plötzlich seine Richtung geändert und trieb Huggard nicht nach Nordosten, wie es seiner geplanten Strecke entsprach, sondern viele Meilen nach Südosten ab und auf Kuba zu. Als es Huggard schließlich gelang, aus dieser merkwürdigen Seitenströmung oder dem Golfstrom herauszuschwimmen, näherte er sich wieder zügig Freeport.

Als es Nacht wurde, hatte Huggard, der die ihn begleitenden Haifische deutlich im Licht der Scheinwerfer des Motorbootes sehen konnte, plötzlich das Gefühl, daß etwas mit der Falltür nicht stimmte. In seinen eigenen Worten:

Ich atme immer auf der linken Seite schwimmend. Auf einmal hatte ich jedoch das eigenartige Gefühl, ich solle den Kopf nach rechts drehen – zur Falltür. Als ich hinschaute, öffnete sich die Tür von selbst und fiel trotz der beiden Doppelschlösser herunter. Ich schwamm hinüber, zog sie wieder hoch, machte die Schlösser zu und vergewisserte mich, daß die Tür fest geschlossen war. Dann schwamm ich weiter. Ein wenig später trieb mich etwas, zur Tür hinüberzuschauen. Als ich also nach rechts sah, öffnete sich die Falltür erneut. Ich rief zum Boot hinüber, sie sollten mit Werkzeugen kommen und die Tür reparieren. Sie kamen und untersuchten die Schlösser und sagten, sie seien völlig in Ordnung – nichts könne sie ungewollt öffnen. Als sie zum Boot zurückkehrten, beschlich mich das Gefühl, daß die Tür wieder aufgehen würde. Und das tat sie dann auch. Und so ging es die ganze Nacht weiter. Alle fünfzehn oder dreißig Minuten schwamm ich hinüber und machte die Tür wieder zu. Jedesmal ließ ich einige Leute vom Boot kommen, und sie müssen gedacht haben, ich sei verrückt geworden, denn wenn sie kamen und die Tür zu öffnen versuchten, war sie fest verschlossen. Sie zerrten und rüttelten an ihr, doch sie ging nicht auf. Die Schlösser hielten einwandfrei. Aber jedesmal, wenn ich zu der Tür hinübersah, sprangen die Schlösser langsam auf und fiel die Tür von selbst herunter. Ich fürchte mich nie, wenn ich im Meer schwimme, hatte aber plötzlich diese gräßliche Angst, die mich veranlaßte, ständig nach rechts zu schauen. Ich hatte das Gefühl, etwas wolle mich durch die Tür hinauslocken. Es war, als befehle mir jemand, aus dem Fenster eines hohen Gebäudes in die Tiefe zu springen. Ich wußte, was passieren würde – mit den Haifischen rings um den Käfig, aber es war ein fast unwiderstehlicher Drang. Schließlich, als ich diesem Zwang hinauszuschwimmen fast unterlag, schwamm ich hinüber und packte die Falltür. Ich zitterte am ganzen Körper, hielt mich aber an ihr fest und hämmerte mir ein: »Ich schwimme nicht raus!... Ich lasse mich nicht aus dem Käfig rausholen!... Was auch immer es ist!...« Und dann knallte ich die Tür zu.

Nach Huggards Bericht öffnete sich die Falltür danach nicht wieder, auch nicht bei einem jähen Wettersturz, bei dem Huggard für einen Moment unfreiwillig seinen Schwimmkäfig verließ.
Bei vollkommen klarem, windstillem Wetter »kam plötzlich ein unglaublicher Wind aus dem Nichts auf« und schleuderte in drei Meter hohen Wellen den Kähig umher. Auf dem Motorboot erkundigte man sich über Funk in Freeport, Bahamas, nach den dort herrschenden Wetterverhältnissen und erhielt die Antwort: »Ideales Wetter. Keinerlei Störungen bis Freeport«, obwohl Böen mit 150 Stundenkilometer Geschwindigkeit Huggard zu der ironischen Feststellung veranlaßten: »Freeport sollte sich lieber bei mir nach dem Wetter erkundigen!«
Der heftige Sturm begann, von den Wellenkämmen Brennquallen in den oben offenen Käfig zu wehen, und da Huggard bereits mehrmals gebrannt war und die verhängnisvollen Folgen weiterer Berührungen mit den

Quallen fürchtete, schwamm er über eine hohe Welle, die den Käfig erfaßte, fand sich plötzlich außerhalb des Käfigs wieder und landete genau auf dem Rücken eines der ihn begleitenden weißen Haie. Es gelang ihm, schnell wieder in den Käfig zurückzukehren, bevor der Hai die Situation erfaßte. Als Huggard schließlich in Cat Cay auf Bimini ankam, sank der Käfig, dessen Schaumstoff-Schwimmkörper in dem plötzlichen und merkwürdig örtlich begrenzten Sturm beschädigt worden war.

Auf die unvermeidliche Frage, ob seine beunruhigenden Erlebnisse seiner Ansicht nach etwas mit den im Bermuda-Dreieck auftretenden Phänomenen zu tun hätten, erwiderte Huggard:

> Ich persönlich glaube, daß da draußen etwas nicht geheuer ist. Wie ließen sich sonst all diese Dinge und das, was all diesen Menschen widerfuhr, erklären? Es muß einen Grund dafür geben, aber ich weiß nicht, was es ist.

Ben Huggards Erlebnis ist besonders interessant im Hinblick auf psychische Ausnahmezustände, die in den vergangenen 150 Jahren – und möglicherweise schon seit einer viel längeren Zeit – beim Verschwinden ganzer Schiffsbesatzungen im Bermuda-Dreieck eine Rolle spielen.

Es gibt natürlich viele mögliche Erklärungen für verlassen aufgefundene Boote und Schiffe, obgleich viele dieser im Dreieck registrierten Fälle auf höchst seltsame Vorgänge beim Verschwinden der Mannschaft hinzuweisen scheinen. Oft fand man sowohl die Ladung wie die persönlichen Besitztümer unversehrt an Bord und nur von den Passagieren oder der Besatzung war keine Spur vorhanden. Zu den normalen, d. h. nicht paranormalen oder psychisch bedingten Erklärungen zählen Piraterie, Überfälle auf die Ladung, der Wunsch eines Bootseigners, seine Identität zu wechseln, Versicherungsbetrug, Entführung des Skippers und der Besatzung (oder Entführung des Skippers *durch* die Besatzung), Meuterei, Wellen, die bei einem Sturm die *gesamte* Besatzung über Bord spülen, ein sich plötzlich ausbreitendes Feuer bei einer explosiven Ladung, das die Besatzung zwingt, ihr Schiff zu verlassen, wie z. B. in dem berühmten Fall der *Mary Celeste* vermutet wurde, Aufgabe des Schiffes, das in einem Sturm zu sinken droht, doch sich später auf unerklärliche Weise wieder aufrichtet (oder wieder an die Oberfläche auftaucht), um dann verlassen treibend gefunden zu werden.

Einen berühmten Vermißtenfall aus dem Jahr 1909, den des Weltumseglers Joshua Slocum, versuchte man durch eine ungewöhnliche Ursache zu erklären, und zwar durch die Vermutung, daß Slocum, der sich nicht mit seiner Frau vertrug, vielleicht sein Verschwinden selbst inszenierte, um in einem anderen Hafen unter einem neuen Namen unterzutauchen. Obgleich diese Vermutung nie eine Bestätigung erfuhr, ist es möglicherweise nicht das erste noch das letzte Mal gewesen, daß jemand aus diesen oder ähnlichen Gründen »verschwand«.

Während all diese Erklärungen Möglichkeiten darstellen, haben die vielen anderen Fälle, in denen Menschen von Booten, Schiffen, Stränden oder aus in Strandnähe geparkten Autos sowie Schiffbrüchige aus dem Wasser und Wärter aus ihren Leuchttürmen verschwanden, die Theorie entstehen lassen, daß es unter den im Dreieck wirksamen Kräften einen sporadisch aktiv werdenden Einfluß gibt, der die menschliche Psyche beeinflußt und den betreffenden Menschen zu zwingen versucht, sich dem eigenen Verhängnis oder unbekannten Gefahren auszuliefern.

Die Theorie, nach der ein feindlicher Einfluß auf den Verstand einwirkt, war kürzlich Gegenstand heftiger internationaler Diskussionen, weil ein indonesisches Besatzungsmitglied des deutschen Frachters *Mimi* (der unter panamesischer Flagge fuhr) am 9. Oktober 1975, als das Schiff sich zwischen Miami und Kuba auf der Fahrt nach Georgetown befand, plötzlich die deutschen Schiffsoffiziere, den Kapitän und drei andere, erstach, anschließend die Ventile öffnete und das Schiff sinken ließ. Der Mörder, Gugun Supardi Suleiman, entkam zusammen mit anderen asiatischen Besatzungsmitgliedern in einem Rettungsboot, wurde später von einem Schiff an Bord genommen und erwies sich als fügsam und zugänglich, obgleich er sich seiner Tat bewußt war. Als er von Offizieren der amerikanischen Küstenwache verhört wurde, erklärte er: »Wir lieben die Deutschen. Weshalb sollten wir sie umbringen wollen?« Eine mehr als rhetorische Frage, die vielleicht erkennen läßt, daß er sich vorübergehend in einem geistigen Ausnahmezustand – dem der geistigen Umnachtung – befand, der bei den Malaien Amok heißt. Obwohl es durchaus möglich ist, daß er aus Wut über irgendwelche Befehle Amok lief, veranschaulicht die Tatsache, daß der Einfluß des Bermuda-Dreiecks später in diesem Fall als eine psychologische Erklärung angeführt wurde, das wachsende Interesse an den in diesem Gebiet vermuteten Kräften – natürlichen oder andersartigen – sowie die steigende Besorgnis, die durch sie geweckt wurde. Diese Kräfte haben, welcher Art und welchen Ursprungs sie auch sind, erwiesenermaßen unsere Gesetze über Materie, Schwerkraft, Raum und Zeit höchst überraschend modifiziert.

Die andere Seite der Zeit

Eines der rätselhaftesten Geheimnisse des Bermuda-Dreiecks ist der gelegentlich auftretende seltsame Zeitverlust oder -gewinn, der ein besonders beunruhigendes Phänomen für eine Kultur wie die unsere ist, in welcher der Glaube an das in identischen Maßeinheiten linear erfolgende Fortschreiten der Zeit sakrosankt und unantastbar ist. Dieses Phänomen wurde hauptsächlich von Piloten beobachtet, was sich dadurch erklärt, daß die Flugzeit immer so genau notiert wird, tritt aber vielleicht auch bei dem mysteriösen Verschwinden (und Auftauchen) von Schiffen – alten wie neuen – auf.

Flugzeuge kamen in diesem Gebiet manchmal unerklärlich verfrüht an, nachdem sie durch eine Dunst- oder Nebelwolke geflogen waren. Eine verfrühte Ankunft wäre bei einem außerordentlich starken Rückenwind durchaus erklärlich, wie etwa bei Windgeschwindigkeiten von mehreren hundert Stundenkilometern. In den meisten dieser Fälle wehte jedoch kein starker Rückenwind. Eine andere mögliche Erklärung wäre die Vermutung, daß der Pilot die Windgeschwindigkeit falsch ablas oder die Instrumente nicht richtig funktionierten, obwohl dies nicht ein gemeinsamer Faktor bei allen Fällen sein kann. Einige Fälle wurden außerdem so sorgfältig überprüft, daß es wirklich den Anschein hat, als ob die Zeit für die Besatzungen, Passagiere und Flugzeuge, die sich zu einem bestimmten Moment in einem bestimmten Gebiet des Bermuda-Dreiecks befanden, vorübergehend unerklärlich vorschnellte, stehenblieb, einen Sprung zurück in die Vergangenheit oder vielleicht in die Zukunft machte.

Bruce Gernon Jr. aus Boynton Beach, Florida, hatte am 4. Dezember 1970 ein höchst ungewöhnliches Erlebnis. Der Vorfall ist, obwohl alles darauf hindeutet, daß es sich um einen Fall von Raum-Zeit-Verzerrung und »Kaperung« durch eine Wolkenformation handelt, durch Gernons Bordbuch, seinen Copiloten, das Bodenpersonal und sogar durch Treibstoffquittungen belegt.

Gernon ist ausgebildeter Pilot mit ungefähr 600 Stunden Flugerfahrung, von denen er die meisten zwischen den Bahamas und Florida zurücklegte. Er ist 29 Jahre, 1,80 Meter groß, kräftig gebaut und hat eine sehr sachlich-nüchterne Einstellung zur Fliegerei. Sein gutes Gedächtnis für Details zeigt sich besonders im Hinblick auf die höchst seltsamen Geschehnisse während dieses Fluges.

Gernon, den sein Vater als Copilot begleitete, war mit einer Beechcraft Bonanza A 36 von Andros zu einem Flug über die Bahama-Bänke nach Bimini gestartet und sah, als er zu der ihm zugewiesenen Flughöhe von 3500 Meter aufstieg, vor sich eine ellipsenförmige Wolke.

Sie hing ganz harmlos und unbeweglich da. Ich ordnete gerade meinen Flugplan und dachte deshalb nicht weiter über sie nach, sonst hätte ich erkannt, daß sie viel zu niedrig war. Ich flog in meinem Aufstieg von 300 Meter pro Minute über sie hinweg, merkte aber, daß sie genausoschnell wie ich aufstieg.

Manchmal bekam ich einen kleinen Vorsprung, doch jedesmal holte sie mich wieder ein. Ich schätzte ihre Breite auf 25 Kilometer. Ich überlegte, ob ich versuchen sollte, nach Andros zurückzufliegen, kam aber schließlich aus der Wolke heraus, und da war der Himmel ganz klar.

Als ich jedoch zu der Wolke zurückschaute, sah ich, daß sie jetzt riesengroß war und die Form eines gigantischen Halbmondes hatte. Ein anderer Teil dieser Wolke befand sich in etwa 20000 Meter Höhe vor uns. Der Bauch der Wolke schien bis in das Meer herabzuhängen – ganz anders als sonst bei Kumuluswolken, die Regenschleier oder freien Raum unter sich haben.

Gernon wollte um die Wolke herumfliegen, stellte aber zu seiner Bestürzung fest, daß er jetzt in dem »Loch« in der Mitte einer riesigen »Kringel«-Wolke war. Er suchte also nach einem Durchschlupf. Als er eine Öffnung entdeckte, raste er auf sie zu, doch sie wurde immer kleiner und verengte sich zuletzt zu einem zylindrischen Loch oder Tunnel in dieser seltsamen Wolke. Als Gernon dieses Loch mit einer kritischen Fluggeschwindigkeit von 345 Stundenkilometer erreichte, hatte es nur noch einen Durchmesser von ungefähr 70 Meter und verengte sich zusehends weiter.

Es war, als schaue man durch ein Gewehrvisier. Es schien ein etwa 1,5 Kilometer langer und auf Miami zu verlaufender, horizontaler Tunnel zu sein. An seinem anderen Ende konnte ich klaren blauen Himmel zwischen dem Tunnel und Florida sehen...

Gernon jagte sein Flugzeug mit kritischer Fluggeschwindigkeit durch den Tunnel. Er nahm wahr, daß die sich weiter verengenden Wände des Tunnels strahlend weiß schimmerten und ganz klar abgegrenzt waren; kleine Wolkenflocken kreisten langsam im Uhrzeigersinn über die Tunnelwände.

Ohne automatische Kurssteuerung, welche die Flügel in der Horizontalen hielt, hätte ich die Flügel wahrscheinlich durch die kreisenden Wölkchen verkantet und wäre in die Tunnelwände hineingeflogen.

Während der letzten 20 Sekunden berührten die Flügelspitzen auf beiden Seiten die Tunnelwand. Gernon erlebte in diesem Augenblick einige Sekunden lang vollkommene Schwerelosigkeit.

Als Gernon aus dem Wolkentunnel herauskam, war rings um ihn ein trüber, grünlicher Dunst und nicht der blaue Himmel, den er durch den Tunnel gesehen hatte. Obwohl die Sicht offenbar kilometerweit zu reichen schien, »war nichts zu sehen – nur dieser grünlichweiße Dunst«. Als er seine Position ermitteln wollte, stellte er fest, daß alle elektronischen und magnetischen Navigationsinstrumente gestört waren und er keine Funkverbindung mit der Radarbodenkontrolle bekam.

Nach seiner Flugzeit hätte er sich den Bimini-Keys nähern müssen. Plötzlich schoß das, was er für eine Insel gehalten hatte, mit unwahrscheinlicher Geschwindigkeit durch den Dunst unter dem Flugzeug. Dann meldete sich die Radarkontrolle von Miami und teilte ihm mit, daß ein Flugzeug mit genau westlichem Kurs Miami überflöge. Gernon antwortete, daß es sich um ein anderes Flugzeug handeln müsse, da er mit seiner Bonanza gemäß der Flugzeit erst über den Bimini-Keys sein könne.

In diesem Moment geschah etwas höchst Eigenartiges.

Plötzlich öffneten sich breite Schlitze rings um uns herum [in dem Dunst], und es war, als schaute man durch Jalousien. Die Schlitze verliefen parallel zu unserer Flugrichtung. Sie wurden breiter und breiter, und wir konnten auf einmal direkt unter uns Miami Beach sehen…*

Nachdem Gernon in Palm Beach gelandet war, merkte er, daß der Flug nur 45 Minuten anstatt der normalen 75 Minuten gedauert hatte, und das, obwohl er nicht die direkte Flugstrecke von 300 Kilometer, sondern statt dessen 375 Kilometer geflogen war. Die Frage blieb ungeklärt: Wie konnte die Beechcraft Bonanza mit einer maximalen Fluggeschwindigkeit von 292 Stundenkilometer 375 Kilometer in 45 Minuten zurücklegen? Gernon ging der Sache nach. Er verglich an Hand von Quittungen den Treibstoffverbrauch auf früheren Flügen und stellte fest, daß sein Flugzeug normalerweise einen durchschnittlichen Verbrauch von 150 Liter für diese Flugstrecke hatte. Bei diesem Flug waren jedoch nur 100 Liter Treibstoff verbraucht worden. Mit Gernons eigenen Worten: »Dies

---

* Gernon konnte unmöglich mit seinem Flugzeug die Strecke Bimini–Miami in wenigen Minuten zurückgelegt haben.

würde die fehlende halbe Stunde Flugzeit erklären, denn die Bonanza würde 37 Liter Treibstoff für 30 Minuten Flugzeit brauchen und in dieser Zeit ungefähr 150 Kilometer fliegen.«

Obschon Gernon keine eindeutige Erklärung für die Anomalie fand, nimmt er an, daß die Wolkenformation, während er durch jenen Tunnel flog, sich möglicherweise mit einer Schnelligkeit von 1500 Stundenkilometer fortbewegte, wodurch seine Bonanza eine insgesamte Geschwindigkeit von 1790 Stundenkilometer erreicht hätte; dies würde auch den geringen Treibstoffverbrauch erklären. Gernon verweist außerdem auf den unheimlichen »Zufall«, durch den Mike Roxby, ein Pilot aus Merritt Island, Florida, kürzlich ums Leben kam, als er mit seinem kleinen Sportflugzeug in eine Wolke hineinflog und abstürzte, wie auch auf die Tatsache, daß eine ungewöhnlich große Anzahl von Flugzeugen spät nachmittags im Dezember in demselben Gebiet abstürzten oder spurlos verschwanden. Gernon startete am 4. Dezember um 15 Uhr zu seinem Flug, was uns fröstelnd an die fünf Avenger-Bomber von Flight 19 erinnert, die am 5. Dezember – genau 25 Jahre minus einen Tag früher – um 14 Uhr 15 ihren Flug in die Vergessenheit antraten.

Die beobachteten Zeitanomalien sind manchmal von kürzerer Dauer als in Gernons Fall, manchmal aber auch vielleicht von sehr viel längerer. Eine kurzfristige, doch eindrucksvolle Zeitanomalie wurde bereits früher beschrieben; es handelte sich um einen Zeitverlust von 10 Minuten auf einem National-Airlines-Flug nach Miami. Das Flugzeug, das vor dem Landeanflug 10 Minuten lang vom Radarschirm verschwand, war auf einmal wieder auf dem Radarschirm zu sehen und landete ganz normal. Die Piloten, die sich schon über die Schaumsprühtankwagen, Sanitätsautos, Feuerwehrwagen etc. auf dem Flugfeld wunderten, wurden vom Kontrollturm und den Rettungsmannschaften gefragt, ob sie in Schwierigkeiten gewesen seien, als sie vom Radarschirm verschwanden. Nach Aussage des Piloten und Copiloten war nichts Ungewöhnliches passiert; sie waren lediglich etwa 10 Minuten lang durch leichten Dunst geflogen. Als sie weiter nach möglichen Gründen für ihr Verschwinden vom Radarschirm gefragt wurden, schauten die Piloten auf ihre Uhren, merkten, daß sie 10 Minuten nachgingen, überprüften den Chronometer des Flugzeuges und die Uhren der Besatzung. Als sie diskrete Stichproben unter den Passagieren machten, stellte sich heraus, daß *sämtliche* Uhren auf unerklärliche Weise 10 Minuten verloren hatten, anscheinend also genau jene 10 Minuten, die sie vom Radarschirm verschwunden waren. Obgleich Radargeräte manchmal funktionelle Störungen aufweisen, deutet das übereinstimmende Nachgehen der Uhren auf die Möglichkeit hin, daß das Flugzeug und seine Passagiere während einer begrenzten Zeitdauer – 10 Minuten – irgendwo anders waren, in einer anderen Zeitdimension.

Die Besatzung eines Marineflugzeuges vom Typ P-2 erlebte im Juni 1970 auf der Rückkehr von einer Flugübung, bei der sie auch ein russisches, in den Bahamas operierendes U-Boot aufspüren mußte, eine andere Art der Zeitverschiebung. Als die P-2 dicht auf die Wasseroberfläche herunterstieß und dann beim Aufsteigen unerwartet in eine Turbulenz geriet, mußte der Pilot so viel Aufstiegsbeschleunigung geben, daß ein Zylinder platzte und das Flugzeug mit nur noch einem Zylinder weiterflog. Die Funkverbindung riß auf allen Frequenzen ab. Eine MAYDAY-Meldung wurde gegeben, aber nicht beantwortet. Wenig später gelang es der P-2, unversehrt in Jacksonville zu landen. Dort wurde der Pilot gefragt, ob er mithelfen wolle, nach einem Flugzeug in Not zu suchen, von dem man einen MAYDAY-Ruf empfangen habe. Mit anderen Worten: Er sollte nach seinem eigenen Flugzeug und sich selbst suchen! Sein MAYDAY-Ruf war irgendwie und irgendwo eine Zeitlang im Raum hängengeblieben.

Es gibt viele Fälle, bei denen ein unerklärlicher Zeitverlust oder -gewinn bei einem Flug auftrat, ohne daß von der Besatzung irgendwelche anderen ungewöhnlichen Phänomene bemerkt wurden.

Tim Lockley, ein ehemaliger Angehöriger der amerikanischen Luftwaffe, der jetzt in Dallas, Texas, lebt, erinnert sich an ein Erlebnis, das er im November 1970 hatte, als er Besatzungskommandant einer C-130-Turbo-Prop war:

Wir waren auf einem NATO-Einsatz nach Mildenhall in England via Azoren unterwegs. Da es Ende November war, flogen wir die Südkorridor-Route, d. h. von Pope in Nord-Carolina nach Lajes auf den Azoren. Wir registrierten auf diesem Fug einen dreieinhalbstündigen Zeitvorsprung vor den anderen Flugzeugen unserer Gruppe, die alle mit einem Startintervall von einer halben Stunde die gleiche Strecke flogen. Es gab keine Erklärung dafür. Flugzeuge vom Typ C-130 sind einfach nicht für eine derartige Fluggeschwindigkeit konstruiert. Wir bemerkten keinerlei atmosphärische elektrische Störungen oder irgend etwas Ungewöhnliches. Mir fiel nur eines auf: Als ich während des Fluges nach vorne ging, um Kaffee zu holen, sah ich, daß der Grundgeschwindigkeitsanzeiger nicht mit dem Luftgeschwindigkeitsanzeiger übereinstimmte. Die Luftgeschwindigkeit war normal, doch die Grundgeschwindigkeit war mehrere hundert Knoten zu schnell. Es herrschte allgemeine große Überraschung, als wir landeten. Ein Offizier meinte, wir seien wahrscheinlich in dem »Jet-Stream« geflogen, aber das war nicht möglich, da wir bei weitem nicht hoch genug waren. Auch starke Rückenwinde hätten wir auf den Instrumenten feststellen können. Wir hatten keinerlei Rückenwind.

Man hört so viele Gerüchte über derartige Fälle, bei denen Flugzeuge in »Milchzonen« fliegen, bei denen der Himmel und das Meer völlig gleich aussehen und man nicht weiß, wo man ist oder wo man hinfliegt. Man verliert jegliche Orientierung, sogar das Zeitgefühl.

(Ein Phänomen, das sich anscheinend oft auf Uhren und andere Zeitmeß-geräte, wie auch auf Menschen, auswirkt.)
Bei mehreren der bekannten derartigen Fälle, die sich im Bermuda-Dreieck abspielten, scheinen sich vergangene Ereignisse (mit ihren Ge-räuschen!) oder vergangene Situationen widerzuspiegeln, als ob die Zeit in bestimmten Momenten Menschen aus der Gegenwart in die Vergan-genheit versetzen oder das Zeitkontinuum auf andere Weise so verändern könnte, daß die Vergangenheit gleichzeitig mit der Gegenwart abläuft – und vielleicht auch die Zukunft.
Während manche dieser Berichte an Okkultismus oder an Visionen grenzen, darf man nicht vergessen, daß die Ereignisse klar und deutlich gesehen und von zuverlässigen Augenzeugen berichtet wurden, die bei der Erfüllung der ihnen übertragenen Aufgaben nicht Ausschau nach seltsamen Phänomenen hielten, sondern lediglich das bemerkten und re-gistrierten, was vorging.
John Sander, ein Steward der *Queen Elizabeth I,* wurde im Herbst 1976 Augenzeuge eines derartigen Vorfalls, den er wie folgt beschreibt:

Ich war an Bord der *Queen Elizabeth I.* Wir kamen auf der Fahrt von Nassau nach New York durch das als Bermuda-Dreieck bekannte Ge-biet. Der Himmel war klar und das Meer ruhig. Ich stand gegen Viertel vor sieben Uhr morgens mit einem anderen Steward auf dem Achter-deck und trank eine Tasse Kaffee, bevor die Tagesarbeit losging. Plötz-lich sah ich ein kleines Sportflugzeug – es sah aus wie eine Piper Co-manche – in zirka 300 Meter Entfernung und etwa 200 Meter Höhe auf der Steuerbordseite direkt auf uns zufliegen. Ich machte meinen Kollegen, Sidney Worthington, auf das Flugzeug aufmerksam. Als es noch ungefähr 75 Meter entfernt war, verschwand es ganz plötzlich völlig geräuschlos und fast direkt neben dem Schiff im Meer. Kein Wasser spritzte auf – nichts! Es war einfach weg. Mir schien es, als hätte die ruhige Meeresoberfläche sich lautlos geöffnet und das Flug-zeug verschluckt.
Mein Kollege behielt die Stelle im Auge, als ich den beobachteten Vor-fall dem wachhabenden Offizier meldete. Sie steuerten die Stelle an und ließen ein Boot zu Wasser, aber es war kein Ölfleck zu entdecken, keine Wrackteile, nichts. So glaubte man uns nicht. Ich kann immer noch nicht verstehen, warum kein Wasser aufspritzte. Ich weiß, es ist

fast nicht zu glauben. Aber ich würde, da ich ein überzeugter Christ bin, auf die Bibel schwören, daß das, was ich da sah, die reine Wahrheit ist.

Ein gut belegter Fall, bei dem ein Flugzeug verschwand und dieses Verschwinden nicht nur von zwei, sondern von Hunderten Menschen beobachtet wurde, ereignete sich am Abend des 27. Februar 1935 in Daytona Beach, Florida. Wie Richard Winer, der seit langem alle ungewöhnlichen Ereignisse im Bermuda-Dreieck aufmerksam verfolgt, in seinem Buch *The Devil's Triangle* (1974) schreibt, stürzte gegen 22 Uhr ein »silbriges Flugzeug mit roten und grünen Lichtern an den Flügelspitzen« direkt vor dem Daytona Beach Hotel plötzlich ins Wasser, und zwar so dicht vor dem Hotel, daß zwei Zeugen, Mr. und Mrs. Forrest Additon, die von ihrem Balkon auf das Meer hinausgeschaut hatten, glaubten, »es käme geradewegs in ihr Zimmer geschossen«. Die von zahlreichen anderen Augenzeugen alarmierte Küstenwache suchte sofort mit mehreren Booten, unterstützt von anderen kleinen Privatbooten, das Gebiet vor dem Strand ab, jedoch ohne Erfolg. Da aber gesehen wurde, wie das Flugzeug weniger als 100 Meter vom Strand entfernt ins Meer stürzte, ist es beinah unfaßbar, daß kein einziger Wrackteil (noch der geringste Ölfleck) an jener genau bezeichneten Stelle in dem seichten und noch dazu ruhigen Wasser gefunden wurde. Hunderte Menschen machten dieselbe Aussage und verwiesen auf dieselbe Stelle. Da im Lauf der Nachforschungen bei den Flughäfen in Florida und sogar so weit nördlich wie Georgia kein in diesem Gebiet als vermißt gemeldetes oder überfälliges Flugzeug ermittelt werden konnte, wurde der Vorfall in dem verständlichen Bestreben, eine Erklärung für das zu finden, was sich nicht erklären ließ, schließlich als Gerücht abgetan.

Analog zu dem lautlosen Verschwinden von Flugzeugen im Meer wurden von Schiffen aus, und zwar häufig durch wirbelnde Dunst- oder Nebelschleier, manchmal jedoch auch bei klarem Wetter, andere Schiffe gesehen, die oft einer früheren Epoche angehörten. Die Berichte über derartige Erlebnisse bilden den Kern des sogenannten »Seemannsgarns« und aller Legenden über das Meer. Die »Geisterschiffe« des Bermuda-Dreiecks und der in seinem östlichen Teil liegenden Sargasso-See wurden in den vergangenen Jahrhunderten – von den geisterhaften spanischen Galeonen bis zu dem überall auftauchenden »Fliegenden Holländer« – immer wieder gesehen. Manchmal wurden sie so deutlich gesehen, daß man die Küstenwache informierte. Obwohl diese nicht an »Geisterschiffe« glaubt, interessiert sie sich für alle verlassen treibenden Schiffe, seien sie nun moderner oder längst vergangener Bauart.

Hadley Doty, der früher Steuermann bei der Handelsmarine *(United*

Fruit Company) und Offizier der Königlich Kanadischen Marine war, befand sich im Frühjahr 1946 an Bord der *Cyrus Field*, von der aus ein Kabel verlegt wurde. Er schildert sein Erlebnis wie folgt:

Wir waren ungefähr 15 Meilen vor der Küste Floridas. Es war eine klare Nacht. Auf einmal schrie ein Matrose im Ausguck: »Scharf abdrehen! Scharf!«, was bedeutet, daß das Schiff so schnell wie möglich den Kurs ändern muß. Der Matrose sah, wie ein altes Segelschiff mit Gaffeltakelung direkt vor uns über unsere Kursroute glitt. Sie konnten niemanden auf dem Schiff sehen, aber achtern in der Kapitänskajüte brannte Licht. Die Kursänderung wurde in das Logbuch eingetragen und der Küstenwache in New York gemeldet.

Die Küstenwache teilte uns mit, daß sich in derselben Nacht mehrere ähnliche Vorfälle zwischen Bimini und Florida ereignet hätten. Wir hatten bis dahin nicht weiter darüber nachgedacht, doch als die Küstenwache erklärte, sie hätten nichts über das Schiff in Erfahrung bringen können, begannen wir uns Gedanken zu machen. Das Schiff tauchte wie aus dem Nichts auf und schien ebenso unvermittelt zu verschwinden.

»Geisterschiffe« wurden selbstverständlich nicht nur im Bermuda-Dreieck gesehen, sondern auf allen Meeren der Welt. Der *Fliegende Holländer*, jenes Segelschiff, das der Legende zufolge dazu verdammt war, mit seiner Besatzung von Skeletten ewig die Meere zu befahren, weil der Kapitän bei einer stürmischen Umsegelung des Kaps der Guten Hoffnung Gott verhöhnte, wurde angeblich oft in der Sargasso-See wie auch an vielen anderen Stellen gesehen, obwohl anzunehmen ist, daß sein Name häufig für andere »Geisterschiffe« verwendet wurde, die aufgeregte Seeleute plötzlich erblickten.

Ein sehr illustrer und anscheinend keineswegs die Fassung verlierender Beobachter dieses Phänomens der »Geisterschiffe« war König Georg V. von Großbritannien. Der Vorfall ereignete sich, als Georg V. noch Kronprinz war und sich als Kadett der Marine 1881 an Bord der HMS *Inconstant* im Pazifik befand. Unmittelbar nach dem unheimlichen Geschehen trug Prinz Georg gelassen einen Bericht über das, was er gesehen hatte, unter dem Datum des 11. Juli 1881 in das Logbuch der *Inconstant* ein. Heutige Marineoffiziere würden bestimmt zögern, einen solchen offiziellen Bericht zu schreiben, und das sogar dann, wenn ihre Glaubwürdigkeit und nüchterne Beobachtungsgabe als über jeden Zweifel erhaben gelten. Ein Dutzend andere Augenzeugen an Bord der *Inconstant* bezeugten, daß sie dasselbe sahen. Die Eintragung in das Logbuch der HMS *Inconstant* lautet wie folgt:

Um 4 Uhr morgens kreuzte »Der Fliegende Holländer« unseren Kurs. Er strahlte ein sonderbar phosphoreszierendes Licht aus, wie von einem leuchtenden Geisterschiff.

In diesem Licht zeichneten sich scharf die Masten, Spieren und Segel einer 200 Meter entfernten Brigg ab, als sie auf der Backbordseite näher kam, wo auch der wachhabende Offizier sie von der Brücke sah, ebenso wie der Achterdeckleutnant, der sofort auf das Vorderdeck geschickt wurde. Als er dort ankam, war keine Spur, noch irgendein Anzeichen eines realen Schiffs zu sehen, weder nah noch fern am Horizont; die Nacht war klar und die See ruhig.

Einem höchst ungewöhnlichen »Geisterschiff« begegnete W. H. Prosser vor ungefähr drei Jahren im Bermuda-Dreieck zwischen Eleuthera und Great Abaco in den Bahamas. Obwohl man alle »Geisterschiffe« als ungewöhnlich bezeichnen kann, war dieses durch seine enorme Größe und den gleißenden Glanz seiner Lichter, was Prosser veranlaßte, es das »Fliegende Holländer Hilton« zu nennen, ganz besonders seltsam.

Wie Prosser in der Zeitschrift *National Fisherman* (Bd. 56, Nr. 5) über sein ungewöhnliches Erlebnis berichtet, stand er am Steuer eines 28 Meter langen Forschungsschiffes, der *Undersea Hunter*, die von St. Croix nach Florida unterwegs war. Obgleich er sich kurz zuvor auf dem Radarschirm vergewissert hatte, daß zwischen seinem Schiff und Abaco keine anderen Schiffe waren, wurde er plötzlich von der Steuerbordseite durch strahlendes Licht geblendet, durch »breite helle Lichtströme, wie sie durch große Glasflächen dringen würden«. Das Schiff erinnerte ihn an »ein großes, terrassenartiges Ferienhotel«, das so luxuriöse Annehmlichkeiten wie »Salons, Galerien und ein beleuchtetes Schwimmbecken« vermuten ließ. Im Bemühen, eine Kollision mit dem riesigen Schiff zu vermeiden, hielt er die *Undersea Hunter* weiter auf einem – wie er glaubte – parallelen Kurs zu der lichtgleißenden Erscheinung. Da sah er plötzlich, wie das rätselhafte Schiff von seiner Steuerbordseite verschwand und unmittelbar darauf vor seinem Steuerbordbug war. »Es hatte sich innerhalb weniger Sekunden um 45° vorwärts bewegt.« Dann verschwand das gewaltige »Fliegende Holländer Hilton« endgültig, und es herrschte wieder wie vorher nächtliche Dunkelheit.

Diese höchst ungewöhnliche, strahlende Lichterscheinung zeichnete sich noch durch einen anderen geheimnisvollen Begleitumstand aus: Trotz der geringen Entfernung war sie zu keinem Zeitpunkt auf dem Radarschirm der *Undersea Hunter* zu sehen.

Während die optischen Wahrnehmungen des Menschen von seiner Phantasie, unterbewußten Einflüssen oder Erinnerungsbildern gelenkt werden können, ist die Feststellung interessant, daß – einem kürzlich veröffentlichten Bericht zufolge – eine von einem Schiff aus gemachte photographische Aufnahme elektrischer Phänomene etwas zeigte, was der Photograph und die zur selben Zeit anwesenden Beobachter *nicht* wahrgenommen hatten. Der Vorfall ereignete sich im Juli 1975 während einer Forschungs- und Filmexpedition der Jacht *New Freedom* auf offener See ungefähr fünfundsiebzig Meilen nordöstlich von Bimini. Es befanden sich keine anderen Schiffe in der Nähe. Es tobte ein elektromagnetischer Sturm von außergewöhnlicher Intensität, der jedoch nicht von Regenfällen begleitet war. Der klare Abendhimmel wurde immer wieder von Blitzen erhellt, die oft grün oder violett schimmerten. Die elektrischen Entladungen und der widerhallende Donner schienen sich zu einem Crescendo zu steigern, das schließlich seinen Höhepunkt in einem blendenden Muster von Blitzen fand, die den Himmel förmlich zu spalten schienen.

Der Expeditionsleiter, Dr. Jim Thorne, der zu dieser Zeit mit einer 35-mm-Pentax Aufnahmen machte, hatte seine Kamera genau in dem Augenblick auf den Horizont gerichtet, als der von ohrenbetäubendem Donner begleitete Höhepunkt des Gewitters erreicht war. Er war neugierig, ob es ihm gelungen war, das Naturphänomen auf den Film zu bannen. Als das Photo entwickelt wurde, stellte sich jedoch heraus, daß er mehr darauf festgehalten hatte, als er erwarten konnte. Denn an der linken Seite des Abzugs, in einer Entfernung von nur etwa fünfundzwanzig bis fünfunddreißig Meter von seinem eigenen Schiff, der *New Freedom*, war etwas zu sehen, das wie das Segel eines großen, voll getakelten Schiffs aussah. Aber weder vor noch *nach* dem elektrischen Sturm hatten sich andere Schiffe in der Nähe befunden. Die Intensität der Blitze am Horizont hatte natürlich die Aufmerksamkeit der Besatzung dorthin gelenkt, aber die von Gefühlen unbeeinflußte Kamera hielt einfach das fest, was – für wie kurze Zeit auch immer – sich in Sichtweite befand.

Ein Fehler in der Kamera oder bei der Entwicklung des Films wurde von Sachverständigen und Technikern ausgeschlossen. Bis jetzt hat es keinen Beweis für das fehlerhafte Funktionieren der Ausrüstung oder eine andere plausible Erklärung dafür gegeben, wie sich ein Segel und etwas, das wie das Ruderhaus eines alten Segelschiffes aussieht, »materialisiert« haben und auf dem Höhepunkt des elektrischen Sturms photographiert werden könnte.

Es mag mehrere Gründe dafür geben, daß im Bermuda-Dreieck seit langer Zeit immer wieder von gesichteten »Geisterschiffen« berichtet wird. Bei manchen mögen gewalttätige und abenteuerliche Ereignisse der Geschichte, bei anderen undeutlich im Nebel oder nachts wahrgenommene Formen die Phantasie beflügelt haben. Während man früher nur auf die visuelle Beobachtung angewiesen war, können die heutzutage auftretenden Phänomene mit höchst präzisen elektronischen Geräten untersucht werden, die diese häufig schon entdecken, bevor sie für das bloße Auge sichtbar werden, sogar jene Phänomene, die nicht gesehen wurden oder nicht mit dem Auge wahrgenommen werden können. Man erinnere sich an den Fall der *Yaamacraw* (Seite 79 f.), bei dem im Meer, dort, wo kein Land sein konnte, zuerst Land auf dem Radarschirm entdeckt, dann mit bloßem Auge wahrgenommen und anschließend von dem Kutter der Küstenwache durchfahren wurde; dieses »Land« entpuppte sich dann als ein eigenartig scharf und geradlinig begrenzter, hoch aufragender, schwefliger Nebel von genügend hoher Dichte, um ein Hindernis für Radarstrahlen darzustellen. Im Fall des Bojentenders *Hollyhock*, dessen Radarschirm auf dem offenen Meer zwischen Bimini und Florida, meilenweit von der amerikanischen Küste entfernt, dauernd Land oder eine Insel anzeigte, mag es sich um etwas ganz anderes gehandelt haben. Hier sei erwähnt, daß verschiedene andere private Jachten gelegentlich Radar-Landsichtungen in demselben Meeresgebiet der Florida-Straße meldeten, in dem es kein Land gibt. Einst war jedoch tatsächlich Land an jener Stelle des Ozeans, und das ist im Hinblick auf die Erdgeschichte gar nicht so lange her. Vor dem Abschmelzen der Gletscher der letzten Eiszeit (also vor ungefähr 12 000 Jahren) erstreckte sich die Küste Floridas weit in den heutigen Atlantik hinaus, und die Bahamas waren wesentlich größere Inseln als heute.

Falls es, wie in manchen Theorien vermutet, in gewissen Gebieten – von denen das Bermuda-Dreieck eventuell ein besonders interessantes Beispiel darstellt – möglich ist, daß die Zeit durch gegenwärtig noch nicht ergründete Strömungen oder Kräfte scheinbar verzerrt bzw. verschoben wird, daß visuelle Ausschnitte oder Bilder aus der Vergangenheit in die Gegenwart hineinprojiziert werden, dann sind die in diesen Fällen wahrgenommenen Erscheinungen vielleicht auf die gleichen Ursachen zurückzuführen wie das häufige Auftauchen der »Geisterschiffe«, wobei jedoch diese Projektionen, die möglicherweise Bilder einer versunkenen Küste oder eines verschwundenen Kontinents sind, wesentlich größere Ausmaße haben.

Bei manchen Funkmeldungen scheint die Zeit stehengeblieben zu sein. Einige Funksprüche und sogar ein Fernsehprogramm wurden erst Jahre nach ihrer Sendung empfangen, als wären sie in der dazwischenliegenden Periode außerhalb von Raum und Zeit gewesen.

Derartige Sendungen aus der Vergangenheit wurden von Luftwaffenfunkern in Vietnam empfangen, die behaupteten, daß einige dieser Funksprüche von Flugzeugen aus dem Koreakrieg stammten. Während solche Berichte sich durch vielerlei Gründe erklären ließen, nicht zuletzt durch schlechte Scherze, dürfte es schwierig sein, einen ungewöhnlichen Vorfall zu erklären, der eine Fernsehsendung betraf und sich am 14. September

1963 in England ereignete. In diesem Fall sahen englische Fernsehzuschauer zu ihrem Erstaunen, daß ihr englisches Programm sporadisch von einem anderen Programm gestört wurde, und zwar durch das einer Fernsehsendestation (TV-KLEE) in Houston, Texas. Die beiden Programme erschienen abwechselnd auf dem Bildschirm, wobei jenes aus Texas klarer empfangen wurde als das englische. Beschwerden bei der Sendestation des Störprogramms wurden nie befriedigend beantwortet, da das betreffende Programm vor mehreren Jahren ausgestrahlt worden war und der Fernsehsender gar nicht mehr existierte. Auch eine Elektronikfirma, die mit der Prüfung des Vorfalls beauftragt wurde, konnte keine befriedigende Erklärung finden. Der Name dieser Firma – Atlantis Electronics Ltd., Lancaster, England – entsprach eigenartigerweise dem rätselhaften und irgendwie zeitlosen Aspekt dieses seltsamen Vorfalls.

Was nun den Rückblick in die ferne Vergangenheit betrifft, so hat jeder in einer klaren Nacht die Möglichkeit dazu, wenn er in der Erkenntnis zu den Sternen aufschaut, daß viele von ihnen gar nicht mehr leuchten, obwohl ihr Licht noch deutlich für uns sichtbar ist. Obwohl die Sonne, die einst dieses Licht aussandte, längst nicht mehr strahlt, ist ihr Licht wegen der Entfernung, die es zurücklegen muß, noch Äonen nach Erlöschen der Lichtquelle sichtbar. Wenn man die theoretische Krümmung von Licht und Raum in Betracht zieht, ist nicht ausgeschlossen, daß etwas Ähnliches in der neutralen Zone vorgeht, die sporadisch in stark elektromagnetisch aufgeladenen Meeresgebieten wie auch auf dem Nord- und Südpol auftritt.

Es gibt eine merkwürdige Geschichte, die auf den Flug von Admiral Richard E. Byrd über den Südpol im Jahr 1929 zurückgeht. Es handelt sich dabei um einen Funkbericht, den Admiral Byrd während des Fluges sandte – einen so unglaublichen Bericht, daß er teilweise geheimgehalten wurde. Admiral Byrd schilderte in diesem Bericht angeblich Beobachtungen, die er in der Nähe des Südpols gemacht hatte. Auf seinem Flug – die Funkdurchsagen wurden gleichzeitig im Radio übertragen – tauchte er plötzlich aus einem Nebel auf und überflog eisfreies Land, auf dem er Vegetation, Seen und Tiere erkennen konnte, die Mammuten oder gewaltigen Büffeln zu ähneln schienen; auch Menschen nahm er in der Nähe der Tiere wahr.

Nach Ansicht gewisser Zoologen und Naturforscher, die sich mit diesem Bericht befaßten, wurde die Übertragung unterbrochen, und die Passagen, welche die ungewöhnlichen Beobachtungen enthielten, wurden später herausgeschnitten. Die Glaubwürdigkeit dieses ungewöhnlichen Berichts wurde nach der allgemeinen Meinung jedoch später durch Admiral Byrds seltsam formulierte Hinweise auf »jenes Land jenseits des Pols ... das Zentrum des großen Unbekannten ...« und durch einen sogar noch eigenartigeren Ausspruch aus dem Jahr 1957 über »jenen verzauberten Kontinent am Himmel, (jenes) Land des ewig währenden Geheimnisses...« bestärkt.

Die Tatsache, daß viele Personen sich an die herausgeschnittenen Passagen zu erinnern scheinen oder glauben, sich an sie zu erinnern, stellt ein weiteres Rätsel dar. Hierbei geht es nicht nur um die Frage, was Admiral Byrd sah oder angeblich sah und was mit seinem Funkbericht geschah, sondern auch um einen schriftlichen Bericht des Admirals, in dem er auf etwa hundert Seiten sein Erlebnis beschreibt. Dieser Bericht ist aus allen Bibliotheken und Archiven verschwunden, obwohl es, genau wie im Fall des Funkberichts, immer noch Menschen gibt, die behaupten, diesen schriftlichen Bericht gelesen zu haben und sich an seinen Inhalt zu erinnern.

Die Suche nach Ohrenzeugen für diesen umstrittenen und fast legendären Funkbericht ist verständlicherweise schwierig, da viele Personen sich zwar an ihn erinnern, aber nur wenige präzise Angaben darüber machen können. Durch die auf Band aufgenommene Aussage von Emily Ingram aus Miami – einer Gerichtsaalreporterin, deren Gedächtnis beruflich bedingt geschult ist, sich präzise an vergangene Ereignisse zu erinnern – trat eine glückliche Wendung in dieser Kontroverse ein. Emily Ingram ist eine geistig bewegliche Frau mit lebhaftem Wesen und viel Sinn für Humor, die nach einer langen, erfolgreichen Karriere immer noch in ihrem Beruf tätig ist. Sie erinnert sich in beachtlicher Genauigkeit an Byrds Funkbericht über seinen Südpolflug im Jahr 1929:

Wir wohnten damals in Boston. Mein Vater hatte vor kurzem ein neues Radio gekauft, das sowohl einen Lautsprecher wie Kopfhörer hatte. Es war an einer Steckdose angeschlossen und hatte eine empfangsstarke Antenne. Ich erinnere mich an die Antenne, weil mein Vater vom Dach fiel, als er sie anbrachte, aber schließlich schaffte er es doch, sie anzuschließen.

Meine Mutter interessierte sich besonders für diese Übertragung von Admiral Byrds Flug. Es war angesagt worden, daß er am 70. Breitenkreis entlang über den Pol fliegen würde, und seine Funkdurchsagen sollten direkt übertragen werden. Wir bekamen den Sender – es war der Bostoner Sender – und hörten uns die Sendung über den Lautsprecher an. Zunächst kamen nur starke Störgeräusche, und dann hörten wir Admiral Byrds Stimme. Anfangs war es mehr oder weniger eine Routinebeschreibung des Fluges über den Schnee und das Eis. Dann wurden die Störgeräusche plötzlich lauter, hörten aber wieder auf. Die Übertragung wurde klar, und Byrds Stimme war ganz deutlich zu hören. Auf einmal sagte er: »Schau! Siehst du es? Da unten ist ja

Gras!... Saftiges Gras!... Wie grün es ist!... Da sind überall Blumen...
Sie sind wunderschön!... Und schau dir die Tiere an!... Sie sehen wie
Elche aus... Das Gras reicht ihnen bis an den Bauch... Und schau
doch!... Da sind ja auch Menschen! Sie scheinen erstaunt zu sein, ein
Flugzeug zu sehen.«
Ich erinnere mich, daß meine Mutter in diesem Augenblick sagte: »Ich
wette, sie haben auch lange Ohren!« Dann ertönten wieder laute Störgeräusche, und das war das letzte, was wir von der Sendung hörten.
Ohne eine Ansage erklang dann plötzlich Musik von demselben
Sender. Wir bekamen nie eine Erklärung über das Vorgefallene. Einige
unserer Nachbarn hatten die Sendung auch gehört, wußten aber ebenfalls nicht mehr als wir. Admiral Byrd schien mitten im Satz unterbrochen worden zu sein. Es interessierte mich sehr zu erfahren, was eigentlich passiert war, und so schrieb ich an die Familie Byrd in Virginia
– Sie wissen, die des Senators – bekam aber nie eine Antwort.

Diese ungewöhnlich präzisen Erinnerungen an jene so weit zurückliegende Radiosendung unterstreicht den kaum zu glaubenden Inhalt des
Funkberichts (wie u. a. an der Bemerkung von Emily Ingrams Mutter zu
erkennen ist) und infolgedessen die Möglichkeit, daß der Bostoner Sender
auf höhere Anweisung hin die Übertragung unterbrach, als Byrds Durchsagen zu unwahrscheinlich wurden, um das Ansehen des Admirals zu
schützen, vielleicht aber auch, weil Zensurmaßnahmen ratsam erschienen.
Falls Byrd durch Magnetfelder flog, wie aufgrund der mehrmaligen
starken Störgeräusche bei der Übertragung zu vermuten ist, wäre es aber
auch möglich, daß die Sendung gar nicht durch eine Anweisung der Regierung unterbrochen wurde, sondern ganz einfach durch magnetische
Interferenz.
Falls Admiral Byrd jedoch, wie von einigen Forschern vermutet, nach
Durchfliegen starker Magnetfelder in eine andere Zeitdimension geriet,
hätten die Funkwellen nicht in unsere Zeitdimension durchdringen
können, was ebenfalls eine Unterbrechung der Radiosendung zur Folge
gehabt hätte.
Es gibt also eine Vielzahl möglicher Gründe dafür, daß Admiral Byrds
Funkbericht plötzlich unterbrochen wurde, aber keine für uns akzeptable
Erklärung für das, was er angeblich dort sah und beschrieb, wo sich nur
die leeren Eis- und Schneewüsten der Antarktis hätten erstrecken
dürfen.
Diese seltsame, aber unvergessene Geschichte, die später noch durch andere ähnliche, angeblich sowohl in der Arktis wie Antarktis gemachte Beobachtungen eine Fortsetzung erfuhr, ist untrennbar mit dem Andenken

an Admiral Byrd verknüpft. Wie der Admiral anderen Wissenschaftlern erzählt haben soll, sah er große Tiere, Mammute und den Bison der Eiszeit, riesige Hirsche und auch menschliche Wesen. Es ist vermutet worden, daß die späteren eigenartigen Behauptungen Byrds wie auch der Hinweis auf den »Kontinent am Himmel« vielleicht nicht nur irrtümliche Phantasieerinnerungen an seinen früheren Flug waren, sondern auch eine Folge eines sowohl physisch wie psychisch außerordentlich harten Überlebenstestes, dem er sich ganz allein 1934 in der langen antarktischen Nacht unterzog. Durch die Einsamkeit und eine anscheinende Kohlenmonoxyd-Vergiftung zeigten sich bei ihm während dieser langen Isolation Krankheitssymptome, die später sein Wahrnehmungsvermögen möglicherweise derart beeinträchtigten, daß er an Halluzinationen litt, als er über die antarktische Eiswüste am »tiefsten« Punkt der Erde flog, in der die blendend helle, oft horizontlos unbegrenzte Weiße die Entstehung von Phantasiebildern und anderen visuellen Täuschungen begünstigt.

In diesem Zusammenhang sei das Schicksal eines Flugzeuges erwähnt, das bei der Antarktisexpedition im Jahr 1947 in eine totale »Milchzone« geriet, in der sämtliche Instrumente falsch funktionierten (man wird an die »Milchzonen« im Bermuda-Dreieck erinnert). Es zerschellte mit der vierköpfigen Besatzung am Boden, weil der Pilot die Flughöhe falsch eingeschätzt hatte.

Andere qualifizierte Beobachter bestätigten jedoch 1947 bei späteren Flügen über den Südpol Byrds Behauptungen und berichteten von einigen erstaunlichen Polarphänomenen; zu diesen zählt auch die Entdeckung, daß die Atmosphäre über dem Pol nur die halbe Dichte der sonstigen, die Erde umgebenden Atmosphäre aufweist und daß die Luft, wie Versuche mit Wetterballons zeigten, sich aus unerklärlichen Gründen mit zunehmender Höhe über dem Südpol erwärmt. Mit Admiral Byrds Worten: »Der Südpol ist in eine warme Decke eingepackt.«

Da es tatsächlich mehrere eisfreie Zonen auf dem antarktischen Kontinent gibt (eine eisfreie Fläche am Knox-Land weist erbsengrüne Seen und braune Erdwälle auf), ist es vielleicht möglich, daß ein dieses Gebiet überfliegender Forscher in seiner Überraschung, schneefreies Land in der Antarktis zu erblicken, es unwillkürlich in seiner Vorstellung mit anderen Formen tierischen und pflanzlichen Lebens als nur den unvermeidlichen Pinguinen bevölkert, obwohl das im Fall eines so erfahrenen Naturforschers wie Admiral Byrd recht unwahrscheinlich ist.

Während man allgemein glaubt, daß Admiral Byrd bei seinen Flügen über den Nord- und Südpol wirklich etwas Ungewöhnliches sah, hat sich eine vielleicht durch alte Überlieferungen angeregte Theorie gebildet, die behauptet, daß sich im Erdinnern große Höhlen befinden (oder die Erde als solche hohl ist) und es an den leicht abgeflachten beiden Polen der Erdkugel möglicherweise Eingänge zu diesen Höhlen im Erdinnern gibt. (Es sei noch erwähnt, daß Admiral Byrd einige Jahre nach seinem ersten Flug von Spitzbergen zum Nordpol im Jahre 1926 einen zweiten Flug über den Nordpol unternahm, bei dem er magnetische Anomalien und visuelle Trugbilder wahrnahm.) Gemäß dieser Theorie wäre Byrd in der Nähe des Pols über einen Abhang geflogen, auf dem er angeblich jene erstaunlichen Dinge erblickte.

In den alten religiösen Schriftwerken der Hindus und Buddhisten gibt es viele derartige und anschaulich beschriebene Legenden über ein Erdinneres, an die man in der Mongolei, in Tibet und den benachbarten Ländern in Zentralostasien allgemein glaubt. In ihnen wird Arghati, das verborgene Land im Innern der Erde, als das Heim der Halbgötter und Menschen beschrieben, die gelegentlich auf die Erdoberfläche emporsteigen. Arghati, dieser Prototyp von Shangri-La, wurde zu allen Zeiten von Herrschern, Reisenden, Forschern und Mystikern Asiens und anderer Kontinente gesucht, und sogar Hitler, dem irgendein in seinen Diensten stehender Mystiker von Arghati vorgeschwärmt hatte, beteiligte sich an der Suche und entsandte mehrere Expeditionen mit der Order, Eingänge zu dieser verborgenen, geheimen inneren Welt zu entdecken.

Ohne auf die in diesen Legenden aufgezeigten reizvollen Möglichkeiten und die aus klimatischen Gründen recht utopisch erscheinende Existenz derartiger Höhlen oder Eingänge an den Polen der Erde einzugehen, sei nichtsdestoweniger erwähnt, daß die angeblich von Admiral Byrd und anderen gemachten Beobachtungen in Gebieten mit besonders starken Magnetfeldern oder magnetischen Aberrationen erfolgten. Falls Byrd tatsächlich Menschen, Tiere und Vegetation einer anderen Zeitepoche sah, als er aus einer Nebelzone herauskam, erscheinen derartige Beobachtungen weniger unglaubhaft, wenn man bedenkt, daß das Gebiet, in dem sie gemacht wurden, zu einem früheren Zeitpunkt der Erdgeschichte mit Vegetation und Tieren bedeckt war, als die Pole der Erde sich infolge ihrer vielen uns bekannten, im Lauf der Jahrtausende erfolgten Verschiebungen an anderen Stellen befanden als heute.

Bei einer bestimmten Kombination gleichzeitig wirksamer Naturkräfte, zu denen auch sich verlagernde elektromagnetische Felder zählen, ist es vielleicht möglich, durch visuelle Beobachtung, auditive Wahrnehmung und sogar durch elektronische Geräte real erscheinende Projektionen von Ausschnitten oder Ereignissen der Vergangenheit, wie in einigen der zuvor geschilderten Fälle, aufzufangen – seien es nun Stimmen, Geräusche, Radio- und Fernsehsendungen, die erst Minuten, Stunden oder Jahre nach ihrer Ausstrahlung empfangen werden; ebenso Landsichtungen auf dem offenen Meer, wo kein Land ist, einst jedoch Land war;

Dr. J. Manson Valentine, der 1968 zusammen mit Jacques Mayol und Harold Climo die Bimini-Straße entdeckte, in jenem Jahr, in dem Edgar Cayces Prophezeiungen zufolge Teile von Atlantis entdeckt werden würden. Cayces Prophezeiung erfolgte 1940, lange ehe auf den Bahama-Bänken Unterwasserruinen vermutet wurden. *Foto: J. M. Valentine*

Unterwasser-Wall, -Deich oder -Damm, aus größerer Höhe aufgenommen (Mitte oben). Bestimmte Eigentümlichkeiten des Meeresbodens sprechen dafür, daß vor dem Ansteigen des Wassers ein größeres Bimini als Hafen gedient hat. *Foto: J. M. Valentine*

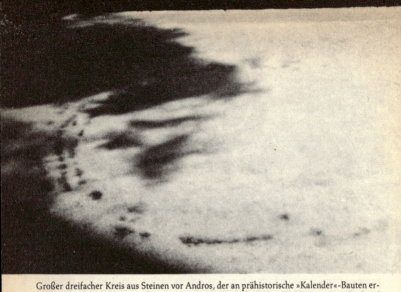

Großer dreifacher Kreis aus Steinen vor Andros, der an prähistorische »Kalender«-Bauten erinnert, etwa in Stonehenge, Carnac und Südamerika. Viele dieser offenbar von Menschenhand errichteten Gebilde wurden in den letzten Jahren entdeckt. *Foto: J. M. Valentine*

Kreisrunder Artefakt in der Nähe von Adros, vom Flugzeug aus fotografiert. Andere, nicht auf natürlichem Weg entstandene Kreise am rechten Rand des Fotos deuten auf Gebilde unter dem Meeresboden hin, welche die Vegetation beeinflussen. *Foto: J. M. Valentine*

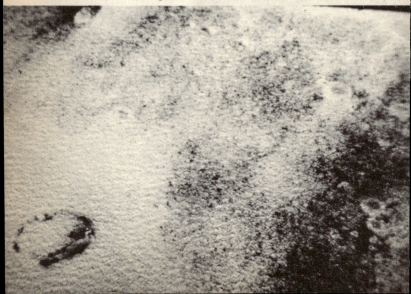

Steinplatte aus der unterseeischen Konstruktion, die sich jetzt im Bahama Antiquities Institute befindet. Versteinerte Mangrovenwurzeln oberhalb der Steine erwiesen sich nach Karbonmessungen als sechs- bis achttausend Jahre alt. *Foto: J. M. Valentine*

Manche Steine auf dem Meeresgrund im Gebiet von Bimini liegen auf anderen auf und werden mitunter durch kleine Säulen gestützt – ein ziemlich logischer Hinweis darauf, daß sie Teil eines Gebäudekomplexes waren. *Foto: J. M. Valentine*

Je zahlreicher die Expeditionen in das Bermuda-Dreieck sind, um so rascher könnte das Rätsel geklärt werden. Dieses Bild zeigt eine dreifache Expedition (Flugzeug, Schiff und Taucher). Ein Expeditionsschiff wird von einem Flugzeug (der Flügel ist im oberen Teil des Fotos erkennbar) zu einer Unterwasser-Fundstelle in der Nähe des Moselle-Riffs bei Bimini begleitet. Die Taucher befinden sich bereits unter Wasser. Ein Floß für die Taucher ist am Heck des Schiffes festgemacht.
Foto: J. M. Valentine

Die S.S. *Andrew Furuseth* beim Stapellauf. Man nimmt an, daß vom Deck dieses Schiffes aus das plötzliche Verschwinden der D-173 während des Philadelphia-Experiments von mehreren Personen beobachtet wurde.

Foto: SITU (Society for the Investigation of the Unexplained)

Offiziere und Mannschaft der S.S. *Andrew Furuseth* mit Beamten der Behörde. Nach Meinung einiger könnte die Person links von der Belüftungsanlage, auf der ein Mann sitzt, Carl Allen (Carlos Allende) sein, der mit Dr. Jessup in Briefwechsel stand.
Foto: SITU

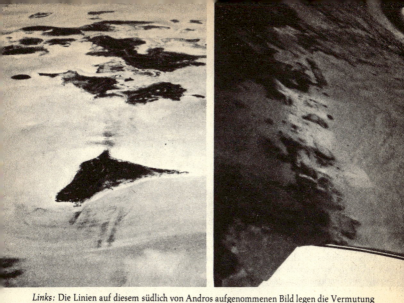

Links: Die Linien auf diesem südlich von Andros aufgenommenen Bild legen die Vermutung nahe, daß es sich um Überreste von Mauern oder um Straßen aus einer Zeit handelt, als Andros noch wesentlich größer war.
Foto: Bob Brush

Rechts: Unterseeischer Wall oder Damm, vom Flugzeug über Nord-Bimini aufgenommen. Die für den Bau verwendeten Steine sind von beträchtlicher Größe, jenen vergleichbar, die für die »Bimini-Straße« verwendet wurden.
Foto: J. M. Valentine

Die U.S.S. *Eldridge*, D-173, ein Zerstörer der amerikanischen Marine, soll Mitte Oktober 1943 Gegenstand des Philadelphia-Experiments gewesen sein. Dieser Zerstörer, der im August 1943 in Dienst gestellt wurde, war tatsächlich zur fraglichen Zeit in Häfen und Gewässern, auf die sich die Berichte über das Experiment beziehen. *Foto: Navy Department, National Archives*

Die Erde, von Apollo 12 aus dem Weltraum aufgenommen. Etwas oberhalb der Mitte erkennt man Kalifornien und die Küste von Mexiko, nordöstlich davon den Golf von Mexiko und Florida. Selbst aus dieser Höhe sind die Bahama-Bänke zu identifizieren. *Foto: NASA*

Rechts: Operieren in den Bahamas UFOs unter Wasser? Vielleicht. Geheimnisvolle, kürzlich entdeckte Markierungen auf dem Meeresboden in der Nähe der Berry-Inseln deuten darauf hin, daß etwas in völlig geraden Linien und einer regelmäßigen Kurve – in der Natur gibt es aber keine geraden Linien – über den Meeresboden bis zu den hier abgebildeten schwarzen Löchern bewegt wurde. Es ist nicht bekannt, was diese Linien und diese Löcher hervorrief oder wie tief diese sind. Man nimmt an, daß diese kerzengeraden Spuren und das – möglicherweise durch eine Explosion – vegetationslose Gebiet rund um die Löcher im Zusammenhang mit den UFOs oder USOs *(Unidentified Submarine Objects)* stehen, die häufig in den Gewässern des Bermuda-Dreiecks gesichtet werden.

Foto: J. M. Valentine

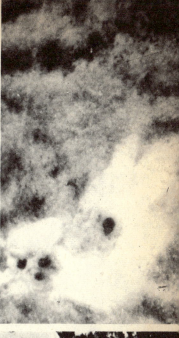

Unten: Im November 1965 gelang dem Ozeanographen Robert Menzies an Bord des Forschungsschiffes *Anton Bruun* dieses überraschende Foto. Das Bild zeigt Mauern oder Säulen auf dem flachen Meeresboden in einer Tiefe von etwa 2000 Metern.

Foto: Dr. Robert J. Menzies

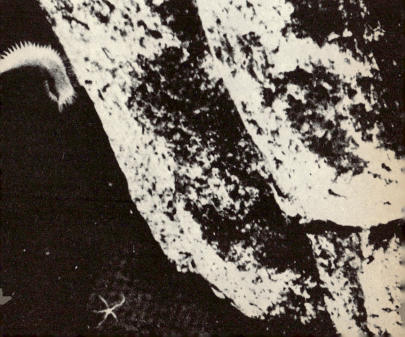

UFO in der Nähe des Pico Desejado auf Trinidad. Der Zwischenfall wurde ganz deutlich von der Schiffsbesatzung beobachtet. Um eventuelle Zweifel über offizielle Berichte, die in der Folge erstellt werden würden, auszuschalten, entwickelte man den Film sofort an Bord des Schiffes, in Gegenwart des Kapitäns und anderer Offiziere. Später wurde dieser Film sehr sorgfältig untersucht, um den Nachweis einer Fotomontage erbringen zu können, aber ohne Erfolg. Das Foto bleibt eines der bestbezeugten UFO-Bilder.

Bildquelle: Brasilianische Marine

Offiziöses UFO-Foto der US-Küstenwache aus dem Jahr 1952, aufgenommen in Salem, Massachusetts. »Offiziös« deshalb, weil dieses Foto von der Küstenwache veröffentlicht wurde, ohne eindeutige Erklärung, was die Objekte darstellen könnten. Das Foto selbst wurde von Shell Alpert, einem Angehörigen der Küstenwache, aufgenommen, der, als er aus dem Fenster sah, die Objekte erblickte, rasch seine Kamera holte und durch eine Glastür das Bild schoß, das eine Anzahl leuchtender Objekte zeigt. Unter den Tausenden UFO-Fotos ist kein einziges besonders scharf, hauptsächlich wegen des unerwarteten Auftauchens dieser Objekte.

Foto: US-Küstenwache

Menschen, Tiere und Vegetation in heutzutage reinen Polareisgebieten; längst gesunkene Schiffe, die immer noch auf den Meeren gesehen werden; nicht identifizierte und manchmal völlig anachronistische Flugzeuge, die geräuschlos dahinfliegen und ebenso geräuschlos abstürzen; oder die Lautkulisse und manchmal auch die Szenen längst vergangener Schlachten, die erneut vor Hunderten von Augenzeugen gleich einem Film abrollen.

Vielleicht würde die Hypothese einer unter bestimmten Bedingungen in die Vergangenheit »zurückspringenden« und sich gleichsam wiederholenden Zeit sowie die Hypothese anderer Zeitsprünge und Verschiebungen helfen, die häufigen Sichtungen von »Geisterschiffen«, Flugzeugen wie auch einige der anderen im Bermuda-Dreieck beobachteten Phänomene zu erklären (die wir in Ermangelung einer besseren Erklärung als »psychische« Phänomene bezeichnen). Eine solche Hypothese ließe möglicherweise auch Rückschlüsse darüber zu, was aus einigen der »Opfer« des Bermuda-Dreiecks wurde, denn ein derartiger Zeitsprung könnte im Moment seines Vollzuges der Eingang in eine andere Zeitdimension ohne einen entsprechenden Ausgang sein, in der ein in sie versetzter Mensch unter bestimmten Bedingungen vielleicht ganz in diese neue Zeitprojektion oder Dimension integriert wird. Unter diesem Gesichtspunkt ergeben sich für das ungeklärte Verschwinden von Carolyn Coscio am 7. Juni 1964 (siehe *Das Bermuda-Dreieck*, a. a. O.) ganz neue und irgendwie beunruhigende Möglichkeiten der Erklärung.

Carolyn Coscio wollte, begleitet von einem Passagier, Richard Rosen, auf ihrem Flug von Pompano Beach über die Bahamas nach Jamaika entsprechend ihrem Flugplan auf der Insel Grand Turk zwischenlanden und ihre Cessna 172 auftanken. Zu dem Zeitpunkt, zu dem sie normalerweise dort hätte ankommen müssen, sah das Bodenpersonal des kleinen Flugplatzes eine Cessna 172 über der Insel kreisen und hörte die Stimme der Pilotin, die mit ihrem Passagier sprach, doch konnte man die Funkverbindung zum Flugzeug nicht herstellen. Die Pilotin sagte, sie hätte wohl einen falschen Kurs genommen, da diese Insel nicht Turk sei, denn »Da unten ist ja nichts«. Dann hörte man, wie sie besorgt über den geringen Treibstoffvorrat sprach und beschloß, eine andere Insel anzufliegen, worauf die seltsame Frage folgte: »Wie sollen wir da herauskommen?«

Von Carolyn Coscio und ihrer Cessna 172 wurde nie die geringste Spur gefunden. Man nimmt an, daß es sich bei dem über Grand Turk gesichteten Sportflugzeug um ihres handelte, obwohl es nicht eindeutig identifiziert wurde. Das ändert jedoch nichts an der Frage: Warum konnte Carolyn Coscio nicht den Turm hören, wo man doch auf dem Flugplatz von Turk das Flugzeug sehen und die Unterhaltung der Pilotin mit ihrem Passagier hören konnte? Weshalb konnte sie den Flugplatz und die Gebäude auf Turk nicht sehen? Könnte die Erklärung dafür vielleicht sein, daß sie infolge einer sonderbaren Zeitverschiebung zwar auf die Insel Grand Turk hinunterblickte, diese jedoch zu einem aus der Vergangenheit in die Gegenwart projizierten Zeitpunkt sah, *bevor* der Flugplatz gebaut wurde?

Vielleicht treten derartige Zeitsprünge und Verschiebungen (sofern diese überhaupt möglich sind) häufiger auf, als man denken würde; schon seit vielen Jahrhunderten beschreiben gewisse Berichte aus verschiedenen Teilen der Welt Erscheinungen, die solchen Phänomenen sehr ähnlich sind. Da die wissenschaftlichen Hypothesen und Theorien von gestern sich oft als wissenschaftlich bewiesene Fakten von heute erwiesen haben, kann es durchaus sein, daß das so komplexe Rätsel der Zeit (und man bedenke, daß das uralte Rätsel der Sphinx aus der griechischen Legende im wesentlichen ein Zeiträtsel war) eines Tages ergründet und gelöst wird. Vielleicht werden andere Faktoren entdeckt, die derartige Zeitsprünge verursachen. Diese zeitverändernden Bedingungen bestehen möglicherweise nicht nur – wie von Einstein und anderen erkannt – im Weltraum, sondern auch an bestimmten Stellen der Erdoberfläche.

Früher wurden unerklärliche zeitverändernde Phänomene meist der Magie oder Zauberei zugeschrieben, während man sie in der Moderne in die Science-Fiction-Utopien und den fragwürdigen Komplex übersinnlicher Wahrnehmungen einreihte, die beide die Zukunft mit geradezu bestürzender Exaktheit voraussagten. Auf dem Gebiet der Science-Fiction-Utopien sind die erstaunlichen, vor hundert Jahren geschriebenen Geschichten Jules Vernes besonders bemerkenswert. Das in ihnen beschriebene U-Boot *Nautilus* hat fast genau die gleichen Abmessungen wie unsere modernsten U-Boote mit Atomantrieb; außerdem schildert Jules Verne Raketenabschüsse von der Erde zum Mond mit Abschußrampen an der Ostküste Floridas hundert Jahre vor ihrer Verwirklichung. Atombomben und ihre Wirkungen wurden sogar in Comic-Strips mehrere Jahre vor ihrer ersten Anwendung auf diesem Planeten beschrieben. Die Ausnutzung der Kernenergie zu Kriegszwecken und eine erschreckend präzise Schilderung ihrer Wirkung enthält das heilige *Mahabharata*, das in Indien Jahrhunderte vor der Zeitenwende gesammelt wurde und sich auf Ereignisse bezieht, die noch viel weiter zurückliegen.

Es ist nur allzu offenkundig, daß das Universum Geheimnisse birgt, die nicht nur unerklärlich für uns sind, sondern ganz einfach unsere Vorstellungskraft übersteigen. Einige der elementareren Geheimnisse betreffen vielleicht gar nicht Vorgänge in weiter Sternenferne, sondern in sehr viel beunruhigenderer Nähe. Es geht bei diesen Geheimnissen um unsere eigene, recht unvollkommene Wahrnehmung von Materie, Raum und Zeit, wie auch um ihre Beziehungen zueinander. Manche Fragen sind, so einfach und grundsätzlich sie auch erscheinen, nicht zu beantworten, und jede mögliche Antwort scheint mit den Vorstellungen unvereinbar zu sein, für die unser heutiges Denkvermögen ausreicht. Zu diesen Fragen zählen die folgenden: Was ist Zeit? Wann begann sie? Wann wird sie enden? Wo beginnt der Raum? Wo endet er? Wie kann etwas endlos sein? Diese »verbotenen« Fragen (soweit es um die tägliche Wahrnehmung und Auseinandersetzung mit unserer Umgebung geht) sind für uns nicht faßbar. Unser fortgeschrittenes Wissen und unsere wissenschaftlichen Theorien haben diese Fragen ganz einfach erweitert. Es ist möglich, daß sie bloß außerhalb unseres gegenwärtigen Begriffsvermögens liegen, so wie die Atomtheorie für die Magier und Wahrsager des Mittelalters. Vielleicht wird unser Verstand aber im Zuge des sich erweiternden Wissens und der sich vertiefenden – oder erhöhenden – Erkenntnisse eines Tages diese Fragen in ihrer Bedeutung erfassen, verstehen und beantworten können.

Wenn wir jedoch davon ausgehen, daß uns eine derartige Erleuchtung – und möglicherweise auch die Kontrolle über Zeit und Raum – zuteil wird, wenn wir imstande sein werden, die komplexen Beziehungen und Wechselwirkungen zwischen Energie, Raum und Zeit zu verstehen, verfallen wir vielleicht in den Irrtum, anzunehmen, daß wir die einzigen Lebewesen seien, die diese geistige Weiterentwicklung in unserem Teil des Universums durchmachen. Es ist durchaus möglich, daß andere Wesen bereits im Besitz solchen Wissens sind und dadurch die Fähigkeit haben, je nach Wunsch unser Raum-Zeit-Kontinuum aus Gründen zu durchbrechen, die uns trotz der wachsenden Anzahl von Theorien über außerirdische oder interdimensionale Besucher unbekannt sind. Die überall auftauchenden UFOs, die ständig mit anscheinend zunehmender Häufigkeit in allen Teilen der Welt gesichtet werden, scheinen die Medienträger dieser Projektion in andere Dimensionen zu sein.

Doch was auch immer die Erklärung für die UFOs sein mag – ob es sich nun ganz einfach um falsch identifizierte Flugobjekte oder geheimgehaltene technologische Entwicklungen handelt, ob sie nun aus dem außer- oder innerirdischen Raum kommen, ob sie eine Reflektion bzw. Projektion oder sogar ein Ausläufer der Vergangenheit oder vielleicht ein Vorläufer der Zukunft sind, ein Produkt der menschlichen Phantasie oder sogar ein geistiges und/oder ein wirkliches, durch die vereinte geistige Kraft der Gedankenbilder aller UFO-Beobachter und Forscher geschaffenes Produkt –, so scheint doch festzustehen, daß das Auftauchen von UFOs irgendwie mit den im Bermuda-Dreieck sich manifestierenden Phänomenen zusammenhängt. Eine Untersuchung ihrer in diesem Gebiet beobachteten Aktivität läßt vielleicht Zusammenhänge erkennen, die bisher der Aufmerksamkeit entgingen – vielleicht gerade deshalb, weil sie so offenkundig sind.

8

Welten außerhalb und innerhalb
unserer Raum-Zeit-Dimension

Obwohl UFO-Sichtungen von Millionen Beobachtern aus allen Teilen der
Welt gemeldet wurden, scheinen sie sich doch im Bermuda-Dreieck zu
konzentrieren. In Puerto Rico z. B. tauchten sie 1972 mit einer derartigen
Häufigkeit auf, daß es zu schweren Verkehrsstauungen auf Landstraßen
kam, als die durch Fernsehen, Radio und Presse informierten Menschen
auf die Landstraßen strömten, um Schwärme von UFOs und ihre präzisen
Manöver am Nachthimmel zu beobachten. Diese tauchten wiederholt
über bestimmten Gebieten auf und wurden von Tausenden Menschen
ganz deutlich gesehen, die klar erkannten, daß das, was sie da betrachteten, ganz entschieden keine Flugzeuge waren, wie wir sie kennen. Über
den Bergen von Adjuntas im Innern Puerto Ricos erschienen in einem
Zeitraum von drei Monaten immer wieder und fast wie nach einem festen
Plan ganze Schwärme von UFOs. Sie sandten seitliche Lichtstrahlen aus,
flogen in geschlossener Formation in niedriger Höhe (ungefähr 300
Meter), vollführten präzise rechtwinklige Wendungen (für ein Flugzeug
unmöglich), schwebten unbeweglich in der Luft und verschwanden dann
plötzlich spurlos. (Ein interessanter Nebenaspekt der Adjuntas-UFO-
Sichtungen ist die Tatsache, daß in der amtlichen Geologischen Über-
sichtskarte der natürlichen Gamma-Aeroradioaktivität von Puerto Rico
besonders im Adjuntas-Gebiet magnetische Aberrationen und außerordentlich starke Radioaktivität bzw. Anomalien eingezeichnet sind. Im
Gebiet von Arecibo, in dem häufig UFOs gesichtet werden, befindet sich
die riesige Radio- und Funk-Teleskopanlage der U.S.-Regierung, der
»große Teller«.)
Einige Kraftfahrer erlebten auf ihrer Heimfahrt von der am Himmel beobachteten Vorführung eine weitere Überraschung. An einer bestimmten
Stelle zwischen San Sebastián und Lares tauchte ein riesiges, niedrig fliegendes UFO auf, während gleichzeitig alle Automotoren ausfielen und
erst wieder ansprangen, als das UFO, nachdem es orangefarbene und rote
Lichtblitze oder Flammen ausgesandt hatte, plötzlich senkrecht aufstieg
und verschwand.
Im selben Zeitraum erschien in Rio Piedras, einem Vorort von San Juan,
während einer Geburtstagsparty im Freien ebenfalls ein riesiges UFO und
blendete die Anwesenden mit einem grünlichblauen Licht, das es aus-
strahlte, als es ganz dicht – etwa 100 Meter – über den Party-Gästen da-
hinglitt. Zahlreiche andere Personen beobachteten aus nahegelegenen

165

Häusern ebenfalls das Phänomen, als das UFO langsam zwischen zwei zwanzigstöckigen Apartmenthäusern dahinschwebte; mehrere Autos blieben stehen, da ihre Motoren aussetzten. Plötzlich stieg das Flugobjekt in einer roten Nebelwolke senkrecht auf, änderte die Richtung, steuerte auf ein nahegelegenes Kraftwerk zu und verschwand unvermittelt.

An der Südküste Puerto Ricos tauchte eines Nachts vor Santa Isabel in einer Höhe von ungefähr 700 Meter ein gewaltiges, hell erleuchtetes, eiförmiges metallisches Flugobjekt auf. Es wurde von den meisten der Ortsbewohner gesehen und schien Formationen kleiner, leuchtender, metallischer Objekte abzuwerfen oder auszustoßen, die sich in nördlicher Richtung (also auf Adjuntas zu) entfernten. Andere schwebten über der Stadt, und eines schwebte senkrecht wie ein Helikopter auf eine Gruppe von Zuschauern herunter, die aus einer Bar gekommen waren, jedoch schnell in diese zurückflüchteten oder wegliefen, als das unbekannte Flugobjekt sich ihnen von oben näherte. (Zur objektiven Beurteilung von UFO-Sichtungen wäre zu erwähnen, daß dieses Flugobjekt auch von zahlreichen Stadtbewohnern gesehen wurde, die *nicht* in der Bar waren.)

Während dieses Massenauftretens von UFOs stellten Mitarbeiter einer Werbefilmagentur, die von der Dachterrasse des Sheraton Hotels in San Juan Filmaufnahmen von einem Sonnenuntergang für die Werbung eines Produktes machten, fest, daß ihr Film durch zunehmende Lichtstärke eines hell leuchtenden Objektes überbelichtet wurde, das hinter dem Hotel in der Luft zu schweben schien. Als das Filmteam näher hinschaute, schien die sonderbare Erscheinung an Größe und Leuchtkraft zuzunehmen, bis es bedrohliche Ausmaße annahm, dann aber zur begreiflichen Erleichterung des Filmteams unvermittelt verschwand. Der gedrehte Werbefilm war jedoch kein Verlustgeschäft, da er anstatt an den Auftraggeber an eine Gesellschaft *(Creative Films)* verkauft wurde, die einen Dokumentarfilm über UFOs drehte.

Aguadilla, das an der Westküste der Insel liegt, erhielt eines Tages einen ungewöhnlichen Besuch in Form einer Gruppe kleiner UFOs, die über dem Luftwaffenstützpunkt Ramey Field hin und her glitten und von Hunderten Menschen beobachtet wurden, die ihre Arbeit in nahegelegenen Fabriken und einem Krankenhaus unterbrachen.

Da diese ungewöhnlichen Beobachtungen von UFOs sich in so vielen verschiedenen Teilen von Puerto Rico in den Monaten August, September und Oktober des Jahres 1972 fortsetzten, hatte es beinah den Anschein, als ob Flugverbände aus dem Weltraum – falls es solche waren – ein exakt geplantes Manöver durchführten, so wie die Seeflotten der Kolonialmächte sie zur Zeit des Imperialismus veranstalteten, um ihre Macht zu demonstrieren und die »Eingeborenen einzuschüchtern«.

Die Gebiete in Puerto Rico, in denen oft ganze UFO-Schwärme gesehen wurden, weisen einen Zusammenhang zwischen der Häufigkeit der Sichtungen und den in diesen Gebieten auftretenden magnetischen Aberrationen und starken elektrischen Aufladungen auf.

Die Serie von UFO-Sichtungen im Jahr 1972 ist nur durch die große Anzahl von Augenzeugen außergewöhnlich. UFO-Sichtungen als solche sind an der Küste Floridas, auf den Bahamas, auf Haiti, in der Dominikanischen Republik, in Kuba und auf anderen karibischen Inseln sowie bei und über den Bermudas und dem Meer zwischen diesen Inseln so alltäglich, daß sie in Rundfunk und Presse kaum noch Erwähnung finden, wenn sie nur von wenigen Personen gesehen wurden. Erst wenn Tausende Menschen dasselbe Phänomen wahrnehmen, wird es für die Massenmedien berichtenswert. Doch auch dann werden sie auf Grund der Häufigkeit solcher Beobachtungen bald vergessen und zu den Akten gelegt. In Kuba werden UFO-Berichte sehr sorgfältig geprüft und einer Zensur unterzogen, da man sie für eine Art strategische Flugkörper der USA hält. Während der Invasion in der Schweinebucht wurden jedoch von beiden Seiten unidentifizierte UFOs und USOs gesehen. Ihr überraschendes Auftauchen verhinderte sogar einmal, daß ein CIA-Boot bei einem strategischen Einsatz durch ein kubanisches Patrouillenboot geschnappt wurde.

Während des Massenauftretens von UFOs 1972 über Puerto Rico kam es zu einigen weniger spektakulären Zwischenfällen, in die kleine Boote verwickelt waren. Wenn diese Vorfälle auch relativ wenig Beachtung fanden, weisen einige von ihnen doch vielleicht einen Zusammenhang mit den vielen, auf rätselhafte Weise im Laufe der Jahre im Bermuda-Dreieck verschwundenen Schiffe auf, die verlassen, aber seetüchtig, treibend aufgefunden wurden. Denn während jene aufregenden Erscheinungen am Himmel von Tausenden Menschen beobachtet wurden, fand man mehrere verlassene Boote in puertorikanischen Gewässern vor Mayagüez und zwischen Mayagüez und Carbo Rojo. Man wußte jedoch, daß diese Boote *mit* ihren Mannschaften aus dem jeweiligen Hafen ausgelaufen waren. Zum Zeitpunkt, als die Besatzungen verschwanden, bemerkte die Besatzung eines anderen Bootes – einer Jacht – in den frühen Abendstunden voller Schrecken, wie ein UFO langsam und in einer Höhe von etwa 60 Meter auf sie zuglitt. Als es näher kam, erfaßte alle panisches Entsetzen. Einige versuchten über Bord zu springen, was ihre Kameraden jedoch verhinderten. Dann verschwand das UFO plötzlich.

Dieser wenig beachtete Vorfall könnte möglicherweise einen aufschlußreichen Hinweis für die Beantwortung der Frage liefern, warum so viele Schiffe und Boote verlassen treibend im Bermuda-Dreieck aufgefunden werden, denn jene kopflose Panik läßt vermuten, daß Menschen es in derartigen Situationen sogar vorziehen, in das so viele Gefahren bergende Meer zu springen, anstatt an Bord ihres Schiffes zu bleiben und das unbekannte Flugobjekt näher kommen zu lassen.

An und vor der Küste Floridas tauchen UFOs ziemlich regelmäßig auf und werden häufig auch ganz deutlich gesehen. Einer dieser Fälle ereignete sich am 15. Dezember 1975. Das Flugobjekt wurde zuerst nur auf einem Radarschirm entdeckt, tauchte dann aber plötzlich über St. Johns River in Nord-Florida auf und konnte von den Bewohnern dreier Distrikte – St. Johns, Putnam und Flagler – ziemlich genau beobachtet werden. Seine Manöver wurden von Hunderten Menschen verfolgt, unter denen sich auch Verkehrspolizisten und Sheriffs befanden. Als sich die Flughöhe des UFOs verringerte und es dicht über den Spitzen der Bäume schwebte, glich es den Beschreibungen zufolge »einem brennenden Haus am Himmel«. Dieser Eindruck wurde durch seine orange- und rotglühenden Lichtbündel hervorgerufen. Es glitt, zeitweilig regungslos verharrend, so lange über diesen drei Distrikten hin und her, daß ein Helikopter von St. Augustine entsandt werden konnte. Bevor er jedoch ankam, sah man, wie das unbekannte Flugobjekt im Distrikt Flagler landete oder sich wenigstens dem Erdboden näherte. Nach seinem Verschwinden wurde an der vermeintlichen Landestelle außer einem großen Geigerzähler nichts Ungewöhnliches gefunden oder festgestellt. Ein interessierter Augenzeuge rief Dr. Allen Hynek, den Direktor des Zentrums für UFO-Studien in Chicago, an, um ihm den Vorfall zu melden, und wurde angeblich von Dr. Hynek »vor den Männern in Schwarz« gewarnt. Dieser Hinweis ist eine Anspielung auf den unter vielen UFO-Forschern verbreiteten Glauben, nach dem Augenzeugen von UFO-Phänomenen häufig von Personen, die gewöhnlich schwarz gekleidet waren und nicht identifiziert werden konnten, kontaktiert wurden, die sie warnten, nicht über das, was sie gesehen hatten, zu sprechen.

Die in Florida eingehenden UFO-Berichte lassen sich in Kategorien einordnen, die zwischen »recht zuverlässig« und »sehr zuverlässig« liegen (wenn sie z. B. von Polizisten, Soldaten, Piloten, Aufsehern, Wächtern etc. stammen). Diese Berichte umfassen Vorfälle, welche von UFO-Erscheinungen, die während einer ganzen Woche im November 1975 an der Palmetto-Umgehungsstraße in Miami gesichtet wurden, und anderen UFO-Schwärmen über dem Palm Bay Club von Miami, die in Fünferreihen flogen (was eine Alarmmeldung an die Küstenwache auslöste), bis zu dem Fall eines riesigen unbekannten Flugobjektes reichen, das von der FAA *(Federal Aviation Administration)* am 14. September 1972 über West Palm Beach gesichtet wurde. Dieses Flugobjekt wurde von Angestellten der Eastern Airlines wie auch von Polizisten und Privatpersonen gesehen und von der FAA in Miami und dem Luftwaffenstützpunkt Homestead weiter verfolgt. Man entsandte Flugzeuge des Nordamerikanischen Luftverteidigungskommandos, um das silbrig schimmernde Objekt näher zu untersuchen, das jedoch verschwand, als es hoch über den Flugzeugen in deren Sichtfeld kam.

Die Piloten von Privatflugzeugen und Linienmaschinen berichteten, daß sie bei Flügen vor der Küste Floridas und Georgias wie auch an verschiedenen anderen Stellen über dem Meer zwischen den Bermudas und den Bahamas und den karibischen Inseln von UFOs umkreist wurden. Major Donald Keyhoe, ein langjähriger Beobachter von UFO-Aktivitäten und ehemaliger Direktor des *National Investigations Committee on Aerial Phenomena* – des Nationalen Untersuchungsausschusses für Luftphänomene –, erwähnt in seinem Buch *Aliens from Space* einen militärischen Bericht über einen fast erfolgten Zusammenstoß zwischen einem großen UFO und einer Maschine der U.S.-Luftwaffe vom Typ C-47 bei Tampa zu einem so weit zurückliegenden Zeitpunkt wie dem 1. August 1946. Das Flugobjekt, ein langer zylindrischer Körper mit Luken, aber ohne Flügel, war »zweimal so groß wie eine B-29« und kam direkt auf die C-47 zu, drehte jedoch in letzter Sekunde ab und verschwand mit einer geschätzten Geschwindigkeit von 2250 bis 3000 Stundenkilometern, was eine geradezu utopische Geschwindigkeit für ein Flugzeug jener Zeit wären.

Dies sind nur einige typische Beispiele (falls man irgendeine UFO-Aktivität überhaupt als »typisch« bezeichnen kann) von einigen der zuverlässiger bezeugten oder von vielen Menschen im Bermuda-Dreieck beobachteten unidentifizierten Flugobjekt-Phänomene. Unerwähnt bleiben die Tausende Berichte von Einzelpersonen, die in diesem Gebiet Objekte oder Lichter am Nachthimmel sahen, die Berichte von Autofahrern, deren Motoren, Lichtanlagen und Radios auf küstennahen Straßen plötzlich ausfielen, als UFOs über sie hinwegflogen, sowie die Berichte von Personen, die das gleiche in Booten auf dem Meer erlebten, nur mit dem einen Unterschied, daß außerdem USOs unter Wasser an ihnen vorbei-glitten*, wie es häufig vorkommt, und auch die Berichte von Spaziergängern, die am Strand oder in der Nähe der Küste gelegentlich dicht über dem Boden schwebenden oder landenden UFOs begegneten und durch einen aus dem unidentifizierten Objekt dringenden Lichtstrahl, der sich plötzlich auf sie richtete, das Bewußtsein verloren oder halb erblindeten. Wie sehr sich die in diesem Gebiet lebenden Menschen schon an das unerwartete Auftauchen von UFOs gewöhnt haben, veranschaulicht die Reaktion der Ehefrau eines Radiokommentators, die sich weigerte, aus der Küche zu kommen, als ihr Mann ihr von draußen zurief, sie solle sich ein UFO anschauen, das in niedriger Höhe fast direkt über dem Innenhof ihres Hauses zu schweben schien. »Ich will nicht herauskommen und es mir ansehen«, rief sie ihm von der Küchentür zu. »Ich will nichts davon wissen. Halt dich bloß von ihm fern, bis es wieder verschwindet!« Obwohl dies die Einstellung einer Hausfrau war, könnte man sie als typisch für das wissenschaftliche Establishment und die Regierungsbehörden bezeichnen, wenn diese mit etwas konfrontiert werden – seien es nun UFOs oder andere mysteriöse Vorfälle im Dreieck –, was sich nicht logisch erklären läßt.

Es drängt sich einem unwillkürlich die Frage auf, ob es nicht vielleicht einen Zusammenhang zwischen den Vermißtenfällen des Bermuda-Dreiecks und den vielen unidentifizierten UFOs und USOs gibt, die während der letzten dreißig Jahre in diesem Gebiet beobachtet und gemeldet wurden. Möglicherweise macht man es sich mit der Vermutung zu leicht, daß irgend etwas auf der Erde oder aus dem Weltraum diese spurlos verschwindenden Flugzeuge und Schiffe überfällt und entführt. Major Donald Keyhoe, der sich seit langem mit diesen Fragen befaßt und auch darüber geschrieben hat, scheint der Ansicht zu sein, daß aggressive UFO-Aktionen oder Aufklärungsmissionen der Grund für das Verschwinden bestimmter amerikanischer Militärflugzeuge im Bermuda-Dreieck und anderen Gebieten waren. Er bringt UFO-Aktivität aber nicht ausdrücklich mit den im Dreieck beobachteten Phänomenen in Verbindung. John Spencer, der sich ebenfalls mit UFO-Forschungen befaßt und verschiedenes über sie publiziert hat, gehörte während seiner Dienstzeit bei der amerikanischen Luftwaffe dem U.S.A.F.-Ausschuß an, der mit Untersuchungen über UFOs betraut war. Spencer ist »überzeugt, daß die UFO-Erklärung die einzig logische ist«, und stellte die Theorie auf, daß außerirdische Wesen, die sich Muster der technologischen Entwicklungen dieses Planeten wie auch seiner Bewohner verschaffen wollten, geheime

* Dieses Phänomen erlebte auch der Autor am 3. Mai 1975 um ungefähr 21 Uhr in den Bahamas nördlich der Tongue of Ocean.

Unterwasser-Stützpunkte und Laboratorien auf dem Meeresboden angelegt haben und dafür das Gebiet des Bermuda-Dreiecks wählten, »weil es das meistfrequentierte Gebiet der Welt ist, sowohl von Flugzeugen wie von Schiffen« *(Limbo of the Lost – Today)*.

Dr. Manson Valentine, Ehrenkurator des Museum of Science in Miami und Forschungsassistent des Bishop Museum in Honolulu, vermutet eine gewisse Gleichgültigkeit seitens der außer- oder innerirdischen Besucher. Dr. Valentine, der im Vergleich zu vielen anderen Wissenschaftlern, die sich mit den Phänomenen des Bermuda-Dreiecks befassen, den fast einmaligen Vorteil genießt, seit über dreißig Jahren dieses Gebiet durch persönliche, an Ort und Stelle gemachte Beobachtungen und Untersuchungen studieren zu können, glaubt, daß wir erst dann, wenn es zu einem direkten – und für uns vielleicht verhängnisvollen – Kontakt mit den Besatzungen der UFOs (oder den Wesen, die sie dirigieren) kommt, ihre Motive und Ziele erfahren werden. Er erklärt das Verschwinden von Schiffen und Flugzeugen im Bermuda-Dreieck durch ionisierte Felder, die sich durch die Antriebskraftsysteme der UFOs aufbauen, die seiner Meinung nach anstatt einer atomaren Kernspaltung möglicherweise eine Form von Atomenergie benutzen, die durch Kernverschmelzung frei wird. Dies würde vielleicht ihre unglaubliche Geschwindigkeit erklären, wie auch das wahrscheinliche Schicksal – Disintegration oder Veränderung der Molekularstruktur – der Flugzeuge und Schiffe sowie der Menschen, die in diese ionisierten Felder geraten. Mit anderen Worten: Sie entführen nicht Menschen, sondern sind einfach desinteressiert 'an menschlichen Wesen, die ihnen zufällig in den Weg geraten, wenn sie ihren uns unbekannten Zielen oder Aufgaben in unserem Raum-Zeit-Kontinuum nachgehen.

Dr. J. Allen Hynek, Professor für Astronomie an der Northwestern University, ehemaliger Berater der amerikanischen Luftwaffe für UFO-Fragen und zur Zeit Direktor des Zentrums für UFO-Forschungen, zählt zu den führenden amerikanischen Wissenschaftlern auf dem Gebiet der UFO- und USO-Forschung. Zu der Frage, ob ein Zusammenhang zwischen den im Bermuda-Dreieck verschwundenen Flugzeugen und Schiffen und UFO-Interventionen besteht, nimmt er verständlicherweise eine vorsichtige Haltung ein: »Es ist mir bisher nicht gelungen, einen erwiesenen Zusammenhang zwischen UFOs und dem Bermuda-Dreieck zu finden. Es wäre sehr aufregend, wenn ein solcher bestände, aber als Wissenschaftler muß ich all meine Ansichten auf Beweise stützen.«

Ob nun Dr. Hynek oder andere Forscher verschiedene Augenzeugenberichte über UFO-Aktivität zum Zeitpunkt des Verschwindens von Schiffen und Flugzeugen als zuverlässig akzeptieren oder nicht, so gibt es doch derartige Berichte und hat sie schon seit vielen Jahren gegeben;

171

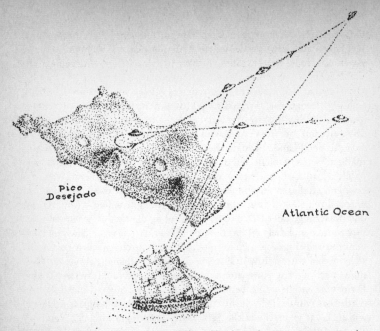

Unter den Tausenden Fotos von UFOs wurde das wohl authentischste am 16. Januar 1958 in der Nähe der Insel Trinidad im südlichen Atlantik von dem brasilianischen Schulschiff *Almirante Saldanha* aus aufgenommen. Über Trinidad wurden von Dezember 1957 bis Anfang 1958 zu verschiedenen Malen UFOs gesichtet. Am 11. Januar fotografierte die Besatzung an Bord der *Almirante Saldanha* ein UFO, das, aus dem Osten über das Meer kommend, entlang der strichlierten Linien auf einen Berg in Trinidad zuflog und dann in östlicher Richtung verschwand.
Bildquelle: Brasilianische Marine

sie gleichen Teilen eines Puzzles, die sich vielleicht eines Tages zu einem Bild zusammenfügen werden oder aber noch zu einem ganz anderen Puzzle gehören.

Albert Bender, der ehemalige Leiter des Internationalen Büros für Fliegende Untertassen und erste Forscher, der die These von den »Männern in Schwarz« aufstellte, interessierte sich seinen Aussagen zufolge zum erstenmal für UFOs, als er von Berichten über große unidentifizierte Flugobjekte hörte, die über Fort Lauderdale gesehen wurden, als die fünf Avenger-Bomber von Flight 19 und das Rettungsflugzeug, das ihnen nachgeschickt wurde, verschwanden. Die erste große Serie von UFO-Sichtungen begann zwei Jahre nach dem Unglück von Flight 19, also im Jahr 1947, in den Bundesstaaten Iowa und Washington, wo sie abwechselnd als »Fliegende Untertassen« und »Pfannen« bezeichnet wurden. Die Flugobjekte, die Mr. Benders Neugier weckten, wurden damals noch nicht

UFOs genannt; diese Bezeichnung wurde erst einige Zeit später geprägt. Wir können nur vermuten, daß dieser Name auf einem völligen Desinteresse an den Piloten oder Besatzungen – falls es solche gibt – derartiger Flugkörper basiert, obwohl es seit der Frühgeschichte der Menschheit in Legenden und Überlieferungen Berichte über unbekannte Flugobjekte gibt. Auf jeden Fall wurden in der Umgebung von Fort Lauderdale Anfang Dezember 1945, also zum Zeitpunkt des Verschwindens der sechs Flugzeuge, große unidentifizierte Flugobjekte von zylindrischer Form gesichtet, die aber keinesfalls steuerbare Luftfahrzeuge waren.

Wenn man über die möglichen, anderen Welten angehörenden Aspekte des Verschwindens von Flight 19 nachdenkt, wird man an den von einem Amateurfunker aufgefangenen Funkspruch erinnert, in dem einer der Piloten sagte: »Kommt mir nicht nach… Sie sehen aus, als ob sie aus dem Weltraum wären.« Anscheinend wurde der erste Teil dieser Meldung über Funk von Fort Lauderdale aufgefangen, während der zweite Teil – sofern es sich um einen solchen handelt – wegen der Störgeräusche nur undeutlich und schwach gehört wurde, obwohl ein nicht-militärischer Funker ihn auf einem anderen Gerät empfing: Die Militärbehörde interpretiert diesen Ausspruch »Kommt mir nicht nach!« dahingehend, daß der Pilot eine Rettungsaktion nicht für notwendig hielt, obwohl dieser Satz eine ganz andere Bedeutung gehabt haben kann.

In späteren Berichten über die durchgeführte Suchaktion nach Flight 19 wurde das Verschwinden des Martin Mariner mit seiner 13köpfigen Besatzung häufig durch eine vermutete Explosion des Rettungsflugzeuges während des Fluges »erklärt«; man begründete die Explosion unter anderem damit, daß das Flugzeug als solches gefährlich und »ein fliegender Benzinkanister« sei und ein heimlich rauchendes Besatzungsmitglied die Katastrophe auslöste. Zu den Augenzeugen einer solchen Explosion zählten auch der Kapitän und die Besatzung der *Gaines Mills*, die angeblich zu diesem Zeitpunkt eine Explosion oder einen Feuerschein auf der Flugroute des Martin Mariner am Himmel sahen.

Da kein einziges Wrackteil von der *Gaines Mills* oder anderen sich an der Suche beteiligenden Schiffen oder Flugzeugen gefunden wurde und ein seltsamer zeitlicher Abstand zwischen dem Moment, als das Rettungsflugzeug losgeschickt wurde, und der angeblich beobachteten Explosion besteht, ist es denkbar, daß dieser Feuerschein am Nachthimmel, den so viele anderen anschließend in demselben Gebiet beobachteten, plötzlich aufflammenden und rasch erlöschenden Lichtern glich, die Flugbahn eines ganz anderen Flugkörpers kennzeichnete und gar nichts mit dem Martin Mariner zu tun hatte.

Berichte über ungewöhnliche Lichter und andere Phänomene in diesem Gebiet sind zwar hochinteressant, liefern aber nur Vermutungen und keine Beweise für irgendeinen Zusammenhang zwischen UFO-Sichtungen und dem Rätsel der vermißten Schiffe und Flugzeuge. Obwohl es zutreffend ist, daß in den Jahren, in denen ganze Serien von UFO-Sichtungen gemacht werden, meistens auch besonders viele Flugzeuge und Schiffe im Bermuda-Dreieck verschwinden, können sowohl die UFO-Sichtungen wie auch die gemeldeten Verluste auf eine Vielzahl von Gründen zurückzuführen sein, die mit der Verlagerung von Magnetfeldern, Veränderungen des Meeresbodens, Ausstrahlungen der Sonne oder anderer Planeten oder mit sonstigen unbekannten kosmischen Kräften in Verbindung stehen. Trotzdem sind genügend übereinstimmende Faktoren vorhanden, um einen möglicherweise bestehenden Zusammenhang in Erwägung zu ziehen.

Diese »Sichtungen«, die zeitlich mit dem Verschwinden von Schiffen und Flugzeugen zusammenfielen und auch in deren Nähe gemacht wurden, sind verschiedentlich als in der Nacht dahingleitende Lichter, als Radarbilder und gelegentlich auch als bei Tag wahrgenommene deutliche Beobachtungen von UFOs geschildert worden. Als die *Star Ariel*, eine englische Tudor IV, am 17. Januar 1949 verschwand, war einer der Hinweise, denen man bei der Rettungsaktion – wenn auch ohne Erfolg – nachging, die Meldung von einem merkwürdigen Feuerschein, der in den frühen Morgenstunden des 18. Januar über dem Meer gesehen worden war. Die Ursache für diesen Feuerschein wurde nie ergründet.

Das Verschwinden einer U.S. Globemaster im März 1950 fiel mit einem Abstand von nur wenigen Tagen zeitlich mit der Sichtung eines glühenden, leuchtenden UFOs zusammen, das von einem Marinefahrzeug gesehen und auch auf dessen Radarschirm wahrgenommen wurde. Die Untersuchung des Falles des brasilianischen Kriegsschiffes *São Paulo*, das von zwei Schleppern in ein Trockendock gebracht werden sollte und in den Morgenstunden des 4. November 1951 plötzlich mit der Aufsichtsmannschaft von den Schleppseilen verschwand, schloß auch die unerklärlichen Lichterscheinungen nicht aus, die in der Nacht vor dem Verschwinden durch eine Nebelwolke am Himmel wahrgenommen worden waren. Die Besatzungen der Flugzeuge, die anschließend eine intensive Suchaktion durchführten, fanden zwar keine Spur des verschwundenen Kreuzers, gaben aber einen eigenartigen Bericht, in dem von ungewöhnlich dunklen Nebelschwaden oder sehr niedrig hängenden Wolken in dem Gebiet die Rede war, in dem man das Schiff hätte finden müssen.

Das Verschwinden einer Super Constellation der amerikanischen Marine am 30. Oktober 1954 fiel zeitlich mit mehreren UFO-Sichtungen über dem Atlantik und küstennahen Luftwaffenstützpunkten zusammen, wie auch seltsamerweise mit einem Massenauftreten von UFOs über Rom, das von Hunderttausenden – einschließlich der damaligen amerikanischen Botschafterin Claire Booth Luce – gesehen wurde. Eine andere Serie von UFOs wurde gleichzeitig mit dem spurlosen Verschwinden der *Southern Districts*, eines Tankers, vor der Küste South Carolinas am 5. Dezember 1954 beobachtet – auf den Tag genau 19 Jahre nach dem Verschwinden von Flight 19. UFO-Sichtungen über dem Atlantik wurden von mehreren Passagierflugzeugen gemeldet; die gesichteten Objekte wurden als leuchtende, kreiselförmige Flugkörper mit Luken beschrieben, die dicht hinter den Flugzeugen oder in gleicher Höhe mit ihnen flogen und gelegentlich zur Bestürzung der Passagiere und Besatzung einen orangeroten Lichtstrahl auf das Flugzeug richteten. Der Zeitraum, in dem im Januar 1955 der Schoner *Home Sweet Home* auf der Fahrt nach Antigua verschwand, zeichnete sich ebenfalls durch eine Serie von gemeldeten UFO-Sichtungen in der Karibik und über dem Atlantik aus. Eines dieser UFOs sandte angeblich einen orangeroten Lichtstrahl in das Cockpit einer Passagiermaschine der National Airlines. Auch venezolanische Passagierflugzeuge meldeten Begegnungen mit leuchtenden UFOs, die gleichfalls Luken hatten, in der Karibik. Ungefähr zum gleichen Zeitpunkt tauchten über, unter und neben einer nach Rio de Janeiro fliegenden brasilianischen Passagiermaschine ungefähr zwanzig leuchtende Scheiben auf, was eine beträchtliche Panik unter den Passagieren auslöste.

Das 1956 gemeldete Verschwinden einer B-25 (5. April) und einer P-5M (9. November) wurde ebenfalls von UFO-Aktivität in den betreffenden Gebieten begleitet. In beiden Fällen wurden große fliegende Scheiben in derselben Gegend gesichtet. Die Besatzung einer R7V-2, die sich in der Nähe der anschließend verschwindenden B-25 befand, beobachtete eine große Scheibe, die in die Höhe des Flugzeuges aufstieg, ihm folgte oder es verfolgte und dann plötzlich abdrehte. Das UFO vom 9. November, das auf einem Radarschirm wahrgenommen und zuerst für eine »atmosphärische Störung« gehalten wurde, beschrieb man später als ein unidentifiziertes Objekt, »vier- bis fünfmal größer als das größte bekannte Flugzeug«, mit einer geschätzten Fluggeschwindigkeit von 6000 Stundenkilometer.

Das Verschwinden der beiden Leuchtturmwärter von Great Isaac Light am 4. August 1969 deutet mehr auf die Aktivität von USOs als auf die von UFOs hin; ein Fischer, der zum Zeitpunkt des Vorfalls von einem Fangunternehmen in der Nähe zurückkam, erklärte in einem späteren Bericht, er habe einen zylindrischen Körper direkt über der Wasseroberfläche und deutlich sichtbar sich blitzschnell von der Insel entfernen sehen.

In der Woche nach dem 23. März 1967, dem Tag, an dem eine zweimotorige Beechkraft zwischen Jamaika und Nassau verschwand, näherte sich ein großes, ovales Flugobjekt mit einem Licht an jedem Ende in Crestview, Florida, dem Erdboden, begleitet von anderen leuchtenden Objekten, die wie riesige Pendel durch die Luft schwebten, wie über 200 Schulkinder und mehrere Lehrer beobachteten. Die zahlreichen im Jahr 1973 registrierten Fälle, in denen Flugzeuge und Schiffe verschwanden, fielen manchmal zeitlich mit den Serien von UFO-Sichtungen über Puerto Rico und Santo Domingo zusammen. Zwei der Vermißtenfälle, die sich kürzlich vor der Küste Floridas ereigneten – es handelt sich um die *Speed Artist*, die im Dezember 1975, und den Tanker *Imbross*, der am 18. Dezember 1975 verschwand –, trafen mit einem zweitägigen Abstand mit dem Erscheinen des riesigen UFOs über St. Johns River in Florida zusammen.

Man muß deshalb die Frage nach einem etwaigen Zusammenhang zwischen dem Verschwinden von Schiffen und Flugzeugen und dem Auftauchen von UFOs und USOs mit »vielleicht« und nicht mit einem kategorischen »Nein« oder »Ja« beantworten. UFOs wurden offenbar – was auch immer sie sein mögen – häufig in demselben Gebiet gesehen, in dem Schiffe oder Flugzeuge verschwanden, und oft sogar auch zu ungefähr demselben Zeitpunkt. Allerdings verschwanden viele Luft- und Wasserfahrzeuge, ohne daß UFOs in ihrer Nähe gemeldet wurden. Außerdem gibt es kaum Augenzeugen für das Verschwinden von Schiffen oder Flugzeugen. Das ändert jedoch nichts an der Tatsache, daß Flugzeuge und Schiffe verschwanden, nachdem sie ihre letzte Position gemeldet hatten. Es ist deshalb verlockend, sich in Ermangelung einer anderen Erklärung vorzustellen, daß irgend etwas aus dem Weltraum auf sie niederstieß und sie entführte. Bei den wenigen Gelegenheiten, bei denen ein Schiff oder Flugzeug vor Augenzeugen verschwand, wurde ein solches Schiff zunächst von einer Dunstschicht bedeckt, die ein elektromagnetischer Nebel zu sein scheint, und flog ein solches Flugzeug in eine Wolke und kam nicht wieder zum Vorschein. Dies läßt selbstverständlich noch weitere Alternativen zu. So kann man sich vorstellen, daß das Fahrzeug unerwartet in eine Zone geriet, in der besondere Naturkräfte wirken, seine Disintegration verursachen oder es in eine andere Dimension versetzen, oder daß diese Zonen gezielt kontrolliert werden und kosmische Fallen unbekannter Wesen darstellen, die sich aus uns unbekannten Gründen Muster der Erdbewohner verschaffen wollen.

Meinungsumfragen zufolge wurden UFOs von über 15 Prozent der amerikanischen Bevölkerung gesehen, und etwa über 50 Prozent aller Amerikaner sind, offenbar auf Grund der Berichte dieser 15 Prozent, der Meinung, daß es Besucher aus dem inner- oder außerirdischen Raum gibt. Die in Gebieten wie der Karibik, wo UFOs so häufig gesehen werden, ermittelten Prozentsätze liegen bedeutend höher.

Bei Anwendung derselben Prozentsätze auf die Bevölkerung der gesamten Welt, deren Völker möglicherweise ebenso leichtgläubig oder vielleicht noch leichtgläubiger als die Amerikaner sind, erhalten wir eine Zahl von mehreren hundert Millionen Menschen, die geneigt sind, an die Existenz von UFOs zu glauben, wie die sich mehrenden, aus allen Teilen der Welt gemeldeten UFO-Sichtungen beweisen. (Jacques Vallée, der französische Astronom und NASA-Wissenschaftler, berichtet, daß in China Ausländer oft gefragt werden, ob andere Länder als China auch UFOs hätten.) Die Überzeugung, daß UFOs nicht dieser unserer Welt angehören, teilten viele besonders gut unterrichtete Persönlichkeiten internationalen Ranges, wie z. B. der verstorbene Dag Hammarskjöld, welcher der Meinung war, daß UFOs aus einem anderen Teil der Galaxis kämen, und erklärte, Berichte von geschulten Beobachtern hätten ihn überzeugt, daß UFOs wahrscheinlich Flugobjekte aus dem außerirdischen Raum seien, welche die Erde zu Beobachtungszwecken besuchten. Auch ein anderer Generalsekretär der Vereinten Nationen glaubte an die Aktualität der UFOs, und zwar der verstorbene U Thant. Das könnte man als recht sinnvoll bezeichnen, insofern als die Leiter einer wahrhaft weltweiten Organisation bereit waren, die Möglichkeit von Begegnungen und sich daraus ergebenden Beziehungen mit Vertretern anderer Welten gelten zu lassen, die vielleicht auf dem Weg der Einheit weiter sind als wir.

Prominente Persönlichkeiten der Vereinigten Staaten zögerten nicht, ihren Glauben an UFOs oder eigene UFO-Sichtungen zuzugeben. Außer Clare Booth Luce, die ein großes scheibenartiges Flugobjekt über Rom sah, hat auch Barry Goldwater UFOs am Nachthimmel über Arizona gesehen und gehört dem *Board of Governors of NICAP* (Präsidium des *National Investigation Committee on Aerial Phenomena*), einer ernsthaften Forschungsorganisation zum Studium von UFOs, an, während Jimmy Carter, der 1973 selbst ein UFO über Thomaston in Georgia sah, wie im Juni 1976 im *National Enquirer* zitiert, energisch erklärte: »Wenn ich Präsident werde, sorge ich dafür, daß jede einzelne Information, die dieses Land über UFOs besitzt, der Öffentlichkeit und den Wissenschaftlern zugänglich gemacht wird.«

Logisch untermauerte Grundlagen für den Glauben an außerirdische Besucher wurden von Spezialisten wie Dr. Harlow Shapley, dem früheren Leiter des Observatoriums der Universität Harvard, geliefert, der feststellte: »Es gibt mindestens hundert Millionen bewohnte Planeten. Auf vielen davon müßten sich uns in allem weit überlegene Wesen befinden«, wie auch von den Astronomen Dr. Otto Struve, Carl Sagan, Frank Drake und anderen, die bei einem »project meeting« (Arbeitskonferenz) in Green Bank (West-Virginia) 1961 eine etwas überraschende These entwickelten und sich auf folgendes einigten: »Es gibt zwischen vierzig und

Fliegende Untertasse im Anflug auf die Küste von Trinidad, aufgenommen vom Deck der *Almirante Saldanha*.
Bildquelle:
Brasilianische Marine

fünfzig Millionen Welten, von denen aus entweder versucht wird, uns Signale zu übermitteln oder aber Botschaften von der Erde zu empfangen.«
Der französische Wissenschaftler und ehemalige NASA-Spezialist Maurice Chatelain hat zumindest drei Fälle von offensichtlichen Funksignalen angeführt, die überzeugend für die Möglichkeit sprechen, daß es sich um von vernunftbegabten Wesen gesandte Nachrichten aus dem Weltraum handelt, was nichts anderes bedeuten würde, als daß andere Welten im Kosmos versuchen, sich den Astronomen und anderen Planeten bemerkbar zu machen, und zwar nicht durch plötzlich auftauchende UFO-»Patrouillen«, sondern auf wesentlich diplomatischere Weise.
Den Forschungsarbeiten von V. Troitzki, dem Direktor des Gorki Funktechnischen Physikalischen Forschungsinstituts, und N. Kardaschew, dem Leiter des Laboratoriums des Moskauer Weltraumforschungsinstituts, zufolge wurden von vier russischen Empfangsstationen mehrere Jahre lang sich wiederholende »Code«-Signale aus dem Weltraum aufgefangen, die speziell so placiert waren, daß örtliche und irdische Funksignale nicht empfangen wurden. Diese »Code«-Signale kamen anscheinend nicht von unseren eigenen Satelliten oder Weltraumsonden, da sie Jahre vor dem ersten Sputnik-Abschuß entdeckt wurden.
Bei dem 1961 in Greenbank, West-Virginia, durchgeführten OZMA-Projekt, bei dem die Möglichkeit einer Existenz anderer Zivilisationen in unserer Galaxis untersucht wurde, ereignete sich etwas Eigenartiges: Als die große Parabolantenne, die man benutzte, einmal auf das Sternbild des Walfisches, insbesondere auf den Stern Tau Ceti, auf der Suche nach entwickelten Zivilisationen eingepeilt wurde, reagierten das Empfangs- und Aufzeichnungsgerät und der Laserverstärker und fingen eine Serie unregelmäßiger Signale auf. Anders als bei den regelmäßig ausgesandten Si-

gnalen der Pulsare, die man anfangs für Botschaften hielt, legten diese Code-Signale, die in unregelmäßigen Intervallen eintrafen und wieder verstummten, die Vermutung nahe, daß jemand oder etwas Botschaften sandte, wenn auch selbstverständlich nicht notwendigerweise zur Erde. Die Aufregung, die durch dieses »Belauschen des Weltraums« durch Wissenschaftler ausgelöst wurde, dauerte jedoch nicht lange, da der Sicherheitsdienst eingriff und alle daran Beteiligten bald zu der »Erkenntnis« kamen, daß sie gar keine Botschaften aus dem Weltraum gehört hatten.

Vor vierzig Jahren nahm erstmals eine Reihe von Funkstationen in mehreren nordeuropäischen Staaten ein anscheinendes Echo ihrer Funksignale wahr, das länger als die übliche $1/7$ Sekunde und bis zu 15 Sekunden dauerte, als ob die Signale auf ein großes, die Erde umkreisendes Objekt, das nicht der Mond war, aufprallten. Der Astrologe Duncan Lunan befaßte sich später mit diesen Signalen, notierte ihre Häufigkeit und die dazwischenliegenden Intervalle und stellte die Hypothese auf, daß die Signale vielleicht von einem Weltraumfahrzeug kamen und man, falls es gelang, die Botschaften und Intervalle graphisch darzustellen und den Code zu entschlüsseln, möglicherweise den Ursprung dieser anscheinend von intelligenten Wesen ausgesandten Nachrichten ausfindig machen könne. Duncan Lunan erklärte außerdem, daß er imstande sei, einen Plan von einer aus verschiedenen Winkeln gesehenen Galaxis zu bekommen, namentlich den Kuhhirten, und daß in jedem Diagramm der Stern Izar genau in der Mitte placiert erscheine. (Diese ungewöhnliche Interpretation der Signale geht jedoch davon aus, daß die Bewohner des Planeten Izar das Universum mehr oder weniger so wie wir sehen – was doch eine etwas zweifelhafte Annahme ist.)

Es ist nicht auszuschließen, daß Wissenschaftler anderer Planeten versuchen, mit anderen bewohnten Welten Kontakt aufzunehmen oder diesen bereits herstellen konnten, und daß die Signale, die wir hören, ganz normale, intragalaktische Botschaften sind. Desgleichen mögen einige Zivilisationen im Weltraum schon so weit entwickelt sein, daß sie imstande sind, sich durch Projektionsarten, die wir noch nicht – außer in Science-Fiction-Geschichten – entdeckt haben, ja uns noch nicht einmal vorstellen können, von einem Sonnensystem zu einem anderen zu bewegen.

Diese Hypothese wäre eine Erklärung für die so oft fast überall auf unserem Planeten in der Vergangenheit wie Gegenwart beobachteten außerirdischen – oder uns zumindest als solche erscheinenden – Besuche. Doch abgesehen von dem begreiflichen Interesse außerirdischer Wesen an intergalaktischen Entdeckungen hat die Häufigkeit dieser Besuche ein gewisses Unbehagen, aber auch Interesse an ihrem Zweck bei den Erdbewohnern geweckt.

Es mangelt nicht an Theorien zu diesem Thema; eine kleine Auswahl zeigt, wie weit die Meinungen der UFO-Forscher auseinandergehen. Einige dieser Theorien sind recht beruhigend, während andere eine indirekte Bedrohung aufzeigen.

- Sie (die außerirdischen Wesen) holen sich Muster irdischer Fauna – zu der auch wir Menschen gehören – und bewegliche mechanische Konstruktionen für Vergleichs- und Studienzwecke.
- Sie kommen von dem Planeten Mars oder einem anderen trockenen Planeten und brauchen Wasser, das sie sich aus den Meeren unseres Planeten holen.
- Sie brauchen andere Elemente, vielleicht Gold, für ihre elektronischen Systeme und Konduktoren. (In jeder Quadratmeile Meerwasser ist Gold im ungefähren Wert von 360 000 000 Dollar enthalten.)
- Sie beschützen uns vor unseren angeborenen Tendenzen, uns selbst und unseren Teil des Universums zu vernichten.
- Sie überwachen den Flugverkehr und die Weltraumflüge, um sicherzugehen, daß wir nicht unseren Planeten verlassen, um andere Planeten zu erobern.
- Sie entführen nicht nur gewisse Menschen, sondern studieren das Verhalten von Bewohnern der Erde in ihrer eigenen Umwelt und geben abwehrende Warnsignale.
- Sie sind Fahrzeuge menschenähnlicher Wesen, die im Wasser leben und sich im Lauf der Jahrtausende in den Meeren der Erde entwickelt haben und die jetzt, durch die Verschmutzung *ihrer* Umwelt gestört, beschlossen haben, korrigierende Gegenmaßnahmen zu ergreifen.
- Sie stammen von Überlebenden einer vergangenen Zivilisation ab, die einst im Bermuda-Dreieck existierte, und besuchen ihre frühere Heimat oder leben dort heute in großen Unterwasserkuppeln.
- Sie sind Venusbewohner, die für die geplante Kolonialisierung der Erde einen Stützpunkt in der Tongue of Ocean in Höhlen unter dem Steilabfall vor Andros angelegt haben (der auf der Venus herrschende Druck – 91 Atmosphären – entspricht dem atmosphärischen Druck auf dem Meeresboden in der Tongue of Ocean).
- Sie sind außerirdische Wesen, welche die elektromagnetischen und anderen Naturkräfte der Erde als einen Energievorrat für intergalaktische und interdimensionale Reisen benutzen und den Bewohnern der Erde und ihrem Wohlergehen mit kosmischer Gleichgültigkeit gegenüberstehen.

Die Verfechter der meisten dieser Theorien gehen jedoch bei all diesen konstruierten Gründen für das gemeldete Massenauftreten von UFOs davon aus, daß es sich um Invasionssymptome (oder bestenfalls um wohlwollende Kolonialisierungsmaßnahmen) handelt. Mit anderen Worten: Da unsere eigene Geschichte ein dauerndes Wechselspiel von Invasion, Verteidigung und Erorberung war, ist es nur logisch anzunehmen, daß uns unbekannte und technologisch weiter entwickelte Besucher aus dem Weltraum das gleiche im Sinn haben.

Zum Thema des kosmischen Kolonialismus – wohlwollend oder anders geartet – sei erwähnt, daß Erich von Däniken und andere die These aufstellten, Besucher von anderen Planeten – möglicherweise von der Venus – hätten unsere primitiven Vorfahren die zivilisatorischen Künste und Fertigkeiten gelehrt. Die Erinnerung daran sei durch Legenden erhalten geblieben, und zwar in der jüdisch-christlichen Überlieferung in Form eines direkten Eingreifens Gottes und der Engel (siehe die Genesis und anscheinende Hinweise auf Weltraumreisen bei Hesekiel) – bei anderen Kulturen *der* Götter – in die Angelegenheiten der Erdbewohner.

Die Beweise für frühere kosmische Besuche stützen sich auf den Anachronismus, den die wissenschaftlich hochentwickelten und uns unerklärlichen Artefakte aus einer sehr frühen Epoche der Erdgeschichte darstellen, wie z. B. Goldarbeiten aus dem alten Kolumbien, welche Modelle von Düsenkampfflugzeugen zu sein scheinen; der »Sterncomputer« von Antikythera, den man auf dem Meeresboden der Ägäis fand; ein gemeißelter Sarkophagdeckel aus einer Tempelpyramide in Palenque, Mexiko, auf dem eine stilisierte Raumfahrtkapsel zu erkennen ist; elektrische Batterien in den Ruinen von Babylon und uralte Karten, auf denen die genaue Position der Kontinente eingezeichnet war, die erst Jahrtausende später entdeckt wurden, um nur einige zu nennen, ebenso die gigantischen Ingenieurleistungen unbekannten Alters einschließlich der im Libanon gefundenen tonnenschweren bearbeiteten Steinblöcke, der zyklopischen, »zusammengeschweißten« Felsblöcke der Ruinen auf dem Andenplateau in Südamerika, die aus einer den Inkas vorangegangenen Kultur stammen, und die Konstruktionsmethoden der Cheopspyramide in Gizeh sowie die in ihren Abmessungen enthaltenen präzisen astronomischen Kenntnisse.

Während diese Theorie einer belehrenden Überwachung von anderen Planeten aus – sozusagen eine Art »Friedenskorps« bzw. Entwicklungshilfe – wirklich sehr reizvoll ist, muß man bei ihrer Bewertung das jetzt anscheinend außerordentlich hohe Alter der Menschheit (die Zeitgrenze ihrer Anfänge wurde kürzlich von 3,5 Millionen Jahren auf 4 Millionen Jahre zurückverlegt) und die verschiedenen Entwicklungen und Rückentwicklungen früher und bisher noch unbekannter Zivilisationen der Erde berücksichtigen.

Wenn unsere eigene Zivilisation – falls wir ihre Anfänge auf die frühe ägyptische Kultur und die anderen Frühkulturen des Mittleren Ostens datieren – sich in nur 6000 Jahren vom Stadium primitiver Hirtenvölker bis zum Atomzeitalter fortentwickelte, wäre es durchaus möglich, daß unsere unbekannten Vorfahren zwischen radikalen Klimaveränderungen und anderen Katastrophen reichlich Zeit hatten, nicht nur eine, sondern viele fortgeschrittene Kulturen ohne belehrende Überwachung – wenn auch wahrscheinlich nicht ohne interessierte Beobachtung – aus dem Weltraum aufzubauen. Dieser These der »interessierten Beobachter aus dem Weltraum« liegt die Annahme zugrunde, daß derartige Beobachter unser jeweiliges zivilisatorisches Entwicklungsstadium verfolgen, um festzustellen, wann wir ein genügend hohes Niveau erreichen, um von weiter entwickelten Zivilisationen der Galaxis als ebenbürtig anerkannt zu werden und in Kontakt mit ihnen treten zu können.

Die Kontroverse um die UFOs wurde kürzlich um eine recht dramatische Note bereichert, als John Baxter und Thomas Atkins das Buch *The Fire Came By* (Doubleday 1976) veröffentlichten, in dem ein Ereignis geschildert wird, das möglicherweise nichts anderes war als ein Unfall bei einem kosmischen Besuch oder Erkundungsflug vor etwa einem halben Jahrhundert. Es handelt sich hierbei um einen – wie man vermutete – Meteoriten, der 1907 im Gebiet von Tunguska in Sibirien einschlug und den man aufgrund neuerer Untersuchungsergebnisse für eine mögliche Atomexplosion eines »bemannten« (in des Wortes weitester Bedeutung) Weltraumfahrzeuges unbekannter Herkunft hält.

Russische Wissenschaftler hatten damals die gewaltige Explosion untersucht, die sogar in England beobachtet wurde und deren seismische Erschütterung man auch in Washington D.C. registrierte, hatten sie aber allgemein für einen Meteoriteneinschlag gehalten. Kürzlich durchgeführte Messungen der Radioaktivität in diesem Gebiet und Untersuchungen über die Richtung des ausgelösten Luftdralls, wie auch über den Reaktionsradius, ergaben jedoch, daß sich die Explosion *auf* der Erdoberfläche ereignete und daß dabei, nach Berechnung einiger Wissenschaftler, eine Energie von ungefähr 30 Megatonnen frei wurde, also 1500mal so viel Energie als bei der Explosion der auf Hiroshima abgeworfenen Atombombe.

Die Rekonstruktion der Fallkurve des vermeintlichen Meteoriten – soweit eine solche überhaupt nach Aussagen von Augenzeugen möglich ist, die das Objekt stellenweise horizontal zur Erdoberfläche am Himmel dahinschießen und plötzlich eine anscheinend jähe Kursänderung vollführen sahen – ließ Forscher vermuten, daß das Objekt zwar gesteuert wurde, aber irgendwelche Störungen auftraten.

Der Feuerschein und die Erschütterung, an die Augenzeugen sich noch erinnern können, sowie die pilzförmige Rauchwolke und der schwarze

Niederschlag nach der Explosion, die Strahlenschäden auf der Haut der Rentiere, welche die Explosion überlebten, wie auch die noch heute in diesem Gebiet vorhandene Radioaktivität überzeugten Alexander Kasanzew, einen russischen Wissenschaftler und Weltraumforscher, daß das Phänomen durch die Explosion eines die Erde umkreisenden Weltraumfahrzeuges verursacht wurde, das möglicherweise auf dem Weg zum Baikalsee in Sibirien war, auf der Suche nach Süßwasser aus dem tiefsten See der Erde.

Während durch diese Explosion lediglich ein großes Waldgebiet verwüstet und einige Rentierherden vernichtet wurden, hätte dieselbe Explosion, wenn sie in einem der Bevölkerungszentren Rußlands – oder der Welt – erfolgt wäre, die gesamte Bevölkerung einer Großstadt wie auch die weitere Umgebung vernichtet. Die Möglichkeit von – und sei es auch ungewollt – aus dem Weltraum ausgelösten Atomexplosionen stellt einen weiteren Grund zur Besorgnis für die Bewohner der Erde dar, denen die gegenwärtige Gefahr eines drohenden Atomkrieges oder eines Versagens einer mit Atomkräften betriebenen Anlage bereits genug Sorgen macht.

Die Meinung von Major Donald E. Keyhoe, eines langjährigen UFO-Forschers (siehe Seite 169 f.), ist typisch für einen militärischen Standpunkt, der inoffiziell von vielen Piloten wie auch von russischen Beobachtern geteilt wird, die über UFO-Aktivitäten in der Sowjetunion berichten. (In diesem Zusammenhang ist es interessant zu erwähnen, daß die Russen, die lange Zeit die Amerikaner verdächtigten, hinter den UFOs zu stecken, und die Amerikaner, die umgekehrt lange die Russen in Verdacht hatten, sich jetzt gegenseitig halb offiziell diese UFO-Sichtungen melden.) Major Keyhoe hält UFOs für eine potentielle Bedrohung aus dem Weltraum, wobei möglicherweise ein besonderes Interesse an unserer technologischen Entwicklung besteht. Er glaubt, daß sie noch aus einem anderen, recht beunruhigenden Grund eine Gefahr bedeuten, und zwar wegen der Möglichkeit, daß die Russen oder Amerikaner irrtümlicherweise einen Schwarm von UFOs über ihrem eigenen Land für einen möglichen Feind halten und Verteidigungsmaßnahmen mit katastrophalen Folgen ergreifen könnten. Er vermutet scharfsinnig, daß alle außerirdischen Wesen, die intelligent genug sind, um die Erde zu besuchen, wahrscheinlich auch imstande sind, Fernseh- und Radiosendungen zu verstehen, was vielleicht verhängnisvolle Folgen für die Erde haben könnte, falls diese Wesen auf Grund unserer Nachrichten oder Unterhaltungssendungen zu dem Ergebnis kämen, daß wir hoffnungslos der rohen Gewalt verfallen sind und liquidiert werden müssen, bevor es zu einem direkten Kontakt mit ihnen kommt. Major Keyhoe ist daher der Meinung, daß versucht werden sollte, Verbindung mit UFOs aufzunehmen, um die planetarischen Wesen von unseren friedlichen Absichten zu überzeugen; ebenso sollten die seiner Ansicht nach von Regierungsstellen – und insbesondere die von der amerikanischen Luftwaffe und der CIA – verhängten Zensurmaßnahmen aufgehoben werden, und die Regierungen sollten mit Privatpersonen sowie mit privaten Organisationen zusammenarbeiten, um zu versuchen, einen friedlichen Kontakt zu unseren unirdischen Besuchern herzustellen.

Es ist nur natürlich, daß UFOs von Beobachtern unter verschiedenen Gesichtspunkten – persönlichen, regionalen oder nationalen – betrachtet werden. Genauso, wie Forscher mit militärischer Vergangenheit – und das gilt sowohl für Amerikaner wie Russen – dazu neigen, UFO-Besuche als »Invasionen«, »Angriffe« oder »Waffenstillstand« zu interpretieren, wundert es einen in Anbetracht des starken religiösen Elements in der spanisch sprechenden Welt nicht, daß der führende spanische UFO-Experte (im Spanischen nennt man sie OVNIs*) sie mit religiösen oder satanischen Erscheinungen in Zusammenhang bringt. Salvador Freixedo, Jesuitenpater und Autor vieler Abhandlungen zu diesem Thema, der ein besonderer Experte für UFO-Phänomene im südwestlichen Teil des Bermuda-Dreiecks ist, vermutet, daß es sich bei dem Erscheinen und den Besuchen des Teufels oder der Teufel während der gesamten Menschheitsgeschichte in Wirklichkeit um ein und dasselbe Phänomen handelte. Was die Kirche und unsere Vorfahren den oder die Teufel nannten, nennen wir Piloten oder Insassen von UFOs. Pater Freixedo vergleicht den Schwefelgeruch, den verängstigte Beobachter von UFOs häufig wahr-

---

* Da UFOs auf der ganzen Erde am Himmel erscheinen, seien hier die Namen erwähnt, mit denen sie in den die größten Gebiete erfassenden Sprachen bezeichnet werden. In den romanischen Sprachen heißen sie OVNIs, was wörtlich übersetzt »Objekte fliegende nicht identifizierte« bedeutet.
Spanisch: *objetos volantes no identificados*
Französisch: *objets volants non identifiées*
Italienisch: *oggetti volanti non identificati*
Portugiesisch: *objetos volantes não identificados*
In Deutsch heißen sie genau wie in Englisch UFOs *(unidentifizierte fliegende Objekte)*. Auf russisch bedeutet »unidentifizierte fliegende Objekte« *njeobjasnimi ljetutschij objekt*, obwohl man diese erst seit kurzem erwähnt. In anderen Sprachen ist der Ausdruck gewöhnlich eine Variante von »Fliegende Untertasse«:
Chinesisch: *fei tieh* (Flug-Untertasse)
Japanisch: *sora tobu emban* (Himmel-Flug-Scheibe)
Malaiisch, Indonesisch: *piring terbang* (Untertasse-Flug)
Arabisch: *sohhoun taa'ira* (Untertassen fliegende)
Auf den Inseln im Pazifik wie Hawaii, Tahiti und anderen hält die Bevölkerung UFOs ganz einfach für die gleichen Lichter und Objekte, die schon seit undenklichen Zeiten am Nachthimmel über dem Pazifik gesehen wurden; sie nennen sie *akuatele* – »Fliegende Geister«, was vielleicht gar keine schlechte Bezeichnung ist.

nahmen, mit dem allseits bekannten Schwefelgestank, der dem Satan von alters her nachgesagt wird.

Freixedo weist darauf hin, daß UFO-Wesen in den vielen Berichten über einen in der Karibik zustande gekommenen direkten Kontakt zwischen Erdbewohnern und UFO-Insassen Spanisch sprachen – so wie sie in anderen Teilen der Welt Englisch, Deutsch, Französisch, Italienisch, Russisch etc. sprachen – und eine merkwürdige Vorliebe für »Sarkasmus, Streiche [und] Schabernack ohne irgendeinen anderen Grund als der Lust an der Bosheit« zeigten, was schon immer ein typisches Merkmal von Teufeln und Hexen war. Einige von Pater Freixedos Theorien, besonders jene, die durch Kirchenheilige bewirkte Wunder mit UFO-Aktivität in Verbindung bringt – denn »Engel« sind nach Pater Freixedos Ansicht nichts anderes als »gute UFOs« –, wurden begreiflicherweise von der Hierarchie der Kirche mit wenig Begeisterung aufgenommen und waren seinem weiteren Aufstieg nicht eben dienlich. Trotzdem hörte er nicht auf, darauf hinzuweisen, daß jedesmal, wenn UFOs in der Karibik erscheinen, dort gleichzeitig Wunder geschehen, wie z. B. weinende oder blutende Kirchenstatuen, aufleuchtende Gemälde, aufblitzende Lichtstrahlen von Kirchentürmen, Wunderheilungen und andere wundersame Erscheinungen.

Pater Freixedo ist der Ansicht, daß UFOs nicht aus dem Weltraum kommen, sondern aus unserem eigenen Planeten oder unbekannten, unserer Dimension viel näheren Räumen: »Der Mensch beginnt zu erkennen, daß er nicht allein [als ein vernunftbegabtes Wesen] auf diesem Planeten ist. Es ist, als ob er in einer Eigentumswohnung lebte und ab und zu andere Mitbewohner desselben Gebäudes sähe oder hörte.« Er weist ferner darauf hin, daß niemand die Motive und Ziele der UFOs kennt und daß »sie von unserer Warte aus gesehen unlogisch vorzugehen scheinen«. Pater Freixedo ist überzeugt, daß UFOs in der Karibik und anderen Gebieten der Erde den Tod von Tausenden Menschen – sei es nun zufällig oder gezielt – verursachen. (»Sie sind eine Kraft – wie z. B. die Elektrizität, die man auch nicht als gut oder schlecht bezeichnen kann.«) Nach Pater Freixedos Ausführungen scheinen die UFOs in den Gebieten, die er am besten kennt und am gründlichsten studiert hat – wie Puerto Rico –, aus bekannten Zonen magnetischer Aberrationen aufzutauchen, Starkstromleitungen zu folgen und über Kraftwerken länger zu verweilen, die sie, wie Pater Freixedo glaubt, benutzen, um in unser Raum-Zeit-Kontinuum einzudringen, falls sie interdimensional sind. Seiner Meinung nach nähern wir uns dem Augenblick, in dem es zu einem Kontakt mit den »Mitbewohnern desselben Gebäudes« kommt, zu einem direkten und nicht wie bisher nur flüchtigen und sporadischen, sondern vielleicht sogar verhängisvollen Kontakt. »Die Menschheit nähert sich auf der Straße der Geschichte einer Kurve, und in einer Kurve quietschen bei hoher Geschwindigkeit die Reifen.«

Dr. Manson Valentine ist ebenfalls der Ansicht, daß einige der im Dreieck beobachteten UFOs interdimensional sind und nicht aus dem außerirdischen Raum kommen; er glaubt, daß die lauten, häufig im Moment ihres Auftauchens zu vernehmenden Explosionen möglicherweise einer der Nebeneffekte beim Durchbruch von einer Dimension in eine andere sind. (Pater Freixedo nannte sie »Lärm von den anderen Stockwerken des Gebäudes«.) Dr. Valentine verweist auf die vielen Berichte, denen zufolge es – obwohl UFOs oft unerwartet erscheinen – eine kurze Zwischenperiode unmittelbar vor ihrer plötzlichen Materialisierung gibt, in der sie auf den Radarschirmen zu erkennen sind. Mit anderen Worten: Sie sind schon da, nur können wir sie, möglicherweise außer anderen Gründen auch wegen unseres begrenzten visuellen Wahrnehmungsvermögens, nicht sehen. Ebenso werden sie, nachdem sie unterschiedlich lange sichtbar oder auf Radarschirmen zu erkennen waren, plötzlich für das menschliche Auge unsichtbar und verschwinden gleichzeitig auch von den Radarschirmen. Dr. Valentine erklärt, daß es »Beweise dafür gibt, daß starke Magnetfelder günstige Bedingungen für interdimensionale Übergänge schaffen können«, und vermutet, daß UFOs derartige Felder benutzen und sie auch verstärken. Er behauptet, daß die glühenden Wolken, die manchmal im Bermuda-Dreieck zur selben Zeit beobachtet wurden, als Schiffe und Flugzeuge verschwanden, möglicherweise das Ergebnis der »Materialisation« eines großen UFOs sind, das ein so starkes Magnetfeld entstehen ließ, daß die Nebeneffekte vielleicht die Ursache für viele der gemeldeten Fälle von Verschwinden sind.

Dr. Valentine stimmt mit Pater Freixedo und anderen hinsichtlich der Möglichkeit überein, daß magnetische Aberrationen eine »Materialisationszone«, ein Punkt oder ein »Fenster« zum Eintritt von UFOs in unsere Dimension sein können, wobei die seismischen und magnetischen Störungen in Puerto Rico, im Puerto-Rico-Graben direkt nördlich der Insel, in der Tongue of Ocean (jenem Graben oder Krater im Meeresboden, der zwischen Andros und der Exuma-Kette in den Bahamas unmittelbar vor den flachen Bahama-Bänken in eine Tiefe von über 1,5 Kilometer steil abfällt), in dem sogenannten »grundlosen Loch« vor St. Augustine (einem Loch im Meeresboden von bisher noch unbekannter Tiefe), und in einem anderen Meeresgebiet östlich der Bahamas, in dem der Wasserspiegel sich abwärts in eine Mulde von 80 Meter zu senken scheint, bevor er wieder ansteigt, besonders berücksichtigt werden. Im Zuge der für die nächste Zeit geplanten Untersuchungen werden möglicherweise noch andere Gebiete entdeckt, in denen magnetische Anomalien auftreten und nicht die normalen Gesetze der Schwerkraft gelten.

Falls die Annahme, daß Menschen durch Eingreifen unbekannter Wesen in der Umgebung besonderer Magnetfelder oder seismischer Störungen oder einer Kombination von beidem verschwinden, einer Überlegung wert ist, gewinnt das Verschwinden eines ganzen englischen Regiments im Ersten Weltkrieg neues Interesse. Man kann diesen Vorfall, was die Anzahl der verschwundenen Personen betrifft, mit den großen Menschenverlusten beim Verschwinden der *Cyclops*, der *Atalanta*, der *Marine Sulphur Queen* und anderen berüchtigten Vermißtenfällen, die sich im Bermuda-Dreieck ereigneten, vergleichen; außerdem ist er durch zahlreiche Augenzeugen glaubwürdig belegt. Obwohl er sich weit entfernt vom Bermuda-Dreieck während des tragischen Gallipoli-Feldzuges am 28. August 1915 in der Türkei ereignete, wird auch hier von einer Wolke (bzw. von Nebelschwaden) berichtet, die das Regiment plötzlich einhüllte; außerdem ereignete sich der Vorfall auf demselben Breitengrad und in der Nähe einer seismischen Bruchzone. Trotz der allgemeinen Verwirrung und Ungewißheit, die bei der Berichterstattung über ein Geschehen mit hineinspielen, das sich unter Kampfbedingungen vollzieht, ist der Bericht der Augenzeugen über das ungeklärte Verschwinden des First Fourth Norfolk-Regimentes in der Nähe von Hügel 60, Sulva Bay, präzise und klar – und völlig rätselhaft.

Obwohl das gesamte Regiment als vermißt gemeldet wurde, behaupten Augenzeugen aus dem ANZAC (Australisches und Neuseeländisches Armeekorps) und auch aus den türkischen Streitkräften, daß das vorrückende britische Regiment nie mit den Türken in Berührung kam. Nach Aussage von Beobachtern aus der Abteilung 3 der Feldkompanie Nr. 1 des Neuseeländischen Expeditionskorps marschierte das britische Regiment, das First Fourth Norfolk, bei Hügel 60, Sulva Bay, in eine ungewöhnliche, tiefhängende Wolke und kam niemals wieder zum Vorschein. Wie Augenzeugen des Vorfalls erklärten, herrschte am Morgen des 28. August 1915 klares, schönes Wetter. In einer gemeinsam von den Pionieren F. Reichart (4/165), R. Newnes (13/416) und J. L. Newman (seine Nummer wurde nicht genannt) unterzeichneten Erklärung wird genau geschildert, was sie sahen:

> …Der Tag begann ganz klar, ohne eine Wolke in Sicht… außer sechs oder acht ›brotlaibförmigen‹ Wolken, die alle genau die gleiche Form hatten und über Hügel 60 hingen. Trotz einer südlichen Brise von 6 bis 7,5 Stundenkilometern veränderten diese Wolken weder ihre Position noch ihre Form oder Gestalt und trieben auch nicht durch die Brise davon. Sie hingen in einer Höhe von ungefähr 60 Grad, von unserem 16 Meter höher gelegenen Beobachtungsstand aus gesehen. Direkt unter dieser Wolkengruppe befand sich eine bis auf die Erde herunter-

hängende, ebenfalls unbewegliche und ähnlich geformte Wolke, die etwa 270 Meter lang, 70 Meter hoch und 70 Meter breit war. Diese Wolke war völlig undurchsichtig, wirkte in ihrer Struktur beinah wie ein fester Körper und lagerte ungefähr 280 bis 360 Meter von der Kampfzone entfernt in dem von den Engländern besetzten Gebiet auf dem Erdboden. Dies alles wurde von zweiundzwanzig Männern der Abteilung Nr. 3 der Feldkompanie Nr. 1 des Neuseeländischen Expeditionskorps (NZE) aus unseren Schützengräben auf der Rhododendron-Befestigungsanlage ungefähr 2500 Meter südwestlich der seltsamen Wolke gesehen. Unser Beobachtungsstand überragte Hügel 60 um ungefähr 100 Meter. Wie sich später herausstellte, lagerte diese merkwürdige Wolke in einem ausgetrockneten Flußbett oder einer abgesunkenen Straße (Kaiajik Dere), und wir konnten die Seiten und Enden der Wolke, die da auf dem Boden ruhte, ganz deutlich sehen. Sie war hellgrau, genau wie auch die anderen Wolken.

Dann sahen wir, wie ein britisches Regiment von mehreren hundert Mann, das First Fourth Norfolk, auf dieser abgesunkenen Straße – oder in diesem Flußbett – zum Hügel 60 heraufmarschiert kam. Es sollte anscheinend den auf Hügel 60 kämpfenden Truppen als Verstärkung dienen. Als sie bei der eigenartigen Wolke anlangten, marschierten sie ohne zu zögern geradewegs in sie hinein, aber keiner kam jemals wieder aus ihr heraus, um auf Hügel 60 aufzumarschieren und zu kämpfen. Als etwa eine Stunde später der letzte Soldat der letzten Reihe des Regiments in der Wolke verschwunden war, hob sie sich ganz unauffällig vom Boden ab und stieg wie eine normale Wolke oder ein Nebelschwaden langsam auf, bis sie die anderen ähnlich aussehenden Wolken erreichte, die zu Beginn dieses Berichtes beschrieben wurden. Diese Gruppe von Wolken hatte sich die ganze Zeit nicht von der Stelle bewegt, doch sowie die einzelne »Bodenwolke« sich auf selber Höhe mit ihnen befand, glitten sie alle in nördlicher Richtung, d. h. auf Thrazien (Bulgarien) zu, davon. Nach ungefähr einer dreiviertel Stunde waren sie aus unserer Sicht verschwunden.

Das betreffende britische Regiment wurde als »vermißt« oder »aufgerieben« registriert, und das erste, was England nach der türkischen Kapitulation 1918 von der Türkei verlangte, war die Freilassung dieses Regiments. Die Türkei erwiderte, dieses Regiment sei weder von türkischen Truppen gefangengenommen worden noch in Berührung mit ihnen gekommen; man wisse nicht einmal etwas von seiner Existenz. Die Größe eines britischen Regiments lag in den Jahren 1914–1918 zwischen 800 und 4000 Mann. Wir, die wir diesen Vorfall mit eigenen Augen sahen, verbürgen uns für die Tatsache, daß die Türken dieses Regiment niemals gefangennahmen...

Obwohl sich das Verschwinden von vielen Truppeneinheiten in Kampfzonen vielleicht oft durch reinen Überlebenswillen – d. h. durch Fahnenflucht – erklären läßt, ist es doch bemerkenswert, daß keiner dieser Soldaten jemals wieder auftauchte. Falls die Truppen des First Fourth Norfolk-Regiments tatsächlich in eine andere Dimension versetzt wurden, kann man nur hoffen, daß ihr neues Raum-Zeit-Kontinuum weniger lebensgefährlich für sie war – oder ist – als das, welches sie verließen und in dem, wie die Verluste des Gallipoli-Feldzuges zeigten, kaum etwas anderes als schwerste Verwundungen oder Tod ihr Schicksal geworden wären. Vielleicht war ihnen deshalb die unbekannte Alternative gar nicht so unwillkommen. Falls es sich bei diesem Vorfall um eine Entführung von Menschen oder militärischer Ausrüstung handelte, liegt es auf der Hand, daß sich eine solche leichter unbemerkt und ungestört in Kriegszeiten als zu Friedenszeiten bewerkstelligen ließ. Die während des Zweiten Weltkrieges über dem Bermuda-Dreieck spurlos verschwundenen Flugzeuge und Flugstaffeln erregten verständlicherweise nicht in gleichem Maße das Interesse der Öffentlichkeit wie die späteren Vermißtenfälle, die sich zur Friedenszeit ereigneten.

Während der letzten Kriege, und zwar besonders während jener, in denen Flugzeuge eine wichtige Rolle spielten, scheint die UFO-Aktivität zugenommen zu haben. Im Zweiten Weltkrieg hielten beide Seiten die fliegenden Lichter, die häufig Bombergeschwader begleiteten, für eine Entwicklung der gegnerischen Luftwaffe. Diese Lichter wurden sowohl auf den europäischen Kriegsschauplätzen wie im Pazifik und später in Korea und Vietnam beobachtet. Auf Grund des offensichtlichen Interesses der UFOs an unserer Weltraumforschung kann man die Theorie nicht ganz ausschließen, die eine wachsende Besorgnis auf seiten der UFOs über unseren ständigen Fortschritt in der Entwicklung militärischer Vernichtungswaffen vermutet. Obwohl nur 2 der ungefähr 900 erfolgten Atomexplosionen aus Kriegsgründen stattfanden, haben die Versuchsexplosionen, die in der Luft, im Meer und unter der Erdoberfläche durchgeführt wurden, vielleicht weitreichende Auswirkungen. Falls andere Intelligenzen uns beobachten, könnte diese von uns betriebene intensive Erforschung der Atomenergie verständlicherweise Anlaß zu Besorgnis geben. Wie bekannt, setzte die lange Serie von UFO-Sichtungen kurz nach der Explosion der ersten Atombombe ein und hat sich seitdem bis heute unverändert fortgesetzt.

9

Die Lücke schließt sich allmählich

Bei Betrachtung der gesamten über den Meeren, Küsten und Ländern der Erde gesichteten UFOs stellt man fest, daß UFOs nicht nur mit großer Häufigkeit auftauchen, sondern auch von einer ständig wachsenden Anzahl qualifizierter Beobachter wahrgenommen werden. Inzwischen hat die Meinung informierter Kreise über die Herkunft und die Absichten der UFOs eine gewisse Änderung erfahren.

Diese Meinungsänderung, für die vielleicht der berühmte Psychiater C. G. Jung wegbereitend war, beinhaltet die Annahme, daß UFOs – obwohl sie durchaus reale Erscheinungen sind – zum Teil ein psychisches Phänomen darstellen. Diese Theorie vermutet, daß UFOs gar keine Fahrzeuge aus dem außerirdischen Raum sind, sondern entweder von unserem Planeten oder aus einer anderen Dimension kommen und auf irgendeine Weise mit den psychischen Möglichkeiten der Betrachter zusammenhängen. Mit anderen Worten: UFOs hängen, sowohl was ihre Form wie ihre Sichtbarkeit betrifft, von dem kollektiven Bewußtseinszustand jener ab, die sie beobachten, was bei jedem Menschen andere Voraussetzungen schaffen kann.

Bekannte Forscher, wie z. B. John Keel, der sich seit langem mit UFO-Studien befaßt, Jacques Vallée, der französische Astronom und Physiker, sowie Dr. Allen Hynek, den man als den gegenwärtigen »Dekan« der UFO-Forschung bezeichnen kann, geben sich nicht mehr mit der simplifizierenden Erklärung zufrieden, nach der UFOs angeblich räuberische Weltraumfahrzeuge aus der Galaxis oder anderen weiter entfernten Sphären sind. Nach diesen neuen Theorien kommen sie vielleicht von einem viel näheren Ort – oder sind vielleicht die ganze Zeit hier, lediglich in einer anderen Dimension, und werden für uns nur wahrnehmbar, wenn sie in unser Spektrum der Farb-Sichtbarkeit, unseren Bereich der Geräuschwahrnehmung oder in unsere Zeit-Sphäre eintreten.

Vallée vermutet, gestützt auf seine umfassenden Kenntnisse französischer und keltischer Legenden, daß es sich bei Feen, Nixen, Elfen, Zwergen und anderen Fabelwesen gar nicht unbedingt um Märchengestalten handelt, sondern um Erscheinungen aus realen Vorfällen, die sich immer wieder zu allen Zeiten ereigneten. Die Augenzeugen beschrieben sehr unzutreffend nur das, was sie sahen und was wir heute als UFOs bezeichnen würden. Genauso, wie Peter Freixedo die zahllosen, in den langen Annalen der Religionsgeschichte verzeichneten Taten des Teufels

191

ganz neu interpretiert, weist Vallée darauf hin, daß Kobolde, Gnome und ihresgleichen berüchtigt sind für die bösen Streiche, die sie mit Vorliebe den Menschen spielen, wie auch für ihre Angewohnheit, durch trügerischen Schein zu täuschen und anders zu erscheinen, als sie sind – genau wie die UFO-Insassen, die nach den uns vorliegenden Berichten ebenfalls Gefallen an einem die Menschen verwirrenden, ängstigenden und offenbar unlogischen Verhalten zu finden scheinen, wenn sie sich den Bewohnern der Erde zeigen, was zunehmend häufiger geschieht.

John Keel stellte, auf gemeldete UFO-Aktionen verweisend, eine beunruhigende Theorie auf; nach ihr sind die mit Empfindungen begabten Wesen der UFOs oder ihre möglicherweise Computern ähnelnden Roboter außerhalb des Bereichs unserer fünf Sinne und können folglich nicht nach unseren üblichen Normen bewertet und erfaßt werden. Falls UFOs von intelligenten Wesen gesteuert werden, fragt man sich, weshalb sie sich so unberechenbar verhalten; sie erscheinen aus dem Nichts, verschwinden blitzartig, nehmen angeblich und scheinbar rein zufällig Kontakt mit einzelnen Personen oder kleinen Gruppen der Bevölkerung auf, entführen manchmal Menschen und lassen sie manchmal auch wieder frei und das an verschiedenen Stellen der Erde, von denen das Bermuda-Dreieck vielleicht eines ist, das die günstigsten Voraussetzungen bietet.

Dr. Hynek schlägt eine intelligente und recht logische Erklärung dafür vor, weshalb UFOs es zu vermeiden scheinen, direkten Kontakt mit Regierungs- oder Militärbehörden in ihrem Operationsgebiet aufzunehmen. (Es darf nicht unerwähnt bleiben, daß mehrere angebliche »Kollisionen« zwischen UFOs und amerikanischen und russischen Flugzeugen – alle mit verhängisvollem Ausgang für die Erdbewohner – und zwischen einem UFO und einem amerikanischen Schiff im Südatlantik – hier blieben wir Sieger –, zweifellos eine Art des »direkten« Kontaktes war, wenn auch nicht gerade eine sehr diplomatische.) Nach Dr. Hyneks Hypothese haben UFOs sich uns schon seit langem vorsichtig genähert. Dr. Hynek argumentiert folgendermaßen: Angenommen, wir fänden selbst andere Zvilisationen auf anderen Planeten; falls wir uns sofort den Bewohnern zeigen würden, bekämen sie eventuell einen kulturellen Schock, von dem sie sich vielleicht nicht wieder erholten, und würden mit »größter Panik oder unterwürfiger Verehrung reagieren«. Falls wir dagegen den kosmischen »Eingeborenen« viele Jahre lang Zeit ließen, sich allmählich durch vorsichtige Annäherungen an unsere Existenz zu gewöhnen, und in dieser Phase ihre Lebensgewohnheiten in ihrer eigenen kulturellen Umwelt studieren würden, wäre die Verwirrung bei der schließlich erfolgenden direkten Konfrontation mit der höher entwikkelten Kultur ein weniger traumatisches Erlebnis.

So einleuchtend diese Erklärung und Theorie auch erscheinen mag, so war die rücksichtsvolle »allmähliche Annäherung« mit dem Ziel, den »entdeckten« Eingeborenen einen kulturellen Schock zu ersparen, ganz gewiß nicht die von den Eroberern und Erforschern der Erde praktizierte Methode, wie die fast erfolgte Vernichtung der Ureinwohner Amerikas, Afrikas und der Südsee beweist. Wir können nur hoffen, daß die Eroberer aus dem Weltall altruistischer sind als wir. Aber es gibt keinerlei Garantie dafür – wie tröstlich der Gedanke auch wäre –, daß Wesen, die großer wissenschaftlicher Leistungen fähig sind, über primitiven Eroberungs- und Zerstörungswahn erhaben sind.

Der springende Punkt in der gesamten UFO-Forschung ist die Tatsache, daß wir absolut kein konkretes Wissen über die UFOs besitzen. Bis zu dem Augenblick, in dem es zu mehr als nur ungenau belegten Zufallskontakten mit ihnen kommt, wissen wir nicht, weshalb sie hier sind oder was ihre angestrebten Beziehungen oder Pläne mit den gegenwärtigen Erdbewohnern sind. Es ist gleichfalls unmöglich zu sagen, ob sie miteinander in Verbindung stehen oder ob sie von verschiedenen Orten kommen; einige vielleicht von der Galaxis, andere aus dem »inneren« Raum – aus Welten innerhalb von Welten – oder von sogar noch ungewöhnlicheren Orten, die unsere Vorstellungskraft fast übersteigen.

Diese letzte Möglichkeit, auf die zum Teil das hartnäckige, aber immer nur flüchtige und ziellos erscheinende Auftauchen der UFOs hinweist, wäre, daß sie nicht aus dem Weltraum kommen, nicht aus Höhlen im Erdinnern noch aus den Tiefen der Meere, sondern aus einem anderen Zeitalter – und so werden sie vielleicht von unseren Nachkommen oder von fernen Vorfahren gesteuert, deren Zivilisationen zwar anders, aber nicht notwendigerweise primitiver als unsere, möglicherweise einst in großen, jetzt vom Meer bedeckten frühen Kulturzentren blühten.

In diesem Fall befänden sie sich, da sie ja aus einem anderen Zeitraum kämen, außerhalb unseres Gesichtskreises, gleichgültig, wie stark auch unsere Teleskope wären. Falls sie andererseits durch einen interdimensionalen »Einschlupf« aus einer anderen, parallel zu unserer Welt existierenden Welt kämen, wären sie auch außerhalb unseres Farbspektrums, unseres Wahrnehmungsbereiches für Geräusche wie auch von Materie, und das zumindest so lange, bis sie plötzlich in unserem Wahrnehmungsspektrum erscheinen.

Eine berechtigte Frage, die oft von Menschen gestellt wird, die sich über die zunehmend häufigeren und genaueren Berichte von UFO-Sichtungen wundern, betrifft ihre Ziele und Absichten im Hinblick auf die gegenwärtig auf unserem Planeten dominierenden Geschöpfe – uns Menschen. Falls die Besatzungen oder Befehlshaber der UFOs im Besitz höherer Macht sind, fragt man sich, weshalb sie nicht ganz offen in einer unserer Großstädte landen, eine »Bringt-uns-zu-eurem-Anführer«-Haltung einnehmen und uns ihre Absichten klar zu verstehen geben. Seit Hunderten, ja Tausenden von Jahren wurden unbekannte Flugobjekte am Himmel gesehen, in Legenden aufgenommen und später in zeitgenössischen Schriften beschrieben, und die gleichen Objekte bilden in unserer heutigen Zeit das Thema Tausender Polizeimeldungen, Presseartikel und Berichte über Flugzeuge und Schiffe aus der ganzen Welt.

Obwohl es Meldungen zufolge zu vielen Kontakten zwischen UFO-Besatzungen und Erdbewohnern und häufigem vorübergehendem »Spacenapping« von Menschen gekommen sein soll, haben die Insassen von UFOs in keinem der uns bekannten Fälle einen direkten Kontakt mit örtlichen Behörden oder auch nur mit einem der führenden UFO-Forscher aufgenommen, von denen die meisten eine solche Geste außerordentlich begrüßt hätten. Die zahlreichen Kontakte und »Interviews« fanden angeblich sogar ganz im Gegenteil mit einsamen Auto- oder Lastwagenfahrern, Farmern, Schäfern oder Menschen statt, die nachts allein in verlassenen Gegenden unterwegs waren. Nach Aussage vieler derjenigen, die behaupten, von UFOs gefangengenommen, interviewt und wieder freigelassen worden zu sein, verfolgen die fremden Wesen ganz konkrete Ziele und drücken in der Mehrzahl der Fälle die Absicht aus (in einer auf der Erde gebräuchlichen Sprache oder durch Gedankenübermittlung), bald offene Kontakte mit der Menschheit aufzunehmen und uns spezielle Medikamente gegen Krankheiten und Universalheilmittel für unsere anderen Leiden zu bringen.

Eine interessante Ergänzung zu diesen möglichen Aspekten der UFO-Besuche liefert ein Bericht über einen Vorfall, der sich in Argentinien ereignete, und zwar im »Südatlantischen Dreieck« vor der Küste Südbrasiliens, Uruguays und Nordargentiniens, das Ivan Sanderson (Autor und Begründer der *Society for the Investigation of the Unexplained*) als ein Gebiet bezeichnete, in dem Anomalien auftreten oder das möglicherweise als Kontaktstelle dient. Es handelt sich bei diesem Fall um eine UFO-Begegnung mit höchst ungewöhnlichen Folgen, die der 73 Jahre alte argentinische Farmer Ventura Maceiras erlebte. Nach Aussagen von Maceiras verstummte am Abend des 30. Dezember 1972 um 22 Uhr 30 plötzlich sein Radio, als er in seinem Häuschen saß und einer Sendung lauschte. Er vernahm ein Brummen in der Luft, ging hinaus und sah ein rötlichorange glühendes UFO von 25 bis 28 Meter Durchmesser, das in derart geringer Höhe – etwa 12 Meter – über einer Gruppe von Eukalyptusbäumen schwebte, daß er seine menschenähnlichen Insassen und sogar Teile der maschinellen Einrichtungen durch große Luken oder Fenster erkennen konnte. Dann richtete das UFO einen grellen Lichtstrahl auf ihn, veränderte die Farbe und verschwand, indem es einen starken Schwefelgeruch in der Luft hinterließ. Wie bei vielen anderen ähnlichen Sichtungen waren die Bäume an der Stelle unter dem UFO durch Hitze versengt. Das Ungewöhnliche an diesem Fall waren jedoch die Auswirkungen auf den Beobachter.

Der Farmer Maceiras berichtete, daß er ein Kribbeln im ganzen Körper fühlte, als er das UFO betrachtete; anschließend traten Schwindelanfälle und heftige Kopfschmerzen auf. Einige Tage später fiel ein Großteil seines Haars aus; außerdem bekam er an mehreren Stellen des Körpers einen Hautausschlag und litt zusätzlich an Sprachschwierigkeiten. Als diese Symptome allmählich verschwanden, stellte er, ebenso wie sein behandelnder Arzt, zu seinem Erstaunen fest, daß sein Gesundheitszustand eine weitere Veränderung erfahren hatte, dieses Mal jedoch zu seinem Vorteil. Sein Haar wuchs nach, und zwar schwarz und nicht mehr, wie vorher, grau, und er bekam mehrere neue Zähne. Seine ganze Erscheinung wirkte jugendlicher, und sein Reaktionsvermögen hatte sich verbessert. Auch seine Sprachbeschwerden verschwanden, und obwohl er nach wie vor Analphabet war, begann er mit ungewohnter Beredsamkeit mit seinen Interviewern über soziologische und philosophische Themen sowie über seine Vorstellung vom Kosmos zu diskutieren.

Ein derartiger Fall eines durch eine UFO-Begegnung ausgelösten Verjüngungs- und Bildungsprozesses ist sehr selten, obwohl Ralph Blum, der eine vergleichende Studie über amerikanische UFO-Beobachter anfertigte, der Meinung ist, daß eine psychische Ähnlichkeit zwischen ihnen besteht und ihr geistiger Horizont sich im allgemeinen nach einer UFO-Sichtung erweiterte.

Weitere bekanntgewordene Heilungen nach UFO-Begegnungen wurden von einigen UFO-Forschern des öfteren denselben Kräften zugeschrieben, die bei einem Menschen Wunderheilungen bewirken, wenn er psychologisch auf ein Wunder vorbereitet und programmiert ist, wobei zu berücksichtigen ist, daß Wunderheilungen an den verschiedensten Orten der Welt geschahen und keineswegs immer nur in Ländern, in denen eine bestimmte Religion vorherrschend war.

Manche Forscher, wie z. B. Keel, Freixedo, Vallée und andere, sind der Meinung, daß die unbekannten Wesen der UFOs seit Jahrtausenden die Ursache vieler berühmter Wunderheilungen sind und die Menschen die reale oder symbolische Erscheinung von Teufeln, Göttern, Göttinnen, Geistern und Hexen sahen, weil die unbekannten Wesen wollten, daß wir das sehen, was wir zu sehen erwarten, anstatt unsere aus dem Weltraum oder einer anderen Dimension kommenden Besucher so zu sehen, wie sie wirklich sind. Durch das gegenwärtige große Interesse an der Weltraumforschung wird unsere Phantasie außerdem dazu angeregt, die Insassen der UFOs für Astronauten zu halten, während gleichzeitig in anderen Teilen der Erde den Besuchern aus dem Weltraum ganz andere Rollen zugeschrieben werden, fast als ob es eine Schachpartie wäre, bei der wir selbstverständlich nicht die Spieler, sondern nur die Bauern sind, die von anderen hin- und hergeschoben werden.

Ein typisches Beispiel für derartige trickreiche Experimente oder »Spielereien« von UFOs erlebte angeblich Carlos Díaz, ein Eisenbahnarbeiter, am 5. Januar 1975 in Bahia Blanca, Argentinien. Díaz ging von einer Bushaltestelle nach Hause, nachdem er sich um 3 Uhr 50 eine frühe Morgenzeitung gekauft hatte, als er durch ein grelles Licht vom Himmel geblendet wurde und sich emporgehoben fühlte. Er verlor während seines »Falles aufwärts« die Besinnung. Als er wieder zu sich kam, befand er sich in einer Kugel, die sehr schnell durch die Luft dahinzufliegen schien. Während dieses ungewöhnlichen Fluges packten ihn mehrere »gesichtslose« menschenähnliche Wesen und versuchten, ihm das Haar abzuschneiden. Díaz wehrte sich und wurde erneut bewußtlos. Er erwachte in einem Feld am Stadtrand von Buenos Aires, ungefähr 300 Kilometer von seiner Bushaltestelle entfernt. Er ließ sich per Anhalter in ein Krankenhaus bringen und versuchte sein Erlebnis zu schildern, das man erst nach Vorlage seiner in Bahia Blanca gekauften Morgenzeitung nicht für kompletten Unsinn hielt, da diese Zeitung erst einige Stunden später in Buenos Aires verkauft wurde. Die Untersuchung im Krankenhaus – man behielt ihn einige Tage zur Beobachtung, und Dutzende von Ärzten befaßten sich mit seinem Fall – ergab keinerlei Hinweise auf gesundheitliche Schäden, die er durch das Erlebnis erlitten hatte, außer dem Verlust einiger Haarbüscheln auf Kopf und Brust. Genau wie Maceiras behauptet er, jetzt klarer und besser denken zu können, obwohl bei ihm, da er noch jung ist, keine Verjüngung bemerkt wurde und auch nicht zu erwarten war.

Auch diese Entführung durch ein UFO – oder Vision einer solchen – ist nur ein Fall von vielen, die sich in der ganzen Welt zugetragen haben. Viele dieser Fälle werden, vor allem während man sie näher überprüft, aus militärischen oder anderen Gründen geheimgehalten. Manchmal werden angeblich Menschen und Tiere »entführt« und später wieder freigelassen. Bei einer Gelegenheit wurden ein Auto und sein Fahrer emporgehoben, durch die Luft transportiert und mehrere hundert Kilometer von Mexiko City entfernt, wo die »Entführung« stattfand, wieder auf den Erdboden heruntergelassen. Dieser Vorfall läßt bei jenen Wesen, deren Fortbewegungsmöglichkeiten viel weiter entwickelt sein müssen als die uns zur Verfügung stehenden, eine ungewöhnliche Vorliebe für Studienobjekte erkennen.

Da wir nicht einmal wissen, ob diese außerirdischen Wesen wirklich existieren oder ob wir nur Visionen oder Projektionen sehen, sind wir noch viel weniger imstande zu erkennen, wonach sie suchen und weshalb sie hier sind.

Am Abend des 15. Januar 1975 wurden mehrere Personen Augenzeugen eines Vorfalls, der sich vor dem Stonehenge-Apartmentgebäude ereignete, von dem aus man von New York City über den Hudson auf den Hudson City Park hinüberblickt. Mehrere Personen, die sich gerade vor dem Gebäude befanden, wie auch erschreckte Bewohner desselben, sahen, wie ein kugelförmiges UFO plötzlich in dem Park landete, eine Luke sich öffnete und kleine menschenähnliche Gestalten auf einer Leiter herauskletterten. Sie schienen nach Aussage der Augenzeugen mit schaufelartigen Werkzeugen im Park in der Erde zu graben, einige Behälter zu füllen, in die Kugel zurückzukehren, mit einem Lichtblitz oder einer Flamme aufzusteigen und zu verschwinden, ganz ähnlich wie unsere Astronauten nach Einsammeln von Gesteinsproben wieder vom Mond starten. Dieser Fall ist von einigen UFO-Forschern als ein weiterer Hinweis dafür gewertet worden, daß es sich um »Sinnestäuschungen« handelt, und zwar erstens, weil es unserer gedanklichen Vorstellung entspricht, daß sich planetarische Wesen Proben von der Erde holen, genau wie unsere Astronauten sie vom Mond holten, und zweitens, weil außerirdische Weltraumreisende zwangsläufig technisch so weit fortgeschritten wären, daß sie nicht mehr Schaufeln benutzen würden (obwohl man als Gegenargument anführen könnte, daß eine Schaufel trotz all unseren Fortschritts immer noch ein höchst zweckmäßiges Werkzeug ist, um Bodenproben in einen Eimer zu füllen).

Als wäre die oben geschilderte Erscheinung noch nicht genug für die Mieter des Stonehenge-Apartmenthauses, berichteten erschreckte Bewohner wie auch Passanten von drei weiteren Besuchen in den Monaten Januar und Februar des folgenden Jahres 1976, so, als würden die Außerirdischen an einem bestimmten Platz nach irgend etwas (oder irgend jemandem) suchen.

Nach wie vor gehen Berichte aus allen möglichen Teilen der Welt über Aktivitäten ein, die UFOs und ihre Insassen auf oder über unserem Planeten ausführen. In Florida wurde gesehen, wie sie Süßwasser aus Seen und Quellen aufnehmen, was wiederum einer logischen Annahme aus unserer Sicht entspricht. UFOs wurden ebenfalls für den großen Stromausfall an der gesamten Ostküste der Vereinigten Staaten im Jahr 1965 verantwortlich gemacht, bei dem leuchtende UFOs über den in totale Dunkelheit getauchten Küstenstädten in Massachusetts, Rhode Island, New York und New Jersey wie auch ein riesiger, leuchtender roter Ball in Syracuse, u. a. von dem Stellvertretenden Vorsitzenden der Federal Aviation Agency, gesehen wurden. Auch dies würde UFO-Forschern als eine erklärliche Folge von UFO-Aktivität erscheinen, da elektrische Störungen fast immer mit dem Auftreten von UFOs verbunden sind.

In der Karibik und in Viehzuchtgebieten der USA wurden UFOs in Gegenden gesichtet, in denen nachts Tiere auf Weiden oder in Gehegen auf mysteriöse Weise getötet und völlig blutentleert gefunden wurden. Auch hierfür machte man UFO-Insassen verantwortlich und schrieb ihnen somit eine makabre, wenn auch verständliche Vorliebe – oder sogar ein lebensnotwendiges Bedürfnis – für frisches Blut zu oder den Wunsch, dieses zu untersuchen. Bei einer anderen ungewöhnlichen Aktivität, die UFOs zugeschrieben wurde, handelt es sich um das Züchten oder Aussetzen von ungewöhnlichen Tieren in verschiedenen Gebieten der Erde, wo man die Tiere oder seltsamen Kreaturen nach dem Erscheinen von UFOs erstmals bemerkte. Hierzu gehören auch Berichte über archaische Formen von Meeresfauna oder -flora und unidentifizierte Arten von Strahlentierchen in den Gewässern des Dreiecks, über menschenähnliche Lebewesen wie »Big Foot« in den Waldgebieten der nordamerikanischen Pazifikküste, Floridas und sogar New Jerseys und Pennsylvanias, über pumaartige Riesenkatzen in England und diverse andere Tierungeheuer, die es logischerweise gar nicht auf unserer Erde geben dürfte.

Das Töten von Farmtieren und Abzapfen ihres Blutes, bei dem häufig auch Teile des Tieres wie die Augen, die Zunge, Schnauze oder Genitalien, wie durch einen geschickten chirurgischen Schnitt abgetrennt, fehlen, kann selbstverständlich auch die Tat irgendwelcher fanatischer Kultanhänger oder Geistesgestörter sein. Das Erscheinen neuer oder unbekannter Tierarten kann natürlich – so reizvoll auch die Vorstellung ist, daß sie möglicherweise von einem anderen Planeten oder aus einer anderen Dimension kommen – erst dann ernsthaft in Betracht gezogen werden, wenn diese Tierarten eindeutig identifiziert worden sind.

Diese und ähnliche Fälle sind nur einige grundlegende Beispiele dafür, wie die allgemeine Meinung UFOs mit ungewöhnlichen Ereignissen in Verbindung bringt, für die es keine einfache Erklärung gibt. Sie spiegeln die Bereitschaft großer Teile der Bevölkerung wider, zu glauben, daß UFOs und die Intelligenzen, die sie steuern, nicht nur unseren Planeten erkunden, sondern auch auf ihm aus einer Vielzahl von Gründen landen, von denen man einige vermuten kann, die meisten jedoch nicht für uns zu erkennen sind.

Ein anderer Faktor, der die Theorie stützt, nach der außerirdische Wesen bereits unter uns weilen, ist die These der »Männer in Schwarz«, die ein allen UFO-Forschern wohlbekanntes Phänomen darstellt und seit vielen Jahren von Theoretikern und Autoren wie John Keel, Albert Bender, Gray Barker und Brad Steiger, um nur einige zu nennen, ausführlich beschrieben wird. Man könnte die »Männer in Schwarz« als eine Art außerirdisches – oder andersartiges – Warnsystem bezeichnen, das sich gegen »Erdmenschen« richtet, die UFOs sahen. Zahlreiche Personen, die UFOs sichteten oder in Kontakt mit ihnen kamen, behaupten, kurze Zeit danach den Besuch von einem Mann oder drei Männern mit olivfarbener Haut und ganz in Schwarz gekleidet erhalten zu haben, die oft in großen schwarzen Wagen (Cadillacs!) ankamen. Bei diesen Besuchen werden die Personen, die vor kurzem ein Erlebnis mit einem UFO – oder mehreren UFOs – hatten, angeblich von den »Männern in Schwarz« gewarnt, nicht über das zu sprechen, was sie sahen. Manchmal erfolgt die Warnung per Telefon, oft auch mehrmals, und manchmal werden sie sogar schon verwarnt, bevor sie überhaupt irgend jemandem von ihrem Erlebnis erzählt haben.

Falls die »Männer in Schwarz« nicht außerirdische Wesen sind, die ihre Besuche geheimzuhalten versuchen, läge die Vermutung nicht fern, daß sie sehr viel irdischerer Herkunft sind, nämlich Abgesandte privater Organisationen oder amtlicher Behörden. Vielleicht ist es ihre Aufgabe, das Bekanntwerden von UFO-Beobachtungen oder öffentliche Aufregung darüber zu verhindern, für die ungestörte Durchführung einer lokalen Untersuchung des Vorfalles oder sogar für den Schutz eines geheimen Experiments zu sorgen. Einige der warnenden Telefonanrufe können auch schlechte Scherze sein, welche die Aufregung zusätzlich anheizen sollen, besonders in jenen Fällen, bei denen in der Lokalpresse über UFO-Sichtungen berichtet wurde. Die »Männer in Schwarz« wurden nicht nur in den Vereinigten Staaten gesehen, sondern scheinen den Berichten zufolge, die durch den Eisernen Vorhang lokaler Zensurmaßnahmen dringen, ein weltweites Phänomen zu sein.

Einige der eigenartigen Selbstmorde oder anscheinenden Ermordungen von aktiven UFO-Forschern, von denen zwei direkt mit dem Bermuda-Dreieck in Zusammenhang stehen, stimmen einen doch recht nachdenklich. Der Astrophysiker Dr. James McDonald, der sich eingehend mit der UFO-Forschung befaßte, erschoß sich scheinbar 1971 nachts in der Wüste von Arizona unter mysteriösen Umständen. Dr. Morris Jessup, ein brillanter Astronom, UFO-Forscher und Verfasser diverser Publikationen über UFOs, beging in seinem Auto in einem Park von Miami Selbstmord, als er eines Abends zu Dr. Manson Valentine unterwegs war, um ihm ein Manuskript zu bringen, an dem er jahrelang gearbeitet hatte. Das Manuskript war ein Bericht über das sogenannte »Philadelphia-Experiment«, bei dem die eventuellen Anwendungsmöglichkeiten eines starken Magnetfeldes zur Erzeugung eines Unsichtbarkeitsfeldes sowie von Teleportations-Phänomenen untersucht wurden, um eine Erklärung für die rätselhaften Vorgänge im Bermuda-Dreieck zu finden. (Mit diesem Experiment werden wir uns im folgenden Kapitel näher befassen.) Chuck Wakely, ein junger Pilot aus Miami, begann, nachdem er beinah mit seinem Flugzeug in einer leuchtenden Wolke im Dreieck ums Leben kam, ernsthaft andere mysteriöse Vorfälle, die sich im Bermuda-Dreieck ereigneten, und die jeweiligen Begleitumstände, zu studieren. Er schrieb darüber, hielt Vorträge und sprach in Radio- und Fernsehsendungen über das Dreieck. Er wurde 1974 durch ein Fenster seiner im Parterre gelegenen Wohnung in Miami erschossen, als er gerade an seinen Unterlagen arbeitete. Bisher wurde weder der Mörder noch ein eventuelles Tatmotiv gefunden.

Das sind vereinzelte Zwischenfälle; die Selbstmorde der UFO-Forscher hingen mit dem Problem der UFOs vielleicht nur durch die Depression zusammen, die so viele Wissenschaftler bekommen, wenn sie auf die hohnvolle Ablehnung des wissenschaftlichen Establishments stoßen, sowie sie sich mit Forschungen befassen, die zu eng mit UFOs in Zusammenhang stehen. Man muß bedenken, daß unsere Astro- und Atomphysiker in den letzten Jahren Theorien aufstellten, die Hypothesen beinhalten, die unser Verstand kaum erfassen kann, wie z. B. den Begriff der Anti-Materie, der im Universum vorhandenen negativ geladenen Materie, die beim Zusammentreffen mit positiv geladener Materie eine beide Materiearten vernichtende Explosion auslösen würde; die Theorie der schwarzen Löcher im Weltraum, die, wie man vermutet, dadurch entstehen, daß große neue Sterne nach innen explodieren und sich eine Kernkonzentration bildet, deren Anziehung andere Materie – Planeten, Sterne oder auch Licht selbst – in sich hereinreißt und diese zu einem so kleinen Volumen komprimiert, daß ein Partikelchen dieser Materie mehr wiegen könnte als unsere gesamte Erde; die Theorie von der Krümmung des Raums, durch welche die Flugbahn zu fernen Sternen möglicherweise schneller zurückzulegen ist, als man bisher annahm; und die Theorie von dem sich ausbreitenden Universum, die sich auf den Doppler-Effekt, ein ursprüngliches Laut-Phänomen, stützt. Wenn man all dies bedenkt, fragt man sich, warum das wissenschaftliche Establishment hartnäckig alle Theorien ablehnt, welche die Existenz einer nicht von dieser Erde stammenden Intelligenz vermuten. Bei jedem Versuch, eine Theorie über die Aktivitäten und Ziele der UFOs sowie über die Kontrolle aufzustellen, die sie von außerirdischen Räumen aus über ihre Operationsfelder auf der Erde ausüben, muß man zwangsläufig derartige außerirdische Gedankenprozesse in Betracht ziehen.

Volkstümliche Überzeugungen und visionäre Voraussicht gehen der Wissenschaft oft voraus, die erst sehr viel später neue Vorstellungen aufgreifen kann oder will. Manche Kreise von Astrophysikern scheinen jedoch jetzt bereit zu sein, unvoreingenommen an die Erforschung der nahen Zukunft heranzugehen, wie der folgende Auszug aus einem Bericht des *Astronomy Survey Committee* (Astronomischer Forschungsausschuß) der Nationalen Akademie der Wissenschaften der Vereinigten Staaten erkennen läßt:

Mit jedem Jahr nahm die Wahrscheinlichkeit von im Weltraum vorhandenen Leben analog zu unseren Möglichkeiten, ein solches zu entdecken, zu. Mehr und mehr Wissenschaftler halten einen Kontakt mit anderen Zivilisationen nicht länger für einen utopischen Traum, sondern für ein ganz natürliches Ereignis im Ablauf der Menschheitsgeschichte, das viele von uns vielleicht noch erleben werden. Die Vorzeichen sind jetzt zu verheißungsvoll, um sich von diesen Möglichkeiten abzuwenden oder noch sehr viel länger damit zu warten, umfangreiche Mittel für die Suche nach anderen intelligenzbegabten Wesen einzusetzen... Auf lange Sicht gesehen mag dies einer der wichtigsten und folgenschwersten Beiträge der Wissenschaft zur Entwicklung der Menschheit und unserer Zivilisation sein.

Einer der Faktoren, die gewöhnlich angeführt werden, um die Wahrscheinlichkeit oder Unmöglichkeit zu illustrieren, einen direkten Kontakt mit anderen entwickelten Formen von Leben im Universum aufzunehmen, ist das Argument, daß es länger als ein Menschenleben dauern würde, ein anderes Planetensystem zu erreichen – vorausgesetzt, es gibt in unserem eigenen keine anderen bewohnten Planeten –, in dem sich möglicherweise Leben entwickelt hat. Falls man jedoch mit Lichtgeschwindigkeit – nach Einstein die höchste mögliche Geschwindigkeit für alle Materie – durch den Weltraum reisen könnte, würden intergalaktische Reisen innerhalb der Zeitdauer des menschlichen Lebens mit gewissen eigenartigen Verschiebungen möglich, die durch die Relation zwischen der Geschwindigkeit von Materie und der Zeit bedingt sind. Falls wir z. B. zu dem uns nächsten Stern, zu Alpha Centauri, mit Lichtgeschwindigkeit reisen könnten, was in einer Raumkapsel 3 1/2 Uhrzeit-Jahre dauern würde, und dann auf die Erde zurückkehrten, wären wir sieben Jahre älter, würden aber feststellen, daß inzwischen auf der Erde 20 Jahre vergangen wären. Diese Relativität von Geschwindigkeit und Zeit wird sogar noch verblüffender deutlich, wenn wir uns klarmachen, daß, falls es möglich wäre, eine »Rundreise« zur Andromeda, der uns nächsten Galaxis, zu unternehmen, die Reise mit Lichtgeschwindigkeit 56 Uhrzeit-Jahre in der Raumkapsel dauern würde, die Astronauten bei ihrer Rückkehr jedoch erkennen würden, daß die Erde inzwischen 2 Millionen Jahre älter geworden wäre. Diesen Hypothesen werden durch die für Materie mögliche Geschwindigkeit wie auch durch die Entfernung zu den Sternen Grenzen gesetzt.

Aber wenn nun Einsteins Theorie von der Krümmung des Raums stimmt und aus einer geraden Linie im Weltraum tatsächlich ein Kreis wird? Wenn es nun möglich wäre, Materie durch Dematerialisation aufzulösen, d. h. in Energie umzuwandeln, und dann wieder zu materialisieren? Obgleich derartige Vorstellungen utopisch erscheinen, können wir gegenwärtig nicht wissen, wie weit die wissenschaftliche Entwicklung bei älteren Zivilisationen im Kosmos – wie immer: vorausgesetzt, daß es sie gibt – vielleicht fortgeschritten ist. Durch eine solche Hypothese ließe sich nicht nur das mysteriöse Erscheinen und Verschwinden von UFOs über den Gewässern des Bermuda-Dreiecks wie auch an anderen Orten erklären, sondern auch das Verschwinden und Wiedererscheinen von Luft- und Seefahrzeugen und ihren Besatzungen bzw. Passagieren unter bestimmten Bedingungen in starken Magnetfeldern.

Falls es sich nicht um Phänomene des außerirdischen Raumes handelt, sind unsere eigenen Fahrzeuge vielleicht in eine andere Dimension hinübergewechselt, während die UFOs vorübergehend aus einer anderen Dimension in die unserige eintreten – aus einer der Welten innerhalb von Welten, die es in unserem eigenen Universum parallel zu unserer Welt geben mag, die sich aber nur gelegentlich berühren, entweder, wenn zufällig günstige Bedingungen entstehen oder wenn sie gezielt in einen, wie man es nennen könnte, »Umsteig-Kontakt« miteinander gebracht werden.

In beiden Fällen ist der Weg in andere Welten vielleicht näher, als wir bisher dachten, *falls* es uns gelingt, ihn zu finden, und wir beschließen, ihn zu beschreiten, obwohl wir 1943 vielleicht schon, ohne es zu wissen, den ersten Schritt getan haben, sozusagen fast als ein Nebenprodukt eines Forschungsversuches, der Berichten zufolge von der U.S.-Marine durchgeführt wurde. Ein Teil dieses Versuches fand in Gewässern statt, die etwas nördlich des Bermuda-Dreiecks liegen.

Wege in andere Welten

Die amerikanische Marine führte Mitte Oktober 1943 angeblich eine Reihe von Versuchen im Marinehafen von Philadelphia in Norfolk-Newport News, Virginia, und auf See durch. Obwohl in Büchern, Zeitschriften und sowohl amerikanischen wie ausländischen Zeitungen allerlei über das sogenannte »Philadelphia-Experiment« geschrieben worden ist, bleiben die authentischen Informationsquellen doch im dunkeln. Manche Zeugen sind gestorben, andere Zeugen oder Angehörige der Marine, die über das Experiment unterrichtet sein müssen, lehnen es ab, zitiert zu werden, und zumindest ein Forscher beging Selbstmord. Sogar der von der Marine für dieses Experiment verwendete Code-Name ist anscheinend nicht bekannt; wenn man ihn wüßte, könnten Forscher die Akten darüber einsehen, falls diese noch existieren und nicht der Geheimhaltung unterliegen. Die nicht verstummenden Berichte über das Philadelphia-Experiment behaupten jedoch einstimmig: Der Versuch, ein Marineschiff in einem 1943 durchgeführten Experiment »verschwinden« zu lassen, verlief, abgesehen von den schädlichen Auswirkungen auf die Besatzung, höchst erfolgreich.

Das Philadelphia-Experiment weist insofern eine Beziehung zum Bermuda-Dreieck auf, als man bei ihm ein künstlich hergestelltes Magnetfeld benutzte, um ein Kriegsschiff (einen Zerstörer) und seine Besatzung vorübergehend »verschwinden« zu lassen. Die Vorteile einer solchen Technik für die maritime Kriegführung liegen selbstverständlich in den Tarnungsmöglichkeiten, durch die man Kriegsschiffe unsichtbar machen könnte. Ihre wissenschaftliche Bedeutung ist jedoch unvergleichlich größer: Menschen und Material wurden zeitweilig in eine andere Dimension versetzt.

Dr. Manson Valentine, ein Freund und Kollege von Dr. Morris Jessup, dem berühmten Astronomen und Selenographen (Mondexperten), der nach dem Experiment mit dem *Office of Naval Research* (Forschungsbüro der Marine) in Kontakt kam, hat einige der erstaunlichsten Ergebnisse des Philadelphia-Experimentes, von denen ihm Dr. Jessup sowohl in Gesprächen wie brieflich berichtete, geschildert:

> Laut Jessup wollte man [mit dem Philadelphia-Experiment] die Wirkung eines starken Magnetfelds auf ein bemanntes Schiff testen. Dazu wollte man magnetische Generatoren einsetzen. Um ein auf Dock lie-

gendes Schiff wurde also mittels pulsierender und nicht pulsierender Generatoren ein starkes Magnetfeld erzeugt. Die Resultate waren so verblüffend wie bedeutsam, wenn sie auch negative Nachwirkungen auf die Besatzung hatten. Als das Experiment die erste Wirkung zeigte, wurde zunächst ein nebeliges grünes Licht sichtbar. Übrigens sprachen auch die Überlebenden der Unfälle im Dreieck von einem leuchtenden grünlichen Nebel. Bald war das ganze Schiff von diesem grünen Nebel erfüllt, und es begann samt der Besatzung aus der Sicht der Leute am Dock zu verschwinden, bis nur noch seine Wasserlinie sichtbar war. Später wurde berichtet, der Zerstörer sei in Norfolk, Virginia, aufgetaucht und wieder verschwunden, was ein Nebeneffekt eines solchen Versuchs mit dem damit zusammenhängenden Phänomen der Zeitverschiebung gewesen sein kann.

Ein ehemaliges Besatzungsmitglied berichtete, daß der Versuch auf See erfolgreich war, mit einem Unsichtbarkeitsfeld von der Form eines Rotationsellipsoids, das sich hundert Meter von jeder Schiffsseite erstreckte. Man konnte den Eindruck des Schiffs im Wasser sehen, das Schiff selbst jedoch nicht. Als das Magnetfeld zunahm, begannen einige Männer an Bord zu »verschwinden« und mußten mit einer Art Handauflegetechnik sichtbar gemacht werden... Die volle Wiederherstellung konnte ein erstes Problem sein. Es gab Gerüchte, daß Seeleute ins Krankenhaus kamen, starben oder geistige Störungen davontrugen. Die psychischen Fähigkeiten scheinen im allgemeinen gesteigert worden zu sein, aber viele verspürten noch Nachwirkungen der Transmutation während des Experiments. Sie verschwanden nämlich zeitweilig und tauchten irgendwo anders wieder auf, zu Hause, auf der Straße, in Bars oder Restaurants – zur großen Überraschung der Umstehenden. Zweimal brach im Kompaß des Schiffes ein Feuer aus, während es an Land geschleppt wurde, mit verheerenden Folgen für den Schlepper.

Man kann es als einen glücklichen Zufall oder Vorbestimmung bezeichnen, daß Dr. Jessup von dem Philadelphia-Experiment erfuhr und sich mit ihm befaßte. Dr. Jessup, der sich neben seinen astronomischen Forschungen auch intensiv dem Studium der UFOs widmete, veröffentlichte eines der ersten Bücher über dieses Thema unter dem Titel *The Case for the UFOs* (Citadel Press, New York, 1955). Einige Zeit nach Erscheinen des Buches erhielt er, unter den üblichen Leserzuschriften, einen handgeschriebenen Brief – auf den später ein zweiter folgte –, der mit Carl M. Allen unterzeichnet war (während als Absender Carlos Miguel Allende angegeben war). Er enthielt Hinweise auf ein Experiment der Marine, das angeblich im Marinehafen von Philadelphia und auf See durchgeführt wurde, sowie recht ungewöhnliche Details. Wenn man einige Absätze dieses ersten Briefes liest, versteht man, warum Jessup ihn als Wissenschaftler so interessant fand, daß er ihn mit der Bitte um weitere Auskünfte beantwortete. Der Schreiber beginnt seinen ersten Brief mit Ausführungen zu Einsteins einheitlicher Feldtheorie und fährt dann fort:

Das »Resultat« war völlige Unsichtbarkeit eines Schiffes, vom Typ eines Zerstörers, auf See *und* seiner *gesamten* Besatzung (Oktober 1943). Das Magnetfeld wies die Form eines Rotationsellipsoids auf und erstreckte sich 100 Meter (mehr oder weniger, je nach der jeweiligen Position des Mondes und Längengrades) weit nach beiden Seiten des Schiffes. Alle Personen, die sich in diesem Feld befanden, wiesen nur noch verschwommen erkennbare Umrisse auf, nahmen aber all jene wahr, die sich an Bord dieses Schiffes befanden, im offensichtlich selben Zustand und außerdem so, als gingen oder stünden sie in der Luft. Jede Person außerhalb des Magnetfeldes konnte überhaupt nichts sehen, nur den *scharf abgegrenzten Abdruck des Schiffsrumpfes im Wasser*, vorausgesetzt natürlich, daß die betreffende Person sich nahe genug, aber doch knapp außerhalb des Magnetfeldes befand. Warum ich Ihnen das heute erzähle? Ganz einfach: Falls Sie den Verstand verlieren wollen, enthüllen Sie diese Information. Die Hälfte der Offiziere und Besatzungsmitglieder jenes Schiffes ist momentan total verrückt. Einige werden sogar heute noch in gewissen Anstalten festgehalten, wo sie geschulte wissenschaftliche Hilfe erhalten, wenn sie entweder »abschweben«, wie sie es nennen, oder »abschweben und steckenbleiben«. Das »Abschweben«, das eine Nachwirkung bei den Besatzungsmitgliedern ist, die sich zu lange in dem Magnetfeld aufhielten, ist keineswegs ein unangenehmes Erlebnis für Seeleute mit einer gesunden Neugier. Das wird es jedoch, wenn sie dabei »steckenbleiben«; sie bezeichnen es dann als »Hölle KG«. In diesem Zustand kann der davon betroffene Mann sich nicht mehr aus eigener Willenskraft bewegen, wenn ein oder zwei seiner Kameraden, die sich mit ihm in dem Magnetfeld befinden, nicht schnell zu ihm gehen und ihn berühren, da er sonst »einfriert«.

Wenn ein Mann »einfriert«, wird seine Position sorgfältig markiert und dann das Magnetfeld abgeschaltet. Alle außer dem »Eingefrorenen« können sich nun bewegen, sich wieder über ihren *scheinbar* feststofflichen Körper freuen. Dann muß das Besatzungsmitglied mit der kürzesten Zugehörigkeitszeit zu der Stelle gehen, an der er das Gesicht oder eine nackte, nicht vom Uniformstoff bedeckte Hautstelle des »Eingefrorenen« findet. Manchmal dauert es nur eine Stunde oder etwas länger, manchmal eine ganze Nacht und einen ganzen Tag lang, und einmal dauerte es sogar sechs Monate, um einen Mann »aufzutauen«.

... »Eingefrorene« gleichen Menschen im Dämmerzustand, die zwar leben, atmen, hören, sehen und fühlen, aber doch so vieles nicht wahrnehmen, daß sie wie in einer Art Unterwelt dahinvegetieren. Ein Mensch, der auf »normale« Weise erfriert, ist sich der Zeit bewußt, manchmal sogar qualvoll genau. Diese Männer empfinden die Zeit jedoch nie so wie Sie oder ich. Für die Wiederherstellung des ersten »Tiefgefrorenen« brauchte man, wie gesagt, sechs Monate lang. Die dafür benötigten elektronischen Geräte und ein besonderer Liegeplatz für das Schiff kosteten außerdem über 5 Millionen Dollar. Wenn Sie in der Nähe oder am Philadelphia-Marinehafen eine Gruppe von Seeleuten sehen, die ihre Hände auf einen Kameraden *oder* auf »Luft« legen, schauen Sie sich die Finger des armen Mannes an. Falls sie wie in einer Hitze-Luftspiegelung zu beben scheinen, *gehen Sie schnell hin,* legen Sie ihm Ihre Hände auf, *denn dieser Mann ist der verzweifeltste Mensch der Welt. Keiner dieser Männer möchte jemals wieder unsichtbar werden.* Ich glaube, es muß nicht weiter ausgeführt werden, weshalb der Mensch noch nicht für die Arbeit mit Kraftfeldern reif ist.

Diese Männer benutzen Ausdrücke wie »im Fluß hängenbleiben« (oder im »Schub«) oder »im Gemüse« oder »im Sirup stecken« oder »ich schwirrte los«, um einige der noch Jahrzehnte später auftretenden Nachwirkungen des Kraftfeldexperimentes zu beschreiben. »Im Fluß hängenbleiben« schildert genau das »Im-Sirup-Stecken«-Gefühl eines Mannes, der entweder »tieffriert« oder nur »einfriert«. »Im Schub hängenbleiben« beschreibt, was ein Mann flüchtig empfindet, wenn er im Begriff ist, entweder ungewollt »abzuschweben« – d. h. unsichtbar zu werden – *oder* im Zustand des »Tieffrierens« oder »Einfrierens« »steckenzubleiben«.

Es sind nur noch sehr wenige von der Besatzung übrig, die dieses Experiment mitmachten... Die meisten wurden wahnsinnig, einer verschwand einfach »durch« die Wand seines Quartiers vor den Augen seiner Frau und seines Kindes, und zwei andere Besatzungsmitglieder (wurden nie wieder gesehen), zwei »gingen in die Flamme«, d. h. sie »froren ein« und fingen Feuer, als sie kleine Bootskompasse trugen; ein Mann trug den Kompaß und fing Feuer, und der andere eilte zu ihm, da er ihm am nächsten war, um ihm »die Hände aufzulegen«, aber er fing ebenfalls Feuer... Der Glaube an die Wirksamkeit der Handauflegetechnik wurde durch diesen Unfall zerstört, und die Männer wurden scharenweise wahnsinnig...

... Das Experiment als solches war ein voller Erfolg. Auf die Besatzung wirkte es sich verhängnisvoll aus...

Im restlichen Teil des Briefes machte der Schreiber Dr. Jessup Vorschläge, wie er den Bericht überprüfen und andere Zeugen ausfindig machen könnte. Jessups Interesse war geweckt. Er beantwortete den Brief und bat Allende um weitere Angaben und Beweise für seine Behauptungen. Nach mehreren Monaten schrieb »Allen« erneut und bot dieses Mal an, Natriumpentothal einzunehmen und sich in Hypnose versetzen zu lassen, um sich an Namen und Fakten dieses Experimentes zu erinnern, das er, anscheinend als ein ehemaliger Augenzeuge, für so bedeutsam hielt. Allen meinte jedoch, das *Office of Naval Research* (Forschungsbüro der Marine) würde es niemals »bekanntwerden lassen, daß etwas Derartiges je erlaubt worden war«. In seinem zweiten Brief fügte er eine eigene Theorie hinzu:

> Ich glaube, wenn es richtig gehandhabt würde, d. h., den Menschen und der Wissenschaft in der richtigen, psychologisch wirksamen Art geschildert und nahegebracht würde, dann bin ich überzeugt, daß der Mensch an das Ziel seiner Träume gelangt... zu den Sternen, und zwar durch die Art des Transportes, über welche die Marine zufällig stolperte (zu ihrer nicht geringen Verlegenheit), als ihr Versuchsschiff verschwand und etwa eine Minute später an einem mehrere hundert Seemeilen weit entfernten anderen Liegeplatz in der Chesapeake Bay auftauchte...

Während Dr. Jessup noch über den Inhalt dieses zweiten Briefes nachdachte, wurde er vom Marineministerium aufgefordert, in das *Office of Naval Research* (ONR) nach Washington, D.C., zu kommen. Als er dort erschien, übergab man ihm zu seinem nicht geringen Erstaunen ein Exemplar seines eigenen Buches zur Überprüfung. Man sagte ihm, daß das Buch im Sommer 1955 angekommen sei, adressiert an den Leiter des ONR, Admiral N. Furth, und daß Offiziere vom Büro für Sonderprojekte des ONR wie auch vom Büro für aeronautische Projekte *(Aeronautics Projects Office)* es sich angesehen hätten. Wie man feststellte, war das Buch mit handschriftlichen Notizen zu Jessups Text versehen, die von drei verschiedenen Personen zu stammen schienen, die sich das Buch geliehen oder zugeschickt und ihre Randbemerkungen jeweils mit einer andersfarbigen Tinte geschrieben hatten. Als Jessup mit der Untersuchung des Buches begann, entdeckte er, daß die Schrift und der Stil eines der Kommentatoren ganz offensichtlich die von Allen, seinem mysteriösen Briefschreiber, waren. Die Randbemerkungen selbst waren aus mehreren Gründen höchst ungewöhnlich. Die Kommentatoren oder kritischen Rezensenten des Textes schienen die Rolle von Vertretern einer geheimen und uralten Kultur anzunehmen und Wissen über uns unbekannte frühere wissenschaftliche Entwicklungen auf der Erde und im Kosmos zu besitzen, über laufende Besuche von interplanetarischen Raumfahrzeugen auf der Erde und ihre Fortbewegungsmittel (ebenso wie über ihre Methode des Vorgehens) und über einen interplanetarischen Krieg, der in grauer Vorzeit die Erde verwüstete. Es wimmelte in den Notizen von Hinweisen auf Kraftfelder, Dematerialisation und die gegenwärtig erfolgende Beobachtung der Erde durch große und kleine Weltraumfahrzeuge. Außer diesen scheinbaren Science-Fiction-Phantastereien enthalten diese Randbemerkungen aber auch spezifische Hinweise auf Geheimversuche der amerikanischen Marine, insbesondere über das 1943 durchgeführte Philadelphia-Experiment.

Jessup sah sich also ein zweites Mal durch sein Buch in diese eigenartige Angelegenheit verwickelt und begann, nach dem, was er einigen seiner Kollegen erzählte, mit Hilfe des nun hergestellten Kontaktes zur Marine mit seinen Nachforschungen, die jedoch durch seinen unerwarteten und ungeklärten Tod im Jahr 1959 ein jähes Ende fanden.

Inzwischen war, anscheinend auf Veranlassung des Marineministeriums oder einiger hoher Offiziere der Marine, eine begrenzte Anzahl exakter Kopien von Dr. Jessups Buch mit den seltsamen Randbemerkungen der unbekannten Kommentatoren von einer Elektronikfirma in Texas, der Varo Corporation of Dallas, angefertigt worden. Diese Firma führte übrigens besondere – oder geheime – Arbeiten für das Marineministerium aus.

Die Vervielfältigung des kommentierten Exemplares und die anschließende Verbreitung in militärischen Kreisen stellt uns vor ein neues Rätsel. Wenn die Randbemerkungen in Dr. Jessups Buch unzutreffend oder sogar Phantastereien waren, warum zirkulierte dann eine beschränkte Sonderausgabe davon im Pentagon? Da das ursprüngliche Buch bei seinem Erscheinen kein besonderes Aufsehen erregt hatte, müssen die handschriftlichen Notizen mit ihren »informierten« Hinweisen auf Geheimversuche der Marine das Interesse der Regierung erweckt haben.

Der Schriftsteller und UFO-Forscher Gray Barker, dem es nach langen Bemühungen gelang, sich eine dieser sehr schwierig zu bekommenden Buch-Kopien mit den Kommentaren zu verschaffen, erfuhr davon auf folgende Weise:

Ich hörte zum erstenmal von der kommentierten Ausgabe durch Mrs. Walton Colcord John, der Direktorin der *Little Listening Post*, einer zukunftsorientierten UFO-Zeitschrift, die in Washington verlegt wird. Mrs. John erzählte mir am Telefon von einem merkwürdigen kursierenden Gerücht, nach dem jemand ein mit Anmerkungen versehenes Exemplar nach Washington geschickt und die Regierung die Kosten

DADE COUNTY
DEPARTMENT OF PUBLIC HEALTH

1350 N W FOURTEENTH STREET

MIAMI 35, FLORIDA

T E Cato M D M P H
DIRECTOR

CERTIFICATE OF DEATH — FLORIDA

STATE FILE NO. 2569

- Place of death — County: Dade
- City town or location: Rural
- Name of hospital or institution: Dade County Park
- Usual residence — State: Fla., County: Dade
- City town or location: Coral Gables
- Street address: 1531 Saragossa
- Name of deceased: MORRIS K. JESSUP
- Date of death: April 20, 1959
- Sex: Male
- Color or race: White
- Never married
- Date of birth: March 2, 1900
- Age: 59
- Usual occupation: Professor of astronomy
- Kind of business or industry: University
- Birthplace: Indiana
- Citizen of: U.S.A.
- Father's name: (blank)
- Was deceased in U.S. Armed Forces: Yes — WWI

Cause of death: **Acute carbon monoxide intoxication**

Describe how injury occurred: Deceased inhaled auto exhaust.

Time of injury: p.m. 4/20/59

973

Place of injury: Station wagon — County Park, Rural, Dade, Florida

6:30 p.m.

MEDICAL EXAMINER'S OFFICE — Date signed 4/21/59

Date recd. by local reg.: APR 22 1959

THIS IS A TRUE PHOTOSTATIC COPY OF THE LOCAL REGISTRARS RECORD OF DEATH.

SEAL

This record VOID unless the seal of the Deputy-Registrar appears thereon.

DIRECTOR AND DEPUTY-REGISTRAR DIST. #23
BUREAU OF VITAL STATISTICS
DADE COUNTY HEALTH DEPARTMENT
MIAMI, FLORIDA

Dr. Jessups Todesurkunde

nicht gescheut hätte, genaue Kopien von dem Buch, so wie es war, mit allen Unterstreichungen und handschriftlichen Zusätzen zu dem ursprünglichen Text, herstellen zu lassen. Und diese Kopien würden, so sagte sie, durch militärische Kanäle in ziemlich weiten Kreisen zirkulieren.

Sie selbst hatte natürlich keine dieser Kopien gesehen und wußte nicht viel über den Inhalt, schien ihn aber irgendwie mit einem angeblichen Versuch der Marine in Verbindung zu bringen, bei dem ein Schiff völlig unsichtbar geworden war. Ich konnte nicht allzuviel damit anfangen, bis ich später von den sonderbaren Allende-Briefen hörte, die ein derartiges Experiment auf die schreckenerregendste Weise beschrieben.

Obwohl es nur noch wenige Exemplare der kommentierten Sonderausgabe gab, da die meisten entweder zufällig oder durch gezielte Maßnahmen verschwanden, konnte Gray Barke eine dieser Kopien retten, die er dann in einer kleinen Auflage für interessierte Forscher neu herausbrachte (*The Case for the UFO – Annotated Edition*, Gray Barker, Clarksburg, West Virginia).

Befassen wir uns jedoch noch etwas ausführlicher mit Dr. Jessups scheinbarem Selbstmord. Von dem Tage an, als das Marineministerium an ihn herantrat, bis zu seinem Tod beschäftigte er sich eingehend mit Forschungen, die mit dem Philadelphia-Experiment in Zusammenhang standen, und vertraute, bei sorgfältiger Beachtung der Sicherheitsvorschriften, Dr. Valentine einiges von seinen allgemeinen Erkenntnissen und Theorien an.

So erzählte Jessup Valentine u. a., daß das Marineministerium vergeblich versucht hatte, Allende (oder Allen) mit Hilfe der Absenderangabe auf seinen Briefen an Jessup zu finden, und daß es auch keinerlei Anhaltspunkte für eine mögliche Identifizierung der beiden anderen Kommentatoren besaß. Jessup war überzeugt, daß dieses Experiment tatsächlich stattgefunden hatte und auch wirklich so, wie geschildert, verlaufen war. Er war der Meinung, daß die negativen Folgen für die Besatzung höchstwahrscheinlich durch ungenügende Vorbereitung oder Schulung entstanden. Anscheinend wurden derartige Experimente durchgeführt, einige von ihnen im Hafen und ein ziemlich aufregendes und vielleicht unbeabsichtigtes auf See, als der Zerstörer, der andere Kriegsschiffe begleitete, plötzlich verschwand und innerhalb weniger Minuten zuerst an seinem Liegeplatz in Norfolk auftauchte und dann auf seinem Dock im Marinehafen von Philadelphia.

Jessup war über diese Versuche beunruhigt, und er erzählte Valentine, daß das Marineministerium ihn aufgefordert hätte, als wissenschaftlicher

Berater an einem weiteren Experiment teilzunehmen, er das aber abgelehnt habe. Er war überzeugt, daß die Marine im Oktober 1943 bei dem Versuch, eine Magnetwolke für militärische Tarnungszwecke zu erzeugen, die latenten Möglichkeiten einer Kraft – der des Magnetfeldes – entdeckte, die zeitweilig, und falls stark genug, vielleicht für immer die Molekularstruktur von Menschen und materiellen Objekten so verändern könnte, daß sie in eine andere Dimension hinüberwechseln und vorhersehbare, aber bisher nicht kontrollierbare Teleportationsphänomene auftreten. Als Valentine, der die rätselhaften Vorgänge im Bermuda-Dreieck seit 1945 verfolgt und erforscht, die Vermutung äußerte, daß es sich bei ihnen um die gleichen Phänomene, nur in einem vergrößerten Maßstab, handle, ließ Jessup das als eine durchaus mögliche Hypothese gelten.

Mitte April 1959 teilte Jessup Valentine mit, er sei jetzt zu einigen seiner Ansicht nach abschließenden Ergebnissen über die durch das Philadelphia-Experiment aufgezeigten Möglichkeiten gelangt und habe einen ersten Manuskriptentwurf ausgearbeitet, über den er mit ihm sprechen wolle. Dr. Valentine lud ihn daraufhin für den 20. April zum Abendessen ein.

Dr. Jessup erschien nie zu diesem Essen. Kurz vor 18 Uhr 30 fuhr Jessup, nach Ermittlung der Polizei, in seinem Auto nach Matheson's Hammock, einem Park in der Umgebung von Miami, und nahm sich das Leben, indem er die Auspuffgase durch einen Schlauch in das Wageninnere leitete und einatmete. Im Polizeibericht wurden keine schriftlichen Aufzeichnungen oder ein Manuskript erwähnt, und wie ein Zeuge später Dr. Valentine mitteilte, wurde auch nichts Derartiges in Dr. Jessups Wagen gefunden.

Dr. Valentine erklärte, daß Dr. Jessup noch lebte, als er gefunden wurde, was ebenfalls nicht in dem Polizeibericht erwähnt wird, und fügte hinzu: »... Vielleicht ließ man ihn sterben. Seine Theorien waren unserer Zeit weit voraus, und es gab vielleicht ... einflußreiche Stellen, die ihre Verbreitung verhindern wollten ...«

Je mehr man sich mit dem angeblich durchgeführten Philadelphia-Experiment befaßt, um so seltsamer wird es. Gewisse Informationen erweisen sich bei einer näheren Überprüfung als zutreffend, doch beziehen sie sich nie direkt auf das Experiment. Eine Reihe ehemaliger sowie aktiver Angehöriger der Marine behauptet, sich an den Versuch zu erinnern und berichtet sogar weitere Einzelheiten darüber, doch keiner will namentlich zitiert werden. Die Begleitumstände werden oft erheblich ausgeschmückt. So geben manche Matrosen, die in Philadelphia stationiert waren, an, sich noch an Erzählungen und sogar kurze Zeitungsartikel über eine Schlägerei zwischen Matrosen in einer Bar von Philadelphia zu erinnern, in der einige der daran Beteiligten zur Bestürzung ihrer Gegner während des Kampfes plötzlich spurlos verschwanden und dann wie aus einem Nebel wieder auftauchten. Das Versuchsdatum wird von allen ungefähr gleich angegeben, und die zu jener Zeit auf den Docks beschäftigten Arbeiter waren einstimmig der Überzeugung, daß damals etwas sehr Merkwürdiges in dem Marinehafen von Philadelphia vorging.

Wie auch immer der wahre Sachverhalt ist, der angeblich bei dem Experiment benutzte Zerstörer, die U.S.S. *Eldridge* D-173, existiert wirklich. Er wurde am 27. August 1943 in Dienst gestellt und als Geleitschiff sowie zu Patrouillenfahrten in der Umgebung der Bermudas, in der Chesapeake Bay und den dazwischenliegenden Gewässern eingesetzt. Anfang 1944 wurde das Schiff nach Europa abkommandiert, was alles durchaus mit dem genannten Versuchsdatum übereinstimmen würde. Im Juni 1946 wurde der Zerstörer außer Dienst gestellt und schließlich im Rahmen des gegenseitigen Verteidigungsabkommens nach Griechenland verlegt, wo er hoffentlich die ihm zugeschriebene Neigung, plötzlich zu verschwinden, ablegte. Das Verkehrsschiff, von dem aus angeblich gesehen wurde, wie die D-173 verschwand – die U.S.S. *Andrew Furuseth* –, war ebenfalls tatsächlich zu jener Zeit in dem Gebiet stationiert, genau wie die S.S. *Malay*, ein Frachter, dessen Besatzungsmitglieder angeblich Augenzeugen desselben oder eines späteren Experiments wurden.

Die Bemühungen, einige der mutmaßlichen Teilnehmer an dem Experiment oder Augenzeugen ausfindig zu machen und zu interviewen, verliefen im allgemeinen erfolglos, da viele verschwunden sind, manche nicht reagieren und andere erklären, sie wollten nichts damit zu tun haben oder aber von Familienmitgliedern abgeschirmt werden und durch sie bestellen lassen, daß sie nicht darüber sprechen möchten.

Falls tatsächlich ein geheimes strenges Redeverbot über die direkt oder indirekt an dem damaligen Experiment beteiligten Schiffe der amerikanischen Kriegs- und Handelsmarine und ihre Besatzungen verhängt wurde, könnte eine gründliche Überprüfung sich als außerordentlich schwierig erweisen, zumal der Vorfall so lange Zeit zurückliegt. Man darf jedoch nicht vergessen, daß die volle Bedeutung eines Experiments oft erst viele Jahre später erkannt oder ersichtlich wird.

Es kann auch möglich sein, daß amrikanische Soldaten, die im Zweiten Weltkrieg mit anderen Experimenten in Berührung kamen, die auf der Suche nach Tarnungsmöglichkeiten durchgeführt wurden, Gerüchte in Umlauf brachten, durch welche die »Legende« vom Philadelphia-Experiment entstand. Der berühmte Hellseher und Telepath Dunninger trat 1942 an die amerikanische Marine mit einer Theorie heran, nach der man angeblich Marineschiffe durch eine Luftspiegelungstechnik unter Ausnutzung des Sonnenlichts unsichtbar machen konnte. (Was auch immer bei den Versuchen herauskam, er mußte eine Erklärung unterschreiben, in der er sich zum absoluten und lebenslänglichen Stillschweigen über die ganze Angelegenheit verpflichtete.) Mehrere andere ungewöhnliche Theorien einschließlich einer, in der die Antischwerkraft zu militärischen Zwecken genutzt werden sollte, wurden ebenfalls experimentell geprüft.

Ein Forscher, der bei der Marine arbeitete und das Ablagesystem der Marinebehörden kannte, aber ungenannt bleiben wollte, vertraute dem Autor an, daß er monatelang im Pentagon und in anderen Archiven vergeblich nach ONR-Berichten über das Philadelphia-Experiment gesucht habe. »Ich fand jedoch etwas höchst Bemerkenswertes heraus«, fügte er hinzu. »Der Rahmen ist abgesteckt, und die Versuche werden fortgesetzt.«

Obwohl wir Jessups abschließende Erkenntnisse vielleicht niemals erfahren werden, sind in den folgenden Antworten, die Dr. Valentine dem Autor auf einige Fragen gab, etliche der Gedanken enthalten, über die Dr. Jessup und Dr. Valentine bei ihren Gesprächen über das Philadelphia-Experiment und seine Bedeutung für das Bermuda-Dreieck diskutierten:

Frage: Sie sagten einmal bei einer anderen Gelegenheit, Dr. Jessup sei der Meinung gewesen, die amerikanische Marine hätte unbeabsichtigt die natürliche oder künstlich erzeugte Kombination von Bedingungen entdeckt, die das Verschwinden von Schiffen, Flugzeugen und Menschen im Dreieck verursacht. Könnten Sie sich etwas ausführlicher dazu äußern?

Ich glaube nicht, daß Dr. Jessup dies für eine »unbeabsichtigte« Entdeckung hielt. Wie man mir sagte, wurden von offizieller Seite seit vielen Jahren Versuche mit hochintensiven Magnetkräften verhindert, genau wie bei den Ionenmotoren, deren Erfindung mindestens auf das Jahr 1918 zurückgeht, die aber vor der Öffentlichkeit geheimgehalten werden und deren Erfinder man irgendwie zum Schweigen brachte. Ich bin deshalb überzeugt, daß führende Physiker – von nur allzu verständlicher Besorgnis erfüllt – um Phänomene wissen, die sich durch die Erzeugung eines hochintensiven Magnetfeldes, und zwar besonders eines pulsierenden oder wirbelnden, hervorrufen lassen.

Frage: Gibt es im Fall des Philadelphia-Experiments eine einigermaßen einfache wissenschaftliche Erklärung für das, was geschah?

Meines Wissens gibt es dafür überhaupt keine Erklärung im Rahmen bekannter oder herkömmlicher Vorstellungen. Viele Wissenschaftler sind heute übereinstimmend der Meinung, daß der Aufbau des Atoms im wesentlichen elektrischer Natur ist und nicht so sehr aus Materiepartikelchen besteht. Es geht dabei um ein höchst kompliziertes Zusammenspiel von wechselseitig aufeinander einwirkenden Energien. Das Universum erhält durch eine derartige Vorstellung eine große Flexibilität. Es wäre höchst erstaunlich, wenn in einem solchen Kosmos *nicht* vielfältige Phasenzustände von Materie existierten.

Der Übergang von einem Phasenzustand zu einem anderen gliche dem Hinüberwechseln von einer Existenzebene zu einer anderen – wäre also eine Art von interdimensionaler Metamorphose. Es könnte folglich, anders ausgedrückt, »Welten innerhalb von Welten« geben. Man hegt schon lange den Verdacht, daß bei derartigen, möglicherweise drastischen Veränderungen die Magnetkraft als eine Art Katalysator fungiert. Zunächst einmal ist es zufällig das einzige physikalische Phänomen, für das wir keine mechanistische Analogie zu finden vermochten. Wir können uns vorstellen, wie Elektronen durch einen Konduktor gleiten und so den elektrischen Strom »erklären«, oder können uns Energiewellen verschiedener Frequenzen im Äther vorstellen und so das Hitze-, Licht- und Radiospektrum »erklären«. Aber ein Magnetfeld widersetzt sich einer mechanistischen Modellvorstellung. Es hat beinah etwas Mystisches. Wann immer wir uns überdies mit einem (für uns!) unglaublichen Materialisations- oder Dematerialisations-Phänomen, wie im Fall der UFOs, konfrontiert sehen, scheinen diese unweigerlich von starken magnetischen Störungen begleitet zu sein. Es ist folglich nur logisch zu vermuten, daß gezielt erzeugte ungewöhnliche Magnetkräfte eine sowohl physikalische wie vitale Veränderung des Phasenzustandes bewirken könnten. Falls dies zutrifft, würde auch die Zeit dadurch beeinflußt, die keineswegs eine unabhängige Einheit ist, sondern ein wesentlicher Bestandteil einer spezifischen Masse-Energie-Zeit-Dimension, wie die Dimension es ist, in der wir leben.

Frage: Wenn dies die Auswirkungen starker Magnetkräfte sind, gibt es dann Ihrer Ansicht nach hochintensive, sporadisch aktiv werdende Magnetfelder im Bermuda-Dreieck?

Ich glaube, dies ist unzweifelhaft der Fall. Entweder sind die Magnetfelder die Folge von sporadisch, vielleicht jahreszeitlich auftretenden Bedingungen geophysikalischen Ursprungs oder die Nebeneffekte von UFO-Aktivitäten. Möglicherweise kann es auch zu einer Kombination von beidem kommen. Ein anderer wichtiger, nicht zu vernachlässigender Aspekt ist die wahrscheinlich durch das eine wie das andere ausgelöste Bildung von magnetischen Wirbelstürmen (Zyklonen). Ein derartiger magnetischer Wirbelsturm würde sich genau wie ein Tornado selbst vergrößern und könnte durchaus einen interdimensionalen Übergang für einen Menschen bewirken, der in ihn hineingerät. Das Erlebnis von Bruce Gernon ist ein anschauliches Beispiel dafür (siehe Kapitel 7).

Frage: Glauben Sie, daß diese Magnetfelder natürlichen Ursprungs sind oder künstlich erzeugt werden?

Ich bin der Meinung, daß die Entstehung von magnetischen Kraftfeldern im Dreieck auf eine Kombination von naturbedingten Gründen und Induktion durch UFO-Aktivität zurückzuführen ist. »Weltraum-Ingenieure« nutzen vielleicht das elektrische Kraftpotential eines ganz besonderen Gebietes der Erde aus, während sie gleichzeitig durch ihre Fortbewegung schwere magnetische Stürme verursachen. Wie ich bereits sagte, können diese interdimensionalen Fahrzeuge für uns völlig unsichtbar sein, während ihre Anwesenheit in unserer Atmosphäre durch magnetische Erscheinungen zu spüren ist. Radar kann sie jedoch vielleicht erfassen, zumindest zeitweilig.

Frage: Glauben Sie als langjähriger Beobachter und Erforscher des Dreiecks, daß man bald eine akzeptable Erklärung für die rätselhaften Fälle von Verschwinden finden wird?

Ich glaube, eine akzeptable Erklärung für interdimensionale Phänomene wird erst dann möglich, wenn die objektive Existenz dieser Phänomene in sehr viel höherem Maße anerkannt wird, als wir das heute offiziell zu tun bereit sind, und vorhandene »erklärende« Theorien den Weg für ein besseres Verständnis der Naturprinzipien und Kräfte freigeben. Wir erreichen das letztere, indem wir unzensierte Daten – und ich meine damit *alle* verfügbaren Daten ohne Rücksicht darauf, ob sie bisher gültige Theorien beweisen oder nicht – unvoreingenommen studieren. Wir müssen unser wissenschaftliches Denken von der alten obstruktiven Deduktionsmethode – bei der die Fakten einer aufgestellten Theorie entsprechen mußten – zu der unvergleichlich intelligenteren Induktionsmethode entwickeln, bei der die Fakten ein Prinzip erkennen lassen. Diese Entwicklung scheint sich jetzt bei einem Teil der jüngeren Wissenschaftler zu vollziehen, und viele von uns werden vielleicht schon sehr bald zu ganz neuen fundamentalen Erkenntnissen gelangen.

Ob das Philadelphia-Experiment nun tatsächlich stattfand oder nicht, ist schwer eindeutig festzustellen. Das ihm zugrunde liegende Konzept ist jedoch durchaus ernst zu nehmen und wurde vielleicht aufgrund Einsteins einheitlicher Feldtheorie entwickelt oder durch diese bestätigt, also durch jene Theorie, die versucht, die Magnet- und Schwerkraftfelder und andere subatomare Phänomene in einen logischen Zusammenhang zu bringen. Sowohl bei dem Philadelphia-Experiment wie den Vorgängen im Bermuda-Dreieck könnte es sich um eine zeitweilige Veränderung der intermolekularen Anziehung durch ein Kraftfeld handeln. Dadurch würde Materie sprunghaft in eine andere Dimension oder, wie man es auch nennen könnte, in die ätherische Welt transferiert. Derartige Kraftfelder beinhalten sowohl die Ursache wie die Wirkung der Transmutation und Transferenz von Materie. Wem dies unmöglich oder unlogisch erscheint, der möge sich daran erinnern, daß eine andere, scheinbar unmögliche Theorie Einsteins und anderer Wissenschaftler seit 1945 unser gesamtes Leben und Weltbild so grundlegend verändert hat, daß diejenigen von uns, die schon vor jenem Zeitpunkt lebten, an uns kaum etwas von unserer früheren Persönlichkeitsstruktur wiedererkennen würden, in der wir uns so sicher und geborgen in der Überzeugung fühlten, die Erde zu beherrschen und unseren Teil des Universums zu kennen und zu verstehen.

Es ist eine allgemein bekannte Tatsache, daß die Menschheit heute an der Schwelle des Vorstoßes in den Kosmos steht und bereits gewisse erste Schritte unternommen hat, dann aber wieder zögerte, weil die Kosten der Weiterentwicklung von Vernichtungswaffen die Budgets der Nationen schwer belasten. Die Erforschung der fernen Sphären dieser Galaxis und anderer Planetensysteme muß vielleicht so lange warten, bis wir neue Vorstellungen über die Möglichkeit, Materie in andere Dimensionen und durch das zwischen den Sternen gähnende Vakuum zu transferieren, entwickelt haben.

Als Kolumbus seine große Seereise von den Docks verschiedener atlantischer Häfen aus plante, sah er sich mit Problemen konfrontiert, die in gewisser Weise ähnlich waren, d. h. mit dem Aufbruch in eine völlig unbekannte Welt und der Schwierigkeit, die finanziellen Mittel dafür zu finden. Andere hatten schon erste Versuche zur Erforschung des Atlantischen Ozeans gemacht und die Kanarischen Inseln, Madeira und die Azoren entdeckt, die bei diesem Vergleich unseren bereits durchgeführten Mondflügen und zu anderen Planeten entsandten Weltraumsonden entsprechen.

Als Kolumbus seine Vorbereitungen in verschiedenen Häfen entlang der europäischen Atlantikküste fortsetzte, hörte er von einem ungewöhnlichen Vorfall, der sich bei Galway in Irland ereignet hatte, wo ein sonderbares Kanu mit zwei Leichen in Lederkleidung an den Strand gespült worden war, welche die irische Bevölkerung, die selbstverständlich nichts von der Existenz von Eskimos oder Indianern wußte, für Chinesen hielt. Es gab ein ziemliches Rätselraten darüber, wie die unheimlich aussehenden Leichen in ihrem seltsamen Boot nach Galway gelangt waren. Kolumbus begriff jedoch instinktiv, daß sie, was immer sie auch waren, von der anderen Seite des Ozeans kamen, und diese merkwürdige Überquerung des Atlantiks von Westen nach Osten bestärkte ihn in seinen Theorien und seinem Entschluß.

Vielleicht ist das Bermuda-Dreieck, jenes andere große Rätsel des Atlantiks, gleichzeitig ein Wegweiser und ein Warnsignal für noch viel eigenartigere und sehr viel weitere Reisen. Vielleicht benutzen andere es schon als eine Straße. Wenn wir die in ihm wirksamen Kräfte zu kontrollieren und zu nutzen lernen, wird es sich für uns vielleicht als der Zugang zu unserer eigenen »Straße« zu den Sternen und den vielfältigen Welten der Galaxis erweisen, die uns umgeben.

Wenn wir uns noch einmal Kolumbus kurz vor dem Aufbruch zur Entdeckung der Neuen Welt vergegenwärtigen, muß man feststellen – wie immer man auch über die moralische Berechtigung der Europäer zu diesem Überfall denken mag –, daß die wißbegierigen, abenteuerlustigen Europäer, wie der Gang der Geschichte bewies, die besseren Überlebenschancen hatten als die passiven Indianer, die in ihrer überwiegenden Mehrzahl dem Untergang geweiht waren. Wahrscheinlich erkunden intelligenzbegabte Wesen schon seit Urzeiten den äußeren und inneren Raum. Und so wird es auch für uns besser sein, unsere Weltraumforschung aktiv fortzusetzen und voranzutreiben – möglichst als ein geeinter Planet mit vereinten Kräften –, anstatt passiv zu warten, bis unsere Welt von anderen Reisenden auf jener »Straße« zu und von den Sternen entdeckt und in Besitz genommen wird.

Danksagung

Der Autor möchte folgenden Personen (oder Organisationen), die zu diesem Buch Ratschläge, Anregungen, Sachgutachten, Informationen, Zeichnungen oder Fotos beigesteuert haben, seinen Dank aussprechen. Ihre Erwähnung besagt jedoch nicht, daß sie von den in diesem Buch aufgestellten Theorien wissen oder sie akzeptieren, es sei denn, es wird ausdrücklich darauf hingewiesen.

Besonderen Dank schuldet der Autor Dr. J. Manson Valentine, Ehrenkurator des Museum of Science in Miami und Forschungsassistent des Bishop Museum in Honolulu, für seine Zeichnungen, Fotos und (im Text) zitierten Interviews.

Die übrigen Namen werden in alphabetischer Reihenfolge genannt:
Isaac Asimow, Wissenschaftler, Autor, Vortragender
Bahama Air Sea Rescue Association
Gray Barker, Autor, Verleger
Lin Berlitz, Taucher, Forscher
Valerie Berlitz, Autorin, Künstlerin
Carolyn Blakemore, Lektorin
Bob Brush, Pilot, Taucher, Fotograf
Hugh Lynn Cayce, Präsident der Association for Research and Enlightenment
Ray Clarke, Ausrüstungsinspektor auf Passagierschiffen
Cynthia Coffey, Schriftstellerin, Forscherin
Gene Condon, Kapitän, privates Unterseeboot *Margenaut*
Hadley Doty, Inspektor bei der Handelsmarine
Julius Egloff, Jr., Ozeanograph
Barry Farber, Radiokommentator
Reverend Salvador Freixedo, Autor, Vortragender
Vincent Gaddis, Autor
Bruce Gernon, Pilot
John Godwin, Autor
Carlos González, UFO-Forscher
Grenada Tourist Office
Don Henry, Kapitän, Taucher, Schiffsberger
Ben Huggard, Langstreckenschwimmer, Polizeioffizier
Dr. J. Allen Hynek, Astronom, Autor, UFO-Forscher

Emily Ingram, Gerichtssaalreporterin
Theodora Kane, Pädagogin, Künstlerin
John Keel, Autor, UFO-Forscher
Robert Kuhne, Ingenieur
Edward E. Kuhnel, Anwalt, Spezialist für Seerecht
The Library of Congress
Lloyd's of London
Flugkapitän Gene Lore, Chefpilot, TWA
Margen International, Unterwasserforschungen
Jacques Mayol, Taucher, Autor
Marvin McCamis, Bootsbauer, Kapitän privater Unterwasserfahrzeuge
Dr. Robert J. Menzies, Ozeanograph, Autor
Professor Wayne Meshejian, Naturwissenschaftler
Howard Metz, UFO-Forscher
William Morris, Lexikograph, Schriftsteller, Journalist
Gordon T. Morris, Schriftsteller, Journalist
Bruce Mounier, Fischer, Taucher
National Aeronautics and Space Administration
Jerry Osborn, ehemaliger U-Boot-Abwehrtechniker der US-Marine
Dimitri Rebikoff, Ozeanograph, Erfinder, Taucher, Autor
Robert P. Reilly, ehemaliger Maat der US-Marine
Jim Richardson, Pilot, Taucher
John Sander, Schriftsteller, Rundfunkkommentator
Seaman's Institute Library
Raymond Shattenkirk, Pilot (in Pension) der PANAM
Society for the Investigation of the Unexplained
Gardner Soule, Ozeanograph, Autor
Gene Steinberg, Schriftsteller, Rundfunkkommentator
Joe Talley, Haifischfänger
Jim Thorne, Ozeanograph, Autor, Verleger, Fotograf, Taucher
United States Air Force
United States Coast Guard
United States Navy
Maxime B. Vollmer, Mythologe, Philologe
Robert Waddington, Schuldirektor
Robert Warth, Chemiker
West of England Shipowners Mutual Protection and Indemnity Association
Richard Winer, Autor, Taucher, Filmemacher
Roy H. Wirshing, Lieutenant Commander der US-Marine im Ruhestand, Autor, Vortragsredner
Dr. David D. Zink, Professor, Archäologe

Bibliographie

Bailey, Maurice und Marilyn, *Staying Alive*. New York 1974.
Barker, Ralph, *Great Mysteries of the Air*. London 1966.
Baxter, John und Atkins, Thomas, *The Fire Came By*. New York 1976.
Bender, Albert K., *Flying Saucers and the Three Men*. New York 1962.
Berlitz, Charles, *The Mystery of Atlantis*. New York 1969; dt.:
Das Atlantis-Rätsel. Paul Zsolnay Verlag 1976.
–, *Mysteries From Forgotten Worlds*. New York 1972.
–, *The Bermuda Triangle*. New York 1974; dt.: Das Bermuda-Dreieck.
Paul Zsolnay Verlag 1975.
Blake, George, *Lloyd's Register of Shipping 1760–1960*. Crowley, Sussex
1960.
Busson, Bernard und Leroy, Gerard, *The Last Secrets of Earth*. New York
1956.
Byrd, Richard E., *Alone*. New York 1938.
Cathie, B. L. und Temm, P. N. *Harmonic 695*. Christchurch, New Zealand
1971.
Chatelain, Maurice, *Nos ancêtres venus du cosmos*. Paris 1975.
Chevalier, Raymond, *L'Avion à la découverte du passé*. Paris 1964.
Corliss, William R., *Mysteries Beneath the Sea*. New York 1975.
Ebon, Martin (Hsg.), *The Riddle of the Bermuda Triangle*. New York
1972.
Freixedo, Salvador, *El Diabólico inconsciente*. Mexico 1975.
Gaddis, Vincent, *Invisible Horizons*. Philadelphia 1965.
Godwin, John, *This Baffling World*. New York 1968.
Hoyt, Edwin, *The Last Explorer*. New York 1968.
Hyneck, J. Allen, *The UFO Experience*. Chicago 1972.
Jessup, M. K., *The Case for the UFO*. (Annotated Edition) Clarksburg,
West Virginia 1973.
Keel, John A., *The Eighth Tower*. New York 1975.
–, *The Mothman Prophecies*. New York 1975.
Keyhoe, Major Donald E., *Aliens From Space*. Garden City, New York
1973.
Liedke, Klaus und Szwitalski, Horst, *Die Meuterei auf der Mimi*. (Zeit-
schrift »Stern«) Hamburg 1975.
Muck, Otto H., *Atlantis – gefunden*. Stuttgart 1954.
Robertson, Douglas, *Survive the Savage Sea*. New York 1973.

Sagan, Carl, *Intelligent Life in the Universe*. San Francisco 1966.
Sanderson, Ivan T., *Invisible Residents*. New York 1970.
Soule, Gardner, *Undersea Frontiers*. Chicago 1968.
–, *Under the Sea*. New York 1971.
–, *Men who dared the Sea*. New York 1976.
Spencer, John Wallace, *Limbo of the Lost – Today*. Westfield, Mass. 1975.
Steiger, Brad und White, John, *Other Worlds – Other Universes*. New York 1975.
Sullivan, Walter, *Continents in Motion*. New York 1974.
Taylor, John G., *Black Holes*. New York 1973.
Vallée, Jacques, *Passport to magonia*. Chicago 1969.
Vallée, Jacques und Janine, *Challenge to Science*. Chicago 1966.
Vignati, Alejandro, *El Triángulo Mortal de las Bermudas*. Barcelona 1975.
Villiers, Alan, *Posted Missing*. New York 1956.
Wilkins, Harold T., *Strange Mysteries from Time and Space*. New York 1959.
Winer, Richard, *The Devil's Triangle 2*. New York 1975.

Veröffentlichungen in Zeitschriften:
BASRA's Compass 1975 und 1976.
Miami Herald (seit 1945).
National Enquirer 1975 und 1976.
New York Times 1975 und 1976.
Saga 1975 und 1976.

Außerdem zahlreiche Artikel in Zeitungen der USA und des Britischen Commonwealth über das Verschwinden amerikanischer und britischer Staatsbürger im Dreieck.

Bilderverzeichnis

Zeitungsannonce, in der Freiwillige für Expeditionen in das Dreieck gesucht werden 16

Aufkleber aus der Türkei, der typisch für das weltweite Interesse am Bermuda-Dreieck ist 20

Satellitenfoto der Westspitze des Bermuda-Dreiecks 65

Weißes Wasser im Old-Bahama-Kanal (Flugaufnahme) – Nachtaufnahme von Weißem Wasser in der Nähe von Andros 66

Sechseckige Formen auf dem Meeresgrund in der Nähe des Moselle-Riffs auf Bimini – Unterwasserfoto der Bimini-Straße, der ersten eindeutigen archäologischen Entdeckung auf den Bahama-Bänken – Taucher bei Unterwassermessungen 67

Bruce Gernon mit der Beechcraft Bonanza, die während des Fluges von einer Wolkenformation umschlossen und festgehalten wurde – Ben Huggard, der die längste bekannte Distanz im Ozean schwimmend zurücklegte 68

Dr. h. c. Eric Gairy, Premierminister von Grenada – Wayne Meshejian, ein Naturwissenschaftler am Longwood-College, Virginia, der eine Studie über Wettersatelliten verfaßte – Huggard während seines Langstreckenrekords 69

Infrarotfoto, von Apollo 16 aus aufgenommen 70

Weltraumfoto von Grand Bahama, Great Abaco und den Berry-Inseln 71

»Schiffs-Steckbrief« 72

Der Sonar-Schreiber einer Fischfang-Expedition ortete eine große Erhebung auf dem Meeresgrund, die an eine Pyramide denken läßt. Sie hat eine Höhe von über 140 Meter 109

Dr. J. Manson Valentine, der zusammen mit Jacques Mayol und Harold Climo die Bimini-Straße entdeckte – Unterwasser-Wall oder -Damm, aus größerer Höhe aufgenommen 153

Großer dreifacher Kreis aus Steinen vor Andros, der an prähistorische »Kalender«-Bauten erinnert – Kreisrunder Artefakt in der Nähe von Andros (Flugaufnahme) 154

Steinplatte aus der unterseeischen Konstruktion, die sich jetzt im Bahama Antiquities Institute befindet – Steinkonstruktion auf dem Meeresgrund im Gebiet von Bimini 155

Dreifache Expedition (Flugzeug, Schiff und Taucher) in das Bermuda-Dreieck – Die S. S. *Andrew Furuseth*, von deren Deck aus das plötzliche Verschwinden der D-173 während des Philadelphia-Experiments beobachtet wurde 156

Wahrscheinliche Überreste von Mauern oder Straßen auf dem Meeresgrund bei Andros – Unterseeischer Wall oder Damm, vom Flugzeug über Nord-Bimini aufgenommen – Offiziere und Mannschaft der *Andrew Furuseth* 157

Die Erde von Apollo 12 aus dem Weltraum aufgenommen – Die U. S. S. *Eldrige*, D-173, soll Mitte Oktober 1943 Gegenstand des Philadelphia-Experiments gewesen sein 158

Geheimnisvolle, kürzlich entdeckte Markierungen auf dem Meeresboden in der Nähe der Berry-Inseln – Mauern oder Säulen auf dem flachen Meeresboden in einer Tiefe von etwa 2000 Meter 159

UFO in der Nähe des Pico Desejado auf Trinidad – Offiziöses UFO-Foto der US-Küstenwache, aufgenommen in Salem, Massachusetts 160

Das wohl authentischste UFO-Foto wurde von dem brasilianischen Schulschiff *Almirante Saldanha* aus aufgenommen 172

Fliegende Untertassen im Anflug auf die Küste von Trinidad . . . 178

Dr. Jessups Todesurkunde 209

Das
Atlantis-Rätsel

Charles Berlitz:
Das Atlantis-Rätsel

Mit 15 Fotos und 23 Textabbildungen

Charles Berlitz errang mit seinem Buch über das berüchtigte »Bermuda-Dreieck«, einem Gebiet im westlichen Atlantik, in dem mehr als hundert Schiffe und Flugzeuge spurlos verschwunden sind, einen Welterfolg. Der Archäologe, Sprachforscher und Taucher befaßt sich mit den neuesten wissenschaftlichen Erkenntnissen über den verschwundenen Kontinent Atlantis. Er berichtet über versunkene Städte und andere Zeugen des legendären Inselreiches.

Über Atlantis schreibt er: »Plato beschrieb Atlantis als ein Paradies auf Erden: hochragende Berge, fruchtbare Ebenen, schiffbare Flüsse, reiche Bodenschätze und Menschen, denen alles gedieh. Seit Platos Bericht suchen wir es: in der Ägäis, an der Westküste Europas, ja sogar in Sibirien. Legenden und Theorien wucherten, Dichter besangen das Schicksal der Atlantiden.

Heute weist alles darauf hin, daß Atlantis aus einer Inselkette bestand, die sich über den Atlantik erstreckte und deren Schwerpunkt im Gebiet der Azoren lag. Die Kultur dieses achten Kontinents strahlte weit über das eigentliche Atlantis hinaus und lebt in der Sprache, den Legenden und in der Kunst vieler Völker weiter. Am Ende der letzten Eiszeit, als die Eisdecke schmolz, versank Atlantis. Zehntausend Jahre mußten vergehen, bis es – heute – wieder auftaucht.

Je gründlicher wir den Meeresboden erforschen, je weiter wir in die Geschichte der Erde und der Menschen zurückblicken, um so klarer wird uns, wovon Plato sprach. In den letzten zehn Jahren wurden vor der Küste von Bimini, Kuba, Venezuela, Kap Hatteras und an anderen Stellen des Karibischen Meeres und des Atlantiks zyklopisch anmutende Straßen, Wälle, Tempel, Hafenanlagen und andere Bauten unter Wasser gefunden. Einige Forscher sind bereits überzeugt, daß man die versunkenen Landmassen von Atlantis an den Rändern des ominösen Bermuda-Dreiecks finden wird. Die Lösung steht vor der Tür.«

Vollständige Taschenbuchausgabe
Droemersche Verlagsanstalt Th. Knaur Nachf.
München/Zürich
Lizenzausgabe mit freundlicher Genehmigung des
Paul Zsolnay Verlages, Wien/Hamburg
© Paul Zsolnay Verlag Gesellschaft m.b.H.
Wien/Hamburg 1976
Titel der Originalausgabe »The Mystery of Atlantis«
Copyright © 1974 by Charles Berlitz
Berechtigte Übersetzung von Karin S. Krausskopf

Inhalt

Vorwort		9
1	Atlantis – Legende oder historische Tatsache?	11
2	Atlantis macht wieder Schlagzeilen	19
3	Rätselhaftes Atlantis	23
4	Atlantis – uralte Menschheitserinnerung	46
5	In den Tiefen des Ozeans	58
6	Wie Atlantis den Lauf der Geschichte beeinflußte	70
7	Die Erklärung des Rätsels um Atlantis	79
8	Einige Atlantis-Theorien	107
9	Atlantis und das akademische »Establishment«	133
10	Atlantis, Sprache und Alphabet	147
11	Wo lag Atlantis?	164
12	Wo ist Atlantis zu suchen?	179
13	Wurde Atlantis gefunden?	185
Dank		193
Bibliographie		194

Vorwort

Der Vorstoß des Menschen in die Zukunft und in den unbegrenzten Raum hat auch die Horizonte der Vergangenheit erweitert. In zunehmendem Maße interessiert sich der Mensch für seine eigene Vergangenheit, also für die Geschichte der Menschheit. Mit jedem Jahr lassen sich die frühen Zivilisationen jetzt weiter zurückverfolgen. Und durch die neuen Entdeckungen und jüngst erstellten Carbon-14-Daten (mit deren Hilfe sich das Alter gewisser Artefakte bestimmen läßt) hat es den Anschein, als sei der Mensch schon Jahrtausende vor dem bisher angenommenen Zeitpunkt im Besitz einer, wenn auch unterschiedlich hoch entwickelten Kultur gewesen, und das gar nicht immer in den Gebieten, in denen man die Wiege der menschlichen Kultur vermutete, wie in dem Fruchtbaren Halbmond des Mittleren Ostens.

Wo stand dann aber diese Wiege? Breiteten sich die anderen frühen Zivilisationen von einem einzigen Zentrum aus? Gab es eine ältere, weisere Kultur, welche die Kultur der Ägypter, Sumerer, Etrusker sowie diejenige Kretas und der Inseln und Küsten des Mittelmeeres bilden half und sogar die frühamerikanischen Kulturen beeinflußte?

Wenn man diese Frage stellt, ertönt eine leise, aber dadurch nicht weniger suggestive Antwort, ein Name, der das Echo einer unbekannten Vergangenheit zu sein scheint, ein Name, der uns wie über einen nebelverhangenen Ozean erreicht – Atlantis...

Für viele ist Atlantis der versunkene Kontinent, die Wiege aller menschlichen Zivilisation, ein schönes, glückliches Land, das auf der Höhe seiner Macht von einer Serie von Erdbeben zerstört wurde und jetzt auf dem Meeresgrund liegt und von dem nur noch die Gipfel seiner Berge über die Wasseroberfläche emporragen. Für andere ist Atlantis lediglich eine von Plato erfundene Legende, die er für zwei seiner Dialoge als Hintergrund benutzte, und die nie aufhörte, die Phantasie der Menschen zu beschäftigen. Für andere wiederum ist Atlantis der echte Vorläufer der frühen Kulturen und als solcher in antiken, wenn auch unvollständigen Schriften belegt. Ihnen zufolge lag Atlantis nicht im Atlantik. Jede dieser Theorien hat zahlreiche Anhänger.

Geologen und Ozeanographen sind sich darüber einig, daß einst so etwas wie ein Kontinent im Atlantik existierte, zögern aber, diesen Kontinent in die Ära der bereits zivilisierten Menschheit zu datieren.

Atlantis hat jedoch die Jahrtausende überdauert und ist jetzt aktueller denn je. Es bildet einen Teil unserer Kultur, ob wir nun daran glauben oder nicht. Mehr als fünftausend Werke sind über Atlantis geschrieben worden; es hat die Klassiker inspiriert, den Lauf der Geschichte beeinflußt und sogar zur Entdeckung der Neuen Welt beigetragen.

Jedesmal, wenn eine im Meer versunkene Stadt oder Kultur entdeckt wird – und zu den vielen bereits heute bekannten werden noch viele hinzukommen, und das sowohl durch das allmähliche Ansteigen des Wasserspiegels der Weltmeere wie durch das Absinken von Küstengebieten –, drängte sich das magische Wort »Atlantis...« auf. So wurde Atlantis in den letzten Jahren in der Mittelmeerinsel Thera »entdeckt«, von der im Altertum große Teile durch Erdbeben ins Meer stürzten.

Im Gegensatz dazu prophezeite Edgar Cayce in einer seiner erstaunlichen Voraussagen, daß im Jahr 1968 oder 1969 ein atlantischer Tempel bei Bimini in den Bahamas auftauchen würde. Tatsächlich hat man mehrere Unterwasserbauten in der Nähe dieser Insel gesichtet, die gegenwärtig näher untersucht werden.

Die »Legende« von Atlantis ist, sofern man sie überhaupt als eine solche bezeichnen kann, zumindest sehr langlebig und hartnäckig und erneuert sich stets aus sich selbst wie der Phönix aus der Asche. Indem jede neue Generation von dieser uralten Menschheitserinnerung erfährt – von dem versunkenen Kontinent oder verlorenen Paradies auf dem Meeresgrund –, werden neue Fragen gestellt und neue Erklärungen und Antworten gefunden. Und das Rüstzeug der modernen Forschung ermöglicht es uns vielleicht gerade jetzt, dieses uralte Rätsel zu lösen und sowohl das Alter der menschlichen Zivilisation zu bestimmen wie auch den Ort, an dem diese ihre erste große Blüte erreichte.

Atlantis – Legende oder historische Tatsache?

Atlantis ist eines der größten und faszinierendsten Rätsel der Menschheit.
Unsere Vorfahren haben seit Tausenden von Jahren Mutmaßungen über
Atlantis angestellt.

Wenn Sie ein Konversationslexikon aufschlagen, lesen Sie, daß Atlantis
ein »legendärer« versunkener Kontinent sei und daß Plato ihn im 4. Jh.
v. Chr. in seinen Timaios- und Kritias-Dialogen beschrieb. Diese Dialoge
befassen sich mit einem Besuch Solons in Ägypten, wo dieser erfuhr, daß
die ägyptischen Priester von Saïs schriftliche Berichte besaßen über »einen Inselkontinent namens Atlantis jenseits der Säulen des Herakles [der
damalige Name für die Straße von Gibraltar], das Herz eines großen und
wundervollen Reiches«, mit einer blühenden Bevölkerung, Städten mit
goldenen Dächern, einer mächtigen Flotte und einer Armee für Erobe-
rungsfeldzüge.

In seiner Beschreibung von Atlantis erwähnt Plato, daß die Insel größer
war »als Asien und Libyen zusammen« [wobei Libyen den damals bekannten Teil Afrikas bezeichnet] und man von der Insel »noch nach den
anderen Inseln hinüberfahren [kann] und von den Inseln auf das ganze
gegenüberliegende Festland, das jenes in Wahrheit so heißende Meer
umschließt...« Plato beschreibt Atlantis als ein irdisches Paradies, als eine
Insel mit gewaltigen Gebirgen und fruchtbaren Ebenen, schiffbaren Flüssen, reichen Bodenschätzen und einer großen und blühenden Bevölkerung. Und dieses mächtige Reich verschwand »im Verlauf eines schlimmen Tages und einer schlimmen Nacht« im Meer.

Plato datiert die Flutkatastrophe auf etwa 9000 Jahre vor seiner Zeit, was
bedeuten würde, daß Atlantis vor ungefähr 11500 Jahren überflutet
wurde. Platos Ausführungen, auf die wir im 3. Kapitel näher eingehen
werden, stießen im Lauf der Jahrhunderte abwechselnd auf Glauben und
Kritik. Ein Teil seiner Beschreibung wurde 1492 durch die Entdeckung des
»gegenüberliegenden Festlands« zweifellos eindeutig bestätigt. Es ist
durchaus möglich, daß noch andere Punkte von Platos Bericht sich im Zug
der weiteren Erforschung des Meeresbodens und der Vorgeschichte der
Menschheit als ebenso wahr erweisen werden.

Ob nun wahr oder nicht, und was auch immer die tiefere psychologische Bedeutung sein mag: die allgemeine Menschheitserinnerung verlegt die Urheimat oder das irdische Paradies, in das die Seelen nach dem Tode eingehen, einheitlich in den Atlantik.

Falls Atlantis tatsächlich existierte, müßten die Völker auf b e i d e n Seiten des Atlantiks eine Erinnerung daran bewahren, zumindest aber einige Hinweise in ihren mündlichen oder schriftlichen Überlieferungen. Wenn man die Namen unter diesem Gesichtspunkt betrachtet, fällt einem eine merkwürdige Übereinstimmung auf. Die Waliser und Angelsachsen vermuteten einst ihr irdisches Paradies im westlichen Ozean und nannten es *Avalon*. Die alten Griechen wähnten die Insel *Atlantis* jenseits der Säulen des Herakles. Für die Babylonier lag ihr Paradies – *Aralu* – im westlichen Ozean, während die Ägypter ihr Seelenreich, das unter anderem die Namen *Aaru* oder *Aalu* und *Amenti* trug, »weit nach Westen in die Mitte des Ozeans« verlegten. Die spanischen Kelten und die Basken haben stammesgeschichtliche Erinnerungen an ihre Urheimat im westlichen Ozean bewahrt; und die Gallier – besonders jene im Westen Frankreichs – behaupteten, ihre Vorfahren seien nach einer furchtbaren Naturkatastrophe, die ihre Heimat vernichtete, aus der Mitte des westlichen Ozeans gekommen. Die Überlieferungen der alten Volksstämme Nordafrikas sprechen von einem westlichen Kontinent und von Stämmen, die sich *Atarantes* und *Atlantioi* nannten; es gibt ein ausgetrocknetes Meer *Attala* und nicht zu vergessen das *Atlas*-Gebirge. Wenn wir den Atlantik überqueren, stellen wir fest, daß auf den Kanarischen Inseln (die einer Theorie zufolge nichts anderes sind als die Berggipfel von Atlantis) eine Reihe von uralten Höhlen *Atalaya* heißen: ihre ehemaligen Bewohner sollen noch zur Zeit des römischen Reichs Erinnerungen an das Versinken von Atlantis bewahrt haben. Und die Araber glaubten, daß das Volk *Ad* vor der großen Flut lebte und als Bestrafung für seine Sünden von der Flut vernichtet wurde.

In Nord- und Südamerika finden wir eine Reihe höchst eigenartiger Übereinstimmungen bei der Mehrzahl der Indianerstämme: Ihren Legenden zufolge kamen sie aus dem Osten oder erhielten ihr zivilisatorisches Wissen und Können von Übermenschen, die von einem östlichen Kontinent stammten. Die Azteken bewahrten sogar den Namen ihrer Urheimat – Aztlán, von dem die Bezeichnung Azteken abgeleitet ist. Im Nahuatl, der Sprache der Azteken, bedeutet *atl* »Wasser«, und genau dasselbe Wort hat in der Sprache der Berber Nordafrikas dieselbe Bedeutung. Quetzalquoatl, der Gott der Azteken und anderer mexikanischer Volksstämme, soll ein weißer, bärtiger Mann gewesen sein, der über das Meer bis in das Tal von Mexiko kam und wieder nach Tlapallan zurückkehrte, nachdem er ihnen die Grundlagen der Zivilisation gebracht hatte. Die Quiché-Maya bezeichnen in ihrem heiligen Buch *Popol Vuh* das »östliche Land«, in dem sie einst lebten, als ein wahres Paradies, »in dem Weiße und Schwarze in Frieden zusammenlebten«, bis der Gott Hurakán (Hurrikan) zornig wurde und die Erde überflutete. Als die spanischen Eroberer Venezuela erforschten, stießen sie auf eine Siedlung namens Atlán, in der weiße Indianer (zumindest hielten die Spanier sie dafür) lebten, die sagten, ihre Vorfahren seien einige der wenigen überlebenden Bewohner eines versunkenen Landes gewesen.

Von all diesen linguistischen Übereinstimmungen finden wir die vielleicht bedeutsamste in unserer eigenen Sprache. Atlantik, der Name des Ozeans, in dem wir schwimmen und den wir mit Schiffen befahren und mit Flugzeugen überfliegen, dieser Name ist möglicherweise ein unmittelbarer Hinweis auf die Legende von den goldenen Städten, die auf dem Meeresgrund ruhen. Die Bezeichnung Atlantik leitet sich selbstverständlich von Atlas ab, dem Riesen der griechischen Mythologie, der den Himmel auf seinen Schultern trägt. Aber war der Atlas-Mythos nicht selbst eine Allegorie der Macht und als solche vielleicht eine der Macht des atlantischen Imperiums? Auf griechisch bedeutet Atlantis »Tochter des Atlas«.

Fast alle Rassen, Völker und Stämme mit schriftlichen oder mündlichen Überlieferungen haben Legenden über eine große Flut und den Untergang einer hochentwickelten Kultur. Manche Forscher vertreten die Ansicht, daß die Ähnlichkeit zwischen unserem biblischen Bericht über die Sintflut und den Flutmythen der Sumerer, Babylonier, Assyrer und Perser sowie der übrigen Mittelmeervölker des Altertums auf die Erinnerung an eine große Flutkatastrophe im Mittleren Osten zurückzuführen sein mag. Würde das jedoch die Flutlegenden der Skandinavier, der Chinesen, der Inder und eines Großteils der Indianerstämme der Neuen Welt sowohl in Nord- wie Südamerika erklären?

Die Legenden von einer großen Flut erzählen immer wieder von Überlebenden, die auf den Ruinen der alten Welt eine neue errichteten. Diese Legenden sind auf der ganzen Erde verbreitet und beziehen sich anscheinend auf ein tatsächlich stattgefundenes Ereignis. Selbstverständlich ist zu bedenken, daß das Wasser nicht wieder hätte zurückweichen können, falls die gesamte Welt überflutet gewesen wäre. Man kann folglich annehmen, daß die große Flut, von der die Überlebenden berichteten, jeweils eine bestimmte lokale Überschwemmung mit gleichzeitigen Regenfällen und klimatischen Störungen war, in deren Verlauf es zumindest den Überlebenden so schien, als stünde die ganze Welt unter Wasser. Diese Erinnerung an eine globale Flutkatastrophe und die allgemeine Menschheitserinnerung an ein irdisches Paradies, das man sich meistens auf einer schönen, fruchtbaren Insel mitten im Atlantischen Ozean vorstellte, sowie die vielen Hinweise klassischer Autoren auf eine derartige Insel haben die Menschen zu allen Zeiten fasziniert.

Die Gegner der Atlantis-Theorie halten dem entgegen, daß uns aus der Antike mehr Hinweise auf Atlantis überkommen sein müßten, als wir besitzen (wir werden sie später näher untersuchen). Wenn man allerdings Umfang und Beschaffenheit der antiken Schriften berücksichtigt sowie die Möglichkeit, daß ständig neue gefunden werden können, muß man sich eigentlich wundern, daß wir überhaupt so viele Hinweise besitzen. Wir wissen sogar, daß einige alte Berichte über Atlantis verlorengingen, da sich mehrere dieser Hinweise auf seitdem verschwundene ausführlichere Berichte beziehen. Abgesehen von der allgemeinen Vernichtung griechischer und römischer Manuskripte während der Barbareneinfälle, wurde ein großer Teil der klassischen Literatur systematisch vernichtet, und das manchmal durch das Volk selbst, dessen geistiges Erbe sie war. So befahl zum Beispiel Papst Gregor, die klassische Literatur zu vernichten, »damit sie nicht die Gläubigen von der Kontemplation des Himmels abhalte«. Amru, der muselmanische Eroberer von Alexandria, einer Stadt, welche die umfangreichste Bibliothek des Altertums besaß – über eine Million Werke insgesamt –, benutzte die klassischen Schriftrollen als Halbjahrs-Brennstoffvorrat für die Heizung der viertausend öffentlichen Bäder der Stadt. Er begründete das folgendermaßen: Falls die alten Schriften Wissen enthielten, das im Koran stünde, seien sie überflüssig, und falls sie etwas enthielten, was nicht im Koran stünde, so sei dieses Wissen für wahre Gläubige nicht von Nutzen. Niemand weiß, welche Hinweise auf Atlantis vielleicht damals in den Badeheizöfen der arabischen Eroberer verschwanden, war Alexandria doch sowohl ein wissenschaftliches wie auch literarisches Zentrum des Altertums. Die spanischen Eroberer setzten diese Zerstörung alter Unterlagen fort, als Bischof Landa die gesamten Aufzeichnungen der Mayas, die er in Yucatán fand, vernichtete, mit Ausnahme von etwa sechs, die sich jetzt in europäischen Museen befinden. Die Mayas hätten uns durch ihre noch lebendige Rückerinnerung an ihre Herkunft und ihre erstaunlichen wissenschaftlichen Kenntnisse wertvolle Auskünfte über den versunkenen Kontinent geben können – und werden es vielleicht noch durch neue, bisher unentdeckte Funde tun.

Wenn auch die alten Schriften verlorengegangen oder vernichtet worden sind, so fehlt es doch nicht an modernen Studien über Atlantis. Über fünftausend Bücher und Broschüren sind in allen führenden Weltsprachen veröffentlicht worden, die meisten davon während der letzten hundertfünfzig Jahre. Allein die Zahl der diesem Thema gewidmeten Bücher beweist die Faszination, die das Geheimnis von Atlantis auf die Phantasie der Menschen ausübt. Als eine Gruppe von englischen Zeitungsleuten einmal über die aufsehenerregendste Nachrichtenmeldung abstimmte, die sie sich vorstellen konnte, lag das Wiederauftauchen von Atlantis mehrere Plätze vor der Wiederkunft Christi.

Von den Tausenden Büchern, die in den vergangenen fünfzehnhundert Jahren geschrieben wurden, verdient ein Absatz aus einem Werk von Ignatius Donnelly (*Atlantis – Myths of the Antedeluvian World*, dt.: *Atlantis, die vorsintflutliche Welt*, 1882) angeführt zu werden, da er in seiner komprimierten Form typisch ist für die feste Überzeugung so vieler Menschen, daß es tatsächlich einst jenen atlantischen Kontinent gab, die Wiege der menschlichen Kultur und Zivilisation. Donnelly stellt zu Beginn seines Buches dreizehn Behauptungen auf, die durch ihre Kühnheit, ihre Originalität und vor allem durch ihren Tenor fester Gewißheit auch heute noch bemerkenswert sind.

Donnelly behauptet:

1. Daß es einst im Atlantischen Ozean gegenüber der Mittelmeermündung eine große Insel gab, die der Überrest eines atlantischen Kontinents und im Altertum als Atlantis bekannt war.

2. Daß Platos Beschreibung dieser Insel nicht, wie lange Zeit angenommen wurde, eine Fabel, sondern ein auf historischen Tatsachen beruhender Bericht ist.

3. Daß Atlantis jenes Gebiet der Erde war, in dem die Menschheit zuerst

das Stadium der Barbarei überwand und die ersten Stufen der Zivilisation erklomm.

4. Daß Atlantis im Lauf der Zeitalter ein blühender und mächtiger Staat wurde, durch dessen Ausbreitung die Küsten des Golfs von Mexiko, die Ufer des Mississippi und des Amazonas, die Pazifikküste Südamerikas, das Mittelmeer, die Westküste Europas und Afrikas, die Ostsee sowie das Schwarze und das Kaspische Meer mit Kulturvölkern besiedelt wurden.

5. Daß Atlantis die wahre vorsintflutliche Welt war, der Garten Eden, die Gärten der Hesperiden, die Insel der Seligen, die Gärten des Alkinoos, der Olymp, das Asgard der Germanen… und eine universelle Erinnerung an ein herrliches Land hinterließ, in dem die Menschheit im Frühstadium ihrer Geschichte lange Zeitalter hindurch in Glück und Frieden lebte.

6. Daß die Götter und Göttinen der alten Griechen, der Phönizier, der Hindus und der Germanen nichts anderes waren als die Könige, Königinnen und Helden von Atlantis, und die ihnen in der Mythologie zugeschriebenen Taten eine verschwommene Erinnerung an historische Ereignisse sind.

7. Daß die Mythologie der alten Ägypter und Inkas die ursprüngliche Religion von Atlantis darstellte, die ein Sonnenkult war.

8. Daß die älteste von den Atlantiden gegründete Kolonie wahrscheinlich Ägypten war, dessen Kultur und Zivilisation genau denen der atlantischen Insel entsprachen.

9. Daß die Werkzeuge und Geräte der Bronzezeit eine Errungenschaft von Atlantis waren und die Atlantiden ebenfalls als erste Eisen herstellten.

10. Daß das phönizische Alphabet, Urform aller europäischen Alphabete, auf ein atlantisches Alphabet zurückging.

11. Daß Atlantis die Urheimat der arischen oder indogermanischen Völkerfamilie sowie der semitischen und möglicherweise auch der turanischen Volksstämme war.

12. Daß Atlantis durch eine furchtbare Naturkatastrophe vernichtet wurde, bei der die gesamte Insel mit fast all ihren Bewohnern im Meer versank.

13. Daß einige wenige in Schiffen und auf Flößen entkamen und den Völkern im Osten und Westen Kunde von der grauenhaften Katastro-

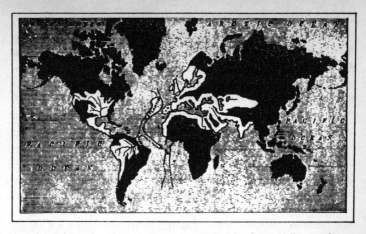

Die atlantische »koloniale« Ausbreitung über die Welt, wie Donnelly sie sich vorstellte.

phe brachten, die in den Flut- und Sintflutlegenden der verschiedenen Völker der Alten und Neuen Welt bis zum heutigen Tag lebendig geblieben ist.

Donnellys Buch und Tausende darauf folgende Veröffentlichungen lösten eine Atlantis-Bewegung aus, die mit unterschiedlicher Intensität bis heute angedauert hat. Schriftsteller und Forscher haben begonnen, die noch vorhandenen antiken Texte zu diesem Thema einer erneuten Prüfung zu unterziehen und die klassische Mythologie, die alten Legenden und Mythen der Ureinwohner und Eingeborenen sorgfältig zu studieren, ebenso alle Hinweise, die zu diesem Thema zu finden sind, und zwar auf so verschiedenen Gebieten wie der Biologie, der Anthropologie, der Geologie, der Botanik, Linguistik und Seismologie. Das zu untersuchende Material ist sehr umfangreich, und die Resultate hängen weitgehend von der Art der Auslegung ab.

Die ersten fünf dieser wissenschaftlichen Disziplinen liefern bei entsprechender Auslegung eine ungeheure Fülle von Hinweisen darauf, daß es einst eine Landbrücke zwischen der Alten und der Neuen Welt gab. Zu Anfang mag es eine Landverbindung gewesen sein und später ein großer Kontinent, der schließlich in eine Reihe von Inseln auseinanderbrach.

Dies würde nicht nur die erstaunlichen Parallelen zwischen den Hinweisen erklären, die durch diese wissenschaftlichen Disziplinen gewonnen wurden, sondern auch die Parallelen zwischen dem kulturellen Erbe und den Mythen der verschiedenen Völker. Wie die Seismologie bewiesen hat, ist der Atlantik eines der unstabilsten Gebiete der Erdkruste. Er unterliegt entlang dem gesamten Nördlichen Atlantischen Rücken, der sich auf dem Meeresgrund von Nordbrasilien bis nach Island hinzieht und dessen Aufwölbungen auch heute noch eine Hebung oder Senkung der Landmassen verusachen können, immer wieder geologischen Veränderungen.

Neue Forschungsmethoden und Techniken zur Datierung archäologischer Funde, revolutionäre Schlußfolgerungen über das Alter der menschlichen Zivilisation und vor allem die zunehmende Erforschung des Meeresbodens – sowohl in bezug auf Flächenausdehnung wie auch auf Tiefe – haben den Atlantik-Forschern ein weites Feld für neue Entdeckungen erschlossen.

2

Atlantis macht wieder Schlagzeilen

Innerhalb der letzten Jahre wurde Atlantis zweimal »wiederentdeckt«, und zwar im Mittelmeer und im Gebiet der Bahamas, wo bei Bimini ein atlantischer Tempel an die Wasseroberfläche emporzusteigen scheint. Dieser Unterwasserbau wurde von der Presse als atlantischer Tempel bezeichnet, denn es gibt eine verblüffende Übereinstimmung mit einer Prophezeiung von Edgar Cayce, der 1940 voraussagte, daß 1968 oder 1969 bei Bimini ein atlantischer Tempel aus dem Wasser auftauchen würde.

Edgar Cayce, Trance-Medium und PSI-Forscher, lebte in Virginia Beach, Virginia, und gab in den Jahren zwischen 1923 und 1944 im Trancezustand zahlreiche Aussagen über Atlantis, das einstige Leben in Atlantis und die erfolgten allgemeinen Landveränderungen ab. Diese Aussagen stellten trotz ihres Umfanges nur einen kleinen Teil seiner vielseitigen, medial erlangten Erkenntnisse und Prophezeiungen dar, die die Gründung einer Edgar-Cayce-Stiftung sowie einer Cayce-Gesellschaft zur Folge hatten.

Bei seiner Beschreibung von Atlantis sagte er aus, daß ein Teil des versunkenen Kontinents in der Nähe der Bahamas unter den Wassermassen des Ozeans begraben liege und daß insbesondere die Bahamas selbst die Berggipfel der versunkenen Insel Poseidia seien, die das »westliche Gebiet von Atlantis« darstellte. 1940 nannte Cayce den Zeitpunkt – 1968 oder 1969 – für das Wiederauftauchen eines Teiles von Atlantis, und zwar jenes bei Bimini. Er sagte: »Poseidia wird unter den ersten Teilen von Atlantis sein, die wiederauftauchen. Vermutlich 1968 und 1969. Also recht bald!«

Durch einen seltsamen Zufall scheinen nun mehrere unterseeische Bauten bei Bimini – und auch an der Nordspitze von Andros – an die Wasseroberfläche emporzusteigen. Was diese Bauten darstellen und aus welcher Zeit sie stammen, steht noch nicht fest. Das Verblüffendste ist jedoch, daß diese geheimnisvollen Unterwasserbauten genau an dem Ort und zu dem Zeitpunkt aufgetaucht sind, wie Cayce es 1940 voraussagte.

Die unterseeischen Bauten wurden aus der Luft von zwei Linienpiloten gesichtet und fotografiert, von denen der eine, ein Mitglied der *Cayce*

Foundation, auf seinen Flügen systematisch nach ihnen Ausschau hielt, da er natürlich von dieser Prophezeiung wußte. In diesem Zusammenhang ist es interessant, festzustellen, daß das Flugzeug seit vielen Jahren ein äußerst nützliches Hilfsmittel für die Archäologen ist, da es bei entsprechend klarer Sicht und ruhigem Wasser die Möglichkeit bietet, zahlreiche unterseeische Hafenanlagen, Befestigungen und Städte aus der Luft zu entdecken und zu fotografieren.

Südlich des Punktes, an dem diese Bauten entdeckt wurden, erstreckt sich ein langer Graben von etwa sechstausend Meter Wassertiefe, die sogenannte *Tongue of Ocean*. Diese Tatsache stimmt mit Cayces Aussagen überein, nach denen die früheren Gebiete von Atlantis vor Bimini den höchsten Punkt eines versunkenen Kontinents bildeten. Wie die ersten Unterwasseruntersuchungen ergeben haben, stehen die Bauten auf Urgestein. Die Mauern sind mit einer so dicken Sandschicht bedeckt, daß sie unter Wasser nur schwer, aus der Luft hingegen leicht zu erkennen sind: Die rechteckigen Grundrisse der Anlagen zeichnen sich aus dieser Sicht deutlich ab. Da die Bauten jetzt so dicht unter der Wasseroberfläche liegen, mußten sie durch Sicherheitsvorkehrungen vor Schatzsuchern geschützt werden, die weniger das Alter der Bauten als die Möglichkeit zu Plünderungen interessiert.

Inzwischen hat man weitere Unterwasserruinen in der Nähe anderer karibischer Inseln entdeckt, so zum Beispiel Bauten vor der Küste von Haïti, die offenbar eine ganze versunkene Stadt bilden, ferner eine Anlage auf dem Boden eines Sees. 1968 fand man nördlich von Bimini in einer Wassertiefe von mehreren Faden eine Art unterseeische Straße oder Reihe von Plätzen oder auch Fundamenten. Diese zahlreichen Entdeckungen lassen vermuten, daß der Kontinentalsockel des Atlantiks und der Karibik einst trockenes Land war, das zu einem Zeitpunkt versank oder überflutet wurde, als seine Bewohner bereits eine Kultur hatten.

Die vor Bimini und Andros aus den Wassertiefen auftauchenden Anlagen werden gegenwärtig näher untersucht, um festzustellen, ob sie zum Kulturkreis der Mayas gehören oder aber zu dem, wie von Cayce behauptet, noch früheren atlantischen. Sollten sie sich als Bauten der Mayas erweisen, würde auch das noch keineswegs die atlantische Theorie widerlegen, da viele Forscher, falls sie in den Mayas nicht die direkten Nachkommen der Überlebenden der Atlantiskatastrophe erblicken, so doch zumindest überzeugt sind, daß dieses Volk seine verhältnismäßig hohe Kulturstufe den Atlantiden verdankte, von denen es diese in einer Art vorgeschichtlicher »Hilfsaktion für unterentwickelte Länder« erhielt.

Eine Forschungsexpedition zu der Insel Thera in der Ägäis, nördlich von Kreta, hat die Theorie in den Mittelpunkt des Interesses gerückt, nach der die teilweise Zerstörung dieser Insel, die offenbar um 1500 v. Chr. auseinanderbrach, was die Überflutung eines großen Landgebietes zur Folge hatte, die Katastrophe war, welche Platos Bericht von der Vernichtung eines Kontinents zugrunde liegt. Wie wir wissen, traf etwa um die gleiche Zeit ein mysteriöses Unglück das hochentwickelte Kreta.

Dieses kretische Reich war kulturell und zivilisatorisch viel weiter fortgeschritten als die darauffolgenden; es gab Wasserleitungen und erstaunlich moderne Badeeinrichtungen, gefärbte Glasbecher, glasiertes Eßgeschirr und eine Mode von ebenso raffinierter wie offenherziger Eleganz.

In alten Zeiten hieß Thera auch Stronghyli, was »die Rotunde« bedeutet, also einen Kuppelrundbau; nachdem der nordwestliche Teil der Insel durch jenen vulkanischen Ausbruch abgesprengt wurde und im Meer versank, blieb nur ein halbmondförmiger Überrest der Insel zurück. Diese Explosion und die damit verbundenen Erdbeben sowie die von den seismischen Störungen verursachten Flutwellen waren möglicherweise einer der Gründe für den Niedergang des kretischen Imperiums und die schließliche Eroberung durch die Achäer.

Zahlreiche Vulkanausbrüche im Mittelmeer schließen jedoch nicht aus, daß jenseits der Säulen des Herakles ein noch viel verheerenderer Ausbruch als der von Plato berichtete stattfand. Sobald auf dem Meeresgrund Überreste archaischer Kulturen entdeckt werden – und durch neue Techniken der Unterwasserforschung wird man ständig neue finden –, taucht interessanterweise unweigerlich die Frage auf: »Ist dies das legendäre versunkene Atlantis?« Denn Atlantis, die älteste Kultur und Zivilisation oder Legende der Welt – je nach dem jeweiligen Standpunkt des Betrachters – hat niemals aufgehört, das Denken der Menschen zu beschäftigen, wie die Tausende von Büchern und Abhandlungen beweisen, die über ein Thema geschrieben wurden, dessen historische Grundlage erst noch bewiesen werden muß. Und trotzdem ist diese Legende oder uralte Menschheitserinnerung heute so aktuell wie eh und je!

Es ist fast, als hoffe der moderne Mensch, durch die heute zur Verfügung stehenden verbesserten archäologischen Forschungsmethoden einen Überblick über seine eigene unbekannte Vergangenheit zu erhalten, und erwarte von der Wissenschaft, daß sie die in der Familiengeschichte der Menschheit klaffende Lücken schließe.

Sogar während der Drucklegung dieses Buches sind wieder einige zusätzliche Abhandlungen über Atlantis oder die Thera-Erklärung von Atlantis erschienen sowie Neuauflagen von Werken, die vor vielen Jahren geschrieben, aber immer noch gültig und informativ sind. Das neuerwachte Interesse der Öffentlichkeit an Atlantis spiegelt auch ein Song von Donovan wider, der den Rückgriff auf das Wissen unserer fernen Vergangenheit und das Goldene Zeitalter der Menschheit zum Thema hat.

3

Rätselhaftes Atlantis

Atlantis ist das größte Rätsel der Menschheitsgeschichte. Die ausführlichste Beschreibung in den uns bekannten antiken Schriften über Atlantis findet sich in Platos Timaios- und Kritias-Dialogen, die einen Bericht über eine Reihe von Ereignissen darstellen, die Solon von Athen von ägyptischen Priestern in Saïs erfuhr und die als solche höchst geheimnisvoll sind. Schrieb Plato diese Dialoge, um seine Vorstellung von einem idealen Staat zu veranschaulichen oder aber als proathenische Propaganda? Die Beschreibungen von Atlantis sind auf jeden Fall sehr detailliert und die vollständigsten, die wir aus antiken Schriften besitzen – es sei denn, die ägyptischen Aufzeichnungen, falls solche überhaupt noch irgendwo existieren, werden eines Tages entdeckt. Im übrigen neigte Plato nicht zum Fabulieren, sondern war einer der großen Philosophen aller Zeiten und betont mehrmals ausdrücklich, daß diese Dialoge nicht Dichtung, sondern Tatsachenberichte seien. Plato berichtet als erstes im *Timaios*-Dialog von Atlantis:

Kritias: So vernimm denn, Sokrates, eine zwar recht merkwürdige, aber durchaus wahre Geschichte, wie sie einst Solon, der Weiseste von den Sieben, erzählt hat... Meinem Großvater Kritias erzählte er gelegentlich einmal – und der hat es als alter Mann mir wieder mitgeteilt –, es gebe viele in alter Zeit von unserem Staat vollbrachte bewunderswerte Taten, die durch die lange Zeit und den Tod der Menschen in Vergessenheit geraten wären; eine aber sei von allen die größte, deren Andenken will ich jetzt erneuern...

Sokrates: Gut so. Aber was für eine Tat ist denn das, die dir dein Großvater, obschon sie nicht überliefert ist, dennoch als eine wirklich von dieser Stadt vor alten Zeiten vollbrachte nach dem Bericht des Solon mitteilte?

Kritias: Ich will diese alte Geschichte erzählen, die ich von einem alten Mann gehört habe. Kritias war damals nach seiner eigenen Angabe beinahe neunzig Jahre alt, ich ungefähr zehn; es war gerade der Knabentag des Apaturienfestes und wurde auf die übliche Weise begangen, indem die Väter uns Knaben Preise für den besten Vortrag von Gedichten aussetzten. Außer manch anderm Gedicht trugen viele von uns Knaben Gedichte des Solon vor, die ja damals noch etwas Neues waren. Dabei bemerkte einer aus unserer Phratrie – ob er nun wirklich so dachte, oder ob er dem Kritias etwas Schönes sagen wollte – Solon scheine ihm die größte Weisheit, aber auch den höchsten Adel unter allen Dichtern zu besitzen. Der Greis – ich seh' ihn noch vor mir – freute sich sehr und erwiderte lächelnd: Ja, mein lieber Amynandros, gewiß wäre er mindestens so berühmt geworden wie Homer, Hesiod oder sonst ein Dichter, hätte er nur die Dichtkunst nicht bloß nebenher betrieben, sondern, wie andere, ihr seinen ganzen Fleiß widmen können! Und wenn er erst die Erzählung, die er aus Ägypten mit hierhergebracht hat, vollendet hätte! Aber die mußte er liegenlassen wegen der inneren Unruhen und aller andern Schäden, die er bei seiner Rückkehr vorfand. Was war denn das für eine Geschichte? fragte jener. Die Geschichte der größten und mit vollem Recht berühmtesten Tat unter allen, die unsere Stadt vollbracht hat; aber wegen der langen Zeit und des Todes ihrer Vollbringer hat sich ihre Überlieferung nicht bis auf uns erhalten. Erzähle mir von Anfang an, erwiderte der andere, was und wie und von wem Solon hierüber Beglaubigtes gehört und berichtet hat. Es gibt in Ägypten, begann Kritias, in dem Delta, um dessen Spitze herum der Nil sich spaltet, einen Gau; man nennt ihn den saïtischen, und die größte Stadt dieses Gaues ist Saïs, der Geburtsort des Königs Amasis. Die Einwohner der Stadt halten eine Gottheit für ihre Gründerin, die im Ägyptischen Neith, im Griechischen, wie sie angeben, Athene heißt; sie seien daher große Freunde der Athener und gewissermaßen stammverwandt mit ihnen. Solon wurde deshalb, als er zu ihnen kam, mit Ehren überhäuft, und als er Erkundigungen über die Vorzeit bei den hierin besonders erfahrenen Priestern einzog, fand er, daß niemand in Hellas auch nur eine Ahnung von diesen Dingen hatte. Einmal wollte er sie nun zu einer Mitteilung über die Urzeit veranlassen und begann ihnen die ältesten Geschichten aus Hellas zu erzählen, von Phoroneus, dem angeblich ersten Menschen, von Niobe und wie nach der Sintflut Deukalion und Pyrrha übrigblieben; er zählte das Geschlechtsregister ihrer Abkömmlinge auf und machte den Versuch, mittels der Jahre, die auf jedes einzelne, das er erwähnte, kamen, die Zeiten zu berechnen. Da rief einer der Priester, ein sehr betagter Mann: »Solon, Solon, ihr Hellenen seid und bleibt Kinder, und einen alten Hellenen gibt es nicht!« Wieso, wie verstehtst du das? fragte Solon. »Jung seid ihr alle an Geist«, erwiderte der Priester, »denn in euren Köpfen ist keine Anschauung aus alter Überlieferung und kein mit der Zeit ergrautes Wissen. Daran ist folgendes schuld. Oft und auf vielerlei Arten sind die Menschen zugrunde gegangen und werden sie zugrunde gehen, am häufigsten durch Feuer und Wasser, doch auch durch tausenderlei andere Ursachen. Denn was man auch bei euch erzählt von Phaëton, dem Sohn des Helios, wie er einst seines Vaters Wagen bestieg und, da er es nicht verstand, seines Vaters Weg einzuhalten, alles auf Erden verbrannte und selbst vom Blitz getötet wurde – das klingt ja wohl wie eine Fabel, aber der wahre Kern daran ist die veränderte Bewegung der die Erde umkreisenden Himmelskörper und die periodische Vernichtung alles Irdischen durch ein großes Feuer. Unter ihr haben dann die Bewohner der Gebirge und hochgelegenen, wasserarmen Gegenden stärker zu leiden als die Anwohner der Flüsse und des Meeres; uns aber rettet der Nil, unser Retter in jeder Not, auch aus dieser Verlegenheit. Überschwemmen aber die Götter die Erde mit Wasser, um sie zu reinigen, dann bleiben die Bergbewohner, die Rinder- und Schafhirten am Leben, wer aber bei euch in den Städten wohnt, wird von den Flüssen ins Meer geschwemmt, in unserm Lande dagegen strömt weder dann noch sonstwann das Wasser vom Himmel auf die Flut herab; es ist vielmehr so eingerichtet, daß alles von unten herauf über sie emporsteigt. Aus diesen Ursachen bleibt bei uns alles erhalten und gilt für das Älteste. In Wahrheit gibt es in allen Gegenden, wo nicht übermäßige Kälte oder Hitze es hindert, immer ein bald mehr, bald minder zahlreiches Menschengeschlecht. Was bei euch oder bei uns oder sonstwo, soweit wir davon Kunde haben, geschieht, liegt, sofern es trefflich, groß oder irgendwie bedeutend ist, insgesamt von der ältesten Zeit an in unsern Tempeln aufgezeichnet und bleibt so erhalten. Bei euch aber und den übrigen Staaten ist die Schrift und das ganze staatliche Leben immer gerade erst zu einiger Entwicklung gediehen, wenn schon wieder nach dem Ablauf der gewöhnlichen Frist wie eine neue Krankheit die Regenflut des Himmels über euch hereinbricht und nur die der Schrift Unkundigen und Ungebildeten am Leben läßt; dann werdet ihr immer gleichsam von neuem wieder jung und wißt nichts von unserer oder eurer alten Geschichte. Wenigstens eure Geschlechterverzeichnisse, lieber Solon, wie du sie eben vortrugst, unterscheiden sich kaum von Kindermärchen. Ihr wißt nur von einer Überschwemmung, während doch so viele vorhergegangen sind; und ihr wißt nicht, daß das herrlichste und beste Geschlecht der Menschen in eurem

Lande gelebt hat, von denen du und alle Bürger eures jetzigen Staates abstammen, indem ein kleiner Stamm von ihnen übrigblieb; dies alles blieb euch fremd, denn eure Vorfahren lebten viele Geschlechter hindurch ohne die Sprache der Schrift. Einst, vor der größten Zerstörung durch Wasser, war der Staat, der jetzt der athenische heißt, der kriegstüchtigste und besaß eine in jeder Hinsicht vorzügliche Verfassung; ihm werden die herrlichsten Taten und besten Staatseinrichtungen von allen uns bekannten unter der Sonne zugeschrieben.« Solon äußerte hierüber sein Erstaunen und bat die Priester dringend, ihm die ganze Urgeschichte seines Staates in genauer Reihenfolge zu erzählen. Der Priester begann: »Nichts sei dir vorenthalten, Solon, und ich will dir alles berichten, dir zuliebe, deinem Staate zuliebe, vor allem aber der Göttin zuliebe, die euren und unsern Staat zum Eigentum erhielt, erzog und bildete, euern eintausend Jahre früher aus dem Samen, den sie dazu von der Erdgöttin Ge und dem Feuergott Hephaistos empfangen hatte, und später ebenso unsern Staat. Nach unsern heiligen Büchern besteht die Einrichtung unsers Staates seit achttausend Jahren. Eure Mitbürger entstanden also vor neuntausend Jahren, und ich will dir nun kurz von ihrer Staatsverfassung und der herrlichsten ihrer Taten berichten. Genauer wollen wir dies alles ein andermal mit Muße an der Hand der Schriften miteinander besprechen. Von ihrer Verfassung kannst du dir eine Vorstellung nach der hiesigen machen. Denn du kannst viele Proben eurer damaligen Einrichtungen in unsern jetzigen wiederfinden: eine von allen andern gesonderte Priesterkaste, dann die Kaste der Handwerker, deren einzelne Klassen aber für sich und nicht mit den andern arbeiten, und die Hirten, Jäger und Bauern; endlich wird dir nicht entgangen sein, daß die Kriegerkaste hierzulande von allen andern getrennt ist und daß nach dem Gesetze ihre einzige Tätigkeit in der Sorge für das Kriegswesen besteht. Ihre Waffen waren der Speer und der Schild, die wir zuerst von den Völkern Asiens so einführten, was die Göttin uns, wie in euerm Lande zuerst euch, gelehrt hatte. Du siehst wohl ferner, welche Sorgfalt unsere Gesetzgebung schon in ihren Grundlagen auf die Geistesbildung verwandt hat: aus allen Wissenschaften, die es mit dem Kosmos zu tun haben, bis zur Mantik und Gesundheitslehre, den göttlichen Künsten, hat sie, was sich zum Gebrauch der Menschen eignet, herausgesucht und sich diese Wissenschaften sowie alle mit ihnen zusammenhängenden angeeignet. Nach dieser ganzen Anordnung und Einrichtung gründete die Göttin zuerst euern Staat, indem sie den Ort eurer

Geburt mir Rücksicht darauf erwählte, daß die dort herrschende glückliche Mischung der Jahreszeiten am besten dazu geeignet sei, verständige Männer zu erzeugen; da die Göttin den Krieg und die Weisheit zugleich liebt, wählte sie den Ort aus, der wohl die ihr ähnlichsten Männer erzeugen würde, und besiedelte ihn zuerst. So habt ihr denn dort gewohnt unter einer derartigen Staatsverfassung und manch andern guten Einrichtungen, allen übrigen Menschen voraus in jeder Tüchtigkeit, wie das von Nachkommen und Schülern der Götter nicht anders zu erwarten ist. Unter allen Großtaten eures Staates, die wir bewundernd in unsern Schriften lesen, ragt aber eine durch Größe und Heldenmut hervor: unsere Schriften berichten von der gewaltigen Kriegsmacht, die einst durch euern Staat ein Ende fand, als sie voll Übermut gegen ganz Europa und Asien vom Atlantischen Meere her zu Felde zog. Denn damals konnte man das Meer dort noch befahren, es lag nämlich vor der Mündung, die bei euch »Säulen des Herakles« heißt, eine Insel, größer als Asien und Libyen zusammen, und von ihr konnte man damals noch nach den andern Inseln hinüberfahren und von den Inseln auf das ganze gegenüberliegende Festland, das jenes in Wahrheit so heißende Meer umschließt. Erscheint doch alles, was innerhalb der genannten Mündung liegt, nur wie eine Bucht mit engem Eingang; jener Ozean aber heißt durchaus mit Recht also und das Land an seinen Ufern mit dem gleichen Recht ein Festland. Auf dieser Insel Atlantis bestand eine große und bewundernswerte Königsgewalt, die der ganzen Insel, aber auch vielen anderen Inseln und Teilen des Festlandes gebot; außerdem reichte ihre Macht über Libyen bis nach Ägypten und in Europa bis nach Tyrrhenien. Dieses Reich machte einmal den Versuch, mit geeinter Heeresmacht unser und euer Land, überhaupt das ganze Gebiet innerhalb der Mündung mit einem Schlag zu unterwerfen. Da zeigte sich nun die Macht eures Staates in ihrer ganzen Herrlichkeit und Stärke vor allen Menschen: allen andern an Heldenmut und Kriegslist voraus, führte er zuerst die Hellenen, sah sich aber später durch den Abfall der andern genötigt, auf die eigene Kraft zu bauen, und trotz der äußersten Gefahr überwand er schließlich den herandrängenden Feind und errichtete Siegeszeichen; so verhinderte er die Unterwerfung der noch nicht Geknechteten und ward zum edlen Befreier an uns innerhalb der Tore des Herakles. Später entstanden gewaltige Erdbeben und Überschwemmungen, und im Verlauf eines schlimmen Tags und und einer schlimmen Nacht versank euer ganzes streitbares Geschlecht scharenweise unter die

Erde, und ebenso verschwand die Insel Atlantis im Meer. Darum kann man auch das Meer dort jetzt nicht mehr befahren und durchforschen, weil hochaufgehäufte Massen von Schlamm, die durch den Untergang der Insel entstanden sind, es unmöglich machen«.

Die folgenden Auszüge stammen aus dem zweiten, dem sogenannten *Kritias*-Dialog, der sich auf Atlantis bezieht.

Kritias: Vor allem wollen wir uns zunächst ins Gedächtnis zurückrufen, daß im ganzen neuntausend Jahre vergangen sind, seitdem, wie erzählt wurde, jener Krieg zwischen den Menschen außerhalb der Säulen des Herakles und allen denen, die innerhalb derselben wohnten, stattfand, von dem ich jetzt genau berichten werde. Über die einen soll unser Staat geherrscht und den ganzen Krieg zu Ende geführt haben, über die anderen die Könige der Insel Atlantis. Diese Insel war, wie bemerkt, einst größer als Asien und Libyen zusammen, ist aber durch Erdbeben untergegangen und hat dabei eine undurchdringliche schlammige Untiefe hinterlassen, die jeden, der die Fahrt in das jenseitige Meer unternehmen will, am weiteren Vordringen hindert. Von den vielen übrigen barbarischen Stämmen und allen den hellenischen Volksstämmen, die es damals gab, wird der Lauf unserer Erzählung, wie es gerade die Gelegenheit mit sich bringt, berichten. Zunächst jedoch müssen wir die Heeresmacht und die Staatsverfassung der damaligen Athener und ihrer Gegner, mit denen sie Krieg führten, besprechen. Unter ihnen gebührt der Schilderung der einheimischen Zustände der Vorrang...
Da nun in den neuntausend Jahren, die seit jener Zeit bis jetzt verstrichen sind, viele gewaltige Überschwemmungen stattgefunden haben, so hat sich die Erde, die in dieser Zeit und bei solchen Ereignissen von den Höhen herabgeschwemmt wurde, nicht, wie in anderen Gegenden, hoch aufgedämmt, sondern wurde jeweils ringsherum fortgeschwemmt und verschwand in der Tiefe. So sind nun, wie das bei kleinen Inseln vorkommt, verglichen mit dem damaligen Land, gleichsam nur noch die Knochen des erkrankten Körpers zurückgeblieben, da der fette und lockere Boden fortgeschwemmt wurde und nur das Gerippe des Landes zurückließ...
Diese Aufzeichnungen befanden sich denn auch bei meinem Großvater und befinden sich jetzt noch bei mir, und ich habe sie schon als Knabe genau durchforscht...

28

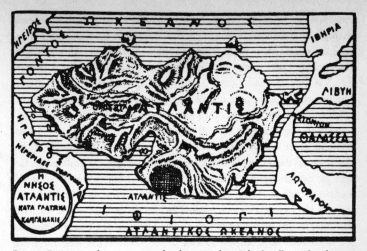

Die von P. Kampanakis, einem griechischen Forscher, Schriftsteller und Anhänger der atlantischen Tradition Platos, erstellte mutmaßliche Karte von Atlantis. Spanien liegt in der oberen rechten Ecke, Europa ist mit Afrika verbunden, und die Sahara ist als Meer mit einem Zugang zum Ozean dargestellt.

Doch nun zu unserer langen Erzählung, deren Anfang etwa folgendermaßen lautete. Wir haben schon oben berichtet, daß die Götter die ganze Erde untereinander teils in größere, teils in kleinere Lose verteilten und sich selbst ihre Heiligtümer und Opferstätten gründeten: so fiel dem Poseidon die Insel Atlantis zu, und er siedelte seine Nachkommen, die er mit einem sterblichen Weib erzeugt hatte, auf einem Ort der Insel von folgender Beschaffenheit an.

An der Küste des Meeres gegen die Mitte der ganzen Insel lag eine Ebene, die von allen die schönste und fruchtbarste gewesen sein soll; am Rande dieser Ebene befand sich, etwa dreißigtausend Fuß vom Meer entfernt, ein nach allen Seiten niedriger Berg. Auf ihm wohnte Euenor, einer der zu Anfang aus der Erde entsprossenen Männer, mit seinem Weibe Leukippe; sie hatten eine einzige Tochter, Kleito. Als das Mädchen herangewachsen war, starben ihr Mutter und Vater, Poseidon aber entbrannte in Liebe für sie und verband sich mit ihr; er befestigte den Hügel, auf dem sie wohnte, ringsherum durch ein starkes Schutzwerk: er stellte nämlich mehrere kleinere und größere Ringe, zwei von Erde und drei von Wasser, rings um den Hügel herum her, jeden nach allen Richtungen hin gleichmäßig von den andern entfernt, so daß der Hügel für Menschen unzugänglich wurde, da es in jener Zeit Schiffe und Schiffahrt noch nicht gab. Diesen Hügel, der so zu einer Insel geworden war, stattete er aufs beste aus, was ihm als einem Gott keine Schwierigkeiten bereitete: er ließ zwei Quellen, die eine warm, die andere kalt, aus der Erde emporsteigen und reichliche Früchte aller Art ihr entsprießen. An männlicher Nachkommenschaft erzeugte er fünf Zwillingspaare, ließ sie erziehen, zerlegte sodann die ganze Insel Atlantis in zehn Teile und verlieh dem Erstgeborenen des ältestens Paares den Wohnsitz seiner Mutter und das umliegende Gebiet, als den größten und besten Teil, und setzte ihn zum König über die andern ein; diese aber machte er ebenfalls zu Herrschern, und jeder bekam die Herrschaft über viele Menschen und ein großes Gebiet. Auch gab er allen Namen, und zwar nannte er den Ältesten, den ersten König, der damals herrschte, Atlas, von dem die ganze Insel und das Meer ihren Namen erhielten; dessen nachgeborenem Zwillingsbruder, der den äußersten Teil der Insel, von den Säulen des Herakles bis in die Gegend des heutigen Gadeira, erhielt, gab er in der Landessprache den Namen Gadeiros, auf griechisch Eumelos, ein Name, der zu jener Benennung des Landes führen sollte. Von dem zweiten Paar nannte er den einen Ampheres, den andern Euaimon, von dem dritten den erstgeborenen Mnaseas, den jüngeren Autochthon, vom vierten den älteren Elasippos, den jüngeren Mestor, und vom fünften endlich erhielt der ältere den Namen Azaes, der jüngere Diaprepes. Diese alle sowie ihre Nachkommen wohnten viele Menschenalter hindurch auf der Insel Atlantis und beherrschten auch noch viele andere Inseln des Atlantischen Meeres; sie hatten aber ihre Herrschaft auch bis nach Ägypten und Tyrrhenien hin ausgedehnt. Von Atlas stammte ein zahlreiches Geschlecht ab, das nicht nur im allgemeinen sehr angesehen war, sondern auch viele Menschenalter hindurch die Königswürde behauptete, indem der Älteste sie jeweils auf seinen Erstgeborenen übertrug, wodurch dieses Geschlecht eine solche Fülle des Reichtums bewahrte, wie sie weder vorher in irgendeinem Königreich bestanden hat noch in Zukunft so leicht wieder bestehen wird; auch waren sie mit allem versehen, was man in einer Stadt und auf dem Lande braucht. Führten doch auswärtige Länder diesen Herrschern gar manches zu, das meiste jedoch lieferte die Insel selbst für die Bedürfnisse des Lebens. So zunächst alles, was der Bergbau an gediegenen oder schmelzbaren Erzen

30

darbietet; darunter besonders eine Art Messing, jetzt nur noch dem Namen nach bekannt, damals aber mehr als dies, das man an vielen Stellen der Insel förderte und das die damaligen Menschen nächst dem Golde am höchsten schätzten. Die Insel erzeugte aber auch alles in reicher Fülle, was der Wald für die Werke der Bauleute bietet, und nährte wilde und zahme Tiere in großer Menge. So gab es dort zahlreiche Elefanten; denn es wuchs nicht nur für alles Getier in den Sümpfen, Teichen und Flüssen, auf den Bergen und in der Ebene reichlich Futter, sondern in gleicher Weise auch für diese von Natur größte und gefräßigste Tiergattung. Alle Wohlgerüche ferner, die die Erde jetzt nur irgend in Wurzeln, Gräsern, Holzarten, hervorquellenden Säften, Blumen oder Früchten erzeugt, trug und hegte auch die Insel in großer Menge; ebenso auch die liebliche Frucht und die Frucht des Feldes, die uns zur Nahrung dient, und alle, die wir sonst als Speise benutzen und mit dem gemeinsamen Namen Gemüse bezeichnen, ferner eine baumartig wachsende Pflanze, die Trank, Speise und Salböl zugleich liefert, und endlich die rasch verderbende Frucht des Obstbaums, uns zur Freude und Lust bestimmt, und alles, was wir als Nachtisch auftragen, erwünschte Reizmittel des überfüllten Magens für den Übersättigten; also dies alles brachte die Insel, damals noch den Sonnenstrahlen zugänglich, wunderbar und schön und in unbegrenzter Fülle hervor. Ihre Bewohner bauten, da ihnen die Erde dies alles bot, Tempel, Königspaläste, Häfen und Schiffswerft, richteten aber auch sonst das ganze Land ein und verfuhren dabei nach folgender Anordnung. Zunächst bauten sie Brücken über die Kanäle, die ihren alten Hauptsitz umgaben, und schufen so eine Verbindung mit der Königsburg. Diese Königsburg erbauten sie gleich von Anfang an auf ebenjenem Wohnsitz des Gottes und ihrer Ahnen; der eine erbte sie vom andern, und jeder suchte nach Kräften ihre Ausstattung zu erweitern und seinen Vorgänger darin zu überbieten, bis dann endlich ihr Wohnsitz durch seine Größe und Schönheit einen staunenswerten Anblick bot. Zunächst führten sie vom Meere aus einen dreihundert Fuß breiten, hundert Fuß tiefen und dreißigtausend Fuß langen Kanal bis zu dem äußersten Ring und ermöglichten dadurch die Einfahrt in ihn von der See aus wie in einen Hafen und machten ihn genügend breit, so daß auch die größten Schiffe einlaufen konnten. Sie durchbrachen aber auch die Erdwälle zwischen den ringförmigen Kanälen unterhalb der Brücken und stellten so eine für eine einzelne Triëre genügend breite Durchfahrt zwischen den verschiedenen Kanälen her; diesen Durchstich überbrückten sie dann wieder, so daß man mit den Schiffen darunter durchfahren konnte, denn die Ränder der Erdwälle waren hoch genug, um über das Meer hervorzuragen. Der breiteste von den ringförmigen Kanälen war achtzehnhundert Fuß breit; dieselbe Breite hatte der folgende Erdgürtel; der nächste ringförmige Kanal war zwölfhundert Fuß breit, und dieselbe Breite hatte der sich an ihn anschließende Erdgürtel; der innerste Kanal endlich, der die Insel selbst umgab, war sechshundert Fuß breit, und die Insel, auf der die Königsburg sich erhob, hatte dreitausend Fuß im Durchmesser. Diese Insel sowie die Erdgürtel und die hundert Fuß breite Brücke umschlossen sie ringsherum mit einer steinernen Mauer und errichteten auf den Brücken jeweils gegen die Durchfahrt vom Meere zu Türme und Tore; die Steine hierfür, weiße, schwarze und rote, wurden an den Abhängen der in der Mitte liegenden Insel und unten an den Erdwällen an deren Innen- und Außenseite gebrochen; dadurch bekamen sie zugleich auf beiden Seiten der Erdwälle Höhlungen für Schiffsarsenale, die vom Felsen selbst überdacht waren. Für ihre Bauten benutzten sie teils Steine derselben Farbe, teils setzten sie auch, zum Genuß für das Auge, verschieden gefärbte Steine zusammen, wodurch sie ihnen ihren vollen natürlichen Reiz verliehen. Die um den äußersten Erdwall herumlaufende Mauer versahen sie mit einem Überzug von Erz, die innerste Mauer übergossen sie mit Zinn, die Burg selbst mit Messing, das wie Feuer leuchtete.

Der Königssitz innerhalb der Burg war folgendermaßen eingerichtet. Inmitten stand ein Tempel, der Kleito und dem Poseidon geweiht; er durfte nur von Priestern betreten werden und war von einer goldenen Mauer umschlossen; in ihm war einst das Geschlecht der zehn Fürsten erzeugt und geboren worden. Alljährlich sandte man dahin aus allen zehn Landgebieten die Erstlinge als Opfer für einen jeden von ihnen. Ferner erhob sich dort ein Tempel des Poseidon, sechshundert Fuß lang, dreihundert Fuß breit und entsprechend hoch, in einer etwas fremdländischen Bauart. Die ganze Außenseite des Tempels war mit Silber überzogen, die Zinnen mit Gold. Im Innern war die Decke von Elfenbein, verziert mit Gold und Messing, im übrigen die Mauern, Säulen und Fußböden mit Messing bekleidet. Goldene Bildsäulen stellten sie darin auf: den Gott selbst, auf seinem Wagen stehend und sechs Flügelrosse lenkend, so groß, daß er mit dem Haupte die Decke berührte, rings um ihn herum hundert Nereïden auf Delphinen; denn so viel, glaubte man damals, gäbe es. Außerdem befanden sich noch viele andere von Privatleuten geweihte Standbilder im Tempel. Außen standen rings um ihn herum die goldenen Bildsäulen der zehn Könige selbst, ihrer Frauen und aller derer, die von ihnen entstammten, sowie viele sonstige Weihgeschenke von den Königen und von Privatleuten aus der Stadt selbst und aus den von ihnen beherrschten auswärtigen Gebieten. Auch der Altar entsprach seiner Größe und seiner Ausführung nach dieser Pracht, und ebenso war der Königspalast der Größe des Reiches und dem Prunk der Heiligtümer angemessen. Sie benutzten auch die beiden Quellen, die warme und die kalte, die in reicher Fülle flossen und ein wohlschmeckendes und für jeden Gebrauch wunderbar geeignetes Wasser boten; sie legten rings um sie herum Gebäude und passende Baumpflanzungen an und richteten Baderäume ein, teils unter freiem Himmel, teils für den Winter zu warmen Bädern in gedeckten Räumen, die königlichen getrennt von denen des Volkes, sowie besondere für die Frauen und Schwemmen für die Pferde und andern Zugtiere, und statteten alle diese Räume angemessen aus. Das abfließende Wasser leiteten sie teils in den Hain des Poseidon, in welchem Bäume aller Art von besonderer Höhe und Schönheit infolge der Güte des Bodens wuchsen, teils ließen sie es durch Kanäle über die Brücken weg in die äußeren Ringkanäle fließen. Dort waren Heiligtümer vieler Götter, viele Gärten und Übungsplätze angelegt, eigene für die Menschen und für die Wagengespanne auf den durch die Erdwälle gebildeten Inseln, eine besondere Rennbahn aber befand sich in der Mitte der größeren Insel, sechshundert Fuß breit und ihrem ganzen Umkreis nach für Wagenrennen eingerichtet. Um diese Rennbahn herum lagen die Wohnungen für die meisten Mitglieder der Leibwache. Die zuverlässigeren von ihnen waren auf dem kleineren, der Burg näher gelegenen Erdwall als Posten verteilt, wer sich aber ganz besonders durch Treue hervortat, der wohnte auf der Burg selbst in nächster Nähe des Palastes.

Die Schiffsarsenale waren voll von Triëren und allem zur Ausrüstung eines solchen Schiffes gehörigen Material, das in gutem Zustand bereitgehalten wurde. Derart war also die Einrichtung der königlichen Wohnung. Hatte man aber die drei außerhalb derselben befindlichen Häfen hinter sich, so traf man auf eine Mauer, die vom Meer begann und im Kreis herumlief, vom größten Ring und zugleich Hafen, überall dreißigtausend Fuß entfernt; sie endete an derselben Stelle bei der Mündung des Kanals in das Meer. Den ganzen Raum nahmen viele dichtgedrängte Wohnungen ein; die Ausfahrt und der größte Hafen waren reich belebt mit Schiffen und Kaufleuten aus allen möglichen Gegenden, und es herrschte bei Tag wie bei Nacht lautes Geschrei, Lärm und Getöse jeder Art.

Damit wäre nun so ziemlich alles mitgeteilt, was mir seinerzeit über die Stadt und jene einstige Wohnung der Könige erzählt wurde. Ich muß nun auch noch versuchen, über die natürliche Beschaffenheit und Verwaltung des übrigen Landes zu berichten. Zunächst stieg, wie es heißt, die ganze Insel sehr hoch und steil aus dem Meere auf, nur die Gegend bei der Stadt war durchweg eine Ebene, ringsherum von Bergen, die bis zum Meer hinabliefen, eingeschlossen; sie war ganz glatt und gleichmäßig, mehr lang als breit, nach der einen Seite hin dreitausend Stadien lang, vom Meere aufwärts in der Mitte zweitausend breit. Dieser Teil der ganzen Insel lag auf der Südseite, im Norden gegen den Nordwind geschützt. Die rings aufsteigenden Berge sollen an Menge, Größe und Schönheit alle jetzt vorhandenen übertroffen haben; sie umfaßten eine Menge reichbewohnter Ortschaften, Flüsse, Seen und Wiesen mit genügendem Futter für alle möglichen zahmen und wilden Tiere und endlich auch große Waldungen, die in der bunten Mannigfaltigkeit ihrer Bäume Holz für alle möglichen Arbeiten lieferten. Dies war also die natürliche Beschaffenheit der Ebene, an deren weiterem Ausbau viele Könige gearbeitet hatten. Sie bildete größtenteils ein vollständiges Rechteck; was aber noch daran fehlte, war durch einen ringsherum gezogenen Kanal ausgeglichen; was über dessen Tiefe, Breite und Länge berichtet wird, klingt fast unglaublich für ein von Menschen hergestelltes Werk, außer allen den andern Arbeiten; dieser Graben war nämlich hundert Fuß tief, überall sechshundert Fuß breit und hatte in seiner Gesamtheit eine Länge von zehntausend Stadien. Er nahm die von den Bergen herabströmenden Flüsse in sich auf, berührte die Stadt auf beiden Seiten und mündete in das Meer. Von seinem oberen Teile her wurden von ihm aus ungefähr hundert Fuß breite Kanäle in gerader Linie in die Ebene geleitet, die ihrerseits wieder in den vom Meer aus gezogenen Kanal einmündeten und voneinander hundert Stadien entfernt waren; auf diesem Wege brachte man das Holz von den Bergen in die Stadt; ebenso aber auch alle andern Landeserzeugnisse durch Kanäle, die die Längskanäle der Quere nach miteinander und ebenso die Stadt wieder mit diesen verbanden.

Der Boden brachte ihnen jährlich zwei Ernten; im Winter infolge des befruchtenden Regens, im Sommer infolge der Bewässerung durch die Kanäle. Hinsichtlich der Zahl der Bewohner war bestimmt, daß in der Ebene selbst jedes Grundstück einen kriegstüchtigen Anführer zu stellen hatte; jedes Grundstück aber hatte eine Größe von hundert Quadratstadien, und die Zahl aller Grundstücke war sechzigtausend; auf den Gebirgen und in sonstigen Landstrichen wurde die Zahl der Bewohner als unermeßlich angegeben, alle jedoch waren nach ihren Ortschaften je einem dieser Grundstücke und Führer zugeteilt. Je sechs der Führer mußten einen Kriegswagen stellen, so daß man im ganzen zehntausend solcher Wagen für den Krieg hatte; ferner ein jeder zwei Pferde und Reiter sowie ein Zweigespann ohne Sitz, das einen mit kleinem Schild bewaffneten Krieger sowie den Wagenlenker trug, außerdem zwei Schwerbewaffnete, je zwei Bogenschützen und Schleuderer, je drei Stein- und Speerwerfer und endlich noch vier Matrosen zur Bemannung von zwölfhundert Schiffen. Das war die Ordnung des Kriegswesens in dem königlichen Staat, in den übrigen neun Staaten herrschten andere Bestimmungen, deren Erörterung uns zu weit führen würde.

Die Verhältnisse der Regierung und der Staatswürden waren von Anfang an in folgender Weise geordnet. Jeder einzelne der zehn Könige regierte in dem ihm zugefallenen Gebiet von seiner Stadt aus über die Bewohner und stand über den meisten Gesetzen, so daß er bestrafen und hinrichten lassen konnte, wen er wollte. Die Herrschaft über sie selbst und ihren wechselseitigen Verkehr bestimmte das Gebot Poseidons, wie es ein Gesetz ihnen überlieferte, von ihren Vorfahren auf einer Säule von Messing eingegraben, in der Mitte der Insel, im Tempel des Poseidon. Dort kamen sie abwechselnd bald alle fünf, bald alle sechs Jahre zusammen, um der geraden und der ungeraden Zahl gleiches Recht angedeihen zu lassen, und beratschlagten in diesen Versammlungen über gemeinsame Angelegenheiten, untersuchten aber auch, ob keiner von ihnen ein Gesetz übertreten habe, und fällten darüber ein Urteil. Wenn sie im Begriff waren, ein Urteil zu fällen, gaben sie einander zuvor folgendes Unterpfand der Treue. Sie veranstalteten unter den Stieren, die frei im Heiligtum des Poseidon weideten, eine Jagd ohne Waffen, nur mit Knütteln und Schlingen, und flehten zu dem Gotte, es möge ihnen gelingen, das ihm wohlgefällige Opfertier einzufangen; den gefangenen Stier brachten sie dann zu der Säule und opferten ihn dort auf dem Knauf derselben, unmittelbar über der Inschrift. Auf dieser Säule befand sich außer den Gesetzen eine Eidesformel, die gewaltige Verwünschungen über den aussprach, der ihnen nicht gehorchte. Wenn sie nun nach ihren Bräuchen beim Opfer dem Gott alle Glieder des Stieres geweiht hatten, dann füllten sie einen Mischkrug und gossen in ihn für jeden einen Tropfen Blut, alles übrige aber warfen sie ins Feuer und reinigten die Säule ringsum. Darauf schöpften sie mit goldenen Trinkschalen aus dem Mischkrug, gossen ihre Spenden ins Feuer und schwuren dabei, getreu den Gesetzen auf der Säule ihre Urteile zu fällen und jeden, der einen Frevel begangen habe, zu bestrafen, in Zukunft keine jener Vorschriften absichtlich zu verletzen und weder anders zu herrschen noch einem andern Herrscher zu gehorchen als dem, der nach den Gesetzen des Vaters regierte. Wenn dann ein jeder von ihnen dies für sich selbst und für sein Geschlecht gelobt hatte, trank er und weihte darauf die Schale als Geschenk für den Tempel des Gottes; dann sorgte er für sein Mahl und für die Bedürfnisse seines Körpers. Sobald es dunkel wurde und das Opferfeuer verglommen war, kleideten sich alle sofort in ein dunkelblaues Gewand von höchster Schönheit, ließen sich bei der Glut der Eidesopfer nieder, löschten dann alles Feuer im Heiligtum aus und empfingen und sprachen Recht in der Nacht, sooft einer von ihnen den andern einer Gesetzesübertetung beschuldigte. Die gefällten Urteile schrieben sie, sobald der Tag anbrach, auf eine goldene Tafel und weihten diese samt jenen Gewändern zum Andenken. Es gab noch eine Menge anderer Gesetze über die Rechte der Könige im besonderen, das wichtigste lautete, keiner solle jemals gegen den andern die Waffen führen, vielmehr sollten alle einander helfen in dem Falle, daß etwa einer von ihnen den Versuch machen sollte, in irgendeiner Stadt das königliche Geschlecht zu stürzen; nach gemeinsamer Beratung, wie ihre Vorfahren, sollten sie über den Krieg und alle andern Dinge beschließen, den Vorsitz und Oberbefehl dabei aber dem Geschlechte des Atlas übertragen. Das Recht, einen seiner Verwandten hinrichten zu lassen, solle einem einzelnen König nur dann zustehen, wenn es der größere Teil der zehn genehmigt hätte.

Diese Macht, die damals in jenen Landen in solcher Art und solchem Umfang bestand, führte der Gott gegen unser Land, durch folgende Umstände der Sage nach dazu veranlaßt. Viele Generationen hindurch hatten sie, solange noch die göttliche Abkunft in ihnen wirksam war, den Gesetzen gehorcht und waren freundlich gesinnt gegen das Göttliche, mit dem sie verwandt; ihre Gesinnung war aufrichtig und durchaus großherzig; allen Wechselfällen des Schicksals gegenüber sowie im Verkehr mitein-

36

ander zeigten sie Sanftmut und Weisheit; jedes Gut außer der Tüchtigkeit hielten sie für wertlos und betrachteten gleichgültig und mehr wie eine Last die Fülle ihres Goldes und sonstigen Besitzes; ihr Reichtum berauschte sie nicht und vermochte ihnen die Selbstbeherrschung nicht zu nehmen noch sie zu Falle zu bringen; mit nüchternem Scharfblick erkannten sie vielmehr, daß alle diese Güter nur durch gegenseitige Liebe, vereint mit Tüchtigkeit, gedeihen, durch das eifrige Streben nach ihnen aber zugrunde gehen und mit ihnen auch die Tüchtigkeit. Bei solchen Grundsätzen und der fortdauernden Wirksamkeit der göttlichen Natur in ihnen gedieh alles, was ich früher geschildert habe, aufs beste. Als aber der von dem Gott stammende Anteil ihres Wesens durch die vielfache und häufige Vermischung mit dem Sterblichen zu verkümmern begann und das menschliche Gepräge vorherrschte, da waren sie nicht mehr imstande, ihr Glück zu ertragen, sondern entarteten; jeder, der fähig war, dies zu durchschauen, erkannte, wie schmählich sie sich verändert hatten, indem sie das Schönste unter allem Wertvollen zugrunde richteten; wer aber nicht imstande war, zu durchschauen, was für ein Leben wahrhaft zur Glückseligkeit führt, der hielt sie gerade damals für besonders edel und glückselig, da sie im Vollbesitz ungerechten Gewinnes und ungerecht erworbener Macht waren. Aber Zeus, der nach ewigen Gesetzen waltende Gott der Götter, wohl imstande, solches zu durchschauen, faßte den Beschluß, da er ein tüchtiges Geschlecht so traurig entarten sah, sie dafür büßen zu lassen, damit sie, zur Besinnung gebracht, zu ihrer alten Lebensweise zurückkehrten; er versammelte daher alle Götter in ihrem ehrwürdigsten Wohnsitz, der in der Mitte des Weltalls liegt und einen Überblick über alles gewährt, was je des Entstehens teilhaftig wurde, und sprach...

Es gibt keinerlei Hinweise dafür, ob Plato jemals diesen zweiten Dialog über Atlantis beendete oder einen dritten schrieb, den er angekündigt hatte, aber anscheinend nie verfaßte; falls er es doch tat, ist er verlorengegangen. Das Solon zugeschriebene Gedicht *Atlantikos* ist ebenfalls im Laufe der Jahrhunderte verschwunden.

Platos Bericht hat seit seiner Entstehung Anhänger und Gegner gefunden. Einige Kommentatoren behaupten, daß nicht nur Solon in Ägypten gewesen sei, sondern später auch Plato, um sich persönlich von diesen Informationen zu überzeugen, wie auch Krantor, einer von Platos Schülern,

37

und daß sie alle »die Beweise gesehen hätten«. Platos Bericht hat auf jeden Fall eine die Jahrhunderte bis zum heutigen Tag überdauernde nachhaltige Wirkung auf das Denken der Menschheit gehabt. Einige Gegner der Atlantis-Theorie erklärten, Atlantis sei nur wegen Plato nicht schon längst in Vergessenheit geraten. Das allgemeine, im Laufe der Jahrhunderte ständig wachsende Interesse an diesem großen Menschheitsrätsel scheint diese Behauptung jedoch eindeutig zu widerlegen.

Aristoteles (384–322 v. Chr.), ein ehemaliger Schüler Platos, ist nachweislich einer der ersten, der nicht an die Atlantis-Theorie glaubte, obwohl er selbst über eine große, den Karthagern bekannte Insel namens *Antilia* im Atlantik schrieb.

Krantor (330–275 v. Chr.), ein Nachfolger Platos, berichtet, er habe ebenfalls die Papyrusrollen gesehen, auf denen die Geschichte von Atlantis aufgezeichnet gewesen sei, so wie Plato sie geschildert habe. Und noch andere Schriftsteller der Antike schreiben von einem Kontinent im Atlantik, den sie allerdings manchmal mit anderen Namen bezeichnen, wie etwa Poseidonis, nach Poseidon, dem Gott des Meeres und Schirmherrn von Atlantis.

Plutarch (46–120 n. Chr.) erzählt von einem derartigen Kontinent namens Saturnia und von einer Insel Ogygia, die fünf Tagesfahrten weit westlich von Britannien im Ozean lägen. Ogygia wird auch von Homer als das Inselheim der Nymphe Kalypso erwähnt.

Marcelinus (330–395 n. Chr.), ein römischer Historiker, der berichtet, daß die Gelehrten und Gebildeten Alexandrias die Vernichtung von Atlantis für eine historische Tatsache hielten, beschreibt eine Sorte von Erdbeben, »die plötzlich mit einem einzigen Ruck riesige Schlünde aufrissen und ganze Teile der Erde verschluckten, wie im Atlantischen Meer vor der Küste Europas eine große Insel...«

Proklos (410–485 n. Chr.), ein Neuplatoniker, schreibt, daß es nicht weit westlich von Europa einige Inseln gäbe, deren Bewohner noch die Erinnerung an eine größere Insel bewahrten, zu deren Imperium sie gehörten und die vom Meer verschlungen worden sei. In seinen Kommentaren zu Plato sagte er:

»...daß eine derartige und so große Insel einst existierte, geht ganz eindeutig aus dem hervor, was bestimmte Historiker über das äußere Meer schreiben. Nach ihnen gab es in diesem Meer zu ihrer Zeit sieben Inseln, die Persephone unterstanden, und drei andere große, von denen eine

Pluto geweiht war, eine Ammon und eine Poseidon, und diese letzte hatte eine Flächenausdehnung von tausend Stadien*. Sie sagten ferner, daß die Bewohner dieser Poseidon unterstehenden Insel die Erinnerung an ihre Vorfahren bewahrten und an die atlantische Insel, die sich einst dort befand und die wahrhaft wundervoll war. Sie beherrschte jahrhundertelang alle Inseln im Atlantischen Meer und war ebenfalls Poseidon geweiht...«

Homer (8. Jh. v. Chr.) zitierte in der *Odyssee* die Göttin Athene wie folgt: »Unser Vater, Kronion, o du, der Gebietenden höchster... Aber mich kränkt in der Seele des weisen Helden Odysseus Elend, welcher so lang, entfernt von den Seinen, sich abhärmt auf der umfluteten Insel, inmitten des wogenden Meeres. Eine Göttin bewohnt das waldumschattete Eiland, Atlas' Tochter, des allerforschenden, welcher des Meeres dunkle Tiefen kennt und allein die ragenden Säulen hoch hält, welche die Erde vom hohen Himmel sondern.«

Der Hinweis auf Atlas und Kronos ist besonders interessant in Verbindung mit der »umfluteten Insel, inmitten des wogenden Meeres«. Wie Homer weiter erzählt, erreichte Odysseus' Schiff »des tiefen Stroms Okeanos Ende. Allda liegt das Land und die Stadt der kimmerischen Männer, immer gehüllt in Nacht und Nebel...«

In der *Odyssee* spricht Homer von Scheria, einer Insel weit draußen im Ozean, wo die Phäaken leben, »...abgesondert im wogenumrauschten Meere an dem Ende der Welt, und haben mit keinem Gemeinschaft...« Er beschreibt auch die Stadt des Königs Alkinoos, der er einen derartigen Überfluß an Reichtum und Pracht zuschreibt, daß es an Platos Schilderung von Atlantis erinnert. Wenn auch die beiden Namen sich nicht ähneln, so ist dieses mächtige Inselreich doch ein weiterer Hinweis auf die Erinnerung an einen Inselkontinent im westlichen Ozean jenseits der Säulen des Herakles.

Da Platos Informationen über Atlantis ihm zufolge aus ägyptischen Unterlagen stammen, sollte man annehmen, daß mehr ägyptische Papyrusschriften zusätzliche Hinweise auf Atlantis enthalten. Gewisse Anspielungen in ägyptischen Schriften sind dann auch in diesem Sinn ausgelegt worden, wie »die Herrschaft der Götter« über Ägypten Jahrtausende vor

---

* Maßeinheit der Antike, die sich vom Stadion, der Rennbahn für den Wettlauf, ableitete. Das attisch-römische Stadion betrug 178,6 m. (Anm. d. Übers.)

Anbeginn der ersten schriftlich belegten ägyptischen Dynastie. Ein ägyptischer Priester und Historiker – Manetho – nennt uns außerdem den ungefähren Zeitpunkt, zu dem die Ägypter ihr Kalendersystem änderten, und zwar fällt dieser in die gleiche Periode, in der Atlantis Plato zufolge versank und die jetzt 11 500 Jahre zurückliegt. Andere »verlorene« ägyptische Schriften befanden sich angeblich noch vor der Russischen Revolution in einem Museum in St. Petersburg.

Eine besonders interessante Schrift soll über eine Expedition berichtet haben, die von einem Pharao der II. Dynastie entsandt wurde und das Schicksal von Atlantis klären sollte. Diese Expedition sei nach fünf Jahren unverrichteterdinge, wie man sich denken kann, zurückgekehrt. Ägyptische Schriften erzählen auch von einer Invasion durch »Leute vom Meer«, die »vom Ende der Welt« kamen. Monumentale Wandgemälde, welche dieses Ereignis darstellen, sind heute noch in Medinet Habu zu sehen.

Obwohl die meisten ägyptischen Papyrusrollen bei der Vernichtung der Bibliothek von Alexandria in den Badeöfen verbrannt sein müssen, liegen vielleicht noch unbekannte Schriften in einem unentdeckten ägyptischen Grab und sind durch das trockene ägyptische Klima außerdem gut erhalten.

Herodot (5. Jh. v. Chr.), der griechische Historiker, hat uns mehrere Hinweise auf einen »Atlantis« ähnelnden Namen sowie auf eine geheimnisvolle Stadt im Atlantischen Ozean hinterlassen, die viele für eine atlantische Kolonie oder sogar für Atlantis selbst gehalten haben. Er schreibt: »Den ersten Griechen, die lange Seefahrten unternahmen«, war Iberia (Spanien) und eine Stadt namens Tartessos bekannt, »...jenseits der Säulen des Herakles...«, durch welche die ersten Händler »auf der Rückfahrt größere Gewinne machten als jemals Griechen zuvor...« (Dies klingt seltsam modern und überbrückt die Jahrtausende, die zwischen der fernen Antike und den Handelsflotten eines Niarchos und Onassis liegen.)

An anderer Stelle spricht Herodot in seiner geschichtlichen Darstellung von einem Volksstamm, den Ataranten, sowie von einem zweiten, den Atlanten, »...die sich nach einem Berg, dem Atlas, nennen, der sehr spitz und rund ist; und außerdem so hoch, daß man den Gipfel, wie es heißt, nicht sehen kann, da die Wolken ihn weder sommers noch winters freigeben...«

Herodot interessierte sich sowohl für die Geschichte der Vorzeit wie die

40

seiner Zeit und glaubte, daß der Atlantik durch ein Erdbeben, das die Landbrücke bei Gibraltar sprengte, einen Zugang zum Mittelmeer erhielt. Als er in den ägyptischen Bergen fossilierte Meeresmuscheln fand, zog er außerdem die Möglichkeit in Betracht, daß die heutigen Landflächen früher Meeresboden waren, während die einstigen Landflächen in das Meer versanken.

Thukydides (460–400 v. Chr.) berichtet im *Peloponnesischen Krieg* über ein Erdbeben und sagt dazu: »….Das Meer zog sich bei Orobiai auf Euboia von der damaligen Küstenlinie zurück, stieg in einer gewaltigen Welle empor und begrub einen Teil der Stadt unter sich; und wich dann an einigen Stellen wieder zurück, doch andere blieben für immer überflutet, und was einst Land war, ist jetzt Meer. Die Menschen, die nicht auf Anhöhen flüchten konnten, kamen um. Eine ähnliche Überschwemmung ereignete sich in der Nachbarschaft von Atalante, einer Insel vor der Küste von Opuntian Locri…«

Ein griechischer Historiker, Timagenes (1. Jh. v. Chr.), erwähnt bei seiner Schilderung der Bewohner des alten Gallien eine Geschichte aus ihrer Überlieferung, nach der ihr Land einmal einen Einfall von Menschen erlebte, die von einer Insel kamen, die im Meer versank. Er bemerkte ferner, daß manche der Gallier selbst glauben, von einem fernen Land mitten im Ozean zu stammen.

Ein Aristoteles zugeschriebenes Manuskript mit dem Titel *Von der Welt* zeugt von dem Glauben an andere Kontinente: »…Viele andere Länder aber lassen sich denken, die diesem gegenüber in der Ferne liegen; die einen größer als dieses, die andern kleiner; uns aber alle, außer diesem hier, unsichtbar. Wie nämlich die Inseln bei uns zu diesen Meeren sich verhalten: so das genannte Land zu dem Atlantischen Meere, und so viele andere zu dem ganzen Meere. Denn auch diese sind große Inseln, von großen Gewässern umspült…«

In der sogenannten *Bibliothek* des Apollodoros (2. Jh. v. Chr.) gibt es einen ungewöhlichen Hinweis auf die Pleiaden: »…Atlas und Pleïone, Tochter von Okeanos, hatten sieben Töchter, die Pleiaden genannt, die ihnen in Kyllene in Arkadien geboren wurden, nämlich: Alkyone, Merope, Kelaino, Elektra, Sterope, Taygete und Maia… Und Poseidon umfing zwei von ihnen, zuerst Kelaino, die ihm Lykos gebar, dem Poseidon die Inseln der Seligen als Wohnstätte zuwies, und als zweite Alkyone…«

In seiner Beschreibung der Inseln der Seligen im Atlantischen Ozean spricht Plutarch von der sanften Brise, dem weichen Tau und den Bewohnern, »die sich aller Dinge ohne Mühe oder Arbeit erfreuen«. Die Jahreszeiten »sind milde« und die Übergänge »so gemäßigt, daß allgemein der feste Glaube vorherrscht, sogar bei den Barbaren, daß dieses die Wohnstatt der Seligen ist, und daß dies die Elysischen Gefilde sind, die Homer besingt...«

Diodoros Siculus (1. Jh. v. Chr.) berichtet ausführlich über einen Krieg zwischen den Amazonen und einem Volk namens Atlantioi. Die Amazonen kamen in diesem Fall von einer Insel im Westen, die Hespera hieß und im Tritonis-Sumpf lag, »nahe dem Ozean, der die Erde umgibt« und dem Berg, »den die Griechen [den] Atlas nennen...« Er bemerkt ferner: »...Es wird ebenfalls die Geschichte erzählt, daß der Tritonis-Sumpf im Verlauf eines Erdbebens spurlos verschwand, als Teile von ihm, die zum Osten hin lagen, auseinandergerissen wurden...« Diodoros zitiert des weiteren den Mythos der Atlantioi: »...Das Königreich wurde unter die Söhne von Uranos aufgeteilt, von denen Atlas und Kronos die berühmtesten waren. Von diesen Söhnen erhielt Atlas als seinen Teil die Gebiete an der Küste des Ozeans, und er gab seinem Volk nicht nur den Namen Atlantioi, sondern nannte den größten Berg in dem Land Atlas. Sie behaupten auch, daß er die Wissenschaft der Astrologie vervollkommnete und als erster der Menschheit die Lehre von dem Himmelsgewölbe bekanntgab und daß aus diesem Grunde die Vorstellung sich bildete, daß der gesamte Himmel auf den Schultern von Atlas ruhe...«

Diodoros beschreibt die von Apollodoros genannten Töchter des Atlas ausführlich und berichtet, daß sie »...bei den berühmtesten Helden und Göttern lagen und so die ersten Ahninnen eines großen Teiles der Rasse der Menschenwesen wurden... Diese Töchter zeichneten sich ebenfalls durch ihre Keuschheit aus und erlangten nach ihrem Tode unsterbliche Ehre unter den Menschen, die sie auf einen himmlischen Thron setzten und ihnen den Namen ›die Pleiaden‹ gaben...«

Er liefert ferner eine ansprechende Beschreibung der Insel Atlantis: »...Denn dort draußen in den Tiefen vor Libyen liegt eine Insel von beträchtlicher Größe, und da sie sich im Ozean befindet, ist sie von Libyen eine Seereise von etlichen Tagen weit gen Westen entfernt. Ihr Land ist fruchtbar, vieles davon ist gebirgig und nicht wenig eine flache Ebene von außerordentlicher Schönheit. Es wird durchzogen von schiffbaren Flüssen, die man zur Bewässerung benutzt. Die Insel hat viele Gebiete, die mit Bäumen jeder Art bepflanzt sind, und Gärten von großer Vielfalt, die von Süßwasserläufen durchflossen werden; es gibt dort auch private Villen von kostbarem Bau, und in den Gärten wurden inmitten von Blumen Lusthäuser errichtet, in denen die Bewohner in der sommerlichen Jahreszeit ihre Tage verbringen... Auch die Jagd auf jede Art von Raubtieren und wilden Tieren ist dort ausgezeichnet...

Und, ganz allgemein gesprochen, ist das Klima dieser Insel so milde, daß es einen Überfluß an Baumfrüchten und anderen Früchten der Jahreszeit hervorbringt, so daß es scheinen möchte, als wäre die Insel wegen ihrer außergewöhnlichen glücklichen Gaben eine Wohnstatt der Götter und nicht eine der Menschen...«

Theopompos (4. Jh. v. Chr.) berichtet von einer Unterhaltung zwischen König Midas und einem gewissen Silenos über einen großen, von kriegerischen Stämmen bevölkerten »äußeren« Kontinent. Einige dieser Stämme sollen versucht haben, die »zivilisierte Welt« zu erobern. (Der Wert dieser Quelle wird allerdings durch die Bemerkung gemindert, daß Silenos ein Satyr war, den König Midas nur einfangen konnte, nachdem er ihn mit griechischem Wein betrunken gemacht hatte!)

Tertullian (150–230 n. Chr.) erwähnt das Versinken von Atlantis im Zusammenhang mit den Veränderungen der Erde: »...die, sogar jetzt, lokalen Veränderungen unterworfen ist... wenn es unter ihren Inseln Delos nicht mehr gibt... Samos ein Sandhaufen [ist]... Wenn man umsonst im Atlantik eine Insel von der gleichen Größe wie Libyen oder Asien sucht; wenn... Italien durch die bebende Erschütterung des Asiatischen und Tyrrhenischen Meeres mitten durchgeschnitten wird [und] Sizilien dabei übrigbleibt...«

Philon von Alexandreia (Philo Judaeus, 20 v. Chr.–40 n. Chr.) kommentiert ebenfalls die Entstehung der Meerenge von Sizilien. Er schreibt: »Man bedenke, wie viele Gebiete auf dem Festland, und nicht nur solche nahe der Küste, sondern sogar tief im Inland gelegene, von den Fluten verschlungen worden sind; und man bedenke, was für ein großer Teil Land zu Meer geworden ist und jetzt von unzähligen Schiffen befahren wird. Wer kennt nicht jene allerheiligste Meerenge von Sizilien, die in alten Zeiten Land war und Sizilien mit dem Kontinent von Italien verband?« Er nennt außerdem drei griechische Städte, die auf dem Meeresgrund liegen sollen – Aigara, Boura und Helike (man sucht jetzt mit modernen archäologischen Forschungsmethoden in der Nähe der heutigen Stadt Korinth nach Helike) – und schließt mit einem Hinweis auf »die Insel Atlantis, die, wie Plato sagte, in einem Tag und einer Nacht durch ein außergewöhnliches Erdbeben und eine Überflutung im Meer verschwand.«

Eine Bemerkung von Arnobius Afer (3. Jh. n. Chr.), einem frühen Christen, beklagt den Umstand, daß die Christen für alles verantwortlich gemacht werden: »Ist es unsere [der Christen] Schuld, daß vor zehntausend Jahren eine große Schar Männer von der Insel, die das Atlantis von Neptun genannt wird, wie Plato uns berichtet, kamen und zahllose Volksstämme überfielen und ausrotteten?«

Aelian (Claudius Aelianus, 170–240 n. Chr.), ein klassischer Schriftsteller, gibt einen ziemlich ungewöhnlichen Hinweis in seinem Werk *Das Wesen der Tiere*. Er spricht von »Schafen des Meeres« (die man für Seehunde hält) und sagt, daß sie »…in der Nähe der Meerenge überwintern, die Korsika und Sardinien trennt… Das männliche Tier, der Widder, hat ein weißes Band um die Stirn. Man würde sagen, es ähnele dem Diadem von Lysimachus oder Antigonus oder dem eines anderen mazedonischen Königs. Die Bewohner der Küsten des Ozeans erzählen, daß in früheren Zeiten die Könige von Atlantis, [die] Nachkommen von Poseidon, als Zeichen ihrer Macht das Kopfband der Widder auf dem Kopf trugen und daß ihre Gemahlinnen, die Königinnen, als Zeichen ihrer Macht das Kopfband der weiblichen Tiere trugen…«

Dieses Zitat von Aelian, das uns durch die Jahrhunderte nicht als eine Beschreibung von Atlantis, sondern als eine beiläufige Bemerkung über Kopfschmuck überliefert worden ist, verleiht dem im Altertum allgemein verbreiteten Glauben an die tatsächliche frühere Existenz von Atlantis eine gewisse Glaubwürdigkeit.

Welche Schlußfolgerung kann aus diesen und anderen ähnlichen klassischen Hinweisen gezogen werden? Obwohl einige von ihnen sich gegenseitig zu widerlegen scheinen und auch die Namen und deren Schreibweise variieren, scheinen sie doch in mehreren Punkten übereinzustimmen. Die Mittelmeervölker der Antike glaubten, daß es im Atlantik bewohnte Länder oder einen Kontinent gab, und bewahrten verschwommene Erinnerungen an einen Kontakt mit diesen Bewohnern wie auch an feindselige Auseinandersetzungen mit von dort kommenden Gruppen – sei es zu Plünderungs- oder Kundschafterzwecken; und sie glaubten schließlich alle, daß dieses Land oder diese Länder im Meer versunken waren.

Ein anderer früher Christ, Kosmas Indikopleustes (6. Jh. n. Chr.), scheint den Anspruch der Russen »wir haben es zuerst erfunden« um Jahrhunderte vorwegzunehmen, wenn er sagt, daß Plato »...mit gewissen Einschränkungen ähnliche Ansichten wie wir zum Ausdruck brachte... Er erwähnt sowohl die zehn Generationen wie auch die Tatsache, daß Land unter dem Ozean liegt. Und es ist mit einem Wort offensichtlich, daß sie alle Anleihen bei Moses machen und seine Worte als ihre eigenen ausgeben...« Kosmas dachte dabei anscheinend an biblische Hinweise auf die Generationen vor der Sintflut, die von dieser wegen ihrer Sündhaftigkeit vernichtet wurden. Doch der biblische Hinweis auf die Sintflut ist nur ein kleiner Ausschnitt einer Legende, die allgemeiner Besitz der Völker in allen Teilen der Welt – mit Ausnahme Polynesiens – ist.

Für den modernen Forscher sind deshalb derartige schriftliche Überlieferungen und Berichte keine Beweise. Aber können sie das jemals sein? Man darf nicht vergessen, daß die Autoren früherer Zeiten ihre Berichte nicht für moderne Forscher schrieben und daß man damals, als es noch keine Computer, Mikrobänder und keine Druckerpresse gab, eine völlig andere Auffassung von Wesen der Information hatte und Götter und Mythen als Rahmenwerk mit heranzog. Man muß deshalb den Beweis für die tatsächliche Existenz von Atlantis nicht nur in den Schriften klassischer Autoren, sondern auch auf anderen Gebieten suchen.

Atlantis – uralte Menschheitserinnerung

Der Bericht von der Sintflut, wie er in der Genesis steht, ist Allgemeinbesitz der Babylonier, Assyrer, Perser, Ägypter, der Stadtstaaten Kleinasiens, Griechenlands und Italiens und anderer Völker der Küsten des Mittelmeers, des Kaspischen Meers und des Persischen Golfs, ja sogar Indiens und Chinas.

Es ließe sich behaupten, daß Berichte von einer großen Flut, die nur einige wenige, von Gott oder den Göttern zur Erhaltung des Menschengeschlechts Erwählte, überlebten, indem sie sich rechtzeitig ein rettendes Schiff bauten, über die großen Karawanenstraßen nach Asien gelangten. Die Übereinstimmung mit den norwegischen und keltischen Legenden wäre schon schwieriger zu begründen. Wie aber kann man den Umstand erklären, daß die Indianervölker der Neuen Welt eigene vollständige und identische Flutlegenden hatten, die oft Hinweise darauf enthielten, daß sich diese Völker auf Schiffen aus dem Osten in ihr neues Land retteten?

Beim Studium der Sintflutlegenden wird eine erstaunliche Tatsache klar: Alle Rassen und Völker scheinen die gleiche Legende zu haben. Es wäre denkbar, daß die Völker des Mittelmeerraumes in ihren Überlieferungen die Erinnerung an eine Universalkatastrophe bewahrten, doch wie hätten die Indianer Nord- und Südamerikas davon erfahren und fast die identischen Legenden haben können?

Laut den alten aztekischen Bilderschriftdokumenten war zum Beispiel Coxcox, der auch Teocipactli oder Tezpi hieß, der Noah der mexikanischen Flutkatastrophe. Er rettete sich mit seinem Weib in einem Boot oder Floß aus Zypressenholz. Man hat bildliche Darstellungen von Coxcox' Sintflut bei den Azteken, Mixteken, Zapoteken, Tlaxcalteken und anderen Indianerstämmen gefunden. Die Legende weist aber eine noch viel weitergehende Übereinstimmung mit dem Sintflutbericht, wie wir ihn aus der Schöpfungsgeschichte und chaldäischen Quellen kennen, auf. Sie berichtet, wie Tezpi mit seinem Weib, seinen Kindern und mehreren Tieren und Getreide, deren Rettung wichtig war für den Fortbestand der menschlichen Rasse, ein geräumiges Schiff bestieg. Als der große Gott Tezxatlipoca den Wassern befahl zurückzuweichen, ließ Tezpi einen

Geier fliegen. Der Vogel, der durch die Leichen, mit denen die Erde übersät war, einen reichgedeckten Tisch fand, kehrte nicht zum Schiff zurück. Da ließ Tezpi weitere Vögel frei, von denen aber nur der Kolibri mit einem grünen Zweiglein im Schnabel zurückkam. Als Tezpi daran erkannte, daß die Vegetation wieder eingesetzt hatte, verließ er sein Floß auf dem Berg Colhuacan.

Das *Popol Vuh* war eine in den Hieroglyphen der Mayas verfaßte Chronik der Quiché-Mayas, die von den spanischen Eroberern verbrannt, später jedoch aus dem Gedächtnis aufgezeichnet wurde, und zwar in lateinischen Buchstaben. Diese Sintflutlegende der Mayas erzählt: »Da wurden die Wasser von dem Willen des Herzens des Himmels [Hurakán] aufgewühlt, und eine große Überschwemmung kam auf die Häupter dieser Kreaturen... Sie wurden verschlungen, und eine harzige Masse senkte sich vom Himmel herab; ...das Antlitz der Erde verdunkelte sich, und ein schwerer [alles] verfinsternder Regen begann – Regen bei Tag und Regen bei Nacht... Über ihren Köpfen hörten sie ein schreckliches Getöse, wie von Feuer. Da sah man die Menschen voller Verzweiflung herumlaufen und sich gegenseitig umstoßen; sie wollten auf ihre Häuser klettern, und die Häuser stürzten ein, brachen zu Boden; sie wollten auf die Bäume klettern, und die Bäume schüttelten sie ab; sie wollten sich in die Grotten flüchten, und die Grotten schlossen sich vor ihnen... Wasser und Feuer trugen zu der vollständigen Vernichtung zur Zeit der letzten großen Flutkatastrophe bei, die der vierten Schöpfung voranging.«

Die ersten Erforscher Nordamerikas konnten eine Legende der Indianervölker um die Großen Seen aufzeichnen: »In früheren Zeiten lebte der Vater der indianischen Stämme [näher] zur aufgehenden Sonne. Nachdem er in einem Traum gewarnt worden war, daß eine Sintflut über die Erde kommen würde, baute er ein Floß, auf dem er sich mit seiner Familie und allen den Tieren rettete. So trieb er mehrere Monate dahin. Die Tiere, die zu jener Zeit sprachen, beklagten sich laut und murrten gegen ihn. Zuletzt tauchte eine neue Erde auf, auf der er mit all den Tieren landete, die seit jener Zeit die Macht der Sprache verloren haben als Strafe für ihr Gemurre gegen ihren Retter.«

George Catlin, ein früher Beobachter der amerikanischen Indianervölker, berichtet von einem Brauch, bei dem der Hauptakteur als »der einzige Mensch« bezeichnet wird, der durch das Dorf »reist«, vor jedes Mannes Hütte stehenbleibt und weint, bis der Besitzer der Hütte herauskommt

47

und ihn fragt, wer er wäre und was denn los sei? Worauf der Mann als Antwort von »der traurigen Katastrophe« erzählt, »die sich durch die überfließenden Wasser auf der Erde ereignet habe«, und sagt, daß er der »einzige Mensch sei, der von dem Weltunglück gerettet worden sei«; daß er mit seinem Kanu auf einem hohen Berg im Westen gelandet sei, wo er jetzt lebe; daß er gekommen sei, um die Hütte des Medizinmannes zu öffnen, die ein Geschenk in Form eines scharfkantigen Werkzeuges von dem Besitzer jedes Wigwams brauche, um es dem Wasser zu opfern; denn wenn dies nicht geschähe, würde eine zweite Flut kommen, und niemand würde gerettet, da das große Kanu mit solchen Werkzeugen gemacht worden sei.

Ein Hopi-Mythos beschreibt ein Land, in dem große Städte erbaut wurden und das Handwerk blühte, doch als das Volk verderbt und kriegerisch wurde, vernichtete eine große Flut die Welt. »Wellen höher als Berge wälzten sich über das Land, und Kontinente brachen auseinander und sanken hinunter ins Meer.«

Die Überlieferung der Irokesen berichtet, daß die Welt einst von Wasser verwüstet und nur eine einzige Familie mit zwei Tieren von jeder Art gerettet wurde.

Die Chibcha-Indianer in Kolumbien haben eine Legende, nach der die Sintflut durch den Gott Chibchacun ausgelöst wurde, den Bochica, der Hauptgott und Lehrer der Menschheit, bestrafte, indem er ihn dazu verurteilte, zukünftig die Erde auf seinem Rücken zu tragen. Jedesmal, wenn Chibchacun seine Stellung veränderte, gab es nach Meinung der Indianer ein Erdbeben. (In der griechischen Mythologie trägt Atlas das Gewicht des Himmelsgewölbes und gelegentlich auch das der Erde auf seinen Schultern.) Die Flutlegende der Chibcha-Indianer weist noch eine weitere bemerkenswerte Parallele zu dem griechischen Flutmythos auf. Um sich von den Wassermassen zu befreien, die die Erde nach der Sintflut bedeckten, öffnete Bochica bei Tequendama ein Loch in der Erde – in der griechischen Legende verschwanden die Flutwasser durch den Krater von Bambyce.

Diese Flutlegenden gleichen im allgemeinen unseren eigenen so sehr, daß man fast vergißt, sich daran zu erinnern, daß sie *vor* der Ankunft des weißen Mannes in der Neuen Welt existierten. Wie die spanischen Eroberer in Peru feststellten, glaubten die meisten Bewohner des Inka-Reichs, daß die Erde einst von einer großen Flut überschwemmt wurde, in der alle

48

Menschen bis auf einige wenige umkamen, die der Schöpfer rettete, damit sie die Welt wieder durch ihre Nachkommen bevölkerten.

Eine Inka-Legende über einen solchen Überlebenden berichtet, daß dieser an der Art, wie seine Lamaherden ständig traurig zum Himmel emporschauten, erkannte, daß eine Sintflut nahte und auf diese Warnung hin einen hohen Berg besteigen konnte, auf dem er und seine Familie vor der bevorstehenden Flut sicher waren. In einer anderen Inka-Legende wird erwähnt, daß es sechzig Tage und sechzig Nächte regnete – also zwanzig Tage und Nächte länger als in der biblischen Sintflut.

Bei den Guaraní-Indianern an der Ostküste Südamerikas findet man eine Legende über Tamandere, der, als der große Regen einsetzte und die Erde zu bedecken begann, im Tal blieb, anstatt mit seinen Gefährten auf die Berge zu fliehen. Als das Wasser höherstieg, kletterte er auf eine Palme und aß, während er abwartete, Früchte. Die Palme wurde schließlich von den immer weiter steigenden Fluten entwurzelt, und Tamandere und sein Weib trieben auf dem Baum wie auf einem Floß dahin, während das Land, der Wald und zuletzt sogar die Gebirge verschwanden. Gott gebot den Wassern Einhalt, als sie den Himmel erreichten. Tamandere, der sich jetzt auf der Spitze eines Berges befand, stieg von der Palme herunter, als er den Flügelschlag eines himmlischen Vogels als Zeichen dafür vernahm, daß die Wasser zurückwichen, und machte sich daran, die Erde wieder zu bevölkern.

Wegen der vorhandenen schriftlichen Berichte kennen wir die Noahs des Mittelmeers – sowohl des europäischen wie des mittelöstlichen – besser, so den babylonischen Ut-Napishtim und den Baisbasbata des Hindu-Epos *Mahabharata*, den Yima der persischen Legende und Deukalion der griechischen Mythologie, der das neue Menschengeschlecht erzeugte, indem er auf Geheiß des Orakels der Themis »die Gebeine der Mutter«, das heißt die Steine der Erde, hinter sich warf. Nach den Legenden gab es also anscheinend nicht nur einen Noah, sondern viele, von denen keiner etwas vom anderen wußte.

Der Grund für die Sintflut ist in all diesen Mythen fast immer der gleiche: Die Menschheit war sündhaft geworden, und Gott beschloß, sie zu vernichten, gleichzeitig aber ein redliches Ehepaar oder eine Familie für einen Neubeginn zu verschonen.

Diese universelle Erinnerung an eine Sintflut müßte man bei den Völkern zu beiden Seiten des Atlantiks finden, falls Atlantis – wie von Plato be-

49

schrieben – während der Katastrophe unterging. Die durch diese Katastrophe verursachten Flutwellen müßten nicht nur überall sehr hoch gewesen sein, sondern auch niedriges Land überschwemmt haben; und die Stürme, Orkane, Winde und Erdbeben bestärkten zweifellos jeden damals lebenden Menschen in der Annahme, daß die Welt tatsächlich unterging. Und das 7. Kapitel der Genesis (1. Buch Mose) enthält einen ganz besonders anschaulichen Bericht über die gleichzeitig steigenden Fluten und den Regen – »da brachen auf alle Brunnen der großen Tiefe, und taten sich auf die Fenster des Himmels...«

Diese alle Völker verbindenden Sintflutlegenden gehen möglicherweise auf das Sinken von Atlantis oder auf eine Flutkatastrophe im Mittelmeer oder auf beides zurück. Neben derartigen übereinstimmenden Überlieferungen muß man jedoch auch die Frage des Namens selbst berücksichtigen, das heißt die Namen, mit denen das irdische Paradies oder die Urheimat eines Stammes oder Volkes bezeichnet wurde. Hier sind die Übereinstimmungen besonders auffallend in den Mythen der Indianervölker Nord- und Südamerikas, wie wir an den Namen Aztlán und Athlán sowie Tollán sahen, und ebenfalls verblüffend auf der anderen Seite des Atlantiks, wo die »versunkenen Länder« so ähnliche Namen wie Avalon, Lyonesse, Ys, Antilla und »Atlantische Insel der sieben Städte« haben,

Aztekische Darstellung von Aztlán, der ursprünglichen Heimat der Azteken; aus einem illustrierten Manuskript aus der Zeit nach der spanischen Eroberung.

nicht zu vergessen die Namen der antiken Mittelmeerwelt wie Atlantis, Atalanta, Atarant, Atlas, Aaru, Aalu und andere, mit denen wir uns ausführlich im ersten Kapitel beschäftigten. All diese Legenden erzählen von einem Land, das im Meer versank.

Besonders interessant ist die Feststellung, daß sogar heute noch bestimmte Volksstämme die Überlieferung bewahren, nach der sie von den Atlantiden abstammen oder über ihre Vorfahren kulturell von ihnen beeinflußt wurden. Dies trifft vor allem für die Basken Nordspaniens und Südwestfrankreichs zu, deren Sprache keinerlei Verbindung zu den anderen europäischen Sprachen aufweist. Die Berber, deren Sprache gewisse Ähnlichkeiten mit dem Baskischen hat, bewahren in ihren Überlieferungen ebenfalls die Erinnerung an einen westlichen Kontinent.

Der Glaube an die Existenz von Atlantis ist in Portugal, Brasilien und Gebieten von Spanien noch heutzutage weit verbreitet, was völlig logisch erscheint, wenn man bedenkt, daß der westliche Teil der Iberischen Halbinsel der Zipfel Europas war, der Atlantis – falls es diesen Inselkontinent in früheren Zeiten wirklich gab – am nächsten lag.

Eines der klassischen katalanischen Werke ist das 1878 veröffentlichte lange Gedicht *La Atlántida* von Jacinto Verdaguer – und das ist nur ein Beispiel für die zahlreichen literarischen Schöpfungen eines Volkes, das sich als direkte oder indirekte Nachkommenschaft der Bewohner des versunkenen Kontinents betrachtet.

Es hat einen gewissen Reiz, wenn man zum Beispiel heutzutage in einer portugiesischen Zeitung liest, daß der Staatschef »os vestígios da Atlántida« (den Überresten von Atlantis) einen Besuch abgestattet habe, womit natürlich die Azoren gemeint sind. Es gibt auf den Azoren alte Legenden über Atlantis, doch wurden sie von den Portugiesen auf die bis dahin unbewohnten Inseln mitgebracht. Die Ureinwohner der Kanarischen Inseln waren nach Aussage der ersten dort landenden Spanier eine primitive weiße Rasse, die sowohl eine Schriftsprache wie genaue Überlieferungen besaß, auf Grund derer sie sich als Überlebende eines einstigen großen Inselreiches betrachtete. Ihr Überleben endete mit ihrer Entdeckung, denn sie wurden von den spanischen Eindringlingen in einer Reihe von Kriegen getötet. Uns ist dadurch ein faszinierendes, ja vielleicht sogar das einzige direkte Bindeglied zwischen Atlantis und der heutigen Zeit unwiderruflich verlorengegangen.

Die Kelten in Westfrankreich, Irland und Wales bewahren Erinnerungen an vorgeschichtliche Kontakte mit Menschen von den Ländern im Meer. In der Bretagne gibt es prähistorische »Avenuen« von Menhiren, die zur Atlantikküste und dann unter Wasser weiter ins Meer hinaus führen. Obwohl nicht einmal die enthusiastischsten Atlantologen die Vermutung geäußert haben, daß diese Unterwasser-»Straßen« nach Atlantis führen, ist anzunehmen, daß sie der Weg zu gallischen Siedlungen waren, die irgendwann im Meer versanken, denn die französische Küste ist seit der Besiedelung des Landes beträchtlich zurückgewichen. In übertragenem Sinn kann man jedoch sagen, daß diese »Straßen« tatsächlich nach Atlantis führen, denn sie weisen den Weg zu den Orten der Erinnerung und lenken die Gedanken zu den auf dem Meeresgrund ruhenden versunkenen Ländern.

Falls Atlantis tatsächlich einst existierte und dieses Inselreich in seiner Gesamtheit vernichtet wurde, warum hat man dann nicht mehr und gründlichere Suchaktionen organisiert? Vielleicht erschien es den damals lebenden Menschen wirklich so, als wären sie mit knapper Not dem Weltuntergang entronnen und müßten es unter allen Umständen vermeiden, sich in den Atlantik hinauszuwagen.

Soviel wir heute wissen, waren die Phönizier – die einige Atlantologen für die Nachkommen der Überlebenden von Atlantis halten – und ihre Nachfahren, die Karthager, die einzigen unter den seefahrenden Völkern des Altertums, die an Gibraltar vorbei in den Atlantik hinaussegelten. Diese Seefahrer taten alles, um ihre gewinnbringenden Handelsrouten geheimzuhalten und die Römer und andere Mittelmeervölker davon abzuhalten, sich in ihre Handelsbeziehungen zu drängen. Sie waren nur allzu bereit, Platos Bericht zu bestätigen, nach dem »...man das Meer dort jetzt nicht mehr befahren und durchforschen [kann], weil hochaufgehäufte Massen von Schlamm, die durch den Untergang der Insel entstanden sind, es unmöglich machen«.

Der Karthageradmiral Himilkon soll laut dem Dichter Avienus im Jahr 500 v. Chr. eine Seereise im Atlantik folgendermaßen geschildert haben: »...Keine Brise treibt das Schiff vorwärts, so still ist die dicke Luft dieses bewegungslosen Meeres... so viele Algen treiben auf den Wellen und halten das Schiff wie Gestrüpp zurück... das Meer ist nicht sehr tief, die Oberfläche der Erde ist nur von wenig Wasser bedeckt... die Ungeheuer der See schwimmen herum, und gewaltige Monstren bewegen sich zwischen den träge und langsam dahintreibenden Schiffen...«

Ein anderer Bericht über Atlantis stammt von Pausanias und findet sich in seiner *Beschreibung Griechenlands*, in der er Euphemos den Karianer (Phönizier) zitiert. Euphemos' Bericht schreckte jeden vor dem Wagnis einer Seefahrt auf dem Atlantik ab – vor allem aber die Frauen:

> »Auf einer Seereise nach Italien wurde er von Winden von seinem Kurs abgetrieben und in das äußere Meer hinausgetragen, jenseits der Wege der Seefahrer. Er bezeugte, daß es dort viele unbewohnte Inseln gäbe, während auf anderen wilde Männer lebten... Die Inseln würden von den Seeleuten die Satyriden genannt, und die Bewohner seien rothaarig und hätten auf ihren Flanken Schwänze nicht viel kleiner als jene von Pferden. Sowie sie ihre Besucher erblickten, rannten sie, ohne einen Schrei auszustoßen, zu dem Schiff herunter und fielen über die Frauen im Schiff her. Zuletzt warfen die Seeleute in [ihrer] Angst eine fremde Frau auf die Insel. Die Satyre schändeten sie nicht nur auf die übliche Weise, sondern auch auf die obzönste Art...«

Ein anderer aufsehenerregender Vorfall trug viel dazu bei, die Griechen abzuhalten, den Ozean zu erkunden. Alexander der Große schickte nach der Eroberung von Tyre in Phönizien eine Flotte auf das »in Wahrheit so heißende Meer« hinaus, um weitere phönizische Städte oder Siedlungen zu erobern, die möglicherweise jenseits des Mittelmeers lagen. Die Flotte segelte auf den Ozean hinaus... und ward nicht mehr gesehn.

Die Karthager taten ihr Äußerstes, um ihre Handelsrouten im Atlantik vor den Griechen und Ägyptern, ganz besonders aber vor den Römern, geheimzuhalten. Wenn Schauergeschichten ihre Rivalen nicht abschreckten, nahmen die Karthager häufig Zuflucht zu drastischeren Mitteln. Es gibt historische Berichte, daß Karthager ihre Schiffe versenkten, um ihr Ziel nicht zu verraten, wenn ihnen jenseits von Gibraltar römische Schiffe auf das offene Meer hinaus folgten. Bei anderen Gelegenheiten lösten sie das Problem der Geheimhaltung ihrer Handelswege auf dem Atlantik, indem sie das verfolgende Schiff angriffen und mit der gesamten Besatzung versenkten.

Unter den von den Karthagern im Atlantik besuchten Ländern befand sich auch, wie Aristoteles berichtet, die Insel Antilia, deren Name an Atlantis erinnert. Die Karthager waren dermaßen bestrebt, die Existenz dieser Insel geheimzuhalten, daß die bloße Erwähnung ihres Namens bei Todesstrafe verboten war. Man nimmt an, daß die Karthager Tartessos eroberten, eine reiche Stadt mit einer hochentwickelten Kultur, die an der Mündung des Guadalquivir an der Westküste Spaniens lag und vielleicht das von Hesekiel in der Bibel erwähnte Tarschisch oder Tharsis ist, über das der Prophet sagt: »Tharsis hat mit dir seinen Handel gehabt und allerlei Ware, Silber, Eisen, Zinn und Blei auf deine Märkte gebracht.« (Hesekiel 27, 12.) Auf jeden Fall verschwand es im 6. Jh. v. Chr., und mit ihm seine gesamte Kultur. Falls Tartessos, wie von manchen angenommen, eine Kolonie von Atlantis war, bildet die Vernichtung dieser Stadt, in der es 6000 Jahre zurückreichende schriftliche Berichte gegeben haben soll, möglicherweise ein weiteres verlorengegangenes Bindeglied zu Atlantis und den uns daran verbliebenen Erinnerungen.

Die Völker östlich des Atlantiks berichten in ihren Mythen über versunkene Länder und Inseln von Namen, die manchmal an Atlantis erinnern, manchmal aber auch ganz anders lauten, wie St. Brendans Insel und Brasilien; häufig wird ein solches Land ganz einfach als »die grüne Insel unter den Wellen« bezeichnet. Man glaubte so fest an die Existenz der St. Brendans Insel, daß im Mittelalter ein halbes Dutzend Expeditionen auf die Suche nach dieser Insel gingen und die Aufteilung ihres Gebietes bereits schriftlich festgelegt war.

Antilla – derselbe Name, falls nicht sogar dieselbe Insel, welche die Karthager als ein so strenges Geheimnis hüteten – wurde von den hispanischen Völkern für einen Zufluchtsort vor den Mauren gehalten. Sie glaubten, daß die den Mauren entkommenen Flüchtlinge unter Anführung eines Bischofs gen Westen segelten und wohlbehalten die Insel Antilla erreichten, auf der sie sieben Städte gründeten. Auf alten Karten ist Antilla gewöhnlich mitten im Atlantischen Ozean eingezeichnet.

Die Bemühungen der Phönizier und Karthager, die anderen seefahrenden Völker vom Atlantik fernzuhalten, hatten zur Folge, daß er weiterhin als verderbenbringendes Meer galt. Die Menschheit vergaß jedoch nie die Glücklichen Inseln und die anderen »versunkenen Länder«. Sie tauchten immer wieder auf präkolumbischen Weltkarten auf – manchmal vor der spanischen Küste oder auch am westlichen Rand der Welt... Atlantis, Antilla, die Hesperiden und die »anderen Inseln«; wie Plato sagte: »...konnte man damals noch nach den anderen Inseln hinüberfahren und von den Inseln auf das ganze gegenüberliegende Festland, das jenes in Wahrheit so heißende Meer umschließt.«

54

Während die Menschheit sich durch ihre Legenden an Atlantis erinnert, scheinen manche Tiere – Vögel und Meerestiere – gleichfalls eine instinktive Erinnerung (eine ererbte Nostophylie) daran bewahrt zu haben. Jedesmal, wenn die enorme Vermehrung der Lemminge die Nahrungsversorgung dieser skandinavischen Wühlmäuse gefährdet, strömen sie in großen Scharen zusammen, wandern durch das Land und überqueren die Flüsse auf ihrem Weg, bis sie an das Meer gelangen. Dort stürzen sie sich in das Wasser und schwimmen westwärts, bis sie schließlich ertrinken. Die örtlichen alten Legenden bestätigen die Vermutung, die Atlantologen selbstverständlich aufstellen würden – daß die Lemminge, wenn die Nahrung in ihrer Heimat nicht mehr ausreichend ist, zu einem Land zu schwimmen versuchen, das es früher dort im Westen gab.

Ein sogar noch erstaunlicheres Verhalten, das vielleicht ebenfalls durch eine instinktive Erinnerung ausgelöst wird, hat man bei verschiedenen Zugvögeln beobachtet, die jedes Jahr von Europa nach Südamerika fliegen. Wenn sich die Vogelschwärme über dem Atlantik den Azoren nähern, beginnen sie in weiten konzentrischen Kreisen zu fliegen, ganz so, als suchten sie Land, auf dem sie sich ausruhen könnten. Nach ihrem vergeblichen Kreisen schwenken sie dann wieder auf ihren Kurs ein und fliegen weiter; sie wiederholen jedoch auf ihrem Rückflug dasselbe Manöver in demselben Gebiet. Ob die Vögel nun Land oder Nahrung suchen oder beides, hat man noch nicht feststellen können. Das Interessanteste an diesen Berichten ist, daß der Mensch das Verhalten der Vögel durch eine Überzeugung motiviert, die er selbst hegt, eine Betrachtungsweise, die jenen Zeiten der Legende ebenbürtig ist, in denen Menschen und Tiere miteinander sprachen.

Eine andere Tierart legt, wenn auch keinen schlüssigen Beweis, so doch ein noch verblüffenderes Verhalten an den Tag, das sich nur durch eine instruktive Rückerinnerung erklären läßt: die europäischen Aale. Merkwürdigerweise ist Aristoteles, der nicht an Platos Atlantis-Schilderung glaubte, indirekt mit in dieses Phänomen verwickelt, das häufig als Beweis für die tatsächliche Existenz von Atlantis angeführt wird.

Aristoteles, der sich für alle Naturphänomene interessierte, war der erste Naturforscher, der die Frage nach der Art der Vermehrung der Aale stellte. Wo laichen sie? Anscheinend irgendwo im Meer, denn die europäischen Aale verlassen alle zwei Jahre ihre Gewässer und ziehen die großen Flüsse hinunter, die in das Meer münden. Dies war alles, was man über die Vermehrung der Aale wußte, seit Aristoteles vor über zweitausend Jahren als erster die Frage stellte. Erst in den letzten zwanzig Jahren gelang es, sich Gewißheit über die Laichgründe der Aale zu verschaffen. Das Gebiet, in das sie all diese Jahrhunderte zogen, ist die Sargasso-See – ein Algenmeer im Nordatlantischen Becken rings um die Bermuda-Inseln, etwa halb so groß wie die Vereinigten Staaten.

Man hat den Zug der riesigen Aalschwärme durch den Atlantik an den sie begleitenden Möwen und Haifischen verfolgen können, die sich diese bequeme Nahrungsquelle nicht entgehen lassen. Die Aale brauchen für die Überquerung des Atlantiks mehr als vier Monate. Nachdem sie in der Sargasso-See in einer Tiefe von über fünfhundert Meter gelaicht haben, sterben die Weibchen, während die jungen Aale die weite Wanderung zurück nach Europa antreten, aus dem sie nach zwei Jahren wieder zu der Sargasso-See aufbrechen.

Man hat die Vermutung geäußert, daß diese Wanderung der Aale sich durch einen Laichinstinkt erklären läßt, der sie zu ihrer Urheimat zurücktreibt, die vielleicht die Mündung eines großen Flusses war, der durch Atlantis floß, so wie der Mississippi durch die Vereinigten Staaten fließt, bevor er das Meer erreicht.

Man kann diesen Laichinstinkt der Aale, was den Schwierigkeitsgrad seiner Efüllung betrifft, mit dem des Alaska-Lachses vergleichen, der sich seinen Weg über Stromschnellen und Dämme flußaufwärts erkämpfen muß, während der Aal dem Verlauf eines Stromes folgen muß, den es nicht mehr gibt, der jedoch einst durch einen Kontinent floß, der vor vielen Jahrtausenden im Meer versank.

Die Sargasso-See ist verschiedentlich als das Gebiet des einstigen Atlantis oder als das westliche Meer von Atlantis bezeichnet worden. Eine Untersuchung des Meeresbodens würde vielleicht für beides sprechen, da ein Teil der Sargasso-See sich über den gewaltigen Tiefen des Hatteras- und Nares-Tiefs erstreckt, während ein anderer Teil die Bermuda-Schwelle, jenes große Plateau mit seinen Inseln und abgeflachten unterseeischen Bergen, den »sea-mounts«, bedeckt.

Die Phönizier und Karthager berichteten, daß der Seetang im Atlantik stellenweise so dicht sei, daß die Ruder der Galeeren sich in ihm verfingen und er die Schiffe festhalte. Falls sie damit die heutige Sargasso-See meinten, müssen sie in der Tat sehr weit gesegelt sein. Da der Seetang in der Sargasso-See aber nicht dicht genug ist, um ein Schiff festzuhalten, benutzten die Phönizier diese Geschichte wahrscheinlich nur als ein weiteres Abschreckungsmittel, um ihre Rivalen zu entmutigen.

Doch wie dem auch sei, die Sargasso-See als solche – und ganz besonders ihre geographische Lage – ist ein faszinierendes Thema für alle möglichen Spekulationen, ob ihr Seetang nun ein Überrest der einstigen atlantischen Vegetation ist oder nicht.

In den Tiefen des Ozeans

Warum untersuchen wir nicht – soweit uns das möglich ist – den Meeresboden in dem Gebiet, in dem man das einstige Atlantis vermutet, um festzustellen, ob es tatsächlich einmal existiert hat?

Ignatius Donnelly hat mit seinem bereits erwähnten Werk *Atlantis, die vorsintflutliche Welt* viel zur Wiederbelebung des allgemeinen Interesses an Atlantis beigetragen. Sein Bericht über die Beschaffenheit des Meeresbodens basiert auf den Kenntnissen seiner Zeit – der achtziger Jahre des vergangenen Jahrhunderts – und ist unter dem Gesichtspunkt seiner eigenen Studien über Atlantis geschrieben. Er formulierte seine Ansichten zu diesem Thema mit beachtlichem Nachdruck und einer Überzeugungskraft, die keinen Zweifel zuließen.

Angenommen, wir fänden inmitten des Atlantischen Oceans, vor den Ausgang des Mittelländischen Meeres gelagert, in der Nachbarschaft der Azoren die Überreste einer riesigen, in das Meer hinabgesunkenen Insel, 1000 Meilen breit, 2000–3000 Meilen lang – würde auch das noch nicht ausreichen, um die Behauptung des Plato zu bestätigen, es hätte »außerhalb der Straße, an der man die Säulen des Herakles findet, einst eine Insel gegeben, größer als Kleinasien und Libyen zusammengenommen, die man Atlantis nannte«? Und angenommen, unsere Forschungen würden die Bestätigung bringen, daß die Azoren die Berggipfel dieser versunkenen Insel bilden und sich von ungeheuren vulkanischen Ausbrüchen zerrissen und zerklüftet erweisen, während rings im Umkreise große Schichten Lava sich vorfinden und die ganze Oberfläche Tausende von Meilen weit mit vulkanischen Trümmern bedeckt wäre – würden das nicht sehr laut sprechende Beweise für die Wahrheit der Erzählung des Plato bilden, wenn er sagt, daß »in einem Tage und einer schicksalsschweren Nacht fürchterliche Erdbeben und Überschwemmungen über die Insel hereinbrachen, die Land und Volk vertilgten? Atlantis verschwand unter der Meeresfläche; und von der großen Menge aufgeweichter Erde, welche die versinkende Insel zurückließ, wurde die See unnahbar.«

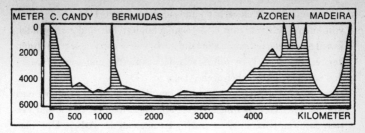

Donnellys graphische Darstellung des Meeresbodens mit seinen Erhebungen von den Bermudas bis zur Insel Madeira.

Nun denn: alle diese Annahmen hat die neuere Forschung vollauf bestätigt! Die Schiffe verschiedener Nationen haben sich mit Tiefsee-Forschungen über diese Angelegenheit beschäftigt. Das amerikanische Schiff *Dolphin*, die deutsche Fregatte *Gazelle* und die englischen Schiffe *Hydra*, *Porcupine* und *Challenger* haben den Meeresgrund des Atlantischen Oceans kartographisch aufgenommen, und das Resultat dieser Aufnahme besteht darin, daß man eine ausgedehnte Bodenerhebung fand, die von den Küsten der Britischen Inseln südwärts bis zum Cap Orange an der Küste Süd-Amerikas sich erstreckt, von da südostwärts bis zur afrikanischen Küste abspringt und von da wieder südwärts bis zur Insel Tristan d'Acunha verläuft. Diese Bodenerhebung steigt durchschnittlich bis zu 9000 Fuß über die großen atlantischen Tiefen in der unmittelbaren Nachbarschaft empor, und in den Azoren, den St. Pauls Felsen, Ascension und Tristan d'Acunha erreicht sie die Oberfläche des Meeres...

Hier denn haben wir also das Rückgrat jenes antiken Kontinents gefunden, der einst den ganzen Atlantischen Ocean ausfüllte, und aus dessen Trümmern Europa und Amerika sich aufbauten. Die tiefsten Stellen, 3500 Faden tief, sind jene Teile, welche zuerst untergingen, also die Ebenen, welche östlich und westlich vor der zentralen Gebirgskette lagen und von welcher Bergkette noch heutigentags die Azoren, St. Paul, Ascension und Tristan d'Acunha als höchste Berge über dem Wasserspiegel hervorragen; während die eigentliche Hauptmasse von Atlantis nur einige hundert Faden unter dem Meeresspiegel liegt. In diesen »Verbindungsplateaus« erkennen wir die Landstraße wieder, die einst die alte und neue Welt verband und auf deren Boden Tiere wie Pflanzen von einem Festland zum andern ungehindert hin und her wandeln konnten; auf derselben Straße fand auch, wie wir später sehen werden, der Neger seinen Weg von Afrika nach Amerika und der rote Mann den seinigen umgekehrt nach Afrika.

Dieselbe Grundkraft, welche einst den Atlantischen Kontinent nach und nach in das Meer hinabdrückte und die Länder im Osten und Westen dafür emporhob, sie ist auch jetzt noch an der Arbeit. Die Küste von Grönland, das man als den nördlichen Ausläufer des ehemaligen atlantischen Kontinents betrachten kann, sinkt so wahrnehmbar schnell, daß alte Gebäude auf niedrigen Festlandinseln jetzt schon unter Wasser stehen, und der Grönländer hat durch solche Erfahrungen gelernt, sein Haus niemals an das Wasser zu bauen. Dieselbe Erscheinung macht sich auch an der Küste von Süd-Carolina und Georgia bemerkbar, während der Norden Europas sowie auch die atlantische Küste Südamerikas im schnellen Emporsteigen begriffen ist. Längs der letzteren findet man Küstenstrecken, die ehemals Uferland waren, in einer Länge von 1180 Meilen und von 1000 bis 1300 Fuß Höhe.

Als die obenerwähnten »Verbindungsplateaus« sich noch über Wasser befanden und sich von Amerika nach Afrika und Europa hinzogen, schlossen sie auch den Zufluß der tropischen Meeresströmungen nach dem Nord-Atlantischen Ocean hin ab, und es gab damals noch keinen »Golfstrom«; der landabgeschlossene Ocean, der die Küsten Nord-Europas bespülte, war bitter kalt, und die Folge davon war die Vereisung des Landes. Als aber dann diese Flut-Dämme von Atlantis tief genug untergesunken waren, um den erwärmten Wassern der Tropen freien Durchlaß nach Norden hin zu gewähren, da verschwand auch nach und nach Schnee und Eis, die Europa bis dahin bedeckt hielten; der Golfstrom umspülte Atlantis, ja er zeigt an jener Stelle noch heute jene kreisförmige Bewegung, die ihm früher durch die Gegenwart jener Insel aufgenötigt war.

Die Forscher der *Challenger* fanden das ganze unterseeische Plateau von Atlantis mit vulkanischen Abfällen bedeckt; diese bilden den niedergeschlagenen Bodensatz, welcher nach Platos Bericht die See nach Zerstörung der Insel unbefahrbar machte.

Es ist nicht gerade notwendig, daß jene Landzungen, welche Amerika und Afrika verbanden, erst nach der Zeit, als Atlantis schon völlig vom

Wasser umgeben war, entstanden sein müssen; sie mögen stückweise oder nach und nach in das Meer hinabgesunken sein oder auch durch Erschütterungen zerstört worden sein, wie sie die centralamerikanischen Schriften erwähnen. Das Atlantis des Plato mag auf den ungefähren Umfang des *Dolphin Plateaus* beschränkt gewesen sein.

Die amerikanische Schaluppe *Gettysburg* entdeckte gelegentlich einer Reise 120 Meilen vom Cap St. Vincent in Portugal entfernt einige Meeresbänke, die, in Verbindung mit früheren Forschungen in diesen Gewässern, das Dasein eines unterirdischen Plateaus nachweisen, das ehemals Portugal mit der Insel Madeira verband. Diese Tiefseemessungen enthüllten ferner das Dasein eines 2000–3000 Faden tiefen Kanales, der sich von Madeira nordöstlich längs der afrikanischen Küste bis nach Portugal hinzieht. In einer Entfernung von 159 Meilen von Gibraltar verminderte sich die Meerestiefe zwischen wenigen Meilen von 2700 auf 1600 Faden, und fernere Messungen ergaben in Zwischenräumen von fünf Meilen: 900, 500, 400 und 100 Faden, bis man schließlich auf eine Tiefe von nur 32 Faden traf, in der das Schiff bequem ankerte. Der Meeresboden bestand aus lebender Koralle. Diese Erhebungen müssen früher jedenfalls Inseln gewesen sein und bildeten als solche sozusagen die Meilensteine zwischen Atlantis und Europa. Tiefseetiere, die man mittels Bagger-Maschinen an der brasilianischen Küste aushob, erwiesen sich als zu ähnlichen Gattungen gehörig als die, welche sich an der Westküste Südeuropas vorfinden. Die Forscher der *Challenger* sind durch ihre Tiefseemessungen ebenfalls zu der Überzeugung gelangt, daß das gefundene große unterseeische Plateau den Überrest des versunkenen »Atlantis« bildet.

Donnelly wußte, als er das Vorstehende schrieb, nichts von den späteren Entwicklungen auf diesem Gebiet; sonst wäre er noch fester von seinen Ideen überzeugt gewesen – falls eine Steigerung überhaupt noch möglich war.

Seit Donnellys Zeiten ist der Meeresboden durch die modernen Techniken der Unterwasserforschung um vieles genauer untersucht worden. Dabei hat man auch einige eigenartige Tatsachen über den Kontinentalsockel zu beiden Seiten des Atlantiks entdeckt.

Der Kontinentalsockel ist jenes Land vor der Küste, das geologisch noch zum Kontinent gehört, bevor er in die Tiefen des Meeres abfällt und in die sogenannte Tiefebene übergeht. Wie eine Untersuchung der Kontinentalsockel zeigte, führen die Betten jener Flüsse, die in den Atlantik münden, auf dem Meeresboden weiter hinaus. Manchmal bilden sie dabei tiefe Schluchten, wie sie auf dem Festland durch die Erosion in Felsen hervorgerufen werden. Man hat dies bei französischen, spanischen, nordafrikanischen und amerikanischen Flüssen, die in den Atlantik münden, feststellen können; ihre Flußbetten führen auf dem Meeresboden bis in eine Tiefe von 2,3 Kilometer hinaus. Besonders interessant ist das beim Hudson, dessen Cañon sich durch unterseeische Klippen fast 300 Kilometer weit bis zum Rand des Kontinentalsockels fortsetzt. Dies scheint darauf hinzuweisen, daß diese Flußbetten, die heutzutage in einer Wassertiefe von mehreren tausend Fuß verlaufen, zu einer Zeit entstanden, als dieser Teil des Kontinentalsockels trockenes Land war, wie auch darauf, daß sich das Land entweder gesenkt hat oder aber der Meeresspiegel gestiegen ist.

Eine Studie der Amerikanischen Geologischen Gesellschaft (1936) über diese versunkenen Fluß-Cañons erklärt, daß ein derartiges »weltweites Absinken und Steigen des Meeresspiegels... von fast 3000 Meter... seit dem letzten Tertiär stattgefunden haben muß...« Also im Pleistozän, dem Diluvium – dem Zeitalter des Menschen.

Eine weitere ungewöhnliche Entdeckung war das Zufallsergebnis eines Kabelbruchs. Im Jahr 1898 wurde 750 Kilometer nördlich der Azoren das Transatlantikkabel verlegt. Als es brach, stellte man während der Suche fest, daß der Meeresgrund in diesem Gebiet aus zerklüfteten Gebirgen, Berggipfeln und tiefen Tälern bestand und mehr einer Landschaft über Wasser als dem Boden des Ozeans glich. Enterhaken brachten aus einer Tiefe von 1700 Faden Felsproben herauf, die sich als Tachylyt erwiesen, eine glasig ausgebildete, basaltartige Lava, die sich ü b e r Wasser unter atmosphärischem Druck bildet.

Pierre Ternier, ein französischer Geologe, der diesen Vorfall eingehend untersuchte, behauptete, daß die Lava kristallin und nicht glasig sein müßte, wäre sie unter Wasser erstarrt. Er stellte außerdem die Vermutung auf, daß die Lava kurz nach ihrem Erkalten unter Wasser geriet, worauf die verhältnismäßig scharfen Kanten der Gesteinsproben hinwiesen. Da Lava sich in etwa 15 000 Jahren zersetzt, fügt sich die Tatsache, daß das Tachylyt auf dem Meeresgrund gemäß den Proben sich noch nicht zersetzt hatte und anscheinend über Wasser erkaltet war, nahtlos in die

Atlantis-Theorie ein – und das sogar hinsichtlich des von Plato angegebenen Zeitpunktes der Katastrophe.

Ternier erklärt ferner, daß »...das gesamte Gebiet nördlich der Azoren und vielleicht sogar das Gebiet der Azoren selbst, von dem die Inseln möglicherweise nur noch die sichtbaren, das Wasser überragenden Überreste sind, vor sehr kurzer Zeit überflutet wurde, wahrscheinlich in der Epoche, welche die Geologen die Gegenwart nennen«. Und er rät, den Meeresboden »...südlich und südwestlich dieser Inseln sehr genau zu untersuchen«. Ein weiteres bisher fehlendes Stück des Puzzles bildet der Küstensand auf den Riffen um die Azoren, in einer Tiefe von manchmal mehreren tausend Meter. Küstensand findet man aber an Stränden und in flachem Wasser, da er durch die Brandung an den Küstenstränden entsteht, weshalb man ihn normalerweise nicht in großen Tiefen antrifft.

Was wissen wir heute, viele Jahre nach Donnellys und Terniers Lebzeiten und um viele Erfindungen reicher, über den Boden des Atlantischen Ozeans? Sehr viel mehr, und zwar dank Sonar, Unterwasser-Explosionstriangulation und Tiefseeforschung. Die Becken, Plateaus, Bänke, Cañons, Rücken, tiefen Gräben, Bergkegel und die geheimnisvollen »sea-mounts« sind ebenso auf Karten eingezeichnet wie die über die Wasserfläche ragenden Inseln, obwohl manchmal eine neue vulkanische Insel aus dem Meer auftaucht und wieder versinkt, bevor noch ein Land einen Besitzanspruch anmelden kann.

Wir besitzen zum Beispiel eine sehr genaue Karte vom Delphin-Rücken, den man im allgemeinen den Mittelatlantischen Rücken nennt und der sich in Form von zwei riesigen, übereinandergesetzten S von Island bis zur Südspitze Südamerikas erstreckt. Dieser Rücken – oder dieses Plateau – mit unterseeischen Gebirgen, der auf beiden Seiten in die Tiefebenen abfällt, wird in der ersten Krümmung des obersten S zwischen Spanien, Nordafrika und den Bermudas ziemlich breit. Vor der Spitze Brasiliens südlich des Äquators, wo die Romanche-Tiefe ihn durchzieht, wird er schmal, um sich dann zwischen dem südlichen Brasilien und Afrika wieder zu verbreitern. Das Auffallende am Mittelatlantischen Rücken ist die Tatsache, daß er in seinem Verlauf der östlichen Küstenlinie Nord- und Südamerikas folgt, als wäre er ein schmales Gegenstück des amerikanischen Kontinents auf dem Meeresboden.

Wenn wir uns die Tiefen um die Azoren ansehen, stellen wir fest, daß die Inseln, obwohl sie als solche steil vom Meeresgrund aufsteigen, auf einer Art doppelten Plateau liegen. Das Basis-Plateau erstreckt sich von ungefähr 30° zu 50° nördlicher Breite, das höhere Plateau von etwa 36° zu 42°, auf einer Breite von etwa 750 Kilometer. Der Höhenunterschied von der Tiefebene zum Basis-Plateau variiert zwischen 1000 und 500 Faden. Wenn also die Tiefebene zum Beispiel in einer Wassertiefe von 2400 Faden verläuft, dann liegt der Rücken vielleicht bei 1800 Faden, es sei denn, ein unterseeischer Berg oder »sea-mount« steigt bis zu 400 Faden oder weniger unter die Oberfläche empor oder ragt in Form einer Insel aus ihr hervor, wie die Azoren. Das zweite Plateau ist noch erstaunlicher in seinen Höhenverhältnissen, steigt es doch von 1420 zu 400 Faden auf, von 1850 zu 300 Faden und von 1100 zu 630 Faden. In diesem Zusammenhang ist es interessant zu erwähnen, daß einige Atlantis-Forscher die Vermutung äußerten, der atlantische Kontinent sei in Etappen versunken, etwa in drei Schüben. Die doppelschichtige Plateau-Formation unter den Azoren scheint für diese Theorie zu sprechen.

Südlich der Azoren finden wir in geringer Tiefe einige mächtige »sea-mounts«, von denen man zweien so sinnvolle Namen wie »Plato« (in 205 Faden Tiefe) und »Atlantis« (in 145 Faden Tiefe) verliehen hat.

Der Bruch des Transatlantischen Kabels, der zur Jahrhundertwende einen solchen Aufruhr in die Studien über Atlantis brachte, ereignete sich östlich des Altair-»sea-mounts«. Untersuchungen jüngeren Datums über die Bodenbeschaffenheit dieses Rückens lassen eine Reihe neuer Vermutungen zu.

Bodenproben oder »Kerne«, die im Jahr 1957 entnommen wurden, brachten Süßwasserpflanzen zutage, die in einer Tiefe von fast drei Kilometer auf sedimentärem Boden wuchsen. Eine Untersuchung des in der Romanche-Tiefe gefundenen Sandes legte die Schlußfolgerung nahe, daß dieser Sand durch die Brandung entstanden war, und zwar an Teilen des Rückens, die einst über die Wasserfläche ragten.

Mehr als 1500 Kilometer westlich von diesem bergigen Plateau stoßen wir auf die unterseeische Bermuda-Schwelle, die in den Bermuda-Inseln gipfelt, welche die Spitzen eines gewaltigen unterseeischen Gebirges darstellen. Hydrographische Vermessungen der Amerikanischen Geodätischen Gesellschaft auf dem amerikanischen Kontinentalsockel vor der Straße von Florida ergaben 130-Meter-Vertiefungen entlang einem 170-Meter-Boden, »die vermutlich Süßwasserseen in Gebieten waren, die ins Meer sanken«.

☐ Je dunkler der Ton, desto größer die Tiefe.

☐ Weiße Flächen geben das Land über Wasser an.

Die Bodenvertiefungen und -erhebungen des Atlantischen Ozeans.

Genau östlich des Azoren-Plateaus stoßen wir auf den Azoren-Gibraltar-Rücken (mit so geringen Wassertiefen wie 40 und 80 Faden), an den sich weiter südlich entlang der afrikanischen Küste in verhältnismäßig geringer Tiefe (ebenfalls zwischen 40 und 80 Faden) eine weitere Reihe von Berggipfeln und »sea-mounts« anschließt, zu der Madeira und die Kanarischen Inseln gehören. Die Kapverdischen Inseln vor Dakar stehen für sich allein und sind mit keinem anderen Plateau verbunden.

Wenn wir die uns jetzt bekannten Fakten über die Bodenbeschaffenheit des Atlantiks betrachten, drängen sich einem viele der Theorien über einstige »Landbrücken« zwischen der Alten und der Neuen Welt auf. Der europäische Kontinentalsockel ist zum Beispiel durch unterseeische Plateaus mit Island und dieses wiederum durch die Grönland-Island-Schwelle mit Grönland verbunden. Im mittleren Atlantik führen der Azoren-Gibraltar-Rücken zum Azoren-Plateau und ein Teil des Mittelatlantischen Rückens fast bis zu den Bermudas, während ein anderer, kleinerer Rücken in Richtung auf die Antillen verläuft und in den tiefsten Teil des Atlantischen Ozeans, den Portorikograben, abfällt.

Zu den anderen möglichen ehemaligen Landverbindungen im Südatlantik wäre die von Afrika nach Südamerika hinüberführende Sierra-Leone-Schwelle zu nennen; ferner der Mittelatlantische Rücken mit den St. Peter und Paul Felsen sowie der Walfisch-Rücken, der von Südafrika nach Brasilien verläuft und den Mittelatlantischen Rücken bei Martin Vaz und Trinidad überquert, die Rio-Grande-Schwelle und das Bromley-Plateau.

Auf Grund der durch vulkanische Tätigkeit verursachten ungeheuren Veränderungen der Bodenbeschaffenheit des Atlantiks erscheinen solche einstigen Landverbindungen in Form von Landbrücken oder Inseln zwischen der Alten und Neuen Welt nicht ausgeschlossen, sie würden viele eigenartige Parallelen in der Flora und Fauna erklären – so die Tatsache, daß es in Amerika in prähistorischer Zeit Elefanten, Kamele und Pferde gab.

1969 machte eine Forschungsgruppe der Duke University bei ihren Untersuchungen des Meeresbodens der Karibik eine wichtige geologische Entdeckung, die für die Theorie versunkener Kontinente spricht. Entlang dem Aves-Rücken, der von Venezuela zu den Jungferninseln verläuft, wurde an fünfzig verschiedenen Stellen Granitgestein heraufgeholt. Dieses säurehaltige Eruptivgestein findet man normalerweise nur auf den Kontinenten oder aber dort, wo früher Land war. Dr. Bruce Heezen, ein

66

hervorragender Ozeanograph, erklärte in diesem Zusammenhang: »Bis heute glaubten die Geologen ganz allgemein, daß helle Granite oder säurehaltige Eruptivgesteine auf die Kontinente beschränkt seien und daß die unter dem Meeresspiegel liegende Erdkruste aus schwerem, dunkelgefärbtem Basaltgestein bestehe... Das Vorhandensein hellgetönter Granitfelsen könnte also die alte Theorie untermauern, nach der in früheren Zeiten in der Ostkaribischen Region eine Landmasse existierte und diese Felsen das Innere eines versunkenen und verlorenen Kontinents darstellen.«

Der Atlantik ist eines der geologisch unstabilsten Gebiete der Erdoberfläche. Er ist im Laufe der Jahrhunderte immer wieder durch vulkanische Störungen erschüttert und verändert worden – und wird das auch heute noch.

Die vulkanische Verwerfung verläuft von Island, wo 1783 ein Fünftel der gesamten Bevölkerung einem Erdbeben zum Opfer fiel, den Atlantischen Rücken entlang bis zu seiner Südspitze.

Auf Island kommt es auch heute noch zu heftiger vulkanischer Tätigkeit. So entstand Surtsey, eine neue, der Südwestküste Islands 30 Kilometer vorgelagerte Insel, in einem spektakulären Unterwasserausbruch, der sich ohne Unterbrechung von November 1963 bis Juni 1966 hinzog. Die erstarrende Lava türmte sich zu einer Insel auf, die immer noch weiterwächst und eine Vegetation entwickelt. Seit dem Auftauchen von Surtsey haben sich noch zwei weitere Inseln gebildet. Genauso, wie Plato es von Atlantis beschreibt, besitzt Island heiße Quellen, die von derart starken unterirdischen Thermalkräften gespeist werden, daß man sie für die Heizung von Reykjavik benutzt.

Wir besitzen zahlreiche historisch belegte Berichte über Erdbeben in Irland. Im Jahr 1775 wurde Lissabon, das auf einer Linie mit den Azoren liegt, durch ein furchtbares Erdbeben verwüstet, in dem innerhalb weniger Minuten 60000 Menschen umkamen, der Hafenkai absank und die Dock- und Hafenanlagen 200 Meter tief unter Wasser absackten.

Das Gebiet der Azoren mit seinen fünf aktiven Vulkanen wird von ständigen Ausbrüchen heimgesucht. Im Jahr 1808 stieg ein Vulkan in San Jorge zu einer Höhe von mehreren tausend Meter empor, und 1811 tauchte eine große vulkanische Insel aus dem Meer auf, die während ihrer kurzen Überwasserexistenz Sambrina genannt wurde, ehe sie wieder in die Tiefe sank. Die beiden Azoreninseln Corvo und Flores, die seit 1351 auf den

Karten eingezeichnet sind, haben ständig ihre Gestalt verändert; von Corvo sind sogar große Teile wieder im Meer verschwunden.

Die Kanarischen Inseln, deren Hauptvulkan, der Pico de Teyde, zum letztenmal 1909 ausbrach, haben eine hohe Quote an vulkanischen Störungen. Im Jahr 1692 versank der größte Teil von Port Royal durch ein gewaltiges Erdbeben, und mit ihm die Piraten, welche die Stadt als Zufluchtsort, Handelsmarkt und Hauptquartier benutzten. Dieser Untergang einer sündigen Stadt, noch dazu in demselben Ozean, in dem nach der Legende Atlantis »durch göttlichen Unmut« versank, mutet wie eine eigenartige Wiederholung an.

In der Karibik kam es innerhalb der vulkanischen Zone des Atlantiks zu einem noch heftigeren Erdbeben, als der Mont Pelée auf Martinique 1902 mit solcher Gewalt ausbrach, daß alle Bewohner der benachbarten Stadt St. Pierre bis auf einen einzigen umkamen. (Ein moderner Noah?)

1931 entstanden auf der Inselgruppe Fernando Noronha infolge vulkanischer Tätigkeit zwei neue Inseln, die Großbritannien sofort als sein Eigentum erklärte, obwohl mehrere der sehr viel näher gelegenen südamerikanischen Staaten gegen diesen Besitzanspruch protestierten. Großbritannien wurde die qualvolle Entscheidung in dieser Angelegenheit dadurch abgenommen, daß die Inseln wieder versanken, während man sich noch um ihren Besitz stritt.

Auf den Salvage-Inseln bei Madeira tauchten 1944 kleine Inselchen auf, als die Spitzen der unterseeischen Vulkane die Wasseroberfläche erreichten und durchstießen.

Der Atlantik ist all die Jahrhunderte hindurch von Island bis zu den Küsten Brasiliens ein vulkanisch aktives Gebiet gewesen. Nach Dr. Maurice Ewing, einem bekannten Ozeanographen vom *Lamont Geographical Observatory*, bilden seine tiefsten Rinnen »die Zonen eines ozeanischen Erdbebengürtels«. Es ist folglich durchaus möglich, daß die vulkanische Aktivität vor Jahrtausenden hier viel heftiger war, zumal sie auch heute noch in genau jenen Gebieten weiterbesteht, in denen der Legende nach sich der atlantische Kontinent befand.

Man ist sich im allgemeinen darüber einig, daß sich auf der gesamten Erdoberfläche von grauer Vorzeit an die Verteilung von Wasser- und Landflächen verschoben und verändert hat. So ist eindeutig erwiesen, daß die Sahara früher ein Meer war und das Mittelmeer mit seinen unterseeischen Bergen und Tälern einst Land. Die Steinzeit-Werkzeuge und

68

Mammutzähne, die man aus der flachen Nordsee zutage förderte, deuten darauf hin, daß diese in früherer Zeit Küstenland war. Man fand Haifischfossilien in den Rocky Mountains, Fischfossilien in den Alpen und Austernfossilien in den Allegheny Mountains. Die meisten Geologen stimmen in der Annahme überein, daß es einst einen atlantischen Kontinent gab, sind sich jedoch darüber uneins, ob er im Zeitalter des Menschen existierte.

Es sind reiche Spekulationen angestellt worden, im Bemühen, die Atlantislegende durch andere Erdbeben und dadurch verursachte Flutwellen zu erklären, die das einstige Mediterrane Tal überfluteten, Sizilien von Italien abtrennte und Thera in der Ägäis versinken ließen, nicht zu vergessen die kretischen Erdbeben des Altertums. Manche vermuten Atlantis im Norden, und zwar auf dem Grund des Kontinentalsockels unter der flachen Nordsee; manche sogar in der Sahara und an allen möglichen anderen Orten.

K. Bilau, ein deutscher Wissenschaftler und Atlantisforscher, der dem Studium des Meeresbodens und seinen Unterwasser-Cañons viel Zeit widmete, formuliert seine Überzeugungen zu der Atlantis-im-Atlantik-Theorie, wie er es nennt, mehr poetisch als streng wissenschaftlich:

»Tief unter den Wassern des Ozeans ruht jetzt Atlantis, und nur seine höchsten Gipfel sind noch sichtbar in Gestalt der Azoren. Seine kalten und warmen Quellen, die von antiken Schriftstellern beschrieben wurden, fließen dort noch heute wie vor vielen Jahrtausenden. Die Bergseen von Atlantis sind jetzt in versunkene Seen verwandelt worden. Wenn wir genau den Hinweisen Platos folgen und die Lage von Poseidonis unter dem halbversunkenen Gipfel der Azoren suchen, so finden wir sie im Süden der Insel Dollobarata. Dort stand auf einer Erhebung, in der Mitte eines weiten und ziemlich geraden Tales, das vor den Winden wohlgeschützt war, die Hauptstadt, das prächtige Poseidonis. Aber wir können jenes mächtige Zentrum einer unbekannten vorgeschichtlichen Kultur nicht sehen; denn zwischen uns und der Stadt mit dem goldenen Tor liegt eine Wasserschicht von 3000 Meter Dicke. Es ist seltsam, daß die Wissenschaftler Atlantis überall gesucht haben, aber diesem Flecken die geringste Aufmerksamkeit schenkten, der schließlich von Plato deutlich angegeben wurde.«

Wie Atlantis den Lauf der Geschichte beeinflußte

Für ein Land, dessen Existenz nicht mit Sicherheit nachgewiesen werden kann, hat Atlantis einen beachtlichen Einfluß sowohl auf den Lauf der Geschichte wie auf die Literatur gehabt. Als nach dem Fall von Konstantinopel im Jahr 1453 die klassische Kultur erneut nach Mittel- und Westeuropa vordrang, begann Platos Bericht ebenso wie die Berichte anderer klassischer Autoren über Inseln im Atlantik von neuem die Phantasie der Menschen zu beschäftigen. Kolumbus, der ein eifriger Leser von Reisebeschreibungen war, aber auch mit den Kartographen seiner Zeit korrespondierte, glaubte nicht als einziger, daß die Welt rund sei. Schon im alten Alexandria war der tatsächliche Erdumfang mit einer Abweichung von nur 750 Kilometer errechnet worden. Soviel wir wissen, umsegelten die Gelehrten Alexandrias jedoch niemals die Erde, um zu beweisen, daß sie rund war.

Es gab zu Kolumbus' Zeiten zahlreiche »Welt«-Karten, deren Angaben allerdings oft ziemlich voneinander abwichen. Da auch die Navigationsrouten nach den Sternen ermittelt wurden, bestand Kolumbus' größter Heldenmut nicht so sehr darin, sich auf den Kampf mit möglichen Meeresungeheuern oder auf das Risiko einzulassen, vom »Rand der Welt« herunterzufallen, sondern vielmehr darin, sich der Führung der ihm zur Verfügung stehenden Karten anzuvertrauen.

Auf einigen dieser Weltkarten war Antillia, Antilla, Antilha oder Antiglia eingezeichnet. Das könnten unterschiedliche Namen für Atlantis, die Inseln der Seligen, die Hesperiden und andere Inseln gewesen sein. Die Toscanelli-Karte, von der man annimmt, daß Kolumbus sie auf seiner Fahrt zur Neuen Welt bei sich hatte, zeigt Antillia. Toscanelli hatte Kolumbus Jahre zuvor in einem Brief geraten, Antillia als einen Rastplatz auf seiner Fahrt »zu den Indien« anzulaufen. Auf Toscanellis Karte liegen China und die Indien am westlichen Rand des Atlantiks; Antillia und einige andere Inseln bilden sozusagen maritime Meilensteine für die Überfahrt.

Es ist so gut wie sicher, daß Kolumbus die Becario-Karte von 1435 studiert hatte oder auf seiner Fahrt bei sich führte, ebenso wie die Karten von Branco (1436), Pareto (1455), Rosseli (1468) und Bennicasa (1482), außerdem vielleicht Unterlagen oder Vorschläge von der Benheim-Karte (1492), die alle Antillia unter den oben angeführten verschiedenen Namen nannten. Diese Karten placierten Antillia im allgemeinen in gleicher Höhe mit Portugal mitten in den Atlantik. Unter diesem Gesichtspunkt erscheint die portugiesische Schreibweise des Namens »Antilha« *(ante ilha)* logisch, bedeutet das doch »die Insel davor« oder »gegenüber«, womit natürlich die große Insel in der Mitte des Ozeans gemeint war, die der »sieben Städte«. Ob dies nun der wahre Grund für den Namen ist oder ob es sich nur um eine andere Schreibweise von »Atlantis« handelt, kommt letztlich auf das gleiche heraus: Die große Insel, die anzusteuern Kolumbus empfohlen wurde und die auf allen einschlägigen Karten jener Zeit eingezeichnet war, befand sich genau an der Stelle, an der man allgemein das einstige Atlantis vermutete. Sie wies ungeachtet der Berichte vom Versinken dieses Inselkontinents noch genau die Form auf, wie Plato sie angibt.

Von manchen Forschern wurde auch die Vermutung geäußert, daß Kolumbus in seinem Vorhaben von einem merkwürdig prophetischen Absatz aus einem Stück des klassischen römischen Autors Seneca beeinflußt wurde, das Jahrhunderte vor Kolumbus' Zeit entstand. Dieses Zitat aus dem 2. Akt von *Medea* lautet folgendermaßen: »Es wird im späten Weltenalter eine Zeit kommen, in der der Ozean seinen Griff über das, was er [jetzt] hält, lockern wird, und es wird Land in seiner [ganzen] Herrlichkeit auftauchen. Thetis [das Meer] wird neue Kontinente enthüllen, und Thule wird nicht länger das Ende der Welt sein…«

Entstammte Senecas Vorstellung von Kontinenten auf dem Grund des Ozeans seiner eigenen Phantasie, Platos Bericht oder anderen Quellen? Wie allgemein verbreitet war dieser Glaube im Altertum? Wir können darüber gegenwärtig nur Vermutungen anstellen. Aber es spricht vieles dafür, daß Kolumbus durch diese »Prophezeiung« in seinen eigenen Überlegungen beeinflußt und bestärkt wurde. Einen Hinweis für diese Annahme erhalten wir durch jemanden, der Kolumbus und seinen Gedanken nahestand – nämlich durch Fernando, seinen Sohn, der in einer Kopie von *Medea* vermerkte: »Diese Prophezeiung wurde durch meinen Vater, den Admiral Christoph Kolumbus, 1492 erfüllt.«

López de Gómara, der Verfasser der *Historia general de las Indias* (Allgemeine Geschichte der Indien, 1552), schreibt Kolumbus' Heldentaten ausdrücklich dessen Lektüre von »Platos *Timaios* und *Kritias* zu, »wo er

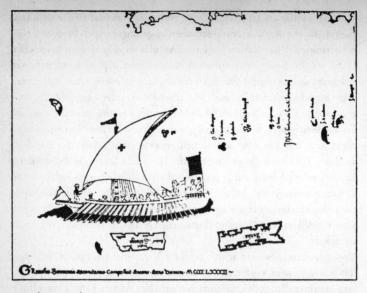

Ausschnitt aus der Bennicasa-Karte (1482). Die Iberische Halbinsel liegt am oberen Rand der Karte, das Schiff zeigt genau nach Norden. Rechts oberhalb des Schiffes sind die »Glücklichen Inseln von St. Brandan« eingetragen, unter dem Schiff links die »Savage Insel« und rechts »Antilia«.

von der großen atlantischen Insel las und einem versunkenen Land, größer als Asien und Afrika«.

Fernández de Oviedo stellte sogar die Behauptung auf, daß den spanischen Herrschern das Besitzrecht über die »Neuen amerikanischen Länder« zustände (*Historia general y natural de las Indias*, Allgemeine und Natürliche Geschichte der Indien, 1553–1552), da, ihm zufolge, Hesperus, ein prähistorischer spanischer König, der Bruder von Atlas war, dem Herrscher des Marokko gegenüberliegenden Landes. Hesperus herrschte auch über die Hesperiden, die einen Teil seines Reiches bildeten – über »die Inseln des Westens« ... »Vierzig Segeltage [fern], wie sie es auch in unserer Zeit noch mehr oder weniger sind ... und wie Kolumbus sie bei seiner zweiten Fahrt, die er unternahm, fand ... Man muß sie deshalb für diese Indien halten, spanische Gebiete seit der Zeit Hesperus' ... die [durch Kolumbus] wieder in das spanische Reich zurückkehrten ...«

Ein anderer zeitgenössischer Autor, Bartolomé de Las Casas, stimmte dieser Theorie keineswegs zu; dieser Priester verfolgte damit eigene Zwecke. Es war sein höchst lobenswertes Ziel, die Indianer der Neuen Welt zu beschützen, deren Behandlung durch die spanischen Eroberer in ein wahres Genozid ausartete. Las Casas erhob Einspruch gegen diese sich auf die Hesperiden oder Atlantis berufenden Besitzansprüche. Trotzdem bemerkte er in seinen Kommentaren zu Kolumbus in seiner *Historia de las Indias* (Geschichte der Indien, 1527): »...Christoph Kolumbus konnte zu Recht glauben und hoffen, daß es, obwohl jene große Insel [Atlantis] verloren und versunken war, noch andere gab oder zumindest trockenes Land, das er durch Suchen finden konnte...«

Ein anderer Autor aus der Zeit der Entdeckung der Neuen Welt, Pedro Sarmiento de Gamboa, schrieb 1772: »...Die Indien von Spanien bildeten Kontinente mit der atlantischen Insel und waren folglich die atlantische Insel selbst, die vor Cádiz lag und sich über das Meer erstreckte, das wir überqueren, wenn wir zu den Indien segeln, das Meer, das alle Kartenmacher den Atlantischen Ozean nennen, da die atlantische Insel sich in ihm befand. Und so segeln wir jetzt über das [Meer], das früher Land war.«

Als die spanischen Eroberer in Mexiko von den Azteken erfuhren, daß diese behaupteten, von einem Land im Meer namens Aztlán zu stammen, waren sie überzeugt, daß die Azteken Nachkommen der Atlantiden waren, und das bestärkte die Spanier noch in ihrem Besitzanspruch – nicht, als ob sie jemals das Bedürfnis nach einer Rechtfertigung verspürt hätten! Der Name »Azteken« als solcher bedeutet bereits »Volk von Az« oder »Aztlán«. (Die Azteken nannten sich selbst meist Tenocha oder Nahua.)

Wenn die spanischen Eroberer der Neuen Welt in gewisser Hinsicht von der Erinnerung an Atlantis und/oder die Hesperiden beeinflußt wurden, waren die Indianervölker Mittel- und Südamerikas aus einem anderen Grund, der jedoch auf die gleichen historischen oder legendären Mythen zurückging, überzeugt, daß die Spanier ihre Götter oder Helden waren, denen sie ihre Kultur verdankten und die jetzt aus den Ländern des Ostens zurückkehrten. Diese Überzeugung war so fest in ihnen verankert, daß sie psychologisch hilflos und nicht imstande waren, sich gegen die Eindringlinge zur Wehr zu setzen, bis es zu spät war. Die Tolteken, Mayas und Aztekenvölker und anderen mittelamerikanischen Indianerstämme wie auch die Chibchas, Aymarás und Ketschuas Südamerikas hatten jahrhundertelang Legenden über geheimnisvolle weiße Fremdlinge bewahrt.

Diese Männer waren aus dem Osten gekommen, hatten ihnen Kultur und Zivilisation gebracht und sie dann wieder verlassen, allerdings mit dem Versprechen, zurückzukehren.

Quetzalcoatl, der bärtige weiße Gott der Azteken und ihrer Vorfahren, der Tolteken, war den Legenden zufolge in sein eigenes Reich im östlichen Meer – Tollán-Tlapalan – zurückgekehrt, nachdem er die Grundlagen zur toltekischen Kultur legte. Er sagte, er würde eines Tages wiederkommen und das Land von neuem regieren. Der gleiche Quetzalcoatl, »die Gefiederte Schlange«, wurde von den Mayas als Kukulkán verehrt.

Als die Spanier in Mexiko eindrangen, glaubte Moctezuma (Montezuma), der aztekische Herrscher, genau wie viele seiner Untertanen, Quetzalcoatl oder zumindest seine Sendboten seien plötzlich zurückgekehrt. Sie nannten die Spanier sogar »teules«, »die Götter«, zumal ihre Ankunft durch zahlreiche Voraussagen und Prophezeiungen angekündigt worden war. Durch einen höchst seltsamen Zufall fiel die Ankunft der Spanier 1519 mit dem Ende eines der 52-Jahres-Zyklen des aztekischen Kalenders zusammen. Einer der Aspekte dieses 52-Jahres-Zyklus betraf die Wiederkehr von Quetzalcoatls Geburtstag, und so glaubten die verwirrten Azteken, Quetzalcoatl oder seine Sendboten seien zum Geburtstag des Gottes zurückgekehrt.

Moctezumas Schwester, Papantzin, hatte eine Vision, in der sie weiße Männer vom Meer kommen sah; diese Vision wurde von Moctezuma und den aztekischen Priestern als eine Ankündigung der versprochenen Wiederkehr Quetzalcoatls interpretiert. Moctezuma wartete also schon insgeheim auf die Rückkehr des Gottes, als die Spanier an seiner Küste landeten. Der Herrscher befahl seinen ersten Sendboten, sie mit Geschenken zu begrüßen, »um sie in der Heimat willkommen zu heißen«.

Die Azteken waren dann sehr überrascht, als sie sahen, daß die heimgekehrten Götter »menschliche Nahrung« aßen und eine ganz ungöttliche Vorliebe für junge Mädchen hatten, und zwar nicht als Opfergaben, sondern in höchst irdischer Form...

Die Indianer Mexikos, die dem spanischen Gemetzel entgingen, sollten in der Folge noch sehr viel mehr über »die Götter« lernen, als diese ihren Eroberungszug über die beiden amerikanischen Kontinente ausdehnten...

Das straff organisierte Inka-Reich in Peru kannte auch eine Prophezeiung, die angeblich von dem zwölften Inka gemacht wurde. Wie sein Sohn,

Huáscar, den Spaniern erzählte, hatte sein Vater gesagt, daß während der Herrschaft des dreizehnten Inkas weiße Männer »von der Sonne, unserem Vater« kommen würden, um über Peru zu herrschen. (Der dreizehnte Inka war Huáscars Bruder Atahualpa, der, bevor die Spanier ihn erwürgten, vielleicht noch die volle Wahrheit dieser Prophezeiung seines Vaters erkannte.)

Fast überall kamen den Spaniern bei ihrem Eroberungszug die Legenden und Überlieferungen der Indianervölker über ihre eigene Herkunft und die Herkunft ihrer Kultur zur Hilfe sowie der Glaube der Indianer, daß die Götter aus dem Osten zurückkehren und über ihr Land herrschen würden. Im Studium über Atlantis bilden die Indianer-Legenden über ihre östliche Urheimat immer wieder Grund zur Überlegung und oft auch Verwirrung.

Die Anthropologen, falls nicht auch die Indianer selbst, nehmen im allgemeinen an, daß die Indianervölker von Sibirien über die Beringstraße ka-

Aztekische Illustration, die Moctezumas, des Kaisers der Azteken, Verwirrung darstellt, als er durch Omen und Orakel festzustellen versucht, ob die Konquistadoren Sendboten Quetzalcoatls sind oder nicht.

75

men und sich vom Norden aus über die beiden amerikanischen Kontinente verteilten. Allgemeine rassische Merkmale wie das glatte schwarze Haar, der spärliche Bartwuchs und der »Mongolenfleck« bei neugeborenen Säuglingen scheinen diese Theorie zu bestätigen. Weshalb dann diese hartnäckigen Legenden über eine östliche Urheimat im Meer, eine Kultur aus dem Osten und die allen gemeinsame Überlieferung einer Sintflut, die meistens in Verbindung gebracht wird mit der Zerstörung oder dem Versinken einer einstigen Heimat im Osten?

Eine mögliche Erklärung wäre die Annahme, daß einige der Indianervölker aus dem Osten kamen oder zumindest wesentliche kulturelle Einflüsse von dort erhielten. Vielleicht schrieben diese Indianerstämme die eigene Herkunft dem Ursprung ihrer Kultur zu – eine Art prähistorisches Beispiel für das gleiche Phänomen, nach dem die Amerikaner so stolz sind auf ihre Mayflower-Vorfahren. Kulturelle Hinweise auf Atlantis oder atlantische Verbindungen fand man bei den Indianern unter anderem in dem bei ihnen üblichen Brauch der Mumifizierung ihrer Toten und in ihren Legenden und religiösen Riten, die denen Europas und der Mittelmeerwelt der Antike entsprechen: so die Bedeutung des Kreuzes, die Taufe, Beichte und Erlassung der Sünden, das Fasten und die Selbstkasteiung sowie der Brauch, daß Jungfrauen ihr Leben der Religion weihen. Die Spanier hielten diese Übereinstimmungen mit ihrer eigenen Religion für Fallen, die ihnen der Teufel gestellt hatte.

Auf architektonischem Gebiet bestehen Ähnlichkeiten zum alten Ägypten und seinen Pyramiden; das gleiche gilt für die Hieroglyphenschrift. Sogar die uns heute erhaltenen, noch nicht genau datierten Ausgrabungsfunde wie Statuen und Steinreliefs zeigen Darstellungen nicht-indianischer Menschen, sowohl Weißer wie Schwarzer, deren Kleidung häufig an die alte Mittelmeerwelt erinnert. Dies gilt auch für die riesigen, bei Tres Zapotes in der Nähe von Veracruz gefundenen Steinköpfe, die ausgesprochen negroide Züge aufweisen, und andere kleinere Statuen der Olmeken-Kultur, ebenso wie für Statuen und Darstellungen der Mayas auf Tongefäßen, die man bei La Venta fand und die bärtige weiße Männer mit semitischen Hakennasen zeigen. Diese Männer tragen manchmal sogar Helme und völlig andere Kleider und Schuhe als die Mayas. Rollsiegel und Mumienkästen mit breitem Boden, die man in Palenque, Yucatán, fand und die denen gleichen, die im Altertum im Mittelmeerraum gebräuchlich waren, sind ebenfalls typisch für diesen Teil Mexikos, der dem

Atlantik und dem Nordäquatorialstrom, der nach Westen fließt, am nächsten liegt.

Man darf gleichfalls nicht vergessen, daß die Ureinwohner der Neuen Welt diese schon seit sehr langer Zeit bewohnen. Der Zeitpunkt, zu dem der Mensch auf den amerikanischen Kontinenten auftauchte, wird immer weiter zurückverlegt; momentan vermutet man ihn in der 12000 bis 30000 Jahre zurückliegenden Vorzeit. Außerdem sind keineswegs alle für die amerikanischen Indianer charakteristischen Merkmale nordasiatischen Ursprungs – ganz gewiß nicht die vorspringende Adlernase. Zahlreiche Berichte früher spanischer Eroberer und Forscher sprechen von weißen und schwarzen Indianern und vielen Zwischenschattierungen sowie von solchen mit rötlichbraunem Haar. Letzteres wurde durch peruanische Mumienfunde bestätigt.

Wer behauptet, alle Indianer und ihre Kultur stammten aus Asien, macht es sich zu einfach. Ein Forscher, der sich mit dieser Frage auseinandersetzte, hat uns eine zum Nachdenken anregende Überlegung hinterlassen: Die indianischen Stämme hätten, so führt er aus, auf ihrer »Einwanderung von Asien« keine der in Asien üblichen Haustiere mitgebracht. Als nämlich die Spanier in Amerika landeten, habe es dort nichts Derartiges gegeben (ausgenommen einen Hund, den Vorfahren des rein mexikanischen Chihuahua)! Und in Anbetracht der Tiere, die man bei der Entdeckung Amerikas vorfand, stellt er die Frage, ob die einwandernden Indianervölker bei der Überquerung der Beringstraße – oder der damaligen Landbrücke – Wölfe, Panther, Leoparden, Rotwild, Krokodile, Affen und Bären hätten mitführen oder transportieren können. Falls es diese Tiere nicht von Anfang an auf den amerikanischen Kontinenten gab, müssen sie über Landbrücken gekommen sein, die einst zu Europa oder Afrika bestanden. Und wenn die Tiere das konnten – warum dann nicht auch die Indianervölker?

Atlantis hätte im 19. Jahrhundert fast erneut Geschichte gemacht, und zwar durch William Gladstone, den britischen Premierminister unter Königin Viktoria, der einen Gesetzentwurf im Parlament einbrachte, durch den die notwendigen Mittel für eine systematische Suche nach dem legendären Atlantis zur Verfügung gestellt werden sollten. Die Abstimmung über diesen Gesetzentwurf durch die Parlamentsmitglieder, die offensichtlich Gladstones Begeisterung für dieses Projekt nicht teilten, fiel bedauerlicherweise negativ aus.

Im 20. Jahrhundert wurden verschiedene Atlantis-Gesellschaften in Europa gegründet, erreichten aber nie »geschichtemachende« Ausmaße (siehe 9. Kapitel). Eine von ihnen, die den Namen *Fürstentum von Atlantis* trägt, wurde von einer Gruppe dänischer Wissenschaftler gegründet, die Prinz Christian von Dänemark zu ihrem Präsidenten wählten und ihm den Titel »Prinz von Atlantis« verliehen. (Da Prinz Christian ein direkter Nachkomme Leif Erikssons, des seefahrenden Wikingers und ersten Entdeckers der transatlantischen Länder war, schien es eine sehr passende Wahl.) Diese Gesellschaft hatte nach wenigen Jahren Tausende von Mitgliedern.

Obwohl das Thema »Atlantis« keineswegs überholt ist, wird sein zukünftiger Einfluß auf die Geschichte (ausgenommen mögliche zwischenstaatliche Konflikte wegen wiederauftauchender atlantischer Länder, sollten Edgar Cayces Prophezeiungen sich tatsächlich bewahrheiten) vielleicht darin bestehen, die Geschichte und frühe Entwicklung der Menschheit zu erhellen. Mit jedem Jahr können wir die menschliche Prähistorie durch die Nebelschleier der Zeiten weiter zurückverfolgen. Von der Bibelauslegung im 17. Jahrhundert durch den irischen Bischof James Ussher aus Dublin, nach der die Welt im Jahr 4004 v. Chr. ihren Anfang nahm, sind wir inzwischen so weit in unsere eigene Vergangenheit vorgedrungen, daß wir annehmen können, daß der Geräte benutzende Mensch bereits seit mehreren Millionen Jahren auf der Erde lebt und daß die städtische Kultur des »Fruchtbaren Halbmondes« im Mittleren Osten mindestens 9000 Jahre alt ist. Auch durch die Archäologie wird in zunehmendem Maße der Zeitpunkt des ersten Auftauchens des »zivilisierten« Menschen näher bestimmt, der viel weiter zurückzuliegen scheint, als man bisher annahm. Es gibt aber immer noch weiße Flecken in der Geschichte der Menschheit, und Atlantis wird sich vielleicht als einer von diesen erweisen.

7

Die Erklärung des Rätsels um Atlantis

Als ein kulturelles, zoologisches, botanisches und anthropologisches »fehlendes Bindeglied« zwischen der Alten und der Neuen Welt liefert Atlantis (oder eine einstige atlantische Landbrücke) eine derart einleuchtende Erklärung so vieler bisher ungeklärter Fragen, daß man mit Voltaire sagen möchte: Falls Atlantis nicht existiert hätte, müßte man es erfinden.

In kultureller Hinsicht erhält man durch Atlantis eine Erklärung für verschiedenes, im Altertum vorhandenes Wissen, das sich überzeugender erklären ließe, wenn man davon ausgeht, daß es eine noch ältere Kultur gab, die dieses Wissen ihren mitunter weniger schöpferischen Nachkommen übermittelte. Denn die Entwicklung der Menschheit und ihrer Zivilisation schreitet nicht immer – wie wir am Frühen Mittelalter und anderen, sehr viel zeitgenössischeren Beispielen sehen – geradlinig fort. Sie scheint manchmal stehenzubleiben, zu stagnieren und sogar rückläufig zu werden.

Präzise, wenn auch leider unvollständige Hinweise lassen vermuten, daß die antike Welt sehr viel mehr wissenschaftliche Kenntnisse besaß, als wir allgemein annehmen. Neben ihren geographischen Kenntnissen, die uns durch die klassischen Autoren überliefert sind, weisen Anspielungen auf astronomische Kenntnisse und – wenn auch oft in unklarer oder absichtlich verhüllter Weise in Form von Legenden – auf ein umfassenderes Wissen hin, das in den späteren Kulturen verlorenging und erst von der Moderne wiederentdeckt wurde.

Wie konnten zum Beispiel die Gelehrten des Altertums ohne Teleskope wissen, daß der Planet Uranus bei seinen Umläufen um die Sonne regelmäßig seine Monde verfinstert? Sie veranschaulichten dieses Wissen durch den Mythos, in dem Uranus seine Kinder abwechselnd auffrißt und wieder ausspeit. Bis vor verhältnismäßig kurzer Zeit gab es kein Teleskop, das stark genug gewesen wäre, dieses Phänomen am Himmel zu beobachten.

Woher stammte Dantes Vision des Kreuz des Südens, zweihundert Jahre, bevor irgendein Mensch Europas es jemals gesehen oder davon gehört hatte? Dante beschreibt in der *Göttlichen Komödie*, was er sah, als er die Hölle auf dem Berg des Purgatoriums verließ. (Das Folgende ist eine freie Übersetzung.) »Ich wandte mich nach rechts, blickte zu dem anderen Pol, und da sah ich vier Sterne, die außer den ersten Menschen noch keiner geschaut hatte. Der Himmel schien von ihrem Glanz zu funkeln. Oh, verwitwete Region des Nordens, die sie nicht sehen kann...« Und wen meinte Dante mit seiner Anspielung auf »die ersten Menschen«? Das ist ebenso geheimnisvoll wie seine Schau des Sternbildes.

Von Zeit zu Zeit stoßen die Archäologen auf ein Artefakt aus einer frühen Kultur, das dermaßen von dem Bild, das wir uns von einer solchen Kultur machen, abweicht, daß es fast unglaubhaft erscheint. So stellte 1853 die Britische Gesellschaft zur Förderung der Wissenschaften eine Kristalllinse aus, die einer modernen optischen Linse völlig glich. Mit dem einen Unterschied, daß man sie an den Ausgrabungsstellen von Ninive zutage förderte, also dem Ort, an dem sich einst die Hauptstadt des alten Assyrien befand, wodurch diese Linse einen Vorsprung von 1900 Jahren vor der Erfindung des modernen Linsenschliffes hat. Bei Esmeralda brachte man vor der Küste von Ekuador präkolumbische Überreste vom Meeresboden herauf, die von den dortigen Archäologen für sehr alt gehalten werden; darunter befand sich auch eine Konvexlinse aus Obsidian – einem vulkanischen Glas – von etwa fünf Zentimeter Durchmesser, die wie ein Spiegel wirkt und alles nur verkleinert, aber nicht verzerrt. Andere, sehr kleine Konkavspiegel aus Hämatit, einem magnetischen Eisenerz, das sich auf Hochglanz polieren läßt, fand man in den Ausgrabungen bei La Venta von der Olmeken-Kultur Mexikos, die man jetzt für die älteste aller mexikanischen Frühkulturen hält. Wie Untersuchungen ergaben, wurden diese Spiegel durch ein uns unbekanntes Verfahren hergestellt, durch das ihre Krümmung zum Rande hin immer stärker wurde. Obwohl uns nichts Genaues über ihre Verwendung bekannt ist, haben Versuche gezeigt, daß man mit ihnen im Sonnenlicht Feuer entzünden kann. Andere Artefakte, die ebenfalls Linsen zu sein scheinen, wurden in Gräbern in Libyen gefunden. Und Archimedes, der große Wissenschaftler und Forscher des alten Sizilien, benutzte, laut Plutarch, optische Instrumente, »um die Größe der Sonne dem Auge zu offenbaren«.

Manchmal werden archäologische Funde nicht als das erkannt, was sie in Wirklichkeit sind. Der griechische Seefahrt-»Computer« von Antikythera ist ein gutes Beispiel dafür. Man fand ihn 1900 in einem alten Wrack auf dem Boden der Ägäis zusammen mit einer beachtlichen Sammlung von Statuen, darunter auch die berühmte Bronzestatue des Poseidon, die sich jetzt zusammen mit dem »Computer« im Museum von Athen befindet. Den Verwendungszweck des »Computers« konnte man sich anfangs nicht erklären. Er schien ein Paket von Bronzetafeln zu sein, die undeutliche Schriftzeichen trugen und vom Meer zusammengeschweißt worden waren. Nachdem man diesen seltsamen Fund jedoch gereinigt und genauer studiert hatte, entdeckte man, daß es ein »Computer« war, mit einem System ineinandergreifender Schaltungen, das anscheinend als eine Art Rechenschieber diente, um die Sonne, den Mond und die Sterne für Navigationszwecke anzupeilen. Allein dieser eine Fund hat unsere Vorstellungen von den Navigationspraktiken der Antike wesentlich verändert.

Als nächstes ließe sich die Piri-Reis-Karte anführen, eine Weltkarte, die einem türkischen Kapitän im 16. Jahrhundert gehörte und auf der die Küste Südamerikas, Afrikas und Teile der Antarktis eingezeichnet waren. Allerdings ist es ein völliges Rätsel, wieso man zur damaligen Zeit Kenntnisse über die Antarktis besaß – und dieses Rätsel wird dadurch noch geheimnisvoller, daß unsere modernen kartographischen Kenntnisse über die Antarktis die Genauigkeit dieser Karte bestätigen.

Die Piri-Reis-Karte (Reis oder Rais ist ein Kapitäns- oder Steuermannstitel) soll nach alten griechischen Karten erstellt worden sein, die bei der Vernichtung der Bibliothek von Alexandria verlorengingen. Falls diese Karte tatsächlich nach einer Reihe von Karten aus der Antike kopiert worden war, würde das bedeuten, daß es im Altertum weitreichende geographische Kenntnisse gab, die im Mittelalter verlorengingen oder in Vergessenheit gerieten.

Wir besitzen noch andere höchst interessante Hinweise auf weitere »Erfindungen«, die man bisher nicht dem Altertum zuordnete. Der Gebrauch von Sprengstoffen ist ein gutes Beispiel hierfür, denn die Entdeckung des Schießpulvers und »Griechischen Feuers« scheint sich im Nebel der Zeiten zu verlieren. Die Chinesen benutzten Sprengstoffe lange vor der Zeit, zu der Schießpulver in Europa bekannt war. Edgerton Sykes, der führende englische Experte für Fragen der Atlantis-Forschung, zitiert R. Dikshitar von der Universität von Madras, der behauptet, daß der Gebrauch von Sprengstoffen in Indien bereits um 5000 v. Chr. bekannt war. Das »Griechische Feuer von Byzanz«, durch dessen Hilfe sich das byzantinische

Reich tausend Jahre länger als das weströmische halten konnte, war damals ein genauso geheimnisvolles Rätsel wie heute. Es wurde anscheinend in eine Art Bombe eingeschlossen oder mit Zündkörpern versehen von Galeeren aus auf die feindlichen Schiffe geworfen, wo dieses Feuer trotz aller Löschversuche weiterbrannte; ja es brannte sogar auf dem Wasser. Sprengstoffe wurden möglicherweise von Hannibal in seinem Kampf gegen die Römer benutzt. Falls es sich tatsächlich so verhielt, hütete Hannibal sein Geheimnis sorgfältig, da es psychologisch viel wirksamer war, wenn die Römer dachten, er sei im Besitz übermenschlicher Kräfte. Die Römer berichteten über die Zertrümmerung von Felsen durch Hannibals Feuer und die nachfolgende Bearbeitung mit Essig und Wasser. Bei der späteren Schlacht am Trasimenischen See erbebte die Erde und krachten große Felsblöcke auf die Römer nieder, die von den Karthagern vernichtend geschlagen wurden. Falls es sich um ein Erdbeben handelte, schien es die Karthager zu verschonen, die es ihrerseits sofort zu nutzen wußten.

Einige Jahre zuvor mußten die Truppen Alexanders des Großen zu ihrer unangenehmen Überraschung erleben, daß die Verteidiger einer indischen Stadt »Donner und Blitz« von den Stadtmauern auf sie herunterschleuderten.

Es wurde sogar die Vermutung geäußert, daß die Befestigungen von Jericho nicht so sehr wegen des Trompetenschalls der angreifenden Hebräer einstürzten, als vielmehr wegen der Minen, die die Hebräer an den Stadtmauern anbrachten.

Auf jeden Fall stößt man in den Schriften der Antike immer wieder auf derartige und auch andere Hinweise auf Erscheinungen, die Sprengstoffexplosionen verdächtig ähneln. Solche geheimen Waffen scheinen im allgemeinen von älteren Kulturvölkern benutzt worden zu sein, die dieses Wissen von anderen ererbten; wir wissen jedoch nichts über das Volk, das sie als erste erfand und benutzte.

Wenn man die Cheopspyramide von Gizeh betrachtet, erscheint es einem fast, als wäre sie eine Art Vermächtnis, das ein hochstehendes Volk von Könnern der Nachwelt hinterließ, sei es als ein Beweis ihres hohen Wissens oder um dieses den Generationen späterer Zeiten zu vermitteln.

Ehe Napoleons Beamte während der französischen Besetzung Ägyptens das Land zu vermessen begannen, war an der Cheopspyramide außer ihrer Größe nichts aufgefallen. Selbstverständlich wählten die Franzosen die Cheopspyramide als Ausgangspunkt für ihre trigonometrische Netzlegung. Bei der Vermessung ihrer Grundfläche stellten sie fest, daß die Verlängerungen der durch das Grundquadrat gelegten Diagonalen genau das Nildelta umschlossen. Der Meridian lief exakt durch die Pyramidenspitze und teilte das Delta in zwei gleiche Hälften. Dies ließ eindeutig erkennen, daß jemand aus einem ganz bestimmten Grund diesen Standort für die Pyramide gewählt hatte. Wie weitere Untersuchungen der Abmessungen der Pyramide zeigten, ergibt der durch ihre doppelte Höhe dividierte Grundflächenumkreis die Zahl 3,1416, also Pi (π). Ihre Ausrichtung nach den vier Himmelsrichtungen ist auf 4 Minuten 35 Sekunden genau. Der 30. Breitengrad läuft durch die Mitte der Pyramide, was als solches ebenfalls erstaunlich ist, da er den größten Teil der Landmassen der Erde von dem größten Teil der Weltmeere trennt. Von der direkt nach Norden zeigenden Seite der Pyramide führt ein Gang zu der Königskammer. Vom Ende dieses Ganges sieht man durch Millionen Tonnen perfekt aufeinandergesetzter Felsblöcke in schnurgerader Linie auf den Polarstern, der zu der Zeit, als die Pyramide entstand, zum Sternbild des Drachen gehörte. Multipliziert man die Höhe der Pyramide mit einer Milliarde, so erhält man die Entfernung der Erde von der Sonne. Jede Seite der Pyramide mißt so viele Ellen wie das Jahr Tage. Weitere, durch die Proportionen sich anbietende Rechnungen ergeben das Gewicht der Erde und die Länge des Polarkreises, und die Untersuchung eines in der Königskammer gefundenen rechteckigen Behälters aus rotem Granit legt die Vermutung nahe, daß es sich um ein ganzes Maßsystem zur Ermittlung von Volumen und Umfang handelt.

Untersuchungen über die Cheopspyramide bilden das Thema vieler Bücher und sind jetzt etwas in Mißkredit geraten durch die allzu überschwengliche Begeisterung mancher Autoren, die vorgaben, daß man aus den Maßen der Pyramide und ihrer inneren Gänge Prophezeiungen über die Zukunft ablesen könne.

Diese größte aller ägyptischen Pyramiden ist anscheinend die einzige, die derart bedeutungsvolle Abmessungen aufweist, und es deutet nichts darauf hin, daß die Ägypter in all den Jahrhunderten in der Cheopspyramide etwas anderes sahen als mögliche Schätze und das Grabmal des Pharaos.

Die Entstehung der ägyptischen Kultur ist von einem gewissen Geheimnis umgeben, da Ägypten zur Zeit der I. Dynastie um 3200 v. Chr. plötzlich von einer neolithischen Kulturstufe – in geschichtlichem Sinn fast

»über Nacht« – zu einer viel weiter fortgeschrittenen hinüberwechselte, in der die Ägypter sehr zweckmäßige Kupferwerkzeuge besaßen, mit denen sie große Paläste und Tempel bauten und anscheinend ohne jede Übergangsphase eine hohe Zivilisation und raffinierte Schriftsprache entwickelten. Woher nahmen sie die dafür notwendigen Kenntnisse? Von den Göttern, die Ägypten bis zur Herrschaft des ersten Pharaos, Menes, regierten – sagte Manetho, jener bereits zitierte ägyptische Historiker, der zur Zeit der Ptolemäer lebte.

Die *Upanishaden,* die uralten heiligen Texte der Inder, enthalten Absätze, die jahrhundertelang unverständlich erschienen und sich der Auslegung widersetzten. Wenn man sie jedoch unter dem Gesichtspunkt der Molekularstruktur der Materie studiert, sind sie verhältnismäßig leicht zu verstehen und ein weiteres Beispiel für die Überlieferung wissenschaftlicher Kenntnisse durch religiöse Schriften. Wir verdanken unser Wissen über die Zahl Null – oder besser den G e b r a u c h der Zahl Null – den alten Indern, von denen es über die Araber, die Null als einen Punkt schrieben, zu uns gelangte.

Aber auch die Mayas in Mexiko und Guatemala kannten die Null und benutzten sie mit erstaunlicher Genauigkeit in chronologischen und astronomischen Berechnungen.

Eine interessante astronomische Übereinstimmung besteht zwischen dem Kalendersystem des alten Ägypten und Mexikos: Beide errechneten – oder bezogen diese Kenntnisse aus einer anderen Quelle –, daß das Jahr aus 365 Tagen und 6 Stunden besteht; teilten das Jahr in Monate, wobei am Ende jedes Jahres 5 Tage übrigblieben, und gruppierten die Jahre zusätzlich zu Zyklen; diese Zyklen umfaßten bei den Azteken 52 Jahre und bei den Ägyptern 1460 Jahre. Und sowohl das aztekische Jahr wie das altägyptische, dessen Anfang im Monat Thot lag, begann mit dem Tag, der unserem 26. Februar entspricht.

Trotz dieser beachtlichen mathematischen und sonstigen wissenschaftlichen Kenntnisse stellen wir fest, daß die Mayas und anderen amerikanischen Indianervölker nicht die Transportmöglichkeiten erkannten, die das Rad bietet. Bis zu dem Tag, als man an Ausgrabungsstellen altmexikanische Spielzeuge mit Rädern fand, hatte man angenommen, daß keines der amerikanischen Indianervölker das Rad kannte. Vielleicht war ihnen das Rad einst bekannt, geriet dann aber in Vergessenheit, wie ihre Kultur sich überhaupt zurückzuentwickeln schien. Als die spanischen Konquistado-

84

ren landeten, befand sich die Maya-Kultur in einer Periode des Verfalls, während die hochentwickelte Zivilisation der Tolteken bereits vollständig verschwunden war, genau wie die ursprünglichen Erbauer von Cuzco und Tihuanaco in Südamerika.

Die verblüffende Ähnlichkeit der Architektur der alten Ägypter und der Mayas ist seit der Entdeckung der ersten Maya-Ruinen immer deutlicher geworden; dies gilt ebenso für Pyramiden, Säulen, Obelisken und Stelen (allerdings nicht für den echten, freitragenden Bogen) wie für den Gebrauch von Hieroglyphen als architektonischen Schmuck und zur Schilderung historischer Ereignisse auf Wandreliefs und Steinfriesen. Während die Architektur anderer Indianervölker Mittel- und Südamerikas mit ihren Pyramiden und mächtigen Steinbauten ebenfalls der des alten Ägyptens ähnelt, weist die Architektur der Mayas, auf deren Gebiet sich die indianische Kultur am weitesten nach Osten erstreckte, die größte Ähnlichkeit mit der ägyptischen auf.

Im Hinblick auf die Frage nach dem Ursprung der Kultur der Mayas, der Olmeken, der Tolteken sowie der der anderen präkolumbischen Völker Mittelamerikas sei Sahagún erwähnt, ein Chronist des spanischen Eroberungszuges; er schreibt von einem eigenartigen, aus uralten Quellen stammenden Bericht, nach dem ihre Kultur ursprünglich von einem anderen Land nach Mexiko und Mittelamerika gebracht wurde. Und er zitiert wörtlich den indianischen Text: »[Sie] kamen über das Wasser her und landeten nahe [Vera Cruz] – die weisen alten Männer, die alle die Schriften hatten... die Bücher... die Bilder.«

In diesem Zusammenhang bietet Edgarton Sykes in seiner mit Anmerkungen versehenen Donnelly-Ausgabe eine interessante Erklärung für die Angewohnheit der Mayas, ihre Städte zu verlassen und sich neue zu bauen. Falls die Mayas ursprünglich aus Ländern östlich Mittelamerikas stammten, müssen sie in jenen Ländern gelebt haben, die seitdem versunken sind; sie waren folglich gezwungen, ihre Städte zu verlassen, als die Flut hereinbrach, und sich neue zu bauen, die dann auch irgendwann im Meer versanken. Diese Notwendigkeit, vor dem Meer zu fliehen, das ihre Städte und ihr Land verschlang, erklärt vielleicht – nach Sykes' Ansicht – die Angewohnheit der Mayas, eine Stadt aufzugeben und sich eine neue zu bauen, bevor das Meer sie einholte. Dadurch wird selbstverständlich nicht die allgemein anerkannte Theorie ungültig, nach der die Mayas ihre Städte verließen, wenn das umliegende, dem Dschungel ab-

85

gerungene Ackerland ausgelaugt war. Aber es gibt unterseeische Maya-Ruinen vor der mexikanischen Küste in der Karibik und jene zahlreichen, kürzlich aus der Luft entdeckten »neuen« Unterwasserbauten, die viele Experten der Maya-Kultur oder einer sogar noch älteren zuschreiben.

Die offensichtliche kulturelle Rückentwicklung – oder vielmehr die mangelnde Weiterentwicklung von einem hohen Anfangsniveau – zeigt sich ebenfalls bei den Inkas, denn das Volk, das vor ihnen in ihrem Reich in Südamerika lebte, hinterließ Bauten, die sich jedem Versuch der Erklärung entziehen. Die Untersuchung der alten architektonischen Überreste Perus und Boliviens liefern keine Antwort auf die Frage, wie sie erbaut wurden. Die Steinblöcke von Cuzco zerfallen in zwei Kategorien – in jene, die die Inkas für ihre Paläste und Tempel aufschichteten, und in jene anderen Fundamente aus feinbehauenen, genau zusammengefügten riesigen Steinblöcken, die das Werk eines vor den Inkas lebenden Volkes sind, von dem nur noch Legenden berichten. Wie war es »primitiven« Menschen möglich, diese zyklopischen Blöcke, die größer sind als jene der ägyptischen Pyramiden, aus dem Felsen zu schlagen, sie zu behauen und durch das Gebirge zu transportieren? Und wie, falls sie nur primitive Techniken kannten, konnten die Vorläufer der Inkas diese Blöcke so präzis zusammenfügen? Und wenn sie, wie es ja offensichtlich der Fall war, imstande waren, die Blöcke nach einer von ihnen gewünschten Form zu behauen, warum wählten sie dann nicht die glatte Quaderform, die unendlich viel einfacher gewesen wäre als diese eigenartigen Formen mit den seltsamen Winkeln, die sie wie Teile eines riesigen, dreidimensionalen Geduldspieles zusammenfügten? Eine mögliche Antwort auf die Frage wäre die Überlegung, daß sie dadurch die Gebäude erdbebensicherer machen wollten, da das Andengebiet sich in verhältnismäßig junger Vergangenheit geologisch außerordentlich stark verändert hat.

Eine andere rätselhafte zyklopische Ruine, jene der Stadt Tihuanaco am Titicacasee in Bolivien, fanden die Spanier bei ihrer Ankunft verlassen vor. Sie war aus riesigen Steinblöcken errichtet, von denen manche bis zu 200 Tonnen wiegen und die mit silbernen Bolzen zusammengefügt waren. (Diese silbernen Bolzen wurden von den Spaniern herausgezogen, worauf die Bauten bei den darauffolgenden Erdbeben einstürzten.) Steinblöcke von 100 Tonnen Gewicht waren als Fundament für die Mauern dieser Gebäude in die Erde eingelassen worden; und die 3,3 Meter hohen und 60 Zentimeter tiefen Türrahmen waren in einem Stück aus Stein herausgehauen. Nach den alten Legenden der Indianer war die Stadt von den Göttern erbaut worden. Man könnte fast glauben, daß die Erbauer Übermenschen waren, denn die gewaltigen Ruinen befinden sich in einer Höhe von 4300 Meter, in einem völlig unfruchtbaren Gebiet, das jetzt gar nicht die vielen Menschen ernähren könnte, die zur Errichtung derart gewaltiger Bauten nötig wären.

Einige südamerikanische Archäologen sind der Ansicht, daß Tihuanaco (wie die Erbauer ihre Stadt nannten, wissen wir nicht, da man keinerlei Hinweise darauf gefunden hat) in einer Zeit erbaut wurde, als das Land fast drei Kilometer tiefer als heute lag. Man hat in der Nähe tatsächlich einen uralten verlassenen Seehafen entdeckt. Diese Theorie stützt sich auf die geologischen Veränderungen der Anden-Kette, wie sie nach den Kalkablagerungen oder »Wassermarkierungs«-Linien, die man an den Klippen und Bergen gefunden hat, erfolgt sein müssen, und auf die Annahme, daß dieses Gebiet der Anden mit dem Titicacasee emporgeschoben wurde, was die Zerstörung der Stadt an ihrem Ufer wie auch die anderer Zentren dieser prähistorischen Kultur zur Folge hatte. Mastodon- und Toxodonknochen sowie Skelettreste riesiger Faultiere, die man in den Gesteinsschichten in der Nähe fand, sprechen für diese Höhenveränderung, denn diese Tiere hätten nicht in der jetztigen Höhe leben können, genausowenig aber die Menschen, die zum Bau einer solchen Stadt notwendig gewesen wären. Man hat in den Ruinen Darstellungen dieser Tiere gefunden, die von den verschwundenen ursprünglichen Bewohnern dieses Gebietes auf Ton gemalt worden waren.

Bolivianische Archäologen vermuten, daß Tihuanaca vor 10 000 bis 12 000 Jahren verlassen wurde, doch für eine genaue Datierung muß noch sehr viel Arbeit geleistet werden. Allerdings erscheint der genannte Zeitpunkt, der ungefähr mit jenem zusammenfällt, der Plato von den ägyptischen Priestern für den Untergang von Atlantis angegeben wurde, sehr einleuchtend. Ein Teil der Erde versinkt, während ein anderer sich hebt, wie bei einem unterirdischen Ausgleich zwischen den Bewegungen der Erdoberfläche.

Ein interessanter Hinweis läßt die Vermutung zu, daß bei dieser »Faltung« auch die Westküste Südamerikas verändert wurde. Während eines ozeanographischen Forschungsprogramms der Duke University im Jahr 1966 hielten Tiefseekameras von Menschenhand behauene Steinsäulen auf einer 2000 Meter tiefen Unterwasserebene vor der peruanischen Kü-

Vergleich zwischen einem falschen oder vorspringend gebauten Nischenbogen in den Ruinen von Palenque, Mexiko, und Mykenä, Griechenland.

ste fest, und die Tiefenmessungen ergaben ungewöhnliche Höhenunterschiede auf dem sonst flachen Meeresboden.

Dr. Maurice Ewing vom *Lamont Geological Observatory* erklärte im Hinblick auf das Versinken von Ländern und den ozeanischen Erdbebengürtel: »... Der Gegensatz von Spannung ist Kompression, was eine Auffaltung der Erdoberfläche zur Folge hat. Die Gebirgsketten der Kontinente, wie die Rocky Mountains und die Anden, entstanden wahrscheinlich durch derartige Faltungen.«

Andere Spuren prähistorischer Zivilisationen Südamerikas sind manchmal recht verwirrend, wie zum Beispiel das altmexikanische Kinderspielzeug mit Rädern. Einer Überlieferung zufolge hatten die Bewohner des alten Peru eine Hieroglyphenschrift entwickelt, die jener glich, die die mittelamerikanischen Zivilisationen besaßen, doch verboten die Inkas sie (als unproduktiv?) und ersetzten sie durch ihr eigenes »Gedächtnis-System«, das aus bunten, geknoteten Schnüren bestand. Diese Schnüre, mit denen man die zu zahlenden Tribute, Abgaben und Steuern festhielt, bildeten vielleicht selbst eine Art von Schrift oder uraltem »Computer-Antwort-System«.

Es gibt ferner einige Bauten, die so gewaltige Ausmaße haben, daß sie unser Vorstellungsvermögen arg strapazieren. Ein großer Berg in Cholula in Mexiko, auf dem jetzt eine Kirche steht, war ursprünglich eine Pyramide. Sie soll als Zufluchtsort vor kommenden Fluten errichtet worden sein, doch eine Sprachverwirrung trieb die Erbauer auseinander. (Diese Legende klingt entschieden vertraut!) Ein Berg außerhalb Quitos in Ekuador hat eine derart regelmäßige Form, daß manche Forscher annehmen, er sei künstlich errichtet – also mit anderen Worten: eine gigantische Pyramide, obwohl sie einfach zu groß erscheint, als daß sie von Menschenhand geschaffen sein könnte. Die riesigen Pyramiden der Tolteken und Azteken waren Sockel für die auf ihrer Spitze thronenden Tempel – und diese »Häuser im Himmel« erregten kein geringes Staunen bei den Spaniern.

Solche wuchtigen Monumente und zyklopischen Steinanlagen finden wir in der gesamten atlantischen und der frühen Mittelmeer-Welt: Die geheimnisvollen Monolithe von Stonehenge, die Dolmen der Bretagne und Cornwalls, die neolithischen Befestigungsanlagen in Irland, Aran sowie auf den Kanarischen Inseln, die zyklopischen Wälle in Südspanien, die Fortsetzung des »Pyramiden-Gürtels« von Amerika durch Etrurien und Nordafrika bis nach Mesopotamien, die Paläste, Grabmäler, Tempel oder Höhlenanlagen auf Sardinien, Malta und den Balearen, und im archaischen Griechenland und in Mykenä ähnliche zyklopische Bauten wie auch den in Yucatán üblichen, vorspringend gebauten Nischenbogen.

Einige dieser megalithischen Anlagen mögen zu ganz bestimmten Zwekken erbaut worden sein, deren Sinn jedoch für uns schwer zugänglich ist. So die gewaltigen Steinkreise in Stonehenge, die nicht nur wegen der enormen Größe der Steine und der Frage, wie man sie dorthin transportierte und aufstellte, interessant sind, sondern ganz besonders im Hinblick auf den möglichen Grund, aus dem sie errichtet wurden. Die Mittelachse von Stonehenge war so angelegt, daß sie genau mit dem Sonnenaufgang zur Sommersonnenwende zusammenfiel. Andere Entdeckungen in Stonehenge scheinen zu bestätigen, daß es sich hier um eine Art riesige astronomische Uhr handelte, deren genaue Korrelationen erstaunlich präzise Kenntnisse ihrer Erbauer nicht nur auf dem Gebiet der Astronomie, sondern auch auf dem der sphärischen Trigonometrie widerspiegeln.

Bei Avebury entdeckte man eine weitere Reihe derartiger steinerner Kalenderanlagen und großflächiger, in die Erde gezeichneter Muster, die aber nur aus der Luft sichtbar sind. Sie erstrecken sich über eine so große Fläche, daß man ihr Steinmuster erst auf Luftaufnahmen erkennen und würdigen konnte.

Megalithische Ruinen in Westirland, Südengland sowie an der Westküste Frankreichs, Spaniens und Portugals scheinen dorthin zu zeigen, woher die ursprünglichen Erbauer kamen, die diese riesigen »Planetenuhren« aus Steinblöcken errichteten.

Jenseits des Atlantiks erstrecken sich etwa 240 Kilometer südlich von Lima auf einem ungefähr 100 Kilometer langen und 17 Kilometer breiten Abschnitt des wüstenhaften Nasca-Tals riesige Bodenmarkierungen, die sowohl geometrische Figuren und gerade Linien wie Darstellungen von Vögeln, Tieren und Menschen bilden. Diese in den Boden gekerbten Bilder sind derart großflächig, daß sie nur aus der Luft zu sehen sind und man sich fragt, wie die Künstler wußten, was sie taten, wenn sie ihr Werk nicht von oben überschauen und überprüfen konnten.

Die komplizierten Muster nicht parallel zueinander verlaufender Linien und an Landebahnen erinnernder Streifen sind sogar noch erstaunlicher; sie wurden, genau wie die bildhaften Bodenzeichnungen, erst 1939 zufällig von einem Flugzeug aus entdeckt, und zwar von einem Historiker, dessen Forschungsgebiet die alten Bewässerungsanlagen der Inkas waren.

Man glaubt, daß diese sogenannten Nasca-Linien von einem verschwundenen Indianervolk, den vor den Inkas lebenden Nascas, angefertigt wurden. Einer Theorie zufolge sollen die Linien mit der Konstellation der Gestirne während der Sonnenwende und Tag-und-Nachtgleiche in Zusammenhang stehen. In anderen Worten: Sie stellen einen gigantischen astronomischen Kalender zur Zeit des Nasca-Reichs dar und erinnern somit an Stonehenge und Avebury. Lokale Legenden schreiben sie der Göttin Orichana zu, die in »einem wie die Sonne strahlenden Schiff vom Himmel« auf die Erde herunterkam. (Man könnte annehmen, daß sie ein Luftschiff brauchte, um die Muster würdigen zu können, oder daß diese Muster und Streifen etwas mit Landeanlagen zu tun hatten).

Auf jeden Fall haben die Nachkommen oder die heutigen Bewohner jener Gebiete, in denen man diese ungewöhnlichen und vielleicht höchst »funktionellen« Markierungen findet, den Zweck vergessen, zu dem sie einst angelegt wurden.

In der Bretagne dienten die langen Reihen von Menhiren (mächtige

Prähistorische Höhlenmalerei aus Altamira, Spanien, die eine raffinierte Maltechnik auf der leicht gewölbten Felswand entsprechend der Körperform des Tieres zeigt.

Steinpfeiler) und die genau ausbalancierten Dolmen (Steinblöcke, die jeweils auf mehreren Steinpfeilern liegen) vielleicht ebenfalls der astronomischen Datenbestimmung. Einer der Dolmen, der sogenannte »Sprechende Fels« ist allerdings in letzter Zeit zu Orakelzwecken benutzt worden, da er durch Wippen auf Fragen mit »ja« oder »nein« zu antworten scheint.

Als nächstes wäre das kulturelle Rätsel der uralten Felsmalereien von Lascaux, Altamira und anderen Orten in Europa zu nennen sowie die Höhlenmalereien der Sahara aus einer Epoche, als dieses Gebiet Nordafrikas noch keine Wüste war. Diese magischen Jagdzauber, welche Tiere und Jäger darstellen, findet man in verschiedenen Höhlen Spaniens, Frankreichs und Afrikas. Man schreibt sie im allgemeinen der prähistorischen Cromagnonrasse zu, einer voreiszeitlichen Kultur, die etwa 30000 Jahre zurückliegt. Manche dieser Malereien sind recht primitiv, andere jedoch so raffiniert in ihrem Stilempfinden, der Komposition und Ausführung, daß man sie anderen prähistorischen Stämmen, die die gleichen Höhlen benutzten, zuschreiben möchte. Einige dieser Gruppen besaßen eine hochentwickelte und stilisierte Malkunst, die das Ergebnis einer

Aurignacien-Pferdekopf aus einer Höhle bei Mas d'Azil, Frankreich.

jahrhundertelangen Entwicklung gewesen sein muß. Wenn man derartige Malereien betrachtet, erscheinen sie einem eigenartig modern und weitaus zeitnaher als viele Kunstperioden späterer Jahrhunderte. Woher kam diese Rasse empfindsamer Künstler, die zu jener Zeit plötzlich in Westeuropa und Nordafrika auftauchte? Waren sie die Flüchtlinge eines in den Atlantischen Ozean versunkenen Gebietes?

Keine der oben angeführten Übereinstimmungen oder anscheinend verwandten architektonischen Formen und Elemente liefert uns jedoch einen Beweis für die tatsächliche Existenz von Atlantis. Für diese spricht bei dem heutigen Stand unserer Kenntnisse nur eine Vermutung oder »berechtigte Annahme«, durch die, sollte sie sich eines Tages als zutreffend erweisen, viele scheinbar beziehungslose Fakten sich zu einem sinnvollen Ganzen zusammenfügen würden.

Man könnte diese berechtigte Annahme, die von der einstigen Existenz eines atlantischen Kontinents oder einer Landbrücke zwischen Europa und Amerika ausgeht, die prähistorische Erklärung des Atlantis-Rätsels nennen. Diese hypothetische Landverbindung würde auch die in Amerika gefundenen Knochen von Mammuten oder Elefanten, Löwen, Tigern, Kamelen und primitiven Wildpferden erklären. Obwohl die Spanier keine dieser Tierarten vorfanden, hat man die Knochenfunde eindeutig identifizieren können. Bochica, der den Chibcha-Indianern die Zivilisation brachte, soll der Legende nach mit seiner Frau auf Kamelen in Kolumbien angekommen sein.

Der Elefant – der auch ein Mammut gewesen sein mag – taucht als ein häufiges Motiv in der Kunst und Architektur der amerikanischen Indianervölker auf. Kannten sie ihn als lebendes Tier, oder rekonstruierten sie seine Gestalt nach den gefundenen Knochen? Auf jeden Fall scheinen sie gewußt zu haben, daß er einen Rüssel besaß. Man hat Darstellungen von Elefantenmasken und Kopfschmuck mit Elefantenmotiven auf Wandreliefs in Palenque (Yucatán) gefunden, und in Wisconsin gibt es heute noch einen großen Erdwall, der von oben gesehen die Seitenansicht eines Elefanten bildet. Passenderweise heißt er auch »Elefantenwall«. Weitere Elefantenabbildungen hat man auf Pfeifen in einem anderen Erdwall in Iowa entdeckt, der in früheren Zeiten von Indianern angelegt wurde. Und in Mittelamerika fand man aus der präkolumbischen Zeit stammende goldene geflügelte Elefanten, die als Anhänger getragen wurden. (Die naheliegende Bedeutung dieser Funde versuchte ein italienischer Kritiker mit dem Argument zu widerlegen, daß Elefanten keine Flügel hätten und diese wahrscheinlich auch früher nicht gehabt hätten. Aber wie steht es dann um die geflügelten Pferde unserer eigenen Kunst und Mythologie?)

A. Braghine schlägt in seinem Buch *The Shadow of Atlantis* (dt. *Atlantis*) eine andere Erklärung für die Verbindung vor, die zwischen Elefanten und Mammuten und den Landveränderungen besteht, die zeitlich mit dem vermuteten Versinken von Atlantis zusammenfallen. Er zieht eine Parallele zwischen den zahlreichen eingefrorenen Mammuten, die man in Sibirien fand und auf ein Alter von 12 000 Jahren schätzt, und einem ganzen Feld von Mastodonknochen, das man in der Nähe von Bogotá in Kolumbien entdeckte. Er glaubt, daß der Tod der Tiere in beiden Fällen

Umriß eines großen präkolumbischen »Elefanten«-Erdwalles in Wisconsin (Aufsicht) und eine in einem Erdwall in Iowa gefundene Pfeife.

durch eine abrupte Klimaveränderung erfolgte. Man fand einige der sibirischen Mammute in stehender Haltung mit noch unverdauter Nahrung im Magen, Pflanzen, die es in jenen Gebieten nicht mehr gibt. Es wird die Vermutung aufgestellt, daß diese Mammute in einem Schlamm-Meer ertranken, das anschließend einfror. Den plötzlichen Tod der Mastodone in Kolumbien, für den die vielen, auf einem Platz gefundenen Knochen sprechen, schreibt Braghine einem jähen Ansteigen des Terrains zu, in dem die Tiere grasten. Diese beiden Phänomene – das Ansteigen Südamerikas und die Überflutung der sibirischen Tundra – fanden seinen Berech-

Alte mexikanische Darstellung eines Elefanten oder einer Figur, die eine Elefantenmaske trägt.

nungen nach zum selben Zeitpunkt statt, der in jene Epoche der Weltgeschichte fällt, die Plato für das Versinken von Atlantis nennt.
Sehr viel bescheidenere Tiere sind ebenfalls zur weiteren Erhärtung der Theorie von der einstigen Landverbindung angeführt worden. Man findet dieselbe Art von Regenwürmern in Europa, Nordafrika und auf den Atlantischen Inseln. Und ein bestimmtes Süßwasserkrustentier kommt sowohl in Europa wie in Amerika vor. Manche Käferarten findet man nur in Amerika, Afrika und den Mittelmeerländern. Von den auf den Azoren und den Kanarischen Inseln heimischen Schmetterlingen gibt es zwei Drittel ebenfalls in Europa und etwa ein Fünftel in Amerika. Ein be-

stimmtes Weichtier, *oleacinida*, findet man nur in Mittelamerika, Portugal und auf den Antillen, den Azoren und Kanarischen Inseln. Da Mollusken auf den Küstenfelsen und den küstennahen Unterwasserriffen sitzen und ihre »Kolonien« nur bei ganz bestimmten Temperaturen ausdehnen, muß es einst irgendwelche Landverbindungen oder flache Meeresriffe gegeben haben, da sich ihr Vorkommen in so weit voneinander entfernten Gebieten anders nicht erklären läßt.

In der Nähe von Cueva de los Verdes auf Lanzarote (Kanarische Inseln) gibt es in einer Höhle einen Salzwasserteich, in dem das Wasser mit den Gezeiten steigt und fällt. In diesem Teich hat man kleine Krustentiere, die blinden *munidopsis polymorpha*, entdeckt, die es sonst nirgends gibt. Eine verwandte, allerdings nicht blinde Art, die *munidopsis tridentata*, lebt fast 750 Meter tief ringsum im Atlantik. Die Forscher, die sich mit diesem Phänomen befaßt haben, sind der Ansicht, daß die blinden *munidopsis* vor Tausenden von Jahren in dem Höhlenteich wie in eine Falle gerieten und im Laufe der Zeit die Sehkraft verloren. Als man die Azoren-Inseln entdeckte, gab es dort Kaninchen, was auf eine einstige Landverbindung schließen läßt; es sei denn, die Karthager brachten die Kaninchen auf die Azoren mit, doch erscheint das recht unwahrscheinlich.

Kehren wir jedoch zu größeren Tieren zurück. Die Tatsache, daß Menschen, Rinder, Schafe und Hunde auf den Kanarischen Inseln lebten, als diese im 14. Jahrhundert entdeckt wurden, wäre einfacher zu erklären, sind diese Inseln doch nicht weit von Afrika entfernt, wenn man bei der Entdeckung der Inselgruppe nicht festgestellt hätte, daß die Bewohner keine Boote besaßen, was bei einer Inselbevölkerung wirklich höchst ungewöhnlich ist.

Interessant ist ebenfalls, daß man die Mönchsrobbe im Azorengebiet findet, obwohl Seehunde im allgemeinen nicht mitten im Ozean anzutreffen sind. Mit der Atlantis-Theorie ließe sich das dahingehend erklären, daß die Robben sich wahrscheinlich entlang einer Küstenlinie ausbreiteten, die mehr oder weniger die Alte und die Neue Welt miteinander verband, und wie andere Tiere durch die Katastrophe biologisch abgeschnitten wurden. Man wird in diesem Zusammenhang an Aelians Bericht über die »Schafe des Meeres«, aus deren Fell die Stirnbänder der »Herrscher von Atlantis« bestanden, erinnert.

Bestand die gesamte Fauna der Atlantischen Inseln – Mollusken, Krustazeen, Schmetterlinge, Kaninchen, Ziegen, Seehunde und Menschen – aus biologisch Überlebenden einer Katastrophe, die auf den kleinen Inseln, den Berggipfeln eines versunkenen Kontinents von der übrigen Welt isoliert wurden?

Schließlich gibt uns die Bronzezeit noch einige interessante Hinweise. Der Mensch entdeckte die Bronze – eine Legierung von Kupfer und Zinn – viele Jahrhunderte vor dem Eisen. Bronze wurde in West- und Nordeuropa verwendet, aber auch von den Inkas in Peru und den Azteken in Mexiko. Wir finden ständig neue Beweise dafür, daß die Bronzezeitkulturen Spaniens, Frankreichs, Italiens, Nordafrikas und sogar die Nordeuropas weitaus höher entwickelt waren, als man ursprünglich annahm. Während die amerikanischen Indianer – soweit wir das heute beurteilen können – nie Bronze herstellten, kannten sie bestimmte Kupferamalgame. Die Kupferminen in der Nähe des Oberen Sees lassen auf prähistorische Bergbautätigkeit in einer so weit zurückliegenden Zeit wie 6000 v. Chr. schließen. Andere Indianerstämme waren erfahrene Metallurgen. So haben uns die einst in Mexiko und Mittelamerika lebenden Völker ebenso schöne wie in der Herstellung komplizierte Artefakte und Schmuckstücke aus Edelmetallen hinterlassen. Die Inkas förderten gewaltige Mengen an Gold und Silber, das sie nicht zu Zahlungszwecken benutzten, sondern zu rein schmückenden Gegenständen verarbeiteten, die entweder für ihren religiösen Kult oder den kaiserlichen Haushalt bestimmt waren. Gold hieß bei den Inkas »Tränen der Sonne« und Silber »Tränen des Mondes«; und die Gärten der Inkas enthielten nach den Berichten der spanischen Konquistadoren kunstvoll geschmiedete silberne Bäume mit goldenen Vögeln.

Der Gebrauch von Schmiedeeisen kam anscheinend aus Zentralasien und verbreitete sich von dort nach Osten und Westen, während sein Vorläufer, die Bronze, in einem Gebiet bekannt war, das mit einem großen, um den Atlantik gezogenen Kreis zu erfassen ist und Teile Nord- und Südamerikas, Nordeuropas sowie des Mittelmeerraumes umschließt.

Ein besonders interessantes Beispiel für die Bronzezeit im Mittelmeerraum ist die Kultur der Etrusker, die sich mit ihren Streitwagen und Waffen aus Bronze nicht gegen die Römer zu behaupten vermochten und vom Gang der Geschichte überrollt wurden; sie hinterließen schriftliche Aufzeichnungen in einem Alphabet, das man noch nicht hat entschlüsseln können. Es ist ein eigenartiger Zufall, daß Plato ausdrücklich das Land der Etrusker – Ligurien – als eine Kolonie von Atlantis nennt.

96

Dieses Foto, das in über 30 Meter Tiefe aufgenommen wurde, zeigt die Ruinen einer alten Stadt in der Ägäis, 330 Meter vor Melos, der Insel der »Venus von Milo«. Die Säule links ist zwar abgebrochen, aber, ebenso wie die Mauer rechts, noch genau an jenem Platz, an dem sie sich befand, als die Stadt, wahrscheinlich infolge eines vulkanischen Ausbruchs, im Meer versank. *Foto: Jim Thorne*

Fliesen auf dem Grund des Ozeans. Sie wurden von Tauchern während der Untersuchung unterseeischer Ruinen in der Nähe von Bimini gefunden. Diese großen Fliesen haben einst vielleicht einen Hof, den Boden eines Palastes oder einer Tribüne bedeckt. *Foto: Jacques Mayol*

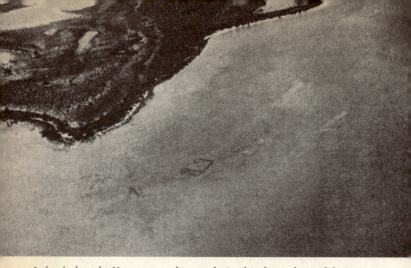

Luftaufnahme der Unterwasseranlage vor der Insel Andros in der Karibik. Die Entdeckung dieser und ähnlicher Bauten haben der Prophezeiung von Edgar Cayce, daß im Jahr 1968 oder 1969 atlantische Ruinen aus dem Meer auftauchen würden, beträchtliche Glaubwürdigkeit verliehen. *Foto: Trig Adams*

Luftaufnahme aus geringerer Höhe. Diese Unterwasseranlage wird häufig mit der Architektur der Mayas verglichen. *Foto: Trig Adams*

Hinweise auf Unterwasserbauten, Docks oder Tribünen auf den Bahama-Bänken, wie man sie aus der Luft erkennen kann. Es wird angenommen, daß diese rechteckigen und geraden Formationen von bewachsenen Ruinen auf dem Meeresgrund herrühren.

Luftaufnahme eines Teils der versunkenen Hafenanlagen von Cenchreai in der Ägäis, die ein Absinken des Küstenlands im Mittelmeer anzeigt. Die alte Wasserlinie ist links von dem Boot zu erkennen und verläuft zur unteren rechten Ecke. Die Ruinen am linken Bildrand befinden sich über Wasser.

Foto: Adelaide de Mesnil

Amphore *(links)* und Fußboden *(oben)* aus dem Minoischen Kreta, die veranschaulichen, wie die Kunst Kretas sich mit dem Meer und seinen Geschöpfen – dem Reich Poseidons – beschäftigte.

*Fotos:
Natalie Derijinski*

Heiße Quellen in Sao Miguel auf den Azoren, die an Platos Beschreibung der heißen und kalten Quellen von Atlantis erinnern.

Foto: Mit freundlicher Genehmigung des Comisao Regional de Tourismo dos Acores

Luftaufnahme der *Sete Cidades* (Sieben Städte)-Seen von Sao Miguel auf den Azoren. Der eine See ist blau, der andere grün. Beide sind durch Legenden mit Atlantis und versunkenen Städten, die angeblich auf ihrem Grund ruhen, verbunden. Eine Legende erklärt die Farbe der Seen durch die letzte Prinzessin von Atlantis, die ihre smaragdenen Pantöffelchen in einem der Seen und ihren blauen Kopfschmuck im anderen verlor, als die sieben Städte von Atlantis versanken.
Foto: Mit freundl. Genehmigung des Comisao Regional de Tourismo dos Acores

Blick auf Insel vor dem Hafen von Thera. Die Wasserfläche war früher Land, das die beiden Inseln verband, bevor Thera vor etwa 2500 Jahren auseinandergesprengt wurde. *Foto: Natalie Derijinski*

Luftaufnahme einer großen ringförmigen Unterwasseranlage mit dreifachen Mauern in der Nähe von Andros. Diese Mauern wurden offensichtlich zu einer Zeit errichtet, als die Bahama-Bänke noch aus dem Wasser ragten, also vor dem Abschmelzen der letzten Eiszeit.

Eine weitere Ansicht der Sieben-Städte-Seen. Man erkennt den Atlantischen Ozean im Hintergrund und die vulkanische Formation der Insel, die wie ein Berggipfel einer gewaltigen unterseeischen Gebirgskette aussieht.

Foto: Mit freundlicher Genehmigung des Comisao Regional de Tourismo dos Acores

Steil aufragende Berge auf Madeira, die ihre unterseeischen Gegenstücke im Atlantischen Ozean haben.

La Dama de Elche – »Die Dame von Elche«. Diese prähistorische Skulptur, die man bei Elche in Südspanien fand, ist ein Hinweis auf eine hochentwickelte prähistorische hispanische Kultur. Diese Plastik wurde als eine Priesterin von Atlantis bezeichnet und wird von vielen als ein Bindeglied zur atlantischen Prähistorie betrachtet.
Foto: Mit freundlicher Genehmigung der Hispanic Society of America

Die bronzezeitliche Kultur erstreckte sich in Nordafrika bis nach Nigerien, wo das alte Volk der Jorubas eine hochentwickelte Zivilisation besaß. Unter den Bronzestatuen, die man in Ife in Nigerien fand, gibt es ein besonders interessantes Beispiel dafür: der Kopf von Olokun, dem Gott des Meeres, der, wie Poseidon, ebenfalls der Herr der Meere war – und der Erdbeben!

Wenn man die Übereinstimmungen zwischen den prähistorischen Bronzezeit-Kulturen und den durch sie gebildeten Halbkreis um den östlichen Atlantik unter Einschluß des Mittelmeers betrachtet, wird man unwillkürlich an die Ähnlichkeit der Namen erinnert, die ungefähr den gleichen Halbkreis nachzeichnen – Atlas, Antilla, Avalon, Arallu, Ys, Lyonesse, Az, Ad, Atlantik, Atalaya ebenso wie die »amerikanischen« Namen Aztlán, Atlán, Tlappallàn usw. – Namen, die ein versunkenes Land oder Paradies bezeichnen, die Urheimat oder das Land, aus dem einst die Überbringer aller Kultur und Zivilisation kamen und das im »Westlichen« oder »Östlichen« Meer lag, je nachdem, auf welcher Seite des Ozeans die Legenden davon erzählen.

Wenn wir versuchen würden, einige der geheimnisvollen Rätsel der Vorgeschichte zu lösen – wie vieles ließe sich nicht durch die Atlantis-Theorie erklären! Durch die Hypothese, daß es einst einen Kontinent in der Mitte des Atlantiks gab, von dem aus sich eine bedeutende prähistorische Zivilisation entwickelte und ausbreitete, dieses Inselreich jedoch durch eine Katastrophe versank, könnten wir verblüffende kulturelle Übereinstimmungen und die gleichen Sintflutlegenden in der Alten und Neuen Welt erklären; ebenso die Verbreitung bestimmter Tier- und Menschenrassen, das Emporsteigen und Absinken von Landmassen, kulturelle Rückentwicklungen, die Hinweise auf verlorenes Wissen und in Vergessenheit geratene Techniken, die nur in Legendenform erhalten blieben, die Beweise einer hochentwickelten Kunst in prähistorischen Menschheitsepochen und – mit einem Wort – den Ursprung und die Ausbreitung aller Kultur und Zivilisation schlechthin. Doch wie praktisch diese Hypothese auch sein mag, sie ist und bleibt auf Grund mangelnder Beweise vorerst noch eine Theorie – und Theorien müssen nun einmal stichhaltig bewiesen werden.

Wir sind durch unsere zukunftsorientierten wissenschaftlichen Untersuchungen der Gegenwart nunmehr unvergleichlich viel besser imstande, die Vergangenheit zu erforschen. Der Zeitpunkt, zu dem man die ersten

Anfänge der menschlichen Kulturentwicklung vermutet, ist immer weiter zurückverlegt worden und weist jetzt in eine nur durch Legenden erfaßte Epoche – in eine ferne Vergangenheit, die ungefähr der Zeit entspricht, die Plato für das Versinken von Atlantis angab. Durch den Stand unseres heutigen Wissens, die archäologischen Forschungen, die neuen Datierungstechniken, die Entschlüsselung bisher noch nicht dechiffrierter Schriften durch Computer und die modernen Methoden der Unterwasserforschung sind wir heute besser denn je in der Lage, den Zeitpunkt der ersten Kulturanfänge zu ermitteln und gleichzeitig damit die Atlantis-Theorie zu beweisen oder zu widerlegen. Obwohl einige frühere Theorien über Atlantis einer gründlichen Überprüfung nicht standhielten, haben andere Entwicklungen und Entdeckungen gewisse Aspekte der Atlantis-Theorie bestätigt und sogar neue Begründungen für sie erbracht.

8

Einige Atlantis-Theorien

Von der Entdeckung Amerikas bis zum heutigen Tag haben Philosophen und Schriftsteller ihre Theorie über Atlantis aufgestellt. Francis Bacon äußert zum Beispiel in *Nova Atlantis* (1638) die Meinung, daß Platos Atlantis ganz einfach Amerika war. Die Handlung von Shakespeares *Sturm*, der auf einer Insel im Atlantik spielt, wird manchmal dem wiedererwachten allgemeinen Interesse an Atlantis und im Atlantik versunkenen Inseln zugeschrieben. Athanasius Kircher, der sich ebenfalls mit diesem Fragenkreis beschäftigte, griff in seinem Werk *Mundus subterraneus* (1665) die Ansicht wieder auf, daß Atlantis eine atlantische Insel war. Er hinterließ uns eine berühmt gewordene Karte von Atlantis und seiner Lage zu Europa und Amerika. Diese Karte steht allerdings für unsere Art der Betrachtungsweise auf dem Kopf, da Süden oben ist und Norden unten.

Sogar Voltaire reizte das Thema, wie wir auf Grund einer Widmung in dem 1779 erschienenen Werk des französischen Astronomen Jean Silvain Bailly, *Lettres sur l'Atlantide de Platon et l'ancienne histoire de l'Asie*, annehmen können. Bailly vermutete Atlantis zu einer prähistorischen Zeit im hohen Norden, als die Arktis ein tropisches Klima hatte. Man nimmt an, daß Voltaire die Ansichten Baillys teilte, obwohl das schwierig zu beweisen ist, vor allem angesichts Voltaires Skepsis gegenüber den meisten Institutionen und Theorien seiner Zeit.

Dagegen ist eindeutig erwiesen, daß in Teilen der Arktis und Antarktis einst Tropenklima herrschte. In Alaska, im Norden Kanadas und in Grönland haben Bulldozer in den vergangenen Jahren verschiedentlich die Überreste von Säbelzahntigern – einer ausgestorbenen Tigerart – und anderen Tieren zutage gefördert, die in einem wärmeren Klima heimisch sind. Diese Tatsache hat jedoch als solche keinen direkten Einfluß auf die Atlantis-Theorie und ist nur ein weiterer Beweis für die großen Klimaveränderungen, die auf der Erde stattgefunden haben.

Unter den morderneren Theorien über Atlantis bildeten sich im 19. Jahrhundert zwei wichtige Strömungen heraus, von denen die eine von der Annahme ausging, daß Atlantis eine atlantische Insel war und eine Landbrücke zwischen Europa und Amerika bildete; die zweite vermutete das

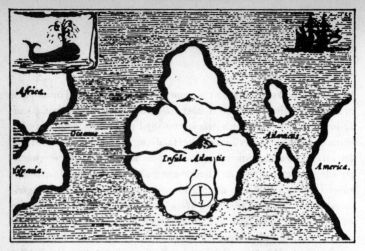

Athanasius Kirchers Karte von Atlantis aus dem 17. Jahrhundert (Norden ist unten), die folgende Unterschrift trägt: »Lage der jetzt vom Meer verschlungenen Insel Atlantis, gemäß dem Glauben der Ägypter und Platos Beschreibung.«

einstige Atlantis in Nord- oder Nordwest-Afrika, und zwar zu einer Zeit, als die Sahara noch keine Wüste war.

Die erste Theorie erhielt einen enormen Auftrieb durch Ignatius Donnelly und sein 1882 veröffentlichtes, hier schon mehrfach zitiertes Werk *Atlantis – Myths of the Antediluvian World* (dt.: *Atlantis, die vorsintflutliche Welt*), das fünfzig Auflagen erreichte und auch heute immer wieder neu aufgelegt wird. Es übte einen derart starken und nachhaltigen Einfluß auf die Atlantis-Forschung aus, daß es trotz all seiner zahlreichen Irrtümer und euphorischen Übertreibungen eine gründliche und in Anbetracht seiner Entstehungszeit sogar recht wohlwollende Überprüfung verdient. Donnellys Ausführungen haben, was ihre Kühnheit und ihren Tenor fester Überzeugung betrifft, bis heute nicht ihresgleichen gefunden.

Donnelly wurde in seiner Atlantis-Theorie möglicherweise von Bory de Saint-Vincent beeinflußt, der 1803 in einem Artikel schrieb, die Azoren und die Kanarischen Inseln seien Überreste von Atlantis; er fertigte außerdem eine Atlantis-Karte nach den Aussagen der klassischen Autoren an. Donnelly wurde außerdem wahrscheinlich von Brasseur de Bourbourg und Le Plongeon, zwei französischen Gelehrten, bekräftigt, die in Mexiko und Guatemala lebten, die Sprache der Mayas erlernten und interpretierende, aber nicht näher zu überprüfende Übersetzungen von Teilen der wenigen damals noch erhaltenen Maya-Texte anfertigen. Die beiden Franzosen versuchten zu beweisen, daß die Mayas Nachkommen der Flüchtlinge von Atlantis waren. Donnelly lehnte sich vielleicht auch an Hosea (1875), einen amerikanischen Forscher, an, der die indianischen Kulturen mit denen des alten Ägyptens gleichsetzte.

Donnelly behauptet, daß Atlantis die erste Weltkultur war, die zivilisatorische Kolonialmacht der Küsten des Atlantiks, des Mittelmeers, der Ostsee, des Schwarzen und Kaspischen Meers, der Küsten Süd- und Mittelamerikas, der Ufer des Mississippi-Tals und sogar der Küsten Indiens und eines Teiles von Zentralasien; auch das Alphabet sei in Atlantis erfunden worden. Donnelly hielt das durch eine ungeheure Naturkatastrophe verursachte legendäre Versinken dieses atlantischen Inselreichs für eine historische Tatsache, die sich in den Sinflutlegenden manifestierte. Er glaubte, daß die Mythen und Legenden des Altertums ganz einfach verschleierte oder konfuse Versionen der tatsächlichen Geschichte dieses atlantischen Kontinents darstellten.

Donnelly versuchte auf wissenschaftlicher Basis Licht in das Dunkel um Atlantis zu bringen; er überprüfte die Glaubwürdigkeit von Platos Bericht und unterzog die geschichtlich überlieferten Erdbeben und großen Flutkatastrophen sowie das Auftauchen und Versinken von Meeresinseln einer sorgfältigen Prüfung. Als Beweis dafür, daß eine so gewaltige Landmasse durchaus versinken kann, führt er Erdbeben an, die in der Vergangenheit bedeutende Landverluste auf Java, Sumatra und Sizilien bewirkten, sowie das Versinken einer fünftausend Quadratkilometer großen Fläche vor der jetzigen Mündung des Indus.

Für Donnelly scheint jedoch der Atlantische Ozean das unstabilste und veränderlichste Gebiet der Erdoberfläche zu sein. Er verweist auf die Erdbeben des 18. Jahrhunderts auf Island und das Auftauchen einer Insel, auf die der dänische König Besitzanspruch erhob, die aber wieder versank. Die Kanarischen Inseln, die »vielleicht einen Teil des atlantischen Reiches« bildeten, wurden im 18. Jahrhundert von einer Reihe von Erdbeben heimgesucht, die sich über einen Zeitraum von fünf Jahren erstreckten. Bei seiner Schilderung des großen Erdbebens von Lissabon, das sich gleichfalls im 18. Jahrhundert ereignete, in »gerade jenen Gegenden, welche der ehemaligen Insel Atlantis am nächsten liegen«, sagt er: »Binnen 6 Minuten kamen 60000 Menschen ums Leben! Auf einen neugebauten Hafen-Quai, der ganz aus Mamor hergestellt war, hatte sich eine große Menschenmenge geflüchtet; plötzlich sank das Ganze mit allem, was darauf war, unter, und nicht eine einzige Leiche kam jemals wieder zum Vorschein. Eine große Anzahl kleiner Boote und Schiffe, die in der Nähe ankerten und ebenfalls mit fliehenden Menschen übersäet waren, wurden gleichzeitig wie in einem Wirbel in das Wasser hineingedreht und verschwanden; auch von diesen Schiffen ist kein einziges Wrack jemals wieder an die Oberfläche gekommen, und wo einst der Marmorquai stand, ist jetzt das Wasser 600 Fuß tief. Groß war der Umkreis, in dem sich dieses Erdbeben bemerkbar machte. Humboldt sagt, von der ganzen Erdoberfläche sei ein Areal, zweimal so groß als ganz Europa, gleichzeitig erschüttert worden. Das Erdbeben zog sich von der Ostsee bis nach West-Indien und von Canada bis Algier. In Marokko öffnete sich der Boden und verschlang ein ganzes Dorf mit 10000 Einwohnern und schloß sich wieder über ihren Köpfen.

Es ist sehr möglich, daß der Central-Herd dieses Erdbebens unter dem Meeresgrunde des atlantischen Oceans lag, entweder direkt unter der versunkenen Insel Atlantis, oder doch nicht weit davon; und daß es ein Nachzittern jenes vulkanischen Todeswehens war, das einst diese Insel in das Verderben stürzte.«

Donnelly fährt mit seiner Beschreibung des atlantischen Erdbebengürtels fort: »Während wir Lissabon und Irland, beide östlich von Atlantis liegend, denselben großen Erderschütterungen ausgesetzt sehen, sind auch die Westindischen Inseln, westlich von Atlantis liegend, wiederholt in ähnlicher Weise heimgesucht worden. Im Jahre 1692 litt Jamaika unter einem heftigen Erdbeben... In der Umgebung der Stadt Port Royal sank in weniger als einer Minute eine ganze Landzunge von tausend Acker Umfang hinab, und die See brach sofort über ihr zusammen.«

Obwohl Donnelly mit seinen vor 1882 verfaßten Schriften nicht die Zerstörung Martiniques durch den Ausbruch des Mount Pelée im Jahr 1901 voraussehen konnte, dürfen wir annehmen, daß seine Betroffenheit über das schreckliche Unglück durch die Überlegung gemildert worden wäre, daß die Katastrophe einen weiteren Beweis für die Richtigkeit seiner Theorien erbrachte.

Als Donnelly auf die Azoren zu sprechen kommt, die »ganz unzweifelhaft die höchsten Spitzen der Berge von Atlantis« sind, erklärt er, daß die Vulkane des versunkenen Atlantis noch manche Überraschung für die Zukunft bergen mögen: »... Im Jahre 1808 erhob sich auf San Jorge ein Vulkan plötzlich bis zur Höhe von 3500 Fuß und brannte sechs Tage lang, wodurch die ganze Insel verwüstet wurde. Im Jahre 1811 erhob sich unweit der Insel San Miguel ein Vulkan aus der See, der eine neue, 300 Fuß hohe Insel bildete, die man Sambrina nannte, die aber bald wieder unter dem Wasserspiegel verschwand. Ähnliche vulkanische Ausbrüche fanden auf den Azoren auch 1691 und 1720 statt.

Auf der Oberfläche unseres Planeten finden wir eine mächtige vulkanische Aufbruchslinie, die sich in einer fortlaufenden Kette thätiger oder erloschener Vulkane zu erkennen gibt. Auf Island haben wir Örafa und Hekla, den Rauda und Kamba; auf den Azoren den Pico; auf den Canaren den Teneriffa; auf den Kap-Verde-Inseln den Togo; während wir von erloschenen Vulkanen einige auf Island kennen, zwei auf Madeira; und ebenso wissen wir, daß die Inseln Fernando de Noronha, Ascension, St. Helena und Tristan d'Acunha vulkanischen Ursprungs, ja eigentlich selber nur erloschene Krater sind... Alle diese Dinge scheinen anzuzeigen, daß die großen vulkanischen Feuer, die einst Atlantis zerstörten, noch heute in der Tiefe des Oceans weiterglimmen. Es ist daher gar nicht ausgeschlossen, daß dieselben schrecklichen Erschütterungen der Erdrinde, durch welche die Insel des Plato untersank, dieselbe oder wenigstens Teile der Insel mit ihren begrabenen Schätzen einst wieder an das Tageslicht bringen.«

Donnelly führt die Verbreitung gewisser Tiere als Beweis für ehemalige »Landbrücken« über den Atlantik an und stellt die Vermutung auf, daß die Banane und andere samenlose Pflanzen von zivilisierten Menschen nach Amerika gebracht wurden. Er zitiert den deutschen Botaniker Otto Kuntze wie folgt: »Eine kultivierte Pflanze, die keinen Samen hat, muß schon für eine sehr lange Periode unter Kultur gewesen sein – wir haben in Europa keine einzige durchaus samenlose beerentragende Kulturpflanze, daher dürfte wohl der Schluß erlaubt sein, daß diese Pflanzen schon bei Anbruch der mittleren Diluvialperiode unter Kultur gestanden haben.« Donnelly fügte diesem Zitat mit kategorischer Gewißheit hinzu:

»Eine Civilisaton wie diejenige, welche zur Erreichung eines solchen Resultates notwendig war, und deren Land das dazu bedingte Klima besaß, finden wir nach Plato nirgends anders als in Atlantis. Dieses Land reichte mit seinen Nachbarinseln bis gegen 150 Meilen weit im Osten an die europäischen Küsten heran, und auf der entgegengesetzten Seite berührte es fast die westindischen Inseln; durch seine verbindenden Landstreifen im Süden waren obendrein Brasilien und Afrika miteinander in Verbindung gebracht.«

Donnelly sah in den auf der ganzen Welt sich ähnelnden Flutlegenden, die er eingehend studierte und überprüfte, einen weiteren Beweis für das Versinken von Atlantis. Einem bestimmten Detail mißt er besondere Bedeutung zu, und zwar dem Schlamm, der laut Plato (und den Phöniziern) den Atlantik nach dem Versinken von Atlantis unbefahrbar machte. Donnelly schreibt hierzu: »Dies ist eine jener Stellen in Platos Erzählung, welche den Zweifel und selbst den Spott der alten, ja sogar der modernen Welt herausforderte. Wir finden aber in der chaldäischen Sage etwas ganz Ähnliches: Khasisatra sagt dort: ›Ich blickte aufmerksam auf die See und sah, daß das ganze Menschengeschlecht in Schlamm verwandelt war.‹ Im ›Popol Vuh‹ heißt es, daß eine ›harzige Masse fiel vom Himmel herab‹.

Die Tiefsee-Forschungen des Schiffes *Challenger* haben ferner bewiesen, daß das ganze unterseeische Hochplateau im atlantischen Ozean, wovon Atlantis eben ein Teil war, bis auf den heutigen Tag mit einer dicken Schicht vulkanischer Niederschläge bedeckt ist.

Wir möchten hier auch an die Städte Pompeji und Herculanum erinnern, die beim Ausbruch des Vesuv im Jahre 79 n. Chr. mit einer solchen Menge vulkanischer Asche bedeckt wurden, daß sie siebzehn Jahrhunderte lang in einer Tiefe von 15 bis 30 Fuß begraben lagen...

Wir sahen weiterhin auch, daß im Jahre 1783 ein vulkanischer Ausbruch auf Island die See in einem Umkreis von 150 Meilen mit Asche bedeckte, ›und Schiffe waren in ihrem Laufe bedeutend behindert‹.

Die Eruption auf der Sunda-Insel Sumbara im April 1815 warf sogar solche Mengen Asche empor, daß der Himmel verfinstert wurde. ›Die Ascheteile bildeten, gegen Westen treibend, am 12. April eine Masse, 2 Fuß dick und viele Meilen im Umkreis, durch welche die Schiffe nur mit größter Mühe einen Weg erzwingen konnten.‹

Plato hat also die Genugtuung, daß gerade diese Erscheinung, deren Beschreibung den Spott der Gelehrten herausforderte, in sich selber einen Wahrheitsbeweis für seine ganze Erzählung enthält. Es ist sehr wahrscheinlich, daß die Schiffe der Atlantiner, als sie nach dem Unwetter zurückkehrten, um ihr Heimatland zu suchen, die See ganz unfahrbar gefunden haben, der großen Menge Asche und Schlammes wegen. Sie kehrten entsetzt nach den europäischen Küsten zurück; und der schwere Schlag, den die Civilisation der ganzen Welt durch den Untergang von Atlantis erhalten hatte, war es vielleicht, welcher einer jener großen Rückschrittsperioden in der Geschichte des Menschengeschlechts hervorrief, während welcher aller und jeder Verkehr mit dem westlichen Kontinent abgeschnitten war.«

In seiner Begeisterung für die Erklärung der Geschichte durch die Atlantis-Theorie behauptete Donnelly, daß bis vor noch gar nicht langer Zeit »fast alle Künste und Fertigkeiten, die wir heute besitzen und als wesentliche Bestandteile der Civilisation betrachten, bis auf die Zeiten von Atlantis zurückdatieren, ganz sicherlich nachweisbar aber bis auf jene altegyptische Cultur, die der atlantischen Cultur nicht nur zeitgenössisch war, sondern die dieser sogar direkt entsprossen ist.

Seit sechstausend Jahren hat die Welt keinen eigentlichen Fortschritt mehr gemacht und steht noch immer auf derselben Kulturstufe, die wir von Atlantis übernommen haben.«

Nachdem er das Alter der wichtigen Erfindungen der frühen Zivilisation hervorhebt, stellt er die Vermutung auf, daß diese Erfindungen von einem zentralen Punkt ausgingen. Und zur Untermauerung dieser Annahme erklärt er: »...Wir können unmöglich glauben, daß große Erfindungen in spontaner Weise in verschiedenen Ländern doppelt gemacht worden sind, wie man uns so gerne glauben machen will; es entspricht nicht der Wahrheit, wenn man sagt, daß der Mensch, von der Not gedrängt, immer auf dieselben Erfindungen verfallen müsse, um sich seine Lage zu verbessern. Denn wäre das der Fall, dann müßten alle Wilden den Bumerang erfunden haben; alle Wilden müßten die Töpferkunst verstehen, Pfeile und Bogen und Tierfallen, Zelte und Canoes besitzen, kurz alle Menschenrassen würden eben zur Civilisation emporgestiegen sein, denn die Annehmlichkeiten dieses Lebens sind doch dem einen Volke sicherlich ebenso angenehm und begehrenswert wie dem andern. Jede civilisierte

Rasse dieser Welt hat, wie wir zeigen werden, einen Teil ihrer Kultur aus den frühesten Zeiten übernommen; wie ›alle Wege nach Rom führen‹, so führen alle Strahlenlinien der Civilisation rückwärts bis nach Atlantis.«

Um die Theorie von der Ausbreitung der atlantischen Kultur auf beiden Seiten des Atlantiks zu erhärten, schreibt er: »... Wenn wir auf beiden Seiten des atlantischen Oceans ganz genau dieselben Künste, Wissenschaften, religiösen Vorstellungen, Gewohnheiten, Gebräuche und Traditionen vorfinden, so ist es gewiß absurd, zu behaupten, daß die Völker dieser beiden Kontinente ganz getrennt voneinander durch ganz genau dieselben Entwicklungsstufen gegangen und bei genau denselben Zielen angelangt sein sollten...«

Er zeigt im Anschluß daran viele überzeugende Übereinstimmungen zwischen dem alten Amerika der Indianer und dem europäischen Altertum auf, und das sowohl in ihren Legenden, ihren religiösen Vorstellungen (das gilt ganz besonders für den Sonnenkult), ihren magischen Riten, ihrem Geister- und Dämonenglauben, ihren Überlieferungen von einem Garten Eden, in dem immer wiederkehrenden Gebrauch gewisser Symbole wie dem Kreuz und dem Hakenkreuz, in den Bestattungsbräuchen und der Mumifizierung der Toten; Ähnlichkeiten finden sich gemäß Donnelly sogar in pseudo-medizinischen Bräuchen wie der Beschneidung und jenem Brauch, bei dem der Vater gleichzeitig mit der Mutter die Geburt des Kindes simuliert, sowie dem Einbinden der Köpfe der Säuglinge, um eine längliche Kopfform zu erzielen, wie es bei so weit voneinander entfernt lebenden Völkern wie den Mayas, den Inkas, den alten Kelten und Ägyptern üblich war.

Donnelly mag bei diesen Überlegungen direkt von Plato beeinflußt worden sein, der über die Legende von Phaëton, der seines Vaters (Helios) Sonnenwagen auch einmal über den Himmel lenken wollte, die Pferde aber nicht zu zügeln vermochte und umkam, unter anderem sagt, »obwohl es die Form eines Mythos hat, bezog es sich doch in Wirklichkeit auf die Aktionen himmlischer Wesen und oft wiederkehrender Katastrophen oder Feuersbrünste«. Für Donnelly sind alle griechischen Mythen geschichtliche Berichte. Er bezeichnet die Geschichte von Atlantis als den »Schlüssel« für die gesamte griechische Mythologie und behauptet, daß die »Götter der Griechen nur die vergötterten Könige von Atlantis« waren, »menschliche Wesen«, die »in einem Gesellschaftszustand [lebten], der eigentlich nichts weiter war als das vergrößterte Abbild der sozialen Zustände auf der Erde. Raufereien, Liebeleien, Parteigezänk, alles das kam dort ebensogut vor wie unter den Menschen... Die Geschichte von Atlantis könnte man sehr wohl wenigstens teilweise aus der Mythologie Griechenlands rekonstruieren, denn es ist eine Geschichte von Königen, Königinnen, Prinzen und Prinzessinnen; eine Geschichte, die von Werbung und Ehebrüchen, von Kriegen und Revolutionen und Mord und Totschlag spricht, von Seereisen und Kolonisation, von Palästen, Tempeln und Werkstätten, von Waffenfabrikation und Metallbearbeitung, von Wein und Korn und Weizen und Rindern, Schafen, Pferden und Landwirtschaft überhaupt. Wer könnte daran zweifeln, daß alles das die Geschichte eines wirklich existierenden Volkes darstellt?«

Und er folgert daraus: »...Die ganze griechische Mythologie ist sonach nur die Erinnerung eines degenerierenden Volkes an ein großes mächtiges und zivilisiertes Reich, das in unvordenklicher Zeit aus großen Teilen von Europa, Asien, Afrika und Amerika bestand...«

Donnelly bietet eine reizvolle Erklärung für die Art und Weise, durch die historische Persönlichkeiten des alten atlantischen Reichs die Götter anderer Völker wurden. (Man darf dabei nicht vergessen, daß er dieses Buch schrieb, als das Britische Empire sich auf der Höhe seiner Macht befand.)

»Nehmen wir einmal an, im Verlaufe des heutigen Tages wären die großbritannischen Inseln mit allen Einwohnern, mit all ihrem reichen Kulturleben, von demselben Schicksal ereilt worden, sie wären bis auf die höchsten Spitzen der schottischen Berge in das Meer hinabgesunken. Welch ein überwältigender Schrecken würde sich Englands Kolonien, ja der ganzen Menschheit darob bemächtigen! Nehmen wir weiter an, die Welt sei anläßlich dieses Ereignisses in tiefste und allgemeine Barbarei zurückversunken. Leute wie Wilhelm der Eroberer, Richard Löwenherz, Alfred der Große, Cromwell und Königin Viktoria mögen zwar in der Erinnerung späterer Generationen nur noch als Götter und Dämonen weiterleben; aber die Erinnerung an jene ungeheuerliche Katastrophe, durch welche das Mutterland, das Centrum eines Weltreiches, einem plötzlichen Untergang verfiel, würde nun und nimmermehr aus dem Gedächtnis der Menschen entschwinden; sie würden in mehr oder weniger vollkommenen Bruchstücken in jedem Lande der Erde weiterglimmen...«

Die Ausführungen Edgar Daqués, eines französischen Schriftstellers, fünfzig Jahre später wirken wie ein erfreuliches Echo auf Donnellys Vermutung, daß es sich bei den griechischen Göttersagen um wahre Geschichtsberichte handelt. Neben anderen geographischen Theorien betrachtete Daqué die Legende von den Pleiaden – den Töchtern von Atlas, die zu Sternen wurden – als eine Allegorie, die das Absinken mehrerer Teile der Atlas-Bergkette ins Meer erklärte. Mit anderen Worten, Teile von Atlas' Körper, seine Töchter, verschwanden und wurden Sterne – die Pleiaden –, während ihre ursprünglichen Gestalten, als sie noch Berge waren, auf dem Meeresgrund des Atlantiks ruhen. Daqué interpretiert ebenfalls Herkules' (Herakles') Suche nach den goldenen Äpfeln bei den Hesperiden als eine Allegorie des griechischen Handels mit einer höher entwickelten Kultur im Atlantischen Ozean. Die goldenen Äpfel waren seiner Meinung nach Orangen oder Zitronen, und er glaubte, daß die westliche Kultur (Atlantis) wahrscheinlich andere Getreidesorten und »besser veredelte Obstarten und Naturerzeugnisse« besaß, was »den Neid der ärmeren Mittelmeervölker erweckte...« Dies erinnert an die Theorie von der angeblichen Entwicklung der Banane und Ananas durch die Atlantiden. (Interessant ist in diesem Zusammenhang, daß das italienische Wort für Tomate – sie war bis zur Entdeckung Amerikas in Europa unbekannt – *pomodoro* ist – der »goldene Apfel«.)

Donnelly stellt ebenfalls die Behauptung auf, daß die phönizischen Götter die Erinnerungen an atlantische Herrscher verkörperten. Seiner Meinung nach standen die Phönizier den Atlantiden näher als die Griechen und waren die Übermittler der älteren Kulturen an die Griechen, Ägypter, Hebräer und anderen Völker. »...Die Ausdehnung des phönizischen Handelsverkehrs scheint sich so ziemlich mit der Ausdehnung des alten atlantischen Reiches zu decken. Ihre Kolonien und Handels-Stationen erstreckten sich östlich und westlich von den Ufern des Schwarzen Meeres und zogen sich durch das Mittelmeer hindurch zur Westküste Spaniens und Afrikas und hinüber bis nach den britischen Inseln; während sie nordwärts und südwärts sich von der Ostsee bis zum persischen Meerbusen ausdehnten... Strabo schätzte die Anzahl ihrer Städte an der Westküste Afrikas allein auf dreihundert...«

Er bringt Kolumbus, der nach einer Theorie der spanisch-sprechenden Welt jüdischer Abstammung gewesen sein soll, in direkte Verbindung mit den semitischen Phöniziern, indem er erklärt: »...Als Columbus hinausfuhr, um eine neue Welt zu entdecken, oder vielmehr eine alte zurückzuholen, segelte er aus einem phönizischen Hafen ab, der vor zweitausendfünfhundert Jahren von diesem großen Volk gegründet worden war. Dieser kühne atlantische Seefahrer, mit seinem phönizischen Gesichtstypus, aus einem atlantischen Hafen absegelnd, hat eigentlich nur eine Wiedereröffnung der alten Handels- und Kolonisationsstraßen angebahnt, die bloß blockiert waren seit der Zeit, als Platos Insel in das Meer hinabsank…«

Donnelly stellt sich das atlantische Reich als ein prähistorisches Imperium vor, das sich fast über die gesamte Welt erstreckte. Ein Großteil seiner Arbeit bestand darin, atlantischen Legenden, Einflüssen und sogar Überresten nachzuspüren, und das vor allem in Peru, Kolumbien, Bolivien, Mittelamerika, Mexiko und dem Mississippital, wo er die Kultur der Erdwallerbauer auf Atlantis zurückführte; ebenso in Irland, Spanien, Nordafrika, Ägypten und besonders im vorrömischen Italien, Großbritannien, den baltischen Gebieten, in Arabien, Mesopotamien und sogar in Indien. Er zieht großzügig die Schlußfolgerung: »Ein Reich, das sich von den Cordilleren bis nach Hindostan, wenn nicht gar bis nach China ausdehnte, muß allerdings ein Reich von fabelhafter Machtfülle gewesen sein. Auf seinen großen Messen und Märkten muß sich der Mais des Mississippi-Tales, das Kupfer des Superior-Sees, das Gold und Silber von Mexiko und Peru, die Gewürze Indiens, das Zinn von Wales und Cornwallis, die Bronze von Iberien, der Bernstein der Ostsee, der Weizen und das Korn Griechenlands, Italiens und der Schweiz begegnet haben!«

Sein überzeugter Enthusiasmus wirkt fast ansteckend, wenn er die Atlantiden beschreibt: »Sie waren die Ureltern aller unserer grundlegenden Welt- und Lebensanschauungen, die ersten Civilisatoren, die ersten Seefahrer, die ersten Kaufleute, die ersten Kolonisatoren und Kolonisten der Erde; ihre Kultur war schon alt, als Egypten noch jung war, ihr Reich bestand schon Tausende von Jahren, ehe man sich von einem Babylon, einem Rom oder London etwas träumen ließ. Dieses untergegangene Volk waren unsere Vorfahren, ihr Blut fließt in unser aller Adern; die Wörter, die wir gebrauchen, wurden in ihrer Stammform in den Städten und Höfen und Tempeln von Atlantis gehört. Jedwede Eigentümlichkeit der Rassen, des Blutes, des Glaubens, jedweder Lichtstrahl des Gedankens führt in letzter Linie zurück auf Atlantis!«

In seinem Bestreben, die Theorie zu beweisen, an die er so begeistert glaubte, sah Donnelly – so wie viele andere Anhänger dieser Theorie – oft kulturelle und rassische Übereinstimmungen, die inzwischen widerlegt wurden, und vor allem linguistische Verbindungen, die sich häufig als falsch erwiesen. Ein gutes Beispiel dafür, wie eine falsche Theorie Forscher in die Irre führen kann, ist die Übersetzung des Codex Troano der Mayas. Dieser Codex ist ein Teil einer jener drei Maya-Texte, die der allgemeinen Schriftenverbrennung entgingen, welche im 16. Jahrhundert durch den Bischof von Yucatán, Landa, angeordnet worden war. Brasseur de Bourbourg und später Le Plongeon hatten im 19. Jahrhundert im Rahmen ihrer Forschungsarbeiten über Atlantis diese Übertragung vorgenommen und versucht, eine Verbindung zwischen der Maya-Kultur von Yucatán und der des atlantischen Inselreichs nachzuweisen.

1864 entdeckte Brasseur de Bourbourg in den Archiven von Madrid ein Maya-Alphabet, das Bischof Landa zusammengestellt hatte – ironischerweise gerade jener Mann, der mehr als irgend jemand anders zur Vernichtung der gesamten Maya-Literatur beigetragen hatte. Dieses Alphabet basiert auf völlig falschen Voraussetzungen, denn Landa erkannte bei seinen Bemühungen, das Alphabet der Mayas durch seine Entsprechungen zu unserem eigenen aufzuzeichnen, nicht, daß die Mayas wahrscheinlich gar kein Alphabet besaßen, sondern vermutlich eine Mischung aus Hieroglyphen und phonetischen Symbolen benutzten. Als Landa die Indianer nach den Buchstaben für »a«, »b«, »c« und so weiter fragte, erhielt er deshalb von ihnen nur das W o r t, das dem spanischen Klang von »a«, »b«, »c« usw. am ähnlichsten war; sein »Alphabet« ist folglich nichts als eine Zusammenstellung kurzer klangähnlicher Wörter und keineswegs ein Alphabet oder phonetisches System. (Dies ist gleichzeitig ein gutes Beispiel für die Gefahren, die die Arbeit mit »Eingeborenen« beinhaltet, die den Sinn der ihnen gestellten Fragen nicht verstehen.) Brasseur de Bourbourg, der mit diesem völlig falschen »Alphabet« in der Sprache der Mayas, die er beherrschte, arbeitete, fertigte damit eine teilweise »Übersetzung« des Codex Troano an, durch die Donnelly und andere nachhaltig beeinflußt wurden. Diese »Übersetzung« lautete folgendermaßen: »Im sechsten Jahre Cans, am elften Muluc des Monates Zac, ereigneten sich schreckliche Erdbeben und dauerten an bis zum dreizehnten Chuen. Das Land der Lehmhügel Mu und das Land von Moud waren [die] Opfer. Sie wurden zweimal erschüttert und verschwanden plötzlich in der Nacht. Die Erdkruste stieß durch die unterirdischen Kräfte an vielen Stellen ständig höher und sank [an anderen] ab, bis sie solchem Druck nicht mehr standhielt, und viele Länder wurden durch tiefe Schluchten voneinander getrennt. Schließlich konnten beide Provinzen solch ungeheurem Druck nicht standhalten und sanken in den Ozean mit 64 000 000 Bewohnern. Es geschah vor 8060 Jahren.«

Augustus Le Plongeon, ein anderer französischer Archäologe, der ebenfalls die Sprache der Mayas beherrschte und Ausgrabungen alter Maya-Städte vornahm, deren ehemalige Lage er ermittelte, fertigte eine Übersetzung derselben Textstelle an, die wie folgt lautet: »In dem Jahre 6 Kan, an dem 11. Muluc in dem Monat Zac, ereigneten sich schreckliche Erdbeben, die ohne Unterbrechung bis zum dreizehnten Chuen andauerten. Das Land der Lehmhügel, das Land von Mu wurde geopfert: zweimal emporgehoben, verschwand es plötzlich in der Nacht, während das Talbecken dauernd von den vulkanischen Kräften erschüttert wurde. Dies ließ das Land mehrmals an verschiedenen Stellen absinken und emporsteigen. Zuletzt gab die Oberfläche nach, und zehn Länder wurden auseinandergerissen und getrennt. Da sie den Erdbeben nicht standhalten konnten, versanken sie mit ihren 64 000 000 Bewohnern 8060 Jahre, bevor dieses Buch geschrieben wurde.«

Le Plongeon versuchte außerdem eine interpretierende Übersetzung der Hieroglyphen auf der Xochicalco-Pyramide bei Mexiko City, und zwar mit Hilfe des altägyptischen hieratischen Systems. Seine Übersetzung lautete folgendermaßen: »Ein Land in dem Ozean ist zerstört, und seine Bewohner [sind] getötet, um sie in Staub zu verwandeln...«

Diese »Übersetzungen« von Brasseur und Le Plongeon wurden häufig zitiert und waren Donnelly zweifellos bekannt. Man kann sich nur wundern, wieso ernsthafte Gelehrte, die sich die Mühe machten, alte Indianersprachen zu erlernen und die Dschungelruinen des ehemaligen Maya-Reichs zu erforschen, zum Zwecke persönlichen Vorteils oder Ruhms absichtlich Inschriften falsch übersetzten. Vielleicht geschah es nicht absichtlich, und sie interpretierten die Inschriften und Texte nur entsprechend der Theorie, die zu beweisen sie sich bemühten. Mit anderen Worten, sie sahen in einer Art Wunschdenken in den Inschriften das, was sie sehen wollten – diese menschliche Schwäche haben bekanntlich nicht nur die Atlantologen.

Bis zum heutigen Tage ist jedoch noch keines der alten Manuskripte der Mayas, sind keine ihrer Inschriften erfolgreich übersetzt worden, obwohl die russischen Archäologen mit Hilfe von Computern versuchen sollen, das Geheimnis des Schriftensystems der Mayas zu lüften.

Lewis Spence, ein schottischer Mythenforscher, der zwischen 1924 und 1942 fünf Bücher über Atlantis schrieb, vermutet, daß es nicht nur ein Atlantis, sondern zwei gab, und zwar eines dort, wo es sich nach Plato befand, und einen anderen Teil davon in der Nähe der Antillen (dem alten Antillia) nahe der heutigen Sargasso-See. Dieser seiner These von mehreren Atlantischen Landmassen schließen sich andere theoretische Atlantikforscher an, die vermuten, daß Atlantis nicht als Ganzes versank, sondern stückweise, durch eine zeitlich voneinander getrennte Serie von Überflutungen und eine allgemeine Veränderung der Erdoberfläche, wie sie auch heute noch vorgeht.

Spence beschäftigte sich eingehend mit der vergleichenden Mythenforschung, vor allem mit den Parallelen, die zwischen den präkolumbischen Legenden der amerikanischen Indianerstämme und den Legenden des europäischen Altertums bestehen, und zwar nicht nur mit denen der Mittelmeerkulturen, sondern auch des keltischen Nordens, zu denen er als schottischer Mythenforscher den bestmöglichen Zugang hatte.

Auf Grund seiner überlegenen Kenntnisse kann Spence so viele Übereinstimmungen zwischen diesen Legenden aufzeigen, daß man schnell überzeugt ist, daß es entweder vor Kolumbus einen regen Austausch und Verkehr zwischen der Alten und der Neuen Welt gab oder aber daß beide Hemisphären ihre Legenden von einem zentralen, jetzt verschwundenen Punkt erhielten. Betrachten wir als einziges Beispiel dafür die Ähnlichkeit, die er zwischen Quetzalcoatl, dem Gott der Tolteken, der die Zivilisation nach Mexiko brachte und wieder nach Tlapallan, seiner ursprünglichen Heimat im östlichen Meer, zurückkehrte, und Atlas aufzeigt, der eine so wichtige Rolle in den »Erinnerungslegenden« von Atlantis spielt. Atlas' Vater war Poseidon, der Herr des Meeres, während Quetzalcoatls Vater Gucumatz war, eine Gottheit des Ozeans und der Erdbeben – »die alte Schlange... die in der Tiefe des Ozeans lebt«. Quetzalcoatl und Atlas hatten beide einen Zwillingsbruder, werden beide bärtig dargestellt und tragen beide den Himmel.

Ein besonders interessanter Aspekt von Spences Theorien über Atlantis betrifft die Wellen kultureller Immigration, die anscheinend in bestimmten Perioden Europa aus dem' Westen erreichten, vor allem um 25 000 v. Chr., um 14 000 v. Chr. und 10 000 v. Chr., wobei das letzte Datum sich fast mit dem Zeitpunkt deckt, zu dem man das Versinken von Atlantis annimmt.

Diese prähistorischen Kulturen wurden nach den Orten benannt, an denen man zum erstenmal auf sie stieß; so heißt die älteste Kultur Cromagnon oder Aurignacien, da in Crô-Magnon sowie in einer Grotte im Aurignac – beides im Südwesten Frankreichs – die ersten Funde gemacht wurden.

Von den Pyrenäengebieten und der Bucht von Biskaya verbreitete sich diese erstaunlich weit fortgeschrittene Kultur vor mehr als 25 000 Jahren durch Teile des südwestlichen Europa, durch Nordafrika und die östlichen Mittelmeerländer. Sie hinterließ uns auf Höhlenwänden Malereien und Ritzzeichnungen, die von einer entwickelten und raffinierten Kultur mit verblüffenden anatomischen Kenntnissen künden. Diese Höhlenmalereien und Reliefzeichnungen zeigen, was für eine zentrale Bedeutung der Stier hatte, der auch in Platos Bericht über die atlantische Religion sowie in der Kultur des alten Kreta und der des alten Ägypten eine wichtige Rolle spielt. Sogar heute, nach 25 000 Jahren, bildet der Stier, wenn auch nicht mehr ein heiliges Symbol, so doch immer noch ein wesentliches Element der spanischen Kultur.

Die Cromagnonschädel, die man gefunden hat, lassen darauf schließen, daß die Menschen dieser Kultur ein viel höheres Denkvermögen besaßen als die anderen damaligen Bewohner Europas und fast so etwas wie eine Rasse von Übermenschen waren.

Die etwa 16 000 Jahre zurückliegende Kultur des Magdalenien wird von Spence als eine zweite atlantische Immigrationswelle interpretiert; sie hinterließ hervorragende Malereien, Statuen und Schnitzwerke sowie Hinweise auf eine gut ausgebildete stammesmäßige und religiöse Organisation. Diese zweite Welle erreichte Europa ebenfalls aus dem Westen oder Südwesten.

Die dritte oder Azilien-Tardenoisien-Welle (nach den ersten Funden bei Mas d'Azil in Frankreich und Tardenos in Spanien benannt), die vor etwa 11 500 Jahren erfolgte, bestand nach Spence aus den Vorfahren der Iberer, die sich in Spanien und anderen Gebieten um das Mittelmeer – wie im Atlasgebirge – ausbreiteten. Die Menschen der Azilienkultur begruben ihre Toten mit dem Gesicht nach Westen, anscheinend damit sie dorthin blickten, woher sie gekommen waren.

Die alten Iberer wurden zur Zeit des Römischen Imperiums von den Bewohnern Italiens die »Atlantiden« genannt. Spence zitiert Bodichon, der schrieb: »Die Atlantiden galten bei den Alten [den Völkern des Alter-

121

tums] als die Lieblingskinder Neptuns [Poseidons]. Sie brachten den anderen Völkern [seinen] Kult – so zum Beispiel den Ägyptern. Mit anderen Worten, die Atlantiden waren die ersten [uns] bekannten Seefahrer…«

Die Cromagnon-, Magdalenien- und Azilienkultur sind Tatsachen und keine Theorien. Spence lieferte einen interessanten Beitrag zur Atlantisforschung, indem er die ungefähren Zeitpunkte des Auftauchens dieser Kulturen mit Fluchtwellen von atlantischen Immigranten in Verbindung bringt, die durch periodische Flutkatastrophen ausgelöst wurden. Diese Flutkatastrophen führt er auf vulkanische Tätigkeit, das Abschmelzen der eiszeitlichen Gletscher oder eine Kombination von beiden zurück.

Da all diese Kulturen in verschiedenen Epochen plötzlich im Südwesten Europas auftauchten, müssen sie folglich von irgendwo anders hergekommen sein. Ihre Ausbreitung von dem Biskaya-Pyrenäen-Gebiet gegen Osten spricht dafür, daß sie aus dem Westen kamen, offensichtlich also von einem Land im Ozean.

Die letzte dieser Kulturen, das Azilien, scheint außerdem eine ungewöhnlich »geometrische« Kunstform besessen zu haben, eine Art Schrift oder zumindest Symbole, die auf Steine, Kiesel und Knochen geschrieben wurden. Die letzten Überlebenden dieser Kulturen fand man möglicherweise im 14. Jahrhundert auf den Kanarischen Inseln. Die Guanchen waren, wie wir bereits erwähnten, weißhäutig, ähnelten in Wuchs und Gestalt dem Cromagnonmenschen, verehrten die Sonne, besaßen eine hochentwickelte Steinzeitkultur und ein Schriftsystem und bewahrten eine Legende von einer Weltkatastrophe, deren Überlebende sie waren. Ihre Entdeckung durch die Europäer endete, zum Unglück für die Guanchen, mit einer noch viel schlimmeren Katastrophe, die sie nicht überlebten. Spence schreibt im Hinblick auf die Übereinstimmung, die zwischen dem Zeitpunkt besteht, zu dem man den alten Berichten zufolge das Versinken von Atlantis vermutet, und jenem, zu dem die letzte prähistorische Kultur in Europa auftauchte: »…Die Tatsache, daß der Zeitpunkt der Ankunft der Azilien-Tardenoisien-Menschen, wie ihn die anerkanntesten Experten nennen, im allgemeinen mit dem Zeitpunkt übereinstimmt, den Plato für die Vernichtung von Atlantis angibt, mag ein reiner Zufall sein.« Er erklärt jedoch im Anschluß daran, daß »manche Übereinstimmungen aufregender sind als erwiesene Tatsachen«.

Spence führte Donnellys Theorien im allgemeinen weiter aus, wertete Atlantis jedoch zu einer »Steinzeitkultur« ab, die in etwa jener des alten

Mexiko und Peru glich, aber für den atlantischen »Kulturkomplex« verantwortlich war, von dem im atlantischen Raum immer noch einige Überreste vorhanden sind.

Im Alter wurde die in so vielen Legenden wie auch in der Bibel wiederkehrende Überlieferung von der vorsintflutlichen Welt eine Art fixe Idee von Spence, nach der die Atlantiden wegen ihrer Sündhaftigkeit durch göttlichen Zorn vernichtet wurden. Während des Zweiten Weltkriegs, 1942, veröffentlichte er sein letztes Buch über Atlantis, das – in Anbetracht der Zeitumstände höchst verständlich – den Titel trug: *Will Europe Follow Atlantis?* Er äußerte die Vermutung, daß einer der Gründe für die Hartnäckigkeit der Atlantistheorie darin zu erblicken sei, daß sich eine allgemeine Menschheitserinnerung an die einstige Existenz von Atlantis möglicherweise von einer Generation auf die andere vererben würde, ähnlich vielleicht der ererbten Nostophylie – jener instinktiven Erinnerung – der Zugvögel, die bei ihrem jährlichen Flug über den Atlantischen Ozean immer noch nach dem einstigen Atlantis als einem Rastplatz zu suchen scheinen.

Andere Atlantistheorien behaupten, daß gewisse alte Kulturen, deren einstiges Vorhandensein bewiesen ist, so zum Beispiel an der Westküste Spaniens, in Nordafrika, Westafrika oder auf den Mittelmeerinseln wie Kreta (und Thera), das wahre einstige Atlantis war und der Grund für die atlantische Überlieferung – wobei die Wahl von dem jeweiligen »Forscher« abhängt.

Einige dieser Theorien leugnen das »atlantische Atlantis« nicht unbedingt, da die Existenz dieser außerordentlich alten Kulturzentren, von denen wenig bekannt ist, sich dadurch erklären läßt, daß man sie als ursprünglich atlantische Kolonien oder Zufluchtsort betrachtet.

Tartessos ist eine der Haupt-»Gegenthesen« von Atlantis. Man vermutet, daß es in der Nähe des Guadalquivir an der spanischen Westküste lag oder vielleicht dort, wo dieser Fluß zu jener Zeit in den Atlantik mündete. Es war das Zentrum einer hochentwickelten und blühenden Kultur und besaß reiche Bodenschätze. Tartessos wurde 533 v. Chr. von den Karthagern erobert und anschließend von der übrigen Welt abgeschnitten. Deutsche Archäologen, vor allem die Professoren Schulten, Jessen, Herrmann und Hennig, begannen bereits 1905 mit ihren Forschungsarbeiten über Tartessos. Mit einem echt deutschen Sinn für Ordnung und Systematik stellte Professor Otto Jessen eine Liste von »Beweisen« dafür zusammen, daß Tartessos, das »Venedig des Westens«, das Modell für Platos Atlantis war.

Professor Jessen führte in seiner Liste elf Punkte zum Beweis seiner Theorie an und stellt Platos Aussagen dem gegenüber, was Schulten, er und andere über Tartessos entdeckt oder gefolgert hatten. Dies sind in komprimierter Form seine elf Punkte:

WAS PLATO SAGTE

1. Atlantis lag vor den Säulen des Herakles.

2. Es war größer als Libyen und Kleinasien zusammen.

3. Es war eine Brücke zu anderen Inseln und zum gegenüberliegenden Festland, das jenes in Wahrheit so heißende Meer umschließt.

4. Sein Reich erstreckte sich über Libyen bis nach Ägypten und in Europa bis nach Tyrrhenien.

5. Es verschwand an einem einzigen Tag im Meer.

6. Das Meer [über ihm] kann nicht mehr befahren und erforscht werden.

7. Dicker Schlamm behindert die Schiffe.

8. Das Land besaß reiche Bodenschätze.

9. Es gab im Atlantischen Reich ein ausgedehntes Netz von Kanälen, wie man es nie in Europa sah.

10. Der atlantische König war der Älteste des Volkes.

11. Es gab viele alte geschriebene Gesetze in Atlantis, die, wie es hieß, vor 8000 Jahren aufgestellt worden sein sollen.

TATSACHEN (UND VERMUTUNGEN) ÜBER TARTESSOS

1. Tartessos war eine Insel in der Mündung des Guadalquivir (jenseits der Säulen des Herakles – also Gibraltar).

2. Es war gar keine Insel, sondern ein gewaltiges Handelsmonopol.

3. Beteiligte an dem Zinnhandel mit Britannien und anderen Inseln ließen den Glauben aufkommen, daß Tartessos ein Kontinent sei.

4. Tartessos belieferte alle Mittelmeervölker mit Metallen.

5. Es verschwand dadurch, daß es erobert wurde und die Eroberer keine Spuren dieses Reichs für die [späteren] griechischen Seefahrer hinterließen.

6. Unerforschlich nur aus politischen Gründen.

7. Abschreckende Propaganda der Karthager.

8. Die Sierra Morena war eines der Gebiete mit den reichsten Bodenschätzen des Altertums.

9. Vom Guadalquivir zweigte ein beachtliches Netz von Kanälen ab, wie der griechische Geograph und Historiker Strabo berichtet.

10. Der letzte König von Tartessos, Arganthonios, regierte 80 Jahre lang.

11. Strabo sagte von den Tudetaniern [Tartessianern]: »Sie sind die zivilisiertesten der Iberer. Sie können schreiben und besitzen alte Bücher und auch Gedichte und Gesetze in Versform, die sie für 7000 Jahre alt halten.«

Die Professoren Richard Hennig und Adolf Schulten sowie andere deutsche Gelehrte hielten Tartessos nicht für eine atlantische, sondern für eine germanische Kolonie und gründeten diese Vermutung zum Teil auf den in der Nähe von Tartessos gefundenen Ostsee-Bernstein, zum Teil auf die Theorien eines anderen deutschen Gelehrten namens Redslob, der behauptete, daß die prähistorischen Germanenstämme mit ihren Schiffen weit über den Ozean fuhren. Die genaue Lage des einstigen Tartessos hat man noch nicht endgültig ermitteln können, obwohl große Baublöcke in dem schlammigen Grund gefunden wurden, allerdings für praktische Ausgrabungsarbeiten zu dicht unter der Wasseroberfläche. (Ist dies nicht wie ein Echo von Platos Bericht, nach dem der Schlamm die Schiffe behinderte?) Die Überreste von Tartessos können sich ebensogut auf dem Meeresgrund wie – von Schlamm oder Treibsand bedeckt – auf dem Land selbst befinden.

Mrs. E. M. Wishaw, die Direktorin der Anglo-Ibero-Amerikanischen Schule für Archäologie und Autorin des Buches *Atlantis in Andalusia*, untersuchte das Gebiet fünfundzwanzig Jahre lang. Sie glaubt auf Grund des Sonnentempels, den sie in neun Meter Tiefe unter den Straßen von Sevilla entdeckte, daß Tartessos möglicherweise unter dieser Stadt begraben liegt. Ein großer Teil des alten Rom ist tatsächlich unter dem modernen Rom begraben, und Tenochtitlán liegt unter der Altstadt von Mexiko City so wie Herculaneum unter Resina, um nur einige der Fälle zu nennen, in denen die Archäologen am liebsten die heutigen Städte niederreißen würden, um an die Vergangenheit heranzukommen.

Auch die Kupferminen von Rio Tinto, die auf ein Alter von 8000 bis 10 000 Jahren geschätzt werden, könnten, so wie die hydraulischen Ingenieursanlagen bei Ronda und ein Binnenhafen bei Niebla (was erneut an Platos Schilderung der hydraulischen Anlagen von Atlantis erinnert), mit der Kultur von Tartessos in Verbindung stehen.

Mrs. Wishaw stimmt mit den deutschen Forschern nicht darin überein, daß Tartessos selbst der Ursprung der Atlantislegende war, sondern glaubt vielmehr, es sei ganz einfach eine Kolonie des echten Atlantis gewesen. Sie schreibt hierzu: »Ich vertrete die Theorie, daß Platos Bericht durch das, was wir hier finden, voll und ganz bestätigt wird, sogar der atlantische Name seines Sohnes Gadir, der jenen Teil von Poseidons Königreich jenseits der Säulen des Herakles erbte und in Gades [Cadiz] residierte...« Und weiter: »... Das wundervoll zivilisierte prähistorische

Noch nicht dechiffrierte »Buchstaben« von einem Ring, den man in der Nähe von Tartessos fand.

Volk, dessen Kultur ich aufgezeichnet habe, entstand aus der Vermischung der prähistorischen Libyer, die in einem früheren Stadium der Menschheitsgeschichte von Atlantis nach Andalusien kamen, um sich das Gold, Silber und Kupfer zu holen, das die neolithischen Bergarbeiter von Rio Tinto zutage gefördert hatten, und im Laufe der Generationen... die iberische und afrikanische Kultur so eng miteinander verschmolzen, daß schließlich Tartessos und Afrika eine gemeinsame Rasse hatten, die Liby-Tartessianer.«

Tartessos soll schriftliche Aufzeichnungen besessen haben, die 6000 Jahre weit in die Vergangenheit zurückreichten. Ein hervorragendes Beispiel der Schriftsprache ist die Inschrift auf einem Ring, den Professor Schulten in einem spanischen Fischerdorf bei Tartessos fand.

Mrs. Wishaw hat andere vorrömische iberische Inschriften (die bisher noch niemand übersetzen konnte) zusammengetragen und festgestellt, daß etwa 150 dieser alphabetischen Zeichen ebenfalls auf den Wänden der Felshöhlen Libyens zu finden sind.

Ob dies nun die einstige Existenz von Atlantis beweist oder nicht, so scheint es doch den Beweis für das Vorhandensein einer wenig bekannten, sehr frühen Kultur im westlichen Mittelmeerraum zu erbringen.

Diese Kultur ähnelt in vielen Aspekten der des alten Kreta, mit der sie vielleicht verwandt war oder Kontakte hatte. Einer der bemerkenswertesten Funde der alten iberischen Kultur ist *La Dama de Elche* – Die Dame von Elche –, jene Büste, die man bei Elche in Südspanien fand. Diese Statue, die manche Forscher für die Plastik einer Priesterin von Atlantis hielten, stellt einen Beweis für die hohe Kulturstufe der ehemaligen Bewohner Spaniens dar.

Es ist häufig die Vermutung geäußert worden, daß Scheria, das Land der Phäaken »am Ende der Welt«, das Homer in der *Odyssee* beschreibt, Plato als Vorbild für Atlantis diente. Viele der in der Schilderung Scherias genannten Einzelheiten erinnern an Platos Bericht über Atlantis; so der wunderbare und schimmernde Palast des Alkinoos, die »gigantischen, das Auge überraschenden Stadtmauern«, die Seemacht der Phäaken, die Lage der Stadt in einer Ebene mit einem hohen Gebirge im Norden und sogar die Erwähnung von zwei Quellen im königlichen Garten.

Die geographische Lage Scherias als solche ist umstritten geblieben. Wenn Homer von dem Land oder der Insel erzählt, die Odysseus auf seiner Fahrt mehrmals besucht und auf der er bei der Heimfahrt nach dem Trojanischen Krieg längere Rastpausen verbringt, wiederholt Homer vielleicht nur Beschreibungen, die er von anderen über verschiedene Kulturzentren hörte, die eine frühe hochentwickelte Zivilisation besaßen, wie Kreta, Korfu, Tartessos, Gades oder, wie von Donnelly vermutet, Atlantis selbst.

Da der Name »Scheria« aber nur in der *Odyssee* vorkommt, liegt die Antwort möglicherweise in der Bedeutung des Namens selbst, sofern es eine solche gibt. Da *schera* auf phönizisch »Handel« oder »Geschäft« bedeutete, kann das Wort einfach als allgemeine Bezeichnung für irgendein weniger bekanntes Handelszentrum des Mittelmeergebietes benutzt worden

Afrikanische Höhlenmalerei, die eine erstaunlich raffinierte künstlerische Darstellung zeigt und von einer Rasse viele tausend Jahre weit zurück in der Vorgeschichte angefertigt wurde. Es ist besonders interessant festzustellen, daß der ursprüngliche Künstler mit einem hochentwickelten Sinn für Linie und Perspektive die Tiere in einer friedlichen Ruhestellung malte, während die unvergleichlich primitivere Figur eines Jägers, von der man hier den unteren Teil sieht, Jahrtausende später hinzugefügt wurde.

sein und mag sich deshalb auf weit im Westen gelegene Städte wie Tartessos oder Gades oder Inseln oder einen Inselkontinent im Atlantischen Ozean bezogen haben.

Andere keineswegs uninteressante Theorien vermuten, daß Atlantis überhaupt nie versank – daß sich seine Überreste nach wie vor auf dem trockenen Land befinden und wir nur nach ihnen suchen und graben müssen. Eine führende »Land«-Theorie basiert auf klimatischen Veränderungen in Nordafrika. Zehntausend Jahre alte Höhlenmalereien in den Tassili-Bergen Algeriens und der mit ihnen verbundenen Accasusbergkette Libyens schildern ein liebliches, reichbevölkertes, fruchtbares Land mit Flüssen und Wäldern, in dem es von allen Arten afrikanischer Tiere wimmelt, die einst dort lebten, inzwischen aber aus diesem Gebiet verschwunden sind, das heute einer kahlen Mondlandschaft gleicht. Neben dem Hinweis auf eine totale Veränderung des Klimas, den uns diese Höhlenmalereien liefern, sehen wir in ihrer Ausführung Ähnlichkeiten zu prähistorischen Höhlenmalereien Europas; sie zeugen von einer fortgeschrittenen Kultur und einer langen vorbereitenden Periode künstlerischer Entwicklung, wie es für die Verwendung der Perspektive und des leeren Raums unerläßlich ist. Das ehemals reiche Wildvorkommen und die einstige blühende Bevölkerung bestätigen die allgemein anerkannte Theorie, daß sich dort, wo heute Wüste ist, in früheren Zeiten von großen Flüssen durchzogene Wälder und sogar ein Binnenmeer befanden. Einige Überbleibsel dieser Gewässer fließen immer noch unterirdisch dahin, und die Wüstenstämme bewahren auch heute noch die Erinnerung an ein einstiges fruchtbares Land. Die immer weiter fortschreitende Versteppung Nordafrikas wie auch das allmähliche Absinken der Küste liefern die Argumente für andere französische Theorien, die behaupten, daß sowohl Tunesien wie Algerien ein Binnenmeer besaßen, das einen Zugang zum Mittelmeer und einen zur Sahara-See hatte. Das ehemalige tunesische Binnenmeer wird von den Vertretern dieser Theorie für den Tritonis-See gehalten, den mehrere klassische Autoren erwähnen und der sein Wasser verlor, als die Dämme bei einem Erdbeben brachen, und schließlich austrocknete und der heutige Schott el Djerid wurde, ein sumpfiger, flacher See in Tunesien.

In der Sahara selbst erblicken die Anhänger dieser Theorien das Becken eines ehemaligen Meeres, das einen Teil des Ozeans bildete. Geodätische Untersuchungen, die im Auftrag der französischen Regierung in Algerien und Tunesien vorgenommen wurden, ergaben, daß der Boden der Schotts (jener flachen Sumpfseen) unter dem Meeresspiegel liegt und daß sich diese Seen wieder mit Wasser füllten, würde man eine Reihe schützender Küstendünen entfernen.

Der französische Archäologe Godron formulierte bereits im Jahr 1868 eine Theorie, nach der Atlantis unter der Wüste Sahara begraben liegt. Der französische Geograph Etienne Berlioux sprach sich 1874 ebenfalls für die »afrikanische« Atlantis-Theorie aus, behauptete jedoch, daß das echte Atlantis sich im Atlas-Gebirge in Nordafrika gegenüber den Kanarischen Inseln befunden habe.

Berlioux war der Meinung, daß Cerne, die von Diodorus Siculus, jenem Schriftsteller des Altertums, als Hauptstadt der Atlantioi erwähnte Stadt, genau an diesem Punkt lag. (Cerne wird noch ein anderes Mal in historischem Zusammenhang genannt, und zwar durch eine Seereise des karthagischen Seefahrers Hanno, die an einem Ort dieses Namens endete. Auf manchen Karten aus der Zeit des Kolumbus findet man deshalb Cerne eingezeichnet.)

Berlioux unterstrich in seinen Forschungen über rassische Grundformen die Tatsache, daß die Berber des Atlas-Gebirges häufig hellhäutig sind, blaue Augen und blondes Haar haben und dadurch die Vermutung nahelegen, daß sie keltischen (oder atlantischen) Ursprungs sind. Spätere französische Autoren haben gelegentlich dieses Argument als Rechtfertigung dafür aufgegriffen, daß die europäischen Kelten (d. h. die Franzosen) sich Nordafrikas bemächtigten. Da diese Gebiete jedoch heute nicht mehr der französischen Herrschaft unterstehen, ist die Frage wieder umstritten.

Paul Borchardt vertrat in seinem Werk *Platos Insel Atlantis* (1927) ebenfalls die afrikanische Atlantis-Theorie; seiner Ansicht nach befand sich die einstige atlantische Hauptstadt im Ahagger-Gebirge, der Heimat der Blauen Tuareg, jenem Volk von großen hellhäutigen Hirtenkriegern, die im Aussterben begriffen sind und deren Herkunft ebenso geheimnisvoll ist wie die der Berber. Die Tuareg besitzen eine eigene Schriftsprache.

Borchardt ging von der Annahme aus, daß die Berber möglicherweise die Nachkommen der nordafrikanischen Atlantiden sind, und versuchte in den Namen der existierenden Berberstämme die Namen der zehn Söhne Poseidons, also der Sippenverbände von Atlantis, zu entdecken. Er fand auch zwei verblüffende Übereinstimmungen: Ein Berberstamm nannte

129

sich *Uneur*, was genau *Euneor* entspricht, dem Namen, mit dem Plato die ersten Bewohner von Atlantis bezeichnet; und die Berberstämme von Schott el Hameina in Tunesien wurden »Söhne der Quelle«, *Attala*, genannt.

Die französischen Archäologen Butavand und Jolleaud schlossen sich dieser Theorie an, sind jedoch der Meinung, daß ein großer Teil des atlantischen Reichs auf dem Meeresboden vor Tunis im Golf von Gabès liegt. François Roux teilt die Ansicht, daß Nordafrika in prähistorischen Zeiten eine fruchtbare Halbinsel war: »... das echte Atlantis, von vielen Flüssen durchzogen und dicht bevölkert von Menschen und Tieren...« In seinen Forschungen bringt Roux die prähistorische nordafrikanische Kultur in engen Zusammenhang mit der Frankreichs, Spaniens und Portugals, auf Grund der Entdeckung gewisser »steinzeitlicher« Kieselsteine und Scherben mit aufgemalten Symbolen, die er für Schriftzeichen hält. (s. S. 153) Beim Studium mehr zeitgenössischer Theorien über Atlantis und seine einstige geographische Lage fällt einem der »nationalistische« Charakter der Untersuchungen auf, besonders bei den Theorien des 20. Jahrhunderts. Viele der französischen Forscher suchten im französischen Nordafrika nach Atlantis, und mehrere Experten waren der Ansicht, daß es in Frankreich selbst lag. Spanische Archäologen versuchten es in Spanien oder im spanischen Nordafrika ausfindig zu machen, während ein katalanischer Schriftsteller erklärte, Atlantis läge in Katalonien. Ein portugiesischer Forscher behauptete, Portugal selbst wäre Atlantis – als ob die portugiesischen Azoren nicht genügten! Russische Wissenschaftler glauben, Atlantis entweder auf dem Boden des Kaspischen Meeres oder aber bei Kertsch auf der Krim entdeckt zu haben, während deutsche Gelehrte und Archäologen behaupten, es unter der Nordsee und in Mecklenburg gefunden zu haben, oder als Tartessos, eine germanische Kolonie, in Spanien. (Ein umfangreiches deutsches Werk zu diesem Thema trägt den Titel *Atlantis, die Urheimat der Arier.*) Irische und englische Autoren erblicken »Platos Insel« in Irland beziehungsweise England. Ein venezolanischer Experte vermutet Atlantis in Venezuela, und ein schwedischer Forscher behauptet, es in Upsala in Schweden entdeckt zu haben. Griechische Archäologen sind gegenwärtig der Ansicht, daß die Atlantis-Legende sich zur Insel Thera zurückführen läßt, die um 1500 v. Chr. auseinandergesprengt wurde und von der ein großer Teil in der Ägäis versank. Bevor Thera zum Spitzenkandidaten aufrückte, erblickten zahlreiche Gelehrte den Hauptursprung der Atlantis-Sage in Kreta, und zwar wegen seiner einst erstaunlich hochentwickelten frühen Kultur, die dann plötzlich verfiel, sowie auf Grund der vulkanischen Asche und den in den antiken Ruinen gefundenen Feuerspuren. Es ist jedoch durchaus möglich, daß der Vulkanausbruch und das Erdbeben, durch die Thera teilweise zerstört wurde, Kreta ebenfalls verwüstete, und folglich diese beiden Kulturen durch dieselbe Naturkatastrophe vernichtet wurden.

Der deutsche Orientalist, Philologe und Atlantis-Theoretiker Joseph Karst erweiterte das Problem der einstigen geographischen Lage von Atlantis beträchtlich, als er eine Theorie über ein »doppeltes« Atlantis aufstellte – eines, das sich im Westen über Nordafrika, Spanien und den Atlantik erstreckte, und eines im Osten, das Gebiete des Indischen Ozeans, Südpersiens und Arabiens umfaßte. Außerdem stellte er eine detaillierte Beschreibung von Unter-Zentren regionaler atlantischer Kultur im Altai-Gebirge und anderen Gebieten auf, die er alle durch sprachliche Ähnlichkeiten und die Namen der Orte, Stämme und Völker miteinander in Beziehung bringt.

Angesichts dieser Vielzahl von »Atlantissen« löste James Bramwell, ein unvorbelasteter, aber hervorragender Schriftsteller zum Thema Atlantis, das Problem der verwirrenden Fülle von Theorien über die einstige Lage Atlantis' sehr geschickt, als er in seinem Buch *Lost Atlantis* erklärt, Atlantis müsse als eine Insel im Atlantik angesehen werden, »oder aber es handelt sich ganz einfach nicht um Atlantis«. Auf jeden Fall bilden die vielen prähistorischen Kulturzentren rings um das Mittelmeer, in West- und Nordeuropa und den beiden amerikanischen Kontinenten nicht notwendigerweise einen Ersatz für Atlantis. Ganz im Gegenteil! Jede dieser Kulturen, viele von ihnen oder sogar sie alle k ö n n t e n Überreste der atlantischen Kolonisation sein, so wie Donnelly es vermutete.

Ein gutes Beispiel dafür ist die geheimnisumwobene Joruba- oder Ife-Kultur Nigeriens aus der Zeit um 1600 v. Chr. In seinem Werk *Die atlantische Götterlehre* erklärte der deutsche Forscher Leo Frobenius, der diese erstaunliche afrikanische Kultur gründlich untersucht und in ihr gewisse Übereinstimmungen mit Platos Bericht gefunden hatte: »Ich behauptete, daß dieses Atlantis die letzte rege Vorstellung von einem Kulturbereiche sein müsse, das vor der Zeit der Griechen an den Küsten Westafrikas entstanden sein müsse… Atlantis…, das nach dem solon-platonischen Bericht aus Saïs draußen vor den Säulen des Herakles einst blühte und dann untergegangen war... Atlantis mit den Palmen, die dem Menschen Speise, Getränk und Kleidung gewähren, das... Burgen mit Gelbgußplatten hatte, [das] ferne Land der Elefanten...«

Frobenius stützte sich mit seiner Theorie des nigerianischen Atlantis auf ethnologische Symbolik, das heißt auf den Gebrauch von Symbolen, die mehrere Volksstämme miteinander gemein haben, wie unter anderem das Hakenkreuz, den Kult des Meeresgottes Olokun, eine straffe Stammesorganisation, bestimmte Artefakte, Werkzeuge, Geräte und Waffen, Tätowierungen, Sexualriten und Bestattungsbräuche. Bei seinen Vergleichen bringt er viele unerwartete Ähnlichkeiten mit anderen Kulturen, so auch zur etruskischen Kultur, zur prähistorischen iberischen, libyschen, griechischen und assyrischen. Obwohl er behauptete, Atlantis gefunden zu haben, glaubte Frobenius, daß die Joruba-Kultur ursprünglich aus dem Pazifik stammte und durch Südasien sowie quer durch Afrika nach Westen vordrang. Mit seiner Behauptung, Atlantis entdeckt zu haben, meinte er deshalb anscheinend, daß er jene geheimnisvolle Zivilisation jenseits der Säulen des Herakles, von der die Schriftsteller der Antike im Zusammenhang mit Atlantis sprachen, gefunden hatte.

Dieses Beispiel veranschaulicht die verständliche Tendenz eines Forschers oder Archäologen, eine wenig bekannte frühe Kultur, die er entdeckt, mit Atlantis in Verbindung zu bringen, vor allem, wenn das Zentrum dieser Kultur sich in der Nähe des Meeres oder auf einer Insel inmitten desselben oder auf seinem Grund befindet. Da die Grenzen der Prähistorie ständig weiter zurückgeschoben werden, ist die Zeit vielleicht nicht mehr fern, in der wir wissen werden, ob die Wiege der menschlichen Kultur und Zivilisation an einem einzigen Ort stand oder aber an mehreren; ob es einst ein großes atlantisches Inselreich gab, dessen Einfluß sich auf die anderen Kontinente ausbreitete, oder ob die verblüffende Ähnlichkeit zwischen den prähistorischen Kulturen lediglich ein reiner Zufall war.

9

Atlantis und das akademische »Establishment«

Aristoteles, der begabteste Schüler Platos und spätere Gründer einer zur platonischen Ideenlehre im Gegensatz stehenden philosophischen Schule, wertete das unvermittelte Ende von Platos Bericht über Atlantis als eindeutigen Beweis dafür, daß Atlantis ausschließlich in Platos erfinderischem Geist existiert hatte. Indem er sich ausdrücklich auf das abrupte Ende von Platos Schilderung bezieht, erklärt Aristoteles kurz und bündig: »Er, der es [Atlantis] schuf, zerstörte es [auch].« Aristoteles wurde damit der erste einer langen Reihe von Forschern und Gelehrten, die skeptische Gegner der Atlantis-Theorie in einer Polemik waren, die durch die Jahrhunderte und Jahrtausende bis zum heutigen Tag angedauert hat.

Die akademisch etablierte Gemeinde der Historiker – und in vermindertem Maße auch die naturwissenschaftliche Welt – hat die Atlantis-Theorie lange mit Skepsis, Unglauben und sogar mit einer gewissen Belustigung betrachtet. Geschichtsgelehrte sind verständlicherweise alles andere als begeistert über »intuitive Geschichtsforschung«, die sich auf eine allgemeine »Menschheitserinnerung« stützt, wie es bei einem großen Teil dessen, was über Atlantis geschrieben wurde, der Fall ist. Außerdem würde dadurch, daß sie die Atlantis-Theorie – und sei es auch nur im Lichte der tatsächlichen Funde und Entdeckungen – ernsthaft in Erwägung zögen, eine Reihe allgemein anerkannter Grundsätze über die frühen Kulturen hinfällig werden, wodurch nicht wenige Kapitel der menschlichen Frühgeschichte neu geschrieben werden müßten. Mit Hilfe neuer archäologischer Ausgrabungstechniken – und das sowohl zu Lande, in Sümpfen und unter Wasser – und neuer Restaurierungs- und Datierungsmethoden gelingt es vielleicht in nicht allzu ferner Zeit, viele der Rätsel um Atlantis zu lösen.

Ob man nun für oder gegen die Atlantis-Theorie ist, das Studium dieses Problemkreises übt eine fast hypnotische Wirkung aus, und zwar nicht nur auf jene, die bemüht sind, die tatsächliche einstige Existenz von Atlantis zu beweisen, sondern ebenso auf jene, die entschlossen sind, nachzuweisen, daß Atlantis ein Traum, Hirngespinst oder Schwindel ist. So zieht eines der besten und umfassendsten spanischen Bücher über Atlan-

133

tis zum Beispiel die Schlußfolgerung, daß das Studium des atlantischen Problems eine reine Zeitverschwendung sei. Aber wieso hat dann der Autor diesem Thema jahrelange Forschungsarbeiten gewidmet? Manche Anti-Atlantis-Bücher dieser Art haben mit ihrer minuziösen Überprüfung aller Quellen und Theorien versehentlich neue Beweise für die Gültigkeit der Atlantis-Theorie erbracht.

Tatsache ist und bleibt jedoch, daß die akademische Welt der Forscher und Historiker mangels konkreterer Beweise skeptisch bleibt. Den zeitgenössischen Verfechtern der Atlantis-Theorie liefert ihr glühender Anhänger aus dem 19. Jahrhundert – natürlich kein anderer als Donnelly – aber die Erklärung dafür, wenn er sagt: »Die Tatsache, daß die Geschichte von Atlantis Tausende von Jahren lang für eine Fabel gehalten wurde, beweist gar nichts. Man hat ebenfalls an tausend Jahre lang geglaubt, daß die Gerüchte von den begrabenen Städten Pompeji und Herculaneum nur Fabel wären, ja man sprach sogar von ihnen nur als von den ›sagenhaften Städten‹. Fast tausend Jahre lang hat die ganze gebildete Welt ebensowenig an die Berichte des Herodot geglaubt, worin er uns die Wunder der alten Kulturen am Nil und in Chaldaea schildert, und hat deshalb Herodot den ›Vater der Lügner‹ genannt. Selbst Plutarch spöttelte über ihn. Und heutzutage müssen wir mit Friedrich Schlegel bekennen: ›Je gründlicher und verständlicher die Forschungen der modernen Gelehrten waren, um so mehr stieg auch ihre Achtung und ihre Ehrfurcht vor Herodot.‹«

Donnelly verweist auch auf die Tatsache, daß die Umsegelung Afrikas durch die Ägypter unter dem Pharao Necho angezweifelt wurde, weil die Seefahrer berichteten, daß die Sonne nördllich von ihnen gestanden hätte, als sie die Küste weiter hinuntergesegelt seien, was nichts anderes hieß, als daß sie den Äquator überschritten hatten. Mit anderen Worten: Gerade der Beweis dafür, daß sie diese Reise tatsächlich unternommen hatten, war der Grund, daß man ihnen nicht glaubte. (Aber es beweist uns heute, daß die ägyptischen Seefahrer bereits 2100 Jahre vor Vasco da Gama das Kap der Guten Hoffnung entdeckten.)

Diesen von Donnelly angeführten Beispielen ließen sich zahlreiche weitere hinzufügen; so glaubte man nicht an die Existenz des Gorilla und des Okapi, bis man die ersten Vertreter dieser »mythischen« Tierarten fand, und ebenso war es vor verhältnismäßig kurzer Zeit mit den »Drachen«-Eidechsen von Komodo. Und auf dem Gebiet der Naturwissenschaften sei nur eine von vielen umstrittenen – um nicht zu sagen belächelten – Theorien genannt: die alchimistische Transmutation (Verwandlung) von Metallen, die, wie die moderne Wissenschaft jetzt bewiesen hat, durchaus möglich ist, wodurch die Überzeugungen und Bemühungen der Alchimisten aller Zeiten einwandfrei bestätigt werden.

Auf archäologischem Gebiet kann man neben der »Rechfertigung-durch-die-Entdeckung« von Pompeji und Herculaneum auf die weitverbreitete einstige Skepsis bezüglich der Berichte über »verlorene alte Indianerstädte« in den Urwäldern Mittelamerikas, bevor diese im 19. Jahrundert entdeckt und archäologische Sensationen wurden, hinweisen. Ebenso die persischen, babylonischen und assyrischen Inschriften im Mittleren Osten, die man lange Zeit gar nicht als solche erkannte, sondern für rein dekorative Ornamente hielt, bis sie entziffert wurden und eine detaillierte Geschichte eines Gebietes lieferten, von welcher die Bevölkerung nichts mehr wußte.

Der vielleicht erregendste Fall aller durch Entdeckungen erbrachten Beweise auf dem Gebiet der Archälogie war der Heinrich Schliemanns, der 1871 Troja oder zumindest eine Reihe übereinander erbauter Städte in Hissarlik in der Türkei entdeckte, obwohl Troja ebenfalls seit langem als ein Mythos galt. Schliemann war als Junge sehr beeindruckt von einer Lithographie gewesen, die den Trojanischen Krieg darstellte und die gewaltigen Stadtmauern Trojas zeigte, von denen er wegen ihrer Größe nicht glauben konnte, daß sie vollständig verschwunden waren. Er setzte seine Studien über die Zeit Homers während seiner erfolgreichen Karriere als Geschäftsmann ununterbrochen fort und gab die kaufmännische Tätigkeit 1863 auf, um Troja zu suchen und zu finden. Er stützte sich bei seiner Suche vorrangig auf die Angaben in antiken Schriften und gab damit der modernen Archäologie einen enormen Antrieb. Nach der Entdeckung Trojas machte er noch weitere wichtige Entdeckungen in Mykenä und an anderen Orten. Manche Forscher warfen ihm vor, daß er seine zweifellos bedeutenden Funde zu vorschnell als das Objekt seiner jeweiligen Suche bezeichnete. So ist die wundervolle Goldmaske Agamemnons, des Königs von Mykenä, gewiß irgend jemandes goldene Totenmaske, doch ob sie nun wirklich diejenige Agamemnons ist, das hat noch niemand eindeutig beweisen können.

Durch eine Reihe seltsamer Ereignisse ist die Atlantis-Theorie durch einen Enkel dieses berühmten und mit hoher Intuition begnadeten Archäologen beträchtlich in Mißkredit geraten. In einem für die Hearst-Zeitungen verfaßten Artikel erklärte Paul Schliemann 1912, sein Großvater, der sich seit langem für Atlantis interessierte, habe 1890 kurz vor seinem Tod einen versiegelten Brief an jenes Mitglied der Familie hinterlassen, das sein Leben den in diesem Brief gemachten Angaben zu widmen bereit sei.

Paul Schliemann gab ferner an, sein Großvater habe eine Stunde vor seinem Tod diesen Brief mit einem unversiegelten Nachsatz versehen, und zwar mit der Anweisung: »Zerbrich die eulenköpfige Vase! Studiere den Inahlt! Es betrifft Atlantis!« Paul berichtet, er habe den Brief, der bei einer französischen Bank hinterlegt war, erst 1906 geöffnet; und so habe er erst dann erfahren, daß sein Großvater bei seinen Ausgrabungen in Troja eine Bronzevase mit einigen Lehmtäfelchen, Metallgegenständen, Münzen und versteinerten Knochen gefunden hatte; die Vase habe in Phönizisch die Aufschrift getragen: »Von König Chronos von Atlantis.«

Paul Schliemann zufolge hatte sein Großvater eine Vase aus Tihuanaco untersucht und in ihr Tonscherben mit der gleichen chemischen Zusammensetzung wie auch Metallgegenstände aus einer identischen Legierung aus Platin, Aluminium und Kupfer gefunden. Er sei zu der Überzeugung gelangt, daß diese Gegenstände durch einen gemeinsamen Ursprung miteinander in Verbindung standen... durch Atlantis. Sein Großvater habe seine äußerst erfolgreichen Nachforschungen fortgesetzt und in St. Petersburg mehrere Papyrusschriften über die ägyptische Prähistorie sowie über eine ägyptische Seefahrt, die der Suche nach Atlantis galt, gefunden. Er habe diese Forschungen ganz geheim (was so gar nicht den sonstigen Gewohnheiten Heinrich Schliemanns entsprach) bis zu seinem Tode betrieben.

Paul Schliemann schrieb, daß er nach der Rückkehr aus Paris mit seinen eigenen Nachforschungen begonnen und als erstes die eulenköpfige Vase zerbrochen hätte, in der er eine viereckige weiße Metallscheibe gefunden habe, die viel größer als der Halsdurchmesser der Vase gewesen sei. »... auf der einen Seite [dieser Metallscheibe] waren seltsame Zeichen und Figuren eingeritzt, die nichts ähneln, was ich jemals an Hieroglyphen oder Schriftzeichen sah.« Auf der anderen Seite war eine phönizische Inschrift: »... entstammte(n) dem Tempel der durchsichtigen Mauern.« Zwischen anderen Stücken fand Paul Schliemann in der Sammlung seines Großvaters angeblich einen Ring aus einer unbekannten Metallegierung, eine Elefantenstatue aus versteinertem Knochen sowie eine Karte, die ein ägyptischer Seefahrer bei der Suche nach Atlantis benutzt hatte. (Hatte er sie sich während seiner Nachforschungen vom St. Petersburger Museum ausgeliehen?) Bei seinen eigenen Nachforschungen in Ägypten und Afrika fand Paul Schliemann andere Gegenstände aus dieser geheimnisvollen Metallegierung, die ihn die Vermutung aufstellen ließen, daß er fünf Bindeglieder aus einer Kette besaß: »Die Münzen aus der Geheimsammlung meines Großvaters, die Münze [viereckige Metallscheibe] aus der Vase aus Atlantis, die Münzen aus den ägyptischen Sarkophagen, die Münze aus der mittelamerikanischen Vase und den Kinderkopf [aus Metall] von der marokkanischen Küste.«

Ein neutraler Beobachter wird Paul Schliemanns Leidenschaft für das Auffinden geheimnisvoller Münzen mit dem verständlichen Verlangen nach mehr zeitgenössischer Währung erklären, besonders nachdem er seine Story einem Zeitungskonzern verkaufte und keiner seiner Funde sich bei der anschließenden Überprüfung als Echt erwies. Er beschloß den Bericht von seinen »Entdeckungen« mit den Worten: »Aber wenn ich alles sagen würde, was ich weiß, gäbe es kein Geheimnis mehr« – wahrlich eine der ungewöhnlichsten Erklärungen in der Geschichte der wissenschaftlichen Forschung!

Behauptungen, die von einer Einzelperson auf Grund von Relikten oder Artefakten, die tatsächlich vorhanden sind und untersucht werden können, gemacht werden, bleiben noch im Rahmen wissenschaftlicher Theorien, die vom akademischen Establishment – und zwar sowohl dem der Historiker wie Archäologen und Naturwissenschaftler – akzeptiert oder verworfen werden können. Ein großer Teil der Atlantis-Forschung erfolgt jedoch auf anderen Ebenen und befaßt sich unter anderem auch mit allgemeinen Menschheitserinnerungen, vererbtem Wissen, Erinnerungen an frühere Inkarnationen und sogar mit Spiritismus. Derartige Forschungen bewegen sich zwangsläufig außerhalb des mit akademischen Methoden zu Erforschenden und damit außerhalb der Reichweite des akademischen Establishments. Solche Annäherungsversuche aus verschiedenen Richtungen an das Problem Atlantis haben eine Fülle von Informationen erbracht, von denen manche die Atlantis-Theorien bekräftigen und manche erstaunlich von ihnen abweichen.

Edgar Cayce, über den wir bereits zu Anfang dieses Buches berichteten, ist mit seinen Tranceaussagen über Atlantis ein Beispiel für diese Art der Forschung, die, obwohl dieser hellsichtige Prophet und PSI-Forscher 1945 starb, durch die Edgar-Cayce-Foundation mit ihren vielen Zweigverbänden in Amerika, sowie auch einem in Tokio, weitergeht.

Cayces Tranceaussagen sind das Ergebnis eigener persönlicher Erinnerungen an frühere Inkarnationen sowie der anderer Menschen, zu denen Cayce geistigen Zugang hatte und die er »las«. Ungefähr siebenhundert Aussagen, die Cayce im Laufe der Jahre machte und in denen er im Trancezustand Fragen beantwortete, befassen sich mit geschichtlichen Vorgängen zur Zeit der vermuteten Existenz von Atlantis sowie mit Voraussagen von zukünftigen Ereignissen, wie dem Wiederauftauchen des unterseeischen »atlantischen« Tempels von Bimini. Ein besonders interessanter Fund wird die von Cayce prophezeite Entdeckung einer unterirdischen Kammer mit Unterlagen über Atlantis sein, auf die das Wiederauftauchen von Atlantis folgen soll. Man wird die versiegelte Kammer schließlich finden, indem man den Schattenlinien folgt, welche die Morgensonne wirft, wenn sie durch die Tatzen der Sphinx fällt.

Cayce beschreibt in seinen Tranceaussagen die Geschichte von Atlantis von ihren Anfängen bis zum Goldenen Zeitalter mit den großen Steinstädten, die sich aller Formen moderner Errungenschaften erfreuten, einschließlich Massenkommunikation, Transportmitteln zu Land, zu Luft und unter Wasser, sowie einigen, die wir noch nicht kennen, wie die Neutralisierung der Schwerkraft und die Nutzung der Sonnenénergie durch elektrische Kristalle oder »Feuersteine«. Der Mißbrauch dieser Kristalle löste die Flutkatastrophen aus, die schließlich Atlantis vernichteten. Anders als in unserer Zeit bestand eine Verbindung zwischen den materiellen Erfindungen und den geistigen Kräften sowie ein viel näheres Verhältnis zu Tieren und eine echte Verständigungsmöglichkeit mit diesen, bis Materialismus und Perversionen das Ende des Goldenen Zeitalters herbeiführten.

Die Entartung der atlantischen Kultur und Zivilisation mußte nach Cayces Aussagen unweigerlich zu seinem Untergang führen. Diese kulturelle Entartung zeigte sich in der Unzufriedenheit der Bürger, der Versklavung der Arbeiter und »Mischlinge« (das waren Kreuzungen zwischen Menschen und Tieren), im Konflikt zwischen den »Söhnen des Gesetzes vom Einen« und den verderbten »Söhnen des Belial«, in Menschenopfern, allgemeinem Ehebruch und Hurerei und im Mißbrauch der Naturkräfte, vor allem dem der »Feuersteine«, die für Bestrafungen und Folterungen mißbraucht wurden.

138

Andere okkulte oder PSI-Forscher wie W. Scott Elliot, die Theosophin Helena Blavatsky und Rudolf Steiner, der Begründer der Anthroposophie, beziehen ihr Wissen aus geistigen, sogenannten übersinnlichen Quellen, sei es durch mediale Schau oder Visionen oder aus den Tiefen des archetypischen kollektiven Unbewußten, was nur der Fachausdruck für die allgemeine Menschheitserinnerung ist. Sie sind alle überzeugt, daß Atlantis durch seine moralische Verkommenheit selbst seinen Untergang heraufbeschwor. Dieser Meinung waren nicht nur Spence und der russische Historiker Mereschkowski, sondern auch Plato und die Verfasser der Genesis und anderer Flutlegenden, wenn sie die Verderbtheit der Menschheit vor der Sintflut beschreiben.

Bei Cayces Schilderung der Entartung oder Selbstzerstörung von Atlantis braucht man nur die Worte »schlecht« durch »materialistisch« und »die Kristalle« oder »Feuersteine« durch »die Atombombe« ersetzen, und schon erhalten wir eine recht treffende Charakteristik unserer heutigen Zeit, die uns wie eine Warnung aus einer frühen Menschheitsepoche erreicht.

Cayces Prophezeiungen über ein Wiederauftauchen von Atlantis werden – sollte sie sich bewahrheiten – keine ungetrübte Freude für die Menschheit sein, da New York »im ganzen verschwinden wird«, die amerikanische Westküste »auseinanderbrechen« und der größte Teil Japans »in das Meer sinken wird«. Die Bewohner New Yorks, Kaliforniens und Japans haben folglich berechtigtes Interesse zu hoffen, daß Cayce nicht recht behält, obwohl viele seiner Voraussagen, wie die über Rassenaufstände, Ermordungen von Staatspräsidenten und Erdbeben im Mississippi-Tal – um nur einige zu nennen – bereits zugetroffen sind.

Da die Archäologen und die wissenschaftliche Welt ganz allgemein die auf parapsychologischen Ebenen betriebene Geschichtsforschung nicht anerkennen, wird das auf diesem Wege ermittelte Material und Wissen zum Thema Atlantis, das einen umfangreichen Teil der Literatur über Atlantis bildet, vom akademischen Establishment bestenfalls mit einem »kein Kommentar« ignoriert.

Die privaten Gesellschaften, die von Menschen gegründet wurden, die an die einstige Existenz von Atlantis glaubten und mit dazu beitragen wollten, diese zu beweisen, haben der Anerkennung der Atlantis-Theorie als einer historischen Tatsache in der Öffentlichkeit oft mehr geschadet als genützt. In der Zeit zwischen den beiden Weltkriegen gab es in Frankreich diverse Atlantis-Gesellschaften, zum Beispiel *Les Amis d'Atlantis* – »Die Freunde von Atlantis« –, deren Gründer Paul le Cour war, der ebenfalls eine Zeitschrift unter dem Titel *Atlantis* herausgab. Eine andere Gruppe, die sich *Société d'Études Atlantéennes* – »Gesellschaft für Atlantische Studien« – nannte, erlitt sowohl einen tätlichen wie moralischen Rückschlag, als eine ihrer Versammlungen in der Sorbonne durch Tränengasbomben gesprengt wurde, welche Mitglieder warfen, die offensichtlich mehr für eine »intuitive« als eine wissenschaftliche Behandlung der zu lösenden atlantischen Fragen waren.

Der Präsident dieser Gesellschaft, Roger Dévigne, gab in einem späteren Bericht zu, daß die Gesellschaft »unter der Mißbilligung litte, mit der die wissenschaftliche Welt diese ›Träume‹ betrachte«, und erwähnt das »vorsichtige Mißtrauen«, das Mitglieder erweckten, die »auf dem Weg zu einem atlantischen Picknick das Atlantis-Abzeichen am Rockaufschlag trügen...«

Die Werke anderer Atlantologen sind jedoch einer eingehenden und meistens negativ ausfallenden Untersuchung durch die Mikroskope des wissenschaftlichen Establishments unterzogen worden. Allein der phantasievolle und visionäre Stil der Bücher über Atlantis irritiert die rein akademisch orientierten Archäologen, die nüchterne, ausschließlich auf bewiesenen Tatsachen beruhende Theorien ohne jedes poetische Beiwerk bevorzugen. Da »der versunkene Kontinent« ein so romantisches Thema ist, wurden unzählige Dichter davon inspiriert; und da sie in den meisten Büchern über Atlantis zitiert werden, entsteht der Eindruck, daß Atlantis mehr den Gefilden der Dichter als dem Forschungsgebiet historischer Tatsachen angehört.

Während die Gegner der Atlantis-Theorie den literarischen Werken zu diesem Thema neutral gegenüberstehen, sind sie in ihrer Verneinung der einstigen Existenz von Atlantis genauso vehement und rechthaberisch wie die Verfechter der Atlantis-Theorie in ihrem Bemühen, diese zu beweisen. So wird der Bericht Dr. Ewings von der Columbia-Universität, der sich dreizehn Jahre lang »der Erforschung des Mittelatlantischen Rückens widmete«, aber »keine Spuren von versunkenen Städten fand«, als ein Beweis dafür angeführt, daß es niemals ein Atlantis gab. Ist dies nicht ein Beispiel für die Einstellung »gesucht und nicht gefunden – also gibt es das nicht«?

Falls die Paläste und Tempel von Atlantis als Ruinen auf dem Grund des

Atlantiks liegen, wären sie größtenteils von Ablagerungen und Schlamm bedeckt, und es dürfte nach Tausenden von Jahren schwierig sein, sie durch ein System von mehr oder weniger wahllosen »Stichproben« zu finden und zu erkennen. Es wäre so, als würden extraterrestre Weltraumreisende nachts, ohne etwas sehen zu können, aus ihren Fliegenden Untertassen Netze auf die Erde hinunterwerfen und, wenn sie dann in diesen Netzen keine Menschen und Tiere entdeckten, die Schlußfolgerung ziehen, daß es keine höheren Lebewesen auf der Erde gäbe.

Sogar die unterseeischen Städte des Mittelmeers sind erst vor verhältnismäßig kurzer Zeit und noch dazu in relativ flachem Wasser entdeckt worden. Durch ein Ansteigen des Wasserspiegels des Mittelmeers während des Altertums liegen jetzt große Teile von historisch genau bekannten Städten unter Wasser und werden gegenwärtig mit neuen, von Unterwasser-Archäologen speziell dafür entwickelten Techniken untersucht und ausgegraben. Zu diesen überfluteten Städten oder Stadtteilen gehört auch Bajä, eine Art Las Vegas des Altertums, wie auch viele andere Orte an der italienischen Westküste in der Umgebung von Neapel und an der jugoslawischen Adriaküste, ferner Teile von Syrakus auf Sizilien, Leptis Magna in Libyen, Kenchreä, der griechische Hafen von Korinth, und die alten Häfen von Tyrus und Caesarea Mauretaniae, um nur einige wenige zu nennen.

Alle möglichen überraschenden archäologischen Funde warten noch darauf, gehoben zu werden. Das Lager, das Hannibal vor dem Marsch auf Rom als Übungsgebiet benutzte, liegt unter einer flachen Wasserschicht vor Peníscola an der spanischen Ostküste. Costeau berichtet von einer gepflasterten Straße, die er weit draußen im Mittelmeer auf dem Grund entdeckte. Er schwamm diese Straße so lange entlang, bis er auftauchen mußte, und fand sie dann nie wieder. Helike versank bei einem Erdbeben im Golf von Korinth, blieb jedoch Hunderte von Jahren auf dem Meeresboden sichtbar; ja es war sogar eine wahre »Touristenattraktion« für römische Besucher, welche von Booten aus die im klaren Wasser deutlich zu erkennenden Ruinen bewunderten, vor allem die noch aufrecht stehende Zeusstatue. Helike, nach dem man heute wieder sucht, ist seitdem entweder im Treibsand auf dem Boden des Golfs versunken oder befindet sich jetzt durch seismische Veränderungen unter Land.

Die versunkenen Städte – historisch bekannte wie imaginäre – liegen keineswegs alle nur im Mittelmeer. Vor Mahabalipuram bei Madras in Indien werden gegenwärtig Überreste einer versunkenen Stadt untersucht, und im Golf von Mexiko hat man bei Cozumel Unterwasserbauten entdeckt, die vermutlich von den Mayas stammen. In der UdSSR gibt es in der Bucht von Baku eine versunkene Stadt, von deren Resten man Mauerblöcke mit Tierreliefs und Inschriften heraufgeholt hat.

Die bretonische Überlieferung vermutet die versunkene Stadt Ys ziemlich nahe vor der französischen Küste. Die Überflutung von Ys wurde angeblich durch Dahut, die Tochter Gradlons, des Königs von Ys, ausgelöst, die während einer Trinkrunde mit ihrem Geliebten die Schleusentore der Stadt mit einem gestohlenen Schlüssel öffnete, um zu sehen, was passieren würde. Der vorhergewarnte König Gradlon konnte zu Pferd vor den hereinstürzenden Wassermassen auf höher gelegenes Land fliehen. Neben ihrem Beitrag zu frühgeschichtlicher Jugendkriminalität bezieht sich diese Geschichte wahrscheinlich auf einst tatsächlich existierende Siedlungen an der französischen Küste, die ein Opfer des Meeres wurden. Vor einigen Jahren erreichte die Ebbe vor der Küste der Bretagne einen ungewöhnlichen Tiefstand, und für kurze Zeit wurden Anhäufungen von Felsblöcken, die Ruinen von Bauten zu sein schienen, auf dem Meeresboden sichtbar, verschwanden dann aber mit der zurückkehrenden Flut.

So reizvoll auch dieser kurze Überblick über versunkene Städte im Mittelmeer und anderen Meeren sein mag, was hat er mit Atlantis zu tun? Nun, eine ganze Menge. Ein Schriftsteller, welcher der Widerlegung der Atlantis-Theorie sehr viel Zeit widmete, behauptete, daß das Absinken des Landes, wie wir es im Mittelmeer beobachten, während der geschichtlich erfaßten Epoche verhältnismäßig gering war. Die moderne Unterwasserforschung im Mittelmeer hat jedoch das genaue Gegenteil festgestellt. Ein Archäologe, der auf dem Meeresboden bei Melos in der Ägäis nach etwas ganz Bestimmtem – nämlich den Armen der Venus von Milo – suchte, stieß völlig unerwartet auf die Ruinen einer Stadt, die bis in eine Wassertiefe von 130 Meter hinunterreichten und von der Straßen in noch größere Tiefen zu unbekannten Zielen abzweigten.

Im Jahr 1966 entdeckte Dr. Menzies auf dem Meeresboden des Pazifiks vor der peruanischen Küste in einer Tiefe von 2000 Meter Unterwasserruinen, die – falls es gelingt, sie näher zu untersuchen – weitere Aufschlüsse darüber geben werden, in welchem Ausmaß Land während der Epoche abgesunken ist, in der die Menschheit weit genug entwickelt war, um Städte zu bauen.

142

Gegner der Atlantis-Theorie halten die Anhänger dieser Theorie entweder für Phantasten oder verantwortungslose Spekulanten; sie glauben, daß es Atlantis niemals gegeben hat; daß kein Land während historisch erfaßten Zeiten so tief absank, und daß nach der Theorie von der Kontinentaldrift Atlantis gar nicht existiert haben konnte, da zwischen den noch zusammenliegenden Kontinenten überhaupt kein Platz vorhanden war.

Es handelt sich hier um Wegeners Theorie von der Kontinentaldrift, eine Theorie, die jeder, ob er nun ihre Bedeutung und die sich daraus ergebenden Schlußfolgerungen versteht oder nicht, mit einer Weltkarte und einer Schere nachprüfen kann. Denn wenn Sie alle Kontinente ausschneiden, werden Sie festellen, daß einige von ihnen wie Teile eines Puzzles genau zusammenpassen. Das ist besonders auffallend bei der brasilianischen Ostküste und der afrikanischen Westküste, der Ostküste Afrikas und der Westküste Arabiens, der Ostküste Grönlands und der norwegischen Westküste. Sogar die Gesteinsarten und die Erdformation scheinen, obwohl durch den Ozean getrennt, jeweils auf beiden Kontinenten die gleichen zu sein.

Dieses Phänomen bemerkten andere Geographen, so auch Alexander von Humboldt, lange, bevor Alfred Wegener es als Basis für seine Theorie von der Kontinentaldrift benutzte. Wegener (der 1930 bei einer wissenschaftlichen Expedition zur Überprüfung seiner Theorien auf der Gletscherkappe Grönlands den Tod fand) glaubte, daß alle Kontinente einst eine einzige Landmasse bildeten, die irgendwann in einzelne Kontinente auseinanderbrach, die seitdem auf der Sima-Schicht* der Erdkruste wie riesige schwimmende Inseln ständig immer weiter auseinandertreiben. Einige Landmassen, so wie Grönland, scheinen sich schneller zu bewegen als andere; einem Bericht zufolge soll Grönland auf seinem westlichen Kurs pro Jahr über siebzehn Meter zurücklegen. (Man wird in diesem Zusammenhang an die norwegischen Lemminge erinnert, die, wie wir berichteten, eine instinktive Erinnerung an Atlantis zu besitzen scheinen, wenn sie sich in das Meer stürzen und so lange gegen Westen schwimmen, bis auch der letzte von ihnen ertrinkt. Vielleicht wollen sie aber auch ganz einfach nach Grönland hinüberschwimmen, das früher näher lag!) Falls die Theorie von der Kontinentaldrift stimmt und alle Kontinente

---

* Sima: Kurzwort aus Silizium und Magnesium; bezeichnet den unteren Teil der Erdkruste. *(Anm. d. Übers.)*

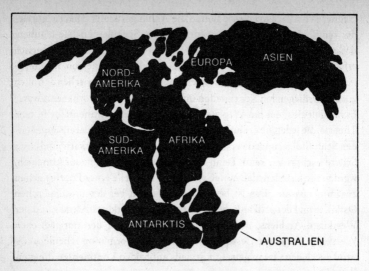

Wie die Kontinente nach Wegeners Theorie von der Kontinentaldrift zusammenpassen würden.

einst mit ihren Küsten genau zusammenpaßten, wo bleibt dann Atlantis? Mehr oder weniger dort, wo es war. Obwohl einige der Kontinente ziemlich genau aneinanderpassen, klaffen zwischen anderen doch beträchtliche Lücken, vor allem in dem Abschnitt des Atlantiks, in dem der unterseeische Mittelatlantische Rücken am breitesten ist. Dieser ist gleichsam ein Spiegelbild der westlichen Küstenlinie Europas und Afrikas und entspricht außerdem in seinem Verlauf der Ostküste Nord- und Südamerikas. Als die Kontinente auseinanderbrachen, blieben vielleicht gewisse Landmassen entlang den Bruchstellen bestehen und wurden erst später überflutet. Also sogar bei einer Theorie, die auf den ersten Blick die einstige Existenz von Atlantis zu widerlegen scheint, macht sich Atlantis gleich einem fehlenden Stück in einem Puzzle bemerkbar.

Bei ihrem Bemühen, die Atlantis-Theorie *ad absurdum* zu führen, kam ihren Gegnern der allzu enthusiastische Überschwang mancher ihrer Anhänger zu Hilfe wie auch gewisse offenkundige Irrtümer in deren Abhandlungen über Atlantis. Donnelly und andere, die zu einer Zeit lebten, als die Anthropologie noch verhältnismäßig in den Anfängen steckte, erblickten eine rassische Verwandtschaft bei Völkern, zwischen denen nach der modernen Forschung keinerlei Beziehung besteht. Und auf dem Gebiet der von ihnen »festgestellten« sprachlichen Ähnlichkeiten bieten sie sogar noch mehr Angriffsflächen. Le Plongeon zum Beispiel, der die Sprache der Mayas sprach, behauptete, diese sei zu »einem Drittel reines Griechisch. Wer brachte den Dialekt (!) Homers nach Amerika? Oder wer nahm den der Mayas mit nach Griechenland!« Da die Sprache der Mayas und Griechisch noch lebende Sprachen sind, war und ist diese Behauptung recht einfach zu widerlegen. (Le Plongeon bringt, wie wir sahen, auch das Schriftsystem der Mayas und alten Ägypter miteinander in Beziehung, obwohl zwischen beiden, von der Tatsache abgesehen, daß sie Bildschriften sind, keine Verbindung festzustellen ist.) Ebenso wurde behauptet, daß das Chiapanec der mexikanischen Indianer mit Hebräisch verwandt sei (durch die Auswanderung der zehn verlorenen Stämme?), die Sprache der Otomi-Indianer mit Chinesisch (wegen seines Klanges) und die fast vergessene Sprache der Mandan-Indianer mit dem Walisischen. Beinah alle Pro-Atlantis-Autoren werten Farrars Hinweis auf die baskische Sprache in seinem Buch *Families of Speech* als einen Beweis für eine präkolumbische Sprachbrücke über den Atlantik nach Nord- und Südamerika. Farrar behauptete: »Es hat niemals einen Zweifel darüber gegeben, daß diese isolierte Sprache, die ihre Eigenart in einer westlichen Ecke Europas zwischen zwei mächtigen Königreichen bewahrte, in ihrer Struktur den ursprünglichen Sprachen des gewaltigen gegenüberliegenden Kontinents [Amerika] und nur diesen ähnelt.«

Donnelly verglich bei seinen Ausführungen über Ähnlichkeiten, die zwischen geographisch weit voneinander entfernten Sprachen bestehen, einzelne Wortbeispiele in verschiedenen europäischen und asiatischen Sprachen, die, wie wir jetzt wissen, miteinander verwandt sind; folglich sollte sich niemand mehr über Ähnlichkeiten zwischen europäischen Sprachen und Sanskrit oder Persisch wundern und diese wahrhaftig nicht in die Forschungen über Atlantis mit einbeziehen. Da diese Sprachverwandtschaft damals aber noch nicht bekannt war, können wir Donnelly als eine Art linguistischen Pionier betrachten, der sich allerdings oft geirrt hat. In seiner Suche nach bestehenden Ähnlichkeiten zwischen Chinesisch und Otomi führt er zum Beispiel chinesische Wörter an, die nicht die Bedeutung haben, die er angibt. Vielleicht erhielt er sie – genau wie Bischof Landa in seinem Bemühen um das Maya-»Alphabet« in Yucatán – von

145

einem hilfsbereiten Informanten, der ganz einfach seine Fragen nicht verstand, wie es Sprachforschern immer wieder passiert.

Donnelly manövriert sich außerdem manchmal selbst in eine linguistische Sackgasse, so zum Beispiel, wenn er das englische Wort »hurricane« in mehreren europäischen und indianischen Sprachen als Beweis für eine präkolumbische Verbreitung anführt. Dieses Wort war der Name des karibischen Sturmgottes Hurakán, der die »hurricanes« auslöste, und es existiert als »hurricane« in Englisch, als »ouragan« in Französisch, als »huracán« in Spanisch, als »Orkan« in Deutsch etc. Donnelly übersah jedoch, daß es dieses Wort in diesen Sprachen nicht vor der Entdeckung Amerikas und den nervenzerreißenden Erlebnissen europäischer Seefahrer in den tropischen Stürmen der Karibik gab.

Trotz all der offenkundig vorschnellen Schlußfolgerungen und häufigen Fehlinterpretationen, von denen es auf dem Gebiet der Atlantis-Forschung wimmelt, lassen sich bestimmte Argumente nur schwierig als falsch abtun; unter dem Wust der engagierten Pro- und Kontra-Theorien spürt man eine verborgene tiefere Wahrheit, eine gemeinsame Erinnerung an gleiche kulturelle und religiöse Traditionen und Überlieferungen, an sprachliche Gemeinsamkeiten und vergessene geschichtliche Bande. Es gleicht dem Eisberg, von dem nur ein Zehntel sichtbar über die Oberfläche ragt, während wir um die übrigen neun Zehntel im Wasser wissen, sie aber nicht sehen können. Vielleicht bleibt deshalb die Atlantis-Legende – wie der ständig neu aus der Asche erstehende Phönix – in immer wiederkehrenden Wellen des Interesses von einer Generation zur anderen lebendig und wird höchstwahrscheinlich ihre Gegner überleben.

10

Atlantis, Sprache und Alphabet

Welches war die Sprache der Atlantiden? Gibt es irgendeinen Hinweis auf eine sehr alte isolierte Sprache, die mit anderen alten Sprachen verwandt ist und ein Relikt sein kann? Die Antwort ist fast zu einfach – denn es gibt eine solche Sprache, und die heutigen Basken stimmen nur allzu freudig der Vermutung zu, daß sie die Nachkommen der Atlantiden sind. Man nimmt allgemein an, daß die alten Iberer vor der Eroberung durch die Kelten und anschließend durch die Römer Baskisch sprachen, und Sprague de Camp, ein hervorragender zeitgenössischer Atlantis-Forscher und Autor eines der besten Bücher zu diesem Thema – *Lost Continents* (dt.: *Versunkene Kontinente)* –, glaubt, daß die Inschrift auf dem »Tartessos-Ring« in dem ursprünglichen Baskisch geschrieben ist, bevor das Baskische die römischen Buchstaben übernahm.

Das Baskische steht unter den eurpäischen Sprachen ganz für sich allein und läßt sich in keine Gruppe einordnen. Bei einer näheren Untersuchung scheint es auch keine sehr nahe Beziehung zu den amerikanischen Indianersprachen aufzuweisen, obwohl es zu ihnen mehr Affinität aufweist als zu der indogermanischen Sprachengruppe, zu der überhaupt gar keine besteht. Mit seinen Verwandtschaften ist es äußerst seltsam bestellt: Das Baskische hat ähnliche Konstruktionen wie die anderen agglutinierenden Sprachen, etwa Ketschua (die Sprache der Inkas) und die Ural-Altai-Gruppe – Finnisch, Estnisch, Ungarisch und Türkisch. (Diese Sprachen bilden sehr lange Wörter, in denen die Artikel und übrigen bestimmenden Sprachelemente enthalten sind.) Baskisch ähnelt aber auch dem polysynthetischen Sprachtyp, zu dem die Sprachen der amerikanischen Indianer, der Eskimos etc. gehören und dessen linguistische Eigenart in Wortgebilden besteht, die in Wirklichkeit vollständige Sätze sind.

Bestimmte baskische Wörter scheinen auf die Cromagnon-Epoche mit ihren Höhlenmalereien zurückzugehen. Das Wort für »Zimmerdecke« bedeutet wörtlich »Decke der Höhle«, während »Messer« aus Wortteilen zusammengesetzt ist, die »der Stein, der schneidet« bedeuten. Das Alter der baskischen Sprache scheint sich demnach gut in Spences Theorie von den durch das stufenweise Versinken von Atlantis ausgelösten einzelnen

147

Immigrationswellen, die in Spanien und Südwestfrankreich eintrafen, einzufügen.

Das Baskische scheint jedoch keinen nachweisbaren Einfluß auf irgendeine andere Sprache gehabt und auch keine Einflüsse von einer anderen Sprache empfangen zu haben. Es ist ein hochinteressantes Relikt von etwas anderem – vielleicht eine Art lebendiges Fossil – ein Beispiel für die voreiszeitliche Sprache Europas oder – noch besser – das einzige noch erhaltene Überbleibsel der Sprache der Atlantiden.

Da uns heute, im Gegensatz zu Donnelly, die vielen Verbindungen zwischen den indogermanischen und semitischen Sprachen bekannt sind, brauchen wir uns nicht mehr zu wundern, wenn man einzelnen Wörtern in einer Anzahl recht verschiedener Sprachen nachspüren und ihre Wurzeln erkennen kann. Erstaunlich ist dagegen nach wie vor, daß es gleiche oder ähnliche Wörter in Gebieten gab, zwischen denen keine Sprachbrücke oder andersartige Verbindung bestand, so wie in Europa und dem präkolumbischen Amerika.

Da Sprachen nur eine verhältnismäßig begrenzte Anzahl von möglichen Lauteinheiten (»Phoneme« ist der sprachwissenschaftliche Fachausdruck dafür) haben, kommen in nicht miteinander verwandten Sprachen unvermeidlich gewisse rein zufällige lautliche Übereinstimmungen vor. So bedeutet zum Beispiel auf japanisch das Wort »so« das gleiche wie das englische »so«. Dieses ursprünglich japanische Wort wurde nicht erst durch den Kontakt mit dem Westen übernommen.

Gleiche Wörter in weit voneinander entfernten Sprachen scheinen dagegen entweder auf eine linguistische oder kulturelle Verwandtschaft hinzuweisen – oder vielleicht sogar auf beides. Aus diesem Grund ist es besonders interessant, wenn man in amerikanischen Indianersprachen Wörter aus geistigen Bereichen findet, die mehr oder weniger stark Wörtern aus alten Sprachen auf der anderen Seite des Atlantiks ähneln.

Thalassa bedeutet auf altgriechisch »das Meer«; in der Sprache der Maya bedeutet *thallac* »nicht fest«, während Tlaloc, der Gott des Wassers der Azteken, ebenfalls mit dem Meer verbunden war. In der chaldäischen Mythologie war Thalath die über das Chaos herrschende Göttin. *Atl* bedeutet im Náhuatl (Aztekisch) und ebenfalls in den Berbersprachen Nordafrikas »Wasser«.

Von den verblüffenden Übereinstimmungen läßt sich die Ähnlichkeit des indianischen Wortes für »großer Geist« – *Manitu* – und des indischen

Manu anführen; ebenso die des Náhuatl-Worts für »Gott« – *teo* (théulh) und des griechischen *theos*.

Andere Wortübereinstimmungen sind weniger hochgeistig, deshalb aber nicht minder suggestiv. Auf baskisch bedeutet *argi* »Licht«, während *arg* in Sanskrit »leuchtend« bedeutet. Das baskische Wort für »Tau« lautet *garúa*, und dieser selbe Laut bezeichnet in Ketschua »Sprühregen« und wurde ins Spanische übernommen. *Tepec*, das Náhuatl-Wort für »Hügel«, bedeutet auch in den türkischen Sprachen Zentralasiens »Hügel« (*tepe*); und *malko*, ein mittelamerikanisches Wort für »König«, erkennt man in dem arabischen *malik* oder dem hebräischen *melek*. Das griechische Wort für »Fluß« – *potamos* – findet eine Entsprechung nicht nur im *potomac* der Indianer Delawares, sondern auch im *poti* – »Fluß« – der brasilianischen Indianer der Tupi-Guarani-Sprachgruppe.

Guarani, eine Indianersprache Paraguays und Südbrasiliens, weist linguistische Übereinstimmungen mit offenbar nicht verwandten Sprachen auf. Dazu einige Beispiele: *Oka* bedeutet in Guarani »Heim« und *oika* in Griechisch ebenfalls »Heim«; *ama* – »Wasser« – ähnelt dem japanischen *ame* – »Regen«. In Ketschua, der Sprache der Inkas, heißt »Person« *runa*, während das chinesische *rhen* »Person« oder »Mensch« bedeutet. *Anti* war »hohes Tal« auf altägyptisch, und in Ketschua ist *andi* »hoher (Berg-) Kamm« oder »Rücken«. Obwohl es sich vielleicht um Onomatopöie (Lautmalerei) handelt – in diesem Fall die Laute eines milchspendenden Tieres – heißt »Milch« in Ketschua *ñu-ñu* (nju-nju ausgesprochen) und in Japanisch *g'yu-n'yu*. Die Sprache des kleinen Stammes der Mandan-Indianer, die früher in Missouri lebten und 1838 praktisch durch eine Pockenepidemie ausstarben, wies einige verblüffende Ähnlichkeiten mit dem Walisischen auf.

So wie zum Beispiel:

	WALISISCH	MANDAN
Boot	corwyg	koorig
Paddel	rhwyf (ree)	ree
alt	hen	her
blau	glas	glas
Brot	barra	bara
Rebhuhn	chugjar	chuga
Kopf	pen	pan
groß	mawr	mah

Die Ähnlichkeit der toten Mandan-Sprache mit dem Walisischen läßt sich jedoch vielleicht sehr viel direkter durch die Theorie erklären, nach der die Mandans Nachkommen der Gefolgsleute des walisischen Prinzen Madoc gewesen sein sollen, der 1170 von Wales gegen Westen segelte, in einem westlichen Land eine Siedlung gründete und niemals wieder zurückkehrte.

Während manche amerikanische Indianersprachen in Klang und Bedeutung gewisse Übereinstimmungen mit transatlantischen oder transpazifischen Sprachen aufweisen, gibt es heute noch keinen Beweis für eine nähere Verbindung zwischen ihnen, ausgenommen selbstverständlich die Stämme Alaskas und Sibiriens, die sich nahe genug waren, um sich über naturbedingte oder vom Menschen errichtete Grenzen hinwegzusetzen.

Was die übrigen betrifft, so ist es durchaus möglich, daß einige Wörter durch präkolumbische Entdeckungsreisende wie Madoc oder durch Reisende, die sich verirrten, in beiden Richtungen ausgetauscht wurden; man denke nur an die »rothäutigen Menschen«, die plötzlich im 1. Jahrhundert n. Chr. in einem langen Kanu an der Küste Germaniens auftauchten und die dem römischen Prokonsul von Gallien als Sklaven zum Geschenk gemacht wurden.

Diese Indianer – denn das scheinen sie gewesen zu sein – konnten keinen sprachlichen Einfluß ausüben, doch die Tatsache, daß sie den Atlantik in einem langen Kanu überquerten, zeigt, auf welche Weise es zu einem gewissen präkolumbischen kulturellen und linguistischen Austausch gekommen sein mochte, der natürlich durch atlantische Landmassen noch sehr viel einfacher gewesen wäre.

Neben diesen Übereinstimmungen sollten wir nach einem Hinweis suchen – und sei es auch nur ein Wort –, der nicht nur ein oder zwei, sondern viele völlig verschiedene und getrennt lebende Völker, Stämme und Nationen miteinander verbindet und auf eine frühere und in ihrem Einfluß tiefer reichende Verbreitung schließen läßt.

Dieses Schlüsselwort sollte ein ganz elementar einfaches und leicht zu erkennendes sein und möglichst eine »Atlantis-verdächtige« Sprache wie Baskisch, einige Indianersprachen wie auch indogermanische und andere Sprachgruppen erfassen.

Ein Wort wie »Mama« muß, obwohl es diese Anforderungen erfüllt, ausscheiden, da es offensichtlich ein Laut ist, der in fast allen Sprachen automatisch von Kleinkindern anstelle von »Mutter« ausgestoßen wird. (Wie immer bestätigt die Ausnahme die Regel: In Ewe, einer westafrikanischen Sprache, heißt »Mutter« *dada* und in Georgisch, der Sprache des Kaukasus, *deda*, während unerklärlicherweise »Vater« *mama* ist).

Es gibt jedoch ein anderes sehr altes Wort, das in vielen Sprachen vorkommt, die in verschiedenen Ländern und sogar auf Meeresinseln gesprochen werden. Es ist kein automatischer Klangreflex, sondern ein eigenständiges Wort.

Beachten Sie, ausgehend vom Baskischen, zum Beispiel einmal die Ähnlichkeit der Vokale und Konsonanten bei dem jeweiligen Wort für »Vater«:

Baskisch	aita
Ketschua	taita
Türkisch (und andere Türksprachen)	ata
Dakota (Sioux)	atey (até)
Náhuatl	tata (oder) tahtli
Seminole	intáti
Zuñi	tachchu (tat'chu)
Maltesisch	tata
Tagalog	tatay
Walisisch	tàd
Rumänisch	tata
Singhalesisch	thàthà (tata)
Fidschi	tata
Samoanisch	tata

Der primitive oder uralte Charakter einiger dieser Sprachen fällt ebenso auf wie ihre weite Ausdehnung. Es mag noch andere Wörter geben, letzte Spuren einer antidiluvialen Sprache, die man entdecken und als solche erkennen wird – weiter unten an den Ästen des Baumes, aus dessen Wurzeln sich vielleicht die erste ursprüngliche Sprache der Menschen entwickelte und von der die romanischen, germanischen, slawischen, indochinesischen und semitischen Sprachen nur die oberen Zweige bilden.

Doch die durch dieses eine Wort miteinander verbundenen Sprachen scheinen, mit Ausnahme von Türkisch und Rumänisch und möglicherweise einem neu auflebenden Tagalog auf den Philippinen, sprachliche

Inseln zu sein und dem Druck der modernen Sprachen und Massenkommunikation nicht standzuhalten.

Wenn es schwierig ist, mündlich überlieferten Wörtern auf einer »prähistorischen« Ebene erfolgreich nachzuspüren, liefert uns ein anderes, schriftlich überliefertes Schlüsselwort vielleicht eine konkretere Antwort auf die Frage nach der ethnischen und sprachlichen Verbreitung über den Atlantik hinweg und weist möglicherweise ganz direkt auf das einstige Vorhandensein von Atlantis oder einer Landbrücke hin. Derartige schriftliche Hinweise haben die Atlantis-Forschung jedoch schon beträchtlich in Mißkredit gebracht, vor allem durch Paul Schliemann und die Kontroverse um die »phönizische« Inschrift in der eulenköpfigen Vase, wie auch durch Brasseur de Bourbourg mit seiner frei interpretierenden Übersetzung und James Churchward, einen Amerikaner, der seine Theorie von »Atlantis-im-Atlantik« und einem anderen »versunkenen Kontinent« – Mu – im Pazifik hauptsächlich auf »Täfelchen« in Indien und Tibet aufbaut, die anderen Forschern zu einer Überprüfung nicht zugänglich sind.

Die Schrift ist das Ergebnis einer Bilderschrift, die sich allmählich vereinfachte oder stilisierte, wie im Fall der ägyptischen Hieroglyphen oder der chinesischen Kalligraphie, oder sich zu einer Art Mischung aus Bildern und einem Silbenalphabet entwickelte, wie das bei der alten Keilschrift des Mittleren Ostens der Fall war.

Alle primitiven Stämme malen Bilder, und gelegentlich malen sie diese auf fast genau die gleiche Weise. Neben vielen anderen Gelehrten hat Wirth ausführliche Studien über den Gebrauch einfacher Bilder und Symbole, wie das Kreuz, das Hakenkreuz, die Rosette, das von einem Kreis umgebene Kreuz, Y-Formen etc., durchgeführt und vermutet eine zwischen den Bilderschriften und den Symbolen bestehende Verwandtschaft.

Er nannte die Symbole »die heilige Primitivschrift der Menschheit«. Als Beweis für die von ihm vertretene Theorie, nach der die Ausbreitung der Kultur von Atlantis aus erfolgte, führt er unter anderen Beispielen ausgewählte prähistorische und frühgeschichtliche Zeichnungen oder eingeritzte Bilder von kultischen Schiffen an.

Einige von ihnen zeigen eine verblüffende Ähnlichkeit, ganz so, als ob die Künstler in weit voneinander entfernten Häfen die gleichen Schiffe sahen und zeichneten:

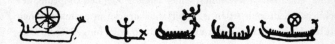

Prähistorische und frühgeschichtliche Darstellungen heiliger Schiffe oder »Sonnenboote«, die in so weit auseinanderliegenden Gebieten wie Ägypten, Sumer, Kalifornien, Spanien und Schweden gefunden wurden.

Spence steuert ebenfalls ein Beispiel bei, und zwar die primitive Indianerzeichnung eines Büffels mit einem Zeichen auf dem Körper; diese Zeichnung ist fast identisch mit einer anderen Büffeldarstellung aus dem Aurignacien, die man in einer Steinzeithöhle im Westen Europas entdeckte:

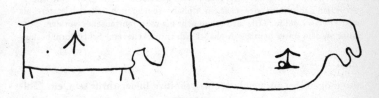

Ist das Zeichen eine Art Schriftzeichen, das »Büffel« bedeutet? Oder ist es der Name des Mannes, der den Büffel jagte, oder der Name seines Stammes? Oder bedeutet es »Ich erlegte ihn«? Oder handelt es sich um einen magischen Jagdzauber, der es dem Jäger ermöglichte, den Büffel zu töten, da er sich durch diese Zeichnung des Geistes des Tieres bemächtigt hatte?

Wir werden es wahrscheinlich nie genau wissen, doch kann man nur staunen über die verblüffende Ähnlichkeit zwischen den Schriftzeichen oder symbolischen Darstellungen der indianischen und europäischen Höhlenkultur.

Die aus dem Aurignac stammende Zeichnung ist so primitiv, daß sie in keiner Weise den anderen viel entwickelteren Cromagnon-, Magdalenien- oder Aurignacien-Malereien entspricht, die eine verfeinerte künstlerische Kultur verraten; und so liefert diese Zeichnung keinen besonderen Beitrag zu der Theorie von der frühen atlantischen Zivilisation. Spence hat gleichfalls, im Rahmen seiner Theorie über den Ursprung der menschlichen Kultur in Atlantis, auf Handabdrücke in prähistorischen und frühen Höhlenmalereien in Europa und Amerika hingewiesen. Dies ist jedoch auch kein überzeugender Beweis, denn das Hinterlassen eines Handabdrucks auf einem Werk kann man sowohl in prähistorischen wie historischen oder sogar heutigen Zeiten (man denke nur an nassen Zement!) als eine fast automatische Reaktion bezeichnen.

Außergewöhnlich alte Zeichen oder geometrische Muster aus den voreiszeitlichen Höhlen in Frankreich und Spanien sehen wie Schriftzeichen

In einer Höhle in Rochebertier, Frankreich, gefundene Zeichen, die eine Bilderschrift, ein Zählsystem oder sogar ein Alphabet sein können. Falls sich letzteres als wahr erweisen sollte, hätte also schon acht bis zehn Jahrtausende vor dem Zeitpunkt, in dem unser heutiges Alphabet sich entwickelte, eine Schriftform bestanden.

aus, mögen aber auch einfach eine primitive Bilderschrift sein, ein Zählsystem oder Eigentumsmarkierungen. Eine Sammlung über 12 000 Jahre alter Steine aus den Mas-d'Azil-Höhlen Frankreichs scheint mit Buchstaben bemalt zu sein – ein hochinteressanter Gedanke, der allerdings kaum der allgemein anerkannten Theorie über Ursprung und Entwicklung der Schrift entspricht. (Spence hielt, wie bereits erwähnt, die Azilien-Kultur für die dritte große Immigrationswelle, die zur Zeit des endgültigen Versinkens von Atlantis in Westeuropa eintraf.)

Die ägyptischen Hieroglyphen, eine Art Bilderschrift, die sich zu einer Mischung aus Bildern und Silben entwickelte, ist vielleicht die älteste Form einer ausgebildeten Schrift, von der wir Beispiele besitzen. Die alten Ägypter hielten diese Schrift für die einstige Sprache der Götter, eine Überzeugung, die von Atlantologen häufig dahingehend interpretiert

Zeichen auf bunten Steinchen aus Mas d'Azil, Frankreich. Man weiß nicht, ob diese Zeichen nur einen schmückenden oder aber einen bestimmten Sinn haben.

wurde, daß die »Götter« das Volk waren, das aus dem westlichen Ozean kam und die Zivilisation nach Ägypten brachte.

Schriftsysteme, die anfänglich aus Bildern bestanden und sich dann zu Zeichen entwickelten, welche stilisierte Bilder oder Silben darstellen, wurden offensichtlich unabhängig voneinander in verschiedenen Teilen der Welt erfunden. Das Keilschriftsystem der Sumerer im Mittleren Osten, die keilförmige Striche in nassen Lehm drückten, begann ebenfalls mit Bildern und entwickelte sich zu einem Silbensystem.

Das echte Alphabet, bei dem eine verhältnismäßig geringe Anzahl von einzelnen Buchstaben zur Bildung der Wörter benutzt wird, scheint jedoch um 2000–1800 v. Chr. bei den Phöniziern entstanden zu sein und sich vom Mittelmeer nach allen Richtungen verbreitet zu haben, wobei es sich zu verschiedenen Alphabeten weiterbildete, die aber alle miteinander verwandt sind, wie unterschiedlich sie auch aussehen mögen. Man ist allgemein der Ansicht, daß alle echten Alphabete der Welt mit dem ersten, ursprünglichen verwandt sind, das meist das phönizische genannt wird, da die phönizischen Kaufleute offensichtlich die ersten waren, die es benutzten.

Das von den Phöniziern und anderen nordsemitischen Gruppen verwendete Alphabet entwickelte sich aus einer Art Bilderschrift, bei der A *(Aleph* in Aramäisch) einen Ochsen bezeichnete (wenn Sie ein großes A auf den Kopf stellen, sehen Sie immer noch die Hörner), B *(Bet)* »Haus« bedeutete, D *(Dalet)* »Tür«, G *(Gimmel* oder *Gamel)* »Kamel« etc. (Jedesmal, wenn wir das Wort »Alphabet« aussprechen, zollen wir also seinen Schöpfern Tribut, indem wir die beiden uralten aramäischen Wörter für »Ochse« und »Haus« wiederholen.) Zu irgendeiner Zeit kam dann aber jemand auf die Idee, diese Zeichen zu selbständigen Lauteinheiten umzuformen, die keine Bilder oder Silben mehr waren, sondern Buchstaben.

Da einem derartigen Durchbruch wie der Erfindung des Alphabets jedoch die viele Jahrtausende während Entwicklung einer Bilderschrift vorausgegangen sein mußte, fragt man sich, ob die Phönizier unter dem Druck der Notwendigkeit, die vielfältigen Transaktionen ihres »Überseehandels« schriftlich festzuhalten, das Alphabet plötzlich erfanden, oder ob sie es aus einer anderen älteren Quelle erhielten oder eine ältere Vorform ihren Bedürfnissen anpaßten. Wenn letzteres der Fall war, so erscheint es nur logisch, daß die Phönizier als die erfahrensten und kühnsten Seefahrer des Altertums diejenigen waren, die eine derartige ältere Quelle entdeckten, falls es diese gab.

Während man den Ursprung des Alphabets allgemein in Byblos in Syrien vermutet, wo man die ältesten alphabetischen Schriftzüge entdeckt hat, wurden in Phönizia relativ wenig phönizische Inschriften ausgegraben, verglichen mit der reichen Fülle, die man im gesamten übrigen Mittelmeerraum fand, etwa auf Zypern, Malta, Sizilien, Sardinien, in Griechenland und an den Küsten Frankreichs, Spaniens und Nordafrikas; diese Funde zeigen, wie das phönizische Alphabet sich nicht nur im östlichen, sondern auch im westlichen Mittelmeerraum ausbreitete.

Je weiter wir nach Westen gehen, um so mehr nähern wir uns dem Gebiet, in dem man das einstige Atlantis oder zumindest eine entwickelte Kultur jenseits von Gibraltar vermutet. In Südspanien gab es eine entwickelte prähistorische Kultur, von der nur wenig bekannt ist, die verschollene Stadt Tartessos an der südwestlichen Atlantikküste mit eingeschlossen. Tartessos soll, wie schon erwähnt, zum Zeitpunkt seiner Zerstörung 6000 Jahre zurückreichende »geschichtliche« Unterlagen besessen haben. Es hinterließ uns jedoch nur einige wenige »Buchstaben« – jene auf Professor Schultens Ring sowie einige andere in Andalusien und Nordafrika gefundene Inschriften, die damit zusammenhängen mögen oder auch nicht. Als die ursprünglichen weißhäutigen Bewohner der Kanarischen Inseln im 14. Jahrhundert entdeckt wurden, besaßen sie ein Schriftsystem, das möglicherweise Verbindungen mit dem präiberischen spanischen Alpha-

156

bet gezeigt hätte, wäre es nicht zusammen mit jener Bevölkerung von den Konquistadoren vernichtet worden.

Die geheimnisvollen Etrusker, jenes hochkultivierte und künstlerische Volk, das einst in Italien lebte und von den Römern unterworfen und durch die Verbindung mit ihnen als völkische Einheit aufgelöst wurde, sind oft für Nachkommen der Atlantiden gehalten worden, zumal Plato sagte, sie seien einst von den Atlantiden besiegt worden – »… sie unterwarfen Teile Europas bis hin nach Tyrrhenien…« Obwohl man das etruskische Alphabet, das sich möglicherweise aus dem griechischen oder phönizischen entwickelte, lesen kann, wissen wir nicht, wie es klang.

Die Etrusker sind deswegen so geheimnisvoll, weil wir, abgesehen von Grabinschriften, nichts von ihrer Literatur oder sonstigen schriftlichen Dokumenten besitzen, die zusammen mit ihren Städten von den Römern vernichtet wurden. Von ihren Grabmalereien – sie bemalten wie die Ägypter die Wände ihrer Gräber, nur mit sehr viel lebensfroheren Motiven – wissen wir, daß sie das Leben zu genießen wußten. Vor einigen Jahren entdeckte man drei dünne Goldtäfelchen in einer Ruine. Zwei von ihnen tragen Inschriften in Etruskisch und die dritte eine Übersetzung ins Phönizische. Da es sich bei diesen Inschriften jedoch um die Widmung eines Tempels handelt, bleiben die Etrusker, was ihre Geschichte oder ihr Herkunftsland betrifft, weiter von dem gleichen undurchdringlichen Geheimnis umgeben. Es läßt sich jedoch die Vermutung aufstellen, daß eine Verwandtschaft zwischen dem archaischen Phönizisch und dem Etruskischen – falls eine solche besteht – auf eine früher gemeinsame, noch ältere Sprache hinweist, die unmittelbar mit der Entstehung des echten Alphabets zusammenhängt. Auf jeden Fall scheint die Inschrift auf dem Tartessos-Ring (wie auch andere prärömische iberische Inschriften) in demselben Alphabet, falls nicht sogar in derselben Sprache, abgefaßt zu sein.

Falls eines Tages etruskische Literatur oder schriftliche Unterlagen gefunden werden, kann man nur hoffen, daß sie einiges Licht in das Dunkel um die Herkunft der Etrusker und ihre mögliche Verwandtschaft mit anderen Kulturen – atlantischen oder östlichen – bringen.

Ähnliche Hoffnungen knüpfte man an die Entzifferung der Schriften des minoischen Kreta, die Linear A und Linear B benannt wurden. Das minoische Kreta, ein Inselreich mit einer zu sehr früher Zeit erstaunlich hochentwickelten Kultur und Zivilisation, ist oft mit Atlantis in Verbindung gebracht und häufig sogar als das einstige Atlantis oder aber der Grund für die Atlantis-Legende bezeichnet worden. Als Michael Ventris, ein junger Engländer, kurz nach dem Zweiten Weltkrieg Linear B entzifferte, wurden dadurch keine anderen erregenden Geheimnisse als nur das der Schrift selbst gelüftet. Einer der ersten übersetzten Texte handelt zum Beispiel von kaufmännischen Transaktionen, Abrechnungen über Güterverwaltung, Vorräte und Bezahlungen, und ein Verzeichnis gab sogar an, wieviel Olivenöl und Parfüme die Sklaven zugeteilt erhielten... ein erstaunlicher Hinweis auf eine Art von »Wohlfahrts-Sklaventum«. Es erübrigt sich eigentlich zu erwähnen, daß man hofft, durch die Entzifferung der älteren Schrift, der Linear A, eines Tages historisch aufschlußreiche Informationen zu erhalten.

Im Verlauf der langen Menschheitsgeschichte entwickelten Völker oder Rassen die Schrift oder erlernten sie und vergaßen sie dann wieder aus verschiedenen Gründen, wie im Fall der kretischen Schriften Linear A und B und der archaischen griechischen Schrift Griechenlands selbst. Ein ungewöhnlicher Aspekt des Phänomens, daß das schriftliche Griechisch zwischen dem 12. Jahrundert v. Chr. bis etwa 850 v. Chr. verschwand und eine neue Schrift auftauchte, wurde kürzlich von James Mavor, einem amerikanischen Archäologen und Ozeanographen, in seinem Buch *Voyage to Atlantis* (dt. *Reise nach Atlantis*) durch einen Absatz aus Platos *Timaios*-Dialog aufgezeigt. In der Atlantis-Erzählung der Priester von Saïs wird deutlich, daß die Ägypter über das Analphabetentum der Griechen Bescheid wußten: »... die Regenflut des Himmels über euch hereinbricht und nur die der Schrift Unkundigen und Ungebildeten am Leben läßt; dann werdet ihr immer gleichsam von neuem wieder jung und wißt nichts von unserer und eurer alten Geschichte...«

Da Schriftsysteme gewöhnlich durch das Verschwinden oder den Zusammenbruch einer Kultur oder die Ablösung einer Kultur durch eine andere verlorengehen, ist das jahrhundertelange Verschwinden der griechischen Schrift als solches irgendwie rätselhaft, zumal die Kultur selbst kontinuierlich weiterbestand.

Das »Alphabet« der Osterinsel, das aus einer Reihe von gekrümmten Strichen und Bildzeichen auf hölzernen Täfelchen besteht, ist ein hervorragendes Beispiel dafür, wie eine Schriftsprache durch kulturellen Verfall verlorengeht. Bevölkerungsschwund und Eroberungen waren daran schuld, daß die Nachkommen jenes Volkes, das diese Schrift verwendete, zwar wußten, daß es eine Schrift war, diese aber nicht mehr lesen konn-

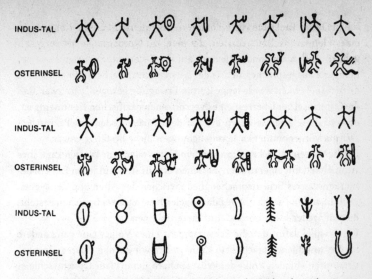

Vergleich zwischen einigen Schriftzeichen aus dem Indus-Tal und von der Osterinsel, die eine frappierende Ähnlichkeit, ja Gleichheit zeigen, obwohl die Zentren der Gebiete, in denen sie gebräuchlich waren, viele Tausende Kilometer weit auseinanderlagen.

ten. Diese Täfelchen sind noch nicht übersetzt worden und werden es vielleicht nie, wenn man nicht einen Schlüssel oder einen übersetzbaren Kreuzverweis findet. Diese Schrift der Osterinsel zeigt jedoch eine überraschende Ähnlichkeit mit der Schrift des Indus-Tals, die in den großen Städten Mohenjo Daro und Harappa im heutigen Pakistan vor über 5000 Jahren gebräuchlich war. Ein Vergleich zwischen diesen beiden Schriften erbringt einen recht überzeugenden visuellen Beweis dafür, daß sie miteinander verwandt sind. Da jedoch die Indus-Tal-Schrift ebenfalls noch nicht entziffert worden ist, bleibt die Frage ihrer Verwandtschaft und Bedeutung ein undurchdringliches Geheimnis.

Dieses Geheimnis ist sogar undurchdringlicher denn je. Falls nämlich die Osterinsel vom amerikanischen Kontinent aus besiedelt wurde, wie Heyerdahl wegen der Richtung des Pazifikstroms vermutete, gelangte vielleicht eine Form der Osterinsel-Schrift von Amerika zu der Indischen Halbinsel. Andernfalls würde das Vorhandensein dieser Indus-Tal-Schrift auf der Osterinsel bedeuten, daß eine alte Frühkultur den Pazifischen Ozean Tausende von Kilometern überquerte, um eine Kolonie auf einer kleinen Insel zu gründen, die mehr zu Nordamerika als zu Asien gehört. Außerdem ähneln die noch auf der Osterinsel vorhandenen Ruinen ganz ausgesprochen denen der Küstenkultur Perus. Aber noch eine dritte Möglichkeit wurde lange Zeit in Erwägung gezogen, und zwar, daß die Osterinsel der Überrest eines versunkenen pazifischen Kontinents ist, obwohl diese Theorie durch die auf dem Meeresboden des Pazifischen Ozeans vorgenommenen Untersuchungen nicht bestätigt wurde.

Ob die Osterinsel-Schrift nun aus dem Osten oder dem Westen kam, ihre Ähnlichkeit mit einer uralten indischen Schrift stellt auf jeden Fall ein bemerkenswertes Schriftsprachenglied zwischen der Alten und der Neuen Welt über den Pazifik hinweg dar, obgleich es aus zwei Sprachen besteht, die wir weder lesen noch identifizieren können.

Ein Beispiel dafür, daß die Schriftsprache eines Volkes eine ganz andere als die mündliche Sprache sein kann, finden wir bei den Tuareg, dem sogenannten »Blauen Volk« der Wüste Sahara, deren blaue Gesichtsschleier oft eine Blaufärbung der Haut verursachen. Man glaubt, daß die Tuaregs sprachliche Verbindungen mit dem Punischen und Altlibyschen haben, was uns wieder zur phönizischen Kultur zurückführt. Ihre alphabetische Schriftsprache, das T'ifinagh, die n i c h t ihrer mündlichen Sprache, dem Temajegh, entspricht, geriet in Vergessenheit, bevor sie richtig erfaßt oder übersetzt werden konnte. Diese eigenartige alphabetische Schrift, die für immer in der Wüste verlorenging, ist ein weiteres sprachliches Geheimnis mit ausgesprochen »atlantischen« Anklängen.

In den alten Legenden und Kunstwerken Nord- und Südamerikas finden wir ständig Hinweise darauf, daß die Schrift von Göttern oder Lehrern stammtè, die aus dem Osten oder dem östlichen Meer kamen. So heißt es zum Beispiel von Quetzalcoatl, daß er aus dem »Schwarzen und Roten Land« kam, was man dahingehend interpretieren kann, daß es das Land der Schrift war, denn Schwarz und Rot waren die Farben, welche die Azteken vorwiegend für ihre Bilderschrift benutzten. (Das »Schwarze und Rote Land« paßt auch zu Platos Beschreibung der aus schwarzen und roten Steinen erbauten Städte von Atlantis.)

Eine interessante Vorstellung von einer Gruppe von Priestern oder Gelehrten, die die Schrift in das präkolumbische Mexiko brachten, verdanken wir Sahagún, einem spanischen Chronisten der Eroberung Mexikos, der diese Überlieferung nach alten Quellen zitiert: – »[Sie] kamen über das Wasser und landeten nahe [bei Vera Cruz] – die weisen alten Männer, die all die Schriften – die Bücher – die Bilder hatten.«

Über ein eigenartiges Element der historischen Überlieferung Perus berichtet Fernando de Montesinos, ein spanischer Forscher der Geschichte der Inkas. Gemäß der mündlich überlieferten Geschichte wurde dem Inka Huanacauri (der einer früheren Dynastie als jener angehörte, welche durch die Konquistadoren die letzte wurde) von Priestern der Sonne geraten, die Schrift abzuschaffen, falls er sein Reich von der Pest befreien wolle, die dieses verwüstete; durch die Abschaffung der Schrift würde die Pest verschwinden. Huanacauri verbot also das Schreiben unter Todesstrafe und ließ einige ungehorsame Schreiber hinrichten. Sowohl die Schrift wie die Pest sollen aus dem Inkareich verschwunden sein. Wie wurde diese Geschichte ohne schriftliche Unterlagen über so viele Generationen hinweg lebendig erhalten? Durch menschliche »Geschichtsspeicher«, die für diese Aufgabe ausgesucht wurden und die Geschichte und Literatur der Inkas auswendig lernen und an die jeweils nächste Generation weitergeben mußten. Sogar ziemlich lange Gedichte und traditionelle »Theaterspiele« wie das *Ollantay* wurden in Ketschua durch mündliche Überlieferung aus den Zeiten der Inkas bewahrt und später aufgeschrieben und in der Moderne aufgeführt. Die Zahlen über die Bevölkerung, die Produktion und die Abgaben wurden im Inkareich durch ein System großer Quasten aus bunten, mit Knoten versehenen Schnüren festgehalten, wie wir bereits erwähnten, und es ist durchaus möglich, daß die gedächtnismäßig geschulten »Bewahrer« der Geschichte diese Schnüre als Ersatz für schriftliche Unterlagen und als Gedächtnisstützen benutzten. Den genauen und vollständigen Gebrauch dieser Schnüre – der *quipus* – verstehen wir sogar heute noch nicht, und es ist nicht ausgeschlossen, daß in hohen Andendörfern, wo Ketschua oder Aymará gesprochen wird, unbekanntes Inka-Wissen überlebt hat, uns aber nicht zugänglich ist.

Da so viele Inschriften der Neuen Welt sich als das Werk zeitgenössischer Indianer, früher Forscher oder sogar als das von Witzbolden herausstellten, gehen die Gelehrten mit äußerster Vorsicht an die vielen »alten«, in Venezuela, Kolumbien und Brasilien gefundenen Inschriften heran, von denen manche in Griechisch geschrieben zu sein scheinen und manche in Phönizisch, während andere nicht zu entziffern sind.

Man darf nicht vergessen, daß große Teile Südamerikas nicht nur archäologisch, sondern in jeder Hinsicht unerforschtes Gebiet sind, das man lediglich aus der Vogelperspektive, also aus dem Flugzeug kennt, mit dem man über diesen undurchdringlichen Dschungel fliegen kann, der einem grünen Ozean gleicht. Auf Grund der Inschriften, die man an den Ufern der Flüsse, die vielleicht einst Häfen waren, und auf Hügeln, die vielleicht Ruinen sind, fand, und der Legenden von Städten, die unter dem Baumdickicht des Urwalds versunken sind, hat man diesen grünen Ozean oft für einen weiteren möglichen Schlüssel zur Lösung des atlantischen Geheimnisses und vieler anderer prähistorischer Rätsel gehalten. Der Forscher Fawcett hat auf der Suche nach Spuren solcher »versunkener Städte« im südamerikanischen Dschungel sein Leben gelassen.

Obgleich viele der im Osten Südamerikas gefundenen Inschriften als Schwindel bezeichnet wurden, erscheint es unwahrscheinlich, daß Witzbolde sich die Mühe machen würden, die Urwaldflüsse so weit hinaufzufahren; und es erscheint ebenso unwahrscheinlich, daß die primitiven Urwaldindianer sich dieser Anstrengung unterziehen oder griechische oder phönizische Buchstaben lernen würden.

Man scheint außerdem bestimmte konkrete Beweise für Besucher von jenseits des Ozeans gefunden zu haben – zum Beispiel ein römisches Münzversteck, auf das man bei Ausgrabungsarbeiten in Venezuela stieß und das nach den jüngsten Nachrichten Münzen bis aus der Zeit von 350 n. Chr. enthält. Im Lauf der weiteren Erforschung des südamerikanischen Urwalds werden wahrscheinlich noch mehr Inschriften entdeckt und wissenschaftlich untersucht und ausgewertet, die uns vielleicht weitere Hinweise nicht nur über die frühe Erforschung Amerikas geben werden, sondern auch darüber, wer diese Forscher waren und was für Alphabete oder Schriftsysteme sie benutzten.

Wir besitzen also alles in allem gewisse linguistische Erinnerungen, einige Theorien über mögliche isolierte Überreste einer antediluvialen Sprache sowie einige noch nicht entzifferte Schriften, deren Übersetzung, die eines Tages hoffentlich gelingt, vielleicht das große Geheimnis lüften wird – es aber auch noch unergründlicher machen kann.

Gibt es sonst noch etwas in linguistischer Hinsicht? Ja, es gibt noch ein interessantes und aufschlußreiches Element, und das ist der Name von Atlantis selbst. Die Bewohner dieses Kontinents oder Imperiums – angenommen, daß Atlantis wirklich einst existierte – nannten ihr Reich vielleicht gar nicht mit dem griechischen oder platonischen Namen. Die ständige Wiederkehr derselben Buchstaben und Klangfolge in verschiedenen Sprachen in dem Namen, mit dem Völker auf beiden Seiten des Atlantischen Ozeans und in weit von ihm entfernten Gebieten die Wiege und Urheimat der Menschheit, das irdische Paradies, das Ursprungsland aller Kultur bezeichneten, stellt eine lebendige Erinnerung an ein Land und eine Zivilisation dar, die – ob es sie nun einst tatsächlich gab oder nicht – die Menschheit nie zu vergessen vermochte.

Wo lag Atlantis?

Genauso, wie die Meinungen darüber, ob Atlantis tatsächlich jemals existierte oder nicht, in der akademischen Welt auseinandergehen, gibt es sogar unter den glühendsten Anhängern der Atlantis-Theorie beträchtlich voneinander abweichende Ansichten über die einstige geographische Lage von Atlantis – die vermutlich auch noch die heutige ist. Viele Forscher vermuten Atlantis auf dem Boden des Atlantiks, wo es sich Plato zufolge befand. Andere meinen, daß es unter Land begraben liegt – unter dem Sand der Sahara, die einst ein Binnenmeer war. Einige andere glauben, es befinde sich unter dem Eis der Arktis oder unter den Wassermassen diverser Meere und Ozeane, während wieder andere der Ansicht sind, daß Atlantis lediglich der von Plato erfundene Name für eine historische Kultur war, die man durch einen geographischen Irrtum »jenseits der Säulen des Herakles« wähnte.

Obwohl mehrere tausend Bücher für und gegen die Atlantis-Theorie geschrieben worden sind, ist es interessant festzustellen, welches bei den führenden Schriftstellern und Forschern von heute wie einst die vorherrschende Meinung über die geographische Lage von Atlantis war, beziehungsweise ist.

Bei einer Auswahl von 27 Experten zu diesem Thema erhalten wir folgendes Ergebnis: (In Anbetracht der ungeheuren Vielzahl von Autoren, die Bücher über Atlantis veröffentlichten, wurden bei dieser Aufstellung nur die historisch wichtigsten oder hervorragendsten Forscher berücksichtigt sowie tatsächlich durchgeführte Expeditionen zur Erforschung eines bestimmten Gebietes.)

	ANZAHL DER EXPERTEN MIT DIESER MEINUNG
VERMUTETE GEOGRAPHISCHE LAGE VON ATLANTIS	
Eine versunkene Insel oder mehrere Landrücken im Atlantik	97
Existierte nie geographisch – nur als Legende	46
Nord- oder Südamerika – oder beides	21
Marokko oder Nordafrika (einschließlich Karthago)	15
Das Heilige Land einschließlich Israel und dem Libanon	9
Tartessos und Südspanien	9

	ANZAHL DER EXPERTEN MIT DIESER MEINUNG
VERMUTETE GEOGRAPHISCHE LAGE VON ATLANTIS	
Kreta und/oder Thera	9
Gibraltar	6
Andere Inseln im Mittelmeer und/oder Malta	6
Versunkener Kontinent im Pazifik	4
Wüste Sahara	3
Iran	3
Kanarische Inseln	2
Ceylon	2
Mexiko	2
Grönland	2
Südafrika	2
Krim und Südrußland	2
Niederlande	2
Kaukasus	2
Brasilien	2
Nigerien	2
Arabien	1
Belgien	1
Großbritannien	1
Katalonien	1
Ostpreußen	1
Äthiopien	1
Frankreich	1
Irak	1
Mecklenburg	1
Nordeuropa	1
Nördlicher Polarkontinent	1
Portugal	1
Sibirien	1
Spitzbergen	1
Schweden	1
Venezuela	1
Westindien	1
Versunkene Insel im Indischen Ozean	1

In dieser Aufstellung sind die Azoren nicht gesondert angeführt, da sie von den Autoren, die Atlantis für einen im Atlantik versunkenen Kontinent halten, als die obersten, über die Wasseroberfläche ragenden Berggipfel des versunkenen oder »achten« Kontinents, wie Atlantis manchmal genannt wird, betrachtet werden.

Bei der obigen Liste fällt einem bei näherem Studium die Tatsache auf, daß fast ein Fünftel der Forscher (die sich eine unbekannte Zahl von Jahren mit Forschungen zu dieser Frage befaßten) zu der Schlußfolgerung kam, daß Atlantis niemals existierte außer in den Köpfen derer, die darüber schrieben. Viele dieser Schriftsteller waren überzeugt, daß Plato Atlantis entweder als ein Musterbeispiel für seine philosophischen Vorstellungen über den idealen Staat erfand oder aber den Namen von Reisenden hörte, die ihn aus dem westlichen Mittelmeer mit zurückbrachten, und daß er ihn in Verbindung mit tatsächlich existierenden Orten verwandte, deren entwickelte organisatorische Struktur wie auch architektonischen und technischen Werke seine Zuhörer beeindrucken sollten. Berichte über die Größe, Herrlichkeit und Macht Babylons, Kretas oder Persiens würden sich mit dieser Schilderung einer »Supermacht« decken. Andere Forscher äußerten die Vermutung, daß die ägyptischen Priester vielleicht wirklich Solon etwas sagten, was Platos Bericht entsprach, es aber nur taten, um sein Wohlwollen zu erringen und den Athenern mit der Vorstellung zu schmeicheln, daß ihre Vorfahren vermocht hatten, eine atlantische Armee zu besiegen.

Die Gegner der Atlantis-Theorie scheinen in ihrer Kritik seit Aristoteles' Zeiten irgendwie gemäßigter geworden zu sein. Dieses offenkundige Interesse an diesem Thema, sogar seitens der Zweifler, mag durch den Zauber der atlantischen Legende bewirkt worden sein oder aber durch die im Lauf des wachsenden Wissens über die Vergangenheit zunehmende Erkenntnis, daß bestimmte prähistorische Kulturen nicht als das erkannt wurden, was sie in Wirklichkeit waren, und daß die Prähistorie der Menschheit älter ist, als man glaubte. Einige der Gegner der Atlantis-Theorie sind zu der Schlußfolgerung gelangt, daß Atlantis ein psychologisches Bedürfnis befriedigt – das Bedürfnis der Menschheit, sich mit der Vorstellung zu trösten, daß im Goldenen Zeitalter alles besser war, ehe die erste vollkommene menschliche Zivilisation durch feindliche Elemente vernichtet wurde.

Andere erblicken in der Atlantis-Theorie ein brauchbares Anschauungsbeispiel, besonder im Hinblick auf die Legende, nach der Atlantis durch den moralischen Verfall seiner Bewohner unterging. Zu dieser Gruppe gehören auch die Atlantis-Anhänger von gestern und vor allem heute, die hoffen, daß die Menschheit die atlantische Lektion beherzigen und nicht ein zweitesmal ihre eigene Vernichtung heraufbeschwören wird. Sowie eine geheimnisvolle oder isolierte prähistorische Kultur entdeckt wird, taucht früher oder später unweigerlich die Frage auf: »Kann dies Atlantis gewesen sein?« oder »War dies der Grund für die Atlantis-Sage?«

Einige dieser Theorien sind besonders interessant wegen der Maßangaben, auf die sie sich stützen; es werden in diesen Theorien die Maßangaben, die Plato im Zusammenhang mit Atlantis und seiner Hauptstadt mit ihrem Netz von Kanälen nannte, mit mehreren archäologischen Ausgrabungsstätten verglichen.

Albert Herrmann, ein deutscher Wissenschaftler, vertrat die Ansicht, daß Atlantis in Tunesien lag. Er stützte seine Theorie zu einem großen Teil auf die Vermutung, daß das, was die ägyptischen Priester von Saïs Solon erzählten, möglicherweise falsch übersetzt wurde. Er weist darauf hin, daß alle von Plato angegebenen Maße durch 30 teilbar sind, und folgert daraus, daß die ägyptischen Maßangaben wahrscheinlich in *schomos* – 1 Stadion entspricht 30 *schomos* – gemacht wurden und daß der Dolmetscher in einem verwirrten Versuch, »richtig« zu übersetzen, die ihm genannten Zahlen mit 30 multiplizierte. Wir wissen jedoch nicht, ob Solon überhaupt einen Dolmetscher benutzte, da es durchaus möglich ist, daß die ägyptischen Priester Griechisch sprachen. Auf jeden Fall brachte Herrmann Tunesien mit den über Atlantis gemachten Maßangaben genau in Übereinstimmung und stellte nach der Vermessung der großen zentralen Ebene fest, daß auch sie den von Plato angegebenen Maßen entspricht, wenn man ihre Abmessungen durch 30 teilt. Seiner Ansicht nach ist der Schott el Djerid, ein sumpfiger See, in dessen Nähe man bei Grabungen auf fossilierte Meeresmollusken stieß, der einstige Tritonis-See, ein mit dem Mittelmeer verbundenes Binnengewässer, und waren die angeblich gewaltigen Kanäle nur 3,30 Meter breit. Herrmann glaubte Überreste der Stadt Poseidons entdeckt zu haben, die er ebenfalls mit arabischen Legenden über die uralte »Stadt Brass« in Verbindung brachte. Die Stadt lag in der Sahara bei dem Dorf Rhelissia, das nur aus fünfzehn Häusern bestand, aber einige unterirdische Wasserwege hatte (Überreste von Kanälen?). Obgleich die von Herrmann genannten horizontalen Maßangaben zumindest zu diskutieren sind, würden jedoch die von Plato beschriebenen hochaufragenden Gebirge und luftigen Tempel durch Herrmanns vertikale Maßangaben im Verhältnis 30 zu 1 zu Hügeln und Hütten zusammenschrumpfen.

Ein anderer deutscher Atlantisforscher, Pastor Jürgen Spanuth, stellte in seinem 1953 veröffentlichten Buch *Das enträtselte Atlantis* eine Theorie auf, nach der Atlantis östlich von Helgoland vor der Elbmündung in der Nordsee lag, wo Berichte von versunkenen Bauten lange Zeit allgemein verbreitet waren. Nach Spanuths Theorie war Atlantis die Hauptstadt eines nordischen Reichs, von dem im 12. Jahrhundert v. Chr. der Angriff auf Ägypten ausging, über den die ägyptischen Unterlagen berichten. Indem er seine Aufmerksamkeit auf einige große Felsen auf dem flachen Meeresboden konzentrierte, die seiner Ansicht nach die atlantische Zitadelle sein konnten, bereicherte er die Unterwasserforschung um ein neues Element – Scuba-Taucher*. Es war – soweit wir das wissen – das erstemal, daß Scuba-Taucher bei der Suche nach Atlantis eingesetzt wurden; eine sowohl logische wie im Hinblick auf die Zukunft vielversprechende Entwicklung in der Atlantisforschung. Im Fall der Spanuthschen Froschmänner verrieten die Telefonanrufe, die vom Meeresboden in nicht mehr als neun Meter Tiefe getätigt wurden, allerdings einen gewissen übertriebenen Enthusiasmus. Die Taucher berichteten, daß sie eine Reihe parallel verlaufender Mauern »aus riesigen Felsblöcken« gefunden hätten, deren spätere Vermessung ebenso wie ihre Färbung Platos Bericht entsprachen, allerdings nur – wie in Herrmanns Theorie – in einem verkleinerten Maßstab. Zwei andere Tauchgruppen, welche dieses Gebiet untersuchten, stellten weitere Maße fest und brachten einige Stücke bearbeiteten Flint herauf.

Wegen des allgemeinen Ansteigens des Meeresspiegels, das durch das Absinken der Küsten in großen Teilen Europas während der Stein- und Bronzezeit erfolgte, bergen möglicherweise noch viele abgesunkene Küstengebiete weitere Steinzeitfunde. Das Tauchen nahe der Küste ist jedoch in der Nordsee und im Nordatlantik schwierig und oft undankbar wegen der mangelnden Sicht, ein Problem, das man in dem gewöhnlich klaren Wasser des Mittelmeeres, der Karibik und anderer südlicher Meere nicht kennt.

Dr. Spyridon Marinatos, ein griechischer Archäologe, und Dr. Angelos Galanopoulos, ein Seismologe, liefern mit ihrer Theorie die wahrscheinlich glaubwürdigste Erklärung für die Vermutung, nach der die archäologischen Ausgrabungsstellen der Insel Thera in der Ägäis das ehemalige

---

* Scuba = Abkürzung für: *Self contained under water breathing apparatus*, also die moderne Taucherausrüstung mit Sauerstoffflasche. (*Anm. d. Übers.*)

Atlantis darstellen; diese Theorie ist auch das Thema des oben erwähnten Buches von James Mavor *(Reise nach Atlantis)*. Sie erklärt den mysteriösen Zusammenbruch des minoisch-kretischen Imperiums und die Zerstörung seiner herrlichen Hauptstadt Knossos durch eine vulkanische Explosion, die 1500 v. Chr. die Insel Thera auseinandersprengte und einen Teil der Insel in eine tiefe unterseeische Schlucht verwandelte. Man nimmt an, daß Kreta ebenfalls von diesem Erdbeben betroffen wurde, das seine Städte so verhängnisvoll einstürzen und niederbrennen ließ, daß sie nie wieder ihre vorherige hohe Kulturstufe erreichten. Die durch dieses Erdbeben verursachten Flutwellen müssen mit ihren Wassermassen über die gesamten Küsten des Mittelmeeres hinweggedonnert sein und große und kleine Küstenstädte unter sich begraben haben. Sie waren möglicherweise der Anlaß für einige der Sintflutlegenden. Bei Ausgrabungen ist man auf Thera und Kreta manchmal in mehr als 40 Meter Tiefe auf vulkanische Asche gestoßen. Künftige Ausgrabungen sowohl auf dem Land wie unter Wasser werden zweifellos weitere Aufschlüsse über eine derartige Naturkatastrophe liefern.

Da der ägyptische Handel mit Kreta durch den mysteriösen Verfall des minoischen Imperiums und seiner Hauptstadt Knossos abbrach, waren vielleicht die Ägypter, die plötzlich nichts mehr von Kreta hörten, die Urheber der Legende, daß es verschwunden oder versunken war. Es ist ebenfalls die Vermutung geäußert worden, daß die Berichte von der Invasion, die Ägypten über das Meer von Norden her erreichte, jene Menschen betrafen, die durch das Erdbeben ihr Land und gesamtes Hab und Gut verloren hatten und nun in Ägypten eindrangen, in dem Versuch, sich neues Siedlungsland zu erobern.

Dr. Galanopoulos untermauert die Thera-Atlantis-Theorie noch weiter, indem er nicht nur die von Plato genannten Entfernungsangaben, sondern auch seine eigenen Berechnungen durch 10 teilt, wenn sie die Zahl 1000 übersteigen, sie jedoch unverändert für Vergleiche mit den auf Thera und Kreta vorgenommenen Messungen übernimmt, wenn sie unter 1000 liegen. Auf diese Weise würde der Wassergraben, der die im Zentrum von Atlantis liegende Hauptstadt umgab, nicht eine Länge von 1550 Kilometer, sondern nur von 155 Kilometer gehabt haben, was ungefähr dem Kreisumfang der Ebene von Messara auf Kreta entspricht. Auf die gleiche Weise würde man bei der Berechnung der Stärke der atlantischen Armee nicht auf 1 200 000 Mann, sondern auf nur 120 000 kommen, und die Flotte würde sich von 1200 Schiffen auf bescheidene 120 verringern. Sogar das von Plato genannte Datum der Vernichtung von Atlantis würde, durch 10 dividiert, mehr dem Zeitpunkt der tatsächlichen Zerstörung Theras entsprechen. Man glaubt, die augenscheinliche Diskrepanz zwischen den Zahlen über 1000 dadurch erklären zu können, daß dieser grundsätzliche Irrtum sich bei der Übersetzung der ägyptischen Hieroglyphen einschlich oder auf einer Fehlinterpretation der kretischen Schrift beruhte.

Arthur C. Clarke, der hervorragende Autor von wissenschaftlichen Sach- und Science-fiction-Büchern, dessen Interesse sowohl der Vergangenheit wie der Zukunft, den Tiefen der Ozeane wie dem Weltraum gilt, ist der Ansicht, daß die Mittelmeervölker auch im Falle, daß Atlantis tatsächlich existierte, sich nicht daran, sondern an die weniger weit zurückliegende Thera-Katastrophe erinnert hätten. Als Beweis führte er die Tatsache an, daß niemand in Amerika mehr über das Erdbeben von San Francisco 1836 spricht, weil die Menschen sich nur noch an das Unglück jüngeren Datums – den Brand von 1906 – erinnern, das, nebenbei bemerkt, viel weniger Verwüstung anrichtete. Clarke geht mit seinen Analogien noch einen recht beunruhigenden Schritt weiter: Falls Chikago, so meint er, von einer Atombombe getroffen würde, würden die Überlebenden sich nur noch an die Bombe und n i c h t mehr an den Brand von Chikago im Jahre 1871 erinnern.

Ignatius Donnelly führte Thera (auch Santorini oder Santorin genannt) 1882 als ein Beispiel für die durch Vulkanausbrüche und Erdbeben verursachten Landveränderungen von Mittelmeerinseln an und behauptete, daß »eine kürzliche Untersuchung dieser Inseln zeigt, daß die gesamte Landmasse von Santorin seit ihrem Auftauchen aus dem Meer mehr als vierhundert Meter abgesunken ist«. Donnelly scheint sich damit auf den tiefen unterseeischen Graben zu beziehen, der sich jetzt dort befindet, wo früher Land war, bevor dieser Teil Theras (Santorins) versank.

Dr. Galanopoulos, der sich an näheren Untersuchungen dieses unterseeischen Grabens beteiligte, äußerte die Vermutung, daß sich die einstige Hauptstadt von Atlantis ganz in seiner Nähe befand, und veranschaulichte durch eine erfinderisch übereinanderkopierte Zeichnung, wie die von Plato beschriebene Poseidonszitadelle in die Nord- und Südspitze Theras, die sich von der Hauptmasse der Insel nach Westen erstrecken und zwischen sich eine Bucht bilden, hineinpassen würde. In einer Tiefe von vierzig Meter wurden in dieser Bucht mehrere Unterwasserruinen gefunden.

Allein schon seinem Aussehen nach scheint Thera der Überrest einer vulkanischen Katastrophe zu sein, mit seinem in der Mitte aufragenden rauchenden Bergkegel, seinen schwarzen Klippen und häufigen Erdbeben, von denen eines kürzlich die Seilbahnverbindung zu dem Vulkan zerstörte. Ein weiterer Beweis für die seismische Tätigkeit dieses Gebiets sind die kleinen Inselchen, die von Zeit zu Zeit aus dem Meer auftauchen und von den Einheimischen »die verbrannten Inseln« genannt werden. Das Wasser ringsum ist derart schwefelhaltig, daß die Fischerboote von allem Algen- und Entenmuschelbewuchs gereinigt werden, wenn sie einige Tage lang bei den »verbrannten Inseln« ankern. Der Name »Thera« leitet sich von dem altgriechischen Wort für »wildes Biest« ab. Die Insel bleibt mit ihrem unterirdischen Grollen und den aufsteigenden Rauchwolken auch heute noch diesem Namen treu, der unbezähmbare Wildheit und Gefahr beinhaltet, und scheint jederzeit zu einer Wiederholung der überlieferten Explosion bereit zu sein.

Aber Thera und Kreta liegen im Mittelmeer und ganz eindeutig diesseits der Säulen des Herakles, während Plato und die Legende Atlantis jenseits von ihnen in den Atlantik verlegten. Kann es sein, daß Plato oder die Quellen, aus denen er sein Wissen schöpfte, geographisch verwirrt waren? Das scheint durchaus möglich, wenn man bedenkt, zu welcher Epoche Plato lebte. Beide Inseln – der Name Atlantis wurde nicht in Verbindung mit Thera oder Kreta genannt – waren jedoch Zentren einer hohen Zivilisation, die von Naturkatastrophen getroffen und zu einem großen Teil vernichtet wurden. Falls wir die Zerstörung Theras als ein tatsächlich erfolgtes Ereignis akzeptieren – in Anbetracht der überzeugenden vorhandenen Beweise haben wir keine andere Wahl –, müssen wir dann jeden Gedanken an ein »atlantisches Atlantis« aufgeben? Aber auch wenn wir uns der Meinung anschließen, daß Thera Atlantis war, bleibt immer noch der Name Atlantis als solcher zu erklären und gewisse rätselhafte und bis heute noch nicht beantwotete Fragen hinsichtlich bestimmter Überlieferungen, völkischer Erinnerungen und Ähnlichkeiten, der Verbreitung von Menschenrassen und Tierarten, der kulturellen Übereinstimmung in Kunst und Architektur, wie sie vor Kolumbus auf beiden Seiten des Atlantiks bestanden.

Aber gibt es sonst noch etwas? Irgendwelche Hinweise dafür, daß Atlantis

171

nicht nur ein Name in einer »zugkräftigen« Geschichte war, bei der es um eine ganz bestimmte lokale Naturkatastrophe ging? Ja, es gibt einige erstaunliche Tatsachen, die, würde man sie in Verbindung mit anderen Faktoren studieren, viel zu Erklärung des Geheimnisses um Atlantis beitragen und neue Wege zu einer sogar noch gründlicheren Erforschung erschließen könnten.

Bevor wir uns jedoch der offensichtlichen Erklärung zuwenden (falls es überhaupt für etwas, das sich in der fernen Vergangenheit der Menschheitsgeschichte ereignete, eine solche geben kann), wollen wir uns noch etwas weiter in das Geheimnis um Atlantis vorwagen.

Als die Kanarischen Inseln im 14. Jahrhundert von den Europäern entdeckt wurden, bekundeten ihre Bewohner, als eine sprachliche Verständigung mit den Spaniern möglich geworden war, ihre Überraschung darüber, daß es noch andere lebende Menschen gab, da sie geglaubt hatten, daß die gesamte Menschheit in einer Katastrophe umgekommen sei, bei der nur einige Gebirge, ihre jetzige Heimat, nicht im Wasser versunken waren. Diese Inselbevölkerung besaß außerdem eine eigenartige Mischung aus einer zivilisierten Kultur und steinzeitlicher Primitivität.

Sie hatten unter anderem ein System einer Wahlmonarchie mit zehn Königen (siehe Atlantis!), beteten die Sonne an, hatten einen besonderen Orden heiliger, der Sonne geweihter Priesterinnen, mumifizierten ihre Toten, bauten Häuser aus dicht zusammengefügten Steinen mit rot-, weiß- und schwarzfarbigen Mauern sowie gewaltige runde Befestigungsanlagen, kannten eine Art der Bewässerung durch Kanäle, nahmen Tätowierungen vor, indem sie die Haut mit Siegeln bedruckten, stellten Tongefäße her, die denen der amerikanischen Indianer glichen, und Steinlampen, besaßen eine Literatur und sogar Gedichte und eine Schriftsprache. Ihre mündliche Sprache – die für immer verlorenging – scheint mit jener der Berber verwandt gewesen zu sein und vielleicht ebenfalls mit jener der Tuaregvölker Afrikas, die oft für die möglichen rassischen Nachkommen der Atlantiden gehalten werden.

Mehrere der oben aufgezählten Kulturmanifestationen entsprechen recht genau denen von Atlantis und anderen atlantischen, transatlantischen und Mittelmeerkulturen. Es ist die Vermutung geäußert worden, daß die Kanarischen Inseln von den Phöniziern besiedelt wurden; es erscheint jedoch unwahrscheinlich, daß ein Volk von Seefahrern Nachkommen hinterläßt, die auf einer Insel leben, aber das Meer meiden. Es wäre nur durch die Annahme zu erklären, daß eine Flutkatastrophe bei den Überlebenden und ihren Nachkommen eine traumatische Erinnerung hinterließ.

Andere Anzeichen sprechen für einen beträchtlichen kulturellen Verfall, so die Tatsache, daß die Guanchen ihre Kriege mit Steinen und hölzernen Waffen führten – aber doch noch so gut organisiert waren, daß sie sich eine Zeitlang gegen die Spanier behaupten konnten.

Bei der Untersuchung der Schädel von Mumien ist man auf eine verblüffende Übereinstimmung der medizinischen Praktiken gestoßen. Es handelt sich um die Trepanationstechnik, bei der das Gehirn bei einer Schädelverletzung mit einer Gold- oder Silberplatte abgedeckt wird. Sowohl die Guanchen der Kanarischen Inseln wie die peruanischen Inkas praktizierten diese schwierige medizinische Kunst, aber man kann nur Vermutungen darüber anstellen, ob sie einer gemeinsamen atlantischen Kultur entstammte oder das Ergebnis einer natürlichen Entwicklung bei Völkern war, die die Angewohnheit hatten, ihre Feinde mit Keulenhieben auf den Kopf zu traktieren.

Sogar einige der von Plato genau beschriebenen Details kann man auf den atlantischen Inseln wiederfinden. So berichtet Plato von schwarzen, weißen und roten Felsen; vulkanisches Felsgestein in genau diesen Farben kann man heute noch in den Steinen der Azoren, der Kanarischen Inseln und anderer atlantischer Inseln sehen. Das erwähnte milde Klima und der unerschöpfliche Obstreichtum gilt immer noch für Madeira, die Kanarischen Inseln und die Azoren, und der große, in der zentralen Ebene emporragende Berg könnte der Teyde auf Teneriffa sein. Eine andere Übereinstimmung mit Platos Bericht bilden die heißen und kalten Quellen, die angeblich durch Poseidons Dreizack entstanden. Diese Quellen gibt es, genau wie die roten, weißen und schwarzen Steine, auch heute noch auf den Azoren.

Paul le Cour, der Gründer der französischen Gesellschaft *Les Amis d'Atlantis* wie auch einer Zeitschrift mit dem Titel *Atlantis*, besuchte die Azoren und berichtete von diesen Übereinstimmungen und dem noch heute üblichen Gebrauch von Schlitten auf den Azoren, die über runde Kieselsteine gezogen werden und ein Überbleibsel einer steinzeitlichen Transportart darstellen, das sich bis in die Moderne erhalten hat. Die Azoren gleichen genau wie Thera, nur noch in verstärktem Maße, den Überresten eines versunkenen Landes, mit ihren mächtigen schwarzen Berggipfeln, die direkt aus dem Meer aufsteigen.

173

Es kam offensichtlich im Altertum zu gelegentlichen Kontakten zwischen den Guanchen und den Phöniziern, Karthagern, Numidiern und Römern, doch hatte ihre ehemalige Kultur sich beträchtlich zurückgebildet, als sie von den Spaniern »entdeckt« wurden.

Es gibt keine Unterlagen oder Berichte darüber, daß man bei der Entdeckung der Azoren irgendwelche einheimischen Bewohner vorfand, obwohl man auf Relikte stieß, die von früheren Bewohnern oder die Insel besuchenden Seefahrern stammen könnten. Auf der Insel San Miguel wurde in einer Höhle eine Steinplatte mit der Ritzzeichnung eines Gebäudes entdeckt. Paul le Cour »identifizierte« mit einem Enthusiasmus, der seiner Position als Gründer einer Atlantis-Gesellschaft durchaus würdig war, diese Gravur als die Darstellung eines atlantischen Tempels.

Anscheinend besuchten Karthager und Phönizier die Inseln, denn man fand auf Corco, der westlichsten Insel der Azoren, karthagische Münzen. Die ersten Forscher entdeckten – ebenfalls auf Corco – eine steinerne Reiterstatue mit einer nicht zu entziffernden, in den Sockel geritzten Inschrift. Unglücklicherweise befahl jedoch der König von Portugal im 16. Jahrhundert, sie wegzuschaffen; sie ging durch die Unachtsamkeit der damit beauftragten Arbeiter kaputt, und so ist sie, wie auch der Sockel mit der Inschrift, unwiderruflich verloren. Ein faszinierendes Detail wurde uns jedoch erhalten; A. Braghine, ein zeitgenössischer Forscher, berichtet darüber in seinem Buch *The Shadow of Atlantis* (dt. *Atlantis*). Als die portugiesischen Seefahrer auf ihrer Suche nach neuen Ländern die Azoren entdeckten und die Statue sahen, fiel ihnen auf, daß der Arm des Reiters gegen Westen zeigte – zur Neuen Welt hin. Und die Bewohner von Cocor sollen die Statue *Catés* genannt haben, was weder im Portugiesischen noch im Spanischen etwas bedeutet, aber durch einen eigenartigen linguistischen Zufall in der Ketschuasprache des alten Inkareichs dem Wort für »folgen« oder »geh dorthin« – *cati* – ähnelt.

Wenn wir unter Berücksichtigung aller uns bekannten Fakten Betrachtungen über die atlantischen Inseln und ihre mögliche Verbindung mit den Küsten des Atlantiks sowie, bei Erweiterung des Kreises, mit den Inseln und Küstenkulturen der frühen Mittelmeerwelt anstellen, kommen wir einer eventuellen Lösung des Geheimnisses um Atlantis sehr nahe – einem Geheimnis, das vielleicht niemals ein Geheimnis war, da wir immer eine offenkundige Erklärung zur Hand hatten.

Die ozeanographische Forschung wie auch eine völlig neue Untersuchungspraxis, die Unterwasserforschung durch Scuba-Taucher, vereinigen sich in dem Bemühen, eine logische und glaubwürdige Antwort zu finden.

Unterwasserforscher – auch wenn manche von ihnen Phantasten sein mögen – haben im allgemeinen eine praktische und pragmatische Einstellung, die für ihr Überleben quasi unentbehrlich ist. Sie haben sich in den vergangenen Jahren mit eigenen Augen davon überzeugt, daß der Wasserspiegel der Weltmeere im Lauf der Jahrhunderte ständig gestiegen ist, und das bedeutet, daß sich an den Küsten des Mittelmeeres und der Karibik wie auch der anderer Meere noch ein reiches, unerschlossenes Feld für archäologische Entdeckungen hinzieht.

Jean Albert Foëx bietet in seinem kürzlich erschienenen Buch *Histoire. Sous-Marine des Hommes* (dt. *Der Unterwassermensch)* die am wahrscheinlichsten erscheinende und gleichzeitig einleuchtendste Erklärung für Atlantis. Seine Schlußfolgerungen beruhen nicht auf Legenden oder Mythen, sondern auf anerkannten wissenschaftlichen Fakten.

Diese Schlußfolgerungen stützen sich auf die allgemein von Geologen und Ozeanographen anerkannte Tatsache, daß das Ansteigen der Weltmeere, das in den letzten Jahrtausenden etwa dreißig Zentimeter pro Jahrhundert betrug, vor einigen Jahrtausenden sehr viel schneller erfolgte. Um das 10. Jahrhundert v. Chr. lag der Meeresspiegel der Erde ungefähr 150 bis 170 Meter tiefer als heute. Das Ansteigen der Weltmeere wurde durch die beim Abschmelzen der letzten Gletscher freiwerdenden Wassermassen verursacht. Als die dritte und letzte Eiszeit zu Ende ging und das Eis schmolz, stiegen die Meere um mehr als 170 Meter, und dieses Ansteigen wurde von heftigen Regenfällen und Vulkanausbrüchen, vor allem in den vulkanischen Zonen des Atlantiks, begleitet, was alles zusammen wie der Untergang der Welt in einer einzigen furchtbaren Sintflut gewirkt haben muß. Mit anderen Worten: Der atlantische »Kulturkomplex«, der sich, wie logisch zu erwarten, auf klimatisch gemäßigten Inseln und benachbarten Küsten entwickeln konnte, verschwand in den Überflutungen und den gleichzeitigen, durch das Abschmelzen der letzten gewaltigen Gletscher ausgelösten seismischen Störungen. Durch dieses Ansteigen des Wasserspiegels ließe sich auch die Entstehung oder Vergrößerung des Mittelmeers erklären, dessen Boden kein richtiger typischer Meeresboden ist, sondern von Gebirgen und Tälern gekennzeichnet wird.

Wir befinden uns jetzt bei unseren Studien über Atlantis auf allgemein anerkanntem, wissenschaftlichem Grund. Wir wissen, daß die Gletscher existierten, wissen ebenfalls, daß es den voreiszeitlichen Menschen gab, und wissen durch die Carbon-14-Daten des aus den Meeren heraufgeholten Untersuchungsmaterials – einschließlich Austernmuscheln, Meeresmollusken, Torf, Mastodon- und Mammutknochen und sogar prähistorischen Werkzeugen –, in welchem Rhythmus die Weltmeere anstiegen.

Wenn wir uns die atlantischen Inseln so, wie sie damals waren – also mit dem sie umgebenden Meeresboden bis zu einer Tiefe von 170 Meter oder mehr – vorstellen, erhalten wir Inseln mit viel größeren Landflächen, vielleicht keine Kontinente, aber doch groß genug für eine blühende und fleißige Bevölkerung und die Entwicklung einer Zivilisation und Kultur.

Auch die anderen Küsten, jene Frankreichs, Spaniens, Portugals, Nordafrikas und Amerikas, erstreckten sich weit in das Meer hinaus, wahrscheinlich bis zum Abbruchrand des Kontinentalsockels, wie die unterseeischen Cañons beweisen, die von den heutigen Flußmündungen bis zum Rand der Steilabfälle führen. Diese ozeanischen Inseln waren nicht nur größer als die heutigen, sondern auch zahlreicher. Zu ihnen würden als weite trockene Landflächen die Großen und die Kleinen Bahamabänke zählen, auf denen kürzlich unterseeische Bauten und Städte entdeckt wurden. Die »vorflutliche« Ausdehnung dieser Gebiete und der atlantischen Inseln erinnert uns an Platos Erwähnung der »... anderen Inseln... und von den Inseln auf das ganze gegenüberliegende Festland...«. Die Bevölkerungsschwerpunkte dieses prähistorischen Imperiums befanden sich natürlich oberhalb des damaligen Wasserspiegels, und genau in dieser Höhe sollte, wie Foëx ausführt, die Suche nach Atlantis fruchtbare Ergebnisse erbringen – und zwar nicht die Suche nach Legenden oder alten Überlieferungen, sondern das Aufspüren der Städte und Häfen des ehemaligen, versunkenen Atlantis. Sowohl bei den Azoren wie den Kanarischen Inseln hat man bereits Unterwasserbauten unbekannten Ursprungs entdeckt.

Mit dieser Erklärung, die, soweit es den ehemaligen Wasserstand betrifft, von der Wissenschaft bestätigt wird, bringen wir Atlantis wieder zurück in den Atlantik, und zwar genau dorthin, wo Plato es placierte. Aber der Atlantik war zu jener Zeit anders, im ganzen kleiner, und enthielt viel größere und näher an die Küste der umliegenden Kontinente heranreichende Inseln, genau wie Plato und andere es beschrieben.

Sogar das Zeitelement fügt sich nahtlos dieser Erklärung ein. Plato gibt nach den Aussagen der ägyptischen Priester von Saïs einen etwa 11 250 Jahre zurückliegenden Zeitpunkt für das Versinken von Atlantis an; und die moderne Wissenschaft datiert das Ende der letzten europäischen Eiszeit – also die letzten Gletscher – mit den darauffolgenden Überflutungen auf 10 000 v. Chr. Die Ausbreitung der megalithischen Kultur über Europa erfolgte zu ungefähr dieser Zeit, und da die Daten für Tartessos und die frühen Kulturen Südspaniens, Nordafrikas und der Mittelmeerinseln ständig weiter zurückgeschoben werden, nähern sie sich immer mehr der Periode, in der die letzten Gletscher abschmolzen und sich der vermutete Exodus aus Atlantis vollzog.

Es war, mit anderen Worten, alles zum Teil wahr – alles, was die Legenden und Mythen berichten, nur irgendwie verändert durch die Zeitenschleier der Überlieferung und die Vergeßlichkeit des menschlichen Gedächtnisses. Es gab einst große Inseln im Atlantik. Und es ereignete sich eine große Flut, welche die ganze Erde heimzusuchen schien. Aber die Wassermassen wichen nicht wieder zurück. Sie umgeben uns noch heute. Die Landmassen versanken gar nicht, sondern wurden unter den Fluten begraben. Und mit Ausnahme der Gebiete, die von der in Küstennähe auftretenden Ebbe und Flut erfaßt wurden, kamen diese Landmassen nicht wieder zum Vorschein. Und so liegen sie immer noch genau dort, diese »versunkenen« Länder, tief unter dem Meer. Nur ihre höchsten Gebirge ragen mit ihren Gipfeln über den Atlantik empor. Und zu ihren Füßen, auf den jetzt unterseeischen Sandbänken – den ehemaligen Ebenen fruchtbaren Landes –, müssen die Ruinen oder die Überreste ihre Städte, Paläste und Tempel liegen.

Dieses Atlantis, das von dem durch die Gletscherschmelzwasser ansteigenden Atlantik überflutet wurde, ist selbstverständlich kaum das Weltimperium, das Donnelly annahm, noch das Goldene Zeitalter, von dem so viele seiner kulturellen Nachfahren träumten und immer noch träumen. Es mag oder mag auch nicht die von vielen Autoren beschriebene »Superzivilisation« mit modernen und uns noch unbekannten Erfindungen und Errungenschaften gewesen sein, die als mahnendes Beispiel für uns alle für ihre Sünden bestraft wurde. Wahrscheinlich ist jedoch, daß auf fruchtbaren und klimatisch begünstigten Inseln gewisse Cromagnon-Völker als erste eine Kultur entwickelten, die sich auf umliegende Küstengebiete ausbreitete, und das sowohl bevor und nachdem die dramatische Veränderung der Erdoberfläche sie zwang, »auszuwandern«. Wir wissen nicht, welche Sprache sie sprachen, und besitzen nur eine vage Vorstellung über ihre Kultur. Doch falls wir jemals Klarheit darüber erhalten – und die Chancen stehen gar nicht schlecht –, werden wir sehr viel mehr über den Ursprung unserer Zivilisation, über unsere kulturelle Herkunft, unsere Prähistorie und vielleicht auch über uns selbst wissen.

Wo ist Atlantis zu suchen?

Mit der Entwicklung der Unterwasserforschung und Archäologie wird die Frage, ob man Atlantis mit seinen kulturellen wie materiellen Schätzen eines Tages findet, immer mehr zu einem Thema der Unterwasserforschung. Die Scuba-Taucher dringen in immer größere Tiefen vor und werden mit Spezialkombinationen von Gasmischungen bald Tiefen von 400 oder sogar 500 Meter erreichen.

Tiefseetauchkugeln, so wie Picards *Trieste II* und die *Archimède* der französischen Marine, können bereits auf den Boden der tiefsten Gräben des Ozeans gelangen. Es werden auch kleine U-Boote hergestellt, die sowohl äußerst manövrierfähig wie vielseitig sind und sozusagen eine Verlängerung der Arme eines Tauchers bilden. Sie sind mit Sonar und Fernsehkameras ausgerüstet. Das Tiefseetauchboot *Alvin* (Union Carbide), ein für zwei Taucher gebautes Unterwasserfahrzeug, fand und »rettete« die vor der spanischen Küste verlorene Atombombe.

Die kleineren Modelle werden laufend verbessert. Die zweisitzige *Star Class I* von General Dynamics hat eine Tauchdauer von 6 Stunden und eine Tiefenreichweite von 130 Meter, während die neue *Star Class III* ihre Tauchdauer auf 24 Stunden erweitert hat und eine Tiefe von 1000 Meter erreichen kann. Jacques Cousteau hat eine Tauchkapsel entwickelt, die bis zu Tiefen von 330 Meter einsatzfähig ist, und Dimitri Rebikoffs *Pegasus* – eine Art Torpedo, auf dem ein Scuba-Taucher wie auf einem Pferd reitet und es, wie ein guter Reiter, nicht mit den Händen, sondern mit den Beinen und Flossen steuert – verbindet größtmögliche Beweglichkeit mit einem Optimum an Sicht. Die *PX 15*, die *Ben Franklin*, ist mit ihrer fünfköpfigen Besatzung ein Unterwasserfahrzeug für ausgedehnte Forschungsprogramme; sie hat breite Sichtfenster und kann, ohne aufzutauchen, wochenlang unter Wasser bleiben, wobei sie entweder mit eigenem Antrieb manövriert oder sich von Unterwasserströmungen in Tiefen bis zu 700 Meter treiben läßt.

Die *Asherah*, ein zweisitziges Spezialunterwasserfahrzeug, wurde von General Dynamics speziell für unterseeische archäologische Forschungen durch Tauchgruppen der University of Pennsylvania konstruiert. Sie

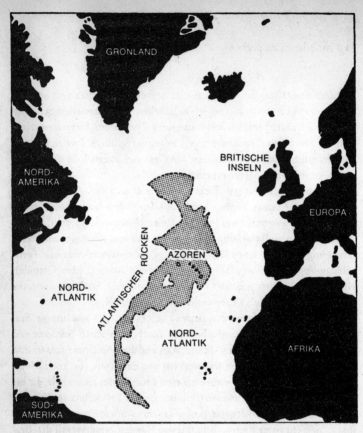

War dies Atlantis?
Das Hochplateau am Mittelatlantischen Rücken.

macht mühelos 2,5 Knoten, ist mit allen möglichen Untersuchungsgeräten, einem geschlossenen Kreis von Fernsehkameras sowie mit stereoskopischen Kameras ausgerüstet – also ein maßgeschneidertes Forschungsgerät für die Unterwasserarchäologie.

Ein anderes Spezialunterwasserfahrzeug wurde für die Erforschung der »lebenden« Gegenwart entwickelt, und zwar für die Identifizierung des Ungeheuers von Loch Ness mit Hilfe von Sonaranlagen, die an den Ufern sowie auf Schiffen installiert waren. Die vielleicht am besten durchkonstruierte Tiefseetauchkugel für große Tiefen ist die Link *Deep Diver* mit ihrer Außenkammer. Die Taucher können sich, bevor sie das Fahrzeug verlassen, in dieser Druckkammer auf den in der jeweiligen Tiefe herrschenden Druck umstellen und bei ihrer Rückkehr allmählich an den normalen Innendruck der Kapsel anpassen. Auf diese Weise können sie viel länger und tiefer tauchen, und die Rückangleichung an normalen Druck ist ein wesentlich geringeres Problem.

Das *Sea-Lab*-Projekt, das jetzt im Versuchsstadium ist, ermöglicht es Tauchern, längere Perioden in einer Tiefe von über 200 Meter zu arbeiten. Es ist in diesem Zustand besonders interessant, sich daran zu erinnern, daß die Wassertiefe über den Kontinentalsockeln meist weniger als 200 Meter beträgt. Das *Sea-Lab*, ein »Unterwasserhaus«, ruht auf Stelzen dicht über dem Meeresgrund und hat im Boden einen direkten Ausgang in das Wasser, das durch Überdruck nicht eindringen kann; durch diesen Ausgang können die mit Mark VII Scuba-Ausrüstungen mit speziellen Sauerstoff- und Heliummischungen versehenen Taucher direkt auf den Meeresboden gelangen. Da in der Kapsel der gleiche Druck wie draußen herrscht, können sie außerdem viel länger in großen Tiefen bleiben, bevor sie sich wieder auf geringeren Druck umstellen.

Es gibt jetzt einen von Unterwasserfahrzeugen benutzten Side-scan-Sonar, einen Flächenechograph, der zur Erfassung von Unterwasserbauten wie auch von Naturformationen benutzt werden kann. Mit Hilfe einer elektronisch erfolgenden Untersuchung kann man sogar die Beschaffenheit von unterseeischen Bodenerhebungen feststellen. Und durch eine erstaunliche neue Technik, die der magnetischen Aufnahme des Meeresbodens, kann die Datierung direkt aus einem Unterwasserfahrzeug vorgenommen werden. Außerdem sind auf dem Gebiet der Datierung von Artefakten in den vergangenen Jahren geradezu spektakuläre Fortschritte gemacht worden, was sowohl für das Verfahren der Carbon-14-Datierung wie für die neuen Techniken gilt, die mit Thermolumineszenz und Archäomagnetismus arbeiten.

Mit diesen jetzt zur Verfügung stehenden Hilfsmitteln dürfte es zweifellos leichter sein, Überreste von Atlantis zu entdecken, als zu William Gladstones Zeiten, der versuchte, dem Britischen Parlament Gelder für die Atlantisforschung abzuringen, oder damals, als Donnelly vorschlug, daß »…die Kulturvölker der Jetztzeit ihren zumeist in zwecklo-

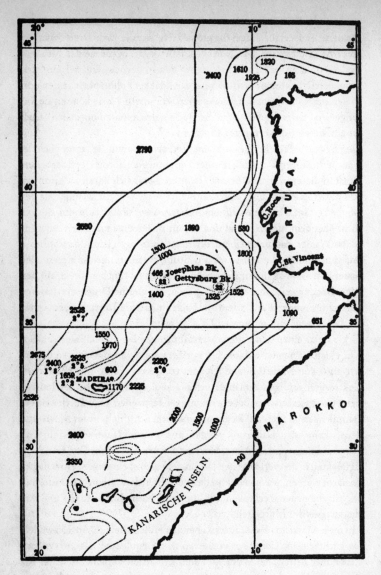

Wassertiefen um die Kanarischen Inseln und Madeira.

ser Müßigkeit das Weltmeer durchfahrenden Kriegsschiffen einmal eine nützliche Kulturarbeit zuweisen: Sie sollen sich darum bemühen, ob es nicht möglich wäre, wenigstens einige der Reliquien dieses unterge- gangenen Landes wieder an das Tageslicht zu bringen. Einzelne Teile der ehemaligen Insel Atlantis liegen ja nur wenige hundert Faden unter dem Meeresspiegel, und im allernächsten Umkreis der heutigen Azoren-In- seln würde eine systematische Erforschung des Meeresbodens gewiß auch einige wertvolle Resultate liefern. Und wenn man früher von Zeit zu Zeit ganze Expeditionen ausgesandt hat, um mit enormen Kosten ein paar tausend Goldstücke auf irgendeinem versunkenen Postdampfer heraus- zuholen – warum sollte man da den Versuch scheuen, die begrabenen Wunder von Atlantis zu erreichen?«

Durch die neuen Tauchtechniken und Unterwasserfahrzeuge wird uns bereits heute die vollständige Erforschung der Kontinentalsockel möglich gemacht – und genau dort werden wir zweifellos prähistorische Überreste und Hinweise finden, die zu einer endgültigen Lösung des Rätsels um At- lantis führen. Und nicht nur in der Nähe der Azoren, der Kanarischen oder anderen atlantischen Inseln – denn der Bereich der Unterwasserfor- schung im Atlantik und den an ihn grenzenden Meeren umfaßt all die versunkenen Landmassen, die gar nicht versanken, wie wir nun wissen, sondern von den Wassermassen begraben wurden, die sich beim letzten Abschmelzen der Gletscher in die Meere ergossen. Dieser Bereich er- streckt sich über einen großen Teil des europäischen und amerikanischen Kontinentalsockels wie auch über die Bänke, die die atlantischen Inseln umgeben und von denen manche vielleicht durch den steigenden Meeres- spiegel überflutet wurden, vielleicht aber auch durch seismische, von Vulkanen ausgelöste Tätigkeit im Meer versanken.

Diese versunkenen Landmassen umschließen folglich viele Gebiete, in denen man früher Atlantis oder andere versunkene Städte und vielleicht sogar Kontinente vermutete, so die überfluteten Siedlungen vor den Kü- sten Frankreichs, Spaniens und Irlands, die versunkenen Inseln und Kü- stenstreifen des Mittelmeerbeckens, die Untiefen vor den Ostseeküsten, die prähistorischen kulturellen Überreste Nord- und Mittelamerikas (einschließlich das »Wiederauftauchen von Atlantis« bei Bimini) und be- sonders die einstigen Niederungen und Küstenstädte der atlantischen In- seln, die – sollten sie tatsächlich jemals existiert haben – sich jetzt durch die Überflutung oder das Absinken mindestens 200 Meter tief unter Was-

183

ser an den ehemaligen Küstenlinien oder Küstenniederungen befinden müßten.

Folglich sollte sich die Suche nach Atlantis über die gesamten atlantischen Küstengebiete und Inseln mit ihren unterseeischen Bänken und Plateaus erstrecken. Es ist jedoch kaum anzunehmen, daß kostspielige Suchexpeditionen entsandt werden – ganz egal, wie wichtig oder wertvoll auch die auf dem Meeresboden ruhenden Überreste und Artefakte sein mögen –, bevor man nicht konkrete Hinweise auf ganz spezifische Punkte in jener anderen Welt hat, die unter dem Meer liegt.

Wir können allerdings hoffen, daß archäologische Funde, die mit dem Kulturkreis von Atlantis zusammenhängen, rein zufällig auf dem Meeresboden dadurch gemacht werden, daß Forscher sich durch die Entwicklung neuer und noch raffinierterer Ausrüstungen und Geräte mit einer Vielzahl von Unterwasseruntersuchungen und Forschungen befassen werden – sei es, daß sie nach gesunkenen Schiffen suchen, so wie nach dem Atom-U-Boot *Scorpion*, das man schließlich 600 Kilometer südwestlich von Santa Maria in den Azoren fand; oder nach Erdöl oder anderen Bodenschätzen auf den Kontinentalsockeln; oder den Meeresboden für Karten vermessen, Unterwasserströmungen erkunden und das Leben der Fische studieren.

Das Meer ist die letzte große Schatzkammer der Erde, und alles, was in ihm versank oder von ihm verschlungen wurde, ruht auch heute noch auf seinem Grund. Wir müssen nur zu ihm in die Tiefe hinunter vordringen und diese Schätze als solche erkennen. Und das ist uns jetzt zum erstenmal in der langen Geschichte, auf die die Suche nach Atlantis zurückblicken kann, möglich. Der Schlüssel zu unserer eigenen Menschheitsvergangenheit liegt möglicherweise auf dem Meeresboden.

Und noch eine letzte Frage: Kann Atlantis gefunden werden? Die nächste Zukunft wird diese Frage beantworten. Ja, es kann und wird gefunden werden – und zwar hauptsächlich durch die Bemühungen von Unterwasserforschern, den psychologischen Nachkommen der Atlantiden – den modernen »Menschen des Meeres«.

13

Wurde Atlantis gefunden?

Seit der Veröffentlichung dieses Buches in den USA (1971) wurden weitere ungewöhnliche Funde und Entdeckungen gemacht, die die Schlußfolgerung nahelegen, daß man in dem östlichen und westlichen Teil des Atlantischen Ozeans sowie in dessen Mitte tatsächliche Bauten aus den Zeiten von Atlantis auf dem Meeresboden entdeckt hat. Erinnern wir uns daran, daß die meisten über Atlantis angestellten Vermutungen sich auf Theorien, Legenden, historische Hinweise aus dem Altertum, dazu passende linguistische und kulturelle Ähnlichkeiten, die anders schwierig zu erklären wären, geologische und zoologische Übereinstimmungen und sogar übersinnliche Visionen und Erkenntnisse sowie ererbte Erinnerungen stützen. Was geschähe – stellen Sie sich das nur einmal vor! –, wenn ein konkreter Beweis für das Vorhandensein von Unterwasserstädten in etwa genau den von Plato genannten und vom Volksglauben seit dem fernen Altertum überlieferten Stellen gefunden würde? Derartige Entdeckungen würden ein völliges Umdenken in historischer Hinsicht erfordern, eine Neubewertung unseres eigenen zivilisatorischen Fortschritts, und in Anbetracht der zwischen Atlantis und unserer modernen Welt liegenden Zeitspanne sogar eine neue Würdigung der Fähigkeiten des von uns allgemein als »primitiv« bezeichneten Menschen. Es ist ebenfalls damit zu rechnen, daß das wissenschaftliche Establishment die Bedeutung derartiger Funde bestreiten und versuchen würde, sie mit dieser oder jener Erklärung abzutun, um – wie Charles Hapgood treffend bemerkte – »der entsetzlichen Alternative versunkener Kontinente« aus dem Wege zu gehen.

Genau das ist bereits geschehen. Als Dr. Manson Valentine 1968 als erster die »Bimini-Straße« entdeckte und untersuchte, jene versunkene Mauer, die auch ein Fundament, eine Straße oder ein Dock sein mag und in einer Tiefe von 6 Faden östlich von Nordbimini verläuft, wurde sofort heftige Kritik laut, die bis heute nicht verstummt ist. Es wurde behauptet, daß diese zyklopischen Blöcke in Wirklichkeit nur Küstenfelsen seien, die zufällig in blockähnlicher Form abgebrochen wären. Dem muß jedoch entgegengehalten werden, daß Küstenfelsen nicht große Blöcke formen, die

185

in einem Muster zusammenpassen, und daß zufällige Felsspaltungen nicht Quader mit rechwinklig zueinander verlaufenden Kanten ergeben, noch regelmäßig angelegte Durchgänge zwischen aus solchen Felsblöcken errichteten Abschnitten schaffen, und daß auf dem Meeresboden liegende »natürliche« Küstenfelsblöcke vor allem nicht auf Steinsäulen ruhen, wie es bei diesen zyklopischen Quadern der Fall ist! Jeder, der diese großartige Steinanlage mit eigenen Augen gesehen hat, die sich in einer geraden Linie Tausende von Metern weit in die dunkle violette Ferne erstreckt, bis sie wieder unter dem Sand verschwindet (und später vor anderen Teilen Biminis gleich Befestigungsanlagen einer gigantischen Zitadelle wiederauftaucht), für den gibt es keinen Zweifel, daß dies ein von Menschenhand geschaffenes Werk ist. Die Quader weisen außerdem eine andere Zusammensetzung auf als die Küstenfelsen und könnten nach Ansicht Dr. Valentines besonders behandeltes Felsgestein oder sogar Kunststein sein. Linienpiloten und Piloten privater Flugzeuge entdeckten weit draußen im Meer vor Bimini in einer Tiefe von ungefähr 30 Meter senkrechte Mauern und sogar einen großen Torbogen. Ebenso wurden Unterwasserpyramiden oder Pyramidenfundamente in Entfernungen gesichtet, die zwischen mehreren Kilometern vor der Küste und Hunderten von Kilometern auf dem Meer variieren. Etwa 15 Kilometer vor der südlichsten Bucht der Insel Andros wurden große, kreisförmige, unterbrochene Muster aus monolithischen Steinblöcken auf dem Meeresgrund photographiert, von denen einige in doppelten, andere in dreifachen konzentrischen Kreisen angeordnet sind, was den Gedanken an ein amerikanisches »Stonehenge« nahelegt, als das sich diese unterseeische Anlage vielleicht auch nach entsprechend gründlicher Untersuchung erweisen wird. An verschiedenen Stellen auf den Bahama-Bänken entdeckte man Dutzende von ungewöhnlichen architektonischen Überresten, von denen manche nur durch die Bodenvegetation zu erkennen sind, welche die geraden Linien und kreisrunden oder rechteckigen Anlagen nachzeichnet, die in der Natur nicht vorkommen.

Bei den Funden, die von der Meeresoberfläche aus für Taucher leicht zugänglich sind, hat man Datierungsversuche vorgenommen. Während Steine nicht wie organische Materie innerhalb »historischer« Zeiträume datiert werden können, ergaben Untersuchungen von fossilierten Mangrovenwurzeln, die über den Steinen der Bimini-Straße wuchsen, ein Alter von 10 000 bis 12 000 Jahren; und das entspricht nicht nur dem Zeitpunkt, den Plato für die Vernichtung von Atlantis nennt, sondern auch dem allgemein anerkannten geologischen Datum, zu dem die letzten Gletscher abschmolzen.

In der Karibik und den angrenzenden Meeresgebieten wimmelt es geradezu von Unterwasserbauten. Bei klarem und ruhigem Wasser kann man entlang der Küste von Ost-Yucatán und Britisch-Honduras Dämme und Straßen auf dem Meeresboden sehen, die vom Land ausgehen und unter dem Wasser zu Punkten in unergründlichen Tiefen verlaufen. Tiefenmessungen zeigten eine 150 Meter lange Mauer auf dem Meeresboden vor Venezuela. Geologen haben sie als eine natürliche Formation bezeichnet. Begründung: Sie sei »zu groß«, um von Menschenhand errichtet worden zu sein. Mit der gleichen Erklärung tat man auch die Entdeckung einer 15 Kilometer langen Mauer auf dem Grund des Atlantischen Ozeans vor Kap Hatteras ab.

Nördlich von Kuba wurde ein unterseeischer Bautenkomplex, der sich über 40 500 Quadratkilometer erstreckt, entdeckt und – offenkundig mit russischer Unterstützung – untersucht. Die UdSSR hat übrigens ein beträchtliches Interesse an der Atlantisforschung bekundet, das mit neuen Aufklärungsmanövern der sowjetischen U-Boote wahrscheinlich noch wachsen wird…

Eine kürzlich von den Sowjets bei den Azoren durchgeführte Untersuchungsserie bestätigte Paul Termiers These über das Tachylyt (jene basaltartige glasige Lava, die sich unter atmosphärischem Druck über Wasser bildet), das 1893 bei dem Bruch des Transatlantikkabels heraufgeholt wurde und die Basis für die Theorie lieferte, nach der große Gebiete um die Azoren vor 15 000 Jahren über dem Meeresspiegel lagen.

Die meisten im westlichen Atlantik und der Karibik gemachten Funde wurden auf dem Kontinentalsockel in verhältnismäßig geringer Wassertiefe, das heißt in 10 bis 50 Meter, manchmal bis zu 70 Meter Tiefe entdeckt.

In den Jahren zwischen 1965 und 1969 häuften sich die Entdeckungen, die somit in die von Cayce prophezeite Periode fallen, die er für das Wiederauftauchen von Atlantis voraussagte. Der Hauptgrund dafür, warum diese unterseeischen Bauten nicht eher entdeckt wurden, ist – abgesehen davon, daß die Meeresoberfläche nur sehr selten vollkommen glatt ist und heute bedeutend mehr Flugzeuge diese Gebiete überfliegen und Taucher das Meer erforschen – darin zu erblicken, daß Archäologen gar nicht auf den Gedanken kamen, vor den amerikansichen Küsten nach prähistorischen unterseeischen Ruinen zu suchen.

Es gibt natürlich Hinweise dafür, daß sogar noch beeindruckendere Ruinen und Artefakte in größeren Tiefen liegen. Bei einer von der französischen Marine vor der nördlichen Küste Puerto Ricos unternommenen Tauchserie mit der *Archimède* wurden Treppen entdeckt, die in einer viel größeren Tiefe als die der anderen Funde in den Steilabfall des Kontinentalsockels vor Andros geschlagen waren. Und obwohl wir nicht wissen, wer diese Stufen in den Felsen schlug oder diese Anlage erbaute, steht eines fest: Sie wurden nicht u n t e r Wasser geschaffen!

Es mag – oder auch nicht! – ein höchst ungewöhnlicher Zufall sein, daß diese prähistorischen Überreste innerhalb des vieldiskutierten Bermuda-Dreiecks liegen, in jenem Meeresgebiet zwischen Bermuda, Ostflorida und Puerto Rico (40 Grad westlicher Länge), in dem während der letzten dreißig Jahre (und vielleicht schon seit vielen Jahrzehnten) Hunderte von Flugzeugen, großen Schiffen und kleinen Booten mit ihren gesamten Besatzungen spurlos verschwanden. Einige der vor diesem Verschwinden gemeldeten Phänomene beinhalten das Ausfallen (bzw. »Kreiseln«) der Kompasse, der Funkverbindung und der Radargeräte sowie falsches Funktionieren der Instrumente, Feuerschein und Störungen in den elektrischen Anlagen.

Eine der Hypothesen, mit denen man diese im elektromagnetischen Feld auftretenden Anomalien zu erklären versuchte, lautete, daß eine entwickelte atlantische Kultur Laserenergiequellen besaß – riesige Kristalle, von denen einer oder vielleicht sogar mehrere noch funktionieren und jetzt auf dem Boden tiefer Gräben wie der »Tongue of Ocean«, einem berüchtigt gefährlichen Gebiet zwischen Andros und der Exuma-Kette, liegen. Edgar Cayce berichtete während seiner Tranceaussagen, daß die Atlantiden in der Tat eine solche Energieart besaßen. Er beschrieb mehrere Jahrzehnte v o r der Entdeckung des Lasers in allen Einzelheiten Operationen mit diesem Lichtstrahl.

Falls wir tatsächlich annehmen, überflutete Teile von Atlantis in der Nähe der Bahamas und der Karibischen Inseln entdeckt zu haben, was wird dann aus Platos Atlantis in der Mitte des Ozeans? Nun, die Entdeckungen in den Bahamas würden auch in diesem Fall nichts an der Gültigkeit von Platos Bericht ändern. Erinnern wir uns an das, was er dazu sagte: »...Es lag nämlich vor der Mündung, die bei euch ›Säulen des Herakles‹ heißt, eine Insel, größer als Asien und Libyen zusammen, und von ihr konnte man damals noch nach den anderen Inseln hinüberfahren und von den Inseln auf das ganze gegenüberliegende Festland, das jenes in Wahrheit so heißende Meer umschließt. Erscheint doch alles, was innerhalb der genannten Mündung liegt, nur wie eine Bucht mit engem Eingang; jener Ozean heißt aber durchaus mit Recht also und das Land an seinen Ufern mit dem gleichen Recht ein Festland.«

Wir müssen zugeben, daß ein höchst wesentlicher Teil seines Berichts durch die Entdeckung Amerikas einen ganz konkreten, wenn auch nicht auf wissenschaftliche Weise erbrachten Beweis erfuhr; der Beweis für den übrigen Rest folgt vielleicht bald.

Seit langem werden in der Umgebung der Azoren von Flugzeugen aus unterseeische Bauten und ganze Stadtanlagen gesichtet. Zum erstenmal geschah das 1942, als Linienpiloten auf ihren Flügen von Brasilien nach Dakar auf dem westlichen Abhang von Gebirgen des Mittelatlantischen Rückens, von denen die Azoren die höchsten Gipfel darstellen, eine Anlage entdeckten, die eine überflutete Stadt zu sein schien und eben die Wasseroberfläche durchbrach. Zu solchen zufälligen Entdeckungen kommt es, wenn durch eine glatte Meeresoberfläche und bestimmte Lichtverhältnisse optimale Sichtmöglichkeiten entstehen. Andere überflutete architektonische Überreste, die sich vielleicht im Zentrum des ehemaligen atlantischen Inselreichs befanden, wurden aus der Luft vor der Insel Boa Vista, die zu den Kapverdischen Inseln gehört, und vor Fayal in den Azoren entdeckt, während die ersten spanischen Eroberer der Kanarischen Inseln nicht überflutete Überreste von Gebäuden und Städten fanden. (Man erinnere sich daran, daß die Guanchen, die Sagen von einer hochentwickelten, im Meer versunkenen Zivilisation bewahrt hatten, nur noch imstande waren, die einfachsten Hütten zu bauen.)

Entlang den gesamten Kontinentalsockeln und Küstenniederungen des Atlantiks beginnen wir Spuren dessen zu finden, was die Überreste von Atlantis oder jener Menschen sein mögen, welche die Katastrophe überlebten. Es ist jetzt auch offenkundig, daß die Flut, die Atlantis unter sich begrub, und die seismischen Kräfte, welche die Erdkruste veränderten, keine lokalen, sondern globale Erscheinungen waren.

In den Küstengebieten Irlands, Frankreichs, Spaniens und Portugals sowie auf den Nordafrika vorgelagerten Inseln erzählen Sagen und Legenden von verlorenen Häfen und versunkenen Städten, während tatsächlich vorhandene Straßen und Mauern unter dem Wasser in den Atlantik hinausführen. Es gibt zwei Arten von Unterwasserüberresten im Mittelmeer: Bauten, die im Laufe der geschichtlich erfaßten Zeit (2500 Jahre) durchschnittlich nicht mehr als 30 Zentimeter pro Jahrhundert im flachen Wasser versanken, und eine andere, viel tiefer liegende Schicht, die 10 000 Jahre und mehr alt ist und deren Entstehung damit in eine Zeit weit vor der uns überlieferten Geschichte des alten Ägyptens, Griechenlands und Roms weist.

Beweise für diese andere, tiefere Schicht und bedeutend ältere Kultur, die vielleicht von zivilisierten Völkern zu einer Zeit ererbt wurde, als das Mittelmeer ein Seengebiet war, wurden kürzlich von Scuba-Tauchern gefunden. Vor der marokkanischen Küste entdeckte ein Taucher, der einen Fisch verfolgte, eine 14 Kilometer lange Mauer. Als Dr. J. Thorne 40 Meter unter der Wasseroberfläche Ruinen auf einem unterseeischen Berg untersuchte, bemerkte er »Straßen«, die den Berg weiter hinunter in die violette Dunkelheit unbekannter Tiefen führten. Jacques Mayol, ein französischer Taucher, hat eine Sandbank, die genau 7,5 Kilometer südlich von Marseille liegt, näher untersucht. Sie verläuft in einer Tiefe von 20 bis 40 Meter, weist senkrechte Schächte und Gänge auf sowie Haufen von Schlacke, die vor den Schachtausgängen liegen – also ein von Menschen angelegtes und betriebenes Bergwerk aus einer Zeit der Menschheitsgeschichte, die mit der Cromagnonperiode zusammenfällt.

Mit anderen Worten: Viele atlantische Bauwerke und zahllose Artefakte liegen heute unter dem Meer in Gebieten, die Küstenniederungen oder Täler waren, bevor der Meeresspiegel auf der ganzen Erde anstieg. D. H. Lawrence gibt ein anschauliches Bild von jener früheren Welt in seinem Buch *Die gefiederte Schlange*. Er beschreibt darin eine Zeit, als »die Wasser der Welt sich in gigantischen Gletschern... hoch, hoch auf den Polen auftürmten... die großen Ebenen wie Atlantis und der versunkene polynesische Kontinent sich weit in die Ozeane hinaus erstreckten, so daß die Meere nichts anderes waren als große Seen, und die sanften, dunkeläugigen Menschen jener Welt um die Erde wandern konnten...«

Überreste atlantischer Kultur sind vielleicht noch an ganz unerwarteten Punkten auf dem Festland vorhanden und warten nur darauf, als solche erkannt zu werden. Die gewaltigen Steinmauern auf den Berggipfeln Perus (deren Steinblöcke so eng aneinandergepaßt waren, daß sie wie zusammengeschweißt aussahen) waren sowohl für die spanischen Konquistadoren wie für die Inkas selbst ein Rätsel. Tiahuanaco, jene unglaublich alte Stadt in den bolivianischen Anden, wurde anscheinend in einer derart frühen Menschheitsepoche erbaut, daß die Bewohner ihre Tongefäße ganz spontan mit Darstellungen prähistorischer Tiere verzierten. Die gigantischen, in einer Höhe von 4500 Meter über dem Meeresspiegel errichteten Bauten mit 3,3 Meter dicken Mauern und 200 Tonnen schweren Fundamentblöcken wurden mit einer solchen Präzision und einem derartigen physikalischen und astronomischen Wissen erbaut, daß viele Forscher überzeugt sind, daß die Erbauer nicht von dieser Erde stammen konnten, sondern von irgendwo anders herkamen.

Geologische Entdeckungen wie die der Salzlinien in den Anden, der früheren Getreidefelder unter dem ewigen Schnee auf den umliegenden Bergen und der Meeresmuscheln an den Ufern des nahen Titicacasees legen die Schlußfolgerung nahe, daß Tiahuanaco keine Bergfestung war, sondern vielmehr ein Seehafen, der irgendwann in der fernen Vergangenheit (Posansky, ein auf dieses Gebiet spezialisierter Archäologe, errechnete einen 15 000 Jahre zurückliegenden Zeitpunkt) während der vulkanischen Auffaltungen, die das Abschmelzen der Gletscher begleiteten, zu seiner jetzigen Höhe emporgeschoben wurde. Bei dieser Auffaltung mögen andere Städte in Südamerika in die Tiefen des Ozeans hinuntergedrückt worden sein. Ein eindrucksvolles Beispiel dafür wurde durch Photographien erbracht, die Dr. Robert Menzies, damals noch an der Duke University, 1965 von dem Forschungsschiff *Anton Bruun* vor der peruanischen Küste auf dem Boden der Milne-Edwards-Tiefe machte.

Sonar-Aufnahmen, die in diesem Gebiet vorgenommen wurden, ließen ungewöhliche Formen auf dem Meeresgrund erkennen, der ansonsten ein Schlammboden zu sein schien. Photographien aus einer Tiefe von 2000 Meter zeigten Formationen, die anscheinend aufrechte massive Pfeiler und Mauern waren und von denen einige Inschriften zu tragen schienen. Bei den Versuchen, weitere Aufnahmen von dieser ungewöhnlichen Formation herzustellen, schoß die Tiefseespezialkamera, obwohl ihre Position von Unterwasserströmungen verändert wurde, Bilder von anscheinend künstlich bearbeiteten, verstreut auf der Seite herumliegenden Felsen, von denen manche sich in Haufen auftürmten, als seien sie, vielleicht zu der Zeit, als diese geheimnisvolle Stadt über zwei Kilometer tief in das Meer stürzte, übereinandergekippt. Während dies gegenwärtig die tiefste Stelle ist, an der man vermutliche Ruinen auf dem Meeresboden entdeckt hat, werden künftige Tiefseeforschungen in gleichen und sogar noch größeren Tiefen wahrscheinlich – und vielleicht schon verhältnismäßig bald – den endgültigen Beweis für eine weltweite frühe Kultur finden, deren einst blühende Städte jetzt unter den Weltmeeren begraben liegen. Erst durch die kürzlich entwickelten neuen Techniken und Ausrüstungen – und das sowohl was die Datierung wie die Tiefseeforschung betrifft – hat die Entdeckung von Atlantis oder dessen, was wir als das atlantische Imperium bezeichnen können, begonnen. Ob diese Aussicht nun den akademisch orientierten Historikern und dem wissenschaftlichen Establishment paßt oder nicht – die fortschreitende Erforschung der Meere erbringt bisher fehlende Stücke eines Puzzles – oder besser: eines Mosaiks –, das sich bald zu einem nicht mehr zu ignorierenden oder zu leugnenden Bild schließen wird, auch auf die Gefahr hin, daß angenehm vertraute Tabellen und Vorstellungen revidiert werden müssen.

Platos Bericht über das, was die ägyptischen Priester Solon in Saïs erzählten, hat für uns die gleiche Gültigkeit wie für seine damaligen Leser. (Und wir müssen uns vergegenwärtigen, daß die alten Griechen der Antike sich nicht als »alt« oder »antik« empfanden, sondern sich für genauso modern hielten, wie wir es heutzutage tun!)

Wie Plato berichtete, sagte einer der Priester, ein sehr betagter Mann, zu Solon: » . . . Ihr Hellenen seid und bleibt Kinder, und einen alten Hellenen gibt es nicht . . . Jung seid ihr alle an Geist, denn in euren Köpfen ist keine Anschauung aus alter Überlieferung und kein mit der Zeit ergrautes Wissen. Daran ist Folgendes schuld. Oft und auf vielerlei Arten sind die Menschen zugrunde gegangen und werden sie zugrunde gehen . . .«

Dieses Wissen, das den Menschen der Antike ganz geläufig war, teilen wir, ihre Nachkommen, auch heute noch. Es ist bewußt oder unbewußt in Legenden, Sagen und ererbten völkischen Erinnerungen bewahrt worden und erhält in der heutigen Zeit durch die ständig sich häufenden Entdeckungen neues Gewicht. Es gab tatsächlich menschliche Kulturen vor unserer eigenen »Zeitrechnung«, welche die Epoche von 3500 v. Chr. bis heute umfaßt. Und eine dieser Kulturen, die zweifellos unserem »Altertum« unmittelbar voranging, war jene, die wir »Atlantis« nennen. Ihr Name allein, so geheimnisvoll er auch ist, hat ein nie verhallendes Echo in der Geschichte unserer Welt und über den Weiten des Ozeans hinterlassen, der durch seinen Namen mit dieser Kultur – mit Atlantis – verbunden ist.

Dank

Der Autor möchte seinen tiefsten Dank den folgenden Personen und Organisationen aussprechen, die ihm Bilder und Informationen zur Verfügung stellten und ihm durch konstruktive Kritik und in sonstiger Weise bei den Vorbereitungen für dieses Buch halfen. Dieser Dank beinhaltet von seiten der angeführten Personen weder Zustimmung noch Ablehnung der Theorien des Autors. In alphabetischer Reihenfolge:

J. Trigg Adams, Präsident der Amerikanischen Archäologischen Meeresforschungsgesellschaft

Familie Bennicasa, Nachkommen des gleichnamigen Kartographen aus dem 15. Jahrundert

José Maria Bensaúde, Direktor der Agencia Maritima »Ocidente«, Portugal und Azoren

Valerie Berlitz, Künstlerin und Schriftstellerin

Oberstleutnant Norman Bonter, Schriftsteller und Forscher

Bob Brush, Pilot, Taucher und Photograph

Comisão Regional de Tourismo dos Açores

Natalie Derujinsky, Photographin

Sara D. Donnelly, Nachkommin (5. Generation) von Ignatius Donnelly

George Demetrios Frangos, Historiker

Charles Hughes, Linguist, Philologe

The Hispanic Society of America

Adelaide de Mesnil, Archäologin, Photographin

Jacques Mayol, Taucher, Forscher

Kenneth G. Peters, Historiker

Jim Richardson, Taucher, Pilot, Forscher

Howard van Smith, Schriftsteller, Journalist, Lektor

Robert E. Silverberg, Historiker, Schriftsteller

Gardner Soule, Ozeanograph, Schriftsteller

Jim Thorne, Schriftsteller, Archäologe, Forscher, Taucher

Carl Payne Tobey, Astrologe, Schriftsteller

Dr. Manson Valentine, Archäologe, Forscher, Schriftsteller

Krishna Vempati, Schriftsteller, Forscher

Bibliographie

Aristoteles, Von der Welt. Leipzig 1829
Babcock, William H., *Legendary Island of the Atlantic*. New York 1924
Bacon, Francis, *Nova Atlantis*. London 1638
Bailly, Jean Silvain, *Lettres sur l'Atlantide de Platon et l'ancienne historie de l'Asie*. London 1779
Bellamy, H. S., *Built Before the Flood*. London 1947
Berlioux, Etienne-Felix, *Les Atlantes*. Paris 1883
Borchardt, Paul, *Platos Insel Atlantis*. Berlin 1927
Braghine, A., *The Shadows of Atlantis*. New York 1940
  dt.: Atlantis. Stuttgart 1946
Bramwell, James, *Lost Atlantis*. London 1938
Brasseur de Bourbourg, Charles-Etienne, *Manuscrit Troano*. Paris 1889
Camp, Sprague de, *Lost Continents*. New York 1954
  dt.: Versunkene Kontinente. München 1975
Cayce, Edgar, *Earth Changes*. Virginia Beach 1959
Churchward, James, *The Children of Mu*. New York 1945
Dévigne, Roger, *Un Continent Disparu*. Paris 1924
Diringer, David, *The Alphabet*. New York 1948
Donn, Farrand und Ewing, *Pleistocene Ice Volumes and Sea Level Lowering*. »Journal of Geology« 1962
Donnelly, Ignatius, *Atlantis – Myths of the Antediluvian World*. London 1882
  dt.: Atlantis, die vorsintflutliche Welt. Leipzig
Foëx, Jean Albert, *Histoire Sous-Marine des Hommes*. Paris 1964
  dt.: Der Unterwassermensch. Stuttgart 1966
Frobenius, Leo, Die atlantische Götterlehre. Jena 1926
Gidon, F., *L'Atlantide*. Paris 1949
Gómara, López de, *Historia general de las Indias* (Allgemeine Geschichte der Indien). 1552
Hennig, Richard, Von rätselhaften Ländern. München 1925
Hosea, L. M., *Atlantis*. Cincinnati 1875
Hutan, Serge, *Hommes et Civilisations Fantastiques*. Paris 1970
Karst, Joseph, Atlantis und der libysch-äthiopische Kulturkreis. Heidelberg 1931
Kircher, Athanasius, *Mundus subterraneus*. 1665

Las Casas, Bartolomé de, *Historia de las Indias* (Geschichte der Indien). 1527

Léon de la Bara, Luis, *El Misterio de la Atlántida*. Mexiko 1946

Léon-Portilla, Miguel, *The Broken Spears*. Boston 1962

Le Plongeon, Augustus, *Queen Moo and the Egyptian Sphinx*. London 1896

   – *Sacred Mysteries Among the Mayas and the Quichas 11 500 Years ago*. New York 1886

Marinatos, Spyridon, Kreta und das mykenische Hellas. München 1959

Mavor, James, *Voyage to Atlantis*. New York 1969

   dt.: Reise nach Atlantis. Wien 1969

Mereschkowski, Dimitri, Das Geheimnis des Westens – Atlantis – Europa. Leipzig 1929

Merril, Emery und Rubin, *Ancient Oyster Shells on the Atlantic Continental Shelf*. »Science« 1965

Morales, E., *La Atlántida*. Buenos Aires 1940

Moreaux, Th., *L'Atlantide a-t-elle existe?* Paris 1924

Oviedo, Fernández de, *Historia general y natural de las Indias* (Allgemeine und Natürliche Geschichte der Indien). 1535 bis 1552

Plato, Timaios/Kritias. Jena 1909

Price, Derek de S., *An Ancient Greek Computer*. »Scientific American« 1959

Rackl, Hans-Wolf, Tauchfahrt in die Vergangenheit. Wien 1964

Redslob, Gustav, Tartessos. Hamburg 1849

Saurat, Dennis, *L'Atlantide*. Paris 1954

Schliemann, Paul, *How I Found the Lost Atlantis*. New York 1912

Schulten, Adolf, Atlantis. Berlin 1930

   – Tartessos. Hamburg 1922

Scott Elliot, W., *The Story of Atlantis*. New York 1882

Sheperd, F. B., *35 000 Years of Sea Level*. Los Angeles 1963

Spanuth, Jürgen, Das enträtselte Atlantis. Stuttgart 1953

Spence, Lewis, *Atlantis in America*. New York 1925

   – *The Problem of Atlantis*. New York 1925

Steiner, Rudolf, Unsere atlantischen Vorfahren. Berlin 1928

Talbot, L., *Les Paladins du Monde Occidental*. Tanger 1965

Termier, Pierre, *L'Atlantide*, Monaco 1913

Thévenin, René, *Les Pays Légendaires*. Paris 1946

Trench, Brindley Le Poer, *Secrets of the Ages*. London 1974

Vaillent, George, C., *The Aztecs of Mexico*. New York 1941

St. Vincent, Bory de, *Essai sur les Iles Fortunées et L'Antique Atlantide*. Paris 1803

Vivante, A. und Imbelloni, J., *Libro de Las Atlántidas*. Buenos Aires 1939

Wegener, Alfred Lothar, Die Entstehung der Kontinente und Ozeane. 1915

Wishaw, E. M., *Atlantis in Andalusia*

Zschätsch, Carl, Atlantis, die Urheimat der Arier. Berlin 1922

Bildverzeichnis

Unterwasserruinen einer alten Stadt in der Ägäis, in über dreißig
Meter Tiefe.
Fliesen auf dem Grund des Ozeans in der Nähe von Bimini. 97
Luftaufnahme einer Unterwasseranlage vor der Insel Andros in
der Karibik.
Die gleiche Aufnahme aus geringerer Höhe. 98
Unterwasserbauten auf den Bahama-Bänken.
Versunkene Hafenanlagen in der Ägäis, bei Cenchreai. 99
Amphore (links) und Fußboden (oben) aus dem Minoischen
Kreta. 100/101
Heiße Quellen in Sao Miguel auf den Azoren. 101
Luftaufnahme der Sieben-Städte-Seen von Sao Miguel auf den
Azoren.
Blick auf Insel vor dem Hafen von Thera. 102
Luftaufnahme einer ringförmigen Unterwasseranlage mit drei-
fachen Mauern in der Nähe von Andros.
Die Sieben-Städte-Seen mit dem Atlantischen Ozean im Hinter-
grund.
Steilaufragende Berge auf Madeira, die ihre unterseeischen Gegen-
stücke im Atlantischen Ozean haben. 103
La Dama de Elche, eine prähistorische Skulptur aus der Gegend von
Elche in Südspanien. 104

Das Philadelphia-Experiment

Charles Berlitz · William L. Moore: Das Philadelphia-Experiment

Mit zahlreichen Abbildungen

War Einsteins Genius im Spiel, als sich ein amerikanisches Kriegsschiff mit Mann und Maus in nichts auflöste und zur gleichen Zeit an einem rund 1000 Kilometer entfernten Ort sichtbar wurde? Wer mit Berlitz den Geheimnissen des »Bermuda-Dreiecks« auf die Spur zu kommen suchte, kann sich mit ebensolcher Erwartung an das »Philadelphia-Experiment« machen. Denn dieser sensationelle Bericht enthüllt ein Geheimnis, das für immer totgeschwiegen werden sollte: die ebenso faszinierende wie schockierende Dematerialisation eines Schiffes und seiner Mannschaft mitten im Zweiten Weltkrieg.

Es geschah im Oktober 1943 in der Marinewerft von Philadelphia. Ausgehend von Einsteins »Einheitlicher Feldtheorie« versuchte die US-Navy, das Kriegsgeschehen durch die Entwicklung völlig neuer Techniken zu beeinflussen. Dazu sollte ein Experiment dienen: Der Zerstörer »Elridge« wurde samt Besatzung elektromagnetischen Feldern von ungewöhnlicher Stärke ausgesetzt. In einem immer dichter werdenden, grünlich leuchtenden Nebel verschwammen die Konturen des Schiffes, bis der Zerstörer schließlich unsichtbar war und in diesem Zustand in den Hafen von Newark teleportiert wurde. Nach dem Abschalten des Feldes lag er wieder an seinem alten Platz. Doch die Menschen an Bord waren tot oder schrecklich verändert.

Die Kriegsmarine brach die Versuche sofort ab, um sie offiziell nie wieder aufzunehmen. Einstein selbst hat seine Arbeit an der »Einheitlichen Feldtheorie« aus bis heute unbekannten Gründen nicht vollendet. Oder vollendete er sie doch? Und was entdeckte er?

Ein spannender Bericht von der ersten bis zur letzten Seite.

Vollständige Taschenbuchausgabe
Droemersche Verlagsanstalt Th. Knaur Nachf.
München/Zürich
Lizenzausgabe mit freundlicher Genehmigung des
Paul Zsolnay Verlages Gesellschaft m.b.H., Wien/Hamburg
© Paul Zsolnay Verlag Gesellschaft m.b.H., Wien/Hamburg, 1979
© 1979 by William L. Moore and Charles Berlitz
Alle Rechte vorbehalten durch: Paul Zsolnay Verlag
Gesellschaft m.b.H., Wien/Hamburg
Titel der Originalausgabe »The Philadelphia Experiment«
Berechtigte Übersetzung von Elisabeth Hartweyer

Den Pionieren der Wissenschaft gewidmet,
deren Suche nach dem Wissen sie zu
fernsten Sternen und verborgensten Welten führt.

Wenn ein hervorragender, aber nicht mehr ganz junger Wissenschaftler behauptet, daß etwas möglich ist, hat er sicherlich recht. Behauptet er aber, daß etwas unmöglich ist, hat er wahrscheinlich unrecht.

ARTHUR C. CLARKE

Das größte Hindernis für den wissenschaftlichen Fortschritt ist die Weigerung einiger Leute, Wissenschaftler mit eingeschlossen, zu glauben, daß unbegreiflich scheinende Dinge wirklich geschehen können.

GEORGE S. TRIMBLE
Direktor des NASA Manned Spacecraft Center in Houston

Inhalt

Einleitung 11

1 Begegnung mit dem Unerklärlichen 13

2 Leserbrief an einen Wissenschaftler 17

3 Die Marine wird aufmerksam 35

4 Anhaltspunkte und Mutmaßungen 46

5 Der geheimnisvolle Señor Allende 51

6 Nachforschungen können tödlich sein 59

7 Die Verbindung zu Einstein 71

8 Die rätselhaften Akten 79

9 Der unverhoffte Schlüssel 89

10 Die Kraftfelder des Townsend Brown 105

11 Die Realität des Unmöglichen 115

12 Der Kreis schließt sich 128

Danksagung 137

Chronologische Bibliographie 140

Einleitung

Während der Forschungsarbeiten zu meinem Buch *Das Bermuda-Dreieck** stieß ich auf einen Vorfall, der weit über die Begriffe der anerkannt wissenschaftlichen Möglichkeiten hinausgeht und fast ans Unglaubliche grenzt. In einem früheren Zeitalter wäre er wahrscheinlich leichter geglaubt worden – als ein Blendwerk von Zauberei und Hexenkunst. Denn dieser angebliche Vorfall ist nicht mehr und nicht weniger als der gelungene Versuch, ein Schiff unsichtbar zu machen – so geschehen im Jahr 1943 auf dem gar nicht magischen Schauplatz der Marinewerft von Philadelphia.

Nach einer der Versionen über diesen Vorfall wurde ein Zerstörergeleitschiff durch eine Reihe magnetischer Manifestationen zum zeitweisen Verschwinden und Wiedererscheinen *an einem anderen Ort* gebracht. Detailliertere Versionen berichten von Auflösungserscheinungen bei den Mannschaftsmitgliedern, von psychischen Nachwirkungen und Todesfällen und daß die Versuche aus diesen Gründen abgebrochen wurden.

Vom Marineinformationsbüro wird dieser Vorfall oder diese Geschichte oder Legende beharrlich dementiert, doch genauso beharrlich verbreitet sie sich weiter. Sie wird immer wieder publiziert und immer wieder von Leuten bestätigt, die meist nicht namentlich genannt werden wollen und behaupten, Zeugen dieses Ereignisses gewesen zu sein, das mangels eines besseren (Code-)Namens als das »Philadelphia-Experiment« bezeichnet wird.

Mein besonderes Interesse am Philadelphia-Experiment galt der Möglichkeit, daß eine Verschiebung in der Molekularzusammensetzung der Materie durch intensivierten und resonanten Magnetismus ein Ding zum Verschwinden bringen könnte – was eine Erklärung für einige der Fälle von spurlosem Verschwinden im Bermuda-Dreieck wäre. Wenn ich während meiner Vortragsreisen durch die USA und Europa das Philadelphia-Experiment erwähnte, konnte ich ein außergewöhnlich starkes Interesse beim Publikum und überraschenderweise gelegentlich das Wiederauftauchen von »Zeugen« mit Vorliebe für Anonymität feststellen.

Vor zwei Jahren machte ich anläßlich der Vorlesung in einem College die Bekanntschaft eines jungen Englischlehrers und Schriftstellers mit einem Hang zur Forschung. Sein an Besessenheit grenzendes Interesse für die Geschichte des Philadelphia-Experiments hatte ihn schon in die verschiedensten Landesteile geführt, und durch seine entschlossene Ausdauer war es ihm gelungen, die ablehnende Haltung offizieller Stellen zu über-

---

* Paul Zsolnay Verlag, Wien/Hamburg 1975

winden, zweckdienlich verlorengegangene Dokumente aufzustöbern und das Gedächtnis vergeßlicher Zeugen aufzufrischen. Er hatte sogar jene Wissenschaftler ausfindig gemacht, deren enge Beziehung zu diesem Experiment, »das niemals stattfand«, sie veranlaßt hatte, ein zurückgezogenes, ruhiges Leben in äußerst entlegenen Gegenden zu führen – vielleicht aus Gründen der Gesundheit (oder des Überlebens).

Der Name dieses unermüdlichen Forschers war Bill Moore. Der Inhalt seiner Untersuchungen wurde in unsere nachfolgende gemeinsame Arbeit aufgenommen. Diese Arbeit brachte Informationen zutage, welche der Öffentlichkeit bisher nicht zugänglich waren, und zeigt auf, daß jenes »unmögliche« Experiment tatsächlich stattgefunden hat. Die Forschungsarbeit selbst ist eine faszinierende Methode, offizielle Trägheit, Tarnung und Verschleierungstaktik zu überwinden. Die Schlußfolgerung ist überwältigend, denn wenn das Experiment wirklich wie beschrieben durchgeführt wurde, dann standen wir damals – und stehen vielleicht noch heute – an der Schwelle zu der Entdeckung, wie wir Objekte und Personen, andere und uns selbst, unsichtbar machen können – einer der ältesten Träume der Menschheit.

Doch weder dieser noch andere uralte Träume scheinen unerreichbar zu sein, besonders seit 1945 in Alamogordo der Traum von höchster und explosivster Macht Wirklichkeit wurde. Gleichzeitig wurden damals noch mindestens zwei weitere ungewöhnliche Projekte verfolgt, als die USA 1943 angestrengt nach ungewöhnlichen Hilfsmitteln der Verteidigung suchten. Eines davon befaßte sich mit Anti-Schwerkraft und das andere mit Unsichtbarkeit, doch wurde die Arbeit an diesen Projekten nach dem offensichtlichen Erfolg der Atombombe angeblich abgebrochen.

Das vorliegende Buch bringt konkrete Argumente für die Aktualität jenes Experiments, das sich mit dem Problem der Unsichtbarkeit befaßte. Gleichzeitig sollte man bedenken, daß die wichtigsten Entdeckungen der Wissenschaft nicht unbedingt Kriegszeiten vorbehalten bleiben müssen, wie das Beispiel der friedlichen Weltraumforschung zeigt.

Falls das Philadelphia-Experiment wirklich an der Schwelle des Erfolgs abgebrochen wurde, wäre es angezeigt, es von neuem aufzunehmen oder weiterzuführen. Das Universum um uns erweitert sich ständig, und wir sollten nicht innehalten, sondern weiter danach streben, die kosmischen Geheimnisse von Materie, Raum und Zeit zu erforschen.

CHARLES BERLITZ

1 Begegnung mit dem Unerklärlichen

Die Gegend um Colorado Springs ist zu allen Jahreszeiten von ungewöhnlicher Schönheit, doch ganz besonders reizvoll ist sie im Spätsommer, wenn kühle Nächte die Hitze des Tages mildern und der Himmel in kristallener Klarheit leuchtet. Es war an einem solchen Abend im Jahr 1970, als die beiden Flieger James Davis aus Maryland und Allen Huse aus Texas nichts Besonderes vorhatten und deshalb, ausgerüstet mit einer Kamera, zu einem Spaziergang im nahen War Memorial Park aufbrachen. Die Luft war mild und angenehm, und als es dämmerte, begann Huse, den Mond zu fotografieren. Davis schlenderte ziellos durch den Park und genoß die Abwechslung von der täglichen Routine des nahen Luftwaffenstützpunktes von Colorado Springs, wo die beiden Männer nun schon seit einigen Monaten stationiert waren.

Plötzlich wurde Davis angesprochen. Er hatte den Mann schon vorher um das Kriegerdenkmal herumstreichen sehen – ein irgendwie seltsam anmutender kleiner Mann mit beginnender Glatze, ziemlich ungepflegt. Davis erinnert sich besonders an den eigenartig entrückten Ausdruck in seinen Augen und daß er darauf gefaßt war, angebettelt zu werden. Doch er hatte sich getäuscht.

»Ich sehe, Sie sind bei der Luftwaffe«, sagte der Mann. »Wie gefällt's Ihnen da?«

Davis antwortete, daß er soweit eigentlich ganz zufrieden wäre, wenn nur der tägliche Drill nicht so streng wäre. »Keine Zeit zum Ausspannen«, sagte er.

Der Mann stimmte ihm zu.

Ein Wort gab das andere, und bald waren die beiden ins Gespräch vertieft.

»Wissen Sie«, sagte der kleine Mann, »ich war mal Offizier. Bei der Marine, im Krieg. Aber sie haben da was mit mir angestellt. Und dann haben sie mich weggeschickt. Weil ich verrückt bin, sagen sie.« Er tippte sich leicht mit dem Zeigefinger an die Stirn. »Bin ich aber nicht, wissen Sie. Da war nur das Experiment dran schuld. Habe einfach den Druck nicht vertragen. Und darum haben sie mich rausgeschmissen.«

Er kramte eine Brieftasche heraus und präsentierte einen abgenutzten und offensichtlich abgelaufenen Ausweis. »Sehen Sie«, sagte er. »Marine. Wie ich gesagt habe.«

Davis wurde neugierig. »Experiment?« fragte er. »Von welchem Experiment reden Sie eigentlich?«

Die Antwort traf ihn wie ein Schlag.

»Unsichtbarkeit«, sagte der Mann. »Sie wollten ein Schiff unsichtbar machen. Wäre ja auch perfekte Tarnung gewesen, wenn's funktioniert hätte. Und es *hat* sogar funktioniert. Mit dem Schiff, meine ich. Aber wir an Bord . . . also, mit uns, da hat das nicht so richtig geklappt. Wir haben die Wirkung von diesem Kraftfeld einfach nicht vertragen. Das hat irgendwas mit uns angestellt. Hätte ich mich doch bloß nicht nach Philadelphia versetzen lassen! Es war streng geheim. Dabei hätte ich mich ja rechtzeitig drücken können. Tat ich aber nicht. Wenn ich doch nur die blasseste Ahnung gehabt hätte, in was ich mich da einlasse – ich hätte ihnen verdammt deutlich gesagt, wohin sie sich scheren können.«

Davis fragte sich, ob er seinen Ohren trauen sollte oder nicht.

»Wovon reden Sie denn überhaupt?« fragte er. »Wollen Sie mir etwa erzählen, daß die Marine versucht hat, Sie unsichtbar zu machen? In einer Art Experiment oder so?«

»Elektronische Tarnung«, war die Antwort. »So eine Art elektronische Tarnung, von pulsierenden Kraftfeldern erzeugt. Was für eine Art Energie sie dazu benutzt haben, weiß ich nicht. Aber jedenfalls war's eine ganz schöne Menge. Wir haben es nicht vertragen, keiner von uns. Wenn es uns auch auf verschiedene Art und Weise erwischt hat. Ein paar sahen nur doppelt, ein paar andere fingen an zu lachen und torkelten herum wie Betrunkene, und einige wurden ohnmächtig. Andere haben sogar behauptet, sie wären in eine andere Welt übergegangen und hätten seltsame, fremdartige Wesen gesehen und mit ihnen geredet. Und in manchen Fällen war die Wirkung nicht vorübergehend – später hab ich erfahren, daß einige gestorben sind. Na, jedenfalls hab ich sie nicht wiedergesehen. Aber wir anderen, wir Überlebenden . . . Also, sie haben uns einfach laufenlassen. Dienstuntauglich, hieß das. Ausgemustert als geistig unausgeglichen und dienstunfähig. In den Ruhestand versetzt!« sagte er verbittert.

»Aber warum denn?« wollte Davis wissen.

Inzwischen hatte Huse aus der Entfernung ein paar Brocken dieser seltsamen Unterhaltung aufgeschnappt, kam herüber und gesellte sich zu den beiden. Davis stellte seinen Freund vor, und sie schüttelten einander die Hände.

»Angenehm«, sagte der Mann.

Davis nahm das Gespräch wieder auf. »Meinen Sie damit, daß die Marine alle diese Männer als geistig unzurechnungsfähig entlassen hat, weil das Experiment schiefging?«

»Genau«, sagte ihr geheimnisvoller Gesprächspartner. »Genau das haben sie gemacht. Natürlich haben sie uns erst mal für ein paar Monate aus dem Verkehr gezogen. Zur Erholung, haben sie gesagt. Und um uns zu überzeugen, daß das Ganze niemals passiert ist, glaube ich. Na egal, je-

14

denfalls haben sie uns dann am Schluß zu strengstem Stillschweigen verpflichtet – obwohl natürlich sowieso kein Mensch an so eine Geschichte glauben würde, oder? Wie ist denn das mit Ihnen, Sie sind doch bei der Luftwaffe. Glauben *Sie* mir? Glauben Sie, was ich Ihnen erzähle?«

»Ich weiß nicht so recht«, meinte Davis. »Ich gebe zu, das ist eine phantastische Geschichte. Beinahe zu phantastisch. Ich weiß wirklich nicht.«

»Es ist aber wahr. Jedes verdammte Wort ist wahr. Natürlich haben sie uns genau deswegen als geistig unzurechnungsfähig entlassen. Für den Fall, meine ich, daß mal jemand in Versuchung kommt, das zu glauben. Aber so, wenn die Marine jemals deswegen gefragt wird, können sie das Ganze einfach so hinstellen, als wär's ein Märchen, das sich ein paar Irre zusammengereimt haben. Ganz schön schlau, vom Sicherheitsstandpunkt aus, das müssen Sie zugeben. Wer soll schon einem amtlich beglaubigten Wahnsinnigen glauben? Na, jedenfalls, das ist meine Geschichte.«

Die beiden Flieger sahen sich an, und Huse verdrehte die Augen. Aber bevor sie sich noch entschließen konnten, wie sie auf diese bizarre Erzählung reagieren sollten, hatte der kleine Mann schon das Thema gewechselt und war eifrig mit Voraussagen über Sonnenflecken und das Wetter beschäftigt.

Nach einer Stunde oder so trennten sie sich, und die beiden Flieger machten sich auf den Rückweg zu ihrem Stützpunkt. Es war inzwischen dunkel geworden, und die Abendkühle drang durch ihre Uniformen.

Obwohl sie den seltsamen kleinen Mann nie wiedersahen, diskutierten Davis und Huse in den darauffolgenden Monaten mehrmals seine phantastische Geschichte. Huse, der ja nur einen Teil der Unterhaltung gehört hatte, war der Skeptischere von beiden. Doch alle zwei waren im Zweifel, ob sie diesem sonderbaren Typ, den sie da im Park getroffen hatten, glauben sollten oder ob er tatsächlich verrückt war. Schließlich wurde Davis entlassen, und Huse wurde versetzt; sie verloren einander aus den Augen.

Einige Jahre später, im Januar 1978, bekam Davis das *Bermuda-Dreieck* von Charles Berlitz in die Hand, und er war äußerst bestürzt, als er darin einen Bericht über das sogenannte Philadelphia-Experiment fand. Demnach hatte die Marine angeblich während des Zweiten Weltkriegs durch Anwendung von Kraftfeldern ein Zerstörergeleitschiff mitsamt seiner Mannschaft unsichtbar gemacht. Die Unterhaltung mit jenem seltsamen kleinen Mann fiel ihm wieder ein, und nachdem er einige Tage darüber nachgedacht hatte, entschloß er sich, an den Autor zu schreiben und seine Geschichte zu erzählen. In einem telefonischen Interview nannte Davis dann später Huse als den Freund, der damals dabei war, und bedauerte, nichts über seinen Aufenthaltsort zu wissen, da er ihn seit seiner Entlassung aus der Luftwaffe nicht mehr gesehen hatte. Er sei aber sicher, sagte er, daß Huse sich an jenes Gespräch im Park erinnern und seine Geschichte bekräftigen könne, falls er ausfindig gemacht würde.

Eine Woche später war es Moore gelungen, Davis' ehemaligen Freund zu finden und mit ihm zu telefonieren. Huse konnte uns tatsächlich die Grundzüge von Davis' Geschichte bestätigen. Er erinnerte sich, daß er mit Davis zusammen den Fremden im Park getroffen hatte und daß sie öfter mal bei einem Glas Bier über ihn gesprochen hatten. Aber er drückte sich sehr verschwommen darüber aus, was der Mann ihnen eigentlich erzählt hatte.

»Das ist ja immerhin schon ein paar Jährchen her«, sagte er. »Ich kann mich wirklich nicht mehr erinnern, wovon der Mann eigentlich geredet hat. Ich weiß nur noch, daß es da um sonderbare Dinge ging.«

»Hat er vielleicht angedeutet, daß er einmal in eine Art Versuchsprojekt der Kriegsmarine in Philadelphia verwickelt war?« fragte Moore.

»Ja«, erwiderte Huse nach kurzem Nachdenken. »Ja, ich glaube, daß er irgend etwas dergleichen behauptet hat – er brabbelte eine Menge wirres Zeug. Ich erinnere mich an keine genauen Einzelheiten mehr, aber von einem Experiment war die Rede. Allerdings habe ich dem Ganzen nicht viel Glauben geschenkt.«

»Aber Einzelheiten fallen Ihnen nicht mehr ein?«

»Nein, eigentlich nicht. Vielleicht weiß Davis mehr als ich. Er hat schließlich damals diese Unterhaltung begonnen.«

»Haben Sie in letzter Zeit etwas von Mr. Davis gehört?«

»Nein, nicht, seit ich aus der Luftwaffe ausgetreten bin, und das war irgendwann im Juni 73.« (Davis hatte gesagt, daß er Colorado Springs im August 1971 verlassen hatte.)

»Um auf den Mann im Park zurückzukommen: Warum hat er Ihrer Meinung nach ausgerechnet Ihnen und Ihrem Freund seine Geschichte erzählt?«

»Weiß ich nicht. Ich hatte allerdings damals den Eindruck, daß er uns regelrecht ausgesucht hatte. Wir waren in Uniform, und er wählte uns irgendwie aus. Es war, als ob er sein Herz ausschütten, etwas loswerden wollte. Und ausgerechnet wir sollten ihm zuhören. Wir haben im Dienst noch öfter über diese Begegnung gesprochen und auch ein paar Kameraden davon erzählt. Denen kam die ganze Sache ziemlich unheimlich vor.«

»Haben Sie eine Ahnung, woher der Mann kam oder wo er wohnte?«

»Nein. Er tauchte einfach auf, und dann war er mehr oder weniger wieder verschwunden. Ich bin sicher, daß ich ihn wiedererkannt hätte, wenn er mir mal irgendwo in der Stadt über den Weg gelaufen wäre. Ist er aber nicht. Und im Park waren wir danach auch noch öfter.«

»Erinnern Sie sich, ob er etwas über seine Dienstentlassung erzählte oder daß er durch ein Experiment verletzt worden wäre?«

»Mir scheint, er hat so etwas gesagt – daß das der Grund für seine Ausmusterung war. Sicher bin ich mir nicht. Aber es war etwas mit einem Experiment, da bin ich ganz sicher.«

Damit war das Interview zu Ende. Es lieferte ein weiteres Teilchen zu dem seltsamen und geheimnisvollen Puzzle, das seit fast fünfunddreißig Jahren ungelöst war und auch jetzt noch unvollendet ist und vielleicht immer bleiben wird. Unsichtbarkeitsprojekte, Männer, die auf Nimmerwiedersehen verschwinden, andere Männer als geisteskrank abgestempelt, Anspielungen auf »fremdartige Wesen« aus dem All oder aus anderen Dimensionen – könnten all diese unglaublichen, aber möglicherweise zusammenhängenden Elemente im Grunde wahr sein?

Man zögert natürlich, solche Berichte und ihre Quellen ernst zu nehmen. Und doch haben sich seit über zwanzig Jahren die Gerüchte gehalten, wonach es der US-Marine in Philadelphia während des Zweiten Weltkriegs unter strengsten Geheimhaltungsvorkehrungen gelungen sein soll, ein mächtiges elektronisches Kraftfeld zu bilden. Das geriet angeblich irgendwie außer Kontrolle, wodurch ein Schiff aus der Sicht verschwand und, wie einige berichten, durch »Teleportation« innerhalb von *Sekunden* von Philadelphia nach Norfolk und zurück versetzt wurde.

Unglaublich? Ja – vielleicht. Wenn jedoch alles Beweismaterial zusammengetragen und ausgewertet ist, wird diese Geschichte möglicherweise nicht mehr ganz so unglaublich sein. Untersuchungen des Unerklärlichen fördern gelegentlich Dinge zutage, die noch ungewöhnlicher sind als die ursprüngliche Legende.

Dieser Fall ist keine Ausnahme.

2   Leserbrief an einen Wissenschaftler

Die Vorgänge im Bermuda-Dreieck, die Sichtung nicht identifizierter fliegender Objekte, das rätselhafte Verschwinden von Schiffen und Flugzeugen, übersinnliche Phänomene: all das sind Teile einer ständig wachsenden Liste von Geschehnissen und Ereignissen, die man jenem Niemandsland zwischen Wissenschaft und Phantasie zuordnen könnte, das man »das Unerklärliche« nennt. Die meisten Leser haben andere und vordringlichere Interessen und begnügen sich mit einem Achselzucken oder einem Schmunzeln, allenfalls tolerieren sie einen gelegentlichen Ausflug in den Bereich des Unerklärlichen als interessant – aber nur zu Unterhaltungszwecken. Andere sind hoffnungslos geblendet, und ihr Urteilsvermögen wird getrübt durch ihren inneren Drang nach Wahrheit, und was zuerst ganz harmlos als vorübergehendes Interesse begann, zieht sie unweigerlich in seinen Bann. Das beginnt mit jenem eigenartigen Prickeln gewöhnlicher Neugier und treibt einen ursprünglich nur oberflächlich interessierten Beobachter schließlich dazu, selbst die Antwort auf einige offene Fragen zu suchen.

Die eine oder andere sonderbare Geschichte schließlich reizt einen wißbegierigen Verstand dazu, ein Geheimnis erforschen und lösen zu wollen oder doch zumindest ein paar sachdienliche Fakten aufzustöbern und beizutragen.

Und wieder beginnt eine dieser unseligen »Nachforschungen«, die im allgemeinen nicht viel weiter führen als bis zu einer Diskussion mit einem interessierten Freund, ein paar unbeantworteten brieflichen Anfragen oder einigen telefonischen Erkundigungen, die zu nichts führen – außer zu einer hohen Telefonrechnung. Doch gelegentlich, ganz selten, läßt das Schicksal den Wissensdurstigen über ein paar Fakten stolpern, die sich fast ohne große Anstrengung zu den ersten Gliedern einer Kette formen und zu einer viel phantastischeren Geschichte führen, als er sich zu Beginn seiner Nachforschungen hatte träumen lassen.

Wie jeder bestätigen kann, der sich einmal intensiver mit dem Bereich paranormaler Phänomene befaßt hat, kursieren unzählige Geschichten am Rande der Glaubwürdigkeit. Obwohl sie wieder und wieder diskutiert und gelegentlich auch von Spezialisten für übersinnliche Phänomene genauer untersucht werden, schaffen sie selten den Weg zur Veröffentlichung – weil man sie entweder für zu phantastisch und daher unglaubwürdig hält oder weil sie einfach nicht genug Material für ein Buch bieten. Eine der bizarrsten und unglaublichsten dieser Geschichten, die seit Jahren immer wieder auftaucht und es nur zu gelegentlichen kurzen öffentlichen Erwähnungen gebracht hat, ist das sogenannte Philadelphia-Experiment. Obwohl es während der vergangenen zwanzig Jahre in Büchern und Artikeln von mindestens einem Dutzend namhafter Autoren und Forscher erwähnt wurde, konnte der ursprünglichen Geschichte relativ wenig neues Material hinzugefügt werden, und so verblieb sie in einer Art Dornröschenschlaf, bis jemand kommen und endlich gründliche Nachforschungen anstellen würde. Und hier ist also einer der gewagtesten Berichte, die jemals in einem Sachbuch erschienen – belegt durch die Ergebnisse intensivster Ermittlungen, die ironischerweise als ernsthafter Versuch seitens der Autoren begonnen hatten, den Mythos zu zerstören. Das Rätsel beginnt mit einem Wissenschaftler, der auf den ersten Blick selbst den Eindruck einer rätselhaften Figur macht. Über den ersten Lebensabschnitt von Morris Ketchum Jessup ist außer wenigen Fakten nicht viel bekannt. Daß er ein Mann mit verschiedenen Interessen war – Astrophysiker, Mathematiker, Forscher, Dozent, Schriftsteller –, aber nicht der Typ, öffentliche Anerkennung zu suchen oder in ihr zu schwelgen, wenn er sie bekam. Er wurde am 20. März 1900 in Rockville im Staat Indiana geboren. Seinen Namen hatte man ihm nach dem »Erbonkel« der Familie gegeben, einem bekannten Eisenbahnbaron, Bankier und Philanthropen, nach dem übrigens auch das Kap Morris K. Jessup (sic) am nördlichsten Zipfel von Grönland benannt ist. Er hatte gerade das magische Alter von siebzehn Jahren erreicht, als sein Land in den Ersten Weltkrieg eintrat; und wie so viele seines Alters wurde auch Jessup vom Fieber des Patriotismus erfaßt, und so ließ er sich buchstäblich am Tag seiner Schulabschlußprüfung von der US Army rekrutieren. Er brachte es bis zum Feldwebel.

Nach dem Krieg begann Jessup zu studieren und übernahm nach Abschluß seines Studiums eine Dozentur für Astronomie und Mathematik an der Drake-Universität in Des Moines/Iowa und an der Universität von Michigan in Ann Arbor. Während seiner Doktorarbeit in Michigan Ende der zwanziger Jahre hatte er Gelegenheit, mit einer Gruppe von Forschern nach Südafrika zu reisen, wo sie dem der Michigan-Universität unterstellten Lamon-Hussey-Observatorium in Bloemfontein im Oranje-Freistaat zugeteilt waren. Während seiner Tätigkeit an diesem Observatorium arbeitete Jessup, der das damals größte Refraktionsteleskop der südlichen Hemisphäre verwenden konnte, ein Forschungsprogramm aus, das dann zur Entdeckung einer Anzahl von Doppelsternen führte, die bei der Royal Astronomical Society in London katalogisiert sind.

Seine Erfahrungen benutzte er später in den Staaten für seine Dissertation auf dem Gebiet der Astrophysik. Jessup beendete und veröffentlichte diese Arbeit 1933, doch anscheinend wurde ihm der Doktorgrad nie verliehen. Trotzdem pflegten die meisten seiner Bekannten von ihm als Dr. Jessup zu sprechen, und es ist angemessen, wenn auch wir das tun.

Während der Depressionsjahre, als so viele Akademiker gezwungen waren, in anderen Berufen zu arbeiten, wurde Jessup dem Amerikanischen Landwirtschaftsministerium zugeteilt und mit einer Gruppe anderer Wissenschaftler nach Brasilien geschickt, um dort »die Rohgummivorkommen im Quellgebiet des Amazonas zu studieren«. Eine etwas ausgefallene Beschäftigung für einen Astronomen, aber zumindest hatte er etwas zu tun, und interessant war es auch.

Nach seiner Rückkehr aus dem Urwald verdingte er sich beim Carnegie-Institut in Washington D. C. als Fotograf bei einer archäologischen Expedition, die den Auftrag hatte, die Tempelruinen der Mayas in Zentralamerika zu studieren. Also hatte Jessup anscheinend Geschmack am Urwaldleben gefunden.

Von Mexiko aus zog er weiter, zur Erforschung der Ruinen aus der Inka- und Vorinkazeit in Peru. Während seines dortigen Aufenthalts machte er eine verblüffende Entdeckung. Die massive Größe einiger dieser Steinruinen und die Kompliziertheit, Genauigkeit und Kunst der Bautechnik überzeugten ihn von der Unmöglichkeit, daß eine solche Arbeit nur mit den Händen und mit Hilfe von Lasttieren der Größenordnung von Lamas vollbracht worden sein konnte. Wie in späteren Jahren Erich von Däniken (allerdings mit erheblich weniger Echo) suchte Jessup nach einer möglichen Erklärung für das Zustandekommen dieser ungeheuren Steinbauten: Statt von den Inkas könnten sie vielleicht in grauer Vorzeit mit Hebewerkzeugen von Luftschiffen aus gebaut worden sein. Eine eher ungewöhnliche Feststellung für einen Wissenschaftler – und selbstverständlich nicht dazu angetan, ihn bei seinen Kollegen beliebt zu machen. Aber Jessup wurde durch sie zu einem der ersten Befürworter der heute, nach drei Jahrzehnten, populären Theorie der »Astronauten der Vorzeit«.

Die rätselhafte Herkunft jener uralten mittel- und südamerikanischen Ruinen ließ Jessup keine Ruhe – er grübelte immer wieder darüber nach, und Anfang der fünfziger Jahre entschloß er sich, die orthodoxe Wissenschaft links liegen zu lassen, seine akademische Karriere und seinen guten Ruf aufs Spiel zu setzen und auf eigene Faust und Rechnung seine Erkundungen fortzusetzen. Im Verlauf dieser Studien uralter Kulturen im Hochland von Mexiko entdeckte Jessup einige ziemlich merkwürdige geologische Formationen, die bei näherer Betrachtung wie eine Gruppe von Kratern wirkten. Es waren mindestens zehn, und sie hatten, wie er meinte, in Struktur und Größe eine auffallende Ähnlichkeit mit den mysteriösen Mondkratern Linne und Hyginus N. Wieder wählte Jessup einen für einen Wissenschaftler ziemlich unorthodoxen Weg, verfaßte eine Vorstudie und präsentierte seine Schlußfolgerung, daß diese Krater »von Objekten aus dem Weltraum herrühren«. In einem späteren Kommentar behauptete er dann, die US-Luftwaffe sei im Besitz von Luftaufnahmen dieser Krater, die mit Genehmigung der mexikanischen Regierung von einem Aufklärungsflugzeug aus gemacht wurden, daß jedoch diese Fotos und die daraus resultierenden Erkenntnisse höchster Geheimhaltung unterlägen. Jessup war inzwischen das für die Fortsetzung seiner eigenen unabhängigen Untersuchungen dieser Formationen nötige Geld ausgegangen, und so war er gezwungen, 1954 zunächst in die USA zurückzukehren und zu versuchen, Kapital aufzutreiben.

Inzwischen interessierte sich Jessup auch für das Phänomen der »Fliegenden Untertassen«, das Ende der vierziger, Anfang der fünfziger Jahre in Amerika immer aktueller wurde – zuerst nur aus persönlicher Neugier, dann aber auch vom beruflichen Standpunkt. Er vermutete Zusammenhänge zwischen diesen möglichen »Raumschiffen« und seinen geheimnisvollen Ruinen und Kratern. Da er einerseits fest davon überzeugt war, daß es eine solide wissenschaftliche Erklärung für das Phänomen geben müsse und er anderseits dringend Geld brauchte, beschloß er, ein Buch darüber zu schreiben. Er wollte daraus den ersten wirklich »wissenschaftlichen« Versuch machen, die UFO-Frage auf der Basis der vorhandenen historischen Belege zu beantworten. Wie er glaubte, besuchten uns die UFOs (*unidentified flying objects* – unidentifizierte fliegende Objekte) nicht nur schon seit langer Zeit, sondern sie könnten uns auch die Antwort auf so manche bisher unerklärten Erscheinungen und Ereignisse der Geschichte liefern – einschließlich der mysteriösen Vorfälle, bei denen Eisbrocken, Felsen und sogar Tiere »vom Himmel fielen«. Die Antriebskraft der UFOs beruhte seiner Meinung nach auf einem uns noch unbekannten Prinzip der Anti-Schwerkraft.

Nachdem er sich in der Nähe von Washington D. C. niedergelassen hatte, begann Jessup mit der Arbeit an seinem Buch, das er gedanklich schon konzipiert hatte. Diese Arbeit erforderte die systematische Untersuchung eines Phänomens, das seines Erachtens ernsthafte wissenschaftliche Beachtung verdiente. Er stellte sich selbst eine gewaltige Forschungsaufgabe und arbeitete ununterbrochen und angestrengt den ganzen Sommer, Herbst und Winter des Jahres 1954. Allmählich nahm sein Werk Gestalt an. Am 13. Januar 1955 war es schließlich zur Drucklegung bereit. Er nannte es *The Case for the UFO* und charakterisierte es in einem Vorwort als einen »ernsthaften Versuch, Ordnung in das Chaos zu bringen, für alle Facetten dieser Kontroverse eine gemeinsame Grundlage zu finden, um auf dieser eine intelligente Auswertung des Problems vorzunehmen«. Jessup konnte nicht ahnen, daß die Veröffentlichung seines Buches Anfang 1955 durch den Citadel Press Verlag den Beginn einer Kette noch geheimnisvollerer Ereignisse bilden sollte.

Eines von Jessups Hauptinteressengebieten war die Antriebskraft der UFOs. In seinem Buch und auch in seiner Korrespondenz mit Freunden kam er immer wieder auf dieses Thema und auf seine Überzeugung, daß die Erde schon vor sehr langer oder sogar *prähistorischer* Zeit Schauplatz der praktischen Anwendung einer derartigen Kraft gewesen sei. Ein Beispiel für seine Gedankengänge zu diesem Thema ist das folgende Zitat aus einem Brief, den er am 20. Dezember 1954, also kurz vor Fertigstellung des Manuskripts zu seinem Buch, schrieb: »Es ist ziemlich naheliegend, das Thema der (UFO-)Antriebskraft auszudehnen und an den Grundfesten der Religion zu rütteln«, heißt es darin. »Diese Rasse aus dem Weltraum *könnte* unser *Gott* sein. Vielleicht hat sie vor Jahrtausenden unsere Erde verlassen.«

Eine zuverlässige Antriebskraft zu finden wäre seiner Meinung nach der allmächtige Schlüssel zum Fortschritt der Menschheit. Und bevor der Mensch nicht etwas erheblich Besseres als die »primitive« Raketenschubkraft entdeckte – oder *wieder*entdeckte –, müsse er eben an seiner Erde hängenbleiben wie das Kind an Mutters Schürzenzipfel. Dieses »Etwas« wäre in Jessups Vorstellung die Nutzung des universellen Gravitationsfeldes als Energiequelle.

In seinem Buch und in seinen Vorträgen appellierte Jessup immer wieder an die Öffentlichkeit, von der Regierung – oder auch von Einzelpersonen oder Firmen – unbedingt ernsthafte Forschungen in dieser Richtung zu fordern. Zumindest einer seiner Leser war davon so beeindruckt, daß er einen Briefwechsel einleitete, in dem von angeblichem Geheimmaterial der US-Kriegsmarine und recht bizarren Erscheinungen die Rede war.

Obwohl *The Case for the UFO* kein Bestseller wurde, verkaufte es sich doch so gut, daß sich eine Bantam-Paperbackausgabe lohnte, die im Frühherbst 1955 erschien. Kurz darauf (wahrscheinlich Mitte Oktober) erhielt Dr. Jessup einen höchst seltsamen Brief. Er kam zusammen mit einem Packen der üblichen Leserzuschriften, die durch das Erscheinen jeden Buches ausgelöst und vom Verlag an den Autor weitergeleitet werden.

Dieser spezielle Brief trug den Poststempel von Pennsylvania und war in einer fahrigen, kritzeligen Handschrift, mit verschiedenartigen und -farbigen Stiften und Federn und in einem äußerst sonderbaren Stil geschrieben. Mitten im Satz waren plötzlich alle Buchstaben großgeschrieben, viele Ausdrücke waren in Orthographie oder Anwendung falsch, und Satzzeichen waren – wenn überhaupt vorhanden – wie zufällig verstreut. Oft waren ganze Sätze verschiedenfarbig unterstrichen.

Noch seltsamer als das Aussehen war aber der Inhalt des Briefes. Der Schreiber setzte sich besonders mit jenen Abschnitten von Jessups Buch auseinander, die von der »Levitation« handelten (die Überwindung der Schwerkraft zur Hebung schwerer Objekte), die unseren Vorfahren anscheinend bekannt gewesen sein dürfte. Er kommentierte in aller Ausführlichkeit Jessups Vermutung, wonach bei vielen der urzeitlichen Bauwerke die Levitation angewendet wurde, und bestätigte ihre prinzipielle Richtigkeit. Dem Briefschreiber zufolge wäre die Levitationskraft nicht nur wissenschaftlich möglich, sondern sei hier auf der Erde einst ein »allgemein bekannter Vorgang« gewesen.

Leider scheint es von diesem ursprünglichen Brief keine Kopie zu geben, doch er klang so überzeugend, daß Jessup sich fragte, ob der Autor ihm vielleicht in seinem seltsamen Stil zu verstehen geben wollte, er selbst besäße über diesen Vorgang Kenntnis aus erster Hand. Der Brief trug die Unterschrift »Carlos Miguel Allende«.

Jessup wußte nicht so recht, was er von der ganzen Sache halten sollte, doch seine Neugier war offenbar geweckt. Er schrieb eine kurze Antwort an diesen etwas rätselhaften Señor Allende und bat um nähere Einzelheiten.

Jessup war zu jener Zeit sehr beschäftigt, und als nach einigen Monaten keine Antwort von seinem seltsamen Briefpartner gekommen war, vergaß er die Angelegenheit allmählich. Er hatte eine Reihe von Vorträgen zu halten und arbeitete gleichzeitig fieberhaft an der Fertigstellung seines zweiten Buches, *UFO and the Bible* (zur Eile angetrieben von seinem New Yorker Agenten, der sich nach dem bescheidenen Erfolg des ersten Buches einen guten Profit erhoffte); er hatte also kaum Zeit, über Leserzuschriften nachzudenken.

Während seiner Vortragsreisen beeindruckte er weiterhin sein Publikum mit der dringenden Forderung nach einem von der Regierung zu unterstützenden Forschungsprogramm auf dem Gebiet der Anti-Schwerkraft. Gelegentlich ging er sogar so weit, seine Zuhörer aufzufordern, sich »en masse« an ihren Gesetzgeber zu wenden, wenn sie wirklich den Stein ins Rollen bringen wollten. »Wenn all das Geld, der Verstand, die Zeit und die Energie, die jetzt nutzlos in die Entwicklung von Raketenantrieben gesteckt werden, statt dessen in ein Studium der Schwerkraft investiert würden, wobei man vielleicht mit der Weiterführung der Erforschung von Einsteins Einheitlicher Feldtheorie beginnen könnte«, sagte er, »werden wir höchstwahrscheinlich noch in diesem Jahrzehnt erfolgreich und wirtschaftlich die Raumfahrt beherrschen, und zwar mit einem Bruchteil des jetzigen Kostenaufwandes.«

Ohne Dr. Jessups Wissen muß Allende wohl zumindest einen der Vorträge besucht haben, denn was er dort hörte, veranlaßte ihn zu einem weiteren äußerst ungewöhnlichen Brief.

Am 13. Januar 1956, auf den Tag genau ein Jahr nach Vollendung seines Manuskripts für *The Case for the UFO*, erhielt Jessup, nunmehr in Miami, folgenden Brief von jenem Carlos Miguel Allende, der allerdings diesmal mit »Carl M. Allen« unterzeichnet hatte. Obwohl der Brief in der gleichen ausgefallenen Art wie der erste geschrieben war und auch denselben Absender in Pennsylvania angab, trug das Papier den Briefkopf des Turner-Hotels in Gainesville/Texas und auch den Poststempel von Gainesville. (Für den Fall, daß ein Leser in Versuchung kommt, um nähere Auskunft an die Adresse in Pennsylvania zu schreiben, sei darauf hingewiesen, daß eine Anfrage beim Postamt von New Kensington in Pennsylvania im Dezember 1975 ergab, daß keine solche Adresse mehr in New Kensington selbst oder in der diesem Postamt unterstehenden Umgebung existierte. Briefe an diese Anschrift werden routinemäßig an den Absender zurückgeschickt.)

Dieser Brief wird manchmal als der erste Allende-Brief an Dr. Jessup bezeichnet. Wie wir gesehen haben, ist es aber tatsächlich der zweite. Er ist hier zusammen mit einem dritten abgedruckt, mit freundlicher Genehmigung von Dr. Reilly H. Crabb, Direktor der Borderland Sciences Research Foundation, Inc., Vista, California, der sie 1962 zuerst als Teil einer in beschränkter Auflage erschienenen Broschüre veröffentlichte.

Carlos Miguel Allende
R. D. No. 1 Box 223
New Kensington, Penn.

Mein lieber Dr. Jessup,

Ihre Anrufung der Öffentlichkeit, ihre Repräsentanten en masse in Bewegung zu setzen und derart Druck auf die rechten & ausreichenden Stellen auszuüben, damit sie ein Gesetz zur Untersuchung von Dr. Albert Einsteins Einheitlicher Feldtheorie (1925–27) erlassen, *ist* überhaupt *nicht* notwendig. Es möge Sie interessieren zu erfahren, daß der gute Doktor bei der Zurückziehung dieses Werkes nicht so sehr von der Mathematik beeinflußt war als sehr viel mehr von Humantik.

Das Ergebnis seiner späteren Berechnungen, die er striktest zu seiner eigenen Erbauung & Unterhaltung über Zyklen von Zivilisation & Fortschritt des Menschen im Vergleich zum Wachstum des allgemeinen Gesamtcharakters durchführte, empörte ihn. Darum wird uns heute »*erzählt*«, daß diese Theorie »unvollendet« war.

Dr. B. Russell behauptet privat, daß sie vollendet ist. Er sagt auch, daß der Mensch nicht reif dafür ist & nicht bis nach dem III. WK sein wird. Nichtsdestoweniger, die »Resultate« eines Freundes Dr. Franklin Reno *wurden benutzt*. Diese waren eine vollständige Wiederdurchrechnung jener Theorie, mit Hinblick auf alle & jegliche schnellen Verwendungsmöglichkeiten, falls in sehr kurzer Zeit durchführbar. Es waren überdies gute Resultate, soweit es eine gruppentheor. Wiederdurchrechnung *und* soweit es ein gutes physikalisches »Resultat« betrifft. *Jedoch fürchtet sich die Marine, dieses Resultat zu benutzen!* Das Resultat war und ist heute der Beweis, daß die Einheitliche Feldtheorie bis zu einem gewissen Grad richtig ist. Jenseits dieses gewissen Grades wird keine Person, die bei rechten Sinnen ist oder überhaupt irgendeinen Sinn hat, jemals mehr zu gehen *wagen*. Es tut mir leid, daß ich Sie mit meinem vorigen Sendschreiben irreführte. Es stimmt, daß solch eine Form von Levitation wie beschrieben vollbracht wurde. Es ist ebenso eine sehr häufig beobachtete Reaktion gewisser Metalle auf gewisse einen Strom umgebende Felder, und dieses Feld wird daher zu dem Zweck benutzt. Hätte sich Faraday mit dem einen elektrischen Strom umgebenden magn. Feld befaßt, würden wir heute *nicht* existieren, *oder falls* wir existierten, hätte unsere gegenwärtige geopolitische Situation nicht diese zeitbombische, der Zerstörung entgegentickende Atmosphäre, die jetzt existiert. Schon gut, schon gut!

Das »Resultat« war völlige Unsichtbarkeit eines Schiffes, vom Typ eines Zerstörers, auf See *und* seiner *gesamten* Besatzung (Oktober 1943). Das Magnetfeld wies die Form eines Rotationsellipsoids auf und erstreckte sich 100 Meter (mehr oder weniger, je nach der jeweiligen Position des Mondes und Längengrades) weit nach beiden Seiten des Schiffes. Alle Personen, die sich in diesem Feld befanden, wiesen nur noch verschwommen erkennbare Umrisse auf, nahmen aber all jene wahr, die sich an Bord dieses Schiffes befanden, im offensichtlich selben Zustand und außerdem so, als gingen oder ständen sie in der Luft. Jede Person außerhalb des Magnetfeldes konnte überhaupt nichts sehen, nur den *scharf abgegrenzten Abdruck des Schiffsrumpfes im Wasser*, vorausgesetzt natürlich, daß die betreffende Person sich nahe genug, aber doch knapp außerhalb des Magnetfeldes befand. Warum ich Ihnen das heute erzähle? Ganz einfach: Falls Sie den Verstand verlieren wollen, enthüllen Sie diese Information. Die Hälfte der Offiziere und Besatzungsmitglieder jenes Schiffes ist momentan total verrückt. Einige werden sogar heute noch in gewissen Anstalten festgehalten, wo sie geschulte wissenschaftliche Hilfe erhalten, wenn sie entweder »abschweben«, wie sie es nennen, oder »abschweben und steckenbleiben«. Das »Abschweben«, das eine Nachwirkung bei den Besatzungsmitgliedern ist, die sich zu lange in dem Magnetfeld aufhielten, ist keineswegs ein unangenehmes Erlebnis für Seeleute mit einer gesunden Neugier. Das wird es jedoch, wenn sie dabei »steckenbleiben«; sie bezeichnen es dann als »Hölle KG«. In diesem Zustand kann der davon betroffene Mann sich nicht mehr aus eigener Willenskraft bewegen, wenn ein oder zwei seiner Kameraden, die sich mit ihm in dem Magnetfeld befinden, nicht schnell zu ihm gehen und ihn berühren, da er sonst »einfriert«.

Wenn ein Mann »einfriert«, wird seine Position sorgfältig markiert und dann das Magnetfeld abgeschaltet. Alle außer dem »Eingefrorenen« können sich nun bewegen, sich wieder über ihren *scheinbar* feststofflichen Körper freuen. Dann muß das Besatzungsmitglied mit der kürzesten Zugehörigkeitszeit zu der Stelle gehen, an der er das Gesicht oder eine nackte, nicht vom Uniformstoff bedeckte Hautstelle des »Eingefrorenen« findet. Manchmal dauert es nur eine Stunde oder etwas länger, manchmal eine ganze Nacht und einen ganzen Tag lang, und einmal dauerte es sogar sechs Monate, um einen Mann »aufzutauen«.

Dieses »Einfrieren« war nicht psychologisch. Es ist das Resultat eines Hyperfeldes, das *im* Feld des Körpers gebildet wird, während das »Schmor«-Feld eingeschaltet ist, & zwar gründlich *oder* bei einem alten Praktikus. Ein höchst kompliziertes Gerät mußte konstruiert werden, um die »echt Eingefrorenen« und die »tief Eingefrorenen« zurückzuholen. *Gewöhnlich wird ein »tief Eingefrorener« Mann toll, redet wirr, tobt, wird verrückt,* wenn sein »Einfrieren« mehr als einen Tag nach unserer Zeit dauert.

Ich spreche von *Zeit*, aber . . . »Eingefrorene« empfinden den Zeitablauf nicht wie wir. Sie gleichen Menschen im Dämmerzustand, die zwar leben, atmen, hören, sehen und fühlen, aber doch so vieles nicht wahrnehmen, daß sie wie in einer Art Unterwelt dahinvegetieren. Ein Mensch, der auf »normale« Weise einfriert, ist sich der Zeit bewußt, manchmal sogar qualvoll genau. Diese Männer empfinden die Zeit jedoch nie so wie Sie oder ich. Für die Wiederherstellung des ersten »Tiefgefrorenen« brauchte man, wie gesagt, sechs Monate lang. Die dafür benötigten elektronischen Geräte und ein besonderer Liegeplatz für das Schiff kosteten außerdem über 5 Millionen Dollar. Wenn Sie in der Nähe oder am Philadelphia-Marinehafen eine Gruppe von Seeleuten sehen, die ihre Hände auf einen Kameraden *oder* auf »Luft« legen, schauen Sie sich die Finger des armen Mannes an. Falls sie wie in einer Hitze-Luftspiegelung zu beben scheinen, *gehen Sie schnell hin*, legen Sie ihm Ihre Hände auf, *denn dieser Mann ist der verzweifeltste Mensch der Welt. Keiner dieser Männer möchte jemals wieder unsichtbar werden.* Ich glaube, es muß nicht weiter ausgeführt werden, weshalb der Mensch noch nicht für die Arbeit mit Kraftfeldern reif ist.

Diese Männer benutzen Ausdrücke wie »im Fluß hängenbleiben« (oder im »Schub«) oder »im Gemüse« oder »im Sirup stecken« oder »ich schwirrte los«, um einige der noch Jahrzehnte später auftretenden Nachwirkungen des Kraftfeldexperimentes zu beschreiben. »Im Fluß hängenbleiben« schildert genau das »Im Sirup stecken«-Gefühl eines Mannes, der entweder »tieffriert« oder nur »einfriert«. »Im Schub hängenbleiben« beschreibt, was ein Mann flüchtig empfindet, wenn er im Begriff ist, entweder ungewollt »abzuschweben« – d. h. unsichtbar zu werden – *oder* im Zustand des »Tieffrierens« oder »Einfrierens« »steckenzubleiben«.

Es sind nur noch sehr wenige von der Besatzung übrig, die dieses Experiment mitmachten . . . Die meisten wurden wahnsinnig, einer verschwand einfach »durch« die Wand seines Quartiers vor den Augen seiner Frau und seines Kindes, und zwei andere Besatzungsmitglieder (wurden nie wieder gesehen), zwei »gingen in die Flamme«, d. h. sie »froren ein« und fingen Feuer, als sie kleine Bootskompasse trugen; ein Mann trug den Kompaß und fing Feuer, und der andere eilte zu ihm, da er ihm am nächsten war, um ihm »die Hände aufzulegen«, aber er fing ebenfalls Feuer. Sie brannten 18 Tage lang. Der Glaube an die Wirksamkeit der Handauflegetechnik wurde durch diesen Unfall zerstört, und die Männer wurden scharenweise wahnsinnig. Das Experiment als solches war ein voller Erfolg. Auf die Besatzung wirkte es sich verhängnisvoll aus.

Suchen Sie in den Zeitungen von Philadelphia nach einem winzigen Absatz (obere Blatthälfte, nahe dem hinteren Drittel der Zeitung, 1944/46 im Frühjahr, Herbst oder Winter, *nicht* im Sommer) in einer Notiz über die Taten der Seeleute nach ihrer ersten Reise. Sie überfielen ein Lokal bei der Marinewerft, die »Seamen's Lounge« & verursachten bei den Kellnerinnen Schocks & Ohnmacht, so daß aus ihnen wenig Verständliches herauszubringen war, außer jenem Absatz & der Schreiber davon glaubt es nicht, & sagt »Ich habe nur geschrieben, was ich aufgeschnappt habe & diese Damen sind bescheuert. Also habe ich nur eine Gute-Nacht-Story zusammengebracht.«

Überprüfen Sie die Besatzung des Beobachterschiffes, Matson-Linie, Liberty-Schiff, Heimathafen Norfolk (die Gesellschaft *könnte* das Logbuch für jene Reise haben oder die Küstenwache hat es), die S. S. Andrew Furuseth, Erster Offizier Mowsely (werde den Namen des Kapitäns später sicherstellen) (Mannschaftsliste ist im Logbuch). Ein Besatzungsmitglied Richard Price oder »Splicey« Price könnte sich an andere Namen der Decksmannschaft erinnern (Küstenwache hat Aufzeichnungen über Seeleute, denen »Papiere« ausgestellt wurden). Mr. Price war im Oktober 1943 achtzehn oder neunzehn & lebt oder lebte damals in seinem alten Familienhaus in Roanoke, VA., einer kleinen Stadt mit einem kleinen Telefonbuch. Diese Männer waren Augenzeugen, die Männer dieser Mannschaft. Connally aus New England (Boston?) könnte Zeuge gewesen sein, aber ich bezweifle es (Schreibweise könnte falsch sein). Er *war* Zeuge. Ich bitte Sie, dieses bißchen Nachforschungen anzustellen, damit Sie an Ihrer eigenen Zunge ersticken, wenn Sie daran denken, was Sie »zum Gesetz Machen« gedrängt haben.

Mißachtungsvoll Ihr
Carl M. Allen

P.S. Würde gerne mehr helfen, wenn Sie mir sagen können, womit. (Z41 61 75)

Einige Tage später

Notizen das Sendschreiben ergänzend und betreffend. (Nehmen Sie zwecks Bestätigung der hierin gegebenen Information mit Konteradmiral Rawson Bennett Verbindung auf. Marine-Forschungs-Chef. Vielleicht bietet er Ihnen letztlich einen Job an.)

Ganz kühl und analytisch betrachtet und ohne das Wehklagen des hier beiliegenden Briefes an Sie möchte ich in aller Fairneß Ihnen & der Wissenschaft gegenüber das Folgende sagen. 1. Die Marine wußte nicht, daß die Männer auch unsichtbar werden können, *wenn sie nicht auf dem Schiff & unter dem Feldeinfluß sind*. 2. Die Marine wußte nicht, daß Menschen durch Nebenwirkungen des Hyper-»Felds« innerhalb *oder* oberhalb des »Felds« *sterben würden*. 3. Außerdem wissen sie sogar jetzt noch nicht, warum das passiert ist & sind noch nicht einmal sicher, daß das »F« im »F« überhaupt der Grund ist. *Kurz gesagt*, die Atombombe hat die Experimentatoren nicht getötet, also gingen die Experimente weiter – doch schließlich kamen ein oder zwei durch Unfälle ums Leben. Aber *der Grund*, warum sie starben, war bekannt. Ich selbst »fühle«, daß irgend etwas im Zusammenhang mit jenem Kleinbootskompaß »die Flammen auslöste«. Ich habe keinen Beweis, aber die Marine hat auch keinen. 4. *Was schlimmer ist* und nie erwähnt wurde: Als einer oder zwei ihrer Männer, Sichtbar-innerhalb-des-Feldes-für-alle-anderen, einfach *in das Nichts hineingingen, und* man von ihnen nichts fühlen konnte, weder wenn das »Feld« eingeschaltet *noch* wenn es ausgeschaltet war, *sie einfach verschwunden waren*, wurden die Ängste größer. 5. Noch schlimmer war es, als ein anscheinend sichtbarer & neuer Mann scheinbar »durch« die Wand seines Hauses ging, die Umgebung gründlich abgesucht & von & mit & unter einem tragbaren Feldentwickler gründlich geprüft *und nichts von ihm gefunden wurde. Dann herrschten so viele viele Ängste, daß keiner von jenen Männern oder von den Männern, die bei & mit den Experimenten arbeiteten, es jemals wieder mit ihnen aufnehmen konnte.*

Ich möchte auch erwähnen, daß das Versuchsschiff von seinem Dock in Philadelphia verschwand und nur wenige Minuten später an seinem anderen Dock bei Norfolk, Newport News, Portsmouth wieder auftauchte. Es wurde an diesem Platz klar *und* deutlich identifiziert, verschwand aber dann *wieder* und kehrte in wenigen Minuten oder kürzer an sein Dock in Philadelphia zurück. Das stand auch in den Zeitungen, aber ich vergesse, wo ich es gelesen habe *oder* wann es passiert ist. Wahrscheinlich bei den späteren Experimenten. Könnte auch 1946 gewesen sein, *nachdem* die Experimente abgebrochen wurden. Ich kann es nicht sicher sagen.

Für die Marine war die ganze Sache sehr unpraktisch, wegen ihrer moralzerstörerischen Wirkungen, die so stark waren, daß ein ordentlicher Betrieb des Schiffes drastisch behindert wurde. Außerdem zeigte sich nach diesem Vorkommnis, daß man sich auch auf den bloßen Betrieb eines Schiffes nicht mehr verlassen konnte. Kurz gesagt, die Ignoranz bei dieser Sache zeitigte solche Angst, daß man sie im Stadium des Versuchsbetriebes bei dem damaligen Wissensstand für unmöglich, unpraktisch und zu entsetzlich hielt.

Ich glaube, wenn Sie *damals* an & mit dem Team gearbeitet hätten, welches an dem Projekt beteiligt war, und wenn Sie gewußt hätten, was Sie *jetzt* wissen, *daß* dann »die Flammen« nicht *so unerwartet* gewesen wären, oder ein so entsetzliches Rätsel. Ich muß auch in aller Fairneß sagen, es ist mehr als wahrscheinlich, daß keines dieser anderen Vorkommnisse hätte auftreten können, ohne daß die Möglichkeit ihres Geschehens bekannt war. Sie hätten in Wirklichkeit verhindert werden können, und zwar durch ein viel vorsichtigeres Programm *und* durch eine viel vorsichtigere, sorgfältige Auswahl des Personals für Offiziere & Mannschaft. Das war nicht der Fall. Die Marine benutzte einfach, was an *Menschenmaterial* gerade greifbar war, mit wenig, *wenn überhaupt*, Rücksicht auf Charakter & Persönlichkeit jenes Materials. Wenn Vorsicht, große Vorsicht, bei der Auswahl von Schiff, Offizieren & Mannschaft waltet, *und* wenn sorgfältige Schulung durchgeführt wird und auf Schmuckgegenstände wie Ringe & Uhren & Erkennungsreifen & Gürtelschnallen *plus und besonders* auf die Wirkung der genagelten Schuhe oder der bei der US-Marine verwendeten Klampenschuhe sorgfältig geachtet wird, dann glaube ich, daß man die furchterfüllte Ignoranz, die dieses Projekt umgibt, sicherlich & bestimmt einigermaßen erfolgreich zerstreuen könnte. Die Unterlagen des Marine-*Diensthauses* Norfolk, Va (für Absolventen ihrer Seemannsschulen) werden zeigen, wer der S. S. Andrew Furuseth für entweder Ende September, oder Oktober 1943 zugeteilt war. Ich kann mich genau an einen anderen Beobachter erinnern, der während der Durchführung des Tests neben mir stand. Er war aus New England, hatte dunkelblondes, lockiges Haar, blaue Augen, den Namen habe ich vergessen. Ich überlasse *Ihnen* die Entscheidung, ob mehr Arbeit da hineingesteckt werden soll oder nicht, und ich schreibe dieses in der Hoffnung, daß es getan werden wird.

Hochachtungsvoll
Carl M. Allen

Unsichtbare Schiffe? Verschwindende Mannschaften? Wirklich, eine wilde und phantastische Geschichte – doch für einen Mann mit Jessups Interessen sicherlich faszinierend. In seinem 1964 erschienenen Buch *Invi-*

sible Horizons erwähnt Vincent Gaddis in einem kurzen Bericht über diese Affäre, daß »Jessups erste Reaktion war, diesen Brief als Ulk oder Machwerk eines Sonderlings abzutun. Es liegt in der Natur der UFO-Forschung, verdrehte und unausgeglichene Charaktere besonders anzuziehen.«Doch laut Gaddis hielt Jessup es trotzdem für möglich, »daß der Schreiber einen übertriebenen Bericht über ein tatsächliches Ereignis abgegeben habe. Schließlich wurden im Zweiten Weltkrieg viele Geheimexperimente durchgeführt. Und im Jahr 1943 waren auch die Forschungsarbeiten im Gang, die dann zur Entwicklung der Atombombe führten. Angeregt wurden sie durch Einsteins Brief an Präsident Roosevelt, und die Einheitliche Feldtheorie des berühmten Wissenschaftlers könnte auch als Basis für andere, weniger erfolgreiche Experimente gedient haben«.Wenn der Brief allerdings wirklich nichts als ein Lügenmärchen war, warum enthielt er dann so viele Einzelheiten über Namen, Orte und Ereignisse? Es ist kaum üblich, daß sich ein Witzbold so große Mühe macht, seinem Opfer derartige Details zu liefern – die sogar zur Aufdeckung seines Streiches führen können. Dr. Jessup war verwirrt.Ein unbestimmtes Gefühl der Dringlichkeit und die gleiche Neugier wie beim ersten Brief veranlaßten Jessup schließlich zu einer Antwort. Per Postkarte teilte er Allende mit, es sei »von größter Wichtigkeit«, daß er ihm »sofort« Beweismaterial jeder verfügbaren Art zur Untermauerung seiner seltsamen Behauptungen schicke.

Auch diesmal vergingen wieder Monate, ohne daß eine Antwort eingetroffen wäre. Jessup vermutete, daß die Angelegenheit nun schließlich im Sande verlaufen war. Er war anderweitig sehr beschäftigt und dachte nach den ersten Wochen kaum noch daran.

Fünf Monate später jedoch öffnete sich Pandoras Büchse wieder und bescherte ein weiteres Allende-Sendschreiben – das genauso rätselhaft war wie die anderen zwei. Es war am 25. Mai 1956 in DuBois, Pennsylvania, abgestempelt, und der Text (hier wieder mit freundlicher Genehmigung von Dr. Crabb wiedergegeben) lautete folgendermaßen:

Carlos M. Allende
RFD 1 Box 223
New Kensington, Pa.

Lieber Mr. Jessup,

Soeben erst von meinen ausgedehnten Reisen heimgekehrt, finde ich Ihre Karte vor. Da Sie wünschen, daß ich Ihnen »sofort« antworte, habe ich mich nach reiflichen Überlegungen entschlossen, das zu tun. Was Sie von mir wollen, ist soviel wie ein positiver Beweis, den Ihnen aber nur ein Duplikat jener Vorrichtungen bieten könnte, die »dieses Phänomen« hervorgerufen haben. Wenn ich wissenschaftliche Neigungen hätte und mich für etwas interessieren würde, das nach einer Theorie produziert wurde, die man als unvollständig ausrangiert hat (1927), wäre ich sicher so voller Zweifel, daß man mir solche Vorrichtungen, die so wunderliche Wechselwirkungen von Kraft & Feldern produzieren, in Betrieb *zeigen* müßte, und ebenso ihre Produkte. Mr. Jessup, ich könnte Sie bei einer solchen Einstellung *niemals* auch nur im entferntesten zufriedenstellen. Aus dem Grund, weil ich es nicht könnte. Noch würde die Marineforschungs-Abteilung (damals unter dem jetzigen Marinechef, Burke) jemals bekanntwerden lassen, daß derartige Dinge jemals haben geschehen dürfen. Denn sehen Sie, dieses Experiment konnte nur aufgrund von Burkes Neugier & Bereitschaft & Drängen durchgeführt werden. Es stellte sich als Reinfall heraus, *aber* seine Einstellung gegenüber fortschrittlicher & ultrafortschrittlicher Forschung ist genau »*die*« *Sache*, die ihn dahin brachte, wo er heute ist. (Oder zumindest, um sicherzugehen, war sie dabei von großem Einfluß). Wenn der Gestank der Resultate jener Experimente *jemals* herauskommen sollte, würde man ihn kreuzigen. Wie dem auch sei, ich habe bemerkt, nachdem die von der Reaktion verursachten vulgären Ausbrüche über die Jahre abgekühlt sind *und weitere* Forschung *offen* durchgeführt wird, *daß* die Gekreuzigten so etwas Ähnliches wie Heiligkeit erlangen. Sie schreiben, daß dies »von größter Wichtigkeit« ist. Ich bin gegenteiliger Meinung, Mr. Jessup, nicht nur aus ganzem Herzen, *sondern leidenschaftlich*. Gleichzeitig jedoch sind Ihre Ideen & Ihre Art von Neugier wie die meiner eigenen Art, und außerdem basiert mein Widerspruch auf philosophischer Moral und nicht auf jener Neugier, welche die Wissenschaft so heftig antreibt. Ich könnte Ihnen durch meine eigene Person positive Hilfe leisten, *aber* um das zu tun, würden wir einen Hypnotiseur, Natriumpentothal, ein Tonbandgerät & eine ausgezeichnete Schreibkraft brauchen, damit etwas für Sie wirklich Wertvolles dabei erzielt wird.

Wie Sie wissen, kann jemand, der hypnotisiert ist, nicht lügen, *und* jemand, der hypnotisiert ist *und* »Wahrheitsserum« bekommt, wie das umgangssprachlich genannt wird, *könnte unmöglich überhaupt lügen*. Noch dazu würde mein Gedächtnis *dadurch* in die Lage versetzt, sich in *allen Einzelheiten* an Dinge zu erinnern, an die sich mein gegenwärtiges Bewußtsein überhaupt nicht oder nur schwach und ungewiß erinnert, so daß es von viel größerem Nutzen wäre, Hypnose anzuwenden. Ich könnte dadurch in die Lage versetzt werden, mich *nicht nur* an *komplette* Namen zu erinnern, sondern auch an Adressen & Telefonnummern *und* vielleicht die *äußerst* wichtigen Z-Nummern von jenen Matrosen, mit denen ich zur See fuhr oder sogar in Kontakt kam. Da ich so etwas wie ein Dialektiker bin, könnte ich dadurch auch befähigt werden, genauso zu sprechen, wie die Zeugen gesprochen haben, und ihr Gehabe & ihre Denkweise zu imitieren oder zu *illustrieren*, dadurch kann Ihr Psychologe *im voraus* die todsicherste Methode herausfinden, um am erfolgreichsten mit diesen umzugehen. Ich könnte das *nicht* mit jemandem machen, den ich nicht lange Zeit beobachtet hätte & mit diesen Männern habe ich ungefähr sechs Monate zusammengelebt, also müssen Sie gute bis ausgezeichnete Resultate erzielen können. *Der Verstand vergißt niemals, nicht wirklich, wie Sie wissen.* Aus diesem Grund schlage ich diesen Weg vor, mit mir zu verfahren, doch ferner schlage ich auch die spätere Verwendung meiner Person zur Illustration von Gehabe & Denkweise vor, mit dem Ziel, daß sich diese Männer *selbst zur Verfügung stellen (unter Hypnose oder Wahrheitsserum).* Selbiges könnte einen viel größeren Nachdruck haben, nämlich aufgrund von Übereinstimmungen von Erfahrungen, an die sich Männer hypnotisch erinnern, *die sich fast oder über zehn Jahre überhaupt nicht gesehen oder geschrieben haben.* Dadurch, mit solchen Männern als Zeugen, die unwiderlegbares Zeugnis ablegen, ist es meine Überzeugung, daß es nicht bei der Marine, *sondern bei der Luftwaffe* (das heißt dem Forschungsleiter), wenn sie mit solchen Beweisen konfrontiert wird, entweder einen Aufruhr oder ruhige und bestimmte Anstrengungen gäbe, *sicher* »das« zu erreichen, »was« der Marine mißlang. Es ist Ihnen hoffentlich klar, daß es ihnen *nicht* mißlungen ist, metallische & organische Unsichtbarkeit zu vollbringen, noch ist es ihnen mißlungen, unaufgefordert den Transport von Tausenden von Tonnen Metall & Menschen mit der Geschwindigkeit eines Augenzwinkerns zu vollbringen. Obwohl dieser letztere Effekt ausgedehnten Experimentierens die Sache war (für die Marine), die sie als Scheitern des Experiments auslegten, *glaube ich, daß weitere Experimente ganz natürlich zu kontrolliertem Transport großer Tonnagen mit ultraschneller Geschwindigkeit zur gewünschten Zeit und zum gewünschten Ziel geführt hätten,* und zwar durch Anwendung eines Bereiches *mit:* 1. der Fracht und 2. jenem »Feld«, das jene Güter, Schiff oder Schiffteile *(Menschen wurden ebenfalls transportiert)* an einen anderen Ort bringen könnte. Unbeabsichtigt & zur peinlichen Bestürzung der Marine *ist das schon einmal mit einem ganzen Schiff, mit Mannschaft & allem passiert. Ich habe davon gelesen und auch von den Taten der Seeleute, als sie sich ohne Genehmigung vom Stützpunkt entfernt hatten* und die *zu der Zeit* unsichtbar waren, *in* einer *Tageszeitung Philadelphias. Unter Narko-Hypnose könnte ich den Namen, das Datum & die Seitennummer von dieser* & von jener anderen Zeitung enthüllen. *Folglich* wird das Archiv dieser Zeitungen *noch mehr damals veröffentlichte positive Beweise* für dieses Experiment preisgeben. Auch der Name des *Reporters kann so gefunden werden*, der diese Vorfälle so skeptisch *untersuchte & beschrieb (von dem Überfall während der Unsichtbarkeit auf die Restaurant-Bar & von dem Schiff, das sich plötzlich ohne Genehmigung vom Stützpunkt entfernte) und der* die Kellnerinnen *interviewte*, so daß man Zeugenaussagen von *ihm* und den Kellnerinnen bekommen könnte. Ich glaube, wenn Sie erst einmal auf dieser Spur sind, daß Sie noch *erheblich mehr* Beweismaterial zur Untermauerung dieses – (wie würden Sie es nennen – *Skandal oder Entdeckung?)* auftreiben können. Sie würden einen Dale Carnegie brauchen, um diese *Leute zu bewegen*, das zu tun, was Sie von ihnen wollen. Es wäre billiger, als jeden einzelnen dieser Zeugen zu bezahlen & *sehr viel ethischer.* Für den Laien ist die Vorstellung absolut lächerlich. Aber können Sie sich ohne weiteres an das Datum einer Zeitung erinnern, in der Sie vor mehr als fünf Jahren einen interessanten Artikel gelesen haben? Oder an Namen und Telefonnummern von Männern, die Sie 1943/44 zuletzt gesehen haben?

Ich hoffe, Sie werden diesen Plan in Erwägung ziehen. Sie werden damit Erfolg haben, was auf keine andere Weise möglich ist. Mir ist selbstverständlich klar, daß Sie dazu einen Mann brauchen, der die Leute dazu bringen kann, Spaß daran zu haben, mit Hypnotismus spielen zu wollen. Die Leute, die er braucht – die Sie brauchen – müssen: Nr. 1 zu seiner Vorstellung kommen & sich derart »geehrt« fühlen, daß sie »bei der Show mitmachen dürfen« & ihm damit einen Gefallen tun &/oder für ein winziges Honorar bei der Vorstellung mitwirken. Er *müßte* ein Mann von solch geschicktem Einfallsreichtum sein, daß er aus dem Stegreif einen *plausiblen*, auf die jeweilige Persönlichkeit abgestimmten *Vorwand* erfinden kann, sobald er die betreffende Person vor sich hat, *was viel kostet.* Die Fähigkeit, Leute davon zu überzeugen, daß eine glatte Lüge die absolute Wahrheit ist, müßte eine seiner hervorstechendsten Eigenschaften sein. (Ahem.) Ja, irgend so eine Gaunerei müßte man gut planen & ausführen. *Das Endergebnis wird eine Wahrheit sein, die zu ungeheuerlich, zu phantastisch ist, um verschwiegen zu werden. Eine wohlfundierte Wahrheit, gestützt durch ungetrübte positive Beweise. Ich würde gern herausfinden, wo diese Matrosen jetzt leben.* Es ist bekannt, daß einige wenige Leute *unter Hypnose* Namen & Adresse von einer Person nennen können, *die sie niemals kennengelernt oder auch nur gesehen haben.* Diese Leute haben einen sehr hohen oder auch nur einen hohen PSI-Faktor, der unter Druck- oder Spannungseinwirkung intensiviert werden kann *oder* der gewöhnlich bei extremer Angst intensiviert *wird.* Er kann auch durch Hypnose *re*-intensiviert werden, *folglich* ist das so einfach wie Lexikonlesen. Obwohl jener Lokal-Überfall von unsichtbaren *oder* teilweise unsichtbaren Männern durchgeführt wurde, *konnten jene Männer sich gegenseitig sehen,* also wurden in der Aufregung sicherlich Namen genannt, entweder Zunamen oder Vornamen oder Spitznamen. Eine Überprüfung der Aufzeichnungen in Apotheken bei der Marinewerft oder von Spitälern, von Erste-Hilfe-Stationen oder Gefängnissen jenes bestimmten Tages, als der Lokal-Überfall war, könnte *die genauen Namen ergeben, wer die Männer waren und ihre Dienstnummern & folglich könnte auch Auskunft darüber sichergestellt werden, woher sie waren &* durch geschicktes Manövrieren derjenigen, die noch daheim sind, *könnte man den Namen des Ortes herausfinden,* wo sie jetzt sind.

Wie würde es Ihnen gefallen, tatsächlich mit einem Mann (oder mit einigen der *Männer*) *zu sprechen, der einmal ein unsichtbares menschliches Wesen war? (Könnte es vor Ihren Augen wieder werden, wenn er sein Taschengerät abschaltet.)* Nun ja, all dieser absurde Blödsinn mit Hypnotiseur und Psychologe & all das *wird notwendig sein,* nur um das zu erreichen. Vielleicht ist mein Vorschlag *zu* gründlich und *zu* methodisch für Ihren Geschmack, aber anderseits liegt mir, als erstem Objekt, *überhaupt* nichts daran, hypnotisiert zu werden, aber auch ich fühle dieses gewisse Bohren von Neugier, und ich kann dem nicht widerstehen. Ich *will* diese Sache ans Licht bringen. Meine Gründe sind einfach die, daß ich *weitere Arbeit* auf dem Gebiet dieser »Feld-Theorie« ermöglichen will.

Ich bin ein Sterngucker, Mr. Jessup. Ich mache kein Hehl daraus und ich glaube, *wenn die Sache richtig gehandhabt wird, d.h. den Menschen & der Wissenschaft in der richtigen psychologisch wirksamen Art geschildert und nahegebracht würde,* dann bin ich überzeugt, daß der Mensch an das Ziel seiner Träume gelangt … zu den Sternen, und zwar durch die Art des Transports, über welche die Marine zufällig stolperte (zu ihrer nicht geringen Verlegenheit), als ihr Versuchsschiff verschwand und etwa eine Minute später an einem mehrere hundert Seemeilen weit entfernten anderen Liegeplatz in der Chesapeake Bay auftauchte. *Davon* habe ich in einer anderen Zeitung gelesen & *nur* durch Hypnose könnte ein Mensch sich an *all* die Einzelheiten erinnern wie Zeitung, Erscheinungsdatum & etc., sehen Sie? Also. Vielleicht hat die Marine diesen Transportunfall schon benutzt, um Ihre UFOs zu bauen. Unter jedem Blickwinkel ist das ein logischer nächster Schritt. Was meinen *Sie???*

Hochachtungsvoll
Carl Allen

Hypnose? Wahrheitsserum? UFO-Antriebssysteme? Es ist nicht schwierig, sich die Gedanken vorzustellen, die Jessup kamen, als er das las. War ihm da nun eine der großartigsten Geschichten des Jahrzehnts ins Haus geschneit, oder wollte man ihn mit einer ausgeklügelten Schwindelei hereinlegen?

Wenn Jessup bisher nur verwirrt war, so bedeutet das gar nichts im Vergleich zu dem, was ihm noch bevorstand. Während er überlegte, wie er auf die letzte Entwicklung reagieren sollte, bahnten sich anderswo schon viel seltsamere Ereignisse an.

3   Die Marine wird aufmerksam

Wäre die Geschichte hier zu Ende, hätte sich Dr. Jessup aller Wahrscheinlichkeit nach mehr als glücklich geschätzt, diese seltsamen Briefe den Phantastereien eines Narren zuzuschreiben. Einige seiner engen Freunde bestätigen, daß er entgegen seinem ursprünglichen Interesse für diese Sache inzwischen zu der bequemeren Schlußfolgerung gelangt war, daß die Briefe zu unglaublich waren, um ihnen Bedeutung zuzumessen.

Es ist zwar nicht bekannt, ob Jessup sich jemals die Mühe machte, den dritten Brief zu beantworten, doch wenn er es getan hat, dann sicherlich ohne sich irgendwie festzulegen. Aber ob er nun antwortete oder nicht, ist relativ unerheblich im Hinblick auf das, was folgte. Jedenfalls wissen wir, daß Jessup mit der Suche nach Geldquellen für eine neue Mexiko-Expedition viel zu beschäftigt war, um phantastischen Geschichten über verschwindende Schiffe und unsichtbare Mannschaften nachzujagen. Er hatte sich offenbar als nächstes Ziel gesetzt, jene Krater weiter zu erforschen.

Mit diesem Vorhaben im Sinn schrieb er jedenfalls Ende 1956 folgendes an Gray Barker, einen seiner weniger mysteriösen Briefpartner:

Sie wissen natürlich von meinem Interesse für Mexiko, und ich freue mich, daß meine Pläne jetzt plötzlich und unerwartet Gestalt angenommen haben: 1. muß ich wahrscheinlich aus geschäftlichen Gründen nach Mexiko, und zwar zu Untersuchungen über mögliche Mineralvorkommen im Inneren der Krater; 2. wird die Regierung wahrscheinlich eine Expedition unter der Schirmherrschaft der Universität von Michigan finanzieren. Die erste Reise soll etwa fünf Wochen dauern, und ich werde voraussichtlich um den 10. Dezember herum aufbrechen. Die zweite Sache dürfte ungefähr am 1. April [1957] aktuell werden und mindestens fünf Monate in Anspruch nehmen ... Verträge wurden [noch] nicht unterschrieben.

35

Zwar sollten beide Möglichkeiten sich leider später zerschlagen, aber im Moment war Jessup in überschwenglicher Stimmung, und in seinen Briefen zeigt sich deutlich seine Erwartung und Vorfreude. Außerdem arbeitete er an einem, wie er annehmen mußte, bedeutenden neuen Buch *(The Expanding Case for the UFO)*, und es ist daher nicht schwer zu verstehen, daß er die Erwägung weniger vordringlicher Angelegenheiten in den Hintergrund schob, darunter sicherlich auch die Allende-Briefe. Wenn er einmal mehr Zeit und das Bedürfnis nach einer Beschäftigung haben würde, könnte er sie sich ja wieder vornehmen, doch für den Augenblick hatten sie zu warten.

Trotz Jessups Überzeugung, daß die Briefe keine aktuelle Sache waren, begannen sich gewisse Dinge zu ereignen, die Jessup weder ahnen noch beeinflussen konnte – eine Reihe von höchst merkwürdigen Zufällen.

Die Fairneß gebietet uns, darauf hinzuweisen, daß es über die folgende Geschichte mehrere Berichte gibt, die sich mehr oder weniger voneinander unterscheiden, je nachdem, wie weit sie sich von ihrem eigentlichen Ursprung entfernt hatten, bevor jemand sich für sie interessierte und sie niederschrieb. Wir haben uns bemüht, unter Berücksichtigung all dessen diejenige Version zu rekonstruieren, die aus der offenbar zuverlässigsten Informationsquelle stammt. Dabei haben wir den Berichten von Leuten, die Dr. Jessup persönlich kannten, mehr Bedeutung beigemessen als denen aus zweiter und dritter Hand.

Dieser Teil der Geschichte setzt offenbar Ende Juli oder Anfang August 1955 ein, demnach also – wenn das Datum stimmt – mindestens ein paar Monate *bevor* Jessup den ersten von Allendes verwirrenden Briefen erhielt. Auf jeden Fall begann alles mit einem Päckchen, adressiert an »Admiral N. Furth, Chief, Office of Naval Research, Washington 25, D. C.«, das Major Darrel L. Ritter, USMC Aeronautical Project Officer beim ONR (Office of Naval Research), dem Forschungsbüro der Marine, in der Eingangspost fand. Das braune Packpapier trug den Poststempel »Seminole, Texas, 1955«, und diagonal über die Vorderseite hatte jemand »Frohe Ostern« gekritzelt. Es enthielt weder eine Absenderangabe noch einen Begleitbrief, aber ein Paperback-Exemplar von Morris Jessups *The Case for the UFO*. Als Ritter es aufschlug, fielen ihm sofort die vielen verwirrenden handschriftlichen Randbemerkungen und Unterstreichungen in mindestens drei verschiedenen Farben auf. Die Anmerkungen erweckten tatsächlich den Eindruck, als besäße der Schreiber das Wissen eines Eingeweihten über UFOs, deren Antriebskraft, Herkunft, Hintergrund und Geschichte. Das Buch selbst war schon ziemlich zerfleddert, und wer auch immer für diese Arbeit verantwortlich war, hatte offensichtlich viel Zeit darauf verwendet.

Admiral Furth selbst scheint sich nicht für ein solches anonymes Geschreibsel interessiert zu haben – falls ihm das Buch überhaupt jemals vorgelegt wurde –, Major Ritter jedoch hielt es anscheinend zumindest für eine bemerkenswerte Kuriosität. Jedenfalls ist es offenbar ihm zu verdanken, daß dieses Buch nicht sofort in den Papierkorb wanderte. Ritter behielt es wahrscheinlich, nachdem er Furths Desinteresse sah, und widmete ihm einen Großteil seiner Freizeit. Seine unmittelbare Reaktion ist nicht bekannt, doch die Lektüre des Buches mit seiner Unzahl bizarrer Anmerkungen dürfte ihn sicherlich in Erstaunen versetzt haben. Die Randbemerkungen schienen Erklärungen für das in Jessups Buch erörterte rätselhafte Verschwinden von Schiffen, Flugzeugen und Menschen – meist im Gebiet des geheimnisumwitterten Bermuda-Dreiecks – zu sein. Darüber hinaus behandelten sie, manchmal bemerkenswert weit ins Detail gehend, den Ursprung der vielen »sonderbaren Stürme und Wolken, vom Himmel fallenden Objekte, seltsamen Zeichen und Fußabdrücke und derlei Dinge«, über die Jessup geschrieben hatte. Auch Städte auf dem Meeresgrund wurden erwähnt und im Zusammenhang damit zwei Gruppen wahrscheinlich außerirdischer Lebewesen, »die LMs« und »die SMs«, von denen nur die eine, nämlich die »LMs«, als freundlich gelte. Außerdem waren die handschriftlichen Anmerkungen mit ausgefallenen Ausdrücken gespickt, wie zum Beispiel Mutterschiff, Heimschiff, Totes Schiff, Große Arche, Großes Bombardement, Große Rückkehr, Großer Krieg, Kleinmänner, Kraftfelder, Tiefe Erstarrungen, Maßanzeiger, Aufklärungsschiff, Magnetfelder, Schwerkraftfelder, Diamantblätter, Kosmische Strahlen, Kraftschneider, Einlegearbeit, Klartext, Telepathieren, Schwingungsknoten, Wirbel, Magnetnetz etc.

Major Ritter muß gewußt haben, daß militärische Stellen gerade zu jener Zeit der Antischwerkraftforschung besonders großes Interesse widmeten, und möglicherweise glaubte er, hier einen Hinweis in dieser Richtung gefunden zu haben. Ganz gleich, aus welchen Motiven, er war jedenfalls derjenige, der das Buch aufbewahrte. Aus seinen Händen erhielten es nämlich einige Monate später zwei ONR-Leute, nachdem sie ihr Interesse dafür bekundet hatten; der eine war Commander George W. Hoover, Special Projects Officer, und der andere ein Neuling beim ONR, Captain Sidney Sherby. Beide waren am seinerzeit laufenden *Project Vanguard* beteiligt – das war der Deckname der Entwicklungsarbeiten für den ersten Erdsatelliten der USA – und interessierten sich für Antischwerkraftforschung.

Commander Hoover war offensichtlich von den geheimnisvollen Kritzeleien und seltsamen Randbemerkungen so gefesselt, daß er einen großen Teil seiner Zeit dem Versuch opferte, der Sache nachzugehen und festzustellen, was dahintersteckte. Auch Captain Sherby war sehr interessiert, und sie diskutierten stundenlang über die eigenartige Angelegenheit. Was zunächst dabei herauskam, war ein Brief – entweder von Sherby oder von Hoover – an Morris Jessup, mit einer Einladung ins ONR nach Washington zwecks Besprechungen über sein Buch.

Als Jessup eintraf, zeigte man ihm die mit Randbemerkungen versehene Paperbackausgabe seines Buchs *The Case for the UFO*, die achtzehn Monate früher auf Major Ritters Schreibtisch gelandet war.

»Dieses Buch ist uns anonym per Post zugeschickt worden«, erklärte einer der beiden Offiziere. »Allem Anschein nach ist es zwischen mindestens drei Personen hin und her gewandert, die alle jeweils Anmerkungen gemacht haben.« (Diese irrtümliche Annahme ist darauf zurückzuführen, daß drei verschiedene Tintenfarben benutzt wurden und daß einige der Bemerkungen den Eindruck erweckten, als bildeten sie eine Frage-und-Antwort-Konversation zwischen mehreren Personen. In Wirklichkeit scheint es tatsächlich nur einen Kommentator gegeben zu haben.) »Sehen Sie sich das an, Mr. Jessup, und sagen Sie uns, ob Sie eine Ahnung haben, wer das geschrieben haben könnte.«

Wie Vincent Gaddis berichtet, »wurde Morris Jessup zusehends verstörter, als er die Anmerkungen durchging, denn immer mehr Kommentare bezogen sich auf Dinge, von denen er zwar gehört, aber in seinem Buch nichts erwähnt hatte. Die Person – oder die Personen –, die diese Randbemerkungen und Kommentare verfaßt hatte, wußte außerdem offensichtlich eine ganze Menge über das seinerzeitige ›UFO-Wesen‹, über außerirdische Phänomene und über viele andere Dinge, die eigentlich nur von Psychiatern und Leuten, die sich mit Kulten und Mystik beschäftigten, erörtert zu werden pflegten. Es kam dabei nicht so sehr darauf an, ob diese der Wahrheit entsprachen oder nicht. Der springende Punkt war, daß ein Unbekannter so genau darüber Bescheid wußte.«

Jessup war verunsichert. Warum, so fragte er sich, interessierte sich die Marine für das Produkt eines offensichtlich Geistesgestörten? Wer der Urheber sein sollte, konnte er sich beim besten Willen nicht vorstellen – das heißt, er konnte es so lange nicht, bis ihm zufällig eine bestimmte Bemerkung auffiel, die sich auf ein angebliches Geheimprojekt der Marine aus dem Jahr 1943 bezog. Jetzt fiel ihm natürlich ein, daß er davon schon gehört hatte, und er blätterte weiter. Nachdem er noch ein paar direktere Hinweise auf das unsichtbare Schiff gefunden hatte, war jeder Zweifel beseitigt: Sein ehemaliger mysteriöser Briefpartner Carlos Miguel Allende mußte in irgendeinem Zusammenhang mit diesem Buch stehen. Zufrieden mit seiner Schlußfolgerung, hatte Jessup erklärt, er sei sicher, in seinen Unterlagen zwei Briefe »eines der Kommentatoren« zu haben.

»Danke, Mr. Jessup«, antwortete Hoover. »Es wäre sehr wichtig für uns, diese Briefe zu sehen.« Hoover informierte Jessup dann über sein außerordentliches Interesse für diesen Fall und daß er bereits alles in die Wege geleitet hatte, das mit Anmerkungen versehene Buch Jessups in begrenzter Anzahl vervielfältigen zu lassen, um es dann »einigen maßgeblichen Leuten an der Spitze« vorzulegen. »Wir werden dafür sorgen, daß Sie ebenfalls ein Exemplar bekommen«, versprach er Jessup.

Jessup dürfte wohl Hoovers Wunsch nachgekommen sein, denn die Briefe erschienen später als Teil der »Einführung« zu dem auf Hoovers Veranlassung »in begrenzter Auflage« vervielfältigten Buch Jessups. Den Rest der Einführung verfaßten Hoover und Sherby.

Jemand aus Jessups unmittelbarer Umgebung ging sogar so weit zu behaupten, Jessup sei nicht weniger als dreimal wegen dieser Angelegenheit beim ONR gewesen.

Dieses Buch zu vervielfältigen war keine leichte Aufgabe: Da war zunächst der langwierige und mühevolle Prozeß, das ganze Buch mit allen Anmerkungen auf Matrizen abzuschreiben (es gab ja noch kein Xerox-Verfahren) und dann Kopien in zwei Farben abzuziehen (schwarz für den Buchtext und rot für die Anmerkungen und Unterstreichungen). Durchgeführt wurde diese Arbeit von der Varo Manufacturing Company in Garland, Texas, einer Elektronikfirma, die schon ganz auf das »Raumzeitalter« eingestellt war und hauptsächlich militärische Forschungsaufträge durchführte. Von Hoover und Sherby ist bekannt, daß sie damals schon enge Beziehungen zu dieser Firma unterhielten, in deren Dienste sie später beide eintraten. Ob die Kosten dieses Projekts von der Varo, dem ONR oder von Hoover und Sherby persönlich getragen wurden, ließ sich nicht mehr feststellen. Es ist jedoch bekannt, daß die Schreibarbeiten von einer Miss Michael (Michelle?) Ann Dunn durchgeführt wurden, der Privatsekretärin des damaligen Präsidenten von Varo, Austin N. Stanton, und daß die Vervielfältigungsmaschine in der »Military Assistance«-Abteilung dieser Firma stand. Aus einer der Informationsquellen verlautete allerdings die Behauptung, Miss Dunn sei gar nicht Mr. Stantons Sekretärin gewesen, sondern eine Aushilfskraft, die nur für diese spezielle Schreibarbeit engagiert wurde. Tatsächlich streitet Varo selbst ab, Unterlagen über ein Anstellungsverhältnis einer »Miss Dunn« zu haben.

Es wurden genau 127 Kopien angefertigt (früheren Quellen zufolge wurde von 25 Kopien gesprochen), vollständig mit der dreiseitigen, nicht signierten Einführung von Hoover und Sherby sowie den maschinengeschriebenen Kopien der beiden Briefe von Carlos Miguel Allende an Dr. Jessup. Die Druckseiten waren mühevoll mit der Hand kollationiert und in hellblaue Pappdeckel gebunden.

Rückblickend betrachtet scheint das Interesse von Hoover und Sherby für dieses Buch von ihrer Überzeugung herzurühren, wie sie es in der Einführung formulierten, daß »wegen der großen Bedeutung, die wir der Möglichkeit beimessen, Hinweise auf die Natur der Schwerkraft zu entdecken, nichts außer acht gelassen werden darf, und sei es vom Standpunkt der klassischen Wissenschaft noch so indiskutabel«. Welche »Hinweise auf die Natur der Schwerkraft« allerdings damit gemeint waren, ist nicht recht klar, denn abgesehen von Jessups eigenen vagen Andeutungen hierzu erscheinen in den Anmerkungen der Varo-Ausgabe nur ganz wenige (zugegebenermaßen allerdings ziemlich vielversprechende) Bezugnahmen darauf.

Ganz gleich, aus welchen dunklen Beweggründen, kursierte dieses Buchexemplar jedenfalls eine Zeitlang in Washingtoner Militärkreisen. Über diesen Aspekt der Angelegenheit schreibt der UFO-Forscher und Schriftsteller Gray Barker, der lange einer der Aktivsten in dem Bemühen war, das Rätsel der Allende-Briefe zu lösen, in seinem 1963 erschienenen Buch *The Strange Case of Dr. M. K. Jessup:*

Ich hörte zum erstenmal von der kommentierten Ausgabe durch Mrs. Walton Colcord John, der Direktorin der *Little Listening Post*, einer zukunftsorientierten UFO-Zeitschrift, die in Washington verlegt wird. Mrs. John erzählte mir am Telefon von einem merkwürdigen kursierenden Gerücht, nach dem jemand ein mit Anmerkungen versehenes Exemplar nach Washington geschickt und die Regierung die Kosten nicht gescheut hätte, genaue Kopien von dem Buch, so wie es war, mit allen Unterstreichungen und handschriftlichen Zusätzen zu dem ursprünglichen Text, herstellen zu lassen. Und diese Kopien würden, so sagte sie, durch militärische Kanäle in ziemlich weiten Kreisen zirkulieren.

Sie selbst hatte natürlich keine dieser Kopien gesehen und wußte nicht viel über den Inhalt, schien ihn aber irgendwie mit einem angeblichen Versuch der Marine in Verbindung zu bringen, bei dem ein Schiff völlig unsichtbar geworden war. Ich konnte nicht allzuviel damit anfangen, bis ich später von den sonderbaren Allende-Briefen hörte, die ein derartiges Experiment auf die schreckenerregendste Weise beschrieben.

Da unser Hauptinteresse aber Jessup und den mysteriösen Allende-Briefen gilt und nicht der Varo-Ausgabe von *The Case for the UFO,* wollen wir uns wieder unserem Thema widmen. (Sollte der Leser sich näher dafür interessieren, kann er ein Faksimile der Varo-Ausgabe über Mr. Barker, Saucerian Press, PO Box 2228, Clarksburg, West-Virginia, 26 302 beziehen.)

Welche Wirkung all diese unerwarteten Entwicklungen auf Dr. Jessup hatten, läßt sich schwer feststellen. Es scheint jedoch, daß diese, zusammen mit einem Autounfall und Eheschwierigkeiten, mit denen Jessup zu jener Zeit konfrontiert war, ihm einen Schock versetzten, von dem er sich nie mehr ganz erholte. Berichten aus seiner Umgebung zufolge scheint aber sicher zu sein, daß Jessup nach Erhalt der drei vom ONR versprochenen Varo-Exemplare sehr viel Zeit darauf verwendete, das Buch eingehend durchzuarbeiten. Jessup sei über den wirklich bizarren Inhalt der Randbemerkungen so beunruhigt gewesen, daß er sich die Mühe machte, nun seinerseits Anmerkungen zu verfassen. Er tippte seine Kommentare auf Zettel und klebte sie auf etwa jede zehnte Seite. (Dieses Exemplar mit den Kommentaren zu den Anmerkungen existiert anscheinend noch, doch der Eigentümer stellt es selbst zu Forschungszwecken nicht zur Verfügung.)

Inzwischen bestätigte sich das Ausmaß von Hoovers und Sherbys Interesse an dieser Angelegenheit durch die Tatsache, daß einer von ihnen (oder vielleicht auch beide) anscheinend große Anstrengungen unternahm, Carlos Allende ausfindig zu machen.

Eine Reise, die Hoover zu der von Allende in seinen Briefen an Jessup angegebenen Adresse unternahm, verlief ergebnislos – genauso wie alle anderen Versuche, ihn mit Hilfe traditioneller Methoden zu finden. Allende schien verschwunden. Zusätzlich zu den Bemühungen der Marineleute soll auch ein ungenannter Freund von Dr. Jessup (vielleicht in seinem Auftrag?) Allende unter jener Anschrift gesucht haben, mit dem gleichen negativen Ergebnis. Der Mann fand ein leeres Farmhaus vor und konnte von den Nachbarn in Erfahrung bringen, daß jemand namens Carlos oder Carl einige Zeit dort bei einem älteren Ehepaar gewohnt hatte und dann weitergezogen war. Einige Zeit später sei dann ein Lastwagen vorgefahren, das ältere Ehepaar hätte seine Habseligkeiten verladen, wäre eingestiegen, und der Lkw sei mit unbekanntem Ziel davongefahren.

Jessup als ausgebildeter Astrophysiker konnte sich nur schwer vorstellen, warum die Marine sich all diese Mühe machte, es sei denn, an der ganzen Sache war tatsächlich etwas dran. Zweifellos hatte er ein ganz spezielles Interesse für die Begleitumstände jenes angeblichen Unsichtbarkeitsexperiments entwickelt, und er verwendete zumindest einen großen Teil seiner Zeit auf Untersuchungen gewisser Möglichkeiten.

Nachdem sich Jessups Hoffnungen auf eine weitere Erforschung der mexikanischen Krater zerschlagen hatten, scheint er etwa 1958 seinen eigentlichen Beruf so gut wie aufgegeben zu haben und versuchte nunmehr, seinen Lebensunterhalt nur noch mit Schreiben und Veröffentlichungen zu verdienen. Obwohl er damit zunächst nicht allzuviel Erfolg hatte und sich mit einem eher bescheidenen Einkommen begnügen mußte, machte es ihn doch einigermaßen unabhängig, zumal seine Kinder erwachsen und aus dem Haus waren und seine Frau ihn verlassen hatte. Also verschloß er sein großes Haus in der Nähe von Miami, kehrte in seine Heimat Indiana zurück und ließ sich dort als Herausgeber einer kleinen astrologischen Zeitschrift nieder. Er versuchte weiterhin, als Schriftsteller Karriere zu machen, interessierte sich aber gleichzeitig mehr und mehr für übersinnliche Phänomene – vielleicht weil er dies für eine Möglichkeit hielt, seinen zunehmend getrübten Gemütszustand zu erklären. Freunde, die während dieser Monate noch in Verbindung mit ihm waren, berichten von deutlichen Anzeichen starken inneren Aufruhrs und steigender Spannung und Verwirrung bei Jessup. Eine seiner »übersinnlichen« Freundinnen, die Jessup Anfang 1958 anläßlich eines seiner Besuche in Ann Arbor zum Dinner eingeladen hatte, soll später erzählt haben, wie entsetzt sie über »die Veränderung seiner Ausstrahlung« war. »Sie hatte eine Art astralen Körpergeruch angenommen«, wie sie in rührender Offenheit bemerkte.

Der Anfang vom Ende war Jessups Reise Ende Oktober 1958 nach New York, die vorgeblich dem Zweck diente, astrologische Organisationen und Verleger aufzusuchen. Zumindest oberflächlich betrachtet war eine solche Reise nichts Außergewöhnliches für ihn, denn er war früher oft in New York gewesen und hatte dort zahlreiche Kontakte angeknüpft. Deshalb kam auch keinem seiner Bekannten der geringste Verdacht, daß dies sein letzter Besuch bei ihnen sein sollte.

Zu oder um Allerheiligen folgte Jessup der Dinnereinladung eines seiner Freunde in seine Wohnung in New York; es war der prominente Naturforscher Ivan T. Sanderson, Gründer der *Society for the Investigation of the Unexplained (SITU)**, die heute ihren Sitz in Little Silver, New Jersey, hat.

In Nr. 4 (September 1968) der Zeitschrift *Pursuit* seiner Gesellschaft veröffentlichte Sanderson über Jessups letzten Besuch einen Bericht, aus dem wir hier frei zitieren:

Im Jahr 1958 ereigneten sich dann eine ganze Reihe von mysteriösen Vorfällen ... Die abartigsten Dinge geschahen, die allein genügend Material für ein ganzes Buch abgeben würden. Sie endeten in einer wirklich scheußlichen Tragödie.

An einem bestimmten Tag war Morris Jessup zu Gast in meinem Hause. Vor, während und nach dem Dinner waren nach und nach etwa ein Dutzend Leute anwesend. Auf einmal bat Jessup drei von uns zu einem per-

---

* Gesellschaft zur Erforschung des Unerklärlichen

sönlichen Gespräch in mein Arbeitszimmer. Wir folgten seiner Auffor-
derung, und er übergab uns das ursprüngliche Exemplar jener Varo-Ausgabe mit seinen Kommentaren zu den Anmerkungen. Er bat uns fast
feierlich, es zu lesen und dann sicher wegzuschließen, »für den Fall,
daß mir etwas zustoßen sollte«. Damals erschien uns das ein bißchen
dramatisch, doch nachdem wir das Material gelesen hatten, mußten
wir zugeben, daß uns ein kollektives Gefühl unangenehmster Art erfaßte . . .
Morris war ein treusorgender Familienvater und besonders um das künftige Wohl seiner Enkel besorgt. Bei diesem unserem letzten Zusammensein war er äußerst erregt und gab zu, daß er infolge eines ursprünglich
rein intellektuellen Interesses für natürliche Phänomene nun rettungslos
in den Sog einer vollkommen unsinnigen Welt der Unwirklichkeit geraten war. Er sprach von seiner unverblümten Angst angesichts des endlosen Stromes von »zufälligen Geschehnissen« in seiner Arbeit und in seinem Privatleben. Aber darüber hinaus war er verzweifelt, weil er fürchtete, man könnte ihn für wahnsinnig halten, falls er von diesen und ähnlichen Dingen sprach.
Er sagte zu uns tatsächlich etwa folgendes: »Ich glaube nicht, daß ich spinne, sondern daß all dieser Unsinn sich wirklich ereignet und keine Ausge-
burt meiner Phantasie ist. Wenn ihr dieses Buch gelesen habt, werdet ihr
sehen, warum ich zu dieser Schlußfolgerung gelangen mußte. Ich kann
mich ja täuschen, aber ich habe das bestimmte Gefühl, daß das nicht so
weitergehen kann, ohne daß etwas Unangenehmes passiert. Und wenn
etwas passiert und jemand liest dieses Material, dann heißt es doch sofort,
ich sei übergeschnappt. Und ihr wißt ganz genau, wenn so etwas erst einmal vermutet wird, zieht jeder uneingeweihte Bürger gleich den Schluß,
daß in meiner Familie Wahnsinn vorkommt.«
Sogar damals schon war das eine ziemlich tragische Situation. Natürlich
gaben wir unser feierliches Versprechen, daß wir Morris' Wunsch gewis-
senhaft erfüllen würden. Er trieb die Sache dann noch auf die Spitze und
forderte von uns, das Material nur dann zu veröffentlichen, wenn bestimmte von ihm benannte Personen dies schriftlich (und mit beigefügter
notarieller Beglaubigung) verlangten.

Sanderson stellte weiter fest, daß er »wiederholt aufgefordert« wurde,
den Namen der Person preiszugeben, welcher Jessup an jenem Abend das
Dokument zur sicheren Aufbewahrung übergeben hatte, daß er sich jedoch »genauso wiederholt geweigert« habe und dies auch weiterhin tun
werde. Soweit bekannt ist, hat er bis zu seinem Tod im Jahr 1973 gewis-
senhaft Wort gehalten – obwohl wir durch gewisse Geschehnisse zu der

Vermutung gelangt sind, daß der Mann, den Jessup ausgewählt hatte, niemand anders als Sanderson selbst war.

Planmäßig hätte Jessup innerhalb der nächsten Tage nach Indiana zurückkehren müssen, es war also niemand verwundert, daß er einen oder zwei Tage nach Sandersons Dinnerparty aus New York abreiste. Als jedoch die Tage vergingen und er nicht in Indiana eintraf, begannen einige Leute, unter anderen sein Verleger, um seine Sicherheit zu fürchten. Nachdem etwa zehn Tage ohne Nachricht vergangen waren, machten sie die Anschrift eines seiner New Yorker Geschäftsfreunde ausfindig und schrieben ihm, mit der Bitte um Auskunft über Jessups Verbleib. Mit Bestürzung erfuhren sie, daß dieser Mann auch nichts wußte.

Mitte Dezember 1958 schließlich – also einen Monat nach der besorgten schriftlichen Anfrage durch Jessups Verleger und ganze sechs Wochen nach seiner Abreise aus New York – hörte (wieder laut Sanderson) ein anderer Freund, »daß er in Florida ist, wohin er direkt von New York aus gefahren war; er hatte sein Haus wieder bezogen und war dann ein paar Tage später in einen fürchterlichen Autounfall verwickelt worden, dessen Folgen er noch nicht überwunden hatte«.

Über die nächsten Monate in Jessups Leben ist wenig bekannt, außer daß sein depressiver Zustand sich in dieser Zeit zunehmend verschlimmerte. Seine unglückliche Situation wurde natürlich durch den Autounfall noch erschwert, denn dadurch war er nicht in der Lage, das auszuführen, was er für wert und wichtig hielt. Hinzu kommt, daß sein Verleger einige seiner Manuskripte als »nicht seinem sonstigen Niveau entsprechend« zurückwies und daß seine Arbeiten fortgesetzter Kritik von seiten wissenschaftlicher und akademischer Kreise ausgesetzt waren. Auf jeden Fall verbrachte er zweifellos einen großen Teil seiner Zeit damit, zu planen, was er künftig mit seinem Leben anfangen sollte.

Mitte April 1959, kaum zwei Monate nach seinem 59. Geburtstag, beschloß er das Ende. In einem langen »deprimierten und deprimierenden« Brief an seinen engsten Freund in New York, den bekannten, inzwischen verstorbenen Moderator einer WOR-Talk-Show, »Long John« Nebel, schüttete Jessup sein Herz aus. In diesem Brief, der als »klare Selbstmordankündigung« gewertet wird, klagte Jessup, daß er das Gefühl habe, nur noch »dahinzuvegetieren«, und bat darum, gewisse Dinge für ihn zu erledigen. Dann erklärte er in unmißverständlicher Deutlichkeit, er wolle das Risiko eingehen, daß »eine andere Daseinsform des Universums besser ist als diese erbärmliche Welt«. Er sei erst nach reiflicher Überlegung und nicht etwa in einem Anfall plötzlicher Verzweiflung zu diesem Entschluß gelangt.

Auch seinen letzten Wunsch teilte er Nebel in diesem Brief mit: Wenn er

Selbstmord begangen habe, sollte Nebel eine Séance arrangieren und während seiner nächtlichen Radiosendung durchführen, um festzustellen, ob eine Verständigung nach dem Tod möglich sei. Nach Auskunft von Paris Flammonde, dem langjährigen Produzenten der Long John Nebel Show, war das Programm vollständig vorbereitet und sendefähig, als »Mr. Nebels Anwalt alles rückgängig machte, weil er glaubte, daß die Intimsphäre gewisser Leute verletzt werden könnte«.

Aus zuverlässiger Quelle heißt es, daß Jessup noch mindestens zwei weitere derartige Abschiedsbriefe an enge Freunde schrieb, aber die genaue Anzahl ist in diesem Zusammenhang ohne Bedeutung. Am 20. April 1959, etwa um 18.30 Uhr, entdeckte man den nur noch schwach atmenden Dr. Morris K. Jessup. Er war über dem Lenkrad seines Kombiwagens zusammengesunken, den er laut Totenschein in Matheson's Hammock, im Dade County Park, nicht weit von seinem Haus in Coral Gables, geparkt hatte. Es wird berichtet, daß er nur wenige Augenblicke später verstarb, entweder noch auf dem Weg zum Krankenhaus oder kurz nach seiner Einlieferung – Opfer einer Kohlenmonoxydvergiftung, die er selbst herbeiführte, indem er einen Schlauch über das Auspuffrohr seines Wagens stülpte und das Gas durch das fast geschlossene Fenster ins Wageninnere leitete. Wie wir später noch sehen werden, gab es Leute, die andeuteten, es sei nicht Selbstmord gewesen.

Ivan Sanderson fühlte sich – als einer von Jessups engsten Freunden – einige Jahre später zu der Stellungnahme veranlaßt, einige Freunde und Bekannte Jessups seien zu der einhelligen Meinung gelangt, daß die den »Fall Allende« umgebenden bizarren Ereignisse direkt die »Kette von Zwischenfällen« ausgelöst hatten, die schließlich zu Jessups Tod führten. In Uninvited Visitors beschreibt er Jessup als einen »überschwenglichen Enthusiasten . . . fast zu enthusiastisch und von seinen Theorien überzeugt« – bevor er jene Briefe erhielt. Danach schien er plötzlich »alles in Zweifel zu ziehen«. Sanderson fuhr fort: »Bei unserem letzten Zusammensein sprach er davon, daß er einfach nicht ›kosmisch denken‹ könne, und erklärte, daß die von Allende in seinen Briefen geäußerten Ideen und die Randbemerkungen im Buch über sein Fassungsvermögen gingen und sich über alles hinwegsetzten, was er sich an Wissen angeeignet zu haben glaubte – besonders im Hinblick auf das, was er eigentlich immer als eine ziemlich einfache und mehr oder weniger ›isolierte‹ Sache angesehen hatte, nämlich die UFOs.«

Während Sanderson Jessup als durch die ganze Allende-Angelegenheit »vollkommen mystifiziert« schildert, stimmt er mit der Schlußfolgerung seines Freundes überein, daß »viel zu viel in diesen Briefen steht, als daß man sie gänzlich ignorieren könnte«. »UFOlogie«, schreibt Sanderson,

»ist eine unheimliche Sache. Es kann nicht alles nur Humbug sein; und doch sind einige ihrer Konsequenzen so bizarr, daß sie praktisch den Verstand übersteigen.« Zusammenfassend meinte er: »Wenn je eine Sache einer gründlichen Untersuchung wert war, dann ist es das Rätsel der Allende-Affäre.«

4 Anhaltspunkte und Mutmaßungen

Hat das sogenannte Philadelphia-Experiment tatsächlich stattgefunden? Die Kontroverse wurde auch in den Jahren nach Jessups Tod erbittert fortgesetzt und gelegentlich durch das Auftauchen »neuer« Hinweise aufgeheizt, doch das Rätsel an sich blieb ungelöst. Natürlich kann man nicht erwarten, daß eine derart seltsame und bizarre Geschichte ohne weiteres einfach mit der Zeit verblaßt und in Vergessenheit gerät. Nachdem es jedoch den Mann nicht mehr gab, der offensichtlich die Zentralfigur der ganzen Affäre war, verwandelte sich die erstaunliche Angelegenheit der Allende-Briefe recht schnell (und wie nicht anders zu erwarten) in eine Art Legende.

Am Leben gehalten wurde die Geschichte durch eine zunächst recht kleine, jedoch ständig wachsende Gruppe von Überzeugten, die sich bei näherer Betrachtung klar in zwei Kategorien aufteilen lassen: Die einen hatten Dr. Jessup persönlich gekannt, und ihr Wissen um die Briefe und die damit zusammenhängenden Ereignisse stammte also aus erster Hand; die anderen kannten Leute der ersten Kategorie, die ihnen die Geschichte berichtet hatten. Auf jeden Fall hat sich das Interesse bis zum heutigen Tag unvermindert erhalten und konzentriert sich vor allem auf die Frage, ob und welche möglichen Anhaltspunkte die Briefe und die mit ihnen verbundenen Geschehnisse im Hinblick auf die Existenz und Wirkung von bisher wahrscheinlich unbekannten und ungenutzten Energien bieten. Während Hoovers und Sherbys ursprüngliches Interesse sich hauptsächlich um die Möglichkeit drehte, eventuelle Hinweise auf die Geheimnisse der Anti-Schwerkraft und der UFO-Antriebskraft zu entdekken, entwickelten sich im Lauf der Jahre Interessen aus den verschiedensten Gründen – angefangen bei reiner Neugier bis hin zur theoretischen Physik.

Einsteins Einheitliche Feldtheorie ist sogar heute noch für die meisten schleierhaft oder kaum verständlich. Es ist durchaus möglich, daß durch eine künftige Anwendung dieser Theorie Rätsel gelöst werden, die die Welt noch mehr verblüffen oder erschüttern als die Erschließung der Atomkraft aus der Formel $E = mc^2$. Wer die Allende-Briefe gelesen und sie nicht sofort als bloßen Mumpitz oder die Faselei eines Psychopathen zurückgewiesen hat, wer sich also die Mühe macht, zumindest darüber nachzudenken, ob vielleicht ein Fünkchen Wahrheit in ihnen steckt, dem schwirrt bald der Kopf vor lauter Vermutungen über eine Menge unergründlicher Dinge. Wenn es der Marine wirklich gelungen war – zufällig oder planmäßig –, durch die Anwendung eines Kraftfelds Unsichtbarkeit zu erzielen oder sogar Teleportation (das sofortige Versetzen eines festen Gegenstandes von einem Ort zum anderen), könnten dann nicht die Ergebnisse solcher Experimente auch eine Erklärung sein für die Kette sonderbarer Ereignisse und für die vielen Fälle von spurlosem Verschwinden in dem allgemein als Bermuda-Dreieck bekannten Gebiet, in dem elektromagnetische Wolken dem Verschwinden von Flugzeugen und Schiffen voranzugehen scheinen? Ist es möglich, daß für diese Schiffe und Flugzeuge die Zeit stehengeblieben ist, daß sie vom Ablauf der Zeit ausgenommen und nun für immer unterwegs sind – zu einem Ziel, das sie nie erreichen? Hat das Experiment vielleicht Beweise für die Existenz anderer Dimensionen in Zeit und Raum erbracht? Haben sich daraus Anhaltspunkte für neue und billige Arten der Fortbewegung oder Energieerzeugung ergeben – von der Tatsache ganz zu schweigen, daß in einer so phantastischen Entdeckung der Schlüssel zur endgültigen Vernichtungswaffe stecken könnte? Es gibt jedenfalls zahlreiche erschreckende Möglichkeiten.

Die Frage ist nur, ob die Briefe wirklich authentisch sind. Wenn das nämlich nicht der Fall ist, sind sie der Schlüssel zu gar nichts, und das ganze Geschrei, das in den letzten zwanzig Jahren wegen dieser Briefe gemacht wurde, hat nichts zu bedeuten.

Es scheint also drei Möglichkeiten zu geben: 1. Das Schiffsexperiment, die Allende-Briefe und folglich auch Allende selbst sind nichts als Lug und Trug und daher keiner Beachtung wert. 2. Die Briefe sind der wahre Bericht über ein tatsächliches Geschehen. 3. Sie sind ein übertriebener, verzerrender und auf Sensationen abzielender Bericht über ein tatsächliches Geschehen, haben daher also eine minimale Grundlage, sind aber nur teilweise wahr.

Wenn wir uns für die erste Möglichkeit entscheiden, dann haben wir uns ohne angemessene Prüfung des vorliegenden Materials eine Meinung gebildet, und eine weitere Untersuchung der Angelegenheit erübrigt sich. Wählen wir aber die zweite oder die dritte Möglichkeit, dann ist es wohl vernünftig und richtig anzunehmen, daß wir das aus Gründen tun, die mehr auf Tatsachen als auf Meinung beruhen. Trotz der allzu häufigen anfänglichen Reaktion (die ja auch für Jessup selbst zunächst zutraf), daß diese Sache »einfach zu phantastisch ist, als daß man sie glauben könnte«, setzt sie sich desto mehr in einem fest, je mehr man darüber nachdenkt. Obwohl der Impuls, die ganze Angelegenheit als puren Schwindel abzutun (ein grausamer Schwindel, denn er war für Dr. Jessup tödlich), zugegebenermaßen unlogisch wäre, böte er doch den bequemsten Weg, aus der ganzen Affäre herauszukommen. Tut man das nicht, muß man bald feststellen, daß diese Geschichte ihre eigene Art hat, einen zu verfolgen und in einem Netz einzufangen. Die Forderung heißt also: Entweder überprüfen oder die Finger davon lassen – aber handeln. Das Interesse der Neugierigen bleibt, doch die Überzeugten sitzen in der Falle.

Und so hat sich also das, was einmal ganz harmlos als ernsthafter Versuch begann, diese ganze Geschichte ad absurdum zu führen, zu dem vorliegenden Buch entwickelt. Je mehr wir versuchten, die Sache zu widerlegen, desto mehr Anhaltspunkte für ihre Richtigkeit fanden wir.

Warum das in den Allende-Briefen beschriebene Schiffsexperiment eigentlich zu dem Namen Philadelphia-Experiment kam, weiß man nicht genau. Nur eines ist sicher, daß es keine offizielle Bezeichnung ist. Soweit bekannt, gab es niemals irgendein militärisches Unternehmen mit dieser Projektbezeichnung. Wahrscheinlich hatten die ersten, die sich mit dieser Angelegenheit befaßten, das Bedürfnis, ihr einen Namen zu geben, und nachdem sich ja zumindest ein Teil des Projekts angeblich in der Marinewerft von Philadelphia abspielte, war es durchaus passend, die ganze Affäre Philadelphia-Experiment zu nennen. Jedenfalls blieb dieser Name haften, und wir können ihn genausogut weiterverwenden.

Um aber auf unseren ursprünglich eingeschlagenen Weg zurückzukommen, ist vielleicht an dieser Stelle eine kurze, prägnante Zusammenfassung der Angelegenheit angebracht. Schließlich liefern jene Briefe, wenn man sie richtig zu lesen weiß, eine Vielzahl verschiedenartigster Anhaltspunkte. Wenn man diese Anhaltspunkte herauszieht, bieten sie mehr als genug Substanz für eine gründliche Untersuchung. Jede Nachforschung sollte mit der Feststellung der vorhandenen grundlegenden Informationen beginnen.

Hier ist also unsere Zusammenfassung der beiden Allende-Briefe einschließlich der Punkte, die berechtigterweise als Grundlage und Ausgangspunkt für eine ernsthafte Untersuchung des Falles angesehen werden können.

Carlos Miguel Allende zufolge geschah folgendes:

1. Albert Einstein stellte tatsächlich in den Jahren 1925 bis 1927 seine Einheitliche Feldtheorie auf, zog sie aber wieder zurück, weil er angeblich vor dem Gedanken zurückschreckte, zu welchen Zwecken die dafür noch nicht reife Menschheit sie mißbrauchen könnte. Laut Allende könnte »Dr. B. Russell« dies bestätigen. (Diese Sache ist in sich selbst nicht unbe-

deutend, denn eine ordentliche Prüfung zwecks Unterstützung einer solchen Aussage würde nicht nur eine Diskussion darüber erfordern, was die Einheitliche Feldtheorie eigentlich ist, sondern auch einen einigermaßen tiefen Einblick in Leben und Persönlichkeit Albert Einsteins verlangen.)

2. Das Konzept der Einheitlichen Feldtheorie wurde im Zweiten Weltkrieg von der Marine getestet, »im Hinblick auf alle und jegliche Verwendungsmöglichkeiten, falls in sehr kurzer Zeit durchführbar«. Jemand namens »Dr. Franklin Reno«, den Allende als seinen Freund bezeichnet, hatte angeblich in diesem Stadium der Angelegenheit etwas mit dem Erzielen von »Resultaten« zu tun.

3. Diese »Resultate« wurden verwendet, um die »völlige Unsichtbarkeit eines Schiffes vom Typ Zerstörer und seiner ganzen Mannschaft auf dem Meer (Oktober 1943)« zu erreichen, und zwar mittels einer Art Energieoder Kraftfeld, das im Bereich um das Schiff erzeugt wurde. Die Männer auf dem Schiff konnten sich anscheinend gegenseitig verschwommen sehen, doch alles, was von außerhalb des Feldes erkannt werden konnte, war »die sich klar abzeichnende Form des Schiffsrumpfes im Wasser«. Die Wirkung dieses Unsichtbarkeit erzeugenden Kraftfeldes auf die Leute war laut Allende erschreckend. »Das Experiment als solches«, sagt er, »war ein voller Erfolg, [aber] auf die Besatzung wirkte es sich verhängnisvoll aus.«

4. In der Marinewerft von Philadelphia gab es einen speziellen Schiffsliegeplatz für das Versuchsschiff.

5. In einer Tageszeitung in Philadelphia ist eine kleine Notiz erschienen, die das Geschehen bestätigt. Sie bezieht sich vermutlich auf die »Taten der Seeleute nach ihrer ersten Reise«, als sie ein Lokal »überfielen« (angeblich die »Seamen's Lounge«) und dort wahrscheinlich entweder noch unter der Wirkung des Feldes standen oder über das Experiment in so plastischen Worten diskutierten, daß die Kellnerinnen vor Entsetzen außer sich waren. Man könnte annehmen, daß vielleicht eine Militärstreife zu Hilfe gerufen wurde oder daß irgendein Reporter Wind von der Sache bekam.

6. Allende behauptet, selbst zumindest Teile des Experiments beobachtet zu haben, und zwar im Oktober 1943 von Bord des Liberty-Schiffes *S.S. Andrew Furuseth* aus, einem Schiff der Matson-Linie mit dem Heimathafen Norfolk. Allende zufolge waren folgende Leute an Deck und Zeugen des Experiments: Erster Offizier Mowsely; Richard »Splicey« Price, ein achtzehn- oder neunzehnjähriger Seemann aus Roanoke, Virginia; ein Mann namens »Connally« aus New England (möglicherweise Boston).

49

7. Konteradmiral Rawson Bennett, Forschungsleiter der Marine, könnte vermutlich bestätigen, daß das Experiment tatsächlich stattfand.

8. Das Versuchsschiff »verschwand« mysteriöserweise »von seinem Dock in Philadelphia« und erschien nur Minuten später in der Gegend von Norfolk. Anschließend verschwand es dort, um dann plötzlich wieder an seinem Dock in Philadelphia zu liegen. Das Ganze geschah innerhalb weniger Minuten. Allende sagt, daß er von dieser Phase nur gehört hat und daß sie zu einem so späten Zeitpunkt wie 1946 stattgefunden haben könnte, »nachdem die Experimente abgebrochen worden waren«.

9. Allende deutet an, daß das Office of Naval Research zum Zeitpunkt der Kraftfeld-Experimente unter Leitung des »jetzigen [zur Zeit des Briefes, also 1956] Marinechefs, Burke«, stand und daß dieses Experiment »aufgrund von Burkes Neugier und Bereitschaft und Drängen durchgeführt werden konnte«. Dieser Burke wird von Allende als ein Mann mit einer sehr positiven Einstellung zur Forschung geschildert.

10. Schließlich liefert Allende Jessup außer seiner damals gültigen Adresse noch folgende Einzelheiten über sich selbst: seine Z-Nummer Z41 61 75 als Seemann der Handelsmarine; die Tatsache, daß er etwa sechs Monate auf der *S.S. Andrew Furuseth* diente; er bezeichnet sich selbst als »so etwas wie einen Dialektiker« und als »Sterngucker« und gibt an, daß er »ausgedehnte Reisen« zu unternehmen pflegt.

Die Nachforschungen, die man anstellen muß, um all diesen Angaben nachzugehen, stellen nicht nur ein beträchtliches Unterfangen dar, sondern setzen auch das Erlangen wesentlicher zusätzlicher Informationen und die bereitwillige Mitwirkung einer großen Anzahl von Personen voraus.

Hat sich das Philadelphia-Experiment wirklich so zugetragen, wie Allende behauptet? Und wenn es so war, was sind dann die Konsequenzen hinsichtlich der Auswertung und Anwendung solcher bis dahin unvorstellbarer Energieformen – Energien einer Art, die durchaus, wie Allende andeutet, die Antriebskraft jener fremdartigen fliegenden Objekte sein könnte, die wir UFOs nennen?

Zu diesem Thema lohnt es sich an Allendes Schlußbemerkungen seines dritten Briefes zu erinnern: »Vielleicht hat die Marine diesen Transportunfall schon benutzt, um ihre UFOs zu bauen. Unter jedem Blickwinkel ist das ein logischer nächster Schritt.«

Logisch? Vielleicht. Doch bevor wir mögliche Antworten zu dieser Frage anbieten, sollten wir unsere Aufmerksamkeit jener Persönlichkeit widmen, die offensichtlich im Mittelpunkt dieser ganzen rätselhaften Affäre steht – Señor Carlos Miguel Allende.

5 Der geheimnisvolle Señor Allende

Obwohl im Lauf der Jahre zahlreiche Versuche unternommen wurden, das Rätsel der Allende-Briefe zu lösen, hat es praktisch niemand geschafft, in den Besitz wirklich wichtigen Beweismaterials zu gelangen – denn keiner konnte den Schlüssel zu der ganzen Affäre finden: den geheimnisvollen Señor Allende. Es war allen klar, daß des Rätsels Lösung nur über den Briefschreiber Allende und seine Zeugenaussage möglich war. Da man ihn nicht aufspüren konnte, mußte man sich mit einer endlosen Kette von Mutmaßungen begnügen.

Noch komplizierter wurde das Problem durch das Auftauchen etlicher »falscher Allendes« in den sechziger Jahren, die bereit waren, »ihre Geschichte« zu verkaufen, wenn die Kasse stimmte. Einer machte sich sogar die Mühe, seine Briefe in New Kensington stempeln zu lassen, also in der vermutlichen Heimatstadt des echten Allende. Zum Glück ließ sich kein Käufer überzeugen. Manche Leute bezweifelten überhaupt, daß es einen echten Carlos Miguel Allende gab, und erklärten, die ganze Sache sei eine vom Marinegeheimdienst ausgetüftelte Intrige mit dem Ziel, die private UFO-Forschung in Mißkredit zu bringen – an und für sich eine interessante Hypothese, der jedoch wegen der Komplexität der vorliegenden Tatsachen die Grundlage fehlt.

Die Suche nach Allende brachte große Schwierigkeiten mit sich. Die mühsame und zeitraubende Überprüfung der Telefonbücher zahlreicher Städte und Landgebiete, der Personalakten des Heeres, der Kriegs- und Handelsmarine, die Überprüfung von Polizeiakten, Zeitungsarchiven und Sterberegistern, Anfragen bei Schriftstellern und Forschern auf dem Gebiet unerklärlicher Phänomene – alles war erfolglos, bis ein außerordentlicher Zufall die Antwort brachte.

Sie kam auf dem Weg über Jim Lorenzen, den wir als einen der ersten angeschrieben hatten. Lorenzen ist Direktor der Aerial Phenomenon Research Organization (APRO) in Tucson, Arizona. Er teilte uns mit, daß die APRO-Zeitschrift im Jahr 1969 einen Artikel über Allende gebracht hatte, nachdem in ihrer Hauptverwaltung ein Mann aufgetaucht war, der sich als Allende ausgab. Während eines Interviews über seine Angaben zum Philadelphia-Experiment hätte er ein »Geständnis« abgelegt (und später widerrufen). Lorenzen war so nett, uns ein Foto mitzuschicken, das er von Allende während des Interviews aufgenommen hatte, aber darüber hinaus konnte er uns nichts mitteilen, da er von Allende seither nichts mehr gehört hatte und auch seine Adresse nicht besaß. Ungefähr einen Monat später wandte sich Moore wegen einer ganz anderen Angelegenheit an Lorenzen. Es vergingen einige Wochen, bis Jims Antwort eintraf, aber als wir sie endlich hatten, fanden wir am Ende als eine Art P. S. die unverhoffte Bemerkung: »Mit der heutigen Post kam ein Brief von C. A.«, und es folgte eine Adresse. Obwohl es nicht die Anschrift von Allende selbst war, lieferte sie uns doch eine Spur, die noch so frisch war, daß wir ihr folgen und schließlich den ersehnten Kontakt aufnehmen konnten.

Während das Aufspüren Allendes zweifellos ein wichtiger Schritt auf dem Weg der Nachforschungen zum Philadelphia-Experiment war, zeigte sich nun ein ganz anderes Problem: irgend etwas Konkretes zu diesem Thema aus Allende herauszubringen. Obwohl die Beziehung zu dem Mann, der sich Carlos Allende nennt, eine umfangreiche Korrespondenz, etliche längere Telefongespräche und einige persönliche Besprechungen mit sich brachte, ist es noch immer praktisch unmöglich, allzuviel mit Bestimmtheit über ihn zu sagen.

Allende ist ungefähr 180 cm groß, hat schütteres Haar und eine hagere Gestalt. Seine Kleidung kann man fast als schäbig bezeichnen. Seine Augen zeigen oft einen mißtrauischen Ausdruck, aber gelegentlich kann er auch sanft lächeln. Er hält gern weitschweifige Monologe über vielerlei Themen – außer über das Philadelphia-Experiment. Wenn er aber wirklich über das Philadelphia-Experiment spricht, scheint er oft etwas zurückzuhalten oder einer direkten Antwort auszuweichen. Wenn man ihn dann drängt, wechselt er das Thema. Er pflegt Verabredungen zu treffen, die er nicht einhält, oder er taucht plötzlich unangekündigt auf.

Wer ist eigentlich dieser Allende wirklich? Abgesehen von der Tatsache, daß er nicht weniger als fünf Pseudonyme verwendet, scheint er zumindest mit Sicherheit die Person zu sein, mit der Dr. Jessup korrespondierte. Nicht nur ist sein eigentümlicher Stil der gleiche wie in den Allende-Briefen, sondern er besitzt auch noch eine Postkarte, die ihm Dr. Jessup 1956 schrieb. Alles Weitere über ihn bleibt Mutmaßungen überlassen; und es gibt in der Tat mindestens zwei sehr unterschiedliche Möglichkeiten hinsichtlich seiner wirklichen Identität.

Die erste basiert hauptsächlich auf Auskünften von Carlos Allende selbst und besagt, daß er am 31. 5. 1925 in einem Farmhaus außerhalb einer kleinen pennsylvanischen Stadt (nicht New Kensington) als »Carl Allen« zur Welt kam und das jüngste von drei Kindern eines Iren und einer Zigeunerin war. Über seine Kindheit und Jugend ist nicht viel bekannt, außer daß die Familie auf einer kleinen Farm lebte und der kleine Carlos (oder Carl) »im neunten Lebensjahr« die Schule verließ. Er soll ein launisches und eher rastloses Kind gewesen sein, das sich aber gern in Bücher vertiefte.

Am Dienstag, dem 14. Juli 1942, sechs Wochen nach seinem 17. Geburts-

52

tag, verließ er Bauernarbeit und Handlangerjobs und trat in die Marine ein. Nach nur zehn Monaten Dienst wurde er jedoch am 21. Mai 1943, einem Freitag, in Charleston, South Carolina, »wegen Dienstuntauglichkeit laut Gutachten nach ärztlicher Untersuchung« entlassen. Nach einem kurzen Besuch zu Hause ging er dann nach Philadelphia und ließ sich dort am 1. Juli desselben Jahres von der Handelsmarine anheuern. Einige Tage später schickte man ihn auf die Ausbildungsschule für Seeleute auf der Hoffman-Insel im Staat New York.

Seinen ersten Dienst – den, für den wir uns interessieren – leistete er als Mitglied der Deckmannschaft unter Kapitän W. S. Dodge auf dem Liberty-Schiff S. S. *Andrew Furuseth*, das am 16. August 1943 mit dem Ziel Casablanca von Norfolk auslief. Er sollte etwas über fünf Monate auf diesem Schiff verbringen. Ende Januar 1944 verließ er dann die *Furuseth* und heuerte auf der S. S. *Newton D. Baker* an (somit ist das Datum des Philadelphia-Experiments als innerhalb dieses Zeitraumes festgestellt).

Allende diente auf etwa siebenundzwanzig Schiffen im Atlantik und Pazifik, bis er im Oktober 1952 aus Unzufriedenheit über die Gewerkschaft die Marine für immer verließ, um anderswo sein Glück zu versuchen.

Von da ab wissen wir wieder sehr wenig über seinen Lebensweg, abgesehen von seiner Korrespondenz mit Dr. Jessup und seinem späteren »Geständnis« gegenüber der APRO. Anscheinend zog er in echter Zigeunermanier durch die Welt, »auf der Suche nach Jobs und Bildung« – wie er es formulierte. Er fand beides und lernte dabei auch noch einen großen Teil der Welt kennen. Mitte der fünfziger Jahre arbeitete er ziemlich lange an den Bohrtürmen verschiedener Erdölunternehmen im westlichen Texas und im östlichen Mexiko. Er hielt sich tatsächlich zu dem Zeitpunkt in Seminole (Texas) auf, als von dort jenes seltsame, mit Randbemerkungen versehene Buch an Admiral Furth geschickt wurde, und er war auch in der Gegend von Gainesville um die Zeit, als Dr. Jessup den zweiten Allende-Brief von dort erhielt – was eine Beziehung zwischen ihm und diesen beiden Dokumenten praktisch bestätigt.

Als er merkte, daß infolge seiner Kontake zu Dr. Jessup die Marine und andere sich für ihn zu interessieren begannen, beunruhigte ihn das so sehr, daß er für einige Jahre »in Deckung« ging, obwohl das seiner Herumtreibernatur gar nicht entsprach. Dabei war er im Los-Altos-Gebiet gelandet, im Süden Zentral-Mexikos (interessanterweise ungefähr die Gegend von Jessups mysteriösen Kratern), wo er sich schließlich heimisch zu fühlen begann. Er war auf seinen Reisen schon früher in diesem Gebiet gewesen und behauptet, daß es die hier ansässigen Zigeuner waren, die Carl Allen »mexikanisierten« und zu Carlos Miguel Allende machten. Zur Zeit der Drucklegung dieses Buches (1979) lebt er noch dort.

Was seine Geschichte betrifft, so scheint alles in bester Ordnung, und man könnte geneigt sein, sie ohne weitere Fragen zu glauben – wenn nicht eine Reihe bemerkenswerter Umstände dazwischengekommen wäre, die ein völlig neues Licht auf die Sache werfen.

Vor einigen Jahren stieß einer der Autoren dieses Buchs, William L. Moore, im Verlauf anderweitiger Forschungsarbeiten durch Zufall auf die Tatsache, daß es im westlichen Pennsylvania Anfang bis Mitte der fünfziger Jahre wirklich eine Familie Allende gab, zu einer Zeit also, wo Carlos Allende seine Adresse mit New Kensington, Pennsylvania, angab. Da der Name Allende in Pennsylvania nicht häufig vorkommt, erschien eine Überprüfung dieses seltsamen Zufalls unerläßlich und wurde sofort durchgeführt. Das Resultat war in Anbetracht von Carlos' eigener Geschichte sehr aufschlußreich.

Einige Zeit nach Beendigung des Zweiten Weltkriegs waren zwei Brüder namens Allende von Puerto Rico in die USA gekommen, um Arbeit zu suchen. Wie sich die Geschichte genau abspielte, ist unklar. Auf jeden Fall hörte der ältere der Brüder, Pedro, der sich zeitweise in Clairton (Pennsylvania) niedergelassen hatte, daß eine gewisse, aus seinem Geburtsort stammende Mrs. Blockson in dem Pittsburgher Vorort Sewickley eine zweite Heimat gefunden hatte. In der Hoffnung, sie könne ihm bei der Arbeitssuche behilflich sein, suchte er sie auf und erklärte ihr seine Situation. Mrs. Blockson verlangte zunächst, seine Hände zu sehen, und da er die harten und schwieligen Hände eines an schwere Arbeit gewöhnten Mannes hatte, war sie gern bereit zu helfen. Bald war alles in Gang gebracht, und Pedro konnte mit seiner Frau und den kleinen Kindern (von denen heute übrigens eines unter dem Namen Allen lebt) ein bescheidenes zweistöckiges Fachwerkhaus in der ländlichen Umgebung von Aleppo Township, Glenfield, Pennsylvania, beziehen. Nach einigen Monaten hatte er genug gespart, um eine kleine Anzahlung für den späteren Kauf des Hauses zu leisten.

Die Serie höchst sonderbarer Übereinstimmungen begann mit dem Erscheinen des zweiten Bruders, Felicito oder Filo Allende. Nach Auskunft von Mrs. Blockson waren beide Brüder ursprünglich aus der Kleinstadt Hato Rey in Puerto Rico gekommen, wo ihr Vater im ersten großen Kraftwerk der Insel an den Wasserfällen des Comerio River beschäftigt war. Filo war um etliche Jahre jünger als Pedro, sprach jedoch, obwohl er »im neunten Lebensjahr« (nach der dritten Klasse) die Schule verlassen hatte, ein viel besseres Englisch, da er während des Zweiten Weltkrieges in der US-Handelsmarine gedient hatte. Anfang der fünfziger Jahre kam er einmal kurz nach Glenfield, um seinen Bruder zu besuchen. Im übrigen wird er als Herumtreiber beschrieben, der es nie lange an einem Ort aushielt. Er sprach sowohl Spanisch als auch Englisch (so wie Carlos Allende), war ein echter Autodidakt und äußerst belesen. Es erübrigt sich wohl, die Ähnlichkeiten zu unterstreichen, die inzwischen ja mehr als deutlich zu erkennen sind. Doch sehen wir weiter.

Mrs. Blockson charakterisiert Filo als einen Menschen, der »normalerweise nicht viel sprach, doch wenn er einmal loslegte, dann konnte er lang und breit über ein scheinbar ganz unbedeutendes Thema reden. Er war ein richtiger Einzelgänger, und er hat nie viel gearbeitet. Gewöhnlich zog er immer wieder einfach los, irgendwo in die Gegend. Meistens machte er sich nicht einmal die Mühe, Bescheid zu sagen, daß er wegging, und dann war er Tage oder Wochen oder Monate verschwunden, ohne die geringste Nachricht. Seine Einstellung zu Gott und den Menschen war eher ablehnend.« Und er könnte auch »andere als seinen eigenen Namen« benutzt haben.

Jedenfalls besuchte Filo weiterhin gelegentlich seinen Bruder, bis dessen Familie Mitte 1954 vom Schicksal heimgesucht wurde. Eigentlich war es nur ein absurder kleiner Unfall: Pedro hatte auf einer Leiter gestanden und Reparaturen an seinem Haus durchgeführt, als er eine Sprosse verfehlte, zu Boden stürzte und sich eine Kopfverletzung zuzog. Obwohl die äußeren Wunden normal heilten, hatte er einen schweren inneren Schaden davongetragen. Er mußte für unbestimmte Zeit die Arbeit aufgeben. Die Familie war immer knapp vor der Verarmung gestanden und bekam nun bald die Folgen der Arbeitslosigkeit zu spüren. Die Situation wurde noch dadurch verschlimmert, daß Filo, dessen Hilfe jetzt dringend gebraucht wurde, wieder einmal auf einer seiner »ausgedehnten Reisen« war und nichts von dem Unglück wußte. Pedro, der sich eine ordentliche medizinische Betreuung nicht leisten konnte, lebte weiterhin zu Hause. Sein Geisteszustand verschlimmerte sich.

So verging die Zeit, bis einige Monate später, am 19. Mai 1955 um 2.15 Uhr nachts, R. W. Cook, der Abgeordnete von Glenfield, einen dringenden Telefonanruf eines Nachbarn der Allendes erhielt. Der Mann berichtete, daß Pedro Allende seine Frau mit einem Hammer verfolge. Cook verständigte sofort die Bezirkspolizei von Allegheny, und ein Streifenwagen wurde losgeschickt. Noch bevor dieser eintraf, rief der Nachbar wieder bei Cook an und meldete diesmal, daß das Allende-Haus in Flammen stand. Der arme Pedro hatte völlig den Verstand verloren und die Vorhänge in Brand gesteckt.

So verlor die Familie Allende praktisch alles, was sie je besessen hatte. Mrs. Allende wurde mit einem Schock ins Sewickley Valley Hospital eingeliefert. Die vier Kinder, von denen das jüngste gerade erst zwei Jahre alt war, wurden auf Nachbarn und Freunde verteilt, und Pedro kam ins

Pennsylvania State Hospital für Geisteskranke in Woodville. Kurze Zeit später verstarb er, angeblich infolge eines weiteren Sturzes, diesmal in einer Badewanne.

Inzwischen war es Mrs. Allende gelungen, ihre Kinder wieder zu sich zu nehmen und mit ihnen eine bescheidene kleine Wohnung in einer anderen Stadt zu beziehen.

Die Geschichte ist jedoch noch nicht zu Ende. Wenige Tage nach der Beerdigung Pedro Allendes erschien der unstete Filo wieder auf der Szene. Er war fast ein Jahr fort gewesen (inzwischen war es Mitte Juni 1955) und hatte keine Ahnung, was während seiner Abwesenheit geschehen war. Bestürzt betrachtete er die rauchgeschwärzte Ruine, die er an der Stelle von Pedros Haus vorfand, und da er von den Nachbarn nicht viel erfahren konnte, ging er zu Mrs. Blockson im nahen Sewickley und bat sie um eine Erklärung. Sie erzählte ihm in allen Einzelheiten von den tragischen Ereignissen. Er blieb nur noch einen oder zwei Tage in dieser Gegend, sichtlich verstört und in sich gekehrt, und verschwand dann einfach spurlos, ohne Ankündigung. Weder Familie noch Freunde hörten jemals wieder von ihm. Nur wenige Monate später erhielt Morris Jessup den ersten jener drei Briefe von einem Mann, der sich Carlos Miguel Allende nannte.

Handelt es sich bei Carlos und Filo um dieselbe Person? Niemand außer Carlos weiß das mit Sicherheit – und der sagt es nicht. Mrs. Blockson, die Filo einigermaßen gut kannte, prüfte das in diesem Buch enthaltene Foto von Carlos Allende, war aber nicht in der Lage, mit Bestimmtheit festzustellen, ob der abgebildete Mann Filo Allende ist oder nicht. Als wir Carlos selbst direkt danach fragten, gab er eine uncharakteristisch kurze Antwort: »Ich bin nicht bereit, diese Frage zum jetzigen Zeitpunkt zu beantworten.« Infolgedessen haben wir nicht mehr als eine Reihe interessanter Übereinstimmungen von Umständen, Daten und Orten.

Einer der Ermittler ging einmal sogar so weit, allen Ernstes die Möglichkeit anzudeuten, daß Filo Allende in der Handelsmarine einen wirklichen Carl Allen kennenlernte und sich mit ihm anfreundete. Als diesem Allen später etwas zustieß, nahm Filo einfach aus nur ihm selbst bekannten Gründen seine Identität an. Das ist zugegebenermaßen nichts als reine Spekulation; doch nachdem keine klaren Fakten vorliegen, ist diese Erklärung gerade so gut wie jede andere.

Auf jeden Fall und ganz unabhängig von der wirklichen Identität Allendes ist der Punkt von überragender Bedeutung noch immer die Frage: Was kann er uns über das angebliche Philadelphia-Experiment erzählen, das uns bei der Lösung des Rätsels weiterhelfen würde? Doch zur tiefsten Enttäuschung all jener, die sich schon früher mit Nachforschungen in dieser Sache befaßt und ihre Hoffnungen auf eine Antwort an seine Auffindung geknüpft hatten, weiß er in Wirklichkeit nur wenig mehr als das, was er zu diesem Thema bereits in seinen Briefen an Jessup geschrieben hatte.

Die Wahrheit ist leider, daß Allende kein Wissenschaftler war, nicht einmal ein geschulter Beobachter, sondern ein einfacher Seemann, der zufällig zur rechten Zeit am richtigen (oder falschen) Platz war, um ein Schauspiel zu sehen, für das er weder damals noch heute eine Erklärung finden konnte. Hat er ein Schiff verschwinden sehen? Nach seiner eigenen Aussage hat er das. Wie wurde das bewerkstelligt? Er weiß es nicht genau, aber es hatte etwas mit irgendwelchen Kraftfeldern zu tun. »Da war eine Menge statische Elektrizität im Spiel.« Konnte er den Namen des Schiffes sagen? Ja, den wußte er: »Es war die DE 173.« Sah er es mehr als einmal verschwinden? Nein, das nicht. »Aber es ist öfter verschwunden«, fügte er wissend hinzu. Woher hatte er seine Kenntnisse über Einstein, Russell und Admiral Bennett? »Von Freunden in hohen Positionen, deren Namen ich nicht nennen werde.« Albert Einstein, behauptet er, sei bei einem Teil der Experimente dabeigewesen. Allende sagt auch, auf einem Ladedock sei vor seinen Augen ein Mann unsichtbar geworden; aber er erinnert sich weder an das Datum noch daran, welches Dock es war.

Es folgt hier ein Teil seines Berichts in seinen eigenen Worten:

Sie wollen also etwas über Einsteins großes Experiment wissen, ja? Wissen Sie was – ich habe tatsächlich meine Hand bis zum Ellbogen in sein einmaliges Kraftfeld hineingesteckt, als es in Fluß war und immer entgegen der Uhrzeigerrichtung um dieses kleine Versuchsschiff, die DE 173, herumwallte. Ich konnte den . . . Schub dieses Kraftfelds gegen meinen Arm spüren, den ich in seinen summenden, drängenden, forttreibenden Strom hineinhielt.

Ich habe gesehen, wie die Luft um das Schiff – ganz leicht, ganz allmählich – dunkler wurde als die übrige Luft . . . Nach ein paar Minuten sah ich einen milchigen grünlichen Nebel aufsteigen, wie eine zarte Wolke*. [Ich glaube], das muß ein Atomteilchen-Nebel gewesen sein. Ich habe gesehen, wie danach die DE 173 rasch unsichtbar wurde für das menschliche Auge. Und trotzdem, die genaue Form von Kiel und Rumpfunterseite

---

* Diese Darstellung hat große Ähnlichkeit mit den Berichten von Überlebenden und Beobachtern über Fälle von Verschwinden im Bermuda-Dreieck, wo die Aberration ein natürliches (oder unnatürliches) Phänomen in größerem Maßstab sein könnte.

dieses . . . Schiffes *blieb*, eingeprägt im Meerwasser, und das und mein eigenes Schiff rasten nebeneinander her, Seite an Seite sozusagen, und fast binnenbords. Ja, heute kann ich darüber sprechen, aber anderseits, wen interessiert das schon? . . . Wenn ich versuchen soll, das Geräusch dieses Kraftfelds zu beschreiben, als es um die DE 173 kreiste . . . also, das fing an mit einem summenden Ton, der – schnell – zu einem surrenden Wispern wurde, und das verstärkte sich zu einem stark brausenden Dröhnen, [wie ein] reißender Strom.

Das Feld hatte eine *Hülle* von reiner Elektrizität um sich. [Dieser] . . . Fluß war so stark, daß er mich beinahe aus dem Gleichgewicht brachte.

Wenn mein ganzer Körper im Innern dieses Felds gewesen wäre, hätte mich sein Fluß mit absoluter Sicherheit flach auf den Boden geworfen – auf das Deck meines eigenen Schiffs. Zum Glück war *nicht* mein ganzer Körper innerhalb dieses Kraftfelds, als es sein Maximum an Stärke und Dichte – ich wiederhole: Dichte – erreichte, und so hat es mich nicht umgeworfen, aber mein Arm [sic] wurde von dem Feldfluß zurückgestoßen.

Warum ich mich nicht elektrisiert habe, als meine bloße Hand diese . . . Hülle aus Elektrizität berührte, die den Feldfluß umgab? Muß wohl daran gelegen haben, daß ich . . . hüfthohe Seemanns-Gummistiefel und einen Südwester trug.

. . . Die ONR-Wissenschaftler wissen bis auf den heutigen Tag nicht, was damals passiert ist. Sie sagen, das Feld wurde »umgedreht«. Später wurde mir klar, daß an dem Tag damals Geschichte der Wissenschaft gemacht wurde.

Was den Rest angeht, so ist er nicht von seiner Story über die Zeitungsartikel abzubringen, die er gesehen hat, wie er sagt, als er auf Landurlaub in Philadelphia war. Allerdings gibt er zu, daß er seine Erzählung über die Wirkungen des Experiments auf die Matrosen etwas ausgeschmückt hat – eine Erzählung, die er aus dem, was in Seemannskreisen gemunkelt wurde, zusammengefügt hatte. Wie er sagt, tat er das aus Furcht davor, Jessup könne möglicherweise bei der Regierung erreichen, daß sie die Forschungsarbeit auf dem Gebiet der Einheitlichen Feldtheorie beschleunigte, und er wollte ihn einfach abschrecken. Nach allem, was er gehört und gesehen hatte, war er voller Angst, daß die Resultate einer solchen Forschung in die falschen Hände geraten und der Gesellschaft, wie wir sie kennen, ein Ende bereiten könnten.

Dennoch läuft dies alles auf die einfache Tatsache hinaus, daß Carlos zwar die Kontroverse ausgelöst hatte, die nun seit über zwei Jahrzehnten über dieses sogenannte Philadelphia-Experiment* im Gang war, er aber allem Anschein nach nicht über die zur Lösung des Rätsels notwendigen wesentlichen Informationen verfügte. Fand es also wirklich statt? Allende behauptet es nach wie vor, aber selbst er kann es nicht beweisen.

Die Möglichkeit, daß Allende selbst der seltsame kleine Mann gewesen sein könnte, der 1970 im Park von Colorado Springs den beiden Piloten Davis und Huse seine Geschichte erzählt hatte, scheint jeder Grundlage zu entbehren. Beide Männer hatten während ihrer Befragung ausgesagt, daß sie mit Sicherheit jenen Mann wiedererkennen würden, sollten sie ihn jemals zu Gesicht bekommen, doch keiner von ihnen konnte das Foto Allendes als das jenes Mannes identifizieren.

Wenn dieser Mann also nicht Allende war, wird die Frage, *wer* er dann gewesen sein könnte, noch interessanter und eröffnet vielleicht ganz andere Aspekte.

6   Nachforschungen können tödlich sein

Wenn die erste Schockwirkung der Allende-Briefe nachläßt und man sich die Zeit zu genauerer und objektiver Auswertung nimmt, treten eine Menge kurioser Dinge über ihren Inhalt zutage. Das Bemerkenswerteste ist vielleicht der Umstand, daß Allende sich so außerordentlich bemüht, eine Anzahl von Leuten namhaft zu machen, von denen er sagt, daß sie seine Geschichte bestätigen können. Alles in allem sind neun solcher Per-

---

* Der Deckname der Marine für das angebliche Philadelphia-Experiment ist derzeit nicht bekannt, was natürlich eine gute Methode ist, die betreffenden Akten für Nachforschungen unzugänglich zu machen. Der Name hatte jedoch in früheren Jahrhunderten schon einmal Berühmtheit erlangt: Ben Franklins Experiment mit einem Drachen und einem Messingschlüssel während eines Gewitters, aus dem sich Folgerungen über Kraft und Nutzbarmachung der Elektrizität ergaben, wurde von zeitgenössischen Wissenschaftlern und Literaten in Europa und in den amerikanischen Kolonien als *Das Philadelphia-Experiment* bezeichnet.

sonen erwähnt, von denen eine allerdings nicht namentlich genannt, sondern nur beschrieben wird. Die namentlich Genannten sind:

1. Dr. Albert Einstein
2. »Dr. B. Russell«
3. »mein Freund Dr. Franklin Reno«
4. »Erster Offizier Mowsely« der S. S. *Furuseth*
5. Richard »Splicey« Price, Mannschaftsmitglied
6. »Connally«, ebenfalls Mannschaftsmitglied
7. Konteradmiral Rawson Bennett
8. »der jetzige Marinechef Burke«.

Die Namen der beiden Erstgenannten, Dr. Einstein und Dr. B. Russell, sind ja allgemein ein Begriff. Dr. B. Russell kann niemand anders sein als Bertrand Russell, der bedeutende Schriftsteller, Philosoph, Humanist und Pazifist, der im höheren Alter tatsächlich mit Albert Einstein befreundet war, und zwar derart, daß des öfteren vertrauliche Gespräche zwischen ihnen stattfanden – dabei *könnten* sich begreiflicherweise auch Diskussionen über einen möglichen Mißbrauch von Einsteinschen Theorien und daraus resultierende irreparable Bedrohungen der Existenz der Menschheit ergeben haben. Wie allerdings Carlos Allende von solchen Gesprächen erfahren haben könnte, falls diese überhaupt stattfanden, bleibt dahingestellt. Einstein selbst und seine Einheitliche Feldtheorie sind Gegenstand eines eigenen Kapitels in diesem Buch.

Den dritten Mann auf der Liste zu identifizieren war nicht ganz so einfach. Es bedurfte eines erheblichen Aufwandes an Nachforschungsarbeiten, bevor zuverlässig festgestellt werden konnte, daß Carlos Allende in der Tat mit einem sehr realen Dr. Franklin Reno bekannt war. Das Rätsel wird allerdings nicht gerade kleiner durch die Entdeckung, daß dieser Name in Wirklichkeit ein Pseudonym ist. Die Geschichte dieser wichtigen Entdeckung und der anschließend aufgedeckten Informationen ist, mild ausgedrückt, nicht sehr kurz, und um ihr Gerechtigkeit widerfahren zu lassen, müssen wir auch ihr ein eigenes Kapitel widmen.

Leider waren wir bezüglich der nächsten drei Namen nicht ganz so erfolgreich. Alle drei waren laut Carlos Allende Seeleute an Bord der *Furuseth* und Augenzeugen des Philadelphia-Experiments. Obwohl der Erste Offizier der *Furuseth* tatsächlich ein gewisser Arthur *Maudsley* war, stießen wir bei unseren Bemühungen, von ihm Auskunft über seine Dienstzeit an Bord dieses Schiffes zu bekommen, auf eine Wand des Schweigens – ein Schweigen, das man als recht aufschlußreich auslegen könnte. Noch weniger können wir über Richard »Splicey« Price aus Roanoke, Virginia, und »Connally« aus New England sagen. Eine kurze Ermittlung ergab, daß Price 1973 verstorben ist. Was Connally angeht (dessen Vorname entweder Frank oder Peter lautet), so ist es wohl überflüssig zu erwähnen, daß es in New England dutzendweise Leute dieses Namens gibt – falls derjenige, den wir suchen, überhaupt noch dort lebt.

Da die Mannschaftslisten der *Furuseth* nicht mehr existieren, ist es schwierig, irgend etwas Definitives über Besatzungsmitglieder herauszufinden, die zur Zeit Allendes auf dem Schiff gedient haben könnten. Hartnäckige Nachforschungen haben die Namen von drei weiteren möglichen Besatzungsmitgliedern erbracht – von denen wir bisher keinen einzigen ausfindig machen konnten. Es sind dies Hermann C. Schultz, offenbar der Hochbootsmann des Schiffes; William Reilly (oder Ripley?) und Lewis Vincent. Sie stammten alle aus dem Gebiet New York – New England. Reilly könnte Berufsmusiker gewesen sein, Vincent war Fischer in New England, und Schultz war ein langgedienter Matrose der Handelsmarine.

In bezug auf Admiral Rawson Bennett, den Allende in seinem Brief als »Marine-Forschungs-Chef« (sic) bezeichnet und mit dem Verbindung aufzunehmen er Jessup »zwecks Bestätigung der hierin gegebenen Information« rät, tritt bei näherer Untersuchung ein äußerst eigenartiger Umstand zutage. Wir fragen uns, wie Allende zu dieser Information kommen konnte. Das Seltsame ist nämlich, daß Bennett zwar zu dem Zeitpunkt, als Jessup Allendes zweiten Brief erhielt (13. Januar 1956), tatsächlich Leiter des Office of Naval Research war. Doch er hatte diesen Posten erst seit dem 1. Januar 1956 inne, als er Admiral Frederick R. Furth ablöste. (Dies ist derselbe »Admiral N. Furth«, dem Allende einige Monate zuvor das mit Randbemerkungen versehene Jessup-Buch geschickt hatte.) Da Allende den Brief wesentlich früher aufgegeben haben mußte, damit er Jessup auf dem Umweg über seinen Verleger am 13. Januar erreichen konnte, ergibt sich die Frage: Wie konnte Allende wissen, daß Bennett nun anstelle von Furth Chef des ONR war? Daß dieser Brief den Poststempel von Gainesville in Texas trug, macht die Sache noch erstaunlicher. Die Berufung von Bennett war ein Ereignis, über das *The Washington Post* oder *The New York Times* nicht einmal an einem Tag berichtet hätten, an dem sonst nichts passiert war, geschweige daß sie zu den Nachrichten gehörte, um die sich eine texanische Zeitung kümmern würde. Solche Postenwechsel gehören in Washingtoner Militärkreisen praktisch zum Alltag und sind nicht einmal für die örtliche Presse von Bedeutung, um wieviel weniger also doch dann in einer Gegend, die einen halben Kontinent entfernt ist.

Wenn Allendes Informationsquelle jemand an der Spitze war, dann ist ihm aber bezüglich des letzten Namens auf der Liste ein böser Schnitzer unterlaufen. Seine Identifikation des »jetzigen Chefs der Marine Burke«, der zur Zeit des angeblichen Philadelphia-Experiments Leiter des ONR gewesen sein sollte, war falsch. Obwohl es tatsächlich einen Admiral Arleigh A. Burke gab, hatte der weder im Zweiten Weltkrieg noch danach auch nur das geringste mit Marineforschung zu tun. Burke befehligte 1943, also zur Zeit des angeblichen Philadelphia-Experiments, ein Zerstörergeschwader im Pazifik und scheint seine ganze Marinekarriere als Flottenoffizier verbracht zu haben.

Allendes Fehler mag jedoch verständlich erscheinen, denn in der Beschreibung »Burkes«, die er in seinem dritten Brief an Jessup gab, charakterisierte er ihn als einen Mann von »Neugier und Bereitschaft und Drängen«, dessen »Einstellung gegenüber fortschrittlicher Forschung« es zuzuschreiben war, daß er den Admiralsrang erlangte. Eigenartigerweise war der Mann, auf den eine solche Beschreibung zutraf, nicht Admiral *Burke*, sondern Admiral Harold G. Bowen – der nicht nur zur Zeit des Philadelphia-Experiments Leiter des ONR war, sondern auch die treibende Kraft hinter einer Unzahl streng geheimer »ultra-fortschrittlicher« Projekte des Zweiten Weltkriegs. Eine gewisse Ähnlichkeit der Namen könnte also an Allendes Verwirrung in der Sache schuld sein, doch das erklärt noch lange nicht, wieso seine Information in der einen Beziehung (hinsichtlich Admiral Bennett) so genau stimmte und in der anderen so falsch lag – es sei denn, er hielt es für notwendig, den Namen der betreffenden Person zu verschleiern.

Keine Nachforschung in einer Sache wie dieser wäre vollständig ohne eine zumindest kurze Prüfung der Veröffentlichungen anderer Ermittler zu diesem Thema. Wie zu Beginn dieser Arbeit festgestellt wurde, war der Fall »Philadelphia-Experiment«, obwohl er in den vergangenen zwei Jahrzehnten von Forschungsunternehmungen auf dem Gebiet des Unbekannten nur peripher behandelt worden war, nicht ganz ohne Verfechter geblieben. Die Literatur zu diesem Thema ist zugegebenermaßen recht spärlich, doch was es davon gibt, ist durchaus prüfenswert.

Der vielleicht erste Versuch, durch eine Veröffentlichung etwas ans Tageslicht zu bringen, ging von Dr. Reilly H. Crabb aus, einem Bekannten von Dr. Jessup und gegenwärtig Direktor der Borderland Science Research Foundation in Vista, Kalifornien. Die BSRF veröffentlichte unter anderem eine Reihe kleiner, relativ preisgünstiger Abhandlungen über die verschiedensten esoterischen Themen; und obwohl die meisten von ihnen nur einen sehr begrenzten Absatz fanden, sind einige davon hochinteressant. Das Erscheinen einer dieser Schriften mit dem Titel *M. K. Jessup, die Allende-Briefe und die Schwerkraft*, 1962 von Crabb selbst

62

herausgegeben, scheint den Zündfunken für einen großen Teil der nachfolgenden Kontroverse abgegeben zu haben. Gleichzeitig bildete sie eine Fundgrube unschätzbaren Ausgangsmaterials für jeden, der die Affäre genauer erforschen wollte. Hier wurden zum ersten Mal auf nichtmilitärischer Basis nicht nur die beiden Allende-Briefe veröffentlicht, sondern auch, in Faksimile, etliche Seiten der Varo-Ausgabe von Jessups Buch *The Case for the UFO* mit jenen Anmerkungen.

Kurz gesagt basieren die Mutmaßungen, die Crabb in dieser Broschüre über das Philadelphia-Experiment darlegt, auf seiner Überzeugung, daß T. Townsend Brown, ein anerkannter Physiker und Anti-Schwerkraft-Forscher, zumindest etwas mit dem Projekt Unsichtbarkeit zu tun gehabt habe, als er Leiter einer Abteilung des Bureau of Ships in der Marine war, und daß (laut Crabb) die ganze Sache in der Tat Browns Idee gewesen sein könnte.

Brown *hatte* etwas mit dem Projekt zu tun, doch seine Idee war es nicht gewesen, wie wir später sehen werden.

An zweiter Stelle nach Crabb lag wohl Gray Barker, Forscher in Sachen Fliegende Untertassen und Verleger in Clarksburg, West Virginia. Gestützt auf Informationen Crabbs, denen er eigenes Material hinzufügte, veröffentlichte Barker im Jahr 1963 ein Werk, das bis heute eine der wertvollsten Publikationen zum Thema Allende-Briefe ist: *The Strange Case of Dr. M. K. Jessup* (Saucerian Press, 1963, Clarksburg, West Virginia). Im Gegensatz zu Crabb, der seine Broschüre hauptsächlich als Dienst am Kunden für interessierte BSRF-Mitglieder und deren Anhang veröffentlichte, war Barker so sehr an diesem Rätsel interessiert, daß er versuchte, selbst ein paar Antworten zu finden.

Obwohl Barkers Buch nicht viel an Hinweisen bietet, die zur Lösung des Rätsels beitragen könnten, vermittelt es doch bemerkenswerte Hintergrundinformationen über Jessup selbst, einschließlich einiger Auszüge aus dessen weniger bekannten Aufsätzen und Briefen. Auch wird die Tatsache vermerkt, daß Dr. Jessups Leiche ungeachtet seines Wunsches, seinen Körper wissenschaftlichen Zwecken zur Verfügung zu stellen, nie einer Obduktion unterzogen wurde. Die Einäscherung, heißt es, fand am 30. Januar 1962 statt.

Der einzige andere interessante Punkt in Barkers Buch ist der Abdruck eines ziemlich sonderbaren Briefes, den Barker von einem anonymen Schreiber bekommen haben will, der ihm nur als »Colonel B« bekannt sei. Während darauf hingewiesen wird, daß »Colonel« nicht unbedingt einen militärischen Grad bedeuten muß, bringt dieser »Colonel« doch einige interessante Punkte zur Sprache. Folgendes ist ein Auszug aus seinem Brief:

. . . Es wäre wirklich bedauerlich, wenn Sie aus Dr. Jessups Selbstmord ein allzugroßes Rätsel machen würden.

Als ich Jessup 1958 kennenlernte, schien er ganz mit dem Gedanken beschäftigt, Beweise für die Authentizität gewisser Behauptungen hinsichtlich übersinnlicher Phänomene zu finden . . .

Er sprach mit großem Nachdruck von einer vervielfältigten Ausgabe seines Buches, die angeblich bei militärischen Dienststellen zirkulierte. Auch erzählte er mir von gewissen Briefen, die er erhielt und die Informationen über ein vom Militär durchgeführtes Geheimexperiment unter Anwendung der Einheitlichen Feldtheorie enthalten sollten.

Meiner persönlichen Meinung nach hat Jessup dem zuviel Bedeutung beigemessen, was allerdings verständlich wäre, wenn man es im Lichte der von Regierungsseite zur Schau getragenen Empfindlichkeiten bezüglich der UFO-Untersuchungen betrachtet. Meine fachmännische Vermutung ist, daß die Angaben über geheime Experimente in [diesen] Briefen eine Art Schelmenstreich waren. Doch da diese Behauptungen irgendwie den Umständen eines *tatsächlichen* Experiments (mit einer viel weniger dramatischen Natur) *nahekamen* (unterstreichen Sie das), hatte man vielleicht annehmen können, daß es irgendwo eine undichte Stelle in der Geheimhaltung gab, und das könnte höchstwahrscheinlich der Grund für das große Interesse seitens des Militärs sein.

Obwohl ich eine fachmännische Vermutung hinsichtlich der Natur des wirklichen Experiments abgeben könnte, fühle ich mich selbstverständlich dazu nicht berechtigt . . .

Wer auch immer dieser mysteriöse Informant war, er kam der Wahrheit näher als jeder andere – wie wir noch sehen werden.

Daß das Interesse für das Rätsel um Jessup und die Allende-Briefe im Lauf der Jahre wachgehalten wurde, ist hauptsächlich den Anstrengungen Gray Barkers und seiner kleinen, aber zähen Saucerian Press zu verdanken – obwohl seine Bücher nur eine kleine Auflage erreichen. Seinen vielleicht größten Beitrag leistete er im Sommer 1973, als er, wie bereits erwähnt, ein fast einwandfrei erhaltenes Exemplar der mit Anmerkungen versehenen Varo-Ausgabe von *The Case for the UFO* auftreiben konnte und 500 Faksimile-Kopien davon herausbrachte. Nachdem siebzehn Jahre lang über die Existenz dieses Dokuments nur Gerüchte und Klatsch im Umlauf gewesen waren, hatte Gray Barker es geschafft, die Sache endlich ans Licht der Öffentlichkeit zu bringen.

Der erste Versuch, eine Verbindung zwischen dem Philadelphia-Experiment laut Allendes Bericht (und anderen Kraftfeld-Phänomenen ganz allgemein) einerseits und den unheimlichen und unerklärlichen Geschehnissen in dem heute unter dem Namen Bermuda-Dreieck bekannten Gebiet anderseits herzustellen, wurde 1964 mit dem Buch *Invisible Horizons* von Vincent Gaddis unternommen. Im großen und ganzen ist dieses Buch eine auf ausgezeichneter Forschungsarbeit beruhende, detaillierte Studie über einige der sonderbaren Fälle von Verschwinden und andere ungeklärte Vorfälle, die sich in den letzten Jahrhunderten auf See zugetragen haben, und man kann es jedem an diesem Thema interessierten Leser empfehlen. Wir allerdings interessieren uns vor allem für das letzte Kapitel dieses Buches. Denn in diesem Kapitel (mit dem Titel »Gibt es eine Antwort?«) deutet Gaddis die Möglichkeit an, daß die furchterweckenden Resultate des Philadelphia-Experiments Hinweise darauf bieten könnten, was hinter einigen jener anderen – zwar dokumentarisch besser belegten, doch genauso verblüffenden – Fälle steht, in denen Schiffe und Mannschaften vom Meer verschwanden.

In diesem Kapitel nennt Gaddis auch einige bis dahin unveröffentlichte Anhaltspunkte, die wahrscheinlich die Früchte seiner eigenen Ermittlungsarbeit in dieser Sache darstellen. Einer davon war der folgende: »Hatte Jessup jemals weiteren Kontakt mit Allende? Wir wissen es nicht. Von irgendeiner Quelle jedoch konnte er sich zusätzliche Informationen beschaffen. Freunden erzählte er von einem Mann, der bei der Marine erschien und erklärte: ›Was Sie brauchen, ist Tarnung, meine Herren. Geben Sie mir ein Schiff, und ich zeige Ihnen perfekte Tarnung.‹ Als dieser Mann an Bord ging, trug er einen schwarzen Kasten!«

Offenbar aufgrund eines Interviews mit Gray Barker berichtet Gaddis auch von »einem engen Freund Jessups, der im Besitz von Dokumenten sein soll, ›die das Rätsel lösen könnten‹«, und daß dieser Freund einmal erfolglos versucht habe, Allende zu finden.

Gaddis' Buch, das übrigens mehr Fragen aufwarf als beantwortete, war bei weitem nicht das letzte zu diesem Thema. Im Jahr 1967 wurde die Kontroverse durch einen Sensationsschriftsteller wieder aufgeheizt, der sich Brad Steiger nannte und über unerklärliche Dinge schrieb. Eigentlich hatte Steiger (richtiger Name: Olson) letzten Endes der Sache überhaupt nichts Neues hinzuzufügen. Sein Interesse war vielmehr geweckt worden, als er im Zuge seiner Untersuchungen seltsamer Phänomene zufällig auf jemanden getroffen war, der einen Mikrofilm der kommentierten Varo-Ausgabe von Jessups Buch besaß. Die Lektüre verblüffte ihn einigermaßen, und ihm wurde klar, daß er da auf eine potentiell »heiße Sache« gestoßen war. Also verarbeitete er die Geschichte zu einem recht sensationellen Bericht, der im November 1967 zusammen mit Reproduktionen von einigen Seiten der Varo-Ausgabe im *Saga-Magazin* veröffentlicht wurde.

65

Der Zufall wollte es, daß Carlos Allende diesen Bericht las, was ihn in beträchtliche Unruhe versetzte. Er ging dem Artikel nach und konnte dabei in Erfahrung bringen, daß Steiger im Begriff war, zusammen mit der Okkultistin und Forscherin Joan W. O'Connell ein UFO-orientiertes Buch zu veröffentlichen, in dem Steigers Version jener Geschichte ein Kapitel bilden sollte. Allende fürchtete, daß dieses Buch die Marine wieder auf seine Spur setzen könnte. Da er keine Publicity wollte, verbot er in mehreren zornigen Briefen an Steigers Verleger die Veröffentlichung. Vergeblich. Das Buch tauchte nicht nur in den Buchläden auf, sondern der Verleger hatte doch tatsächlich dem Titel Allendes Namen hinzugefügt! Das neue Buch erschien 1968 unter dem Titel *The Allende Letters, New UFO-Breakthrough*. Allende, der zu dieser Zeit schon untergetaucht war, kochte in machtloser Wut.

Etwas früher, im Jahr 1967, hatte Dr. Jessups Freund Ivan Sanderson ein Buch mit dem Titel *Uninvited Visitors* herausgebracht, in dem *er* die Affäre beschreibt (obwohl auch hier wieder nichts Neues hinzugefügt wurde, höchstens vielleicht seine Meinung, wonach er nach vielen Jahren gerade solcher Forschung fühlte, daß diese Sache eine gründliche Untersuchung mehr verdiente als jede andere, die ihm bis dahin untergekommen war).

Damals regte sich Allende (obwohl ansonsten ein Bewunderer von Sanderson) über die ungewollte Publicity auf und war wütend, daß andere aus seiner Geschichte Profit zogen, während er selbst nahezu mittellos dastand. Also sann er auf Rache: Er würde einfach »zugeben«, daß alles nur Seemannsgarn gewesen war. Das würde nicht nur seine Gegner in Verlegenheit und Mißkredit bringen, sondern sich auch negativ auf den Verkaufserfolg ihrer Bücher auswirken.

Mit diesem Entschluß betrat Carlos Miguel Allende im Juni 1969 die Hauptverwaltung der Aerial Phenomena Research Organization (APRO, die älteste und einflußreichste UFO-Forschungs-Organisation) in Tucson, Arizona – und »legte ein volles Geständnis ab«.

Sowohl seine Briefe an Dr. Jessup als auch die Randbemerkungen in der Varo-Ausgabe wären reiner Schwindel, sagte er, speziell hergestellt zu dem Zweck, »Dr. Jessup einen fürchterlichen Schrecken einzujagen«. Interessanterweise war Allende vorher – ohne Wissen der APRO-Leute – bei Varo selbst gewesen und hatte versucht, dem seinerzeitigen Präsidenten Austin Stanton ein Exemplar »seines Buches«, wie er sagte (also die Varo-Ausgabe von Jessups Buch mit den sonderbaren Anmerkungen) abzupressen, außerdem forderte er einen kleinen Geldbetrag, »damit man ihn loswerde«. Derart ausgerüstet kam er dann in Tucson an, und es war dieses Exemplar der kommentierten Varo-Ausgabe von *The Case for the*

UFO, das er Jim Lorenzen von der APRO vorlegte, nachdem er oben auf der zweiten Seite des Anhangs folgendes »Geständnis« hinzugefügt hatte:

»Alle mit brauner Tinte unterstrichenen Wörter und Sätze auf den folgenden Seiten sind falsch. Auf dem unteren Teil dieser Seite und auf dem oberen der nächsten stehen die verrücktesten Lügen, die ich jemals schrieb. Zu welchem Zweck ich das tat? Um das ONR zur Forschung zu *ermutigen* und um Professor [sic] Morris K. Jessup zu *entmutigen*, seine Untersuchungen so weit zu treiben, daß sie möglicherweise zu wirklicher Forschung geführt hätten. *Damals* hatte ich Angst vor Unsichtbarkeits- und Kraftfeldforschung, *jetzt* nicht mehr.«

Trotz aller Prahlerei versäumte es Allende offenbar absichtlich, in seiner Beichte auch das Philadelphia-Experiment selbst als Schwindel zu bezeichnen, denn sowohl die Plazierung des »Geständnisses« innerhalb der Varo-Ausgabe als auch die Formulierung waren sorgsam gewählt, so daß jener Teil seines Briefes an Jessup, in dem er schreibt, daß eine solche Sache *wirklich geschah*, ausgeschlossen wurde. Lorenzen selber (der sich über eine Stunde lang, um unbelauscht zu sein, in einem geparkten Wagen mit Allende unterhalten hatte) sagte dazu: »Allende glaubt noch immer . . . daß ein amerikanisches Schiff . . . von seinem Dock in Philadelphia verschwand und Sekunden später in der Gegend von Norfolk-Portsmouth erschien, dann wieder verschwand, um an seinem ursprünglichen Liegeplatz wieder zu erscheinen.« Dann hatte Allende darauf hingewiesen, daß »die Wahrheit des Geschehens durch die Matrosen bestätigt werden könne, die seinerzeit auf dem Schiff stationiert waren und von denen er einige persönlich kannte, weil er mit ihnen gedient hatte«. Der einzige Teil der Briefe, der von dem »Geständnis« betroffen wurde, war die eine Seite und ein Teil der folgenden, wo von den Nachwirkungen des Experiments auf die Mannschaft die Rede war.

Nachdem er seinen Plan also in die Tat umgesetzt und seine Rache geübt hatte (so glaubte er zumindest), zog sich Allende aus der Öffentlichkeit zurück.

Später stellte er sein Geständnis wieder völlig in Abrede, aber für den Moment erfüllte seine List ihren Zweck. Als Paris Flammonde, der Produzent der New Yorker »Long John Nebel Show«, im Jahr 1971 auf die Umstände von Jessups Tod zu sprechen kam, wurde dabei nichts, was mit der Allende-Affäre irgendwie zu tun hatte, auch nur andeutungsweise erwähnt. Mit Ausnahme eines anderen Buches von Steiger, *Mysteries of Time and Space* (Dell, New York, 1974), sprachen in der Tat alle anderen Autoren, die das Thema überhaupt streiften, nur geringschätzig davon (siehe z. B. F. H. Salisbury, *The Utah UFO-Display*, und Vincent Sladek,

The New Apocryphs). Dieser Trend dauerte bis Mitte 1975, als das Welter-folgsbuch *Das Bermuda-Dreieck* erschien und dadurch der ganze Fragen-komplex wieder aufgerollt wurde.

Dieser neue Bericht behandelte die Jessup-Allende-Affäre unter einem völlig neuen Blickwinkel. Und er brachte den einen wesentlichen Beitrag, mit dem bis dahin noch niemand hatte aufwarten können: einen Zeugen!

Dr. J. Manson Valentine, Ozeanograph, Zoologe und Archäologe, der seit 1945 intensiv die Vorgänge im Bermuda-Dreieck studiert hatte, war ein enger Freund von Dr. Jessup gewesen, als dieser in Florida lebte.

Jessup, der zunehmend unter Depressionen litt und einen Zuhörer brauchte, hatte während der Monate vor seinem tragischen Ende viel Zeit in Dr. Valentines Gesellschaft verbracht. Im Lauf ihrer Gespräche ver-traute er ihm viel von seinen persönlichsten Gedanken und Gefühlen zum Thema Philadelphia-Experiment an. Wahrscheinlich war Valentine sogar der letzte Mensch, mit dem Jessup vor seinem Tod sprach. Am Vor-mittag des 20. April 1959 hatte Dr. Valentine sich mit seinem Freund un-terhalten und Jessup im Verlauf des Gesprächs zum Abendessen in sein Haus eingeladen. Jessup nahm an, erschien aber nicht.

»Warum«, wurde er gefragt, »hat Jessup Selbstmord begangen?« Valen-tines Antwort war überraschend und schockierend: »Wenn er Selbstmord beging«, sagte er, »dann war wahrscheinlich eine Depression schuld. Die Marine hatte ihm vorgeschlagen, am Philadelphia-Experiment oder an ähnlichen Projekten zu arbeiten, aber er hatte abgelehnt – er machte sich wegen der gefährlichen Nebeneffekte Sorgen . . . Vielleicht hätte er ge-rettet werden können. Er lebte noch, als man ihn fand. *Vielleicht ließ man ihn sterben.*«

Valentine berichtet weiter, daß Jessup das Philadelphia-Experiment »gründlich« erforscht hatte. »Sie dürfen nicht vergessen«, betonte er, »daß er nicht irgendein Sensationsschriftsteller war, sondern ein be-rühmter Wissenschaftler und Astronom.« Valentine erinnert sich, daß Jessup ihm von einigen höchst eigenartigen Dingen erzählte, die er im Zusammenhang mit diesem unglaublichen Projekt erfahren hatte. Das Experiment war, so sagte er, unter Verwendung von marineeigenen ma-gnetischen Generatoren durchgeführt worden, sogenannten Entmagne-tisierern, die mit resonanten Frequenzen pulsierten und so ein ungeheu-res Magnetfeld um ein vor Dock liegendes Schiff erzeugten.

Dr. Valentine ist der Meinung, daß Jessup über die Wirklichkeit des Phil-adelphia-Experiments recht gut informiert war und über dieses Thema mehrere Besprechungen mit Marineoffizieren und -wissenschaftlern hatte. Einmal bemerkte Jessup zu Valentine: »Das Experiment ist zwar sehr interessant, aber furchtbar gefährlich. Es wirkt sich zu stark auf die beteiligten Leute aus. Die Verwendung von magnetischer Resonanz bedeutet soviel wie ein zeitweiliges Herauslösen aus unserer Dimension, tendiert aber dazu, außer Kontrolle zu geraten. Es ist praktisch das gleiche wie die Überführung von Materie auf eine andere Ebene oder in eine andere Dimension und könnte einen dimensionalen Durchbruch bedeuten – wenn es nur möglich wäre, es unter Kontrolle zu bringen.«

Es ist hochinteressant festzustellen, daß Valentines Bericht, der ja auf direkten Informationen von Jessup beruhte, fast völlig mit jenem Allendes übereinstimmte, wonach die Resultate des Experiments verblüffend waren, die Mannschaft aber unter schweren Nachwirkungen zu leiden hatte. »Als das Experiment die erste Wirkung zeigte«, fuhr Valentine fort, »zeigte sich zunächst ein undurchsichtiges, nebeliges grünes Licht. Übrigens sprachen auch die Überlebenden der Unfälle im Bermuda-Dreieck von einem leuchtenden grünen Nebel. Bald war das ganze Schiff von diesem grünen Nebel erfüllt, und es begann samt der Besatzung aus der Sicht der Leute auf dem Dock zu verschwinden, bis nur noch seine Wasserlinie zu sehen war.« Laut Valentines Aussage hatte Jessup kurz vor seinem Tod das Gefühl gehabt, daß er im Begriff war, die wissenschaftliche Grundlage dieses Geschehens zu entdecken. Die Erklärung sei, wie er glaubte, in Einsteins Einheitlicher Feldtheorie zu finden.

Daraufhin war er nach einer einfachen Erklärung dieser Theorie gefragt worden, und Valentines Antwort hätte sogar Einstein selbst zufriedengestellt. »Sie betrifft in der Praxis elektrische und magnetische Felder«, sagte er, »und zwar folgendermaßen: Durch ein in einer Spule erzeugtes elektrisches Feld wird ein magnetisches Feld verursacht; die beiden Felder befinden sich im rechten Winkel zueinander, und jedes stellt eine Raumebene dar. Da ein Raum aber von drei Ebenen gebildet wird, muß es noch ein drittes Feld geben, das vermutlich ein Schwerkraftfeld ist. Indem man nun elektromagnetische Generatoren so hintereinanderschaltet, daß sie ein magnetisches Pulsieren erzeugen, könnte man möglicherweise durch das Resonanzprinzip dieses dritte Feld herstellen. Jessup nahm an, daß die Marine versehentlich darauf gestoßen war.«

Obwohl dieses Thema nur in einem kurzen Abschnitt des *Bermuda-Dreiecks* behandelt wird, schlug die Veröffentlichung von Dr. Valentines Geschichte wie eine Bombe ein, deren Wirkung noch andauert. Hat das Experiment also wirklich stattgefunden? Nach Valentines Bericht über das, was ihm Dr. Jessup erzählte, ist das Beweismaterial äußerst vielversprechend.

Der Druck der öffentlichen Meinung und ihr Wunsch nach näheren Informationen über diese Affäre hat die US-Marine jedenfalls veranlaßt, einen Standardbrief aufzusetzen (Original siehe Tafelteil, Übersetzung Seite 142) und routinemäßig an jeden zu senden, der bei ihnen anfragt. Schätzungen zufolge wurden nicht weniger als zwei Millionen Dollar aufgewendet, um das durch die Funken dieser Legende entfachte Feuer zu löschen.

Das Problem, das der US-Marine durch die steigende Flut von Anfragen entstand, faßte ein Offizier kurz und bündig mit der Feststellung zusammen, er wünsche, Allende sei unsichtbar.

In dem offensichtlichen Bemühen, Öl auf die Wogen zu gießen, brachte das *Official UFO-Magazin* in seiner Ausgabe vom April 1976 einen Leitartikel aus der Feder eines gewissen B. R. Strong, der sich als enger Freund des APRO-Beraters und Forschers Kevin D. Randle ausgab. Obwohl die Story recht gut geschrieben ist, stellt sie im Grunde eine Abwertung dar, die sich hauptsächlich auf Allendes »APRO-Geständnis« stützt und außerdem die nicht ganz unparteiische Aussage von Captain Sherby heranzieht, den Randle, laut Strong, bei Varo aufgesucht und interviewt haben soll. Der Artikel bringt nichts Neues, und Allende selbst sagte dazu, daß mehrere der darin enthaltenen Aussagen nichts als »verdammte Lügen« sind. Die Tatsache, daß der im *Bermuda-Dreieck* veröffentlichte Bericht darin überhaupt nicht erwähnt wird, ist nicht von besonderer Bedeutung, da der Aufsatz möglicherweise schon viel früher geschrieben wurde.

In Charles Berlitz' *Spurlos* (Paul Zsolnay Verlag, 1977) wird auf das Thema noch einmal eingegangen.

Mitte April 1959 teilte Jessup Valentine mit, er sei jetzt zu einigen seiner Ansicht nach abschließenden Ergebnissen über die durch das Philadelphia-Experiment aufgezeigten Möglichkeiten gelangt und *habe einen ersten Manuskriptentwurf ausgearbeitet, über den er mit ihm sprechen wollte*. Dr. Valentine lud ihn daraufhin für den 20. April zum Abendessen ein.

Dr. Jessup erschien nie zu diesem Essen. Kurz vor 18.30 Uhr fuhr Jessup, nach Ermittlung der Polizei, in seinem Auto nach Mathesons's Hammock, einem Park in der Umgebung von Miami, und nahm sich anscheinend das Leben. Im Polizeibericht wurden keine schriftlichen Aufzeichnungen oder ein Manuskript erwähnt, und wie ein Zeuge später Dr. Valentine mitteilte, wurde auch nichts Derartiges in Dr. Jessups Wagen gefunden.

In bezug auf das Philadelphia-Experiment selbst heißt es, »eine Reihe ehemaliger sowie aktiver Angehöriger der Marine behauptet, sich an den Versuch zu erinnern, und berichtet sogar weitere Einzelheiten darüber, doch keiner will namentlich zitiert werden« – eine Situation, für die alle

Rechercheure des Rätsels vollstes Verständnis haben, und zwar aus eigener Erfahrung.

Nehmen wir einmal an, daß ein solches Experiment geplant und die Durchführung versucht wurde – könnte es, auch nur teilweise, erfolgreich gewesen sein? Eine Untersuchung der hier zugrunde liegenden wissenschaftlichen Theorie könnte eine mögliche Lösung bieten.

7   Die Verbindung zu Einstein

Wenn wir den bereits zitierten Aussagen von Carlos Allende und Dr. Valentine Glauben schenken, dann sind die Grundlagen des Projekts Philadelphia-Experiment in einer recht undurchschaubaren und hochkomplizierten wissenschaftlichen Theorie zu finden, die zuerst von Albert Einstein aufgestellt wurde und unter der Bezeichnung Einheitliche Feldtheorie ein Begriff ist. In seinem zweiten Brief an Dr. Jessup schreibt Allende, daß Einstein diese Theorie zuerst in den Jahren 1925 bis 1927 veröffentlichte, sie dann aber wegen seiner Besorgnis um die »Humantik«, wie sich Allende ausdrückte, »zurückzog«. Allende erklärt zwar nicht näher, was er mit diesem seltsamen Ausdruck »Humantik« eigentlich genau meint, was er aber sagen will, dürfte folgendes sein: Einstein konnte sich gewiß Anwendungsmöglichkeiten seiner Theorie vorstellen, von denen er fürchten mußte, daß sie in gefährlichster Weise zum Einsatz gebracht werden konnten. Allende zufolge diskutierte Einstein diese Befürchtungen mit seinem Freund Bertrand Russell, und Russell schloß sich seiner Meinung an.

Da Allende selbst nicht bereit ist, uns seine Informationsquelle zu nennen, stehen wir vor der Alternative, entweder selbst der Wahrheit auf den Grund zu gehen oder seinen Worten Glauben zu schenken. Obwohl die betreffenden Leute berühmt sind, ist es zugegebenermaßen keine leichte Aufgabe, die Richtigkeit einer solchen Aussage nachzuweisen. Trotzdem wurde ein gründlicher Versuch unternommen, der einige hochinteressante Informationen erbrachte, unter anderem die folgenden:

1. Albert Einstein verfaßte tatsächlich in den Jahren 1925 bis 1927 eine Version seiner »Einheitlichen Feldtheorie für Schwerkraft und Elektrizität«. Die Ergebnisse erschienen in deutschen wissenschaftlichen Zeitschriften jener Zeit. Allende hatte auch recht mit der Feststellung, daß diese Arbeit als unvollständig »zurückgezogen« wurde, obwohl kein offizieller Grund dafür angegeben ist, außer daß Albert Einstein mit der seinerzeitigen Form nicht zufrieden war. Bezeichnenderweise taucht die

71

Theorie erst 1940 wieder auf, also zu einem Zeitpunkt, *nach dem* der im Grund pazifistische Albert Einstein zu der Überzeugung gelangt war, daß die Bedrohung durch den Nationalsozialismus unter allen Umständen bekämpft werden müsse und daß unter den gegebenen Umständen kriegerische Mittel moralisch vertretbar seien. Andere Anhaltspunkte, auf die wir später noch zurückkommen, deuten darauf hin, daß 1940 auch das Jahr war, in dem die US-Marine an jenem Projekt zu arbeiten begann, das dann später im Philadelphia-Experiment gipfelte.

2. Einstein war wirklich mit Bertrand Russell befreundet, besonders in der Zeit nach dem Zweiten Weltkrieg, und diskutierte oft mit ihm über Pazifismus. Beide Männer zeigten nur Abscheu vor dem bedauernswerten Hang des Menschen, die Errungenschaften der Wissenschaft zu selbstzerstörerischen Zwecken zu mißbrauchen, und beide opferten der Sache des Weltfriedens einen wesentlichen Teil an persönlichem Einsatz und privaten finanziellen Mitteln.

Allende schrieb, daß Lord Russell Einsteins Einheitliche Feldtheorie zwar für vollständig hielt, jedoch das Gefühl hatte, »die Menschheit sei noch nicht reif dafür und würde es auch nicht vor Ende eines dritten Weltkrieges sein«, und daß Einsteins Einschätzung des »Fortschritts des Menschen im Vergleich zum Wachstum seines Charakters ihn empörte«. In Anbetracht der diese beiden Männer und ihre Einstellung zur Humanität und zum Weltfrieden betreffenden Tatsachen sind diese Aussagen hochinteressant. Banesh Hoffman und Helen Dukas (Einsteins Privatsekretärin) berichten in ihrem Buch *Albert Einstein, Creator and Rebel* (The Viking Press, New York 1972) zum Beispiel folgendes:

. . . Als die Bombe auf Hiroshima fiel, bewahrheiteten sich seine schlimmsten Befürchtungen. Sein Abscheu für die Bombe, ob nun in diktatorischen oder demokratischen Händen, lastete schwer auf seinem Gewissen. Nicht weil er 1939 mit großer Eindringlichkeit an Roosevelt geschrieben hatte, als er befürchtete, daß die Nazis diese Waffe zuerst entwickeln und damit die Welt unter ihre Kontrolle bringen würden. Nicht weil er 1907 in aller Unschuld die Formel $E = mc^2$ vorgelegt hatte. Nicht aus diesen Gründen, sondern weil . . . er eine moralische Verpflichtung fühlte, weitestgehend seinen Einfluß zu gebrauchen, um zu versuchen, die Menschheit vor einem Grauen zu bewahren, das sie trotz Hiroshima und Nagasaki noch nicht begriffen hatte.

Es wäre sicher nicht weit gefehlt anzunehmen, daß er bezüglich der noch entsetzlicheren Möglichkeiten seiner Einheitlichen Feldtheorie die gleichen Empfindungen hatte.

Was Lord Russell angeht, so berichtet zumindest einer seiner Biographen (Roland Clark), daß er gleich nach dem Zweiten Weltkrieg einen streng geheimen Bericht des Britischen Geheimdienstes über »neue Waffenentwicklungen« einsehen durfte, dessen Lektüre ihn so tief erschütterte, daß er sich veranlaßt fühlte, ein »Weltfriedensmanifest« zu fordern, von dem er hoffte, daß es von jedem prominenten Denker der Welt unterzeichnet würde. Einstein gab noch kurz vor seinem Tod seine Zusage, ein solches Dokument zu unterschreiben.

Dr. J. Robert Oppenheimer, oft als »Vater« der Atombombe bezeichnet, hatte wie Einstein erhebliche Zweifel hinsichtlich ihrer moralischen Vertretbarkeit. Allerdings ist nicht bekannt, ob er sich jemals veranlaßt gefühlt hat, Forschungsergebnisse, die anscheinend zu weit gingen, zu vernichten. Doch man erinnert sich seiner Gedanken, als er 1945 in Alamogordo die erste Atombombe explodieren sah. Ein Vers des Nationalepos der Inder, des *Mahabharata*, fiel ihm ein:

> Wenn das Strahlen von tausend Sonnen
> auf einmal über
> den Himmel hereinbrechen würde
> Es wäre wie die Herrlichkeit des Mächtigen . . .
> Ich habe mich in den Tod verwandelt
> Den Zerstörer der Welten.

Die Annahme, daß Einstein vor seinem Tode Papiere vernichtete, ist ebenfalls sehr interessant, wurde aber nie erhärtet und blieb Gerücht. William L. Moore, einer der Autoren, erinnert sich an eine Diskussion im Hörsaal am Tag nach Einsteins Tod im Jahr 1955, in deren Verlauf der Lehrer sagte, daß Einstein einige Monate vor seinem Tod Unterlagen verbrannt hätte, die sich auf einige seiner vorgeschrittenen Theorien bezogen; und zwar weil die Welt für solche Dinge noch nicht reif sei und es ihr ohne diese Theorien besser gehen würde. Wahrscheinlich hatten sie etwas mit seinen Schlußfolgerungen hinsichtlich seiner Einheitlichen Feldtheorie und deren praktischen Anwendungsmöglichkeiten zu tun.

3. Im Jahr 1943, zur Zeit, als Allende seinen Angaben zufolge Zeuge einer Manifestation des Philadelphia-Experiments auf See wurde, war Albert Einstein als wissenschaftlicher Berater bei der US-Kriegsmarine tätig, vorgeblich für das Bureau of Ordinance. Aus Unterlagen des Office of the General Services Administration in St. Louis geht hervor, daß Einstein vom 31. Mai 1943 bis 30. Juni 1944 als *Wissenschaftler* mit einem Sonderdienstvertrag des Marineministeriums in Washington, D.C., angestellt war.

Einsteins eigene Kommentare zu dieser Verbindung sind nur skizzenhaft, aber interessant. Im Juli 1943 schrieb er Clark zufolge an seinen Freund Gustav Buckley: »Solange der Krieg noch dauert und ich für die Marine arbeite, möchte ich nichts anderes anfangen.« Im August schrieb er wieder an Buckley und erzählte, es hätten sich engere Beziehungen mit dem Marinebüro für wissenschaftliche Forschung und Entwicklung in Washington ergeben. Im selben Monat teilte ihn Dr. Vannevar Bush einem Komitee zu, »in dem seine besonderen Kenntnisse höchstwahrscheinlich von Nutzen sein würden«. Weder die Art des »Komitees« noch die der entsprechenden Kenntnisse wurden jemals enthüllt.

Eine Anfrage an Dr. Otto Nathan, Einsteins Finanzberater und Testamentsvollstrecker seines New Yorker Besitzes, über das Ausmaß von Einsteins Beziehungen zur Kriegsmarine ergab eine verwirrende Antwort. »Einstein«, so sagte er, »wurde 1943 Berater des Bureau of Ordinance der Marine [sic] und beendete seine Arbeit für die Marine unseres Wissens ziemlich lange vor Kriegsende. . . . Falls Sie sich für nähere Einzelheiten interessieren, schlagen wir vor, daß Sie sich mit dem Marineministerium in Washington in Verbindung setzen. Da Einsteins Arbeit keineswegs geheim war, dürfte man dort in der Lage sein, Ihnen genauere Informationen über seine Beratertätigkeit zu geben, die wir unsererseits nicht [von ihnen] bekommen konnten, als wir [unseren] Rechenschaftsbericht für die Veröffentlichung vorbereiteten.« Der Leser hat ganz recht, wenn ihn das verwirrt: denn im selben Satz, in dem uns mitgeteilt wird, daß Einsteins Arbeit »keineswegs geheim« war, erklärt man uns gleich darauf, daß die Marine nicht bereit war, darüber Auskunft zu erteilen!

Faszinierende, aber leicht beunruhigende zusätzliche Informationen stammen aus der Erinnerung von Leuten, die angeblich am Projekt mitgearbeitet oder zu Einsteins Schutz und Überwachung abgestellt waren. Da gab es zum Beispiel eine Miss Blake, eine »Zweitsekretärin«, die ihren Platz zwischen dem Eingang zu Einsteins Büro in Princeton und dem Büro des Mathematikers Dr. Oswald Weblen hatte. Ihre Aufgabe bestand vorgeblich in der Terminplanung, allerdings scheinen ihre mutmaßlichen Arbeitgeber, also wahrscheinlich doch die Princeton-Leute, keinerlei Unterlagen über ihre Anstellung zu besitzen. Es wäre demnach durchaus möglich, daß sie von der Regierung zu Einsteins Schutz eingesetzt war und gleichzeitig seine Besucher und sonstigen Kontakte zu überwachen hatte.

Ferner hat es den Anschein, als ob Einstein nicht nur mit den mathematischen Gleichungen des Projekts, sondern auch mit dem Experiment selbst zu tun hatte.

Nachdem der erste Versuch mißlungen war, brachten einem Bericht zufolge einige Marinebeamte Einstein zum Schauplatz des Geschehens, um in einer Art wissenschaftlicher Konfrontation bei der Auswertung des Experiments an Ort und Stelle seinen Rat einzuholen – etwa nach dem Motto »Jetzt haben Sie ja selbst gesehen, was passiert. Nun erklären Sie uns mal, was wir falsch gemacht haben«. Während seiner Abwesenheit von Princeton nahm jemand anders seine Stelle im dortigen Büro ein, weisungsgemäß be- und überwacht von Miss Blake – die von dem Austausch gewußt haben mag oder auch nicht.

4. Was hat es mit der Einheitlichen Feldtheorie auf sich? Es ist praktisch unmöglich, sie in nichttechnischen Ausdrücken zu diskutieren, aber der eigentliche Sinn der Theorie besteht hauptsächlich darin, mit Hilfe einer einzigen Gleichung (von der wahrscheinlich ein wissenschaftliches Gesetz abgeleitet werden könnte) mathematisch die Wechselbeziehungen zwischen den drei fundamentalen Universalkräften zu erklären: Elektromagnetismus, Schwerkraft und Kernkraft. Interessanterweise läßt die gleichzeitige Entdeckung zweier Elementarteilchen der Materie, nämlich des J- und des psi-Teilchens, in New York und Kalifornien im Jahr 1974 vermuten, daß eine vierte, »schwache« Universalkraft existiert, die zur Schwerkraft in der gleichen Beziehung steht wie die Elektrizität zum Magnetismus. Ob ein solches »Feld« interdimensional oder »zeitbezogen« wäre, ist noch unbekannt. Angenommen jedenfalls, daß eine solche Theorie vollständig entwickelt werden könnte, so müßten ihre endgültigen Gleichungen auch Licht- und Radiowellen, reinen Magnetismus, Röntgenstrahlen und sogar die Materie selbst mit einbeziehen. Die enorme Komplexität eines solchen Problems kann man sich in etwa vorstellen, wenn man bedenkt, daß Einstein den größeren Teil seines Lebens der Verfolgung eines solchen Ziels gewidmet hat und sich sogar in späteren Jahren oft darüber beklagte, daß er die Mathematik nicht genügend beherrsche, um die Aufgabe zu vollenden.

Schon 1916 bemühte sich Einstein um die Erforschung der Möglichkeit, daß die Schwerkraft in Wirklichkeit gar keine »Kraft« ist, sondern vielmehr die erkennbaren Eigenschaften der »Raumzeit« selbst darstellt – der Kraft also, die allen anderen Kräften in »unserem« Universum zugrunde liegt und sie beherrscht. Noch einen Schritt weiter gehend überlegte er, ob das, was wir als Substanz oder »Materie« kennen, in Wirklichkeit nur ein örtliches Phänomen sein könnte, das durch Bereiche extremer Feldenergiekonzentration hervorgerufen wird. Einfacher ausgedrückt erwog er, *Materie* als ein *Produkt der Energie* zu betrachten statt umgekehrt, und wagte damit die seit langem etablierte Auffassung in Zweifel zu ziehen, wonach diese beiden völlig separate Erscheinungsformen sind und nebeneinander existieren.

Während der nächsten neununddreißig Jahre, bis zu seinem Tod 1955 im Alter von sechsundsiebzig Jahren, fuhr er fort, sein Konzept zu verbessern, wobei sich gelegentlich sein Standpunkt änderte, jedoch nie seine grundsätzliche Voraussetzung, daß die Schwerkraft mathematisch nachgewiesen werden kann, um sie in direkte Beziehung zu anderen Energieformen – hauptsächlich Elektromagnetismus – zu bringen. Um nun dieses Konzept zu seiner logischen Schlußfolgerung zu bringen (wobei wir uns für die notwendige Übervereinfachung entschuldigen): Da demonstriert werden kann, daß Elektrizität ganz leicht aus einem magnetischen Feld gewonnen werden kann (auf diesem Prinzip beruht der gewöhnliche elektrische Generator), und da magnetische Felder leicht von elektrischen abgeleitet werden können (wie bei industriellen Elektromagneten beispielsweise), folgt daraus logischerweise: Wenn Schwerkraft mit diesen in Verbindung gebracht wird, müßte es möglich sein, durch eine Art von Wechselwirkung mit einem der beiden anderen oder mit beiden ein Schwerkraftfeld zu erzielen (oder zu annullieren).

Praktisch jede Errungenschaft unserer heutigen Lebensform, vom Automobil bis zum Toaster und Mikrowellenherd, basiert darauf, daß wir in den letzten Jahren des vergangenen Jahrhunderts gelernt haben, die Wechselwirkungen zwischen Elektrizität und Magnetismus als Energiequelle für uns arbeiten zu lassen. Bisher heißt es allerdings, daß jede etwaige demonstrierbare Beziehung der dritten Seite dieses Dreiecks zu den anderen beiden uns größtenteils entgangen ist.

Mehr als zwanzig Jahre nach Einsteins Tod bleibt ein großer Teil seines Lebenswerks noch immer überwiegend unverständlich, sogar für die genialsten Gelehrten. Seit Beginn der siebziger Jahre tendiert die orthodoxe Wissenschaft dazu, einen losen Zusammenhang oder »Koppelungseffekt« irgendeiner Art zwischen Elektromagnetismus und Schwerkraft anzuerkennen, aber nur wenige Wissenschaftler haben bisher erwogen, daß dieser Koppelungseffekt überhaupt anwendbar sein könnte. Offiziell ist das der Fall, obwohl der Verdacht besteht, daß einige wesentliche Fortschritte in diesem Bereich noch immer hinter der schrecklichen Phrase »streng geheim« verborgen sind. (Einer der Autoren dieses Buchs hat beispielsweise Einblick in eine hochinteressante Studie über die Möglichkeit nehmen können, unter Verwendung der Laser-Technologie »Schwerkraftstrahlen« herzustellen und diese praktisch unentdeckbaren Strahlen zur Nachrichtenübermittlung von einem Punkt zum anderen zu benutzen.)

Einstein betrachtete das Universum als eine geordnete und faßbare Schöpfung. Er konnte nicht glauben, daß die der Vollkommenheit Gottes entstammenden physikalischen Gesetze nichts als eine chaotische Ansammlung von Gleichungen sein sollten, die nur in ganz entfernter Beziehung zueinander stünden. »Ich kann nicht glauben«, sagte er, »daß Gott mit der Welt Würfel spielt!« Deshalb müssen die Kräfte des Universums ein geordnetes und faßbares Ganzes bilden, das bei Anwendung der richtigen Methoden, in größerem oder kleinerem Ausmaß, in mathematischen Begriffen dargestellt werden kann.

Interessanterweise war Einstein ziemlich der einzige, der dieses Ziel verfolgte. Heutzutage sind die meisten Wissenschaftler viel zu sehr mit der experimentellen Forschung befaßt, als daß sie sich mit der unerbittlichen Gehirnakrobatik abgeben könnten, die notwendig ist, um die Grundlagen der Einheitlichen Feldtheorie zu erforschen – von der Tatsache ganz zu schweigen, daß diese Aufgabe abschreckend schwierig und zeitraubend ist und oftmals auch nicht sehr lohnend. Leider gehört es zu den traurigen Wahrheiten in der Wissenschaft, daß diejenige Forschung, die in brauchbarer konkreter »hardware« resultiert, gewinnbringender ist als die Forschungsarbeit, die nur zu Theorien führt. Die Aufgabe wird noch komplizierter durch die Tatsache, daß heute viele Wissenschaftler der Ansicht sind, daß Einstein mit dem Versuch, Ordnung in das Chaos zu bringen, ein nichtexistentes Ziel verfolgte. (Wolfgang Pauli, einem Physiker, der die Arbeit an der Einheitlichen Feldphysik aufgab, wird folgender Satz als Ausdruck seines Widerwillens zugeschrieben: »Was Gott geschieden hat, soll der Mensch nicht zusammenfügen.«)

Wie erfolgreich Einstein tatsächlich war, wird man vielleicht niemals genau wissen, da so wenige in der Lage sind zu verstehen, worauf er eigentlich hinauswollte, bevor er starb. Wenn das Philadelphia-Experiment wirklich einige seiner theoretischen Vorstellungen bestätigt hat, dann ist das Wissen darüber so unterdrückt worden, daß bis heute sein Konzept einer Einheitlichen Feldtheorie noch immer mehr als ein Ziel und nicht als eine echte Theorie angesehen wird. Und zwar ungeachtet der Tatsache, daß Einstein weniger als zwei Jahre vor seinem Tod die, wie er sagte, »äußerst überzeugenden« Resultate seiner Suche nach einem mathematischen Beweis des Zusammenhangs zwischen Elektromagnetismus und Schwerkraft verkündete. Wenn man Allendes Aussagen über die Vollständigkeit der Einsteinschen Einheitlichen Feldtheorie des Jahres 1925 bedenkt, ist es interessant festzustellen, daß diese letztere Theorie tatsächlich eine sehr nahe Verwandtschaft mit der früheren Version aufweist, von der Allende sagt, sie sei aus Gründen der »Humantik« »zurückgezogen« worden.

Das Wesentliche dieser Theorie war eine Kette von sechzehn unglaublich komplizierten Größen (dargestellt in einer vorgeschrittenen Art mathematischer Kurzschrift, den sogenannten Tensorgleichungen), von welchen zehn Kombinationen die Schwerkraft und die restlichen sechs den Elektromagnetismus darstellen. Denjenigen zufolge, die die revidierte Version studiert haben, gibt es keine befriedigende Möglichkeit, diese letzte Theorie in einfachen Worten zu erklären, da ihr ein hochmathematisches Konzept zugrunde liegt. Das Problem wird dadurch noch vergrößert, daß Einstein selbst feststellte, daß seine Gleichungen noch nicht ihre unbedingt endgültige Form hätten, was den Versuch, seine Arbeit zu rekonstruieren, doppelt schwierig macht. Eines ist interessanterweise klar erkennbar: das Konzept, daß ein reines Schwerkraftfeld zwar ohne ein elektromagnetisches Feld existieren kann, aber ein reines elektromagnetisches Feld nicht ohne begleitendes Schwerkraftfeld.

Seit Einsteins eigener letzter Revision seiner Berechnungen im Jahr 1953 ist ihnen praktisch nichts von Bedeutung hinzugefügt worden; und es kann durchaus auch noch viele Jahre dauern, bis irgend etwas hinzugefügt werden kann, da die diesbezüglichen Gleichungen nicht einfach zu lösen sind. Experimentelle Arbeit, die zugunsten von Resultaten die Gleichungen umgeht, wird entweder geheimgehalten oder ignoriert, und Computer sind eine sehr geringe Hilfe, da sie nicht entsprechend konstruiert sind, um Probleme von derart abstrakter Natur lösen zu können.

Möglicherweise ist in diesem Zusammenhang ein »Füller« in der *New York Times* vom April 1956 von Interesse, eine kurze Meldung, daß ein Dr. Parvis Marat, Physiker an der Universität von Maryland, »die berühmte Einheitliche Feldtheorie des verstorbenen Dr. Albert Einstein teilweise bestätigen konnte« und »Einsteins neueste und radikalste Theorie die Hürde kritischer Tests mit fliegenden Fahnen genommen hatte«. Die Natur jener »kritischen Tests« bleibt ungenannt.

So interessant theoretische Entdeckungen auch sein mögen – echte Aufmerksamkeit können doch nur demonstrierbare praktische Resultate erregen. Wurden solche Resultate etwa schon damals im Jahr 1943 erzielt, als die US-Kriegsmarine den Versuch unternahm, einige der genannten Prinzipien anzuwenden, um jenes Schiff unsichtbar zu machen und vielleicht sogar zu teleportieren, wie Allende behauptet? Mißglückte das Experiment irgendwie, so daß unerwartete, verheerende Folgen auftraten? Folgen einer Art vielleicht, die – wenn wir den gegenüber Davis und Huse seinerzeit in Colorado gemachten Aussagen glauben können – sogar zu Kontakten mit Wesen aus einer anderen Welt geführt haben könnten? Hatte Allende vielleicht recht, als er mit den abschließenden Worten seines letzten Briefes an Dr. Jessup andeutete, daß die Resultate der geheimen Experimente der Marine etwas mit der UFO-Antriebskraft zu tun haben könnten? Oder war das Ganze nur eine Art »Fata Morgana« – eines jener flüchtigen »Geisterschiffe«, die wie von ungefähr im Meeresnebel erscheinen und wieder verschwinden?

Unsere Suche nach der Antwort führt uns als nächstes ins Staatsarchiv in Washington, D. C.

8 Die rätselhaften Akten

Eines der größten Probleme, mit denen man bei der Durchführung von Nachforschungen konfrontiert werden kann, ist der Versuch, für vorliegende Informationen eine Bestätigung zu finden. Wenn Allendes eigenartige Erzählung wahr ist – wenn die DE 173 wirklich unsichtbar war, wie er sagt, und wenn Leute von der S. S. *Andrew Furuseth* das Experiment bezeugen können – und da ja der wirkliche Name des Projekts nicht bekannt ist, wäre vielleicht einer der besten Wege, etwas mehr darüber herauszufinden, die verfügbaren Unterlagen über die betreffenden Schiffe im Staatsarchiv einzusehen.

Doch das, was als ehrlicher Versuch begann, die Erzählung zu diskreditieren, endete auch hier wieder mit der Aufdeckung von Tatsachen, die das genaue Gegenteil zu bewirken scheinen.

Zunächst nämlich gibt es anscheinend nicht ein, sondern zwei Schiffe namens S. S. *Andrew Furuseth*. Das eine ist ein Erztransporter, der offenbar noch heute den Pazifik befährt; wir können ihn getrost von unserer Untersuchung ausschließen, da er erst nach dem Zweiten Weltkrieg in Betrieb genommen wurde. Das andere ist ein Liberty-Schiff, und Allendes Angaben treffen bemerkenswert gut auf dieses zu.

Der Name *Andrew Furuseth* war der US-Schiffahrtskommission im Juli 1942 von der pazifischen Seemannsgewerkschaft zur Benennung eines Schiffes vorgeschlagen worden, als Ehrung des Gründers und langjährigen Präsidenten dieser Organisation. Das Schiff lief im Oktober desselben Jahres als Hull Nr. 491 in der Werft Nr. 1 der Permanent Metals Division der Firma Kaiser Industries in Richmond, Kalifornien, vom Stapel. Allendes Aussage gegenüber Jessup bestätigend, kam das Schiff kurz nachher im Leasing-Verfahren an die Matson Navigation Company in San Francisco, die das Schiff dann während der nächsten vier Jahre in Benutzung hatte. Am 19. Oktober verließ die *Furuseth* den Hafen dieser Stadt zu einer fünfmonatigen Fahrt, die sie bis weit in den Bereich des pazifischen Kriegsschauplatzes hineinführte. Als sie im März 1943 vor der Pazifikinsel Luganville lag, erreichte sie der Einsatzbefehl für den Atlantik, wo dringend Ersatzschiffe für den gefährlichen Nachschubtransport nach Nordafrika benötigt wurden. Die Unterlagen bei Matson zeigen, daß die lange Fahrt zum und durch den Kanal am 14. März 1943 begann und daß die *Furuseth* den New Yorker Hafen schließlich am 6. Mai erreichte. Nach kurzer Überholung verließ sie zweiundzwanzig Tage später New York in einem Konvoi mit dem Ziel Oran, Algerien, wo sie am 17. Juni sicher eintraf.

Nach Zwischenstationen in Mostaganem und Gibraltar kam sie am 23. Juli wieder in New York an und lag drei Wochen im Hafen. Am 13. August 1943 lief die *Furuseth* wieder aus, diesmal zu einer Fahrt die Küste entlang zu den Hafenanlagen von Norfolk und Newport News, wo sie Ladungen für eine weitere Atlantiküberquerung aufnahm. Und hier beginnt sie nun für uns interessant zu werden, denn eines der für diese Reise soeben angeheuerten Mitglieder der Deckmannschaft ist ein junger Mann, frisch von der Seemannsschule, der sich unter dem Namen Carl M. Allen einschreibt. Besonders interessant ist die Tatsache, daß er, anstatt mit der *Furuseth* die Küste entlangzufahren, die Erlaubnis erhält, erst in Norfolk an Bord zu kommen, so daß er also die Reise auf dem Landweg unternimmt – was dazu führt, daß er unterwegs in Philadelphia haltmacht, um zu übernachten. Er erreicht den Hafenbereich von Norfolk am Morgen des 16. gerade noch rechtzeitig, um an Bord der *Furuseth* zu gehen, bevor diese um 10.18 Uhr von Newport News ausläuft. Es war ihre dritte Fahrt im Geleitzug, das Ziel war Casablanca.

Am 4. Oktober ist die *Furuseth* wieder vor Newport News gedockt, um überholt und beladen zu werden, was bis zum 25. Oktober dauert. An diesem Tage verläßt sie Norfolk wieder mit dem Ziel Nordafrika (diesmal Oran), und wieder scheint der Name Carl M. Allen in der Mannschaftsliste auf. Am 12. November erreichte das Schiff sicher den Hafen von Oran und kehrte nicht vor dem 17. Januar 1944 in einen amerikanischen Hafen zurück. Einige Tage später verließ ein Mannschaftsmitglied namens Carl M. Allen die *Furuseth* endgültig. Er sollte dann schließlich auf ein anderes Schiff überwechseln, die S.S. *New D. Baker*.

Was die DE 173 betrifft – besser bekannt unter der Bezeichnung U.S.S. *Eldridge* –, so zeigen die *offiziellen* Unterlagen, daß dieses Schiff eine eher ereignislose Geschichte hat. Die Informationen in diesen Unterlagen besagen, daß der Bau der *Eldridge* am 22. Februar 1943 in den Federal Shipbuilding and Drydocks, Newark, begann und daß sie eine Länge von 102 Meter, eine Standardverdrängung von 1240 Tonnen und eine Ladeverdrängung von 1520 Tonnen hatte. Ungefähr fünf Monate später, am 25. Juli, soll der Stapellauf stattgefunden haben. Die offizielle Zeremonie der Inbetriebnahme fand am 27. August 1943 in der New Yorker Marinewerft statt, und das Kommando wurde Kapitänleutnant Charles R. Hamilton, USNR, übergeben.

Zitat aus den Unterlagen des Marineministeriums über die Geschichte des Schiffes:

Um für die Erfüllung der bevorstehenden Aufgabe keine Zeit zu verlieren, verband die U.S.S. *Eldridge* während des Monats September ihren Eskortendienst mit Aufklärungsoperationen im Bereich von Bermuda, Westindien. Sie versah diesen Dienst bis zum 28. Dezember und wurde dann für eine dreitägige Schulung in die Nähe von Block Island beordert. Von dort fuhr sie die Küste entlang, hinauf nach Hampton Roads, Virginia, um dort ihren ersten Einsatzbefehl als Übersee-Eskorte zu erwarten. Nach kurzen Eskorten- und Patrouillenmissionen, die sie in der ersten Januarwoche 1944 in die Chesapeake Bay führten, stach sie in See, um als eine der Eskorteneinheiten eines großen Konvois von Handelsschiffen den Atlantik zu überqueren . . .
Zwischen dem 4. Januar 1945 und dem 9. Mai 1945 erfüllte die *Eldridge* die lebenswichtige Aufgabe, Menschen und Material in das Mittelmeer zu eskortieren, um die alliierten Operationen in Nordafrika und später in Südeuropa zu unterstützen. Sie absolvierte insgesamt neun Fahrten zum sicheren Geleit von Konvois nach Casablanca, Biserta und Oran.

Nach Beendigung ihres Dienstes auf dem Atlantik wurde die *Eldridge* in den Pazifik abkommandiert, wo sie bis Kriegsende verblieb. Nach ihrer Rückkehr nach New York wurde sie am 17. Juni 1946 aus dem Verkehr gezogen und bis zum 15. Januar 1951 auf Dock gelegt, um dann im Rahmen des gegenseitigen Verteidigungsabkommens an Griechenland verkauft zu werden. Dort wurde sie in *Léon* (»Löwe«) umbenannt und könnte noch in Betrieb sein.
Das klingt alles so völlig normal, daß man kaum Grund hätte, die Sache nachzuprüfen – wenn da nicht Allendes Geschichte über das Schiff wäre. Betrachtet man sie jedoch im Lichte von Allendes Story, dann erscheint diese *offizielle* Geschichte der *Eldridge* als Flickwerk, zeigt Lücken und Schwächen.
Um mit dem Anfang zu beginnen: Sollte es sich herausstellen, daß die *Eldridge* und die S.S. *Furuseth* während der Zeit, in der Carl M. Allen als Mannschaftsmitglied auf der *Furuseth* war, wenigstens einmal zum selben Zeitpunkt am selben Ort waren, dann würde seine Geschichte zumindest um einen Hauch an Wahrscheinlichkeit gewinnen. Wenn anderseits keine solche Übereinstimmung gefunden werden kann, dann wäre Allendes Erzählung ernsthaft gefährdet, wenn nicht gar völlig erledigt. Das erste Anzeichen dafür, daß nicht alles so war, wie es sein sollte, tauchte auf, als wir Kopien der Logbücher der beiden Schiffe aufzutreiben versuchten, um sie zu überprüfen und das Rätsel unter diesem Aspekt anzu-

81

gehen. Als Resultat unserer diesbezüglichen Anfrage mußten wir die überraschende Entdeckung machen, daß erstens die Decklogbücher der *Eldridge* für die Zeit von der Inbetriebnahme (27. August 1943) bis zum 1. Dezember 1943 »unauffindbar sind und daher nicht zur Verfügung gestellt werden können« und daß zweitens die Logbücher der *Furuseth* auf höheren Befehl vernichtet wurden, also nicht mehr existierten.

Da der einzige für diese Untersuchung interessante Zeitabschnitt in der Geschichte dieser beiden Schiffe derjenige ist, in dem Allende auf der *Furuseth* Dienst tat, also etwa vom 13. August 1943 bis etwa 30. Januar 1944, bemühten wir uns als nächstes, zu bestimmten, wenn auch nur skizzenhaften und versuchsweisen Schlußfolgerungen zu kommen, indem wir auf die bereits vorliegenden Informationen zurückgriffen. Daraus schien sich folgendes zu ergeben:

Aus Unterlagen, die noch im Besitz der Matson-Schiffahrtsgesellschaft sind, geht hervor, daß die *Furuseth* während dieser Zeit zwei Fahrten nach Nordafrika durchführte; die erste begann am 13. August 1943, als die *Furuseth* von New York aus südwärts die Küste entlang nach Norfolk und von da aus weiter nach Nordafrika fuhr; bei der zweiten fuhr sie von Lynhaven Roads, Virginia (in der Nähe von Norfolk), nach Oran in Algerien. Für Allende begann die erste Reise nicht vor dem 16. August, da er ja erst in Norfolk an Bord ging, nachdem er ein Wochenende in Philadelphia verbracht hatte. Die zweite Reise endete für ihn, als er einige Tage nach dem Ankunftsdatum der *Furuseth* (17. Januar 1944) in Hampton Roads das Schiff verließ.

Der offiziellen Geschichte der *Eldridge* zufolge, wie sie aus den Unterlagen des Marineministeriums hervorgeht, lief sie am 25. Juli 1943 in Newark, New Jersey, vom Stapel und wurde am 27. August 1943 in der New Yorker Marinewerft in Betrieb genommen. Ihre Aufklärungsmission begann Anfang September, erstreckte sich auf das Gebiet von Bermuda, und dauerte bis zum 28. Dezember 1943. Aus denselben Unterlagen geht hervor, daß ihre erste Überseefahrt am 4. Januar 1944 begann und am 15. Februar mit ihrer Ankunft im New Yorker Hafen endete.

Wenn wir unsere Schlußfolgerungen aus diesen Angaben ziehen sollten, würde das bedeuten, daß während dieser Zeit keines der beiden Schiffe dem anderen je in die Nähe gekommen wäre. Die Frage ist nur, ob diese Information zuverlässig ist. Daß die Logbücher beider Schiffe nicht verfügbar sind, läßt gewisse Zweifel aufkommen, berechtigt jedoch kaum dazu, diesen ganzen Unterlagen mit Mißtrauen zu begegnen. Das Rätsel war also seiner Lösung um nichts näher gekommen.

Die erste Information, die in das Puzzle paßte, hatte bis vor kurzem der Geheimhaltung unterlegen – und diese Information über die *Eldridge* schien die offizielle Geschichte nun tatsächlich völlig in Mißkredit zu bringen. Das fragliche Dokument war ein Bericht über eine U-Boot-Abwehraktion, den der Kommandant der *Eldridge* entsprechend den Flottenvorschriften am 14. Dezember 1943 erstattete, und bezog sich auf ein Ereignis am 20. November im Nordatlantik. Der offiziellen Darstellung nach befand sich die *Eldridge* von Anfang September bis Ende Dezember 1943 auf einer Aufklärungsmission in der Gegend von Bermuda; ihre erste Überseereise begann am 4. Januar 1944. Nach dem Einsatzbericht des Schiffskommandanten, Kapitänleutnant C. R. Hamilton, feuerte die *Eldridge* am 20. November 1943 kurz nach 13.30 Uhr Ortszeit sieben Unterwasserbomben gegen ein vermutetes feindliches U-Boot ab, während sie als Geleitschiff des Konvois UGS 23 westwärts (Richtung USA) fuhr. Die im Bericht angegebene Position der *Eldridge* war 34° 03′ nördlicher Breite und 08° 57′ westlicher Länge – das heißt, sie befand sich etwa zweihundert Meilen vor der Küste von Casablanca, an die dreitausend Meilen von Bermuda entfernt!

Dann fügte sich ein zweites Stückchen Information in das Puzzle: Während die Decklogbücher der *Eldridge* noch immer unauffindbar waren, tauchte das Ingenieurlogbuch auf. Es enthielt keine für die Sache selbst wichtigen Informationen, aber immerhin die Schiffspositionsangaben für die fraglichen Daten. Diese und noch weitere Unterlagen, die fast gleichzeitig zum Vorschein kamen, zeigten, daß die *Eldridge* am 2. November von Brooklyn auslief, um einige versprengte Schiffe des Konvois GUS 22 einzusammeln, der Ende Oktober durch einen späten Orkan zerstreut worden war. Das war nun wirklich eine wertvolle Information, denn der fragliche Konvoi war kein anderer als der, in dem die S.S. *Furuseth* fuhr und der am 25. Oktober von Norfolk-Lynhaven Roads ausgelaufen war! Das Interessanteste dabei ist, daß die *Furuseth* in der letzten Reihe des Konvois fuhr und dabei fast mit Sicherheit die DE 173 gesichtet haben muß, als diese ihre Nachzügler einholte. Außerdem deutet die für den 22. November angegebene Position der *Eldridge* vor Casablanca darauf hin, daß die *Eldridge* die *Furuseth* und ihren Konvoi GUS 22 die ganze Strecke bis nach Nordafrika begleitete (wo der Konvoi bekanntlich am 12. November eintraf) und sich als Eskorte des UGS 23 auf dem Rückweg befand, als es zu der Begegnung mit dem in jenem Einsatzbericht genannten U-Boot kam. Wäre dieser Einsatzbericht nicht entdeckt worden, den die Marine vierunddreißig Jahre lang unter Verschluß gehalten hatte, wären diese Dinge nie ans Tageslicht gekommen. Nachdem allerdings ein so offenkundiger »Fehler« in den *offiziellen* Darstellungen aufgedeckt war, fragte man sich natürlich, ob es vielleicht noch mehr derartige »Fehler« gab.

Offensichtlich waren sich also die *Furuseth* und die *Eldridge* während eines Geleitzugunternehmens auf dem Weg nach Afrika begegnet. Die Frage ist nur, ob es dann logisch wäre, daß die Marine und ihre Wissenschaftler unter solchen Umständen und in voller Sicht eines ganzen Konvois ein so gefährliches, gewagtes und offenbar doch streng geheimes Experiment wie elektromagnetische Unsichtbarkeit riskieren würden. Das erscheint nicht sehr wahrscheinlich. Und außerdem spricht Allende ausdrücklich davon, daß das Experiment im Dockbereich von Philadelphia und »auf dem Meer« stattfand, vermutlich also vor der Küste des Festlands. Seine Datenangaben – Ende Oktober –– stimmen mit denen für die Konvoioperation überein, aber bei den übrigen Umständen gibt es keine Übereinstimmung. Vor allem kam die *Eldridge* ja wohl von Brooklyn und nicht von Philadelphia, als sie sich dem GUS 22 anschloß. In den Schiffspapieren für die fragliche Zeit ist nirgends erwähnt, daß die *Eldridge* überhaupt in oder bei Philadelphia war – außer zu der Zeit, als sie in Newark im Bau war. Man beachte auch, daß Allende Jessup mitteilte, er habe über die Nachwirkungserscheinungen des Experiments bei einigen Mannschaftsmitgliedern einen Artikel in einer Tageszeitung von Philadelphia gelesen. Aber auch Allende (oder Allen) war ja im Oktober 1943 anscheinend gar nicht in Philadelphia. Aber er *war* im August dort – übrigens zur gleichen Zeit etwa, als die *Eldridge* angeblich in Newark auf den Befehl wartete, zur Zeremonie der Inbetriebnahme nach New York zu fahren. In seinem Brief meint er jedoch, daß dieser Zeitungsartikel im Herbst oder im Winter erschien und nicht im Sommer. Wenn wir diese Einzelheit einer Fehlleistung des menschlichen Gedächtnisses zuschreiben könnten, dann würde der Rest einen Sinn ergeben.

Während wir noch mit dem Wälzen dieser Probleme beschäftigt waren, kamen die endgültigen Hinweise zutage – sehr wichtige Anhaltspunkte, die nun aber die offiziellen Aufzeichnungen wirklich in zweifelhaftem Licht erscheinen ließen. Wir erhielten nämlich einen Brief von einem früheren Kriegsschiffkommandanten, der uns im wesentlichen schrieb, er könne sich daran erinnern, daß die *Eldridge* kurz nach dem *ersten* Orkan der Saison 1943 Bermuda anlief – das Datum müsse Ende Juli oder Anfang August gewesen sein! Das Schiff hatte dort kurze Zeit neben dem seinen geankert und stach dann gleich wieder in See. Er erinnere sich deshalb so gut daran, weil dieses Schiff keine Flaggen aufgezogen hatte und keinerlei Anstalten machte, mit seinem Schiff die üblichen Grüße auszutauschen.

Wirklich ein ungewöhnliches Verhalten; noch ungewöhnlicher aber ist die Tatsache, daß dieses Schiff, wenn es die *Eldridge* war, nur wenige Tage nach seinem Stapellauf in Newark in Bermuda erschienen war – zu einer

Zeit also, wo die Bauarbeiten normalerweise noch gar nicht beendet sein konnten, und einen ganzen Monat bevor dem Schiff überhaupt eine Mannschaft zugeteilt war!

Die einzig möglichen Erklärungen dafür wären, daß entweder der Kommandant sich getäuscht hatte oder daß die *Eldridge* vor dem 25. Juli in Newark vom Stapel lief. Die Unterlagen der amerikanischen Marine ließen diesen Schluß bestimmt nicht zu – aber was ist mit den Griechen? Hier gab es eine neuerliche Überraschung, denn den Unterlagen der Griechen über die *Eldridge* zufolge (die sie natürlich von den Amerikanern bekommen haben mußten) hatte der Stapellauf dieses Schiffes nicht am 25. Juli, sondern am 25. *Juni* 1943 stattgefunden – also ganze dreißig Tage früher! Nicht nur das: Die griechischen Unterlagen zeigen auch, daß für die *Eldridge*, als sie 1951 der griechischen Marine übergeben wurde, eine Standardverdrängung von 1240 Tonnen und eine Ladeverdrängung von 1900 Tonnen angegeben war – das bedeutete eine Abweichung von etwa 380 Tonnen! Wie uns ein ehemaliger Marineangehöriger erklärte, ist die einzige Möglichkeit, wie ein Schiff 380 Tonnen an Auftrieb dazugewinnen kann, daß etwas mit diesem Gewicht aus dem Schiff entfernt worden sein mußte, bevor es den Griechen überstellt wurde. Vielleicht elektronische Einrichtungen?

Jetzt wird die Geschichte allmählich vollständig. Die *Eldridge* lief nicht am 25. Juli, sondern am 25. Juni 1943 vom Stapel, und der Newark-Philadelphia-Bereich war ihr Heimathafen während der Zeit bis zu ihrer Überstellung im August zwecks offizieller Inbetriebnahme; sie war in den letzten Juli- oder ersten Augusttagen auf See und kam mindestens bis Bermuda; und ihre offizielle Geschichte für die Zeit bis zum 4. Januar 1944 ist beinahe sicher falsch!

Ausgerüstet mit diesem Beweismaterial wandte sich einer der Autoren dieses Buchs, William L. Moore, an einen Gewährsmann, der ihm bis dahin mit kleineren Gefälligkeiten behilflich gewesen war, den er aber im Verdacht hatte, mehr zu wissen, als er zugeben wollte. Dieser Mann, der notgedrungenerweise namenlos bleiben muß, war während des Krieges als Wissenschaftler im Radarprogramm der Marine beschäftigt gewesen, und zwar in einer Stellung, die ihn, wenn es ein Projekt wie das Philadelphia-Experiment jemals gegeben hat, sicherlich damit in Kontakt gebracht hätte. Angesichts des Beweismaterials erklärte er sich schließlich zur Aussage bereit, allerdings unter der Bedingung, daß ihm absolute Anonymität garantiert werde. Das geschah, und hier ist seine Geschichte:

Frage: Commander, können Sie uns beschreiben, welches Verfahren notwendig war, um für dieses Projekt ein Versuchsschiff zu bekommen?

Sie müssen bedenken, daß es 1943 sehr schwierig war, ein Schiff zu experimentellen Zwecken loszueisen. Sobald ein Schiff in Betrieb genommen war, wurde es sofort zum Bestandteil der Kriegseinsatzpläne irgendeines Admirals, und es war so gut wie unmöglich, es zu Versuchszwecken aus diesen Plänen wieder herauszureißen. Der leichteste und praktisch einzig gangbare Weg, für ein solches Projekt ein Schiff zu kriegen, war, es zwischen Stapellauf und Inbetriebnahme einfach für kurze Zeit abzuzweigen. So etwas war nie ganz einfach, und gewöhnlich bedurfte es etlicher Manöver und Manipulationen an höchster Stelle, aber möglich war es, und es wurde auch gelegentlich praktiziert – vorausgesetzt natürlich, daß die Wissenschaftler die hohen Tiere davon überzeugen konnten, daß das fragliche Projekt vielversprechend und bedeutend genug war, daß es sich lohnte. Auf jeden Fall war es aber erheblich leichter, ein Schiff in die Hand zu bekommen, das noch in der Bauphase und nicht in Betrieb genommen war. Dabei mußten auch weniger Leute beteiligt werden.

Frage: Wenn man in Betracht zieht, daß Mitte 1943 das Manhattan-Projekt schon auffallende Fortschritte machte und einen großen Teil des für militärische Forschung zur Verfügung stehenden Budgets zu schlucken begann, war dann nicht 1943 ein besonders kritisches Jahr für einen großen Teil der anderen streng geheimen Verteidigungsprojekte, die gleichzeitig im Gange waren?

Ja, ungefähr 1943 begann eine deutliche Änderung der Einstellung gegenüber verschiedenen laufenden Versuchsprojekten und -ideen. Es gab damals mehr und mehr Leute, die das Kriegsende näher kommen sahen, und so war die entscheidende Frage für alle laufenden Arbeiten: »Könnt ihr das so rechtzeitig vor Kriegsende fertigkriegen, daß es noch eingesetzt werden kann?« Diejenigen Teams, die sich ihrer Sache hinsichtlich bestimmter Projekte nicht ganz sicher waren, drängte man, ein paar schnelle Experimente und Tests durchzuziehen, damit man die Verwendungsmöglichkeiten besser beurteilen konnte. Falls das nicht in aller Eile durchgeführt werden konnte oder wenn die Ergebnisse noch immer unklar waren, bekam die betreffende Arbeitsgruppe unweigerlich eine Weisung von oben, daß sie »ihre Zeit vielleicht nutzbringender für wichtigere Dinge verwenden« sollte. So wurden die Projekte mit wenig Aussicht auf sofortige brauchbare Resultate »zur späteren Verwendung« beiseite gelegt.

Frage: Deutet nicht schon allein die Tatsache, daß man sich unter diesen Umständen überhaupt ein Schiff beschaffen konnte, auf die Wichtigkeit hin, die man diesem Projekt seitens der militärischen und wissenschaftlichen Institutionen beimaß?

1. Versammlung des Projekt-Orbiter-Komitees – jener Gruppe, die an Dr. Jessup herantrat – am 17. März 1955 in Washington, D.C. Von links nach rechts, sitzend: Cdr. George W. Hoover, Office of Naval Research; Frederick C. Durant, III, Arthur D. Little, Inc.; James B. Kendrick, Aerophysics Development Corp.; William A. Giardini, Alabama Tool and Die; Philippe W. Newton, Dept. of Defense; Rudolf H. Schlidt, Army Ballistic Missile Agency; Gerhard Heller, ABMA; Wernher von Braun, ABMA. Stehend: Lt. Cdr. William E. Dowdell, USN; Alexander Satin, ONR; Cdr. Robert C. Truax, USN; Liston Tatum, IBM; Austin W. Stanton, Varo, Inc.; Fred L. Whipple, Harvard University; George W. Petri, IBM; Lowell O. Anderson, ONR; Milton W. Rosen, NRL. *(Smithsonian Institution)*

2. Die Marinewerft von Philadelphia im Zweiten Weltkrieg. Dieses Foto wurde erst am 12. Juli 1977 freigegeben. *(National Archives)*

3. Die Hafenanlagen von Norfolk, wo sich die *Eldridge* nach ihrem Verschwinden aus der Marinewerft von Philadelphia materialisiert haben soll. *(National Archives)*

4. Carlos Miguel Allende (oder Carl Allen)

DEPARTMENT OF THE NAVY
OFFICE OF INFORMATION
WASHINGTON D.C. 20350

IN REPLY REFER TO
OI-2252A/JVV/dh

23 JUL 1976

Over the years we have received innumerable queries about the so-called "Philadelphia Experiment" or "Project" and the alleged role of the Office of Naval Research (ONR) in it. The frequency of these queries predictably intensifies each time the experiment is mentioned by the popular press, often in a science fiction book.

The genesis of the Philadelphia Experiment myth dates back to 1955 with the publication of The Case for UFO's by the late Dr. Morris K. Jessup, a scientist with a Ph.D. in astrophysics and a varied career background.

Some time after the publication of the book, Dr. Jessup received a letter by a Carlos Miquel Allende, who gave his address as R.D. #1, Box 223, New Kensington, PA. In the letter, Allende commented on Dr. Jessup's book and gave details of an alleged secret naval experiment in Philadelphia in 1943. During the experiment, according to Allende, a ship was rendered invisible and tele-ported to and from Norfolk in a few minutes, with some terrible after-effects for the crew members. Supposedly, this incredible feat was accomplished by applying Einstein's never-completed "unified field" theory. Allende claimed that he had witnessed the experiment from another ship and that the incident was reported in a Philadelphia newspaper. Neither the identity of Allende nor that of the newspaper have ever been established.

In 1956 a copy of Jessup's book was mailed anonymously to Admiral Furth, the Chief of Naval Research. The pages of the book were interspersed with hand-written annotations apparently made by three different persons as they passed the book back and forth among them. The notations implied a knowledge of UFO's, their means of motion and generally, the culture and ethos of the beings occupying "these UFO's.

The book came to the attention of two officers who assigned to ONR who happened to have a personal interest in the subject. It was they who contacted Dr. Jessup and asked him to take a look at his book. By the wording and style of one of the writers of the notations, Dr. Jessup concluded that the writer was the same person who had written him about the Philadelphia Experiment. It was also these two officers who personally had the book retyped and who arranged for the publication, in type-written form, of 25 copies. The officers and their personal belongings have left ONR many years ago, and we do not have even a file copy of the annotated book.

The Office of Naval Research never conducted an official study of the manuscript. As for the Philadelphia Experiment itself, ONR has never conducted any investigations on invisibility, either in 1943 or at any other time. (ONR was established in 1946.) In view of present scientific knowledge, our scientists do not believe that such an experiment could be possible except in the realm of science fiction. A scientific discovery of such import, if it had in fact occurred, could hardly remain secret for such a long time.

I hope this provides a satisfactory answer to your inquiry.

Sincerely,

Betty W. Shirley

BETTY W. SHIRLEY
Head, Research and Public
Inquiries Section

Standardbrief des Marine-Ministeriums an Personen, die Auskunft über das Philadelphia-Experiment verlangen. Übersetzung auf Seite 142f.

6. Albert Einstein bei einer Konferenz mit Marine-Offizieren am 24. Juli 1943 in seiner Wohnung in Princeton, New Jersey. *(National Archives)*

8. In diesen Schiffsbecken- und Trockendockanlagen in Port Newark, New Jersey, wurde die U.S.S. *Eldridge* (DE 173) gebaut. Dieses Foto wurde von der US-Marine 22 Jahre lang als geheime Verschlußsache gehalten. *(National Archives)*

7. ◀ Auf den Tauglichen Seemann Carl Allen ausgestelltes Zertifikat mit der »Z«-Nummer, die er in seinen Briefen an Dr. Jessup nannte.

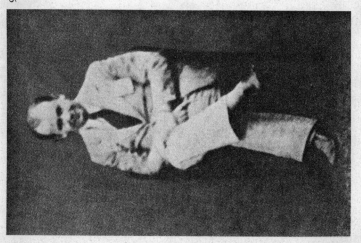

9. Dr. John von Neumann

10. Townsend Brown *(NICAP)*

14. Die U.S.S. *Eldridge* (DE 173) am 12. September 1943. (*National Archives*)

PROOF PRINT

MOST SECRET

Copy No.

Attention is drawn to the Penalties attaching to any infraction of the Official Secrets Acts

INTER-SERVICES CODE-WORD INDEX

This Index will be kept in a safe when not in use

Issued under the authority of the Inter-Services Security Board, War Office.

1st *September*, 1941

C.C.S. 368/15.

Ciphering Numeral	Code Word	Block Number	Ciphering Numeral	Code Word	Block Number
7400	PUSSYFOOT	374	7450	RACQUET	266
7401	PUTNEY	590	7451	RADCLIFFE	748
7402	PUTRID	287	7452	RADFORD	854
7403	PUTTENHAM	804	7453	RADIAL	266
7404	PUZZLE	181	7454	RADIATION	324
7405	PYGMALION	144	7455	RADIATOR	491
7406	PYRAMID	170	7456	RADIO	2
7407	PYRITES	979	7457	RADISHES	304
7408	PYRRHUS	170	7458	RADIUM	430
7409	PYTHAGORAS	594	7459	RADNAGE	722
7410	PYTHON	288	7460	RADNOR	883
7411	QUADRANGLE	149	7461	RAEBURN	748
7412	QUADRUPED	548	7462	RAFFIA	266
7413	QUAGGA	619	7463	RAFFLE	422
7414	QUAGMIRE	126	7464	RAFTER	287
7415	QUAINTON	871	7465	RAGAMUFFIN	126
7416	QUARRY	143	7466	RAGMAN	181
7417	QUARTER	454	7467	RAGOUT	432
7418	QUARTERMAIN	388	7468	RAILWAY	33
7419	QUEEN	17	7469	RAIMENT	933
7420	QUEENBEE	643	7470	RAINBOW	334
7421	QUENCH	234	7471	RANNIAM	627
7422	QUICK	665	7472	RAISINS	229
7423	QUICK-FIRE	104	7473	RAKEOFF	988
7424	QUICKLIME	548	7474	RANISH	544
7425	QUICKSAND	861	7475	RALLY	188
7426	QUICKSET	384	7476	RALPH	41
7427	QUINN	365	7477	RALSTON	837
7428	QUINTAL	123	7478	RAMBLER	431
7429	QUINTIN	266	7479	RAMESES	600
7430	QUIRK	585	7480	HAMIFICATION	63
7431	QUISLING	119	7481	RAMMER	288
7432	QUITMAN	659	7482	RAMONA	457
7433	QUIVER	129	7483	RAMOSE	158
7434	QUOITE	29	7484	RAMPAGE	434
7435	QUIZZY	173	7485	RAMPART	556
7436	QUOIT	393	7486	RAMPION	22
7437	QUORUM	563	7487	RAMPIRE	233
7438	QUOTATION	563	7488	RAMROD	143
7439	RABBITS	323	7489	RAMSDEN	883
7440	RABBLE	123	7490	RAMSHACKLE	561
7441	RABELAIS	450	7491	RAMSHORN	854
7442	RACCOON	632	7492	RAMSON	267
7443	RACEFIELD	559	7493	RANCHER	534
7444	RACHEL	447	7494	RANCID	141
7445	RACING	308	7495	RANDALSTOWN	738
7446	RACKETEER	467	7496	RANDOM	451
7447	RACKHAM	883	7497	RANNALAGH	990
7448	RACONTEUR	266	7498	RANGE	19
7449	RAGGA	268	7499	RANJI	601

12. Dieses dienstliche Codewortverzeichnis enthält auch das Codewort „Rainbow" (Regenbogen), welches der Projekt-Deckname für das Philadelphia-Experiment gewesen sein könnte.

Ich bin mit dem betreffenden Projekt nicht übermäßig vertraut, aber ich glaube, jemand sagte zu den Marine-Wissenschaftlern soviel wie: »Wenn ihr noch in diesem Jahr [1943] einen Test durchführen könnt, dann sind wir interessiert und werden euch unterstützen. Wenn nicht, ist Schluß. Vom Testresultat allein wird es abhängen, ob wir mit dieser Sache weitermachen oder nicht. Wenn keine sofortigen Resultate dabei herauskommen, dann legt es bis nach dem Krieg auf Eis, und dann werden wir es uns nochmals ansehen.«

Frage: Was unser spezielles Projekt angeht: Können Sie sich daran erinnern, wie es begann, wer dahintersteckte oder was man letztlich damit erreichen wollte?

Ich habe nicht die entfernteste Vorstellung, woher das Projekt ursprünglich kam oder wie es in Gang gebracht wurde. Wie gesagt, ich hatte nur ganz am Rande damit zu tun. Ich glaube, sie haben es irgendwie geschafft, in Philadelphia oder Newark für begrenzte Zeit ein Schiff zu ergattern, wahrscheinlich nur für zwei oder drei Wochen, und es kommt mir so vor, als ob sie sowohl am Fluß [Delaware] als auch vor der Küste ein paar Tests durchführten, vor allem im Hinblick auf die Wirkung eines starken magnetischen Kraftfeldes auf Radarortungsgeräte. Viel mehr kann ich Ihnen darüber nicht sagen, auch nicht, zu welchen Resultaten sie letztlich kamen – ich weiß es einfach nicht. Meine Vermutung – und ich betone: *Vermutung* – wäre die, daß alle möglichen Empfangsgeräte auf andere Schiffe und entlang der Küste verteilt wurden, um festzustellen, was »auf der anderen Seite« passiert, wenn sowohl Funk als auch Nieder- und Hochfrequenz-Radar durch das Feld geschickt würden. Zweifellos hätte man auch Beobachtungen darüber anstellen müssen, welche Wirkungen dieses Feld auf das sichtbare Licht haben würde. Jedenfalls weiß ich das eine, daß eine Menge Arbeit hinsichtlich totaler Absorption und Refraktion im Gange war, und das würde ja genau zu einem solchen Experiment passen. Eines kann ich Ihnen aber sagen: Es wäre äußerst unwahrscheinlich, Versuche solcher Art auf einem Schiff durchzuführen, nachdem es offiziell in Betrieb genommen und bemannt wurde. So etwas hätten sie einfach nicht gemacht – und schon gar nicht auf See und während einer Geleitzugsmission. Absolut niemand, der 1943 mit Forschung dieser Art zu tun hatte, würde es gewagt haben, einige hundert Tonnen wertvoller elektronischer Einrichtungen mitten auf dem Atlantik der Gnade oder Ungnade irgendeines deutschen U-Boot-Kommandanten auszuliefern.

Das war nun wirklich eine überaus wertvolle Zeugenaussage, zumal sie uns fast genau mitteilte, wann das Philadelphia-Experiment stattfand, und auch anzugeben scheint, daß zumindest ein Teil davon sich in oder bei den Dockanlagen von Philadelphia-Newark abspielte. Wenn die zwei-bis dreiwöchige Verfügbarkeit zu Versuchszwecken stimmt und wenn die griechischen Papiere über das Datum 25. Juni des Stapellaufs der *Eldridge* richtig sind (wie wir annehmen müssen) und wenn man noch einige Wochen nach dem Stapellauf für die abschließenden Bauarbeiten einräumt, dann hat das Philadelphia-Experiment anscheinend irgendwann zwischen dem 20. Juli und dem 20. August 1943 stattgefunden. Das erklärt nicht nur, wieso der oben erwähnte Marinekommandant in den letzten Julitagen die *Eldridge* in Bermuda gesehen haben konnte (wohin sie sich vielleicht infolge des Orkans flüchten mußte), sondern es erklärt auch, wie Carlos Allende, der das Wochenende vom 13. bis 15. August in Philadelphia verbrachte, den Artikel darüber in einer Tageszeitung von Philadelphia oder Umgebung entdecken konnte. Die Experimente hätten zu dieser Zeit schon in ihrer letzten Phase sein müssen, und begreiflicherweise hätte man der vorläufigen Kaderbesatzung, die während der Forschungsarbeiten im Einsatz gewesen war, an einem dieser Tage einmal Landurlaub gewähren müssen. Wenn das stimmt, dann müßte sich der von Allende erwähnte Aufruhr in der Bar entweder am Freitagabend, dem 13., oder am Samstagabend, dem 14. August, ereignet haben.

Den Aufzeichnungen zufolge verließ die *Eldridge* Newark am Dienstag, dem 17. August, und erreichte Brooklyn am Mittwoch, dem 18. August, um dort ihre offizielle Inbetriebnahme zu erwarten. Die *Furuseth* mit Allende an Bord hatte das Hafengebiet von Norfolk am Montag, dem 16. August, verlassen und fuhr am 17. August im Geleitzug die Küste entlang, bevor sie ostwärts in Richtung Nordafrika abdrehte; dabei könnte sie leicht mit der *Eldridge* zusammengetroffen sein, als diese am Morgen des 17. August aus der Delaware-Bucht kam, um Richtung Brooklyn zu fahren. Eine solche Begegnung wäre wahrscheinlich wegen der größeren Geschwindigkeit der *Eldridge* und der unterschiedlichen Fahrtziele nur kurz gewesen. Wenn aber zu dieser Zeit die letzten Experimente noch im Gang waren, dann ist es absolut möglich, daß Allende seine schicksalhafte Beobachtung an diesem Tage machte – und nicht anläßlich seines zweiten Zusammentreffens mit der *Eldridge*, das, wie schon beschrieben, im November stattfand.

Ist es wirklich geschehen? Wir sind an einem Punkt angelangt, wo sich die Waage durch das inzwischen vorliegende positive Beweismaterial auf der Seite der Glaubwürdigkeit zu senken beginnt.

9   Der unverhoffte Schlüssel

Nachdem nunmehr alle aus den noch existierenden Schiffsunterlagen ersichtlichen Informationen erschöpfend ausgewertet scheinen, sollten wir unsere Aufmerksamkeit jetzt dem einen Punkt in den Allende-Briefen zuwenden, der schon so viele Interessierte zur Aufgabe ihrer Nachforschungen gezwungen hat, der aber, fände man jene Bestätigung für ihn, den Schlüssel zu diesem ganzen Rätsel liefern könnte. Der Leser wird sich erinnern, daß Allende in seinem zweiten Brief an Dr. Jessup die Behauptung aufstellte, daß Einsteins Einheitliche Feldtheorie nicht nur zwischen 1925 und 1927 fertiggestellt war, sondern daß die ganze Theorie von der Marine einer »vollkommenen gruppentheoretischen Wiederdurchrechnung . . . im Hinblick auf alle und jegliche schnellen Verwendungsmöglichkeiten . . . in sehr kurzer Zeit« unterzogen wurde. Wenn man Allende glauben kann, dann waren es die Ergebnisse dieses mathematischen Prozesses, die wahrscheinlich die theoretische Basis für das Philadelphia-Experiment bildeten.

Der Schlüssel, der uns hier möglicherweise in die Hand gespielt wird, ist die große Mühe, die sich Allende gibt, Jessup den Namen des angeblich mit dieser »Wiederdurchrechnung« betrauten Wissenschaftlers zu liefern. Dieser Mann wird als Dr. Franklin Reno identifiziert, und Allende nennt ihn leichthin »mein Freund«.

Wenn man diesen Dr. Reno finden und überreden konnte, zu den bereits vorliegenden Ermittlungsergebnissen Stellung zu nehmen, wäre das Rätsel zum Großteil gelöst. Das Problem war bisher gewesen, daß es niemandem gelungen war, Dr. Reno zu finden. Diese Tatsache veranlaßte viele zu der Schlußfolgerung, wenn dieser mysteriöse Mann nicht aufzutreiben war, müsse die ganze Angelegenheit ein Schwindel sein.

Und nun, nach etlichen Jahren beharrlicher Nachforschungen gerade im Hinblick auf diese Seite der Affäre, können die Autoren endlich mit Genugtuung feststellen, daß das Rätsel um die Identität des geheimnisvollen Dr. Reno gelöst ist. Eine geradezu phantastische Geschichte bietet zum ersten Mal einen echten Einblick in das Geheimnis, welches so lange das sogenannte Philadelphia-Experiment umgab. Eine Folge von Ereignissen, die hier erstmals publiziert werden, war zweifellos der Vorläufer jenes streng geheimen Projekts, das sich sehr wohl zu dem Schiffsexperiment großen Stils entwickeln konnte, wie es Allende in seinen zornigen Briefen an Dr. Jessup beschreibt. Die Geschichte selbst ist fast so außergewöhnlich wie die Allende-Briefe.

Hier nun der Kern der Geschichte: Es gab den von Allende als Dr. Franklin Reno bezeichneten Mann nicht nur, sondern er bestätigte vor seinem

Tod – er starb etwa ein Jahr vor der Niederschrift dieses Buches – William L. Moore, daß Allendes Aussage über die Anfänge des später als Philadelphia-Experiment bekanntgewordenen Projekts der Wahrheit entsprechen.

Die früheren Ermittler konnten diesen Franklin Reno deshalb nicht finden, weil sie einen Mann suchten, der gar nicht Franklin Reno hieß, obwohl ein Hinweis auf Namen und Aufenthaltsort dieses Mannes auf jeder Straßenkarte des Staates Pennsylvania zu finden war!

In der Erdölgegend des nordöstlichen Pennsylvania liegt an der Bundesstraße 62 nicht weit von Oil City die Stadt Franklin – ein friedliches kleines Handelszentrum mit etwa achttausend Einwohnern, Sitz des Kreisamtes von Venango County. Acht Kilometer weiter östlich, noch immer an derselben Straße und etwa auf halbem Weg zwischen Franklin und Oil City, liegt das Dorf Reno mit den ausgedehnten Raffinerieanlagen der Wolf's Head Oil Company. Bis vor ein paar Jahren stand gleich außerhalb von Oil City auf der Richtung Westen führenden Seite der Bundesstraße 62 das Straßenschild, das erklärt, warum so viele eifrige Forscher mit ihren Bemühungen, Allendes mysteriösen »Freund« zu identifizieren, so konsequent erfolglos waren. Auf dem Schild stand:

FRANKLIN   8
RENO   3

– dieselben Wörter, die einen sehr realen Wissenschaftler vor über dreißig Jahren dazu inspirierten, ein sehr wirkungsvolles Pseudonym zu schaffen.

Wenn aber »Franklin Reno« nicht mehr als ein Pseudonym ist, dann ergeben sich folgende Fragen: 1. Wer ist diese reale Person? 2. In welcher Beziehung steht (oder stand) sie zu Carlos Miguel Allende? 3. Könnte sie irgendeinen Beitrag zu dieser Geschichte leisten – und wenn ja, welchen?

Leider ist die ganze Angelegenheit so heikel, daß diese Fragen sogar jetzt noch nicht vollständig beantwortet werden können – aus Gründen, die der Leser im Laufe der Geschichte verstehen wird. Denn obwohl der Mann, den Allende als Dr. Reno kannte, inzwischen verstorben ist, wurde einem der Autoren, William L. Moore, von jenen Beteiligten, die noch am Leben und sehr daran interessiert sind, den Status quo aufrechtzuerhalten, strengste Diskretion auferlegt. Folglich hat er sich entschlossen, diesen Mann »Dr. Rinehart« zu nennen; dieser Name wurde ihm in einer kürzlich veröffentlichten fiktiven Version des Philadelphia-Experiments verliehen, die ein weiteres Zeichen für das Zunehmen des öffentlichen Interesses im Hinblick auf das »unmögliche« Experiment darstellt.

Bei gleichzeitiger Geheimhaltung von Dr. Rineharts wirklicher Identität kann so viel berichtet werden, daß er nur wenige Jahre vor Morris Jessup geboren wurde, allerdings in einem ganz anderen Teil des Landes. Nachdem er einige Jahre in einer bekannten privaten wissenschaftlichen Institution hervorragende Arbeit geleistet hatte und gleichzeitig seine Dissertation schrieb und den Doktorgrad erwarb, wurde er durch die Depression in den dreißiger Jahren gezwungen, wie so viele andere Wissenschaftler einschließlich Dr. Jessup, in den Dienst der militärwissenschaftlichen Institutionen der amerikanischen Regierung zu treten. Im Laufe des nächsten Jahrzehnts arbeitete er sich hoch und wurde Abteilungsleiter einer bekannten Forschungsanlage. In dieser Eigenschaft kam er mit einem Projekt in Berührung, bei dem alle Anzeichen darauf hindeuten, daß es der Beginn des Philadelphia-Experiments wurde.

Die wirkliche Identität dieses Mannes festzustellen war jedoch ein geringes Problem im Vergleich mit der Aufgabe, ihn nun nach mehr als fünfundzwanzig Jahren zu finden, sein Vertrauen zu gewinnen und ihn zu überzeugen, daß seine Geschichte erzählt werden sollte. Ein Vierteljahrhundert ist Zeit genug für viele Veränderungen – besonders dann, wenn jemand sich entschließt, diese Zeit zu benutzen, sich von seinen Mitmenschen abzusondern.

Das war der Fall mit Dr. Rinehart. Als in ihm die Vermutung hochstieg, daß er mehr wußte, als für ihn (und vielleicht für sein Überleben) gut war, beschloß er, sich vor den Mitgliedern der Gesellschaft, die ihn am meisten zu bedrohen schien, zu verbergen. Er gab, einen halben Kontinent weit entfernt, eine brillante und vielversprechende Karriere auf und ließ sich in einem hübschen kleinen Bungalow zwischen Hügeln nieder. Er führte das Leben eines Einsiedlers, der sich nur selten hinauswagte, um sich mit Lebensmitteln zu versorgen, und noch seltener, um einen Freund oder Kollegen zu besuchen. Hier Moores Bericht:

Wir hatten schon fast ein Jahr miteinander korrespondiert, bevor die Möglichkeit einer persönlichen Aussprache erwähnt wurde, und es dauerte noch einmal mehrere Monate, bis die notwendigen Vorbereitungen getroffen waren. An einem heißen Julinachmittag parkte ich dann meinen Wagen in diskreter Entfernung und ging langsam den Rest des Weges zu seinem Haus, wobei ich mich bemühte, keine unnötige Aufmerksamkeit zu erregen.

Ich erinnerte mich an ein Vorgefühl, daß meine Reise sich vielleicht nach all der Mühe als vergeblich herausstellen würde; denn abgesehen von einem kaputten Rasensprenger, der ganz verloren auf dem braunen, ungemähten Rasenvorplatz stand, machte das Grundstück einen ausgestorbenen Eindruck. Warum, fragte ich mich, sollte jemand bei einer solchen Hitze sein Haus so hermetisch verschlossen halten?

Eine gestreifte Katze räkelte sich faul und öffnete fragend ein Auge, als ich die Veranda betrat, rührte sich aber nicht weiter. Ich klopfte an die Tür, und irgendwo im Haus regte sich etwas. Dann wurde der Vorhang beiseite geschoben, und Augen, die denen eines Hasen ähnelten, lugten hinter einer Brille mißtrauisch heraus. Nach einer Pause konnte ich das Klirren der Schlüssel hören, die Tür ging auf, und ein spindeldürrer, weißhaariger, aber scharfäugiger alter Herr wurde sichtbar, der versuchte, sich ein unsicheres Lächeln aufzuzwingen.

»Hallo«, sagte ich und benutzte die peinliche Pause, um mich vorzustellen. »Ich habe heute früh mit Ihnen telefoniert.«

»Ja, ich weiß«, war die langsame, aber bestimmte Antwort. »Ich habe Sie erwartet. Wollen Sie nicht hereinkommen?«

Das Haus war klein, aber recht komfortabel und unerwartet kühl – eine willkommene Abwechslung nach der Nachmittagshitze draußen. Ein uralter kleiner Aluminium-Ventilator surrte leise auf dem Wohnzimmerboden und schickte eine angenehme kühle Brise durch den ansonsten stillen Raum.

»Setzen Sie sich doch«, sagte der alte Herr und wies auf ein altersschwaches geschwungenes Sofa in der vorderen Ecke des Raumes.

»Danke«, sagte ich und sah mich um. »Sie scheinen hier wirklich eine angenehme Art gefunden zu haben, der Welt aus dem Weg zu gehen. Ich kann mir nicht vorstellen, daß Sie hier viele Besucher haben.«

»Wenn ich Besuch haben wollte, wäre ich nicht hier«, sagte er und fixierte mich etwas mißtrauisch. »Eigentlich lebe ich hier angenehm genug, wenn man alles in Betracht zieht. Niemand stört mich, und ich störe ebenfalls niemanden. Und dabei soll es auch bleiben.«

Nachdem er zunächst eher etwas zurückhaltend sprach, taute Dr. Rinehart dann allmählich auf.

»Sie beobachten mich noch immer, wissen Sie. Es ist tatsächlich schon soweit gekommen, daß ich gewisse Plätze in der Stadt meiden muß. Weil mein Auftauchen dort plötzlich großes Interesse hervorruft – besonders in der Nähe gewisser Gebäude unten bei der Universität. Früher bin ich da gern gelegentlich hingegangen, aber die Sicherheitsbeamten scheinen Befehl zu haben, auf meine Anwesenheit zu reagieren, darum gehe ich eben nicht mehr oft hin. Dasselbe passiert, wenn ich mich für Fahrkarten interessiere. Sobald ich meinen Namen sage, kreuzen die Sicherheitsleute auf. Ich habe es einmal ausprobiert, bloß um zu sehen, ob es nicht vielleicht nur Einbildung war – es war aber keine.

Sie sind also den ganzen weiten Weg hierhergekommen, bloß um herauszufinden, was ich Ihnen über das Schiffsexperiment erzählen kann? Wissen Sie, ich habe eine Menge darüber nachgedacht, seit Sie mir das erste Mal schrieben. Ich bin jetzt ein alter Mann, und das ist alles schon so lange her. Mein Gedächtnis läßt mich ein bißchen im Stich bei manchen Einzelheiten. Aber wenn Sie ein geduldiger Zuhörer sind, dann will ich es mit Ihnen versuchen und ein paar Katzen aus dem Sack lassen – vorausgesetzt natürlich, Sie haben Ihr Versprechen wegen meiner Anonymität nicht vergessen! Das ist wichtiger als alles andere. Man könnte wirklich sagen, daß es in letzter Zeit das Schlüsselwort meiner Lebensweise geworden ist.«

»Ich werde mich an mein Versprechen halten«, sagte ich und versuchte ein Lächeln, »und bei einer Gelegenheit wie dieser kann ich auch ein sehr geduldiger Zuhörer sein.« Ich wartete.

Er musterte mich einen Moment, wie um die letzten lauernden Zweifel darüber, was er mir erzählen sollte, zu verscheuchen. Dann lehnte er sich in seinen Sessel zurück und begann, eine der seltsamsten Geschichten zu erzählen, die ich jemals hörte.

»Sie wissen natürlich«, begann er, »daß ein Experiment mit einer Idee beginnt, dann wird ein Vorschlag daraus – der vielleicht schon rechnerisch geprüft ist –, dann ein Projekt und zum Schluß ein Experiment – oder mehrere Experimente – im üblichen Sinn. Mit diesem hier hatten am Anfang nur sehr wenige Leute zu tun. Die meisten hatten diverse vordringliche Verpflichtungen, von denen sie sich erst befreien mußten.«

Er machte wieder eine Pause, wahrscheinlich um nachzudenken, wie er fortfahren sollte. Als er weitersprach, kamen die Worte nur langsam und schienen genau gewählt zu sein.

»Die Einheitliche Feldtheorie«, begann er wieder, »ist eine unvollendete Struktur geblieben, sogar heute noch. Niemand kann meiner Meinung nach wirklich behaupten, eine vollkommene Wiederdurchrechnung dieser Theorie durchgeführt zu haben. Natürlich gab es Beiträge mit diesem Ziel und einige Aufsätze mit diesem Titel, aber auch die Substanz dieser Aufsätze ist nicht vollständig in dem Sinn, wie die Relativitätstheorie vollständig und die Allgemeine Theorie gründlich entwickelt ist. Verstehen Sie mich recht, das ist meine persönliche Auffassung.«

Wieder eine Pause, und dann kam der Knalleffekt:

»Ich habe mir das überlegt«, sagte er, »und konnte feststellen, daß mir ein paar klar umrissene Eindrücke von Ideen und Berechnungen für ein Projekt im Gedächtnis geblieben sind, das sich möglicherweise durchaus zu einem Schiffsexperiment großen Stils entwickelt haben kann.«

Er hält mit etwas zurück, dachte ich. Ich erkannte das daran, daß er seine Worte vorsichtig und genau wählte.

»Ich erinnere mich an Konferenzen während des Krieges, an denen Marineoffiziere teilnahmen. Im Zusammenhang mit dem Projekt, an dem Sie interessiert sind, sagt mir mein Gedächtnis, daß es viel früher als 1943 begonnen haben muß, vielleicht schon 1939 oder 1940, als Einstein sich mit Ideen der theoretischen Physik befaßte, die ihm Physiker und andere Leute vorlegten, die dabei eine militärische Anwendung im Sinne hatten . . . Wenn ich mich an eine Anzahl [von Ereignissen] erinnere, glaube ich, daß ich mit einem gewissen Grad an Bestimmtheit sagen kann, daß die Urheber des Vorschlags Einstein und [Rudolf] Ladenburg waren. Ich weiß nicht, wen man an erster Stelle nennen soll; und wenn die Urheber X, Einstein und Ladenburg waren, so fällt mir doch jetzt nicht ein, wer X gewesen ist. Ich weiß aber, daß Professor Ladenburg . . . Einstein schon seit 1908 aus der Schweiz kannte. Er war ein schweigsamer, übergenauer Mensch mit den Manieren eines alten preußischen Adligen; aber er wurde von den Kollegen zutiefst respektiert, als ein gelassener einsamer Denker und Arbeiter.«

Im Verlauf dieser Enthüllungen war Rinehart aufgestanden und lugte nun nervös durch einen kleinen Spalt in der Jalousie aus dem Fenster. Offenbar befriedigt, daß unser Alleinsein nicht gestört zu werden drohte, setzte er seine Erzählung fort.

»Um auf Ladenburg zurückzukommen: Er war ein Experte auf dem Gebiet von Minen und Torpedos und von Abwehrmaßnahmen gegen diese Waffen. Ich kann mich da besonders an eine Konferenz oder ein Kolloquium erinnern, wobei die mögliche Entwicklung einer neuen Waffe der Deutschen diskutiert wurde. Mein Vorgesetzter, der Physiker Dr. W. W. Albrecht [Pseudonym], wurde ungeduldig wegen einer nicht gerade glänzenden Idee, die ein paar Leute von Rang und Namen vorgebracht hatten. Albrecht unterbrach die Diskussion und wandte sich an Ladenburg als den einzigen Mann hier, der Erfahrung mit dem deutschen Militär hatte, da er im Ersten Weltkrieg U-Boot-Kommandant oder dergleichen war. Ich habe den Verdacht, daß er diese Bemerkung vor allem wegen ihrer möglichen Schockwirkung und weniger als Feststellung einer Tatsache machte. Ich bin mir nicht sicher, ob Ladenburg jemals U-Boot-Kapitän war; aber das machte gar nichts, denn die Taktik als solche hatte Erfolg. Ladenburg erhob sich in seiner steifen Art und legte in einigen gut fundierten Sätzen dar, was die Deutschen hatten und was sie tun konnten. Die Leute von Rang und Namen verstummten prompt, und die Konferenz ging weiter. Später machte jemand mir gegenüber die Bemerkung, daß man hätte meinen können, Ladenburg sei geradewegs von der deutschen Front gekommen.«

Rinehart kicherte leise in sich hinein und fuhr fort:

»Ladenburg hatte im Physikerlaboratorium von Princeton den ganzen Sommer und Herbst 1939 an Kernspaltungsexperimenten gearbeitet. Ich glaube, ich habe irgendwo gelesen, daß angenommen wurde, er habe mit Einstein darüber diskutiert. Auf jeden Fall erinnere ich mich, daß es ungefähr 1940 war, und der Vorschlag, den ich mit dem späteren Schiffsprojekt in Zusammenhang bringe, war angeblich das Ergebnis einer Besprechung zwischen Ladenburg und Einstein über die Anwendung elektromagnetischer Felder zur Minen- und Torpedoabwehr . . . und Einstein selbst hat den Vorschlag verfaßt . . . Einstein und Ladenburg waren immer vorneweg, wenn es darum ging, Projektvorschläge vorzulegen, aber gegenüber den hohen Tieren hielten sie sich lieber im Hintergrund. Von Neumann [Dr. John von Neumann, 1903 bis 1957, früher Pionier des Digitalcomputers und bekannter Mathematiker] war ein bescheiden wirkender Mann, der es interessant fand, die Mächtigen zu beeinflussen und zu aktivieren. Im Zusammenhang mit einem bestimmten Vorschlag, wahrscheinlich sogar mit dem, der Sie interessiert, fragte ihn einmal so ein Lamettaträger von der Marine, ob er eigentlich über diesen oder über den nächsten Krieg spreche . . .

Na, jedenfalls war es von Neumann, der mit Albrecht über diesen Vorschlag sprach, und es war einer dieser beiden, der vom Marine-Forschungslabor soviel wie eine Zusage für eine künftige Zusammenarbeit erhalten konnte. Dieser Vorschlag überschnitt sich teilweise mit Ideen, die der Physiker R. H. Kent [Robert Harrington Kent, 1886 bis 1961, bekannter amerikanischer theoretischer und Forschungs-Physiker] viele Jahre früher im Verlauf der Planung und experimentellen Arbeit mit dem Solenoidchronographen entwickelt hatte. Wenn Sie an das Prinzip des Solenoidchronographen denken, wird Ihnen klar, warum die Arbeit damit alle Ideen über Aufspüren von und Verteidigung gegen Raketen durch Anwendung des elektromagnetischen Feldes anregen kann.«

Rinehart war offensichtlich der Meinung, daß ich wußte, was ein Solenoidchronograph ist. Leider wußte ich es nicht, doch eine Unterbrechung an diesem Punkt schien mir nicht angebracht. Er erzählte weiter:

»Ich glaube, Kent war der Erfinder des Solenoidchronographen. Oder zumindest war er derjenige, der maßgeblich an seiner Entwicklung beteiligt war, und der erste, der ihn zum Messen des genauen Luftwiderstandkoeffizienten von Geschossen bei hoher Mach-Zahl benutzte. Um das Prinzip zu erklären, pflegte er ein magnetisiertes Stück Eisen durch den Solenoidchronographen fallen zu lassen und dann die Stromwellenform auf einem Oszillographen zu zeigen. Wenn unter den Zuhörern Physiker waren, ließ er auch den Solenoid an dem Eisenstück vorbeifallen und erhielt die gleichen Resultate. Und dann sagte er: ›Sehen Sie, die Gesetze der

95

Physik sind dieselben für jedes Paar von Trägheitskoordinatensystemen‹.
Das war natürlich Einsteins zweite Grundvoraussetzung in seiner Abhandlung über die Relativität aus dem Jahr 1905.

Es kursierte einmal ein Gerücht, wonach Kent, als er erfuhr, daß von Neumann Interesse für ein solches Projekt zeigte, versucht hat, ein paar Notizen wiederzufinden, die er anno dazumal über das gleiche Thema verfaßt hatte. Der Story zufolge, die ich von einem Freund habe, der damals in Kents Abteilung unten in Maryland arbeitete, waren seine Akten schon mehrmals von einem Büro ins andere übersiedelt worden, und so konnte das, was er meinte, nicht sofort gefunden werden. Kent soll daraufhin die gesamte Bürobelegschaft dazu gebracht haben, bei der Suche zu helfen – und dabei wurde buchstäblich das Oberste zuunterst gekehrt, und es war ein Riesenschlamassel. Na, jedenfalls wurden schließlich ein paar uralte vergilbte Zettel ausgegraben und ihm triumphierend vorgelegt. Nach diesem Zwischenfall sprach Kent als nächstes mit Physikern und Ingenieuren, die er schon seit Jahren kannte, möglicherweise schon aus seiner Harvard-Zeit, wahrscheinlich aber durch die Zusammenarbeit im Ersten Weltkrieg oder kurz danach. Einer davon war, glaube ich, Professor Charles M. Allen.«

»Allen?« Ich sprang auf. »Irgendein Zusammenhang mit dem *Carl* M. Allen in unserer Korrespondenz?«

Rinehart starrte mich an und lachte dann. »Nein«, sagte er, »das glaube ich kaum. Nicht *Carl* Allen . . . *Charles* Allen. Charles Metcalf Allen, glaube ich. Er war damals Professor für Hydraulik am Polytechnikum in Worcester. Wußte sehr viel über Schiffe, Modelle, Minen und so weiter und hätte einen guten Gesprächspartner abgegeben, mit dem man Ideen diskutieren konnte. Ich muß zugeben, daß ich über die Ähnlichkeit der Namen noch nicht nachgedacht habe; aber nein, ich glaube wirklich nicht, daß da eine Beziehung besteht. Keine enge jedenfalls. Professor Allen war damals schon ein alter Mann und ziemlich berühmt. Er muß zu Beginn des Krieges mindestens siebzig gewesen sein.

Wenn ich jetzt darüber nachdenke, bin ich fast sicher, daß die Idee, das für experimentelle Zwecke notwendige elektromagnetische Feld mittels des Resonanzprinzips zu erzeugen, auch zuerst von Kent kam – möglicherweise als Resultat dieser Besprechungen mit Professor Allen. Ich erinnere mich an einige Berechnungen darüber in bezug auf ein Modellexperiment [das heißt ein Experiment, das mit Modellen in verkleinertem Maßstab statt mit wirklichen Schiffen durchgeführt wird], das seinerzeit in Aussicht genommen war. Ich habe den Eindruck, daß die Marine nicht lange nach diesen Diskussionen zwischen Kent und Allen einhakte. Es erscheint mir auch wahrscheinlich, daß erst zu einem späteren Zeitpunkt die ›Radar-Irreführung‹ im Zusammenhang mit diesem Projekt besprochen wurde. Ich erinnere mich vage daran, im Zusammenhang mit irgendeiner Konferenz.

Um wieder zum Thema zu kommen: Es war höchstwahrscheinlich von Neumann, der die Idee für ein solches Projekt dem Amt unterbreitete, das damals, Ende 39/Anfang 40, als National Defense Research Committee (NDRC) bekannt war; und anscheinend unterstützte ihn Professor Kent nachdrücklich mit seinem Vorschlag. Ich kam mit der Sache erst in Kontakt, als diese ersten Schritte schon getan waren und das NDRC sein Interesse bekundet hatte, die Angelegenheit weiterzuverfolgen.«

»Ich frage mich«, unterbrach ich ihn, »was der Grund für das Interesse an einem solchen Projekt sein konnte; was glauben Sie?«

»Das ist leicht zu beantworten«, erwiderte er. »Das war von Anfang an ein reines Verteidigungsprojekt und keinesfalls ein Versuch, Offensivwaffen zu entwickeln. Die ursprüngliche Idee schien darauf abzuzielen, starke elektromagnetische Felder zu benutzen, um nahende Geschosse, vor allem Torpedos, vom Schiff abzulenken, indem um dieses Schiff herum ein intensives elektromagnetisches Feld hergestellt wurde. Später wurde das noch erweitert, und zwar umfaßte es dann eine Studie über die Idee, mittels eines gleichen Feldes optische Unsichtbarkeit in der Luft statt im Wasser zu erzeugen.

Eines Tages, wahrscheinlich Anfang 1940, kam Dr. Albrecht, mein Chef, früh um acht Uhr in sein Büro und fand dort zwei oder vielleicht auch drei Besucher vom NDRC vor, die schon auf ihn warteten. Nun war das kein besonders ungewöhnliches Ereignis, also machte ich mir weiter keine Gedanken darüber, bis etwa um neun Uhr dreißig Captain Gibbons den Kopf bei der Tür hereinstreckte. Er hob einen Finger, ein Signal für mich, hinaus auf den Gang zu kommen, da er mir etwas mitzuteilen hatte, was er nicht vor der ganzen Belegschaft sagen konnte. Ich erinnere mich deshalb daran, weil ich gerade mit einer ziemlich komplizierten theoretischen Arbeit zu tun hatte und eben dabei war, mit einem Computer zu telefonieren. [Dies war noch in der Vor-Computerzeit. Der hier erwähnte »Computer« war eine Person, die besonders gut im Kopfrechnen war.] Mir war klar, daß es sich um etwas ziemlich Wichtiges handeln mußte, also unterbrach ich meine Arbeit und ging hinaus auf den Gang. Gibbons brachte mich zum Chefbüro, wo eine Konferenz im Gange war, an der einerseits die zwei (oder waren es drei?) NDRC-Leute und anderseits Dr. Albrecht und Dr. von Neumann teilnahmen. Von Neumann blieb allerdings nicht sehr lange. Der Zweck seiner Anwesenheit war vielleicht nur gewesen, Albrecht die NDRC-Leute vorzustellen und kurz zu umreißen, worum das Ganze ging. Er wurde oft damit betraut, Botschaften von und nach Washington zu bringen, die mit dem NDRC und mit militärischen Projekten zu tun hatten, also wäre das auch in diesem Fall eine ganz normale Rolle für ihn gewesen, selbst wenn er keinerlei persönliches Interesse gehabt hätte. Dabei sollten allerdings die offensichtlichen Vorteile nicht übersehen werden, die man in einer solchen Position hat, wenn man Ideen fördern will, an denen man selbst interessiert ist – und das schließt dieses Projekt mit ein. Na, jedenfalls ging er, kurz nachdem ich gekommen war.«

Rinehart war wieder aufgestanden, um zum Fenster hinauszusehen. Anscheinend zufrieden mit dem, was er sah (oder was er nicht sah), nahm er seine Erzählung wieder auf.

»Als ich hereinkam, war eine erregte Debatte über das im Gange, was dann schließlich zu dem Projekt wurde, für das Sie sich interessieren. Albrecht gehörte zu den Leuten, die sich verpflichtet fühlen, bei einer Diskussion unter allen Umständen dabeizubleiben, und wenn er irgendwelche Berechnungen brauchte, schickte er nach jemandem, statt die Gesprächsrunde zu verlassen und es selbst zu tun. Anscheinend glaubte er, ich sei der einzige mit genügend Kenntnissen in Schwerkraft und Relativität, um ohne viel zu fragen die mathematischen Resultate erzielen zu können, die er in aller Eile wollte – also wurde ich hereingerufen.

Albrecht hatte zwei oder drei Blatt Papier vor sich liegen, und auf einem war die kleine, verschnörkelte Handschrift zu sehen, die nur für Albert Einstein charakteristisch war. Er wollte, daß ich mir die Blätter ansehe, während er weiter mit diesen Leuten sprach. Er versuchte, mit ihnen weiterzureden, und gab mir gleichzeitig Instruktionen, was ich zu tun hätte. Auf einem der Blätter hatte er eine Strahlungswellengleichung, und auf der linken Seite waren ein paar unvollendete Kritzeleien. Außerdem schob er mir noch einen ziemlich detaillierten Bericht über Entmagnetisierungseinrichtungen der Marine zu und tippte mit dem Finger hierhin und dorthin, während ich mit dem Bleistift genau markierte, wo er hinzeigte.

Dann sagte Albrecht, ich sollte mal sehen, was gebraucht würde, um eine Krümmung des Lichts von, oh, ich glaube, zehn Prozent zu erreichen, und ich sollte versuchen, es so vollständig auszuarbeiten, daß man es in einer oder zwei Tabellen zusammenfassen könnte. Ich fragte: ›Wieviel Zeit habe ich dafür?‹, und er sagte: ›Nicht lange.‹ Dann sah er die anderen an, und sie begannen wieder zu reden.«

»Ich glaube«, fuhr er fort, »daß sich die Diskussion an diesem Punkt den Prinzipien der Resonanz zugewandt hatte und wie die intensiven Felder, die für ein solches Experiment nötig wären, unter Verwendung dieses Prinzips zustande gebracht werden könnten. Ich bekam keine richtige

Antwort, wieviel Zeit ich zur Verfügung hatte, aber Albrecht bedeutete mir, hinauszugehen und mich an die Arbeit zu machen; also ging ich zurück, den Gang entlang zu Captain Gibbons, und sagte zu ihm: ›Was glauben Sie, wann muß W. W. [Albrecht] das hier haben?‹ Gibbons dachte einen Moment nach und sagte: ›Ich werde Sie in den Offiziersclub führen, dann haben Sie auch die Mittagszeit zur Verfügung, aber nicht mehr. Also um eins oder zwei, nicht später.‹

Albrechts Notizen waren nicht leicht zu entziffern, und ich glaube, daß jemand mit weniger mathematischem und theoretischem Wissen als ich verloren gewesen wäre. Ich konnte wenigstens erkennen, worauf er hinauswollte. Das heißt natürlich nicht, daß es in der Abteilung nicht noch andere Leute gegeben hätte, die das nicht genauso gut erledigen konnten, wenn sie genügend Zeit dafür gehabt hätten, aber Albrecht wollte gleich Zahlen sehen, und darum wurde das mir überlassen.

Das muß ein schnelles Essen gewesen sein, denn Gibbons war um ein Uhr fünfzehn schon wieder da, und ich steckte noch mitten drin. Ich erklärte ihm, ich wolle ein Memo und eine maschinengeschriebene Abschrift machen und daß ich das bis drei Uhr fertig haben würde, wenn er die anderen so lange aufhalten könnte. Gibbons sagte, so ginge das nicht, und daß es absolut keine getippte Abschrift geben dürfe. Es sollte so bleiben, wie es war, mit Bleistift geschrieben. ›Wunder‹ sagte ich, ›immer wollen Sie Wunder! . . . Hören Sie, geben Sie mir noch zwanzig oder fünfundzwanzig Minuten, und ich will sehen, was ich tun kann.‹ Gibbons war darüber nicht sehr glücklich, aber was sollte er schon tun, wenn er Resultate wollte. Also bekam ich meine zwanzig Minuten.

Irgendwie habe ich dann zwei kleine Tabellen und ein paar erklärende Sätze zustande gebracht, in Form eines Memos. Wir gingen zu Albrecht hinein, der sich alles ansah und sagte: ›Sie haben das in bezug auf die Intensitäten [des Feldes] bei verschiedenen Entfernungen von der Breitseite [des Schiffes] gemacht, aber an Bug und Heck scheinen Sie gar nichts aufzunehmen.‹ Albrecht war immer ein Pedant gewesen. Ich hatte diese Einzelheiten nicht berücksichtigt, weil ich nicht genau wußte, was er wirklich wollte, und weil mehr Arbeit damit verbunden war, als Zeit zur Verfügung stand. Alles, was ich zu bieten hatte, waren die Punkte der größten Krümmung gleich außerhalb der Breitseite des Schiffes, gegenüber diesen Anlagen. Mein Problem war, mich darüber zu orientieren, was Albrecht wollte. Einsteins Notizen waren bei weitem klarer als jene Albrechts, aber ich hätte nie gewagt, ihm das zu sagen.«

»Wenn ich jetzt so überlege«, meinte er nachdenklich, »ist es möglich, daß von Neumann an diesem Tag zufällig im Büro war und daß Oswald Veblen [einer von Dr. von Neumanns Mitarbeitern] es heruntergebracht hatte. Es ist aber auch möglich, daß die NDRC-Leute es selbst mitgebracht hatten. Albrecht wollte genügend Unterlagen, um die Stärke des Feldes und die praktische Wahrscheinlichkeit zu verifizieren, das Licht derart zu krümmen, daß der gewünschte ›Luftspiegelungs- oder Fata-Morgana-Effekt‹ erzielt werden konnte. Bei Gott, sie hatten ja keine Ahnung, was dabei schließlich herauskommen würde! Hätten sie das geahnt, wäre die Sache dort damit zu Ende gewesen. Aber natürlich wußten sie es nicht.

Die treibenden Kräfte waren zu diesem Zeitpunkt, glaube ich, das NDRC und jemand wie Ladenburg oder von Neumann, der mit diesen Ideen herauskam und keinerlei Hemmungen hatte, darüber zu reden, bevor er überhaupt irgendwelche Berechnungen anstellte. Sie sprachen mit Einstein über diese Sache, und Einstein überlegte und ging sogar so weit, die Größenordnung auszurechnen, die er für die Intensität brauchen würde, und dann sprach er mit von Neumann darüber, welche Einrichtungen am besten geeignet waren, sich das in der praktischen Anwendung anzusehen. Und so wurden wir dann hineinverwickelt. Ich weiß nicht sicher, wann das Naval Research Laboratorium hineingezogen wurde, aber ich erinnere mich, daß Commander Parsons, einer der Spitzenwissenschaftler der Marine, recht oft mit Albrecht sprach, und es ist möglich, daß dabei auch die Verwendung eines Schiffes zur Sprache kam.

Das einzige, was ich dabei schriftlich festhielt, war die Zusammenstellung der paar gekritzelten Gleichungsfragmente von Albrecht und einige kleine Tabellen. Ich kann mich noch an ein paar Gelegenheiten erinnern, spätere Besprechungen, in denen Erweiterungen dieser meiner Gleichungen gebraucht wurden, und so kam es, daß ich gewissermaßen auf dem laufenden darüber blieb, was in anderen Kreisen vorging, obwohl ich selbst nicht direkt damit zu tun hatte.«

Ich fragte: »Erinnern Sie sich, wie der Deckname des Projekts gelautet haben könnte?«

Rinehart dachte einen Moment nach. Als er antwortete, hatte ich wieder den Eindruck, daß er seine Worte sehr sorgfältig wählte.

»Sie werden sich erinnern«, sagte er, »daß Albrecht und Gibbons darauf bestanden, daß es keine Kopien geben durfte, sondern nur mit Bleistift geschriebene Memos und keine maschinengeschriebenen oder Durchschläge. Ich glaube, ich erinnere mich, daß ich einmal den Ausdruck ›Ablenkung‹ in einer Überschrift verwendete, ja, das weiß ich noch. Ich weiß auch noch, daß ich einmal zu einem etwas späteren Zeitpunkt während irgendeiner Besprechung vorschlug, daß es doch ein viel einfacherer Weg sei, ein Schiff verschwinden zu lassen, wenn man einen leichten Luftschleier verwendete, und ich fragte mich, warum eine so komplizierte theoretische Angelegenheit erwogen wurde. Albrecht nahm seine Brille ab und meinte, das Problem mit mir wäre, daß ich eine Gabe dafür hätte, an jedem Konferenztisch die anderen vom Thema abzubringen. Ein Deckname würde vom NDRC gewählt worden sein, aber wahrscheinlich gab es zu dieser Zeit noch keinen. Ich kann mich nicht erinnern, ob mir später je ein Deckname für dieses Projekt bekannt wurde oder nicht, obzwar sich irgendwo in meinem Gedächtnis die Worte ›Regenbogen‹ oder ›Fata Morgana‹ damit verbinden zu scheinen wollen. Das Gedächtnis ist etwas Vages, und ich kann mich da sehr täuschen. Ich erinnere mich einfach nicht mehr.

Ich weiß, daß ich noch bei mindestens einer anderen Konferenz war, bei der dieses Thema auf der Tagesordnung stand. Dabei versuchten wir, die – für uns – offensichtlicheren Nebenwirkungen klarzustellen, die durch ein solches Experiment hervorgerufen würden. Dabei ging es um ›siedendes‹ Wasser, um Ionisierung der umgebenden Luft und sogar um eine ›Zeemanisierung‹ der Atome; all das würde zu extrem unsicheren Bedingungen führen. Aber niemand hat zu dieser Zeit die Möglichkeit von interdimensionalen Effekten oder Masseverschiebungen in Betracht gezogen. 1940 verwiesen die Wissenschaftler solche Sachen höchstens in den Bereich der Science-fiction. Jedenfalls wurde ich dann irgendwann während dieser ganzen Angelegenheit von Albrecht ordentlich zusammengestaucht, und er sagte soviel wie ›Warum lassen Sie die Experimentierer nicht in Frieden, so daß sie mit ihrem Projekt weiterkommen können. Dafür haben wir sie ja schließlich.‹

Eines der größten Probleme bestand darin, daß die vom Feld verursachte Ionisierung dazu neigte, eine ungleichmäßige Brechung des Lichts zu verursachen. Die ursprünglichen Konzepte, die sie uns vor der Konferenz herunterbrachten, waren recht hübsch und sauber dargestellt, aber sowohl Albrecht als auch Gleason und ich warnten davor, daß nach unseren Berechnungen das Ergebnis nicht etwa ein gleichbleibender Luftspiegelungseffekt sein würde, sondern mehr eine vor- und zurückwallende Verschiebung, verursacht durch gewisse, dem Wechselstromfeld eigene Tendenzen, eher einen verworrenen Bereich als die vollkommene Abwesenheit von Farbe zu schaffen. ›Verworren‹ mag wohl eine Untertreibung gewesen sein, aber damals schien es der angemessene Ausdruck zu sein. Unmittelbar außerhalb dieses verworrenen Bereichs sollte ein Flimmern auftreten, und weiter draußen müßte ein statisches Feld sein. Na, jedenfalls gaben wir eine Warnung ab, die schließlich beim NDRC landete, daß all dies berücksichtigt werden müßte und daß man die ganze Sache mit größter Vorsicht behandeln sollte. Wir meinten auch, wenn man sich genug Mühe geben würde, könnten einige dieser Probleme bewältigt werden ... und daß wahrscheinlich eine resonante Frequenz zu finden sein müßte, die möglicherweise die sichtbaren internen Schwingungen steuern könnte, so daß das Flimmern stark verlangsamt würde . . . Ich weiß nicht, wie weit die Leute jemals gekommen sind, die sich mit diesem Aspekt des Problems befaßten.

Ich kann mich noch an ein paar spätere Besprechungen über dieses Thema erinnern, aber in bezug auf Einzelheiten ist mein Gedächtnis eher verschwommen. Etwas anderes weiß ich jedoch noch ganz deutlich, daß man nämlich während einiger Wochen nach dem Meeting in Albrechts Büro ständig von uns Tabellen verlangte, die mit den resonanten Frequenzen des Lichts im sichtbaren Bereich zu tun hatten. Oft gab es keinerlei Erklärung dazu, aber es scheint doch, daß da eine Beziehung bestand.«

Rineharts Blick schweifte nervös durch den Raum, so als ob er vielleicht schon zuviel gesagt hatte, aber er fuhr fort.

»Ich versuche ständig, C. M. Allen mit den Modellversuchen in Zusammenhang zu bringen. Diese könnten übrigens im Taylor-Modellbecken ausgeführt worden sein; vielleicht aber auch nicht, denn ich bin mir nicht sicher, ob die Voraussetzungen dafür in dieser Anlage noch existierten oder nicht. Ein Teil der Arbeit wurde bestimmt in der Anacostia Bay gemacht – das war der Schauplatz der meisten frühen Radararbeiten.«

»Wie, glauben Sie, haben die es angestellt, ein Schiff zu bekommen, um das tatsächlich auszuprobieren?« fragte ich. »Da muß doch irgendwo irgendwer ziemlich waghalsig gewesen sein.«

»Das ist eine gute Frage. Ich habe schon überlegt, ob ich Ihnen meine Vermutung mitteilen soll, daß Captain Parsons [William S. Parsons, derselbe Mann, der an Bord des Flugzeugs *Enola Gay* die Atombombe scharf machte, bevor sie 1945 über Hiroshima abgeworfen wurde] eine Rolle dabei gespielt haben könnte, daß dieses Projekt als wirkliches Schiffsexperiment und nicht nur einfach als Modellexperiment durchgeführt werden konnte . . . Ich erinnere mich, daß etwa 1939 bei einer Konferenz über irgendein anderes Projekt meine Vorgesetzten meinten, daß niemand außer Parsons das Bureau of Ships dazu bringen konnte, den Probelauf eines neuen Instruments an Bord eines Schiffes zu gestatten . . . Zu der Zeit war Captain Parsons noch Fregattenkapitän Parsons und der hervorragendste aller Absolventen der Marine-Akademie mit dem Status eines Forschungswissenschaftlers. Er pflegte bei Konferenzen mit einem Gefolge von zwei oder drei Leutnants aufzukreuzen, an die ich mich aber nur noch schwach erinnere . . .

Das Handelsschiff übrigens, von dem Sie andeuteten, daß es vielleicht als Beobachterschiff benutzt wurde – also, ich glaube, daß Admiral Jerry Land hier vielleicht behilflich war, der Leiter der US Maritime Commission. Er war zwar ein eher hartgesottener Typ, aber zu Hilfestellungen bereit – besonders dann, wenn die Marine diese Hilfe verweigerte. Es gab da beispielsweise zahlreiche Gelegenheiten, wo wir bei der USMC durchsetzen konnten, daß sie uns den Probelauf von Versuchseinrichtungen an Bord von Handelsschiffen erlaubten, während wir die Kriegsmarine nicht dazu überreden konnten, ihre Schiffe dafür herzugeben.

Bei dieser speziellen Art von Versuchsprojekten glaube ich sicher, daß Admiral Land dringend gebeten wurde, ein Schiff mit Mannschaft zur Verfügung zu stellen, mit dem nichts schiefgehen konnte. Einer meiner Freunde erzählte mir, daß man sich um eine gute Auswahl bemühte, um Admiral Land nicht vor der Marine zu blamieren. Meinem Freund zufolge war es durchaus möglich, daß die Mannschaft für dieses Schiff aus besonders ausgesuchten Leuten bestand, von denen zumindest einige Veteranen der Murmansk-Offensive waren und folglich zu den Mutigsten gehörten.«

Und damit endet der wesentliche Teil von Dr. Rineharts faszinierender Geschichte – bis auf eine weitere Information, die wir in einem der folgenden Kapitel behandeln. Nach diesem Interview, das den größten Teil des vorstehenden Materials lieferte, hielt ich weiterhin mehr oder weniger regelmäßig Kontakt mit Dr. Rinehart, bis zu seinem unerwarteten Ableben etwas mehr als fünf Monate später. Im großen und ganzen waren diese Kontakte mehr freundschaftlicher als beruflicher Art, doch gelegentlich kam dabei auch ein bis dahin vergessenes Stückchen Information zutage, das sich dann noch als nützlich oder interessant erwies. Eines davon ist es wert, hier als eine Art Postscriptum wiedergegeben zu werden.

Diese Geschichte betrifft einen der zahlreichen amerikanischen Wissenschaftler deutscher Herkunft, die vor Hitlers Machtübernahme in Deutschland gearbeitet hatten und vor der drohenden Verfolgung nach Amerika geflüchtet waren. Es hatte den Anschein, als ob das Kriegsministerium eine besondere Vorliebe für einige dieser Wissenschaftler hegte und bestrebt war, mit ihnen mehr oder weniger regelmäßig Beratungen abzuhalten, um herauszufinden, an welchen wissenschaftlichen Entwicklungen ihrer Ansicht nach die Deutschen vermutlich arbeiteten.

In einem der letzten Briefe, die ich von Dr. Rinehart erhielt, erinnert er sich an eine bestimmte Konferenz, in welcher der betreffende deutsche Wissenschaftler von einem der Marineoffiziere im Zusammenhang mit einem der zur Debatte stehenden Themen gefragt wurde, ob er glaube, daß die Deutschen an etwas Ähnlichem arbeiteten.

Laut Dr. Rinehart zögerte der Wissenschaftler nur einen Moment, bevor er mit seinem starken Akzent, aber in grammatikalisch perfektem Englisch antwortete, der »Herr Offizier« müsse sich darüber im klaren sein, daß man zwar das amerikanische Marinepersonal vielleicht berechtigterweise als Duckmäuser in bezug auf gewisse Dinge bezeichnen könnte, daß es aber unendlich viel besser sei als die deutsche Marine in anderen Dingen – zum Beispiel im vorliegenden Fall. »Wenn es jemand wagen würde, der deutschen Marineführung ein solches Projekt vorzuschlagen«, hatte der deutsche Wissenschaftler erklärt, »hätte man ihn höflich, aber bestimmt daran erinnert, daß er seine Zeit besser damit verbringen solle, über Angriffswaffen nachzudenken statt über Verteidigungsmaßnahmen gegen einen schwächeren Feind.«

All das verstärkt den Eindruck, daß da tatsächlich ein Projekt in Arbeit war, das sich leicht zu etwas in der Größenordnung des Philadelphia-Experiments entwickeln konnte – und es wahrscheinlich auch tat.

Doch eine wichtige Frage bleibt offen: Wie hat Carlos Allende es fertiggebracht, so viele Einzelheiten über diese offenbar sehr komplizierten und streng geheimen Vorgänge in Erfahrung zu bringen, daß er seinen dritten Brief an Dr. Jessup schreiben konnte?

Leider ist unser Puzzle noch nicht vollständig genug, um zu einer konkreten Antwort auf diese Frage zu gelangen. Das schließt jedoch nicht aus, auf der Basis von Dr. Rineharts Informationen zu diesem Thema die bestmöglichen Vermutungen anzustellen.

Wie wir dargelegt haben, kann es keinen Zweifel geben, daß der Mann, der sich Carlos Allende nennt, tatsächlich als Seemann auf der S. S. *Andrew Furuseth* diente. Nach allem, was wir jetzt wissen, erscheint es fast sicher, daß er wirklich Zeuge von zumindest einigen der in seinen Briefen geschilderten Vorgänge war. Daß diese Vorfälle ihn zutiefst verwirrten, ist einleuchtend.

Davon ausgehend können wir mit Sicherheit annehmen, daß es sein Hauptanliegen wurde, eine logische Erklärung für das zu finden, was er gesehen hatte. Zumindest legte er großen Wert darauf, das Thema mit jedem wissenschaftlich Gebildeten zu diskutieren, den er traf. Und da er es sich zur Gewohnheit machte, öffentliche Vorträge über wissenschaftliche Themen zu besuchen, um an möglichst viele solcher Leute heranzukommen, eignete er sich dabei höchstwahrscheinlich ein ziemliches Maß an Wissen an – eine Art Selbsterziehung in Sachen Wissenschaft.

Den Stein der Weisen fand er dann, als ein zufälliges Zusammentreffen zu einer kurzen, aber höchst fruchtbaren Bekanntschaft mit Dr. Rinehart führte, dem einen Mann, der ihn über einige der Einzelheiten des Schiffsexperiments aufklären konnte, die seine Gedanken seit langem bedrückt hatten. Zwar wollte Dr. Rinehart nicht zu viele Details der Affäre preisgeben, um die offizielle Geheimhaltung nicht zu gefährden, trotzdem ließ er die Katze weit genug aus dem Sack, um Allende in größte Besorgnis darüber zu versetzen, daß in den Köpfen mancher Militär-Wissenschaftler noch immer Ideen herumspuken, die zu weiteren derartigen Forschungen führen konnten. Als dann nicht viel später Jessups *The Case for the UFO* herauskam, begann Allende zu fürchten, daß dieses Buch möglicherweise die Kugel wieder ins Rollen bringen würde.

Seine Furcht schlug in reines Entsetzen um, als er kurz nach seinen Gesprächen mit Dr. Rinehart und der Lektüre von Jessups Buch einen von Jessups Vorträgen besuchte. Als Jessup im Laufe dieses Vortrags sein Publikum aufforderte, sich für ein größeres Budget und mehr Forschungsarbeit der Regierung im Hinblick auf die Einheitliche Feldtheorie einzusetzen, war Allende niedergeschmettert. In dieser Geistesverfassung schrieb er seinen zweiten Brief an Dr. Jessup, in dem er die Fakten über die Geschehnisse darlegte, deren Zeuge er im Krieg geworden zu sein glaubte, um dann in plastischen Details die möglichen Folgen einer solchen Forschung zu schildern.

Allende konnte nicht wissen, daß sein »Freund Dr. Franklin Reno« regelmäßig ein Pseudonym benutzte, zu dem ihn ursprünglich ein Straßenschild inspiriert hatte. Er hatte auch keine Ahnung, daß er durch seine Erwähnung in einem Brief, von dem er annehmen mußte, er würde vertraulich behandelt werden, dieses Pseudonym offenbarte und solcherart auf Jahre hinaus die Rechercheure irreführen würde.

Eines ist sicher: Wenn man das Ausmaß an Publicity und Bekanntheit berücksichtigt, das die Allende-Briefe im Laufe der Jahre erlangten, und wenn es Allende gelungen wäre, Dr. Rinehart mit seinem richtigen Namen zu identifizieren, wäre der Ruf des Wissenschaftlers zerstört worden. Dr. Rinehart könnte sogar die Möglichkeit einer Bedrohung seiner Intimsphäre oder gar seines Lebens in Erwägung gezogen haben.

Dennoch ist er nicht der einzige Mann, von dem bekannt ist, daß er bei der Planung des Philadelphia-Experiments eine Rolle spielte. Weitere Nachforschungen haben ergeben, daß es zumindest einen anderen Menschen gibt, der nicht nur am Projekt teilhatte, sondern schließlich eine hochinteressante Methode entdeckt haben könnte, sein Wissen über Kraftfelder einer praktischen Anwendung zuzuführen.

10   Die Kraftfelder des Townsend Brown

Gibt es eine praktische Anwendungsmöglichkeit für Energien und Kraftfelder der Art, wie sie Berichten zufolge im Verlauf des Philadelphia-Experiments zur Erzeugung von Unsichtbarkeit benutzt wurden? Könnten solche Anwendungsmöglichkeiten auch Antriebsmethoden etwa des Typs umfassen, von dem Morris Jessup vermutete, daß er für UFOs benutzt wird?

Wir können uns Einblick in diese Fragen verschaffen, indem wir Leben und Karriere eines wenig bekannten, aber äußerst genialen amerikanischen Physikers und Erfinders namens Thomas Townsend Brown betrachten – eines Mannes, der genau wie Dr. Rinehart dazu bestimmt war, schließlich eine Rolle bei jenem Projekt zu spielen, das zum tatsächlichen Experiment führen sollte.

Im Jahr 1905 als Sohn einer prominenten Familie in Zanesville, Ohio, geboren, zeigte Townsend Brown schon früh großes Interesse für die Raumfahrt – ein Thema, das in jenen Tagen, als selbst die Erfolge der Brüder Wright noch mit Mißtrauen betrachtet wurden, als pure Phantasterei galt. Trotzdem hielt der junge Brown an seinem Interesse fest und beschäftigte sich auch gern mit Elektronik. Sein jungenhaftes Herumspielen mit den damaligen naiven Vorstellungen über Radio und Elektromagnetismus vermittelte ihm eine Basis, die in späteren Jahren von unschätzbarem Wert für ihn sein sollte. Im Verlauf seines »Herumexperimentierens« erwarb er einmal irgendwie eine Coolidge-Röhre – die ihn dann zu einer verblüffenden Entdeckung führte.

X-Strahlen (oder Röntgenstrahlen) galten in jenen Tagen noch als mysteriöse Kräfte (der amerikanische Physiker und Chemiker William D. Coolidge hatte die Coolidge-Röhre, eine Röntgenröhre mit Glühkathode aus einer feinen Wolframwendel, erst 1913 erfunden), und sogar die anerkannte Wissenschaft begann sich gerade erst damit zu beschäftigen. Brown interessierte sich nicht für die Röntgenstrahlen als solche, sondern glaubte, den Schlüssel zur Raumfahrt darin finden zu können. Unter diesem Gesichtspunkt führte er ein Experiment durch, um festzustellen, ob die von der Coolidge-Röhre ausgehenden Strahlen irgendeine nutzbare Kraft ausübten.

Er tat etwas, woran noch kein Wissenschaftler seiner Zeit gedacht hatte: Er montierte seine Coolidge-Röhre in extrem empfindlicher Balance und begann, sie auf Resultate zu testen. Aber ganz gleich, in welcher Richtung er seinen Apparat drehte, er war nicht in der Lage, irgendeine meßbare, von den Röntgenstrahlen ausgehende Kraft festzustellen. Plötzlich jedoch wurde er auf eine sehr sonderbare Reaktion der Röhre selbst aufmerksam: Jedesmal, wenn er die Röhre einschaltete, schien sie eine Bewegung auszuführen – eine Art Schub, gerade so als versuche der Apparat sich fortzubewegen. Er forschte weiter, und es bedurfte eines erheblichen Zeitaufwandes und großer Mühen, bevor er die Erklärung fand. Dieses neuentdeckte Phänomen hatte nicht das geringste mit den Röntgenstrahlen zu tun – vielmehr steckte die hohe Spannung dahinter, die zur Erzeugung der Strahlen benutzt wurde!

Brown unternahm nun eine ganze Reihe von Experimenten, die darauf abzielten, die genaue Natur dieser neuen, von ihm entdeckten »Kräfte« zu bestimmen, und nach vielen Bemühungen gelang es ihm schließlich, ein Gerät zu entwickeln, das er optimistisch »Gravitor« nannte. Seine Erfindung wirkte von außen wie ein simpler Bakelitkasten, dreißig Zentimeter lang und zehn Zentimeter hoch und breit; doch wenn man ihn auf eine Waage legte und an eine Energiequelle von hundert Kilovolt anschloß, dann nahm der Apparat ungefähr ein Prozent seines Gewichtes zu oder ab, je nach der verwendeten Polarität.

Brown war überzeugt, daß er ein neues elektrisches Prinzip entdeckt hatte, aber er wußte nichts Rechtes damit anzufangen. Obwohl einige Zeitungen über seine Arbeit berichteten, zeigte sich kein einziger renommierter Wissenschaftler an seiner Entdeckung interessiert – was allerdings nicht allzu erstaunlich ist, wenn man bedenkt, daß Townsend Brown zu dieser Zeit gerade erst vor dem Abschluß der höheren Schule stand.

Aber er ließ sich nicht entmutigen.

1922 trat Brown in das California Institute of Technology (Caltech) in Pasadena ein. Sein erstes Jahr verbrachte er damit, seine Professoren – unter ihnen den Physiker und Nobelpreisträger Dr. Robert A. Millikan – ihm günstig zu stimmen. Aber sosehr er sie mit seinen ausgezeichneten Leistungen als Laborant beeindrucken konnte, so wenig Erfolg hatte er bei seinen Bemühungen um wenigstens die kleinste Anerkennung für seine Ideen über Elektrogravitation. Durchdrungen von der starren wissenschaftlichen Disziplin des 19. Jahrhunderts, wiesen seine Lehrer es weit von sich, daß so etwas überhaupt existieren könnte; an neuen oder gar umwälzenden Konzepten waren sie nicht interessiert.

Unerschüttert wechselte Brown 1923 ins Kenyon College in Gambier, Ohio, blieb dort ein Jahr und ging dann an die Denison University in Granville, Ohio, wo er als Interner in der Physikabteilung Elektronik studierte. Sein Professor war Dr. Paul Alfred Biefeld, Professor der Physik und Astronomie und einer der nur acht ehemaligen Klassenkameraden von Albert Einstein in der Schweiz.

Im Gegensatz zu Dr. Millikan von der Caltech zeigte Dr. Biefeld großes Interesse für Browns Entdeckung, und beide – Professor und Student – experimentierten mit geladenen elektrischen Kondensatoren und entwickelten ein physikalisches Prinzip, das dann als der Biefeld-Brown-Effekt bekannt wurde. Im Grunde war dieser »Effekt« die beobachtete Tendenz eines hochgeladenen elektrischen Kondensators, eine Bewegung in

Richtung auf seinen positiven Pol auszuführen – die gleiche Bewegung also, die Brown früher an seiner Coolidge-Röhre entdeckt hatte.

Nach Abschluß seiner Ausbildung war Brown vier Jahre am Swazey-Observatorium in Ohio tätig und heiratete auch in dieser Zeit. 1930 verließ er Swazey, um als Spezialist für Strahlung, Feldphysik und Spektroskopie im Naval Research Laboratory in Washington, D.C., zu arbeiten.

Während dieser Phase seines Lebens nahm er 1932 als Stabsphysiker an der Internationalen Schwerkraft-Expedition des US-Marineministeriums zu den Westindischen Inseln und dann 1933 als Physiker an der Johnson-Smithschen Tiefsee-Expedition teil. Im Verlauf jenes Jahres wurden wegen der fortschreitenden Wirtschaftskrise die Budgetmittel gekürzt, und Brown mußte seine anfangs vielversprechende Karriere am Naval Research Laboratory (NRL) aufgeben und sich nach einer anderen Arbeit umsehen. Genau wie die Doktoren Jessup und Rinehart wandte sich auch Brown an die Regierung. Er trat in die Marine-Reserve ein, und da wissenschaftliche Jobs jeder Art sich als äußerst rar herausstellten, fand er zunächst als Ingenieur für Bodenkultur bei der Federal Emergency Relief Administration Arbeit und später als Verwaltungsbeamter beim Civilian Conservation Corps in Ohio.

Diese hauptberufliche Tätigkeit in den dreißiger Jahren hielt ihn jedoch nicht davon ab, abends und an Wochenenden sein Physikstudium im allgemeinen und des Biefeld-Brown-Effekts im besonderen fortzusetzen. Im Lauf der Zeit erfuhr der ursprüngliche »Gravitor« zahlreiche Verbesserungen.

1939 war Brown inzwischen Leutnant der Marine-Reserve und übersiedelte nach Maryland, wo er Material-Ingenieur bei der Glenn L. Martin Company (der späteren Martin Aerospace) in Baltimore wurde. Er war allerdings erst ein paar Monate dort, als ihn die Marine als verantwortlichen Offizier für magnetische und akustische Minenräumforschung und -entwicklung des Bureau of Ships einsetzte.

Kurz nach dieser Ernennung kam Brown dann mit einem frühen Entwicklungsstadium jenes Projekts in Kontakt, das dann wahrscheinlich später im Philadelphia-Experiment gipfelte. Hierzu Dr. Rinehart: »Ich glaube, als er [Brown] aus der Martin Company weg und ins Bureau of Ships geholt wurde, als Offizier für akustische und magnetische Minenräumung, da wurden ihm aufgrund seiner Kenntnisse in Physik alle Projekte vorgelegt, die Ross Gunn, der damalige Direktor des Naval Research Laboratory, für interessant hielt. Und so wurde er auch in Ihr ›Projekt‹ verwickelt – das war sein Ausgangspunkt. Sein Bereich war zuständig für alles, was in dieser Beziehung an Neuigkeiten auftauchte, und sie wollten einen guten Mann für diese Arbeit. Das war Brown. Sie holten ihn, weil

Mangel an Leuten herrschte – besonders an guten – und weil sie jemanden brauchten, der hinsichtlich der Durchsetzung ihrer Pläne kein Duckmäuser sein würde. Und Brown hätte zweifellos sogar mit Captain Parsons wegen dieses Projekts gesprochen. Obwohl meine persönliche Beziehung zu Brown nie weiter als bis zu ein paar gelegentlichen Worten ging – er war ja in einer völlig anderen Abteilung, wie Sie sich erinnern –, kann ich mich doch genau an seine Anwesenheit bei mehreren Konferenzen über dieses Projekt erinnern. Ich glaube, ich habe nicht mehr als ein- oder zweimal ausführlicher mit ihm gesprochen. Er war ein etwas scheuer, zurückhaltender Mensch – ein Mann, dessen Ideen und Bemühungen oftmals mehr von seinen Freunden und Kollegen verfochten wurden als von ihm selbst.«

Es ist fraglich, ob Brown jemals intensiv am Philadelphia-Experiment arbeitete. Doch obwohl er sich zu diesem Punkt eher unverbindlich äußert, erscheint es doch soviel wie sicher, daß er zumindest in einer seiner Eigenschaften damit zu tun gehabt haben muß. Ein großer Teil der Arbeit seines Forschungsteams betraf ja ein der Schiffsentmagnetisierung verwandtes Gebiet. Außerdem befaßte er sich auch mit »irgendeiner äußerst kostspieligen Hochvakuum-Arbeit«, wie er es nannte.

Auf jeden Fall konnte seine Tätigkeit beim Bureau of Ships, wo er für seine Forschungszwecke rund fünfzig Millionen Dollar ausgeben konnte und über mindestens ein Dutzend akademisch gebildeter Mitarbeiter verfügte, als vorbildlich betrachtet werden. Allerdings war sie von nicht allzu langer Dauer, denn in dem schrecklichen Durcheinander, das auf Pearl Harbor folgte, wurde er – mit dem Dienstgrad eines Korvettenkapitäns – nach Norfolk versetzt, wo er seine Forschungsarbeit weiterführen und gleichzeitig die Atlantic Fleet Radar School der Marine leiten sollte.

Einer anderen Quelle zufolge hat er während dieser Zeit einige Vorschläge über die Möglichkeit vorgelegt, wie elektromagnetische Felder zur Erzielung von Radarunsichtbarkeit benutzt werden könnten, besonders bei Luft-zu-Wasser-Situationen. Es ist jedoch nicht bekannt, ob diese Ideen möglicherweise direkt für die laufenden Forschungsarbeiten am Philadelphia-Experiment verwendet wurden oder ob überhaupt jemals etwas aus ihnen gemacht wurde. Brown war nicht der Typ, allzuviel von seinen Ideen herzumachen, es sei denn, sie fanden die bereitwillige Zustimmung anderer.

Trotz seiner Zurückhaltung war er jedoch ein eifriger und hingebungsvoller Arbeiter, der während der nächsten zwei Jahre weiterhin treu seinem Lande diente. Unglücklicherweise machten ihm die viele harte Arbeit und seine persönliche Enttäuschung über den mangelnden Erfolg seiner Projekte, die keine angemessene Anerkennung fanden, derart zu schaffen, daß er im Dezember 1943 einen Nervenzusammenbruch erlitt und zur Erholung heimgeschickt wurde. Auf Empfehlung der Marineärzte wurde er dann bald pensioniert.

Übrigens ist es in diesem Zusammenhang von Interesse, daß Reilly Crabb immer behauptet hat, der Grund für Browns Zusammenbruch hänge direkt mit dem Philadelphia-Experiment zusammen. Sicherlich hätten so verheerende physische und psychische Folgen, wie sie die Besatzung der DE 173 angeblich zu erleiden hatte, ernste Rückwirkungen gehabt; und der Mann, der für die Durchführung eines solchen Projekts verantwortlich war, hätte Kopf und Kragen riskiert. Wenn das stimmt, kann man sich leicht den psychischen Druck vorstellen, der für ihn daraus resultierte. In aller Fairneß gegenüber Brown sollte jedoch vermerkt werden, daß es uns absolut unmöglich war, irgend etwas herauszufinden, was eine solche Schlußfolgerung auch nur im entferntesten zuließe.

Nach sechs Monaten Erholung jedenfalls wurde Brown im Frühsommer 1944 Berater für Radarfragen in der Abteilung für neuartige Anlagen bei der Lockheed-Vega Aircraft Corporation in Kalifornien. Seine Kollegen beurteilen ihn genauso, wie Dr. Rinehart ihn beschrieb, nämlich als »einen ruhigen, bescheidenen, zurückhaltenden Menschen . . . einen genialen Problemlöser in Ingenieurfragen« und »genau den Mann, den man in bedeutenden Forschungsinstituten zu finden erwartet«. Noch interessanter ist, daß er weiterhin an seinem Gravitor-Gerät arbeitete, obwohl er (eigenartigerweise) nicht von Schwerkraft zu sprechen pflegte, wenn er es beschrieb. Statt dessen zog er die wissenschaftlichere, aber entschieden weniger sensationelle Bezeichnung »Spannung im Dielektrikum« vor.

Nachdem er Lockheed verlassen hatte, übersiedelte Brown nach Hawaii und setzte dort seine Forschungen fort. Zum Teil dank der Bemühungen seines alten Freundes A. L. Kitselman, Lehrer für Integralrechnung in Pearl Harbor, erregte zu dieser Zeit Browns Gravitor – gegenüber früheren Versionen um einiges verbessert – das Interesse von Admiral Arthur W. Radford, Oberbefehlshaber der US-Pazifikflotte (später Vorsitzender der Joint Chiefs of Staff unter Präsident Eisenhower, 1953 bis 1957). Admiral Radfords Interesse führte dazu, daß Brown zeitweise der Status eines Beraters der Marinewerft von Pearl Harbor verliehen wurde; doch obwohl der frühere Korvettenkapitän von seinen Marine-Freunden nett behandelt wurde, sahen sie in seiner Erfindung allem Anschein nach mehr eine interessante Kuriosität als irgendeine Art von Schlüssel zur Raumfahrt oder interdimensionalen Fortbewegung. Wäre Brown mehr Geschäftsmann als Wissenschaftler gewesen, hätte vielleicht alles einen anderen Verlauf genommen; anderseits ist es aber auch möglich, daß die

Marine von der während des Krieges durchgeführten Kraftfeldforschung genug hatte und sich jetzt aus Gründen, die auf der Hand lagen, von allen solchen Projekten fernhielt. (Dabei fällt einem Carlos Allendes Aussage ein, daß »die Marine sich fürchtet, solche Resultate zu benutzen«.)

Inzwischen hatten die zunehmenden UFO-Erscheinungen das persönliche Interesse Browns geweckt. Eifrig verfolgte er die Kontroverse zwischen Militär und Wissenschaft Ende der vierziger und Anfang der fünfziger Jahre und äußerte dann seine Überzeugung, daß die Frage nach der Antriebskraft der UFOs vielleicht dann zu lösen wäre, wenn man auf weltweiter Basis und in angemessener wissenschaftlicher Weise an die Sache heranginge. In jenen Tagen war sein Vertrauen in die Fähigkeiten der neuzeitlichen Wissenschaft so groß, daß er sogar mit der Möglichkeit einer baldigen Lösung zu spekulieren wagte, vorausgesetzt, daß Geldmittel und Personal in adäquatem Umfang aufgewendet würden. Natürlich war er sich ständig der Möglichkeit bewußt, daß er selbst durch seine Forschungsarbeit auf dem Gebiet der Elektrogravitation vielleicht schon auf einen Schlüssel zu diesem Rätsel gestoßen war.

Im Jahr 1952, als er nach Cleveland gezogen war, plante er ein Projekt, dem er den Namen *Winterhafen* gab – eine Idee, von der er hoffte, sie nach entsprechender Ausarbeitung dem Militär anbieten zu können. Durch geduldige Forschungstätigkeit war es ihm gelungen, die Hubkraft seines Gravitors so zu steigern, daß der Apparat erheblich mehr heben konnte, als sein eigenes Gewicht betrug – ein Erfolg, der eigentlich jeden respektablen Wissenschaftler oder Pentagonbeamten hätte aufhorchen lassen müssen. Aber anscheinend geschah nichts dergleichen, obwohl der Gravitor ein hochentwickeltes Gerät war und die Demonstrationen äußerst eindrucksvoll verliefen, wie wir sehen werden.

Theoretisch versuchte Brown seine Resultate mit den Begriffen der Einheitlichen Feldphysik zu erklären. Der Punkt, wo sich die Geister scheiden – nämlich die von Brown und der meisten orthodoxen Wissenschaftler –, ist der, daß Brown fest an die Existenz eines beobachtbaren Kopplungseffektes zwischen Schwerkraft und Elektrizität glaubt und daran, daß das, was mit seinem Apparat demonstriert wird, genau dieser Kopplungseffekt ist. Mit anderen Worten: Er behauptet, daß der Biefeld-Brown-Effekt nicht nur ein nachgewiesenes und demonstrierbares Bindeglied zwischen Elektrizität und Schwerkraft darstellt, sondern auch tatsächlich nutzbar gemacht und zu Antriebszwecken innerhalb und außerhalb der Erdatmosphäre verwendet werden kann. Die Ähnlichkeiten mit den angeblich für das Philadelphia-Experiment benutzten Konzepten ist ganz offensichtlich.

Ein »Dielektrikum« ist definiert als ein Material mit der einzigartigen Ei-

111

genschaft, elektrische Energie oder »Ladung« zu absorbieren, ohne diese Energie einfach an benachbarte andere Materialien weiterzugeben. Einige Dielektrika können enorme Mengen elektrischer Energien (auch als »elastische Spannung« bezeichnet) aufnehmen, ohne zu entladen, vorausgesetzt, daß die Energie langsam und bei niedriger Spannung in das Dielektrikum eingespeist wird. Andere wiederum können bei extrem hoher Spannung von mehreren tausend Volt pro Sekunde geladen und entladen werden. Townsend Brown befaßte sich hauptsächlich mit dem letzteren Typ. Unter Verwendung eines solchen Dielektrikums konstruierte Brown einen diskusförmigen (oder untertassenförmigen) Kondensator und beobachtete, unter wechselnder Zuführung verschiedener Gleichstrom-Hochspannungsstärken, den Biefeld-Brown-Effekt in Aktion. Bei richtiger Bauweise und entsprechender elektrischer Spannung (im Kilovolt-Bereich) wurden die diskusförmigen »Luftfolien« zum Fliegen aus eigener Kraft gebracht, wobei sie ein schwaches Summen und einen bläulichen elektrischen Schein abgaben. Wissenschaftlicher ausgedrückt könnte man diesen »Flug« vielleicht besser als »Bewegung unter dem Einfluß der Wechselwirkung zwischen elektrischen und Schwerkraftfeldern in Richtung der positiven Elektrode« bezeichnen.

Im Jahr 1953 gelang es Brown, in einer Laboranlage den Flug einer diskusförmigen Luftfolie mit einem Durchmesser von sechzig Zentimetern in einem Rundkurs von sechs Meter Durchmesser vorzuführen. Bei diesem Vorgang war der tellerförmige Flugkörper durch einen Draht mit einem zentralen Mast verbunden, und durch diesen Draht erfolgte die Versorgung mit der notwendigen Gleichstromspannung von 50 000 Volt mit einer Dauerzuführung von 50 Watt. Der Test ergab eine Spitzengeschwindigkeit von erstaunlichen 51 m/sec (ca. 185/h).

Brown arbeitete mit fast übermenschlicher Entschlossenheit und mit hohem Kostenaufwand, den er selbst bestritt. Bald konnte er seinen eigenen Erfolg noch übertreffen. Bei seiner nächsten Vorführung zeigte er einen Satz von 90-cm-Scheiben bei einem Rundflug von fünfzehn Meter Durchmesser. Dieses spektakuläre Resultat führte dazu, daß die Sache sofort unter strengste Geheimhaltung genommen wurde. Trotzdem blieben die meisten Wissenschaftler, die der Demonstration beigewohnt hatten, skeptisch und neigten zu der Auffassung, daß Browns Bewegungskraft einem, wie sie es nannten, »elektrischen Wind« zuzuschreiben sei – und das, obwohl es eines wahren »elektrischen Orkans« bedurft hätte, um die beobachtete Hubkraft zu erzeugen! Nur sehr wenige von ihnen waren der Meinung, daß der Biefeld-Brown-Effekt etwas Neues für die Welt der Physik darstellen könnte. Nachdem Brown bei der Regierung um eine Subvention für die Fortführung seiner Arbeit angesucht hatte und feststellen mußte, daß da kein Geld zu erwarten war, ging er 1955 tief enttäuscht nach Europa, wo er etwas mehr Enthusiasmus zu finden hoffte. Obwohl er seine erste Demonstration in Großbritannien gegeben hatte, bahnte sich dann auf dem Kontinent und unter der Schirmherrschaft der französischen Firma La Société Nationale de Construction Aéronautique Sud-Ouest (SNCASO) endlich eine vielversprechende Entwicklung an. In einer Testreihe im Forschungslabor dieser Firma ließ Brown einige seiner Scheiben im Hochvakuum fliegen und erzielte erstaunliche Ergebnisse. Brown war begeistert, denn es war ihm nicht nur gelungen zu beweisen, daß seine Scheiben besser *ohne* Luft flogen, sondern er hatte auch gezeigt, daß Geschwindigkeit und Leistung seines »Flugkörpers« durch Zuführung höherer Spannung an die dielektrischen Platten vergrößert werden konnten. In seinerzeitigen Berichten wurden schon Geschwindigkeiten von einigen hundert Stundenkilometern unter Verwendung von Spannungen im Bereich von 100 000 bis 200 000 Volt in Aussicht genommen; und ein Berichterstatter sprach von einem »Flammenstrahl-Generator«, der noch im Planungsstadium war und voraussichtlich eine Leistung von fünfzehn Millionen Volt abgeben würde! Es lagen auch schon Pläne für den sofortigen Bau einer großen Vakuumkammer und eine 500 000-Volt-Energieversorgung vor, als das Unglück zuschlug: Die SNCASO fusionierte mit einer größeren Firma, der Sud-Est. Der Präsident der neu entstandenen Gesellschaft zeigte einen erschreckenden Mangel an Interesse für »diese Forschungsbemühungen um eine abwegige Antriebskraft« und zog die Herstellung realistischerer Produkte vor. Als Folge wurden alle vom früheren Präsidenten angeordneten Maßnahmen zur Weiterführung der Elektrogravitationsforschung summarisch annulliert, und ein zutiefst erschütterter Mr. Brown sah sich 1956 zur Rückkehr in die USA gezwungen.

Innerhalb eines Jahres wurde er der vielbeschäftigte Chefberater für Forschung und Entwicklung des Whitehall-Rand-Projekts, einer neuartigen Anti-Schwerkraft-Untersuchung unter der persönlichen Leitung von Agnew Bahnson, Präsident der Bahnson Company in Winston-Salem, North Carolina. Bahnson war ein ausgesprochener UFO-Fan: Sein innigster Wunsch war es, als erster Mensch den Mond zu betreten. Er baute aus eigenen Mitteln ein gut ausgerüstetes Labor und lud Brown zur Beratung ein. Doch das Schicksal wollte es anders. Gerade als die Dinge einen günstigen Verlauf zu nehmen begannen, kam der erfahrene Pilot Bahnson unter ziemlich merkwürdigen Umständen ums Leben: Sein Privatflugzeug streifte angeblich eine Hochspannungsleitung. Bahnsons Nachfolger waren nicht an seinem Projekt interessiert, und so wurde alles abgeblasen.

Im Jahr 1958 glaubte Townsend Brown weit genug zu sein, eine eigene Firma unter dem Namen Rand International Limited gründen und ihre Leitung übernehmen zu können. Doch obwohl zahlreiche Patente in den USA und im Ausland angemeldet und erteilt wurden, und trotz zahlreicher Vorführungen, die er geduldig immer wieder veranstaltete, um Regierung und Firmen zu interessieren, war ihm noch immer kein Erfolg beschieden. Es war eigenartig, aber so groß das Interesse auch war, das er erweckte, so schnell schmolz es dahin – fast so, als ob jemand (oder etwas?) gegen ihn arbeitete. Zwar existiert die Rand International als Firmenstruktur noch heute, aber in den letzten Jahren waren wenig Aktivitäten zu verzeichnen.

Anfang der sechziger Jahre gab Brown noch ein kurzes Gastspiel als Physiker bei der Electrokinetics Incorporated in Bala Cynwyd, Pennsylvania, und nach Beendigung seiner dortigen Anstellung ging er mehr oder weniger in den Ruhestand. Seither lebt er in Kalifornien und führt in aller Stille seine Forschungsarbeit weiter, in der Hoffnung, daß vielleicht mit etwas Glück eines Tages die Welt aufhorchen wird.

Seinen vorläufig letzten Auftritt hatte er im Rahmen eines Projekts, das »seinen Hauptsitz am Stanford-Forschungsinstitut hat und zusätzlich Unterstützung durch die Universität von Kalifornien und durch das Ames-Forschungszentrum der NASA erhält«. Gegenstand der Forschungsarbeiten, deren Einzelheiten größtenteils noch der Geheimhaltung unterliegen, ist es, festzustellen, ob und welche Verbindung zwischen dem Gravitationsfeld der Erde und der Felselektrizität (oder Petroelektrizität) besteht. Wenn Brown sein erhofftes Ziel erreicht und beweisen kann, daß Petroelektrizität durch das Gravitationsfeld der Erde »induziert« wird, dann wäre ein großes Stück des Weges zur Erhärtung der Einheitlichen Feldkonzeption im allgemeinen, aber auch von Browns eigener Theorie über Elektrogravitation zurückgelegt.

Die Frage, die sich indirekt aus diesem ganzen Kapitel ergibt, lautet: Warum konnte Townsend Browns vielversprechendes Lebenswerk während der letzten drei Jahrzehnte praktisch unbeachtet bleiben? Selbst heute noch ist Brown der Meinung, daß eine weitere Erforschung des Biefeld-Brown-Effekts zu einem sensationellen Durchbruch im Hinblick auf Antriebsmethoden für die Raumfahrt führen würde – gar nicht zu reden von den näherliegenden Verwendungsmöglichkeiten –, wenn die erforderlichen Mittel zur Verfügung stünden. Zugegeben, Forschung ist teuer. Aber sind wirklich finanzielle Erwägungen der Grund für den Mangel an Interesse? Oder wäre es vielleicht möglich, daß ein mehr als dreißig Jahre zurückliegendes Schiffsexperiment noch immer seinen langen Schatten darauf wirft – vielleicht sogar in einem Ausmaß, welches das »Arrangieren« des zweckdienlichen Ablebens eines seiner finanziell einflußreichsten Gönner einschließt? Oder aber die menschliche Rasse ist noch nicht reif für ein so revolutionäres wissenschaftliches Konzept, wie Brown selbst glaubt.

Wie jedoch die wissenschaftliche Forschung der letzten Jahre so eindrucksvoll gezeigt hat, sind andere bis dato unglaubliche Konzepte in bezug auf Raum, Materie, Energie und Zeit inzwischen in der wissenschaftlichen Welt allgemein akzeptiert worden. Man erinnere sich an Haldanes Bemerkung: »Das Universum ist nicht nur wundersamer, als wir es uns vorstellen; es ist wundersamer, als wir es uns vorstellen können.«

11 Die Realität des Unmöglichen

Seit den frühesten Tagen ihrer Zivilisation hat die Menschheit davon geträumt, das Unmögliche möglich zu machen. Selbst die oberflächlichste Betrachtung der Geschichte von Tausenden von Jahren zeigt, daß unsere Vorfahren davon träumten, wie Vögel durch die Luft zu fliegen, den fernen Mond zu erforschen oder in der Tiefe der Weltmeere zu reisen. Mit dem ständigen technischen Fortschritt der modernen Zivilisation jedoch sind die Träume von gestern schnell zu den Realitäten von heute geworden, und die Menschheit sah sich veranlaßt, anderswo nach dem Stoff Ausschau zu halten, aus dem die Träume sind.

Eigenartigerweise ist aber trotz allem modernen Know-how einer unserer ältesten Träume noch immer unerfüllt und in unserer Vorstellung lebendig geblieben. Wer von uns hat nicht mindestens schon einmal davon geträumt, unsichtbar zu sein und ungesehen und unvermutet inmitten seiner Mitmenschen umherzuwandeln? In alter Zeit hielt man Unsichtbarkeit für eine den Göttern – oder Sterblichen wie dem mit einer speziellen Kappe ausgestatteten Perseus – vorbehaltene Fähigkeit. Doch in jüngerer Vergangenheit fand sie ihren Weg nicht nur in unzählige Bücher und Artikel in Zeitschriften, sondern diente auch als Thema einer beliebten Fernsehserie.

Ein besonders attraktiver Aspekt ist die Beherrschung der Unsichtbarkeit in Kriegszeiten. (Man stelle sich die Überraschung eines Feindes vor, der sich hat vorgaukeln lassen, er sei allein auf weiter Flur – bis zum Moment des Angriffs!) Die Vorteile wären fast unbegrenzt – vorausgesetzt natürlich, daß die Sache durchführbar ist. Aber nehmen wir einmal für einen Augenblick an, daß die bisher vorgelegten Beweismittel korrekt sind und daß irgendwer irgendwie entdeckt hat, daß so etwas möglich *ist* – daß durch die richtige Anwendung von Elektronik und Kraftfeldern die Unsichtbarkeit eines begrenzten Bereichs für eine begrenzte Zeitspanne erzeugt werden kann. Und nehmen wir an, eine solche Entdeckung wurde, wie Dr. Rinehart andeutete, unmittelbar vor oder während des Zweiten Weltkrieges gemacht, und ihre Fürsprecher konnten sich beim Militär Gehör verschaffen. Was wäre wohl der wahrscheinlichste Platz zur Durchführung eines kurzfristigen, streng geheimen Testprogramms für solch ein offensichtlich hochinteressantes System elektronischer Tarnung? An Land? Möglich – aber zu welchem Zweck? Selbst wenn ein kleines Stück Land mit Gebäuden unsichtbar gemacht würde, könnte jeder Feind, dem die Koordinaten bekannt sind, den Ort trotzdem bombardieren. Land ist im allgemeinen unbeweglich und ein leichtes Ziel – gar nicht von der Tatsache zu reden, daß jede erfolgreiche Unsichtbarkeit an Land nicht nur rein defensiver Natur wäre, sondern rund um die Uhr (oder zumindest bei Tageslicht) aufrechterhalten werden müßte, um überhaupt einen Sinn zu haben. Die Verwendung an Land scheint daher nicht die erstrebenswerteste zu sein. Flugzeuge? Höchst unwahrscheinlich, wenn man den Umfang und das Gewicht von elektronischen Geräten der vierziger Jahre und die geringe Tragkraft von Flugzeugen bedenkt. Es bleibt also eine Möglichkeit, die allen Anforderungen gerecht wird: Schiffe.

Hat die amerikanische Marine, wie Allende behauptete und wie das bisher von uns geprüfte Beweismaterial zu bestätigen scheint, wirklich die DE 173 benutzt, um ein solches Experiment elektronischer Tarnung durchzuführen? Waren die Folgen so entsetzlich, wie er sagt? Und haben Militär-Wissenschaftler die Resultate solcher Tests als Basis für spätere Forschungsarbeiten im Hinblick auf mögliche Anti-Schwerkraft-Antriebsmethoden benutzt, ähnlich der Energiequelle, von der Jessup und inzwischen auch andere behaupten, sie würde den UFOs dienen? Obwohl dieses Buch bisher unveröffentlichte Informationen bringt, die sehr viele Anhaltspunkte für die Antwort auf diese Fragen liefern, fehlt der notwendige positive Nachweis noch immer.

Kann ein solcher Nachweis erbracht werden? Wahrscheinlich nicht – es sei denn, daß die Unterlagen der Regierung über das Projekt gefunden und veröffentlicht werden könnten. Und ohne den militärischen Decknamen des Projekts zu kennen, wäre das schwierig, wenn nicht unmöglich. Jede Anfrage zu diesem Thema beim Office of Naval Research ergibt im besten Fall einen unverbindlichen Standardbrief, der die ganze Sache rundweg (und wie nicht anders zu erwarten) ableugnet. Hinsichtlich der Affäre Allende/Jessup »hat das Office of Naval Research niemals eine offizielle Studie angeordnet«. In bezug auf das Philadelphia-Experiment selbst »hat das ONR weder 1943 noch zu irgendeiner anderen Zeit irgendwelche Untersuchungen über Unsichtbarkeit angestellt«. Auf die Forderung nach einer offiziellen Schlußfolgerung tendiert das Marineministerium dazu, die ganze Angelegenheit einem schwachen Versuch von »Science-fiction« zuzuschreiben. Andere Regierungsstellen sind sogar noch weniger kooperativ.

Charles Berlitz, einer der Autoren dieses Buches, hat während der Recherchen zu seinem Buch *Spurlos* an gewissen Schlüsselstellen diskrete, aber gründliche Untersuchungen über dieses Rätsel angestellt. Mehrmals wurde ihm kühl erklärt, die ganze Story sei das Produkt jemandes, mit dem die Phantasie durchgegangen sei. Noch ergebnisloser war die Antwort, die sein Versuch erbrachte, das Thema mit Vertretern der Varo Corporation in Garland, Texas, zu besprechen. »Die Firma ist nicht daran interessiert«, sagte man ihm, »dieses Thema mit Ihnen oder sonst jemandem zu diskutieren.« Zusätzlich teilte man ihm mit, es sei nutzlos, die Angelegenheit weiterzuverfolgen; Varo würde »alle Briefe zu diesem Thema sicher unbeantwortet lassen und Telefonanrufe zurückweisen«.

Trotz des offiziellen Stillschweigens gibt es einen Hinweis darauf, daß irgendetwas vor sich gegangen sein muß, und zwar in der Geschichte des berühmten Mentalisten und Magiers Joseph Dunninger. In den ersten Phasen des Zweiten Weltkriegs, lange vor Eintritt der Vereinigten Staaten, erschienen in der Weltpresse offenbar aus Deutschland stammende Berichte über einen von den Briten entwickelten »Geheimanstrich«, der ihre Flugzeuge bei Nacht völlig unsichtbar machte – sogar im Schein der stärksten Suchscheinwerfer. Dunninger, dem natürlich der Wert guter Publicity nicht fremd war, hatte diese Geschichten offenbar gelesen und sofort erkannt, daß man sie für einen Reklametrick ausschlachten konnte. Er beriet sich mit einigen befreundeten Reportern, auf deren vertrauliche Mitteilungen und Ratschläge er des öfteren zurückzugreifen pflegte, und arbeitete eine Pressemitteilung aus, von der er und seine Freunde annehmen konnten, daß sie sofort von sämtlichen Presseagenturen aufgegriffen und im ganzen Land verbreitet werden würde. Tatsächlich lief alles nach Plan, einschließlich der erwarteten Resultate. Eines der typischen Ergebnisse ist die folgende Story, die am 31. August 1940 auf Seite 5 der *New York Times* erschien:

Berichte aus Deutschland, wonach die Briten einen Geheimanstrich für ihre Bombenflugzeuge benutzen, um sie bei Nacht . . . unsichtbar zu machen, haben hier zu bemerkenswerten Erklärungen geführt.

Joseph Dunninger, Magier und Gedankenleser . . . meint, daß die Unsichtbarkeit ihrer Bomber auf einem geheimen Apparat beruht, der in England von dem weltberühmten Magier Horace Goldin entwickelt wurde, der . . . vor einem Jahr verstarb.

Die genaue Beschaffenheit des Geräts, das eine Maschine während des Fluges und bei Tag oder Nacht unsichtbar machen kann, wurde von Mr. Dunninger nicht preisgegeben. Vielmehr versicherte er, daß er selbst für unser Land einen ähnlichen Apparat entwickelt habe. Mr. Dunninger erklärte, daß sein Gerät bei einer Vorführung im US-Marineministerium in Washingston ein Modellschiff unsichtbar gemacht habe.

Eine Erklärung darüber, nach welchem Prinzip es funktioniert, lehnte er ab.

Mit diesem Apparat könne er ein echtes Kriegsschiff völlig unsichtbar machen, behauptet er. Die dafür notwendige Ausrüstung würde nur etwa zehn Prozent des Gewichtes des Schiffes ausmachen. Wie er meint, gibt es keinen Grund, warum seine Methode nicht auch für Flugzeuge Anwendung finden sollte.

Von Reportern buchstäblich belagert und auf dem Gipfel seines Ruhmes, erklärte sich Dunninger »widerstrebend« zu einer Demonstration bereit, die am folgenden Tag im Ruxton Hotel in Washington, D. C., stattfinden sollte. Dort erklärte er den versammelten Journalisten in aller Ruhe, da es ja unmöglich sei, ein Kriegsschiff ins Hotel zu bringen, würde er das Nächstliegende tun und mit dem Bild eines solchen Schiffs arbeiten. Seinem Versprechen getreu, verschwand das Bild prompt vor den erstaunten Augen der Anwesenden. Mrs. Crystal Dunninger zufolge verursachte dieser Trick eine ziemliche Sensation. »Die Reporter wußten einfach nicht, was sie davon halten sollten«, sagte sie.

Am nächsten Tag kam ein Brief vom Marineministerium, der von einem starken offiziellen Interesse für Dunningers »Entdeckung« sprach, um Vorlage zusätzlicher Informationen und darum bat, »so bald wie möglich« eine Demonstration zu arrangieren. Laut Mrs. Dunninger war »das Ganze nichts als ein Jux, und es gab in Wirklichkeit überhaupt keinen Apparat. Und damit war die Sache erledigt.«

Der Haken war nur, daß sie keineswegs erledigt war. Denn als Dunninger nicht auf den Brief reagierte, schickte ihm die Marine zwei Offiziere, um die Angelegenheit mit ihm zu besprechen. Als Endeffekt dieser unerwarteten Wendung sah sich Dunninger gezwungen zuzugeben, daß die ganze Story ein Schwindel war. Dabei räumte er jedoch ein, daß er eine bestimmte Vorstellung davon habe, wie Schiffe *wirklich* unsichtbar gemacht werden könnten, und zwar durch eine künstliche Luftspiegelung, die durch Manipulation der Sonnenstrahlen hervorzurufen sei. Die Forderung, seine Idee schriftlich einzureichen, erfüllte er kurz nach Pearl Harbor. Die Antwort der Marine bestand darin, ihn sofort ein Dokument unterschreiben zu lassen, das ihn unter Eid zu »vollständigem, absolutem und dauerndem Schweigen« über die ganze Angelegenheit verpflichtete.

Was Dunninger wirklich vorgelegt und was die Marine anschließend damit gemacht hatte, blieb unbekannt.

Einen weiteren Hinweis auf das intensive Interesse, das die US-Marine in den späten dreißiger und frühen vierziger Jahren für den Gebrauch von starken Magnetfeldern auf Schiffen, zumindest als Minenabwehrmaßnahme, bewies, gibt ein Buch mit dem Titel *Magnets, the Education of a Physicist* (Cambridge 1956). Sein Autor ist der inzwischen verstorbene prominente Magnetphysiker Dr. Francis Bitter, Gründer des Magnet-Laboratoriums beim MIT. Bitter vermeidet es zwar, zu tief in technische Details zu gehen, widmet aber ein ganzes Kapitel seines Buches der Geschichte, wie die Technologie der elektromagnetischen Schiffsentmagnetisierung als Abwehrmaßnahme gegen die von den Deutschen in den dreißiger Jahren erfundenen hochgefährlichen magnetischen Minen entwickelt wurde.

Nach einem Bericht von C. M. Fowler und T. Erber (*Francis Bitter, Selected Papers and Commentaries*, Cambridge 1969) führte Bitters Forschung »schließlich zu sorgfältig ausgearbeiteten Gegenmaßnahmen, die darin bestanden, *Schiffe für [deutsche] Minen . . . ›unsichtbar‹ zu machen*«. Natürlich sind »Unsichtbarkeit« für die Tastvorrichtungen von Unterwasserminen und Unsichtbarkeit für das menschliche Auge zwei ganz verschiedene Dinge; trotzdem müssen wir uns fragen, ob nicht Bitters Forschung auf diesem Gebiet der »magnetischen Unsichtbarkeit« den Anfang eines komplizierten Projekts bildete, das die totale Unsichtbarkeit anstrebte, die Allende beschreibt.

Es kann keinen Zweifel darüber geben, daß während dieser frühen Experimente relativ starke Magnete und im Zusammenhang damit enorme Magnetfelder in Gebrauch waren. Dr. Bitter selbst schreibt in *Magnets*, daß er mit eigenen Augen »ein relativ großes Schiff sah, das mit einem überaus starken Magneten ausgestattet war, der *viele, viele* Tonnen wog. Es war ein Stabmagnet, der am Bug des Schiffes und nahe dem Oberdeck begann und sich weit nach achtern erstreckte. Den Strom lieferten riesige Generatoren.«

Um festzustellen, ob diese frühen Entmagnetisierungsexperimente tatsächlich Vorgänger des viel komplizierteren Philadelphia-Experiments gewesen sein könnten, wandte sich William L. Moore, einer der Autoren, unter einem Vorwand an einen anderen Wissenschaftler, von dem bekannt war, daß er maßgeblich an den frühen Entmagnetisierungsbemühungen der Marine beteiligt war. Kurze Zeit vorher hatte Moore als Teil eines geplanten Artikels für eine Zeitschrift einen kurzen Bericht über das Leben dieses Wissenschaftlers verfaßt und kam nun auf die Idee, ihm diesen Artikel zur Durchsicht und Begutachtung vorzulegen – nachdem er ihn mit einem nur zu diesem Zweck verfaßten Absatz versehen hatte, um herauszufinden, ob er etwas über Allendes Schiffsexperiment wußte. Also enthielt der Manuskriptentwurf, den er bekam, den folgenden »aufgesetzten« Absatz:

»Während des Krieges war er [der betreffende Wissenschaftler] fast ununterbrochen als Physiker für . . . das Nationale Komitee für Verteidigungsforschung tätig. Bei einem von dessen Projekten wurde zunächst ein Modell, später ein Schiff der US-Marine einem intensiven elektromagnetischen Feld ausgesetzt, um die Wirkungen des Feldes auf materielle Dinge zu beobachten. Das Feld wurde von den marineeigenen Schiffsentmagnetisierungseinrichtungen unter Anwendung des Resonanzprinzips erzeugt, um extrem starke Resultate zu erzielen. Einige Berichte über dieses Projekt sprechen von spektakulären Folgen (zumindest eine Quelle behauptet, das Experiment habe extreme physische Reaktionen bei den betroffenen Mannschaftsmitgliedern verursacht), doch wie auch immer die Resultate wirklich ausfielen, das Projekt wurde 1943 abgebrochen.«

Der Zweck dieser List war es natürlich, die Reaktion dieses Mannes auf das unterschobene Material festzustellen, und zwar daran, was er damit beim Redigieren anstellen würde. Als das Manuskript zurückkam, war eine Überraschung fällig. Wie gewünscht, hatte der Wissenschaftler zahlreiche Vorschläge, Korrekturen, Ergänzungen und Streichungen vorgenommen – *aber den ganzen Test-Absatz hatte er ohne Änderung oder Kommentar stehengelassen!* Das ließ nur zwei Rückschlüsse zu: Entweder war dem Mann beim Redigieren ein grobes Versehen unterlaufen, oder aber hatte das Experiment tatsächlich wie beschrieben stattgefunden! Der Begleitbrief zum redigierten Manuskript unterstrich letzteres. »Was den Entwurf Ihres Artikels anbelangt«, hieß es, »sind die Informationen im wesentlichen völlig korrekt.«

Aber wie steht es mit den Nebenwirkungen? Einer der merkwürdigsten und erschütterndsten Aspekte von Allendes Erzählung ist seine Beschreibung der extremen physischen und psychischen Nebenerscheinungen des Unsichtbarkeitsexperiments bei der Schiffsmannschaft. In der Tat ist es dieser äußerst phantastische Teil der Geschichte, der viele Gegner zu der Schlußfolgerung veranlaßte, daß die Allende-Briefe nichts anderes als groteske Produkte eines Verrückten seien. Schließlich, so argumentieren sie, wenn Kraftfelder beim Menschen Unsichtbarkeit und Wahnsinn auslösen, müßten wir schon längst alle unsichtbar oder verrückt sein. Die Gegenseite vertritt die Meinung, daß solche Effekte wirklich auftraten und daß die daraus resultierende Furcht und Verwirrung seitens der Marine der Grund für die fortgesetzte Geheimhaltung sind.

Einen interessanten neuen Aspekt bekam die Kontroverse 1976, als ein bis dahin streng geheim gehaltener Bericht des Geheimdienstes freigegeben wurde, in dem es um sowjetische Studien der Wirkungen von elektromagnetischen Hochfrequenzfeldern auf den menschlichen Organismus geht. Was an diesem Bericht so verunsichert, ist die stattliche Aufstellung von Veränderungen der Gehirn- und Körperfunktionen, die durch direkte Einwirkung von elektromagnetischen Feldern hervorgerufen werden können, wie die Russen festgestellt haben. Man habe herausgefunden, heißt es weiter, daß solche Felder »große Möglichkeiten bieten, ein System zur Desorientierung und Veränderung des menschlichen Verhaltens zu entwickeln«. Die aufgezählten Wirkungen umfassen unter anderem »schwere neurologische und kardiovaskuläre [Kreislauf-] Störungen, Schwindel, Vergeßlichkeit, Konzentrationsschwäche und abwechselnde Zustände von Angst und Depressionen«.

Der Hauptunterschied zwischen diesen besorgniserregenden Effekten und den noch viel schrecklicheren, die laut Allendes Behauptung die unglückliche Mannschaft jenes Versuchsschiffes der US-Marine erlitt, ist der, daß die Russen die beobachteten Wirkungen durch die Anwendung von elektromagnetischer Feldstrahlung von *niedriger Intensität* hervorrufen. Felder, die durch etwas erzeugt worden wären, was annähernd der Größenordnung des sogenannten Philadelphia-Experiments entspräche, würden ein wesentlich höheres Energieniveau aufweisen.

Noch zwei weitere mögliche Bestätigungen, daß ein solches Experiment wirklich stattfand, kamen in Form von Briefen, und zwar beide auf dem Weg über Dr. Reilly H. Crabb von der BSRF (siehe Kapitel 2). Da war einmal die Kopie eines Briefes von einem Angehörigen der Marine an Dr. Crabb, worin dieser Mann namens Griffin erklärt, er habe von Crabbs Interesse für die Jessup/Allende-Geschichte mit dem verschwindenden Schiff gehört und könne vielleicht etwas dazu beisteuern. Er sei vor ein paar Jahren auf der Mittelmeerinsel Zypern stationiert gewesen, wo er der alten DE 173 begegnete, die zu der Zeit unter dem Namen »Léon« für die griechische Marine fuhr. Laut Griffins Brief war dieses Schiff während seines Hafenaufenthaltes von einem Mann als dasjenige bezeichnet worden, das die Amerikaner während des Zweiten Weltkrieges unsichtbar zu machen versucht hätten. Crabb sagt, er habe dem Brief aus dem Grunde besondere Aufmerksamkeit geschenkt, weil er hier zum ersten Male an jemanden geraten war, der den Namen jenes Schiffes nannte, das in die in den Allende-Briefen erwähnten Unsichtbarkeitsexperimente verwickelt war. Allende selbst hatte in seinen Briefen nur die S. S. *Andrew Furuseth* namentlich genannt und erst viele Jahre später den Namen des Versuchsschiffes als DE 173 preisgegeben! Wenn Griffins Informant den Namen nicht von Allende hörte, woher *hatte* er ihn dann?

Der zweite Brief war sogar noch interessanter. Es war eine Anfrage eines Mr. Shoumake an Dr. Crabb. Nach der einleitenden Bitte um Informationen über BSRF-Veröffentlichungen und -Mitgliedschaft ließ Shoumake seine Bombe platzen: »Mein Onkel«, so schrieb er, »ein pensionierter Warrant Officer der Marine, erzählte in den fünfziger Jahren Einzelheiten von streng geheimen Ereignissen in der Marinewerft von Philadelphia. Durch einen Freund konnte ich mir ein Exemplar Ihrer Veröffentlichung über M. K. Jessup und die Allende-Briefe verschaffen, die einige der verbliebenen Lücken ausfüllte . . .«

Obwohl einer der Autoren dieses Buches (mit Dr. Crabbs Einverständnis) wiederholt versuchte, sich wegen dieser verblüffenden Aussage mit Mr. Shoumake in Verbindung zu setzen, ist leider nichts dabei herausgekommen – weder hinsichtlich jenes Mr. Shoumake noch seines hochinteressanten Onkels. Schwindel? Vielleicht – vielleicht aber auch nicht.

Ein ungewöhnlicher Aspekt bei den Nachforschungen über das Philadelphia-Experiment ist die Vielfalt von Zeugenaussagen, die von Leuten aus den verschiedensten und entlegensten Orten kommen; Aussagen, die manchmal scheinbar unwichtige Einzelheiten liefern, sich dann aber im rechten Zusammenhang mit Zeit und Ort gelegentlich in überraschender Weise bestätigen. Oft stehen Name oder Adresse eines Informanten nicht zur Verfügung, entweder weil inzwischen schon so viel Zeit verstrichen ist oder weil der Informant Angst hat, daß die Preisgabe seiner Identität ihm schaden könnte.

Einen recht außergewöhnlichen Bericht lieferte ein gewisser Patrick Macey, ein Elektronikkonstrukteur und Forscher, als er im Sommer 1977 auf Montage in Los Angeles war. Er und ein Kollege (an den sich Macey nur noch als »Jim« erinnert) hatten sich über UFOs unterhalten und darüber, wieviel die Regierung in dieser Hinsicht »vertusche«.

»Ich hatte einmal ein höchst eigenartiges Erlebnis«, sagte Jim, »als ich im Zweiten Weltkrieg bei der Marine war. Nicht direkt mit UFOs, aber es war ganz schön unheimlich. Ich hatte damals die Aufsicht über das geheime Audiovisionsmaterial, und 1945 in Washington hatte ich einmal während des Dienstes Gelegenheit, einen Teil eines Films über ein auf See durchgeführtes Experiment zu sehen, der einer Menge höchster Marine-Leute vorgeführt wurde. Ich kann mich nur an einzelne Teile des Films erinnern, da ich ja im Dienst war und nicht wie die anderen die ganze Zeit dasitzen und zuschauen konnte. Ich wußte nicht, worum es in diesem Film eigentlich ging, er war nämlich ohne Kommentar. Ich weiß aber, daß er von drei Schiffen handelte. Es wurde gezeigt, wie zwei dieser Schiffe irgendeine Art von Energie in das dritte, mittlere einspeisten. Ich habe damals gedacht, es wären Schallwellen, aber ich weiß nicht, denn ich

122

war ja natürlich nicht eingeweiht. Nach einer Weile begann das mittlere Schiff, ein Zerstörer übrigens, allmählich in einem durchsichtigen Nebel zu verschwinden, bis alles, was man von dem Schiff noch sehen konnte, sein Abdruck im Wasser war. Dann, als das Feld oder was immer das war, abgeschaltet wurde, erschien das Schiff wieder aus dem dünnen Nebelschleier. Das war wohl das Ende des Films, und ich hörte zufällig, wie einige Leute darüber diskutierten. Einige meinten, daß das Feld zu lange eingeschaltet gewesen war und daß dadurch die Probleme verursacht wurden, die ein paar von der Besatzung hätten. Einer erwähnte einen Zwischenfall, bei dem anscheinend einer von der Besatzung einfach verschwand, während er trinkend in einer Bar saß. Ein anderer erzählte, daß die Matrosen ›immer noch nicht recht bei Sinnen wären und vielleicht niemals wieder sein würden‹. Es war auch die Rede davon, daß einige der Männer für immer verschwunden wären. Der Rest der Unterhaltung fand dann außerhalb meiner Hörweite statt.«

Dieser bestätigende (wenn auch im Moment nicht verifizierbare) Bericht trifft auch insofern zu, als er auf die in den Allende-Briefen enthaltenen Informationen und auch auf die erwähnten Zeitungsartikel (siehe Seite 125 f.) anspielt. Man fragt sich, warum ein solcher Film, wenn es ihn wirklich gab, im Jahr 1945 vorgeführt wurde. Eine logische Erklärung wäre, daß nach Beendigung des Zweiten Weltkrieges gewisse Projekte, die während des Krieges aufgegeben oder unterbrochen worden waren, zwecks Einschätzung oder Wiederaufnahme überprüft wurden. Vielleicht war das Philadelphia-Experiment eines davon?

Die Namen mehrerer Wissenschaftler wurden mit der Wiederaufnahme eines solchen Projekts in Zusammenhang gebracht. Die beiden für die Regierung tätigen Wissenschaftler namens Charlesworth und Carroll waren angeblich für die Installierung von Hilfsgeräten auf der DE 173 verantwortlich gewesen und sollen am Experiment teilgenommen haben, wobei sie Aufzeichnungen über die nervlichen Schäden machten, die »auf den Effekt der Wärmedurchlässigkeit infolge der Schwingungen des Magnetfeldes zurückzuführen sind«.

Auch nachdem das Projekt abgebrochen worden war, teilweise wohl wegen der Nebenwirkungen auf die Mannschaft und auch wegen der bevorstehenden Verwirklichung eines anderen Geheimprojekts – der Atombombe –, blieb Charlesworth weiterhin daran interessiert. Es wird von ihm behauptet, daß er nach Beendigung des Zweiten Weltkriegs seinen Vorgesetzten die Wiederaufnahme des Projekts – unter seiner Leitung – vorschlug, und das könnte auch der Anlaß für die oben erwähnte Vorführung des geheimen Filmes gewesen sein.

Dann ist da noch die Geschichte von jenen Zeitungsnotizen, jenen Beweisstückchen, die vielleicht eine Antwort auf das ganze Rätsel wären – wenn man sie finden und verifizieren könnte. Allende zufolge gab es zwei. Die erste will er in einer Tageszeitung von Philadelphia gesehen haben. Sie betraf einen Zwischenfall in einer Bar, bei dem einige wahrscheinlich von dem Versuchsschiff stammende Seeleute auf Landurlaub angeblich sonderbare Symptome zeigten, die auf die bei den Experimenten angewandten Kraftfelder zurückgeführt wurden. Die zweite, die möglicherweise in einer Zeitung des Bezirks Norfolk erschien, berichtete vom plötzlichen Auftauchen und anschließenden Verschwinden eines Schiffes – durch Teleportation? – im Hafenbereich von Norfolk.

Im Verlauf der von einem der Autoren dieses Buchs durchgeführten Untersuchungen haben sich mehrere Leute gemeldet, die sich an diese oder ähnliche Zeitungs- oder Zeitschriftenartikel zu diesem Thema erinnerten. Einer der am häufigsten erwähnten soll zwischen Anfang 1940 und Ende 1944 im *New York World-Telegram* erschienen sein. Reilly Crabb behauptet, daß ihn vor einigen Jahren ein Ermittler anrief und erklärte, er habe wochenlang in der New Yorker Stadtbücherei alle Bände des *World-Telegram* durchsucht, aber nichts finden können. Als einzigen Hinweis entdeckte er allerdings, daß aus einigen Zeitungen der in Frage kommenden Zeitspanne ganze Seiten fehlten.

Andere Quellen behaupten, die Magazine *Life* und *Male* und das *New York World-Telegram* hätten Artikel über das Experiment selbst gebracht. Eine dieser Quellen ist eine wenig bekannte und eher bizarre Abhandlung mit dem Titel *The Hefferlin Manuscript* aus der Zeit vor den Allende-Briefen. Darin ist von einem illustrierten *Life*-Artikel (wahrscheinlich aus den vierziger Jahren) die Rede, der über Unsichtbarkeitsexperimente berichtete, welche während des Zweiten Weltkrieges unter Leitung eines ungarischen Wissenschaftlers durchgeführt wurden. Obwohl der Bericht nicht klarstellt, ob diese Experimente in Ungarn oder in den USA stattfanden, ist die Feststellung interessant, daß jener von Dr. Rinehart als eine der treibenden Kräfte des Unsichtbarkeitsprojekts bezeichnete Dr. von Neumann 1903 in Budapest geboren wurde.

Der wirkliche Schlüssel scheint jedoch jener Artikel zu sein, den Allende im Jahr 1943 gesehen haben will. Obwohl im Lauf der Jahre schon viele behauptet haben, nach diesem Beweisstück gesucht zu haben, war bisher niemand in der Lage, auch nur den geringsten Erfolg zu verzeichnen – sehr zur Befriedigung der Gegner dieser Sache. Mit dem Erscheinen dieses Buches jedoch wird endlich das veröffentlicht, was den Durchbruch in diesem allerwichtigsten Bereich des Rätsels bedeutet: In einem Banktresorfach eines der Autoren liegt die Photokopie eines Zeitungsausschnittes, die er von einem anonymen Informanten zugeschickt bekam und die bis jetzt alle Bemühungen, ihre Authentizität in Zweifel zu stellen, überdauert hat.

Der Zeitungsausschnitt, der weder ein Datum noch einen Hinweis auf die Zeitung trägt, aus der er stammt, lautet wie folgt:

Eigenartige Umstände bei Zwischenfall in Kneipe

Dem Ruf der Marineküstenpatrouille um Hilfestellung bei der Schlichtung eines Kneipenzwischenfalles nahe der US-Marinewerft folgend, erlebten letzte Nacht einige Beamte der Stadtpolizei eine ziemliche Überraschung, als sie bei ihrer Ankunft den Schauplatz ohne Kunden vorfanden. Den beiden sehr verwirrten Kellnerinnen zufolge war die Küstenpatrouille zuerst eingetroffen und hatte das Lokal geräumt – allerdings erst, nachdem zwei der beteiligten Seeleute angeblich einen Akt des Verschwindens vorführten. »Sie wurden einfach zu Luft . . . genau hier«, berichtete eines der verängstigten Mädchen, »und ich hatte wirklich nichts getrunken!« In diesem Moment habe die Küstenpatrouille eingegriffen und alle kurzerhand aus dem Lokal gedrängt, wie sie berichtete.

Eine anschließende Unterhaltung mit dem zuständigen Polizeirevier ließ keinen Zweifel darüber, daß gestern abend gegen 23 Uhr tatsächlich in der Umgebung der Marinewerft eine Art allgemeiner Aufruhr stattfand, doch bezüglich der ausgefalleneren Aspekte der Story konnte weder eine Bestätigung noch ein Dementi abgegeben werden. Ein Zeuge soll die Affäre kurz zusammenfassend als »nichts als ein Riesenwirbel dieser verdrehten Frauenzimmer« abgetan haben, die wahrscheinlich nur auf kostenlose Publicity aus wären, wie er weiter meint.

Der in dem Lokal angerichtete Schaden wurde auf etwa 600 Dollar geschätzt.

Darüber hinaus kann man nicht viel über den Zeitungsausschnitt selbst sagen. Da wir nur eine Photokopie des Ausschnitts besitzen, ist es unmöglich, eine regelrechte Analyse durchzuführen. Nach genauer Untersuchung ergibt sich jedoch als einzige wesentliche Tatsache eine etwas größere Spaltenbreite, als sie in den vierziger Jahren von irgendeiner Tageszeitung in Philadelphia verwendet wurde. Das läßt darauf schließen, daß der Artikel eher aus einer Orts- oder Bezirkszeitung der Umgebung von Philadelphia als aus einer der Zeitungen der Hauptstadt stammt. Als weitere Möglichkeit käme eine Zeitung von Camden oder Newark in Frage – eine Annahme, die teilweise durch die Tatsache gestützt wird, daß der Artikel Druckfehler aufweist und die Camdener Zeitung in den Kriegsjahren in dem Ruf stand, ziemlich schlampig gedruckt zu sein.

Im Hinblick auf die Photokopie selbst hat einer der Autoren mehrfach versucht, etwas über ihre Herkunft herauszufinden – wobei er sogar nicht einmal vor der Anwendung gewisser Tricks zurückschreckte, um den Urheber »auszuräuchern«. Trotzdem war alles vergeblich. Die wahrscheinlichste Vermutung zum Zeitpunkt dieser Niederschrift lautet, daß dieselbe unauffindbare Person, die Reilly Crabb von einem Onkel, »dem pensionierten Warrant Officer der Marine«, erzählte, als Antwort auf eine der Anfragen eines der Autoren diesem den Zeitungsartikel anonym zusandte. Das ist natürlich eine reine Vermutung und stützt sich nur auf die Tatsache, daß der Briefumschlag, in dem der Zeitungsausschnitt geschickt wurde, den Poststempel derselben Stadt trug wie der Umschlag des Briefes an Crabb. Bevor nicht der Artikel selbst wirklich bestätigt ist, entweder indem man die Herkunft der Photokopie oder das Erscheinungsdatum und den Namen der Zeitung feststellt, in welcher der Artikel ursprünglich erschien, wird er weiterhin ein Rätsel bleiben.

Anläßlich von Vorträgen über das Bermuda-Dreieck während der letzten Jahre in vielen amerikanischen und europäischen Städten hat einer der Autoren, Charles Berlitz, immer wieder von Zuhörern Berichte erhalten, die das Philadelphia-Experiment bestätigen, obwohl er es in seinen Vorträgen nur ganz kurz erwähnte. In den Städten Philadelphia, Trenton, Baltimore und Washington geschah das besonders häufig. In vielen Fällen behaupteten die Leute, daß sie zur fraglichen Zeit in der Marinewerft von Philadelphia beschäftigt waren. Oder sie hatten im Konvoidienst von den unheimlichen Vorgängen um die DE 173 erfahren. Andere hatten Seeleute gekannt, die in das Experiment verwickelt waren, oder seinerzeit von den verschwindenden Radaubrüdern in der »Seamen's Lounge« gehört.

In jedem Fall jedoch bekundeten all diese Leute die feste Entschlossenheit, ihre Namen nicht anzugeben – sei es unter Hinweis auf die seinerzeitigen strengen Geheimhaltungsvorschriften oder sei es unter Hinweis auf die ihnen möglicherweise drohenden Gefahren.

Weitere Berichte treffen laufend ein. Einer davon ist ziemlich aufsehenerregend und wurde von einer Frau geliefert, welche die betroffene Person gut kannte. Es handelt sich um eine gewisse Marie Warchowski (oder Witkowski), die angeblich ein Verhältnis mit einem der Matrosen der DE 173 hatte. Als sich bei ihm »seltsame Symptome« als Nebenwirkungen des Feldes zeigten, schaffte ihn die Marine in aller Eile ins Bethesda-Hospital. Marie war von diesem Zwischenfall sehr mitgenommen, gab sich ihrer Verzweiflung hin und wurde kurz darauf bei einem »grotesken Unfall« getötet.

Ein weiteres Problem bilden die immer wieder auftauchenden merkwürdigen Umstände im Zusammenhang mit Jessups Tod. War es wirklich

Selbstmord, wie es den Anschein hatte, oder wurde er ermordet, weil er zuviel wußte? Erst kürzlich kamen wieder neue Hinweise zutage.

Der erste Anhaltspunkt kommt von Mrs. Anna Genslinger aus Miami, die sich zusammen mit einem befreundeten Polizeileutnant Zugang zu den Akten des Leichenbeschauers von Dade County, Florida, über den Fall Jessup verschaffte. Aus diesen Unterlagen geht hervor, daß Jessups Blut zum Zeitpunkt seines Todes mit einer normalerweise mehr als tödlichen Menge Alkohol übersättigt war. Mrs. Genslinger zufolge nahm Jessup zu dieser Zeit auch ständig Medikamente, die zusammen mit einer derartigen Menge Alkohol sofort tödlich gewirkt haben könnten, zumindest aber weit mehr als ausreichten, ihn völlig bewegungsunfähig zu machen. Er wäre absolut nicht in der Lage gewesen, aus eigener Kraft ins Auto zu kommen, geschweige denn noch mehrere Kilometer bis zum County Park zu fahren, eine Selbstmordankündigung zu schreiben und dann den Schlauch am Auspuffrohr seines Wagens zu befestigen. Übrigens wurde nie eine Autopsie vorgenommen – eine höchst ungewöhnliche Vorgangsweise bei einem Selbstmord. Selbstverständlich ist das noch kein Beweis für Mord, aber immerhin sehr aufschlußreich.

Ebenso interessant ist der Fall des Schriftstellers und Forschers James R. Wolfe, der sich einige Zeit mit Ermittlungen über das Allende-Rätsel befaßte. Wolfe hatte ein Buch über dieses Thema zu schreiben begonnen, als er plötzlich verschwand, noch bevor das Buch vollendet war. Merkwürdigerweise führte Wolfes Verschwinden zur Entdeckung weiterer, im nächsten Kapitel behandelter Hinweise. Vor seinem Verschwinden jedoch hatten Wolfe und einer der Autoren, William L. Moore, Informationen ausgetauscht. Als sie die Möglichkeit diskutierten, daß Jessup ermordet wurde, erklärte der ehemalige Marineangehörige Wolfe, daß er es zunächst nicht geglaubt hatte, später aber davon überzeugt wurde. Er fuhr fort, der Hauptgrund für die noch immer anhaltende Geheimhaltung des Philadelphia-Experiments sei nicht der Schaden, den das Wissen darüber der Marine zufügen würde – sondern es könne vielmehr das Image *eines gewissen Mannes* darunter leiden. Laut Wolfe hatte dieser Mann mehr als genug Einfluß, um nicht nur die Ermordung von Jessup zu veranlassen, sondern auch für einen reibungslosen Ablauf zu sorgen. Wolfe sagte nicht, an welchen Mann er dabei dachte – und er wurde auch nicht danach gefragt.

Aus einer anderen Richtung wurde uns ein weiterer wahrscheinlicher Anhaltspunkt geliefert, und zwar durch einen Gewährsmann von Charles Berlitz, einem der beiden Autoren. Dieser Mann, der sich entschieden weigerte, namentlich genannt zu werden, vertraute Berlitz an, er habe in den Unterlagen der Marine in Washington, D. C., streng geheime Dokumente gesehen, aus denen hervorging, daß zumindest einige Phasen des Experiments *noch immer* im Gange sind. Außerdem wird über wissenschaftliche Abteilungen privater Universitäten berichtet, von denen einige möglicherweise von der Regierung subventioniert sind und Forschungen auf dem Gebiet der magnetischen Teleportation betreiben, wobei Unsichtbarkeit als Begleitumstand der Experimente auftritt. In Berichten aus jüngster Vergangenheit wird erwähnt, daß solche Versuche in der Forschungsanlage der Stanford University in Menlo Park, Palo Alto, Kalifornien, und am MIT in Boston stattfinden. Um jedoch mit den Worten eines der Informanten zu sprechen, des Psychologen M. Akers aus San José, Kalifornien: Solche magnetischen Experimente »werden scheel angesehen, weil sie negative Folgen für die Forscher haben«.

Hat das Philadelphia-Experiment tatsächlich stattgefunden? Findet es vielleicht noch immer statt? Das letzte Kapitel über diese inoffizielle Untersuchung liefert das allerseltsamste der bisher aufgedeckten Teile zum Puzzle.

12 Der Kreis schließt sich

Das erste Kapitel dieses Buches berichtete von einer zufälligen Begegnung in einem Park in Colorado Springs, die zu einer erstaunlichen Bestätigung des Philadelphia-Experiments führte. Einem neutralen Ermittler könnte jener Bericht natürlich zweifelhaft erscheinen, und zwar vor allem wegen der Behauptung, daß einige der in das Schiffsexperiment verwickelten Männer in eine andere Welt übergegangen wären und seltsame fremdartige Wesen gesehen und mit ihnen gesprochen hätten. Es ist ja auch nicht leicht zu glauben, daß die US-Marine im Verlauf ihrer Arbeit mit Kraftfeldern und ihrer Versuche in bezug auf Radarunsichtbarkeit unversehens auf den Weg zu einer anderen Welt stieß oder daß die US-Regierung vor so langer Zeit schon durch das sogenannte Philadelphia-Experiment tatsächlich mit einer fremden Zivilisation in Kontakt kam und diesen Kontakt auf streng geheimer Basis bis zum heutigen Tage *aufrechterhielt*. Nichtsdestoweniger, wenn es so *wäre*, würde das den offiziellen Vorhang des Schweigens über so viele Themen erklären, nicht zuletzt über UFOs. Aber wie sollte man das beweisen? Sicherlich kann man die unbestätigte Aussage eines nicht identifizierten Mannes in einem Park in Colorado kaum als schlüssigen Beweis werten. Was könnte man anderes tun, außer den Mann zu finden – was auf jeden Fall äußerst unwahrscheinlich ist? Und selbst wenn man ihn ausfindig macht, was könnte er über das hinaus bieten, was er schon erzählt hat?

Wenn wir eine Bestätigung für eine derart bizarre Behauptung finden wollen, muß das durch andere Zeugen geschehen – durch jemanden, der nichts mit dem Davis/Huse-Vorfall zu tun hatte, der aber die gleichen oder sehr ähnliche Tatsachen berichten kann. Durch eine solche Informationsquelle würde diese bisher eher unglaubliche Geschichte ganz gewiß eine wesentlich höhere Glaubwürdigkeit erlangen. Aber können wir eine solche Quelle finden?

Kürzlich aufgetauchte Nachrichten deuten zunächst auf eine andere Quelle hin. Der Vorgang, welcher zu ihrer Entdeckung führte, ist fast so bestürzend wie die Geschichte selbst und bringt uns schließlich zu jenem Forscher und Schriftsteller James R. Wolfe zurück, von dem im vorigen Kapitel berichtet wurde, daß er auf eigene Faust zu einigen Schlußfolgerungen hinsichtlich der Beziehung zwischen Allende und dem Philadelphia-Experiment gelangt war. Hier der Bericht William L. Moores, eines der Autoren dieses Buchs:

Im Februar 1978, einige Monate nach meinem letzten Kontakt mit Wolfe, hörte ich erstmals von verschiedenen Seiten, daß Wolfe verschwunden sei. Einen Hinweis erhielt ich von meinem Co-Autor Charles Berlitz, der die Geschichte von einem Geschäftsfreund aus der Verlagsbranche hatte. Ich war zwar neugierig, aber mit anderen Dingen so beschäftigt, daß ich der Sache nicht sofort nachging; und als ich dann endlich an Wolfe schrieb, kam der Brief als »unzustellbar« zurück. Ich fand das eigenartig, schob aber weitere Schritte wieder hinaus, bis ich mehr Zeit haben würde.

Dann kam es zu einer ganzen Reihe von außergewöhnlichen Ereignissen. Anfang Mai 1978 erhielt ich den Anruf einer Frau namens Michelle Alberti, die sich als Sekretärin bei CUFORN Incorporated vorstellte, einer spiritistischen Forschungsgruppe in Willowdale, Ontario (Kanada). Sie erklärte, daß sie bei der Ermittlungstätigkeit ihrer Gruppe hinsichtlich des Philadelphia-Experiments von einem gewissen James R. Wolfe gehört habe, der angeblich über die Sache informiert sei. Als sie ihn ausfindig zu machen versuchte, hatte sie zu ihrer Enttäuschung erfahren, daß er »verschwunden« sei. Weitere Nachforschungen hätten »Beweise« dafür ergeben, daß er tot ist. Da ihr sofort der Verdacht auf einen weiteren »Todesfall à la Jessup« kam, rief sie Gray Barker in Clarksburg, West Virginia, an, um ihn zu fragen, was er darüber wußte. Bei diesem Gespräch gab ihr Barker meinen Namen. Ich sei nicht nur mit einer eingehenden Untersuchung über das Philadelphia-Experiment befaßt, sondern wäre auch in regelmäßiger Verbindung mit Wolfe gestanden. »Und darum rufe ich Sie an«, sagte sie. »Können Sie mir irgend etwas über die Umstände von Wolfes Tod sagen?«

Nachdem ich mich von meinem ersten Schock erholt hatte, konnte ich ihr nicht allzuviel weiterhelfen. Ich gab zu, daß ich gerüchtweise von Wolfes Verschwinden gehört hatte, aber nichts Genaues darüber wußte. »Daß Sie mir jetzt erzählen, er sei tot«, sagte ich, »ist ein ziemlicher Schock für mich.« Ich versprach ihr, mich zu melden, wenn sich irgend etwas ergeben sollte. Wolfes Verschwinden und sein angeblicher Tod sind zum Zeitpunkt dieser Niederschrift noch immer ein Rätsel.

Zwei Fragen stellen sich: Wie und warum wurde dieses Gerücht ausgestreut, und wo befindet sich Wolfe jetzt? Im Verlauf des Gesprächs fragte ich Michelle Alberti, wie sie dazu gekommen sei, sich für das Philadelphia-Experiment zu interessieren. »Das steht im Zusammenhang mit unserer Untersuchung einer Begegnung der dritten Art hier in Kanada«, sagte sie. Und das war ihre Geschichte:

Am späten Abend des 7. Oktober 1975, einem Dienstag, erhielt der siebenundzwanzigjährige Tischler Robert Suffern im ländlichen Bracebridge, Ontario, einen Telefonanruf seiner Schwester, die ein Stückchen weiter an derselben Straße wohnt. Sie bat ihn, er möge doch einen eigenartigen Lichtschein untersuchen, der von einer nahen Scheune zu kommen schien. Suffern fuhr sofort zu der Scheune hinüber und sah sich kurz um. Da er nichts Ungewöhnliches entdecken konnte, fuhr er wieder los, um seine Schwester aufzusuchen. Da sah er plötzlich zu seiner Bestürzung ein dunkles, untertassenförmiges Objekt mit einem Durchmesser von etwa 3,5 bis 4 Meter, das auf der kiesbedeckten Straße vor ihm hockte. »Ich hatte Angst«, erzählte er später einem Reporter der *Toronto Sun*. »Es war direkt vor mir, ohne Licht und ohne ein Zeichen von Leben.« Sein Auto war noch nicht ganz zum Halten gekommen, sagte er, als das Objekt »senkrecht hochstieg und verschwand«.

Sufferns Story zufolge hatte er kaum seinen Wagen gewendet, um nach Hause zu fahren, als eine seltsame, etwa 1,20 Meter große menschenähnliche Gestalt mit »sehr breiten Schultern, die nicht in Proportion zum übrigen Körper standen«, in silbergrauem Anzug mit kugelartigem Helm, auf die Straße und genau vor sein Auto lief. Suffern trat voll auf die Bremse, kam auf dem losen Kies ins Schleudern und vermied nur knapp einen Zusammenstoß mit diesem Wesen, das prompt auswich, zum Straßenrand lief, über einen Zaun sprang und in einem Feld verschwand. In Sufferns Aussage gegenüber dem *Sun*-Reporter hieß es: »Als die Gestalt zum Zaun kam, legte sie eine Hand auf einen Pfosten und setzte völlig mühelos darüber hinweg, so als hätte sie kein Gewicht.«

Völlig verwirrt durch diese Begegnung, raffte sich Suffern schließlich so weit auf, nach Hause zu fahren. Doch als er dann aus dem Fenster sah, mußte er entdecken, daß das UFO zurückgekommen war und diesmal langsam dicht über der Straße schwebte.

Im nächsten Moment umflog es einen Hochspannungsmast und verschwand wieder, anscheinend kerzengerade hinauf in den Nachthimmel.

Weder Verwandte und enge Freunde noch Reporter, Untersuchungskommissionen und einfach Neugierige, die sein Farmhaus in den nächsten Wochen aufsuchten, konnten ihn von dieser Geschichte abbringen.

»Ich weiß, was ich gesehen habe«, sagte er. »Und ich lege nicht den geringsten Wert darauf, dieses Wesen noch einmal wiederzusehen.«

Wenn die Geschichte hiermit endete, wäre sie nicht mehr als eine weitere Ergänzung der ständig wachsenden Liste von mysteriösen und schwer überprüfbaren Fällen von Begegnungen der dritten Art in den letzten Jahren. Aber es ging noch weiter. Am 15. Juli 1976, also etwa neun Monate nach dem Zwischenfall von Bracebridge, folgte Harry Tokarz, einer der CUFORN-Ermittler, zusammen mit einem Filmemacher »den Spuren von mehreren UFO-Berichten in ganz Ontario« zur eventuellen Verwendung in dem Dokumentarfilm *UFO – The Canadian Perspective*. Da sie sowieso in der Gegend von Bracebridge waren, entschlossen sie sich zu einem Besuch bei Suffern, um vielleicht noch etwas Brauchbares über den Vorfall aus dem Jahr 1976 zu erfahren.

Weder Suffern, den Tokarz als einen Menschen beschreibt, »der seine Gedanken gut abwägt«, noch seine Frau, »ein hausbackenes Mädchen vom Lande, das mit seinen Ansichten nicht zurückhält«, zeigten besonderes Interesse für eine Diskussion über UFOs – was nicht allzusehr überrascht, wenn man den Streß bedenkt, dem das Ehepaar nach dem Zwischenfall im Oktober ausgesetzt war. Es bedurfte des Versprechens, keinerlei Ausrüstung mitzubringen, und der ehrenwörtlichen Zusage, daß es nur darum ging, »neue Einzelheiten zu erfahren, die bei . . . den Untersuchungen des vergangenen Jahres noch nicht zutage kamen«, bevor sie überhaupt zu einem Gespräch bereit waren. Das Ergebnis war ein fünfstündiges hochinteressantes Interview.

»Nachdem die Sufferns sich erst einmal auf das Thema UFO eingestellt hatten, kamen zwei interessante Tatsachen ans Licht. Einmal, daß sowohl Suffern als auch seine Frau der Meinung waren, über UFOs völlig aufgeklärt zu sein, ohne der Sache aber viel Bedeutung beizumessen. Und zweitens entdeckten wir, daß sie das folgende noch mit *niemandem* besprochen hatten.«

Übrigens ist der einzige Grund dafür, daß die Sufferns diese verblüffenden Enthüllungen überhaupt machten, einem Versprecher von Mrs. Suffern im Laufe des Interviews zu verdanken.

Zitat aus Tokarz' Bericht, der im Mai 1977 in der CUFORN-Zeitschrift *The Pulse Analyser* erschien:

Nachdem wir nun schon einmal auf die tatsächliche Situation aufmerksam geworden waren, ließ Suffern seine Vorsicht fallen und entschloß sich, uns ins Vertrauen zu ziehen. Zunächst zögernd, begann er doch bald, eindringlich über die Angelegenheit zu sprechen. Es schien ihm sehr viel an unserem Interesse für diese Sache zu liegen, und je weniger wir fragten, desto mehr erzählte er . . .

Am 12. Dezember 1975, als die Sufferns allmählich wieder Ordnung bei sich einkehren sahen (nachdem ihre Farm wochenlang von Andenkenjägern buchstäblich überschwemmt war), wurden mit einem Straßenkreuzer der Ontario-Provinzpolizei drei Männer zu ihrem Haus gebracht. Sie waren in voller Uniform, hatten eindrucksvolle Empfehlungsschreiben und stellten sich als *Oberste Dienstgrade* der Kanadischen Armee in Ottawa, der US-Luftwaffe, Pentagon, und des US-Marine-Geheimdienstes vor. Suffern, der bis dahin über seine UFO-Begegnung recht beunruhigt gewesen war, behauptete, daß *alle* seine Fragen von diesen drei hilfreichen Herren *rückhaltlos und ohne Zögern* beantwortet wurden. »Sie legten ihre Karten auf den Tisch« und gaben ihm die Antworten über das Woher, das Was und das Warum. Sie ließen durchblicken, daß die Regierungen der USA und Kanadas schon seit 1943 alles über UFOs wußten und seither mit den *fremden Wesen* zusammenarbeiteten!
Als wenn das nicht schon genug gewesen wäre, um es auf einmal zu schlucken, werfen uns die militärischen »Alleswisser« noch einen Brokken hin, indem sie sich nämlich für den unliebsamen Zwischenfall vom 7. Oktober *entschuldigen.* Sie behaupteten, es wäre eine *Panne* gewesen! Suffern sprach den Gedanken aus, daß es sich wohl um ein supergeheimes Militärflugzeug gehandelt habe. Nein, sagten sie, es war eine Fehlfunktion der Untertasse, die sie zur Landung auf seinem Grundstück zwang, komplett mit ihrer Besatzung fremder Wesen. Mrs. Suffern konnte das nicht glauben, doch als sie eingehendere Fragen stellte, rückte einer der Offiziere mit der genauen Landezeit heraus – auf die Minute –, eine Einzelheit, von der nur die Sufferns wußten und die sie niemandem weitererzählt hatten. Übrigens hatten sie insgesamt drei UFO-Sichtungen über ihrem Grundstück, wovon sie aber nur die letzte meldeten, und *wieder* gab ihnen das allwissende Trio die genauen Daten und Uhrzeiten bekannt. Sie waren mit einer ganzen Ladung von Büchern und Daten (komplett mit MG-Fotos von UFOs) ausgerüstet und betonten nochmals, daß die Landung eine *Panne* war und nicht hätte passieren dürfen . . .

. . . Ferner erfuhren wir, daß die Militärs von den UFO-Besatzungen noch immer als »Humanoiden« sprechen. Die erste Kontaktaufnahme hatte offenbar im Jahr 1943 stattgefunden, und unsere Armee ist seither über die Bewegungen der fremden Wesen auf unserem Planeten unterrichtet . . .

. . . Suffern bestand unerbittlich darauf, daß alle seine Fragen über den Flugkörper und seine Insassen »zu seiner Befriedigung« beantwortet würden, trotz der Tatsache, daß schon (viele) zivile Ermittler ihn besucht und alternative Hypothesen angeboten hatten, um das Rätsel für ihn zu lösen. Viele kamen der Sache nahe, doch keiner antwortete mit dem gleichen »Grad an Genauigkeit« . . .

. . . Der kritische Punkt bei Sufferns Begegnung ist die Tatsache, daß er beinahe einen Autozusammenstoß mit einem physischen Wesen hatte, das mit einem einteiligen silbrigen Anzug bekleidet und von gedrungener Gestalt war. Wenn eine Kontaktaufnahme *wirklich* stattgefunden hatte, dann hätte es schlimme Folgen haben können, wenn er dieses Wesen tatsächlich überfahren hätte. Das könnte der Grund für die militärische Intervention und die ungewöhnliche Offenheit sein . . .

Die Sufferns bleiben fest bei ihrer Aussage, daß die drei Militärs alle ihre Fragen sofort und mit unheimlicher Präzision beantworteten. Suffern selbst behauptet, die Identität dieser drei Leute zu kennen und beweisen zu können, daß sie keine Schwindler waren. Er stellt auch in Abrede, daß er an die kanadische Geheimhaltungsverfügung gebunden sei, und nennt als einziges Motiv dafür, daß er die Details für sich behält, »moralische Gründe«: Er wolle einfach nur seinen Teil des Übereinkommens erfüllen und sich in dieser Sache an die »Wünsche der Regierung« halten.

Ein weiterer interessanter Punkt ist die offensichtliche Existenz gewisser, nicht veröffentlichter Hinweise, die der Ermittler von CUFORN behauptet ausgegraben zu haben und die besagen, daß die kanadischen und die US-Behörden die Sufferns einer gründlichen medizinischen und psychologischen Untersuchung unterzogen, bevor sie sich dann im Dezember insgeheim mit ihnen trafen – vielleicht zu dem Zweck, im vorhinein beurteilen zu können, wie die Sufferns auf die Enthüllungen reagieren würden, die ihnen bevorstanden.

Dieser Bericht, so phantastisch er auch erscheinen mag, steht in wesentlichem Zusammenhang mit den Enthüllungen, die jener Mann im Park von Colorado Springs einige Jahre vorher gegenüber Davis und Huse machte. Könnte Suffern von diesem Vorfall gehört und ihn benutzt haben, seine eigene Version der Story zu schaffen? Der Hinweis auf eine »Kontaktaufnahme mit fremden Wesen im Jahr 1943« und das verblüffende Erscheinen eines amerikanischen Offiziers vom Marine-Geheimdienst – der normalerweise nicht das geringste mit UFO-Forschung zu tun hat – sind ganz besonders überraschend.

Die Erwähnung von UFOs oder »fremden Wesen« ist natürlich dazu prä-
destiniert, Zweifel an der Authentizität jedes rätselhaften Ereignisses
oder jeder Theorie darüber aufkommen zu lassen. Trotzdem scheinen
UFOs eine Tatsache zu sein, ganz gleich welcher Herkunft, welcher
Identität oder zu welchem Zweck, und jene Techniker, die mit dem Weltraum zu tun haben – also Astronomen, Astronauten, Physiker und Kos-
mologen –, sind UFOs gegenüber oft viel weniger skeptisch als Regierungsbehörden. Einige Wissenschaftler, die weder für den Beweis noch
für den Gegenbeweis der Anwesenheit von UFOs an unserem Himmel
kämpfen, stellen Überlegungen an, warum sie sich wohl zu gewissen Zeiten an gewissen Orten manifestieren sollten.

Professor Stan Friedman, ein Nuklearphysiker in Hayward, Kalifornien,
nennt als Grund, warum die fremden Intelligenzen durch das Philadelphia-Experiment angezogen worden sein könnten, die starke Konzentration von elektromagnetischem »Überfluß«, den das Experiment erzeugte.
Professor Friedman hat persönlich eine Anzahl von anderen Fällen untersucht, wo Berichten zufolge UFOs als unerwünschte Reaktion auf elektromagnetische Experimente erschienen; nach seiner Theorie würden UFOs,
wenn sie unsere Erde beobachten, wahrscheinlich eine funktionelle elektromagnetische Landkarte benutzen, und wenn dann irgendwo helle
Flecken oder Punkte erscheinen, für die aus ihrem Raster keine genaue
Begründung ersichtlich ist, würden sie natürlich deren Ursache an Ort
und Stelle untersuchen.

Die Suche nach Informationen über das Philadelphia-Experiment hat zu
vielen Orten, vielen Menschen und zahllosen Akten, Aufzeichnungen –
und in viele Sackgassen geführt. Doch sie hat auch gelegentlich Dinge
aufgedeckt, die man gar nicht wissen wollte oder nie vermutet hätte, vor
allem Hinweise auf außerirdische (oder interdimensionale) Wesen. Wenn
ein Schiff nach Plan oder aus Versehen in einen anderen Raum oder in ein
anderes Energiekontinuum versetzt werden *könnte*, wäre es nicht unwahrscheinlich, daß seine Besatzung auf der anderen Seite des Unsicht-
barkeits-Vorhangs, der benachbarte, aber nicht tangierende Welten ver-
hüllt, auch mit deren Wesen zusammentreffen würde. Man stelle sich die
interessante Möglichkeit vor, daß bei einem vor mehr als fünfunddreißig
Jahren von der Marine der Vereinigten Staaten geförderten Experiment
zufällig der Weg durch ein Tor zu einer anderen Welt gefunden wurde
und daß dieses Experiment und seine Resultate seither ein streng gehütetes Geheimnis geblieben sind.

Unabhängig davon, ob diese Annahme zutrifft oder nicht, ist noch immer die erstaunliche Frage offen, welches Motiv die Geheimdienste der
USA und Kanadas gehabt haben könnten, solche Informationen an die

Sufferns weiterzugeben. Es kann mehrere ganz unterschiedliche Möglichkeiten geben:

1. Es ist der Teil eines Planes, der Öffentlichkeit während einer längeren Zeitspanne die Wahrheit Stück für Stück beizubringen – unauffällig in kleinem Maßstab beginnend und allmählich zu Offiziellerem übergehend.

2. Das Ganze ist eine Verfahrensweise der Geheimdienste, um entweder die psychologische Wirkung zu testen, die eine solche Story auf gewisse »Zielpersonen« ausüben würde, oder eine bereits unklare Sache noch mehr zu vernebeln.

3. Es gab tatsächlich einen beinahe tragischen Unfall, und eine Regierungsstelle wurde von den Außerirdischen beauftragt, sie dafür zu »entschuldigen«.

Außer diesen Möglichkeiten mag es natürlich noch andere geben, die mit Motiven und Kräften zusammenhängen, die für uns noch zu undeutlich sind, als daß wir ihnen Namen geben könnten.

Das war in gewisser Hinsicht auch ein bemerkenswertes Charakteristikum des angeblichen Philadelphia-Experiments. Aber irgend etwas ist im Jahr 1943 in der Marinewerft von Philadelphia passiert, das deutliche Spuren in Erzählungen, in Büchern, in Zeitungsartikeln, in Dokumenten und im Gedächtnis der Menschen hinterlassen hat.

Es wäre natürlich nicht das erste Mal, daß eine wissenschaftliche Errungenschaft ihrer Zeit voraus ist und wegen unvorhergesehener Nebenwirkungen aufgegeben wurde – oder einfach deshalb, weil die Notwendigkeit des Experiments nicht mehr gegeben und etwas anderes vordringlicher war, so daß, wie in diesem Fall, die »erfolgreiche« Atombombe dem schwer kontrollierbaren Unsichtbarkeitsexperiment mit seinen interdimensionalen Konsequenzen gegenüberstand.

Man sollte hier die Meinung des anerkannten Wissenschaftlers Dr. James Moffet, Physiker an der Universität von Toronto, beherzigen. Auf die Frage, ob eine Sache wie das Philadelphia-Experiment passieren konnte, antwortete er, daß auf kosmischer oder astrophysikalischer Ebene solche Phänomene »ständig« auftreten. Wie er sagt, ist er an die Arbeit mit Problemen dieser Art wie an etwas Alltägliches gewöhnt, obwohl sie ganz strikt auf große Energiemengen und große astrophysikalische Körper beschränkt sind. »Ein solches Phänomen unter den derzeitigen hiesigen Umständen auf die Ebene der Erde herunterzubringen«, lauten seine Worte, »scheint nicht in den Rahmen gegenwärtiger Theorien zu passen. Allerdings müssen Sie bedenken, daß Einstein, als er 1905 seine Relativitätstheorie verkündéte, dies im Hinblick auf große Körper astrophysikalischer Größenordnung tat. Es kam ihm gar nicht in den Sinn, daß seine Theorie auch auf Aktionen anwendbar sein könnte, die zwischen einzelnen Atomen stattfinden. Als in den dreißiger Jahren offenbar wurde, daß die kontrollierte Atomspaltung möglich ist, machte das eine neuerliche Überprüfung der Relativitätstheorie im Hinblick darauf notwendig, ob sie auch eine solche Möglichkeit vorsieht. Das ist der Fall, und dieses Ergebnis diente dazu, die Theorie selbst zu bekräftigen. Dasselbe *könnte* für die Einheitliche Feldtheorie zutreffen, die derzeit nur auf astrophysikalischer Ebene anwendbar scheint, die jedoch weitere Anwendungsmöglichkeiten haben *könnte,* welche die Wissenschaft noch nicht entdeckt hat. Für einen wirklichen Physiker ist es deshalb notwendig, immer unvoreingenommen zu bleiben.«

Obwohl milde formuliert, ist diese letzte Ermahnung Dr. Moffets gleichzeitig ein Aufruf, die fernen Weiten des Universums, die unendliche Struktur der Materie und die schrankenlosen Randgebiete der Zeit zu erforschen.

Das Rätsel um das Philadelphia-Experiment ist noch nicht aufgeklärt, und seine endgültige Antwort mag tief in den Akten des US-Marineministeriums ruhen. Vielleicht ist der ganze Vorfall ein Märchen und fand niemals statt, wie die Marine so beharrlich behauptet. Wenn man anderseits aber die Menge von Beweismaterial in Betracht zieht, die im Lauf der Jahre zusammengetragen wurde, und wenn das Philadelphia-Experiment nicht wie beschrieben stattfand, *was geschah dann wirklich* im Oktober 1943 in jenem streng geheimen Bereich der Marinewerft von Philadelphia?

Die Autoren möchten ihren aufrichtigen Dank und ihre Wertschätzung gegenüber folgenden Personen und Organisationen zum Ausdruck bringen, ohne deren Hilfe und Ermutigung es nicht möglich gewesen wäre, dieses Buch zu schreiben. In alphabetischer Reihenfolge:

Dr. Som Agarwal – Physiker, Lehrer
Mike Akers – Psychologe
Michelle Alberti – Forscherin
Janel Anderson – Chemiker
Janie Anderson – Lehrerin
Robert F. Anderson – Lehrer
Carlos Miguel Allende
Mrs. P. Aponte-Allende
Gray Barker – Schriftsteller, Verleger
Valerie Berlitz – Schriftstellerin, Künstlerin
Lin Berlitz – Forscherin
Mrs. Ellis (Susan) Blockson – Historikerin
T. Townsend Brown – Physiker, Erfinder
Johannes von Buttlar – Schriftsteller, Forscher
Reilly H. Crabb – Forscher, Dozent, Verleger
James V. Dalager – Rechtsanwalt
Mary B. D'Antonio – Lehrerin
James Davis jr. – Computerverkauf
Mrs. Crystal Dunninger
Frederick C. Durant III – Direktor, Kurator des National Air and Space Museum
Helen Ellwood – LPN
Stanton T. Friedman – Physiker, UFO-Forscher, Schriftsteller
Vincent Gaddis – Schriftsteller, Forscher
Mrs. Anna Genslinger – Forscherin
Owen Heiberg – Redakteur, Journalist
Dr. Merle Hirsch – Physikerin, Lehrerin
Commander George W. Hoover – USN (i. R.)
Robert Horning – Student, Photograph
Allen Huse – Wissenschaftler
Dr. David M. Jacobs – Historiker, Schriftsteller
John A. Keel – Schriftsteller, Forscher
Coral Lorenzen – Schriftstellerin, UFO-Forscherin
James Lorenzen – Schriftsteller, UFO-Forscher
Patrick Macey – Forscher
Gary C. Magnuson – Lehrer

Nick Magnuson – Forscher
Dorothy M. Moore – Archivarin, Historikerin
Duke Moore – Künstler
Lee Moore – Computer-Programmierer
Randy McIntosh – Forscher, Erfinder
Otto Nathan – Schriftsteller, Nachlaßverwalter Albert
Einsteins
Joan W. O'Connell – Schriftstellerin, Forscherin
Dr. Linus Pauling – Wissenschaftler, Nobelpreisträger
Lt. Col. i. R. Kenneth Peters – Militärhistoriker
Dr. Raymond A. Rossberg – Arzt
Sabina W. Sanderson – Schriftstellerin, Redakteurin
Nate Singer – Mentalist, Spiritist
Otto Alexander Steen – Ingenieur, Archivar, Dozent
Gene Steinberg – UFO-Forscher, Schriftsteller
Harry Tokarz – Präsident von CUFORN
Dr. J. Manson Valentine – Ozeanograph, Archäologe,
Forscher, Kartograph
Bob Warth – Forschungschemiker, Präsident von SITU
James R. Wolfe – Schriftsteller, Forscher
John David Wood – Präsident von Solarlogos Incorporated

Institutionen, Firmen:

The Aerial Phenomena Research Organization, Tucson, Ariz.
Borderland Sciences Research Foundation, Vista, Calif.
Carnegie Library of Pittsburgh, Pa.
CUFORN, Inc., Willowdale, Ontario, Canada
Duquesne University Library, Pittsburgh, Pa.
The Einstein-Steen Sticks and Stones Museum & Library,
Tujunga, Calif.
The Herman Review, Herman, Minn.
Matson Navigation Company, San Francisco, Calif.
Minneapolis Public Library
Morris Public Library, Morris, Minn.
National Air and Space Museum, Smithonian Institute
National Archives, Washington, D.C.
The New York Times
National Investigations Committee on Aerial Phenomena,
Kensington, Md.
Sewickley Public Library, Sewickley, Pa.

Society for the Investigation of the Unexplained, Little Silver, N.J.

University of Michigan Library, Ann Arbor, Mich.

University of Minnesota Library, Morris, Minn.

U.S. Department of the Navy

U.S. Department of Commerce

Varo Corporation, Garland, Tex.

und die vielen anderen, die Hilfe, Information oder Ermutigung beisteuerten, die aber aus dem einen oder anderen Grund auf diesen Seiten nicht genannt werden konnten. Besondere Würdigung gilt Robert Markel, Redakteur, dessen Interesse für das Philadelphia-Experiment ein wichtiger Beitrag zur Veröffentlichung dieses Buches war.

Chronologische Bibliographie

1947 Frank, Philip, *Albert Einstein, his Life and Times.* Alfred Knoff, New York, 1947

1955 Jessup, M. K., *The Case for the UFO.* Citadel Press, Secaucus, N. J., 1955

1957 Hlavaty, Vaclar, *Geometry of Einstein's Unified Field Theory.* Indiana University Press, Bloomington, Ind., 1957

1962 Crabb, Reilly H., *M. K. Jessup, the Allende Letters and Gravity.* BSRF Publications, Vista, Calif., 1962

1963 Barker, Gray, *The Strange Case of Dr. M. K. Jessup.* Saucerian Press, Clarksburg, W. Va., 1963

1964 Gaddis, Vincent, *Invisible Horizons.* Chilton Book Company, Philadelphia, 1964

1964 Barnothy, Madelene P., *The Effects of Magnetic Fields.* Plenum Co., New York, 1964

1967 Steiger, Brad, »Fantastic Key to the Flying Saucer Mystery«. *Saga*, November 1967

1967 Sanderson, Ivan T., *Uninvited Visitors: A Biologist Looks at UFOs.* Henry Regnery Co., Chicago, 1967

1968 Binder, Otto, *Flying Saucers are Watching Us.* Tower Books, New York, 1968 1970

1969 Sanderson, Ivan T., »M. K. Jessup«, *Pursuit*, 30. September 1968

1968 O'Connell, Joan W., und Steiger, Brad, *New UFO Breakthrough.* Award Books, New York, 1968

1969 Lorenzen, James und Coral, Hsg., *A. P. R. O. Bulletin*, Juli-August 1969. Aerial Phenomena Research Organization, Tucson, Arizona/USA.

1970 Le Poer Trench, Brinsley, *Flying Saucers Have arrived.* World Publishing Company, New York, 1970

1971 Flammonde, Paris, *The Age of Flying Saucers.* Hawthorne Books, New York, 1971

1973 Jessup, M. K., und Barker, Gray, *The Case for the UFO, Varo Annotated Edition,* facsimile. Saucerian Press, Clarksburg, W. Va., 1973

1973 von Buttlar, Johannes, *Reisen in die Ewigkeit.* Econ 1973, engl.: *Journey to Infinity.* Wm. Collins Sons & Co., London, 1973

1974 Salisbury, Dr. F. H., *The Utah UFO Display.* Devin-Adair, Old Greenwich, Conn., 1974

1974 Sladek, Vincent, *The New Apocrypha.* Stein & Day, New York, 1974

1974	Berlitz, Charles F., *The Bermuda Triangle*. Doubleday, New York, 1974, dt: *Das Bermuda-Dreieck*, Paul Zsolnay Verlag, Wien/Hamburg, 1975
1975	Brennan, J. H., *Beyond the 4th Dimension*. Futura Publications, London, 1975
1975	Santesson, H. S., »More on Jessup and the Allende Case«, *Pursuit*, April 1975
1976	Strong, B. R., »The Allende Letters«, *Official UFO*, April 1976
1976	Elliott, A., »Were the Allende Letters a College Prank?« *Pursuit*, April 1976
1976	Cohen, Daniel, *Mysterious Disappearances*. Dodd, Mead & Co., New York, 1976
1977	Berlitz, Charles F., *Without a Trace*. Doubleday, New York, 1977, dt: *Spurlos*, Paul Zsolnay Verlag, 1977
1977	Jeffrey, Adi-Kent T., *Parallel Universe*. Warner Books, New York, 1977
1977	»New Evidence-Top Secret, Government-Alien Liaison?« *UFO Pulse Analyzer*, Mai 1977
1977	Helms, Harry L., Jr., »The Carlos Allende Letters, Key to the UFO Mystery?« *Argosy UFO Magazine*, Winter 1977/1978
1978	Simson, George E., und Burger, Neal R., *Thin Air*. Dell Publishing Co., New York, 1978
1978	Barker, Gray, Hsg., »Carlos Allende Speaks«, Tonband. Saucerian Press, Clarksburg, W. Va.
1978	Moore, William L., »The Wizard of Electro-Gravity«, *Saga UFO Report*, Mai 1978. Auszüge in diesem Buch mit freundlicher Genehmigung der Gambi Publications, Div. of Web Offset Industries, Brooklyn, N. Y.

Schreiben des Marineministeriums vom 23. Juli 1976
Original siehe Bildteil Seite 3

Im Lauf der Jahre erhielten wir unzählige Anfragen über das sogenannte »Philadelphia-Experiment« oder »-Projekt« und die angebliche Rolle, die das Office of Naval Research (ONR) dabei spielte. Die Häufigkeit dieser Anfragen erhöht sich erwartungsgemäß jedesmal, wenn das Experiment in der Presse, oft auch in einem Science-fiction-Roman, erwähnt wird.

Die Entstehung des Mythos vom Philadelphia-Experiment geht zurück bis zur Veröffentlichung des Buches *The Case for UFOs* im Jahre 1955, dessen Autor der verstorbene Dr. Morris K. Jessup ist, ein Wissenschaftler mit einem Doktorgrad in Astrophysik und einer vielseitigen Karriere. Einige Zeit nach der Veröffentlichung des Buches erhielt Dr. Jessup einen Brief von einem Carlos Miguel Allende, der seine Adresse mit R. D. Nr. 1, Postfach 223, New Kensington, Pennsylvania, angab. In diesem Brief kommentierte Allende Dr. Jessups Buch und nannte Einzelheiten über ein angebliches geheimes Schiffsexperiment im Jahr 1943 in Philadelphia. Laut Allende wurde während des Experiments ein Schiff unsichtbar gemacht und innerhalb weniger Minuten nach Norfolk und zurück teleportiert, mit schrecklichen Nachwirkungen für die Mannschaftsmitglieder. Dieses unglaubliche Kunststück soll durch Anwendung von Einsteins niemals vollendeter »Einheitlicher Feldtheorie« vollbracht worden sein. Allende behauptete, daß er von einem anderen Schiff aus Zeuge des Experiments war und daß in einer Tageszeitung von Philadelphia über den Vorfall berichtet wurde. Weder die Identität von Allende noch die der Zeitung wurde jemals festgestellt.

Im Jahr 1956 wurde ein Exemplar von Jessups Buch per Post anonym an Admiral Furth, den Leiter der Naval Research, geschickt. Die Seiten des Buches waren mit handgeschriebenen Kommentaren und Marginalien übersät, die offenbar von drei verschiedenen Personen vorgenommen wurden, die das Buch einander weitergereicht hatten. Die Notizen ließen Kenntnisse über UFOs, deren Fortbewegungsmittel und allgemein über Kultur und Ethos der Wesen in diesen UFOs durchblicken.

Auf dieses Buch wurden zwei Offiziere aufmerksam, die damals dem ONR zugeteilt waren und sich zufällig persönlich für das Thema interessierten. Sie waren es, die mit Dr. Jessup in Verbindung traten und ihn baten, sich sein Buch anzusehen. Aus der Terminologie und dem Stil eines der Schreiber der Anmerkungen schloß Dr. Jessup, daß der Schreiber dieselbe Person war, die ihm über das Philadelphia-Experiment berichtet hatte. Es waren auch diese beiden Offiziere, die persönlich das Buch abschreiben ließen und die Veröffentlichung von 25 maschinengeschriebenen Exemplaren veranlaßten. Die Offiziere haben das ONR vor vielen Jahren mit ihrem persönlichen Eigentum verlassen, und wir besitzen nicht einmal Akten-Exemplare des mit Anmerkungen versehenen Buches.

Das Office of Naval Research hat niemals ein offizielles Studium des Manuskripts angeordnet. Was das Philadelphia-Experiment selbst betrifft, hat das ONR weder 1943 noch zu irgendeiner anderen Zeit irgendwelche Untersuchungen über Unsichtbarkeit angestellt. (Das ONR wurde 1946 gegründet.) Unter Berücksichtigung des derzeitigen Standes der Wissenschaft glauben unsere Wissenschaftler nicht, daß ein solches Experiment möglich sein könnte, außer im Bereich der Science-fiction. Eine wissenschaftliche Entdeckung von solcher Tragweite könnte, falls sie sich tatsächlich ereignet hätte, wohl kaum für so lange Zeit Geheimnis bleiben. Ich hoffe, Ihnen mit dieser Beantwortung Ihrer Anfrage gedient zu haben.

Hochachtungsvoll

Bilderverzeichnis

Versammlung des Projekt-Orbiter-Komitees – jener Gruppe, die an Dr. Jessup herantrat – am 17. März 1955 in Washington, D. C. . . . . Nr. 1

Die Marinewerft von Philadelphia im Zweiten Weltkrieg . . . Nr. 2

Die Hafenanlagen von Norfolk, wo sich die *Eldridge* nach ihrem Verschwinden aus der Marinewerft von Philadelphia materialisiert haben soll . . . . Nr. 3

Carlos Miguel Allende (oder Carl Allen) . . . . Nr. 4

Standardbrief des Marine-Ministeriums an Personen, die Auskunft über das Philadelphia-Experiment verlangen. Übersetzung Seite 142 f. . . . . Nr. 5

Albert Einstein bei einer Konferenz mit Marine-Offizieren . . Nr. 6

Auf den tauglichen Seemann Carl Allen ausgestelltes Zertifikat Nr. 7

Schiffsbecken- und Trockendockanlagen in Port Newark, New Jersey, in denen die U.S.S. *Eldridge* (DE 173) gebaut wurde . . Nr. 8

Dr. John von Neumann . . . . Nr. 9

Townsend Brown . . . . Nr. 10

Die U.S.S. *Eldridge* (DE 173) am 12. September 1943 . . . . . . Nr. 11

Codewortverzeichnis, das auch den Code »Rainbow« enthält, welches der Projekt-Deckname für das Philadelphia-Experiment gewesen sein könnte . . . . Nr. 12

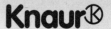

Sachbuch

**Büdeler, Werner:
Faszinierendes
Weltall**
Das moderne Weltbild
der Astronomie. 272 S.
mit 100 Abb. Band 3700

**Berlitz, Charles:
Das Atlantis-Rätsel**
196 S. mit 15 Fotos,
23 Abb. Band 3561

**Berlitz, Charles:
Weltuntergang 1999**
Droht der Menschheit
die Apokalypse?
192 S. Band 3703

**Berlitz, Charles/
Manson, Valentine J.:
Das Bermuda-
Dreieck**
Augenzeugen von bisher
ungeklärten Phänomenen im Bermuda-Dreieck
kommen zu Wort.
216 S. mit 53 Abb.
Band 3500

**Fischer-Fabian, S.:
Die deutschen
Cäsaren**
Triumph und Tragödie
der Kaiser des Mittelalters. 320 S.
mit 50 Abb. Band 3606

**Fischer-Fabian, S.:
Die ersten Deutschen**
Der Bericht über das
rätselhafte Volk der
Germanen.
319 S. mit 50 Abb.
Band 3529

**Fischer-Fabian, S.:
Preußens Gloria**
Der Aufstieg eines
Staates.
352 S. mit 31 Abb.
Band 3695

**Fischer-Fabian, S.:
Preußens Krieg
und Frieden**
Der Weg ins Deutsche
Reich.
320 S. Band 3720

**George, Uwe:
In den Wüsten
dieser Erde**
Ein packender Report
über die Geheimnisse
der Wüste.
432 S. Band 3714

**Kersten, Holger:
Jesus lebte in Indien**
Kersten verfolgte die
Spuren Jesu und
kommt zu sensationellen Schlüssen.
280 S. Band 3712

**Kerremans, Chuck/
Kerremans, Marlies:
Wundern inbegriffen**
Die Weltwunder
unserer Zeit.
223 S. Band 3694

**Ogger, Günter:
Kauf dir einen Kaiser**
Die Geschichte
der Fugger.
352 S. Band 3613

**Sagan, Carl:
Signale der Erde**
Unser Planet stellt
sich vor.
301 S. mit 320 z.T.
farb. Abb. Band 3676

**Sagan, Carl:
...und werdet sein
wie Götter**
Das Wunder der menschlichen Intelligenz.
272 S. mit 81 Abb.
Band 3646

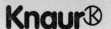

Sachbuch

Champdor, Albert:
Das Ägyptische Totenbuch
In Bild und Deutung.
208 S. Mit zahlr. Abb.
Band 3626

Cotterell, Arthur:
Der Erste Kaiser von China
Der größte archäologische Fund unserer Zeit.
240 S. Band 3715

Charroux, Robert:
Vergessene Welten
Auf den Spuren des Geheimnisvollen.
288 S., 53 Abb.
Band 3420

Eisele, Petra:
Babylon
Pforte der Götter und Große Hure.
368 S. Mit 77 z. T. farb. Abb. Band 3711

Hovin, Thomas:
Der Goldene Pharao
Tut-ench-Amun.
319 S. Band 3639

Keller, Werner:
Und wurden zerstreut unter alle Völker
Die nachbiblische Geschichte des jüdischen Volkes.
544 S. 38 Abb.
Band 3325

Mauer, Kuno:
Die Samurai
Ihre Geschichte und ihr Einfluß auf das moderne Japan.
384 S. Mit 29 Abb.
Band 3709

Pörtner, Rudolf:
Operation Heiliges Grab
Legende und Wirklichkeit der Kreuzzüge (1095–1187).
480 S. Mit zahlr. Abb.
Band 3618

Stingl, Miloslav:
Den Maya auf der Spur
Die Geheimnisse der indianischen Pyramiden.
313 S. Mit Abb.
Band 3691

Stingl, Miloslav:
Die Inkas
Ahnen der »Sonnensöhne«.
288 S. Mit zahlr. Abb.
Band 3645

Stingl, Miloslav:
Indianer vor Kolumbus
Von den Prärie-Indianern zu den Inkas.
336 S. Mit 140 Abb.
Band 3692

Tichy, Herbert:
Weiße Wolken über gelber Erde
Eine Reise in das Innere Asiens.
416 S. Mit 16 Abb.
Band 3710

Tompkins, Peter:
Cheops
Die Geheimnisse der Großen Pyramide, Zentrum allen Wissens der alten Ägypter.
296 S. Mit zahlr. Abb.
Band 3591

Vandenberg, Philipp:
Nofretete, Echnaton und ihre Zeit
272 S. Mit z. T. farb. Abb.
Band 3545

Esoterik

Cobbaert, Anne-Marie:
Graphologie
287 S. Band 4102

Delacour, Jean-Baptiste:
Aus dem Jenseits zurück
143 S. Band 4103

Ford, Arthur:
Bericht vom Leben nach dem Tode
240 S. Band 3636

Hunt, Diana:
Partner unter guten Sternen
224 S. Band 7611

Keller, Werner:
Was gestern noch als Wunder galt
432 S. Mit 115 Abb.
Band 3436

Klossowski de Rola, Stanislav:
Alchemie
223 S. Mit 193 meist farb. Abb. Band 4105

Mangoldt, Ursula von:
Schicksal in der Hand
256 S. Mit 72 Abb.
Band 4104

Meyrink, Gustav:
Das grüne Gesicht
Ein okkulter Schlüsselroman.
224 S. Band 4110

Rawson, Philip:
Tantra
Der indische Kult der Ekstase
192 S. Mit 198 z. T. farb. Abb. Band 3663

Rawson, Philip und Legeza Laszlo:
Tao
184 S. Mit 202 Abb.
Band 3673

Ropp, Robert S. de:
Das Meisterspiel
288 S. Mit 17 Zeichn.
Band 4109

Ryzl, Dr. Milan:
Parapsychologie
Tatsachen und Ausblicke.
256 S. Band 4106

Sakoian, Frances und Louis S. Acker:
Das große Lehrbuch der Astrologie
560 S. Mit zahlr. Zeichn.
Band 7607

Stangl, Anton:
Die Sprache des Körpers
160 S. Band 4101

Sugrue, Thomas:
Edgar Cayce
448 S. Band 4107

Timms, Moira:
Zeiger der Apokalypse
Harmageddon und neues Zeitalter.
288 S. Mit 24 Zeichnungen und Fotos.
Band 4108

Reisen

Das große Abenteuer in den kostbarsten Wochen des Jahres

Egloffstein, Albrecht Graf von und zu:
Burgen und Schlösser in Oberfranken
400 S. mit 124 Abb.
Band 4406

Engel, Elmar:
Abenteuer-Almanach Kanada
Fischen – Jagen – Kanufahren – Segeln – Stories.
208 S. mit 6 Karten u. 22 Fotos. Band 4413

Fleck, Walther-Gerd:
Burgen und Schlösser in Nord-Württemberg
320 S. mit 103 Abb.
Band 4404

Hawel, Peter:
Klöster
216 S. mit zahlr.
z.T. farb. Abb. Band 3685

Hüttl, Ludwig:
Schlösser
216 S. mit zahlr.
z.T. farb. Abb. Band 3686

Jeier, Thomas:
Abenteuerreisen im Wilden Westen
200 S. mit 105 z.T. farb. Abb. und 5 Karten.
Band 4408

Jeier, Thomas/ Schröder, Rainer M.:
Amerika per Wohnmobil – USA-Trips für Unternehmungslustige
327 S. mit 100 z.T. farb. Abb. Band 4409

Kracht, August:
Burgen und Schlösser im Sauerland, Siegerland und an der Ruhr
326 S. mit 124 Abb.
Band 4410

Kiemle, Roland:
Abenteuer-Almanach Australien-Neuseeland
Fischen – Camper-Touren – Wandern – Kanufahren – Reiten – Stories.
208 S. Band 4414

Meyer, Werner:
Burgen
Wie sie wurden, wie sie aussahen und wie man in ihnen lebte.
216 S. mit zahlr. z.T. farb. Abb. Band 3684

Meyer, Werner:
Burgen und Schlösser in Bayerisch Schwaben
256 S. mit 130 Abb. u. 18 Seiten Register.
Band 4407

Morton, H.V.:
Toskana und Umbrien
176 S. Band 3681

Morton, H.V.:
Die Lombardei
175 S. Band 3683

Morton, H.V.:
Rom
352 S. Band 3655

Morton, H.V.:
Spanien
Wanderungen durch Vergangenheit und Gegenwart.
352 S. Band 3656

Morton, H.V.:
Venetien und die Emilia Romagna
Wanderungen durch Vergangenheit und Gegenwart.
176 S. Band 3682

Rumohr, Henning von:
Schlösser und Herrenhäuser im Herzogtum Schleswig
432 S. mit 150 Abb.
Band 4412

Stein, Günter:
Burgen und Schlösser in der Pfalz
320 S. mit 95 Abb.
u. 17 Seiten Register.
Band 4405

Trobitzsch, Jörg:
Abenteuer-Almanach Norwegen
Jagen – Kanufahren – Bergsteigen – Skiwandern – Fischen.
208 S. mit 32 Abb. und 12 Karten. Band 4415

Reisen und Entdeckungen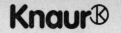

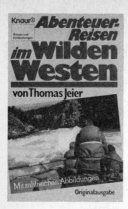

Action- und Erlebnisreisen quer durch Amerika

Thomas Jeier:
Abenteuerreisen im wilden Westen
200 Seiten mit 100 z. T. farb. Abb.
Band 4408

Im Schlauchboot durch den Grand Canyon, auf dem Pferderükken über die Rocky Mountains, auf der Suche nach einer verschollenen Goldmine – dies sind nur einige der abenteuerlichen Unternehmungen, die der Schriftsteller und Amerika-Experte Thomas Jeier in diesem anregenden und spannenden Reiseführer vorstellt. Aus erster Hand erhält der Leser hier alle Informationen, die er für einen abwechslungsreichen Urlaub in den USA braucht.

Weitere Bände dieser Reihe:

Elmar Engel **Abenteuer-Almanach Kanada**
Fischen – Jagen – Kanufahren – Segeln – Stories
208 S. mit 20 Illustr. u. 6 Karten. Band 4413

Roland Kiemle
Abenteuer-Almanach Australien/Neuseeland
Fischen – Camper-Touren – Wandern – Kanufahren – Reiten – Stories 208 Seiten, 72 Abb. u. 6 Karten. Band 4414

Jörg Trobitzsch
Abenteuer-Almanach-Norwegen
Jagen – Kanufahren – Bergsteigen – Skiwandern – Fischen
208 Seiten, 52 Illustr. u. 12 Karten. Band 4415

Reisen und Entdeckungen Knaur®

Das Buch für alle Wohnmobil- und Trailerfans

Thomas Jeier / Rainer M. Schröder

Amerika per Wohnmobil

USA-Trips für Unternehmungslustige

264 S. mit 100 z.T. farb. Abbildungen, Band 4409

Tausende von Urlaubern steigen jedes Jahr auf das Wohnmobil um, denn das Reisen mit einem »Haus auf Rädern« bleibt eine echte Alternative zum vorprogrammierten Pauschalurlaub. Das Paradies für alle Wohnmobil- und Trailerfans sind die USA. Amerika besteht aus den großartigsten Landschaften, die durch perfekt eingerichtete Campgrounds zugänglich sind und das Reisen mit dem Wohnmobil zum Vergnügen machen. Dieser Band ist Reiseführer und Schmökerbuch in einem; er bietet eine Fülle von Informationen und spannende Reportagen.

Weitere Bände dieser Reihe:

Elmar Engel

Abenteuer-Almanach Kanada

Fischen – Jagen – Kanufahren – Segeln – Stories
208 Seiten mit 20 Illustrationen u. 6 Karten. Band 4413

Roland Kiemle

Abenteuer-Almanach Australien/Neuseeland

Fischen – Camper-Touren – Wandern – Kanufahren – Reiten – Stories
208 Seiten, 72 Abbildungen u. 6 Karten. Band 4414

Jörg Trobitzsch

Abenteuer-Almanach Norwegen

Jagen – Kanufahren – Bergsteigen – Skiwandern – Fischen
208 Seiten, 52 Illustrationen u. 12 Karten. Band 4415